近世歴史資料集成　第Ⅵ期

第Ⅲ巻　日本科學技術古典籍資料／數學篇【12】

發微算法　全（木活字版・原文篇）、角法演段　全、求積、關氏七部書、圖書數義解伏題　全、關流算法類聚、大成算経續録、關算襍書

日本學士院所藏

目次

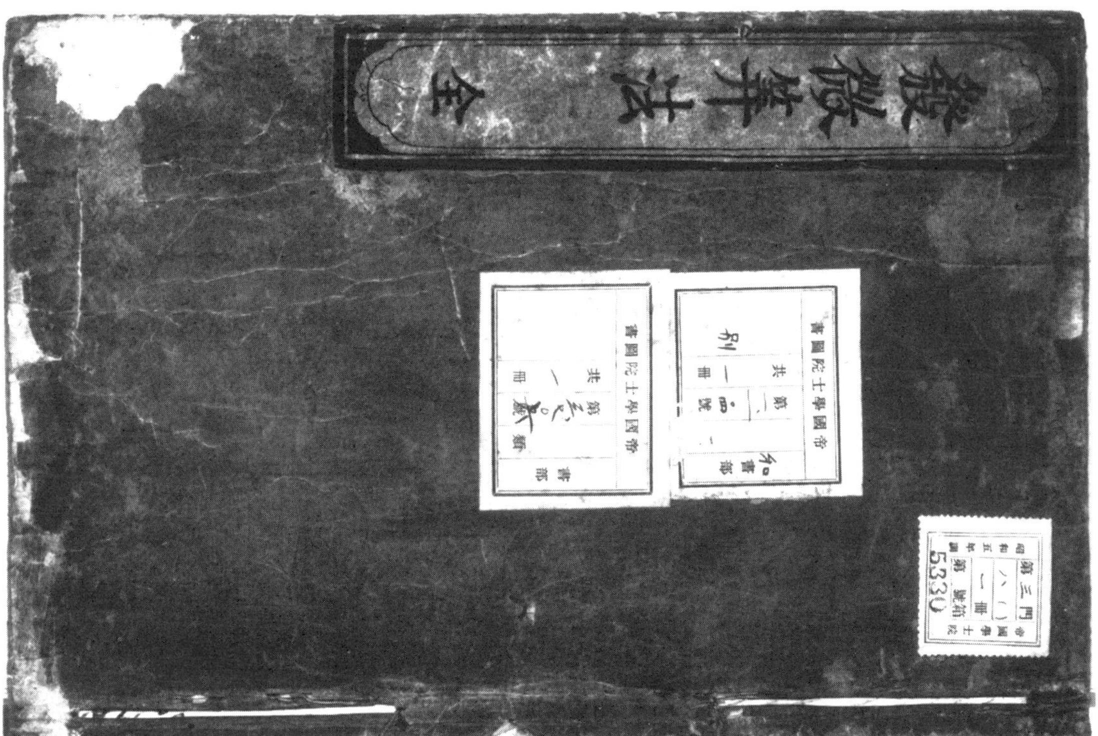
發微筭法
全

發微算法序

頃歳算學行于世甚矣或立其門或著其書者不可
牧舉也玆有古今算法記設難題一十五問引而不
發矣爾来四方之算者雖手之其理高遠而若難曉
且未観其答書予嘗有志斯道故發其微意註術式
而深藏管底以恐外見矣我門之學徒咸曰庶幾録
梓廣其傳然則爲未學之徒不無小補仍不顧文理
之拙應其需名曰發微算法至其演段精微之極依
文繁多而事混雜省略之猶俟後賢之學者欲正焉
而已于時延寶二歳在甲寅十二月幾望關氏孝和
叙

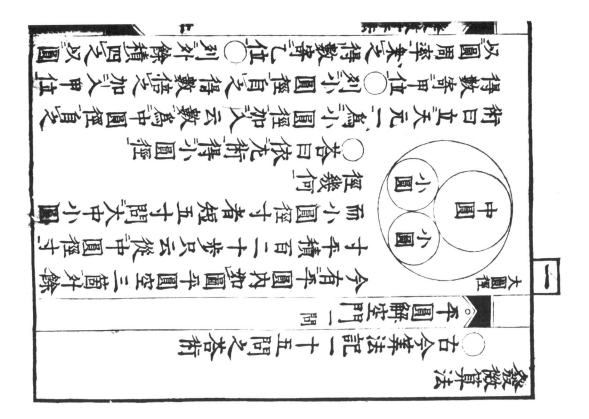

○目録

共計一十五問

發微算法

○古今算法記一十五問之荅術

○平圓解空門　一問

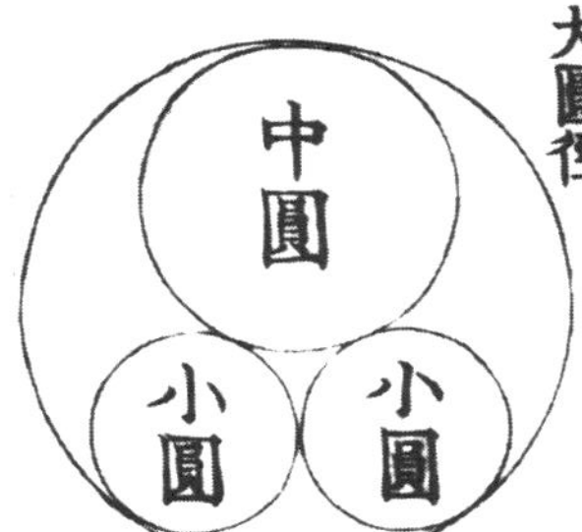

今有平圓内如圖平圓空三箇外餘寸平積百二十歩只云從中圓徑寸而小圓徑寸者短五寸問大中小圓徑幾何

○荅曰依左術得小圓徑

術曰立天元一為小圓徑加入云數為中圓徑自之得數寄甲位○列小圓徑自之得數倍之加入甲位以圓周率衆之得數寄乙位○列外餘積四之以圓

徑率乘之得數加入乙位爲因圓周率大圓徑冪寄
丙位○列小圓徑以甲位相乘亦以圓周率相乘得
數寄丁位○列中圓徑四之得內減小圓徑餘以丙
位乘之得內減丁位餘自乘之爲因中圓徑四箇與
小圓徑二箇和冪因中圓徑冪因圓周率冪大圓徑
冪寄左○列併中圓徑四箇與小圓徑二箇得數自
之以甲位相乘亦以丙位相乘亦以圓周率相乘得
數與寄左相消得開方式五乘方飜法開之得小圓
徑仍推前術得大中圓徑各合問

平立重積門 四問

今有大立方小平方各一只云平方積爲實開立方之
見商寸與立方積爲實開平
方之見商寸二數共相併一
尺別平方面寸與立方面寸
和而七寸問平方面立方面

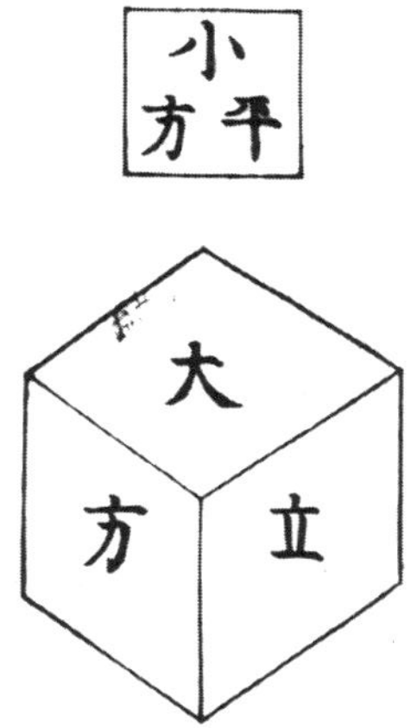

幾何

○荅曰依左術得立方面

術曰立天元一爲立方面再自乘之爲立方積寄甲
位○列別云數內減立方面餘爲平方面自之爲平
方積寄乙位○列只云數自之得內減甲位餘寄丙
位○列只云數八之以乙位乘之得數寄丁位○列
只云數以丙位乘之得內減乙位餘自乘之得數寄

左◯列丙位自之得數加入丁位以甲位相乘得數
與寄左相消得開方式八乘方飜法開之得立方面
以之減別云數餘即平方面也各合問

三

今有甲乙丙丁平方各一只云從
甲方面寸而乙方面寸者短三寸
從乙方面寸而丙方面寸者短七
寸從丙方面寸而丁方面寸者短
二尺三寸別列甲乙丙丁方面寸
別々爲實開立方之見商寸各四

甲平方	乙平方	丙平方	丁平方

和五尺五寸問甲乙丙丁方面幾何

◯荅曰依左術得丁方面爲實開立方之見商數

術曰立天元一爲丁方面爲實開立方之見商數以
減別云數餘寄子位◯列丁方面爲實開立方之見
商數再自乘之爲丁方面加入丙丁方面差爲丙方
面寄丑位◯列乙丙方面差加入丑位爲乙方面寄
寅位◯列甲乙方面差加入寅位爲甲方面寄卯位
◯子位六自乘三十六段子位丑位相乘九段子位丑位
寅位相乘一十八段子位丑位卯位相乘一十八段子位寅位
冪相乘九段子位卯位冪相乘九段右六位相併得數寄
辰位◯子位三乘冪丑位相乘一百二十六段子位三乘冪
寅位相乘四十五段子位三乘冪卯位相乘四十五段子位寅
位卯位相乘六十段右四位相併得數寄巳位◯子位

四乗冪。丑位相乗一百二十六段子位四乗冪。寅位相乗一十八段子位四乗冪。卯位相乗一十八段子位冪。寅位。卯位相乗六十三段右四位相併得數寄午位◯子位七自乗九段子位冪。丑位冪相乗三十六段子位冪。丑位。寅位相乗四十五段子位冪。丑位。卯位相乗四十五段子位冪。寅位冪相乗九段子位冪。卯位冪相乗九段右六位相併得數寄未位◯子位八自乗一段子位再乗冪。丑位冪相乗八十四段子位再乗冪。丑位。寅位相乗六十段子位再乗冪。丑位。卯位相乗六十段子位再乗冪。寅位冪相乗三段子位再乗冪。卯位冪相乗三段丑位。寅位。卯位相乗二十一段右七位相併得數寄申位◯子位五乗冪。丑位相乗八十四段子

位五乗冪。寅位相乗三段子位五乗冪。卯位相乗三段子位再乗冪。寅位。卯位相乗二十一段丑位再自乗一段丑位冪。寅位相乗三段丑位冪。卯位相乗三段丑位。寅位冪相乗三段丑位。卯位冪相乗三段寅位再自乗一段寅位冪。卯位相乗三段寅位。卯位冪相乗三段卯位再自乗一段右一十三位相併得數寄酉位◯丑位冪。辰位再乗冪相乗一段丑位冪。辰位。巳位冪相乗三段丑位。辰位。午位。酉位相乗三段丑位。辰位。未位。申位相乗三段丑位。巳位。午位。申位相乗三段丑位。巳位。未位。酉位相乗三段丑位。午位再乗冪相乗一段丑位。午位。未位冪相乗三段申位再自乗一段申位。酉位冪相乗三段右一十位相併得數寄

四

尤○丑位冪辰位冪巳位相乘三段丑位冪巳位再乘冪相乘一段丑位辰位申位相乘三段丑位辰位未位酉位相乘三段丑位巳位午位酉位相乘三段丑位巳位未位申位相乘三段丑位午位冪未位相乘三段丑位未位再乘冪相乘一段申位冪酉位相乘三段酉位再自乘一段右一十位相併得數與寄尤相消得開方式二十六乘方翻法開之得丁方面爲實開立方之見商數仍推前術得甲乙丙丁方面各合問

今有甲乙丙立方各一只云甲積與乙積相併共寸立積十三萬七千三百四十坪又乙積與丙積相併共寸立積十二萬千七百五十坪別甲方面寸爲實開平方之見商寸與乙方面寸爲實開立方之見商寸及丙方面寸爲實開三乘方之見商寸各三和一尺二寸問甲乙丙方面各幾何

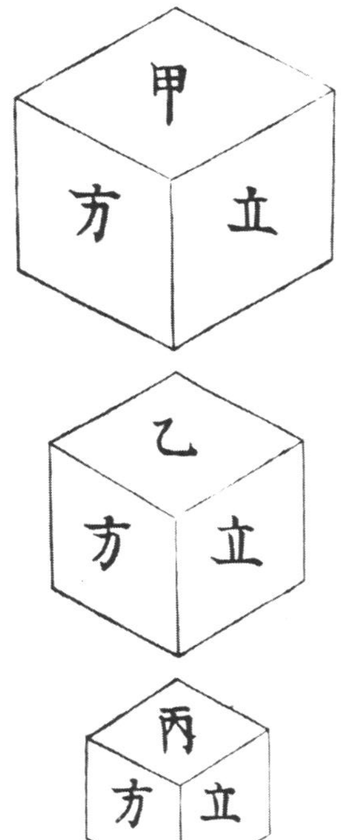

○荅曰依左術得丙方面爲實開三乘方之見商數

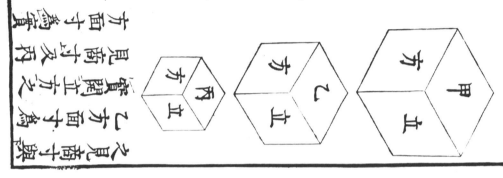

術曰立天元一爲丙方面爲實開三乘方之見商數以減別云數餘寄子位○列丙方面爲實開三乘方之見商數三自乘之爲丙方面再自乘之爲丙積以

藏二又云數餘爲乙積寄二丑位◯列先云數內藏丑位
餘爲甲積寄二寅位◯子位一十三自乘三十六段子位冪。
寅位冪相乘九段右二位相併得數寄二卯位◯子位四
乘冪。丑位相乘二百五十二段子位七乘冪。寅位相乘一百二十
六段右二位相併得數寄二辰位◯子位九乘冪。寅位相
乘一百二十六段得數寄二巳位◯子位一十五自乘九段子位
六乘冪。丑位相乘二十七段子位。丑位。寅位相乘一十八段子
位三乘冪。寅位冪相乘三十六段右四位相併得數寄二午
位◯子位一十七自乘一段子位五乘冪。寅位冪相乘
八十四段丑位自乘一段右三位相併得數寄二未位◯子位
八乘冪。丑位相乘二段子位再乘冪。丑位寅位相乘一百

六十八段子位一十一乘冪。寅位相乘八十四段寅位再自乘
一段右四位相併得數寄二申位◯寅位冪卯位再乘冪
相乘一段寅位冪卯位辰位冪相乘三段寅位卯位巳位
申位相乘三段寅位卯位午位未位相乘三段寅位辰位
巳位。未位相乘三段寅位辰位午位申位相乘三段寅位
巳位再乘冪相乘一段寅位巳位午位冪相乘三段未位
再自乘一段未位申位冪相乘三段右一十位相併得數
寄亢◯寅位冪卯位冪辰位相乘三段寅位冪辰位再
乘冪相乘一段寅位卯位巳位未位相乘三段寅位卯位。
午位申位相乘三段寅位辰位巳位申位相乘三段寅位。
辰位午位未位相乘三段寅位巳位冪午位相乘三段寅

位午位再乘羃相乘一段未位羃申位相乘三段申位再
自乘一段右一十位相併得數與寄左相消得開方式
一百七乘方飜法開之得丙方面為實開三乘方之
見商數仍推前術得甲乙丙方面各合問

五

今有甲乙丙丁戊立方各一只云甲積與乙積相併共
寸立積七百坪又丙丁戊積各三和共寸立積五百坪
問甲乙丙丁戊方面各幾何乃甲乙丙丁戊方面之差各同寸也

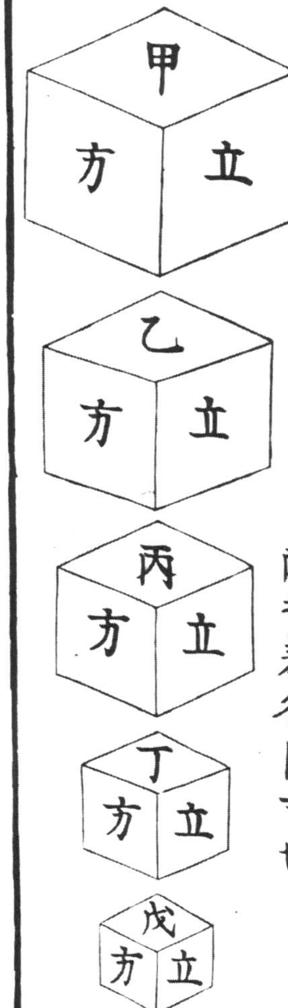

鈎股積分門 六問

○荅曰依左術得戊方面
術曰立天元一為戊方面再自乘之為戊積寄子位
○列併先云數三段與子位一十五段得內減又云數七段餘
寄丑位○列併先云數九段與又云數九十一段得內減子
位二百五十五段餘寄寅位○子位羃丑位相乘二千一百八十二萬
九千五百段子位丑位羃相乘三十六萬五千零一十段子位丑位寅
位相乘一十七萬七千三百三十段右三位相併得數寄左○子
位寅位羃相乘六千六百段寅位再自乘四十九段右二位相
併得數與寄左相消得開方式八乘方開之得戊方
面仍推前術得甲乙丙丁方面各合問

六

今有鉤股弦只云鉤再自乘得數與弦再自乘得數二數相併共寸立積七百坪別股再自乘得數與亦弦再自乘得數二數相併共寸立積九百坪問鉤股弦各幾何

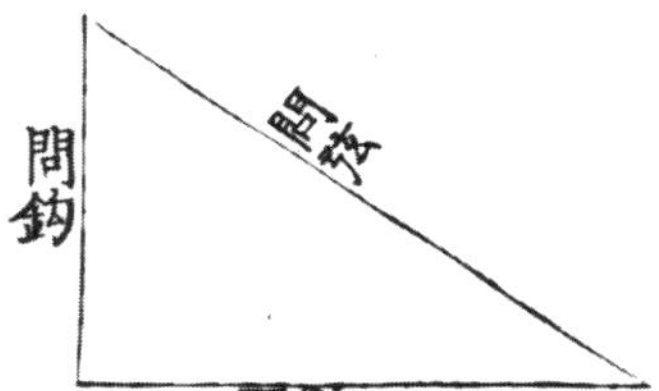

○答曰依左術得鉤

術曰立天元一爲鉤再自乘之得數以減只云數餘爲弦再自乘數自之得數寄甲位○列別云數內減弦再自乘數餘爲股再自乘數自之得數寄乙位○列鉤五自乘之得數寄丙位○列甲位內併減乙丙位餘再自乘之爲因鉤五乘冪因股五乘冪二十七段弦五乘冪寄左○列甲位以乙位相乘亦以丙位

七

相乘得數就分以二十七乘之與寄左相消得開方式一十七乘方翻法開之得鉤仍推前術得股弦各合問

今有鉤股弦只云弦爲實開平方之見商寸與股爲實開立方之見商寸共和二尺別鉤爲實開立方之見商寸與中鉤爲實開三乘方之見商寸共和五寸問鉤股弦幾何

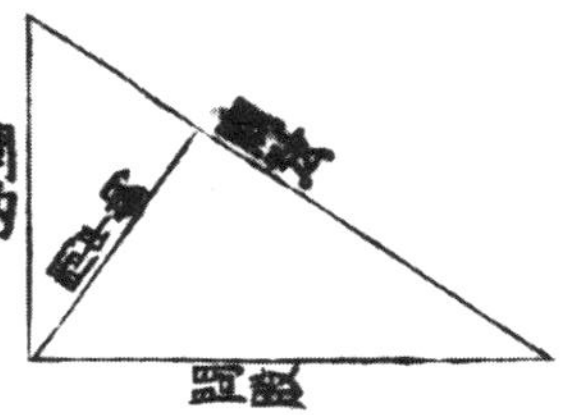

○答曰依左術得鉤爲實開立方之見商數

術曰立天元一爲鉤爲實開立方之見商數再自乘之爲鉤寄甲位○列別云數內減鉤爲實開立方之

見商數餘爲中鈎爲實開三乗方之見商數三自乗
之爲中鈎寄乙位○列甲位自乗之得内減乙位冪
餘寄丙位○只云數甲位四乗冪乙位相乗六段只云
數三乗冪甲位冪丙位相乗三段甲位五自乗一段右三
位相併得數寄丁位○只云數冪甲位三乗冪丙位
相乗三段只云數五乗冪丙位冪相乗一段甲位五乗冪
乙位冪相乗一段右三位相併得數寄戊位○只云數
再乗冪甲位再乗冪乙位丙位相乗二段得數寄巳位
○丙位丁位冪相乗一段戊位巳位相乗二段右二位相
併得數寄左○戊位冪與巳位冪相併之得數與寄
左相消得開方式五十一乗方飜法開之得鈎爲實

八

開立方之見商數仍推前術得鈎股弦中鈎各合問

今有鈎股弦只云列鈎股弦三和爲實開
立方之見商寸加入積共寸平積五百步
別股再自乗得數與鈎再自乗得數二數
相併共寸立積九萬坪問鈎股弦幾何

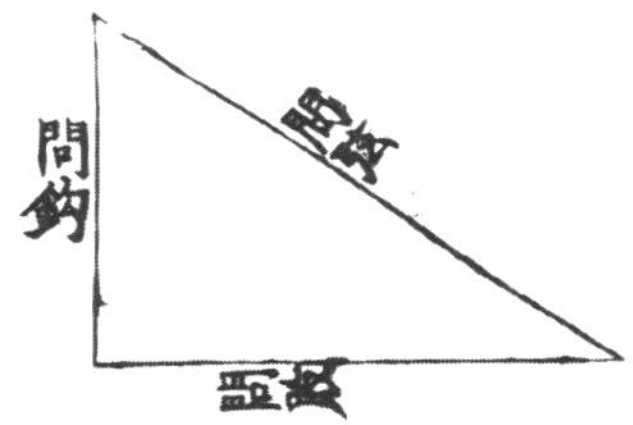

○荅曰依左術得鈎股弦三和爲實開立
方之見商數

術曰立天元一爲鈎股弦三和爲實開立方之見商
數以減只云數餘四之爲四段鈎股積寄甲位○列
鈎股弦三和爲實開立方之見商數再自乗之爲鈎
股弦三和自之加入甲位爲因鈎股弦三和二箇鈎

股和寄乙位○列鈎股弦三和再自乗之以別云數
相乗得數八之得數寄丙位○列乙位再自乗之得
内減丙位餘爲因鈎股弦三和再乗冪因鈎股和四
十八段鈎股積寄左○列鈎股弦三和自之以甲位
相乗亦以乙位相乗得數就分六之與寄左相消得
開方式一十七乗方翻法開之得鈎股弦三和爲實
開立方之見商數仍推前術得鈎股弦各合問

九

今有鈎股弦内如圖平圓空外餘寸平積百五十歩只
云鈎再自乗得數與股再自乗得數二數相併共寸立
積九萬坪問圓徑鈎股弦幾何

○荅曰依左術得圓徑

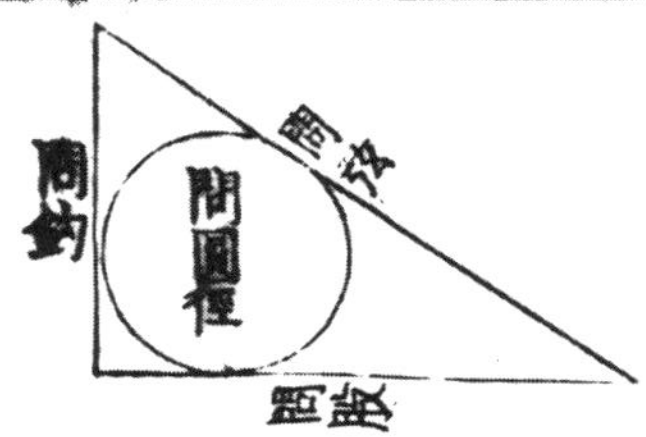

術曰立天元一爲圓徑自之以圓周率乗
之得數寄甲位○列外餘積四之以圓徑
率乗之得數加入甲位爲因圓徑率四段
鈎股積寄乙位○列圓徑自之以圓徑率
乗之得數加入乙位爲因圓徑率因圓徑
二箇鈎股和寄丙位○列圓徑以圓徑率乗之得數
再自乗之以云數相乗八之得數寄丁位○列丙位
再自乗得内減丁位餘爲因圓徑率再乗冪因圓徑
再乗冪因鈎股和四十八段鈎股積寄左○列圓徑
自之以乙位相乗亦以丙位相乗亦以圓徑率相乗
得數就分六之與寄左相消得開方式五乗方飜法

十

闕文得圓徑仍推前術得鉤股弦各合問

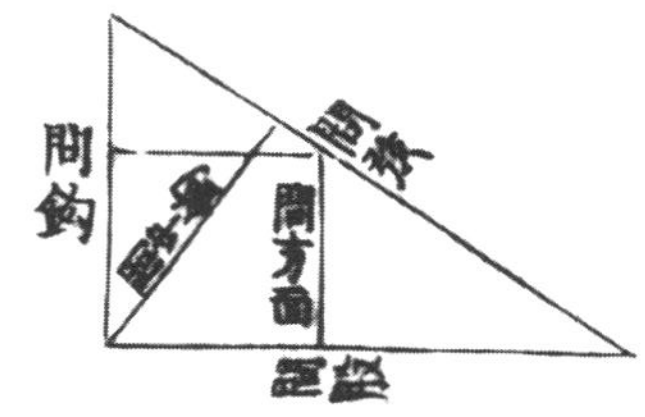

今有鉤股弦內如圓平方空外餘寸平積三百五十步只云股取七分之五得數與弦中鉤取三分之二得數二數相併共四尺五寸問鉤股弦中鉤方面各幾何

○答曰依左術得股

術曰立天元一為股以前分子五乘之得數寄甲位○列云數以前分母七乘之得內減甲位餘以後分母三乘之為一十四箇中鉤自之為一百九十六段中鉤冪寄乙位○列股自之得數就分以一百九十六乘之得內減乙位餘為一百九十六段長弦冪寄

十一

丙位○列外餘積四之以丙位乘之得數寄丁位○列股三自乘之得數就分以一百九十六乘之得內減丁位餘自之得數以乙位相乘為因股三乘冪因長弦冪三千零一十一萬八千一百四十段外餘積冪寄左○列股三自乘之以外餘積冪相乘亦以丙位相乘得數就分以一十五萬三千六百六十四乘之與寄左相消得開方式九乘方翻法開之得股

仍推前術得鉤弦中鉤方面各合問

今有鉤股弦內如圖隔中鉤大平圓小平方空只云從方面寸而圓徑寸者長一尺六寸五分又從弦寸而股寸者短五寸五分問鉤股弦方面圓徑幾何

○答曰依右術得股

術曰立天元一爲股加入又云數爲弦以先云數乘之得數寄甲位○列又云數以股乘之得數加入甲位得數自之爲因弦冪方面與中鈎差冪寄乙位○列弦自之得內减股冪餘爲鈎冪以乙位乘之爲因股冪因弦冪方冪寄丙位○列股自之以乙位乘之爲因股冪因弦冪方面與中鈎差冪寄丁位○列股三自乘之以鈎冪乘之爲因股冪因弦冪中鈎冪內併减丙丁位餘自之爲因股三乘冪因弦三乘冪因方面與中鈎差冪四段方冪寄左○列丙位以丁位相乘得數

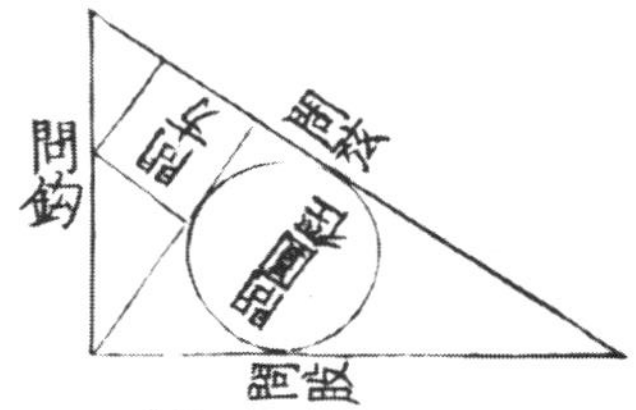

十二

就分四之與寄左相消得開方式九乘方飜法開之得股仍推前術得鈎弦方面圓徑各合問

○平形斜積門 三問

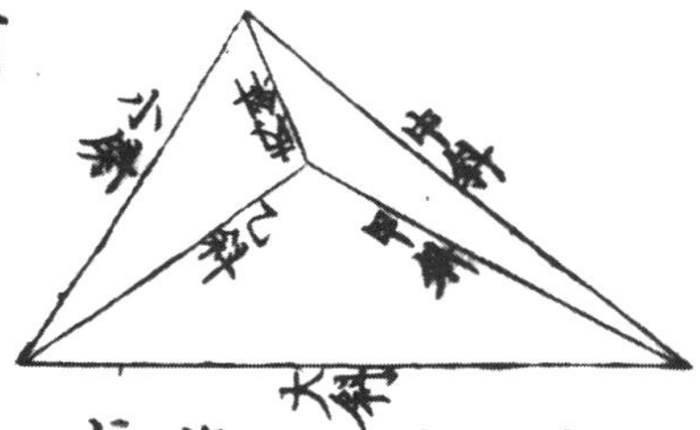

今有三斜內如圖甲乙丙斜甲斜六寸乙斜四寸丙斜一寸四分四七只云大斜再自乘得數與小斜再自乘得數二數相併共寸立積六百三十七坪別中斜再自乘得數與又大斜再自乘得數二數相併共寸立積八百五十五坪問大中小斜各幾何

○答曰依右術得大斜

術曰立天元一爲大斜再自乘得數以減只云數餘
爲小斜再自乘數自之得數寄子位○列云數內
減大斜再自乘數餘爲中斜再自乘數自之得數寄
丑位○列併甲斜冪與乙斜冪得數寄寅位○列併
大斜冪與乙斜冪得內減甲斜冪餘以甲斜冪相乘
得數列併大斜冪與甲斜冪得內減乙斜冪餘以丙斜
冪相乘得數右二位相併得數寄卯位○列併大斜冪
甲斜冪及丙斜冪得內減乙斜冪餘以乙斜冪相乘
得數列大斜冪內減甲斜冪餘以丙斜冪相乘得數右二
位相併得數寄辰位○列併大斜冪與丙斜冪得內
減乙斜冪餘以丙斜冪相乘得數列乙斜冪內減丙斜

冪餘以甲斜冪相乘得數右二位相併之以大斜冪乘
之得數寄巳位○大斜冪甲斜冪子位辰位相乘三段
大斜冪子位寅位卯位相乘六段甲斜冪乙斜冪子位
卯位相乘三段乙斜冪巳位冪相乘三段辰位巳位相
乘三段右五位相併得數寄午位○大斜三乘冪子位
卯位相乘三段甲斜冪子位寅位辰位相乘三段乙斜三
乘冪丑位辰位相乘三段子位寅位冪卯位相乘三段右
四位相併得數寄未位○大斜冪子位卯位冪相乘
三段甲斜冪子位寅位巳位相乘三段乙斜三乘冪丑位
巳位相乘三段乙斜冪丑位辰位冪相乘三段右四位相
併得數寄申位○大斜冪甲斜冪子位巳位相乘三段

甲斜冪子位卯位辰位相乘段三子位寅位卯位冪相
乘段三辰位巳位冪相乘段三右四位相併得數寄酉位
○大斜五乘冪子位丑位相乘段一大斜冪子位丑位
寅位冪相乘段三甲斜五乘冪子位冪相乘段一甲斜冪
乙斜冪子位丑位寅位相乘段三甲斜冪子位卯位巳
位相乘段三乙斜五乘冪丑位冪相乘段一巳位再自乘
段一右七位相併得數寄戌位○大斜三乘冪子位丑
位寅位相乘段三大斜冪甲斜冪乙斜冪子位丑位相
乘段三乙斜冪丑位辰位巳位相乘段六子位丑位寅位
再乘冪相乘段一子位卯位再乘冪相乘段一丑位辰位
再乘冪相乘段一右六位相併得數寄亥位○丑位冪

午位再乘冪相乘段一丑位冪午位未位冪相乘段三丑
位午位申位亥位相乘段三丑位午位酉位戌位相乘
段三丑位未位申位戌位相乘段三丑位未位酉位亥位
相乘段三丑位申位再乘冪相乘段一丑位申位酉位冪
相乘段三戌位再自乘段一戌位亥位冪相乘段三右一十
位相併得數寄乾○丑位冪午位冪未位相乘段三丑
位冪未位再乘冪相乘段一丑位午位申位戌位相乘
段三丑位午位酉位亥位相乘段三丑位未位申位亥位
相乘段三丑位未位酉位戌位相乘段三丑位申位冪酉
位相乘段三丑位酉位再乘冪相乘段一戌位冪亥位相
乘段三亥位再自乘段一右一十位相併得數與寄乾相

消得閃方式五十三乘方飜法閃之得大斜仍推前
術得中小斜各合問

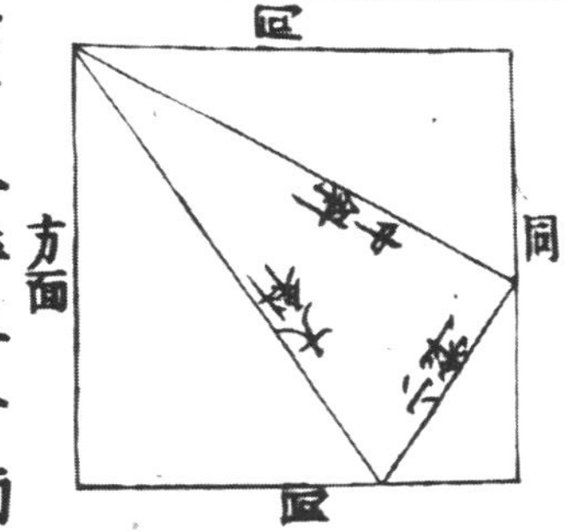

今有平方內如圖三斜只云大斜再
自乘得數與小斜再自乘得數二數
相併共寸立積三千八百十七坪又
云中斜再自乘得數與大斜再自乘
得數二數相併共寸立積五千五百
七十二坪平方面一尺二寸問大中小斜幾何
○荅曰依左術得大斜
術曰立天元一為大斜再自乘之得數以減先云數
餘為小斜再自乘數自之得數寄虛位○列又云數

內截大斜再自乘數餘為中斜再自乘數自之得數
寄甲位○列大斜冪一十二段內截方冪八段餘寄室位○
列併大斜三乘冪六段內截方冪一十六段得內截大斜
冪方冪相乘八段餘寄壁位○列併大斜三乘冪一十二段
與方三乘冪三十二段得內截大斜冪方冪相乘三十二段餘
寄奎位○列併大斜五乘冪四段大斜冪方三乘冪相
乘三十二段及甲位四段得內併截大斜三乘冪方冪相乘
一十六段與虛位一段餘寄婁位○列併大斜三乘冪六段與
方三乘冪三十二段得內截大斜冪方冪相乘二十四段餘寄
胃位○列併大斜三乘冪方冪相乘二十四段與虛位四段
得內併截大斜五乘冪四段與甲位一段餘寄昴位○列

併大斜七乘羃一段大斜三乘羃方三乘羃相乘三十二段
及大斜羃危位相乘四段得內併截大斜五乘羃方羃
相乘八段大斜羃虚位相乘四段及方羃危位相乘八段餘
寄畢位○大斜羃方羃虚位危位奎位相乘一千一百五十
二段大斜羃虚位危位室位胃位相乘三十六段大斜羃虚
位壁位畢位相乘三十六段方羃虚位危位昴位相乘一百
八十八段方羃虚位婁位羃相乘四十八段虚位羃危位室位
相乘二百零八段虚位羃室位羃壁位相乘三段虚位羃壁
位羃相乘一十八段虚位危位奎位胃位相乘一十八段虚位
室位奎位畢位相乘三段虚位壁位婁位胃位相乘三段
虚位婁位畢位相乘一十八段胃位畢位羃相乘三段昴位

羃畢位相乘三段右一十四位相併得數寄觜位○大
斜三乘羃虚位危位奎位相乘四百三十二段大斜羃虚位
危位昴位相乘二百一十六段大斜羃虚位婁位羃相乘三十
六段方三乘羃虚位危位奎位相乘七百六十八段方羃虚位
危位室位胃位相乘四十八段方羃虚位壁位畢位相乘
四十八段虚位室位婁位昴位相乘三段虚位壁位奎位昴
位相乘三段虚位奎位羃婁位相乘三段危位胃位羃昴
位相乘三段右一十位相併得數寄參位○大斜羃方
羃虚位危位婁位相乘一千一百五十二段大斜羃虚位危位
壁位胃位相乘三十六段大斜羃虚位危位畢位相乘二百
一十六段方羃虚位危位室位昴位相乘四十八段方羃虚位

危位。奎位羃相乘四十八段虚位羃。危位。室位羃相乘一十
八段虚位羃。危位。壁位相乘一百零八段虚位羃。室位壁位
羃相乘三段虚位。危位。室位。奎位胃位相乘三段虚位。室
位。婁位。畢位相乘三段虚位。壁位。奎位。畢位相乘三段虚
位。危位。胃位。婁位相乘一十八段危位。胃位。昴位羃相乘
三段危位。胃位羃。畢位相乘三段右一十四位相併得數
寄㆓并位㆒○大斜三乘羃。虚位。危位。婁位相乘四百三十二段
大斜羃。虚位。危位。室位。昴位相乘三十六段大斜羃。虚位。
危位。奎位羃相乘三十六段方三乘羃。虚位。危位。婁位相
乘七百六十八段方羃。虚位。危位。壁位。胃位相乘四十八段方羃。
虚位。危位。畢位相乘二百八十八段虚位。危位。奎位。昴位相

乘一十八段虚位。壁位。婁位。昴位相乘三段虚位。奎位。婁位
羃相乘三段昴位。畢位羃相乘三段右一十位相併得數
寄㆓兒位㆒○大斜三乘羃。方羃。虚位。危位羃相乘六千九百
一十二段大斜羃。虚位。危位。室位。畢位相乘三十六段大斜羃。
虚位。危位羃。胃位相乘二百一十六段方五乘羃。虚位。危位
羃相乘四千零九十六段方羃。虚位。危位。壁位。昴位相乘四十
八段方羃。虚位。危位。奎位。婁位相乘九十六段虚位羃。危位。
室位再乘羃相乘一段虚位羃。危位。室位。壁位相乘三十
六段虚位。危位。室位。婁位。胃位相乘三段虚位羃。危位羃
相乘二百一十六段虚位。危位。壁位。奎位。胃位相乘三段虚位。
危位。奎位。畢位相乘一十八段虚位羃。壁位再乘羃相乘

一段虛位壁位婁位畢位相乘三段危位羃胃位再乘羃
相乘一段畢位再自乘一段右一十六位相併得數寄柳
位◯大斜五乘羃虛位危位羃相乘一千七百二十八段大斜
羃方三乘羃虛位危位羃相乘九千二百一十六段大斜羃虛
位危位壁位昴位相乘三十六段大斜羃虛位危位奎位
婁位相乘七十二段方羃虛位危位室位畢位相乘四十八段
方羃虛位危位羃胃位相乘二百八十八段虛位危位室位
奎位昴位相乘三段虛位危位奎位再乘羃相乘一段虛
位危位婁位昴位相乘一十八段虛位婁位再乘羃相乘
一段危位胃位昴位畢位相乘六段危位昴位再乘羃相
乘一段右一十二位相併得數寄星位◯危位羃觜位

再乘羃相乘一段危位羃觜位參位羃相乘三段危位觜
位井位星位相乘三段危位觜位鬼位柳位相乘三段危
位參位井位柳位相乘三段危位參位鬼位星位相乘
三段危位井位再乘羃相乘一段危位井位鬼位羃相乘
三段柳位再自乘一段柳位星位羃相乘三段右一十位相
併得數寄左◯危位羃觜位羃參位相乘三段危位羃
參位再乘羃相乘一段危位觜位井位柳位相乘三段危
位觜位鬼位星位相乘三段危位參位井位星位相乘
三段危位參位鬼位柳位相乘三段危位井位羃鬼位相
乘三段危位鬼位再乘羃相乘一段柳位羃星位相乘三段
星位再自乘一段右一十位相併得數與寄左相消得

開方式七十一乗方飜法閲之得大斜仍推前術得中小斜各合問

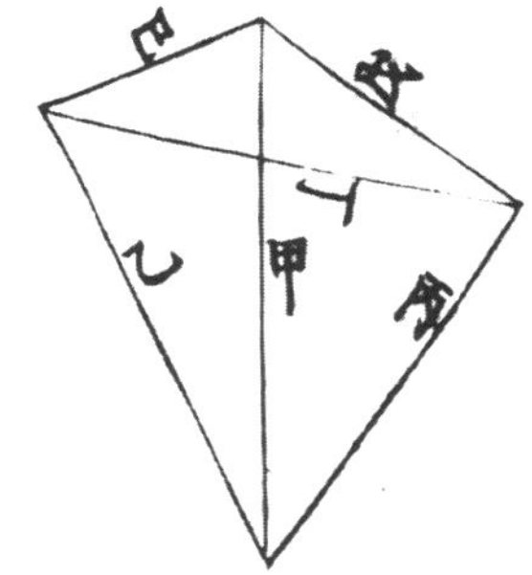

今有两平錐只云列甲乙丙丁戊巳寸各別々再自乗之各其差云則者從甲數而乙數者少寸立積二百七十一坪從乙數而丙數者少寸立積二百十七坪從丙數而丁數者少寸立積六十坪零八分從丁數而戊數者少寸立積三百二十六坪二分從戊數而巳數者少寸立積六十一坪

問甲乙丙丁戊巳幾何

○荅曰得甲術一千四百五十七乗方飜法也演脫

今有銀七貫目（本書曰三貫目）灰吹五貫目不知借年數及詺

○分子齊同門　一問

多端而文繁故略之乃其起術演段大概曰○立天元一為甲依之得乙丙丁戊巳各再自乗數從是○脫巳再自乗數演段至一十七乗方次○脫戊再自乗數演段至五十三乗方次○脫丁再自乗數演段至一百六十一乗方次○脫丙再自乗數演段至四百八十五乗方於是起術而脫乙再自乗數求兩位適等相消得開方式一千四百五十七乗方飜法閲之得甲也是則循々誘入之意蓋鮮難問之奥妙也尤為學者當務之要矣

年元利合返之則銀二十九貫目灰吹二十八貫目只
云從銀之年利足灰吹年利足者高百目四匁究七問
銀灰吹之年利足何割并借年何年加乃利
○荅曰依左術得銀之年利足
如本書者元銀灰吹數與元利合銀灰
吹數互有邊不及故增元銀數而述術
術曰立天元一爲銀之年利足加入元一得數列得借年
八年有奇九年不足就是七自乘之以元銀數相乘之得數寄甲
位○列銀之年利足以云百目乘之得數加入云四
匁爲灰吹百目之年利足七自乘之以元灰吹數相
乘之得數寄乙位○列元利合銀數内减甲位餘以
灰吹百目之年利足相乘亦以乙位相乘得數寄左
○列云百目七自乘之以元利合灰吹數乘之得内
减乙位餘以云百目相乘亦以銀之年利足相乘亦
以甲位相乘得數與寄左相消得開方式一十五乘
方翻法開之得銀之年利足仍推前術得灰吹之年
利足并借年八年有奇之零數各合問得借年數之有奇不足術
日列元利合銀灰吹數各爲實列元銀灰吹數各爲
法○初年者歸除法○二年者開平方○三年者開
立方○四年者開三乘方○五年者開四乘方○六
年者開五乘方○七年者開六乘方○八年者開七
乘方○九年者開八乘方○以上倣之○仍所得之
銀商與灰吹商之差從所題云之年利足差而多者
爲自其年數有奇少者
爲自其年數不足也

右所述一十有五術内○第三直得丁方面術二

十六乘方飜法也○第四直得丙方面術一百七
乘方飜法也○第七直得鈎術五十一乘方飜法
也○第八得鈎術三十五乘方飜法也此四術依
文繁多而取其捷徑各載得見商數之術矣然右
所載之術理通達則千變萬化可得而知耳

發微算法終

此書者孝和先生之所述也僕等
學先生之門而研窮既有年粗得
其蘊奥而且蒙於許容矣是以今
模寫訂正而命梓近以無其傳無
窮云爾

三瀧四郎右衛門郡智
三俣八左衛門久長　校正

本屋嘉兵衛刊行。

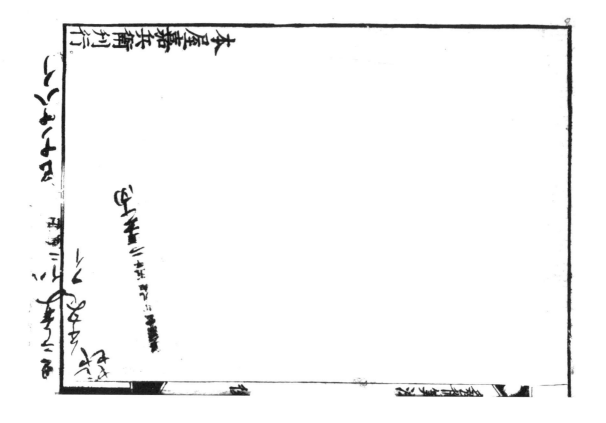

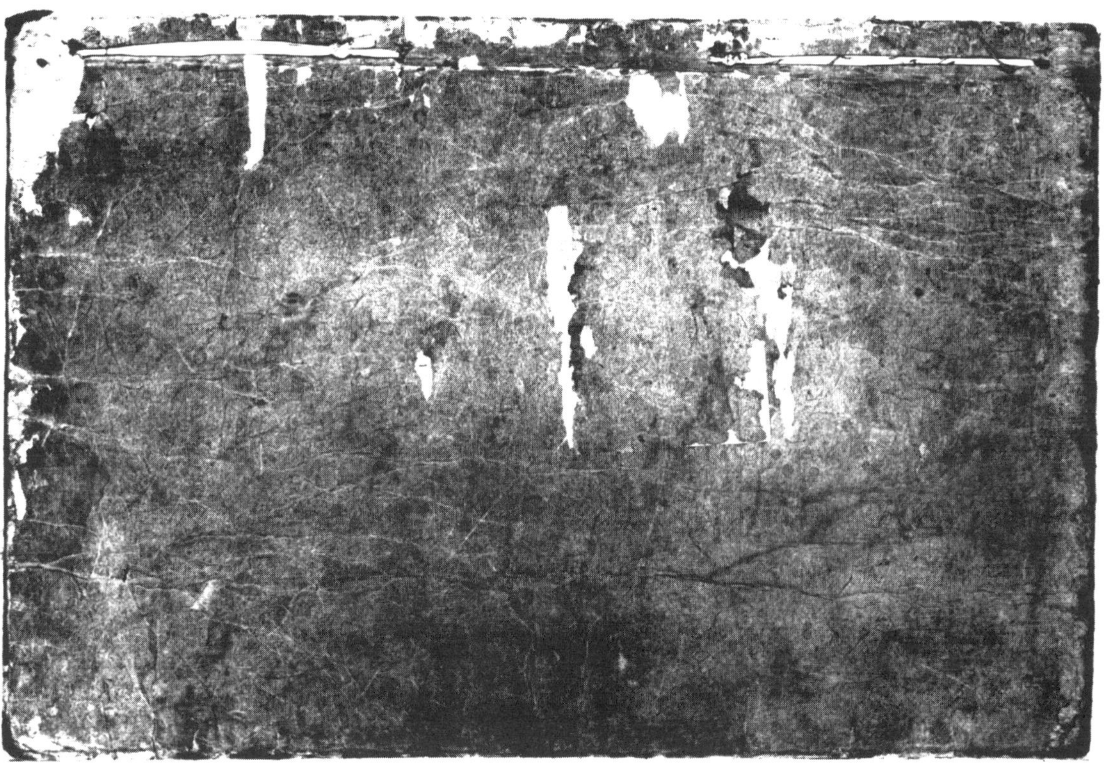

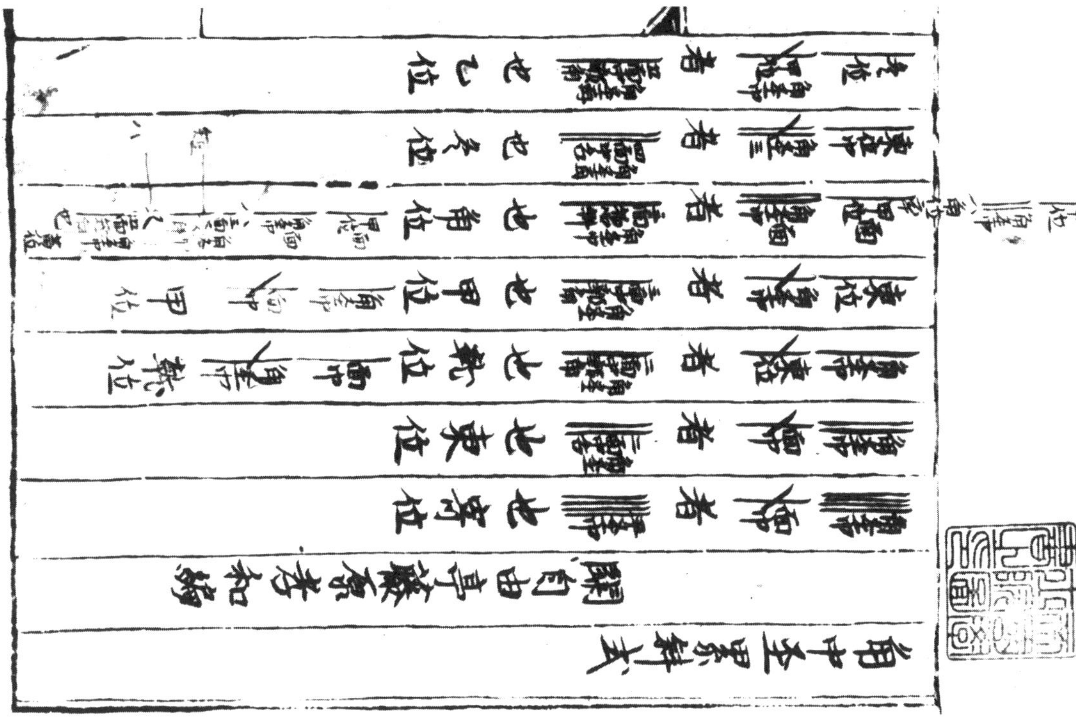

角中至累斜式

關自由亭藤原孝和編

角至中 面中 者 也寄位

角至中 面中 者 也東位

角至中 東位 者 也乾位 面中 角至中 乾位

東位 角至中 者 也甲位 角至中 面中 甲位

面 甲位 角至中 面 者 也角位

東位中 角至三 者 也冬位

冬位 角至中 甲位 者 也乙位

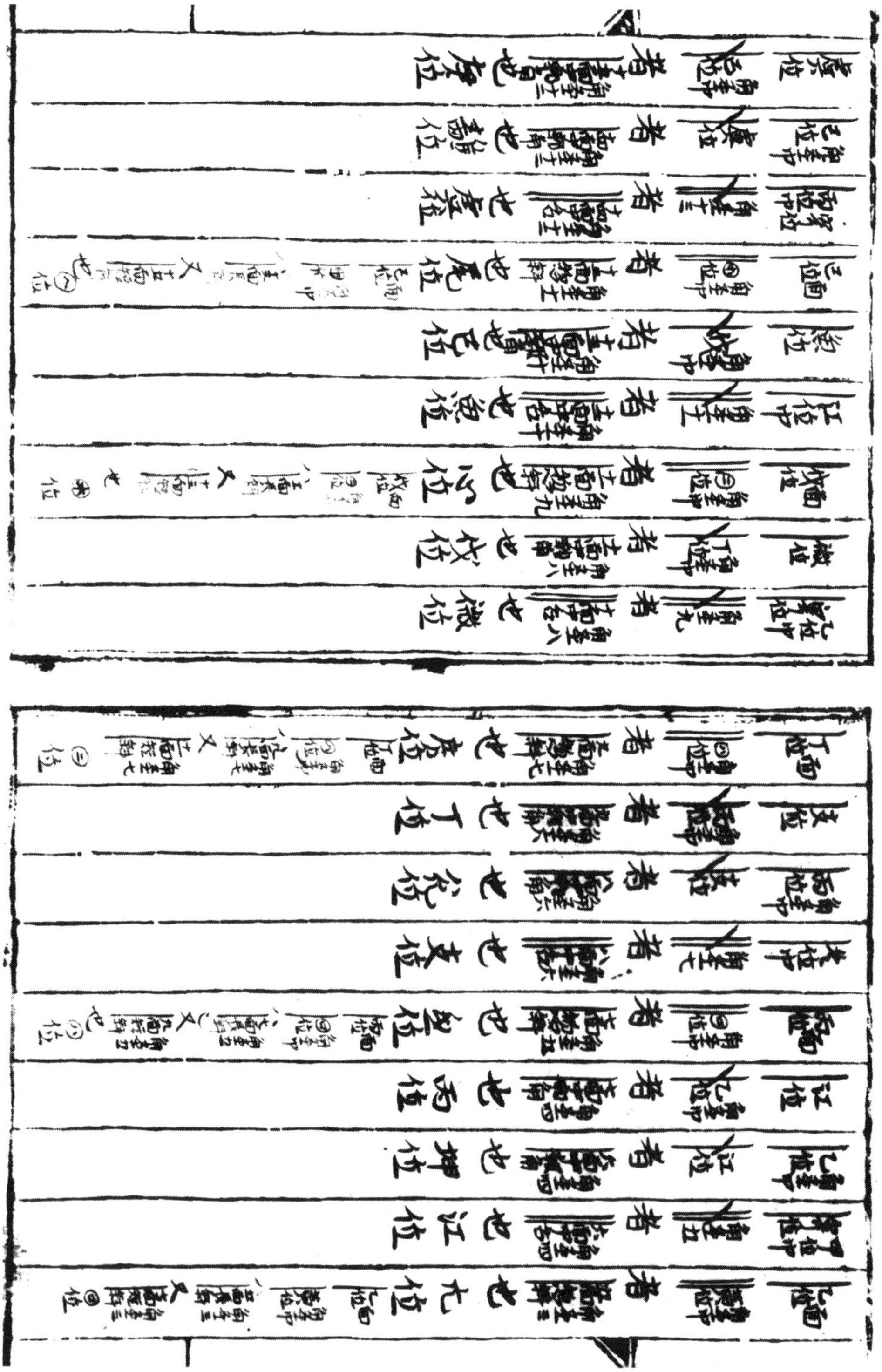

七面位 角至巾 黄位 者 角至三 十二面急斜 也 七位 七面位 角至巾 黄位 八 角至三 十二面長斜 又 角至三 十二面短斜 四位

甲位巾 宮位 角至九 者 角至四 六面中占 也 江位

角至巾 乙位 江位 者 角至四 十面中剛角 也 坤位

江位 角至巾 乙位 者 角至四 十面中剛角 也 丙位

丙面位 角至巾 四位 者 角至五 十面急斜 也 [illegible]位 丙面位 角至巾 四位 八 角至五 七面長斜 又 角至五 九面短斜 也 八位

光位巾 角至十七 者 角至六 八面中占 也 支位

角至巾 丙位 支位 者 角至六 八面中剛角 也 [illegible]位

支位 角至巾 丙位 者 角至六 八面中剛角 也 丁位

丁面位 角至巾 四位 者 角至十七 十面急斜 也 房位 丁面位 角至巾 四位 八 角至七 十面長斜 又 角至七 十面短斜 二位

乙位巾 宮位 角至九 者 角至八 十面中占 也 微位

微位 角至巾 丁位 者 角至八 十面中剛角 也 戊位

戊面位 角至巾 日位 者 角至九 十面急斜 也 心位 戊面位 角至巾 日位 八 十面長斜 又 十三面短斜 也 木位

江位巾 角至十 者 角至十 十面中占 也 魚位

魚位 角至巾 戊位 者 角至十 十面中剛角 也 巳位

巳面位 角至巾 田位 者 角至十 十面急斜 也 尾位 巳面位 角至巾 田位 八 十面長斜 又 十五面短斜 也 八位

宮位 丙位巾 角至十三 者 角至十三 十面中占 也 虚位

角至巾 巳位 虞位 者 角至十三 十面中剛角 也 觜位

虞位 角至巾 巳位 者 角至十二 十面中剛角 也 房位

面 虚位　角冪中 内位　者　角冪十五 [illegible]　也 其位　面 虚位　角冪中 内位　八 [illegible]　又 [illegible]　(下) 位

支位中　角冪十五　者　角冪十四 大 [illegible]　也 [illegible] 位

角中垂累斜式

闋自由亭先生編

○ 寡位

○ 東位

○ 執位

○ 甲位

○ 角位 ○ 黃位

○ ○ 冬位

○ ○ 乙位

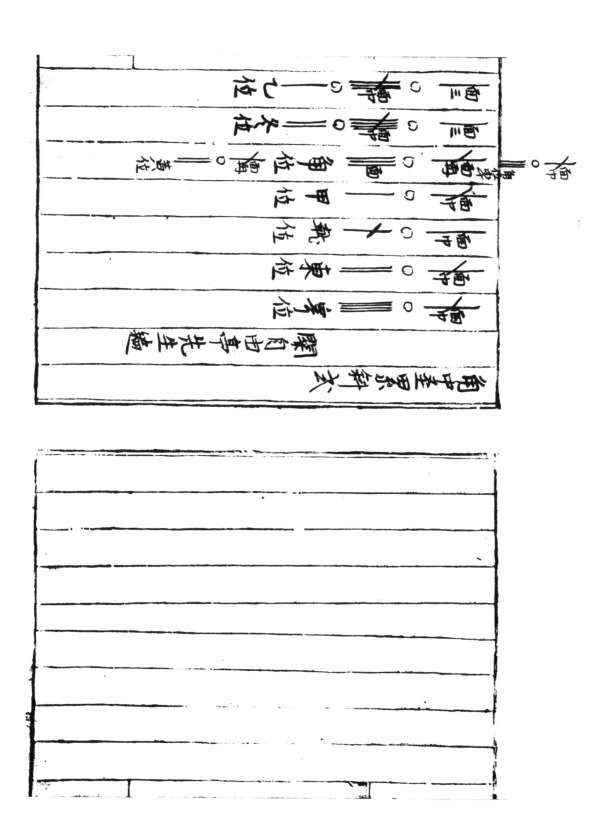

角中垂累斜式演段

關流末學松永源直英

第一 ‖角垂巾 減 面巾 八 ‖平垂巾 也 寄位

角垂八玄 平垂八股 面半八勾 依之解詳ナリ

第二 ‖角垂巾 減 面巾 八 ‖二面中角 角垂 也 東位

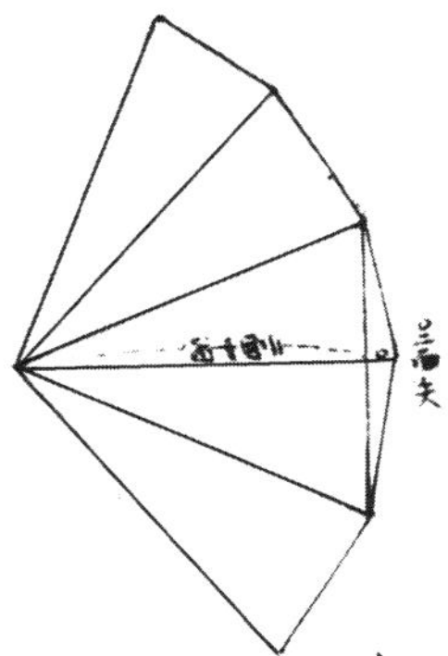

面巾 八 ‖二面矢 角垂 是四中 三斜術 以減角垂巾

二段 ‖角垂巾 減 面矢 角垂 変之 ‖二面中角 角垂 也

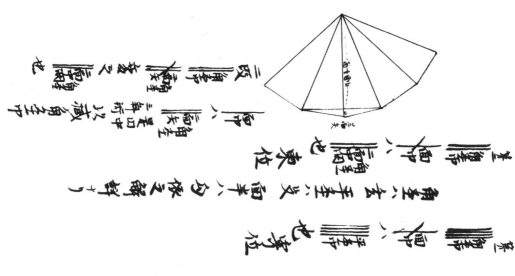

第三

角巾 東位 八 二面中勾角巾 也 乾位

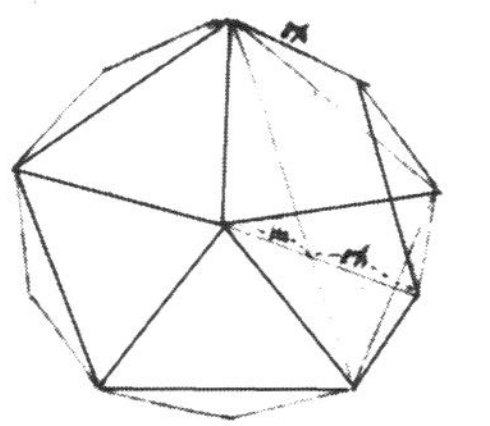

東位 八 二面中間 乗之 子 二面中間二段ハ子丸ワハ 括零算法ノ解ニ詳カニ 以減

角巾 丑 八 二面中勾角巾 也

乾位ハ角ノ外条角ニ不用

第四

東位 角巾 八 二面中勾角巾 也 甲位

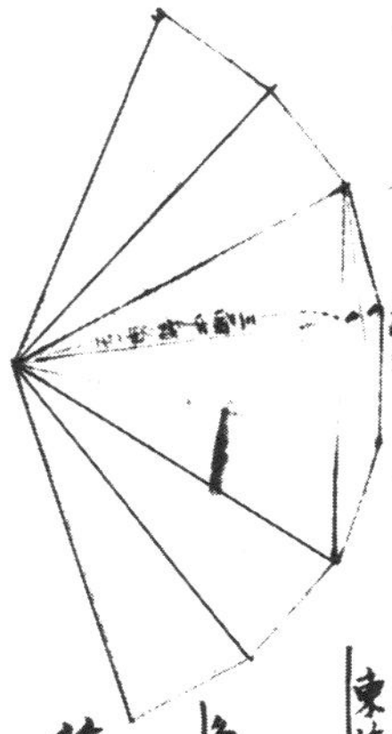

東位 八 二面中間 乙 乗之 東中勾角 二面矢 也

角巾 八 二面中勾角 二面矢 也 以減東

位 二面中勾角 也

第五

甲位 角巾 八 二面長斜 又 二面短斜 也 黄位

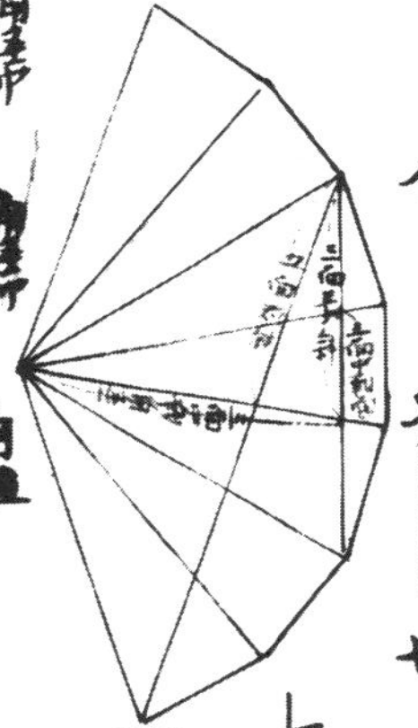

甲位 八 二面中勾角巾 乗之 二面中勾面 也

加二面短斜ノ面 因角巾 二面長斜 也

第六

黄位 面 八 二面短斜 也 角巾 解 前ニ詳ナリ

第七

東位巾 角巾三 八 四面[illegible] 也 冬位

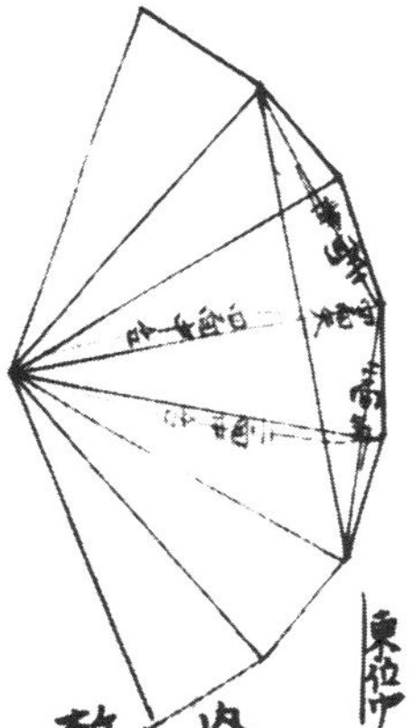

東位巾 八 二面中舌巾 也 角巾 八 二面中舌巾 面巾 二面中舌又 二面斜去 角巾去

内減東巾 二面斜巾 乗之 四面矢 也

故 角巾三 東巾 八 四面矢 也 以減角

角巾 二段 角巾三 東巾 八 四面中舌 也

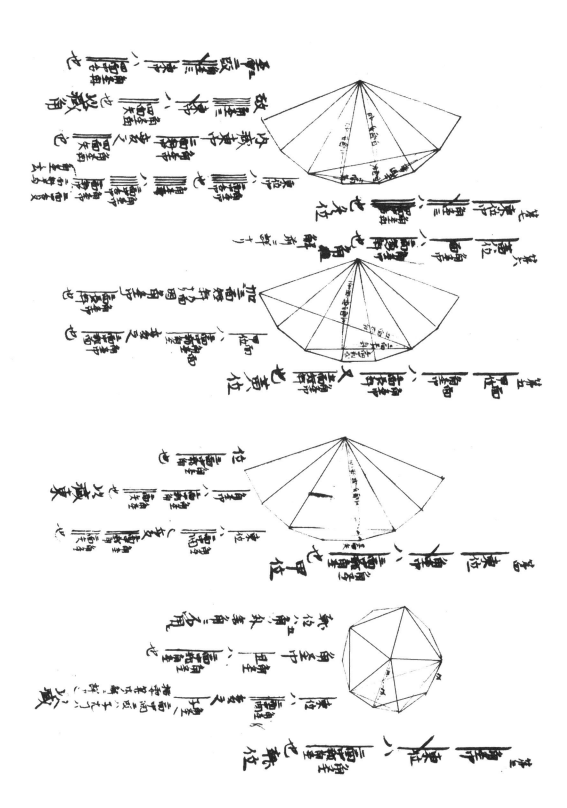

江位 乙位(角至巾) 八 七面中勾角(角至四) 也 丙位

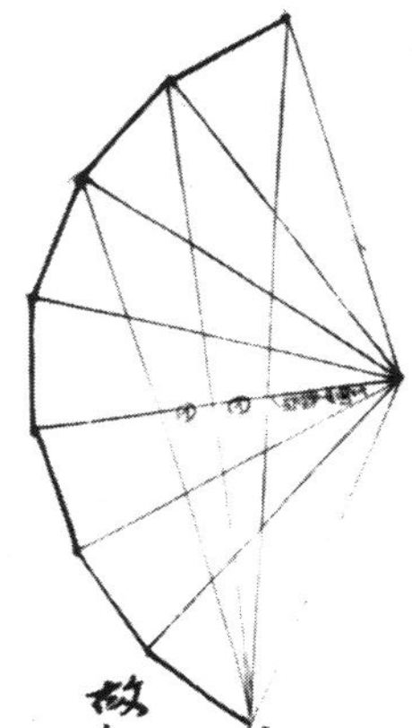

江位 八 六面中備(角至四) 八 四(角至四) 六面中勾角(角至四) 也

乙位(角至巾) 八 六面中勾角(角至四) 八 の(角至四) 六面中勾角(角至四) 也

故 江位 乙位(角至巾) 八 七面中勾角(角至四) 也 后ヰ丁位代位ホノ解倣之

面 丙位 回位(角至巾) 八 七面勾斜(角至五) 也 典位

圖前ニ等シ

面 丙位 八 七面中勾面(角至五) 也 回位(角至巾) 八 七面勾斜(角至五) 也

故 面 丙位 回位(角至巾) 八 七面長斜(角至五) 也 又 九面短斜(角至五) 也 回位

七面長斜(角至五) 回位(角至巾) 八 七面勾斜(角至五) 也 八 面 丙位 回位(角至巾) 也

后ヰ房位心位ノ解倣之

冬位巾 (角至七) 八 八面中信(角至六) 也 支位

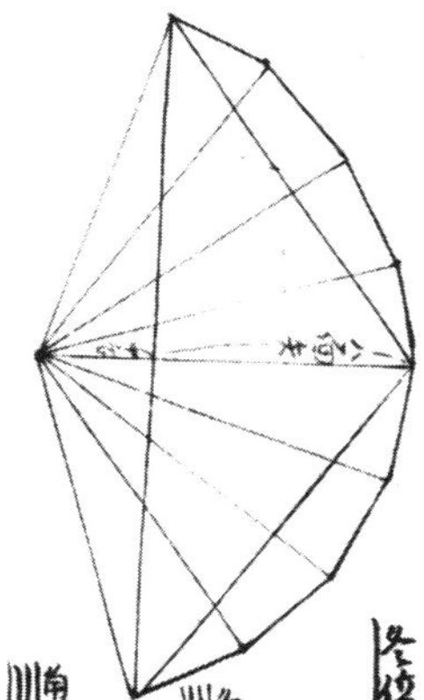

冬位巾 八 四面中合巾(角至五) 也

(角至七) 八 四面中合巾(角至五) 四面斜巾(角至五) 也 四面中合八又 四面斜半成勾 角至八玄

(角至七) 冬位巾 八 四面斜巾(角至五) 八 八面矢(角至六) 也

以箴角至七二段 冬位巾(角至七) 冬位巾 八 八面中信(角至六) 也

后ヰ微位箕位ホノ解術倣之

丙位(角至巾) 支位 八 八面中勾角(角至六) 也 化位

図ハ抜栗弟法 解十七角第六ノ形

丙位(角至巾) 八 七面中勾角(角至六) 也

支位 八 八面中信(角至六) 也 八 仰(角至六) 也

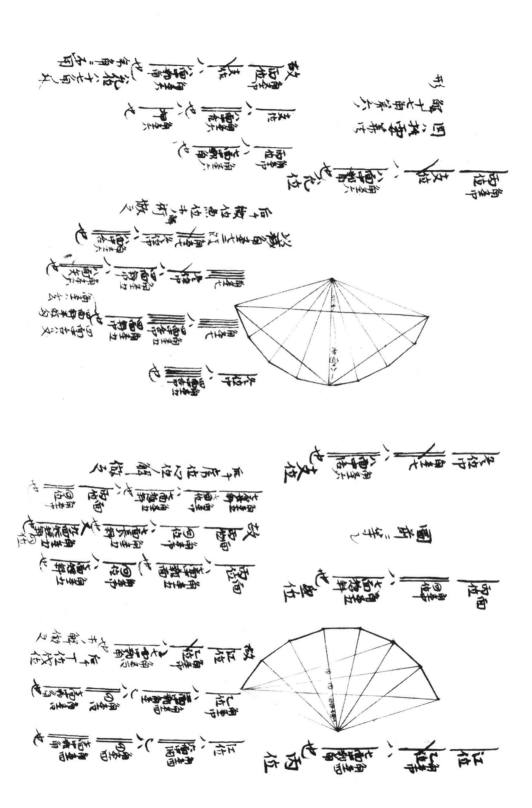

故 丙位(角至巾) 支位 八 八面中勾角(角至六) 也 八化位 八十七角ノ外 第角ニ用

角法演段

關流末學松永源直英

三角 角面巾八平面巾也斜面角巾八平巾也自之平巾也以寄位也

故本術依四系斜式得寄位寄左〇角巾ッ相消

四角 角巾八平二巾也變之面巾二倍之面巾也

故本術角巾二段寄左〇面巾ッ相消

五角
角至面 八 二面斜二面中台 也 矣角至 角至巾面 八 二面中台平至二面 商面
角至巾 八 二面中台平至 也天位 変之 二面中部角平至巾 角至二 八 乾寄位 角至巾 也
故 乾寄位 角至巾 八 天位 也 矣角至巾 乾寄位 八 天位角至巾 也
故本術依甲系斜式得寄位及乾位相乘寄
左〇天位因角至巾相消
六角
角至 八 面 也
故本術角至二寄左〇面相消
七角
角至面 八 三面斜三面中台 矣角至 角至巾面 八 三面斜三面中台 矣角至 角至再面 八
三面中台平面 商面 角至再 八 二面中台平至二 也天位 変之 三面中部角至平至巾二面中台 角至 八 寄位東位甲位 角至再 也
故 天位 八 寄位東位甲位 角至再 矣角至再 甲位 八 天位角至再 也
故本術依甲系斜式得寄位東位及甲位各相乘寄左
〇天位因角至再相消
八角
角至巾 八 二面中台巾 也 矣角巾位之 角至巾面 八 角至三 也
変之 東位巾 八 角至三 也
故本術依甲系斜式得東位自之寄左〇角至三
矣巾二段相消

九角

（甲位巾寄位）八（角巾三面中乞巾）實之（角巾五）也

故本術依甲斜式得寄位甲位巾相乘寄左○角

巾五乘巾相消

十角

（甲位）八（角巾面中乞角）八（角子）面也

故本術依甲斜式得甲位寄左○面因角巾相消

十一角

（角巾面）八（面斜）乘角巾（角巾面）八乘角巾得

（角巾再面）八乘角巾（角巾三面）八乘角巾得

（角巾四面）八者面（角巾四）八也天位

（角巾面斜）八乘角巾（角巾中面斜）八乘角巾得

（角巾再面斜）八以面除之（角巾再面斜）八也人位

（角巾中）八實之（寄位甲位乙位角巾五）八也与人位相乘

（角位寄位甲位乙位角巾四面）八（天位）也乘角巾四乘巾（角位寄位甲位乙位）八（角巾四天位）也

故本術依甲斜式得甲位乙位角位乘及寄位各相

乘寄左○天位因角巾四乘巾相消

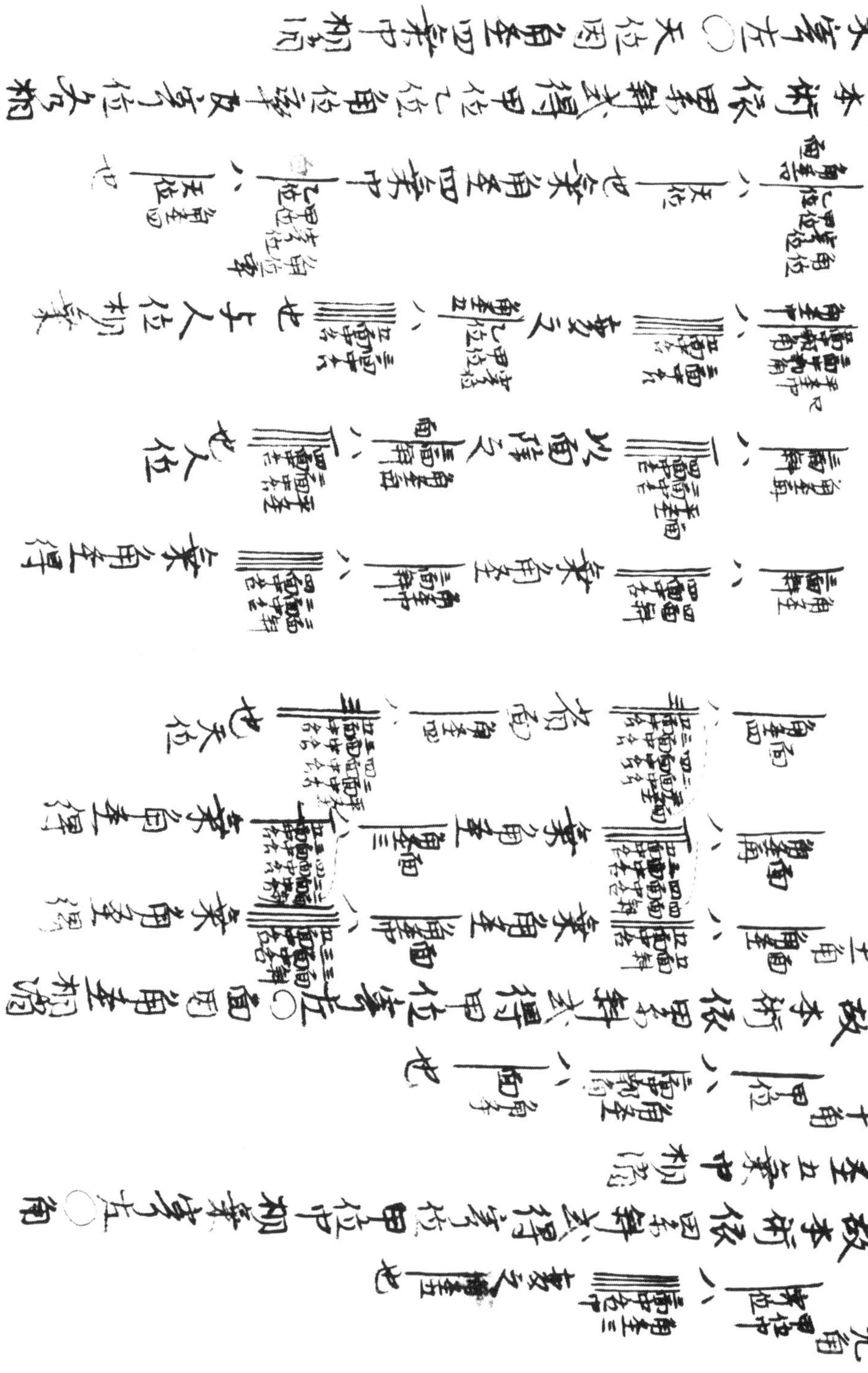

十二角 冬位 八 角巫再 四面中告 言之 角巫三 也

故本術依累斜弐得冬位寄左○角巫三乗巾相消

十三角 角巫 面 八 六面斜 六面中告 乗角巫得 角巫巾 面 八 三面斜 六面中告 乗角巫得

角巫再 面 八 乗角巫 角巫三 面 八 乗角巫得

角巫四 面 八 乗角巫 角巫五 面 八 蒼面得

角巫五 八 也 天位

角巫 三面斜 八 五面斜 也 乗角巫 角巫巾 三面斜 八 四面斜 乗角巫

角巫再 三面斜 八 乗角巫 角巫三 三面斜 八 以面除之得

角巫三 三面斜 面 八 也人位 言之 角位巾 八 玄位

三面中告 八 也 言之 甲位 寄位 角巫七 八 三面中告 乙 言之人位相乗

角巫五 甲位 寄位 卯位 角位巾 八 天位 角巫五 八 也 乗角巫五 卯位 角巫五 八 天位 也

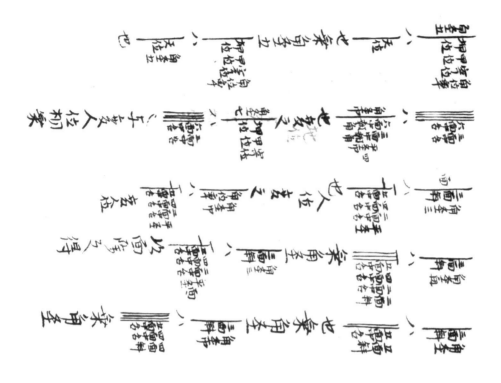

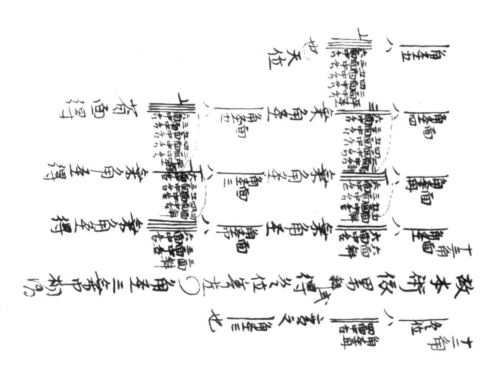

故本術依甲乃斜玄得坤位甲位寄位及角位率多相乘得
数寄左　角垂五乗中因天位相消

十四角
甲位 八 也変 也乗角垂 也八 東位 也

故本術依甲乃斜玄得甲位及東位乙甲位因角垂寄左
東位因面相消

十五角
角垂中 八 也 是五角短合

乙位 八 也乗①位及角垂中乙位 八 也変之

故本術依甲乃斜玄得甲位乙位及江位乙位因角垂三寄
左　甲位因江位相消

十六角
冬位中 八 也変之 角垂七 也

故本術依甲乃斜玄得冬位句之寄左　角垂一七二段
相消

十七角
角垂 八 也乗角垂 八 乗角垂得

角垂角 八 乗角垂 八 冪面得

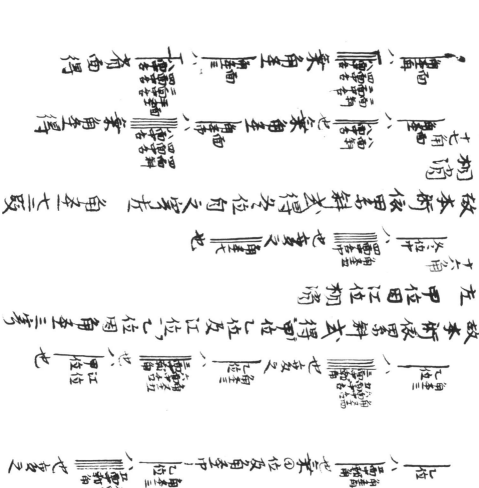

角至三 八 二面中合 四面中合 八面中合 平至三 也 天位

八面中数角 平至帝 四 角至一 八 八面中合 平至三 也 人位 乗之 寄位 兌位 角至七 八 八面中合 平至一 也 寄人位

東位 冬位 角至十三 八 四面中合 二面中合 也 地位 乗寄人位 相乗 東位 冬位 兌位 寄位 角至十一 八 天位 也

乗角至十一乗巾 東位 冬位 兌位 寄位 八 天位 角至十一 也

故本術依累斜式得東位冬位兌位及寄位各相乗得

数寄左 角至十一乗巾因天位相消

十八角

角位 八 三面斜 角至巾 也 乗之 角至四 也

故本術依累斜式得角位寄左 角至四乗巾相消

十九角

角面至一 八 九面斜 九面中合 也 乗角至一 角面至帝 八 五面斜 五面中合 九面中合 乗角至

角面至四 八 七面斜 七面中合 五面中合 九面中合 乗角至得 角面至三 八 六面斜 六面中合 七面中合 五面中合 九面中合 乗角至

角面至四 八 三面斜 四面中合 八面中合 三面中合 六面中合 七面中合 五面中合 九面中合 乗角至 角面至五 八 八面中合 三面中合 六面中合 七面中合 五面中合 九面中合 乗角至

角面至六 八 四面中合 八面中合 三面中合 六面中合 七面中合 五面中合 九面中合 乗角至 角面至七 八 二面斜 四面中合 八面中合 三面中合 六面中合 七面中合 五面中合 九面中合 乗角至

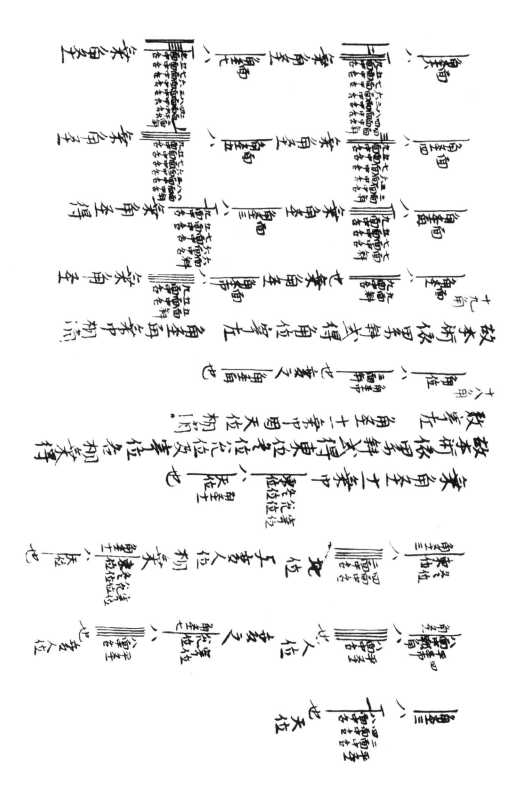

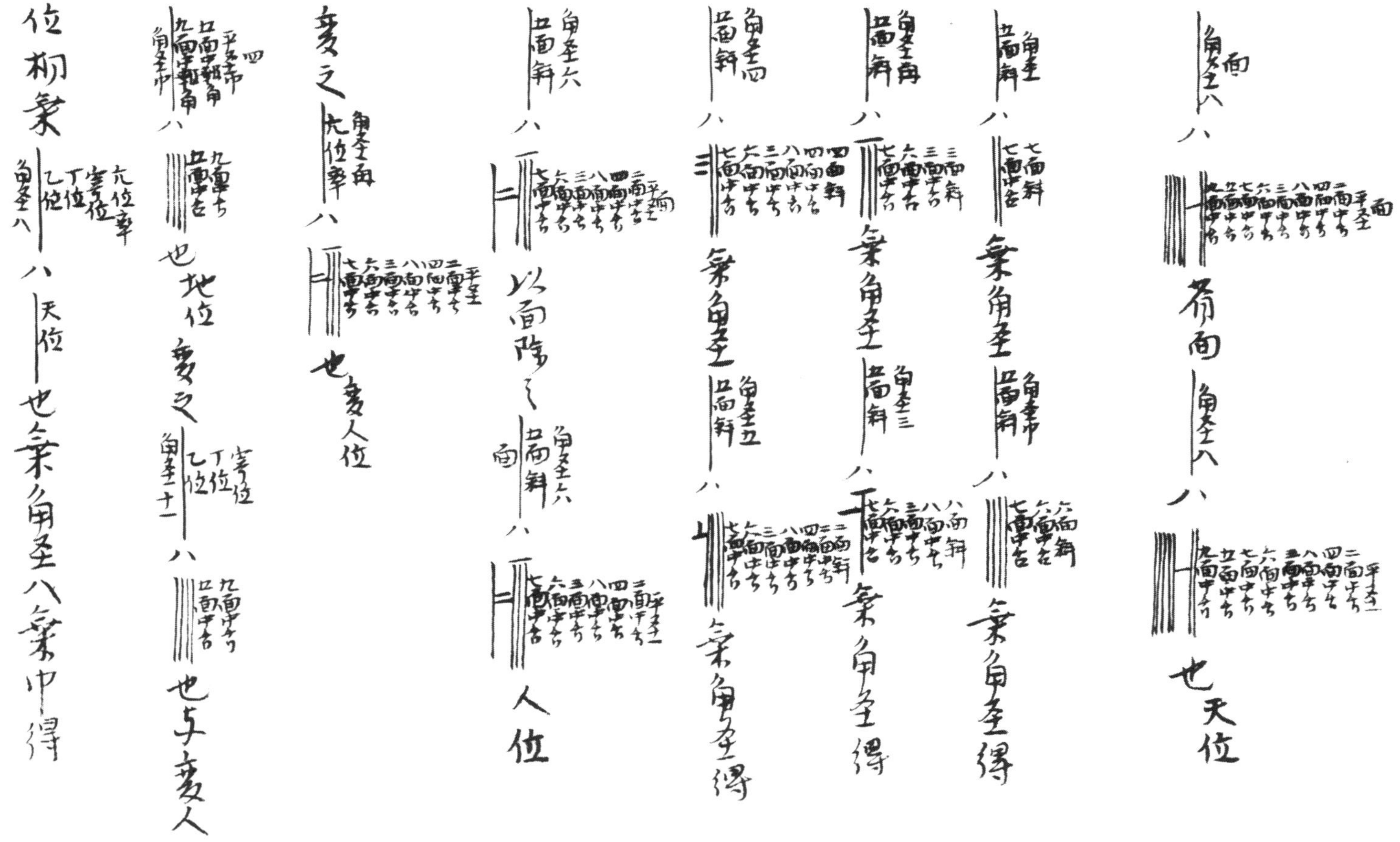
角冪八　八　為面　角冪八　八　也天位
乗角冪　八　乗角冪得
乗角冪　八　乗角冪得
乗角冪　八　乗角冪得
以面除之　面　八　人位
乗之　八　也乗人位
八　也地位乗之　乙位　丁位　寄位　八　也与乗人
位柳象　乙位　丁位　寄位　九位率　八　天位　也乗角冪八乗巾得

九位寄
丁位
乙位 八 天位 角至八 也

故本術依累斜式得乙位丁位寄位及九位寄各相乘

寄左　天位因角至八乘巾相消

二十角
寄位面巾 八 二面斜巾 角至巾 也 変之 二面矢 角至四 以減角至三 二面斜 角至四 也 是ノ十角短告し

句之 二面斜巾 角至五 也 八 寄位面巾 角至三 也

故本術依累斜式得寄位乘面巾寄左以減角至三乘

巾句之寄ニ　寄左因角至三乘巾相消

二十一角
九位面 八 十一面斜 角至十三 也 依第三適等変之 四面中告 角至四 六面中告 角至四 也

心位面 八 十二面斜 角至九 也 依第三適等変之 九面中告 角至十 十一面中告 角至十 也

故 九位面 角至五 心位面 八 四面中告 角至十 八面中告 角至十 九面中告 角至十 十面中告 角至十 也 依第一適等

変① 得 九位面 角至五 心位面 八 三面中告 角至十 六面中告 角至十 九面中告 角至十 也 依ニ第二適

等三位如変之得 角至十一 也

故本術依累斜式得九位及心位ヲ九位因角至五与心位相消

得数乘面寄左　角至十一乘巾相消

二十二角
乙位 八 角至面 五面中初角 也 棄角之十一 回位 也

故本術依累斜式得乙位及㊃位乙位回角至寄左

回位相消

二十三角
角至面 八 十一面斜 十一面中古 棄角至
角至面巾 八 六面斜 十五面中古 十一面中古 棄角至得

角至面面 八 三面斜 三面中古 六面中古 十一面中古 棄角至
角至面三 八 十面斜 十面中古 三面中ク 六面中古 十一面中古 棄角至得

角至面四 八 四面斜 四面中古 十面中ク 三面中ク 六面中ク 十一面中古 棄角至
角至面五 八 九面斜 九面中ク 五面中古 十面中古 三面中古 六面中古 十一面中古 棄角至得

角至面六 八 七面斜 七面中ク 九面中ク 五面中古 十面中古 三面中ク 六面中ク 十一面中古 棄角至
角至面七 八 八面斜 八面中ク 七面中ク 九面中ク 五面中ク 十面中ク 三面中ク 六面中ク 十一面中ク 棄角至

角至面八 八 四面斜 四面中ク 八面中ク 七面中ク 九面中ク 五面中ク 十面中ク 三面中ク 六面中古 十一面中ク 棄角至
角至面九 八 一〇二 二面斜 四面中古 八面中古 七面中古 九面中古 五面中古 十面中古 三面中古 六面中古 十一面中古 棄角至

角至面十 八 二〇三 平至面 二面中古 四面中古 八面中古 七面中古 九面中古 五面中古 十面中古 三面中古 六面中古 十一面中古 皆面
角至面十 八 二〇三 平至 二面中古 四面中古 八面中古 七面中古 九面中古 五面中古 十面中古 三面中古 六面中古 十一面中古 也天位

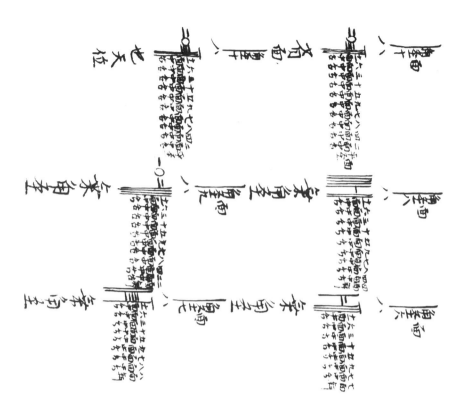

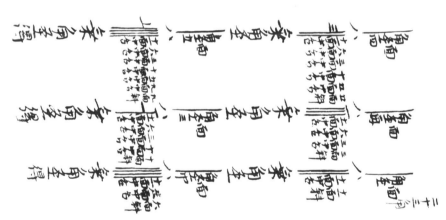

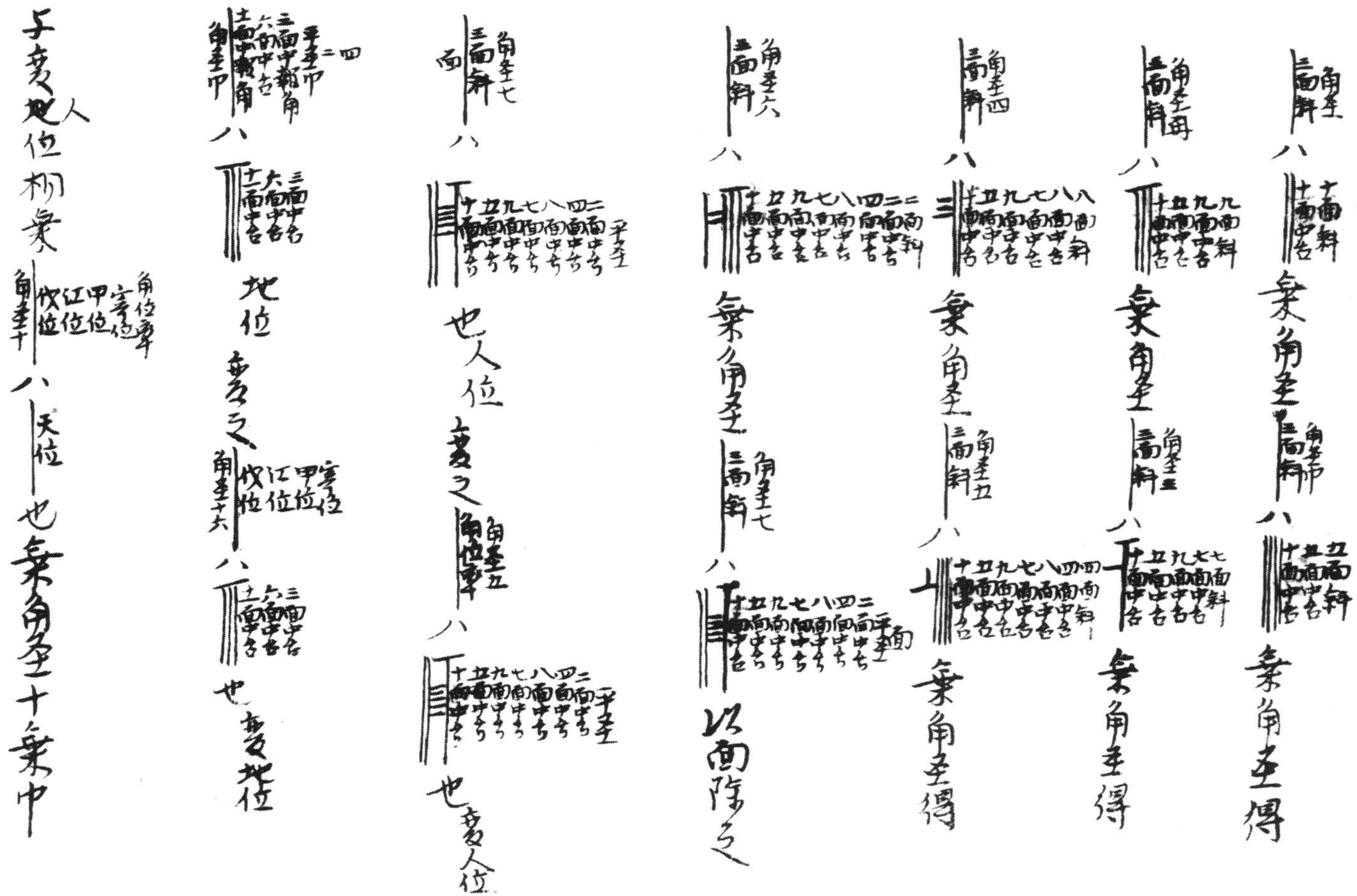
乗角差得
乗角差得
乗角差得
乗角差
以面除之
也人位
妻之
也妻人位
地位
妻之
也妻地位
与妻地人位相乗
天位
也乗角差十乗巾

伐位 江位 甲位 寄位 角位多十 八 天位 角乗二十 也

故本術依男多剰式得伐位江位甲位寄位及角位多十

各相乗寄左　天位因角乗十乗巾相消

二十四角
甲位 八 二面巾 角乗巾 也自之 甲位巾 八 三面巾 角乗巾 也乗寄位及面巾

甲位巾 寄位 面巾 八 二面巾 角乗巾 也冪之 甲位 寄位 面巾 八 三面巾 角乗三 也冪 角乗七 也

故依男多剰式得甲位寄位、甲位寄位面巾三位相乗

寄左　角乗七乗巾相消

二十五角
角乗巾 八 五角二面巾 也天位 是五角適等ナリ

亢位 八 五角面 角乗三 也冪之 五角面 角乗三 也

乙位 八 五面巾 角乗再 也自之 五角二面巾 角乗五 乗寄位得

男多剰寄位 乙位巾 八 五角平巾 角乗七 也寄位

亢位巾 八 五角面巾 角乗七 也内蔵角乗九乗巾得

亢位巾 角乗九 八 五角二面巾 角乗八 也執位 乗寄位得

此執位ハ男多剰式ノ執位ニ非ズ

男多剰ノ寄位ニ非ズ

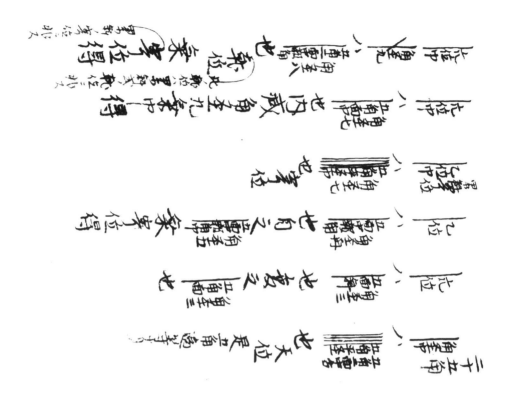

乾位 寅位 八 角至十七 五角三面中 五角平方 也八 角至十七 天位 也
甲乙斜ニ求ム

故本術依甲乙斜式得寅位亢位及乙位ヲ乙位中。
乘寅位得数寅位 亢位巾内蔵角至九乗巾乾位
甲斜ノ寅位ニ求ム 以天位ニ因角至十七ナリ
乘寅位 寅左 角至十九乗巾相消

二十六角
回位 八 七面矩斜 角至三 也乗角至 丙位 也
故本術依甲乙斜式得回位及丙位ヲ回位因角至ヲ
寅左 丙位相消

二十七角
角位巾 八 三面斜巾 角至三 也八 九角面中 角至三 也以 角至巾 角至三 内蔵 九角三面平方 角至四 也 甲位
故 角至五 角位巾 八 九角三面平方 角至四 也 寅甲位 角至巾 角至三 伍テ角乗之乗
角位巾 九角三面斜巾 角至十五 也 寅角至 八 也
故本術依甲乙斜式得角位ヲ角之以蔵 角至十五乗巾
寅甲位 加角至五乗巾二段得数角之乗角位巾 寅角位
寅左 角至十七乗巾二段相消

二十八角
乙位巾 八 七面斜巾 角至十五 也八 角至十三 也
故本術依甲乙斜式得乙位角之寅左 角至
十三乗巾二段相消

二十九角

推前術求天位 八 也 天位

推前術求人位 八 也 人位

八 乘之 八 也 地位

与人位相乘 八 天位 乘角至十三乘中

八 天位 角至十三 也

故本術依單式得翻位兩位寄位及丞位率ヲ名

相乘寄左　天位因角至十三乘中相消

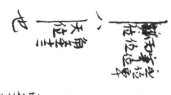

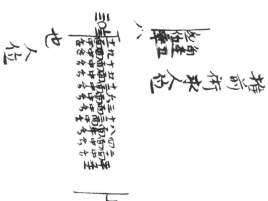

三十角

乾位八角率三五面斜也八角率四也

故本術依因子斜式得乾位寄左　角率四之乘中相消

三十一角

推前術求天位

角率四八二面中合四面中合八面中合十五面中合也天位

角率十支位坤位東位八二面中合四面中合八面中合也地位

推前術求人位

角率平率四十五面中合八平率一十五面中合也人位

坤人位角率十三庚位寅位八平率三十五面中合也

地位乘人位相乘角率二十三支位坤位東位庚位寅位八天位也乘角率

二十三乘中坤支位東位庚位寅位八天位角率二十三也

故本術依因子斜式得支位各位東位庚位及寄位各相乘寄左　天位因角率二十三乘中相消

三十二角以上因子之推前例可知

角法通術

松直英撰術

今有起三角四角五角以至数万角欲

不用天元術直得毎面一角中至同得其

式術何

答曰依左術得角中至

術曰角数奇者置角数為原法

置定一箇名一率

置原法内減二余名二率　若不架減式算尽得則為二率無

置廉法内蔵五若不能蔵式策者則為三乗無餘依圭垜術得責

三乗

置廉法内蔵七餘依三角衰垜術得責名

四乗

置廉法内蔵九餘依再乗衰垜術得責名五乗

六乗以上倣之 次第如此以奇数蔵廉法餘依衰垜術

求各積各各乗

以定為商実

置一乗以廉法乗之為正方

置二乗以廉法乗之得数半之為負初廉

置三乗以廉法乗之得数三除之為正次廉

置四乗以廉法乗之得数四除之為負三廉

置五乗以廉法乗之得数五除之為正四廉

五廉以下倣之 次第如此求正負下廉級数所止定阳為得角中垂中

開方式

又曰角数重隅者置角数半之為廉法依前術

得開方式

又曰角数單隅者置角数半之加二箇為廉法

依前術求各率

以一率為負實

以二率為正法

以三率為負初廉

以四率為正次廉

以五率為負三廉

四廉以下倣之

右各開方式ハ於法開之得所求角中至中平方

開之得角中至冪

通術終

通術演段

立天元一為角中至中依累斜乘求各長斜率

又中較角至冪左

角至三面中較角　八 ┼ |　甲　各一式

角至巾三面長斜率　八 ┼ ‖　黄　各二式

角至通五面中較角　八 | ╫ |　乙　各三式

角至三五面長斜率　八 | ╫ |||　回　各四式

角至四 七面中斜角 八 [illegible] 丙 五式

角至五 七面長斜 八 [illegible] (八) 六式

角至六 九面中斜角 八 [illegible] 丁 七式

角至七 九面長斜 八 [illegible] (三) 八式

角至八 十一面中斜角 八 [illegible] 戊 九式

角至九 十一面長斜 八 [illegible] (甲) 十式

逅ヲ術此 乃定級者基數 方級者圭垜 初廉者三角衰垜 次廉者角衰垜 三廉者三乘衰垜 四廉者四乘衰垜 五廉以上倣之

角數奇者以角數為面數以其斜率求式為二ス

其角開方式ト

假如列二式加角至中為三面斜率因角至中為

三角開方式 雖諸角得角至中因三面斜率至三角者得室故於三角者為開方式

又列二式乘角至中加四式為角至三乘中因五面斜率

為五角開方式 雖諸角得角至三乘中因五面斜率至五角得室故於五角者為開方式余倣之

又列四式乘角至中加六式為角至五乘中因七面

斜率為七角開方式

逅ヲ術此以其面斜率得其角開方式

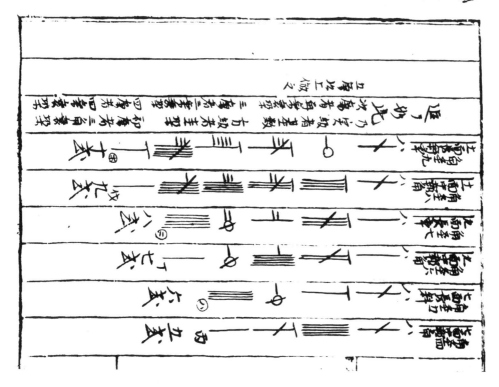

角數重隅者以半角數爲面數以求其中間

式爲其角閉方式

假如列一式加角至中角至円二箇二面中台爲四角

閉方式　雖諸角得角至円二箇ノ二面中台至四角八得空故於四角八爲閉方式余倣之

列一式乗角至中加三式爲角至角乗中円二箇ノ

四面中台爲八角閉方式

列三式乗角至中加五式爲角至四乗中円二箇ノ

六面中台爲十二角閉方式

角數單隅者以半角數爲面數以求其中斜角

至式爲其角閉方式

假如爲一式爲六角閉方式　雖諸角得角至円二面中斜角至至六角得空故於六角爲閉方式

又三式爲十角閉方式　同右

又五式爲十四角閉方式

近ノ術此

依右演段ノ意起簡術

一式ノ前ニ設初ノ式而其ノ兩式而后ニ至ル一式ニ　初ノ式ハ一面ノ中斜　初式ハ二面ノ長斜

実行ハ基數法行以下物ノ表ヲ求

諸級ノ正員ハ以所止ル級ヲ爲正而毎級反ス之ヲ焉　依圖可視

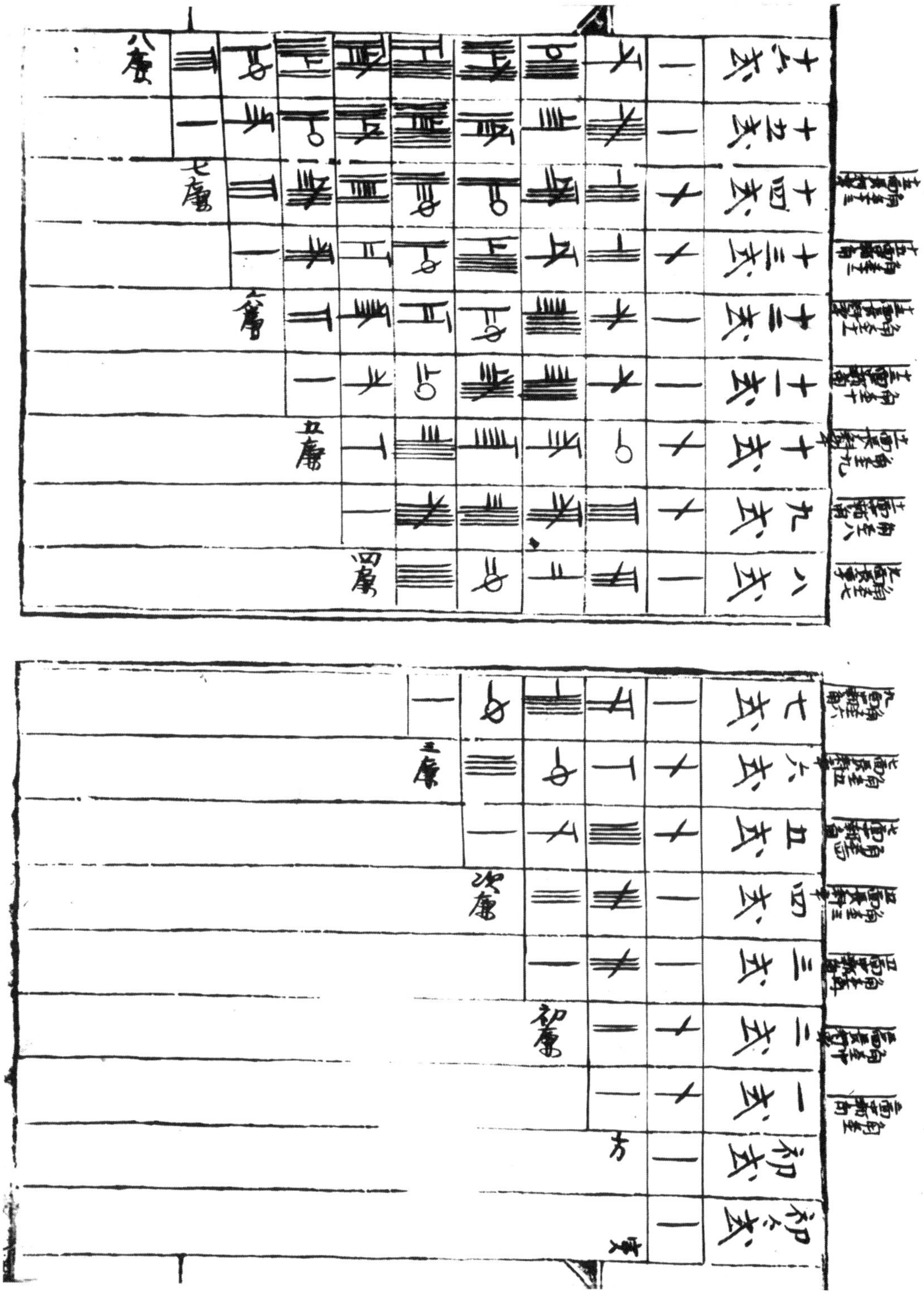

初初式
初式
一式
二式
三式
四式
五式
六式
七式
八式
九式
十式
十一式
十二式
十三式
十四式
十五式
十六式
實
方
初廉
次廉
三廉
四廉
五廉
六廉
七廉
八廉

十七式	十八式	十九式	二十式	二十一式以上倣之
[illegible]	[illegible]	[illegible]	[illegible]	[illegible]
[illegible]	[illegible]	[illegible]	[illegible]	[illegible]
[illegible]	[illegible]	[illegible]	[illegible]	[illegible]
[illegible]	[illegible]	[illegible]	[illegible]	[illegible]
[illegible]	[illegible]	[illegible]	[illegible]	[illegible]
[illegible]	[illegible]	[illegible]	[illegible]	[illegible]
[illegible]	[illegible]	[illegible]	[illegible]	[illegible]
[illegible]	[illegible]	[illegible]	[illegible]	[illegible]
[illegible]		[illegible]	[illegible]	[illegible]
[illegible]	[illegible]	[illegible]	[illegible]	[illegible]
[illegible]	空	[illegible]	[illegible]	[illegible]

袁巾求次ノ式ノ術

圭巾第二　三角巾第三　再乗巾第四　三乗巾第五　四乗巾第六　五乗巾第七　六乗巾第八　七乗巾第九　退ノ於此ノ以第二號ノ為ス原數ト

原以一箇乗原數得數二除為第三號

原以二箇乗原數得數三除為第四號

原以三箇乗原數得數四除為第五號

退ノ於此ノ求ム其ノ次ノ式ヲ　解ハ詳ニス筭法全經ニ

角數奇者及重隅者於本術求原法内藏三筭

餘ニ（若不能藏者為初之式　藏之ノ者為初式）為式ノ數其ノ六式一階退之加入

隅一ノ次ノ式為其ノ角開之乃式

假如欲求七角開之乃式　置角數七（即本術原法）内藏三筭餘得

式ノ數四於是ノ四式一階退之加ノ六式（隅一次ノ式）得開之乃式

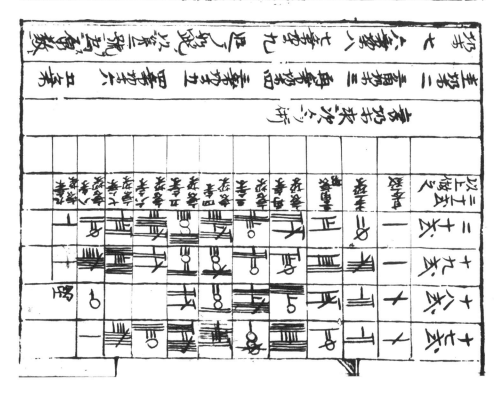

又八角欲求開方式置角数八半之新本術原法内蔵三算

餘式ノ数得四於是一式一階退之以三一式晞一以上得

開方式

角数四單隅者半角数ノ内蔵二算餘為式ノ数以

其式直為開方式

假欲求六角開方式者置角数六半之内蔵二算

餘式ノ数得一於是以一式為開方式

依右簡術解本術

一算初所得実数　三算同方法　五算同初廉　四算同次廉　餘做之

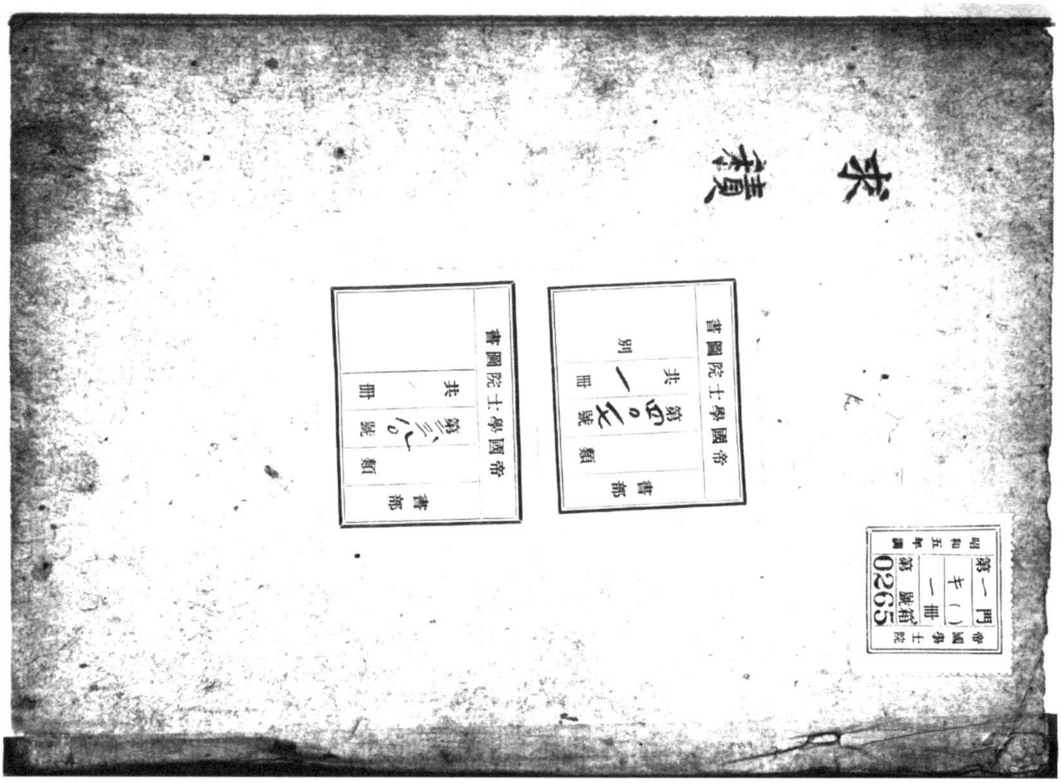

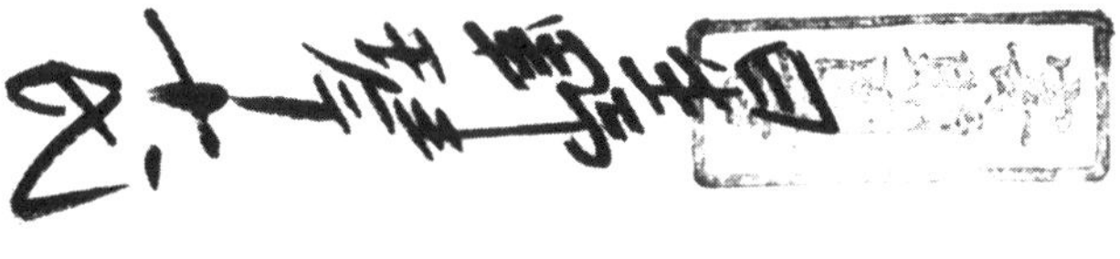

求積

積者謂相衆之總數也形者本計縱横高相通之總故依形變其理自有隱見矣是以其技皆辯形勢之所原以截盈補虛爲要亦平立各兩矩相與而能施通變之術（俗謂之坪積）也凡奇形異狀之屬雖無窮審其源則皆歸于方円之二理然方輒求得故雖變其理自易曉円速雖得故變則有其理隱者是故分平立之二篇与方円之次序每解其所起以相對之限釋形極而爲求積之法式也

平積

平積者平術之狀也其形直者正縱橫相乘即得積尖者二約而後得積是平積直尖之兩矩也諸形悉本子此而求其積也

按圖右以平積爲量田地之法今解形變截補之要而悉使于術理是以不必論而田疇之段畝也

假如有平方自方二尺五寸問積

答曰積六百二十五寸

術曰置自方二尺五寸自乘之得積

解曰是平形之省也其縱橫各等而不相對故形無大小之極也

假有直長二尺四寸濶一尺三寸問積

答積三百一十二寸

術曰置長二尺四寸以濶一尺三寸相乘得積

或長濶均偏于上下左右或均兼于四規者其形雖異截補之理相同故皆以正長乘正濶得積也

解曰是方有長短也乃縱橫各正故相乘即得全積然其縱橫長短之形自然異而相對則等者爲限故以平方爲形極也

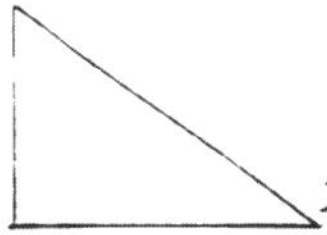

假如有勾股勾二尺八寸股三尺問積

答曰積四百二十寸

術曰置勾二尺八寸以股三尺相乘析半之得積

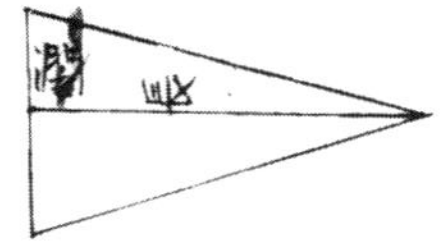

解曰是斜截之半直也勾股相乘得虛實共直積折去虛積一半則得術積故以二爲尖積約法其餘平形求積諸術所爲之變約率之異者皆起于此直尖兩矩也此形勾股相對等者爲限故以半方爲極也

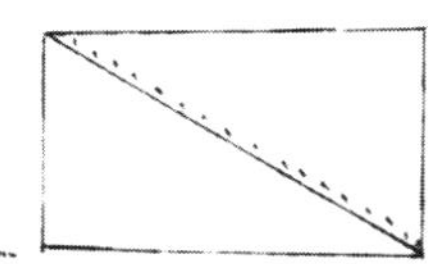

假如有圭長六尺一寸濶四尺四寸問積

答曰積一千三百四十二寸

術曰置長六尺一寸以濶四尺四寸相乘折半之得積 或稍偏于上下者亦同

解曰是勾股兩接之形故長濶相乘爲虛實共直積減去一半即實積也此形兩旁斜曰面若長羃四段適合三段濶羃者兩面與濶各等故其形三角也又長與濶半相對等爲限故以半方爲極形若長少於半濶者謂之半梭凡此形本于勾股故諸角及剝圓截弧之屬皆假此而求之也

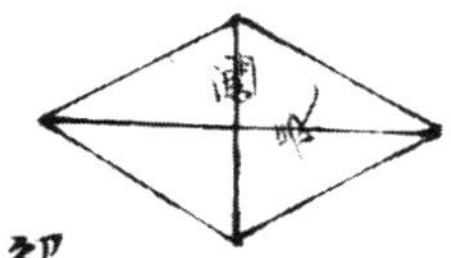

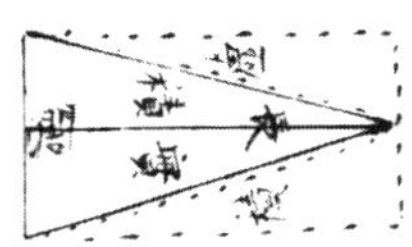

假如有梭長五尺濶二尺三寸問積

答曰五百七十五寸

術曰置長五尺以濶二尺三寸相乘折半之得積

解曰是二圭相接之形故求積之理及圖皆集于前此形四方斜曰面其長闊相對

等者為限故以方為極也
假如有三斜大斜二尺一寸中斜一尺
七寸小斜一尺問積
答曰積八十四寸

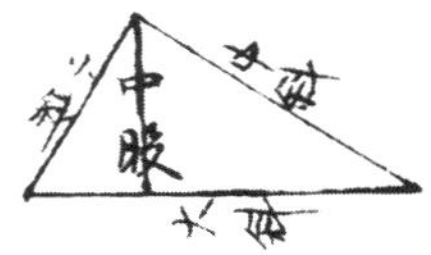

草曰別得中股八寸置大斜二尺一寸以中股八寸相
乘折半之得積或用中斜求左正濶或用小斜求右正濶者皆以其
濶相乘折半之得積也
解曰是二勾股相接之形乃中股與大斜相乘
為虛實共直積折去虛得實積也此形本有屈
伸故以上稜合曲尺而成勾殳者為限乃并中斜冪与
小斜冪多於大斜冪者為屈少者為伸也又大中斜相對等者為限、

但無極形之名
形也
中小斜相對等者為限故以半捘為極

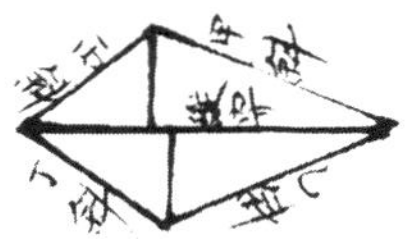

假如有四斜甲斜二尺乙斜一尺七寸
丙斜一尺三寸丁斜一尺縱界長二尺
一寸問積
答曰積二百一十寸
草曰別上濶得一尺二寸下濶八寸置上濶加下濶若題中去
横界長者別得左右濶相并乘横界長得二尺以縱界長二尺一寸
相乘折半之得積乃五斜者求三件積相并六斜者求[illegible]件積
相併七斜者求五件積相併各得其積也八斜以上倣此
解曰是三斜兩段之形故求從界上下積相併

得積也凡外斜其大小無定處唯隨形之長短
號之毎稜各有屈伸以合矩為其限今言縱界
故并甲冪与丙冪多於縱界冪者為上屈水於
者為上伸又并乙冪与丁冪多於縱界冪者為
下屈少於者為下伸右趣中去横界長則并甲冪与乙冪多於横界冪者為右屈少於者為右伸又并丙冪与丁冪多於横界冪者為左屈少於者為左伸也丙丁
斜相對等者為限故以左作半撥為極乙丙斜
相對等者為限無形極之名乙甲斜相對等者為限
故以右作圭為極縱界甲斜相對等者為限故
以上作倒右圭為極也

假如有三角面各二尺四寸問積

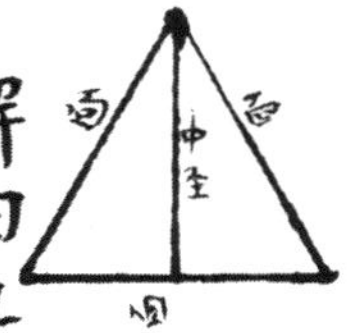

答曰積二百四十九寸四分一厘五毛三糸一六強

草曰別得中垂二尺〇七分八厘四毛六糸〇九七微強置中徑

以面二尺四寸相乘折半之得積

解曰是形圭而其濶与面相均故以中垂乘面
折半之即圭積也蓋此古法據徑之技而非真
之角術是以雖不會諸角通用之理就簡而為
求積一偏之用此形本三面無長短故相對之
極亦無之

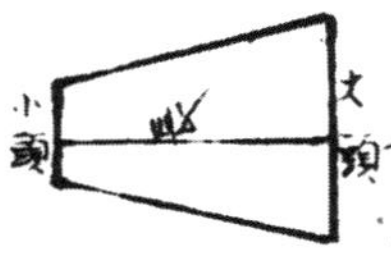

假如有梯大頭五丈一尺小頭三丈三
尺長六丈五尺問積

答曰積二千七百三十丈

解曰頭擬共偏形之直積半之減去虛積則得實積也此形大小頭相對均者為限故以直為形極又小頭盡者有尖故以圭為極長者不論長短故無形之極限也若大頭狹小頭廣者倒梯謂之篩半梯者謂之牆也

術曰置大頭(五丈一尺)加小頭(三丈三尺)共得(八丈四尺)以長(六丈五尺)相乘折半之得積(或小頭偏于左右者亦同)(共餘箭牆等之形皆倣此)

解曰是圭從稍截去之形乃并大小頭頭擬正縱以長擬正橫相乘為虛實之共偏形之直積半之減去虛積則得實積也此形大小頭相對均者為限故以直為形極又小頭盡者有尖故以圭為極長者不論長短故無形之極限也若大頭狹小頭廣者倒梯謂之篩半梯者謂之牆

假如有箭翎左右長各九尺二寸中長一丈二尺闊七尺問積

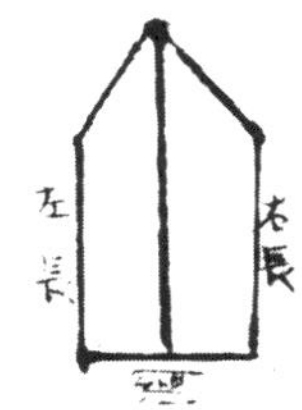

答曰積七十四尺二寸

術曰置左右長(九尺二寸)加入中長(一丈二尺)共得(二丈一尺二寸)以闊(七尺)相乘折半之得積(箭若亦同若左右長及闊不均者求二牆積相并得積也)

解曰是二牆(從大頭)相接之形并左右長與中長擬縱以闊擬橫相乘為虛答實翎之全直積折去一半而實積也此形中長與左右長相對均者為限故以直為極形又左右長盡者為限以

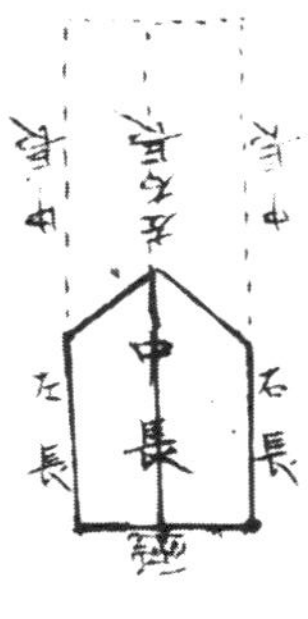

主為極濶無長短之界故極限無之若中校左右廣者二鵠（自頭小）相接之形謂之箭筈亦曰箭筈也

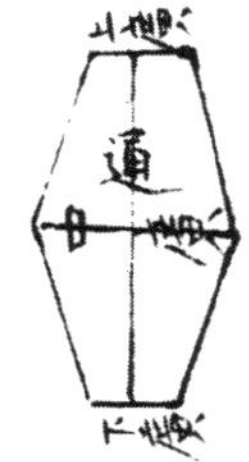

假如有鼓上下廣各一尺二寸中廣壹尺九寸通長四尺六寸問積

答曰積七百一十三寸

術曰置上下廣（一尺二寸）加入中廣（一尺九寸）共得（三尺一寸）以通長（四尺六寸）相乘折半之得積（腰鼓亦同若上下廣不同者未二梯大積相并得積也）

解曰是二梯（從頭大）相接之形乃上下廣与中廣相併擬正積以通長（各通均者謂上下後相做之）擬正縱

相乘為中偏（腰鼓虚實相通形實）之直積折去一半得實積也此形中廣与上下廣相對等者為限故以通為極形上下廣盡者為限則以梭為極長不論長短故無形之極限也若中校上下廣者二梯（從頭小）相接之形謂之腰鼓也

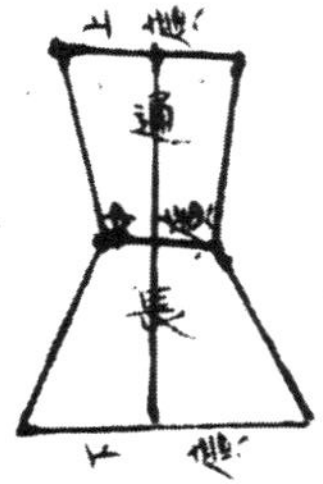

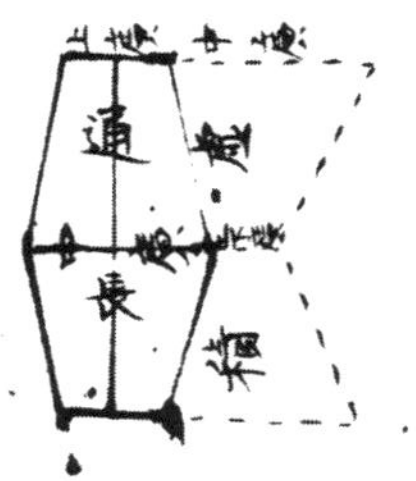

假如有三廣上廣三尺五寸中廣二尺四寸下廣四尺二寸通長六尺四寸問積

答曰積二千寸

術曰置中廣（二尺四寸）倍之加入上下廣共得

一丈二尺五寸以通長六尺四寸相乘以四約之得積或中廣多者亦同或中廣偏于上下者求二梯積相併得積

解曰是二梯形小相接之形倍中廣添上下廣擬縱以長擬横相乘得三偏上中下之虛實四段直積四約之爲實積也此形上下廣相對均者爲限故以腰數爲極形中廣不論長短之界乃倍中廣少於上下者五廣相和者稜左內多外也以中廣盡者爲限則以二圭稍連者爲極又長無長短之論故形之極限無之

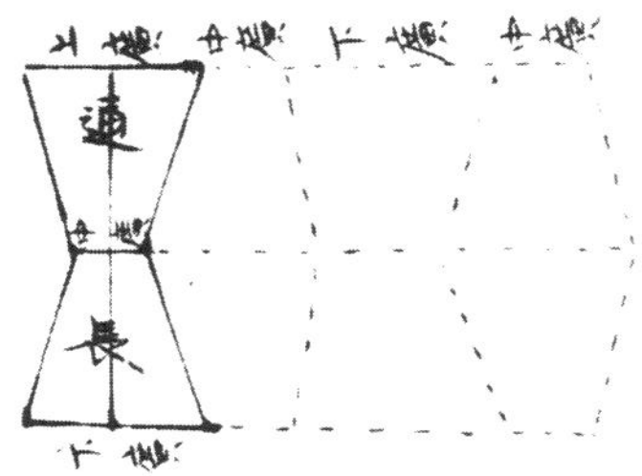

假如有曲尺外大曲二尺五寸小曲一尺闊各八寸問積

答曰積三百四十四寸

術曰置外大曲二尺五寸加入小曲一尺与闊八寸共得四尺三寸以闊相乘得積牒數者求二牆積相并得積也

解曰是二直相接之形故并大曲与闊擬下長以小曲擬上長相併乘闊即上下直積也此形大小曲相對等者爲限故以方稜釼方者爲極形又小曲盡者爲限則以直爲極闊不論多少故無極限之形也若兩闊不均者二牆相接之形謂之幞頭也

假如有株角方五尺角面六寸問積

荅曰積二千四百八十四寸

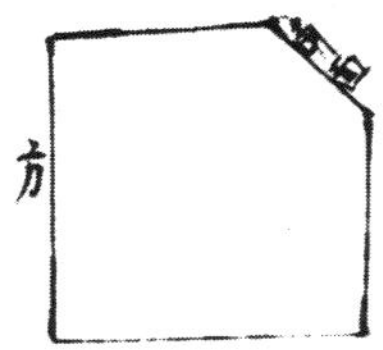

術曰置方五尺自乗得全方積二千五百寸寄位置角面六寸自乗折半之得缺積一十八寸以減寄位餘得積若缺方不均者依勾股法求缺積減之或缺二角三自四角者皆如前面求每缺積減之

解曰是方右角截小半方之形乃角面与斜相對等者為限故以半方為極形角面盡者有稜故以全方為極或雖缺面不均或缺每方者其所歸同之

假如有圓径七尺問積

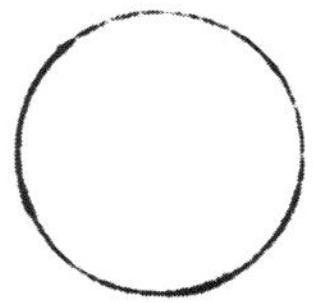

荅曰積三千八百四十八寸一百一十三分寸之五十一

術曰置径七尺自乗以周率三百五十五相乗得一百七十三万九千五百寸以四箇径率四百五十二除之不満法各以四約之得積覆目者依半四術得積也

解曰是角所極而自中心累圭者成此形故周擬圭闊半径擬圭長求之故以周率乗圖径為肉径率圭闊乃四周也又乗四径乃二圭長箇則為肉径率四段圭積又四箇径率除之即得全四積也此形無相對故極限亦無之乃求積者時以事理之速

為要不必拘究術之精粗共數之踈密故曰術皆以常率求之其餘變形之屬或收去不盡也是以合數各有微差矣

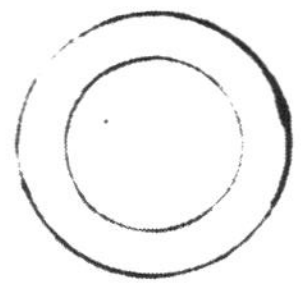

假如有環外周一丈五尺内周六尺三寸問積

答曰積一千四百七十四寸六分五釐

術曰外周一丈五尺自乘得二万二千五百寸寄位内周六尺三寸自乘得三千九百六十九寸以減寄位余一万八千五百三十一寸以径率相乘以四箇周率除之得積也又外周置内減内周余八尺七寸寄位内外周相并共得二丈一尺三寸以寄位相乘得一万八千五百三十一寸以径率相乘以四箇周率除之亦得積也

解曰是内外各曰故前術者外曰積内減虚曰積餘為實積後術者伸形面為梯求之乃内外周相減乘径率為肉周率二箇實径股三箇梯長又外周擬大頭内周擬小頭相併以二ヶ梯長相乘為周径率四段梯積故以四箇周率除之也此形内外曰相對同径為限故以全曰為極形若内径盡者為限者方亦以余曰為也

假如有火塘方面三尺内径一尺七寸問積

答曰積六百七十三寸四百五十二分寸之九

術曰置方面三尺自乘得方積九百寸寄

位置囗径（一尺七寸）自乗得（二百八十九寸）以周率相乗
以四箇径率除之得数以減寄位餘得積（銭者）
（先求囗積内減方積餘得積也）
解曰一名火爐是以囗外方故方積内減囗積
餘則實積也此形囗径方面相對等者為形極
又囗径盡者為限則以全方為極也若内方外
囗者謂之銭也

假如有帯直長径一尺短径七寸問積
答曰積五十九寸（四百五十三分寸之二百一十九）
術曰置長径（一尺）内減短径（七寸）餘（三寸）以短
径相乗得（二十一寸）寄位短径自乗得（四十九寸）

以周率相乗以四箇径率除之為囗
積加入寄位得積
解曰是囗正中夾直之形以長短径差乗短径
為中直積并両端之半囗積得全積也此形長
短径相對等者為限故以全囗為極形也

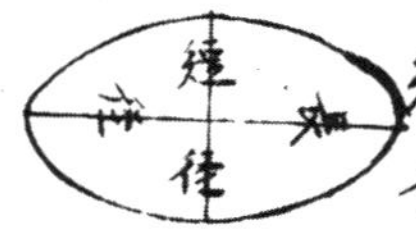

假如有剕囗長径（三尺）短径（一尺三寸）問積
答曰積三百令六寸（二百二十六分寸之六十九）
術曰置長径（三尺）以短径（一尺三寸）相乗得（三百九十寸）
以周率相乗以四箇径率除之不満法者
各半之得積
解曰是全囗欹側而所成囗壔従上至斜截之

則其面耶此形也壔徑為短徑斜高長徑壔徑与壔高相乘以斜高除之得側囬壔之法正高以之除囬壔全積壔耶側積囬則截面平積是則側囬積也此形長短徑相對等者為限故以全囬為形極也

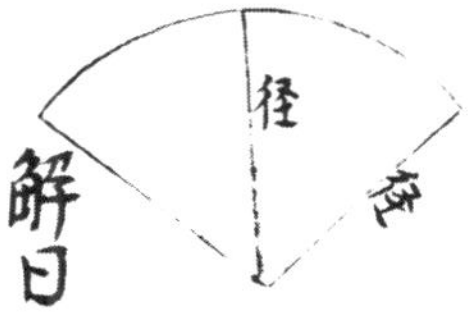

假如有扇灣一尺八寸徑各一尺一寸問積

答曰積九十九寸

術曰置灣一尺八寸以徑一尺一寸相乘折半之得積若中徑与旁徑不均者先求弧積而後并徑得積

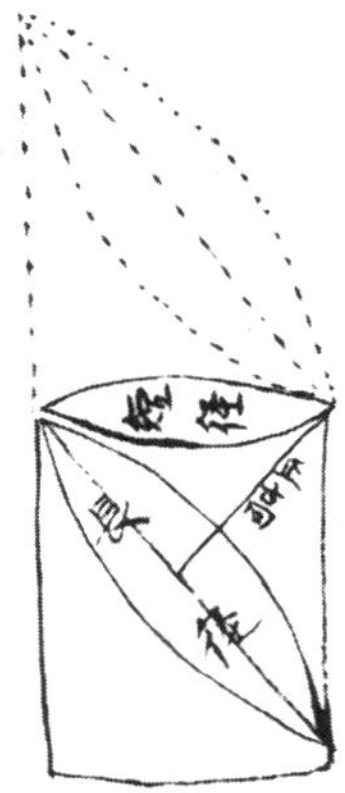

解曰是囬自中心至両旁截之形也中徑与旁徑各等故灣擬圭闊中徑擬圭長相乘折半得積也此形灣与半囬周相對等者為限故以半囬為極也

假如有車輞外灣二尺内灣一尺二寸闊各八寸問積

答曰積一百二十八寸

術曰内外灣相并共得三尺二寸以闊八寸相乘折半之得積若左右与中闊不均者先求八扇積得内減虚扇積得積也餘

解曰是扇美規而截扇之形故左右中三闊各等最故伸而成梯形之上灣擬大頭下灣擬小

頭閣櫳梯長得積也此形外灣与半周相對均
者為限乃閣乘四周法与內外灣差等者是也故以半環為形極
又外灣盡者為限則以扇為極也

假如有弧矢一寸弦八寸問積
答曰積一十一寸二分八厘二毛三糸八微強
草曰別得四徑一尺背九寸二分七厘二毛九糸五二強置背以四
徑相乘得九十二寸七分二厘九毛五糸二強奇位置四
徑外減倍矢四十寸餘為離徑六寸以強八寸相乘
得四十八寸以減寄位餘以四約之得積
解曰是四從邊截之形也自中心至兩端假二
條之長則其形成扇半徑為扇背為扇灣長故背徑相乘

為四段扇積又弦擬圭闊離徑擬二箇
圭長相乘為四段虛圭積以之減四段
扇積餘四約之得弧積也此形矢与半
弦相對均者為限以覆月分半四也為形極

假如有攬闊二寸長六寸問積
答曰積八寸二分七厘二毛〇五微五強
草曰別得四徑一尺皆六寸四分三厘五毛〇一一強置背外
減長餘以四徑相乘得四寸三分五厘〇一糸一
加入長闊相乘一十二寸共得數折半之得
積若闊上下不均者求大小弧積相并得積也

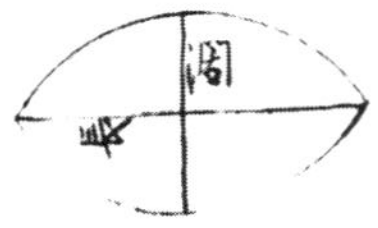

解曰
兩
弧相接之形故半闊為矢長為弦一片

弧積倍之得積也 此形長濶相對等者為限
故以全円為極形也

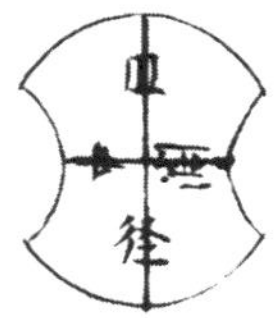

假如有鼓円徑一尺中濶二寸問積
答曰積三十三寸八分一厘〇三
草曰別得虛弦八寸虛背九寸二分七厘二毛九絲五二置半
円周一尺五寸七〇七九六四加入虛弦共得以減倍虛背寄位
餘五寸一分六二〇六以円徑一尺相乘得五十一寸六二〇六寄位
置虛弦以中濶二寸相乘得一十六寸加入寄位共得
數所半之得積若中濶與上下濶不均者求大小虛弧積相并倍之以減全円
積餘得積也
解曰是円兩旁欽二欖之形故全円積以減二
虛欖積即得積也 此形円徑與中濶相對均者
為限故以全円為形極又中濶盡者為限則以
虛欖兩背與円中心相合為極也

假如有眉上灣九寸下灣五寸中廣一
寸問積
答曰積若干
草曰別得實円徑円徑及虛弦虛 置上灣以減虛弦餘
以實徑円相乘加入倍廣與虛弦相乘數
共得數寄位 置下灣以減虛弦餘以虛
円徑相乘以減寄位餘以四約之得積也
解曰是弧以欽弧之形故求實弧積以減虛弧

積餘即有積也其形虚弦与下灣相對等者為限故以全弧為形極又虚矢中廣和与實円半徑相對等者為限故上灣与實円半周均者為極也

立積第二

立積者立起之状也上下同形者曰墻上小下大者曰臺上鋭者曰錐者双者曰楔周旋者曰環其五者悉冒于平形而立形全備矣乃墻者以下面平積乘正高即得積錐者三約而後得積是立積墻錐之兩矩也其餘所為皆起於此相通于平積之兩矩而用之各隨形勢推變而求之得積也

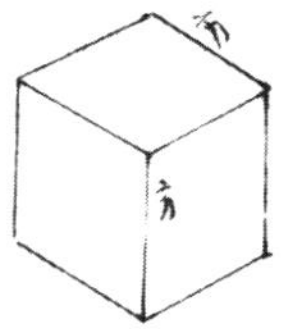

假如有立方毎面一十九尺問積

答曰積六千八百五十九寸

術曰置方面一十九尺再自乘之得積

解曰是立形之始墻之首也縦横高各等故方面自乘為平面積又乘方面即高也則全積得也其形無長短高下故相對之極限無之

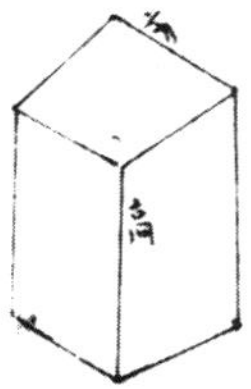

假如有方堡墻方面七寸高一尺二寸問積

答曰積五百八十八寸

術曰置方面七寸自乘得四十九寸又高一尺二寸相乘

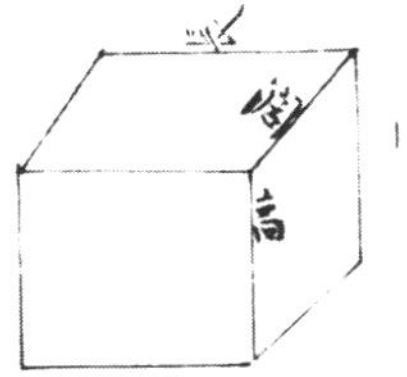

得積（若壔形頑者亦如此以下　積乘正高得積也後倣之）

解曰是上下方無大小而各均故曰壔方面自乘為下一面方積乘高得全積也此形高不論長短故無相對之極限也

假如有直堡壔長八寸方濶五寸高一尺問積

答曰積四百寸

術曰置長（八寸）以濶（五寸）相乘得（四十寸）亦以高（一尺）相乘得積（其餘諸形堡壔　皆如烘形之也）

解曰求積相乘之理同于蒴烘形長濶相乘等者為限故以方壔為形極又高無長短之界故

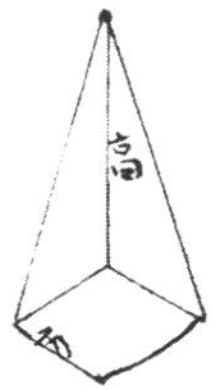

極限無之也（雖臺與之形　堅限設悉畧之也）（九立形之屬大率高不論長短故　其形必有長低之遍不及也其餘　各高下無之也）

假如有方錐下方（一尺五寸）高二尺問積

答曰積一百五十寸

術曰置下方（一尺五寸）自乘得（二百五十五寸）以高（二尺）相乘得數是方壔積也以錐方三約之得積（若錐尖頑倒者同之以下面積乘　王高以錐法約之得積也餘倣之）

解曰立方（是方高同　數之方壔）內從上四角至下四角而斜分四線則有上下四旁六箇之方錐（各以方為雉面　又為二箇雉高）故

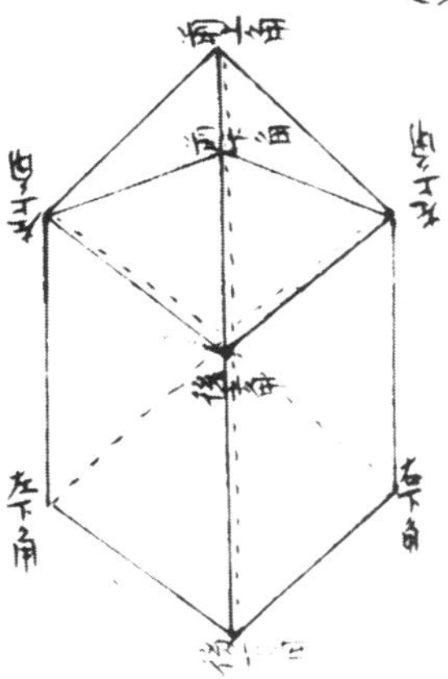

方（面所錐）自乘以儔高（錐所高二ヶ）相乘爲方儔積示
爲二段方錐積六箇也以二約之則方冪与錐
高相乘者所爲三段方錐積故以三爲錐積之
約法是立積儔錐之兩矩也其餘諸形之變術
約法等皆由斯而起也状形方与高不相對故
極限無之

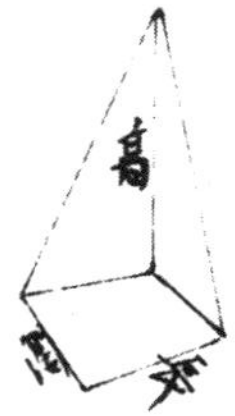

假如有直錐長壹尺一寸濶五寸
高二尺四寸問積
答曰積四百四十寸
術曰置下長一（尺一寸）以濶（五寸）相乘得（五十五寸）亦以高
二尺相乘得數以　約得積（其餘諸形錐求積者皆如此）

解曰長濶相乘爲下面直積以之乘高爲直壔
積以錐法約之得錐積其餘諸錐皆以壔積三
分之一爲錐積也此形長濶相對等者爲限故
以方錐爲極形也

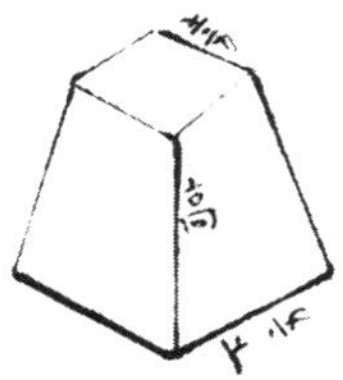

假如有方臺上方七尺下方一丈壹
尺高壹丈五尺問積
答曰積一千二百三十五尺
術曰上方（七尺）自乘得（四十九尺）下方（一丈一尺）自
乘（一百二十一尺）上下方相乘得（七十七尺）三位相
并又以高（一丈五尺）相乘得數以錐法三約
之得積（若形頓側者乘正高三約之得積後傚之）

解曰是方錐從尖截去之形故求虛錐高之乃依報截術去之截于五巧之中篇并臺高為虛實錐高求虛實共總錐積又以上方為虛錐方求虛積以之減總錐積餘各省上下方差得實積即方臺積也此所上下方相對等者為限故以方墻為所極又以上方盡者為限則上銳故以方錐為極也

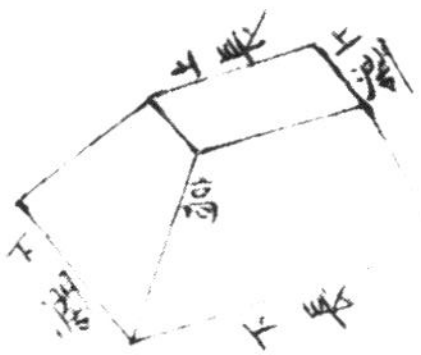

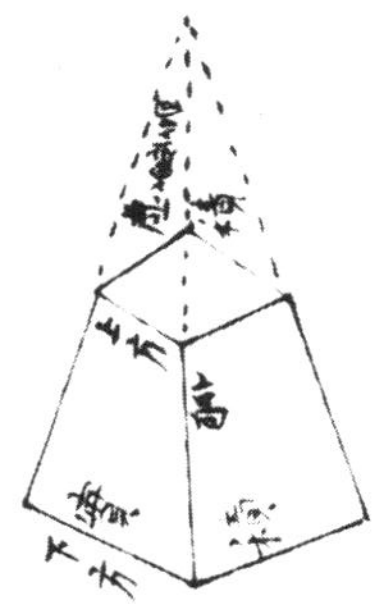

假如有直臺上闊三寸上長五寸下闊四寸下長九寸高六寸問積

答曰積一百四十九寸

術曰倍上長五寸加下長九寸以上闊三寸相乗得五十七寸倍下長九寸加上長五寸以下闊四寸相乗得九十二寸二位相併共得數以高六寸相乗得數以約法六約之得積

亦倍上闊加下闊以上長相乗得五十寸倍下闊加上闊以下長相乗得九十九寸二位相并共得數以高相乗以約法約之得積也

解曰是直錐從銳截之所或依長闊之廣狹楔自又截者亦成此所故求虛錐高或求於經或於積者皆同之故求積者亦兩術アルナリ并臺高為虛實總高如前求

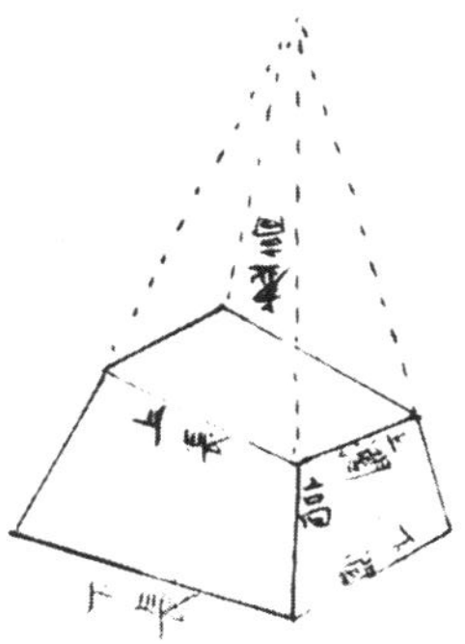

虛實共總積内減虛錐積餘省上下差求虛高於横者
省上下闊差求于者省上下長差也縱而臺積也其餘諸形臺求
積者大率如此起於錐而求之則其理速易曉
也此形上闊与上長相對則等者為限故以上
作方為極上下闊相對則等者為限故以左右
旁面作直為極乃臺之四旁面各梯形故如此若上闊盡者為
限則上長作双故以楔為極又上下長相對則
等者為限故以前後旁面作直為極下闊与下
長相對則等者為限故以下之作方為極也

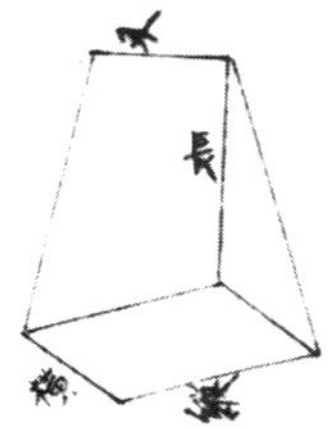

假如有楔縱一尺二寸横七寸又三
寸長二尺五寸問積

答曰積七百八十七寸半
術曰置縱一尺二寸信之加双十三寸共得數以横七寸相
乗又以長二尺五寸相乗得數以約法六約之得積
若双横者置横信之加双以縱相乗又以長相
乗得數以約法約之得積或双却廣于縱横者或頓倒者皆同之
解曰是直臺梼高之形故双有縱有横皆如
直臺積求之乃双縱者無上横加減相乗乃横者無上縱加減相乗也
楔積也此形縱横相對則等者為限故以下得
作方為極又縱与双相對則等者為限故以
前後旁面作直為極乃楔形前後以如梯左右旁如圭故也
双盡者上鋭故以直錐為極也

假如有両又楔廣又一尺挾又七寸長一尺五寸問積

答曰積一百七十五寸

術曰置廣又一尺以挾又七寸相乘又以長一尺五寸相乘得數以約法六約之得積或上又却多有或須有皆曰之

解曰是楔從又両旁鈌直錐之形故借挾又干下為楔積以廣又為縱求楔積內減左右虛錐積半挾又為錐橫廣又為縱以長為錐高求直錐積信之也余即両又楔積也此形廣挾又相乘等者為限是形極也

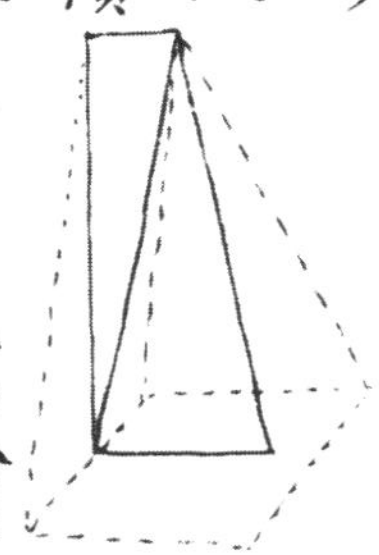

假如有菱麥每面一尺問積

答曰積一百一十七寸八分五厘一毛一三微強

術曰置每面一尺五自乘得數為實以七十二為廉法開平方除之得積

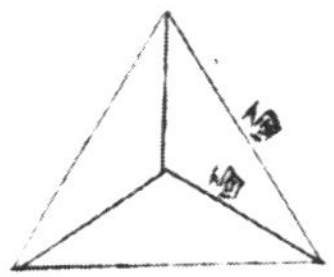

解曰是每面斜高同數之三角錐故依三角法面界四分之五為中經界即直壔橫界面界一段為面界縱界即直壔面界三分之二為錐高界即直壔故三位相乘則面五乘界六段者為一十二段直壔積界示為四十八段三角壔積界然以壔積三分之一為錐積故即為四面三十二段三角錐積界依適約法約之得面

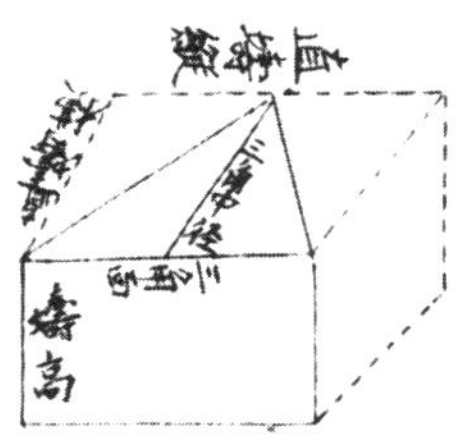

立乗界一段者七十二段菽麥積界也

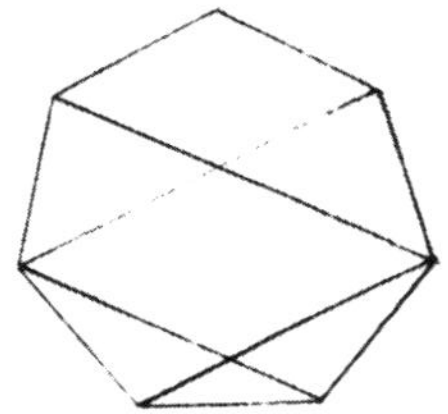

假如有切蓋毎面一尺問積

答曰積二千三百五十七寸〇二釐二毛六糸強微

術曰置毎方一尺五自乗以五十乗之為實以九為廉法開平方除之得積

解曰是方壔四旁前左後右様直錐之形乃方為傍面斜為高又方為錐横斜為縦平方為高作直壔面求之然旁所有之直錐四箇難作壔形若錐為積三因故舊形三倍而全成直壔為錐十為壔積二方箇壔故三合ケ而直為錐壔一

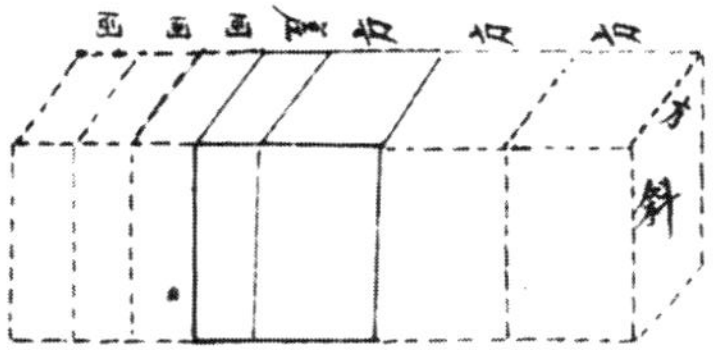

形乃方立箇為縦方一ケ為積斜一ケ為高求直壔積即是三段切蓋積也各自乗則方冪二十五段為縦冪与冪一段為横冪方冪二段為高冪三位相乗為一段直壔積冪故即方五乗冪五千段者是九段切蓋積冪也

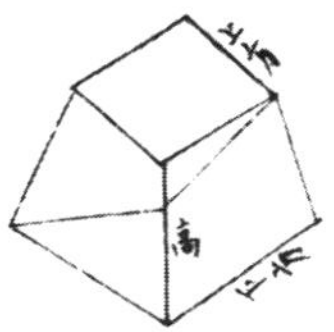

假如有方臺上方六寸下方九寸高五寸従右上角到左下角斜截之問上下積

答曰上積九十六寸下積一百八十九寸

術曰先求上積者置下方扐倍之加入上方立共得四二尺寸以上方冪六三寸十相乗亦以高扐相乗得数為實以上下方共得三一扐以錐法三相乗得数為法除之得上積先求下積

者置上方倍之加入下方共得二尺五寸以下方
冪八十一寸相乘又以高相乘得數為實以前方
除之得下積

解曰倍上方於臺外作大形
之方臺乃二ケ上方為上大方上下方和為下大
方從其方斜到下角截之則
其形為大半方錐上大方為錐方臺高
為高以之求大錐積為虛實共
積亦左右旁有小半方錐各以
上方為錐方上方与臺高相乘以下大方除之得數為錐高以之求小錐積
倍之為左右虛積以減虛實共積餘為上積

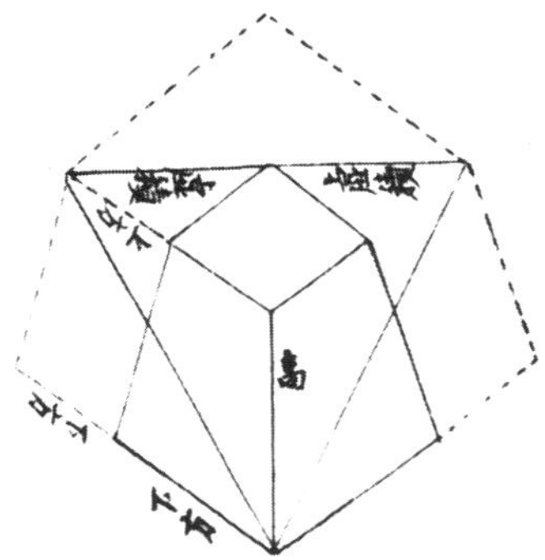

以之減方臺全積餘即下積也

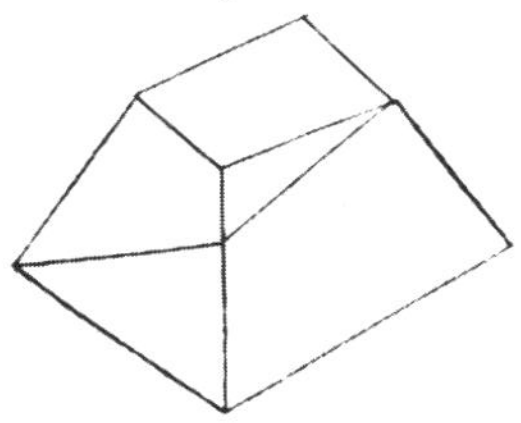

假如有直臺上闊六寸上長一尺下
闊九寸下長一尺五寸高一尺二寸
從右上角到下左角斜截之問上下積

答曰　上積三百八十一寸
下積七百五十六寸

術曰先求上積者上闊冪上長冪相乘倍之
得七十二百寸六十二百寸二百寸四百寸
上闊冪上長下長相乘三之得一万
上闊上長冪下闊相乘三之得一六万千
上闊上長下闊下長相乘四之得二一千万
四倍相并共得數以高相乘為實上下

闊和一尺五寸与上下長和二尺五寸相乗得三百七十五寸
以直臺約法六相乗得數為法除之得上積
先求下積者上闊羃下長羃相乗得八千一百寸
上闊上長下闊下長相乗倍之得一万六千二百寸
上闊下闊下長羃相乗三之得三万六千四百五十寸
上長羃下闊羃相乗得八千一百寸上長下闊羃
下長數乗三之得三万六千四百五十寸下闊羃下長
羃相乗倍之得三万六千四百五十寸六位相并共得
數以高相乗為實以前法除之得下積
解日備上長闊於臺外為大形之直臺二箇上闊為上
大闊二ケ上長為上大長上下闊和為下大闊上下長和為下大長之従其斜列下

角截之則其形為大半直錐上大
闊為錐横上大長為錐縦臺高為高以之求大錐
積為虚實其積又左右旁有小
半直錐各長闊為錐横上長為錐縦上長与臺高相乗
以上下長和除之為右錐高上闊与臺高相乗以上下闊和除
之為左錐高求左右小錐積相併為
虚積以減虚実共積餘為上積
以之減直臺全積餘即下積也

假如有圓堡壔径五尺高七尺問積
荅曰積一百三十七尺四百五十二分寸之一百〇一
術曰置径五尺自乗以高七尺相乗亦以

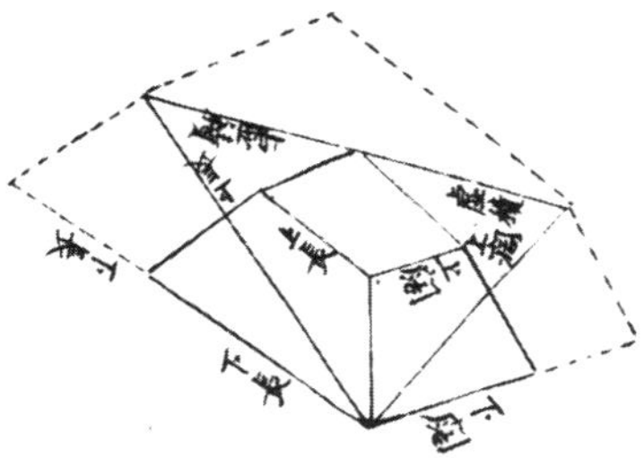

田周率相乘得數以四ケ徑率除之不滿法者命之得積或頓倒者以之面田積乘正高得積

解曰是与壽積乘田積法得全積也無形全田者皆如此求方積而後乘田法則變為田積故雖臺及主田等悉倣之此徑形高各無相對極限也

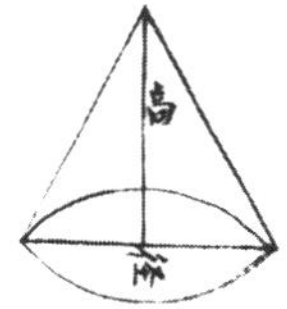

假如有錐田下周七尺一寸高四尺八寸問積

答曰積六尺四寸一分一厘四毛

術曰置下田七尺一寸自乘以高四尺八寸相乘又以徑率相乘得數以一十二ケ周率除之得積

或尖頓者及田形所變之錯雜等皆以下而積乘正高以約法約之得積

解曰下周者因周率錐徑也自乘為因周率冪錐徑冪乘高為因周率畀方壽積乘徑率變為因周率四段圓壽積故周率四周又乘錐法三而除之得積也其餘圖之屬題中雜言周徑者皆推此理而可解之此形亦徑高互不論多少故無形之極限也

假如有田臺上徑三寸下周一尺五寸高四寸問積

答曰積四十八寸八千・二十三分寸之二千三百九十一

術曰上徑三寸自乘以周率冪相乘得一百一十三万四千

二百二十五十下周一尺五寸自乘以径率羃相乘得二百八十七万
三千〇二十五寸上径下周相乘以周率相乘又以径
率相乘得一百八十万令五千一百七十五寸三位相并又以高
四寸相乘得數為實周径率相乘又以一十二乘
之得數為法除之不滿法各以六十約有畸者皆如此得等數而約之故每
術不許之也理最易曉也得數或上跃着同之其餘山变之諸形臺積皆如前起於雜積求之則其
解曰求積之理前同此形上下径相對等者
為限故以圖壔為極之以上径盡者為限則
有尖故以圖錐為極也
假如有立圖径三尺問積

答曰積一十四尺二百二十六分尺之三十一
術曰置径三尺再自乘得二十七尺以周率相
乘得數以六ケ径率除之得積

解曰是立起六面之四從半径
界上下而累四臺則成此形也
上下積各適合半二円錐故以
上下矢乃半径準而錐高以強乃四
径準中錐径并左右旁弦準旁錐径仍四径自
乘為中錐径羃上下矢与四径相乘信之為旁
錐径羃二數相并乘錐高又乘四積法以錐法
三約之得上二四錐積信之即全立四積也以

形無相對故形極亦乗之

假如有長立円長径七尺短径五尺問積

答曰積九万一千六百二十九寸三百三十九分寸之二百六十九

術曰置短径五尺自乗二千五百寸以長径七尺相乗亦周率相乗得數以六ヶ径率除之得積縁立円者長径自乗以短径相乗亦乗周率以六ヶ径率除之得積也

解曰是径長緯短之立円而其形如鶏卵也亦經短緯長而其形圓変者謂之矮立円各如全立円求其積也両形皆長短径相對等者為限故各以全立円為極形也

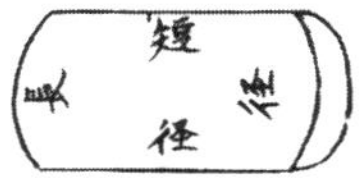

假如有帯堡円長径四尺一寸短径一尺問積

答曰積二千九百五十八寸三分寸之一

術曰置長径四尺一寸三之得内減短径一尺餘一丈一尺三寸以短径羃相乗亦以周率相乗得數以一十二ヶ径率除之得積

解曰是従立円正中接円堡壔之形故求之円与円壔之両積相對併得積也此形長短径相乗均者為限故以全立円為極也

假如有殊欲矢二寸弦八寸問積

答曰積五十四寸三百三十九分寸之一百五十四

術曰弦八寸自乗三之得一百九十二寸矢二寸自乗
四之得一十六寸二位相并共得二百八寸◦以矢除
相乗亦以周率相乗以二十四ケ径率除
之得積（或矢却多於半径者亦同之）

解曰是立円従頂截之形故如全立円形求而円
錐積相并所缺積也此形矢与半弦相対等者
為限故以半立円為極形也

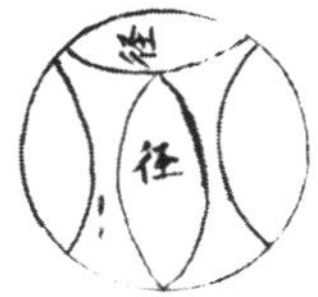

假如有円截籠径各一尺問積
答曰積九百六十五寸◦六厘八毛
草曰　九四　別得立円径一尺四寸一四二一三五六強
置切籠径一尺以一十九乗之得以減八之立円径
餘以切籠径冪相乗又以周率相乗得
數以一十二ケ径率除之得積

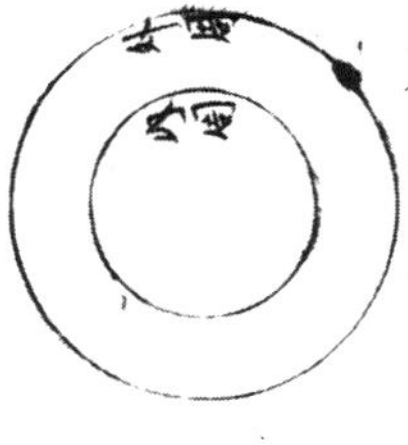

解曰是立円六旁（上下左右前後）均截去之形故以截
籠径冪二段為全立円径冪求積（是虚共積也）又以
切籠径減立円径餘半之為缺矢以切籠径為
弦求得缺積六之（是虚積也）以減立円積餘所切籠
積也此形無相対故形極無之
假如有円環以周六尺一寸外周八
尺一寸問積
答曰積五百六十五寸

術曰置外周一八寸尺減內周一六寸尺餘尺二為二箇輪通周自乘得寸四百奇位幷內外周共得丈一二四寸尺為二ヶ中心周以奇位相乘又以徑率相乘得數以三十二ヶ周率除得積形其環餘皆諸面求積中得心其周環以積之也乘輪

解曰是凹壔凹旋面作輪之形故以輪徑擬壔徑以中心周擬正高以面積乘高得積諸環皆如此依其形壔術求之也

假如有外正弧環矢二寸虛徑一尺一寸高八寸問積

答曰積四百四十三寸七三七九一

草曰一別十得一旁寸凹一徑八一二尺五弧積置虛徑一一寸尺加入信矢寸四得內減旁凹徑餘以弧積相乘六之得五三寸百四三七十五寄位置高寸八再自乘之得十五二百寸一加入寄位共得數以立凹積法二五三分六相乘得積干若環弁半矢高与冪虛者徑虛乘濟矢与得環數背遍兩合規相合故即主凹旁環也

解曰是弧壔周旋之形以虛濟合于環背之規者為界而起於立凹旁之環求之以旁凹徑即為立凹徑求得積以環高減旁徑余半之為立凹欽矢旁徑內

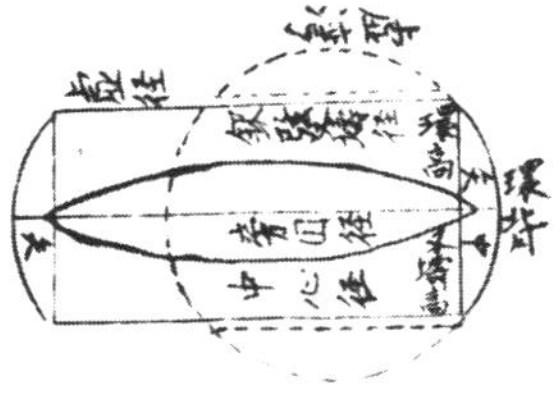

減倍環矢餘為欽弦求得欽積倍之為上下欽
積以又欽弦為𡍼径以環高為𡍼高求得円𡍼
積并上下欽積以之減全立円積餘為立円旁
周之弧環積此積適合于環高再自乗以立円積法相乗之數也以弧積
除之亦以円周法三ヶ一四面六除之是主四旁環中心径得外
減欽弦餘為二ヶ中矢加入虚径是即環之中心径也以
円周法相乗為環中心周乃疑弧墻正高以弧積即環面積
相乗得環積也此形正弧故環高与旁弦少等倍矢与環高
相對均者為限故以半円環為極又虚径盡者
為限則以上下銳者為極也乃立円積法及円周法皆叔不盡而用之
要令乗除易為也其餘円積法及矢弦周皆等之諸數有晴零者皆叔去而所周各不起于五位此

故所求積悉有微差矣

假如有外偏弧環上虚径四寸下虚径七
寸六分旁円径一尺高二寸六分問積
答曰積一十寸〇一九七一一
草曰別得旁雉径七寸四八六九弦三寸一六二三弧積五分四三七五上
下虚径相并得一尺一寸六分以旁弦相乗得三十六寸
六八二六八以減倍高与旁離径相乗數余以弧
積相乗三之得二十寸〇六三四〇〇七五奇位旁弦
再乗冪高相乗得八十二寸二一九八内減奇位余以
立円積法相乗得數為實以旁弦除之得積
乃并上虚径三乗冪一段上虚径冪環高冪相乗八段下虚径三乗冪一段下虚径冪環

高冪相乘八段環高三乘冪一十六段適合于
并上下虛徑冪相乘二段旁円徑冪環高冪相
乘一十六段數者環背与上虛湾
兩規相并故而立円旁之偏環也
解曰是頤弧周旋之形如前起於立円旁之偏
環求之以旁円徑即為
立円徑離徑与環高相
乘以旁弦除之為立円
缺内円臺正中徑以減
上下虛徑半差余為立
円小缺弦亦為円臺上
徑以之加上下虛徑差爲大缺弦亦為円臺下
徑以環高為臺高求得円臺積以上下虛徑半

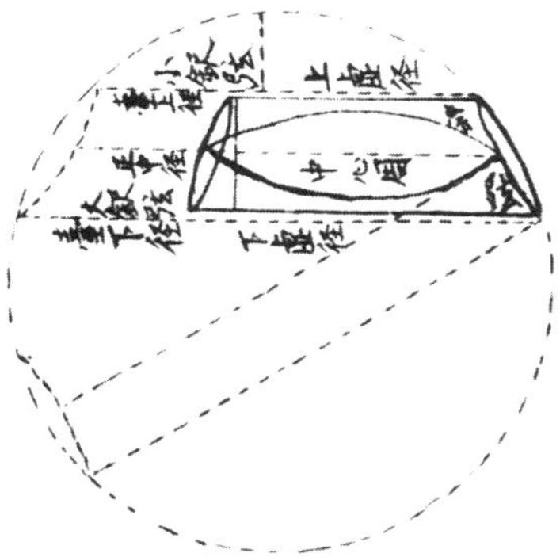

差乘離徑以旁弦除之加環高以之減旁円徑
余半之為小缺矢求得積又以環高加小缺矢
為大缺矢求得大缺積得内減小缺積与円臺
積与為立円旁周之偏弧環積此積適合于旁弦冪与環高及
主円積法相乘之數也以弧積与円周法重除之是立円旁偏弧
環之中心徑得内減上缺弦余加入上虛徑為環中
心徑以円周法相乘亦以弧積相乘得偏環積
也此形上下虛徑相對均者為限故以正弧環
為極又依旁円心之所有背規盈伸而離環上
稜与背中互有高低之異不為変故旁弦与円
徑相對等者為限而以半円環為極乃各解少円旁円干

右故弁上虚径弁一段下虚径弁一段環高弁四段少於上下虚径相乗二段与旁四径環高
相乗四段相併数者四心在于上虚径準之左故規伸而環稜高背中自低多於者四心在于
右故規屋而環稜低背中却高也若以上稜合為限者無虚径
故以上銑宂之二形為極也并下虚径弁一段与環高弁四段少

高故有銑多於者心在于右環上稜低故有宂旁四径環高相乗四段者四心在于在環上稜
假如有内立弧環共二寸虚径一尺一
寸高八寸問積
答曰積三百二十九寸一四二八一四
術曰別得旁四径一尺弧積一十一寸一八二五置虚径一尺一寸内
減信矢四寸餘是中径也虚加入旁径共得一尺七寸以
弧積相乗六之得一十一百四十寸四六一五寄位置

高八寸再自乗之得五百一十二寸以減寄位余以立
四積法相乗得積
解曰是弧墻外旋之形如外環
起於立四旁環末之以旁径為
立四径四環高再自乗以立四
積法相乗得立四旁周之外弧
環積以弧積与四周法各除之
是外環中心径以滅旁径餘為内弧中矢加虚径径内

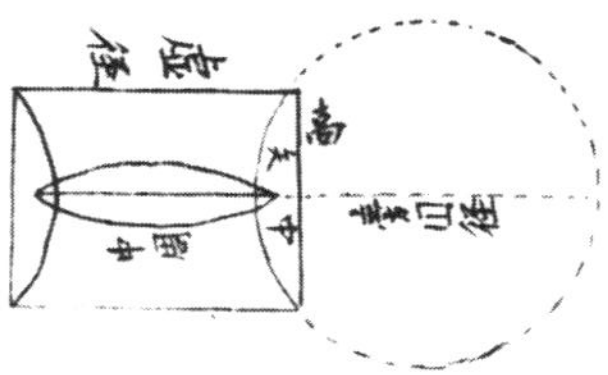

滅信矢余是内環中心径以四圓法相乗為内環中心
圓又以弧積相乗得内弧環積也状形正弧故法与環
高相等旁径多於虚径則信矢与虚径相對均者

為限故以兩旁背相弁為極旁径少於虚径則
信夫与環高相對均者為限以半囗環為極也

假如有偏囗弧環上虚径四寸下虚
径七寸六分旁囗径一尺高二寸六
分問積

荅曰積九寸六一八五三二

草曰別径旁離径九寸四八六九弦三寸一并二三弧積五分四三七五上下
虚径相并得一尺一寸六分以旁弦相乘得三十六寸六八
二六八加入信高与旁離径相乘數以弧積相
乘三之得一百四十寸○三一一一五一奇位旁弦再乘
并高相乘得八十二寸二一九八以減奇位余以立囗

積法相乘得數為實以旁弦除之得積

解曰偏弧周旋之形如外
偏環起于立囗旁環乃倒形也求
之以旁径為立囗径以離径
乘環高以旁弦除之得囗減
上下虚径半差余為缺小弦
又旁弦羃環高相乘以立囗
積法相乘得數以弧積与囗
囗法各除之是倒偏外環中心径得囗減缺小弦余以減
下虚径余為環中心径以弧積与囗周法各相
乘得偏囗環積也此形上下虚径相對均者為

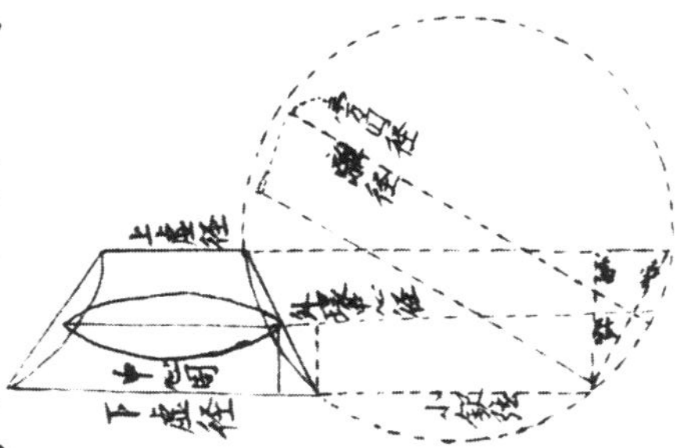

離径相乗得六十七寸令九九六之得數以減弦再乗冪
五百一十二寸余以高相乗為實以一十二ヶ矢為法
除之得截積若従半径斜截之者以壔径余高以六約之即得截積也
解曰是伸弧環而公中之弧壔
則両旁適作此形故起於一之立曰
旁環求之弧再自乗以六段弧
積除之得外減離径余半之得中矢是主曰旁環之中矢
以壔高相乗以截矢除之得中心高以弧積相
乗得截積也若黙云上下矢者差矢与壔高乗以又下矢差除差為虚実共相如両求虚実共壔又壔高減共余為虚共高高求得虚積以之減虚実共積余即截積也
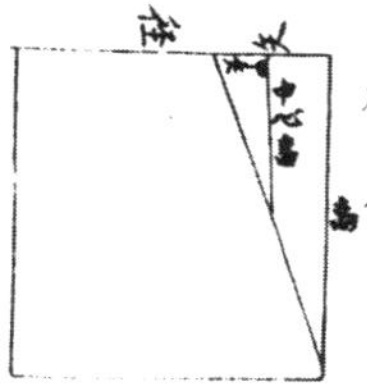

假如有曰臺上径一尺下径二尺高一尺二

限故以外正弧為環極又擴旁曰心之上下離
環中虚径与上径互有廣狭不為変故旁弦
与曰径相對等者為限而以半曰環為極乃上
径半差多於環言者曰心五寸環高之上下仲而虚径上狭中廣少於者曰心五寸環故虚
下故規居而虚径上廣中狭也若以両外相合為限者以校合
離之二形為極也作狭錐合中者合無着上環上虚高有径者小故背虚有径鋭故而
有鏄而作又乃下虚径多於信而上離也上梭合而中離少引者背中合而上離背

假如有曰壔径一尺二寸従上矢二
寸至七寸径右旁斜截之問截積
答曰截積五十四寸七一五
一別十得一離寸径一六八寸二弦五八寸弧積
草曰
置弧積以

寸径上径左旁至下径右旁斜截之間截積

答曰截積五百七十四寸四一六

草曰（別得截面闊一尺四寸一四二一）置下径（二尺）以

截面闊相乗得以減上径冪（一百寸）余

以上径相乗得（一千八百二十八寸四二）以高（一尺二寸）相乗

亦以円積法（七分八五四）相乗得数為実上下径

相減余（一尺）三之為法除之得截積

解曰臺形本起于錐故不論

所截之斜直皆假高于上作

円錐状之（凡円錐直截者上 規不通于下故截 形作圭面之円若斜截起於 上尖者上下規相通故截面）

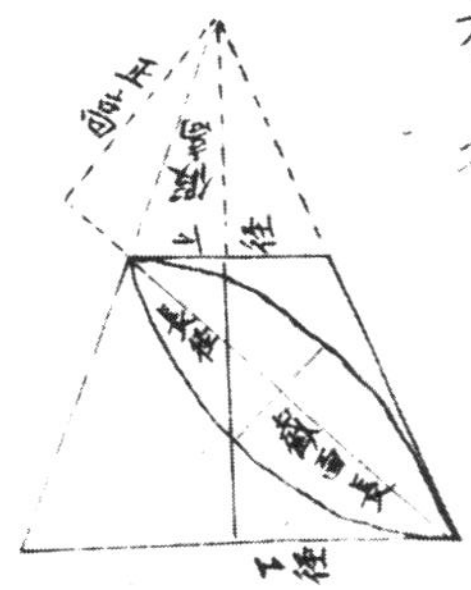

之準而假高則成錐故以上径乗臺高以上下

径差除之得假高（是虛円錐高）并上下半径和冪与

臺高冪共得数開平方除之得截面長（是側円長径）

又上下径相乗開平方除之得截面中濶（是側円短）

径上下径臺高相乗以上下径差与截面長相乗

乗数除之得側円錐立高仍截面長闊相乗乗

立高亦乗円積法三約之得側円錐錐積（是虛実共積也）

又以上径（是虛円錐積）冪乗假高亦乗円積法三个

約之得虛円錐積以減虛実共積余即截積也

（定作圭超於旁者截長之準屈于斜高之短則 圭下逆得交故長自有限而截面定作側円伸 于斜高之矩則逆不得交故其 長無窮而截形作圭面之円也）乃從上径應臺

假如有円臺上径一尺下径一尺五寸高六寸従上矢二寸至下径右旁斜截之問截積

答曰截積二十九寸三六六六四

草曰別得截面長七寸五分上弧積一十一寸二五側円闕積四十六寸三一〇四

置側円闕積以下径一尺五寸相乗亦以矢二寸相乗得一千三百八十九寸三一二寄位置上弧積以上径一尺相乗亦以截面長相乗得八百三十八寸六八七五以減寄位余以高六寸相乗得数為実上下径相減余五寸以截面長相乗三之為法除之得截積

解曰如前應干臺之準假高而作錐従其鋭斜至上矢則有弧錐過作虚実之側円闕錐故以上径乗臺高以上下径差除之得假高是盈弧錐高也并上下半径差与矢為下闊自加之臺高并共得数開平方除之得截面長以之乗下径以下闊除之得側円長径以下径并乗矢以下闊除之得数開平方除之得側円短径下径臺高矢相乗以上下径差与截面長相乗数除之得側円闕錐正高以截面長乗側円短径以長径除之為假矢短径為假円径依弧術求径

假弧積以長徑相乗以短徑除之得側囘闕積
以正高相乗三約之得側囘闕錐積（是虚實共積）又
以上弧積乗假高三約之得虚弧錐積（是虚積也）以
之減虚實共積余即截積也若題中云上下矢以
者從上下矢應截面之準而至下以斜高与截
面長所交為界以下矢乗臺高以上下矢差除
之得下虚高加臺高除之得虚實共臺高以虚高乗
上下徑差以臺高除之加下徑得虚下徑以上
下徑差乗下矢以倍上下矢差除之加下矢自
之加虚高并共得数開平方除之得虚面長以
之乗虚實共高以虚高除之得虚實共面長於

是假囘錐於上如前求諸數而側囘闕錐積内
減上虚弧錐積得虚實共截積亦下側囘闕錐
積内減中虚弧錐積得下虚積以之減虚實共
積余即截積也其截矢上下均有截面長与斜
高同準也（乃以截面長乗闕取三分之二得截面積也）若下矢多者
不論所截之斜正其形皆作圭面之囘也（但下矢多於上矢与上下徑差相乗并数則截面却作側囘亦上徑下矢相乗与下徑上矢相乗面数等者截面適成圭也）

假如有球鈌矢寸弦八寸從右旁截縄
矢一寸問積
答曰截積一寸五八九四

草曰別求球径一尺離径六寸截面下矢一寸截中矢七糸五七三六截旁背一寸四一九截面両弦五寸二九一五両径八寸両背五寸七八二假背五寸五七六中心矢三分〇五中心背三寸三五并截中矢与中心矢以截旁背相乗以球径异相乗又以円周法相乗得四約七寸二寸五九二七為実并假背与中心背六之得十五三寸五五六為法除之得八寸八四二九寄位置截面両背内減両弦余以両径相乗得三寸九二四亦両弦与截面両余相乗倍之得一十寸〇五八三二位相并以球離径相乗以一十二約之得十七寸五三五以減寄位余為截積

解曰并総矢异与総半弦异以総矢除之得全

球径円減倍矢余半之為径半離径以截纏夫即為截面上矢以減總矢余為小矢以之減球径余以小矢相乗為緯半離径异閏平方除之得数乃緯半離径以減總半弦余為截面下矢適合于截面上矢故両面弦径及経緯離径亦各等以總弦即為截面下上矢下之両径列半經緯半離径异閏平方除之得自球心至截面上下両稜之閏為假半離径以減球半径余為截中矢亦為假球欽矢以球径相乗亦以円周法相乗

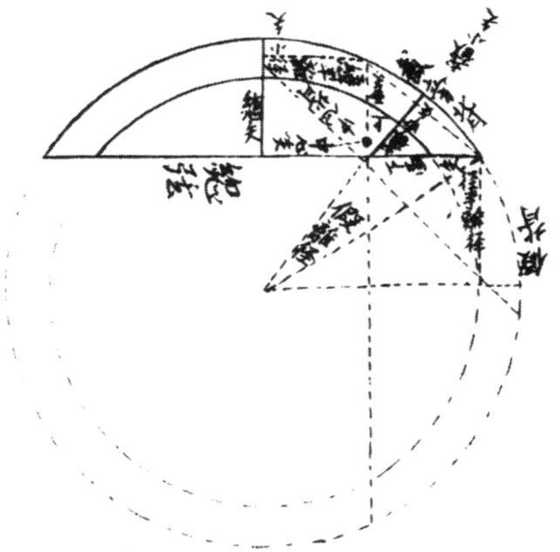

積相乗三約之得數倍之為上下両弧錐積以減寄位余即截積也

假如有球欽矢丁若弦丁若従右旁截下矢丁若上斜矢丁若問截積

答曰得截積

括術繁多故略之

解曰弁総矢背与総半径背以総矢除之得全球径内減総信矢余半之為径半離径以截面下矢減総半弦余自之加径半離径背開平方除之得假半離径是自截面而至班心之長積以減球半径余為截中矢亦為假班欽矢求得頂背積又依

得假球欽頂背積以截中矢与球径依弧法得截面而弦假背及假弧積置截面両弦再自乗以六之假弧積信之得中心径半之外減假半離径為中心矢依弧法求中心背以截面下上矢乗径緯半離径以假半離径除之得數以減截中矢余為旁小矢依弧法求截旁背以之乗中心矢以截中矢除之得旁心背加截旁背共得數以球欽頂背積相乗為實半假背与中心背為法除之得截背積以球半径高是錐相乗三約之為錐積寄位又以截面下上径矢依弧法求截面弧積以径緯半離径為両弧錐高以截面弧

弧法求假弦及弧積置
假弦再自乘以六之假
弧積除之得中心径半
之內減假半離径余為
中心矢依弧法求中心
背并球半径并与截斜
矢并外減假半離径并
余以截斜矢除之得截
斜總長自之以減球径并余四約之開平方除
之得緯半離經以截斜矢相乘加入下矢与經
半離径相乘數以假半離径除之得數自之又

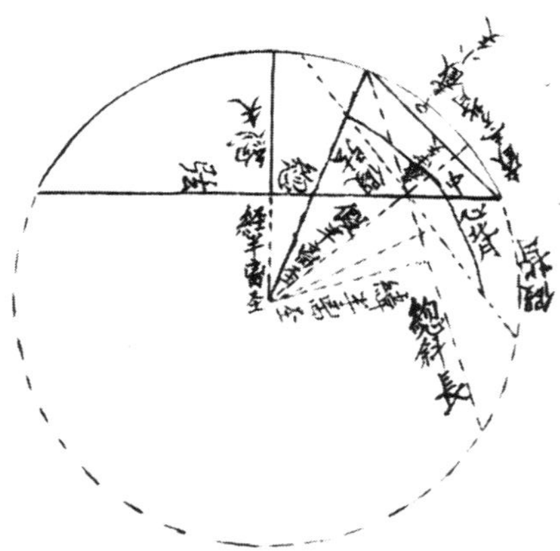

截矢并內減下矢并余半之以假半離径除之
得數自之二位相并為旁小弦并以減球径并
余開平方除之得數以減球径余半之以旁小
矢依弧法求截旁背以中心矢相乘以截中矢
除之得中心旁背加截旁背以假球欠頂并積
相乘以假背与中心背相并數除之得截旁并
積以球半径是錐言相乘三約之得錐積奇位
以截斜矢与總斜長乃擬四径依弧法求得上截面
弧積以緯半離径是左弧錐丑高相乘三約之得左弧
錐積又以截下矢与總弦擬径口依弧法求得下
截面弧積以經半離径是右弧錐丑高相乘三約之得

右弧錐積二位相并共得數以減寄位余即截
積也

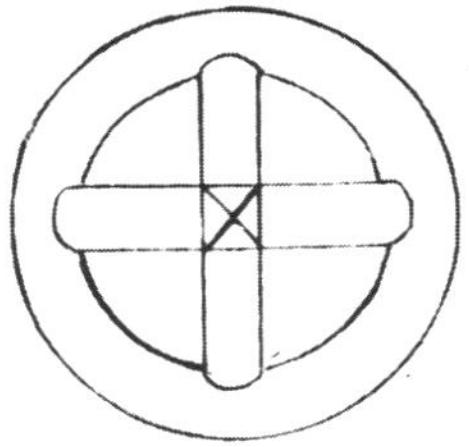

假如有十字環外径一尺輪径各
一寸問積
答曰積三十四寸三二一〇一
九令三五
草曰別得小矢三至一三七三小背一寸○○二六二二七小弧積二至○九二七七
置外径一尺内減輪径一寸余以四周法相乗得
二尺八寸二七四四倍外径内減輪径ヶ二与小矢ヶ四余
二尺七寸二七四五○八二位相并以輪径异相乗又以丹
積法相乗得三十六寸二四五三五二一四三二寄位　外径内
減輪径ヶ二与小矢ヶ二余以小弦積相乗六之
得九分九六六五○八二三二一四八以減輪径再乗异余三毛
三四九一七六七八五二以輪径相乗以三ヶ小矢除之
得三至五五八四四九一八一六加入寄位共得三十六寸二八○九
三六八三五再寄　列寄弁輪径ヶ四与小背ヶ二得内
減小矢ヶ四余以輪径异相乗三約之得一寸九五
九九一七八以減再寄余即積也
解曰外径内減輪径余是外
環之中心径以四周法相乗乃中
周心為四疇高以輪径冪相
乗又以四積法相乗是疇四積

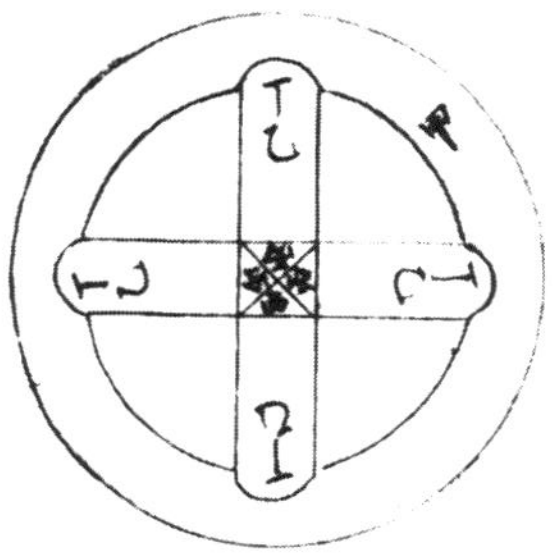

得甲積倍外径内減輪径六ヶ与小矢四ヶ為乙四所
通長是曰壔四ヶ又高以輪径巾相乗又以日積法相
乗得乙積是四ヶ積壔也四以輪径為曰壔径以輪
半径為高従径半左右斜
截之則作丙一所之形故
輪径自乗以輪半径相乗
又以曰積法相乗得曰壔積是虚共積也実輪径巾乗
輪半径三約之得斜截左右共積是積虚也実以之減
曰壔積余為丙一所積是積実也四之得丙總積
以輪経為曰壔経正径以
小背為緯湾径以輪半径

為高是以曰壔表緯規之径形上下也輪
径巾以輪半径相乗又以曰積法相乗得曰壔
積是虚共積也実従共正径半応
湾径之準截左右而作又
共左右形上下各同規故伸之則作従壔半径
左右斜截之状是積丙求者同輪
径巾乗輪半径三約之得
截去左右虚積以減曰壔積得又壔積是又共虚積実
互従共又正至下左右至
両旁経緯各乗曰規而同
截之則其余為丁一所之形是又経緯同規故

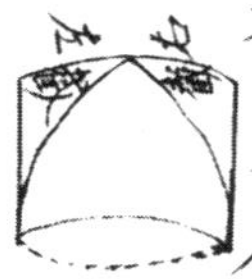

從全円之心与小背之両
旁應準而至外径作鈌環
而後伸形則為両面傾之凹壔從上下各半径
至半小高而斜截之狀輪径
為正径小背為小高乃輪径界乗小
背六約之得同截之虚積
以減又壔積余為下一所積四之得丁總積
以輪径為上正径又下径縴正径以小背為上濤径以
小矢為高乃上径正縴濤下半正之凹壔
而上者大壔以小矢從半高上下斜截之状下皆小
壔從半径左右斜截之狀是戊一所之全形也乃

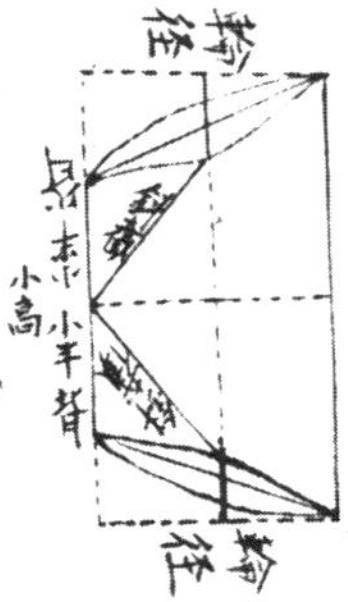

倍輪径以減外径余得環虚径為大壔径以輪
径為高以小矢為截矢從
半高上下斜截之則成戊
上形故以六段小弧積除
輪径再乗界得中心径以
減環虚径乃大壔径全半之得數以減小矢余為中
矢以輪径乃壔高相乗以小矢除之得中心高以
小弧積相乗得大壔從半高上下截積是戊上積也
又以輪径為小壔径以小矢為高從半径左右
斜截之則成戊下形故以
輪径乃小壔径界乗小矢乃小壔高

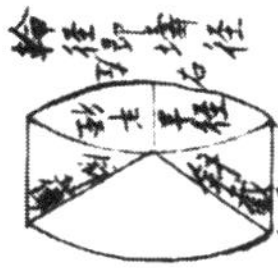

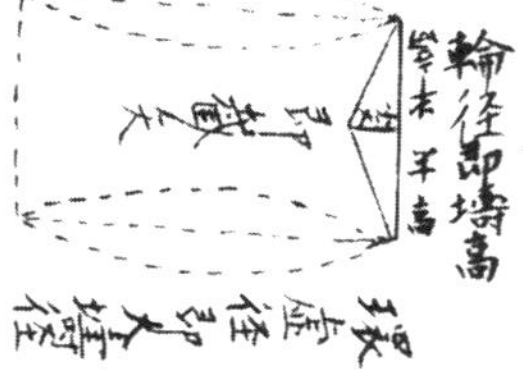

三約之得小壔從半径左右截積（是戊丁積也）二位
相并為戊一所積（四）之得戊總積五積相并得
全環十字積也

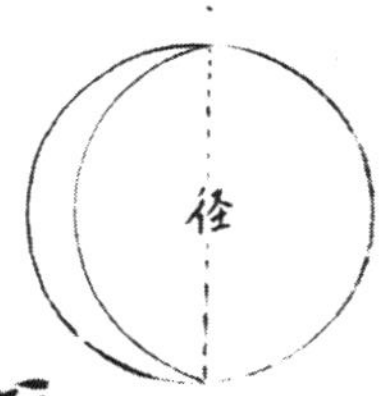

假如有全球径一尺問冪積
答曰冪積三百一十四寸（一百一十三分寸之一十八）
術曰置径（一尺）自之以円周率相乗得（三万五千五百寸）為実以円径率除之得冪積
解曰界于半径視円錐（乃中心為尖球径為錐径球半径為高）求半球積準錐積三之準壔積以錐高（卽球半径）除之

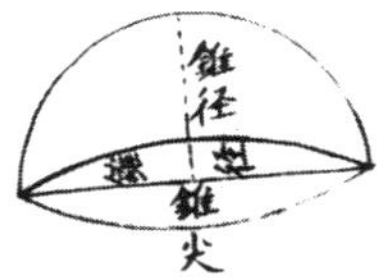

得圓面平積卽為半球冪積倍之得全形冪積

假如有球欠矢一寸弦六寸問頂冪積
答曰頂冪積三十一寸（一百一十三分寸之四十七）
術曰置矢（一寸）自乗四之加入弦冪（三十六寸）共得（四十寸）以円周率相乗得（一万四千四百寸）為実以四ケ円径率除之得頂冪積
解曰從欠面至球中心接于円錐（乃球心為尖弦為錐径以矢減半球径余為錐高）求三段錐積亦求球欠積三之相并共得数準壔積以錐高（乃半径）除之得錐面平積卽為頂冪積也

求積

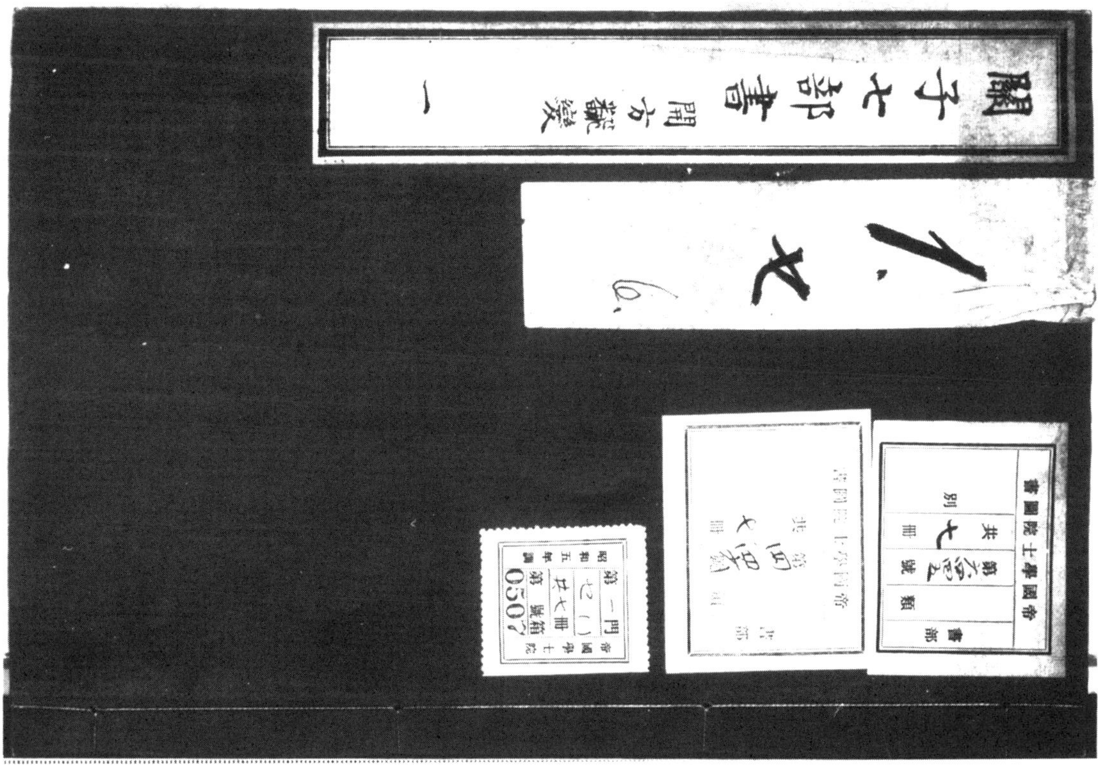
關子七部書
開方飜變
一

開方飜變之法 凡五條

關 孝和 編

開出商數第一

凡開方式有全變交無之四商也正負各開出商一件者謂之全商式也正負各開出商數件者謂之變商式也開出商正負相交者謂之交商式也正負各不得開出商者謂之無商式（乃無商式者限于實級）○開出商數之法立正負商各若干從隅命之（平方式者從廉命之）至實而開盡之逐下命之至隅上級（乃平方式者從方立方式者從廉三乘方式者下廉也餘倣之）而加減之復立正負

商若干從隅命之至方而開盡之逐下命之至隅上級而加減之次第如此至隅上級而開盡之若至其級而不能開盡者爲无商式也所得各商逐同加異減之得逐商

全商式

假如平方

正商一

開出商

實尽		
方尽	空	

又立方

負商一

變商式

實尽		
方余	無	
實余	無	

假如平方

正商一二

開出商

實尽			
方尽			

又立方

負商一二三

開出商

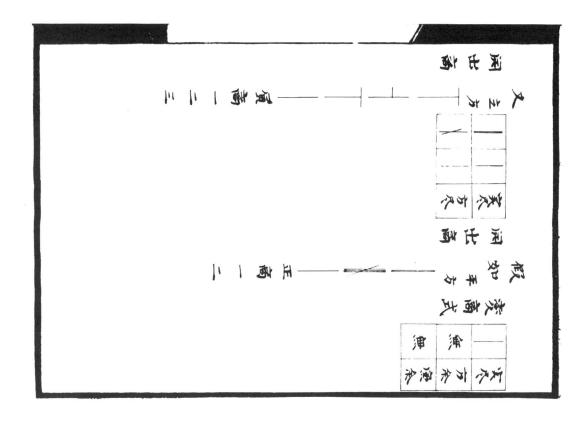

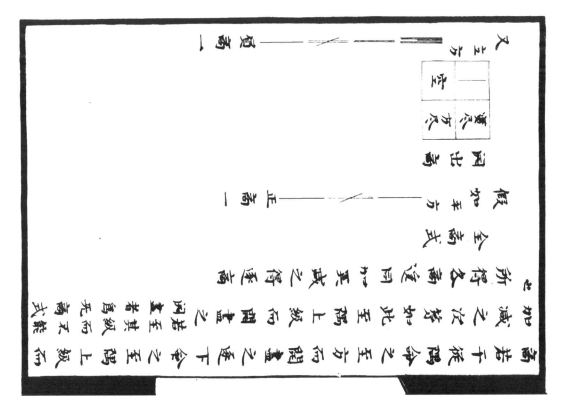

文商式

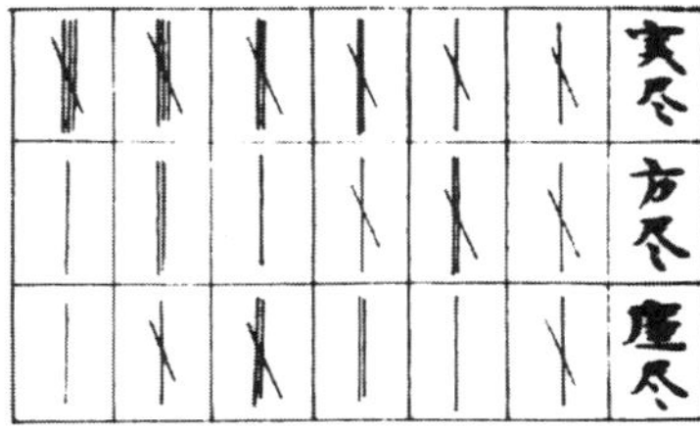

假如平方

正商二　質商一

闕出商

又立方

正商三　質商一二

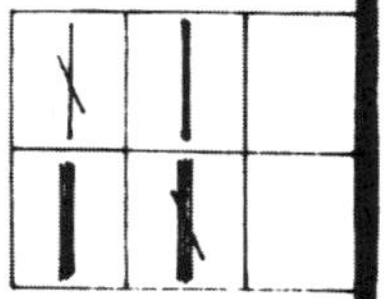

闕出商

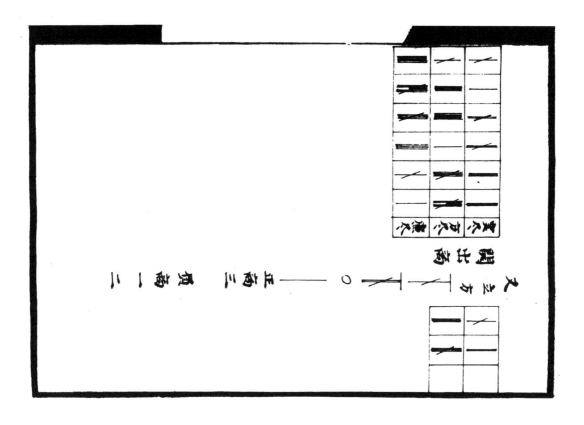

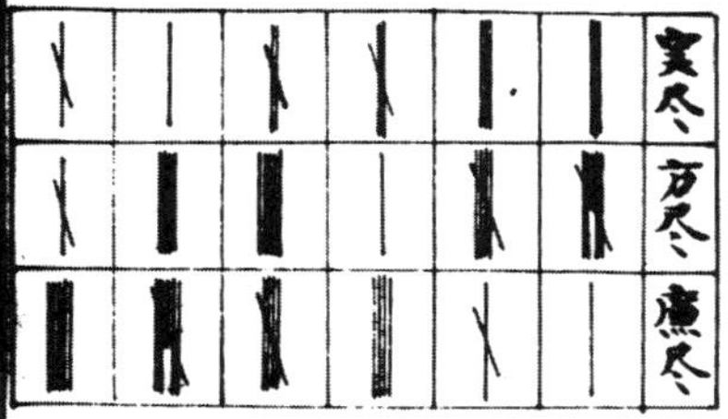

假如原式平方

假之正商一算從廉命之至實級而布之

原廉 與原式實異名故正商有之

假之負商一算從廉命之至實級而布之

原廉 與原式實異名故負商有之

又原式平方

假之正商一算從廉命之至實級而布之

原廉 與原式實同名故正商無之雖然方異名故以遍畫方級法昇實級方救及廉數而后爲正商有之

無商式

假如平方 正商無 負商無

又三乘方 正商無 負商無

驗商有無第二

假之正負商一算從其式之隅命之（平方式者從廉命之）至實級而布之原式之實與所布之實同名者其商無之異名者其商有之也若雖實同名他級中有異名者以遍畫其級法而昇（原）式各級數而后爲其商有之也（乃有異名級多則以上級爲主）

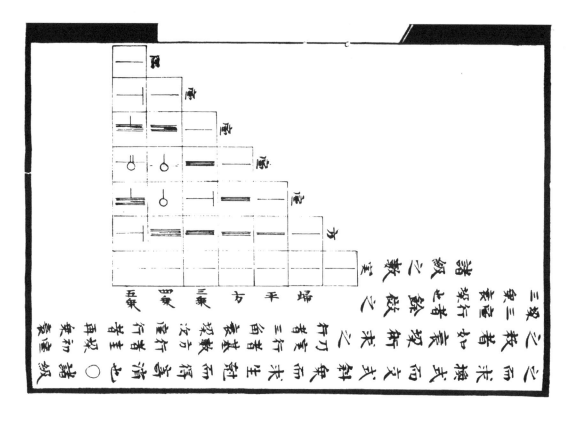

假立負商一箕從隅命之至實級而布之

與原式實同名故負商無之

又原式立方

假立正商一箕從隅命之至實級而布之

與原式實異名故正商有之

假立負商一箕從隅命之至實級而布之

與原式實同名故負商無之

餘做之

適尽諸級等三

毎式以實行為前式以所尽級行為幾式而前式一級疊

之而求換式而交式斜乗而求生尅而得寄消也○諸級之数者如衰垜術求之乃實行者基數方行者圭垜初廉行者三角衰垜次廉行者再乗衰垜三廉行者三乗衰垜也餘做之

諸級之数

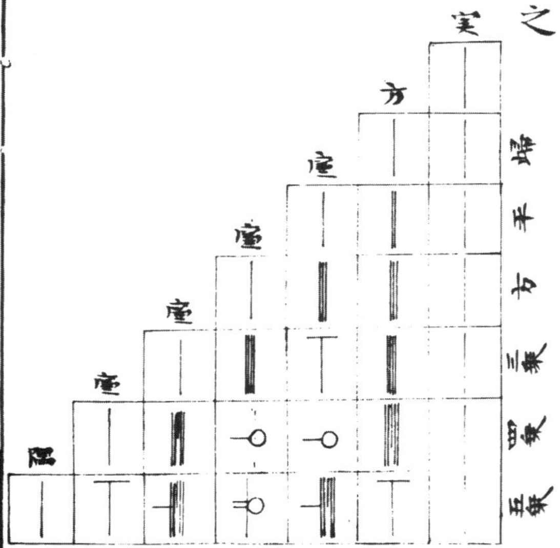

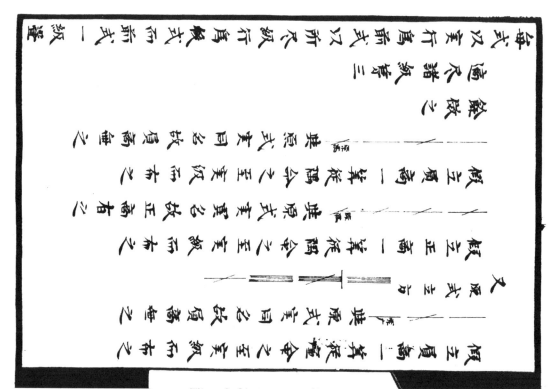

平方　適盡方級法

方冪一段寄○實廉相乘四段消

前式

后式

前式一級疊之

前式

后式

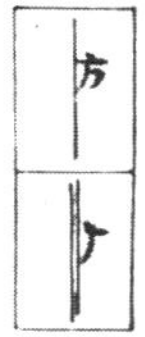

換式

一式

不及交式斜乘以正負寄左數以負爲相消數也

立方　適盡方級法

實冪隅冪相乘二十四段實廉再乘冪相乘四段方再乘冪隅相乘四段右三位相併寄○實方廉隅相乘八十一段方冪廉冪相乘一段右二位相併消

前式

后式

前式一級疊之

前式

后式

换式

一式　二式

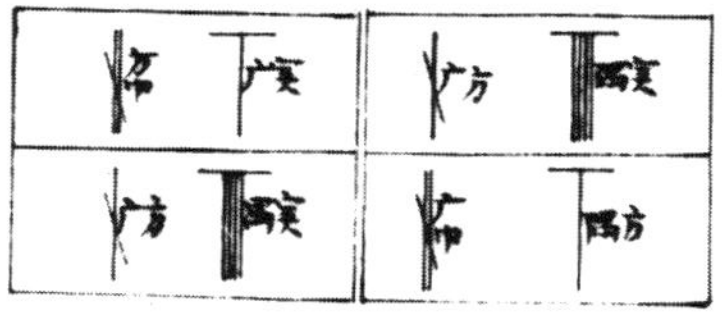

不及文式直斜乘而求生尅而得寄消也

立方　適盡廉級法

実隅羃相乘二十七段廉再自乘二段右二位相併寄○方廉

隅相乘九段消

前式　后式

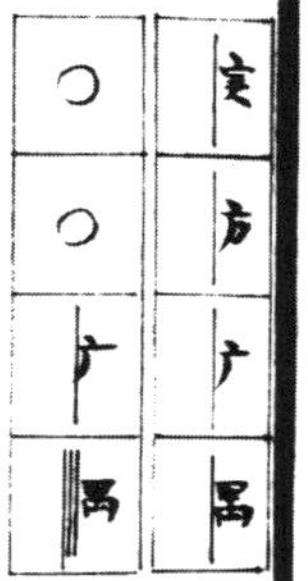

前式一級疊之

前式　后式

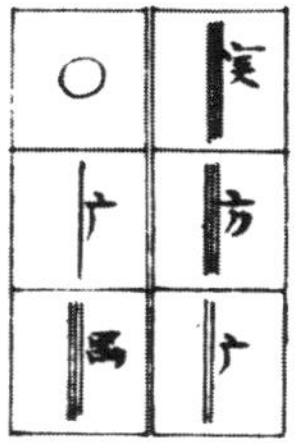

换式

一式　二式

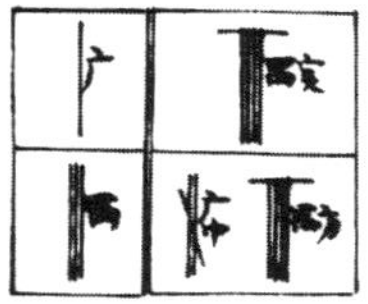

不及文式直斜乘而求生尅而得寄消也

三乘方　適盡方級法

実再乗与隅再乗与相乗二百五十六段実与上廉下廉冪隅
相乗一百四十四段実方冪上廉隅与相乗一百四十四段実方上廉
下廉再乗与相乗一十八段実上廉三乗冪隅相乗一十六段方
再乗与上廉下廉隅相乗一十八段方与上廉与下廉与相
乗一段右七位相併寄○実与方下廉隅冪相乗一百九十二段
実与上廉与隅与相乗一百二十八段実与下廉三乗与相乗
二十七段実方与下廉与隅相乗六段実方上廉与下廉隅相
乗八十段実上廉再乗冪下廉冪相乗四段方三乗与隅与
相乗二十七段方再乗冪下廉再乗与相乗四段方冪上廉再
乗与隅相乗四段右九位相併消

三乗方　適尽上廉級法
実与隅再乗与相乗一千二百九十六段実上廉下廉与隅相乗
四百三十二段方冪上廉隅与相乗二百一十六段方上廉下廉再乗
与相乗二十七段上廉三乗冪隅相乗二十五段右五位相併寄
○実方下廉隅与相乗六百四十八段実上廉冪隅与相乗三百
六十段実下廉三乗冪相乗八十一段方上廉与下廉隅相乗
一百二十六段上廉再乗与下廉与相乗六段右五位相併消
三乗方　適尽下廉級法
実隅再乗与相乗二百五十六段上廉下廉与隅相乗一十六段右

二位相併寄○方下廉隅并相乗六十四段下廉三自乗三段

右二位相併消

右求寄消之法準于前故不贅之

諸級替數第四

依驗商有無法視有異名級而立天元一為所替各級

數随適盡其級法得式開除之得商若變商者実級數隅數以最多商為所替數他級數以最少商為所替數而開出同名商○無商者不能替數○文商者随廉級

仍得商與原級數異名者不用之同名者実數隅數乃平方式者実數廉數也

從得商以下者原商有之以上者原商無之

他級數從得商以下者原商無之以上者原商有之也

假如原式平方

依驗商有無法視之雖正負商各無之方級異名

故以適盡方級法替実數方數及廉數而為正商

有之也

立天元一為実數○——以廉數相乗得數四之

○実寄左○列方數自之得与寄左相消得帰

除式上実下法而一得正二箇二分五厘故

正実此數以下者原正商有之以上者原正商無之

也

又立天元一爲方數〇｜自之得〇〇｜寄左
〇列實數以廉數相乘得數四之与寄左相消得
開方式‖〇｜平方開之雖得正商与廉式方異名故不用之也得
員四箇故員方此數以下者原正商無之以上者原
正商有之
復立天元一爲原數〇｜以實數相乘得數四之
〇丅寄左〇列方數自之得‖與寄左相消得
歸除式‖丅上實下法而一得正五分六厘二毫
五絲故正廉此數以下者原正商有之以上者原正
商無之

又原式立方‖｜‖
此式員商有之雖正商無之廉級異名故以適尽
原級法替實數方數廉數及隅數而爲正商有之
也
立天元一爲實數〇｜以隅數幂相乘二十二段〇丅
廉數再乘幂二段‖右二位相併共得‖丅寄左
〇列方數以廉數相乘亦以隅數相乘得數九之
‖與寄左相消得歸除式｜丅上實下法而一
得員商二分五厘九毛二絲五九強与原式實異名
故不用之

復立天元一爲方數○｜以廉數相乘亦以隅數
相乘得數九之○寄左○實數隅數并相乘十二段
七段 廉數再乘并二段 右二位相併共得
与寄左相消得歸除式 上實下法而一得圓
八箇七分七厘七毫七絲七八弱与原式方異名故
不用之
亦立天元一爲廉數○｜再自乘之二段○○○｜
實數隅數并相乘二十七段 右二位相併共得
○○｜寄左○列方數以廉數相乘亦以隅
數相乘得數九之○与寄左相消得同方式

○｜立方飜法同之得圓三箇八分六厘
八毛八絲七二弱故圓廉此數以下者原正商無之
以上者原正商有之
又立天元一爲隅數○｜自之以實數相乘二十七段
○○廉數再自乘二段 右二位相併共得
○寄左○列方數以廉數相乘亦以隅數
相乘得數九之○与寄左相消得同方式
平方開之 雖得圓商与原式隅異名故不用之也 得正
一分一厘一毛一糸一一強故正隅此數以下者原
正商有之以下者原正商無之

三乘方式以上檢之

視商極數第五

蓋原式依前術替諸級數而各得式隨通尽諸級法而

自其級逐下乘其級數乃累通尽方級注則自方逐下乘[illegible][illegible]數[illegible]商尽初廉〻級法〻則自初廉逐下乘初廉級數餘做之其得式同除之得商極數

假如原式平方

此式依通尽方級注如前而替實數得式

是同通尽方級故自方逐下乘方級數乃方乘一廉乘二后做之

得実如法而一得正商五分是替實數式商極數也

亦替方數得式

自方逐下乘方級數得実如法而一得正商一箇是替方數式商極數也

復替廉數得式

自方逐下乘方級數得実如法而一得正商二箇是替廉數式商極數也

又原式之方

此式依通尽方級注如前而替實數得式

是用適尽方級法故自方逐下乗方級数乃方乗一座乗二隅乗三

后之徵得

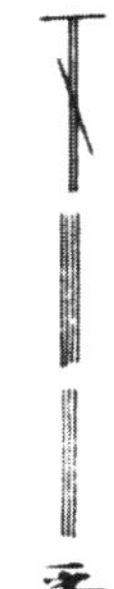

平方開之得正商一箇是替実

数式商極数也

亦替方数得式

自方逐下乗方級数得

平方開之得正

商二箇是替方数式商極数也

復替座数則異名故不用之為商極数無之也

又替隅数則無商式故不能替隅数也

三乗方式以上准之

開方飜變之法 終

貞享乙丑仲冬十三日重訂

關子七部書
題術辯義
二

男爵

伊藤安吉氏

題術辨議之法

病題第一

関孝和 編

病題有四 轉 虚 繁 変 是也 轉謂題辞不足而不能施術者也 虚謂或得無商式或得負商式或得商背題図意者也 繁謂題辨有餘而得数否者也 変謂得商数件而得数的者也 若遇此等題則轉者添辞虚者務数繁者刪辞変者易数加辞而后各宜施術也

轉

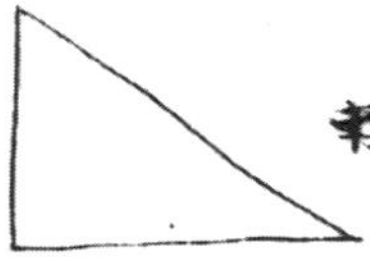

假如有勾股黄六寸只云弦与中股相乗一十二寸問勾股及中股幾何

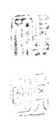

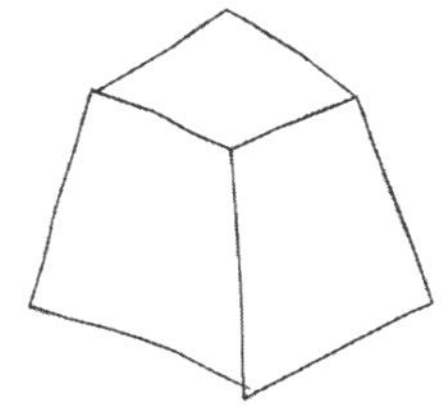

假如有方臺積二百一十八尺只云上下
方和多如高六尺同上下方及高各幾何

壐

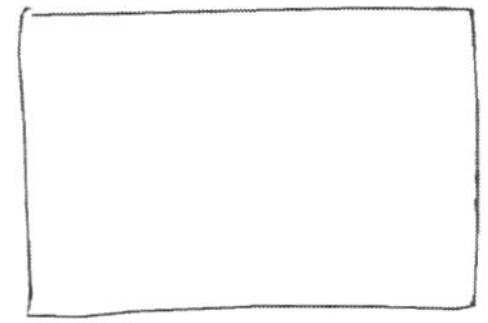

假如有面積二百三十寸只云長平和三
尺同長平各幾何

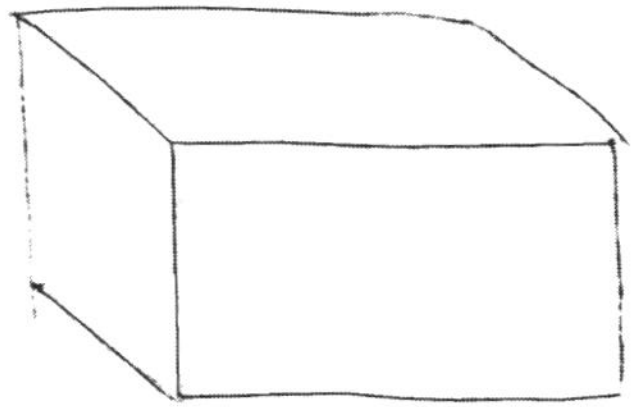

假如有面堡壔積一百三十廿寸只云縱
与高和四寸又云横不及高一尺二寸同
縦横及高各幾何

綮

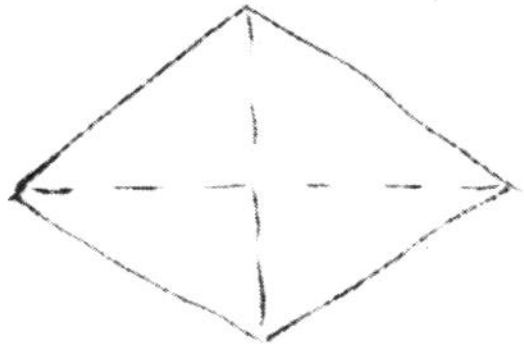

假如有棱積二百四十寸只云每面各一
尺七寸同長闊各幾何

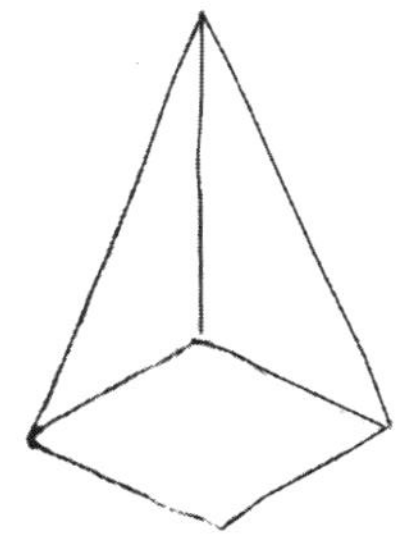

假如有方錐責七十五寸只云高多如下方四寸又云高三分之一与下方五分之三等函下方及高幾何

菱

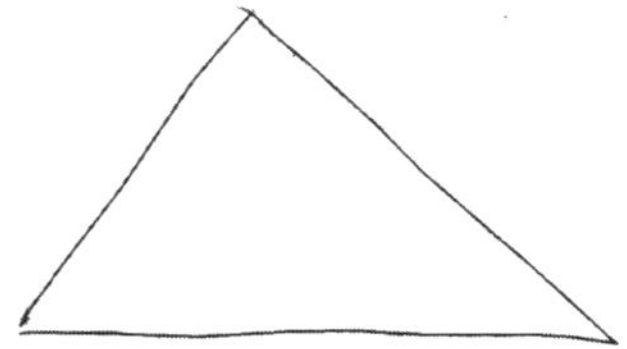

假如有三斜責一百二十六寸只云左斜一尺三寸右斜二尺同下斜幾何

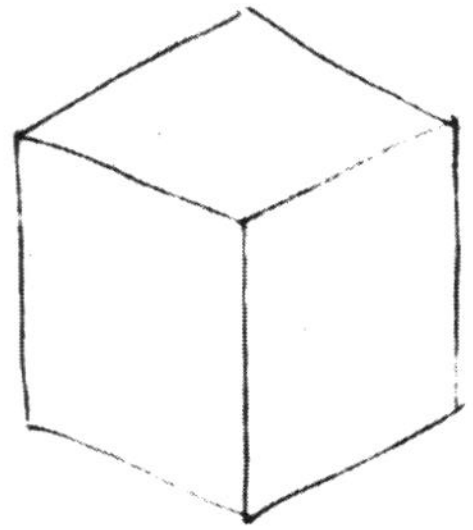

假如有方堅塼只云積加入五十四個高共六百三十尺又云方与高和一丈三尺同方高各幾何

邪術界二

邪術有四重滯牽戾是也術中過衆数繁分数者謂之重也雖合其題遇他題則不合者謂之滯也術理不正故所求数有差者謂之牽也問到式無從為空者謂之戾也乃是拙学之所為而成不正術也学者勉強而莫輕忽矣

重

假如有直積八十四寸只云長平差五
寸問長平各幾何
答曰平七寸

術曰立天元一爲平　加入差爲長
自之爲長中　以平中相乘爲冪中
寄左　列冪自乘與寄左相消得
開方式三乘方開之
得平加差即長合問

假如有句股只云股弦和四尺五寸亦云
句與中股和二尺七寸問句又幾何
答曰句一尺五寸

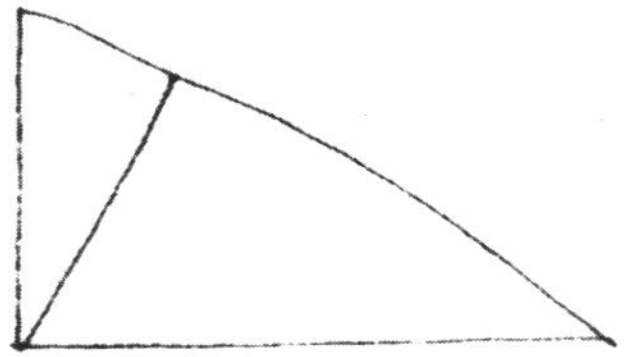

術曰之天元一爲句以亦云數相乘爲因
股云和短弦自之爲因又云和中短云中
寄左　列又云數内減句余爲中叉自乘得數以減句
中余爲短云中以只云數中相乘得數與寄左相消得
開方式平方開之得句

擬前術得股合問

滞

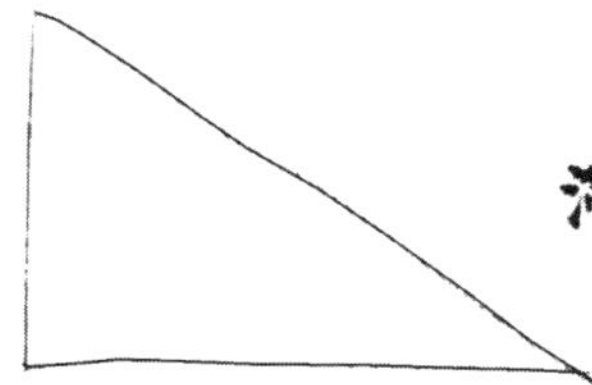

假如有句叉只云句玄和一尺六寸叉云
和一尺八寸问句叉玄各几何
答曰句六寸 叉八寸 玄一尺
術曰句玄和与叉玄和相併共得三尺四寸寄左 以
一十七為法 列寄左以三乘之加法而一得句又列
寄左以四乘之加法而一得叉又列寄左以五乘之加
法而一得玄合问

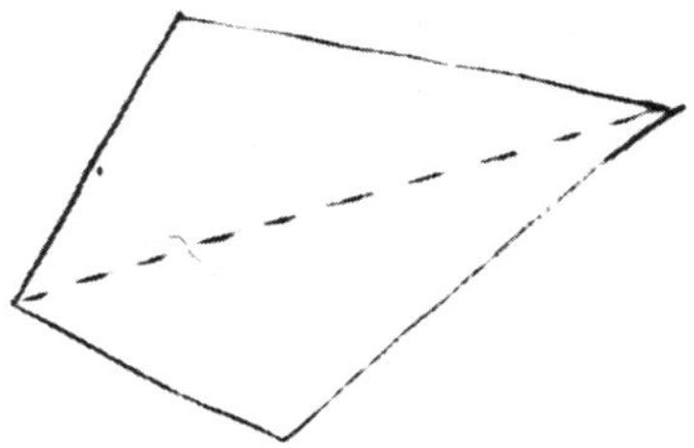

假如有四不等積四千二百七十六寸
只云甲斜九尺一寸乙斜八尺五寸丙
斜五尺丁斜二尺八寸问大斜几何
答曰大斜一丈零五寸
術曰立天元一為大斜自乘得数倍之
加入丙斜中与丁斜中共得内减併甲
斜中与乙斜中余自乘之得数寄左 列丙斜加入丁
斜共得数以大斜相乘得数自乘之四之得式内减寄
左余為一十六段責中寄再 列責自之廠分以一十
六乘之与寄再相消得開方式

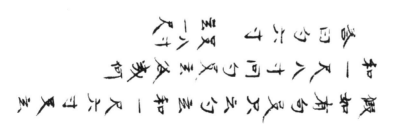

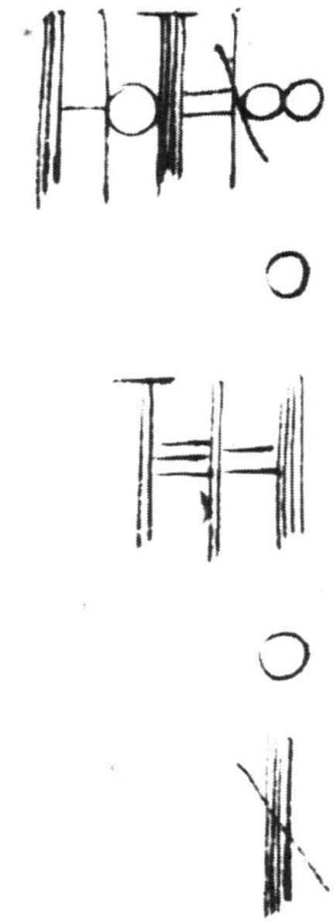

三乗方飜法開之得大斜

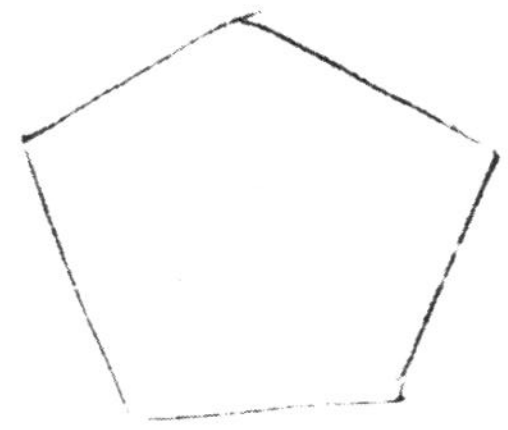

斈

假如有五角毎面一尺問責幾何

答曰責一百七十三寸

術曰列面三自乗之得数三之得三万寸為実以一為廉法開平方除之得責

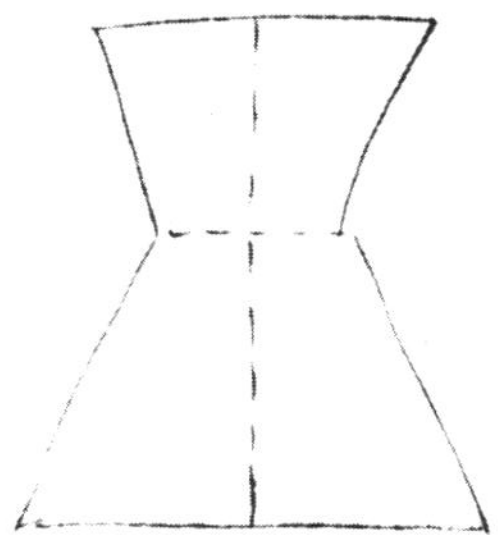

假如有三廣積一百五十寸中廣五寸只云下廣不及長六寸却多上廣四寸問上下廣及長各幾何

答曰上廣八寸

術曰立天元一為上廣加入却多為下廣加入上廣与中廣共得寄左　列下廣加入不及為長以寄左相乗之為三段責得寄再　列責三之与寄再相消得開方式

平方開之得上廣加入却多

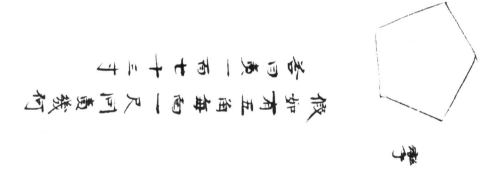

得下廣也

庚

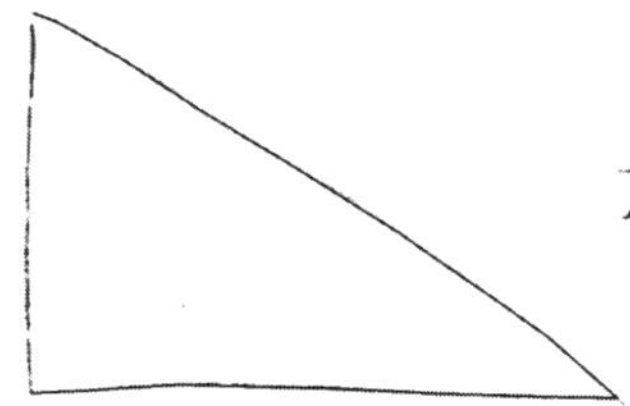

假如有勾叓只云勾弦差一尺八寸亦云叓云差一寸问勾叓云各幾何

答曰勾七寸

術曰立天元一為勾加入先云数為云内減叓云数余為叓加入勾為勾叓和寄位列叓内減勾為勾叓差以寄位相乗之加勾巾為叓巾寄再　列叓自乗之与寄再相消每级皆為空也

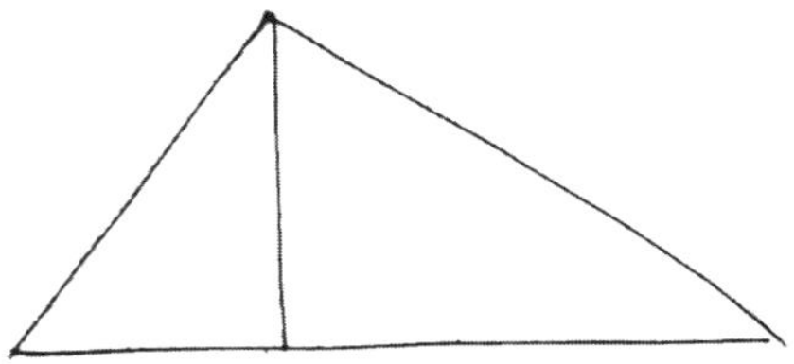

假如有三斜貞八十四寸只云中斜与中股和一尺八寸问中股幾何

答曰中股八寸

術曰立天元一為中股以減先云数余為中斜列亦云数内減中叓余為小斜自之以減中斜巾余以中股巾相乗寄左列貞倍之為因中股大斜自之加入寄左為因大斜冪中股中二個長股以減八段貞巾余為因大斜因中股巾二冪短股寄再　列貞倍之得数自乗内減寄左余亦為因大斜因中叓中二個短叓与寄再相消每级皆為空

也

權術原三

權術有四塞断跡碎是也所謂塞者以分交合離之每級正負数用除求所問故術理不通也断者先求易得者而逐求到所問故術意不續也跡者収去不尽而求率或乗或除求所問故的数不盗也碎者自遠至近数次而求所問故其術不完也此皆雖非実術準学者之浅深随所問之精粗或為取捷徑而宜用之乎故姑存之為便覧云

塞

假如有直責一百七十寸只云長平和二尺七寸問長平各幾何

答曰平一尺

術曰責一百七十寸為正実　和二尺七寸為負従方　一為正廉法開平方除之

再乗減和余則長

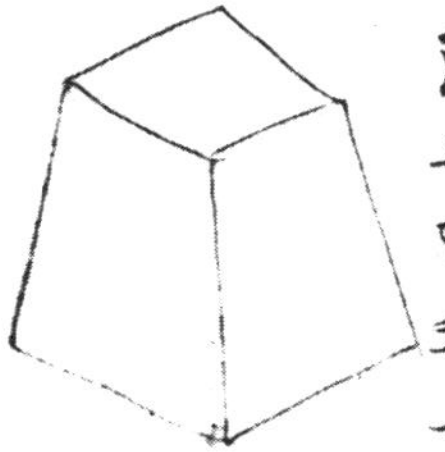

假如有方臺責一百八十六尺只云高不及下方一尺却多如上方二尺問方及高各幾何

答曰上方四尺

術曰列貢三之得五百五十八尺為貢実列不及自乗得一尺却多自之得四尺二位相併得五尺内減不及与却多相乗得二尺余三尺為正従方　列却多内減及余三之得三尺為負従廉　三為正隅開立方除之得高減不及余得上方以却多加入高得下方

断

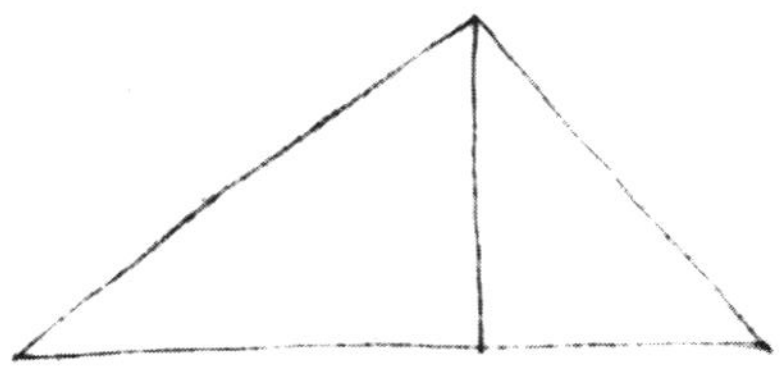

假如有三斜大斜四尺四寸中斜三尺七寸小斜一尺五寸問中股幾何

答曰中股一尺二寸

術曰列大斜自之加入小斜巾得二千一百六十一寸内減中斜巾余七百九十二寸為実　列大斜倍之得八尺六寸為法実如法而一得短股大寸自之得数以減小斜巾余一百四十四寸為再実開平方除之得中股

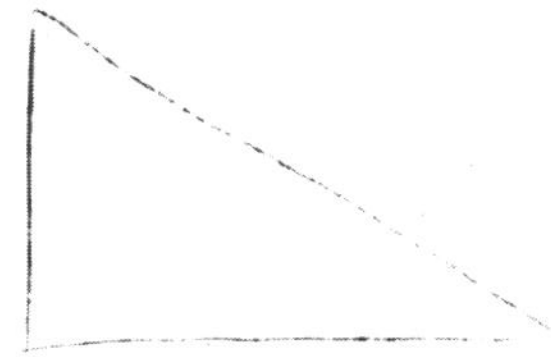

假如有句股積二百一十寸只云弦三尺七寸問句叉各幾何

答曰句一尺二寸

術曰列弦自之得一千二百六十九寸内減四之積余五百二十九寸為實用平方除之得句叉差二尺三寸　立天元一為句加入差為叉以句相乘之為二叉積寄左　列積倍之与寄左相消得開方式

平方開之得句加差得叉

假如有平方自方一尺問斜幾何

答曰斜一尺四寸

術曰列自方以斜率七乘之得七十為實以方率五為法實如法而一得斜

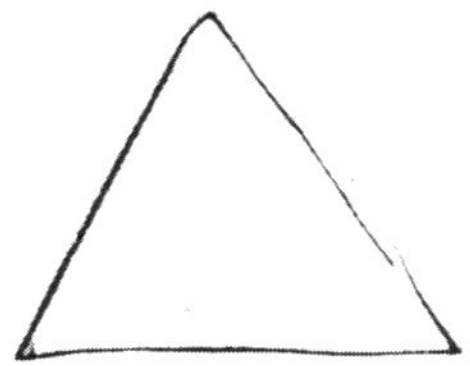

假如有三角積八十四寸問每面及中垂各幾何

答曰每面一尺四寸

術曰立天元一為每面六之為中垂七段以面相乘之為一十四段三角積寄左　列積就分以

一十四乘之寄左相消得開方式

𝍥○丁　平方開之得面以中至率六乘之以面率七除之得中至

碑

假如有句旲句三尺旲四尺只云如図徒句方截貞二百一十六寸問截股幾何

答曰截股八寸

術曰先列截貴以句除之得七寸二分為甲旲　次列旲内减甲旲余三尺二寸八分以句乘之以旲除之得二尺四寸六分為甲句加入句得五尺四寸六分以甲旲相乘折半之得一百九十六寸五分六重以减截貴余一十九寸四分四厘以甲句除之得七分九厘〇二四四微弱加入甲旲得七寸九分九重〇二四四微弱為乙股　次列旲内减乙旲余三尺二寸〇〇九七五六微弱以句乘之以旲除之得二尺四寸〇

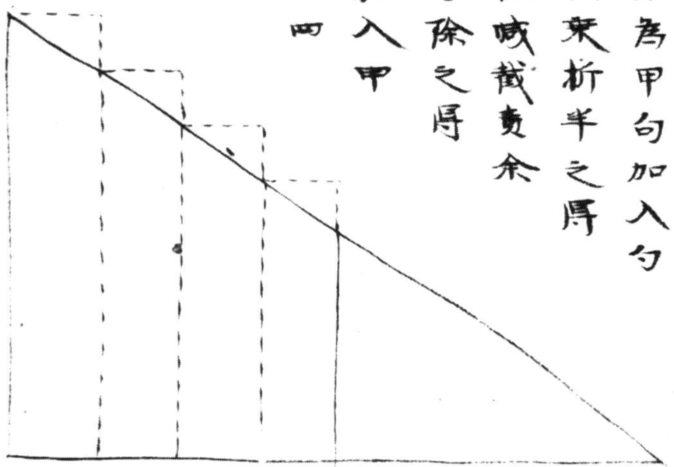

○七三一七弱微爲乙句加入勹得五尺四寸○○七三
一七弱微以乙叉相乘折半之得二百一十五寸七分六
厘五八一八弱微以減截積余二分三厘四一一八二弱微以
乙句除之得九毛七二八弱微加入乙叉得七寸九分九
厘九九七二弱爲丙叉逐如此而得截叉

假如有降真一十両只云初日菫一両日菫自倍問幾
何日而菫畢
荅曰三日八分日之三
術曰先初日菫一両不及元両数九両　次視二日信
初日一両得二両爲二日菫数加入初日一両得三両
亦不及元両数七両　次視三日信二日菫数二両得
四両爲三日菫数加二日三両得七両亦不及元両数
三両　次視四日信三日菫数四両得八両爲四日菫
数加入三日七両得一十五両過於
元両数五両仍爲三日有余四日不
足依図本算雖乘上二ノ位併得二十

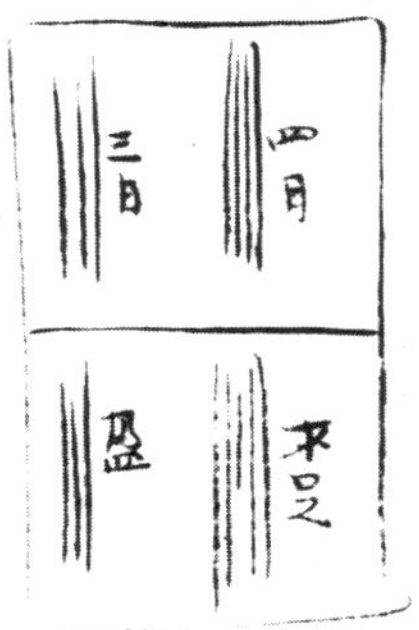

七爲実併盈不足得八爲法実加法而一又商法有余
之得菫日数

于時正徳四甲午年五月吉旦

遁術雑識之法 終

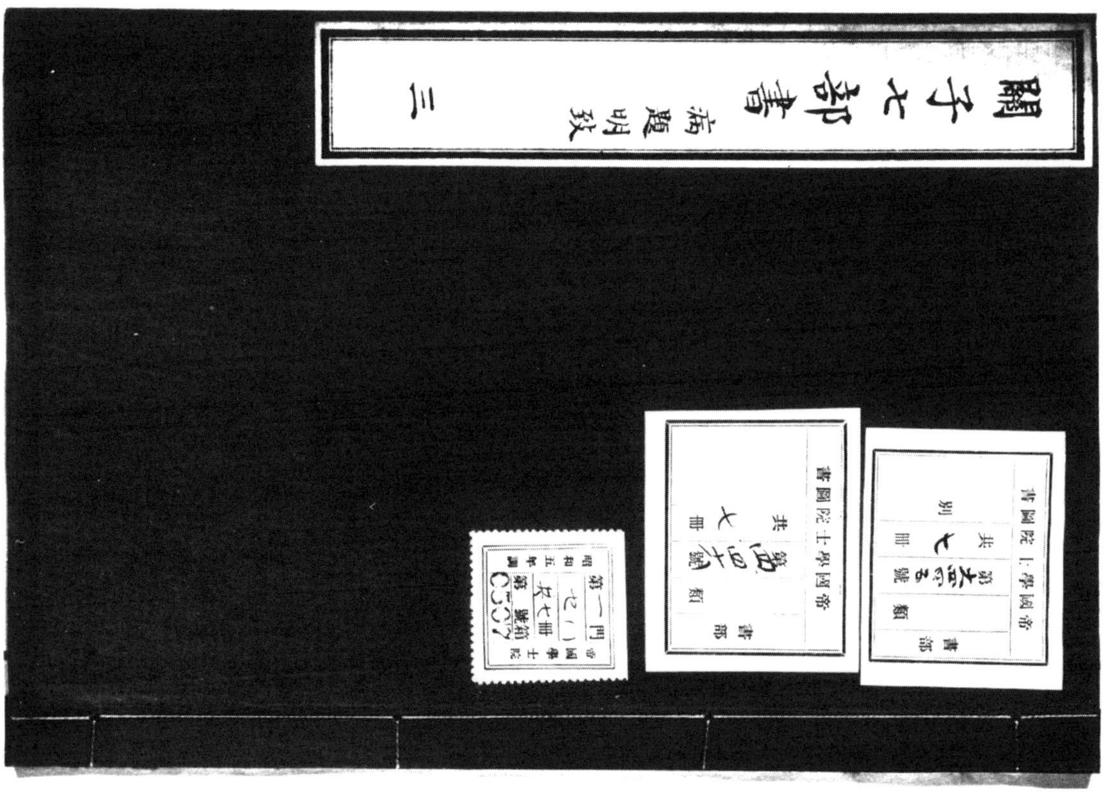
關子七部書
病題明致
三

病題明致之法　凡三條

関孝和　編

題辭添削第一

凡題辭隨于形有限矣不足限者謂轉題餘限者謂繁題也如正方平円諸角者以一辭為限之二辭則為繁題故可削辭也如直或錐者以二辭為限之一辭則為轉題宜添辭之三辭則為繁題故可削辭也如梯或臺者以三辭為限之二辭則為轉題宜添辭之四辭則為繁題故可削辭也臨問題而可思量矣

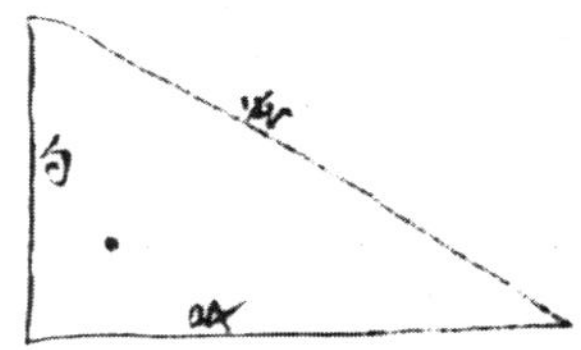

假如有勾又股若干問勾

如此題者以二件為限今云一件故為轉題宜添一件也

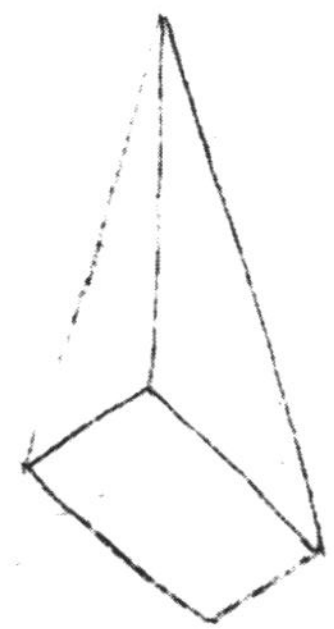

假如有立錐實若干只云縦横高和若干問横

如此題者以三件為限今云二件故為轉題宜添一件也

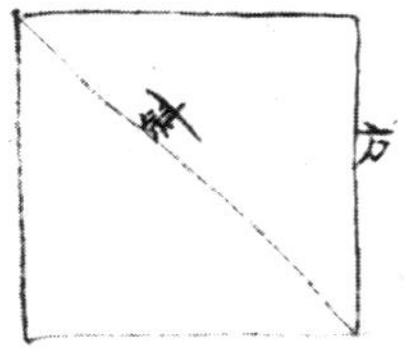

假如有平方積若干斜若干問方

如此題者以一件為限今云二件故為繁題可削一件也

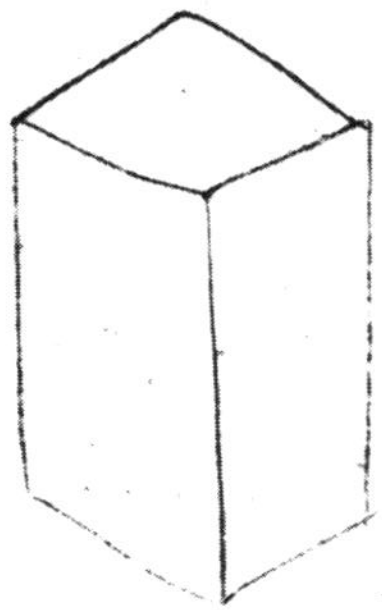

假如有方堡壔實若干只云方少於高若干又云高取四分之三方取三分之二相併若干問方

如此題者以二件為限今云三件故為繁題可削一件也

〇虚題増損第二

凡虚題者三品其一得無商式者其二得負商式者其三得商背題因之者也得無商式者立天元一為題中所替極数如適尽方級法而得式用除之視極数也得負商式者依驗商有無法視有異名級而立天元一為題中所替極数如適尽其級法而得式用除之視極数也式諸級皆同名有随式而各級以正負相反視極数也得商背題図意方立天元一為題中所替極数随変形極図而得式用除之視極数也各依所得極数而置積損題数焉

得無商式若

假如有直積二百三十寸只云長平和三尺問平

得平行用題数得𠕋方式　‖〇　≡〇　⊥　無商

傍書術曰立天元一為平〇　｜　以減和余為長

｜和　以平相乗為直積〇　｜和　⊥　寄左

列積与寄左相消得式

実	方	广
〻	和	―

定和三尺而得積二百二十五寸

術曰立天元為責亦為員実○―以員廉一相乗得数四之○寄左○列正方―和―自之得○与寄左相消得帰除式○上実下法而一得員二百二十五寸為責極数乃此数以下者有高以上者無高也○定責而得和術同之

假如有半梭只之責加入濶共五寸又云面与濶相乗四寸問濶

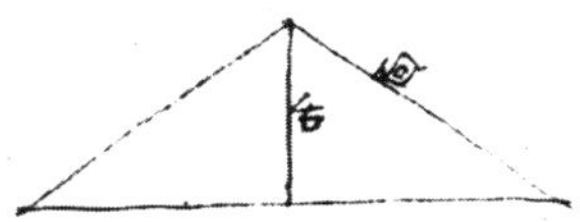

得濶術用題数得開方式――○―無高

借書式

実	方	上广	下广	隅
只云中	只云		○	
又云中				

定只云数五寸而得又云数四寸○大匡二毛二○八強

術曰立天元一為又云数○―自之以減只云数中

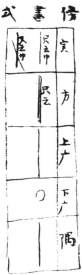

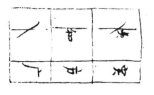

余為正実 〇 再自乗之以負隅一再乗中
积乗十二百五十六段 〇 〇 〇 実實方
只云数二箇中正上廉一 〇 実上廉三
隅中相乗二一箇四十段 〇 乗中隅相
乗六十段 〇 右三位 〇 〇
相併得
〇 寄左 〇 実中上廉中隅中相乗一百二十八段
〇 〇 〇 方三乗中隅中相乗二十七段 方中上廉箱 乗中隅相乗
四段 相左三位相併得 〇 〇 与寄左相消得
同方 〇 〇 〇 五乗方同之得
式 正四寸〇六厘
二毛二〇八強為又云数極数 乃此数以下有無 高以上有高也 〇定
又云数而得只云数術同之

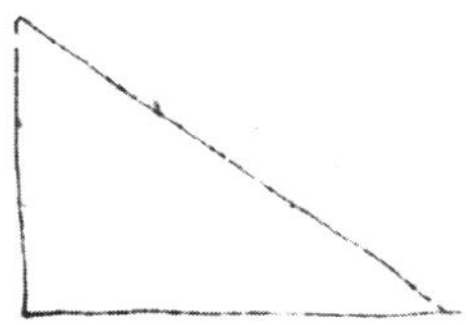

得負高式若
假如有勾又勾叉差七寸只云二箇勾少如
弦二尺一寸問勾

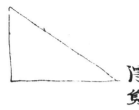

得勾術用類数得開方式

開之得負高

三寸

依験商有無法視之有異名級無之故以実級変者為

極数

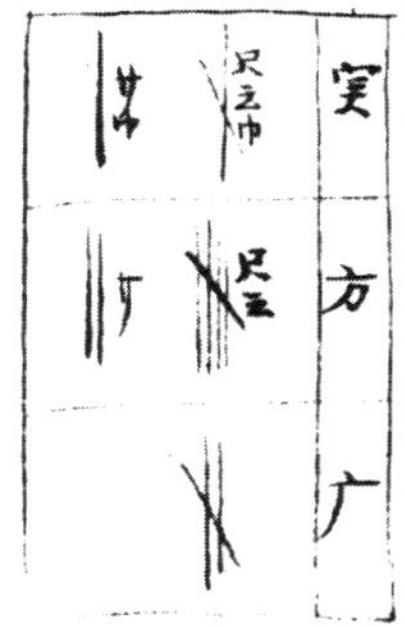

定差七寸而得只云数七寸

術云視実級只云数中一段負差中一段正故以差七寸

為只云数極数上乃此数以下有有正商以者無正高也

定只云数而得差術同之

假如有直堡壔責一百二十寸只云

縦与高和一尺又云縦横差三寸問

横

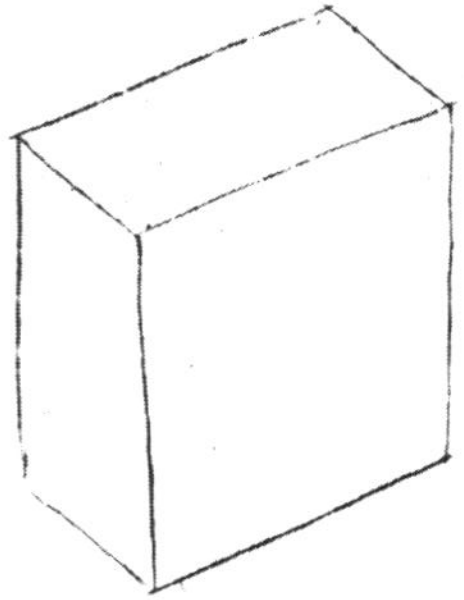

得横術用類数得開方式

開之得横

負五寸

依験商有無法視之方級廉級異名故以立方適尽方

級法求之乃有異名級多則以最上級為主

傍書式

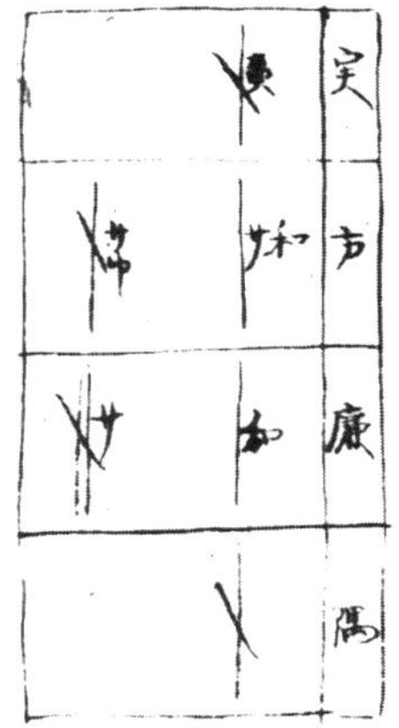

定和一尺差三寸而得積八十四寸七分五厘三毛一三八弱

術云立天元一為積亦為負実○自之以負隅一

中相乗二十段○○実正廉二和内減差再乗中相乗

段四○正方減差和相中相乗余内再乗二個余隅相乗段四

右三位相併得寄左○実方廉隅相乗八十一段

○方中廉中相乗段一右二位相併得

与寄左相消得開方式平方飜法用之

実離得異名正商故不与用原

之也乃高以此数以上有以下無正者有正商也正得員八十四寸七分五厘三毛一三八弱為積極数○或是積与和而得差或定積与

差而得和術皆同之

得高背題図意者

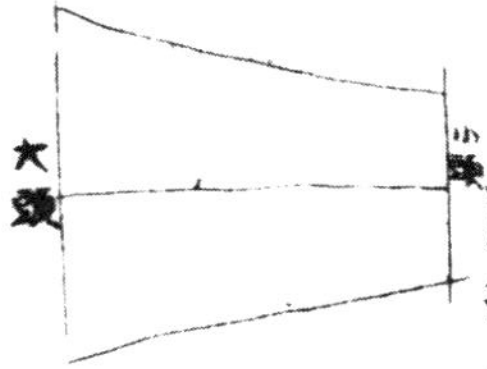

假如有梯積九寸只云大小頭差四寸又云

小頭少如長一尺同大頭

得大頭術用頭枚得用方式　用之得大頭

三寸内減差余得小頭實一寸

定實九寸与少如一尺而得差一寸八分

全形図

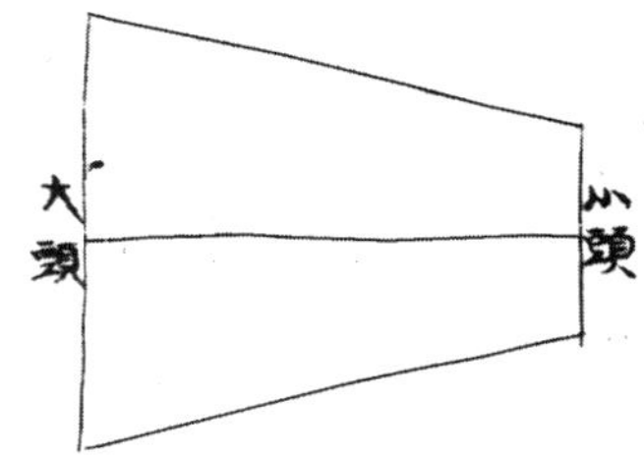

裏形
極図

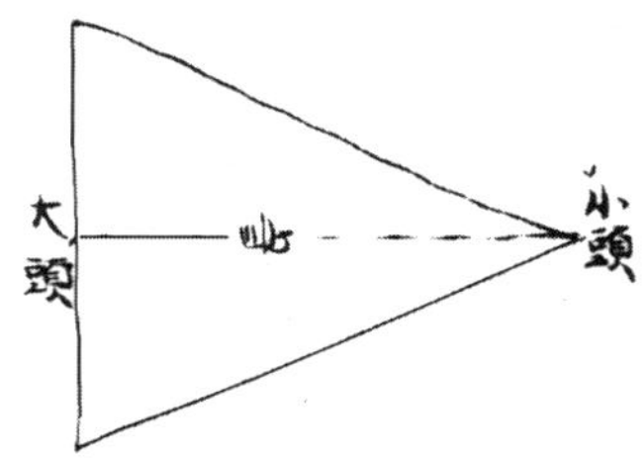

術曰立天元一為差亦為大頭○──以少如相乗為

二段實○ ○寄左○列實倍之与寄左相消得帰除

式　○上実下法而一得一寸八分為差極数乃此

枚以下着無背覬図意高也○或定實与差而得少如或
以上着有背覬図意高

定差与少如而得實術皆同之

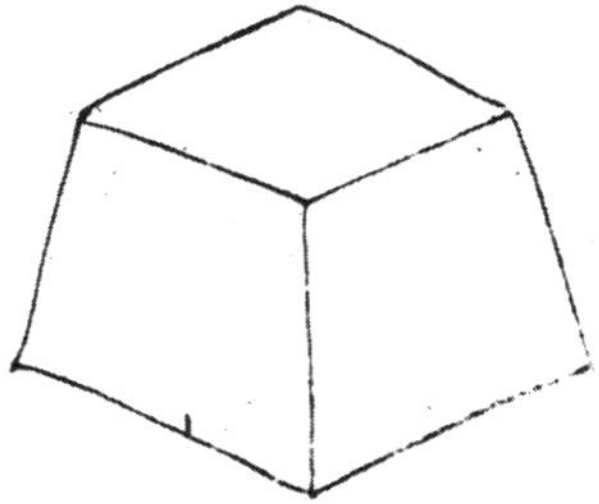

假如有方臺實二百五十四寸只云上

下方和一尺三寸又云上方多如高一

寸問高

得高術用頭枚得用方式　用之

得高六寸加多加得上方七寸以減和余得下方六寸

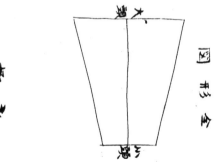

雖然下方少於上方
定和一尺三寸与多如一寸而得責二百二十三寸三
分七厘五毛

全形図

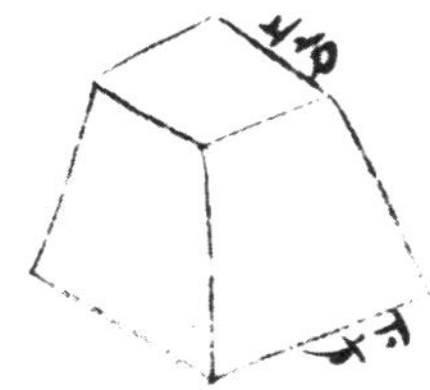

変形極図

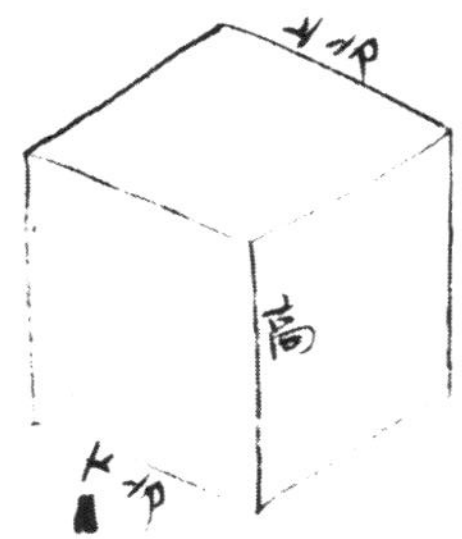

術曰列和折半之得六寸五分為下方亦為上方内減
多如余得五寸五分為高仍求得責二百三十二寸五分七
厘五毛為責極数乃此数以下者曲背題同意高以上者有背題図意高也○或
定責与和而得多如或定責与多如而得和術皆同之

変題定究第三

凡変題者用題数而得用方式視変高○或得負高或正高背題図意者不為変也以加鋒易
数二法可究定之矣

加鋒

加鋒者以分術得式傍書高名而如同出高数法尽実
而得変式随変高件数従変式之方級逐下加鋒

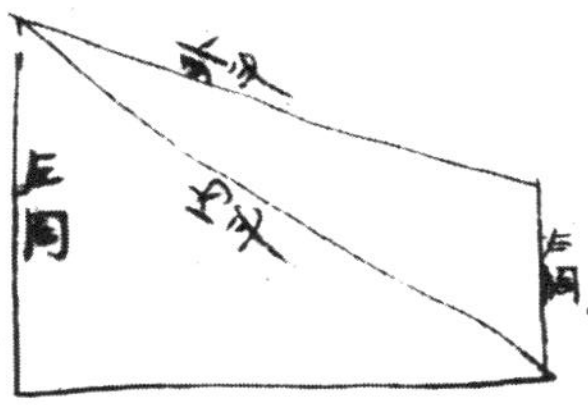

假如有半梯外斜一尺六寸内斜一尺九
寸只云左右濶和一尺八寸問右濶

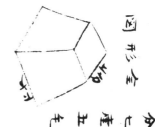

得右洞術用顆数得開方式 三 開之得

右洞 初七寸 后五寸 左洞 一尺一寸 一尺三寸

分術曰立天元一為右洞○——以減只云数余為寄

左洞 自之以減内斜 寄 中余為長巾 左

○列左洞内 自之再数以減外斜巾余亦

減左洞余 為長巾

与寄左相消

得式

傍書高名而如同出高数法尽実而得変式

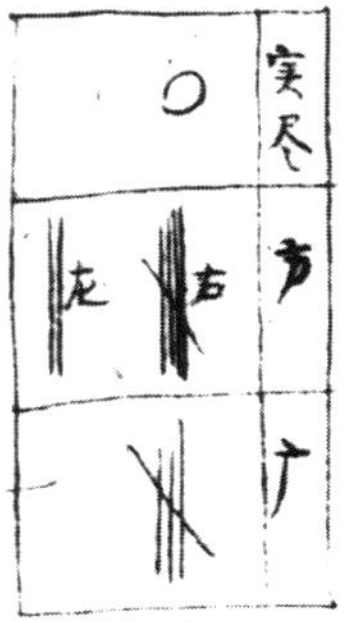

・変高一件故於変式方级依正負隅乃以二約之加肆

初高為呑数則加肆云左洞少如倍之右洞

後高為呑数則加肆云左洞多如倍之右洞

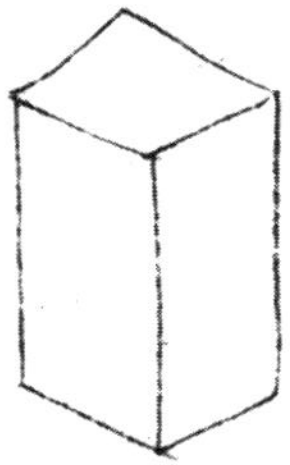

假如有方堡塼只云積加入五十四箇

高共六面三十寸又云方面与高和一

尺三寸問方面

廉方面術用頗数得用方式用之

得

方面　始六寸　中四寸　終三寸

高　七寸　九寸　一尺

変之

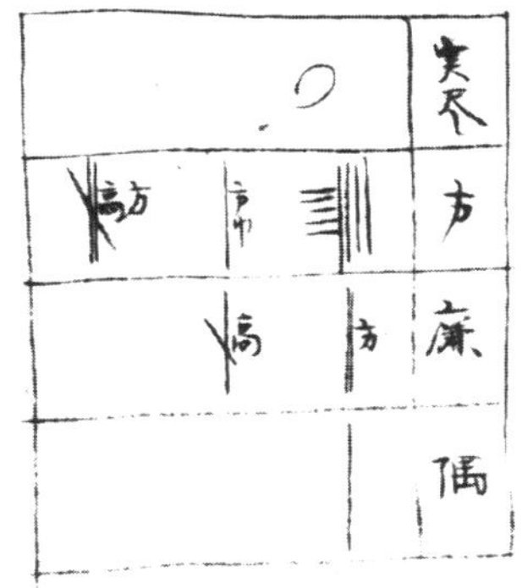

変高二件故於変式方廉二級依正更加二鋒乃加一鋒

而合差数者不及加二鋒

始高為差数則加鋒云倍之方面多如高

中高為差数則加鋒云方面中加入五十四個共得数

少如方面与高相乗二段数　倍之方面少如高

終高為差数則加鋒云方面中加入五十四個共得数

多如方面与高相乗二段数

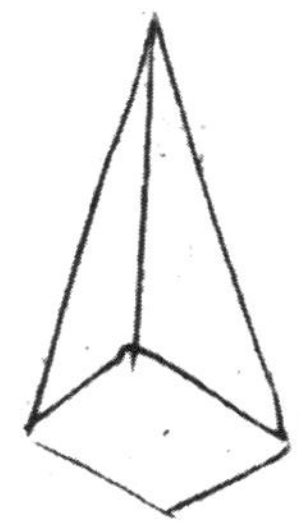

假如有方錐實七十五寸只云高為実

平方問之得数加入下方共八寸同下

方

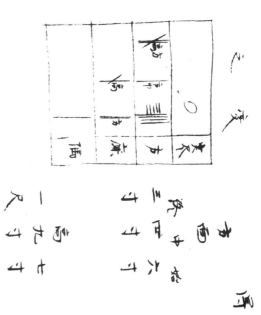

得下方術用観数得開方式

開之得

初五寸

下方後三寸　高　大寸　二十五寸

変式

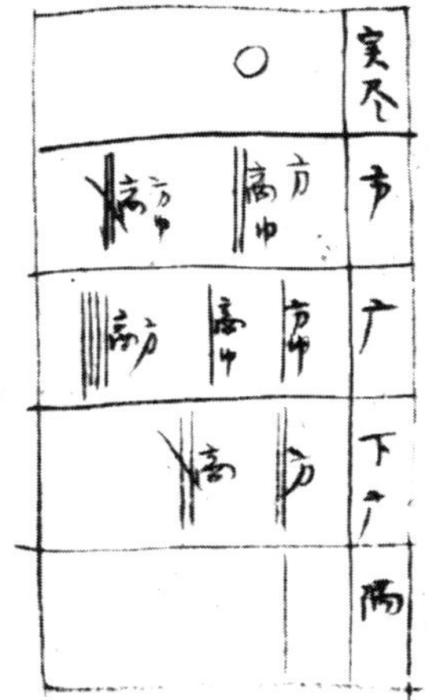

変高一件故於変式方以依正負乃省方与高亦以二適而之

初高為吾数則加諱云下方多頭開方数

伯高為吾数則加諱云下方少頭開方数

易数

易数者変式各級為空者変式為無高式者変高替題

図意者依此三品而随時宜可易題数也

假如有梯上長若干内斜若干只云二

箇外斜与下長和若干同下長

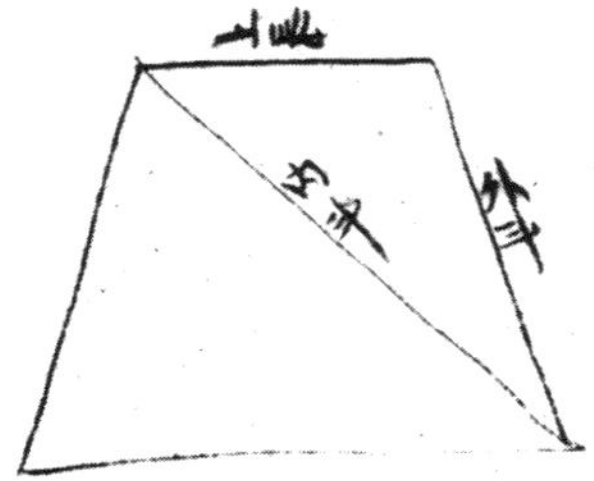

依得下長術得

変式

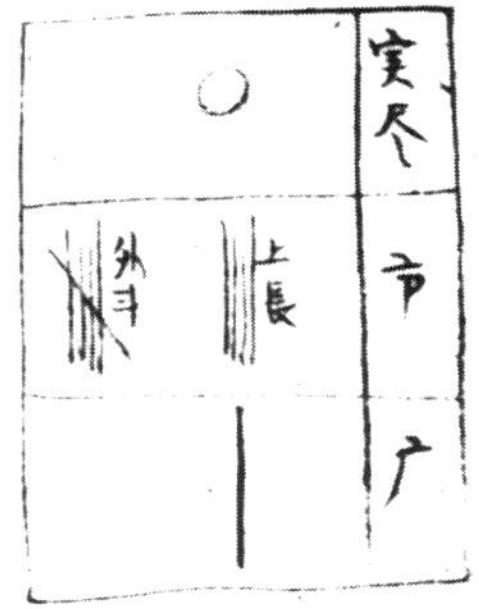

求変式方級為空者

定上長九寸而得外斜九寸

術曰視方級上長個一正外斜箇四負故以上長九寸為外斜○定外斜而得上長術同之

戊変高背發図意者乃如開出商数得下商々

定上長九寸下長二尺一寸而得外斜二尺

全形図

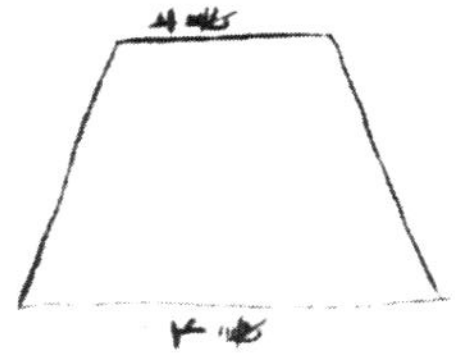

変形　極図

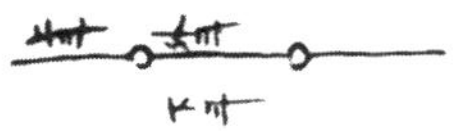

術曰立天元一為外斜○　内減上長余四之為負方亦為因正廉正商　寄位○列下長以正廉一相乗加入寄位為因廉変下長　再寄○列外斜信之加入下長為只云数　以廉乗之得内減再寄余為因廉二箇変外斜　加入上長与廉相乗数亦為因廉変下長　与寄再相消得

除式 丨○ 丅 上實下法而一 若得實高者或無高者不能易教○有変
高者最少高以下無変則乃至次多高有一変亦乃至
次多高有二変逐如此無変多高増一変也最多高以
上無変則乃至次少高有一変亦乃至次少高有二変
逐如此無変少高増一変也后做之得外斜一尺乃此
教以上者無変
以下者有変也○或定上長与外斜而得下長或定下
長外斜而得上長術皆同之

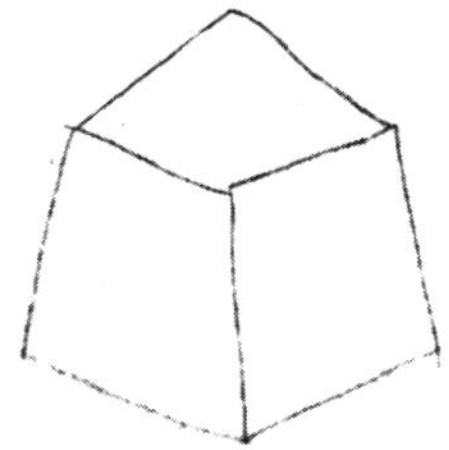

假如有方臺實若干只云上方面与高和若干又云下方面与高和若干問高

依得高術得変式

求変式方仮為空者

實尺					
方	上方巾	下方巾	上下	高上	高下
广	高	上方	下		
隅					

定上方六寸高三寸八分而得下方九寸

術曰立天元一為下方。——加入上方共得数以高相乗三之得 寄左○上方巾一段下方巾一段上

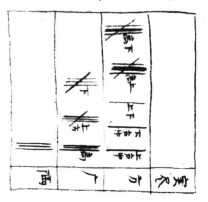

下方相乗一段三位相併得[illegible]与寄左相消

得開方式[illegible]平方翻法開之得下方九寸

○或定上方与下方而得高或定下方与高而得上方

術皆同之

求変式為無高式者乃如之此適尽術限方変式以法集下仮也

定上方二寸与下方一尺一寸而得高一寸

術曰立天元一為高○[illegible]以減上下方和余為三分

之一廉[illegible]自之得数三之[illegible]

寄左○列併上方中段一下方中段一上方下方相乗段一共

得内併減上方高相乗段三下方高相乗段三余為正方

[illegible]以三分之一正隅一[illegible]与寄左相消

[illegible]相乗得数四之　得開方式

[illegible]平方開之若得負高者或無高若不能以易数○有変者高者最少高以

下無変乃至次多高有変亦乃至次多高無変亦乃至次多高無変亦乃至次多高有変逐如此無変有変相交也

得高一寸乃此数以下者無変以上者有変也或定上方与高而得下方

或定下方与高而得上方術皆同之

全形図

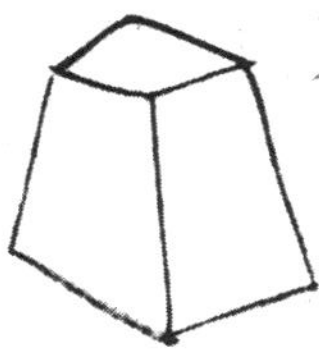

定下方一尺六寸高三寸而得上方四寸

求変高背題図意者

極図　変形

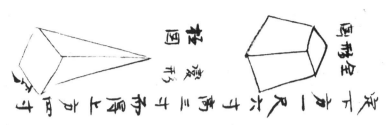

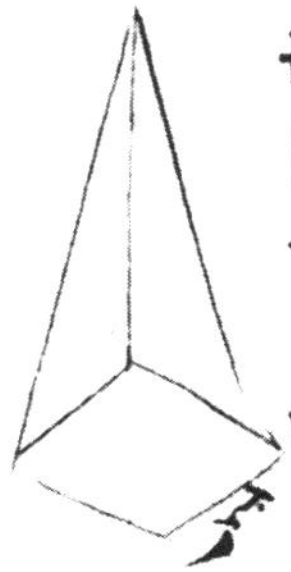

術曰立天元一為上方亦為正高〇｜加入下方共
得内減高余三之為負广𝍫‖寄左〇列正隅三
以正高相乗得数以減寄左余𝍫亦以正高相乗為
正方〇𝍫再寄〇列併上方巾段一下方巾段一上直下
方相乗一段共得𝍫丅｜内併減上方高相乗三段
下方高相乗三段余亦為正方𝍫丅｜与寄再相
消得開方式𝍫𝍫𝍫平方開之得上方四寸乃
数以下者無変 以上者有変也〇或定上方与下方而得高或定上方
与高而得下方術皆同之

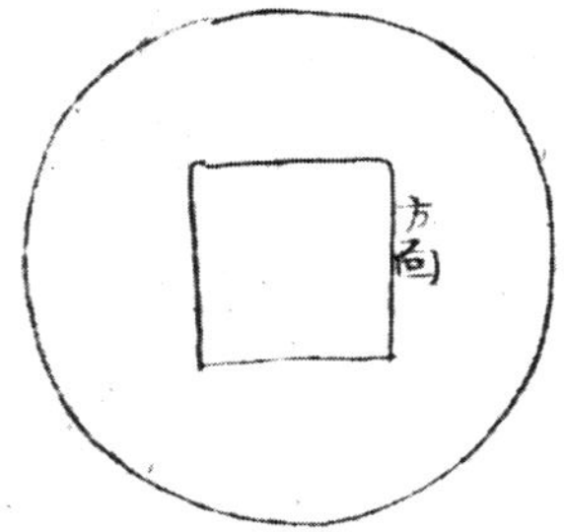

仮如有銭形実若干只云方面為実平方
開之得数少於四立若干問四

依得四立術得

変 式

実冪	〇
方	𝍫 高再 四實法
上广	丅 高巾 四實
下广	𝍫 高
隅	｜

此変式方級為空者

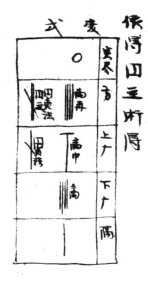

定周方数三寸　古法四從所得四乗七尺二寸

術曰立天元一為四乗○　以四貴法乗之得○

寄左○列周方数再自乗倍之得　与寄左相消得

帰除式　上実下法而一得四乗七尺二寸

○定四乗而周周方数術同之

定　求変高背図意者

周方数三寸　而得四乗七尺二寸

術曰立天元一為四乗○　以四貴法乗之得

寄左○列周方数再自乗倍之得　与寄左相

消得帰除式　上実下法而一得四乗七

△

○　寄左○列正隅一以乗高相乗得数以

減四之周方数乃正下余○　亦以乗高相乗得数

以減寄左余　亦以乗高相乗為正方

○　○　再寄○列周方数再自乗得数四之

内減四乗四貴法相乗　与再寄相消

二段余亦為正方　○　○　得周方式

上有無変以下　○　立方周之得周方数三寸

者有変也　○定周方数而得四乗術同之

貞享乙巳暦角解　日重訂

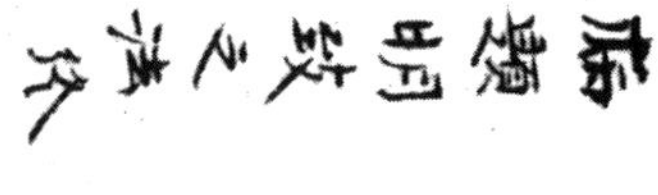

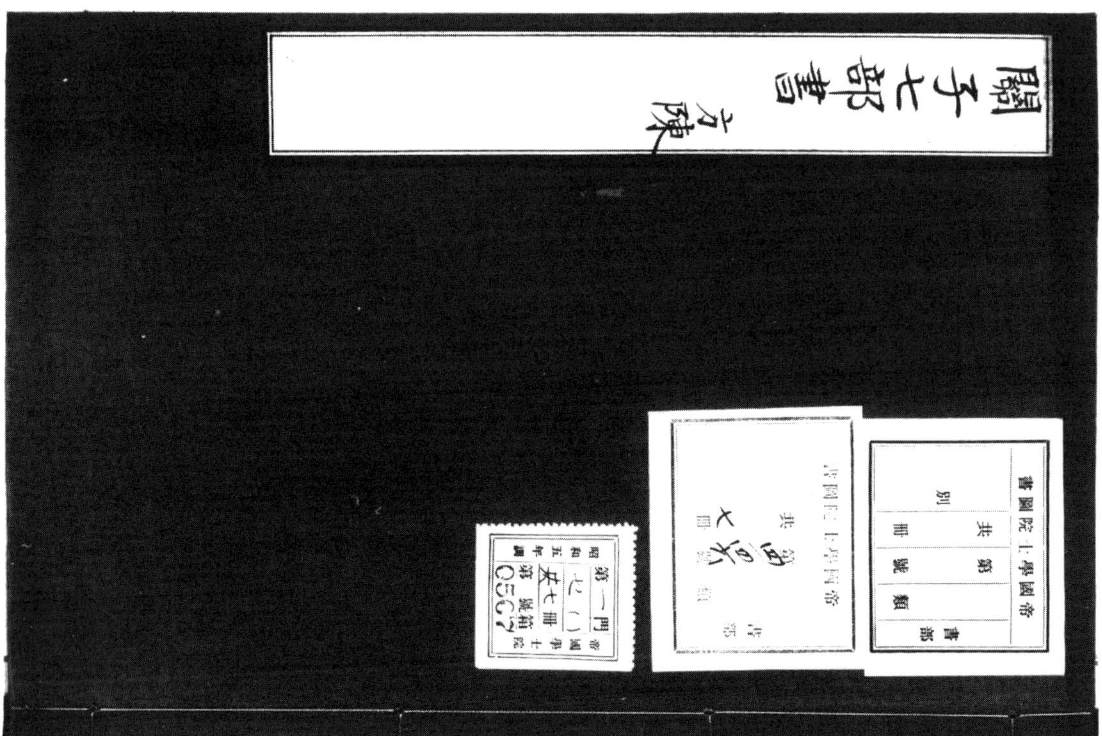
關子七部書
六陳

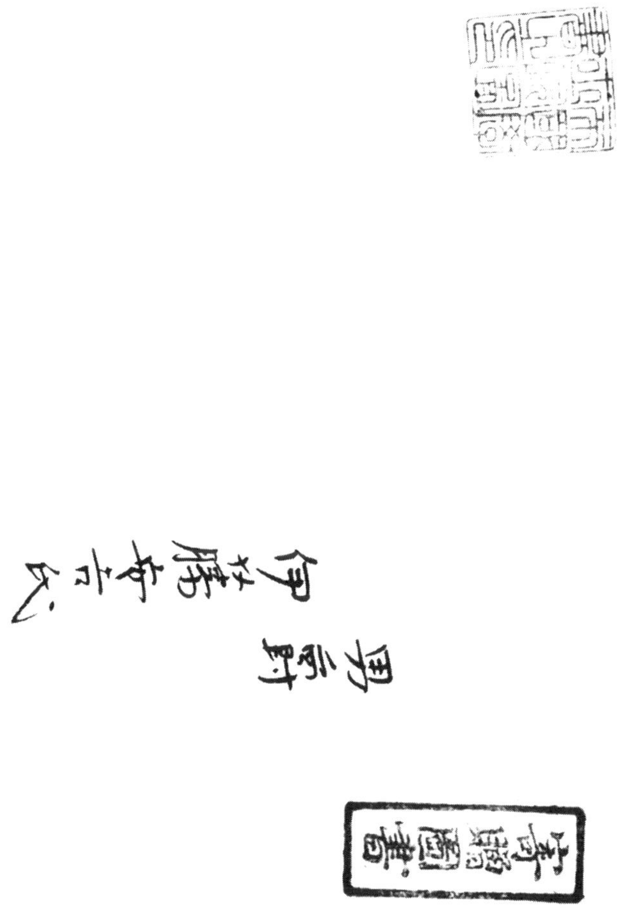

方陣

關孝和編

總子數。

置方數、自乘之、得總子數

共積數。

副置總子數、下位添一、以上位相乘之、得數折半之、得共積數。

縱横斜角條積數。

置共積數、以方數除之、得縱横斜角條積數。

增數。

今方數與前方數相併、為增數、即增前方各格、得今方中格數、

相對數。

置總子數、添一、為相對數、

表裏數、

置方數、內減一、餘倍之、得數以從一、順至此數者、為表數。 又以從總子數末、逆至此數者、為裏數。

奇方。

奇方者、起於三方陳 乃從三方至五方、從五方至七方、從七方至九方、遞做之。

三方陳歌

九子斜推、上下互移、

左右相換、四正出維。

置方數、內減一、余折半之、為段數、起於右上角次右格、至右上角、從其順下。 置方數、內減三、餘折半之、為乙段數、起於右上角左第三格、逐至左。 置方數、加入一、得數折半之、為丙段數、起於甲段次下格、順下至右下角次上格。 以甲段數為丁段數、起於乙段次左格、逐至左上角。 甲乙丙丁段、各以表數從一逐陳之。 仍各縱横斜角、以各裏數、如合相對數

二

陣之。以甲段數、又為對換格數、起於右上角次左
格、命對換格數、逐至左而對換。
又起於右下角次上……格、命對換格數、逐至上而對
換。

偶方。

偶方者四方陳、從四方至六方、從六方至八方、從八方至十方、遞倣之。

四方陳歌

四四方陳、外角遞臻
內隅對換、定是平均。

單偶方者乃六方、十方、十四方等、謂單偶方也　置方數、內減二、餘為

甲段數起於右上角左第三格、逐至左上角。以甲
段數為乙段數、起於右上角、順下、至右下角上第三
格。以一為丙段數、右上角次左格。又以一為丁
段數、右下角上第二格。甲乙丙丁段、各以表數從
一逐陳之。仍各縱橫斜角、以各裏數、如合相對數、
陳之、從右上角次左格、三格對換。次隅二格、而
二格對換。又隅二格而二格對換。逐如此、至左
上角右第三格也。又右上角次下一格對換。次
隅二格、而二格對換。又隅二格、而二格對換。逐
如此至下右角次上格也。

三

雙偶方者、乃八方、十二方、十六方方等、謂雙偶方也。置方數、內減二、餘
爲甲段數、起於右上角左第三格、逐至左上角、以
二、爲乙段數、起於右上角、至右上角次左格。以甲
段數、爲丙段數、起於右上角次下格、順下、至右下角
次左格。甲乙丙段、各以表數、從一逐陳之。仍各
縱橫角斜、以各裏數、如各相對數陳之、從右上角
左第四格。二相對換。次隔二格、而二格對換。又
隔二格、對換。逐如此、至左上角也 又從右上角、
二格對換。次隔二格、而二角對換。又隔二格、而
二格對換、逐如此至右下角上第三格也

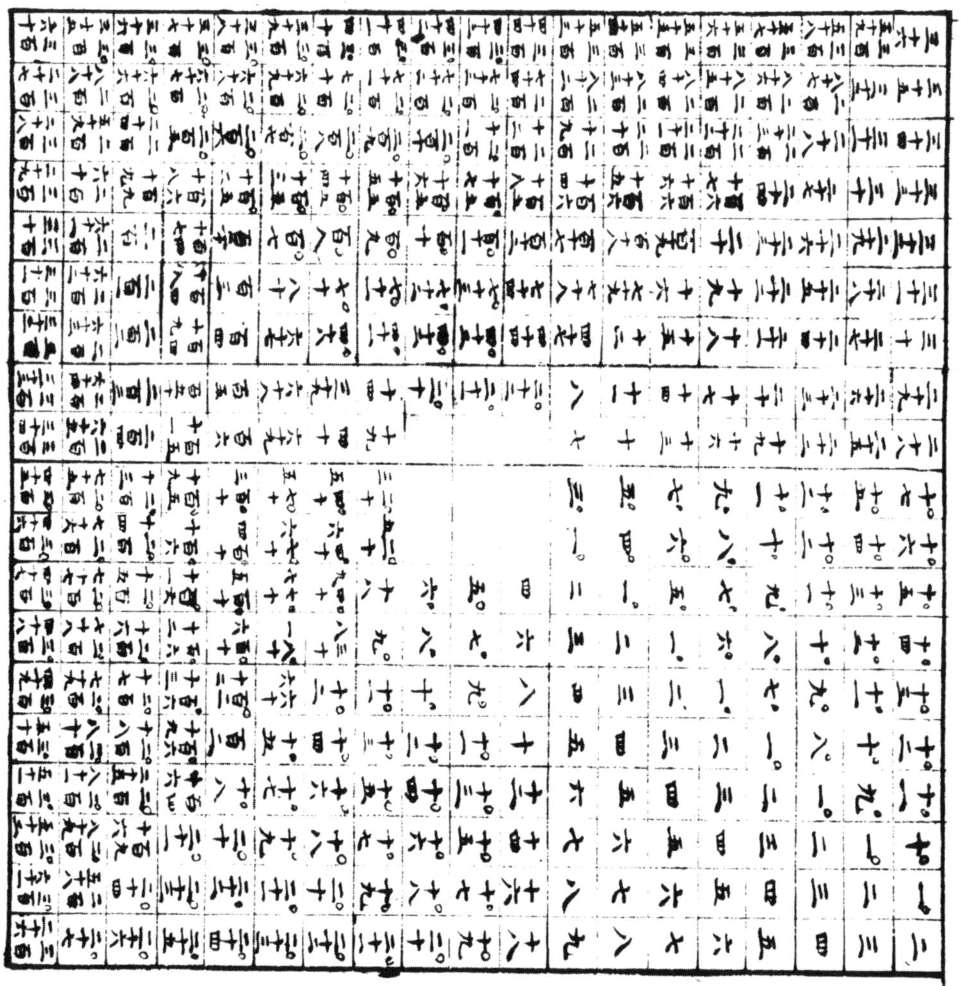

奇方解圖

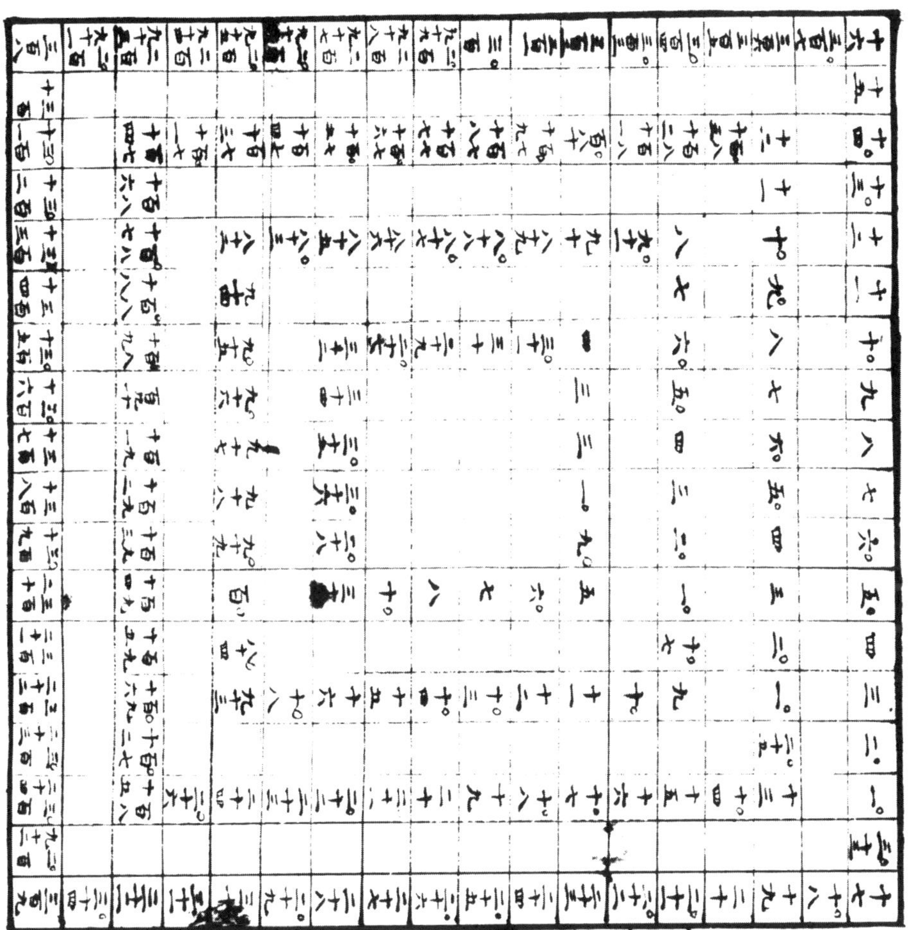

單偶方解圖

變偶方解圖

十八	十七	十六	十五	十四	十三	十二	十一	十	九	八	七	六	五	四	三	二	一	二十	十九
三百八十																			二十一
三百七十九		十四	十三	十二	十一	十	九	八	七	六	五	四	三	二	一	十六	十五		二十二
三百七十八		二百四十															十七		二十三
三百七十七		二百三十九		十	九	八	七	六	五	四	三	二	一	十二	十一		十八		二十四
三百七十六		二百三十八		百三十二											十三		十九		二十五
三百七十五		二百三十七		百三十一		六	五	四	三	二	一	八	七		十四		二十		二十六
三百七十四		二百三十六		百三十		五十六							九		十五		二十一		二十七
三百七十三		二百三十五		百二十九		五十五							十		十六		二十二		二十八
三百七十二		二百三十四		百二十八		五十四							十一		十七		二十三		二十九
三百七十一		二百三十三		百二十七		五十三							十二		十八		二十四		三十
三百七十		二百三十二		百二十六		五十二							十三		十九		二十五		三十一
三百六十九		二百三十一		百二十五		五十一							十四		二十		二十六		三十二
三百六十八		二百三十		百二十四		五十八	六十	六十一	六十二	六十三	六十四	五十七	五十九		二十一		二十七		三十三
三百六十七		二百二十九		百二十三											二十二		二十八		三十四
三百六十六		二百二十八		百三十四	百三十六	百三十七	百三十八	百三十九	百四十	百四十一	百四十二	百四十三	百四十四	百三十三	百三十五		二十九		三十五
三百六十五		二百二十七															三十		三十六
三百六十四		二百四十二	二百四十四	二百四十五	二百四十六	二百四十七	二百四十八	二百四十九	二百五十	二百五十一	二百五十二	二百五十三	二百五十四	二百五十五	二百五十六	二百四十一	二百四十三		三十七
三百六十三																			三十八
三百八十二	三百八十四	三百八十五	三百八十六	三百八十七	三百八十八	三百八十九	三百九十	三百九十一	三百九十二	三百九十三	三百九十四	三百九十五	三百九十六	三百九十七	三百九十八	三百九十九	四百	三百八十一	三百八十三

三方陣之圖

四	九	二
三	五	七
八	一	六

四方陳之圖

四	九	五	十六
十四	七	十一	二
十五	六	十	三
一	十二	八	十三

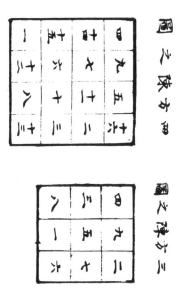

五方陣之圖

八	七	二十三	二十五	二
二十二	十二	十七	十	四
五	十一	十三	十五	二十一
六	十六	九	十四	二十
二十四	十九	三	一	十八

六方陣之圖

四	三	三十五	三十六	二十八	五
六	十四	十九	十五	二十六	三十一
三十	二十四	十七	二十一	十二	七
二十九	二十五	十六	二十	十三	八
十	十一	二十二	十八	二十三	二十七
三十二	三十四	二	一	九	三十三

七方陳之圖

十二	十一	十	四十五	四十六	四十九	二
四十七	二十	九	三十五	三十七	十四	三
四十四	三十四	二十四	二十九	二十二	十六	六
七	十七	二十三	二十五	二十七	三十三	四十三
八	十八	二十八	二十一	二十六	三十二	四十二
九	三十六	三十一	十五	十三	三十	四十一
四十八	三十九	四十	五	四	一	三十八

九方陣之圖

十六	十五	十四	十三	七十五	七十六	七十七	八十一	二
七十九	二十八	二十七	二十六	六十一	六十二	六十五	十八	三
七十八	六十三	三十六	三十五	五十一	五十三	三十	十九	四
七十四	六十	五十	四十	四十五	三十八	三十二	二十一	八
九	二十三	三十三	三十九	四十一	四十三	四十九	五十九	七十三
十	二十四	三十四	四十四	三十七	四十二	四十八	五十八	七十二
十一	二十五	五十二	四十七	三十一	二十九	四十六	五十七	七十一
十二	六十四	五十五	五十六	二十一	二十	十七	五十四	七十
八十	六十七	六十八	六十九	七	六	五	一	六十六

八方陳之圖

五十九	五	四	六十二	六十三	一	八	五十八
九	十八	十七	四十九	五十	四十二	十九	五十六
五十五	二十	二十八	三十三	二十九	四十	四十五	十
五十四	四十四	三十八	三十一	三十五	二十六	二十一	十一
十二	四十三	三十九	三十	三十四	二十七	二十二	五十三
十三	二十四	二十五	三十六	三十二	三十七	四十一	五十二
五十一	四十六	四十八	十六	十五	二十三	四十七	十四
七	六十	六十一	三	二	六十四	五十七	六

十方陳之圖

八	七	九十五	九十六	四	三	九十九	百	八十四	九
十	七十七	二十三	二十二	八十	八十一	十九	二十六	七十六	九十一
九十	二十七	三十六	三十五	六十七	六十八	六十	三十七	七十四	十一
八十九	七十三	三十八	四十六	五十一	四十七	五十八	六十三	二十八	十二
十三	七十二	六十二	五十六	四十九	五十三	四十四	三十九	二十九	八十八
十四	三十	六十一	五十七	四十八	五十二	四十五	四十	七十一	八十七
八十六	三十一	四十二	四十三	五十四	五十	五十五	五十九	七十	十五
八十五	六十九	六十四	六十六	三十四	三十三	四十一	六十五	三十二	十六
十八	二十五	七十八	七十九	二十一	二十	八十二	七十五	二十四	八十三
九十二	九十四	六	五	九十七	九十八	二	一	十七	九十三

右外、從四方陳以上、雖有易各格而合數、不違悉載之、故標其一端而已。

圓攢

總子數。

置周徑數、自乘之、得數倍之、添一、得總子數。

共積數、

副置總子數、下位添一、以上位相乘之、得數折半之、得共積數。

周徑併積數。

置共積數、內減一、餘以周徑數除之、得數添一、得周徑併積數。

相對數。

置總子數、加入二、為相對數。

攢配。

以一為中心、從二逐同周同徑、如合相對數、配之

二周徑之圖

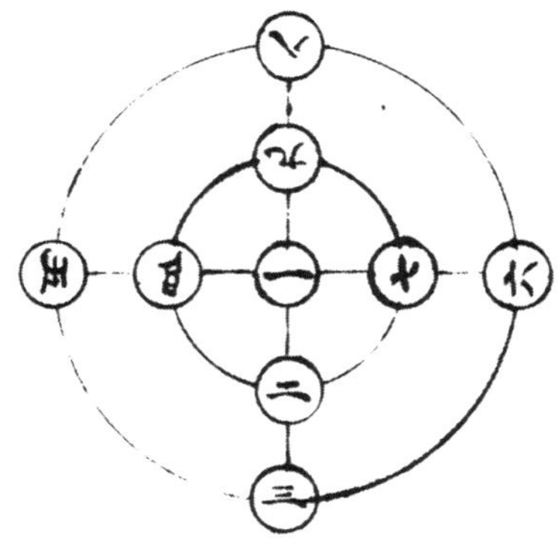

三周徑之圖

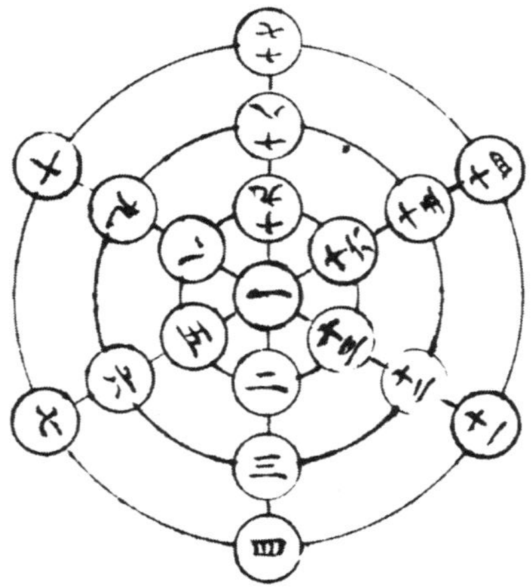

五周徑之圖

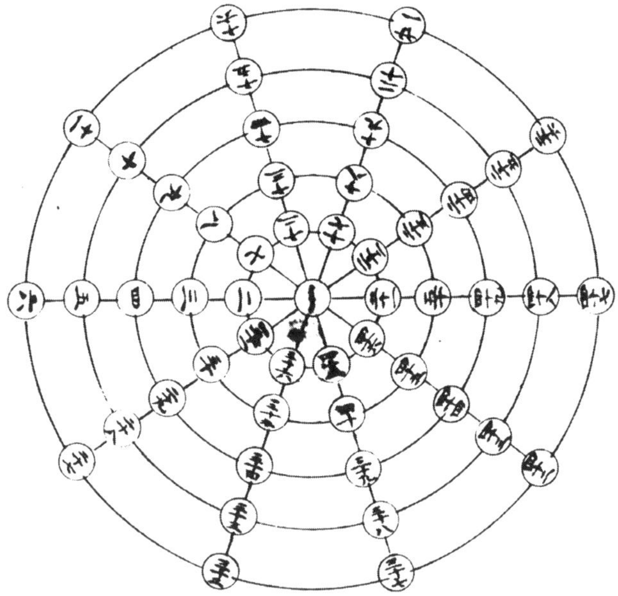

四周徑之圖

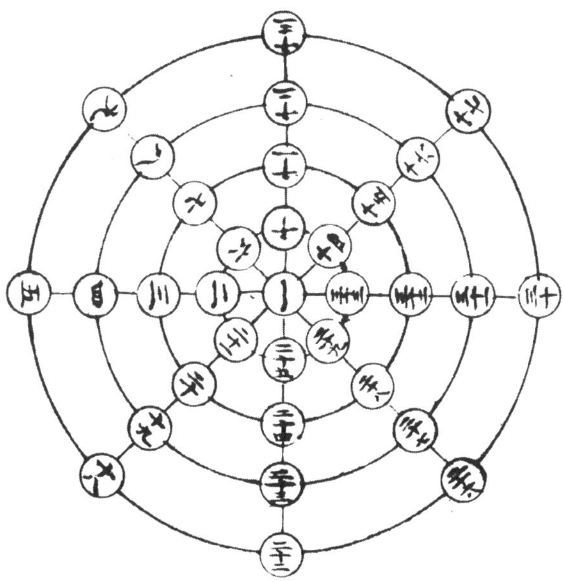

右外、雖有攙中〻而合數、繁多難校釋也、故省之而已。

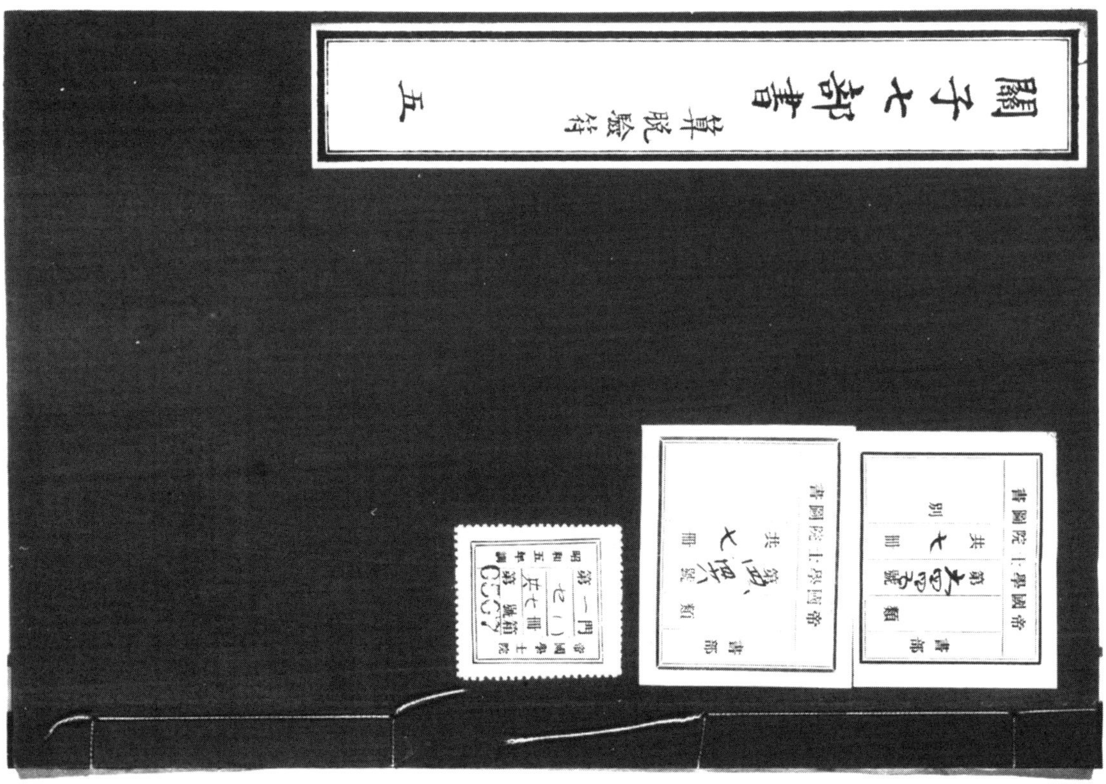

關子七部書
筭脱驗符
五

男爵　伊藤安吉氏

算脱之法（俗謂之継子立）

限諸数　　　関孝和編

置一（此一擬負）為原法（先実空位）仍法一実脱数各累加之実満

法則去之遇実尽而法数内減一余為正限数求次正

限若置前法（又実空位）法一実脱数各累加之実満法則去

之遇実尽而法数内減一余為次正限数逐如此各求

正限諸数也〇假如五脱者置一為原法（先実空位）法加一

実加五（実得五法）二以法去実余一又法加一実加五（三得実法）

大以法去実無余即法三内減一余二為正限〇亦置

前法三（又実空位）法加一実加五（実得五法）四以法去実余一又

法加一実加五（実屑六法五）以法去実余一又法加一実加
五（実屑六法）大以法去実無余即法六内减一余五又為正
限次第如此求正限諸数也終至百千万脱求正限数
幾何件皆倣之

脱数	正限諸数				
二	一	三	七	十五	三十一
三	三	五	八	三十	六十九
四	一	四	八	十一	十五
五	六	五	十一	十四	三十六
六	一	二	七	十三	七十三

七	二十二	四十九	九十二	二百三十四	三百一十九
八	一	四	九	十九	二十九
九	九十	百四十五	二百〇七	二百三十三	四百七十四
十	一	十五	二十一	七十	二百二十六

正負交布
圓布総子（乃総子数随所好也 先総子皆以正布之）定算初子順算而中
其脱数子為負又従次子順算而中其脱数子為負
逐如此仍視所余之正合其脱正限諸数則止○假
如十脱者余正或十五或二十一或七十等也是假
総子多少而可斟酌当他皆倣之（所謂正者白子負者黒子）

順逆脱法

依前正負交布而起於算初子順算而中其脱数者去之又從次子順算而中其脱数者去之次第如此去之余員一還從其員逆算而如前去之則正尽而止矣一子也

十脱三十子之圖

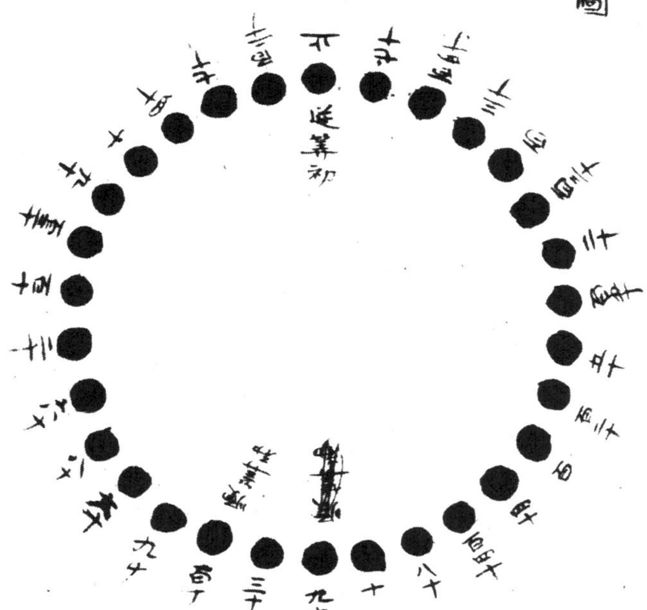

謂之継子之者俗諺曰往昔富農有子三十人内十五人前妻之子十五人後妻之子也後妻以為令我所産子嗣夫家或時謂夫曰交立三十子而定算初順算而中十者脱去之使最末止者嗣家乎夫諾即後妻如前図立之従算初順算而既脱去継子十四人止一人彼曰迄今一偏脱去了請此後以我為算初逆算而脱去焉乃如其言従後妻之子脱尽而彼継子一人止得嗣夫家也此甚野鄙之語而雖不足取之然又於算不可無術也故撰元之以述其法矣

比類　五脱十子之図

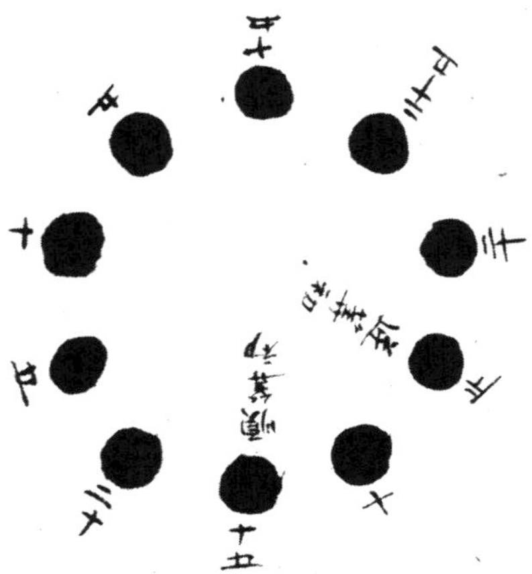

其餘諸脱皆準之可得也故不繁説而已

算脱之法訖

驗符之法 俗謂之目付字

段數
或二段或三段無定數大凡用總字二百下者不起子
三段也
毎段行數
究毎段各幾行相乗而以合總字數為準也然行數可
互約者不用○假如二十字者為二段第一段四行第
二段五段即四行与五行相乗得二十合總字數也○
又如六十字者為三段第一段三行第二段四行第三
段五行即三行四行五行相乗得六十合總字數也余

皆同

字數	第一段	第二段
六字	二行	三行
十字	二行	五行
十二字	三行	四行
十五字	三行	五行
二十字	四行	五行
二十八字	四行	七行
三十字	五行	六行

配字

字數	第一段	第二段	第三段
三十字	二行	三行	五行
四十二字	二行	三行	七行
六十字	三行	四行	五字
七十字	二行	五行	七行
八十四字	三行	四行	七行
百〇五字	三行	五行	七行
百二十字	三行	五行	八行

以德字如次序自第一行至終行又還第一行至終

行如此往返而毎段配總字也

毎行下数

列毎段行数互乗而為各段原数○列其段原数以其
段行数除之余命行為其段其行下数又列其段原数
信之得数以其段行数除之余命行為其段其行下数
又三之四之五之随各段行数而如前得各段毎行下
数也○假如六十字者四行与五行相乗得二十為第
一段原数三行与五行相乗得十五為第二段原数三
行与四行相乗得十二為第三段原数○求第一段毎
行下数者列原数二十以三行除之余二即第二行下
数為二十列原数信之得四十以三行除之余一即第
一行下数為四十列原数三之得六十以三行除之無
余即第三行下数空也○求第二段毎行下数者列原
数十五以四行除之余三即第三行下数為十五列原
数信之得三十以四行除之余二即第二行下数為三
十則原数三之得四十五以四行除之余一即第一行
下数為四十五列原数四之得六十以四行除之無餘
即第四行下数空也○求第三段毎行下数者列原数
十二以五行除之余二即第二行下数為十二列原数
信之得二十四以五行除之余四即第四行下数為二

十四列原数三之得三十六以五行除之余一即第一行下数為三十六列原数四之得四十八以五行除之余三即第三行下数為四十八列原数五之　六十以五行除之無余即第五行下数空也余皆同

減去之数

以總字数為減去之数也

或如五十三字者無合總字相衆数故如六十字法而及配字數末七字而不書之也又如六十四字者雖有合總字相衆数可互約故不用之如七十字法而及配字數末六字而不書之也其余如卅之類皆

斂之

驗符六十字圖

木	火	土	金	水	青	黄	赤	白	黑
甲	乙	丙	丁	戊	己	庚	辛	壬	癸
子	丑	寅	卯	辰	蛇	馬	未	猿	酉
犬	亥	角	亢	氐	房	心	尾	箕	斗
牛	女	虛	危	室	壁	奎	婁	胃	昴
畢	觜	參	井	鬼	柳	星	張	翼	軫

第一段

一行
木黄丙壬辰犬心虚胃兎
金白己丑未亢斗壁觜張

二行
火赤丁癸蛇亥尾危昴柳
水甲庚寅猿氐牛奎参翼

三行
土白戊子馬角箕室畢星
青乙辛卯兎房女婁牛軫

第二段

一行　木火白丙庚子辰猿角心牛室胃参星
二行　火青黒丁辛丑蛇酉亢尾女壁昴井張
三行　土黄甲戊壬寅馬犬氐箕虚奎畢兎翼
四行　金赤乙巳兎卯未亥房斗危婁觜柳軫

第三段

一行　木青甲巳子蛇犬房牛壁畢柳
二行　火黄乙庚丑馬亥心女奎觜星
三行　土赤丙辛寅未角尾虚婁参張
四行　金白丁壬卯猿亢箕危胃井翼
五行　水黒戊癸辰酉氐斗室昴兎軫

下段

第一段　一行四十　二行二十
三行空

第二段　一行四十五　二行三十
三行十五　四行空

第三段一行三十六　二行十二
三行四十八　四行二十四
五行空

假如在第一段一行第二段一行第三段五行同是何字

答曰辰字

法曰第一段一行十下四第二段一行十五下四第三段五行
無下二数相併得八十五満六十而減去之余二十五従数

本字算之到二十五即辰字也若在第一段三行第二以四行第三以五行者
皆無下数即是六十黔字也

右外有方備者有逈備者有環備者其法皆不遍字字文錯而配之也故今不載而已

天和癸亥小暑日訂書

驗符之法説

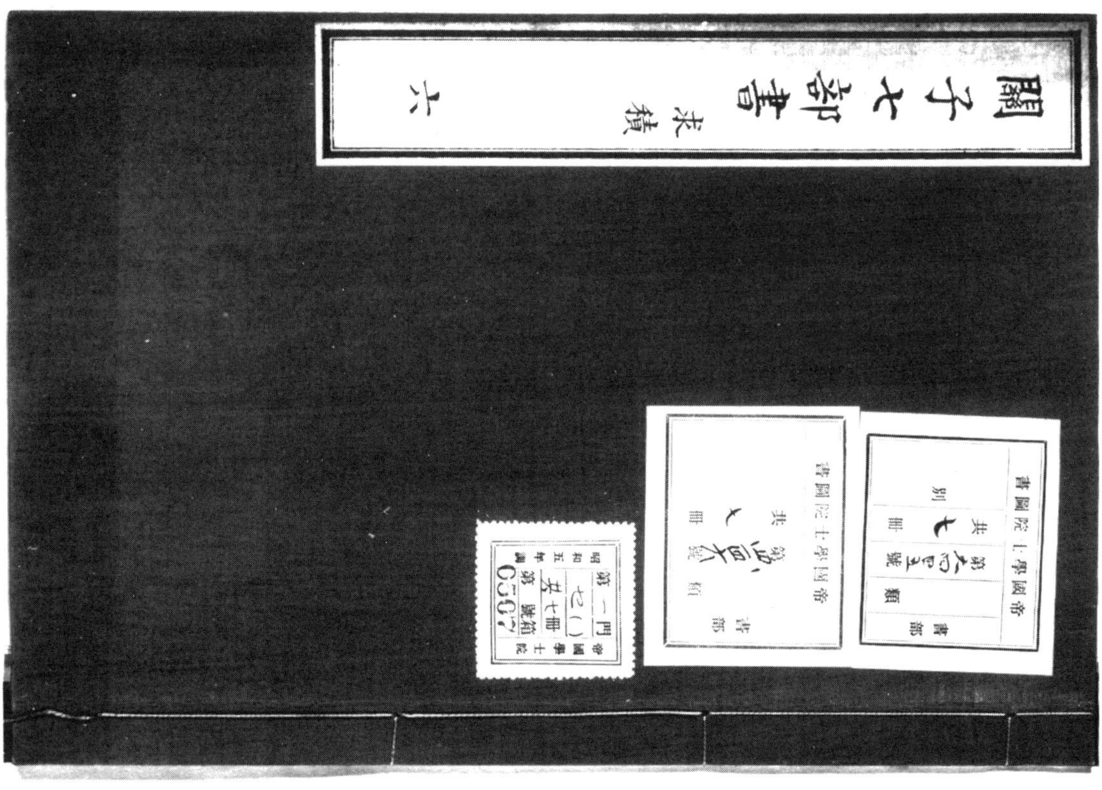
關子七部書
求積
六

求積

積者謂相乘之總數也形者本計縱橫高相通之總故依
形變其理自有隱見矣是以其技皆辨形勢之所原以截
盈補虚為要亦平立各雖矩相具而能施通變之術之俗謂坪
責也凡奇形異狀之屬至無窮塞其源則皆歸于方円之
二理矩方輙求得故至變其理自易曉円使雖得故變則
有其理隱者是故分平立之二篇与方円之次第毎解其
所起以相對之限釋形極而為求積之法式也

平積

平積者平術之状也其形直者正縦横相乗即得積矣若
二約而後得是平積直尖之両矩也諸形悉本于此而求
其積也按右四平責為量田地之法今解形変截補之要而悉使于術理是以不以論田疇之段畝也
假如有平方自方二尺五寸問積
答曰積六百二十五寸
術曰置自方二尺五寸自乗之得責之

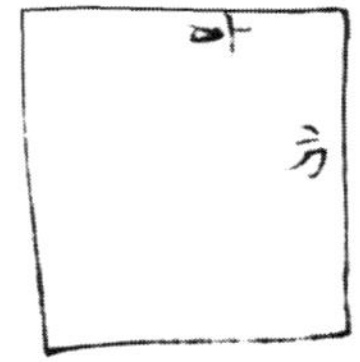

解曰是平形之首也其縦横各等而不麁相對故形無大
小之極

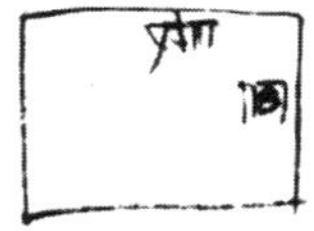

假如有直長二尺四寸濶一尺三寸問責
答曰責二百一十二寸
術曰置長二尺四寸以濶一尺三寸相乗得積或長濶均偏千上下左右或均承千四規
若其形異截補之理相同故皆以正長乗正濶得責也
解曰是方有長短也乃縦横各正故相乗即得全積然
其縦横長短之形自然其而相對則畢者為限故以平
方為形極也

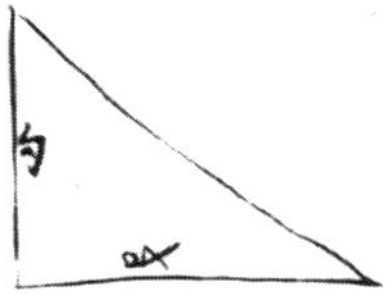

假如有勾股勾二尺八寸股三尺問積
答曰積四百二十寸
術曰置勾二尺八寸以股三尺五寸相乗折半之得積

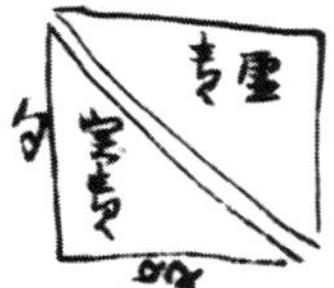

解曰是斜截之半直也勾股相乗得虚實共直責折共
虚責一半則得實責故以二為法責約其余平形求

積諸術所為之變約率之異者皆起于此直尖而矩也此形勾殳相對等者為限故以半方為極也

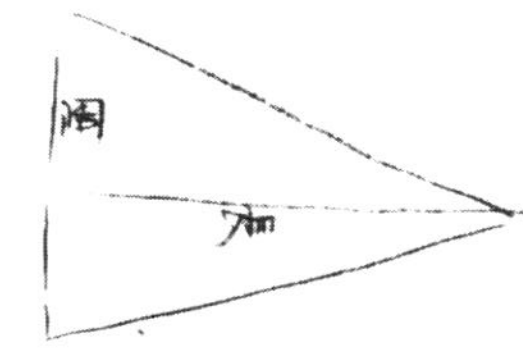

假如有圭長六尺一寸濶四尺四寸問責

答曰責一千三百四十二寸

術曰置長六尺一寸以濶四尺四寸相乘折半之得責（或術係于上下者又同）

解曰是勾股兩接之形故長濶相乘為虛實去直責減去一半即実責也此形兩旁斜曰面若長中四段適合三段濶中者面面与濶各等故其形三角也又長与半濶

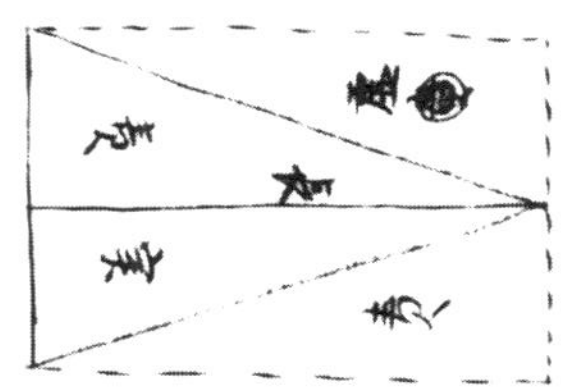

相對等為限故以半方為極形各長少於半濶者謂之半梭凡此形本于勾殳故諸角及割円截弧之屬皆假此而求之也

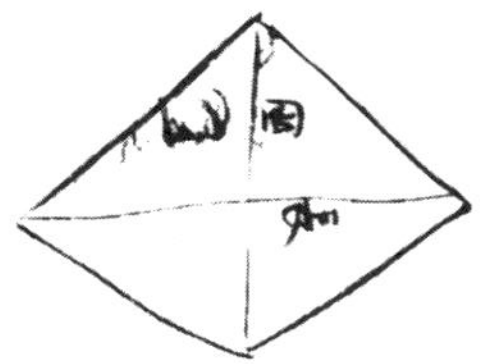

假如有梭長五尺濶二尺三寸問責

答曰五百七十五寸

術曰置長五尺以濶二尺三寸相乘折半之得責或長（左右有廣狹或濶上下有長短者亦倣此）

解曰是二圭相接之形故求責之理及四皆準于前此形四旁斜曰面其長濶相對等者為限故以方為極也

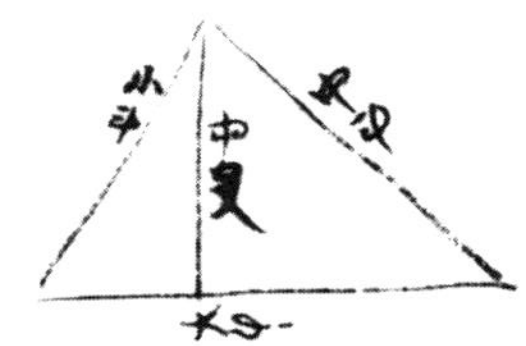

假如有三斜大斜二尺一寸中斜一尺七寸小斜一尺問積

答曰積八十四寸

術曰別得中股八寸置大斜二尺一寸以中股八寸相乘折半之得積或用中斜求左正闊或用小斜求右正闊着皆以其闊相乘折半之得積

解曰是二勾股相接之形乃中股与大斜相乘為虛実共直實共直積折者即得実積也此形本有屈伸故以上較合曲尺而成勾股者為限乃并中斜巾与小斜巾多於大斜巾者為屈少者為伸也又大中斜相對等者為限但無極形之名中小斜相對等者為限故以半較為極形也

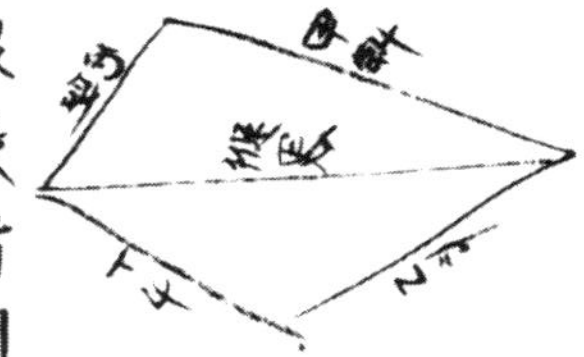

假如有四斜甲斜二尺乙斜一尺七寸丙斜一尺三寸丁斜一尺從長二尺一寸問積

答曰積二百一十寸

術曰別得上闊一尺二寸下闊八寸置上闊加入下闊中若去趣合横長若別得左右積假并乘横股長得二尺以從長二尺一寸相乘折半之積乃五斜有求三件責相并六斗有求四件責相并七斜有丙五件責相併各得其責也八斗以上做之

解曰是三斜兩段之形故求從長上下積相并得積也

凡外斜其大小無定處惟隨形之長短多之每積各有屈伸以合矩為其限合言從股故并甲巾与丙巾多於從股巾者為上屈少於者為上伸又并乙巾与丁巾

多於縱段中者為下屈少於者為下伸若題中云横段則弁甲中与乙中多於横段中者為右屈少於者為右伸又弁丙中与丁中多於横段中者為左屈少於者為左伸也兩丁斜相對等者為限故以左作半梭為極乙丙斜相對等者為限之無名形極甲乙斜相對等者為限故以右作圭為極縱段甲斜相對等者為限故以上作倒右圭為極也

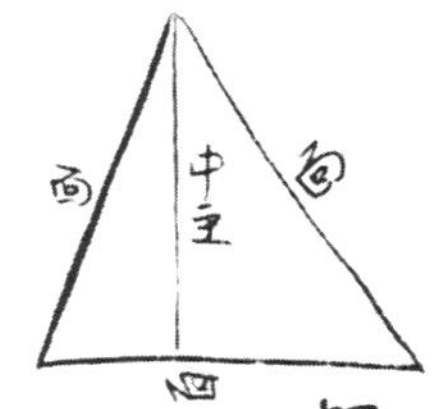

假如有三角每面各二尺四寸問積

答曰積二百四十九寸四分一釐五毛三絲一大強

艸曰別得中垂二尺〇七分八釐四毛六絲〇九七微強置中垂以面二尺四寸相乗折半之得積

解曰異形圭而其濶与面相均故以中垂乗面折半即圭積也蓋此古法捷至之技而非直之角術是以雖不合備角通用之理就簡而為求積一偏之用此形本三面無長短或物對之極亦無之

假如有梯大頭五丈一尺小頭三丈三尺長六丈五尺問積

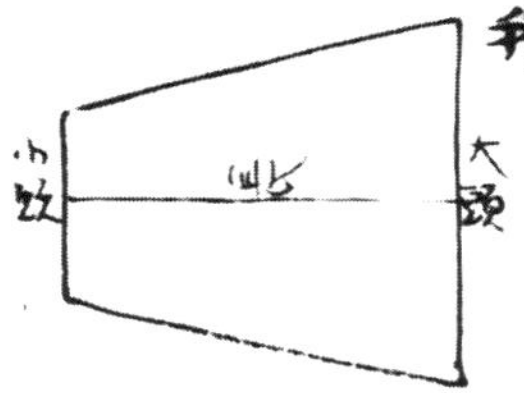

答曰積二千七百三十尺

術曰置大頭五丈二尺加入小頭三尺共得八丈三尺四尺以長六丈五尺相乗折半之得積

或小頭偏于左右者亦同其余

蒲墻等之刑労斂之

解曰是圭從梢截去之形及并大小頭擬正從以長擬正横相乘爲虚實共偏形之直責半之減者虚責以隔實責也此形大小頭相對均於爲限故以直爲形極又小頭盡者有實故以圭爲極長損不論長短故無形之極限也若大頭挾小頭廣者倒梯謂之斬平梯有謂之牆也

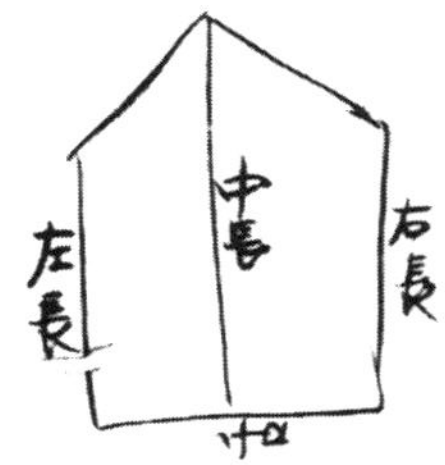

假如有斬翔左右長各九尺二寸中長一丈二尺濶七尺問責

答曰積廿十四尺二寸

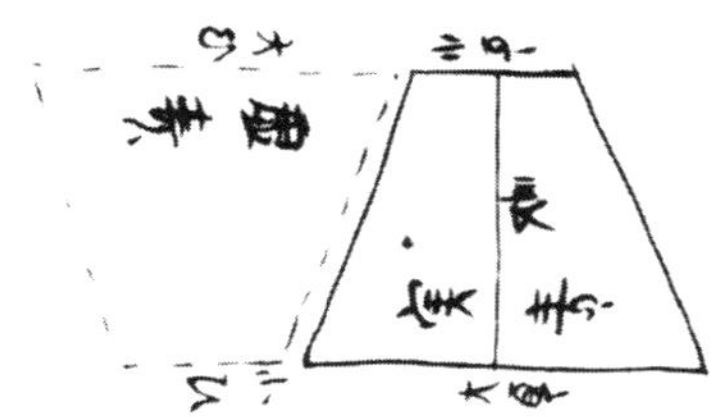

術曰置左右長二九尺二寸加入中長一丈一尺共得二丈一尺二寸以濶七尺相乘折半之得積翔若斬者求同若左右長及圖不

解曰是二墻頭從大相接之形并左右長与中長擬從以濶擬横相乘爲虚實相之全直責折半之一半即實責也此形中長与左右長相對均有爲限故以直爲極形又左右長尽有内限以圭爲極濶無長短之限故極限無之若中狭左右廣者二牆頭自小相接之形謂之斬答亦曰斬答也

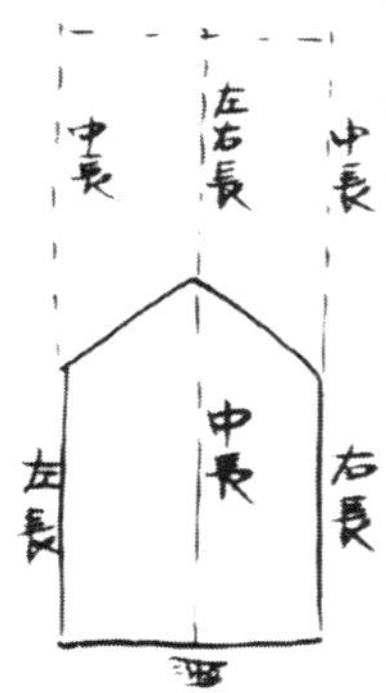

假如有數上下廣各一尺二寸中廣一尺九寸通長四尺

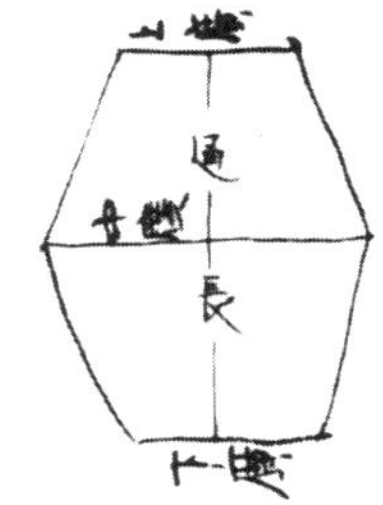

六寸問積
答曰積七百一十三寸
術曰置上下廣（一尺二寸）加入中廣（一尺九寸）共得（三尺一寸）以通長（四尺六寸）相乘折半之得積（腰皷亦同若上下長不同者求二梯責相并得責也）
解曰是二梯（頭徑大）相接之形乃上下廣与中廣相并擬
正横以通長（通若謂上下相通各均者也右倣之）擬正徑相乘為中偏腰皷
皷實（相連形）皷之直積折去一半得實積也此形中
廣与上下廣相對等者為限故以直為極形
上下廣尽者為限則以梭為極長不論長短

故無形之極限也若中挾上下廣者二梯（頭徑小）相接之
形謂之腰皷也

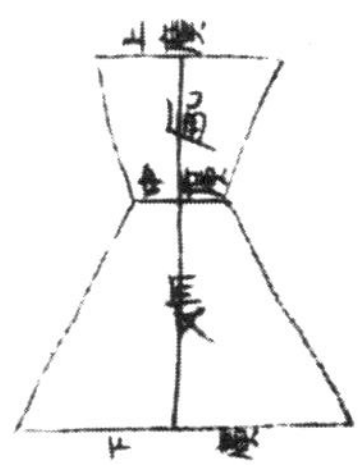

假如有三廣上廣三尺五寸中廣二尺四寸
下廣四尺二寸通長六尺四寸問責
答曰積二千寸
術曰置中廣（二尺四寸）倍之加入上下廣共得（一丈二尺五寸）以通長
（六尺四寸）相乘以四約之得責（或中廣多者亦同或中廣偏于上下者求二梯責相并得責也）
解曰是二梯（頭徑小）相接之形倍中廣添上下廣擬徑以
長擬横相乘得三偏（上中下）之虚實四段直責以四約之為
實責也此形上下廣相對均者為限故以腰皷為極形

中廣不論長短故以無複所成揚者為長短
之最着乃責信在中内廣多少着於右上外下也廣和以中廣尽着
為限則以二圭術連者為極又長無長短之
論故形之極限無之

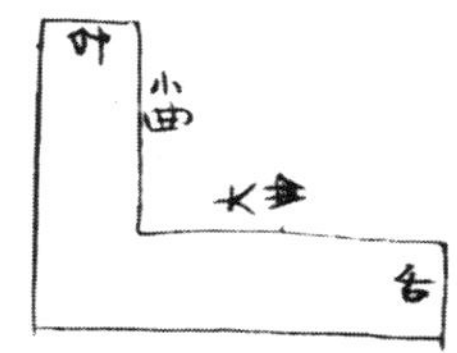

假如有曲尺内大曲二尺五寸
小曲一尺濶各八寸問積
答曰積三百四十四寸
術曰置内大曲二尺五寸加入小曲一尺与濶八寸共得四尺八寸以濶
相乗得責 責幞頭相弁者得所求責二幞也
解曰是二直相接之形故弁大曲与濶擬下長以小曲
擬上長相弁乗濶即上下直積也此形大小曲擬相
對等者為限故以方積缺方者為極形又小曲尽者為
限則以直為極濶不論多少故無極限之形也若両濶
不均者二幞相接之形謂之幞頭也

假如有抹角方五尺角面六寸問責
答曰積二千四百八十二寸
術曰置方五尺自乗得全方積二十五百寸 寄位置
角面六寸自乗之折半之得缺責八十寸以減寄位余得責 若缺
方不均者作句股弦而求缺責減之或缺二角三
角四角者皆如前所求每缺責減之得乃也
解曰是方右角截小半方之形乃角面与方斜相對等

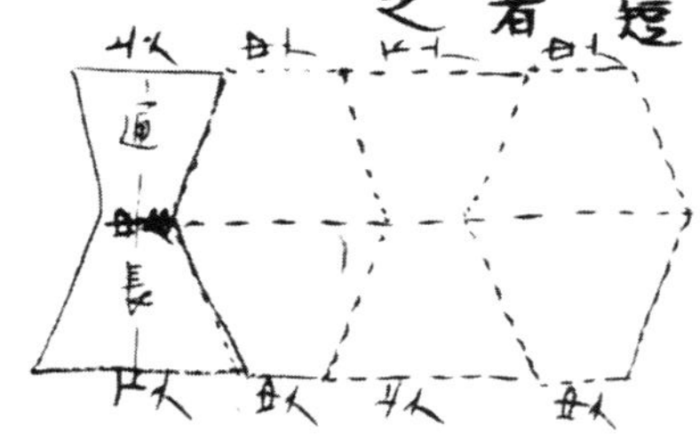

者為限故以半方為極形角面尽者有積故以全方内
極或雖缺面不均或缺毎方者其所号用之

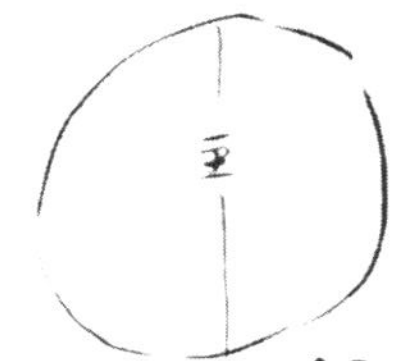

假如有円径七尺問積

答曰積三千八百四十八寸一百一十三分寸之五十一

術曰置径七尺自乗以周率三百五十五相乗得一百七十三万九千五百寸以四箇径率四百五十二除之不満法者各以四約之得積月饅
者依半円術得責也

解曰是角所極而自中心累圭者成此形故周擬圭闊半径擬圭長求之故以周率乗四径為因径率圭闊乃四周也又乗四径率乃二圭長則為因径率四段圭責以四箇径率除之即得全円責也此形無相對故極限亦無之乃求責者特以事理之速為要不必擇究術之精粗
与数之跌窃故円術皆以當率求之其余変
形之廖或血衆周責法或収之不尽也是以
啓数各有
敉差矣

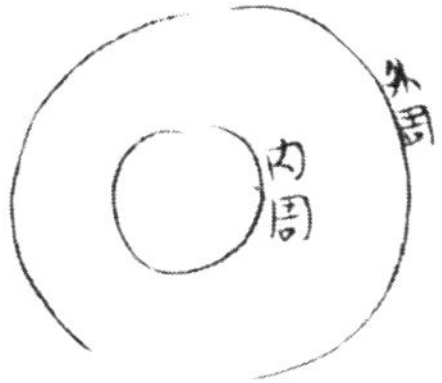

假如有環外周一丈五尺内周六尺三寸

問積

答曰積一千四百七十四寸六分五釐

術曰外周一丈五尺自乗得二万二千五百寸寄位○

内周六尺三寸自乗得三千九百六十九寸以減寄位余一万八千五百三十一寸以

至率相乗以四箇周率除之得積〇又置外周内減内周
余（八尺七寸）寄位〇内外周相并共得（二丈一尺三寸）以寄位相乗得
（一萬八千五百三十一寸）以至率相乗以四箇周率除之又得積
解曰是内外各円故前術者外円積内減虚円責余為
実責後術者伸形而為梯求之乃内外
周相減乗至率為因周率二箇実至二即
責箇梯又外周擬大頭内周擬小頭相并
以二箇梯長相乗為因至率四段梯積
故以四箇周率除之也此形内外円相等同至為限故
以全円為極形若内至尽者為除者又以全円為極也

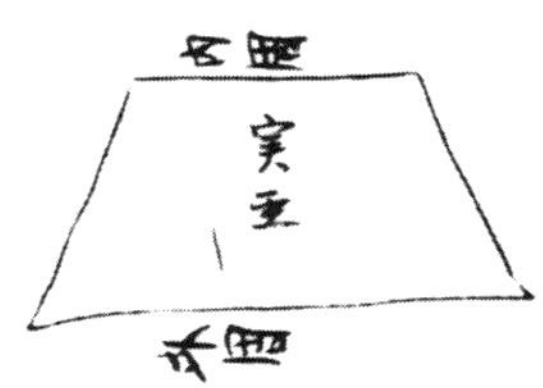

假如有火塘方面三尺円至一尺七寸問
積

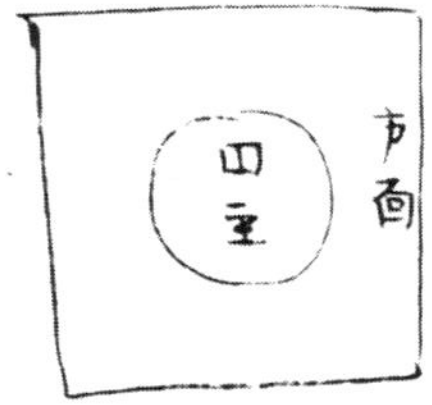

答曰積六百七十三寸（四百五十一分寸之九）
術曰置方面（三尺）自乗得方積（九百寸）寄位〇置円至（一尺七寸）自
乗得（二百八十九寸）以周率相乗以四箇至率除之得数以減寄
位余得責（銭者先求円責内減方責余得責也）
解曰一名火爐是内円外方故（方）責内減円積余即実責
也此形円至方面相対等者為形極又円至尽者為限
則全方為極也若内方外円者猶之欤也

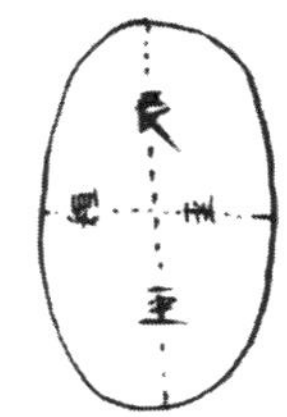

假如有帶直円長径一尺短径七寸問積

答曰積五十九寸四百五十二分寸之二百一十九

術曰置長径一尺内減短径七寸余三寸以短径相乗得二十一寸寄位短径自乗得四十九寸以周率相乗以四ケ径率除之為円積加入寄位得積

解曰是円正中夾直之形以長短径差乗短径為中直積并両端之半円積得全積也此形長短径相對等者為限故以全円為極形也

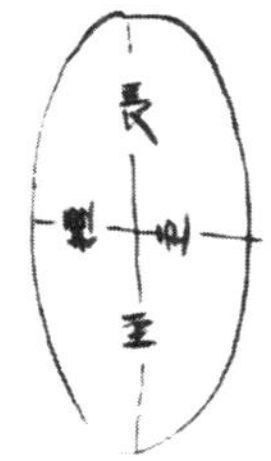

假如有側円長径三尺短径一尺三寸問積

術曰置長径三尺以短径一尺三寸相乗得三百九十寸以周率相乗以四箇径率除之不満法者各二約得積

解曰是全円欲側而所成円壔従上至斜截之則其面即此形也壔径為短径斜高為長径壔径与壔高相乗以斜高除之得側円壔之正高以之除円壔全積即側円壔積則截面平積是即側円積也此形長短径相對等者為限故以全円為形極也

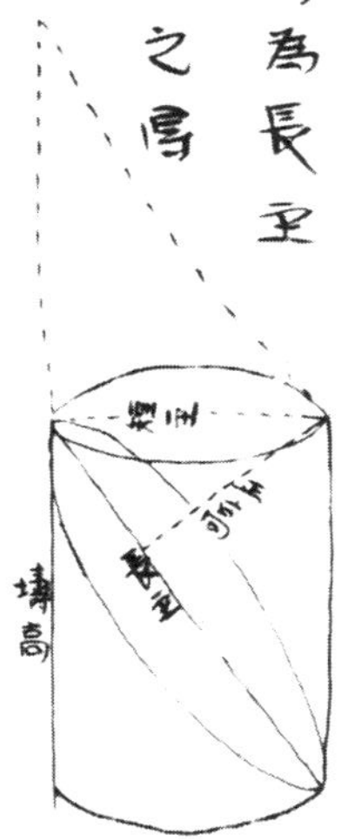

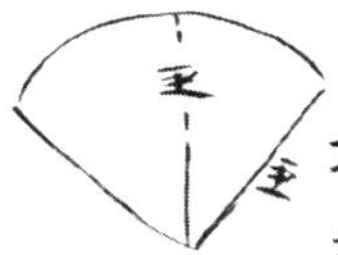

假如有扇濶一尺八寸径各一尺一寸問積

答曰積九十九寸

術曰置灣一尺八寸以至一尺一寸相乘折半之得積若中至不均者先
求弧積而合并
圭積得積也
解曰是四自中心至兩帶截之形也中至与旁至各等
故灣擬圭潤中至擬圭長相乘折半得積也此形灣与
半圓周相對等者為限故以半四為極也
假如有車輞外灣二尺內灣一尺二寸潤各
八寸問積
答曰積一百二十八寸

術曰內外灣相并共得三尺二寸以潤八寸相乘折半之得積若
右与中合不均者先求大扇
積得內減虛扇積余得積也

術曰內外灣相并共得三尺二寸以

解曰是扇潤規而截扇之形故左右中三潤各等是故
伸而成梯求之上灣擬大頭下灣擬小頭潤擬梯長得
積也此形外灣与半周相對均者為限乃潤与內外灣四周差等者
小段以半環為形極又內灣尽者為限則以扇為極也
假如有弧矢二寸弦八寸問積
答曰積一十一寸一分八重二毛三系八
微強

卌曰別得四至一尺背九寸二
分七重二毛九系五二強置背以四至相乘得九十二寸
七分二重九毛寄位置四至內減信矢四寸余為離至六寸
五系二強

以弦八寸相乘得八十四寸以減寄位余以四約之得積

解曰是四径切截之形也自中心至両端

假二條之長則其形成扇（半至為扇背為扇傍）長故

背至相乘為四段扇積又弦樴圭闊離至

樴二箇圭長相乘為四段虚圭積以之減

四段扇積余四約之得弧積也此形矢与半玄相對均

者為限以穫冂（即半円）也為形極也

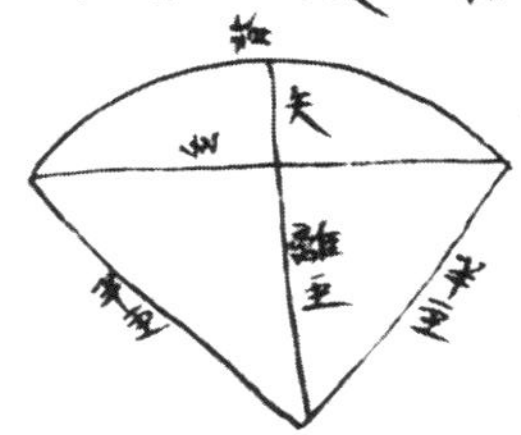

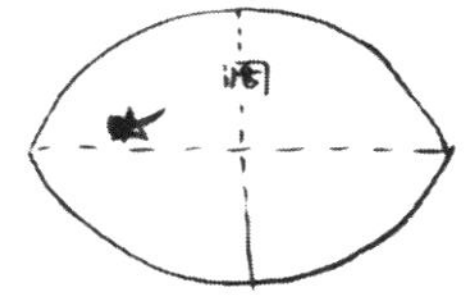

假如有欖闊二十寸長六十寸問積

荅曰積八寸一分七重五毛〇五五微強

艸曰別得山至一尺一六寸四分三重五毛〇一一強置背内減長

六寸余以冂至相乘得四寸三分五重〇一絲一加入長闊相乘一十二寸共

得積析半之得積（若闊上下不均者求大小弧積相并得積也）

解曰両弧相接之形故半闊為矢長為弦求一弁弧積

信之得積也此形長与相對等者為限故以全円為極

形也

假如有錠冂至一尺中台二寸問積

荅曰積三十三寸八分一重〇三絲

艸曰別得虚玄八寸虚背九寸二分七重二毛九絲五二置半冂周以

一尺五寸七〇七九六四加入虚玄共得内減信虚背余五寸一分六二〇六以

冂至一尺相乘得五十一寸六二〇六寄位〇置虚玄以中闊二寸潤

乗得一十六寸加入寄位共得数折半之得積若中台与上下台不均者求大小虚弧積相并信之以減全円積余得積也

解曰是円両旁欠二欖之形故全円積内減二虚欖積即得積也此形円至与中闊相對均者為限故以全円為形極又中台尺者為限則以虚欖両背与円中心相合為極也

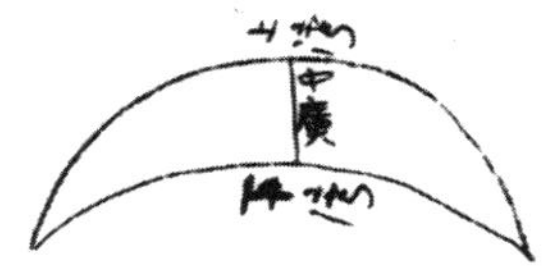

假如有眉上濶九寸下濶五寸中廣一寸問積

答曰積

術曰別得実円至虚円至及虚弦置上濶内減虚弦余以実円至相乗加入倍廣与虚弦相乗数共得数寄位○置下濶内減虚弦余以虚円至相乗以減寄位余以四約之得積

解曰是弧内欠弧之形故求実弧積内減虚弧積余即眉積也此形虚弦与下濶相對等者為限故以全弧為形極又虚矢中廣和与実円中至相對等者為限故上濶与実円半周均者為極也

立積

立積者立起之狀也上下同形者曰壔上小下大者曰臺上鋭者曰錐有又者曰楔周旋者曰環此五者參冐于平形而立形全備矣乃壔者以下面平積乘正高即得積錐者三約而後得積是立積壔錐之兩矩也其余所為皆起於此相通于平積之兩矩而用之各随形勢推变而求之得積也

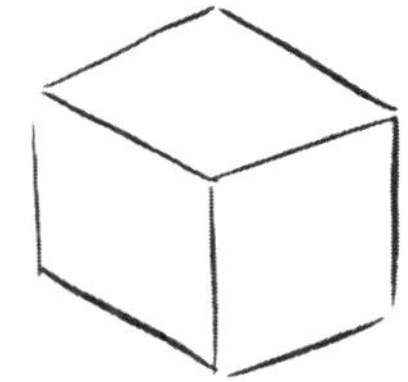

假如有立方毎面一十九尺

荅曰積六千八百五十九尺

術曰置方面一十九尺之再自乘之得積

解曰是立形之始壔之首也縱横高各等故方面自乘為平面積又乘方面即高也則得全積也此形無長短高下故相對之極限無之

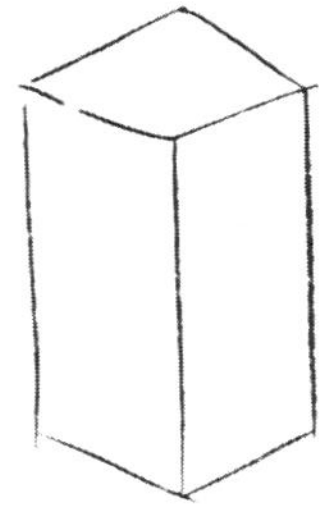

假如有方堡壔方面七寸高一尺二寸

問積

荅曰積五百八十八寸

術曰置方面七寸自乘得四十九寸又以高一尺二寸相乘得積若形傾壔有又如此以下面積乘正高得積也后倣之

解曰是上下方無大小而各均故曰壔方面自乘為下面方積乘高得全積也此形高不論長短故無相對之

極限也

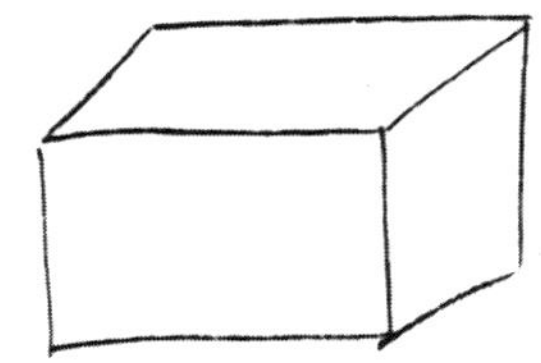

假如有直堡壔長八寸闊五寸高一尺問積

答曰積四百寸

術曰置長八寸以闊五寸相乘得四十寸又以高一尺相乘得積（其余諸形堡壔皆如此求之也）

解曰求積相乘之理同于前此形長闊相對等者為限故以方壔為形極又高無長短之異故極限無之也凡立形之屬大率高不論長短故其形必有高低之過不及也其余錐基楔之形各無高下之極限故悉略之也

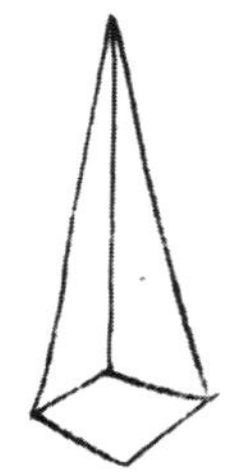

假如有方錐下方一尺五寸高二尺問積

答曰積一百五十寸

術曰置下方一尺五寸自乘得二百二十五寸以高二尺相乘得積是方壔積以錐法三約之得積（若錐実傾側有同之以下向積乗正高以錐法約之得積也余倣之）

解曰立方（置方高同枚之方壔）内従上四角至下四角而斜分四縦則有上下四旁六箇之方錐又各以方為錐面故方錐即面向乗以壔高（即二錐高）箇相乗為方壔積又為二段方錐積六個也以二約之則方中与錐高相乗者即為三段方錐積故以三為錐積之約法是立積壔錐之而矩也其余諸形之変術約法等皆由斯而起也此形方与高不相對故

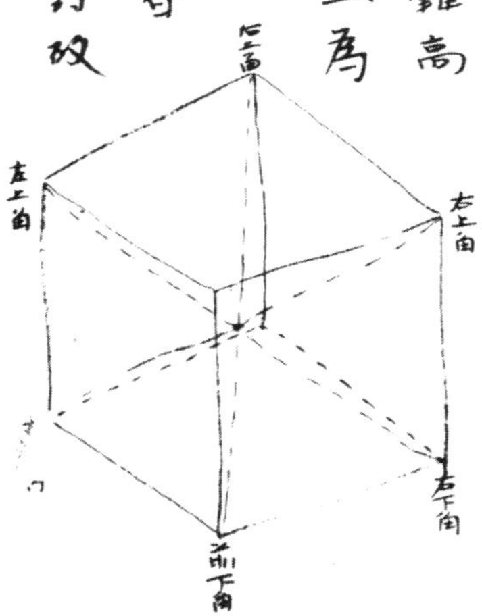

極限無之

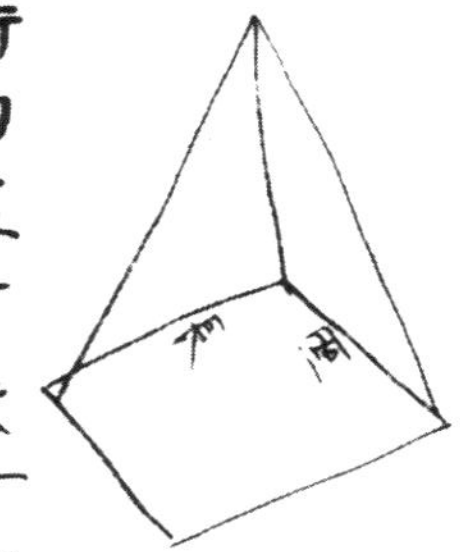

假如有直錐長一尺一寸闊五寸高二尺四寸問積

答曰積四百四十寸

術曰置下長一尺一寸以闊五寸相乘得五十五寸亦以高二尺相乘得數以三約之得積其餘諸形錐求積皆如此

解曰長闊相乘為下面直積以之乘高為直壔積以錐法約之得錐積其余諸錐皆以壔積三分之一為錐積也此所長闊相對等者為限故以方錐為極形也

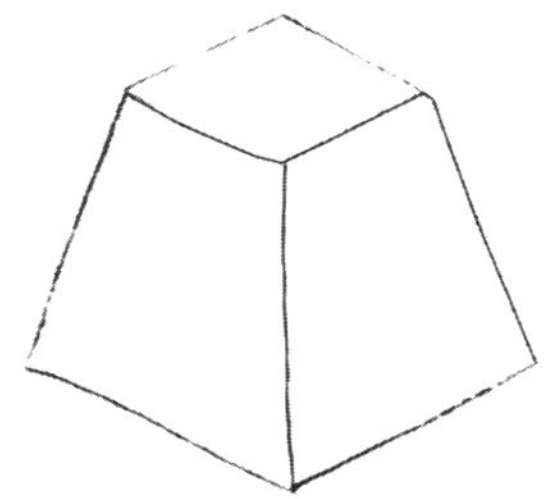

假如有方臺上方七尺下方一丈一尺高一丈五尺問積

答曰積一千二百三十五尺

術曰上方七尺自乘得四十九尺下方自乘一百二十一尺上下方相乘得七十七尺三位相併又以高一丈五尺相乘得數以錐法三約之得積若形傾倒者垂正高三約之得積后做之

解曰是方錐從尖截去之形故求虛錐高乃依截術求之載于五均之中篇并臺高為虛實錐高求虛實共總錐積又以上方為虛錐方求虛積以之減總錐積余各有上下方差得

実積即方臺責也此形
上下方相對等者為限
故以方墻為形極又以上
方尽者為限則上鋭故以方錐為極也

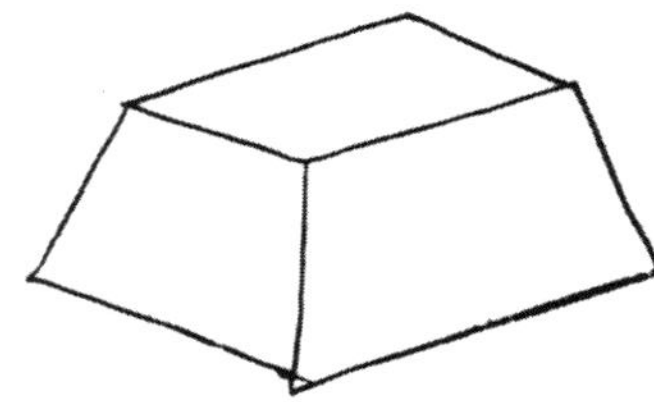

假如有直臺上闊三寸上長五寸下闊四
寸下長九寸高六寸問積
答曰積一百四十九寸
術曰倍上長五寸加下長九寸以上闊三寸相乗
得五十七寸倍下長九寸加上長五寸以下闊四寸相
乗九十二寸二位相併共得数以高六寸相乗得数以約法六約

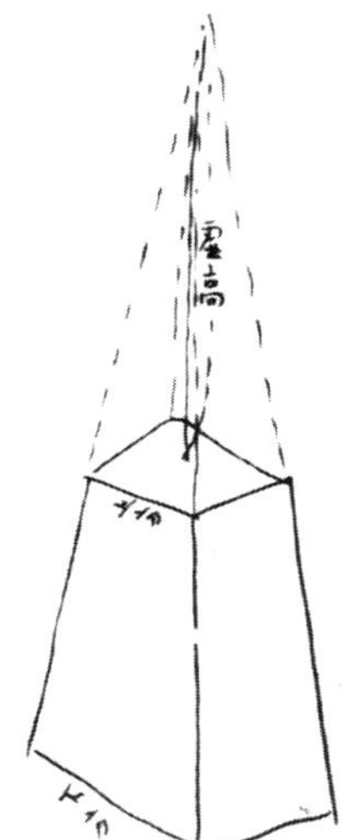

之得責○又倍上闊加下闊以上長相乗得五十寸倍下闊
加上闊以下長相乗得九十九寸二位相併共得数以高相乗
以約法約之得責

解曰是直錐従鋭截之形或依長闊之廣狭楔自故求虚錐又截右亦成此形
高或求於縦或求於横者皆同是故求責者又有両術
也并臺高為虚実惣高如前
求虚実共惣責内減虚錐責余有上下差
求虚高於横者有上下闊差求干縦者有上下長差也即臺責也其余諸形臺求
責者大率如此起於錐而求之則其理速易暁也此形

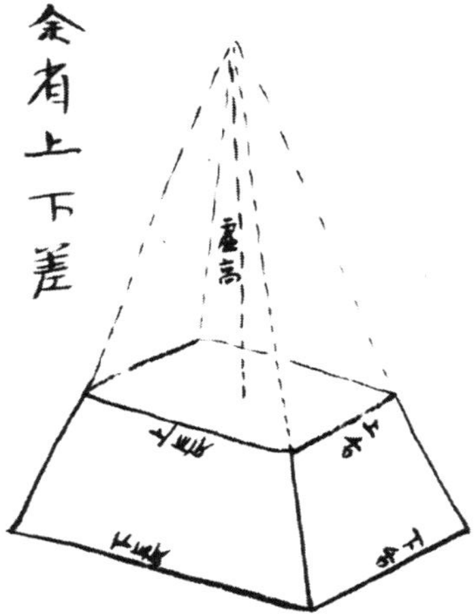

上闊与上長相對則等者為限故以上作方為極上下闊相對則等者為限故以左右旁向作直為極四乃臺之旁面各桁形故如此若上闊尺有為限則上長作又故以楔為極又上下長相對則等者為限故以前后旁面作直為極下闊与下長相對則等者為限故以下作方為極也

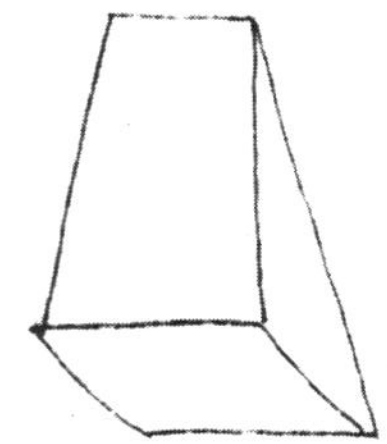

假如有楔縦一尺二寸横七寸又三寸長二尺五寸問積

答曰積七百八十七寸半

術曰置縦一尺二寸信之加又三寸共得數以横七寸相乘又以長二尺五寸相乘得數以約法六約之得積〇名

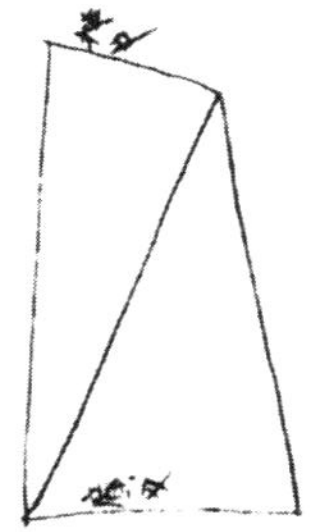

又横者置横信之加又以縦相乘又以長相乘得數以約法約之得積或又却廣千縦横者或傾倒者皆同之

解曰是直臺接高之形故又有縦有横皆如直臺積求之乃又横者無上縦加減相乘也又縦者無上横加減相乘也再楔積也此形縦横相對則等者為限故以下作方為極又縦与又相對則等者為限故以前后旁面作直為極乃楔形前后面如圭左右旁如圭故也称差又尺有上銳故以直錐為極也

假如有面又楔廣又一尺楔又七寸長一尺五寸問積

答曰積一百七十五寸

術曰置廣又一尺以狹又七寸相乘之又以長一尺五寸相乘得积以約法六約之得責或上又卦多者或又傾者皆同之

解曰是楔又徑兩旁缺直錐之形

故借狹又干下為楔横以廣又為徑求楔責内減左右虚錐責長為狹又為錐横廣又為徑以為錐高求直錐責信之也餘即兩又楔積也此形廣狹又相對等者為限是乃極也

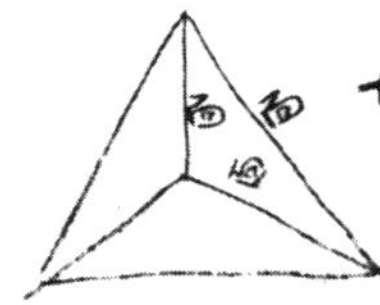

假如有蓛薎每面一尺同責

答曰責一百一十七寸八分五厘一毛一三微強

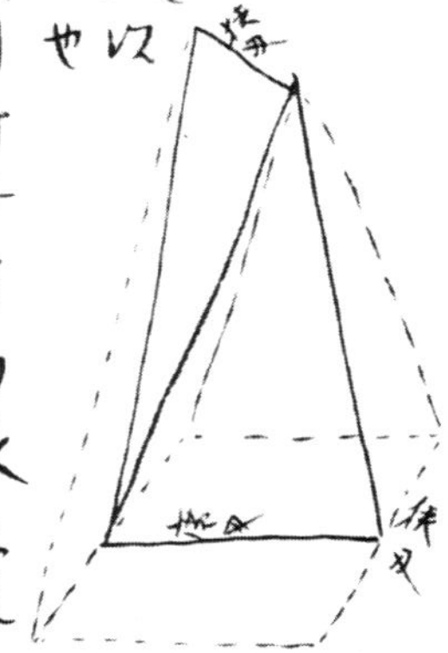

術曰置每面一尺五自乘之得數為実又七十二為廉法用平方除之得責

解曰是每面斜高同數之三角錐故假三角法面中四分之三為中至中横即面中壻面中一段為面中徑即直中壻面中三分之二為錐高中高即直中壻故三位相乘則面五乘中六段者為一十二段直壻積中又為四十八段三角壻責中然以壻責三分之一為錐責故即為四百三十二段三角錐責中依遍約法約之得面五乘中一段者七十二段蓛薎責中也

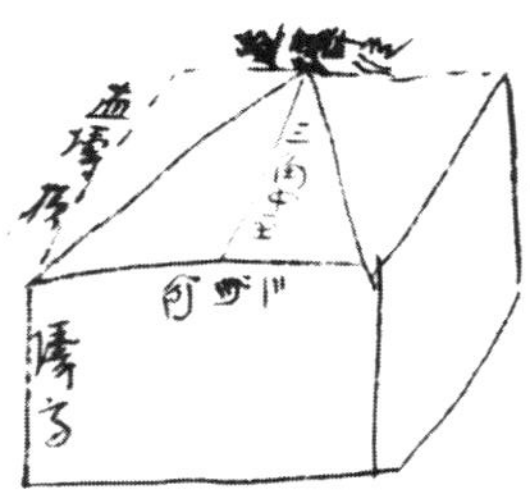

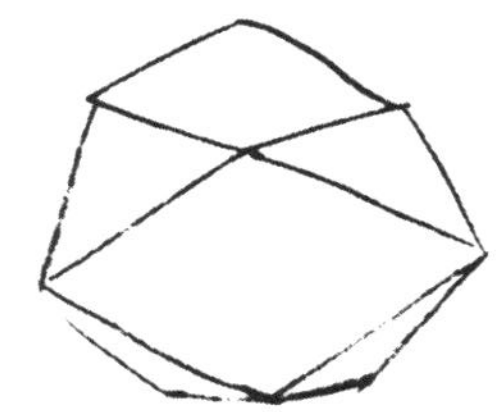

假如有切籠毎方一尺同責
答曰責二千三百五十七寸〇二厘二毛
六絛強微
術曰置毎方一尺五自乘以五十乘之為実以九為虚法用平方除之得責
解曰是方壔四旁前左後右接面錐之形乃方為壔面斜為高又方為錐横斜為從丰方為高作直壔而求之然旁所有之面錐四箇雑作壔形為錐責三則為壔責因故舊形三倍而全成全壔為三箇方直壔錐一十二箇故合而作壔形乃方五箇为綖方

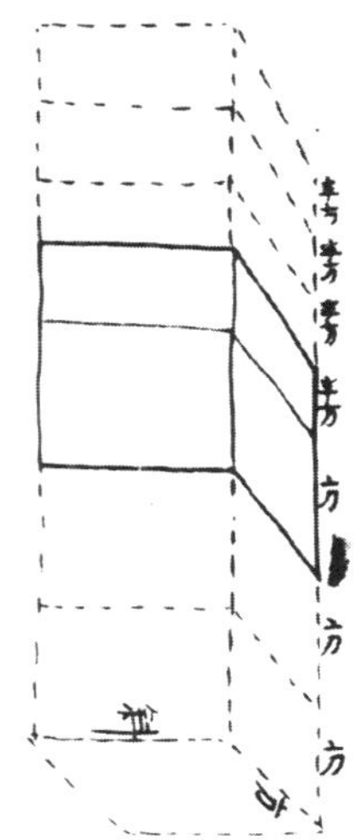

一箇為横斜一箇為高求直壔責即是三段切籠責也答自乘則方中二十五段為縦中方中一段為横中方中二段為高中二位相乘為一段直壔責中故即方五乘中五十段者是九段切籠責中也

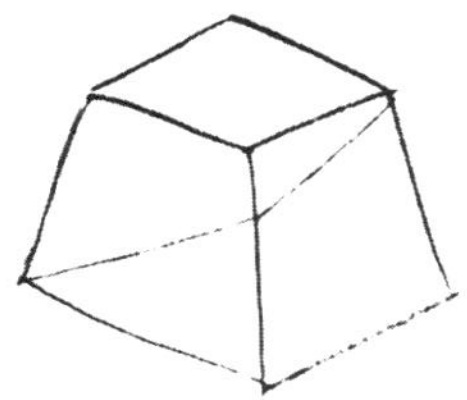

假如有方臺上方六寸下方九寸高五寸
従右上角到左下角斜截之同上下責
答曰
上責九十六寸
下責一百八十九寸
術曰先求上責着置下方九寸信之加入上方五寸共得二尺四寸以上方中三十六寸相乘又以高五寸相乘得敉為実并上下方

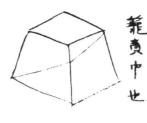

共得一尺五寸以錐法三相乘得数為法除之得上責○先求
下責者置上方倍之加入下方共得二尺五寸以下方中八十一寸
柳乘又以高柳乘得数為実以斯法除之得下責
解曰借上方於臺外作大形之方臺乃二箇上方為上大方上下方和為下大方従其方斜到下角截之則其形為大半方錐上大方為錐方臺高為高以之求大錐責為虚実共責
又左右旁有小半方錐各以上方為錐方上方与臺高相乘以下大方除之得数為錐高以之求小錐責
倍之為左右虚責以減虚実共積余
為上責以之減方臺全責余即下責也

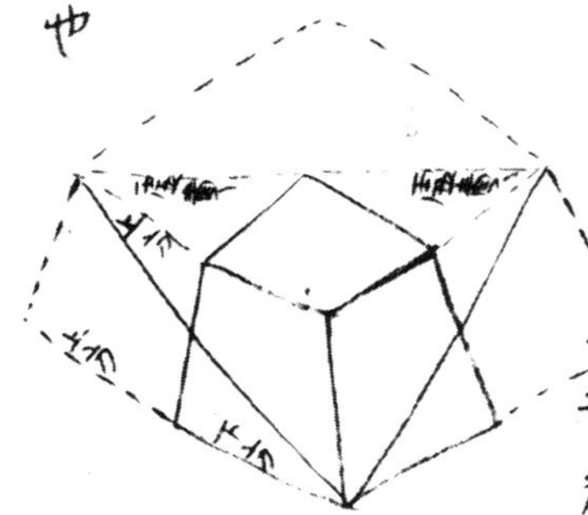

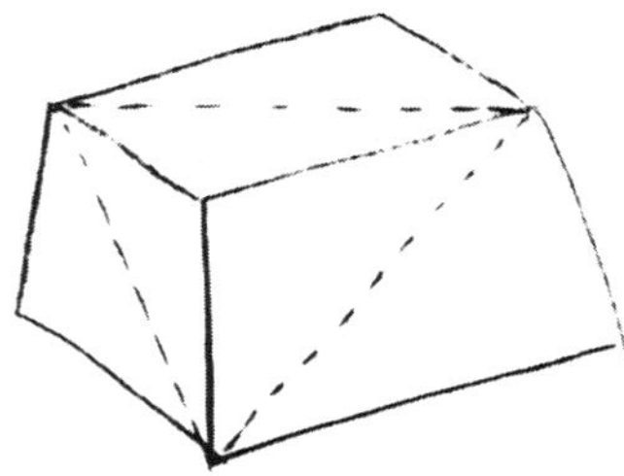

假如有直臺上闊六寸上長一尺下闊九
寸下長一尺五寸高一尺二寸従右上角
到下左角斜截之問上下責

答曰

上責三百八十四寸

下責七百五十六寸

術曰先求上積者上闊中上長中相乘倍之得七千二百寸上
闊中上長下長相乘二之得一萬六千二百寸上闊上長中下闊
柳乘三之得一万六千二百寸上闊上長下闊下長相乘四之得
三万二千四百寸四位相併共得数以高相乘為実上下闊和一尺
五寸与上下長和二尺五寸相乘得三百七十五寸以直臺約法六相乘

得數為法除之得上積○先求下積者上闊中下長中相乘得八千一百寸上闊上長下闊下長相乘倍之得一万六千二百寸上闊下闊下長中相乘三之得三万六千四百五十寸上長中下闊中相乘得八千一百寸上長下闊中下長相乘三之得三万六千四百五十寸下闊中下長中相乘倍之得三万六千四百五十寸六位相併共得數以高相乘為實以前法除之得下積

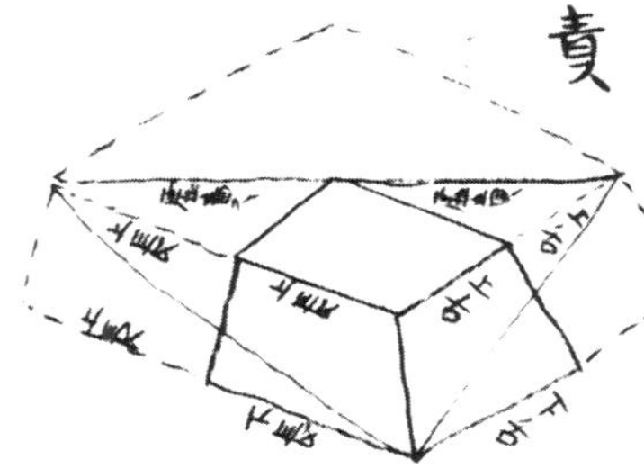

解曰借上長闊於臺外為大形之直臺二箇上闊為上大闊二箇上長為上大長上下闊和為下大闊上下長和為下大長從其斜到下角截之則其形為大半直錐上大闊為錐横上大長為錐從臺高為高以之求大錐積為虛實共積又左右旁有小半直錐各上闊為錐横上長為錐從上長與其高相乘以上下長和除之為右錐高上闊與其高相乘以上下闊和除之為左錐高求左右小錐積相併為虛積以減虛實共積余為上積以之減直臺全積余即下積也

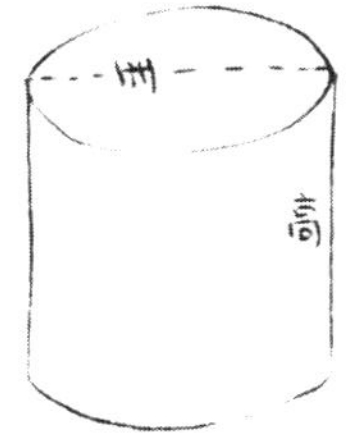

假如有円壔至五尺高七尺問積

答曰積一百三十七尺四百五十二分寸之二百〇一

術曰置至五尺自乘以高七尺相乘又以円周率相乘得數以四個円至率除之不満法者命之得積或傾倒者以面之円積乘正高得積

解曰是方壔積乘円積法得全積也無形全円者皆如

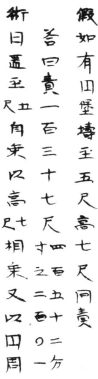

此先求方責而后乘円法則變為円責故錐臺及立円等悉做之此形至高各無相對極限也

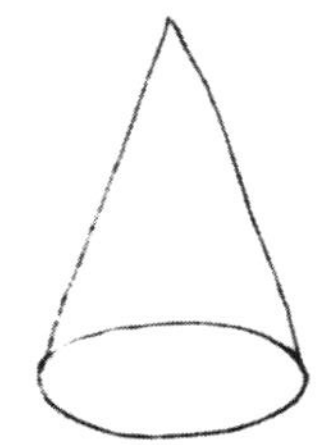

假如有円錐下周七尺一寸高四尺八寸問責

荅曰責六尺四寸一分八釐四毛

術曰置下周一丈七寸自乘以高四尺八寸相乘又以至率相乘得数以一十二箇周率除之得責或尖傾者及円形所變之諸錐等皆以下面責乘正高以為法約之得責

解曰下周者円周率錐至也自乘為円周率中錐至中乘高為円周率中方壔責乘至率變為円周率四段山壔責故周率四因又乘錐法三而除之得責也其余円之属題中雖言周至者皆推此理而可解之此形又至高至不論多少故無形之極限也

假如有円臺上至三寸下周一尺五寸高四寸問責

荅曰責四十八寸八千〇二十三分寸之二千二百九十一

術曰上至三寸自乘以周率中相乘得一十一百三万四千二百二十五寸下周一尺五寸自乘以至率審相乘得七万二千八百一十〇二十五寸上至下周相乘以周率相乘又以至率相乘得二百八十一万〇五五寸三位相併又以高四寸相乘得教為実周至

率相乘又以一十二乘之得數為法除之不滿法十約之有畸者各以六

皆如此爲等數而約之故每術不註之也求之則其理最易曉也

得實

或上傾者同之其余円變之諸形臺實皆如而起於錐實

也

解曰求積之理與同此形上下至相對等者為限故以円壔為極又以上至尽有為限則有尖故以円錐為極

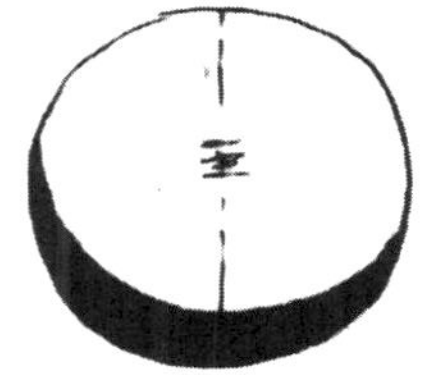

假如有立円径三尺問積

答曰積一十四尺二百二十六分尺之三十一

術曰置径三尺再自乘得二十七尺以周率相乘得數以六箇径率除之得積

解曰是立起六面之円径半徑累上下而累円臺則成此形也上下積各通合于二円錐故以上下矢乃径半準而錐高以弦乃径円準中錐径并左右旁弦準旁錐径仍円径自乘為中錐径巾上下矢与円径相乘倍之為旁錐径巾二數相并乘錐高又乘円積法以錐法三約之得上二円錐積倍之即全立円積之此形無相對故形極亦無之

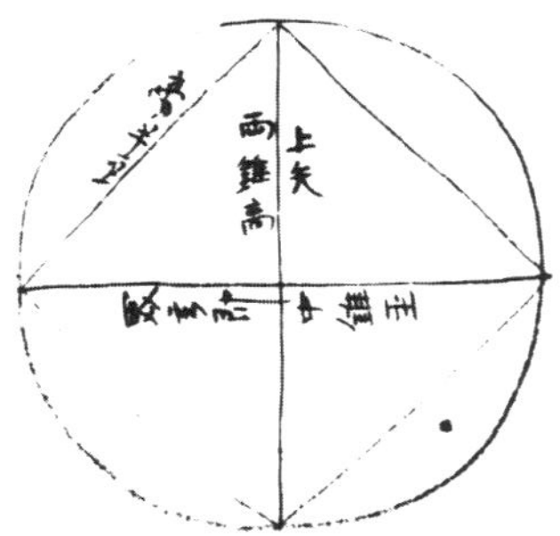

假如有長立円長径七尺短径五尺問積

答曰積九萬一千六百二十九寸三百三十九分寸之
二百六十九
術曰置短徑五尺自乘得二千五百寸以長徑七尺相
乘又以周率相乘得數以六箇至率除之得
積矮之四因者以長至自乘以短至相乘又乘四周率以之個至率除之得積也
解曰是經長偉短之立四而其形如雖卵也亦經短偉
長而其形圜柔者謂之矮立四各如全立四求其積也
而形皆長短至相對等者為限故各以全立四為極形
也

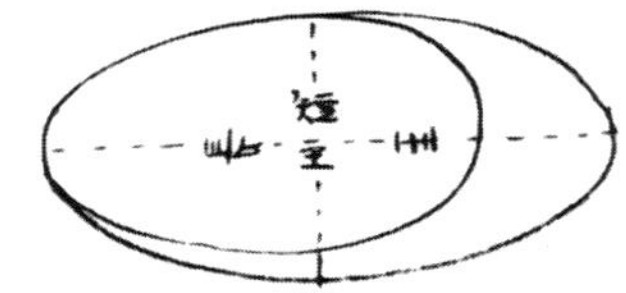

假如有帯堅四長至四尺一寸短至一尺同
積
答曰積二千九百五十八寸三分寸之一
術曰置長至一丈四寸尺三之得内減短至一尺余一丈一
一尺三寸以短至中相乘又以周率相乘得數以
一十二箇至率除之得積
解曰是従立四正中接四堡壔之形故求立四与四壔
之両積相并得積也此形長短經相對均有為限故以
合立四為極也

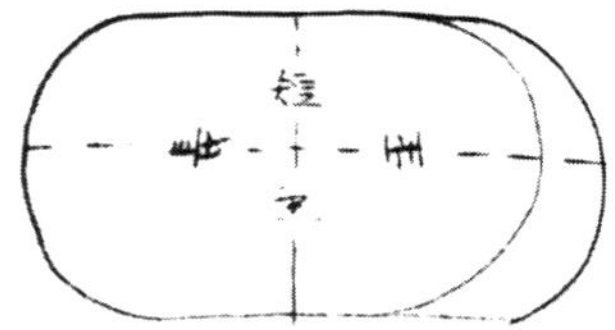

假如有球缺矢二寸弦八寸同積

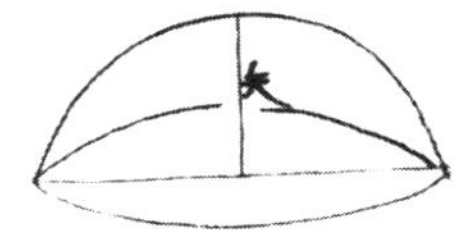

答曰積五十四寸三百三十九分寸之一百五十四
術曰弦八寸自乘三之得一百九十二寸以矢二寸自乘四之
得一十六寸二位相併共得二百八寸以矢相乘又以
周率相乘以二十四箇至率除之得積或矢却多於半
至者又同之
解曰是立円從頂截之形故如全之円形求両円錐積
相并即欠積也此形矢与半弦相對等者為限故以半
立円為極形也
假如有円截籠至径一尺問積
答曰積九百六十五寸〇六釐八毛九四

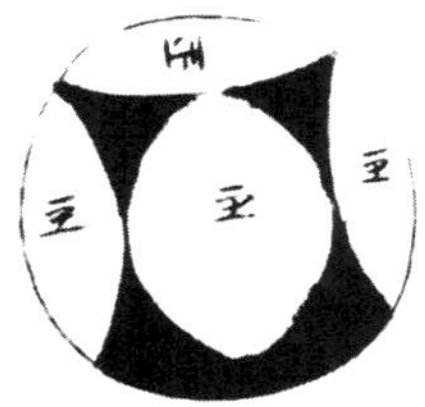

術曰別得立円至一尺四寸一四二一三五六強置切籠至一尺以
一寸五乘之得内減八之立円至余以切籠
至巾相乘又以周率相乘得数以一十二箇
至率除之得積
解曰是立円於六旁上下左右前后均截去之形故以截籠至巾
二段為余之円至巾求積是盡実共積也又以切籠至減之円
至余半之為欠矢以切籠至為玄求得欠積六之是盡積也
以減之円積余即切籠積也此形与相對故形極無之

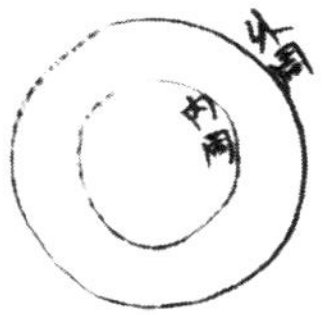

假如有円環内周六尺一寸外周八尺一寸
問積

答曰五百六十五寸

術曰置外周一八尺減内周一六尺余二尺為二箇輪通周自乘得四百寸寄位〇并内外周共得一丈四尺二寸為二箇中心周以寄位相乘又以三率相乘得数以三十二箇周率除之得積

其余諸形環皆求中心周以之乘輪面積得其環積也

解曰是円壔回旋而作輪之形故以輪至擬壔至以中心周擬正高以面積乘高得積諸環皆如此依其形壔術求之也

假如有外正弧環矢二寸虚至一尺一寸高八寸問積

答曰積四百四十二寸七三七九一

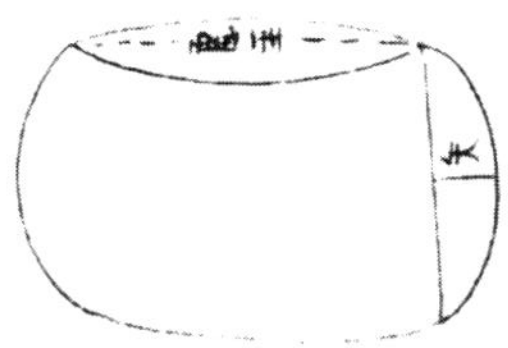

六

相乘得積

術曰別得旁円至一尺弧積一十一寸一八二五置虚至一尺一寸加入倍矢得四寸得内減旁円至余以弧積相乘六之得二百三十五寸四七五寄位〇置高八寸再乘之得五百一十二寸加入寄位共得数以立円積法五分二三

若并矢与虚至乘矢得数適合干環半高巾有虚湾与環背而規相合故即立円旁環也

解曰是弧壔周旋之形以虚湾合干環背之規者為双而起於立円旁之環求之以旁円至而即為立円至求得積以環高減旁至余半矢為立円缺矢旁至内減倍環矢余為缺玄求

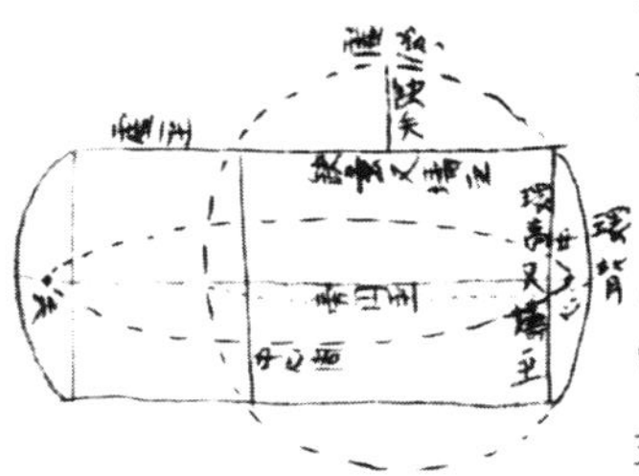

得缺積倍之為上下缺積又以缺玄為墻至以環高為
墻高求得円墻積并上下缺積以之減全立円積余為
立円旁周之弧環積此積適合于環高再自乗以立円積法相乗之数也以弧積為
除之又以円周法三箇一四一六除之是立円旁環中心至得内減缺積
余為二箇中矢加入虚至是即環之中心至也以円周法相乗為
環中心周乃擬弧墻正高以弧積即環面積相乗得環積也此形正張
故環高事玄必等積信矢与環高相對均有為限故以半円環為
極又虚至尽者為限則以上下鋭者為極也乃立円積法及円周
法皆収不尽而用之要令乗除易為也其余円積法及
矢弧周背等之諸数有畸零者皆収去而所用合不超
干五位是故所求
積志有数善矣

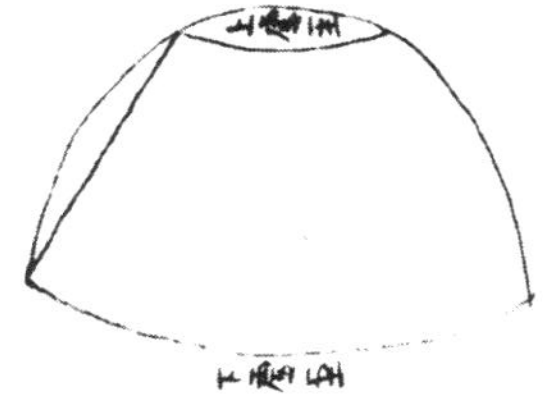

假如有外偏弧環上虚至四寸下虚至七
寸六分旁円至一尺高二寸六分問積
答曰積一十〇寸一九七一一
術曰別得旁離至九寸四八六江玄三寸一六二三弧積五分四三七五上
下虚至相并得一尺一寸六分以旁玄相乗得三十六寸六八二六八以減
信高与旁離至相乗数余以弧積相乗三之得二十〇寸六三四〇
〇七五寄位〇旁玄再乗巾高相乗得八十二寸二一九八内減寄位
余以立円積法相乗得数為実以旁玄除之得積乃并上虚至三
乗巾一段上虚亞巾環高巾相乗八段下虚至三乗巾上
段下虚至巾環高巾相乗八段環高三乗巾一十六段適
今干并上下虚至巾相乗二段旁円至巾環高巾相乗一
十六段数者環背与上亞旁而視相合故即立円旁之偏

環也

解曰是傾弧周旋之形如前
起於立円旁之偏環求之以
旁円至即為立円至雖至与
環高相乗以旁弦除之為立
円缺内円臺正中至内減上
下虚至半差余為立円小缺
弦又為円臺上至以之加上
下虚至差為大缺弦又為円臺下至以環高為臺高求
得円臺責以上下虚至半差乗雖至以旁弦除之加環高、

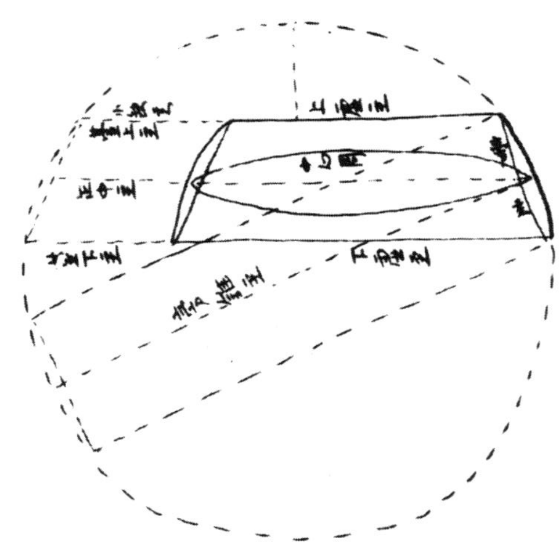

以之減旁円至余半之為小缺矢求得責又以環高加
小缺矢為大缺矢求得大缺責得内減小缺責与円臺
責余為立円旁周之偏弧環責（此責適合于旁玄巾与環高及立円責法相乗
之也）致以弧責与円周法重除之（是立円旁偏弧得内減環之中心至）
上缺玄余加入上虚至為環中心至（若逕求者置旁玄再乗巾以六風弦）
（責除之得中心至也）以円周法相乗又以弧責相乗得偏環責也
此形上下虚至相對均者為限故以正弧環為極又依
旁円心之所在背規屈伸而雖環上稜与背中互有高
低之異不為変故旁玄与円至相對者為限而以半
円環為虚（乃無解必因旁円千右故并上虚至巾一凡下虚至巾一段環高巾四段少於上下虚至）

相乘一段与旁囗至環高相乘四限相并教者山心在干上虚至半之故規伸而環後高背中自似多於者囗心在干右故規屈而環後似背中却高也若以上綫

合為限者無虚至故以上鋭窊之二形為極也若下虚至中一虚

段与環高巾四段少旁囗至環高相乘四段着囗心在千左環上綫高故有鋭多於着心在于右環上綫似故

窊有

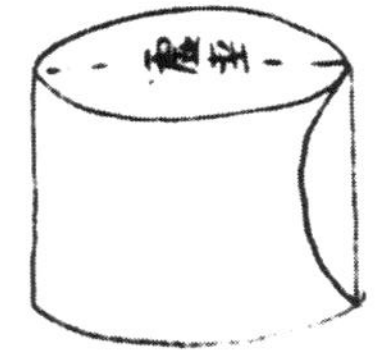

假如有內正弧環矢二寸　虚至一尺一

寸　高八寸問積

答曰積二百二十九寸一四二八一四四

術曰一別得旁囗至一尺弧積十一寸一八二五　置虚至一尺一寸內減倍矢四寸余

至理也中虚加入旁至共得一尺七寸　以弧積相乘六之得一千一百四十

一寸五〇六　寄位◯置高八寸再自乘之得五百一十二寸　以減寄位余

以之囗積法相乘得積

解曰是弧積內旋之形如外環起於

之囗旁環求之以旁至為之囗至仍

環高再自乘以之囗積法相乘得之

囗旁周之外弧環積以弧積与囗周

法各除之中是心外至環以減旁至余為內環是中

弧中矢加虚至得內減倍矢余

心至　以囗周法相乘為內環中心周又以弧積相乘得內

弧環積也此形正弧環高相并故弦与旁至多於虚至則倍矢与

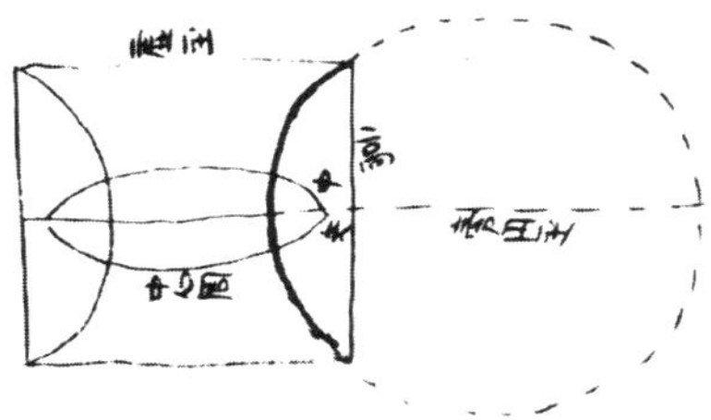

盡玉相對均者為限故以両旁皆相合為極旁玉少於
盡玉則信矢与環高相對均者為限以半円環為極也

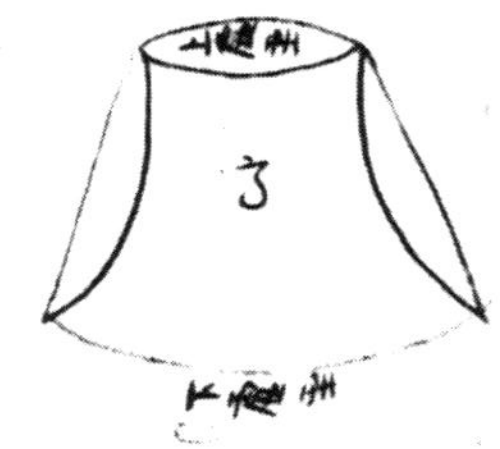

假如有偏内弧環上盡玉四寸下盡玉七
寸六分旁円玉一尺高二寸六分問積
答曰積九寸六一八五三二
術曰別得旁離玉九寸四八六九弦三上　一寸一六二三弧積五分四三七五
下盡玉相并得一尺一寸八分以旁弦相乘得三十六寸六　八二六八加入
信高与旁離玉相乘教以弧積相乘三之得一〇三百一四一十二十
一五寄位　旁弦再乘巾高相乘得八十二寸　二一九八以減寄位余
以立円積法相乘得教為実以旁弦除之得積

解曰是偏弧周旋之形如外
偏環起于立円旁環形也乃倒求
之以旁玉為立円玉以離玉
乘環高以旁弦除之得内減
上下盡玉半差余為缺小弦
又旁弦巾環高相乗以立円
積法相乘得教以弧積与円
周法各除之是倒偏外環中心玉得内減
缺小弦余以減下盡玉余為環中心玉
以弧積与円周法各相乘得偏内環積也

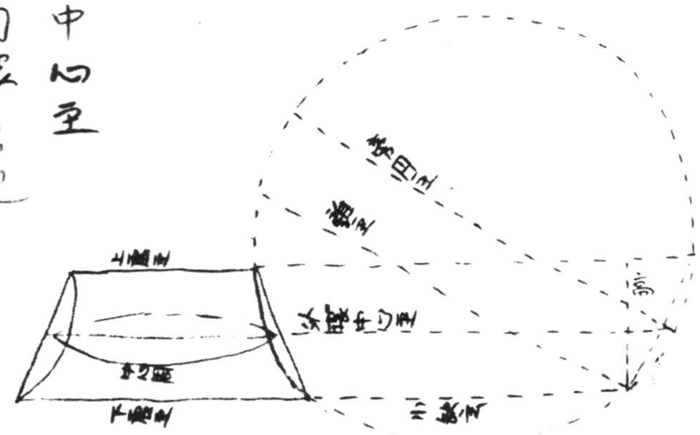

此形上下虚至相對均有爲限故以内正弧環爲極又
據帶円心之上下錐環中虚至与上虚至互有廣狭不
爲変故旁弦与円至相對等有爲限而以半円環爲極
乃上下虚至半差多於環高者円心在干環高之上故
規伸而虚至上狭中廣少於着円心在干環高之下故
規局而虚至上廣中狭也若以兩背相合爲限者以校合離之二形
爲極也校合着無上虚至故有脱而作錐中合有上有
小虚至故有辭而作双乃下虚至多於倍環高
着背上校合而中離少
於着背中合而上離也

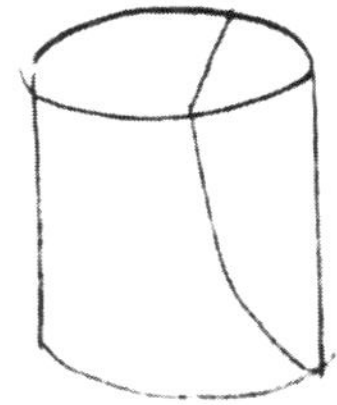

假如有円塼至一尺高一尺二寸徑上矢
二寸至下至右旁斜截之冈截積
答曰截積五十四寸一七五

卅曰別得離至六寸弦八寸弧積一十一寸一八二五
七寸九五○六之得救以減弦再乘中五百一十二寸一余以高相乘爲
實以一十二箇矢爲法除之得截積若従半至斜截之者以塼至中乘高以六
約之即得截積也

解曰是伸弧環而去中之弧塼則
兩旁遍作此形故起於之円旁環。
求之弦再自乘以六段弧積除之
得内減離至余半之得中矢是立円旁環之中矢以塼高相乘以
截矢除之得中心高以弧積相乘得截積也若題云上下矢者上
矢与塼高相乘以上下矢差除之爲虚実共高如前求
虚実共積又以塼高減共高余爲虚高求得虚積以之

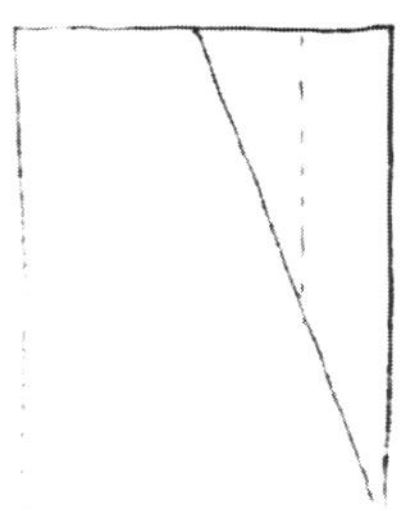

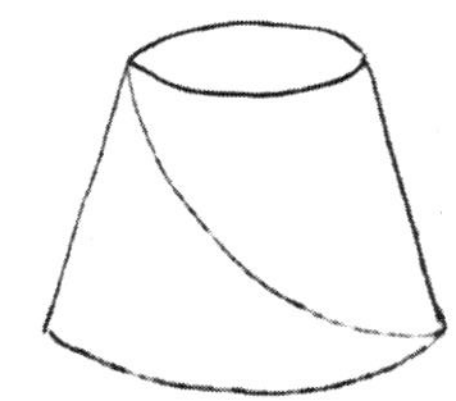

截壂実共責余即截責也

假如有円臺上至一尺下至二尺高一尺
二寸從上至左旁至下至右旁斜截之問
截責

荅曰截責五百七十四寸四一六

術曰別得截面濶一尺四寸一四二一置下至二尺以截面濶相乗得内減
上至巾一百寸余以上至相乗得一千八百二十八寸四二以高一尺二寸相
乗又以円責法七分八五四相乗得教為実上下至相減余一尺
三之為法得截責

解曰臺形本起于鈎故不論所截之斜直皆假高于上

作円錐求之凡円錐直截者上規不通于下故截
形作圭面之円若斜截起於上
尖者上下規相通故截面
高以上下至崖除之得假高壂
弧錐高也并上下半至差与矢為下
濶自之加臺高巾共得教用平
方除之得截面長以之乗下至以下周除之得側円長
至以下至巾乗矢以下周除之得教用平方除之得側
円短至下至臺高矢相乗以上下至差与截面長相乗
教除之得側円闊錐正高以截面長乗側円短至以長
至除之為假矢短至為假円至依弧術求假弧責以長

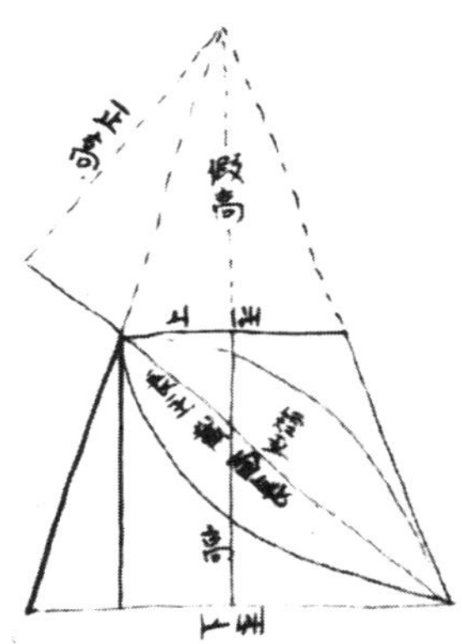

主相乘以短弦除之得側円闕冪以正高相乘三約之得虚弧錐
側円錐積（是虚弧錐共積）又以上弧積乘假高三約之得虚弧錐
積（是虚積也）以之減虚実共積余即截積也若題中云上下矢
者從上下矢定截面之準而至下以斜高与截面長所交
為界以下矢乘臺高以上下矢差除之得下虚高加臺高
得虚実共臺高以虚高乘上下弦差以臺高除之加下弦
得虚下弦以上下弦差乘下矢以倍上下矢差除之加下
矢自之加虚高巾共得数用平方除之得虚面長以之乘
虚実共高以虚高除之得虚実共面長於是假円錐於上
如前求諸数而側円闕錐積内減上虚弧錐積得虚実共
截積亦下側円闕錐積内減中虚弧積得下虚積以之
減虚実共積余即截積也其截矢上下均者截面長与
斜高同準也乃以截面長乘闕取三分之二得截面積也若下矢多者不論
所截之斜正其形皆作主面之円也但下矢多於上矢
救則截面却作側円又上弦下矢相乘与下弦上矢相
乘而殺等者截面適成圭也

假如有球缺矢二寸弦八寸從右旁截縄矢
一寸問截積
答曰截積一寸五八九四
術曰
別得球弦一尺離弦六寸截面下矢一
寸截中矢七分五七三六截背背一寸

四一九截面両玄五寸二九一五両至八寸両背五寸七
八二假背五寸五七六中心矢三分〇五中心背三寸三
五并截中矢与中心矢以截旁背相乗以球至巾相乗又
以四周法相乗得四寸五百九七二十七三■為実并假背与中心背六
之得五五五十六三寸為法除之得四八二寸九八九寄位〇置截面両背
内減両弦余以両至相乗得二三四寸九亦両弦与截面両矢
相乗倍之得一十五八寸〇二位相併以球離至相乗以一十
二約之得五七三寸五二五以減寄位余為截責
解曰并總矢巾与總半徑巾以總矢除之得全球至内
減倍矢余半之為至半離至以截径矢即為截面上矢
以減總矢余為小矢以之減球至余以小矢相乗為径

半離至巾用平方除之得教
乃辦徑至半以減總半玄余為
截面下矢適夫合故干両截両面玄上至
乃至径斎律各離等以總弦即為截
面上下之両至列并径律
半離至巾用平方除之得
自球心至截面上下両楼之
洞為假半離至以減球半至余為截中矢又為假球缺
矢以球至相乗又以四周法相乗得假球缺頂巾積以
截中矢与球至依弧法得截面両弦假背及假弧貴置

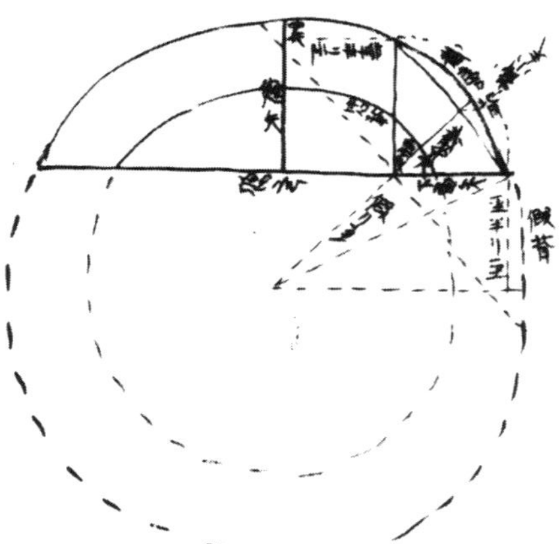

截面而玄再自乘以六之假弧冪除之得中心至半之
内減假半離徑為中心矢依弧法求中心背以截面上下
矢乘至假半離至以假半離至除之得数以減截中矢
余為旁小矢依弧法求截旁背以之乘中心矢以截中
矢除之得旁心背加截旁背共得数以球缺便中冪相
乘為実并假背与中心背為法除之得截中冪以球半
至高是錐相乘三約之為錐冪寄位又以截面上下至矢依
弧法求截面弧冪以徑半離至為両弧錐高以截面
弧冪相乘三約之得数倍之為上下両弧錐冪以減寄
位余即截冪也

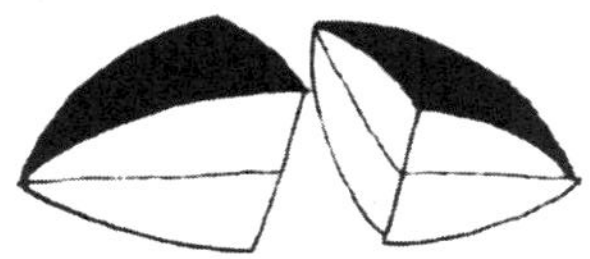

假如有球缺矢若干弦若干従方旁截下矢若干上
斜矢若干同截矢
答曰得截矢
術繁多故略之
解曰并徳矢中与徳
半玄中以徳矢除之得全球
径得減信徳矢余半之為径
半離至以截面下矢減徳半
玄余自之加径半離至中間平方除之得假半離至自是
截面両旁球心之長至以減球半至余為截中矢亦為假球缺矢

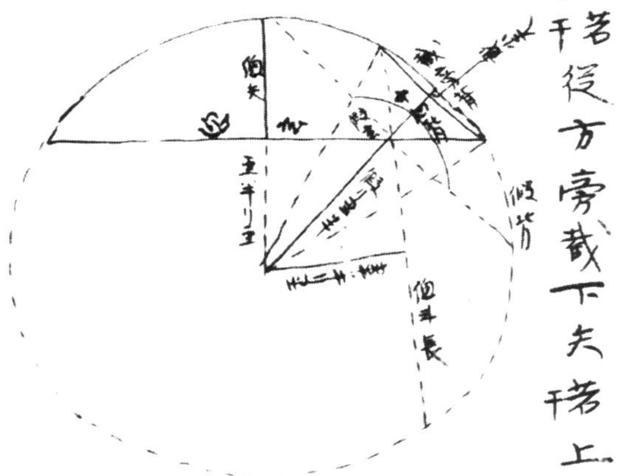

求得頂弄積又依弧法求假玄及弧積置假弦再自乘
以六之假弧積除之得中心至半之内減假半離径余
為中心矢依弧法求中心背并球半至中与截斜夫中
内減假半離中余以截斜矢除之得截長自之以減球
至中余四約之用平方除之得偉半離至以截斜矢相
乘加入下矢与種半離至相乘教以假半離至除之得
教自之又截矢中内減下矢中余半之以假半離至除
之得教自之二位相併為帯小弦中以減球至中余開
平方除之得教以減球至余半之為帯小矢依弧法求
截帯背以中心矢相乘以截中矢除之得中心帯背加

截帯背以假球欠頂中積相乘以假背与中心背相并
教除之得截帯中積以球半至高是錐相乘三約之得錐
積寄位○以截斜矢与廻斜長因乃至離依弧法求得上截
西弧積以緯半離径錐是左弧正高相乘三約之所左弧錐積
又以截下矢与廻弦至擬因依弧法求得下截面弧積以
径半離至錐是右弧正高相乘三約之得右弧錐積二位相并
共得教以減寄位余即截積也

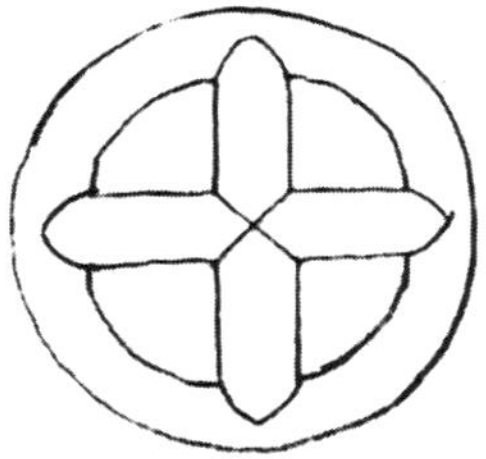

假如有十字環外至一尺輪至各一寸
問積
答曰積三十四寸三二一〇一九〇三九

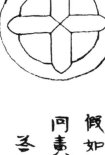

術曰六別二得二小七矢小三弧重貴一二三重七〇三九小二背二一七寸〇〇二置外至
尺一内減輪至寸一余以周法相乗得二二七尺四八四寸信外至内
減輪至箇二与小矢箇四余七一四尺五七〇寸八八二住相并以輪至中
相乗又以円積法相乗得三三五十二六三寸四二三四二五寄位〇外至
内減輪至箇二与小矢箇二余以小弧積相乗六之得六九六分五九
二〇一八四二八三以減輪至再乗中余七三六毛七三八四五九二一以輪至相
乗以三箇小矢除之得四三九重一五八五一八六四加入寄位共得十三
六寸三二六八八三〇五九再寄〇列并輪至箇四与小背九箇二得内減小
矢箇四余以輪至中相乗三約之得九一一寸七九八五以減再寄
余即積也

解曰外至内減輪至余中是心外至環之
以円周法相乗心乃周中為円壔高以
輪至中相乗亦以円積法相乗山是
積壔得甲積〇倍外至内減輪至箇六
与小矢箇四為乙四所通長箇是四亦壔四
高以輪至中相乗又以円積法相
乗得乙積箇是積四壔四　以輪至為円壔至以輪半至為
高從至半左右斜截之則作丙一
所之形故輪至自乗以輪半至相
乗又以円積法相乗得円壔積是

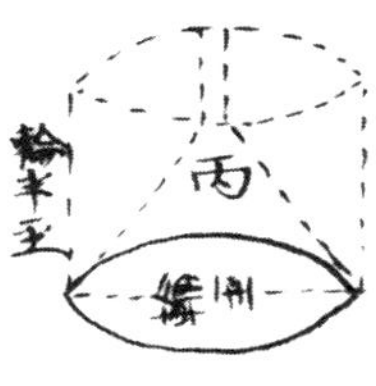

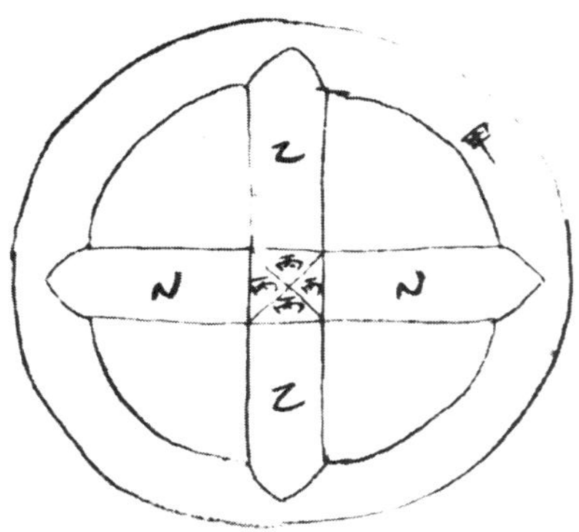

實共責也輪至中乘輪半至三約之得斜截左右共責是虛責也
以之減田壔責余為丙一所責是實責也四之得丙總責
以輪至為田壔至正至以小背為
律濟至以輪半徑為高是田壔律徑上下均
承田規之形也輪至中以輪半至相乘又
以田責法相乘得田壔責是虛實共責
從其正至半應濟至之準截左右
而作又其左右形上下各同規故
伸之則作鋋壔半至左右斜截之
形是求而責者同輪至中乘輪半至三約

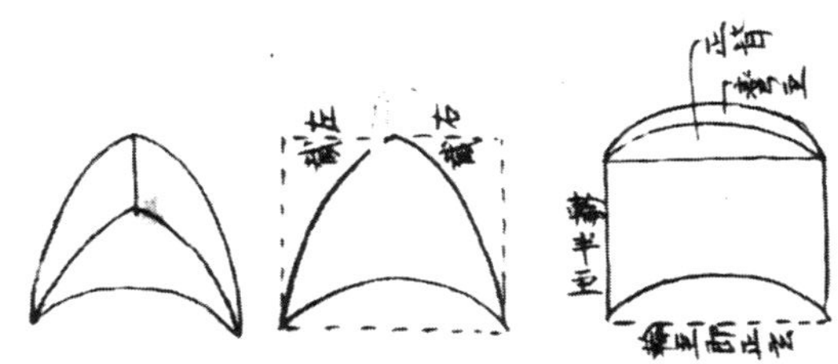

之得截去左右虛責以減田壔責得又壔責是亦虛實共責兩
從其又正靈下左右至兩旁至偉
各逐田規而田截之則其余為丁
一所之形是又徑偉同規故從全
田之心与小背之兩旁應準而至
外至作鈌環而後伸形則為兩面傾之田壔從上下各
半至至半小高兩斜截之狀輪至為正
至小背為小高乃輪至中乘小背六約之
得田截之虛責以減又壔責余為
丁一所責四之得丁總責以輪至

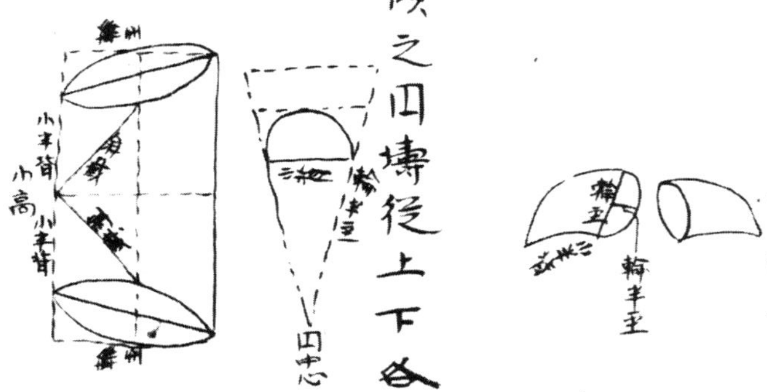

為上正至又下至偉正至以小背為上灣至以小矢為高至乃上正
偉灣下平正之四墻而上者之
墻以小矢從半高上下斜截之
状下者小墻徑半至右左斜截
之状是戊●所之全引也
乃倍輪至以減外至余得環虛
至為大墻至以輪至為高以小
矢為截矢從半高上下斜截之
則成戊上形故以六段小弧責
除輪至再乘中得中心至以減
環虛至乃大墻至余半之得教以減
小矢余為中矢以輪至高乃墻棚乘以小矢除之得中心

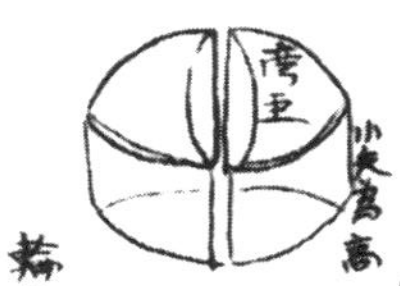

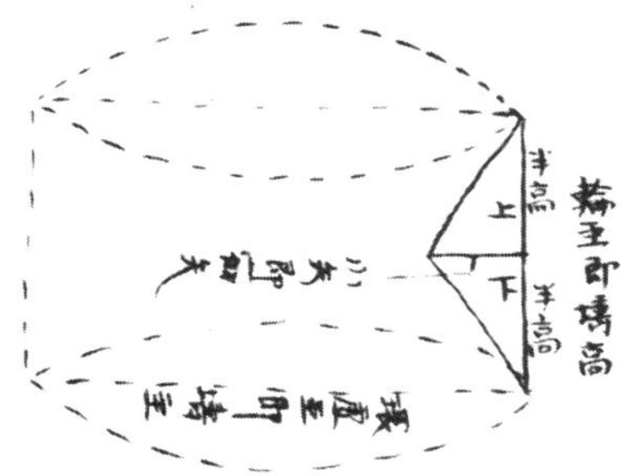

高以小弧責相乘得大墻從半高上下截責是戊上責也
又以輪至為小墻至以小矢為高從半至左右斜截之
則成戊下形故以輪至墻乃小至中乘
小矢墻乃小高三約之得小墻從半至
左右截責是戊下責也二位相并為戊
一所責四之得戊總責五責相并
得全環十字積也

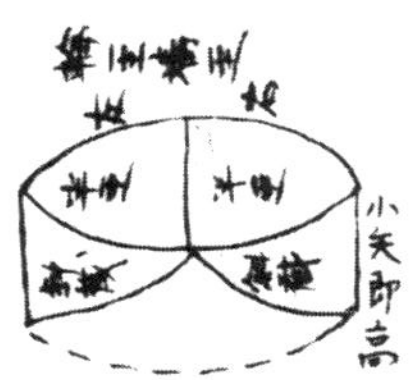

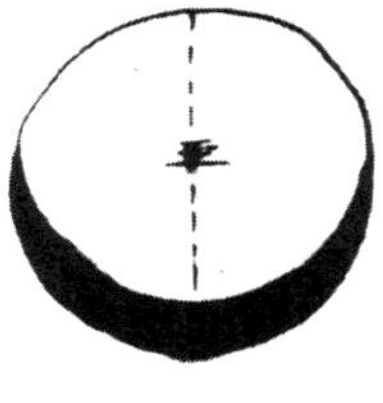

假如有金球至一尺問積責
荅曰積責三百一十四寸一百一十三分寸之一十
八

術曰置径一尺自之以四周率相乘得三萬五千五百寸為実以四
径半除之得所求積

解曰取于半径視四錐乃中心為尖球径為錐径球半径為高求半球積準錐積三之準𪿮積以錐高即球半径除之得圓面半積即為半球所求積倍之得全径巾積

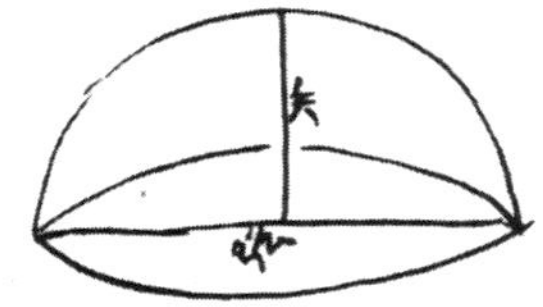

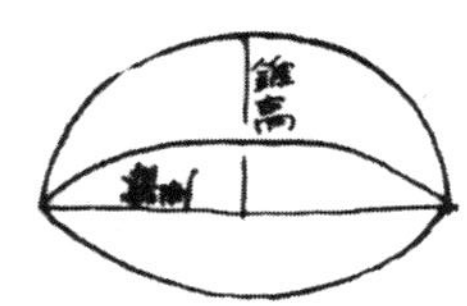

假如有球缺矢一寸弦六寸問所求積

答曰所巾積三十一寸一百一十三分寸之四十七

術曰置矢一寸自乘四之加入弦巾三十六寸共得四十寸以四周率相乘得一万四千四百寸為実以四

箇因径率除之得所求積

解曰從缺面至球中心接于四錐乃球心為尖玄為錐径以矢減半球径余為錐高求三段錐積亦求球缺積三之相并共得教準𪿮積以錐高径乃半除之得錐面平積即為所巾積也

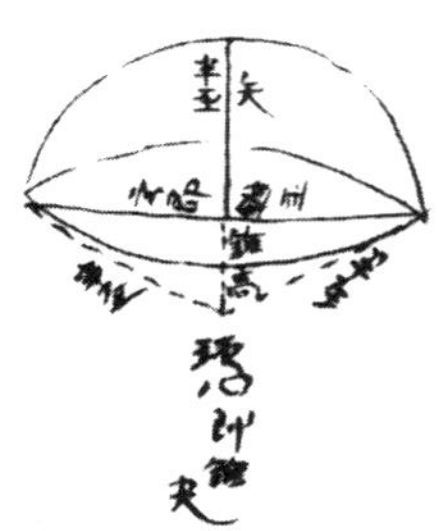

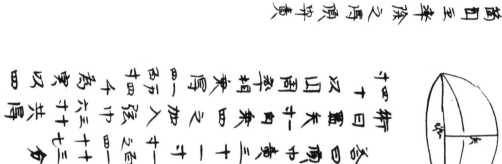

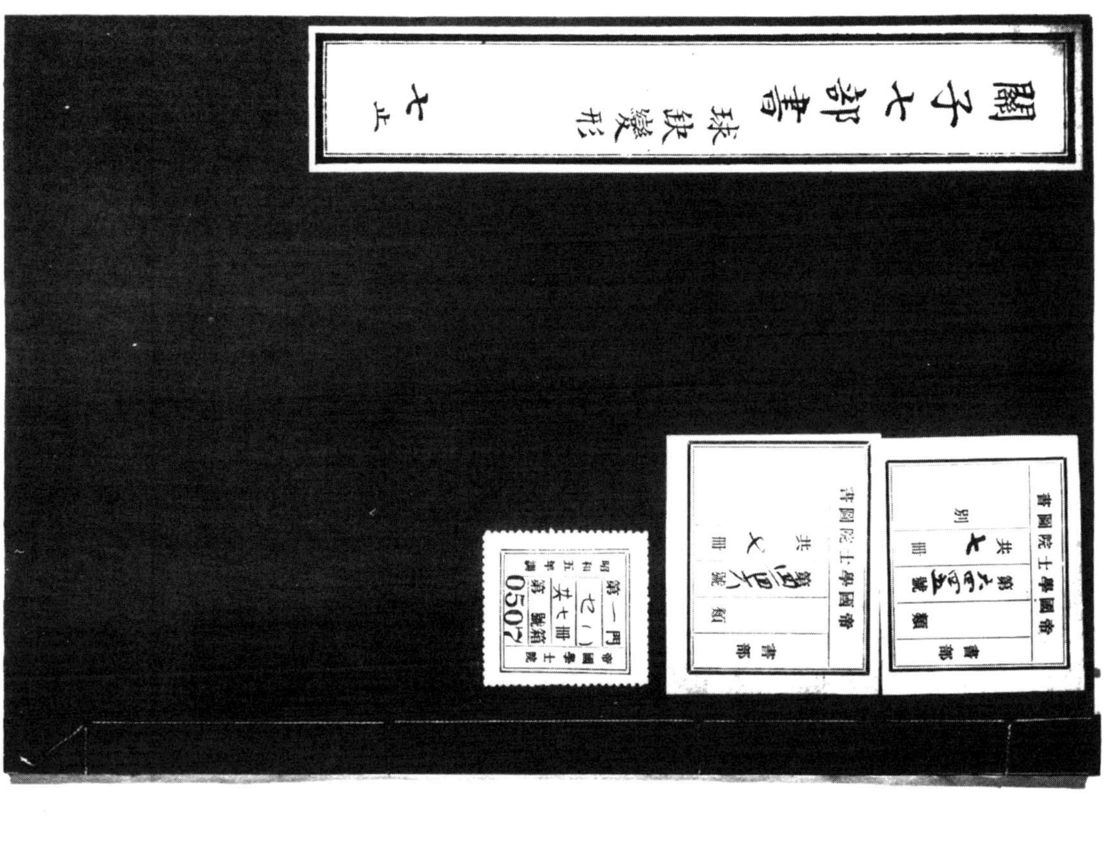
關子七部書
球鉄變形
七止

男爲尉

伊藤安吉氏

球缺変形草解

關孝和　編

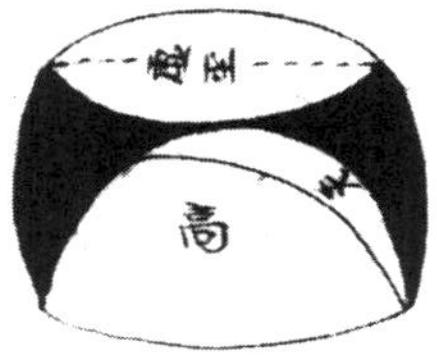

今有外弧環矢二寸虚至六寸高八寸問積幾何

答曰積二百六十八寸〇八三二

草曰列高再自乗得數以之円積法（五二三六）乗之得積（乃之円積）

（五二三六此數去不盡而用之要令円解易推也後円積）

（法圓背皆數去不盡而用之故所求積名有微差矣）

遂解曰列高自之得內減四段矢中余以四箇矢約之得橫弧離至（六寸）適合虚至此則立円闕弧環也◯（得別）

（闕矢一寸）（為至一尺）○以虚至為立円闕至以闕矢為矢求得

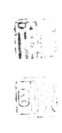

立円積實總之得数寄位○以虚至
為円塼至以環高為高求得円塼實
加入寄位共得数以減全立円實余
為立円闕外弧環實

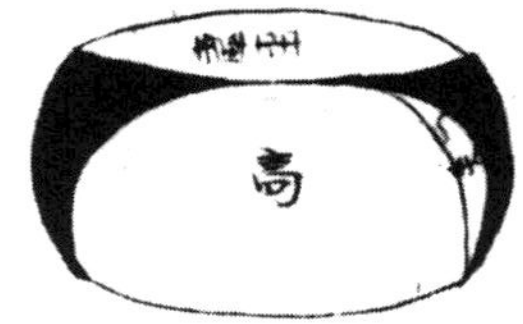

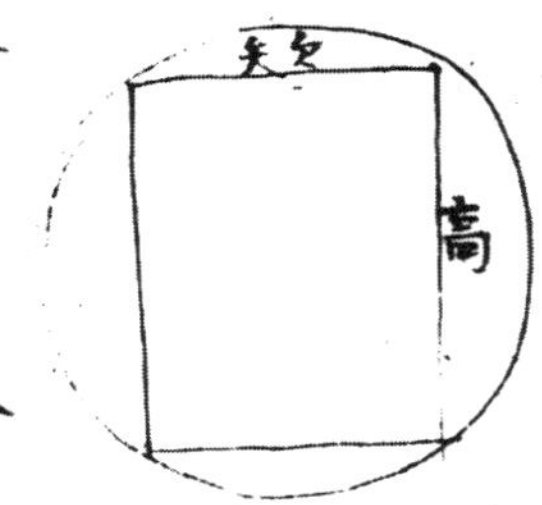

今有外弧環矢二寸虚至一尺一寸高八寸
問實幾何
答曰實四百四十三寸七分三七九一
別得捷弧濶径一尺○離至六寸○背九寸
二分七三○弧實一十一寸一分八二九
草曰列虚至内減離至余以弧實相乗六之得数寄位
○列高再自乗得数加入寄位共得数以立円實法乗
之得實

解図

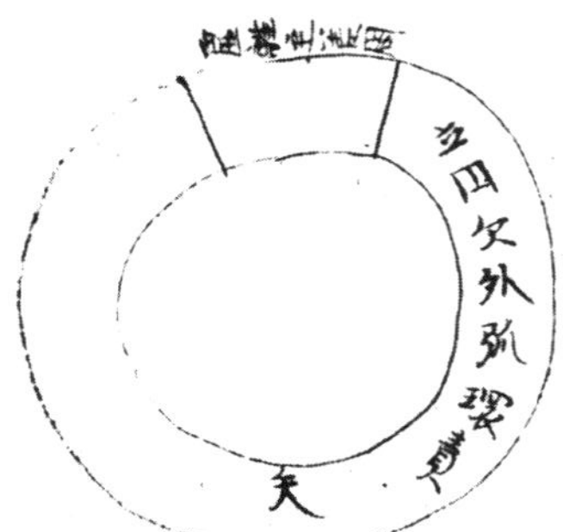

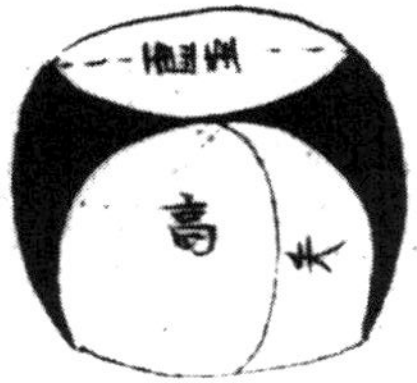

今有外弧環矢二寸虚至五寸高八寸問
實幾何
答曰實二百三十二寸九分五二二五八

別得據弧滿径一尺○離径六寸○背九寸二分
七三○弧責一十一寸一分八二五
草曰列離径内減虚径余以弧責相乗六之得数寄左
○列高再自乗得内減寄位余以立円責法乗之得責

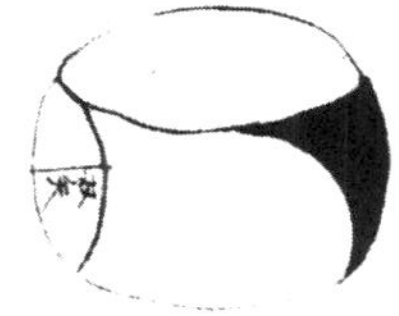

今有雙弧環矢四寸上虚径一尺一寸高
八寸問責幾何

解図

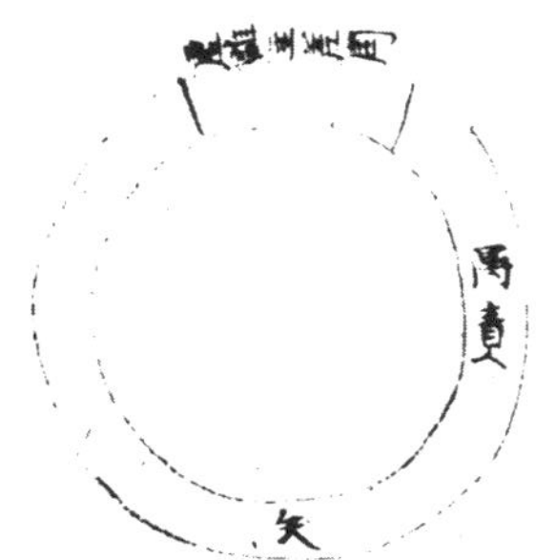

各曰積七百七十二寸八分八○七二四
別得據弧滿径一尺　離径六寸　背九寸二分七三
雙弧積二十二寸三分六五
草曰列上虚径以雙弧責相乗六之得数以立円責法乗
之得積

今有内弧環矢二寸上虚径一尺一寸高八
寸問責幾何

解図

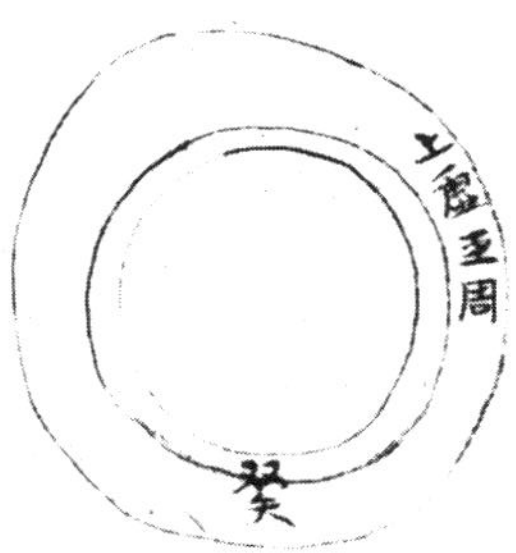

答曰責三百二十九寸一分四二八一四

別得撫弧滿徑一尺○離至六寸○背九寸二分七

三○弧責一十一寸一分八二五

草曰列併上靨至与離至共得数以弧責相乗六之得

数寄位○列高再自乗得数以減寄位余以三因責法

乗之得責

解曰使弧環責内減外弧環責

余則内弧環責也

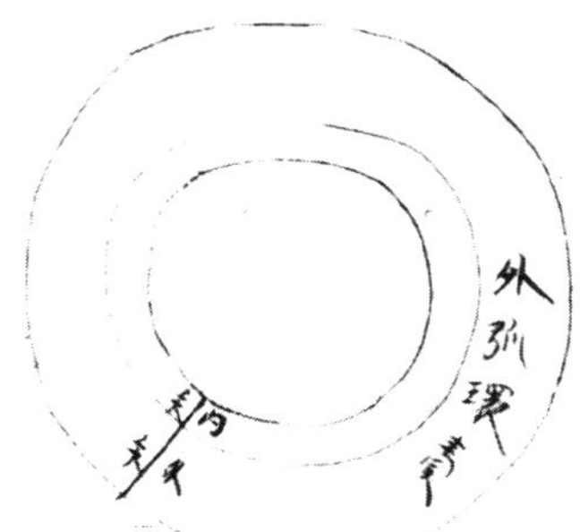

今有弧環加錐底至四寸高四寸問責幾

何

答曰責二十八寸六分四八七七四

別得撫弧滿至一尺○離至六寸○半背

四寸六分三六五○半弧責五寸五分九

一二五

草曰列離至以半弧責相乗六之得数寄位○列高再

自乗四之得内減寄位余以三因責法乗之得責若割中之

撫弧満至若干則推弧環加甚術而求之

○弧環減錐又準之

解図

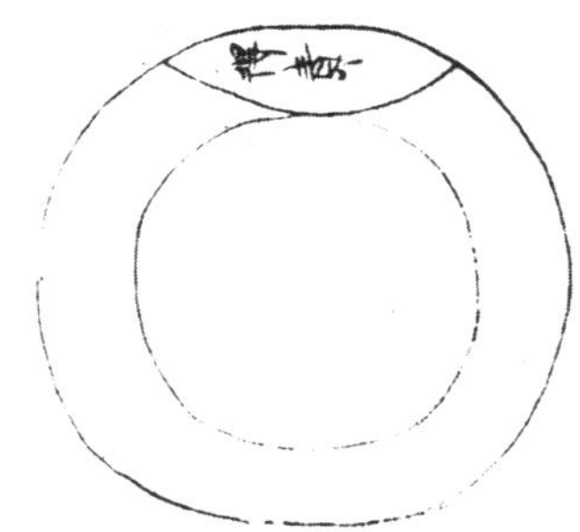

今有弧環減錐底径四寸高四寸問積幾何
答曰積八寸六分五二四九
列得擬弧満径一尺〇離径六寸〇半背四
寸六分三六五〇半弧積五寸五分九一二
五

草曰列併底径与離径共得数以半弧積相乗以一十
二乗之得数寄位〇列高中段八内減底径中段三余以高
相乗得数以減寄位余以之円積法乗之以二約之得
積

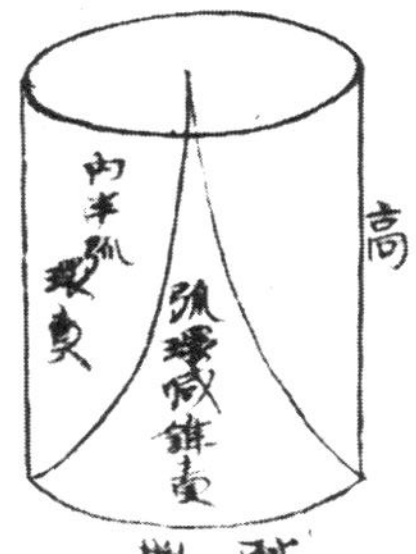

解曰円壔積内減内半弧環積
余則弧環減錐積也

今有弧環加臺上径四寸下径七寸六分
高二寸六分擬弧満径一尺同積幾何
答曰積八十一寸〇九六七三八八

到得總高四寸〇總離至六寸〇總半弧背五寸五
分九一二五〇虚高一寸四分虚離至九寸六分〇
虚半弧背一分八七五
草曰列總離至内減上至余以總半弧背与虚半弧背
差相乗以一十二乗之得數列併下至中段三与虚高中段八
共得數以虚高相乗數得二位相併共得數寄位〇列併
上至中段三与總高中段八共得數以總高相乗得内減寄
位余以立円積法乗之以二約之得積
解曰以下至為環虚至以虚高虚離至虚半弧背求
得弧環加臺虚積寄位〇以上位為環虚至以総高
總離至總半弧背求得弧環
加臺虚実共積内減寄位余
為弧環加臺積

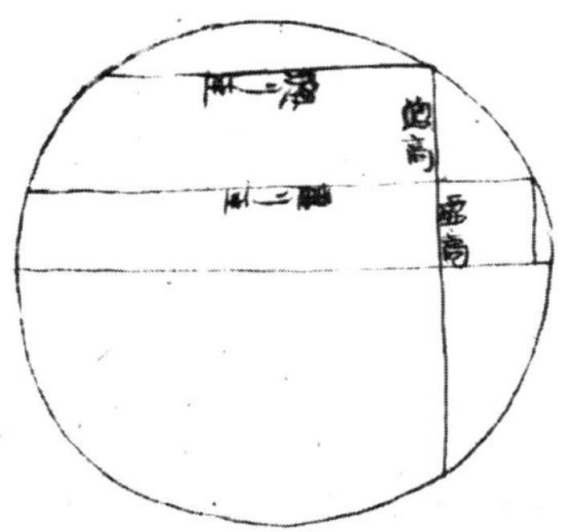

今有弧環減臺上至四寸下至七寸六分高
二寸六分據弧端至一尺同積幾何
答曰積六十一寸二分八一〇九六八

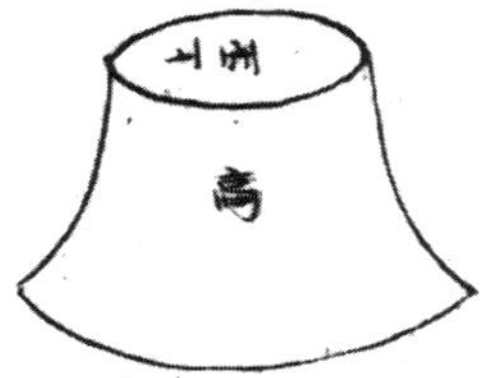

毬闕変形草解　終

徑高總離至徑半弧背求得
弧環減基虛實共背內減寄
位余為弧環減虛積

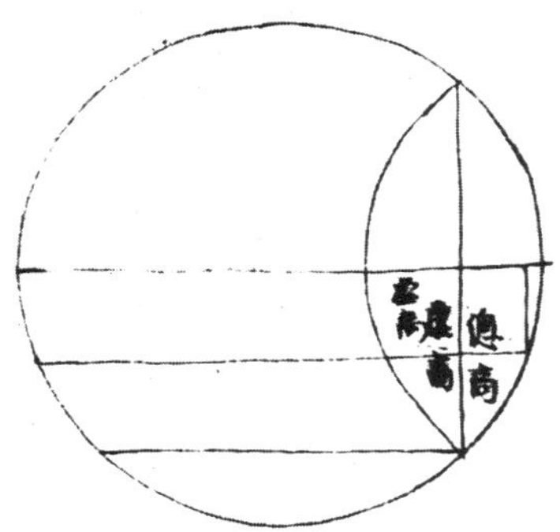

列周徑高四寸○徑離至六寸○徑半弧背五寸五
分九一二五○虛高一寸四分○虛離至九寸六分
○虛半弧背一分八七五
草曰列併下至与總離至共得數以徑半弧背与虛半
弧背差相乘以一十二乘之數得列併上至中段三与虛高
中段八共得數以虛高相乘數得二位相併共得數寄位○
列併下至中段三与徑高中段八共得數以徑高相乘得內
減寄位余以立円背法乘之以二約之得積
解曰以上至為環上虛至以虛高虛離至虛半弧背
求周弧環減虛虛背寄位○以下至為環上虛至以

圖書數義解伏題　全

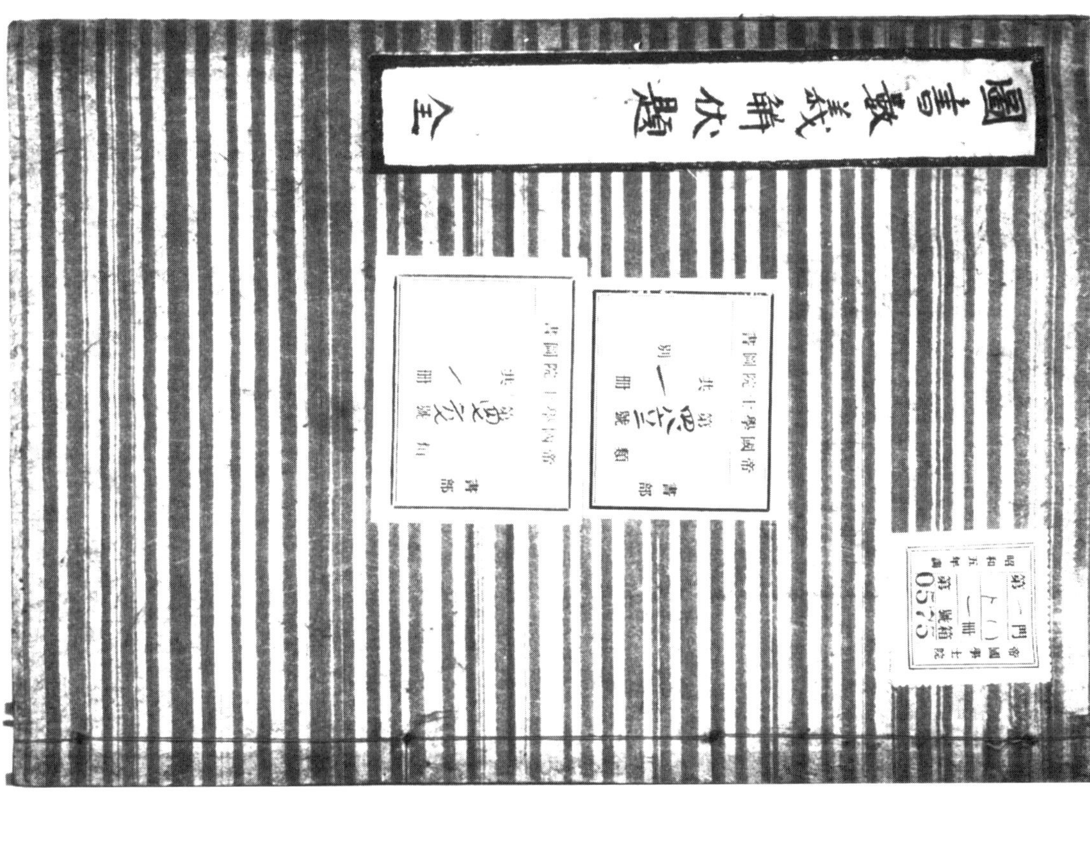

佐藤呆助氏

目録

圖書數義解伏題　　關孝和編

解伏題之法 凡六篇

眞虚第一

隨眞術所得而逐求虚術也

假如有鈎股只云句爲實平方開之得數與弦和者

又云句殳和者問句

眞術得句

只云數有リ殳有句有リ

虚術見鈎開方數

依只云數殳句得前式
依句得後式

假如有三斜積者只云大斜再自乘數與中斜再自乘數

相併共者亦云中斜再自乘數與小斜再自乘數相併

共者問大斜

眞術得大斜

積有リ中斜再自乘數有リ小斜再自乘數有リ大斜

有リ

虚術見中斜

依積小斜再自乘數大斜得前式
依中斜再自乘數得後式

積有小斜再自乘數有リ大斜有中斜有リ

虚術見小斜

依積大斜中斜得前式
依小斜再自乘數得後式

假如有甲乙丙丁戊平方各一只云甲乙積差者乙丙積差

者丙丁積差者丁戊積差者又云甲乙丙丁戊方面和者問

甲方面

眞術得甲方面

乙積有丙積有丁積有戊積有乙丙丁戊方面和有

虚術見乙方面

依丙責丁責戊責乙丙丁戊方面和得前式乙積依テ得後式

丙積有丁積有戊積有丙丁戊方面和有

虚術見丙方面

依丁責戊責丙丁戊方面和得前式依丙責得後式

丁積有戊積有丁戊方面和有

虚術見丁方面

依戊責丁戊方面和得前式依丁積得後式

右各虚術逐以次前虚術擬眞術也

兩式第二　附畧省紛縟

得眞虚之後求兩式也

假如有方臺積猪只云上下方與高和猪又云下方平與高平相併共猪問上方

眞術得上方

積有下方與高和有　又云数有上方有

虚術見高

前術曰立天元一爲高○　以減和余爲下方

自乘　上方自乘　上下方相乘

三位相併以高乘之爲三段積○

寄左列責三之與寄左相消得前式

後術曰立天元一爲高○以減餘爲下方
自之加入高冪卄六得寄左列又
云數與寄左相消得後式
右各以數不求式當圖正負與段數而傍書加減相
乘者名也○各級中位傍書同而正負同者相加之
異者相減之

畧（畧位數也）

高級式中位與畀級式同名者畧之

假 前式

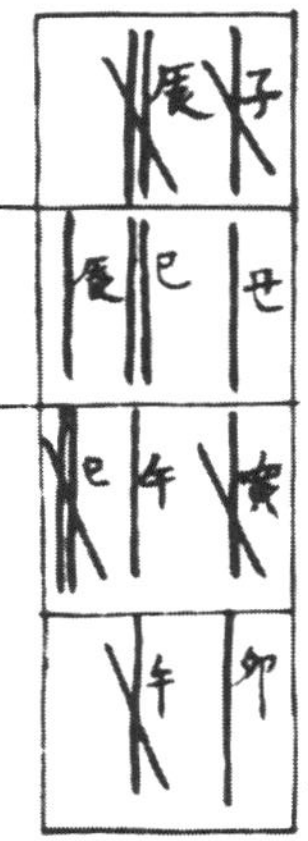

如 後式

畧 以後式從前式上級減之

之 又以後式從前式上第二級加之

前式
後式

或有畀級式自乘再自乘幾自乘而同名者或有
傍書段數互乘而同名者皆當依時宜畧之

省（省傍書也）

各式之毎級毎位傍書遍乘同名者省之

假

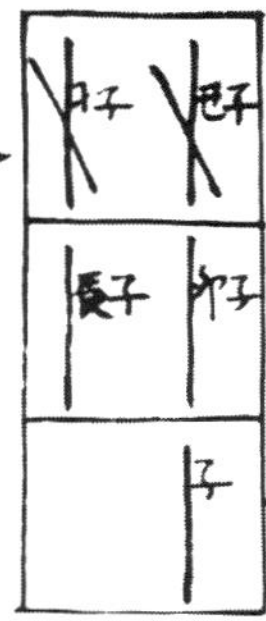

如省之（毎級各省字）

約

約段數也

各式之每級每位段數可遍約者約之

假如

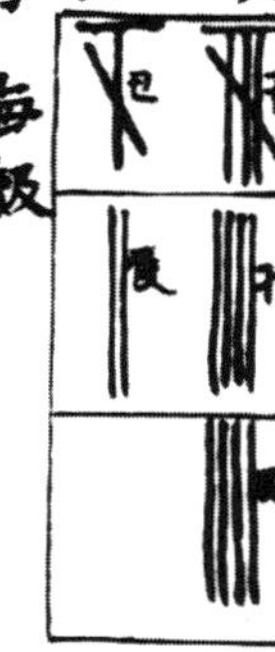

約之

每級遍約以二

縮

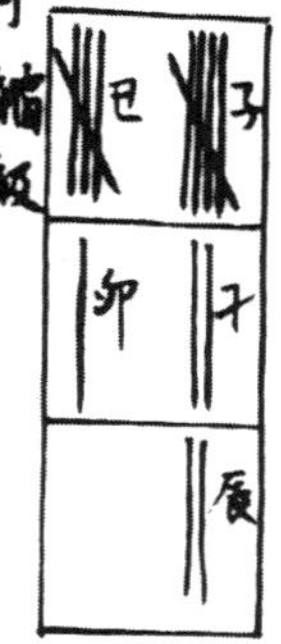

縮級之數也

兩式空級均同者約之

假

前式五乘方

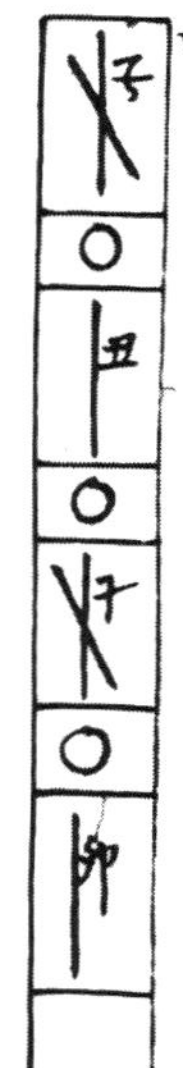

如

後式三乘方

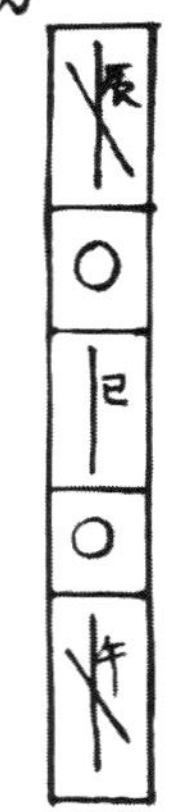

縮

前式縮空級而為立方

後式縮空級而為平方

之

前式立方

後式平方

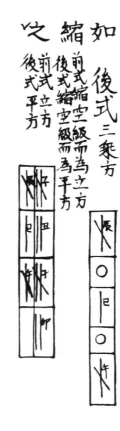

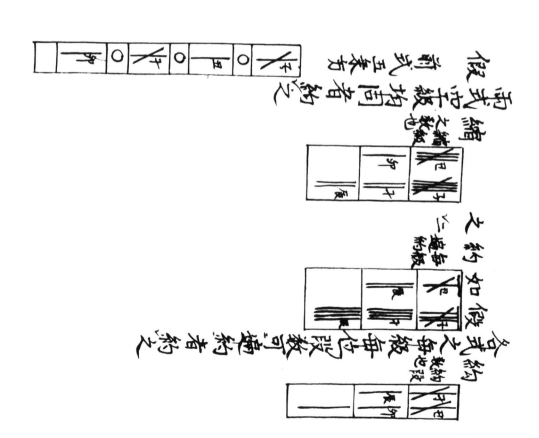

定乘第三 附畳括

得兩式験畧省約縮之後求定乘也

假　前式　歛除

帰段	

如　後式　立方

立	平	帰	段

前式再乘順行

立	平	帰	段

同級相乗

立	立	立	立

後式直逆行

段	帰	平	立

以立方為真術之乗數

假　前式平方

平	立	帰	

如　後式立方

三	立	帰	平

前式再自乘順行

同級相乗

五	七	八	八	六	四	立
九	十	十三	十四	十三	十二	十
三	立	四	五	五	六	七

後式自乗逆行

以一十四乗方為真術乗數

右各毎級以真術各位之乗數最高者記之○直
自乗再自乗幾自乗者前式隨後式後式從前
式仍前式順行後式逆行也○以順逆同級相乗
之數最高者為真術之乗數然換式之後遇芟
者或寄消省者就而減乗數也

畳 畳級数也

畁級式之下級或上級箇數者畳之

假　前式　三乗方

如　後式　平方

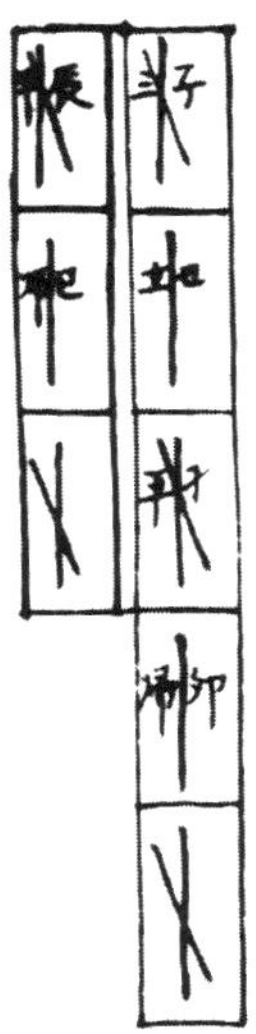

疊之

前式平方

相減之變前式
又変平方

以前式下級遍乗後式以後式下級遍乗前式相減之前式変立方

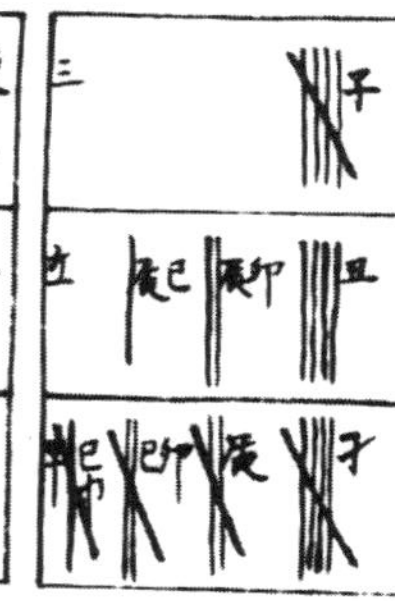

後假如疊之

後式平方

前式立方

後式平方

以前式上級遍乗後式以後式上級遍乗前式相減之

前式変平方

前式平方

後式平方

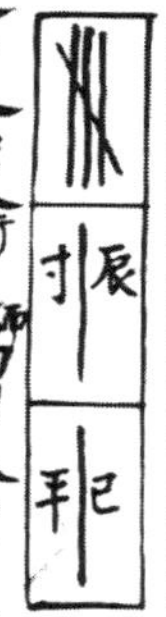

疊之毎変如定乗求之摺於真術乗數者不疊之○或有未括前疊之者或有已括後疊之者可依時宜○疊之後各級中位傍書同而正負同者相加之異者相減之

括 括位数也

各級多位者括之

假如括

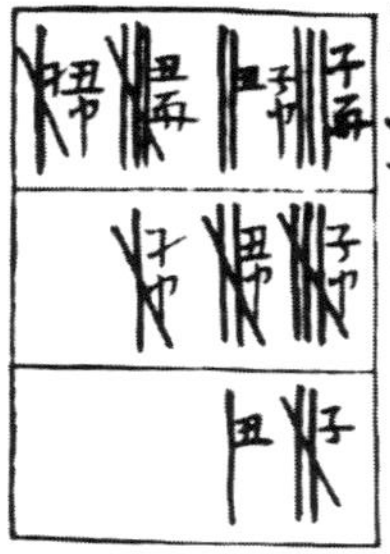

子三箇内減丑一箇余負為甲○子丑三段丑巾二段子巾一段三位相併共負得為乙○子再乗三段子巾丑相乗二段二位相併共得内減丑再自乗三段丑巾子相乗一段余正為丙○或有分正負而括之者可依時宜○括之正負或以多減少或減多而

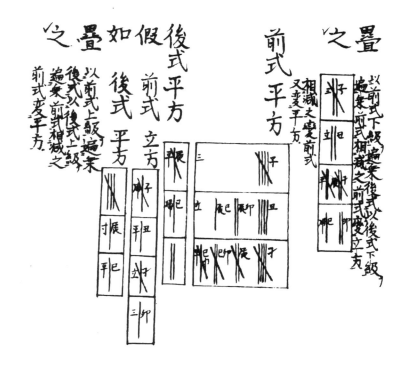

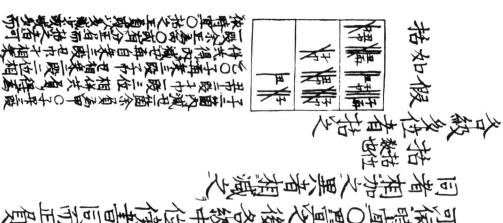

之 若雖正負反覆皆至得開方式无差違矣

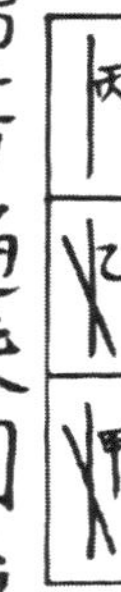

各級毎位傍書遍乘同名者遍去而括之却以遍
去者書之

假如

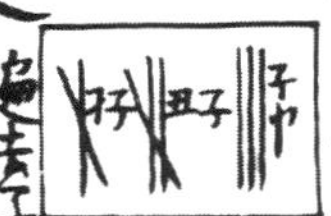

括之 遍去子○子三箇内併減丑二箇寸一箇余正為甲却以遍去子書之

各級毎位段數可約遍者遍約而括之却以遍約數
圖之

假如

括之 遍約二○子而箇丑三箇二位相併共得内減寸二個余正為甲却以遍約二圖之

括之位數段數同者以同名書之雖同名或有毎
位段數一倍二倍幾倍者或有正負反者皆就而圖
段數正負也各級單位個數者 假如

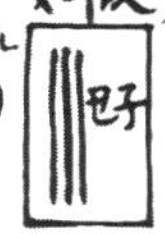

如此之
類不括之 若單位者莫治之後相乘多位者括之 ○或得兩式術中多位
者括之

得定乘驗畢豈括之後求換式也

換式第四　附芟治

假如　前式　帰除
　　　後式　同

一式

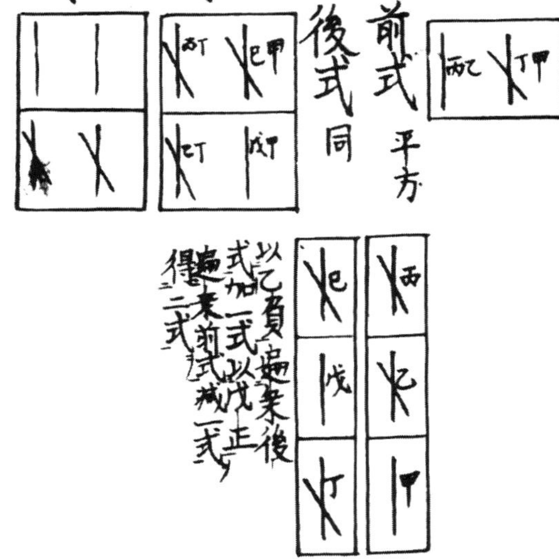

以甲正遍乘後式以丙正遍乘前式相減之得一式

假如　前式　平方
　　　後式　同

一式　二式

以甲正遍乘後式以丁負遍乘前式相減之得一式

以乙負遍乘後式加一式以戊正遍乘前式減一式得二式

假如　前式　立方
　　　後式　同

一式　二式　三式

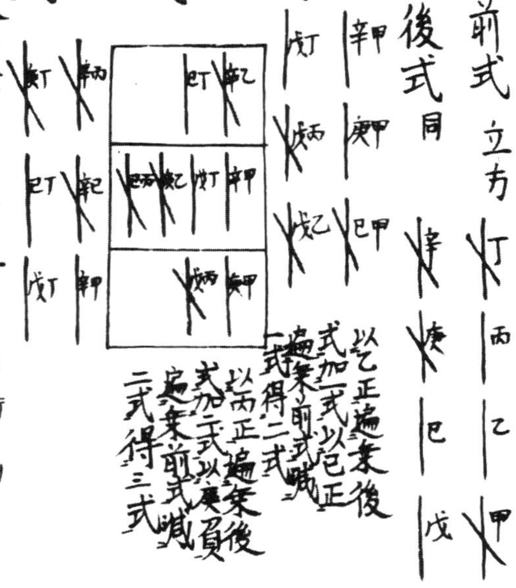

以甲負遍乘後式以戊正遍乘前式相減之得一式

以乙正遍乘後式加一式以巳正遍乘前式減一式得二式

以丙正遍乘後式加二式以庚負遍乘前式減二式得三式

兩式級數有長短者借空於畢級式之下而求換式也

假如　前式　三乘方　乃當空級者不乃遍乘也
　　　後式　平方

借空於後式之下二級而為三乘方當正長乘後式者借空一級而得式

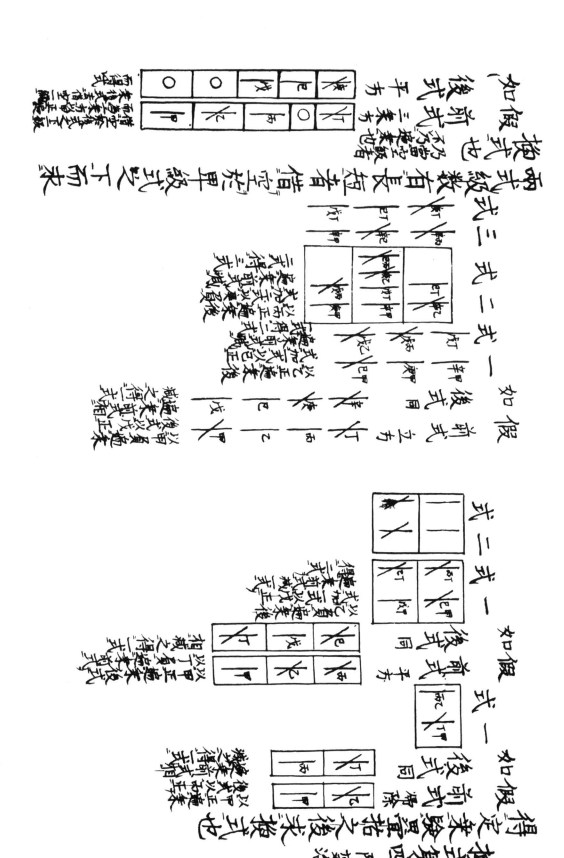

一式
二式
三式
四式

○以乙負遍乘後式去借空一級而加一式借二式

以丙正遍乘後式加二式以戊正遍乘前式減二式得三式

以己正遍乘前式減三式得四式

右各從下級至上第二級同級互遍乘加減之（後式爲加前式爲減）得逐式也○或有未括前求換式者或有已括後求換式者可依時宜○換式之後各級中位傍書同而正負同者相加之異者相減之

艾（艾傍書也）

求換式而先各式之每級每位傍書遍乘同名者艾之次逐式之同

假一式

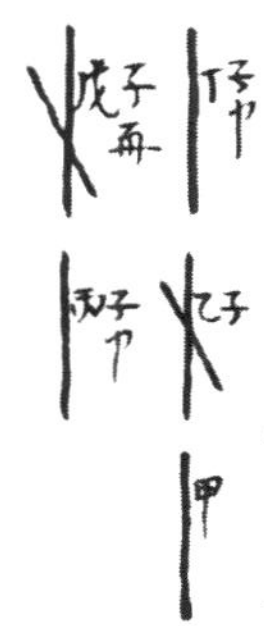

如

二式

三式

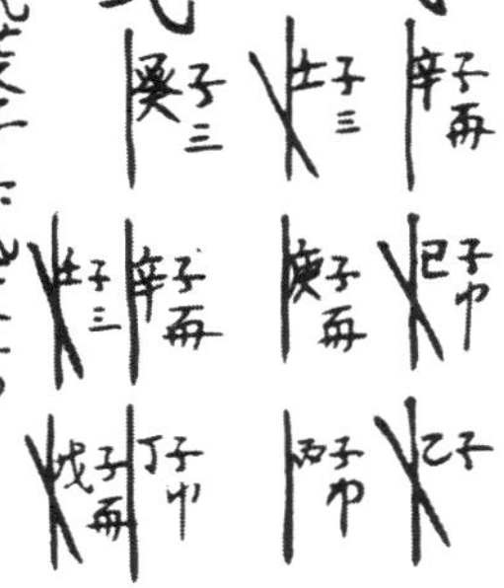

艾之

先二式艾子巾三式艾子巾中級艾子次上級艾子

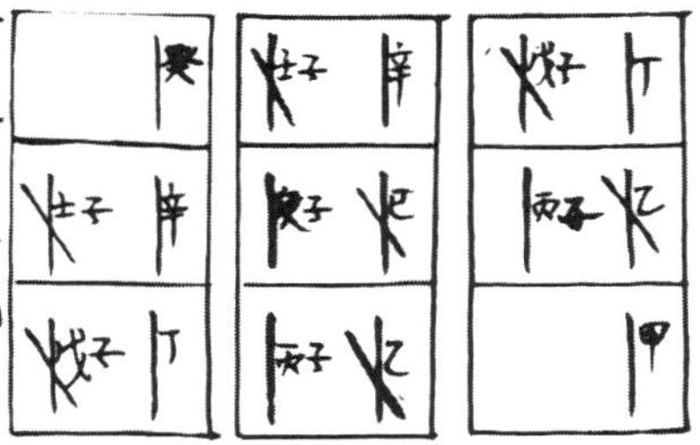

治（治段數也）

求換式而先各式之每級每位段數可約遍

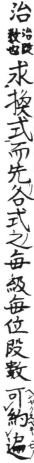

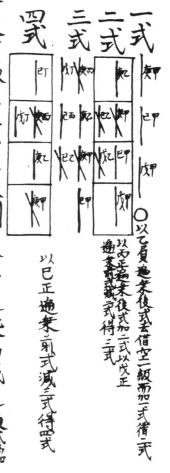

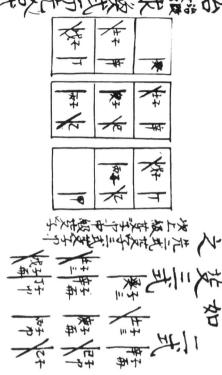

者治之逐式之同級每位段數可遍約者治之

假如

一式 

二式

三式

治之 先二式以三治之三式以二治之次上級以三治之中級以二治之

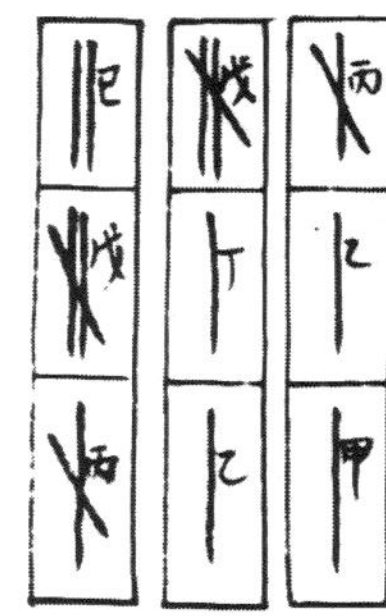

換式更治之後或亦括之如前

得生尅第五 附交式 斜乘

換式驗並治之後求生尅也

假如

一式 乙甲

二式 丁丙

丙乙相乘生
○
一 丙甲
丁甲相乘尅
○
一 丙甲

假如

一式 丙乙甲

二式 己戊丁

三式 壬辛庚

丙戊庚相乘生	丙辛甲相乘生	壬乙丁相乘生
○	○	○
一 庚戊乙	二 辛戊甲	三 辛丁乙
四 庚戊甲	五 辛丁甲	六 庚丁乙
丙辛丁相乘尅	己乙庚相乘尅	壬戊甲相乘尅
○	○	○
三 辛丁乙	一 庚戊乙	二 辛戊甲
五 辛丁甲	六 庚丁乙	四 庚戊甲

假如

一式 房氐亢角

二式 斗箕尾心

三式 危虛女牛

四式 婁奎壁室

房箕 女室 相衆	斗虛 壁角 相衆	危奎 亢心 相衆	婁氐 尾牛 相衆	房奎 女心 相衆	斗氐 壁牛 相衆
生	尅	生	尅	尅	生尅
○	○	○	○	○	○
一 氐箕女室	二 角箕虛壁	三 亢心虛奎	四 氐尾牛奎	十三 氐心女奎	十九 氐箕牛壁
五 亢箕女室	六 角尾虛壁	七 亢心女室	八 氐尾牛室	十七 亢心女奎	十八 氐尾牛壁
九 角箕女室	十 角心虛壁	十一 亢心牛奎	十二 氐尾牛室	十五 角心女奎	十六 氐心牛壁

房奎 尾牛 相衆	斗氐 女室 相衆	危箕 壁角 相衆	婁 亢心 相衆	房虛 壁心 相衆	斗奎 亢牛 相衆
生	尅	生	尅	生	尅
○	○	○	○	○	○
四 氐尾牛奎	一 氐箕女室	二 角箕虛壁	三 亢心虛奎	廿一 氐心虛壁	廿四 亢箕牛奎
十三 亢尾牛奎	十四 氐尾女室	十五 角箕女室	十六 亢心虛壁	廿二 亢心虛壁	廿三 亢尾牛奎
十七 角尾牛奎	十八 氐心女室	十九 角箕牛壁	二十 亢心虛室	廿 角心虛壁	十一 亢心牛奎

危箕 亢室 相衆	婁虛 尾角 相衆	房箕 壁牛 相衆	斗虛 亢室 相衆	危奎 尾角 相衆	婁氐 女心 相衆
尅	生	尅	生	尅	生
○	○	○	○	○	○
廿一 亢箕虛室	廿四 角尾虛奎	廿三 氐箕牛壁	廿三 亢箕虛室	廿四 角尾虛奎	廿三 氐心女奎
五 亢箕女室	六 角尾虛奎	廿七 亢箕牛壁	廿四 亢尾虛室	廿五 角尾女奎	廿六 氐心女壁
廿五 亢箕牛室	廿六 角尾虛室	廿九 角箕牛壁	廿八 亢心虛室	廿五 角尾牛奎	廿八 氐心女室

氐危 尾室 相衆	婁箕 女角 相衆	房虛 尾室 相衆	斗奎 女角 相衆	危氐 壁心 相衆	婁箕 亢牛 相衆
生	尅	尅	生	尅	生
○	○	○	○	○	○
廿一 氐尾虛室	廿二 角箕女奎	廿二 氐尾虛室	廿三 角箕女室	廿九 氐心虛壁	廿七 亢箕牛奎
廿四 氐尾女室	廿五 角箕女壁	廿四 亢尾虛室	廿五 角尾女奎	廿六 氐心女壁	廿三 亢箕牛壁
廿一 氐尾牛室	九 角箕女室	廿六 角尾虛室	廿五 角心女奎	廿六 氐心牛壁	廿七 亢箕牛室

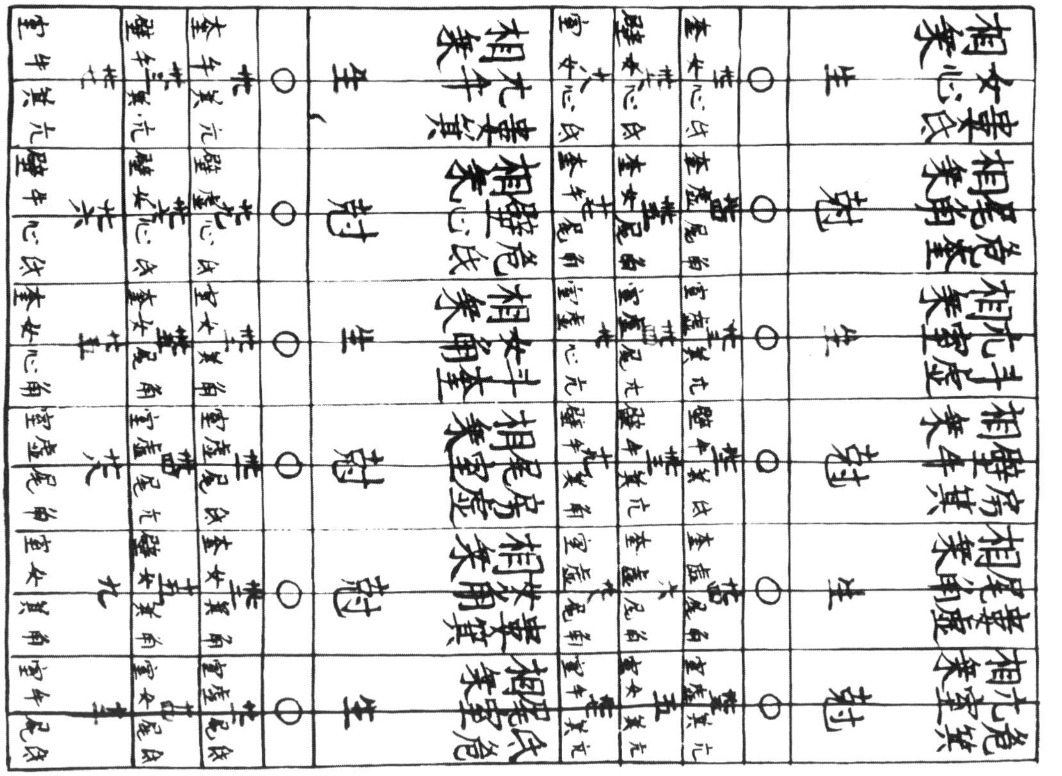

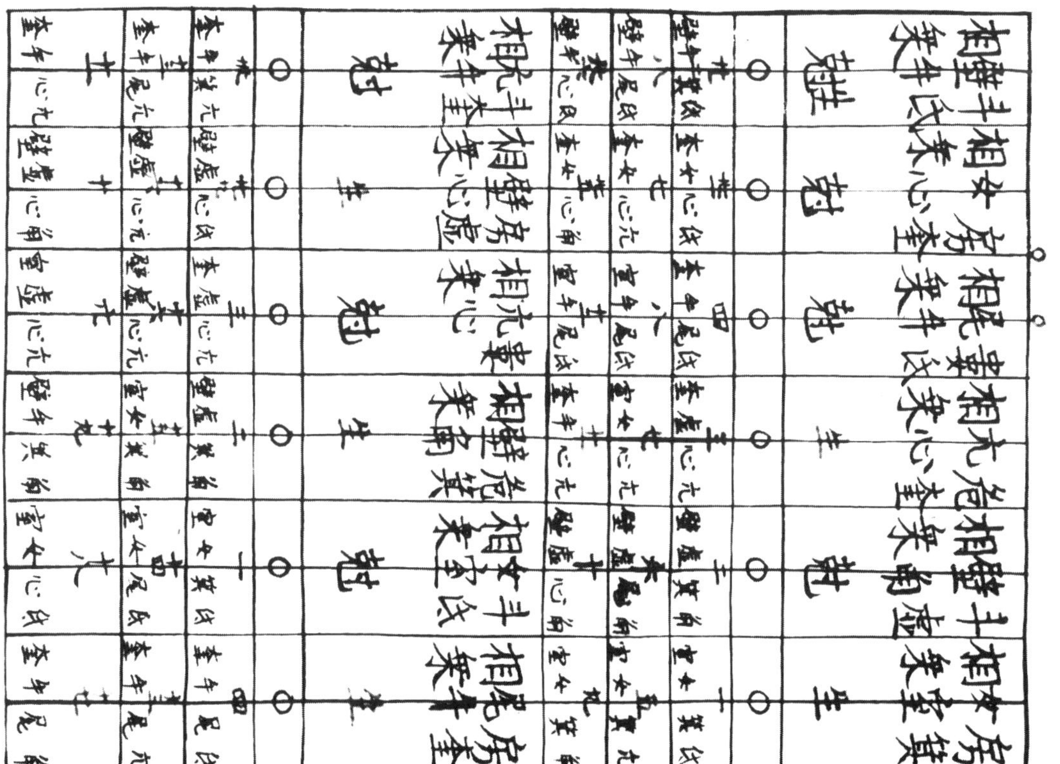

右各逐式交乘而得生尅也雖然相乘之数位繁多不易見故以交式斜乗代之

交式

従換三式起換四式従換四式起換五式逐如此（換二式換三式）（者不逐交式也）○順逆共遍ク添テ得ル次ノ乃式数奇者皆順偶者順逆相交也

換三式

順	順	順
一	二	三

順	逆	順	逆
一	二	三	四
一	三	四	二
一	四	二	三

換五式

一	二	三	四	五
一	三	二	五	四
一	四	五	二	三
一	五	四	三	二
一	二	四	五	三
一	四	二	三	五
一	五	三	二	四
一	三	五	四	二
一	二	五	三	四
一	五	二	四	三
一	三	四	二	五
一	四	三	五	二

斜乗

交式各布之従左右斜乗而得生尅也（若當空級者除之）○換式数奇者以左斜乗為生以右斜乗為尅偶者左斜乗右斜乗共生尅相交也

換二式

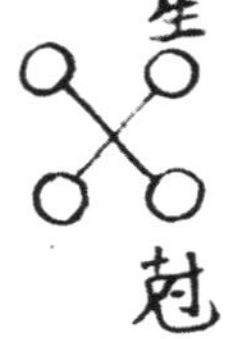

換三式

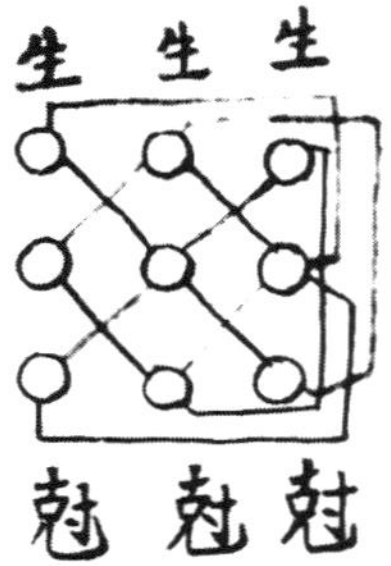

植按是斜乗圖也交式ヲ作テ此斜乗ノ如ク相乗シテ生尅ヲ求ル寸ハ前ノ逐式交乗ト同ナリ

換四式

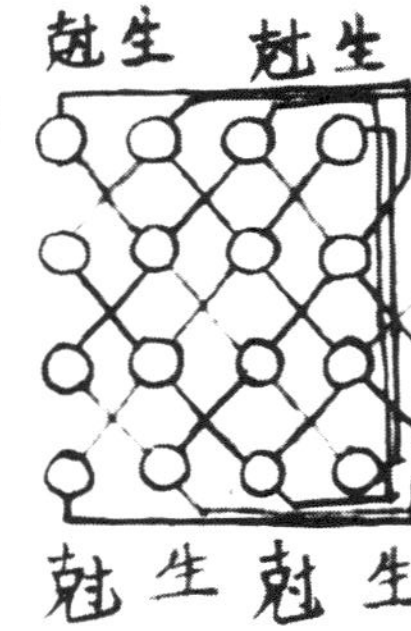

換五式

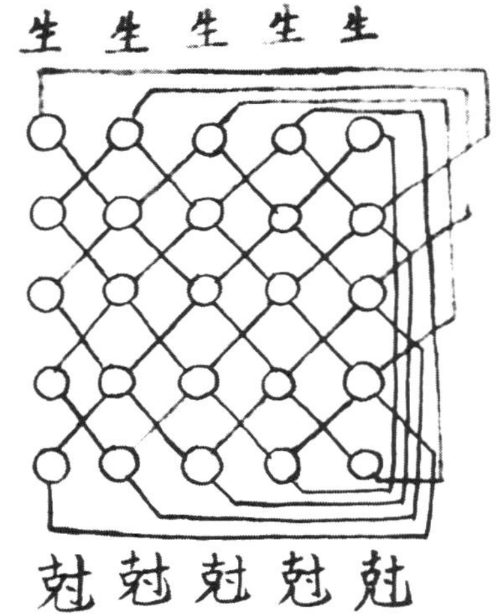

寄消第六

得生尅之後求寄消也

假
一式（丙）（乙）（甲）
二式（巳）（戊）（丁）
三式（壬）（辛）（庚）
如

生丙戊庚相乘　消
生巳辛甲相乘　寄
生壬乙丁相乘　消
尅丙辛丁相乘　寄
尅巳乙庚相乘　寄
尅壬戊甲相乘　消

假
一式（乙）（甲）
二式（丁）（丙）
三式（戊）（丁）（乙）
如

生　乙丙乙相乗〤消
生　丁丁甲相乗|||寄
尅戊丙甲相乗||消

右各生而正尅而負者相併為寄左数生而負尅而正者相併為相消数也（乃換式者直以正為寄左数以負為相消数也）○相乗同名而寄消同者相加之寄消異者相減之○寄消或遍乗同名者省之段数可遍約者約之如前○各起於末虚術而求到寄消又起次前虚術而求到寄消次第如此而得真術也

右所録六篇所以解伏題之法也但挙一二而為之例矣学者須要分明理會得也書不尽言而已

解伏題　畢

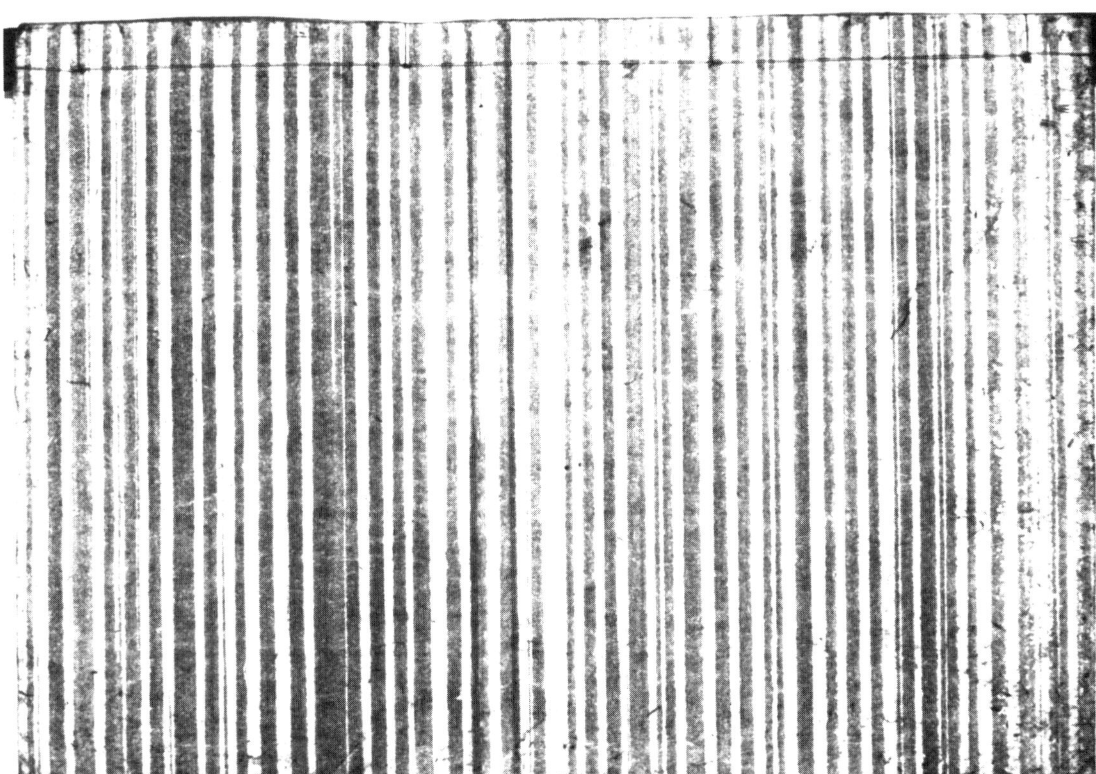

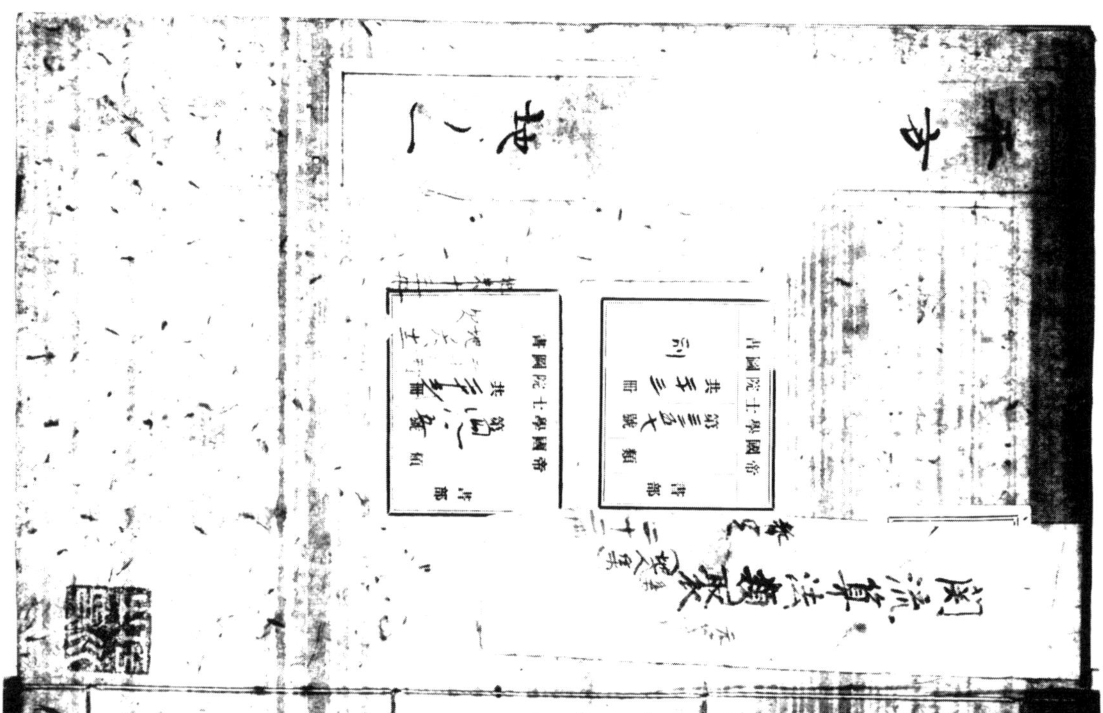

平方術

地之巻

六十七冊

寄贈
甚二氏

関流算法巻之
平方九々歌
一一ヶ一　二二四　三三ヶ九　四四十六
五五二十五　六六三十六　七七四十九
八八六十四　九九八十一
半九九歌
一一ヶ半　二二ヶ二　三三四半
四四ヶ八　五五十二半　六六十八
七七二十四半　八八三十二　九九四
十〇半

實ヲ算盤ノ中位ニ置而為実位ヲ見テ
初商ヲ初ス（分厘毛糸又一万皆位一ヨ位リ一ヲ記ス十百千／首位ニ上テ位ヲ定ム商ヲテ右ノ、下ル実ノ）
初商ヲ以テ残実ヲ一桁除キ為次商此
次商巾半段ヲ残実ヨリ減シ余又為残
実初次商和ヲ為方以テ残実ヲ一桁除
キ為三商此三商帯半段ヲ残実ヨリ減
ス進而如此残実尽テ止ム初次三商
相係為定商（乃商数件ヲ得ル／定商トス）ヒ呂相係

数解

一 實二百二十五歩方而何程

答 一十五歩

術云列實二百二十五歩為実初而初商一十歩ヲ
得ル初商帯一百歩ヲ実ヨリ減テ余百二十五歩
半之得数六十二歩半為残実以初商残実ヲ
一桁除キ次商五歩ヲ得ル此次商帯半段ヲ
十二歩半ヲ残実ヨリ減而実尽テ止ム初
次商相係為定商

一 實三千一百三十六歩

答五十六歩

一 貴二千三百〇四歩

答四十八歩

一 貴六千二百四十一歩

答七十九歩

一 貴一十二万九千六百〇〇歩

答三百六十〇歩

一 貴四千二百二十五歩

答六十五歩

一 貴三十二万一千四百八十九歩

答五百七十六歩

術曰列貴三十二万一千四百八十九歩為実約而初商
歩五百ヲ得ル初商冪二十五万歩ヲ実ヨリ減
テ余七万一千四百八十九歩半之為残実約商ヲ以
テ実ヲ一桁除キ為次商此次商冪半段
ヲ残実ヨリ減シ余又為残実約次積ヲ
為方以ラ残実ヲ一桁除キ得数為三商
此之商冪半段ヲ残実ヨリ減ス追而如
是実尽テ止ム　初次三商相併為定商
乃商数件ヲウル皆
相併定商トス

一　積一十二万六千七百三十六歩
　答三百五十六歩

一　積三十三万五千二百四十一歩
　答五百七十九歩

一　積九十七万四千一百六十九歩
　答九百八十七歩

一　積四十九万七千〇二十五歩
　答七百〇五歩

一　積四十六万六千四百八十九歩
　答六百八十三歩

一　積一千一百九十四万三千九百三十六歩
　答三千四百五十六歩

術曰列積一千一百九十四万三千九百三十六歩為実約而
初商三千ヲ得ル初商冪九百万歩ヲ実ヨリ
減而余半之得数百四十七万一千九百六十八歩為残
実　以初商残実ヲ一桁除キ為次商坎
次商巾半段ヲ残実ヨリ減シ余又為残
実初次商和ヲ為方以テ残実ヲ一桁除
為三商坎三商巾半段ヲ残実ヨリ減而
余又為残実初次三商和ヲ為方以テ残

実ヲ一桁除キ得数為四為四為是四為帯半
段ヲ残実ヨリ減而実尽テ止ム術次之
四為相除為定為

一 貴一千二百三十三万四千一百四十四歩
答三千五百一十二歩

一 貴三千四百三十九万八千二百二十五歩
答五千八百六十五歩

一 貴八百九十一万六千一百九十六歩
答二千九百八十六歩

一 貴六千七百七十四万九千三百六十一歩
答八千二百三十一歩

一 貴九千七百五十三万五千三百七十六歩
答九千八百七十六歩

一 貴九十七億五千四百五十二万五千二百二十五歩
答九万八千七百六十五歩

術云列貴九十七億五千四百五十二万五千二百二十五歩為実
約而約為九万歩ヲ得九約為帯八十一億歩ヲ
実ヨリ減而余一十六億五千四百五十二万五千二百二十五歩
半之余又為残実　約為ヲ以テ残実ヲ

一桁除キ為次商是次商帯半段ヲ残実ヨリ減シ余為残実　袮次商乗ヲ為方以テ残実ヲ一桁除キ得數為三商是三商巾半段ヲ残実ヨリ減余又為残実　袮次三商乗ヲ為方以テ残実ヲ一桁除得數為四商是四商帯半段ヲ残実ヨリ減シ余又為残実　袮次三四商乗ヲ為方以テ残実ヲ一桁除キ為五商是五商帯半段ヲ残実ヨリ減シ追而如是残実尽テ止ム　袮次三四五商相併為定商

乃商數件ヲウルト皆相併為定商

一　實一億五千二百三十九万九千〇二十五歩
　　商一万二千三百四十五歩

一　實一十四億一千二百九十三万二千九百二十一歩
　　商三万七千五百八十九歩

一　實五十六億六千九百四十八万七千六百一十六歩
　　商七万五千二百九十六歩

一　實三十〇億六千一百七十四万〇八百八十九歩

答五万五千三百三十三歩

一 實八十二億六千四百四十四万六千二百八十一歩
答九万〇九百〇九歩

小數

一 實〇ケ三分一厘三毛六糸
答〇ケ五分六厘

一 實〇ケ〇〇三毛三糸四忽〇八纖四渺
答〇ケ〇五厘七毛八糸

一 實〇ケ〇〇〇〇九忽六微〇四渺
答〇ケ〇〇九毛八糸

一 實〇ケ〇〇〇〇〇〇四纖五渺九六八四
答〇ケ〇〇〇六糸七忽八微

一 實〇ケ〇〇〇〇〇〇〇〇〇四埃四一
答〇ケ〇〇〇〇二忽一微

圓面積平方 二条

一 圓積四百九十〇寸六分二厘五毛圓径何程
答 二十五寸

一
術曰列積四百九十。寸為實圓積率方
八〇五分七ヲ以除之得數於垳ニ平方開之
得曰至五二廿

一
三角積九十七歩四分二厘五毛三角面
何程
答　一十五寸
術曰列積四九二十五七歩為實三角積方四分
三三以除之得數十二五垳十二平方開之得三角
面五一廿

一
帯縦開平　略術二条
閏子因旧方有整術后ニ出久逆其術無
受故帯ニ是略術ヲ用ユ
積若干長平差若干長或向平有積若干ヲ置
四倍而得數縦方差ヲ加為實平方開
之得為元右ニ副置而元ニ縦方差ヲ加
右ニ縦方差ヲ減而各折半而元ニ長左
平ヲ得ル
数　解
積二百九十五歩長平差二歩長平各何
答　長十五歩　平十三歩

術曰實十五万九ヲ置四倍而得數廿七○百歩八
差冪歩四ヲ加ヘ得數十七四百歩八平方開之長ヲ
平和八二歩十ヲ得大右ニ副置而大ニ差ヲ
加ヘ三歩十右ニ差ヲ減三六二歩十各半而左ニ
長五一歩十右ニ平三一歩十ヲ得ル

一 實一万六千二百五十六歩長平差一歩
答長百二十八歩平百二十七歩

一 實四千一百三十一歩長平差三十○歩
答長八十一歩平五十一歩

一 實七千三百二十○歩長平差五十九歩
答長百二十○歩平六十一歩

一 積六万二千二百歩長平差百十一歩
答長三百一十一歩平二百○歩

一 實一十三万七千六百二十一歩長平差
一万二千五百○歩
答長一万二千五百一十一歩
平一十一歩

減帯縱開平方

積縱長平和縱長或問平者
實四倍而
得數以縱方巾縱帯ヲ減而得數平方開
之得商以テ左ニ縱方和長帯平ヲ加ヘ右ニ

縱方積長平ヲ減而各折半而左ニ長右ニ
平ヲ得ル

數　解

一　積四万四千六百二十五歩長平和四百
三十〇歩
答長二百五十五歩平百七十五歩

術曰積四百二万十四五千六歩ヲ置四億而得數廿
五万八百九十歩以テ長平和冪一千九十一百歩万四ヲ減
而余六百歩四平方開之得數歩十以テ左
和ヲ加テ九十歩右ニ和ヲ減テ十三歩五各
半而左ニ長十二五百歩五右ニ平五百七歩十ヲ得

一　積五千七百七十五歩長平和二百歩
答長百六十五歩平三十五歩

一　積七千二百〇九歩長平和百七十歩
答長八十九歩平八十一歩

一　積一千三百四十四歩長平和二百二十四歩
答長二百十二歩平十二歩

一　積〇ケ二分四厘七毛五糸長平和一寸
答長五分五厘平四分五厘

一　積一百九十九歩長平和二百歩
答長百九十九歩平一歩

相應開平新術
新貢ヲ置為実旧長平相乗迺顛ヲ以テ
除実得数平方開之為因方旧長平ヲ副
置而因方ヲ乗今所求之長平各ヲウル

一

数解

直積旧長一十五寸平一十二寸今貢七
而二十寸ッ以テ旧形ニ相応而造之
長平各ヲ問
答 長三十寸 平二十四寸

術曰新貢十七○両十二ヲ置為実旧長五一卄平
二十相乗而得数十一三両十以実ヲ除キ商
四ヲ得ル平方開之商ケ二為因方旧長十一
拉ニ因方ケ二ヲ乗而新長○三卄ヲ得旧平
二卄ニ因方ケ二ヲ乗而新平四二卄ヲ得ル

相応開平舊法
旧長ヲ以テ新貢ニ乗テ旧平ヲ以除之
得数平方開之新長ヲウル旧平ヲ以テ
新貢ニ乗テ旧長ヲ以テ除之得数平方
開之得新平

數　解

今積十二寸旧長四十八寸平三十六寸

旧形ニ相応而違之長平合何程

答

術曰旧長四廿リ以テ新責二廿ニ乗シ

得數伍縮扎旧平ヲ以テ除之得高六廿

平方開之新長抑ヲ得旧平以廿ヲ以テ

新積ニ乗而冊二而扌三旧長ヲ以テ除之得

數平古開之新平扌三ヲ得ル

責之千二而寸旧長二十五寸平八寸是

相応而違ル新長平若干

答　長一百寸平三十二寸

責八十八万〇六百四十〇寸旧長百六

十〇寸平八十六寸是ニ相応新長平

答　長一千二百八十寸平八百八廿

責五万九千一百三十六寸旧長二十一

寸平一十一寸是ニ相応新長平

答　長三百三十六寸平百七十六寸

積一忽二微五繊旧長八寸平四寸是ニ

相応新長平

答　長〇ケ〇〇五毛平〇ケ〇〇五二絲

一 積百〇七万三千五百七十四歩四分長平
四十一歩平九十四寸足ニ相応新長平
答 長一千二百六十九歩
平八百四十六歩
帶縦開平方 三条

一 積隨長平差隨平ヲ問
積ヲ算盤ノ中位ニ置為実位ヲ見テ術
商ヲ細ス 一左ノ位ヨリ一ヲ上九分ヲ記シ乍紀又一位ヲ隔テ右ノ位ヲ隔テ下ル
須ノ首位ニ止ム

為商帶ヲ実ヨリ減ス根数為縦ノ雄為商ニ縦方ヲ残
乗而実ヨリ式ス為縦 余半之為残
実 為商縦方半段加テ以残実ヲ一術
除キ 為次商帶半以残実ヲ残実ヨ
リ減ス余又為残実次段加テ以残実ヲ
段加テ以残実ヲ一 実次商縦方半
三商帶半段ヲ残実ヨリ除キ為次商
実尽テ止ム 為商三 次三商相
数ヲ得ル 商 次商 追而
解ヲ為定商 為定商部

数 解

一　積一万六千一百五十六歩　長平差一歩
平若干
答　平一百二十七歩
術曰一万六千一百五十六歩為実　紐而初商百歩
ヲ得ル　初商冪一万歩実ヨリ減ス　初
商ニ縦方一歩ヲ乗テ得数百歩ヲ実ヨリ減
又余半之得数三千〇七十八歩為残実了約
商帯半段ヲ以テ残実ヲ一桁除キ得数
為次商、是次商中半段ヲ残実ヨリ減
又余又為残実　約次商税而以テ残実
ヲ一桁除キ得数為三商　是三商中半
段ヲ残実ヨリ減ス　進而如是実尽テ
止ム　約次三商相併為定商　仍併商数不附件
附趣書余為

飜方開平　帯縦開平ニテ先長ヲ得ル式ニ之縦方　先実而減而加ト成ルヲ飜方ト曰

一　積某長平差某問長者
積ヲ算盤ノ中位ニ置為実　位ヲ見テ
初商ヲ納ス　初商ニ差ヲ乗而実ニ加テ
得ル内初商巾ヲ減而余半之為残実

為高帯ノ内縦方半段ヲ減而以テ残実
ヲ一桁除キ為次高是次高巾半段為残
実ヨリ減ス減加是ト次ス高ル巾是半帯分余又為残
実為次高積而以テ残実ヲ一桁除キ
為三高是三高巾半段残実ヨリ減ス
追テ如是実尽テ止ム　為次三高相係
為定高所相高件数為件ヲ定得高モ

数解

一　積七万六千一百八十四歩長平差四
十二歩問長若干

答長三百五十六歩平二百十四歩

術曰積七万六千一百八十四歩為実十縦為商約百
ヲ得約商二百方二十縦方二百四歩二百為実乃縦為約高乗百
得数四百方二歩二千実加四歩十得数七二八十ヲ乗而
八四四歩十内約商巾九万七万加減而余廿八一而
十二歩之得約高数巾七四ヲ一歩為除残実十乃
是次九百二歩ヲ以テ而十四千一桁余キ乃高
二歩又為高巾半段残実ヨリ減余一ヲ次十六
ヲ一桁除キ為　ヲ残実ヨリ減余而残実
約次高積而以テ残
三高是三高帯半段ヲ残

実ヨリ減而逐テ如是実尽テ止ム
次三商相除為定商隅廉縦除定得ル巳為

一　責一万六千二百五十六歩長平差一歩
答長一百二十八歩平一百二十七歩
術曰責五十万六千一百為実納而為商
蝸ヲ得ル為商ニ縦方歩一ヲ案而得数蝸
実ニ加ヽ巳ニ得而一五万十六六千歩ニ内為高帯
歩一万ヲ減テ余半之七ニ十千八一蝸為残実次
高歩二十ヲ得ヲ為隅高倍ノ数以十残ｿ実為高ヲ以テ
残実ヲ一析除キ先高歩ニ十残満歩九十七
高帯半段十四歩蝸五ヲ減久レハ不足故ニ

是高歩三十ノ内歩一十ヲ減テ定次高歩二十
下久為高歩九半十九ニ歩一十ヲ案テ十九五百歩九
ニ残実三満歩九十ヲ加ヽ巳得一ハ十千ハ一蝸内
次高帯半段歩二百ヲ減テ余十九八百歩八為残
実次高足リテ三高ヲ納久三高歩八ヲ得
蝸半十九ヲ以テ残実ヲ一析除テ得ル三
高帯半段二三歩十ヲ残実ヨリ減テ則実尽
ル為次三高相係八百歩二十定高ト久

減帯縦開平方
一　積諸長平和諸平ヲ問者

責ヲ算盤ノ中位ニ置為実位ヲ見テ初
高ヲ約ス一位ヨリ右隔一テ左記スル上十百千万
既ノ点又皆一位留ヲ位テリヽ定ヽスル千重
実ニ加ヘ位ニ得数縦方ヲ一行ム除キ為高ヲ
定ム余半之為残実若縦方ヲ除テ残ヲ
正テ減テ減半ヲ為縦方ヲ不方行内定ヲ除テ
而強次次ル子ノ方ヲ折半而内為高者ヲ減
次高ル高ヲ約テ次高ノ自之半之実ニ加ヘ
約而自之半之内次高ヲ加ヘ減之実ニ加ヘ高ヲ
巳ノ内ニ高ヲ実ニ拈四高除減高ニ路ニ加
半之実ニ加ヘ除テ四高定ルヲ十ノ内四

高ヲ減テ皆逐テ如是次々ノ高ヲ求ル
也若先負ヲ求ル者ハ減高式ト云此術
ニ異ル事ナシ然氏加ハ減ト十ル故正
負ノ傳有尚術解ニ詳也

數解

一 責四万四千六百二十五歩長平和四百
三十歩各何程
答長二百五十五歩平百七十五歩
術曰責百四二万十四五千歩為実約テ得高一歩
ヲ得為高歩万実ニ加ヘ得五万四二十六

歩五縦方十四歩百三除テ定初商歩一百ヲ得ル
余半之得十五二千歩八百半為残実歩百十ヲ得ル
紛テ次商歩七十自之半之得五二十千四歩百実
ニ加、十八二千歩一百半六〇二百歩十ニ除テ次商
歩七十定ル五百歩十ノ内次商歩七十ヲ減テ余
四五歩十ヲ得ル紛而三商歩五自之半之得数
歩十二半実ニ加、尼得十二四百歩二〇五四歩十ニ除
テ三商歩五定ル実尽テ止ム
減商式　実減ハ方変スル式ヲ云

數　解

積四万歩長平和六百八十九歩長ヲ問
答長六百二十五歩
術曰積四歩六万為実紛而得初商歩六百自
也於歩十六歩実ニ加、四歩十縦方和十六九百歩八
ヲ以テ実ヲ除キ定初商六百ヲ得負実
四一百万歩二千半之残実六百歩千七為負縦方ヲ
非半而内初商六十歩百ヲ減而子負十二五百歩五
半ヲ得次商歩二ヲ紛而自之半之歩二百
実ニ加、減実ト項故加十十怖テ尼得数五六十二百千
歩子除而定次商九二歩十十ヲ得残実一百九千
歩〇子ノ内次商歩二十ヲ減而積テ負加故ト減成

廉

得数三九百二十七半七十。然ニ三高九リ細而向之半

之一十半一十実ニ加ヘ機テ実ヲ減ト成ニ廉得数

十一七千一百七十二七也除而完三高勅リ得ル

帯縦開平整術如右繁多也故右ニ出ス

知ノ略術ヲ常ニ可用実ニ整術ヲ出ス

者ハ何其整術有ヲ知ラシムル而已又

云開除ノ式ヲ見テ珠盤ノ術ニ写サニ

卜ス儿ニ廉級ニ数有者ハ実广相乗四

従而以テ縦方帯ヲ減シ余平方開之縦

方ニ加減而右為実广級ノ数ヲ信而為

方以除実長及平ヲ得ル長加減テ得ルヲ為

為平又曰廣級数ヲ以テ段ニ実級及方級ヲ加テ

方如常リ可方開十リ平然モ為学加減ノ数難分更

有依史平方四象ヲ挙而数解ヲ成ス更

如左

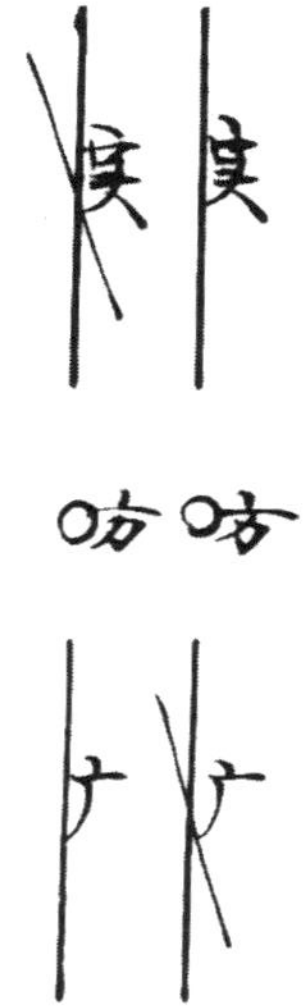

得方面式

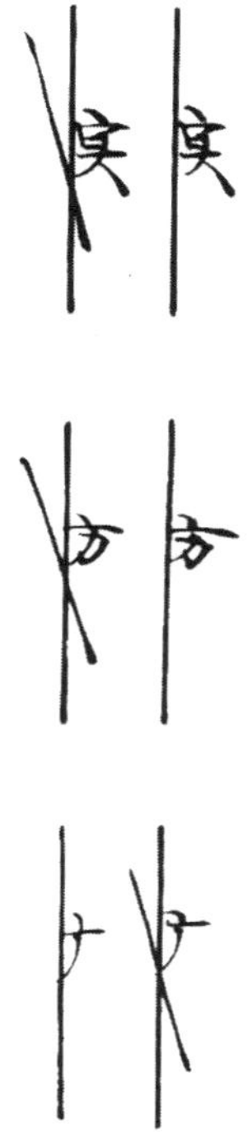

得長式

実	方	广	得平式
実	方	广	
実	方	广	長又平式
実	方	广	亦商式ト云

数　解

仮令開除式 二十一ケ実 二ケ方 三ケ廉 如是者得長式
故実广相乗四倍而十二二百伍方冪四ヲ
加ヘ得数十二百伍平方開之得商六ケ十
ヲ加ヘ除得数一八ケ广二段ケ六ヲ以テ
除之定商位ヲ得ル

仮令開除式 三七四ケ実 二ケ方 二ケ廉 如是者
得平式故実广相乗四倍而九二千二九百
方冪十一四百四ケヲ加ヘテ三三千六百平方開
之得数伍十ノ内方二十ヲ減テ四十
广二段四ケヲ以除之実商一十ヲ得ル

仮令開除式 七ケ実 一〇ケ方 三ケ廉 如是者
得長又平式故実广相乗四倍而得数
四八十ヲ以テ方冪一ケ百リ減テ余六一ケ十
平方開之得商四ケ九ニ方十ケヲ加ヘ、四十

ケ右ニ方廿ヲ減テ得高六合ト二段六
ヲ以除之丸ニ表高仁廾三分左ニ火高
ケ二ヲ得ル
依令開除式 [illegible] ◯ [illegible] 如此者
方面ヲ得ル式也実ト相乗如廿四佰平
方開之得数於廿ト仁三ヲ以除之定高十二
ケ二ヲ得ル

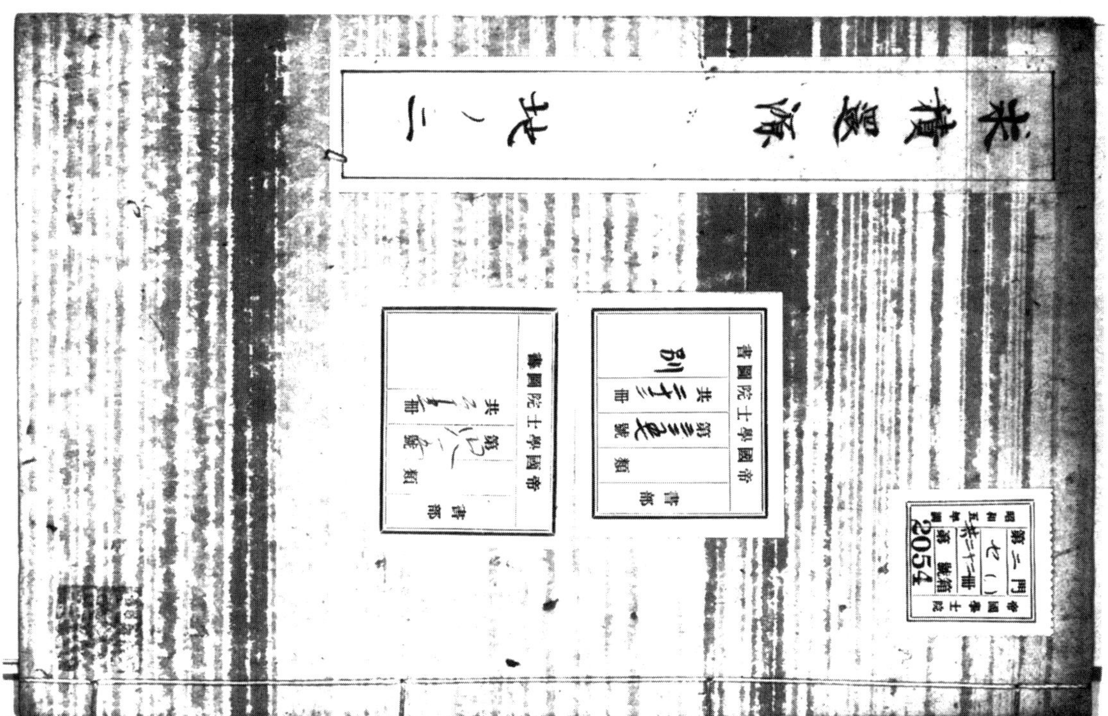
帝國學士院圖書
帝國學士院圖書
2054

求積還源

地之弍

共十七冊

関流算方求積還源巻之三

求積還源第三　連貝軒編撰

責數方面何程　答三歩

術曰積數為実平方開之方面歩

ヲ得

一積十六五百歩二方面何程　答二十五歩

術曰責十六五百歩二為実平方開之方面於歩対

ヲ得

一圓積四六三分二九計五毛歩圓至何程

答二十五歩

一　圓積五尺六百十三廿六　加圓周何程
答　八十一尺六寸四分
術曰因積ヲ置心五ヶ七ヲ以除之
得數十六五百十二為實平方開之因徑
五二廿十ヲ得

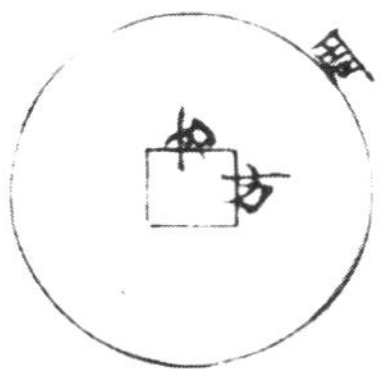

術曰積ヲ置周率三四ヲ乗而忤十六五尺尺二六
四七二又四ヲ得一三ヲ六八六九百
為實平方開之因周率一之吋
錢形積十二六十八五尺四十
方面何程　營　三尺
術曰周九二廿心一ヶ又ヲ置周率一之吋

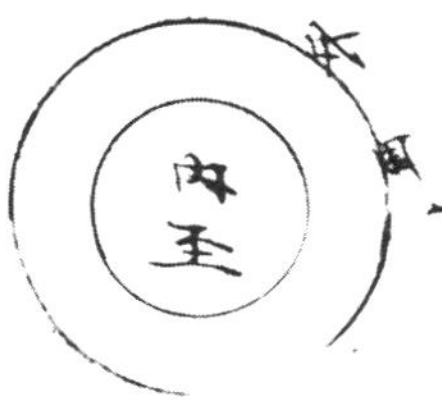

ヲ以除之因徑乗而七尺ヲ得自之四十八九四尺十ヲ因積得內率
心〇五ヶ七除積ヲ六十五九尺總ヲ因積減ヲ四二得十數九為實平
方開之　尺二四ヲ得　尺因
環形積一千五六尺二外周一尺丈五十內
徑何程　答
術曰外周ヲ置周率之吋以除之
ヲ得自之五九尺ヲ因積率一之心五ヶ七除之
因積六十二尺ヲ得內環形積十一ヲ
總徑　惣ヲ減テ虚積一之四ヲ得因積率知〇
八六五尺四

七八ヲ以除之虚至帯四尺ヲ得平方開之
内五至尺二ヲ得

一 觚形實寸一八十分六五尺四分内闕拡八尺分二外周括
ヲ問
答 一丈五尺七寸
術曰周拡八尺分二ヲ置周率四三一ヲ以除之
内至尺二ヲ得自乗四尺曰實方五七八ヲ乗シ
虚曰實四尺ヲ得觚實四一八十五六尺ヲ加惣
曰實六一二十五九尺ヲ得四ヲ乗而尺七料十八ヲ得
周率四三一ヲ乗而得六二陌四四九十為実平方
開之外周尺一七寸五ヲ得

一 觚實寸一八十分六五尺四内至尺二外至若干
答 五尺
術曰内至尺二之四ヲ曰實方五七八ヲ乗テ
虚曰實一之四ヲ得觚實四一八十五六尺ヲ加虚
實之巳曰實六一二十五九尺曰實率五七八ヲ以テ
除之外至帯五二十尺十ヲ得平方開之外至阯
ヲ得

一 抹角責

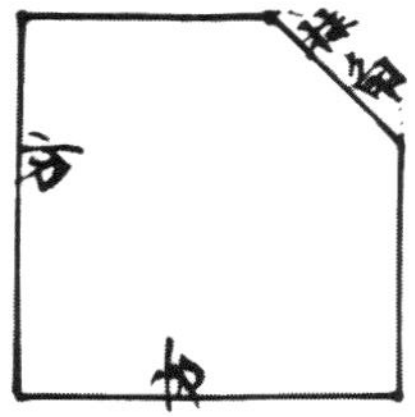

八二十十八六坪西角面闕八方面若干
四倍而平方開之得角面闕二
術曰方闕二自乗二之坪八ヲ減シ坪
答 二間
抹角責坪八方闕二角面若干

若五十二間
術曰角面間八向業四六卄四除面六一卄抹角
責八二十千八六卄陌ヲ加斤得〇二四卄卄七面開平方
得方面

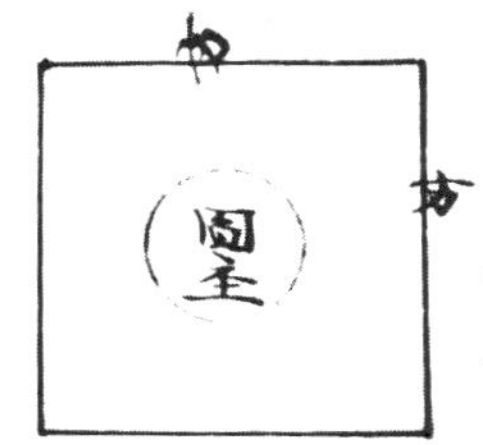

火燵責三四分陌七四對十五八毛寸圓至五一拃
方面若于善二十五尺
術曰至五一拃自之十二五陌寸二曰責
方五七八集テ六陌二七五寸六寸責加共
拾六五陌十二平方開之方面五二卄ヲ得
一直責五一對間口ヨり奥行間長し間口若
于若三間

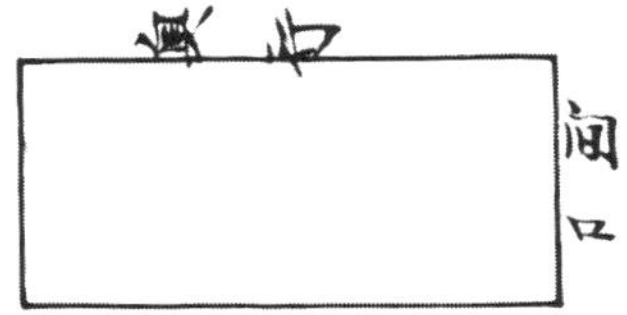

術曰直責五一卄四之得數〇六卄寄位
別間口奥行ノ善間二自之間四〇寄位加
六得數四六間為實平方開之間口奥
行和間一ヲ得内間口奥行ノ差間二ヲ
賊余間口二段間六ヲ得半之得間三
一直積八七十千六卄卄陌間口ヨり奥い卄六間長し
若一百二十六間
術曰直責四之四三十万四〇卄七百寄位間以奥
行ノ善卄六間向集六四十千四二卄陌寄位加四〇十万
十九九陌卄六為奥平方開之間口奥行和八一十百
安一奥行ノ善卄六對ヲ加奥行二段十二二百間五

ヲ得ル半之奥行ヲ得
直貴八七十千六六指間ロ奥行相係十七佰前ヘ合
何程首間ロ一六間十奥行十六佰間二
術曰間ロ奥行杷十一佰卽ヘ自之九六百万三四十卜
勅内直貴四三十万四○奕七百七ヲ賊面余間ロ奥
行善帶二四十千五二蝸為炭乎方前之間ロ奥
行ノ善五六間十ヲ得別間ロ奥行ノ杷八一十佰
眺上位下位遣間ロ奥行ノ善五六間十ヲ加
奥行二段十二二百間五ヲ得半之奥行十六佰間二
ヲ得又下位内間ロ奥行善五六間十ヲ賊乙
間ロ二段十一二百間二半之間ロ一六間十ヲ得ル

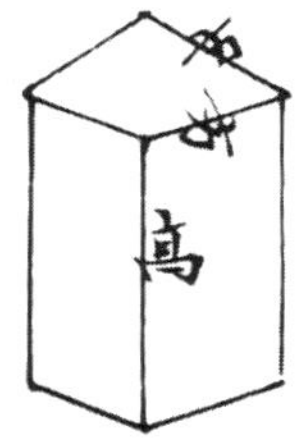

方堅梼貴五四扌十高扌五方面若于
蒼三寸
術曰梼貴五四扌十以高扌五除之方面
帶勅ヲ得平方前之方面扌二ヲ得
適堅梼五一指○高扌七長平善扌二長平各若
于善長五寸平三寸
術曰貴ヲ置高扌七以除之長平相桊十一扌五
四之○六扌十晉位長平善扌二自之扌四寄ヲ
加長平杷帶四六扌十平玄前之長平杷扌ハヲ
得大右列ヒ大善扌二ヲ加長二段尺一ヲ得
半之長扌五トス右善扌二ヲ減ヒ平二段扌六

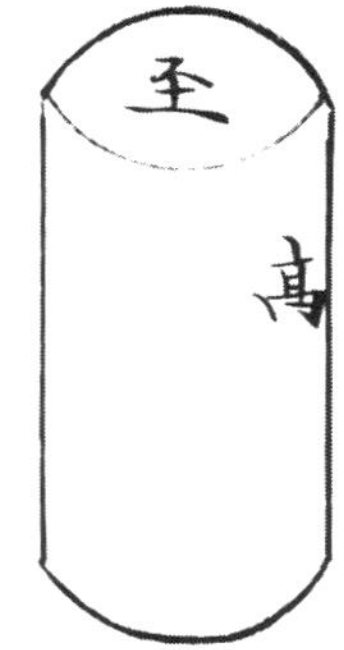

半之平開ヲ得
圓堡壔積三十五寸五寸三毛高扒至
若干 答三寸
術曰以高扒除積平面円積
六五ヲ得曰積方心五ケ七ヲ以除之至帯扒
ヲ得平方開之至開ヲ得

環堡壔積三一百十九一十万九五千寸円至
厚高若干 答高七尺分四八方五七
術曰至厚自之百二十寸五内円至
四寸百ヲ減シ余円積率ヲ乗之四一十千八六寸百

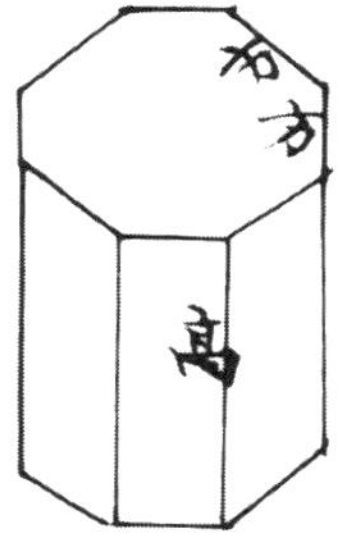

缶五以除積ヲ高尺ヲ得
六角堡壔積十八百尺九寸一分高
歴方面若干 答三尺
術曰以高歴除壔積平面六角積
三二廿八三二尺ヲ得六角積率之八ケ五ヲ以除
之角面帯ヲ得平方開之角面尺三ヲ得

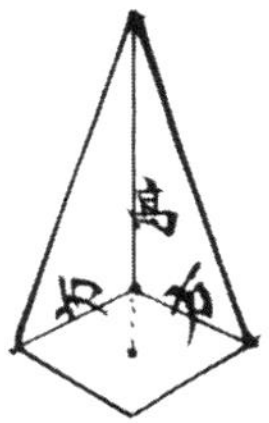

方錐積三五廿高扒方面若干
答三寸
術曰積三之五四廿高扒ヲ以除之
方面帯扒ヲ得平方開之方面開ヲ得

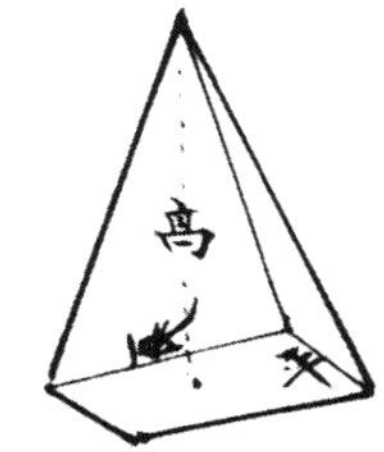

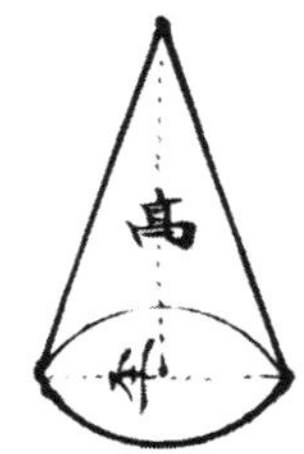

直錐責五三寸十高寸七長平积寸八長平
若于菩長五寸平三寸
術日畫三之白○五以高寸七除之
五一廿四倍之の六寸十寸別長平和楽
内六廿ヲ減し扌四平方角之長平善寸二ヲ
得長平积加半之長扌五ヲ得又积寸八ノ内
ヲ減シ半之平扌三ヲ得ル
圓錐責分一十七全一五寸七七高拉日丕若
于菩三寸
術日責分一十七り一五寸七七三之以高拉
除之平面円責扌七十六五のヲ得円責率五七八

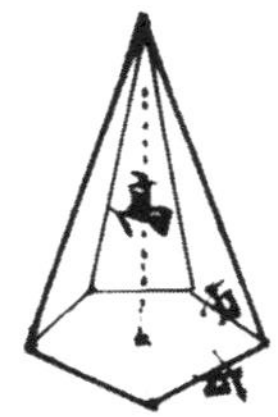

ヲ以除之圓至帯扌九ヲ得平方角之円至
扌三ヲ得ル
五角維責○二七十五五寸八高拉方面
若于答三寸
術日責三之四七二十二七五寸以高拉除

之平面五角責ヲ得五角責率の一五七二ヲ
以除之角面帯扌九ヲ得平方角之角方扌三
ヲ得
方臺責五八帕十高間九上方下方善間三
上下方面若于菩下上方方十八一間間
術日責三之五二十十七四帕以高間九除之

除之十二三百十七寄位上下方差三厘自之帥以
テ寄位リ減シ上下方相乗三段十二略十六
以三除之上下相乗八八坪十ヲ得四之上下
方ノ差帯帥リ加、上下方ノ積帯十三一百十七ヲ
得平方開之上下方積九一帥十リ得上位下
位ニ置上位ニ上下ノ方差ヲ加、下位ニ上下ノ方差ヲ減
合二段ノ方也半之得上下方

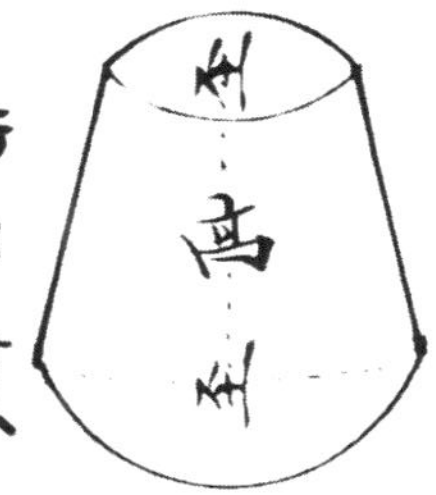

圓臺積十六、二百帥四九分一厘五毛
高帥又云上下至積九二帥十上下
至各若于荅下上至十八一間間
術曰積三之以高帥除之下二三百〇一五十四囗

方五七八ヲ以除之十二三百坪七寄位別又云積
九二間十自之十三一百帥六寄再位内減寄位余上
下至相乗八八坪十四之再位リ減シ上下差
帯帥リ得平方開之上下至ノ差帥リ得
以又云積九一間十二加、テ下至二段二一間十リ
得半之下至一一間十リ得又上下至差帥リ
以又云積ヲ減シ余上方面二段ヲ得半
之上至帥ヲ得

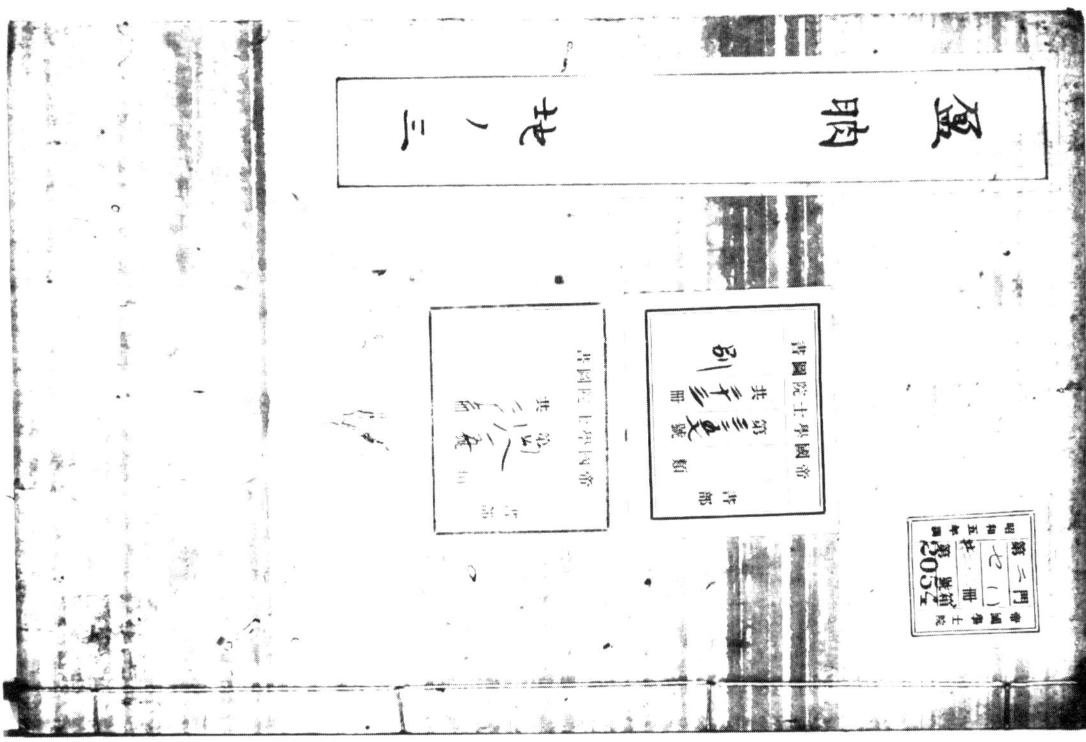
盈朒
地ノ三

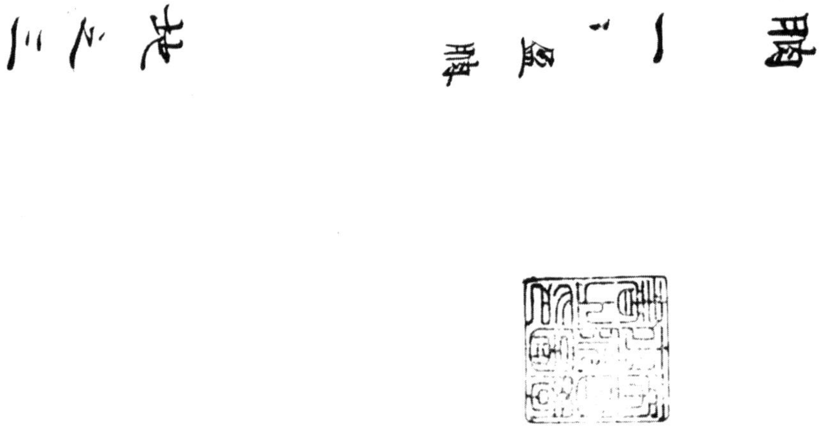

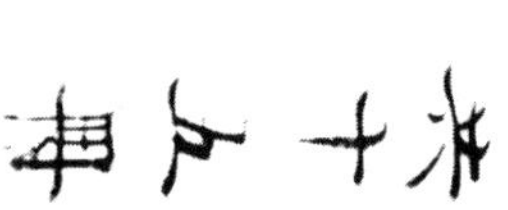

関流算方草術

盈朒之上

一　金有分之其數不知只云人ニ十両宛配レハ適足又云人ニ五両宛配ハ盈叓五両十人數金高若干

答　人數十人　金高百両

解図　十両宛分ハ適足ノ形如此

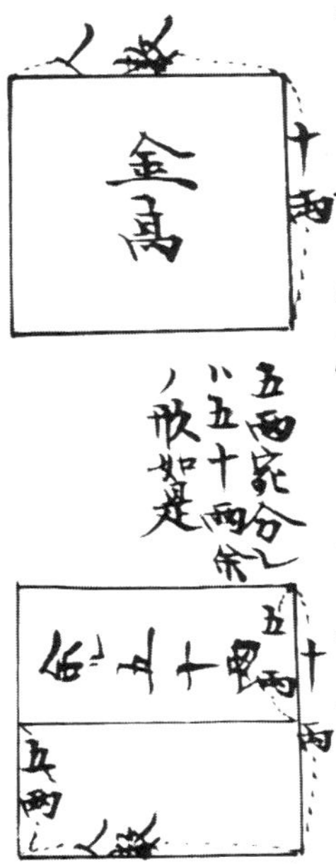

此形ヲ見ニ余ル五十両ハ十両ト五両ノ差ニ因ル人數ナリ

故本術曰余ル五十両為実別適足ノ分数十両ヲ置内盈分数五両ヲ減而余五両為方以除

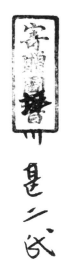

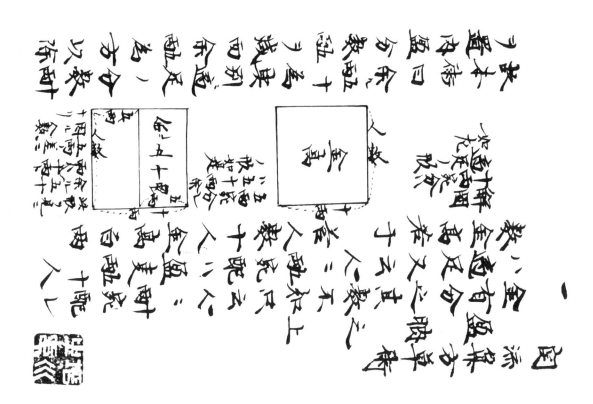

実人數付ヲ得○別ニ人數付ヲ置適足ノ
分數耐ヲ棄テ金高兩ヲ得○又術曰盈
融十ヲ置適足分數耐ヲ棄之融兩為実
別適足分數耐ヲ置内盈分數融ヲ賦ニ
為方以除実金高兩ヲ得
今金有配之且數不知只云人一ニ兩二十究
分ハ高足又云人ニ耐五究分ハ不足十七
融人數及金高若于兩善金人高數三十兩五兩人

二十兩究
分ハ盈足人數
之敗

二十兩
金高

二十五兩究分
ト八七十五
兩不足ノ敗

盈五十兩不足七十五

二十人
金高
人數

十二
五兩

是象ヲ見ニ不足七
十五兩ハ二十五兩
ト二十兩ノ差ニ
因ル人數十リ

術曰不足金五七耐為実別適足分ニ金兩二十
ヲ以不足分金五二耐ヲ賦而余融為方以
除実人數五一付ヲ得○別人數付五ツ列
適足分金兩二十ヲ棄而金高兩三兩ヲ得
再術曰不足五七耐ニ適足分金兩二十ツ棄
而得百兩五為実不足分金五二耐ツ置内
適足ノ分金兩二十ヲ賦し余融為方以除
実金高兩三而ヲ得ル
金有配之金高及人數不知只云七人究組
一組七三耐究分レハ余吏十五兩兩六又云人一
耐究分レハ適足也人數及金高若于

一

而之組金除列為ヲ十得置
不乙合有金之方案○而　適
足人七テ配高適以之而五又足
人充一之十三足除內為術ノ
數組組金而百分実一実曰分
金合五百高　五數人組適余數
高テ而七及ヲ而數分足五百而十
若一十不得ヲ五三數分而六ヲ
于組充知ル以人十七三數　十案
○百分人　案ヲ而而八テ
而五ハ數　之得ヲ二數金
十五三只　為ル減一以高
充而云　再○之組人七十三
分盈甲　実別余人除○而
ハル人九　以実三三數之而五
廿九又充　方ヲ而七千一ヲ

方數人別本適シ率以解
以而十ノ一術足ハヲ除術答
実ヲ分組ヲ也九百格之曰
人減數分得依而六テ人一人
數テ七五金実之十曰ノ組數
五三得而七三如年余人一金分三
人十而四四二而下一ル二高金十
ヲト二八ヲ　適又八五七五七三五
得示五置本足同十而而十人
○二七ヲ人術ト人一五ト四二ヲ金
別八百得數曰盈二又示二八列高
人五一以人七盈ノ而七二余五之三
數八十適ヲ十百術充一百ヲ人百
五三四足以而五二分四得數五
人十又ノ除為仍レヲ於人七十
ヲ為分之実而ハ分足ヲ兩

十三両分ヲ別及又乗三六四二十一
○百五金乗乙人術三人十二十○百
両五乙五百三分数曰得ヲ余一両五
右分両七百四金七甲二一得両ヲ
二金十五万十百ヲ分十一内列
位十百ニ十四両五乗金五二組減ニ
相両五乙○千ニ三七百両百人寄人
減ニノ両二甲百一両五ニ数位数
十一甲人寄ノ五十十盈九余以
五百人数位盈十一ニ五三甲為七
両一数七ヲ五三○万乙両十分実除
為九ヲ加両十両○ノヲ数以之
方ヲ乗為及ニ不加五百除人
以乗ニ実人寄足得両実ノ
除ニ両別数位丸金十人分
実千一二二甲九○両高ヲ数金

之十百求十余四人一二四十解
人一五二実リニニ自四九術　答
ノ為如依ヲ四十二二四両曰
分減大之分余九八十ヲ五百○人
金別　弟ゝ両五一得両七両数
四一甲術一○九ヲ七両別十六
四十分曰盈両十分一四十百人甲十
余九数盈不不ニヲ両五数七三
両五ゝ五三足足五三得人九組人
寄両二両十術人両於数ヲ　金
位十不ニ数余足七以乙高
○人足依及ル律ヲ除九千
一別数両九両金人一ヲ以之組二
乙以十木高ニ替除人一　百
分九相術リ一二テ之ニ　六
数一除併ヲ向両十五人一自　十

金高ヲ得別ニ甲盈乙不足相併五佰両二十甲
人數ト乙人數リ乘ミ七千八両為甬実
以方除之得人數乃解之一盈朒ノ十二也
銀布不知直高ト人后數只之人一ニ妞五元命
余支目四十又云人一ニ好十元分ヽ不足ロ六目十
人數及銀高若于
答人數二十○人銀高四十○目

盈不足相併如下

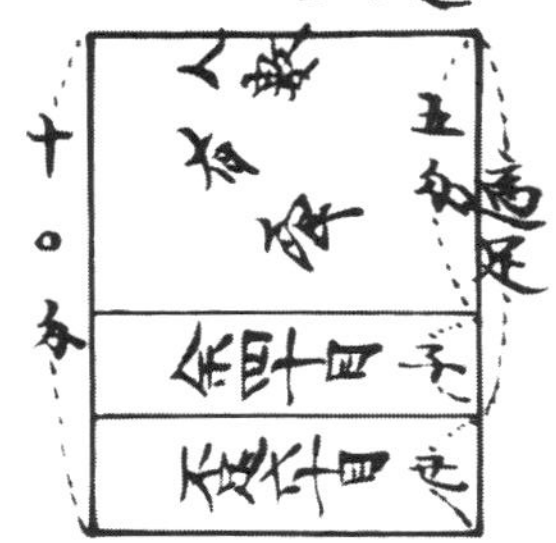

此図ヲ見ルニ盈ト不足ノ數相併ヲ得數ハ十分ト五分ノ差ニ因ル人數トナリ

木術曰盈目四十不足目六十相併実トス不
足分數好内盈分數妞ヲ蔵ニ余妞方ト
ス以除実人數○二人寸ヲ得乗好十内蔵○六目十
銀高佰目四ヲ得○又術曰盈目四十不足分
數乗好中ヲ目四而寄位別不足目六十ヲ置盈
分數妞ヲ乗シ目三而寄位ヲ加尼得目七而
為実別ニ不足分數好内盈分數妞ヲ蔵ニ

一

余如為方以除実限高十四匹ヲ得ル
今配ル限有不知限高ト人数只云人ニ
処亢分ツ盈支対四又云人ニ如亢分ツ
盈支三人対人数及限高若干
若 人数七人 限高七十。目

解

義

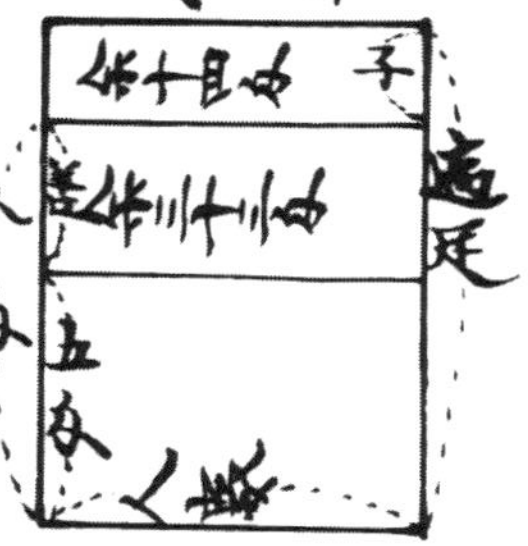

此支般ヲ見ニ余三十五分内余十四分ヲ蔵ニ
八分ト五分ノ差ニ因人数也

故本術曰支盈内世盈ヲ
蔵之ニ対実ト又支分数
ノ内世分数ヲ蔵之余ヲ為方以除実人
数得人七別ニ人数人七ヲ列ニ隻分数処ヲ棄ル

世盈対四ヲ加ヘ限高七十ヲ得ル
又術曰多盈五ニ対世分数処ヘヲ棄ニ八二十百
目。寄位。世盈目向ヲ列ニ世分数如ヲ棄
ニ吃財寄位ヲ蔵而仁婦為実世分数如
多分数処ヘヲ蔵ニ処ニ為方以除実限高十七
目。ヲ得
絹ヲ分ル貝及及不知人数只云人ニ処

一

羊解

九叉ツ分テ二十四叉不足ノ下象

十二叉分テ二十叉至ノ下象

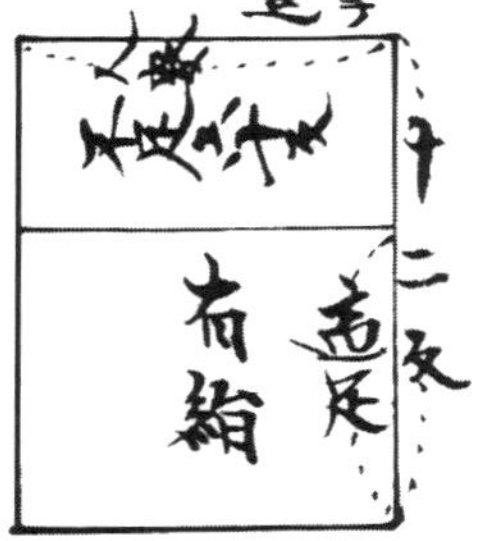

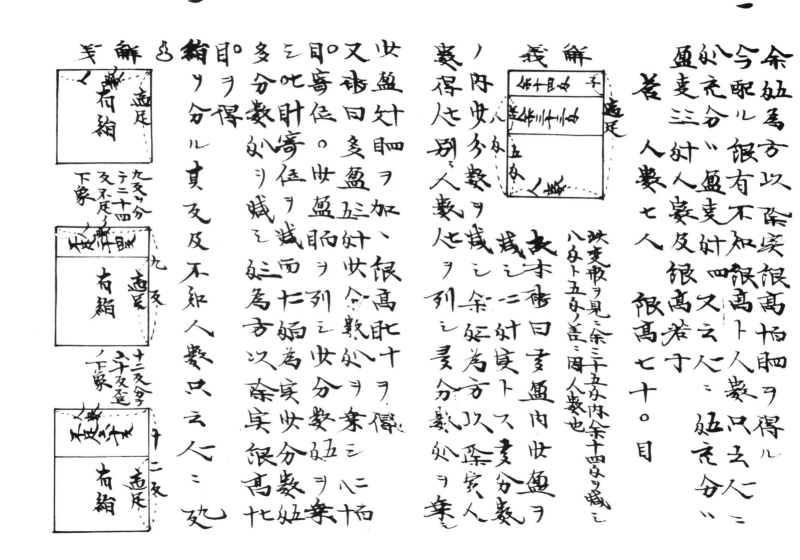

一

前図ノ
變象

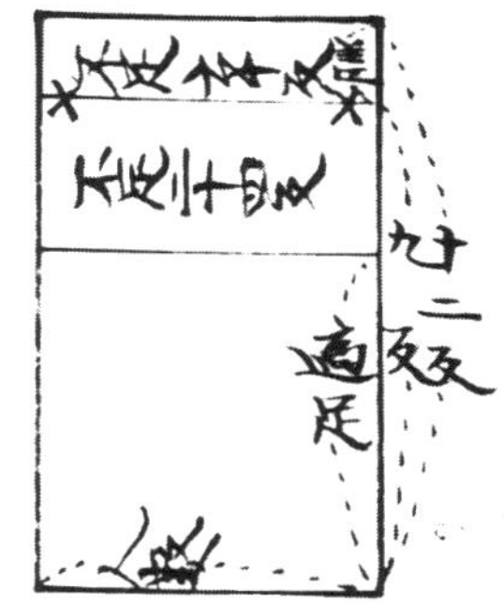

己充分ヽ四二対不足
又云人一ニ対ニヲ分
ヽ處十不足人數及
縮高若于
箸縮人高數八一十十四二反人
右ノ變象ヲ見ニ不足處十ノ内不足十二
知ヲ減ニ対ニト成ル處ノ善ニ依人數
十リ本赤曰只不足又不足相減乙之対
為實多分世分相減余之三為方以除実人
數付二ヲ得入人數付ニニ變分対二ヲ
乘之十四百知變不足處十ヲ減之反高十八

知ヲ得又術曰變不足處十ニ伏不足
分數處ヲ乘之十五百知哥位別伏不足十二
知變不足分數二一対十ヲ乘之十二八百之八減等
位余十二處二百如為実變不足分數二一対十伏不
足分數ヲ減之余之三為方以除実忽反
數四ヽ対ヲ得
假ヲ配ル直數不知甲人七充組テ一組十八
如充分之不足対一乙人十一組テ一組三百
対眼充分之不足一二対各何復
若人數七七人十假十九四百之二甲組十一乙組七
術曰加対以人七除之人一ニ二十八二五分余四別

一

布之甲高ニ十九分〇乗分分一分四
ヲ人乙十九十九五百為ニ限及ヲ
分数人四百五百分三実得五百乙得
ル七七数分二分四又別九文三人。
其人十ヲヲ右乙甲十万廿数又
数ヲ乗得二分分五〇甲一十倍
ト得ニ別位限限文三不ヲ曰
人ル十七甲相五百五八百百足乗甲
数 四百不減文三分十右一ニ分
不 四五足分十廿乙二分十百一限
知 為乙為甲人位及三万五八
果 再盈方人数相甲十九分十
云 実相以数二十減人五十乙
甲 以減除七ヲ十九数分六不
人七 方分十実ヲ乗四十七別足
元 除為限乗ニ十二ヲ乙十二

ニ七七七ニ八十実九ノ人一詳五百
十九除為除一二別 不ニヲ分三
五百之方キ八分甲故足一十倍十
分三組除八五四分本々七二テ以
不数実分一数術々数曰付
足一一人数奇五八不ノヲ人一一
一ケ十数七十位分十足術分ニ除
分十ヲ七七三二乙人一二ニ八一十之
ヲ得八十七分分数分十依一二四二人一
減甲ヲ余数以同テ分十数ニ
ニ分得減五百七分十本不分七十
余数一奇文三除二術足ヽ二二
限五八組位廿之相ヲト分十七分
高分十人二〇人ニ減求メ一余二
二九ヲ数五ケ数分分十吏命不於
十百乗以八一二十数為如術足是

一組如十ヲ分〃五二対不足又云人ニ五十
又充分〃適足人數ト反數若于
若人數五三付布十五五百又二甲五組
術曰甲人七一組ノ又數十晒人數以七除
之人ノ又數一卅二五八又五七ヲ得於是辞ヲ
替テ云一人ニ卅二五八又五七一充分〃不足
五二対又云人ニ対五充分〃適足トメ系
二術不足適足ノ解ミ依テ本術如左
術日只云不足五二対実○別云一組又數
晒対人數以七除之人二ノ又數七十拓五敵寄
位別ニ人ノ分數対五寄位ト相減七○一又

錆為方以除実五三人十ヲ得別ニ人數五三人十ヲ
置人二分數対五ヲ楽ミ布惣數十五五百又二得
又術同乙分數五十甲不足五二十及甲人數
七ソ楽ミ二二廿五六晒実別甲分一百人十人數
一ケヲ楽ミ得対五甲人數七ヲ楽ミ得
晒五右二位相減五ヲ得為方以除実惣
反數ヲ得別不足五二対甲人數七ヲ楽ミ
得十五百又七為面実以除之人數五三人十ヲ得
米有依數及人數ヲ不知只云甲人三充組
テ一組五五封十充分〃余封十四乙云乙人七充
組テ一組一百假十充分〃余起六十人數反

別別未六表於以分術　俵
乙甲術盈余是テ數曰　數
人分曰ト九拝置余一甲　若
數數余盈心ヲ人十分　干
十一廿四一ノニ將數八數
一百十十術三三テ七表廿十言
三三内ニ討云ニヲ十九人
リ除又依元人一除得ヲ表數
人テ余テ分ニテ別置　二
數人一減未ハ討人一ニ人乙甲十
七分六術余商八分乙數三七一
ニ數余ヲ起長數人三個人
除三十得求十ヲ三數除　米
キ八五如ト分討佰テ　三
人一長為左メハリ一三人一　百
分位実　手四十得ヲノ　九

十三十三二乗別五惣廿甲為數
三百廿百為テ乙乙表十一方七一
九八実廿分盈數ヲ廻以一十
右別別四千數十六十三乗人除而八
二乙甲二五十百及九百テ數実商表
位合分再一三乙九十三以人ヲ
相數數奇甲人ヲ五百三數得
減十百廿位盈數得八除一二内
余一三十右四一七○甲之人十減
八甲ニ二十リ又分但ヲ奇
為人乙位及乗術數數得位
方數人相甲ニ曰余七別命
以三數減人而二甲十ヲ人○
除ヲ七而二數十千分四得數株
実乗リ五千三級數ヲ甲ヲ商三
得ニ乗十二ヲ位十五加分置八

関流盈朒算方草術
盈朒之后
元銀百一貫ハ外ニ一割ノ利ニテ利ニ加利三
年賦貸之毎年返銀若干営十八二四百匁六元
術曰先毎年目三百元トスレハ余五十二貫二〇六匁九
又毎年目五百元トスレハ余百一二貫十三四九六匁
余不足ノ術ニ依而求之依図布算如
左

三百目	二乂五十二匁九六	乂九百七十一匁六八	乂五十二匁九六
五百目	乂三百二十四匁九六	十乂三百六十四匁八	乂三百二十四匁九六

右
維乗之
保上級
左右相減上廻実下級方
六乂二百八十九匁九二
七百二十八匁

米高别盈々相減テ余ハ甲人数及乙人
数七リ乗ニ得十八百六為再実以方除之
人数二十八ヲ得

一

実如方而一得十八両匁六
数解
先毎年取銀凡目三百ト定メ元銀一百二貫十目八
率二一ケリ粟而十二四メ文百目八ト成ル内目三百
ヨ減而余八一十メ四八匁百二粟率十二〇メ匁二八百六
ト成内目三百ヨ減而百十一〇メ処八百六粟率メ二
二三匁百九五六十ト成内目三ヨ減而十二二二メ匁〇九五
六也又毎年取銀目五百ト定テコ久ハ二十メ四百
匁リ減而余八一十メ四六匁百粟率十二目メハ〇ト
減ル内〇目五百ヨ減テ余二一十メ四匁三九六百也
銀四四十貫目外二割利二加利三年減二貸其

二年ノ暮ハ初年取銀高半分三年ノ暮
ハ初年ノ一倍也初年暮ノ取銀高若干
答一貫七百二十八匁
術曰初年取銀目一メトスレハ余一百四メ十九
匁一又初年目二メトスレハ不足十一八メ匁〇八九
盈不足ノ術ニ依テ就之依図布算如左

一メ目 | 二メ九百四十五匁三 | 維乗之 | 一メ〇九十八匁八八 | 二メ九百四十五匁二三
二メ目 | 一メ〇九十八匁八八 | 得上級 | 二メ八百十五匁二四 | 一メ〇九十八匁八八 | 也
左右相減而上級実下級方トス
二メ九百八十五匁三 | 四メ〇四十〇目

一

見二一余目九一余又以四七九如本○如
祐ケ三四ヲ百如二四四四百如百一而九八
年ヲメ十減四一メ十メ十廿○二減十八
ノ乗ハ三十二九一八八ト一乏八
取三百如弱ト百如百如成ト一八也
限四四乗庠成也ヲル成メ如
亿メ十率一半内又減内内○八
目一八八四七メ分二目祐三一目四目九八
メ百如メ如余メ年余メメ十
三ト六四七ヲ取二四ヲヲト
定成百メ如減限メ十減減成
メ内十百六三二目八三三故
四四目ト十祐目メ百如余不不
メ十メ成乗年ノ二乗乗及足
目○ヲ内率一半定率率依ノ
率減五百四メ分メ三メ二メ之一メ

元限メ十目九外斷ノ利仍三年賦貸スニ
年目ノ暮ハ祐年五取五増三年ノ暮ハ
祐年ニ八十メ九六如百増祐年取限若干
答　五貫目
術曰祐年取目三メトスレハ余走百六二メ十目六
又祐年取六メトスレハ不足十三○メ文三目百不
足盈ノ術ニ依而求之依図布策如左

三メ目	六メ六百二十目	九メ九百三十目
六メ目	三メ三百十○夂	三千九メ七百二十目
	維乗而	六メ六百二十○目
	上級実	三メ三百十・夂

右相減上級実下級方

四千九メ七百六千目　九メ九百三十目

一

元限十六匁百外斟三年賦貸之加利利年暮

ト三年目算ト取限目数ニメ二年目ノ

暮ハ二百之二目十貸添ル利年取限若干

答曰四百九十二百文目

術曰利年取年百ト百ス目

又利年取取目五目百ト又レ

盈不足術ニ仍而求之依圀布算

二百目 十五匁四八

五百目 十九匁五二

維乗而

得上級

左右相併上級実下級古

三十九匁〇四重 七百十二匁四八

長五百六十九匁四 十九匁五二

三八百一匁四四 七百三十二匁

也

ハ不足余 五十匁七 二九四百 匁八計 也八二

解曰術年几目三メトメ元限メ十目九率一ケ

ヲ乗ニ乗ヲメメトナル内メ十ル率減メ

余及欲成五匁二目メ率目〇目三ト十メ九六目目三成メ目三ヲ

也欲九目百乗成十余ル九十十メ目九目メ乗余内

余乗目百二十四百目三メ減及九二率十減ヲ十メ三匁

文十不欲乗余也欲及余ヲ

目〇及ト目メ九十又ト乗九十乗

也依成五百四利成目二百七ニ利

而内ヲ目メ年内五目メ九二年

利目六減乗取目三ヲ乗百十几

而メニ率目六メ減率目〇目三

減及余百十メ及余百十メメ

之八二九四九六ト八二九十九九トト

百三十メ十メ十メ之十メ十一十メナメ

十メ九六目八目三メ九六目メ目六ル元

匁三匁百百ト以匁百百ト内限

故ヲ乗成九二減乗成目三メ十

不減率内百十余率ルメ目九

足又百五目六目メ百六三十内ヲ率

三三几七メメヲ十メ百一目三減一

百メ二十三及減匁六〇メメ三ケ

數解曰術年取凡目二百ト定メ元限十六分百
率二一ケヲ乗ニ十七二百ト成内目二百ヲ
余二十五二百分三乗率分百四三分三分十ト成是貸添減
付加乇十七目百四〇八六分六ヲ得乗率分九分十八二二百
重ト成内目二百ヲ減乗率分七分三四百八十七二四百又術
年取目五百ニ定メ以テ十七二百ヲ減余百二
二三分十乗率分百四七是貸目二百分二十加
乇分四四百分〇〇八二乗率四四分十分百也八心重十ト成内百五
目減又ル二不及依テ却テ減之五十分九重分
ヲ得故不足分付五九覆分二也

一
上中下人三元銀日數貸只云上ハ一割ノ利
ニメ一ケ年中ハ割ニノ利ニメ年ニケ下ハ
割三ノ利三ケ年中下各利：加利三人利
假税〇一二百十三五十分四メ也各元銀若于
善各元銀七十五貫目中利七ハメ三目十三
上利銀卄十一〇メ目二百下日百十七九十メ
分五
術曰各元銀メ五卄充トスレハ不足四四メ十
五七付又元銀メハ目卄トスレハ余支百八三メ十九
分五盈不足ノ術ニ依テ求之依圓布策

五十貫目
四四六百七十五文
進乗而
四四百六十七メ五百目
四四メ六百七十五文

八十貫目
八メ九百三十五文
右九得上級
三百五十七百四十人目
八メ九百三十五文

置二百〇七文　實　五十三文六百十〇文

左右相係上級実下級為方
數解先各元銀几伍五廾ニ定メ上利率一○
五ヲ楽ミ元銀百七ノ伍目廾ニ中〃二年ノ利率ヶ○
四四ヲ楽ミ利銀二メ目廾下〃三年ノ利率一ヶ
一九ヲ楽利銀三百五五十十九メ目八ト成三ロ
七合百八十十九メ目ヨト成是題ニ云リ銀粑
利三十八メ八リ不足成是メ百四七十十四メ五六文
百○二十四五メ目六目廾元ニ定中〃上率一○五ヶヲ
也又各元銀目五ト成ル中メ下率四○四ヶヲ
楽ミ利銀十メ三二百九メ十五○メ目七リ三率一ヶ九
楽ミ利銀十二三リ銀百九六十十五○メ目七三下ロ利相係
七ヲ楽ミリ銀百九六十十五○メ目七三下ロ利相係

百四十二貫ト十ル是題之リ銀粑十百四三
九百六十目十メ五九匁百故是盈ト之
五メ匁二十丑リ麦麦三八十メ故是盈ト之
今時ル米ト粟合而五四斗石状粟ニ米トメ
氏ニ粍四石斗四ヲ得ル問鴨米高幾何一乃碌
ト榴成ノ米方六七斗
善米斗一五石斗八粟斗二五石斗六
曰元米一二不足四斗盈不足術布集燃
ト又レハ不足四斗盈不足術布集燃

米二石一斗　一斗　維蒿而左右　二石九斗四斗　一斗
米一石五斗　一斗四斗　得上級　一石五斗　三斗四斗
左右相減上級実下級方トス

四石四斗四升　二斗四升

實如方而一得米一二斛
數解之米凡一二斛ト定以減四斛テ粟石二
斗四ト成ル粟石一搨テ米ト成テ斗ト成ル
定方故粟六°ケ搨米斗四略四杣四ト成元米石一
斗一加、四斗三略四杜五ヲ得是顯之杉略四杣四也是
ヨリ斗一受故盈ト云又元米五一斛ニ定テ
以テ五四斛ヲ減テ粟石ト成ル粟六°ケ搨
米心斛ト成元米五一斛加、四ニ之斛ト減是
ニ云米四ニ斛ヨリ四一料世ト故不足ト云
人有携酒其數不知只云梅ニ酒斗二飲而
残酒ヲ倍ニ又桃ニ酒斗二飲而其残酒倍

花ニ酒斗二ヲ飲而酒尽タリ向携酒若干
荅　三斗五升
術曰携酒斗三トスレハ斗二不足又携酒斗三
斗一トスレハ二一料余ル盈不足術ニ依テ
求之依図布算如左

三斗　二斗　維乗見　三斗六升　二斗　右
三斗八升　一斗二升　有得上級　七斗五升　一斗二升　相減
一石〇八升　三斗二升

而上級実下級方
數解携酒斗三トスレハ内斗二減ニ余倍
之斗二ト成内斗二減ニ余無之故花見酒斗二

不足也○久携酒三料トスレハ内升二歳
余信之並料内升二ヵ歳ト余竹二一料有
玄ト竹並生半祐日玄ヽ砿竹ヽ自松ノ
延ヽ日祐自ヶ尺日ノ延ヽ延日ヽ尺二有信
尺日日乃延去二ノ而尺延ヽ如二一祐ヶ是日尺日ナノ二五半ヶ延寸尺ヽヽ五二升四分日ノ尺逃ノ延三テ延日如二日ノ是尺ヽ延竹五自ハヽ寸信八祐三ヽノ
首二日九分日ノ二各長七尺七寸
術三先日トスレヽノ不足五一択乃粃ノヨ徒り
又日トスレハ余実ニ択五分乃粃ノヨ長り
余不尺術こ依而忩之依圖布阜

三日　二日　五尺二寸五分　一尺五寸
右雖上得大乗
四尺五寸　一尺五寸　一尺二五　一尺五寸
九右相級而上級方実下
一尺五尺　六尺二寸五分也

実如方而一求二日九分日之二三択三日
解去ノ長ヲ得ル祐日九分日之二扨寸三日
五二ノ為分故求二除分ニ二一択三日
日ヽ卜二分母五以ニ除分子ヒヽ三ヒ
長三ト日故ノ五尺ヽ加ヽ祐七寸ヲ二松ノ日
四三日尺ヽ故是尺ノ尺択七寸日三
尺ト成分母以九除之十七汒ヲ溟袖日

一

尺二二日尺四加臣扌七七尺七ト減ル矢余ノ長
十リ則圭ノ長ト半ミ数解曰先大形
二日トスレハ圭ヽ初日尺五ト二日五二扌尺ト
合五七扌尺ト減ヒ竹ヽヽ初日尺二ト二日尺四ト
合尺六トナル是去五一扌尺長也又三日トス
レハ拾ヽヽ右ノ五七扌尺ニ三日ノ扌一五尺彡二加
臣ニすル五尺彡七ト十ル竹ヽヽ三ノ尺八ニ尺六加
臣ニ四一尺大ト減是去拉五尺ア二日徳也
鴦与鳴与合九九扌十代限三九如而○只云鴦羽九
代限三而如ニ十鳴秫代限尺四好十也各何羽元
首鴦鳴

術曰鳴二七十トスレハ余限八一好十又鳴十七
八トスレハ不足限好八也余不足ノ術
ニ依ラ求之依図布算
七十二羽　十八負　維乗而　一千三百九十五　十八負　右相減
七十八羽　十八負　上　左右得反　一千四百〇四　十八負　上級実下　反級方　七千二百〇〇　三十六
実如方而一得鳴五七羽又鴦ヲ求ル先
并術補ノ数ニ依テ鳴二七十ヲ以九九十ヲ
減し鴦七二十ト十ル故鴦七二十トスレハ
盈好八也○又前術后ノ数ニ依テ鳴十七
八ヲ以九九十ヲ減之鴦一二十トナル故鴦

一二十トスレハ不足針八也余不足ノ術
ニ依ヲ依図布算

二十七羽 十八匁
二十二羽 十八匁
維鶩 四百四十六羽 十八匁
上級 右得 三百七十羽 十八匁
九右相減上級 実下級 方
合百六十四羽 二十六匁

実如方而一得鶩四二羽
先大般二七十トスレハ以テ足ノ九九十ヲ
減之鶩二七十トナ乙鳴七二十ミ四六匁ヨ楽
之六除而鳴七二羽十代根拾而匁五トナル二○
鶩二七三羽十ミ而三匁十ミ楽ミ九敵而鶩七羽十
代十而九六ト十乙両代根相係足代根九而
一二十匁ト十ル鋌ミ四三九匁而ヨリ余支針八之

○求鳴七八十羽トスレハ以テ九九十羽ヨリ減ミ
鶩一二十羽ト十ルト鳴七八十ミ六四十匁ヨ楽ミ六
除而鳴十七八十代拾而八九匁ト十二九ル鶩二十二ニ八
三而匁二ヲ楽之九敵而鶩一八匁十代十二七而匁
トナ両代根相係八十而五八トナル顆ミ
云九三而ヨリ不足支匁十也

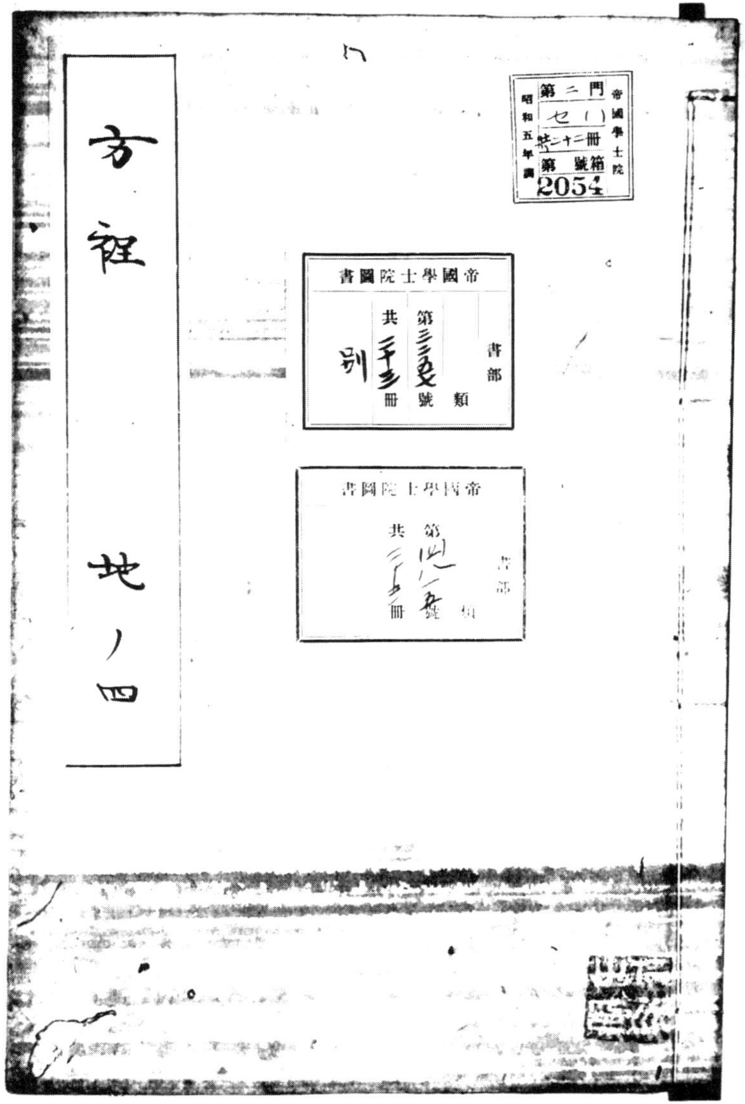
方程 地ノ四
帝國學士院 第二門 七（一） 共二十二冊 箱第號 2054 昭和五年調
帝國學士院圖書 書部 類 第三三五號 共二十三冊 別
帝國學士院圖書 書部 類 第四八五號 共二十三冊

方程　類聚　地ノ四

共十九冊

甚二氏

一

関流筆方草術

方程
亦集

只云壹本三竹十〇二村弐合五十対又云壹本三竹

五三村弐合五八対各本一弐若干

答壹一本弐五分
竹一本弐二分

術曰九ノ弐五八対十ノ内右弐五十対減テ十三

目為実九ノ弁数ノ内右弁数ヲ減テ五十

本ヲ得為方以除実竹本一弐分二ヲ得

以右減左得〇左（以作数代限ヲ除作一本代トス）
只云壵三作〇二十代合一百如二十又云壵六
作一九十代合十四七百如九各一本代若于
荅松一本代七如竹一本代五如
術曰右代限ヲ倍ゝ十二二百如四以左ノ代而四
七九如十ヲ減ゝ十三五百如五為実右作数ヲ倍ゝ
左ノ作数ヲ減而以除実作一本代如五得
解図

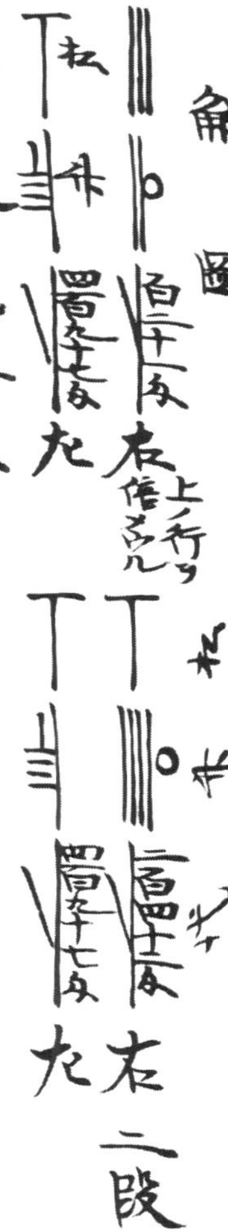

左右分之得象

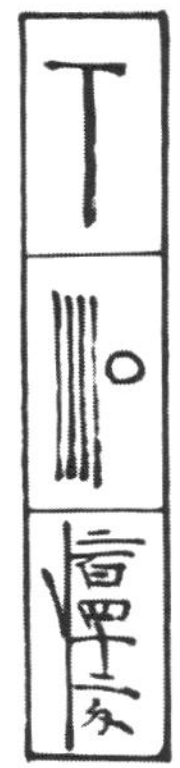

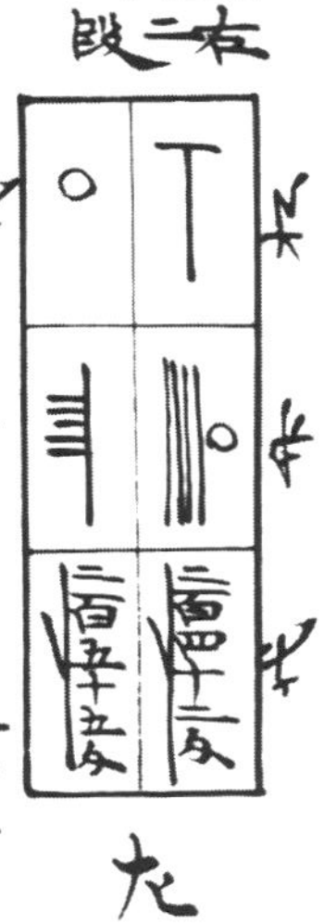

左ノ内右段二竹ヲ以左上除下作一（本代ヲウル）
減而得〇
只云松三作〇二十代合九百如九十又云松九
作五七十代合七七如百十各一本代若于
荅壵一本十三如作日八如
術曰右代三之十五七百如九左ノ代七七如百十
減ゝ十百目二為実右作数段三ヲ以左ノ作数
ヲ減而村五以除実作一本代如八ヲウル
解図

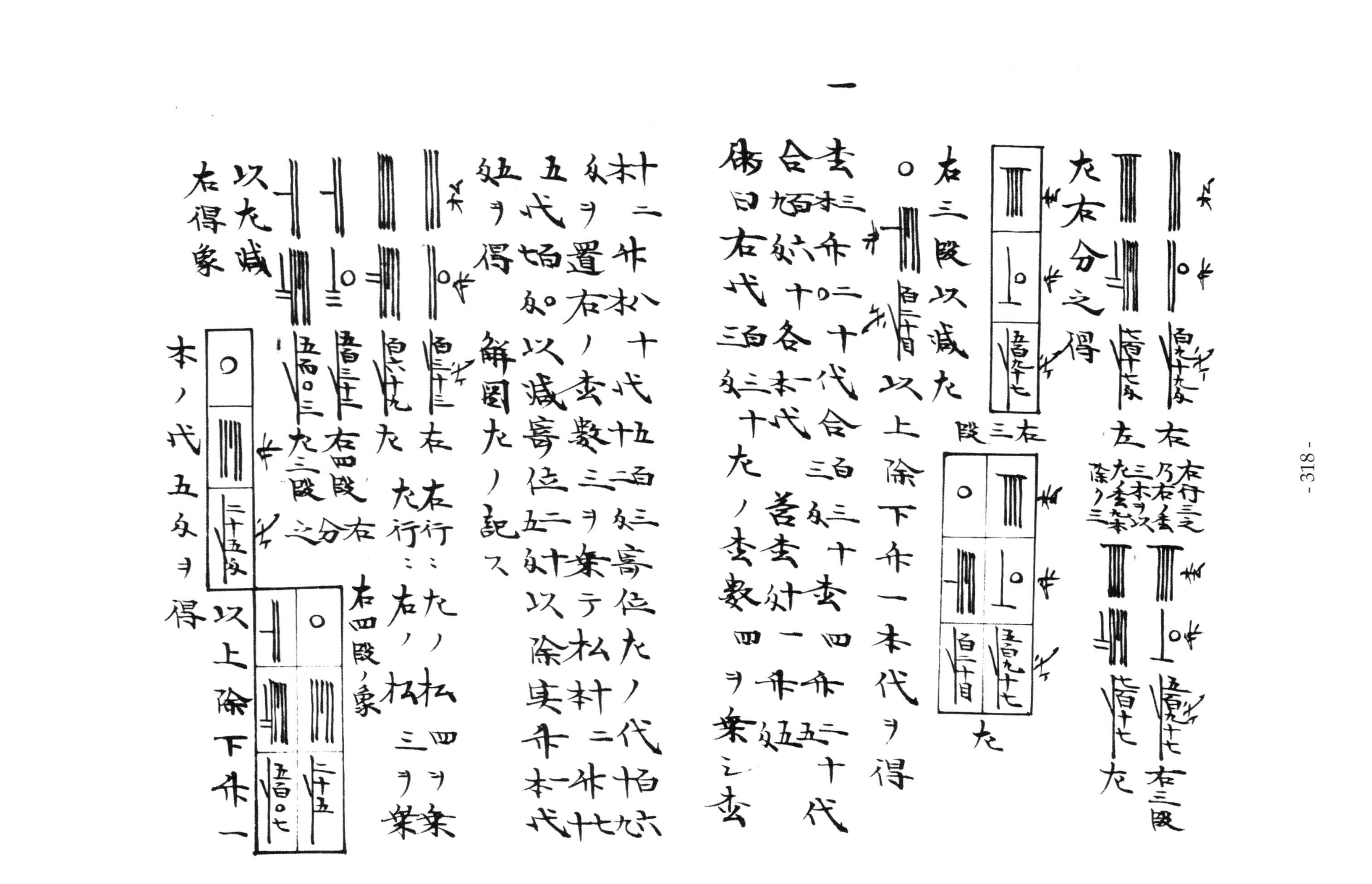

一

右　右三段

左　左

右行三之乃右ヲ以

左右分之得

右三段

右三段以減左

左

以上除下余一本代ヲ得

十二代十五百三寄位左ノ代百六

置右ノ亡數三ヲ乗テ松村二代十七

以減寄位五十以除実余本一代

解図左ノ記ス

五代ヲ得

右行ニ左ノ松三ヲ乗

右四段ノ象

左三段　右四段

以左減

右得象

本ノ代五ヲ得

以上除下余一

一

玄三升〇二十代合五五十玄五升六十代合
七九十各本代蓄松五分升二分
術曰右代五五十ニ九ノ玄五ヲ乗十二五百七
高位九ノ代也十ニ右ノ玄三ヲ乗九二佰
一内高位ヲ減ミ廿ヲ得為実九ノ升数
三ノ内右ノ升限五ヲ減ミ八ヲ得以除実
升一本代分三ヲ得

五十五　右　五右ニ左ヲ乗玄ミ　高七十五　右五段
九十七　左　三左ニ右ヲ乗玄ミ　三　高九十　左三段
左分之

十	〇〇	高七十五

右五段以右三段減左テ得

一

	〇〇	高七十五
〇		十六

左三段

〇　升　十六　分

以上級除下級升一本代ヲウル十リ

玄本二升五代半ミ松本二升五三本十代合八目十
各本一代若干蓄松五分升二文目本五
術曰右ノ題絆ニ仍テ九ノ松本二ヲ竹
二替テ九ノ升本四十ヲ得則代目八十ノ升
数トス升本四卜ヲ以テ除キ升本一代分二得
於是見ニ玄本二ノ代ト升本五ノ代ト
半ミ故九ノ玄本二ヲ升本五本二換テ得
象如九

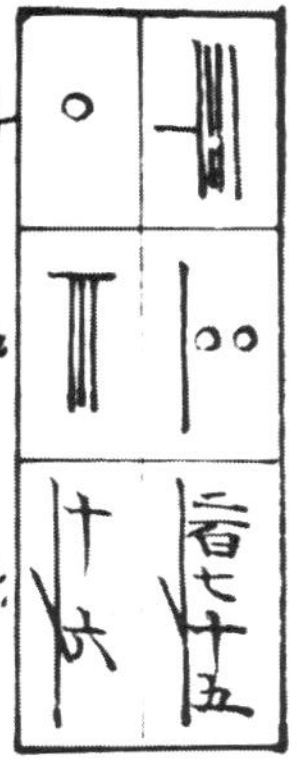

八十　高

上下升數換之如左象也
以上除下升本代ヲ得
松四升九代帯ニ松三十升八十代合十三八両七
合若干　答松一針八升一針八ニ換、
術曰依題辭左ノ升十八升ヲ去八ニ換
去二十ヲ得乃左ノ代十三八両如七ノ去數也
故ニ十三八両如七ヲ列テ以一二十除之松本一代如
於是是ニ去八本ト升十八本代帯之
故左ノ升十八本ヲ去八本ニ換テ
得象如左

以上級除下級去一本代ヲ得ル
松數上下換之得　也
松一本一代〃升一本一代ヨリ針。高直松本九升
針。代合十二両如四各一本代若干
答去一本針八升同如
術曰右高針ニ左升數叶十ヲ乗ヒ聯ヲ得
左ノ十二二両如四加ヘテ十三二両如四ヲ為其右ノ去數
十一段ニ左ノ去數ヲ加ヘ針九ヲ得以除実松
本一代針八ヲ得ル
右十段
左一段
右十段ヲ左一段ニ加ヘ得式如下象
也

右附左一段相併テ得代十三二百四細杢九十ノ代
斗叶代ヲ加ヘ内斗叶ノ代ヲ減ル数故
斗〇叶代加ト減ト自廻落而杢九十代四百三十
分二ヲ得式九象　〇　以上級入除下級
杢極ノ代ハ斗村二代ヨリ分三下直也杢
村斗十三ノ代合十二八百分三各本一代若干
答　杢一本九分斗同四文目
術曰易　分二倍而分六左ノ代ニ加ヘ十二四百
右斗数ヲ倍而左ノ斗数ニ加ヘ斗数一六分四為実
得為方以実斗本一ノ代分四ヲ得ル本十村ヲ
解
圖

右　左
右二段ヲ以左ヲ減テ得ル
左二百三十八分三甲式六分異名相加而
得数ナリ
於是代十二四百分四ノ式ヲ見ニ斗一六十代ニ杢〇叶〇十
ノ代ヲ加ヘ内杢〇叶十代ヲ減シタル数也故杢〇叶〇十
加ト減ト自廻落テ斗一六十ノ代限ナリ
杢九十ノ代ヨリ分一高シ杢ニ十
斗一四十ノ代合十四〇八百分八各本一代若干
答　杢一本九文目斗同四文目

術曰左ノ玄六之十右ノ玄九ニ除而四ヲ得右ノ
高限一分ニ乗而以左ノ代ヲ減而四十四ヲ八百八分
爲実右升數段四ニ左ノ升數ヲ加ヘ一百廿八ヲ得
以除極升一本一代四分ヲ得ル

[算木] 右 右四 [算木] 右四段
[算木] 四百六十分 左 得下蓋ヶ商 [算木] 四百六十分 左
[算木] [算木] 四分

右四段式ヲ以左ヲ減而得 [算木] 四分 [算木] 四百六十分 也

於是式ヲ見ニ四十八百八分ノ内四分ヲ減ヲ余四十
升一百二十本二十代ニ玄六三本廿ノ代ヲ加ヘテ内玄十四八百六三四百
代ヲ減ヲ得數也 段ニ加ト減ト自廻落而四十分八本十分八

升一百二十本二十ノ代限也
玄三升二代帯ヲ松五代ハ竹二代ヨリ
四二對商ヲ右一本一代若干 管 松一十八二分
術曰右玄三本ヲ以左ノ玄一本五ヲ減ヲ余二十本以テ分
左ノ限四二對ヲ除玄一本一代什ヲ得ル

[算木] 右 以右式 [算木]
[算木] 左 減左式 [算木] 於是見ニ

左ノ代限二十四分玄五本升二本ノ代合テ内玄三本
ト升二本ノ代ヲ減ル數ナリ然ニ玄升二本ノ代加ト減ト
自廻落而無致只玄五本代ノ内玄三本ノ代ヲ減シ得數
ナリ升二本正負相落而得式如左

解 圖

○甲　二十四負　右
於是松三本ト杉五本ト等シ改甲三本杉三本ヲ松三本ニ換而得式如下
○　九
上ノ杉五本ノ内下ノ松三本ヲ減而得
○甲　二十四負
以上級除下級其一本代ヲ得也

松四甲五代等ヲ松八ノ代ハ甲十三代ヨリ十二易
各一本代若干旨松甲一一本本代四五匁匁目目
術曰右ノ甲一本四以左ノ松八本ヲ除而二ヲ得右
甲五ニ乗而廿ヲ得以テ左ノ甲ヨリ減而松三本ヲ
得以テ除廿二甲一本代四匁ヲ得也

○甲　右　右ニ乗シ得以左ノ松ニ除テ二ヲ得
○甲　十五負　左

於是左右式相係象
○甲　十二負　也
如下図
於是見ニ代十二匁ハ甲十三ノ代ノ除
拡八本減シ十象也然ニ虚ハ八本ノ内
加ハ代減テ代ノ三十八本代ノ
加ト甲ヲ但甲ノ三ノ本代ノ
正負十但ノ得代ノ甲三十本代ナリ
○甲　十二負　也
以上級除下級甲一本代ヲ得ルナリ

又解図
甲　右二段　右　右ニ乗シ得以左ノ松ヲ除右甚数ニ
如下象
○甲　十二負　左
於是右ノ式ヲ見ニ松八本ノ代ト甲十本ノ代ト等シ
甲　十二負　左
故ニ左ノ杉八本ヲ甲十本ニ換テ得式如左象

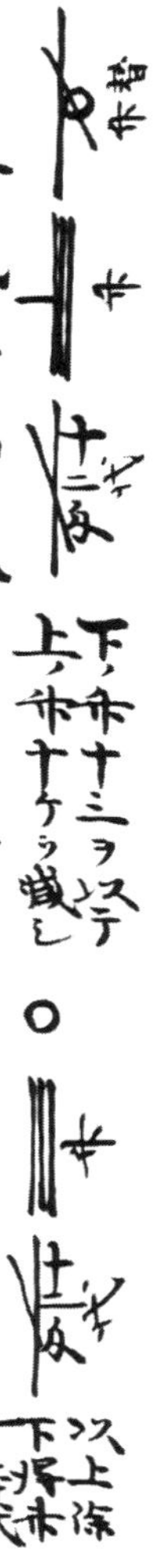

下ノ爪十三ヲステ上ノ爪十ヲ減ス ○

以下上除 本一代

査三代爪四ノ代ヨリ如七高ゝ松五代爪四ノ代

ヨリ針七高ゝ合本一代若于菖撮一二五如如

徴回大ノ代針七内右代如七減ゝ針ヲ得為実

大ノ査粒内右松本三減ゝ得二為方以除実松

本一代如王如ヨ得

解図

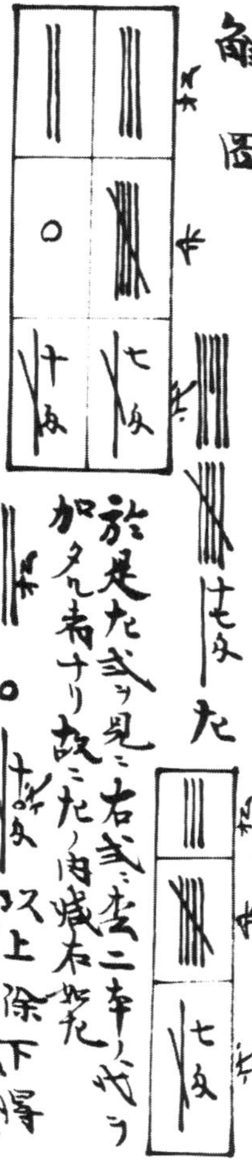

右 大 大式分之得

於是大式ヲ見ニ右式ニ査二本ノ代ヲ加タル者ナリ故ニ大ノ内減右如大

以上除 査一本代下得

松三代爪四ノ代ヨリハ如一高ゝ査本十二

代爪本ノ代ヨリ四四針十高ゝ合本一代若于

菖松一本代七如四四針七如爪同五如

徴回大ノ高代針十内右高段二ノ如二減而十四

如二為実右査杦ヲ得為方以除実松本一代如

杦三減査杦ヲ得二ヲ楽ゝ杦以大ノ査

大右 右ニ楽ニヲ 右 右二段

大分之得 右段 大

於是大ノ式ヲ見ニ右式 ○

段ニト松杦代ノ秘也故大ノ代四四針十ノ内右代

一

如二ヲ減シ二四対十リ得杢本六ノ代ナリ
杢本二代ハ弁本七代ヨリ四三対十易シ松本一代
竹本一代ヨリ如二易シ各本一代若于
答　松一本代四夂弁日六久目
術曰九代如二リ倍シ如四リ得以右代之三肘十四
減シ三三対十リ得為実九弁本一ヲ倍シ以右弁本七
ヲ減シ杤五ヲ得以除実弁本一代如六ヲウル

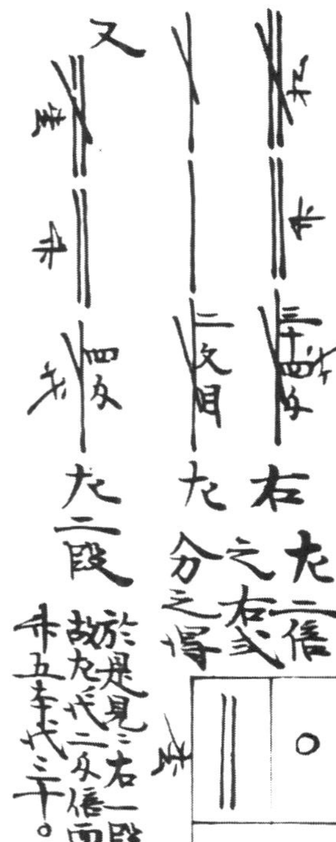

右　左二倍　左之右式　左分之得

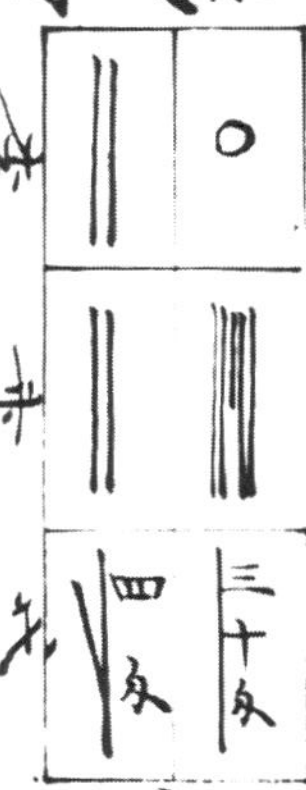

右

左　左二段

於是見ニ右一段左二段式ト弁五本七代松也故左代二分倍而四分以右代三十四分ヲ乗

弁五本七代三十〇目ヲウル

又

一

杢本三代弁村十代ヨリ如六易シ杢本九代弁五三村
代ヨリ対十三易シ若松一本代三八效明
術曰右安キ如六三ヲ乗而対十八以九安之三対十
ヨ減シ余対十五為実右弁村十二三ヲ乗シ〇三村十
リ得以九竹五三村十ヲ減而杤五ヲ得以除実
弁本一代如五リ得

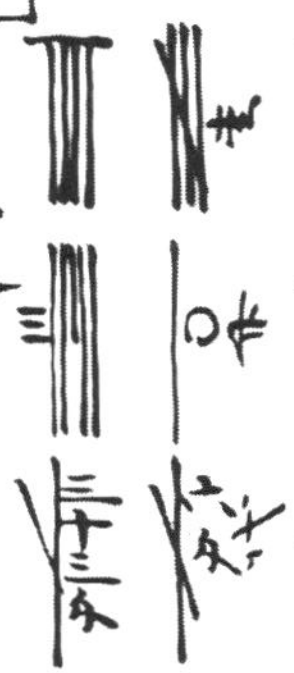

右　左　也分テ

解圖

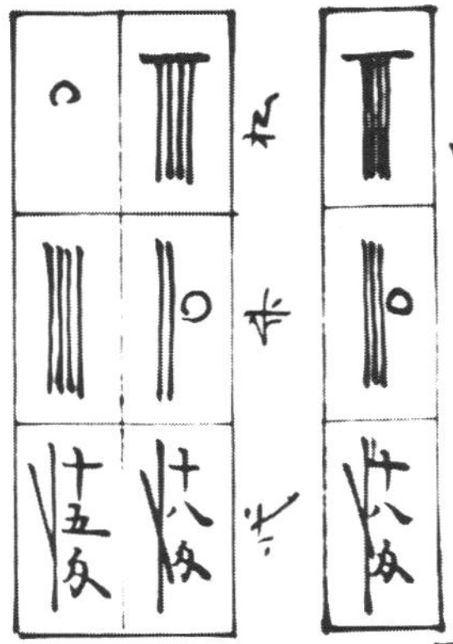

右三段

於是見ニ左式右三段ト弁五本六代松也故右ノ安キ二分三ヲ乗シ八分ヲ以左ノ安キ三十三分ヲ減シ弁五本代十五分ヲウルナリ

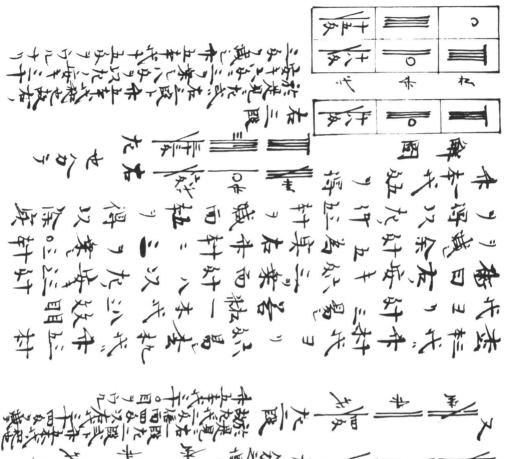

一杢細代ノ弁本三代ヨリ一二ヲ十高ヲ杢細四代ノ弁本九
代ヨリ紈安ト合一本代若干菖作杢一杢五九
併曰右高限二ヲ十ト九ノ安限紈ヲ九相併ヒ二十ヲ々
為実九ノ弁数ノ内右竹数ヲ減シ六本以除実弁
一ノ代　解図
ヲ五本ヲ得

上象

於是右ノ高キ二十一ヲト九ノ安キ九ヲト合テ代三十ヲ同ノ形ヲ見ニ
杢四本ト弁九本ノ代相併テ内杢四本ト弁ニ三本ノ代ヲ減
シ得数ナリ然ニ真松五本ノ代ヲ加ト減ト但落テ真象トシ只弁
九本ノ代ノ内弁ニ本ヲ減シ弁六本ノ代ヲ得テ真象ヲ見

廿　○丁　以上級除下級亦一本ノ代ヲウル
五二松細代ノ弁紐代ヨリ一ヲ十一高ヲ松村十二代ノ竹
答　本代ヨリ　ヲ十七安ト合一本代若干
松一一本代九ヲ　弁同五ヲ
徳曰高ヲ十一三ヲ乗シ三ヲ十ヲ得安ヲ十七ヲ加
目五十ヲ得為実右ノ弁数ヲ三段ヲ得以九ノ弁数ヲ減シ
本十。ヲ得以除実弁一本ノ代ヲ五ヲ得

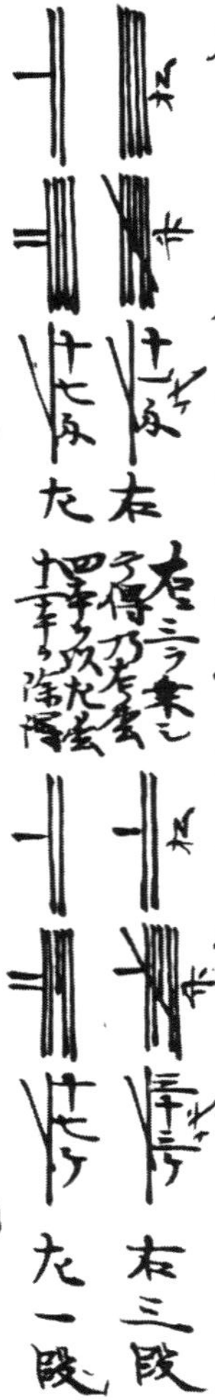

於是右三段左一段相併得象如左

右　相併代限五十〇日也

十七ケ　左

又於是右ノ高キ十一ノ三段左ノ安キ十七ノ一段ト相併
五十〇日ヲウル象ヲ見ニ左十二本ト亦二十五本ト
代合而内左十二本ト竹十五本トノ代ヲ蔵ニ久ル数ニ
然其左十二本ノ代自加ト減ト組為而象也只亦二
十五本ノ代ノ内亦十五本ノ代ヲ減シ残ル象如左

〇　也　以上級除下級一而亦一
本代　ノ五　ヲ得也

関流算方巻之
方　程　后集

松三本檜七本代合六百九十　松六本檜十七本代合
四十七百ノ六各本代若干　若松檜一代杜七ノ五

術曰依算　右　各左数ニ依テ右行ニ二ヲ
布　右二段　右三段ヲ以
左　左二段
代七五　ヲ除檜本代二　十ヲ得

〇	[illegible]
[illegible]	〇
四百二十ケ	二十五ケ

右　行

〇	[illegible]
[illegible]	〇
四百二十ケ	四十二ケ

九

只之数象

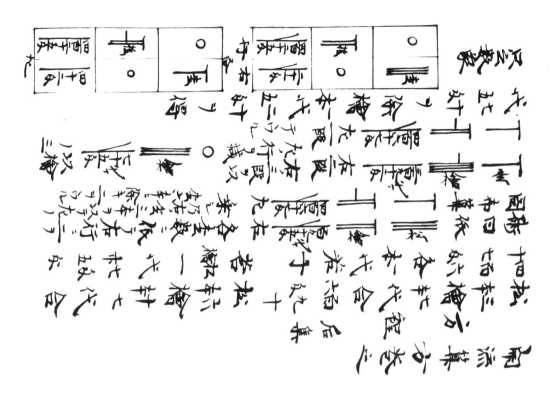

一　各巫ノ數ニ依テ信之得式

只之二段ノ象

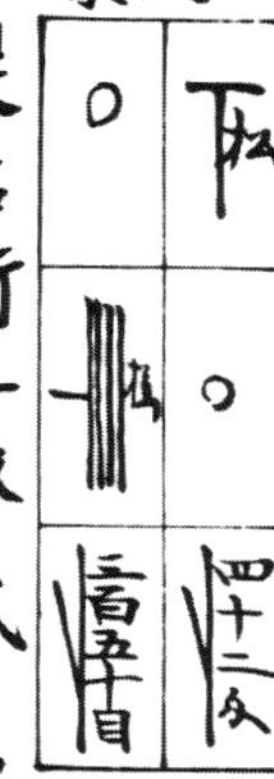

於是右行二段ヲ弐ヲ以左ノ行ヲ減而得象

右行二段

又之數象

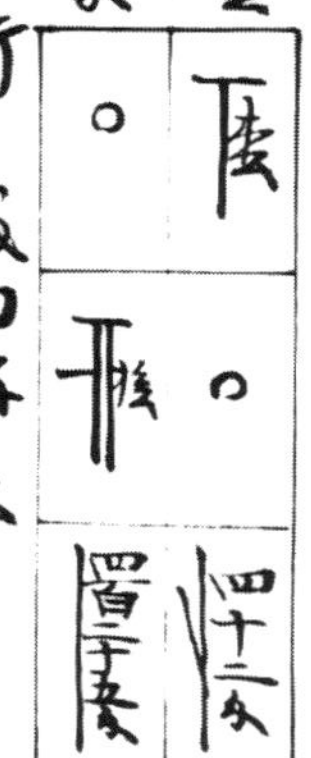

左行

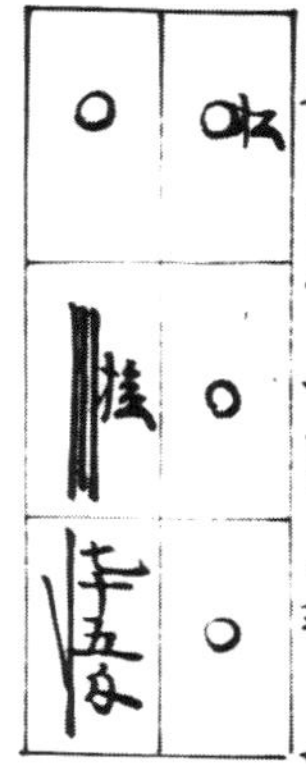

故本術左一段ノ内右二段ヲ減而繪三本ノ代ヲ得

一　只云壹升六繪升代合八十文又曰松升四繪五二斗升代合貳十各本代若干

着去一本代三分繪曰四文

術曰依圖布算

右　左

依繪ノ數左ニ五ヲ第而得

乃左位ニ以右ノ位ヲ除得數也

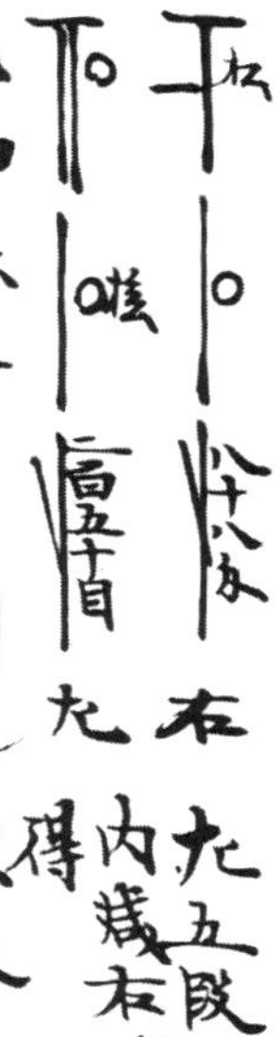

左五段内減右得

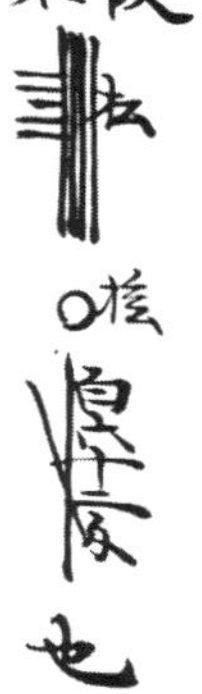

也

弐二百文六十ヲ列ニ松數ヲ以四五十除テ一本ノ代三文ニ

只之象　左五之行保象

本術右行　左行五段十ヲ

又之象　左ノ五段内減右得

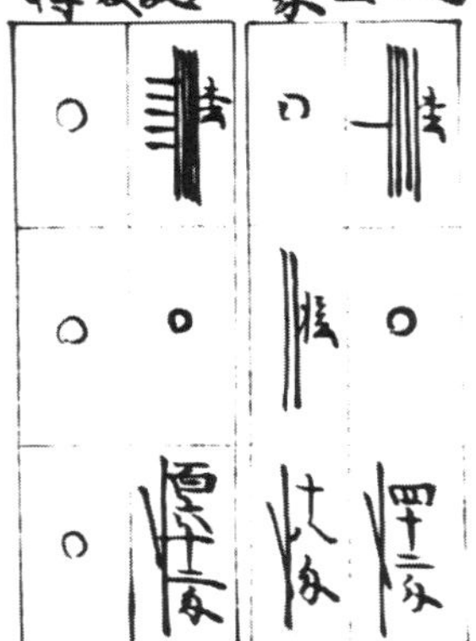

本術左行

一　故本術左四五内減右松四五升代銀ヲ得

只云馬汁羊一代合五十〆三四百又云馬十

羊五代合五一十〆三四百各一匹代若干

答　馬一疋百目　羊一疋五十目

術曰　依　馬　羊　〔三百五十目〕右　依羊数右ノ行ニ五ヲ乗而得如上象

布算　馬　羊　〔三百五十目〕左

〔六百五十目〕右五段　右行五段内減　〇　〔五四百目〕也

〔三百五十目〕左一段　左ニ得　〇　〇

代五百目ヲ列之馬数以五十四除之馬一疋代百目ヲ得ル

只云　又曰

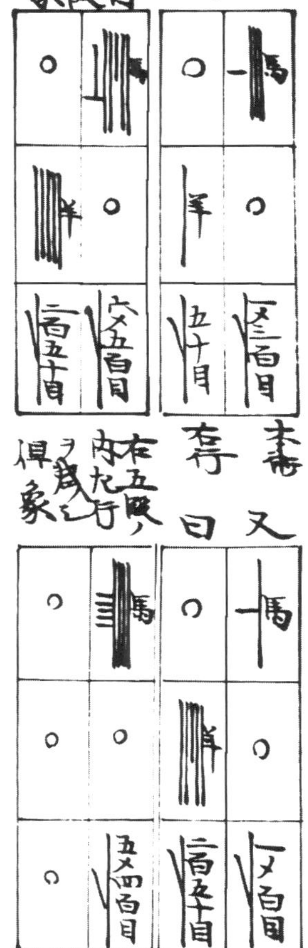

故本術右行内左行ヲ減シ馬得四五疋計ノ代五十四ヲ以除之得一疋代

只云牛二疋羊三疋代金合四十九両又云牛三疋羊二疋代金合二十一両代若干

答　牛一疋三両　羊一疋一両

術曰依　牛　羊　〔四十九両〕右　右行九ノ羊数十二ヲ乗之

布算　〔二十一両〕左　左行右ノ羊数十三ヲ乗之

〔五百十九両〕右行十二段　以右　〇　〔二百五十両〕

〔四百十六両〕左行十三段　左行減　〇　〇　〇　也

代金三百五十両ヲ列之以百〇五除之牛一疋ノ金三両ヲ得

只之象　又之象

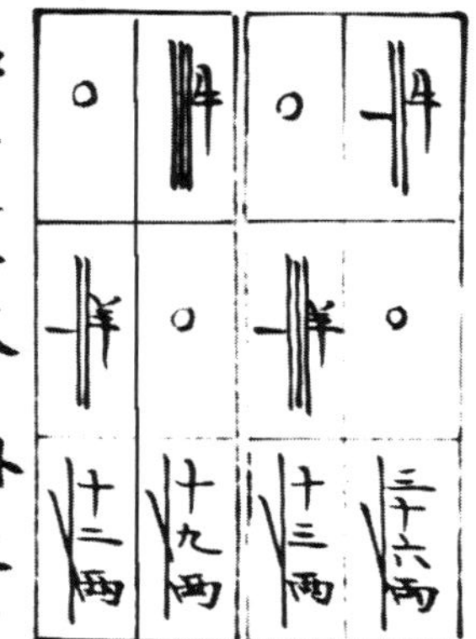

右行　左行

右行三九ヲ乗シ　左行十三ヲ乗シ

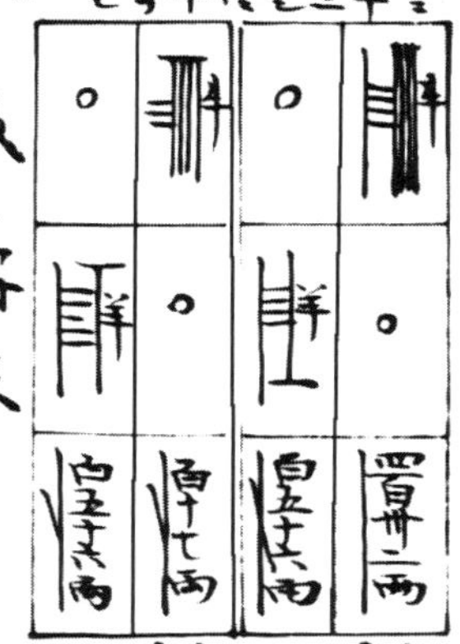

右二十段　左十三段

○右十二段ノ内左十三段ヲ減シ得象

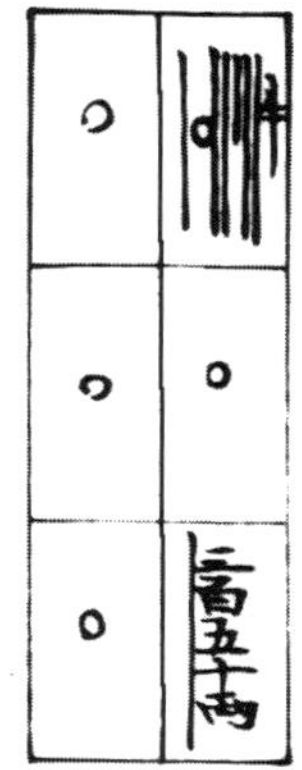

故本術右十三段内左減一十三段
牛百○五匹ノ代ヲ得ル

只云木綿九三匹代ヨリ絹十六匹代ヲ引ハ百三十八
目安又云木綿一四匹絹十八匹代合両五メ二十八
目也各匹代若干
答　木綿一匹　五匁十二メ十目

術曰依図布算　右行　左行
右九段各甲式
左八段各乙式
甲乙両式相併而得
右行三九ヲ乗シ左行三八ヲ乗シ乃寄数ヲ以テ右ノ絹十六ノ絹ヲハノ得左段数トス左ノ絹十八ヲ絹テ九ヲ得右段数トス
○八十メ四百八十目木綿数以六百十九除之匹代白二十目ヲ得ル
絹十六匹代ヲ以本綿三十九匹代ヲ減シ得左上只云象

先是　只之象

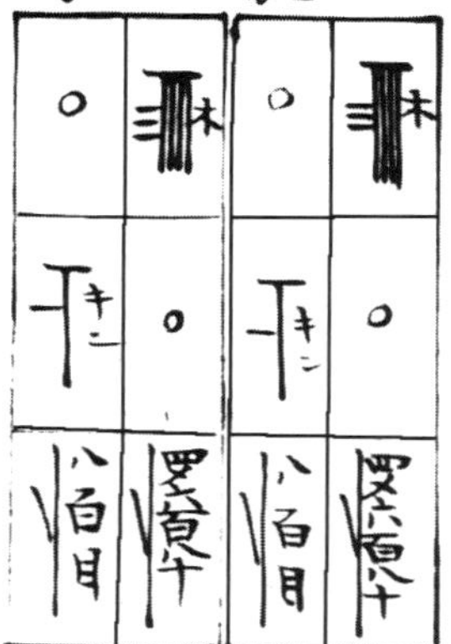

又之象

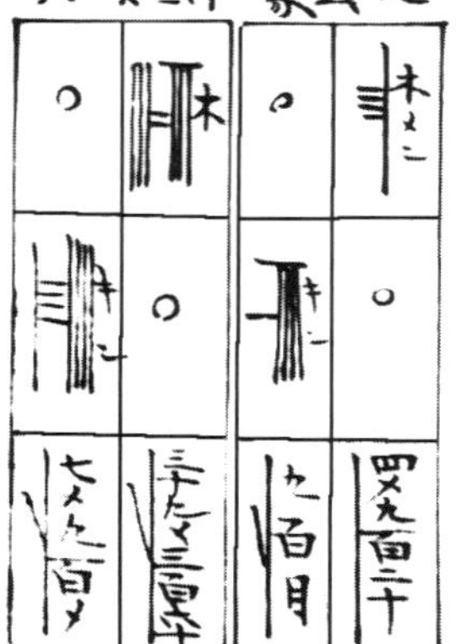

故本術甲乙ノ式相併本術六百
七十九巨ノ代ヲ得

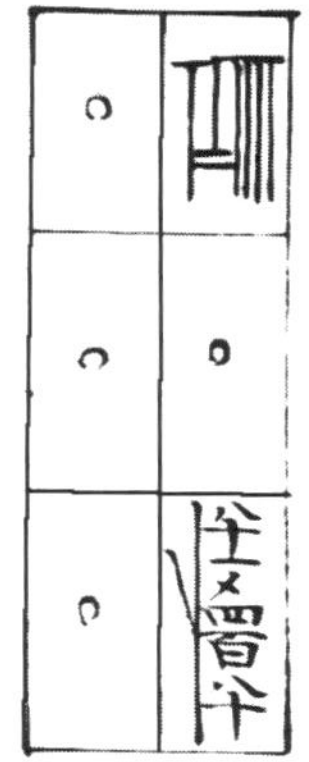

只云紬四巨代ゞ絹三巨代ヨリ貴コト二百目高ヽ又云紬十三
巨代ゞ絹四巨代ヨリ貴コト四百五目高各巨若干

答　紬巨代七十目　絹巨代八十目

術曰依［紬］［絹］［四百目］右　右行左［紬］［絹］［四百五目］随乗
図布算［紬］［絹］［四百五目］左ノ七絹ノ七［紬］［絹］［四百五目］九
右七段ノ以テ左ノ行ヲ減而ウル如下象○［紬］［四百目］也
下級ノ百四十目ヲ置上級紬数以テ除之一巨代七十
目ヲウル

解図

只云象

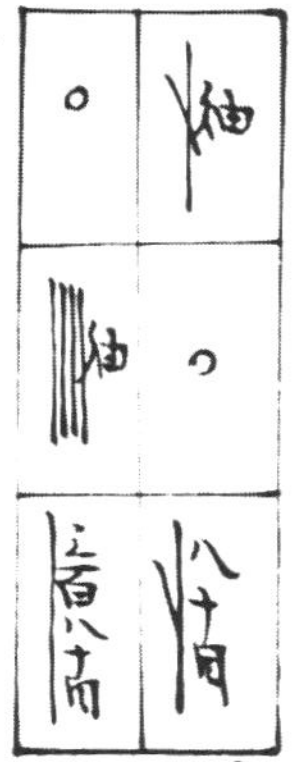

本術右行

又云象

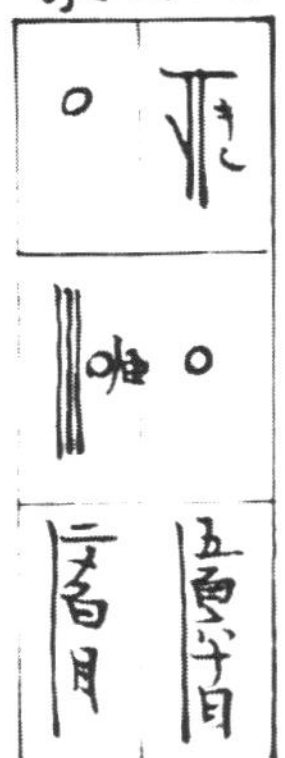

本術左行

右行ニ七ヲ
象而得　○
右行七段之
右行七ヲ以左行ヲ減シ得　○　○　○　［紬］［四百目］也
故本術右ノ行七之左行ヲ減シ紬一巨代ヲ得ル
只云布巨十七代ゞ紬巨十七代ヨリ四十四目高安シ又云
布巨代ハ紬巨十六代ヨリ廿五目安シ各巨
代若干　答　布一巨代十五匁
紬一巨代五十目

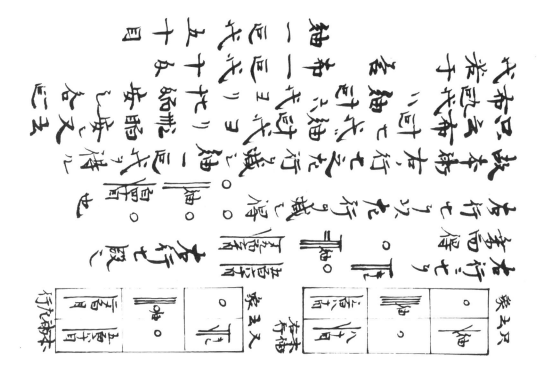

術曰依図布叢 布 紬 三百三十目 右 右行ニ八ヲ乗シ左行ニ五ヲ乗シ
七百十匁 左 ヲ得 以左右ニヶ減テ半数ニヲ得
以右ノ紬数ヲ除テ左ノ段数トス左ノ紬数ニ除而右ノ段数トス

具象

布 紬 三百四十四目 右行八段 各甲式 算式 ○ ○ ○

布 紬 三百五十目 左行五段 各乙式 減之式得象 布 ○ 九百匁也

代銀抗婦ヲ列シ布数一九十除得一匹代匁

只三象 又三象

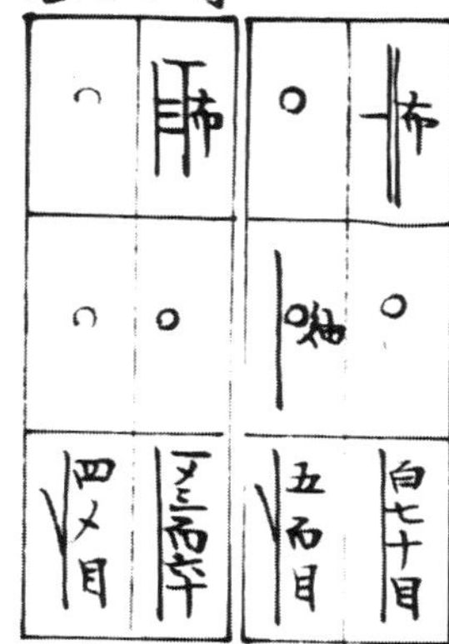

右行八段各甲 右行九行三五ヲ乗得 本術右行

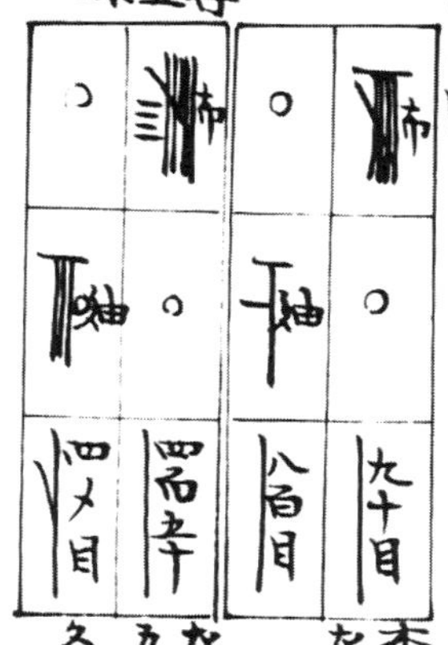

左行五段各乙 本術左行

以乙式減甲式得

故本術以乙式減甲式布一九十匹代ヲ得

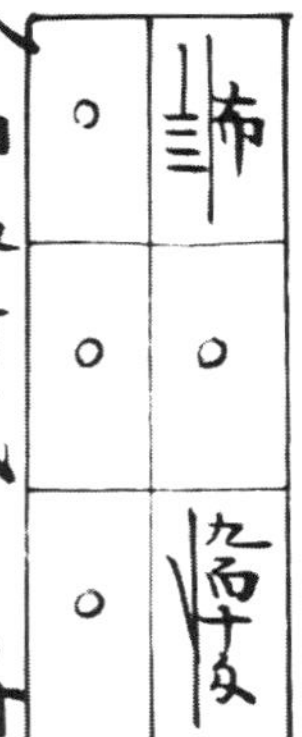

只三松二杉五代半ヲ又三松六杉九寸代四十

八相各一本代若干 杉松一本代 一三匁二分

術曰依図布叢 松 杉 四百目八分 ○ 右行 左行 右行ニ三ヲ乗テ得

右ノ基二ケ以テ左ノ基ヲ除テ三ヲ得右ノ段数トス

松 杉 四百目八分 ○ 右行三段 左行 右行三段ヲ以テ左行ヲ減如左

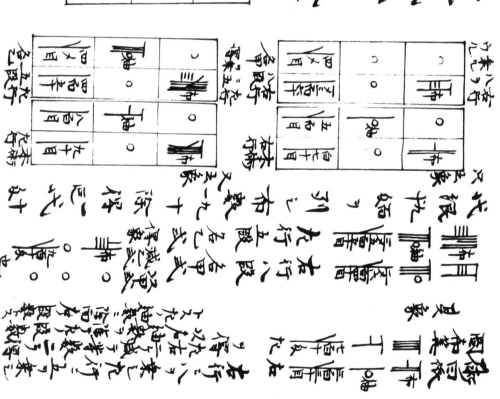

○ ○ ○
杉 ○ ○
四十目八分 也

四十目八分ヲ列シ杉数三十四ニ除テ一本代十一匁二分ヲウル

只云象

○	杏
杉	○
六匁	十六匁
右行	本術

又之象

○	杏
杉	○
三十五匁八分	十八匁
本術九行	

右行ニ三ヲ乗シ得

○	杏
杉	○
十八匁	十八匁
三段	右行

右行三段以テ九行ヲ減シ得

○	○
杉	○
四十目八分	○

故術曰右行三段以テ九ヲ減シ杉ニ十四本代ヲ得

只云松五枚三代等シ　又云杏七枚三十

代合十三二百五匁五合一本代　着枚松一代十六匁

術曰假 [illegible] ○ 右行　右行ニ九ノ杏七ヲ乗シ

図而莫　松　杉　三百二十匁　九行　左行ニ右ノ杏五ヲ乗シ

○　右七段名甲式

一千九百五十　九五段名乙式

式银一貫七百二十目ヲ杉ノ七十六ニ除一本代十匁ヲウル

○	松
杉	○
三十目	三十目
右行	本術

○	杏
杉	○
三百十匁	四十二匁
本術九行	

左行ニ五ヲ乗テ得ル

右行ニ七ヲ乗テ得

○	松
松	○
二百十匁	二百十匁
右七段名甲	

○	杏
杉	○
一千五百五十	二百十匁
九五段名乙	

甲式乙式相併而得如左

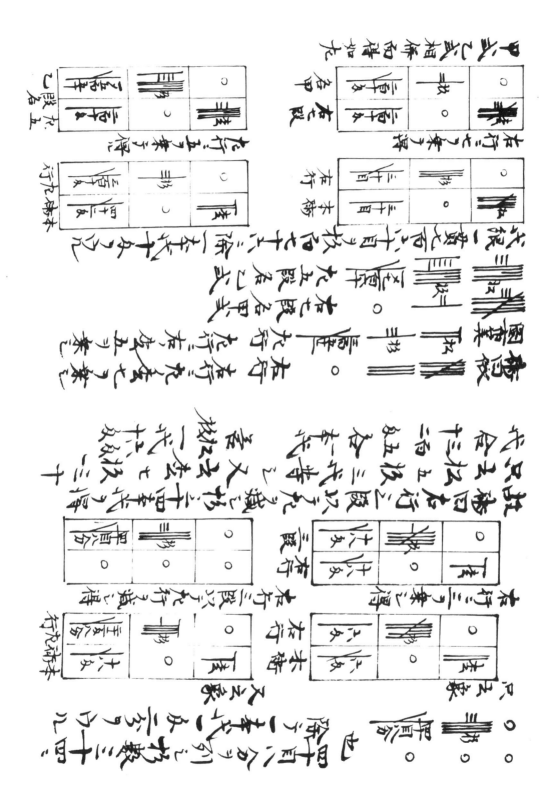

故本術曰甲乙弐相併抜白七十六本ノ代

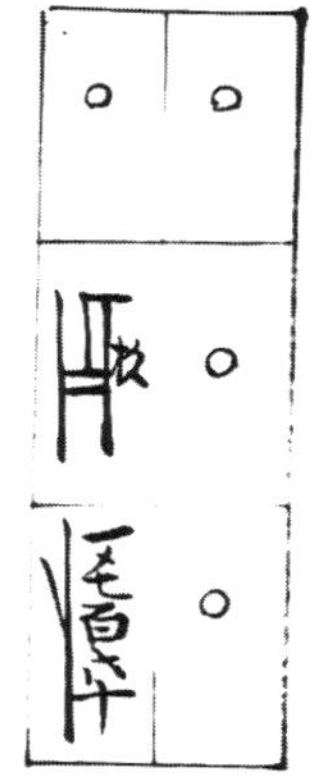

ヲ得ル

一 只云馬五匹代ヨリ牛三匹代金ハ両十二多シ
又云馬四匹牛九匹代金合九百両八十各一匹代揃
答馬一匹代九両牛一匹十一両
術依 馬 牛 十二両 右行 左行ニ三ヲ乗而得 左ノ馬十ヲ右ノ馬
因右義 馬 牛 百八十九両 左行 五ヲ除二ヲ得右ノ段数トス
馬 牛 百十四 右行二段 右行二段ヲ以
馬 牛 百十九 左行 左行ヲ併テ ○ ○ ○ 百十五両 也
代金五百六十置牛数五十ニ除テ牛一匹代ノ
両十一ヲ得 解 如左

只云象

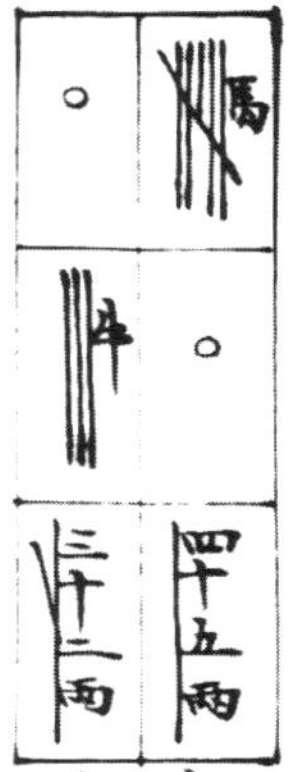

本術右行

右行ニ三ヲ乗而得

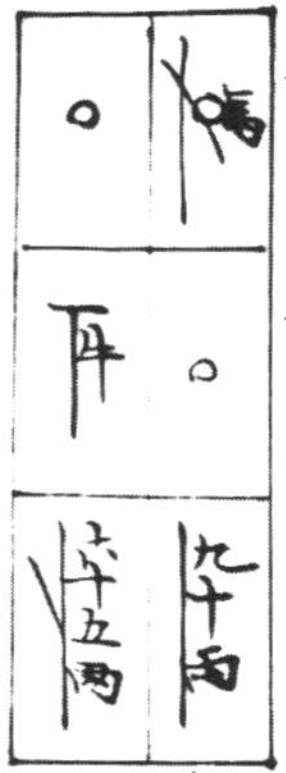

右行二段

又云象

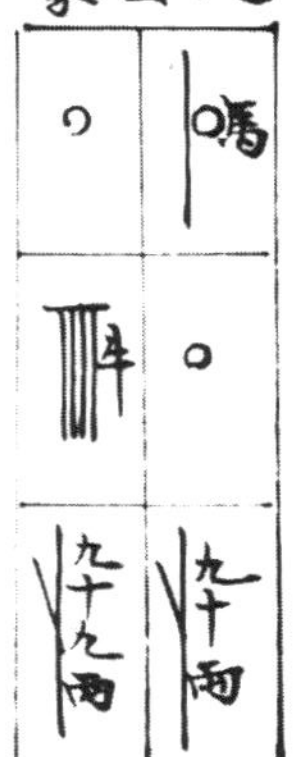

本術左行

左行直ニ置而

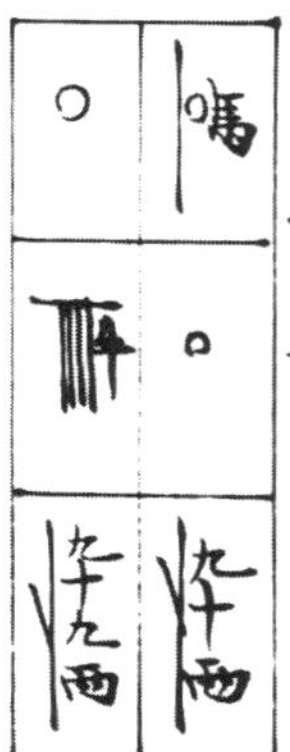

左行

右行二段ト左行相併テ得

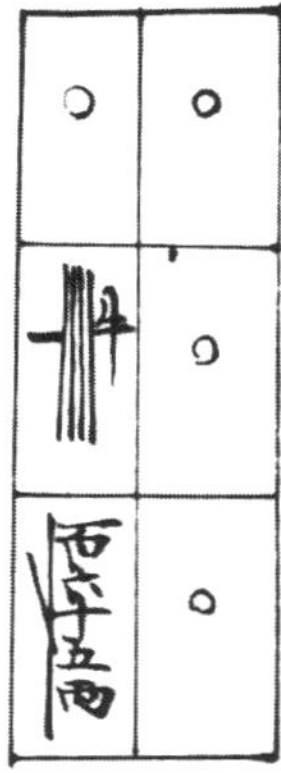

故本術右行二段ト左行ト相併
牛十五匹代ヲ得

一 只云馬五匹代ヨリ牛七匹代両十四多シ 又云
馬六匹牛四匹合代金四百五十両各一匹代若干

若馬一疋代七両　牛日三両

術依（rods）十四両　右。右行ニ左馬六ツ乗シ（rods）馬（rods）八十四両　甲右六段名

圖策下馬（rods）牛（rods）五十四両　左。左行右馬五ツ乗シ（rods）馬（rods）牛（rods）百五十両　左五段名　乙式

以甲式減○○○（rods）牛　百六十両　也　代金百八十六両ヲ置牛數六十二ニ除

乙式得象○（rods）　丁牛一疋代金三両ヲウル

只云象

右行（本術）	左行
馬（rods）	○
牛（rods）	○
三十五両	二十一両

又云象

左行（本術）	右行
馬（rods）	○
○	牛（rods）
四十二両	十二両

右行ニ六ツ乗シウル象

馬（rods）	馬○
牛（rods）	牛（rods）
二百十両	百二十六両

右六段名　甲式

左行ニ五ツ乗而得象

馬（rods）	○
○	牛（rods）
二百十両	六十両

左五段名　乙式

以甲減乙得左象

○	牛（rods）
○	○
○	百八十六両

故本術以甲減乙牛六十二疋代金ヲ得

一

只云杢三本檜二本代米七又云杢五本代ヨリ檜

三本代ハ八匁各若干　若檜一本代廿八匁

術依（rods）○　右行　右ニ左杢五ツ乗シ（rods）杢（rods）○　右五段名

圖策（rods）杢（rods）檜（rods）十六匁　左行　左ニ右杢三ツ乗シ（rods）杢（rods）檜（rods）十六匁　左三段名　乙式

甲式ヲ以乙式ニ加ヘ○○（rods）檜○（rods）十八匁○也　於是檜一本代十八匁ヲ得

只云象

右行（本術）	左行
杢（rods）	○
○	檜（rods）
三十六匁	三十六匁

又云象

左行（本術）	
杢（rods）	○
○	檜（rods）
六十匁	○

右行ニ五ツ乗而得象

左行ニ三ツ乗而得象

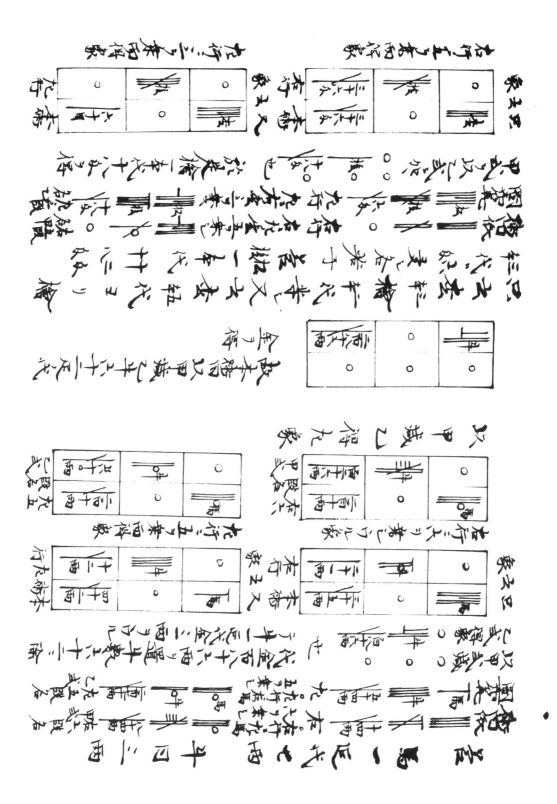

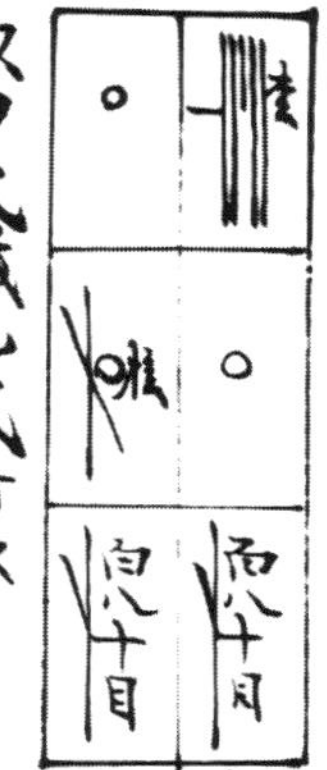

右五段
各甲式

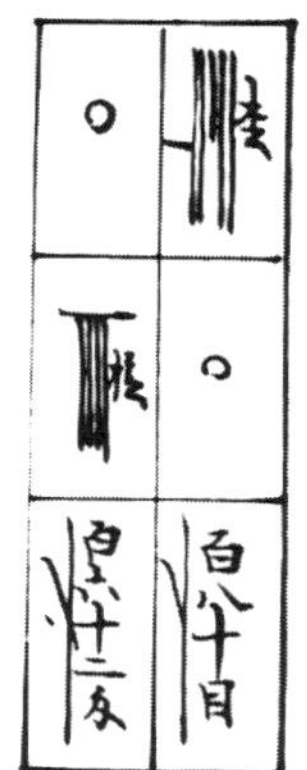

九五段
各乙式

以甲式減乙式得象

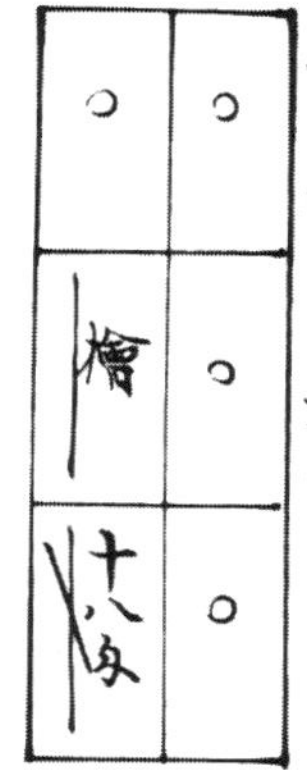

故本術曰以甲式減乙式極一杢代リウル

一

三組 三色

枚杢二杢杢三桂杢七合代二二匁百目○枚杢四松杢九桂

一二針代○六姉○枚杢四杢針五桂八三針代費一

七○六匁目十各杢一代若干

答 枚一杢代三匁 松同七匁

桂同二十五匁

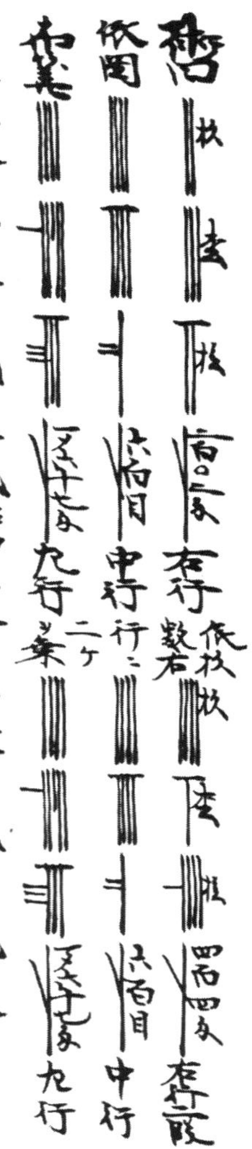

右行三段ヲ以中行ヲ減シ得式為甲 中行ヲ以九行ヲ減シ得式為乙

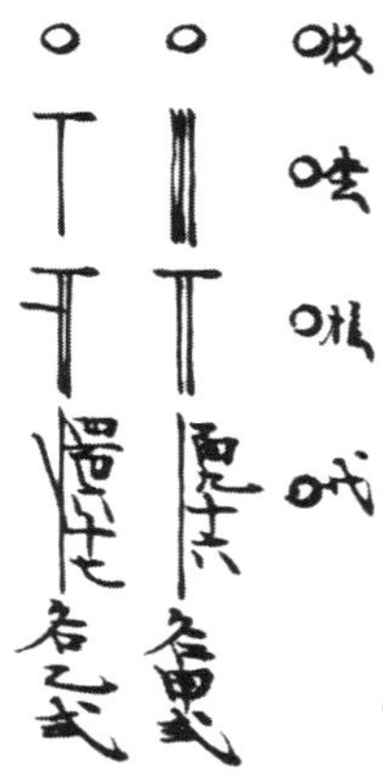

是式ヲ見ニ甲式ハ杢三杢桂七杢代合百九十六匁乙式ハ杢六杢桂十七杢代合四百六十七匁是則以共己杢一ノ数也故己下杢一ノ術ヲ推而各一杢代ヲ得ナリ

解図

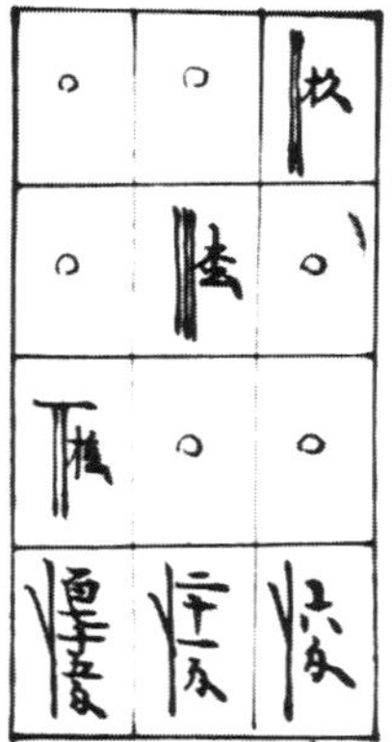

本術右行

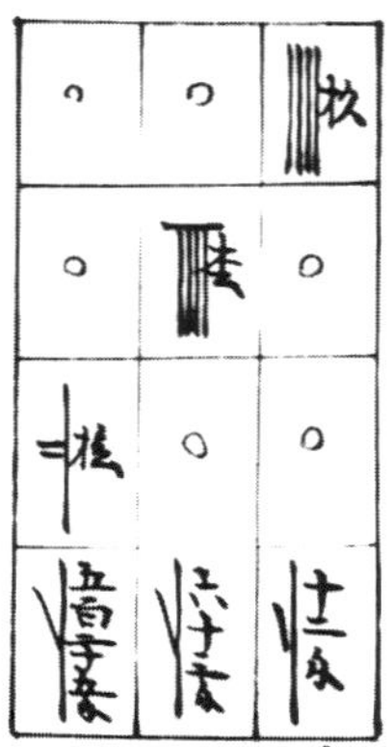

本術中行

本術九行

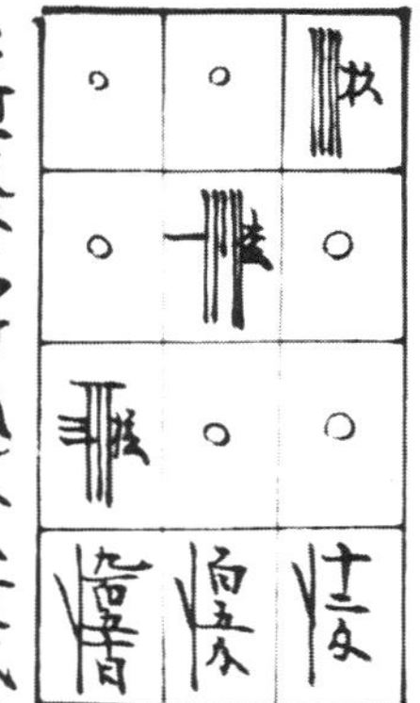

右行三段以テ中行ヲ減シ枚桂二組ノ式ヲ得

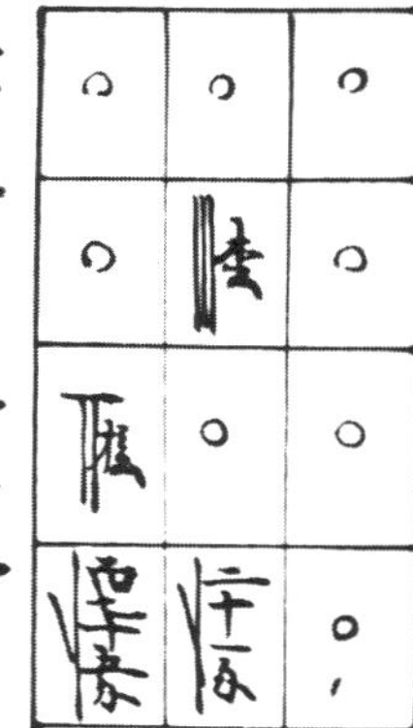

枚数ヲ除ス右行ニテ寄而得象

右行二段

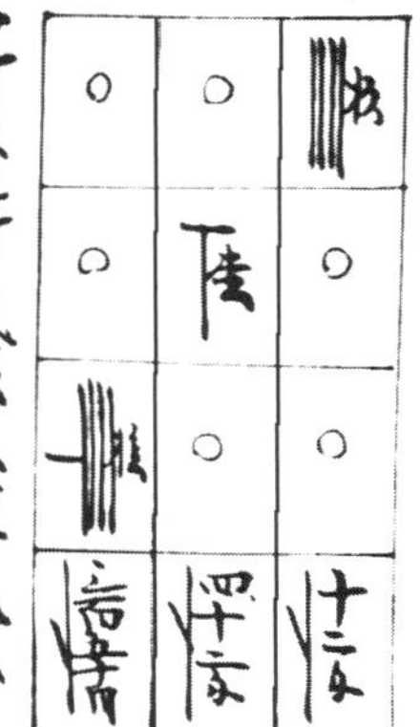

中行以左行ヲ減シ松桂二組ノ式ヲ得

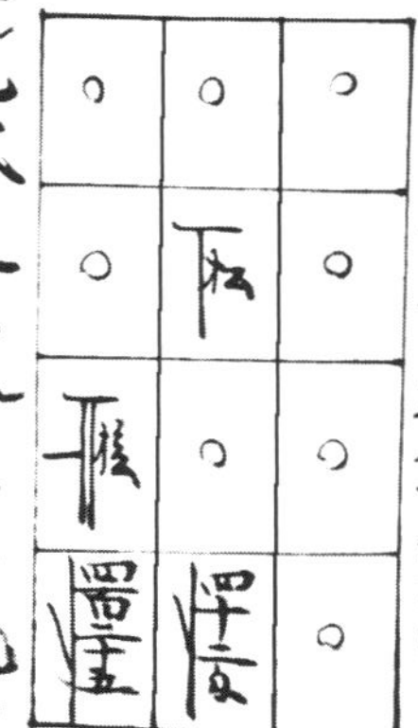

於是甲ヲ見ニ此巻第一ニ云数ト同シ乙式ハ又云数ト等シキ也故ニ是ヨリ第一ノ術ヲ推而先ツ擔一本代ヲ得也

枚二本杢五本桂三本代合百三十匁枚八本杢四本桂二本代三十六匁枚六本杢一本桂七本代合四十二匁各一本代

問

答　枚一本代二匁　杢同三匁　桂同四匁

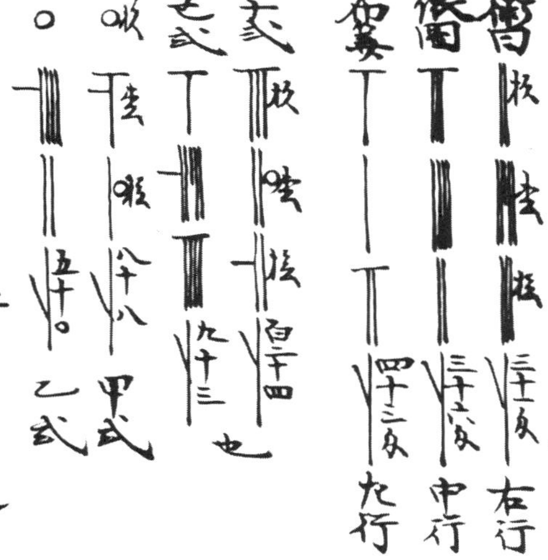

枚ノ数ニ依而右行ニ而ノ乗シ各寄

又右行ニ三ノ乗而ノ寄ヲ乗シ加上

以中行子式ヲ減シ得式名甲式

左行以丑式減シ得式名乙式

是式ヲ見ニ甲式ハ杢十六本桂十本代合八十八匁〇乙式ハ杢十四本桂十二本代合五十日是則此巻ニ第二ノ類解ニ等シ己下第二ノ術ヲ推而各一本代ヲ得

解図如左

一

馬𠮟五牛𠮟三羊𠮟三代十八哂百䀟四馬𠮟四牛𠮟五羊𠮟三代

代十八哂䀟五馬𠮟七牛𠮟三羊𠮟三代十八貫各𠮟二代

答馬一𠮟䀟牛同八𠮟羊同五𠮟

術 馬 牛 羊 價 右行

依圖 中行

布算 九行

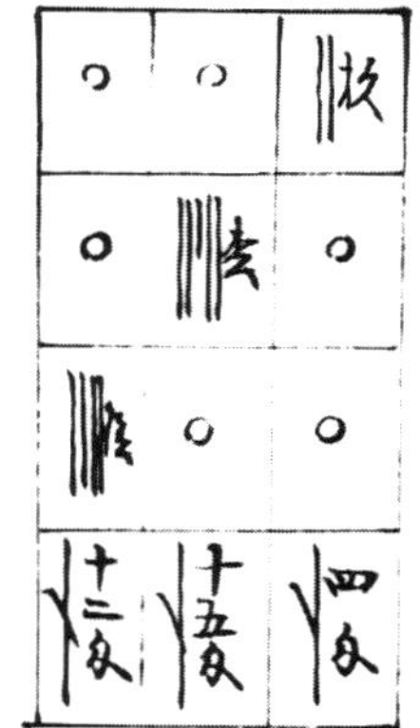

本術右行

又右行ニ三ヲ乗而得

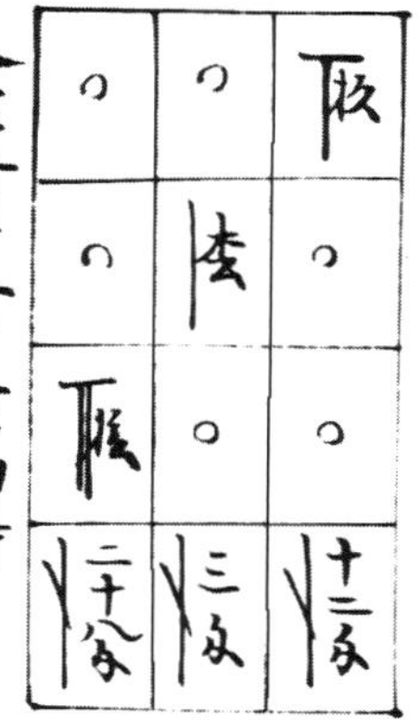

同九行

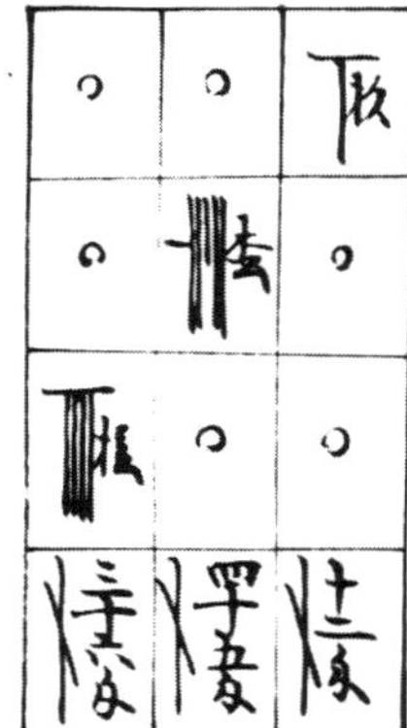

名巳式

九ノ行ヲ以巳式ヲ減シ得

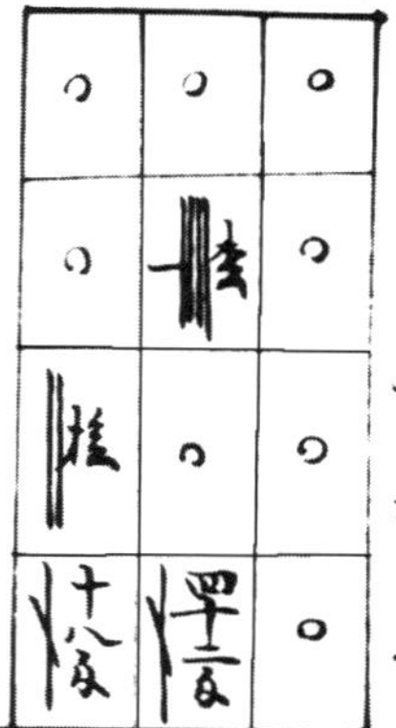

乙式

拡數ニ依而右行ニ四ヲ乗シ得

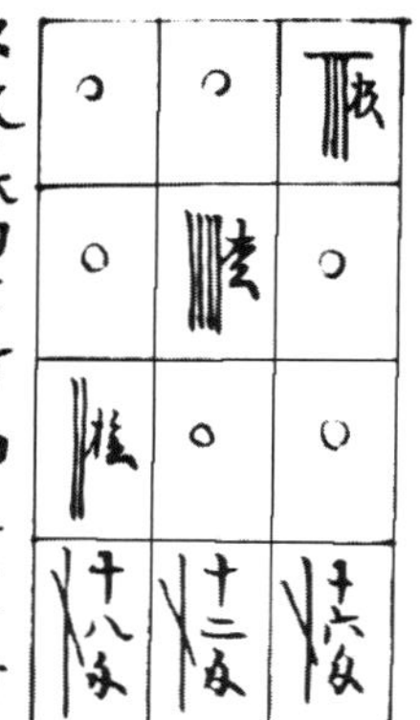

同中行

中行ヲ以子式ヲ減シ得

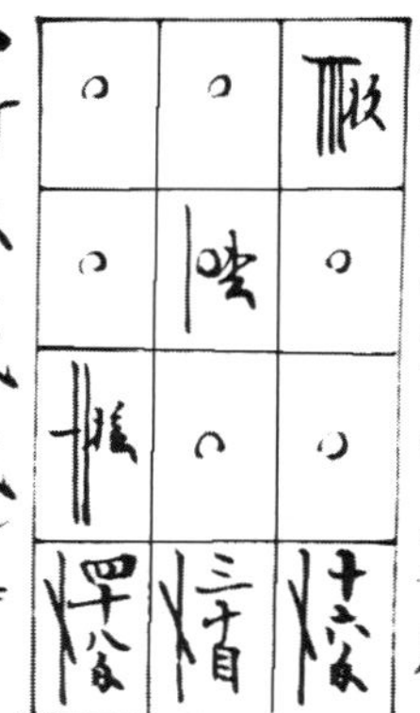

名子式

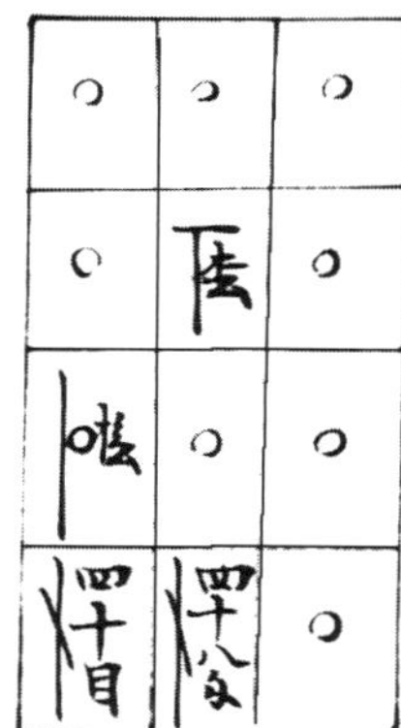

甲式

於是見ニ甲式ハ此巻第二ノ顆ヲ
呈ニ數乙式ニ又壬數ナリ故ニ己下
第二ノ術ヲ推而檜一丈十代ヲ得ル

斗数ニ仍テ右行ニ五ヲ乗シ得子名
中行ニ三ヲ乗シ得式丑名
又右式ニ二ヲ乗シ得式寅名
又左行ニ三ヲ乗シ得式丣名
丑式ヲ以子式ヲ減シ得式甲名
寅式ヲ以丣式ヲ減シ得式乙名

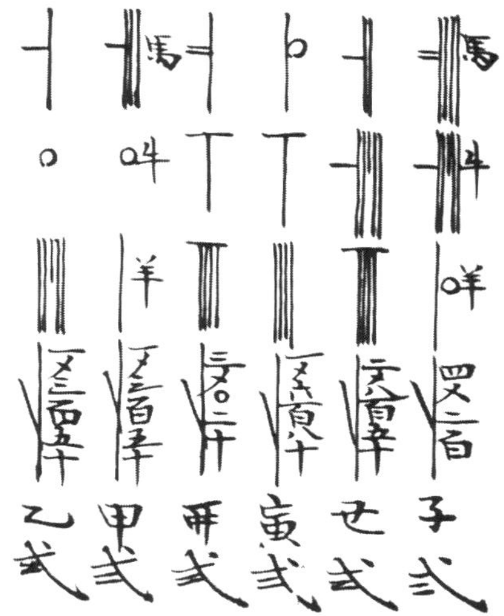

此式ヲ見ニ甲式馬十三匹ト羊一匹ノ代ノ合而得数也乙式ハ馬十一匹
ト羊五匹ノ代ノ合而得数ナリ此差ヲ羊ニ一ノ類餘ト半ヲ故ニ己下此
差ニ三ノ術ヲ推而馬一匹ノ代銀ヲ得ルナリ

解　図

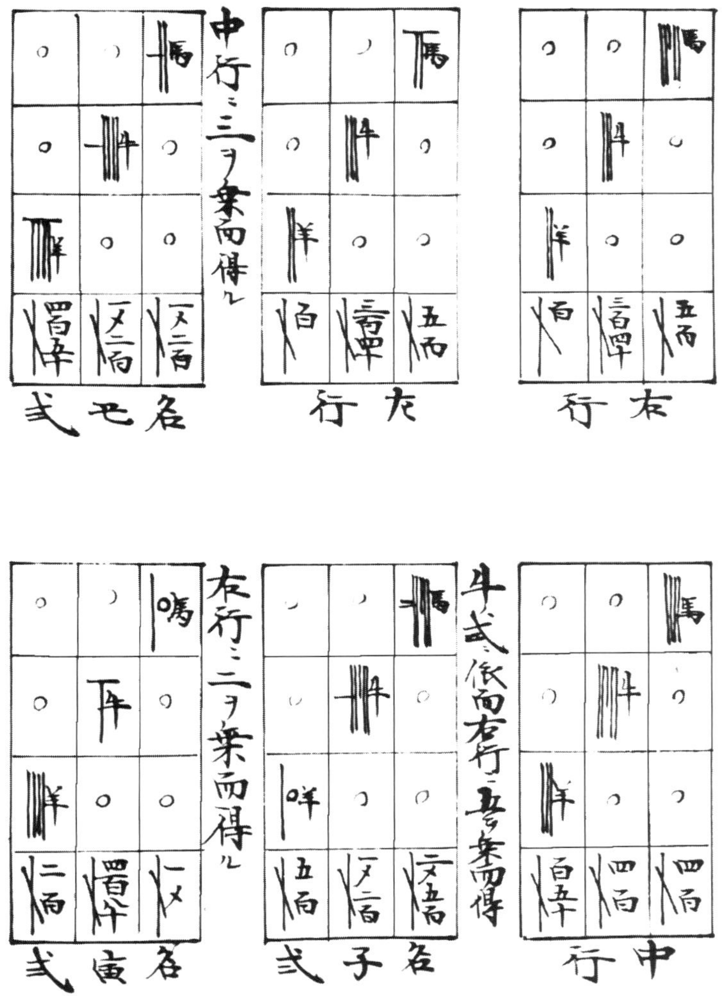

左行ニ三ヲ乗而得ル

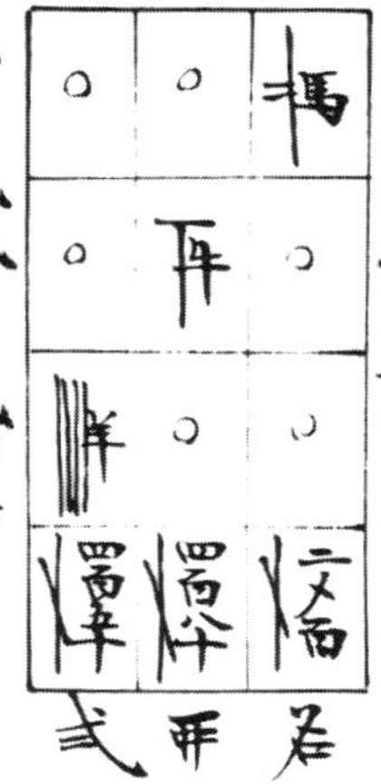

以寅式蔵丙式而得

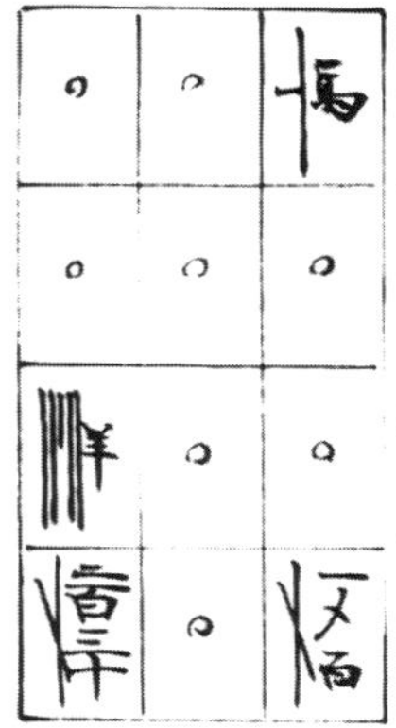

巳式ヲ以蔵子式得ル

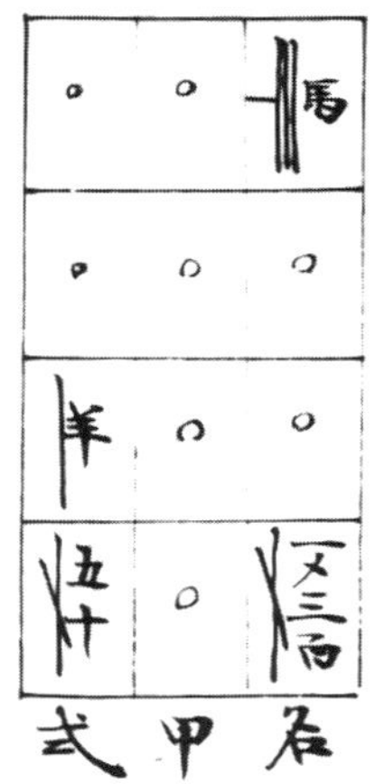

於是見ニ甲式ハ此巻ノ第三只云数ト等シ乙式ハ又云数ト等シ故ニ以下ノ術ハ此巻ノ第三ノ術路ヲ推而馬一疋代ヲ得ナリ

一

牛一疋羊一疋代金馬一疋ノ代ニ等シ馬五疋牛十疋羊三疋代四十九両馬二疋牛一疋羊三疋代一二十両各一疋代問

答　馬一疋五両　牛同三両　羊同一両

術

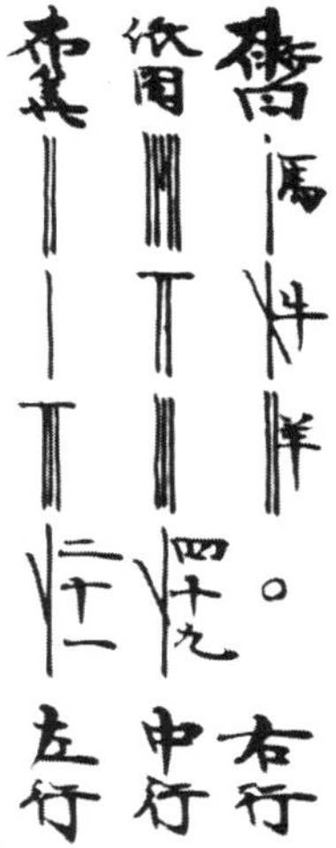

馬ノ数ニ仍而右行ニ五ヲ乗シ得子式右

又左行ニ二ヲ乗而得巳式右

子式ヲ以中行ヲ減シ得甲式名異

巳式ヲ以左行ヲ減シ得乙式左式

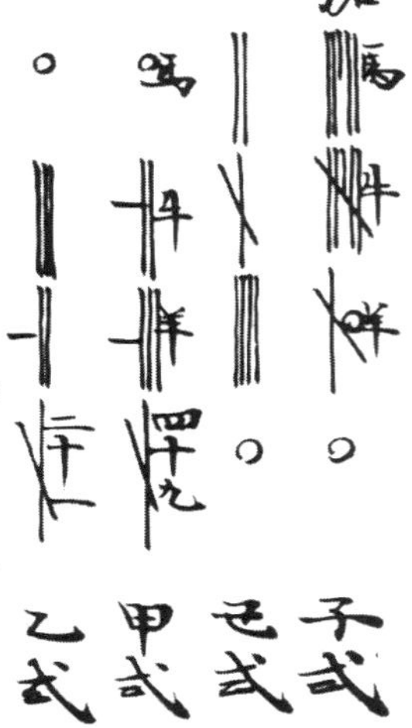

是式ヲ見ニ甲式ハ牛十二疋代ト羊十二疋代ノ和乙式ハ牛十二疋ト羊十二疋ノ代金ノ和ナリ是此巻第四ノ数ト等シ故ニ以下第四ノ術ヲ推而羊一疋ノ代金ヲ得ルナリ

解　図

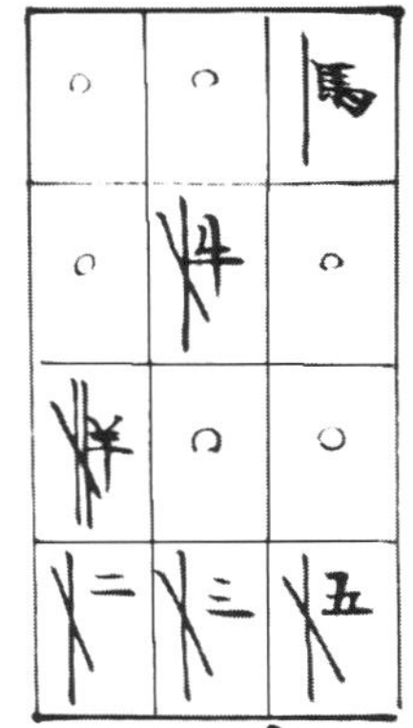

右行

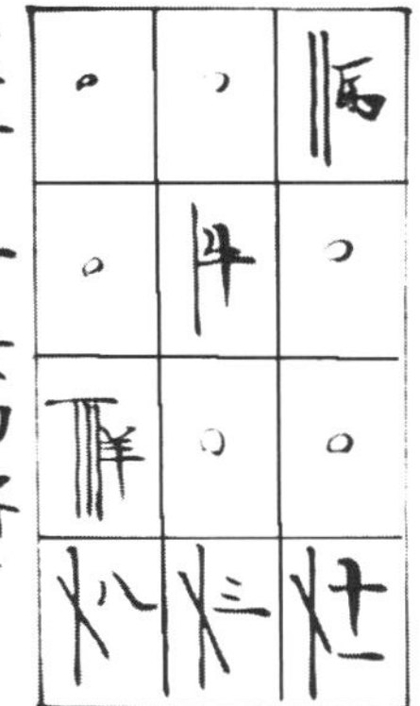

左行

右行ニ二ヲ乗而得ル

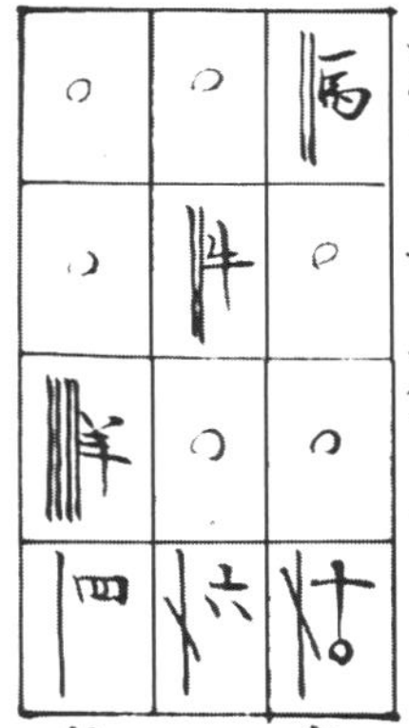

名巳式

巳式ヲ以左行ヲ減シ得

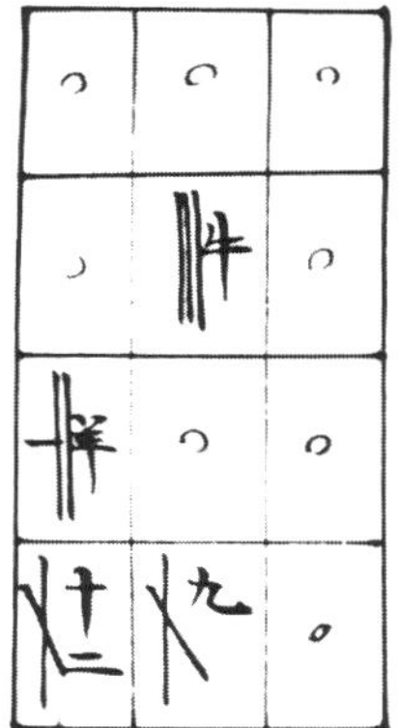

為乙式

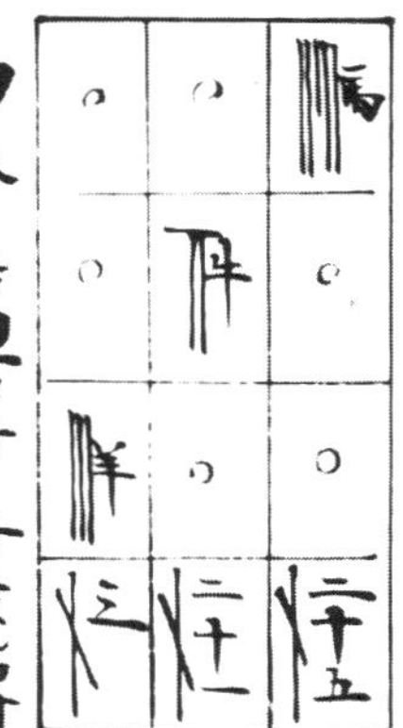

中行

馬數ヲ倍而右行ニ五ヲ乗シ得

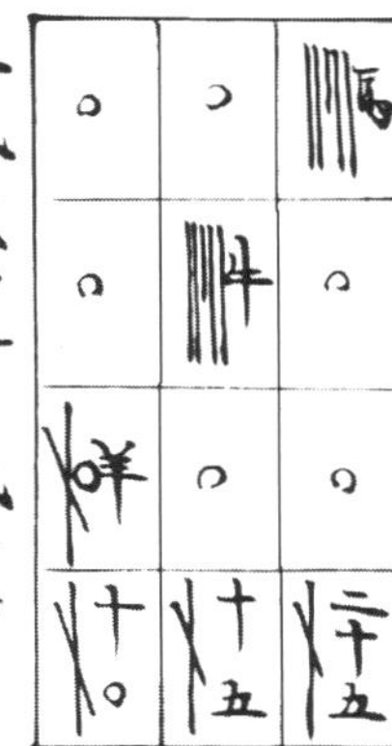

名子式

子式ヲ以中行ヲ減シ得

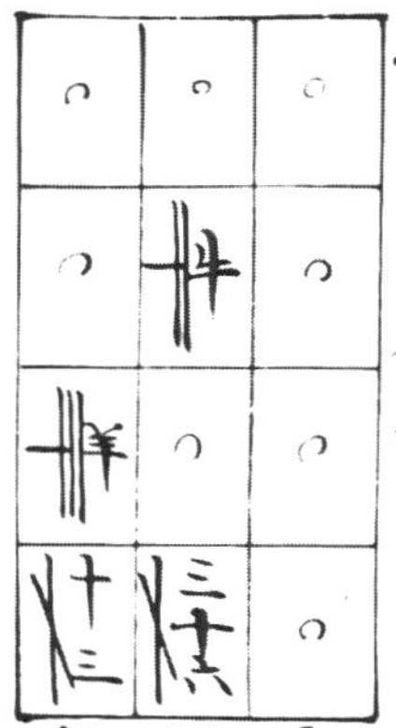

為甲式

於是見ニ甲式ハ此卷ノ第四ノ只云數ト等シ乙式ハ又云數ト等シ故ニ已下ノ術此卷第四ノ術ヲ推而第一左ノ代金ヲ得ル也

絎四疋緥綫一疋代金合絎細五疋代ト等シ又曰緼細五疋ト緥綫三疋代ト等シ絎三疋細一疋綫七疋代銀四十貫〇九目而各一疋代若干

答　絎五十目　細百廿目　緥二百目

術曰

依商

全乗

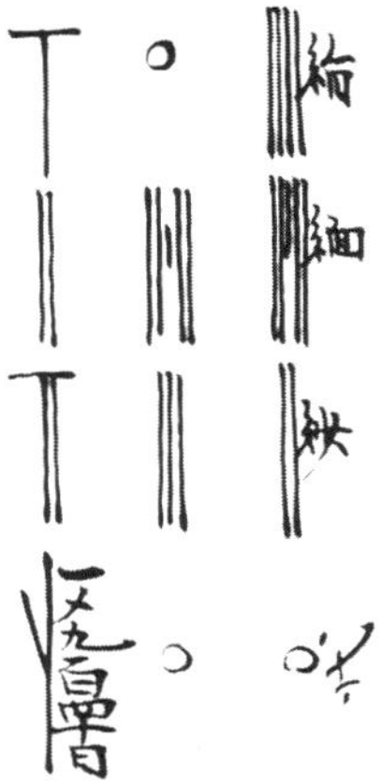

右行　中行　左行

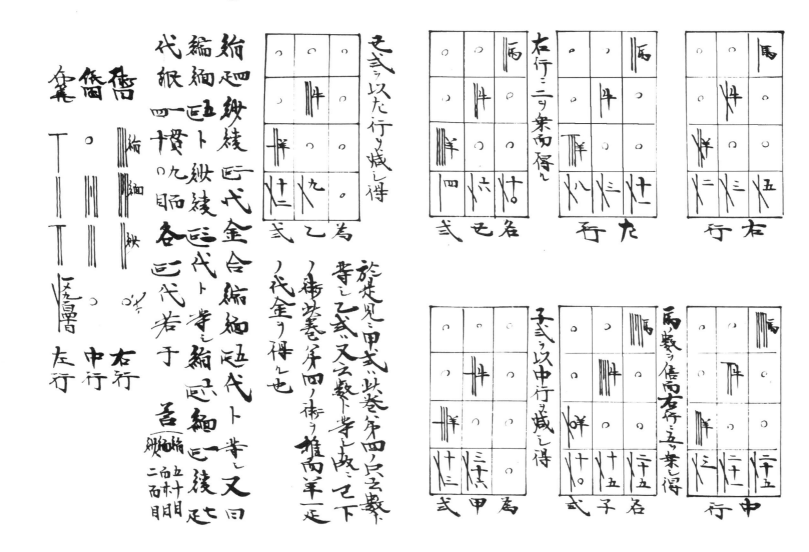

各紋ノ數ニ依テ右行ニ七ヲ乘シ得式 子右
左行ニ二ヲ乘シ得式 巳右
中行ニ七ヲ乘シ得式 丁右
左行ニ三ヲ乘シ得式 丙右
子式ヲ以巳式ヲ減シ得式 甲右
丁式ヲ以丙式ヲ減シ得式 乙右

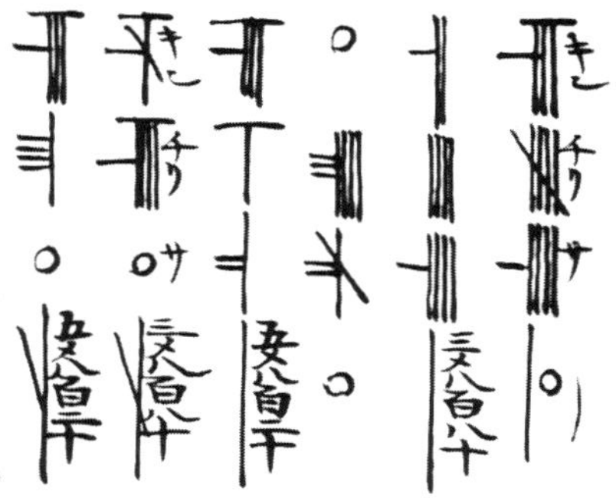

子式
巳式
丁式
丙式
甲式
乙式

是式ヲ見ニ甲式ハ縮細ニ二十九足代ノ内縮十六足代ヲ減シテ得式也
○乙式ハ縮十八巳縮細甲一足代今得數ナリ是則此卷第五ノ
類ト雖トモ常ト異ニ故ニ以下此卷第五ノ術ヲ推テ縮一足代ヲ
得ルナリ

解　図

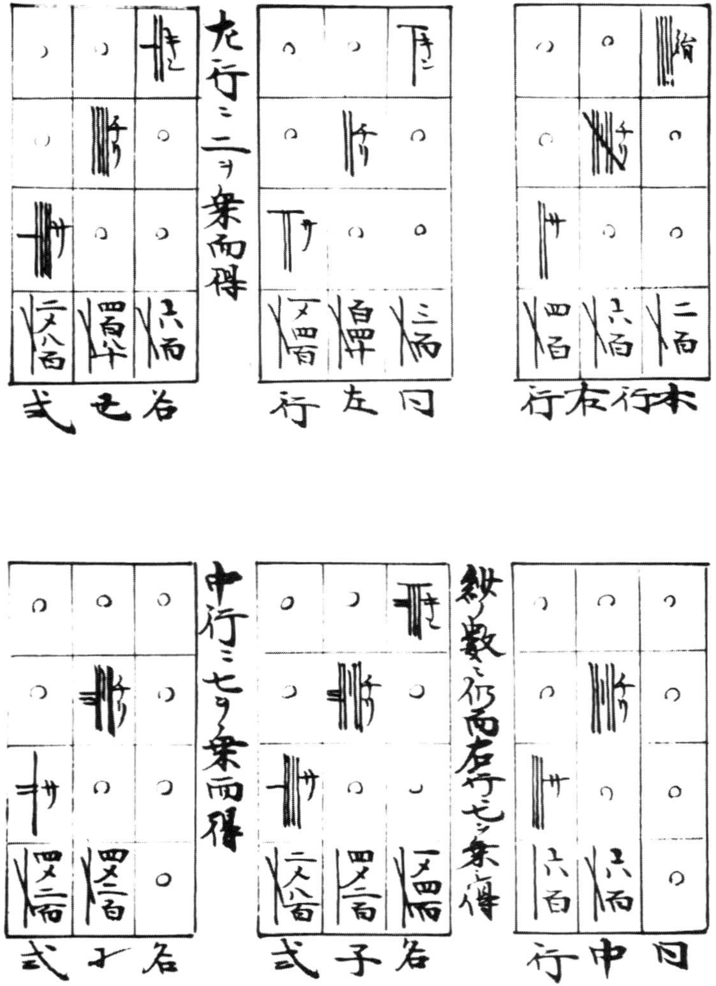

本行右行

左行

左行ニ二ヲ乘シ而得

巳式

中行

紋ノ數ニ依而右行ニ七ヲ乘シ得

子式

中行ニ七ヲ乘シ而得

丁式

左行ニ三ヲ乘シ而得

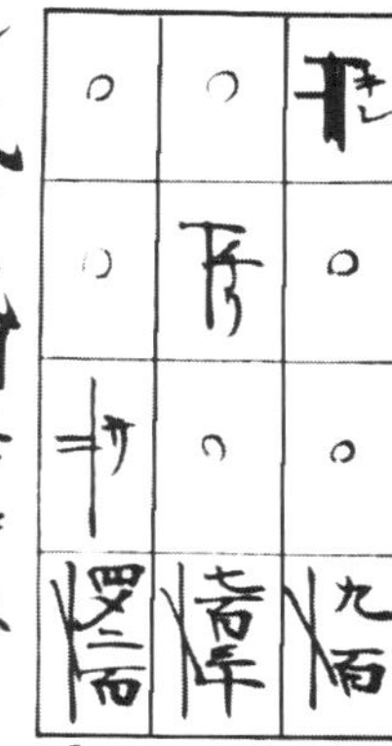

子式甲式相併得象

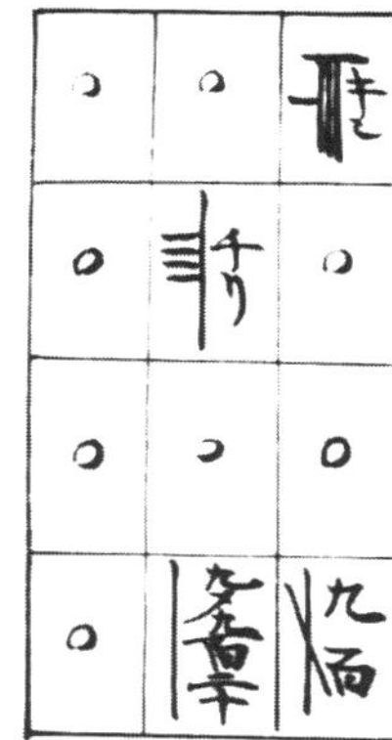

子式ヲ以乙式ヨリ減シ得象

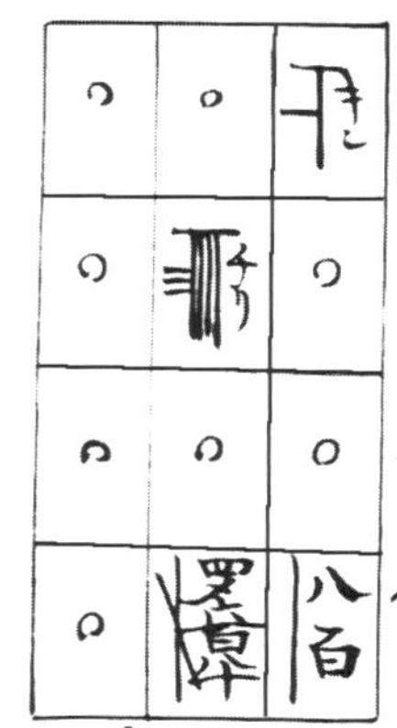

於是甲式ハ卷ハ第五只五數等シ
又乙式ハ又五數ト等シ故已下第五
ノ術ヲ推シ錯綜一是代ヲ得
ナリ

綸廷三布廷五代秭ヨリ細廷九代脈多三緒廷五
布廷代合而細廷十代ト半シ緒廷二布廷十五細廷九
代吻ヤ二脈各一是代
呂緒八百緒七二十明

術　右行
依図　中行
布算　左行

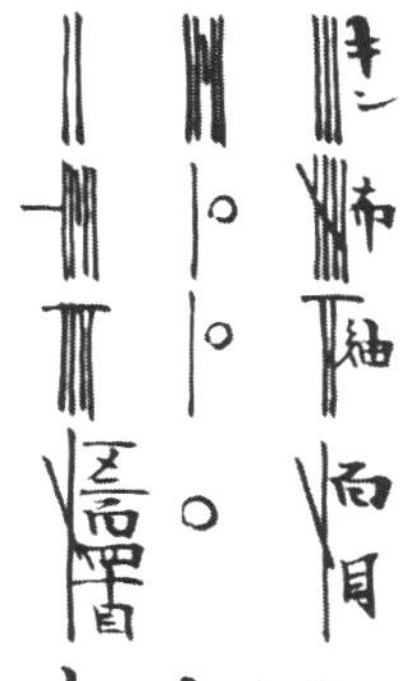

布數ニ依而右行三ヲ乘而得子括　子式
右行ニ三ヲ乘而得式　丑括　丑式
子式ヲ以中行ニ加得式　略　甲式
丑式ヲ以左行ニ加得式　乙括　乙式

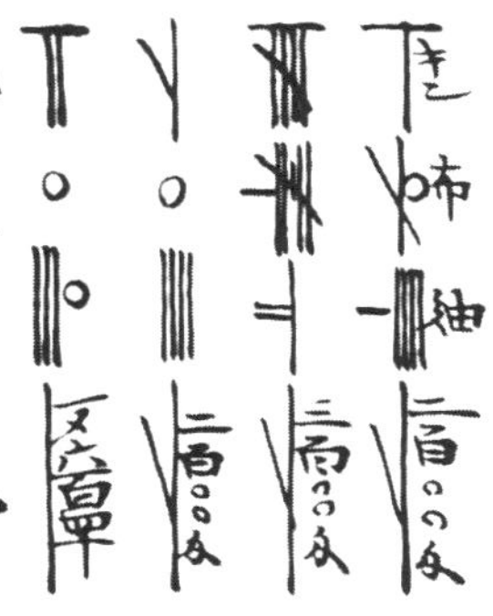

是式ヲ見ニ甲式ハ細四是ハ代縮一是ハ代ヨリ二百日高ノ乙式ハ細三是
代ヨリ縮七是ハ代ハ一貫五百四十日高ニ是ヲ卷ヒ第五ハノ類術ト等シ
故已下卷ニ第五ハノ術ヲ推而緒一是代ヲ得　解圖

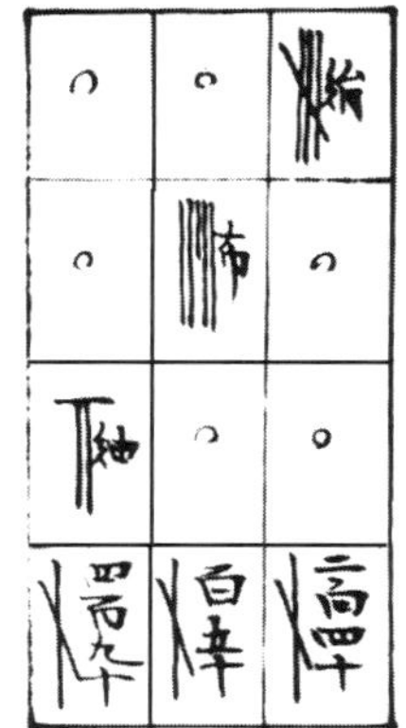
本衛右行

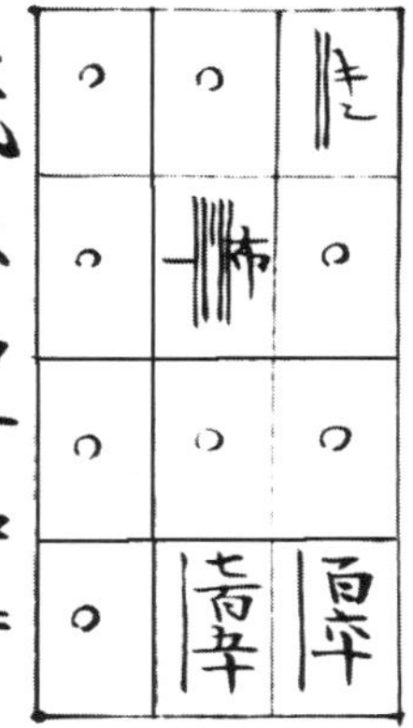
同九行

子式ヲ以テ中行ニ加ヘ得

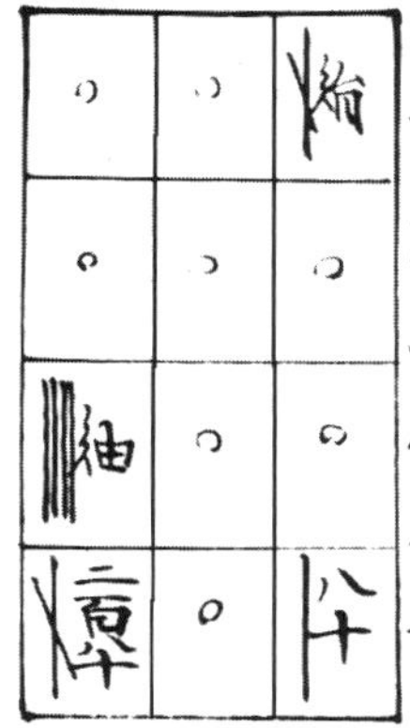
甲式

右行ニ三ヲ乗而ウル

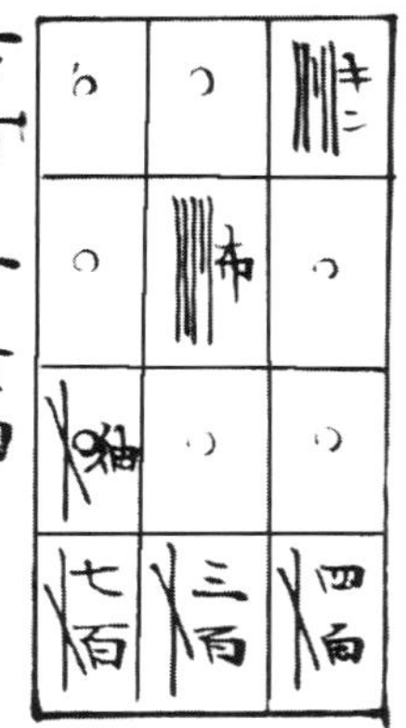
同中行

巳式ヲ以テ左行ニ加ヘ得

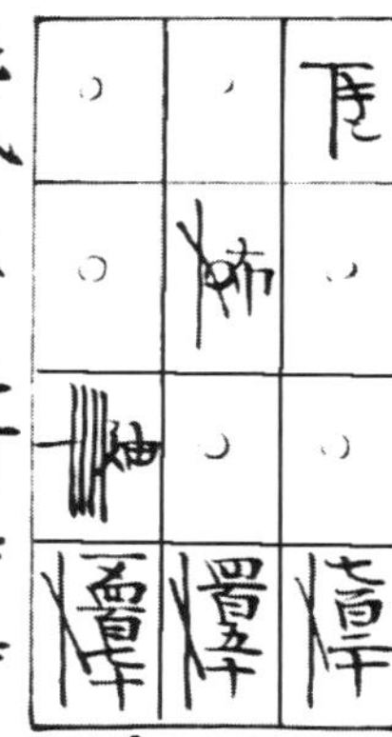
巳式

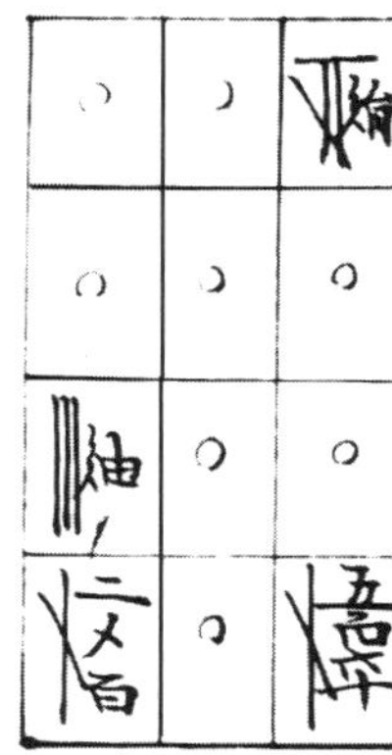
乙式

一

於是見ニ甲式ハ本巻第五ハノ只之數ト同ジ乙式ハ大之數ト同ジ
故ニ已ニ下ハ第五ハノ術路リ維而紬一巨ノ代ヲ限リウル
絎巨ニ布巨五代合テ絎巨ニ代ヨリ吠吏吠六肝ヲミ
絎巨ハ布巨三代合テ紬巨ニ代ヨリ九肝ヲミ
絎巨六布巨六紬巨七代合柱巨六巨五各巨代若干
岩絎一巨肝二十布同外紬同吐肝

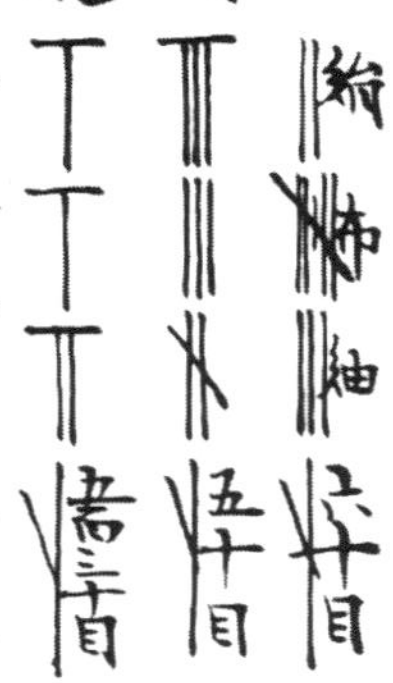

衛同　右行
依図　中行
布集　左行
絎數ニ依而右行ニ四ヲ乗而子路
右行ニ三ヲ乗而也路

子式
巳式

丙式ヲ以中行ニ加而得式略　○　○　百二十　甲式
乙式ヲ以左行ニ加而得式　乙右　○　乙式
是式ヲ見ニ甲式紬十一巳代ヨリ布十七巳代ハ三百二十目安ニ又乙
式ハ紬十五ハ乙代ヨリ布九乙代ハ七百十五安ニ是又巻ノ弟七ノ題解
ト等シ故ニ以下ノ術ハ巻ノ弟七ノ術ヲ推而布一巳ハ代ヲ得　解図

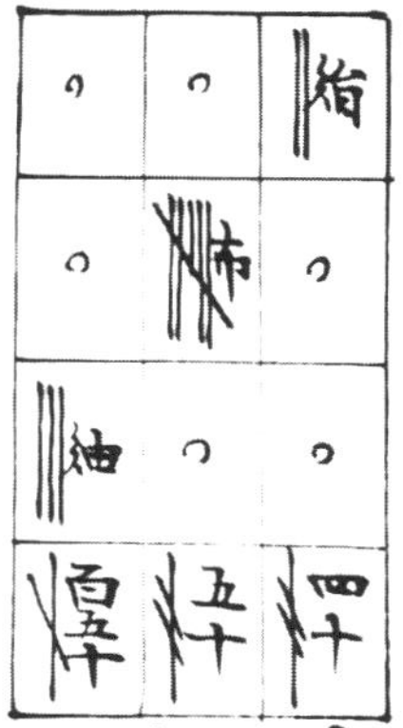

本行右行

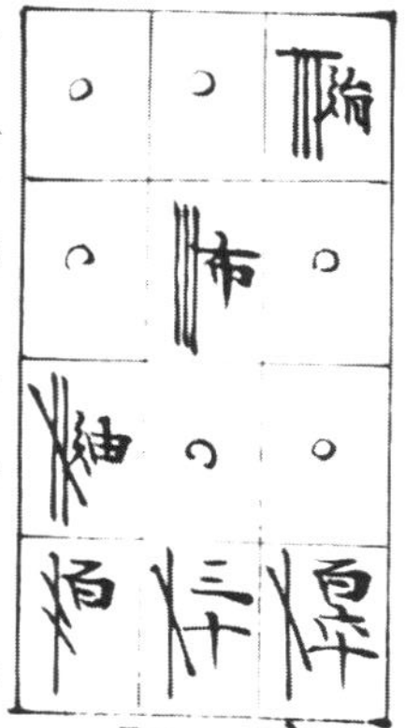

中行

縮数ニ仍而右行ニ四ヲ乗而得右象

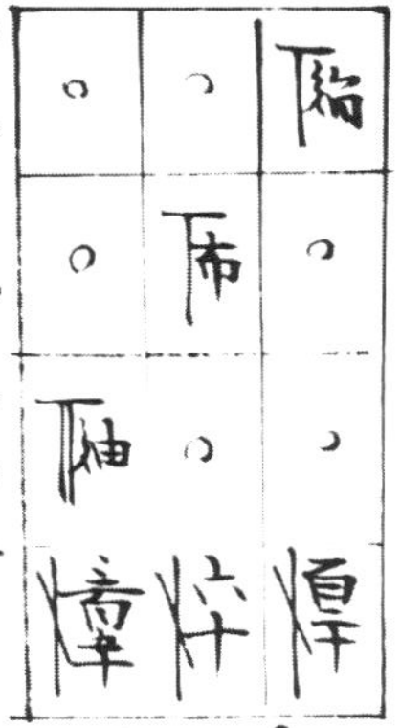

左行

右行ニ三ヲ乗而得

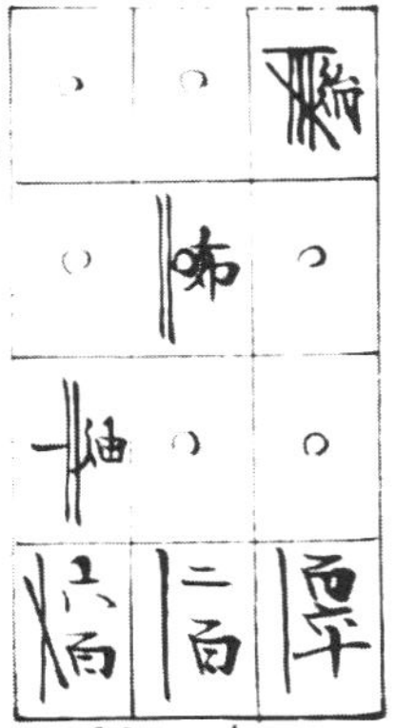

子式

子式ヲ以中行ニ加而得象

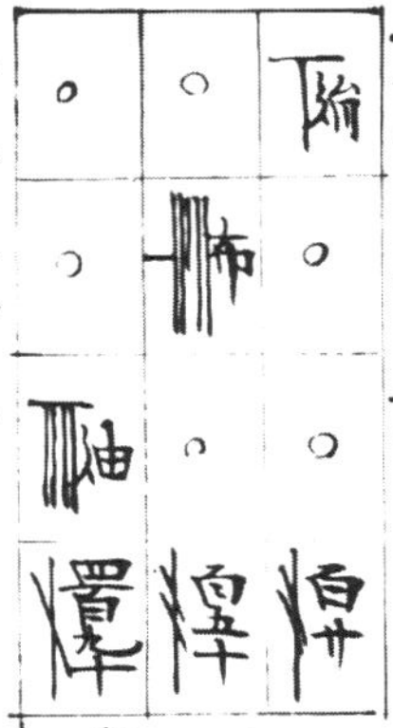

己式

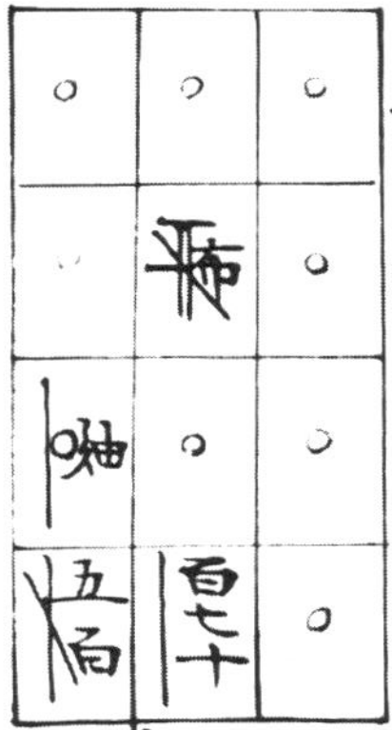

甲式

己式ヲ左行ニ加而得象

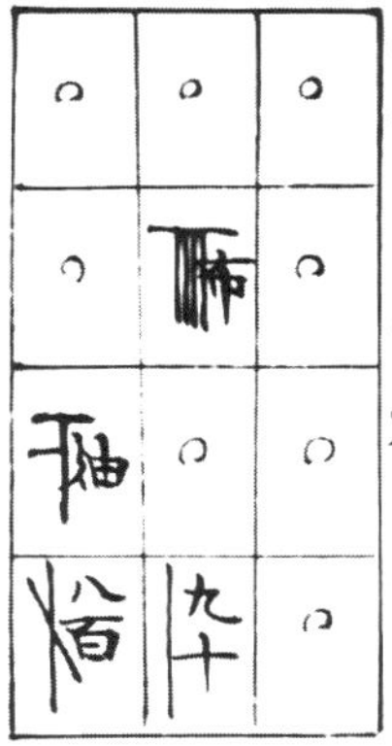

乙式

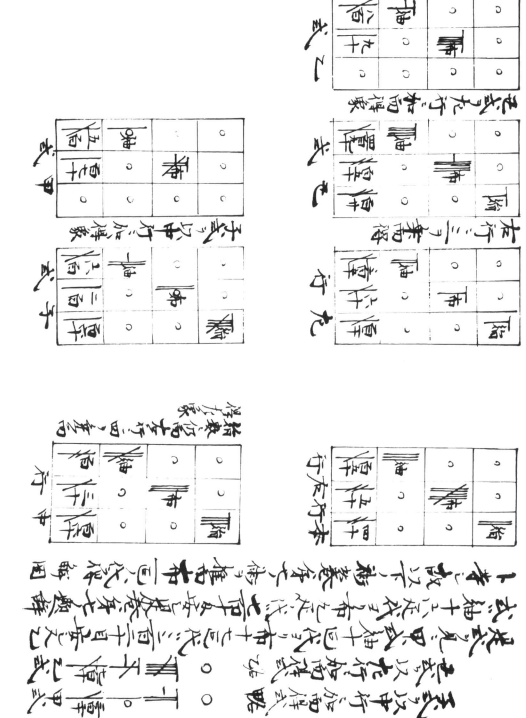

於是見ニ甲式ハ巻ハ第七只云數ト等シ乙式ハ又云數ト等シ

故以下ハ第七ノ術路ヲ推而布一叵ノ代限ヲ得也

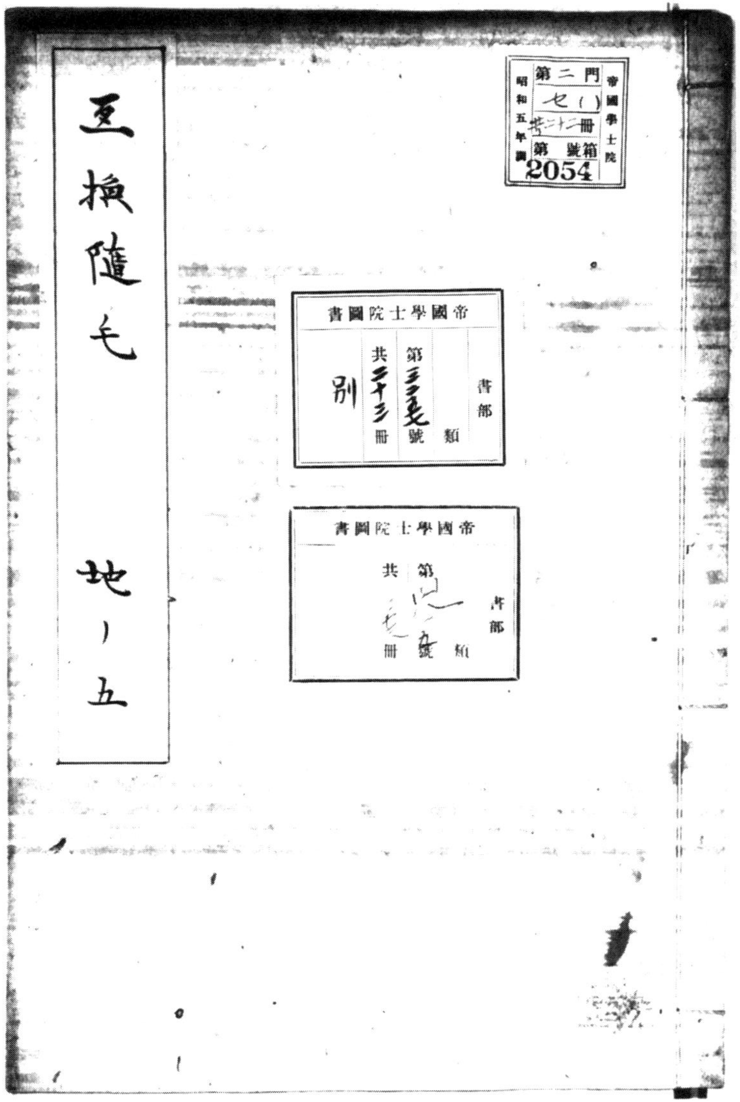
互換隨毛
地ノ五
帝國學士院
第二門
七(一)
第 號 箱
冊
昭和五年調
2054
帝國學士院圖書
部 類
第三二五號
共三十三冊
別
帝國學士院圖書
部 類
第 號
共 冊

関流算法草術

互換随乞

四十石有買之只云米八石代四十四両八十四匁二分而代銀何程

答 一人四百四十〇目

術曰云米ヲ置 上ケ四十石 為実代銀

ヲ列シ四百八十目 是以八石除之 一石代銀ヲ得シ四百八十目 乗実惣

代銀トス 八石 四百八十目 也 本術曰置通有米乗代銀以只云米除之

得惣代銀

一 金二十六両ヲ以綿ヲ買但綿一五斤十ヲ代金二十六両充而買綿何程

答 六十五斤

術曰直金ヲ置 上ケ二十六両 為実但綿ノ

斤数ヲ置 上ケ十斤 代金以六両除之為金一両分ノ綿 上ケ十斤 也

以乗金買綿為惣斤数 二十六両 六十五斤 也 本術云金ヲ列シ

柳[illegible]甚之允

今有代數以代金除之得買綿ノ總斤數
借米四石二斗有 右綿入今把ノ長ヲ以還之依數何程 答曰一斗
術曰 借米ヲ還ニ斗 乘依數 得總石數為實 以依數ヲ以除之
以依數ヲ得 四斗 也

馬二疋 代ハ 二十一両有 一疋ニ付直金 以總價ヲ以斗二十一両ヲ一疋價ヲ率
答 一疋 直金二両 術曰 馬數ヲ列シ 以直金
今之得總代金 為實 以除之 得一疋代
八十角 一ツ 布 今把角ニ換ル 木數何程 答 把角 四本
術曰 角面ヲ列 八十 為實 角面 四寸 自之
四寸巾 以除實 八十本 也

布有曲尺長五丈 代銀七匁 今呉服尺長五丈代ヲ率 答七十四匁目
術曰 呉服尺ヲ列シ 以定方 曲尺 為實 別代
銀ヲ列シ 以布長ヲ以除之 布曲尺 代 得 實 ヲ得
以 以 定方 曲尺 得
ノ 為 ヲ以除之 呉服 尺 代 得
京間長四間 以 田舎間 長 換 間 率
答 一十二間 術曰 京間ヲ列シ 京間方ヲ乘
責 為實 田舎 長ヲ列シ 以 除之
為法 以除實 換 間 尺數
田舎間方 以京方ノ 之代
故 術曰 京長 一十二 田舎間方 一百 為實 別 田 四 以除實 換 間 得 一 間

一 銭二十貫四十八文ヲ以米四石八斗ヲ買今銭二十貫〇四十文以四斗俵ヲ買俵数
何程　答一十五俵
術曰置米四石八斗以銭二十貫四十八文除之銭一文ニ米ヲ得以乗今買代銭米之今買米ヲ得四斗ヲ以除之得俵数
又術曰置米四石八斗ヲ列シ今買代銭二十貫〇四十文ヲ乗之為実
四十八文ヲ以四斗ヲ乗之為法除之得俵数也
ヲ列シ今買代銭二十貫四十文ヲ以四斗ヲ乗之為法
以除実得一十五俵

一 粟有七十二石ヲ人二十日ニ与ヘ今粟七十二石ヲ人二十日ニ与ヘ人数何程
答二百二十一人
術曰置日数以日除之一日ニ粟石ヲ得二十日ニ人数以七除之
人一日ノ粟石数ヲ以テ除実得人数
一日ノ粟石数ヲ以除之
又術曰置粟ヲ列シ以テ人数ヲ乗之

一 圓筒有、高二尺今圓周三尺ノ筒造ル束数何程
七十二石為実以二十日除之得人数
答二十五束
術曰置圓周ヲ列シ自之定法ヲ以除之得平圓積
圓ヲ列シ今圓周自之定法ヲ以除之得平圓積
為方以除實今造ル束数ヲ得
平圓積ヲ以除之得束数

一 木有長二間方四寸ノ木ヲ据之直價銀一匁五分今長二間方六寸ノ木ヲ据其價
故又術曰圓周ヲ自之為法今造圓周自之為實
自之四寸為方以除實得今造束数

銀何程　答　二匁二分七厘五毛　術曰今長間ヲ列シ
今三間乗間方六尺併数方於六乗而得（方六寸間方六尺）為實別長（間二）
ヲ列シ長二間乗間方六尺併数方把ヲ乗而（方四寸間二間）以テ一通
ノ鋸賃一匁五分ヲ除テ尺一坪ノ鋸賃ヲ得如九象
（一匁五分）以乗實今（一匁五分方六六長三）乗除数同（一匁五分方六六長三寸）
（方四寸間方六長二間）鋸賃ヲ得（方四寸間方六長二間）也　右済之（方四寸長二間）也

故又術曰今長ニ乗方六千而四八十價銀一匁五分ヲ乗シ七二十為實
元長二方四ヲ乗而八為方以除実今ヲ鋸賃銀ヲ五ヲ得シ
織女八人九日ニ四疋二十疋ヲ織ル今七人増而都合十五人織ハ二十日
布疋数何程　答　織布六十〇疋　術曰織女ヲ列
八人（増七）人ヲ加ヘ十五人日数二十ヲ乗シ相（十三）為實別布（四疋二十）
ヲ列シ（二十四疋）以織女八人除之又初日ノ日数九ヲ以除之一日一人ノ
織数ヲ得（初八人初九日）二十四（疋）実ニ乗而為惣疋数（後日十三　二十五人　二十四疋）（初八人初九日）也
故又術云織女八人ヲ列シ増七人加ヘ後得十五
日数二十ヲ乗而二十四疋ヲ乗而得人数惣布帛〇人為実織女八人
ヲ置初日数以九乗之得二十七人為方以除実惣疋数六十〇疋ヲ得
竹一竿有周九寸長四間今周八寸ノ竹ニ換ル長何程
答　五間三寸七分五厘　用間率二八尺
術曰長四ヲ置（長四間）乗間方六尺惣長（四十八尺）寄位周九寸ヲ列シ
（周九寸）自之定方八十一ヲ以寄乗シニ除キ平面ノ図責ヲ得ル（積八十一寸五十五寸）
乗寄位得惣責（間方六　四十八尺）為実今周八寸ヲ以（今周八）自乗シ定方
五十二六ヲニ除而換（十三寸）竹平面図責ヲ得ル（積十三寸五十六）為法

以除実　来除数　以間方　来除　也
換竹尺数　十六ヲ五六也　同右相　除之換　数同　今周巾
故又以周九自之八十一ヲ長四十ヲ来而折半為実替求周於
自乗四十ヲ為方以除実得拉間之下来間方ヲ来而
換長拉間之十ヲ得
初夫七人ヲ雇日ノ賃金二両今一五匁ノ雇賃銀匁ヲ出ス但金
両ニ銀六十匁替也雇人数何程　答雇夫二十八人
術曰賃銀匁ヲ列シ匁日今日数以十五除之匁ノ賃銀ヲ
得為実別ニ旧賃金二両ヲ置来匁日数以八除之
又旧人数以七除之　為法以除実　為人数
百人ノ賃銀ヲ得　故又得旧今ノ賃
匁旧夫七人ノ反日数

八ヲ以相乗四十目ヲ為実旧賃金二両ヲ置両替六十目ヲ来而一十目ニ今
日数以五十ヲ以来之而匁ハ為法以除実得人数八人
廣二尺厚一寸長二間ノ板四寸有廣一尺厚二寸長一間ノ板ニ
換ハ板数何程　答替板六十枚　術曰長二ヲ置
長間来間方二間　以廣二尺　厚一寸ヲ来ヲ
来寄位而板ノ責ヲ得　来板数四十五為惣板ノ責数
為　換廣一尺　寄　替長一間
実　為方以除実　得　来除数　也
道来間方
得　来位
枚ノ責ヲ得

故ニ入借廣二十尺厚一寸相乗ニ一二尺長二ケヲ以乗之得数ニ四尺板数
五十ヲ乗シ寸ニ為実別ニ廣一尺厚二分相乗二尺得一ニ尺長半ヲ
乗テ一ニ尺為法以之除實得板数ニ十枚ヲ得

東家数八家毎ニ馬七疋ヲ持時ニ豆二斗ヲ四升紙ヲ買今西家ニ
馬五疋有豆四斗ヲ運ノ日数何日ニ而運畢ル

答　一十二日

術曰西豆石数ヲ列豊西馬以五除之得馬一疋ノ運之高 西豆馬五 為実列東豆石数東豆高日数以六
除之日ノ運之高トスルナリ 東豆高日数 又家数以八除之一馬七疋
ノ運高ヲ以東豆高馬数以七除之馬一疋一日ノ運高ヲ知ルヲ
以除実 東家八 為運数 日数六 西豆高 東馬七 西馬五 也 東豆高 東家八 西馬数七

故又曰西馬 四五 以相乗一十二石四斗 東家数八 日数六ヲ以相乗 為実
列東豆二十四石 二十六 西馬数五ヲ以乗之二百
八十石為方 以除実得運日数一十二日

絹一疋代銀二羽二重一疋代銀四十匁ニ十分也今呉服尺ノ
絹一疋ニ十ヲ買而鯨尺ノ羽二重ヲ買過ル余石足ナシ但羽二十六
〇羽二重疋数何程 答 九疋
術曰曲尺ハ絹一疋代
金ヲ列シ 疋十 ヲ乗而相為一疋代ヲ得 羽二 呉服尺ノ足方一ケ乗
呉服尺ノ絹一疋ノ為代銀 絹二疋 疋数十ヲ乗シ為惣代銀
別曲尺羽二重一疋代ヲ列シ曲尺羽ノ紙鯨ノ足方一ケ二ヲ
乗而鯨尺羽二重一疋代銀ヲ得 曲尺羽二重一疋ノ足方二五 為方以テ
除実羽二重ノ疋数ヲ得 鯨尺二十 足方二ケ三 銀相場 金二步 鯨足方一ケ二五 曲羽一尺代銀 也
ト
ス 呉服尺 銀相場 金二步 也

又術曰金ヲ列シ疋二ヲ置銀相場六十ヲ乗シ四十五ヲ
得呉服尺ノ足一ケ二ヲ乗而四十ヲ得絹
足数乗ニ十ニ得二十九匁為実曲尺羽二
重代銀四十匁ヲ置鯨足方二ケ五ヲ乗
十八ヲ得為法以除実羽二重足数 足九

一 假如杉木十本平各拉追限四寸今杉十六本ヲ五寸針買代銀若干

答 五十七匁六分

術曰今杉十六本列八寸置之棄曰

貴方而卒ヲ因貴ヲ得以續棄木數拉得總乘貴續爲

實列元木拉ヲ列元除曰之棄因貴方及木數拉得

續以除元代銀テ代銀ヲ得問元家

以棄實 銀ヲ得

棄除 數同 名相 消得

故今杉十六本 得數 棄得數 木數拉ヲ棄 爲實列元乘

拉自之得數拉ヲ棄而拉五爲方以除實買代銀五十七匁ヲ得

今根米有南三家數五毎家人足六人雇ヲ以根米搬運

今此家數八毎家人足九人雇四三ヲ運畢又其根米ヲ四俵

三而何程

比組數七ヲ棄得總家數人足數九及日數四ヲ棄而

答 八千九百六十俵

術曰此家八ヲ列

得此總人數 實爲

列南家數五ヲ列 棄組數之爲南

家數

總人足數ヲ得

以隂南根米ヲ除 人足得運石數

其家 以棄實 南總 運石 高得

佛米四斗除以 之運 米總 俵數 ト又

也

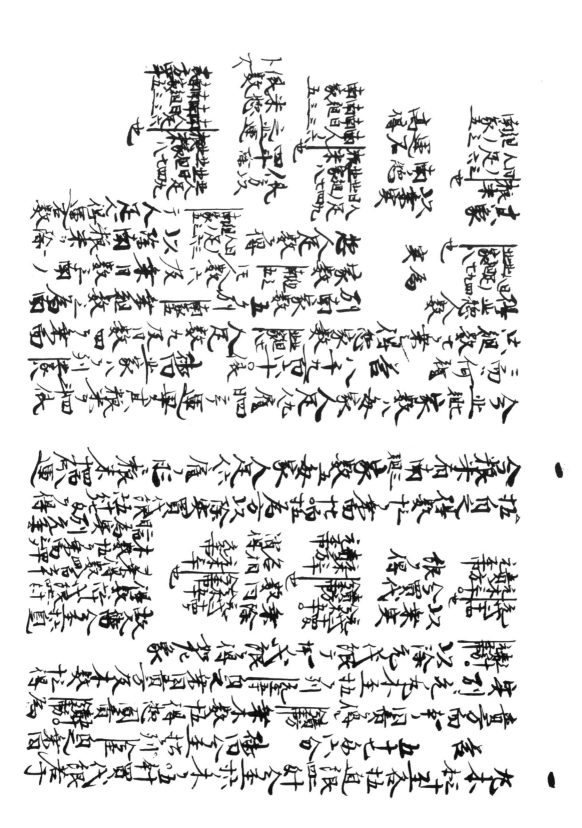

故又術曰南粮米四〇八石ヲ置也家数八及也組数七也日数
四也人足九ヲ乗而得数九六斛八六十万七〇石為實別南家数五
ヲ置道寸、組三及其人数六寸日数之相乗而得数宿依
方四ヲ乗而八〇石ヲ得為方以除實四入八千九〇石ヲ得

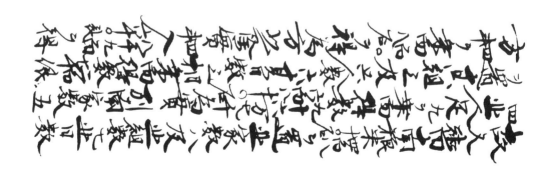

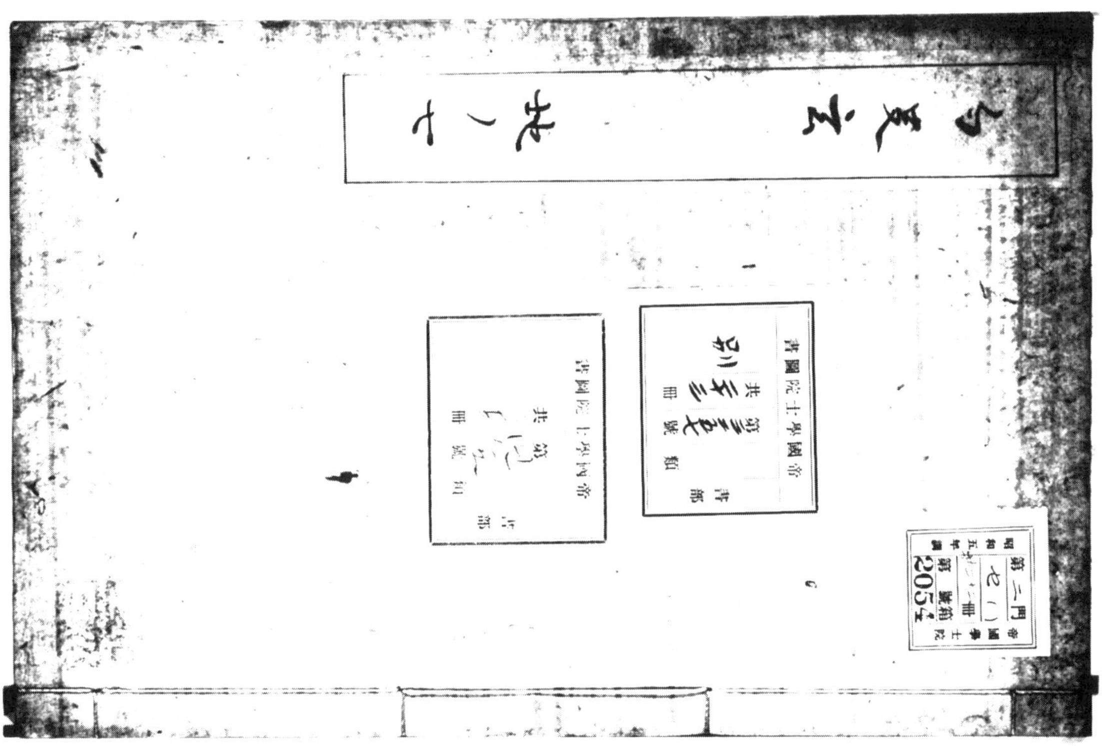
勾股玄　地ノ七

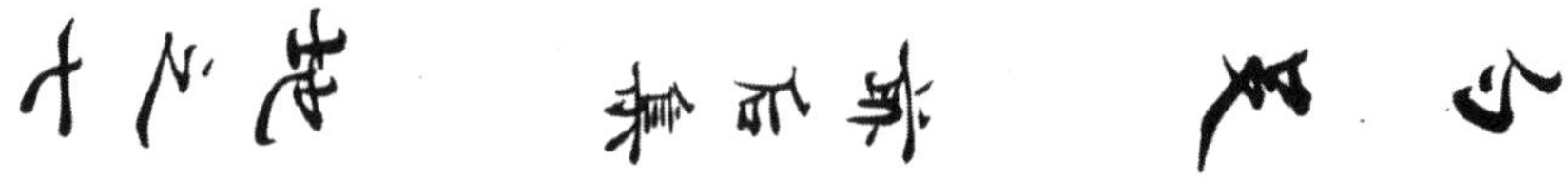

坪井甚也二氏

関流算法巻之

勾股問

勾三寸　股四寸　玄若干

答玄五寸

山路主聴雨編撰
中田高寛同校

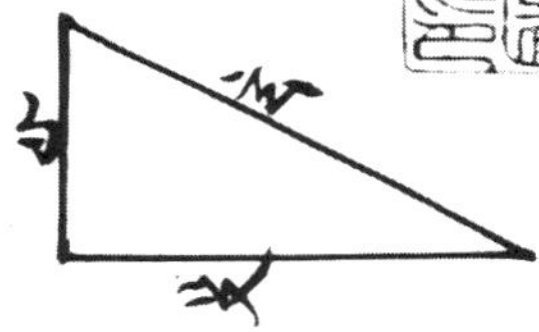

解図

新図

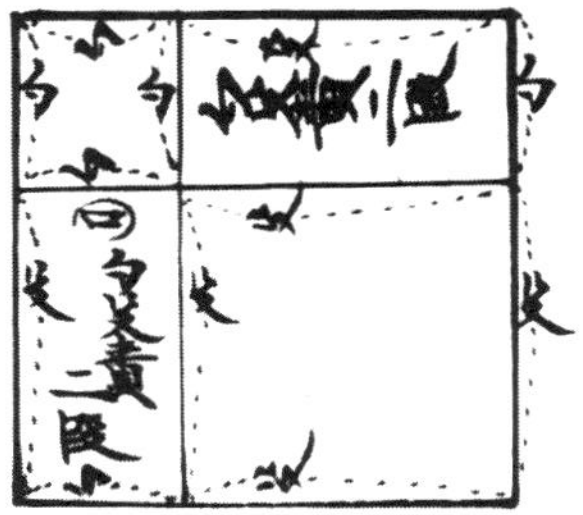

是図ノ象ヲ見ニ勾股和冪ノ内勾巾一段股巾一段勾因股冪二段ナリ

后図

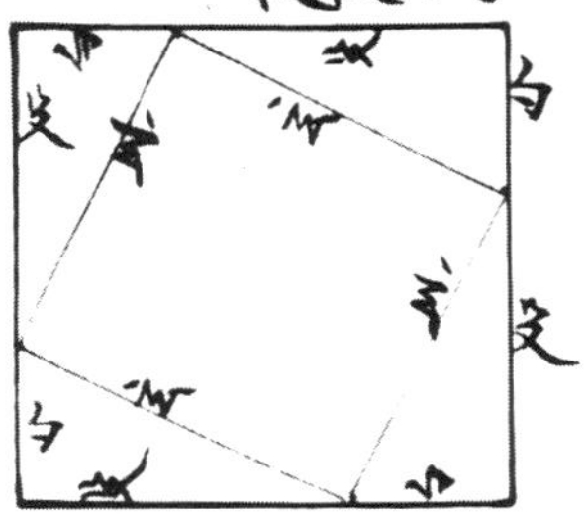

是図ノ象ヲ見ニ勾股和冪ノ内玄冪一段勾ニ股冪四段也

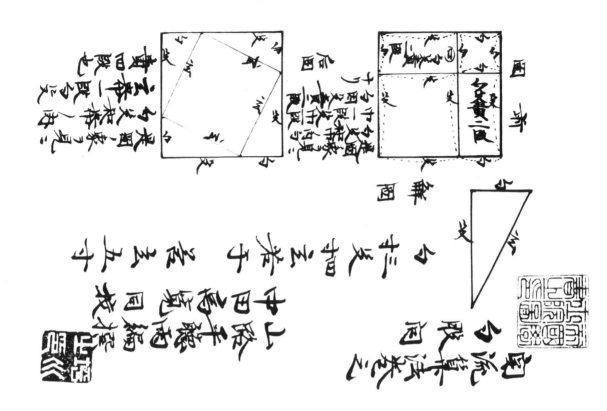

右件句殳和冪ノ象ヲ見ニ斯圖ニハ句冪殳冪股句
殳黄四股四句殳黄四股有是九之相對句殳
黄四股ヲ去而見レハ斯ノ残ハ句冪殳冪相併而得數ト后ニ残ハ
玄冪也半數ナル事分明也故ニ玄ハ句冪殳冪相併為玄冪
平方開之得玄

句殳冪和冪圖

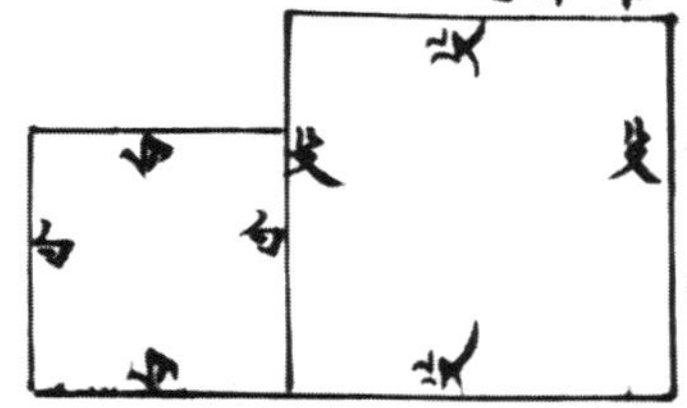

解圖

上圖甲乙句殳求リ遊ル如下圖

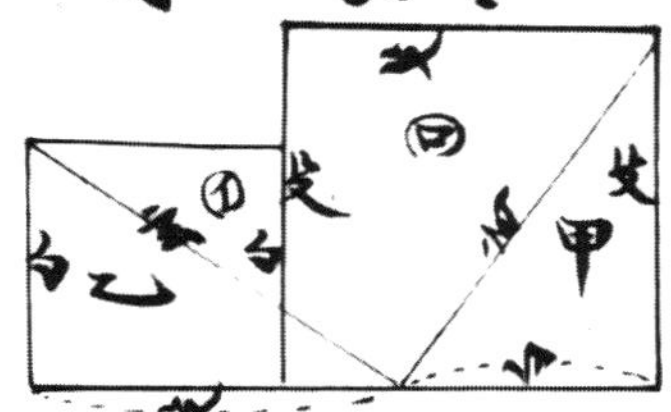

甲乙ヲ上ヘ補而玄冪ヲ得
如左圖

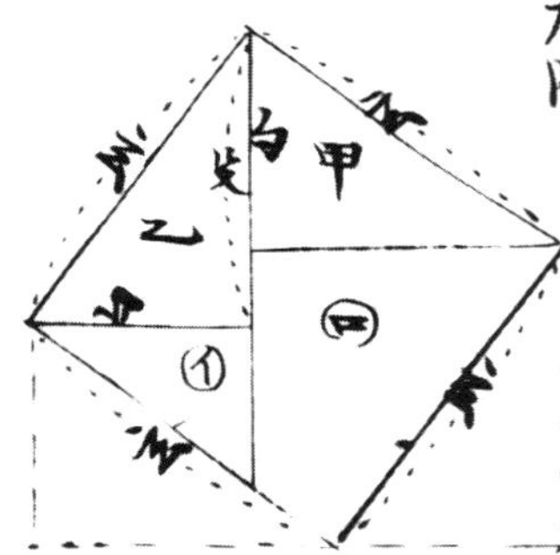

故ニ繊玄ハ殳冪 更之冪也之根 繊玄ハ句冪殳冪和
繊玄ハ句冪 得 句冪殳冪和
解十九下二十一ニ有

玄五寸 句四寸 殳若干 若股四寸
術曰列玄自乗之減句冪為股冪
平方開之得股

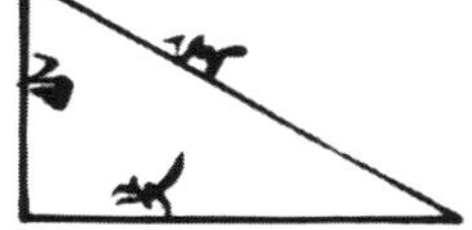

玄三尺 股二尺 向句若干
術曰列玄自乗之内減股冪得句
冪平方開之得句

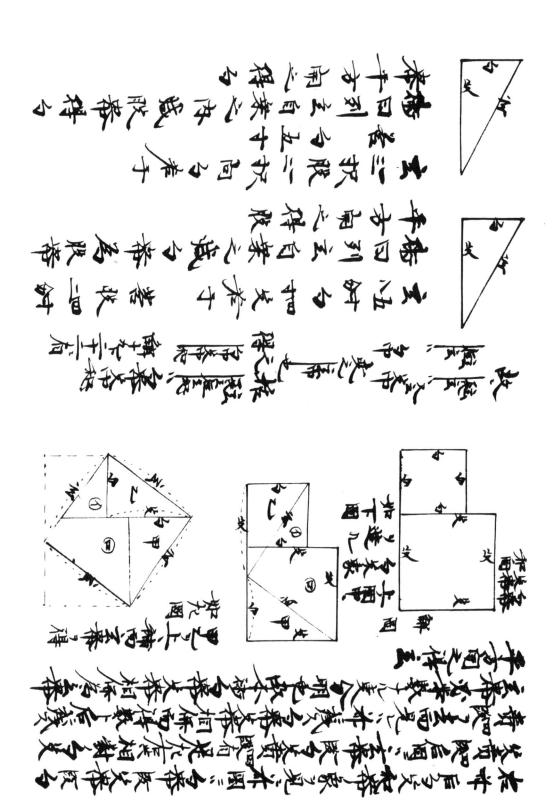

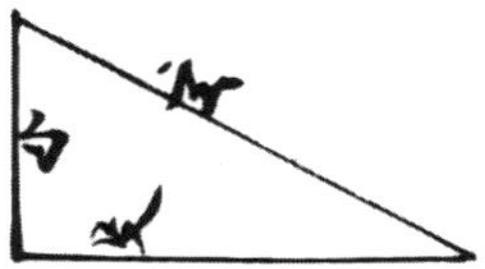

第二第三是二ツハ第一ノ解ニテ分明ナリ故解略之

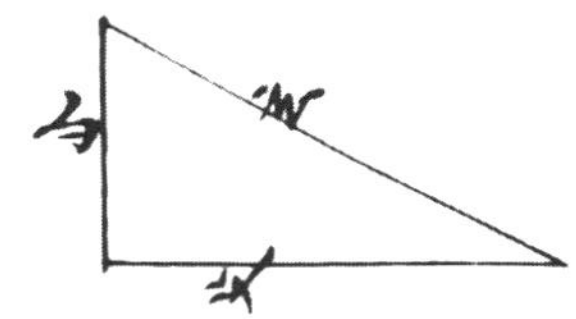

責十二〇百一歩 勾股差三十二寸 勾叏和 及
勾股各幾何 答 勾叏和四十寸
勾二十寸 叏五十二寸

是図ニ依而見ニ勾叏和冪ハ勾叏責八段ト勾叏ノ差巾ノ和也

解図

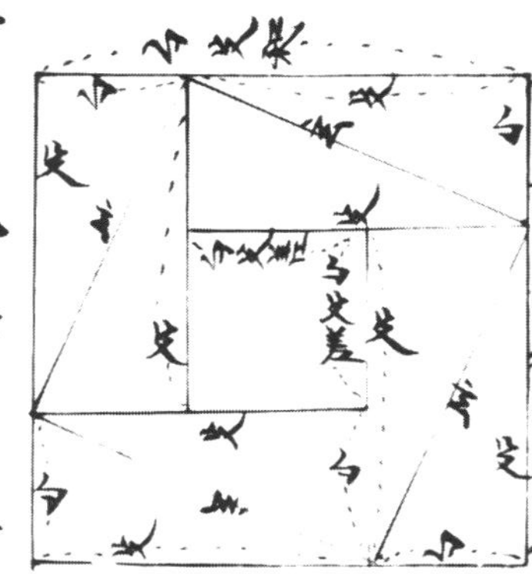

故
本術同列責八之加勾股差冪為勾叏和冪平方開之得勾股和

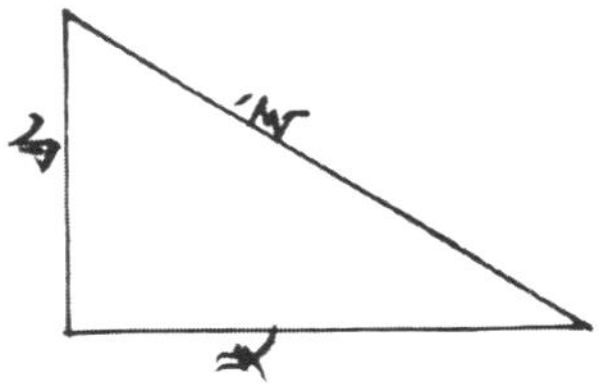

責〇三十寸 玄三十一寸 勾股差 及 勾叏和
勾叏各若干 答 勾叏和 勾叏差 十七寸 五十二寸

是図ニ依而見ニ玄巾ハ勾叏責四段ト勾叏差巾一段ノ和ナリ

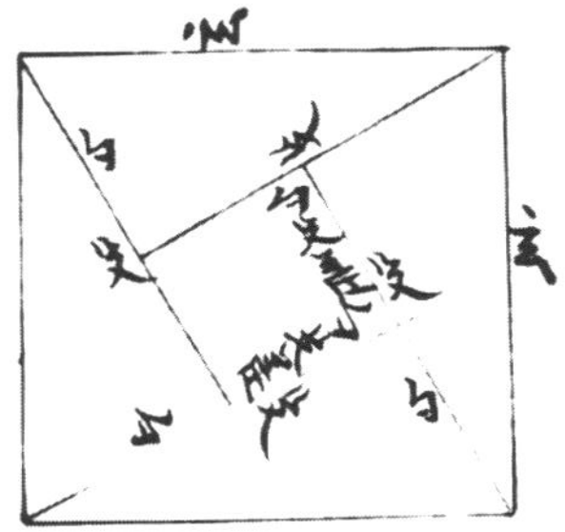

故
本術同列玄自乗之内減責四段為叏勾差冪平方開之得勾叏差 乃以差ト責ト求四術 得勾叏和

責四十寸 勾股和一三十寸 勾叏差 及
勾股各若干
答 勾股差十寸 勾二十四寸 叏二十四寸

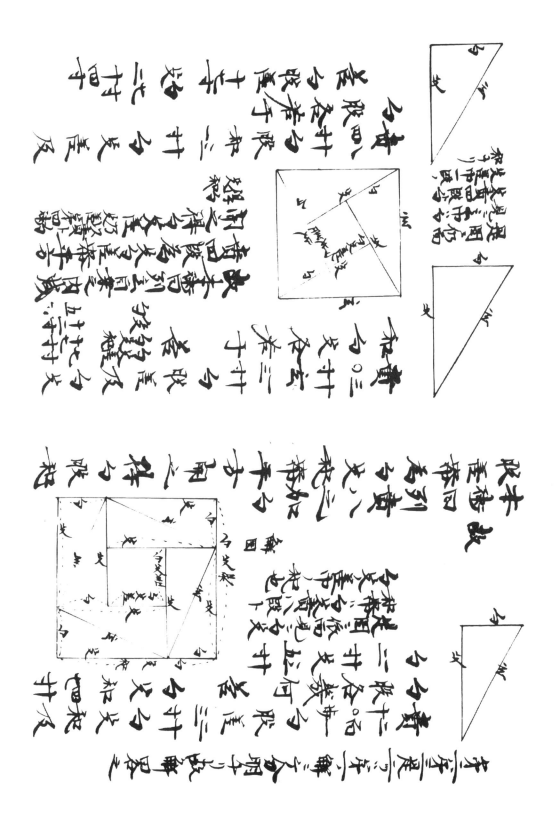

下図ノ如ク勾殳和冪ハ勾殳責八段ト勾殳差巾一段ノ和ナリ

玄一尺勾股差二寸勾股和及勾殳各若干

答 勾股和一尺四寸
勾六寸
殳八寸

本術曰勾股和自乗而為勾股和冪平方開之内減勾殳責八段余為勾殳差冪平方開之得勾股差

並図ニ依而見ニ勾殳和巾ハ勾殳責八段ト勾殳差巾一段ノ和ナリ后図ニ依而見ニ玄巾二段ハ勾殳責八段ト勾殳差巾二段ノ和ニ仍而

解図

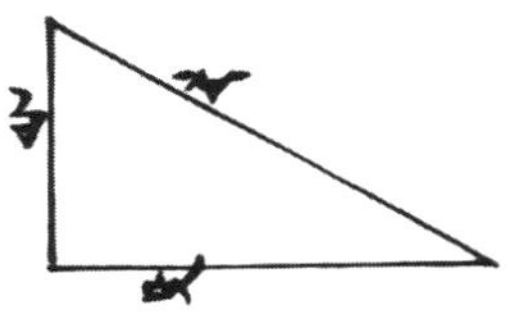

並図ニ仍而見ニ勾殳和巾ハ勾殳責八段ト勾殳差巾一段ノ和ナリ后図ニ仍而見ニ玄巾二段ハ勾殳責八段ト勾殳差巾二段ノ

解図

是后図玄冪二段内勾殳差巾一段ヲ減シ又余ハ勾殳責八段ト勾殳差巾一段ノ和而本図ノ勾殳和巾ト等数ナリ

本術列玄自乗之倍之内減勾股差冪余為勾殳和巾平方開之得勾殳和

勾殳和一三廾玄五二廾勾股差及勾股各若干

答 勾殳差一十七寸
勾二十寸
殳十四寸

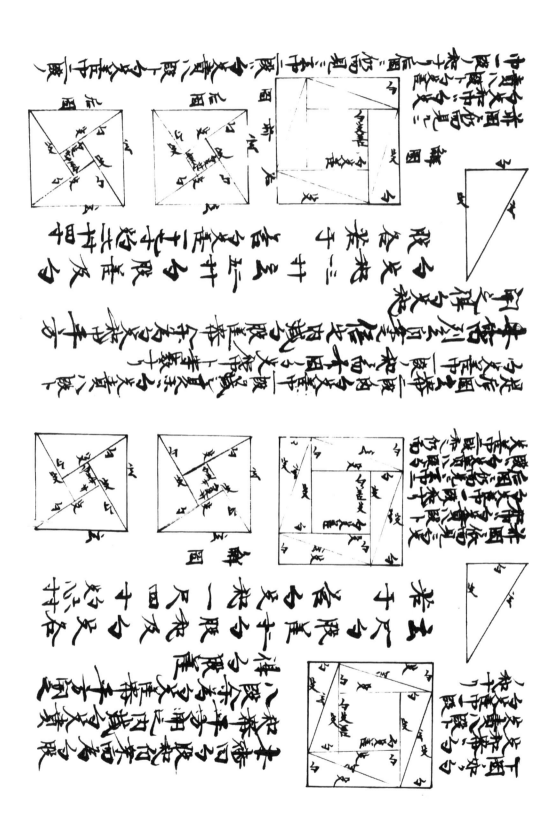

二段ノ和ナリ仍而后ノ差巾二段ノ内ニ寸図ノ勾殳和巾一段ヲ減而
余ヲ見レバ勾殳差巾一段ナリ
故術曰列玄自之倍之内減勾殳和巾余為勾殳差
巾平方開之得勾殳差

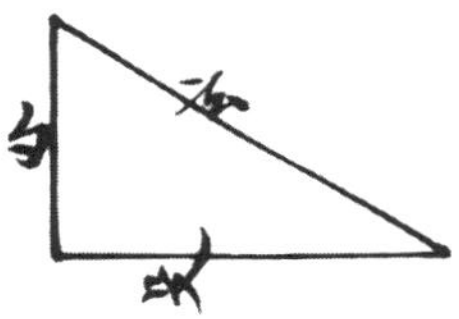

勾○三廾殳○四廾中勾若干

答　中勾二十四寸

上図(イ)ヲ(ロ)ノ上ヘ補而挙図

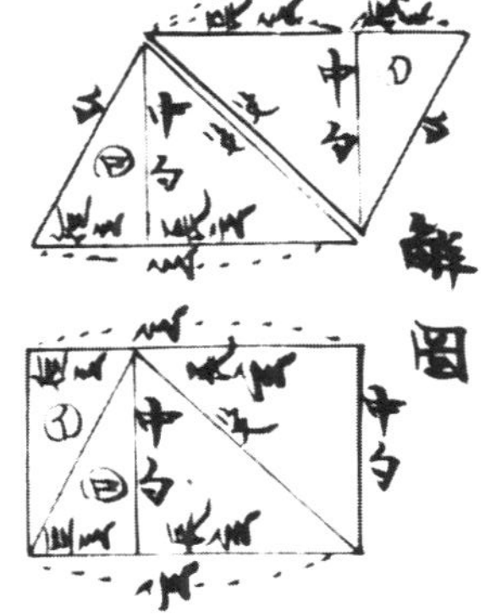

解図

是上図ノ変象ヲ見レバ勾因殳ハ
中勾ノ因玄ナリ
別術曰
中勾ヲ殳ト見テハ勾ハ玄也故
維乗ニテ仍而勾因殳ハ中

殳ノ因玄ナリ

故本術曰列求勾股相乗而以玄除之
得中勾

勾廿七股四二廾中勾及長玄短玄合
若干

答
長玄二十三寸○四
中勾六寸七二
短玄一寸九六

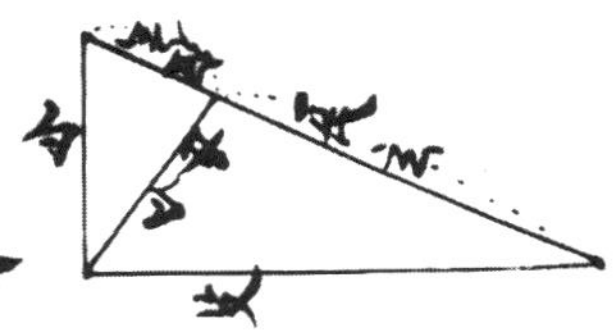

如下図全勾股
象ノ内ニ隔中勾
造甲乙二形勾
殳

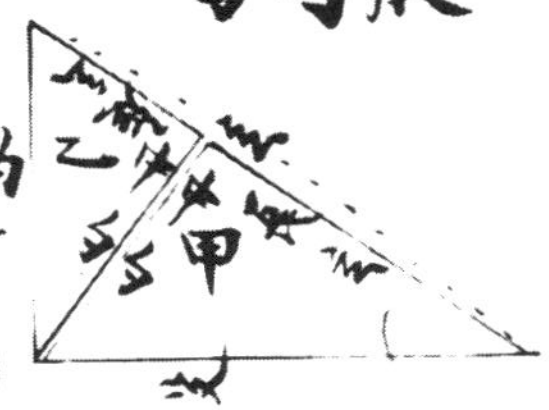

甲ノ勾ハ中勾甲殳ハ長玄甲ノ玄ハ股
乙ノ勾ハ短玄乙殳ハ中勾乙ノ玄ハ勾

維乗

勾股	短玄	勾
殳股	中勾	殳

維乗

勾股	中勾	勾
殳股	長玄	殳

勾ノ因ル中勾ハ殳ノ因ル短玄ナリ殳ノ因ル中勾ハ勾ノ因ル

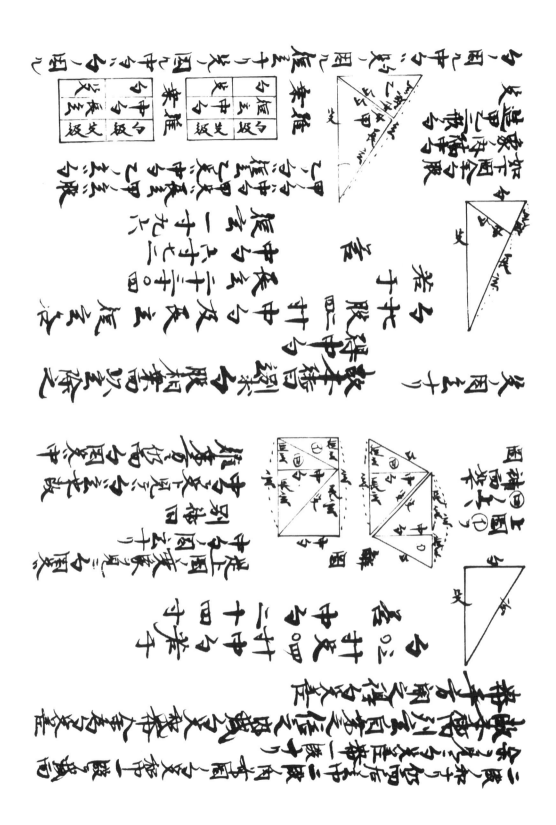

長之ナリ　故本術曰　別術云勾ニ十股ヲ除中勾　勾中々勾相乗
以股除之得径云　又曰勾巾ハ中勾巾ト長之巾トノ和
ナリ勾巾ハ中勾巾ト径之巾トノ和ナリ故股巾ノ内中勾巾
ヲ減シ余ヲ平方開之得長之　勾巾ノ内中勾巾ヲ減シ余平
方開之得径之

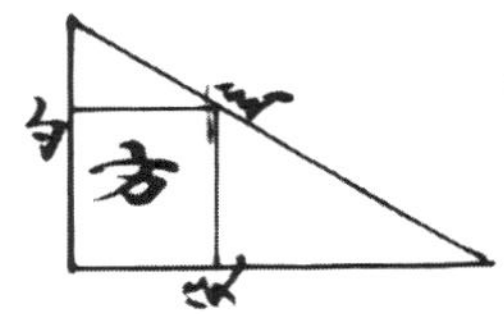

勾二十一寸　股二十八寸　方面若干

答　方面十二寸

解図

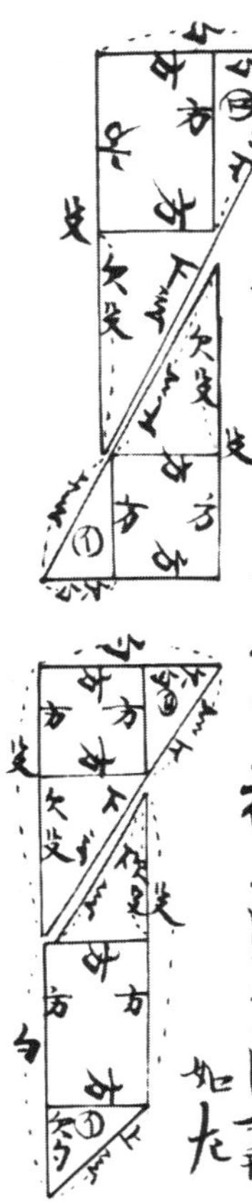

是勾ノ図ル丈一段支股ノ図如左乃(イ)ヲ方面右
尽ニ移ル象ニ(イ)ノ上ヘ(ロ)ヲ補テ勾図股一段ト成
如左

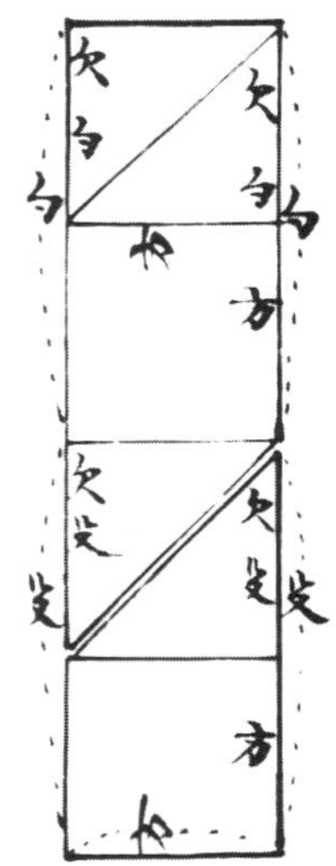

於是丈支股ヲ見ニ勾ノ図ル丈
一段ニ方面ノ図ル勾丈ノ和ナリ
故術曰勾丈相乗而得数
以勾股和除之得方面

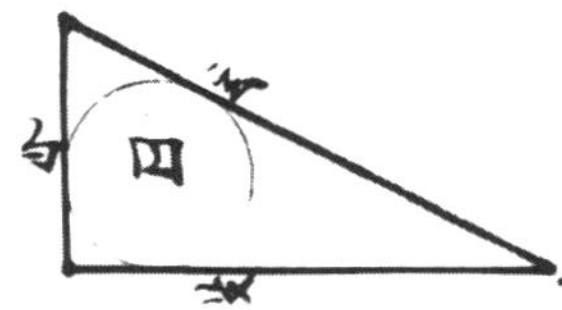

勾三　股四　圓径若干

答　圓径二寸

解図ノ勾股責一段ヲ象ニ随而之斜之色

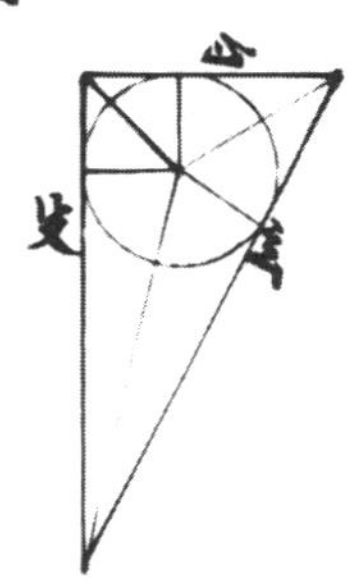

右勾殳之責一段ニ三色之配ノ象如左

解図

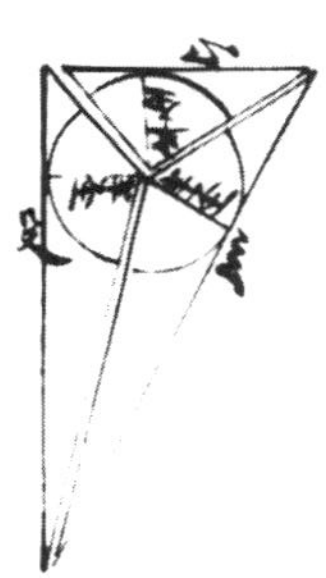

右勾股責一段ノ配象合是
勾股責二段配象ノ図如左

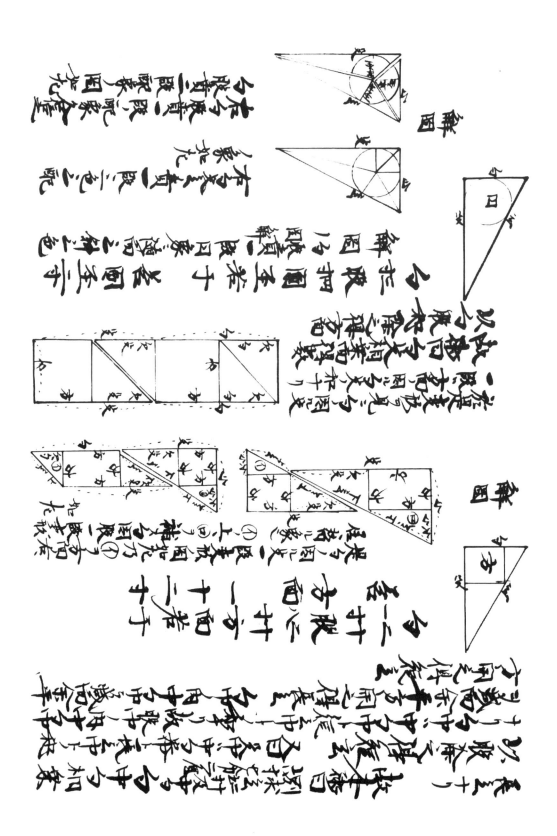

右勾股貴二段ノ配象各倍之勾股積四段ノ按象如左

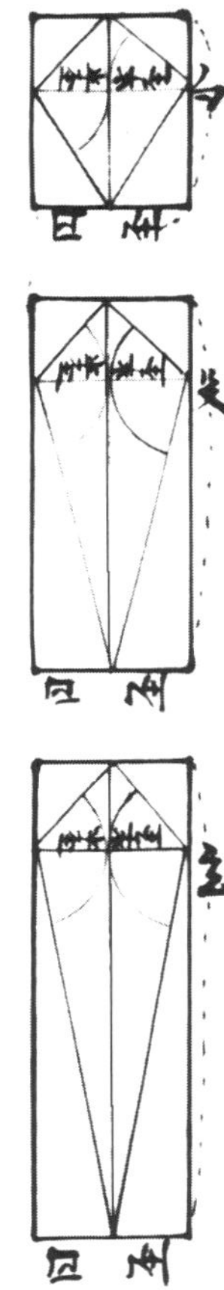

束之象

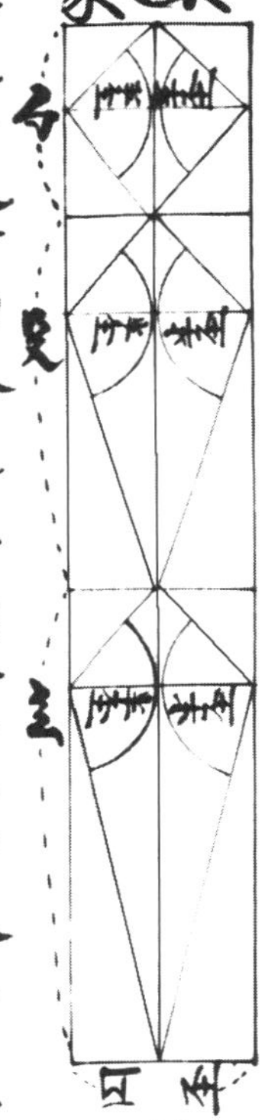

於是勾股貴四段束象ハ円至ノ円ヒ勾殳玄ノ三和ナリ故ニ
本術曰列勾乗股倍之得数勾股玄以三和除
之得円至

又図

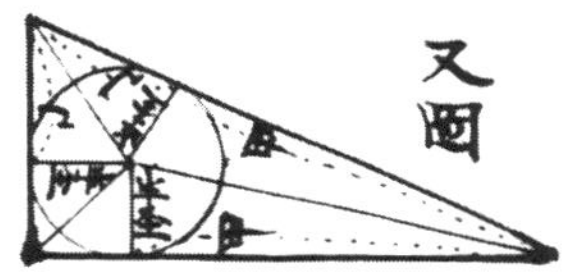

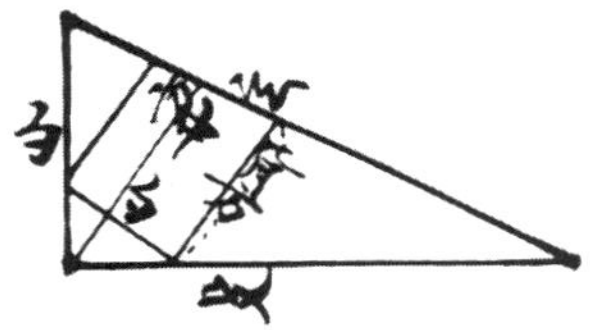

甲ト甲ト円寸乙ト乙又円寸半至ト半至相併
円至ナリ　依而勾股相併テハ円至ト甲ト
乙ノ和ナリ　玄ハ甲ト乙トノ和ナリ　故ニ
本術曰列玄ニ列勾加股内減玄得円至
勾股内容背方々勾五寸股十二寸背
方若干　答　背方三寸
依前術求玄九寸二五ト中勾四寸四寸

勾股貴二段相併之象　解図

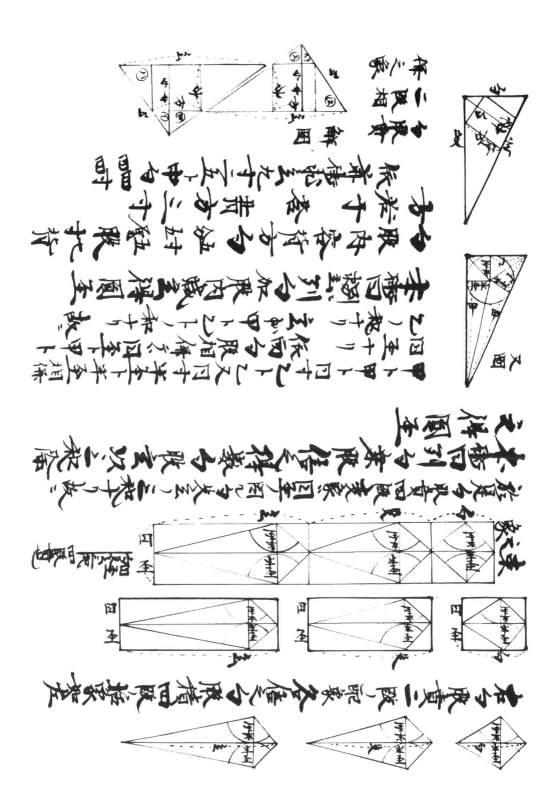

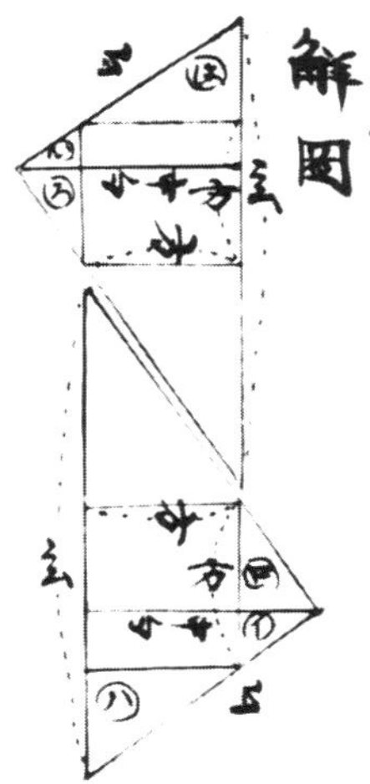

勾股實二段實形

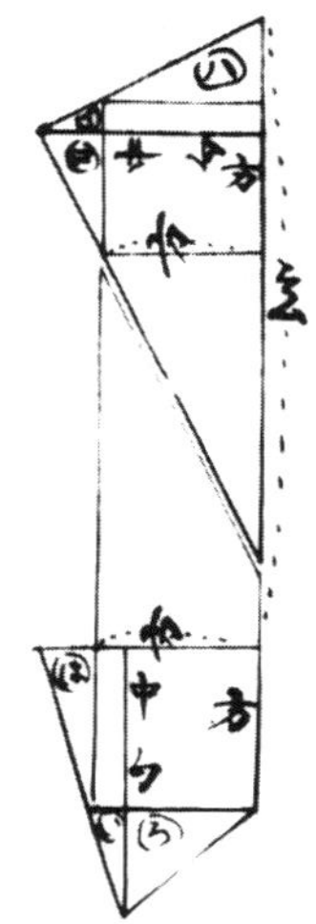

右勾殳二段圖中九ノ方面ニ(イ)(ロ)(ハ)ノ象ヲ其ノ儘付置ナカラ黒ノ虚線ノ所エ朱ノ虚線ヲ振廻シテ得ル

東象

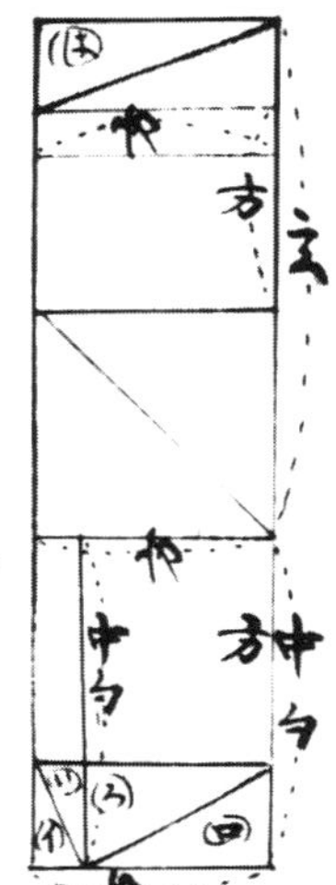

上田中(イ)(ロ)ヲ(い)(ろ)ノ知、補ヒ(は)ヲ(ハ)ノ知ニ補ナテ得ル圖ナリ

於是見ニ勾股實二段ノ変象ハ玄中勾和ノ内方面也
故本術列中勾差玄為實玄中勾相併為方以
除実得方面

一

勾七寸股二十四寸中圓径及小圓径若干

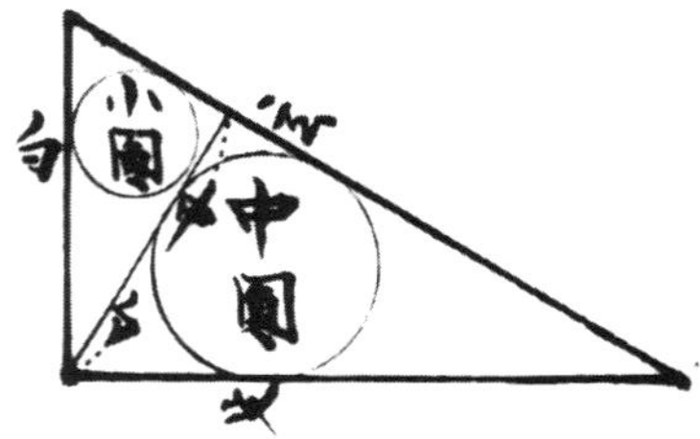

答

中圓径五寸七六
小圓径一寸六八

如下圖全勾股形内隔中勾造中小二象勾股

解圖

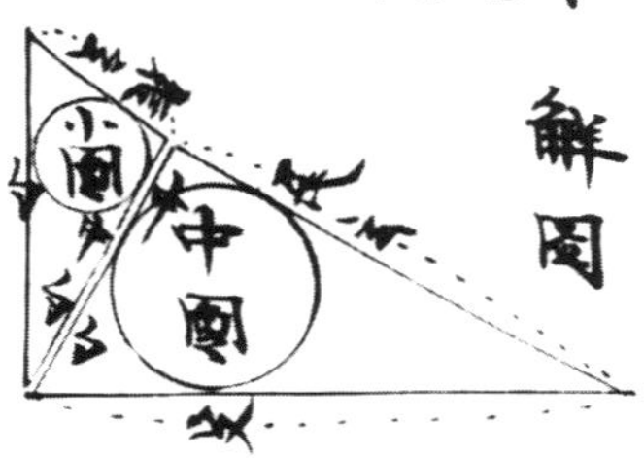

中ノ勾ハ中勾中ノ殳ハ長玄中ノ玄ハ殳ナリ
小ノ勾ハ短玄小ノ殳ハ中勾小ノ玄ハ勾ナリ

求中圓径術云列中勾及長玄列中勾乗中ノ股紙倍之為実
列併中ノ勾中ノ殳紙中ノ玄以為中ノ勾股玄三和以除實
得中圓径

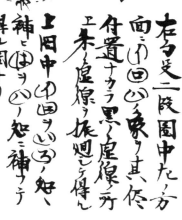

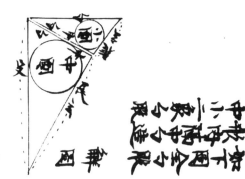

求小圓率術曰列小勾旋率小股及中股倍之為實列併
小勾小股小玄為小勾股玄三和以除實小圓率得

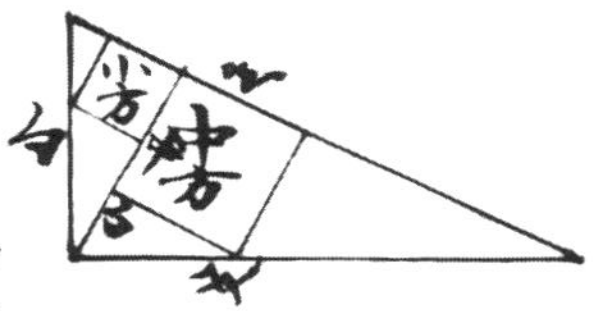

勾一二寸股八二寸中方及小方若干

答　中方　九寸五分
　　小方　七寸二分

如此圖全勾股象内隔中勾造中小二象勾及
中勾小中股小長玄中玄小旋
小勾小旋玄小股中勾小玄小勾
求中方術曰列中勾併乗中股
長玄為實列併中勾中股長玄為
中勾股和以除實得中方面

求小方術曰列小勾旋率
小股併小勾為實列小勾旋
小股併為小勾股和以
除實得小方面

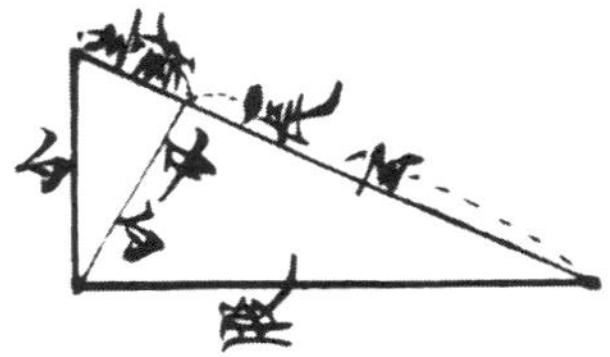

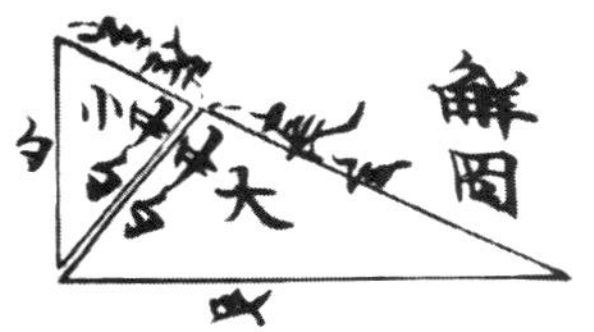

長玄二三分旋玄八分中勾若干

答　中勾　二十四分

勾幕ニ(イ)中勾巾(ハ)旋玄巾也
股幕ニ(イ)中勾巾(ロ)長玄巾也
相併得(イ)中勾巾(イ)中勾巾(ロ)長玄巾(ハ)旋玄巾右
玄巾ニ(イ)中勾巾(ロ)長玄巾(ハ)旋玄巾也
依茲圓得(い)(い)縦玄
玄幕ニ(い)縦玄(ろ)長玄巾(は)旋玄巾左

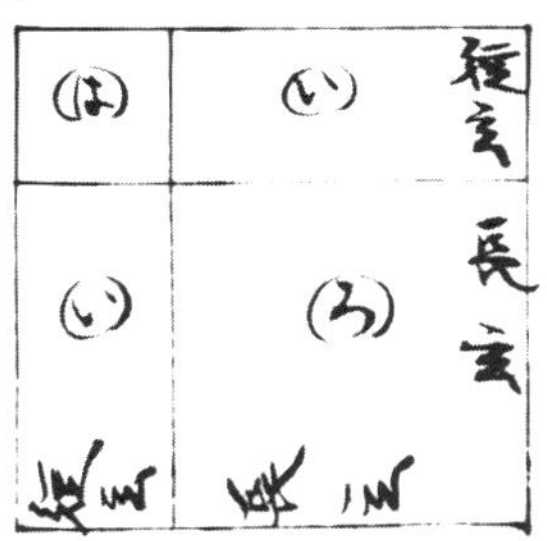

於是左右玄巾ヲ見ニ右ニ左ニ一長玄巾一段旋玄巾
段相對スル段ナル右只相對スル長玄巾一段旋玄巾一段共ニ相去而

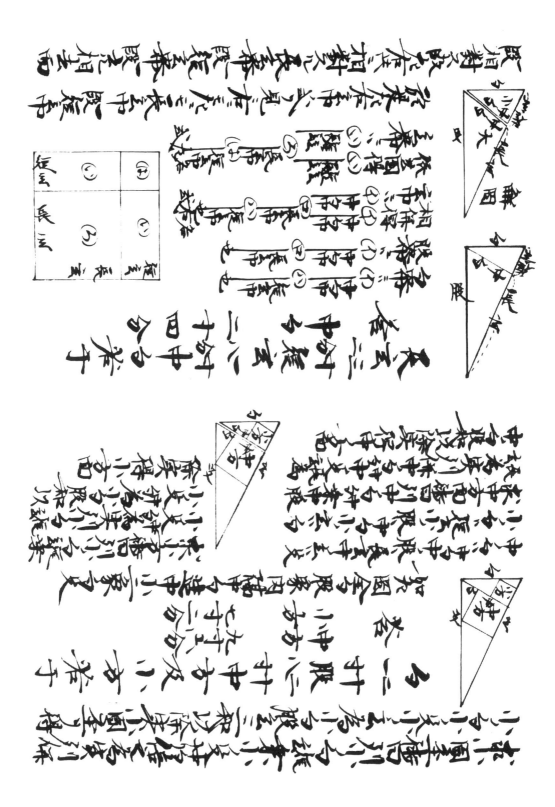

右ノ残ハ中勾幂ニ段ト左ノ残ハ長玄ノ因短玄ニ段ト等数ナ
ル事分明也左右ニ除而見レハ長玄ノ因ル短玄則中勾也

雅案

中勾	短玄	勾股
長玄	中勾	股弦

故ニ術曰長玄短玄相乗為中勾幂平方
開之得中勾
故長玄短玄相乗而中勾幂ナリ
短玄ヲ勾ト見テハ中勾ハ股
中勾ヲ勾ト見テハ長玄ハ股也

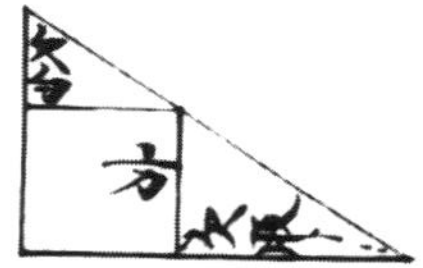

欠勾九寸　欠股一十六寸　方若干
答　方面一十二寸
術曰欠勾欠股相乗為方面幂平方開之得方面

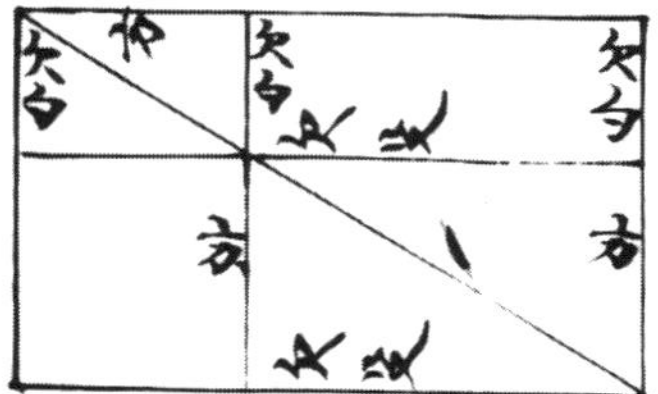

勾因股二段図
上図上下全
責一段充ノ
象ト如下

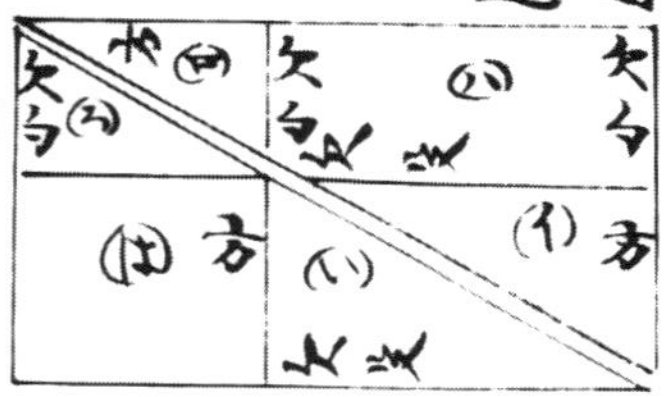

上責一段ノ象ニハ(イ)一段(ロ)一段
下責一段ノ象ニハ(い)一段(ろ)一段(は)
(ハ)ノ段也
一段也

於是左右ノ象ヲ見ニ右(イ)(ロ)ト左(い)(ろ)ト同数ナル事分明也故左右共ニ(イ)(ロ)
ヲ去而右ノ残(ハ)欠勾因欠股ト左ノ残(は)ノ方面幂ト同シ

雅案

方面	欠勾	勾股
欠股	方面	股弦

故欠勾ヲ勾トミテハ方面ハ股ナリ
方面ヲ勾トミテハ欠股ハ股ナリ
故欠勾因欠股ハ方面幂也
於是起本術

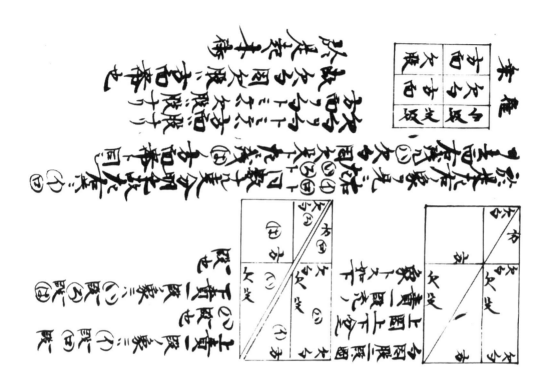

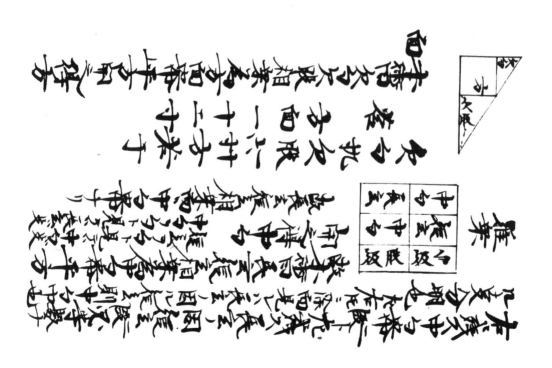

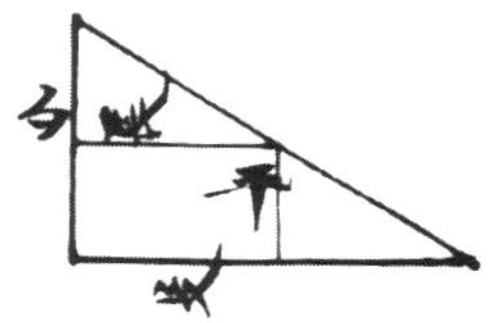

勾七二寸長〇二寸平二寸殳若干
答殳三十六寸
術曰長平相乗而欠勾因欠股ヲ得為実列勾内減平為欠勾以除実得欠股加長得股

勾股貴二段象

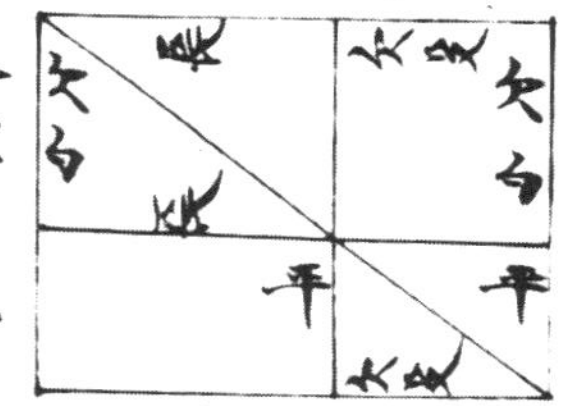

上象上下分之貴一段元象トス如下

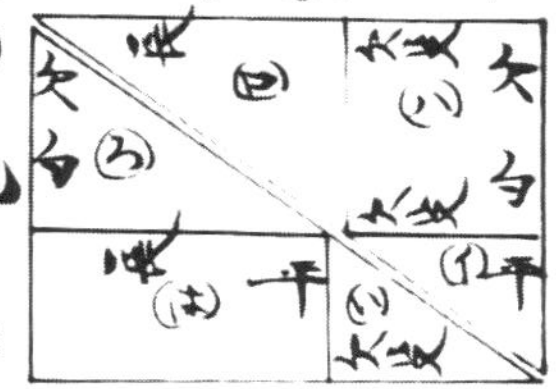

上貴一段ニハ(イ)一段(ロ)一段(ハ)一段
下貴一段ニハ(い)一段(ろ)一段(は)一段

於是左右ノ象ヲ見ニ右ノ(イ)(ロ)ト左ノ(い)(ろ)ト同数ナル事分明也故ニ右ニ残ル(ハ)欠股ノ因欠勾ト左ニ残ル(は)長平相乗ト又同数也

維案

勾級	欠勾	勾
股級	長	股

欠勾ヲ勾ト見テハ長ハ股ナリ
依図勾ヲ長相乗而ハ欠勾ノ因ル股ナリ
故ニ術曰列勾内減平余為欠勾長
勾相乗而以欠勾除之得股

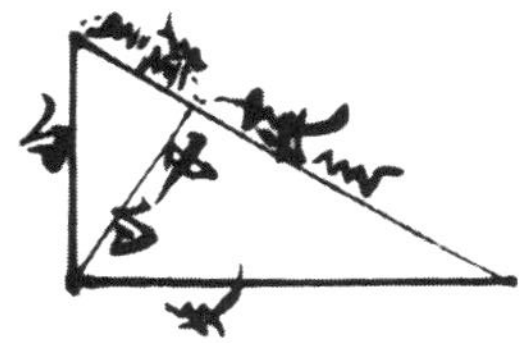

弦五二寸長玄六寸股若干
答股二十〇寸
術曰玄長玄相乗為股冪平方開之得股

維案

股級	長玄	股
玄級	股	玄

長玄ヲ股ト見テハ股ハ玄ナリ　故ニ
玄長玄相乗而ハ股冪也

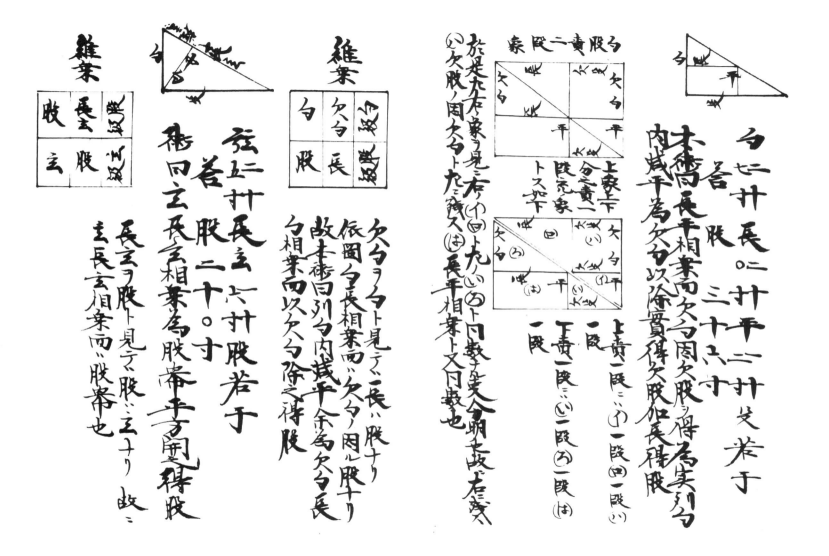

玄拙梃玄一 分句若干 答句

術曰梃玄相乗爲句冪平方開之得句

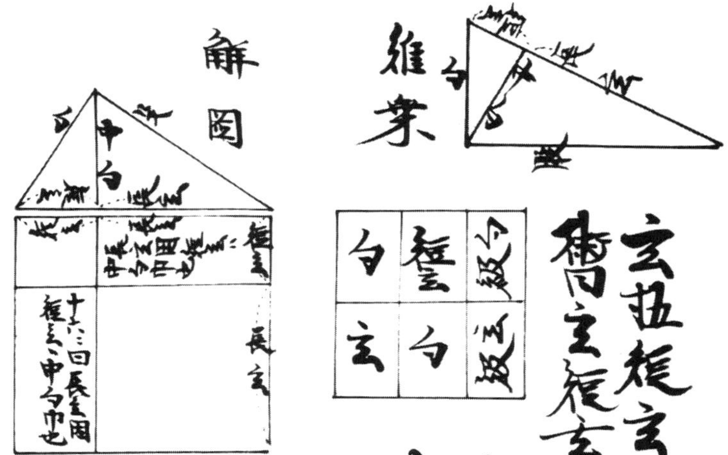

梃玄ヲ句ト見テハ句ハ玄ナリ

故ニ梃玄相乗而ハ句冪ナリ

依上圖見ニ長玄ニ乗玄得數者

中句巾一段長玄巾一段有即股冪也

故ニ術曰玄長玄相乗得股冪也

又梃玄ニ乗ニ得數ハ中句巾一段梃

玄巾一段有則句冪也

故ニ術曰主梃玄相乗而句巾ヲ

得ル

句玄和二三寸 股四二寸 玄若干

答 玄二十五寸

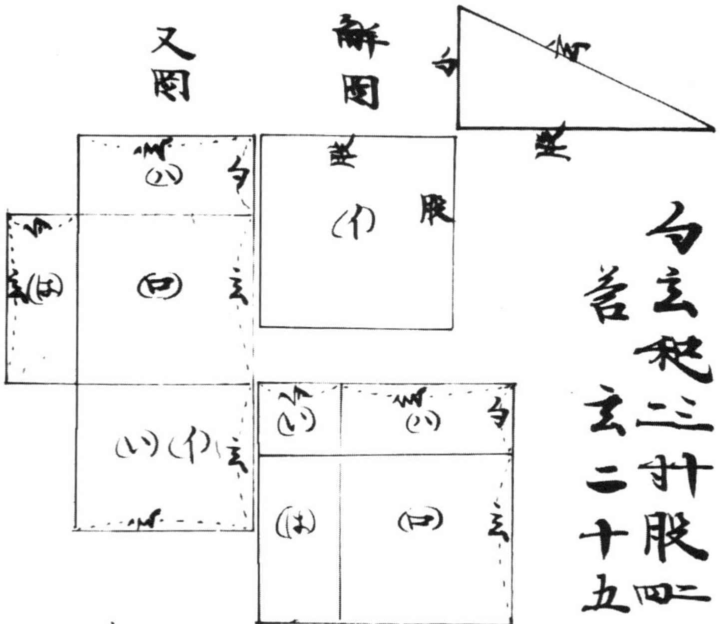

股巾一段句玄和巾一段相併

得圖

上圖ノ内句巾ト股巾トヲ

取テ字ノ稀ニ依テ玄巾ト

変而得如九

是圖ノ内(は)句因玄ヲ(イ)(い)ノ

玄巾ノ下ヘ直而得ノ(ロ)

如九

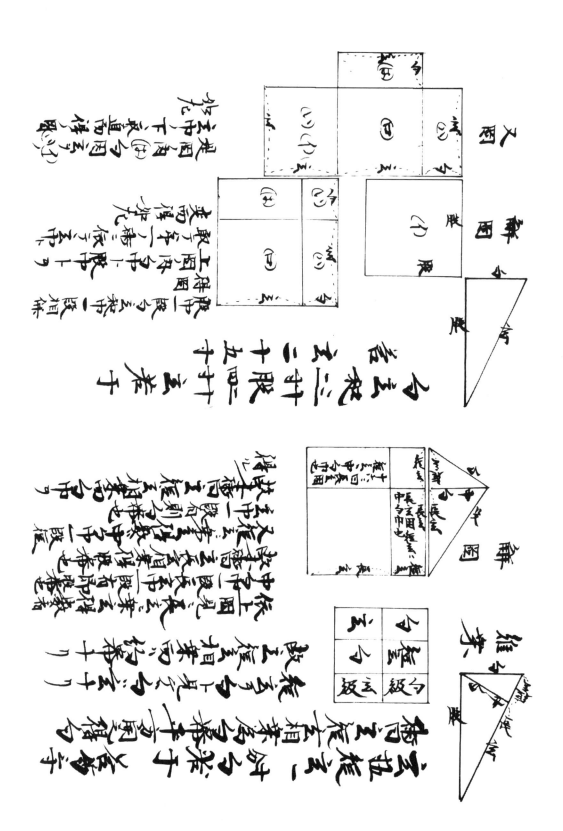

是図ヲ見ニ股巾一段勾玄和巾一段相併ス、因勾玄和二段ナル事分明也

故本術曰股冪ト勾玄和冪ト相併ル勾玄和ヲ因玄二段ヲ得半之
玄因勾玄和ヲ得為実勾玄和為法以除実得玄

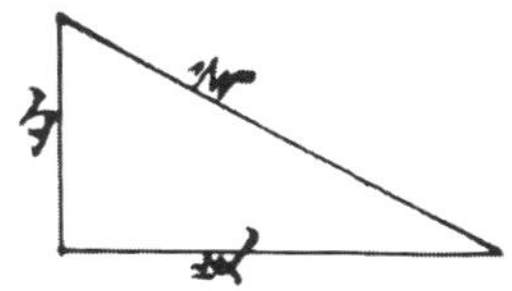

股玄和九十八寸勾四十寸股若干
答　股四十八寸

解図

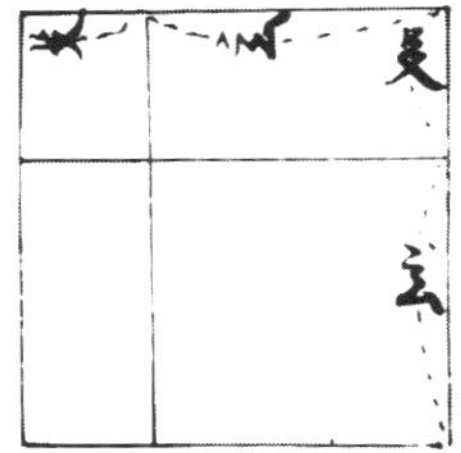

股玄和巾也
股玄和巾ノ内勾巾ヲ減而
得ノ図

玄巾ノ内減勾冪余股巾ナリ

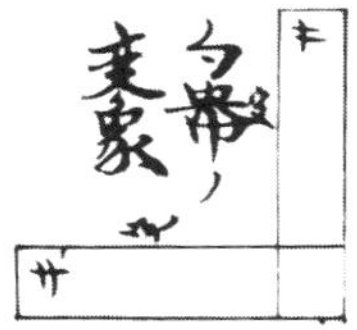

半之
得図

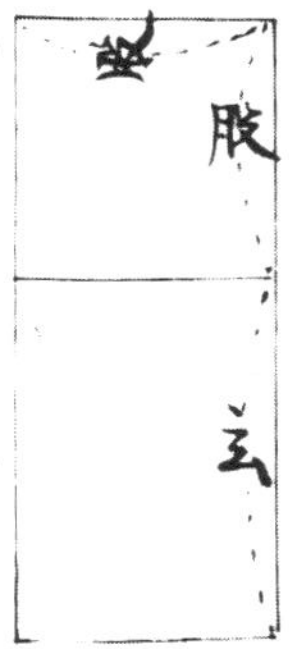

故本術曰股玄和冪内減勾冪余半之以股玄和除之
得股

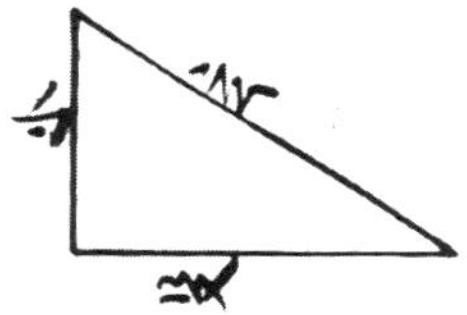

勾弦和而四十九寸股弦和而五十寸各
若干
答
勾二十寸
股二十一寸
弦二十九寸

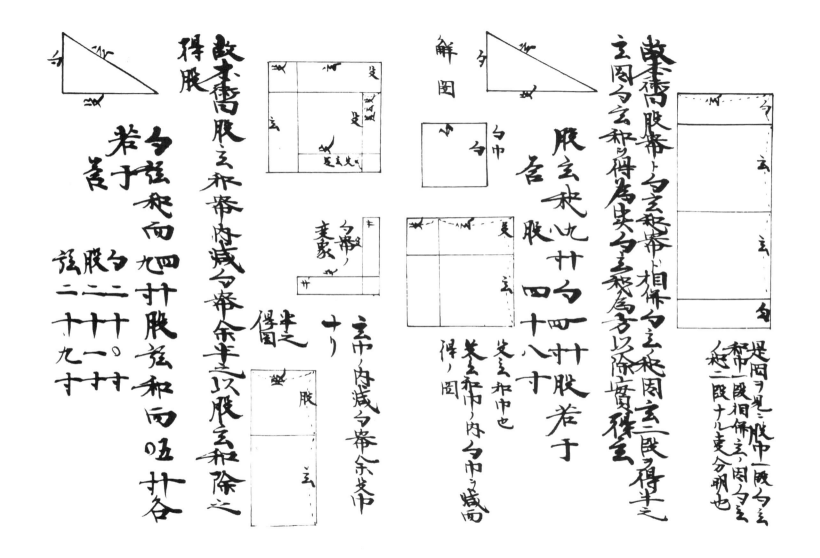

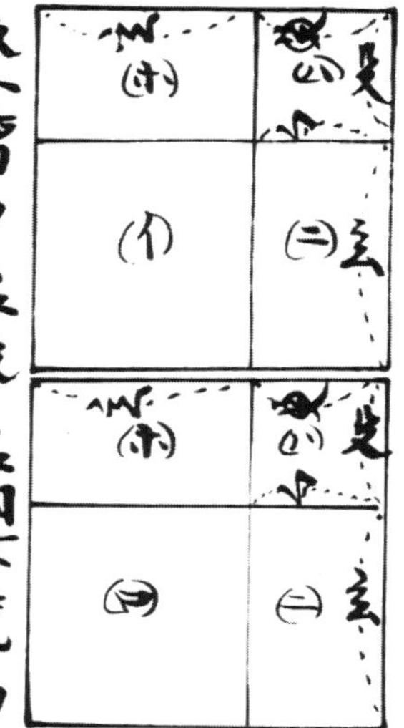

又

故半徧勾玄和股玄和相乗倍之者勾股玄三和巾半方因之得勾股玄三和

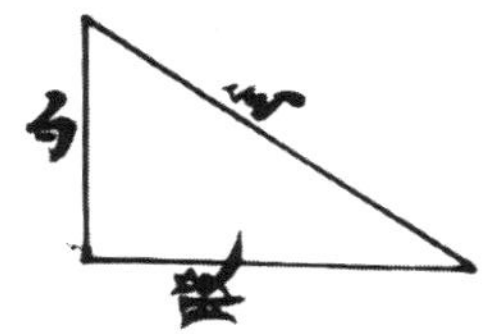

横ハ三十寸勾股弦三和ハ三十寸弦及勾股若干

答

弦一十三寸
股一十二寸
勾五寸

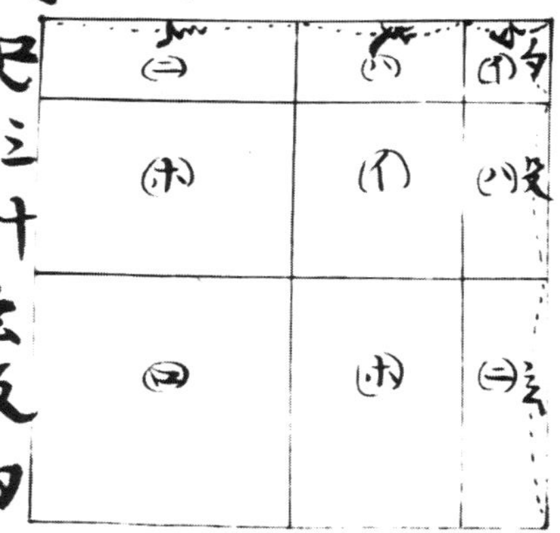

勾股玄三和巾一図

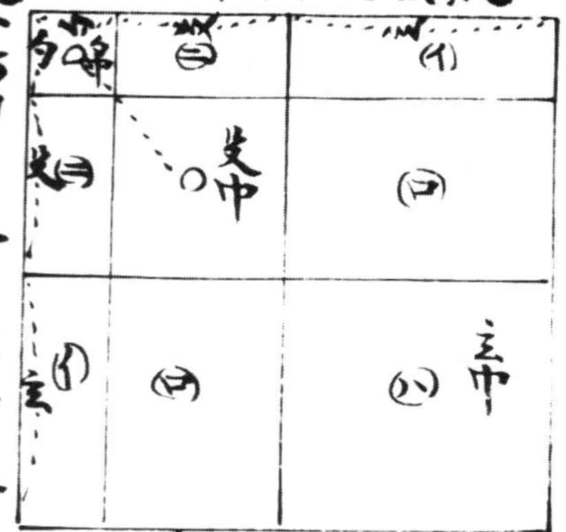

上図ヲ見ニ勾巾弦巾徧勾麦而玄巾也依之三ハ右二段亮ナリ故半之如下

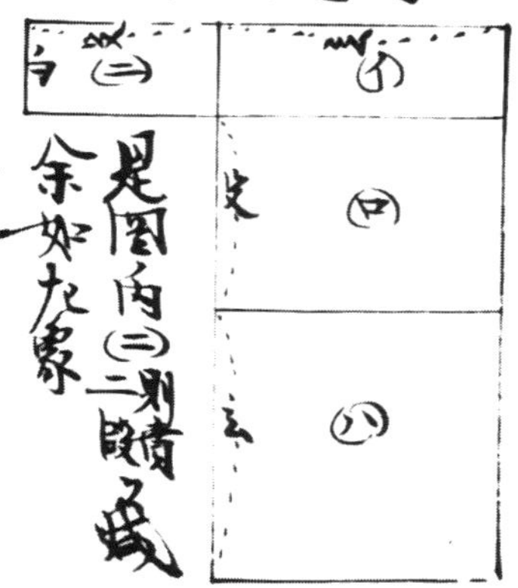

是図内(二)ノ二則積二段ヲ減余如右象

故半徧勾股玄三和巾内自乗之於半之内減勾股積二段余勾股玄三和因玄得為徧積以勾股玄三和除之得玄 又徧勾積四倍而以勾股玄三和除之得円径以減勾股玄三和余半之得玄

此図ヲ二ル二勾股玄三和巾於半而内減勾股積二段余ハ玄因勾股玄三和十一ハ半ナ今分明ナリ

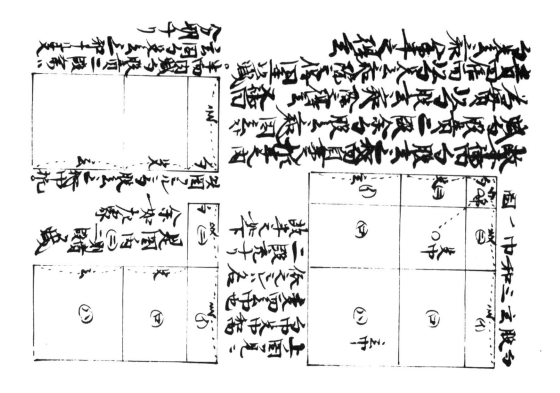

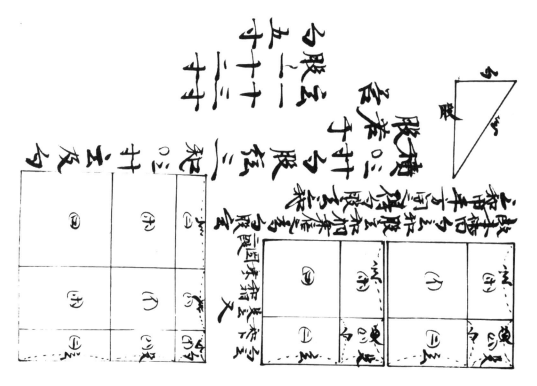

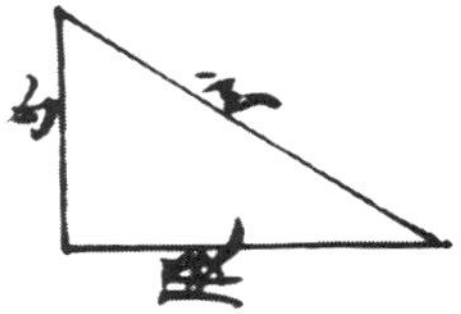

勾股和七寸玄中勾和七寸四分中勾及
勾股玄各若干
答中勾二寸四分 勾三寸 股四寸 玄五寸

勾股和中ノ解図象

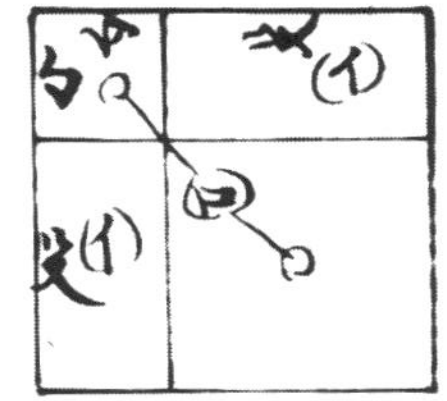

玄中勾和中ノ図

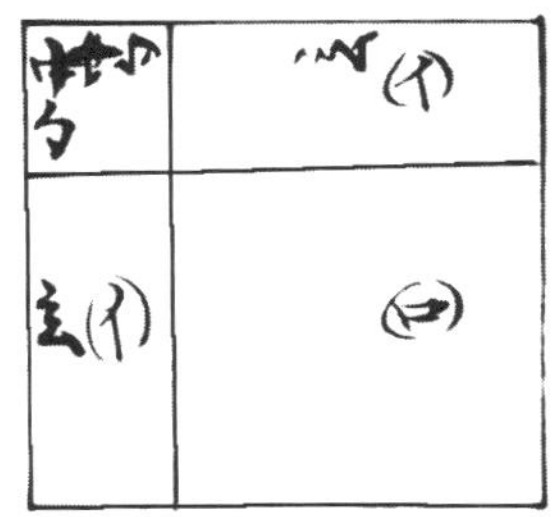

(イ)上ノ変而下ノ(イ)ノ如シ
(ロ)下ノ変而下ノ(ロ)ノ如シ

故置玄中勾和冪内勾股和冪減之余為中勾
冪平方開之得中勾

股玄差一寸勾七寸問股及玄若干
答股二十四寸

解図

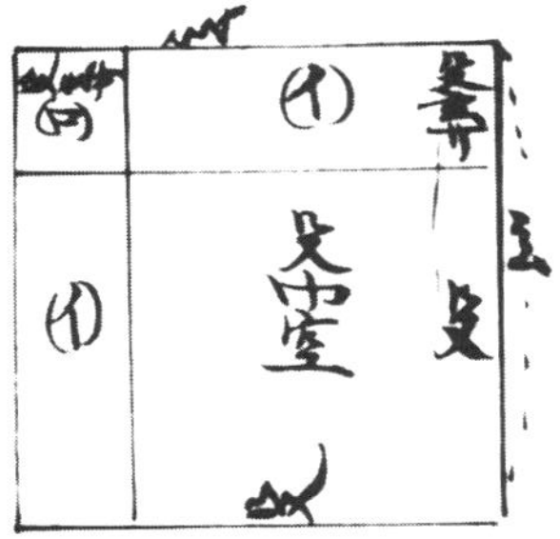

其図ニ股玄差冪ヲ
加テ得象

玄冪ハ勾冪ト股冪和ナリ故ニ勾冪ハ玄
冪ノ内ニ有差冪ノ堅アル象ト成ル是
分解也
玄冪ノ内ニテ股冪ヲ減シ勾冪ヲ剰ス
象如上図

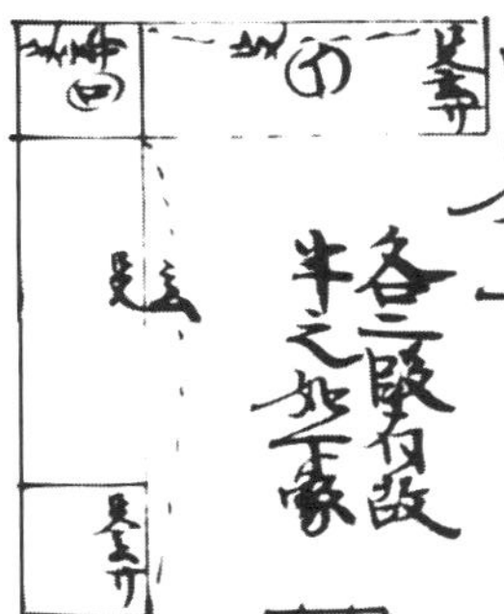

各二段有故
半之如下象

是図ヲ見ニ差
玄差冪ヲ加テ云

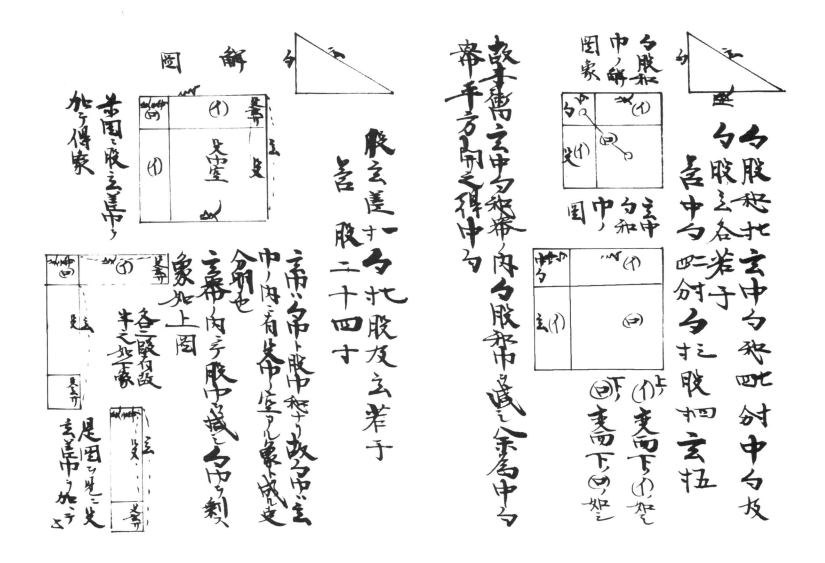

又半之股玄差ノ図ル玄ナル事分明ナリ
故ニ術曰勾冪ヲ列テ加股玄差半之以股玄差除之
得玄

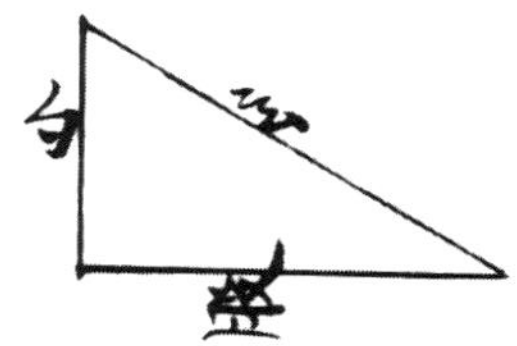

勾玄差一八寸 股二四寸 勾及玄若干

答 勾七寸 玄二十五寸

玄巾ハ勾巾ト股巾ト和ナリ 然ニ股巾ニ
玄巾ノ内ニテ勾巾空有家ト成ル
事分明也
玄巾ノ内ニテ勾冪ヲ減ヱ残ル
(勾)(巾)(玄)ハ股巾ニ其家如左

解図

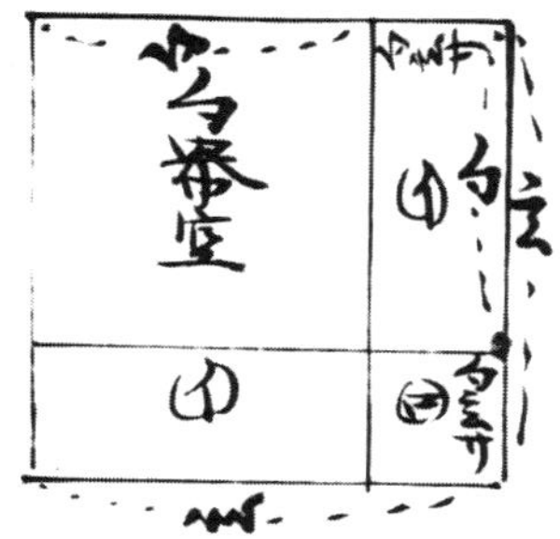

并図内勾玄
差巾ヲ減シテ
如下家

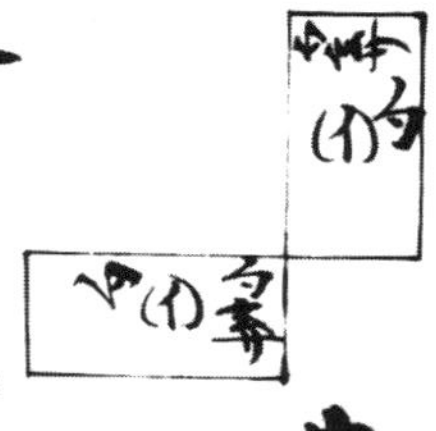

半之

是家ヲ見ニ股冪ノ
内減勾玄差冪余
半之得数勾ノ図
勾玄差成ル事也

故ニ本術曰股冪之内減勾玄差冪半之為実以勾玄
之差除之得勾合問

関流算法巻之
勾股問　后集　山路平聴両編撰
對換方　中田高寛　同校
只云股卌又云勾間長玄二寸九分中
勾若干　答　中勾四寸

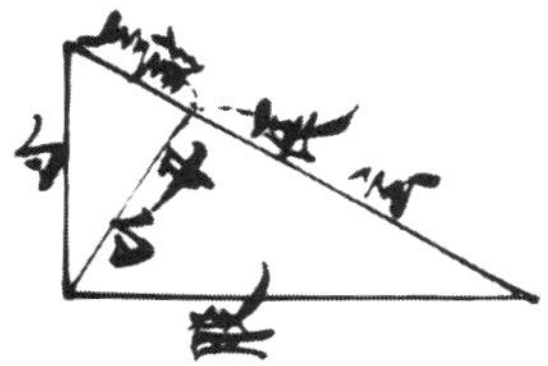

術曰列又云数以股除之得中勾
又云数ハ甲大股玄也変之甲大股中勾也
故ニ術曰以股除又云数得中勾

解義

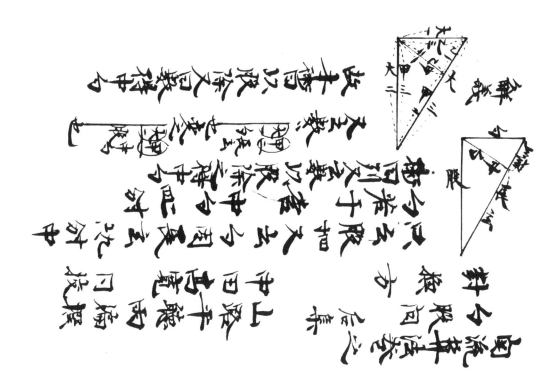

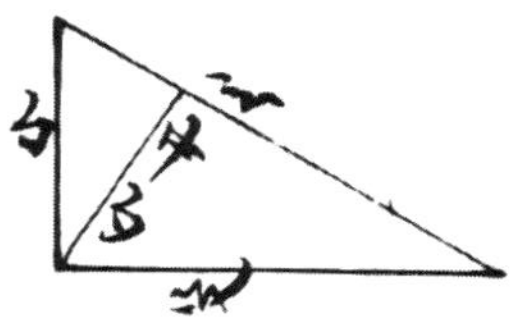

中勾四寸又云股固従玄二寸勾
若干　答　勾三寸
術曰以中勾除股固従玄得勾
解義　又曰　中勾也
故末術曰列又云数以中勾除之得勾

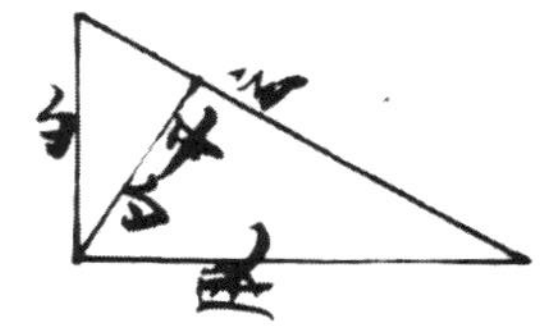

中勾長五寸股固玄八寸又云勾股
和比股若干　答股四寸
解義　只云数也
故末術曰以勾股和除中勾長玄和固玄得股

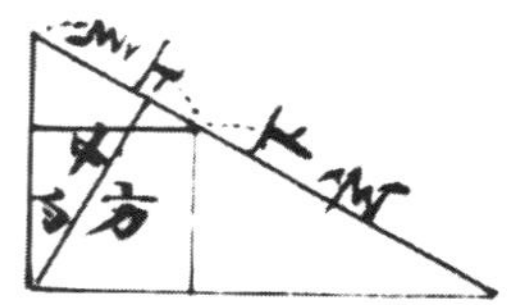

玄五寸只云股上玄相乗四十四百十二
方面若干　答方面一十二寸
解義　只云数也
故末術曰以玄除股上玄相乗数
得方面

解図

一
今勾股有只云玄固方面四十四百十二下玄十二
寸勾若干　答勾二十一寸
術曰以下玄除玄固方面得勾
其之得象　也
解義

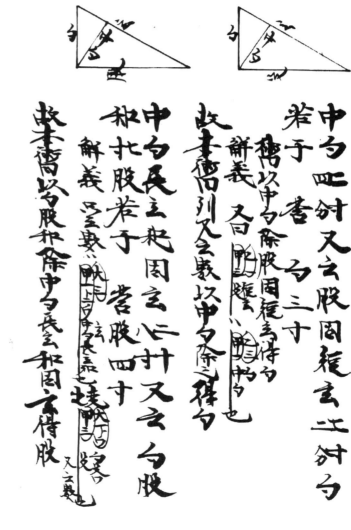

勾抗股四佰廿平抦寸五分長若干
答　長二十〇寸
解義　[illegible]也変之[illegible]也又[illegible]也
本術曰以勾除平積一ケ乗之得長

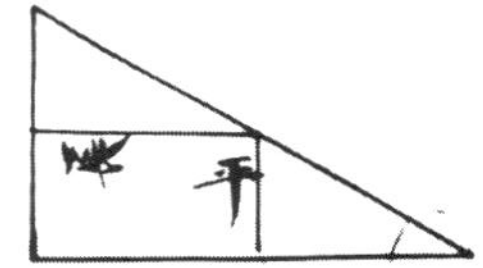

勾股有只云勾中勾和而乗玄四十一佰廿二寸又
曰股玄和而三廿廿勾若干　答勾一十十二寸
解義　只玄数ハ[illegible]也又曰数也
本術曰以股玄和除勾中勾和因玄得勾
勾股有只曰長玄股和乗勾八寸四十分又曰
勾中勾和十八寸分〇股若干　答股八十寸
解義　只玄数ハ[illegible]也変之[illegible]也又云数也
本術曰以勾中勾和除長玄股和因勾得股
只曰勾股和乗長玄面十三千四佰六十寸又曰
中勾長玄和八十寸分股若干　答股三十十二寸
解義　只玄数ハ[illegible]也変之[illegible]ナリ為又玄数
本術曰以中勾長玄和除勾股和因長玄得股
只玄中勾股和乗玄十三千三佰五　又曰勾玄
和八四廿股若干　答股二十四寸
解義　只玄数ハ[illegible]ナリ変之[illegible]也又曰数
本術曰以勾玄和除中勾股和因玄得股
只云中勾徑玄和乗勾三寸佰四十分又云勾

股和二廿程弦若干　答程弦五十四分

解義　只云數[illegible]也　變之[illegible]也　為又云數

本術以又云數除中勾長弦程因勾得程弦

只云勾股差九　又云中勾長弦差　案云

四二廿股若干　答股三十六寸

解義　又云數[illegible]也　變之[illegible]也　只云數也

本術以勾股差除中勾長弦差因之得股

只云股弦差卄　又云勾中勾差因弦　○一八而

寸勾若干　答勾十八寸

解義　又云數[illegible]　變之[illegible]也　為只云數

本術以股弦差除勾中勾差因之得勾

長弦中勾差二尉　又云中勾短弦差因股　四五

尉勾若干　答勾四寸五分

解義　又云數[illegible]　變之[illegible]也　只云數

本術以長弦中勾差除中勾短弦差因股得勾

只云勾短弦差一分二厘三　又云中勾股差因勾五

寸八股若干　答股四寸四分

解義　又云數[illegible]　變之[illegible]也　為只云數

本術以勾短弦差除中勾股差因勾得股

只云勾弦差卄　又口股中勾差因勾　四尉

中勾若干　答中勾二寸四分

解義　又云數[illegible]　變之[illegible]　為只云數

本術曰以勾玄差除矢中勾差因勾得中勾

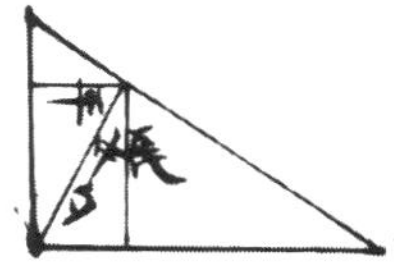

今有如圖中勾ノ斜ニ而入長平其平十〇八〇寸股ハ廿長若干

答　長一十三寸四分四釐

解義

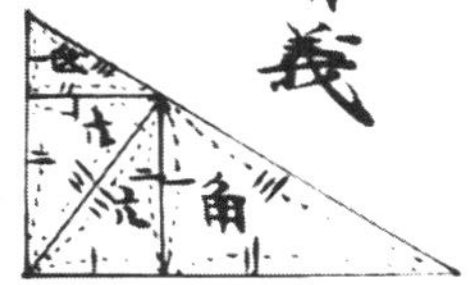

故本術曰以平減股得矢股乘平得長乘平方開之得長

一　勾股内ニ中勾ノ斜ニ而入長平長一十四分四釐寸勾一二廿寸平若干

答　平十〇寸〇八釐

解義

本術曰以長減勾乘長平方開之得平

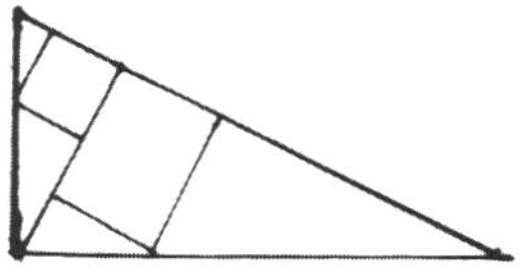

只云小方乘玄十二而拉勾一二廿股若干

答　股二十八寸

解義

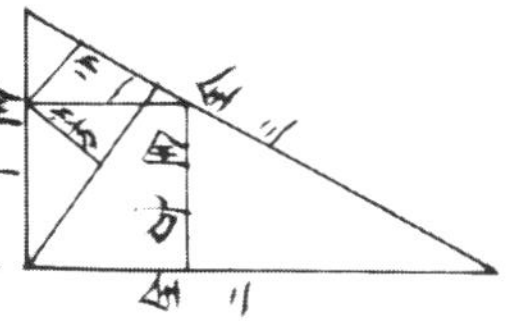

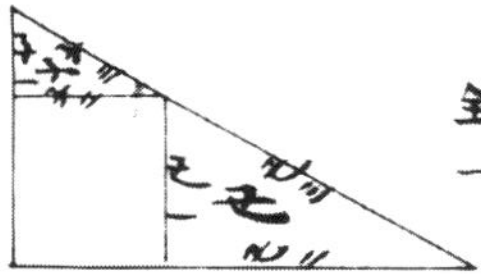

故本術曰置只云數以勾除之得全方面

故本術曰全方面自乘矢勾因矢股也

於是術曰只云數以勾除之得全方面自乘之為矢勾因矢股為實勾之内減全方面以除實加全方面股リウル

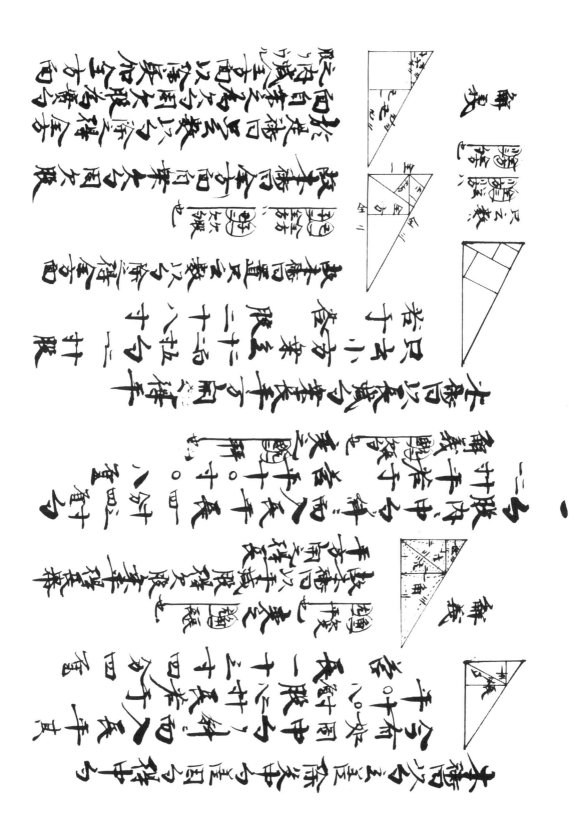

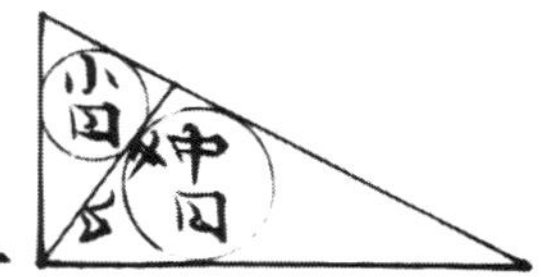

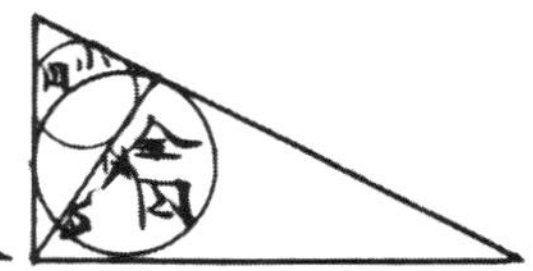

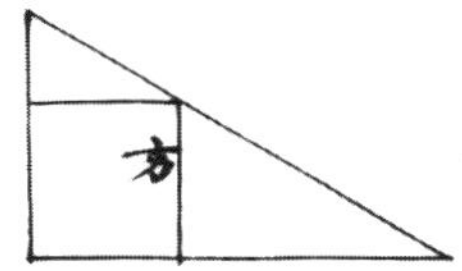

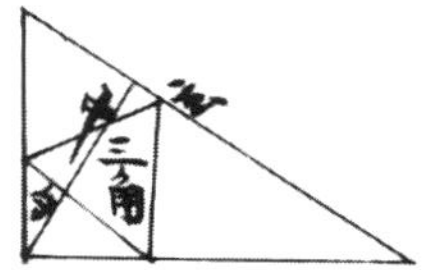

解図

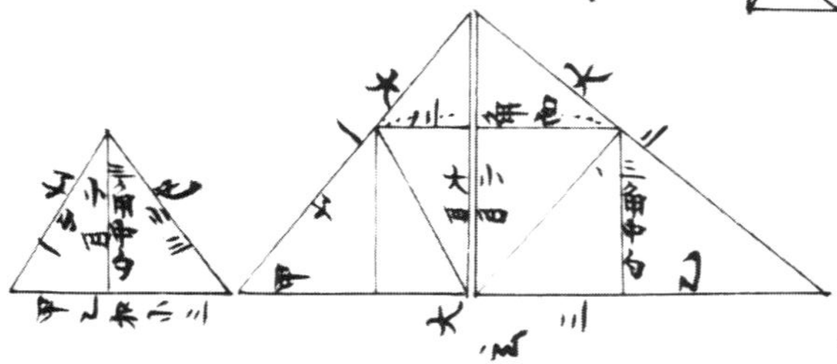

只云中圓至勾相乗四ハ对股 小
圓至若干　答小至一寸二分
解義 只云數ハ中至小至也
本術曰以股除只云數得小至
小至云相乗四卄全至 共勾若干
答勾九寸
本術曰以全至除只云數得勾
股方面差因勾三十ハ股二ハ卄方
面若干　答方十二寸
本術曰以股除只云數得方面

只云三角面云相乗 中勾相
四三 三角面若干　答三角面十三寸
呈云數ニ中勾率ヲ乗ヲ以中勾除之三角面ト
云ノ差トス 於是見ニ只云數ヲ自實トス
三角面ト云ノ差ヲ長平ノ差トス 從テ
依而得長平 長ヲ為云平ヲ三角面ト
本術曰只云數四之寄 列只云數乗
三角中勾率以中勾除之三角面ト云ノ
差ヲ得 寄再 列再位自乗加入寄

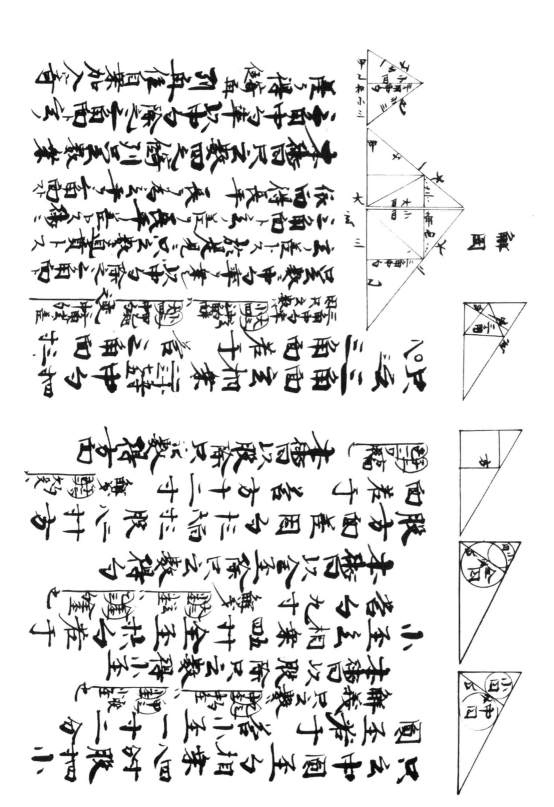

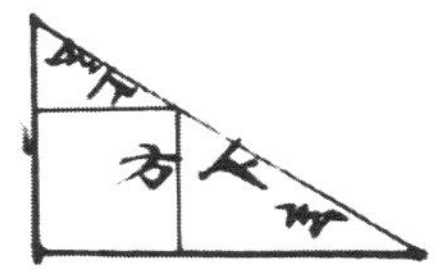

位平方開之得商。得商上位ト下位ニ列副ヒ
上位ハ如商位得数下位ノ内減商位十六ヲ得ル
各折半而上位ハ八寸二四ヲ得則為玄下位ニ得
拉則三角面トス　乃三角面トス手術ノ象

勾方面差因玄六十〇二　拙　勾　四十
方面若干　答方面二十四寸

解義
只云数ハ[illegible]踏ハ[illegible]弦　故本術ハ勾ヲ勾股和
トス〇上玄ヲ為玄依而上玄巾二段ノ内減勾巾
欠勾ト方面ノ差巾ヲ得平方開之加勾半之
得方面ナリ

解図

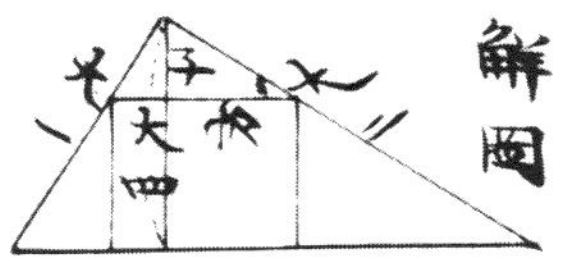

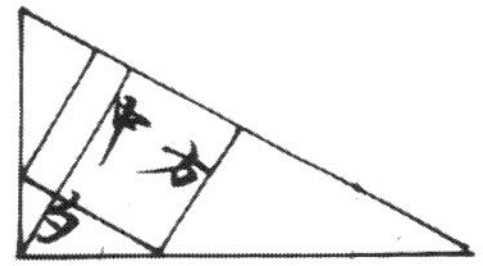

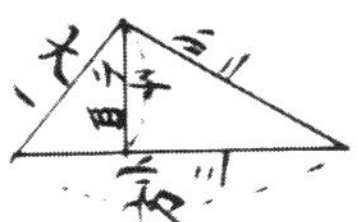

本術曰置只云数以勾除之得上玄自乗位之内減勾巾
平方開之欠勾ト方面差ヲ得勾ヲ加ハ拙矣而得方面

只云拙方ト中勾相乗　十二百十三　玄斜
指方面若干　答拙方　一十二寸

解義　只云数ハ[illegible]十リ
故本術只云数ヲ置以玄除之中勾ト拙方
差ヲ得
於是中勾ヲ直ノ長トス拙方ヲ直ノ平トス
只云数ヲ直積ト見而子ヲ直ノ長平
差トノ依術直長平合ヲ求而則中勾及
拙方面ヲ得ル

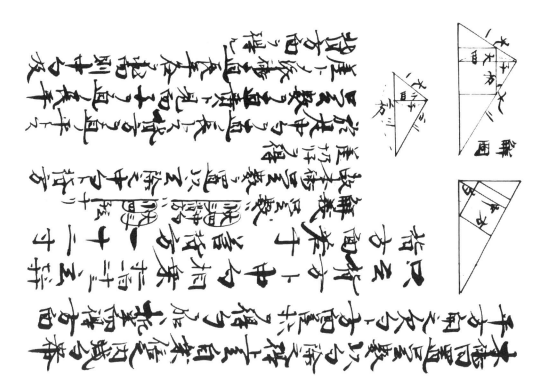

本術曰列三云数四之儀○列三云数以三除之得子自之
三之廿七除之寄ヲ得ル加寄位平方開之得商列副上位下位
上位加子下位ノ内減子又合折半而上位ニ中勾下位ニ
股方面ヲ得ル

交會之分
合
地ノ八
帝國學士院
第二門
七(一)
冊
2054
昭和五年調
帝國學士院圖書
書部
類
共
冊
別
帝國學士院圖書
書部
共
冊

交之
會分
合
地之八

寄贈図書

坪川甚二氏

関流算法巻之

之分

約術

一 五十六鴨ニ二十一掛リ分ルハ是幾人何羽充ト問

答 八人ニ七羽充

術 五十六為左 二十一為右 以右減左余三十五 因又以右

減左余十四 以是減右余七 以是減左余七 右余リト

等数也 又組数六ニ以是組数五十六ヲ約シ得八人也

二十一ヲ約シ而得七之

一 桃七十七文代銭二十一貫六百五文 今数等ヲ籠ニ進ル其籠

數及弍綫ニ不尽之數各何程
答　篭數一十之一　弍綫百二十九ケ二十五文
術　桃ニ二百七為九一千五百七十五文為右ニ一以九減右
文次四余七百十七是ヲ以之ヲ以減九余廿只是ヲ以右余リ
七百十ヲ四以減而余廿以九二十ヲ減而又余紐數之十
ヲ得以桃數二百七ヲ除而一篭數九十ヲ得又紐
數ヲ以弍綫一二貫五百六文ヲ除而一篭弍綫五百二十ヲ得
紐數則為篭數　如右義度モ減ヲ累減ト云
ナリ又義度モ加ヲ累加ト云是ヲ累加累減是ニ倣フ
紐數ト云ハ左右同數ニテ可細數アレハ其同數ヲ
半數ト云又紐數共云ナリ

一
二千百八ノ千七百十一有是ヲ約而何程
十二之分八
答　三十七分ノ二十九
術　分母ヲ為右分子ヲ為九相減更ニ又相減而遂半
數九五十ヲ得以分母子ヲ約而合問
右之問是ヲ約分ト云ナリ

一
人數十二百七人有人ニ銀七百五十一匁ノ之ヲ与フ惣銀高若干
答
術　人數ヲ置為實別ニ十一百五十匁ヲ置分母七ヲ乗シ一貫五十七
匁ヲ得分子ヲ加テ内子ヲ得是ヲ一貫六匁ヲ得以テ乗ス
實惣銀之而八十九匁ヲ得ル分母七ヲ以約之四十計而
○四目ヲ得ル

一　左斜十廿五右ノ面十七分ノ二十三有左右同分母ト成而合
何程　答　左右分母五百九十五分之　左分子六十之　右分子一百一十五
術曰左右分母五ト相乘而乘數十七之ヲ得以テ左ノ分母
ヲ納而五ヲ得右ノ分子ニ乘而一百ヲ得右ノ分子
トス乘數ヲ以右ノ分母ヲ納而九ヲ得左ノ分子ニ乘而六十
ヲ得左ノ分子トス左右分母相乘而乘數廿ヲ納而五百
五ヲ得左右同分母トス

一　人數二十五人七分之五有一人ニ付銀二十二匁二分七分之三
惣銀高若干　答　五百九十二匁　乾ヲ後ス
術曰人數六人ト置通分内子而百八十人ヲ得為實

一　別ニ銀二十匁ヲ通分内子而二百匁ヲ得實ニ乘而七百匁
二十ヲ得為再實両分母相乘而二十ヲ得為法以テ
再實ヲ納而九匁ヲ得為惣銀高
右ニ問ヲ通分卜云

一　銀十貫匁有七人ニ分而一人當り若干
答　一人ニ銀一貫二十九分六ノ一十二之
術曰銀ヲ為實人數ヲ除テ廿ニヲ得不尽八ノ法人
數ト五ニ相乘而乘數二ヲ得以テ法ヲ納而分母九十
ヲ得ル以乘數實ノ不尽ヲ納而分子廿ヲ得ル不尽トハ
法ニテ實ヲ除ク時除尽ズ跡ニ残銀一匁有十六ニ除
ク時ニ一ツ有五ニ納ニ元トナル是除尽ズ也不尽トニ

云ハヾ或ハ一分ヲ少ニ除ク時ハ一ツニ付三分三毛三毛奇零アリ
之ト成テ尽ズ是等ヲ不尽ト云テ其實ニ止リテ
動ハ數ニ無用ナル故ニ棄ル也甚微ナル外、
通商動ノ數ニ無用ノ分ト雖モ維棄除ハ分母
子ト成商ヲ用除ハ限一分ヲ五ニ除リ一ツニ付六分六厘六毛之
ニト成テ之ハ又除ハ限聊ヲ七ニ除商一ツニ付十四釐
ニトフ、ル也法トスル數ヲ分母ト云ヒ實ノ不尽ヲ分子ト云
是ヲ經分ト云

左 術 以分五尺ノ右 術 以分尺有 右ノ内ヲ減ル商ノ余ヲ答
答 六十三分尺ノ八
術 母五ニ子ニ乗テ左ニ七ヲ付右ニ加ヘテ得ル内ヲ以テ除ク

減商ハ尺之得ル為實分母相乗商六十三ヲ得法トスルニ實數方
數ヨリ母ヲ之故ニ約分ノ術ヲ以テ通ニ法ヲ以テ分母ニ實ヲ
為分子ト云
左ニ限五分ノ八有五ヲ乗シ因右ニ限ニ分子七ヲ
商減テ余何程
答
術 左ノ限ヲ通分母子商自以五ヲ乗シ因五ト
ナル右ノ分母五十ヲ乗シ分子五十七ト又右ノ限
ヲ通分母子商三十ヲ乗商廿四七分ト
四十七ノ分母二十ヲ乗テ三十以テ減ル
左ノ分母右ノ分母ト相乗商一百五十ヲ得テ
為分以テ除實 四十ヲ得ル不尽 法數相減

既ニ法ヲ為分母不尽ヲ以為分子合問

右二問減録分ト云

一 左絹代分銀右絹四分之欠有 就其実何程

答 右其実二千八分尺ノ一

術曰母五ニ子ニ乗而右ニ二尺左ニ二尺ヲ得右内減左而
尺ヲ得為実分母相乗而二十ヲ得為方実数方数ヲ
世ニ欲ニ約分ノ実ニ依而通法ヲ為分母実ヲ為分子
是相減録分ト云

一 左銀八分七厘両右七分五厘両有 左右合而何程

答

術曰母五ニ子ニ乗而左ニ四十両右ニ〇四十両ヲ得相併而八十九両
為実分母相乗而五十両ヲ得以除実一両不尽二十ヲ得
為左五六両為右五ニ減而其数ナシ故直ニ一両ノ融十五六分ノ十三トス

一 左ニ銀十五分ノ七 右ノ銀八分ノ七両ヲ加而何程

答 二十四両四十分ノ十七

術曰左銀通分内子而二百四十七ヲ得右ノ分母七ヲ乗而百〇四十二
寄位又右銀通分内子而五十九ヲ得左ノ分母十ヲ乗而
六百四十九寄位ヲ加入共一千一百八十八為実左右分母相乗七十
ヲ得ル除実四十ヲ得不尽ハ母子ニ命而合問

右二分是課分ト云

一 左米五六分石右五四分石有 左右平均何程

答 六十分石ノ四十九

一

術曰分母五ニ乗テ右ニ合十四左ニ五十石ヲ得二數相併テ四十九石
為實又左右分母相乗テ六石ヲ得二次左右ノ分母ヲ乗テ三十石ヲ得
為法以テ除實ニ實數方數ヨリ出ル故ニ約分ノ術ニ依テ法
ヲ分母トシ實ヲ分子トシテ合問

一

左ニ未六分石中ニ伍分石右ニ四分石ニ欲平均何程

答

術曰分母五ニ子ニ乗テ左ニ二石ニ加ル九ノ分子五中ノ分母五右分母
中ニ九石ニ中ノ分母四ニ左ノ分母六ヲ乗テ得ル
三位相併テ廿二石ヲ八石ヲ得為實右ニ九十石右分子ニ左ノ分母六中ノ
二十石ヲ得ニ乗テ九石ノ數也廿六ヲ得ル為方以除實ニ實數
方數ヨリ出ル故ニ約分ノ術ニ依テ實數方數ニヲ求メ各約分ノ法

一

十一両八
十〇石ニ實ニ三両ニ石四十ヲ得則両四十十分石ノ
左銀廿八二十ノ八分ノ十七分右銀二十分廿三十五分左右平均何程

答　二十一匁二分五厘八分ノ十五

術曰左銀通分内子而二十七匁二両ヲ得右分母二十ヲ乗テ両四匁七
寄位右銀通分内子而十二両八匁ヲ得左分母廿ヲ乗テ両廿二九
両二十匁十寄位ト共ニ五十三匁九為實左右分母相乗テ
八両ヲ得是左右故ニ二ヲ乗テ四十八両為方以除實二十匁
ノ四両ヲ得則乗テ八両大合問

一

左銀八両七分ノ五右銀六分ノ五両有是ヲ六人ニ分ルニ一人何程

答　一両五十両四十二十七十八分両

術曰分母五ニ子ニ乗テ左十八両右ニ加テ得相併テ左ニ

以法附寄位分母相乗而四十ヲ得ル而ヲ乗而十六両五錢ヲ得
寄位ヲ加入十九両ヲ得人ノ分母五ヲ以テ乗之四十九両
為実又人ヲ列シ通分内子而四十ヲ得銀ノ分母相
乗而二十ト乗シ二千四百ヲ得為方以除實一両十九七五
約分術ニ因而直ニ方ヲ為分母實ヲ為分子
是ヲ重有分ト云

一 白廿六之帳八四十五之賍二分ノ之十五十四分ノ有貴若干
答貴 両六十九匁
術曰白ヲ列シ通分内子而一千九両寄位賍ヲ置通分内子
一五千二両ヲ得乗寄位而四百四十六両五七千為実白賍分母
相乗而貴方二ヲ乗而七千六両以除実而八千九匁不尽
ヲ得法ハ七千六両ヲ約ハ分術ニ依而等数五ヲ得テ以テ各約而
分母一千五百二両分子七百七ヲ得ル
是ヲ来分ト云ナリ

一 金一両ニ銀六十匁ノ有米二斗ハ銀ヲ買ナリ金一両ニ何程
答 二俵
術曰米依ヲ置テ通分内子而一千ヲ得金ノ分母六十ヲ
乗而六十ヲ為實金ヲ置テ通分内子ヲ得米ノ
分母三十ヲ乗而二百五十五ヲ為方以除実二俵ト不尽
八十ヲ得約分術ニ因テ等数五十ヲ得以方ヲ約
而分母七十二ヲ得ル等数ヲ以テ不尽ヲ約而十四五ヲ得
是ヲ除分ト云ナリ

関流算方草術

交會

一 甲ハ三乙ハ五ニ一人毎出番今日出會甲乙ハ又幾日ニテ出會スヘ

答 一十五日　術曰甲三ヲ為左乙五ヲ為右互減而無當數ナシ故甲乙相乗而得一十五ヲ為再會ノ期日

一 甲ハ三乙ハ五丙ハ七ニ一人毎出番今日出會甲乙丙ハ又幾日ニテ出會

答 一百〇五日　術曰甲三ヲ為左乙五ヲ為右互減而無當數故甲三乙五相乗而一十五ヲ得為甲乙再會日數○再會日數十五ヲ為左丙七ヲ為右互減而無當數故甲乙再會日數十五ヲ置丙七ヲ乗シ甲乙丙再會日數○一百五ナリ

一 甲ハ十乙ハ十二ニ一人毎出番今日出會甲乙ハ又幾日ニテ出會ス

答　六十日　術曰甲十為左乙十二為右差減而乘數二ヲ得甲十乙十二相乘而百二十ヲ得甲乙再會為徑數乘數以二除之得六十甲乙再會為定日

一　甲二十一付乙三十五付一人每出番今日出會又幾日ヲメ再會ス

答　一百〇五日　術曰甲二十一為左乙三十五為右差減而乘數七ヲ得甲二十一乙三十五相乘而七百三十五甲乙再會為徑日乘數以七除之一百〇五為再會定日

一　甲十五付乙二十五付丙三十五付一人每出番今日出會又幾日ヲメ甲乙丙人再會ス

答　五百二十五日　術曰甲十五為左乙二十五為右差減而得五甲十五乙二十五相乘而三百七十五為甲乙再會徑日乘數以五除之甲乙再會定數七十五ヲ得甲乙會七十五為左丙三十五為右差減而乘數五ヲ得甲乙再會定數七十五丙三十五相乘而二千六百二十五ヲ得甲乙丙再會為定數

一　甲十八付乙二十四付丙四十付一人每出番今日出會又甲乙丙幾日ヲメ出會スル

答　三百六十日　術曰甲十八為左乙二十四為右差減而得六甲十八乙二十四相乘而得四百三十二甲乙再會為徑日乘數以六除之甲乙再會定之數七十二ヲ得甲乙再會七十二為左丙四十為右差減而乘數八ヲ得甲乙丙再會定數七十二ト丙四十ト相乘而二千八百八十ヲ得甲乙丙再會徑數トス乘數以八除之三百六十ヲ得甲乙丙再會為定日

一　甲車徑五尺乙車徑四尺九寸各輪轉スル時若干ニテ再會スル輪轉數ヲ得

答　甲四十九次　乙五十八次

術曰甲八尺五寸乙四尺九寸互減而無等數故甲八尺五寸ヲ全而乙轉數
八十五寸乙四十九寸ヲ全而甲轉數四十九次
甲車徑四尺五寸乙四尺ヲ以輪轉ル度差半ヲ而等數ヲ得
答　甲車七次　乙車九次
術曰甲四尺五寸乙四尺ヲ互減而等數得五寸甲四尺五寸ヲ置以等數約之
乙轉數九次乙四尺ヲ列以等數約之甲轉數八次ヲ得
甲車六尺五寸乙車四尺五寸丙車四尺ヲ各輪轉スル度差半ヲ而等數ヲ得
答　甲車五次　乙車二次　丙車一二次
術曰甲六尺五寸乙四尺五寸ヲ互減而小數四十ヲ得甲六尺五寸ヲ列以等數以
四十除之甲十三ヲ得甲六尺五寸ヲ乗而一丈六尺五寸ヲ得乙徑數四十道
得ル曰為九丙四尺ヲ為右互減而等數八ヲ得以九尺一丈六尺ヲ除ヲ丙轉數
數得一二次丙四尺ヲ置等數以八除之得五甲乙徑數ニ乗而甲轉數
廿十次ヲ得乙曰二十次
周驛ノ池有甲乙人廻ル甲一日ニ二十里乙一日ニ三十里今甲乙同所ニ
並ヲ又幾日ヲ同所ニ並ヲ　答　一十○日
術曰乙三十里ヲ甲二十里減余十里以除周驛得ル日為與合期日
周驛ノ池有甲一日ニ十二里乙日二十里丙日五十里今甲乙丙人
同所ニ息ヲ又何日ヲ同所ニ至ル　答　一百○○日
術曰甲二十里ヲ以乙二十里ヲ減得十里為左乙二十里ヲ以丙五十里
減而為右互減而無等數故周驛ヲ列ニ日ニ全而則日トス
周驛ノ池有甲乙丙人廻ル甲一日二十里乙日三十里丙日六十里
今甲乙丙ノ人同所ニ息ヲ又幾日ヲ同所ニ至合

答　五十〇日　術曰甲乙日行相減ヲ得叶ヲ以テ學
乙両日行相減ヲ得四ヲ為己子五相減学数得ニ以テ除畳得数
日ニ合両得ヲ五叶甲乙両毎會定数也
今如図大圓周ト畳小圓周ニ對ス甲ハ大圓周ヲ廻リ乙ハ小
圓周ヲ廻ル只云甲ト一日ニ一六叶ニ聞乙ト一日ニ畳五今日交周ニ會ス又
幾日交周ニ會ス

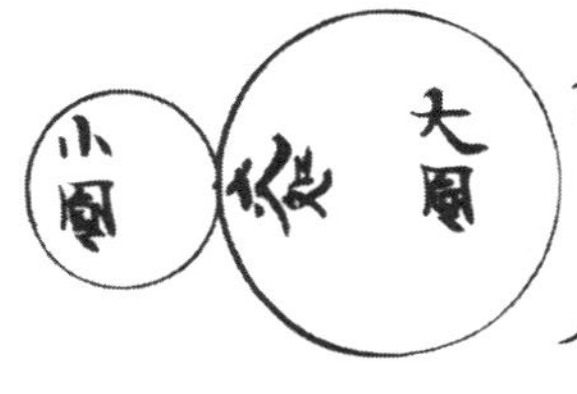

答
術曰甲周畳トシ乙行畳五相乗畳六為右乙ノ周
叶三甲行畳十八相乗二ハ畳六ヲ得為左ル左ヲ並
減両学数四甲周乙周相乗両日合両一ニ而
ヲ得学数以四除之交周毎會ノ日数而之
五二叶ヲ得ル

大圓周九十九畳小圓周畳ニ之甲ハ大圓ヲ廻リ乙ハ小圓ヲ廻ル甲ハ一日ニ
ノ行十六叶之ト一日ノ行ニ二十八今日交周ニ會ス入幾日ヲ甲乙交會
ニ相並ブ　答　一千百八十七日　術曰乙行ニ二十畳道
内小圓畳ニ之減シ得巴乗九十畳テ十六ニ而巴畳ヲ得為右甲行
十六ヲ置小圓ニ畳ヲ乗而ニ両畳ヲ得為左ル左ヲ並ニ減両
余数以大周小周相乗両日ニ合両ニ十七両ヲ得甲乙毎
會日数トス

周畳ノ池有甲乙廻ル甲一日ノ行二十一畳ト化合畳乙一日ノ行
畳八今甲乙人同所ニ並ブ又幾日ヲ同所ニ並ブト問
答　三十二日三十一分里ノ二十七
術曰周畳ヲ置甲分母ヲ乗シ一五十叶畳。為実別甲一日行

通分内子而七八十里ヲ得寄位乙一日ノ行ハ里ヲ列シ甲ハ分母ヲ
乗而五十里ヲ得以テ減寄位一之十里ヲ得為方以除実之日
法ニ不満者二十里ヲ得納分之術ニ依テ里ニ十一分十七トス

一 周八而六十里ノ池有甲乙ノ人廻ル甲ハ一日ニ行十五ノ廿里九分乙ハ一日ニ
行里ニノ九分五里八分ヲ甲乙ノ人同所ヲ発ス又何日同所ニ會ス

答　七十四日四八分里ノ一　術曰池周ヲ置甲分母
一十乙ノ分母九各相乗而二万六千二十六里而得為實別甲日
ノ行通分内子而四百八十里ヲ得乙ノ分母九ヲ乗而五百六十里ヲ
得寄位乙一日ノ行通分内子而二十里ヲ得甲ノ分母十ヲ
乗而四ヲ得以減寄位二而ヲ得為方以除実七十日
ト方不満者十ヲ得納分ノ術ニ依テ四分一ヲ得

一 周十二八而五里ト廿十七八分里之十五ノ池有甲乙丙ノ人廻ル甲日行里二十六分里之二日
二十五分里之三丙日行二十九分里之八十今同所ニ會ス又何日同所ニ會ス

答

術曰置數ヲ置通分内子而四千四百一里ヲ得甲乙丙ノ分母各
相乗而七十三万一千四百二十五里ヲ得為實別ニ甲日行通分内子而八十二里
九ヲ得乙ノ分母五ト丙ノ分母廿ヲ以相乗シ一万八千五百ヲ得寄
位乙日行通分内子而七十一ヲ得甲ノ分母廿ト
ヲ以相乗而一万五千里ヲ得寄位与丙日行通分内子而
二十三里ヲ得甲ノ分母十ト乙ノ分母五相乗シ一万一千四百ヲ得寄位
列子位内亡位ヲ減シ八千四百ヲ得寄位列亡位内減子位四
十六而ニ得寄再位列寄位為左列再位為右右ヲ減

減而不盡數得四爲法以除實所得八百七十四八千步二尺満有一蟸得
約分ノ術ニ依而四ヲ八分一ヲ得

一 今如図大円周ニ點シ中円ニ點シ小円ニ點シ甲人大円ヲ廻リ日行
五十二里乙ハ中円ヲ廻リ日行七十五里丙ハ小円ヲ廻リ日行廿二里ト八十乙甲
乙丙交周ニ會ス又幾日ノ又交周ニ會ス

答 六而日

術曰大円而中円而小円而各相乗而所點
リ得爲實甲日行乙丙日行ヲ列シ中円二而小円
而相乗所ノ得ヲ得天乙日行十九大円ニ而小円
而相乗所十七ヲ得地丙日行十二大円而中
円ニ而相乗所十八ヲ得人天地爲左位右五藏而小數

一 万ヲ得爲左人位爲右五藏而常數一万ヲ得以除實日ヲ命而
所而ヲ得

一 大円周 二點而ト 十一分
九 甲大円ヲ廻リ日行 七分 乙中円ヲ廻リ日行 九十
五 丙小円ヲ廻リ日行 一十 今甲乙丙同所ニ交會
又何日手交周ニ會ス

答

術曰大円周通ヲ通分内子而二千五百騎ヲ得子位中円周ヲ
列子通分内子而二千四百七十リヲ得小円周ヲ列シ通分内子
井而點ヲ得甲行通分内子二十而丑ニ位乙行通分内子
也九十ヲ得辰位丙行通分内子四千リ已位子丑寅位相乗而
得數二甲及乙丙人分母ヲ乗而四十千一五百四千五十一億ヲ得

為實丑子丑位相乘而得數ニ大圓ノ分母及丙ノ分母ヲ
乘而八百九十七億九千七百〇三萬ヲ得寄天位子丑辰位相乘而得數
中圓ノ分母及甲丙ノ分母ヲ乘而二億七千七百七千〇億二千四百〇千〇
ヲ得寄地位子丑己相乘而得數ニ小圓ノ分母及甲乙ノ分
母ヲ乘而一千〇萬二億二千四百〇〇〇ヲ得寄人位天位為左地
位為右五歲而半數二百二萬七十千〇ヲ得以果數為右人位
為左五歲而半數十〇百二ヲ得為方以除實日ニ合而
六十二億九千二百五十ヲ得　一万二千七百八十五日　合問

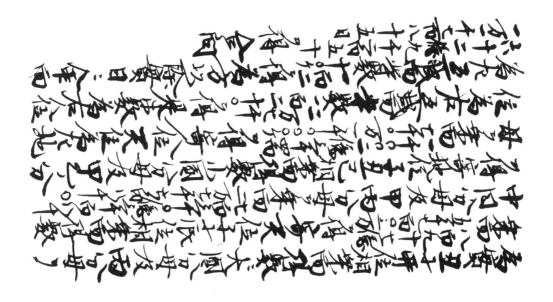

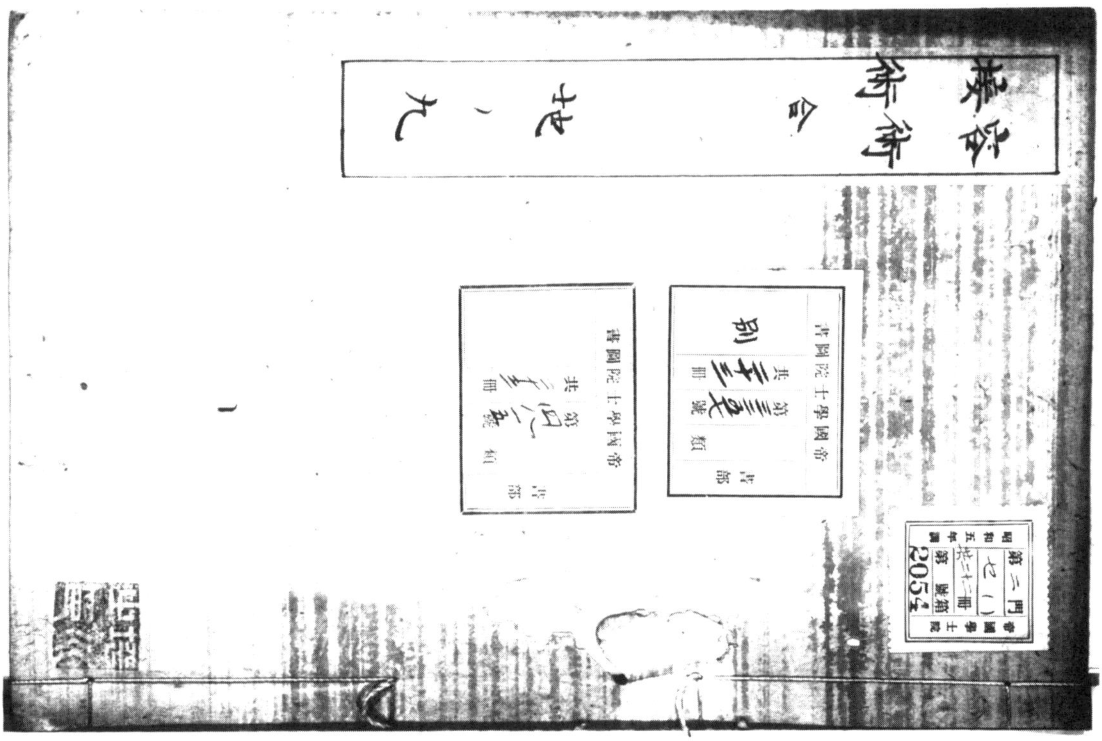
容術
接術　合
地ノ九

関流算方巻之一

関　孝和　編撰

山路主住　校訂

容術

圓中容方圓径八寸方面若干

答　方面五寸六分五厘六八五有奇

術曰圓径八寸ヲ置逃斜率一四一四二ヲ以除之方面五寸六分八五ヲ得　又術曰圓径自之得数半之三十二寸得平方開之得方面

方内容三角方面一尺三角面若干

答　三角面一尺〇三分五厘二八五有奇

術曰三角面率一寸中股率二〇[illegible]ヲ以三角面率乗之

中尖率ヲ依ル六寸六之得為外方斜率　斜率一〇四四ヲ以除之〇千九六五九一七
ヲ得為外方率別ニ外方一尺ヲ置三角面率ヲ乗而為実外方
率ヲ以除之内三角面二尺八〇五餘ヲ得

解

義

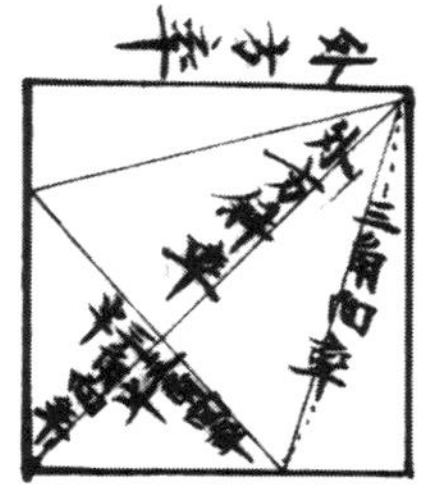

内三角面率ナ寸　外率〇千九六六五

内三角面　外方一尺　也

維乗而得

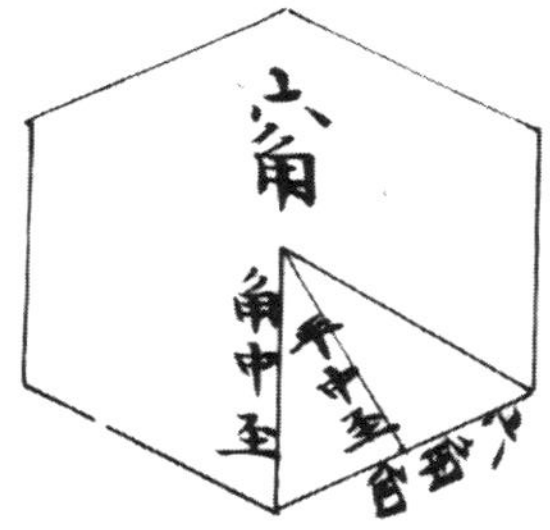

六角内角中至及平中至ヲ容角面一尺角平
中至若干　答　角中至一尺　平中至八寸六分六厘〇二五四余
術曰　角面則為角至面置半之自之以減角
中至冪余七五寸ヲ得平方開之平中至八寸六分
二六分ヲ得

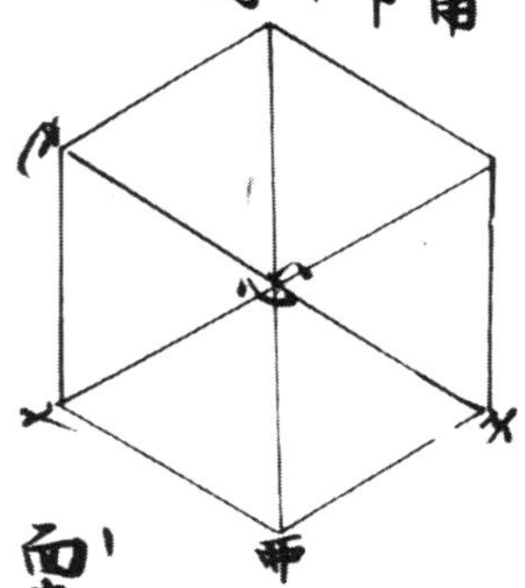

面ト角中至ト平中ト解図

セノ線ト十平ノ線ト平行心平ノ
線ト七ナノ線ト平行故ニ心平角中
至ト土ナノ面ト心等数ナリ
平行ヲ得ル解
面率ヲ以角中至ヲ編平中至略依ヲ股術得平中至

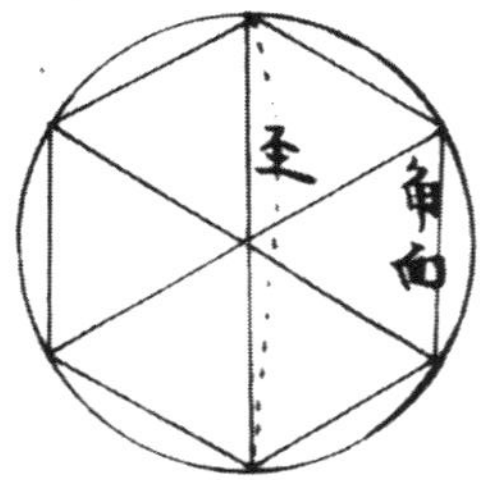

圓至一尺容六角面若干　答　面五寸
術曰　圓至半之得五寸則角中至乃諸角通術之人為六角面
解　前条ニ詳ナリ○圓中ノ諸角圓至ヲ半而則
角中ヲ得圓ニ詳ナリ

一　大六角面一尺二寸容六角其六容六角面若干　答六角面四寸

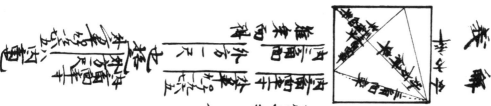

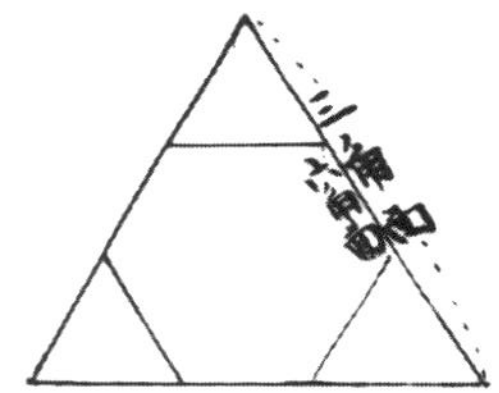

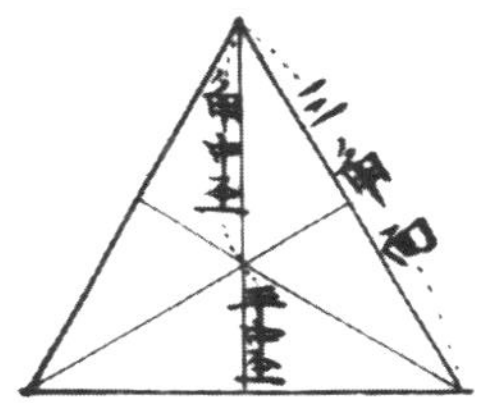

術曰三角面ヲ列シ三除之内ニ六角面ヲ四ヲ得

解義曰子巳ノ線ト己丑ノ線ト平行　壬申ノ線ト未寅ノ線ト平行　故未午ノ線ト心己ノ線ト等シ

又心己ノ線ト申未ノ線ト等シ未申ノ六角面ト心己ノ角中至ト等シ

甲子欠ニ三角面ト心丑ノ角中至ト等シ

故大三角ハ内六角面ノ角中至三段ト等数ニ

故内六角面ハ三段ト等数也依而大三角面除之為内六角面

三角面一尺角中至平中至若干

答　角中至　五寸七七七余
　　平中至　二寸八八八六余

術曰以三之自乗二十五計以減角面冪一ヲ折中股

答七十五寸ヲ得平方開之中股ハ六寸六六ヲ得以三除之平中至二寸八八六六余ヲ得倍之五寸七七余為角中至

解義　三角象外ニ依ニ圓周ヲ掛而

如図三角一面毎ニ二斜ヲ容ル円中ニ六角形ヲ得　東西南北ヲ菱ノ為尖　三角面ヲ為菱長平中至二段為菱平　○　又南子子丑ヲ為菱ノ為尖　子丑ノ線ヲ為菱長三角角中至ヲ為菱平　於是見東西南北ノ為尖　菱平ハ三角至中至二段ナリ　○　南子子丑ヲ尖トスル菱ノ平ハ三角ノ中至ナリ

故ニ角中至ハ平中至二段ナリ　○　又云依図ミルニ三角中股ハ角中至平中至ノ和ヲ而平中至三段也

圓中容三角圓至一尺三角面何程

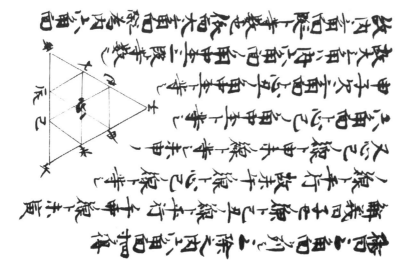

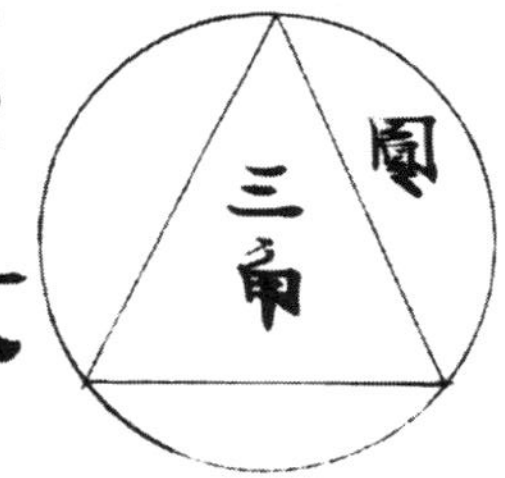

答 三角面八寸五分二厘六毛有奇

術曰 圓径半之角中至五寸ヲ得 又半之平中至二寸五分ヲ得 自之六寸二分五厘ヲ得 以角中至冪減而三角面半段ノ冪十八寸七十五ヲ得 平方開之角面八寸六余ヲ得

圓中容八角至一尺角面若干

答角面三寸八分二厘六八八一五

術曰 一尺ヲ置 斜率一寸四分一四二ヲ以除之 円内ノ方面七寸〇七一ヲ得 以円至一尺減之余半之矢一寸四分六四四ヲ得 自之二寸一四四七六〇二五 寄位〇方面ヲ置半之三寸五分三五五 自之十二寸四九九 加入寄位八角面冪十四寸六四 五二〇五ヲ得 平方開之八角面三寸八二六 五ヲ得

解義 矢ヲ為句 方面ヲ為 平ヲ 諸

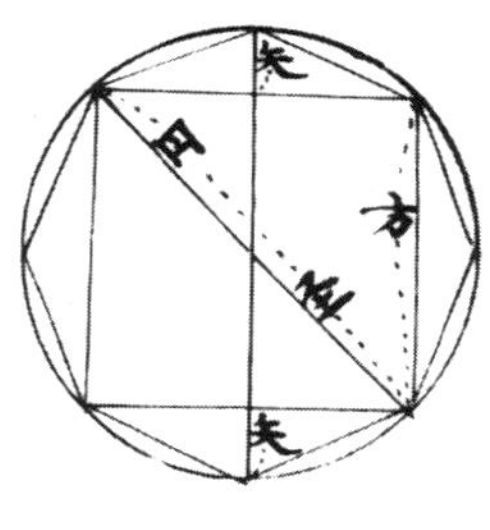

圓有至一尺如下図 弧容八斜真斜若干

答 斜一寸九分五厘〇八九三五余

術曰 別ニ術余ノ術ヲ依而円中之八角面冪二十四寸六四五二〇五ヲ得 八十五寸三三五 以至冪一百寸ヲ減テ子巾 五四七九五ヲ得 平方開之子九寸二三〇二三ヲ得 以至一尺ヲ減余半之小矢〇寸三八二五五ヲ得 自之〇寸一四六四八五五 九九八八〇一ヲ得 寄位

〇八角面冪ヲ置 四ヲ除 〇三寸六六二二三 一一二五ヲ得 寄位ヲ加入 十六角面冪三寸八一五九八五 七二三八〇一ヲ得 平方開之十六角面一寸九五〇八 九三五余ヲ得 則半弧中ノ為八斜

解義 是ハ半弧ニ八斜ヲ容ル則円内ニ容ル十六角也 依而円内十六角術ヲ以テ角面ヲ得 真角面則八斜也如図

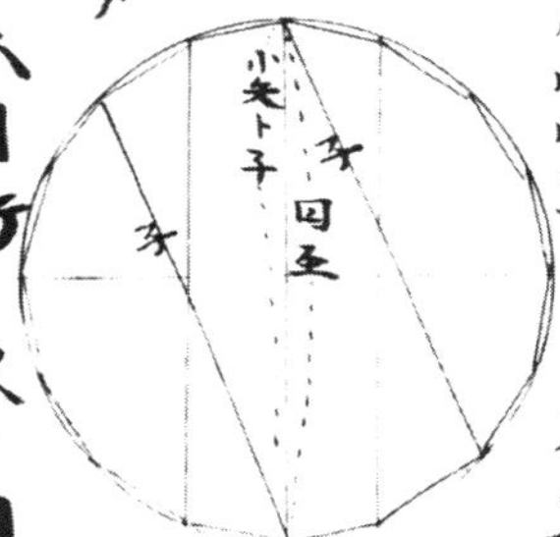

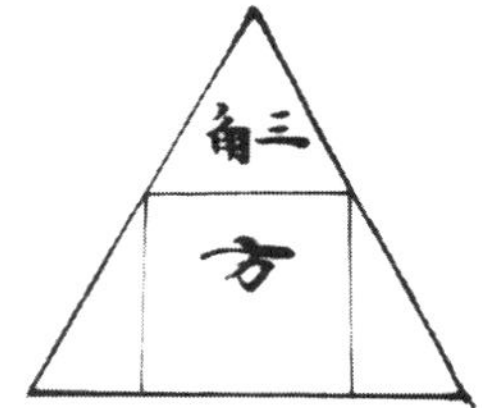

三角内容方角面一寸方面若干　答方四寸三分四釐余

術曰三角面一尺為実乗以方面率一寸以外三角面定率二寸五
二余ヲ以除実方面四寸三分四釐余ヲ得

解義

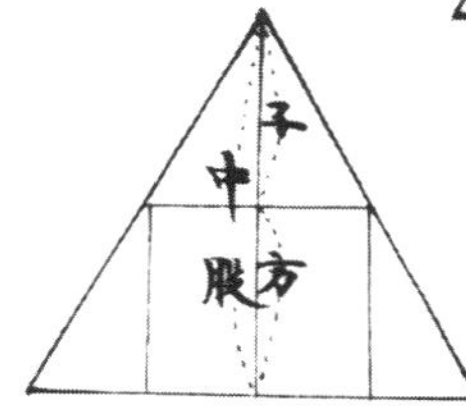

術路曰依之方面率一寸ヲ立テ中股率八寸六分六ヲ
乗而八分六六為子率方面率ヲ加外之角中
股率一尺八寸六分六ヲ得中又率八寸六分六ヲ以除之
外三角面率二寸一五四七ヲ得依合定方大
二率ヲ左ノ如シ

右小率　方面率一寸　外三角面率二寸一五四七
為小率

右面　三角面一尺
大率

維実而得　三角面一尺　外三角面率二寸一五四七　方面率一寸　方面
右定法

三角内ニ容円三角面一尺円ノ若干　答円五寸七分七釐三余

術曰第六術之面平中至二寸八分八ヲ得倍之円至五寸七分七釐三余
ヲ得

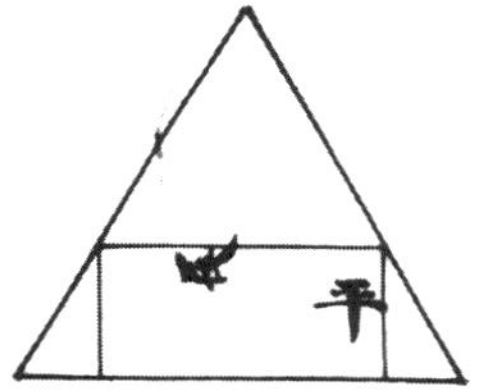

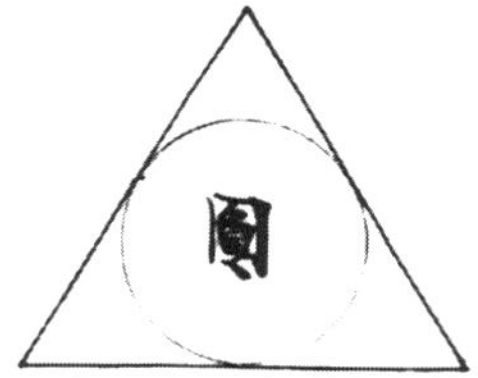

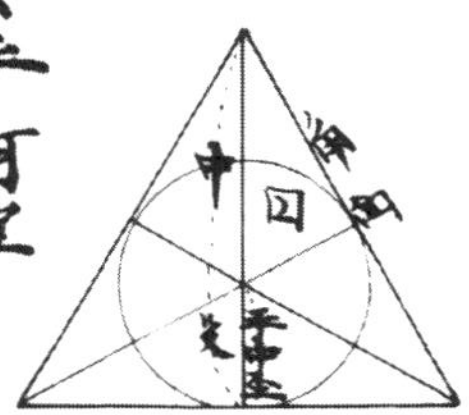

解之　平中至則円至
半段ナリ

三角内入長平角面一尺五寸長一尺平何程

答　平四寸三分三釐

術曰角面一尺五寸内長ヲ減而拾ヲ得中股率
五分六ヲ乗而平四寸三分三釐ヲ得　解曰
外之角面ノ内直長ヲ減ヲ得小角
小面ノ象　故ニ欠面ヲ為ス小之角中ハ
平ハ小中股ナリ

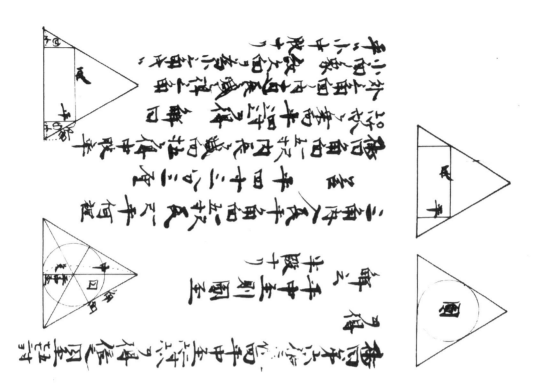

円内容直至二尺長一尺六寸平若干　答平一尺二寸

術曰長一尺六寸自之二尺五寸六分以テ至冪四尺ヲ減而平冪一尺四寸四分ヲ得平方開之平一尺二寸ヲ得

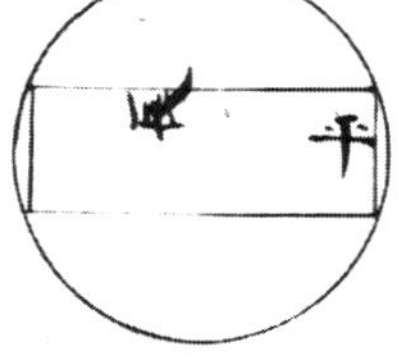

解義　平ヲ鈎長ヲ股至ヲ為弦

方有容直面五尺長六尺何程　答平一尺

術曰面五尺ヲ置氣斜率一四一四二ヲ以テ方斜七尺〇七一ヲ得内長六尺ヲ減而平一尺〇七一ヲ得

方斜ハ長平差之長平也

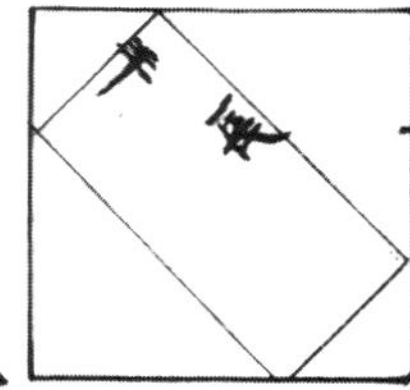

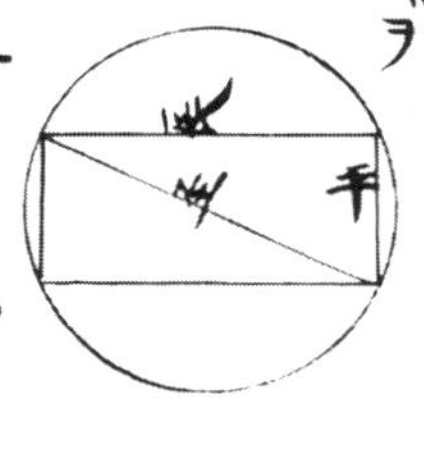

三斜有大斜六寸中斜五寸小斜二寸五分

長従及中股ヲ容ル各何程

答中勾四寸八分　長三寸二分六厘　従二寸六分四厘

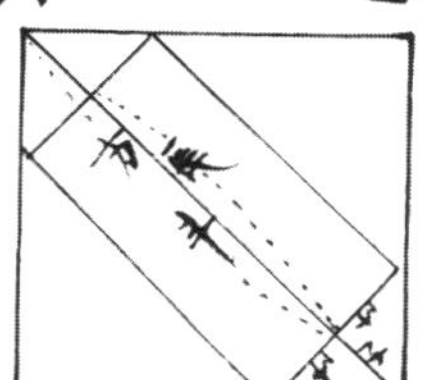

術曰中斜自之三十六寸内小斜冪十七寸四十四ヲ減而四十三寸大斜以十六除之長従差七寸二分ヲ得大斜ニ加ヘ得数半之長三十一寸ヲ得以大斜十六寸ヲ減之従三二寸四分ヲ得ル　長三自之二十八寸九六ヲ得ル以中斜冪二十三寸六分ヲ減之余中勾冪二十七寸ヲ得平方開之中勾四寸八分ヲ得ル

解義

中斜冪ハ長冪中勾冪
小斜冪ハ従冪中勾冪

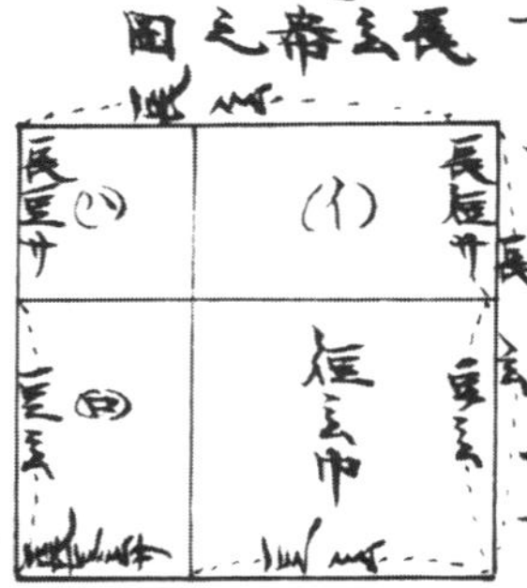

小斜冪
中斜冪　相減之　変長冪従冪差大斜也

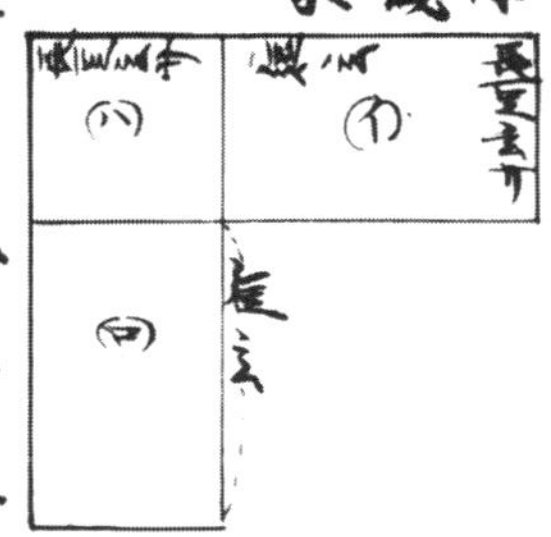

長冪内従冪ヲ減ニ長従差ニ因大斜冪ノ図如右也

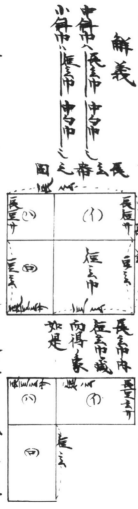

(イ)ノ責ヲ(ハ)ノ責ノ上ニ補ヒ長玄ト短玄ノ
差ノ相大斜トナル如下図

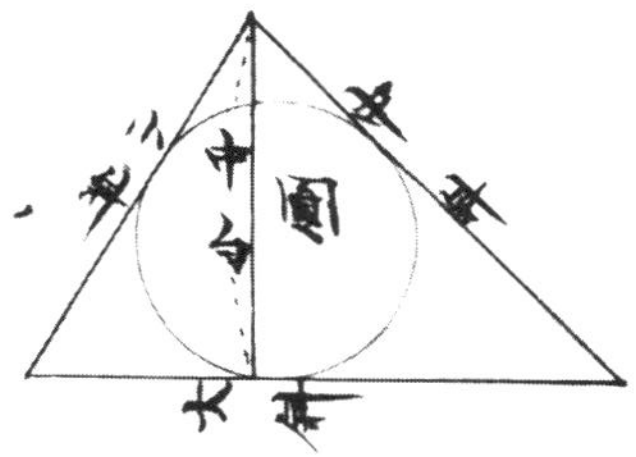

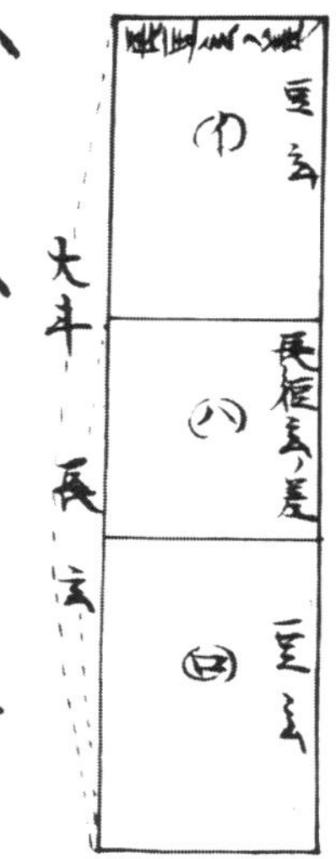

一 三斜責
一段ノ図

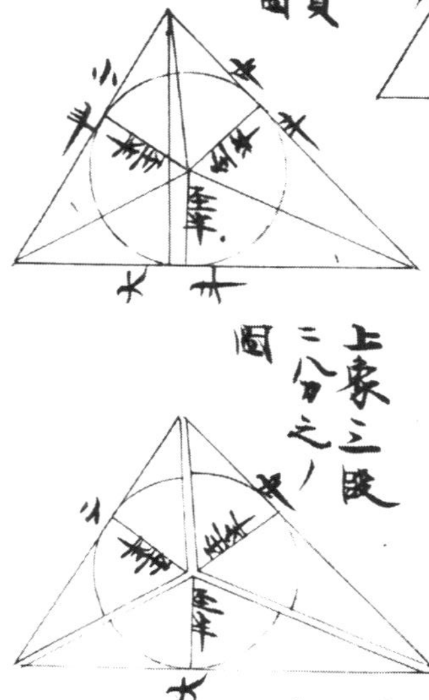

上象三段
三ハ分之ノ
圓

三斜有大斜五尺中斜四尺小斜一尺二寸内容圓
径何程　答曰圓径八寸　術曰亦術ヲ推而中股
一尺一寸二分ヲ得乗大斜三斜責二段十八尺六寸ヲ得倍之三斜
責四段十六尺二寸為実大
中小斜和而四尺二寸以除
実圓径八寸ヲ得

二 三斜責
二段ノ図
乃一段ノ図
倍之二段
トス

三 三斜責四段
大中小斜相ノ
図ヲ造ル象

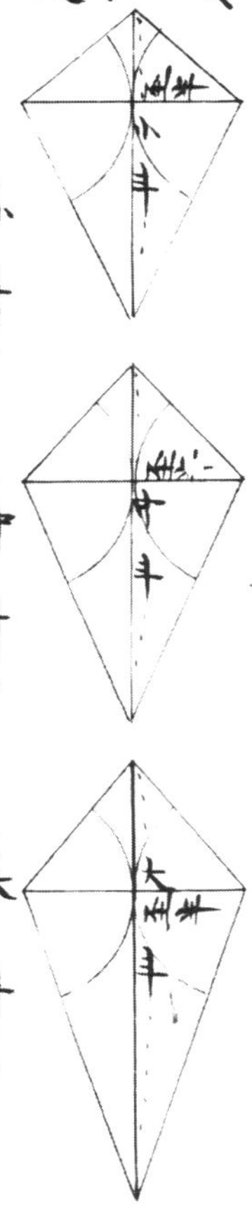

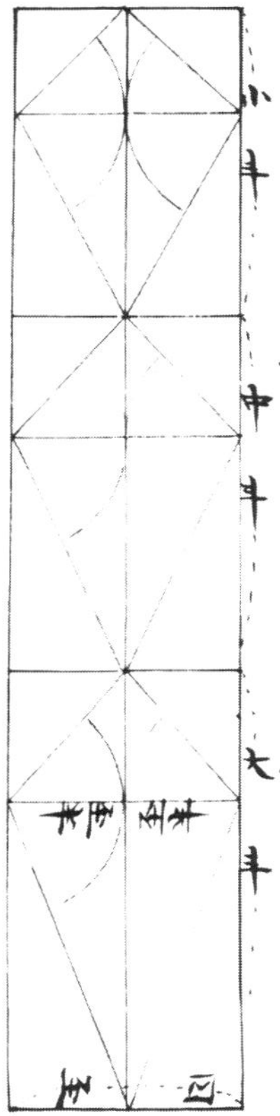

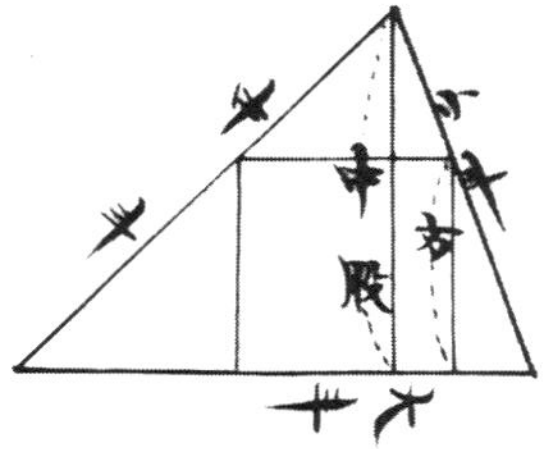

三斜内容方大斜二尺四寸中股八寸　一解定
方若干　答　方六寸
術曰中股大斜相乗為三斜責二段十九寸
為実大斜中股相併シ三尺二寸以除実得
方面六寸

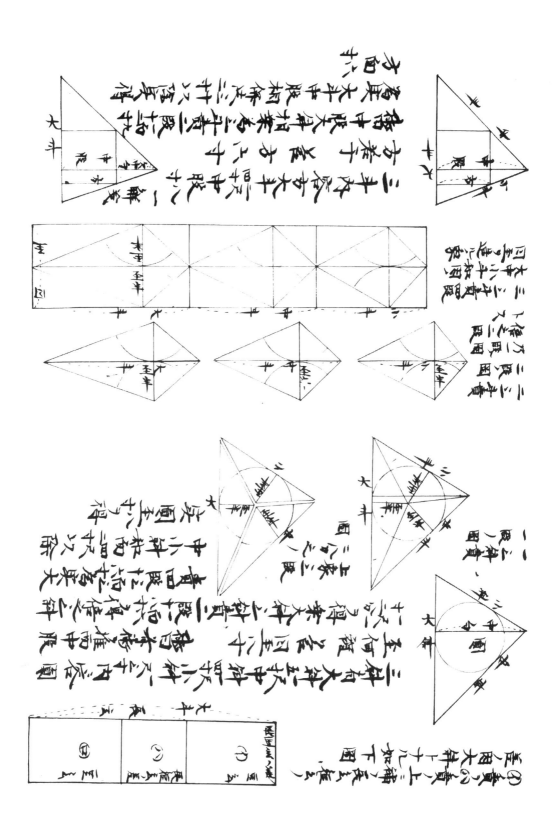

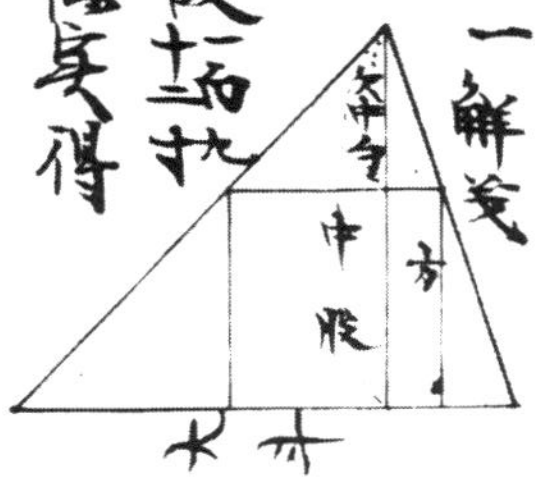

二　三斗ノ一貢二段合併象

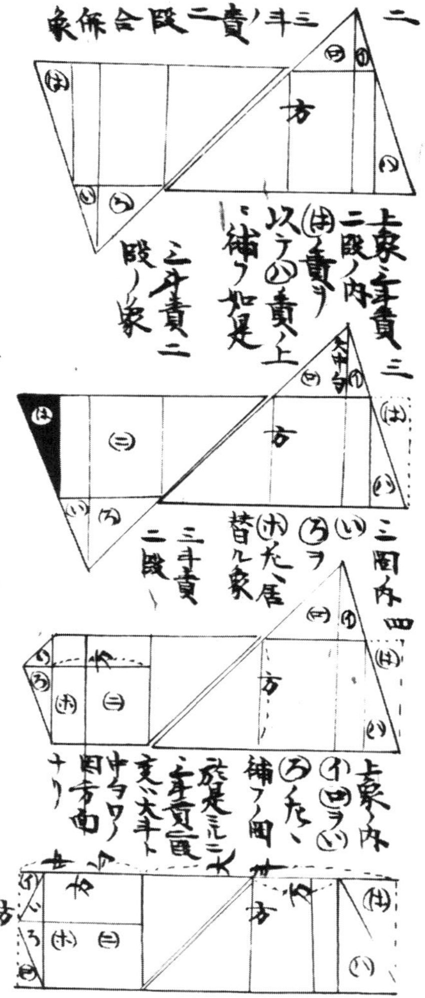

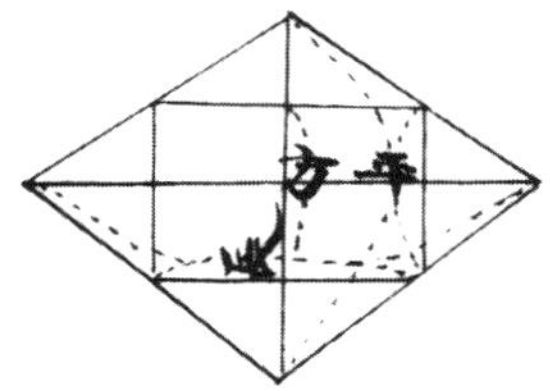

菱長伍寸平四寸容方若干　答方二十四寸

術曰長半之八二十寄位　平半之一二十再位別再位ヲ列シ

乗寄位十五而八為實　寄位再位相併四九寸為方以テ

除実仮ノ勾股内ノ方面二十ヲ得倍之菱内方面四二十

ヲ得　又術ニ菱長平相乗為実　菱長平合併面

為方以除実得菱内方面

二長━為股━一平━為勾

一方━八仮勾股内ノ為方面

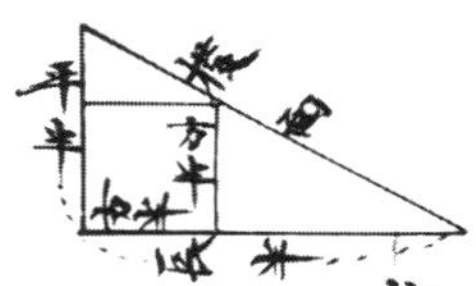

菱象四分ノ圖

於是本術ヲ起ス
解術中ニ詳ナリ

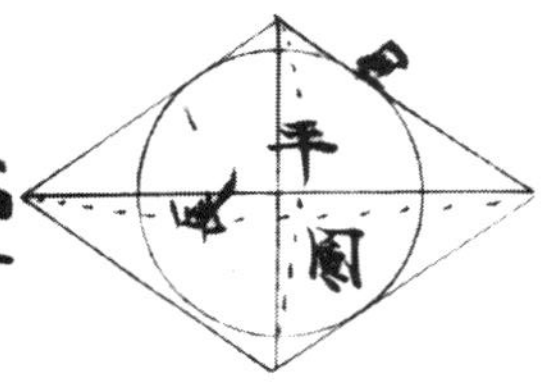

菱長八寸平六寸入圓至何程　答　至四寸八分

術曰長八寸平六寸各半之各四寸子三寸丑寄相併面仮ノ玄

寄五寸平方開之五為寅　子丑相乗十二寸為実以寅五寸

除之得四寸倍之菱内ノ　二寸四分

又術曰別菱面五ヲ求ノ長

平相乗四十八寸為實菱面倍之一十寸為法

圓至四寸八分

以除實得菱内ノ圓至

棱象四分之圖

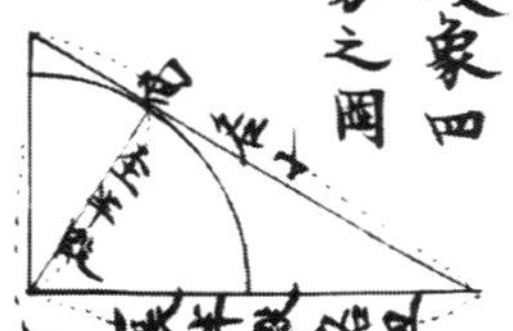

子ハ為勾
丑ハ為股
寅ハ為玄
至半ハ中股
依是圖得
本術解
平半段合子

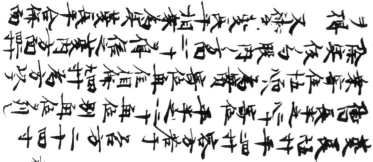

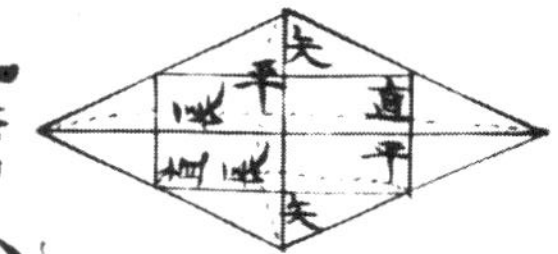

菱長四寸平一寸○一寸容直 々直長八寸直平若干

答　直平二寸五分

術曰菱ノ長ト直ノ長トノ差ヲ八寸ヲ一寸八分ヲ以テ相乗ス菱長四寸ヲ以除之矢ノ二段七寸五分ヲ得 以テ減接平一尺ヨリ減スル　直平ヲ得ル　二寸五分

又術曰以直長減菱長余乗菱平以菱長除之得直平

菱長 ─ 菱平 ─ 大平
直長 ─ 直矢二段 ─ 小平
乗ハ菱長 直矢二段 直長 也
切ハ勾股斜ノ平

外方内ニ容甲乙丙方 只云甲ヨリ乙ハ短キコト五寸乙ヨリ丙ハ短キコト四寸各方若干

答　甲　三〇十二二五寸

乙　二〇十七二五寸　　丙　三〇十三二五寸

術曰外方内ヲ置斜率一四一四二ヲ乗而倍之方斜二段
十四二四十一ヲ得内甲乙差三段一十五寸乙丙差五段〇二十寸併減而余
丙八段一百〇八十六寸ヲ得八級而丙二〇十三二五寸ヲ得甲乙差拉ヲ加テ
甲三〇十二二五寸ヲ得

解義

丙方半段

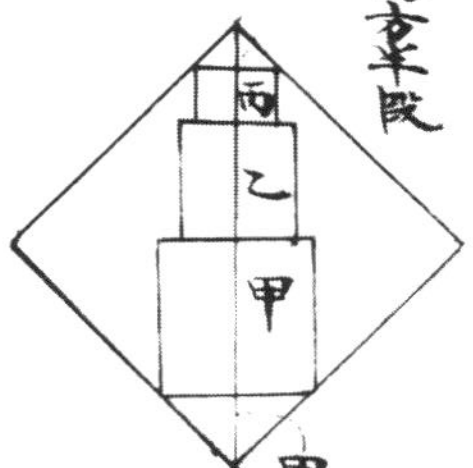

甲方半段

故方斜二段ハ丙 乙 甲也
乙ハ丙差 丙 也甲ハ丙差 甲乙差 丙 也
甲三之 甲差 乙丙差 丙 寅位
乙倍之○ 乙丙差 丙 丑位
丙三之○ ○ 丙 子位
故子丑寅相併甲 乙 丙ハ二方斜段

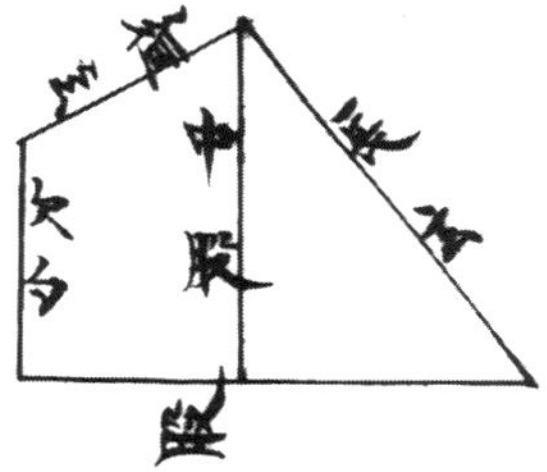

今有欠勾股欠勾六寸股八尺長弦八尺五寸
弦内容中股其中股何程

答　中股七尺七寸

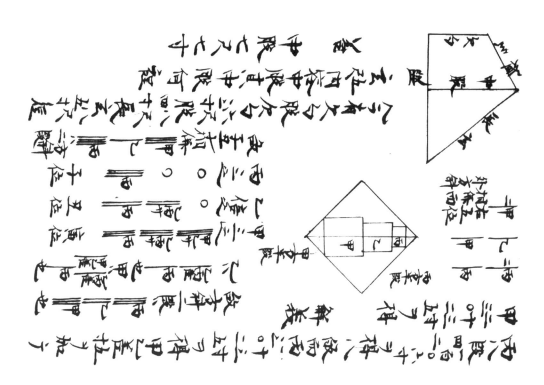

術曰欠勾帯股帯相併平方開之大斜一丈五寸五厘得。從之為小斜長之為中斜。大斜有。依之斜依子之五尺四寸ヲ得〇子股加巣以欠勾除之得十四尺。欠勾ノ内甲ヲ減テ辰ノ三寸ヲ得ル〇大斜辰相巣以之除之己六尺二五ヲ得〇丑十己相併而後之九尺六二五ヲ得巣辰除之テ中股七尺七寸ヲ得

解圖

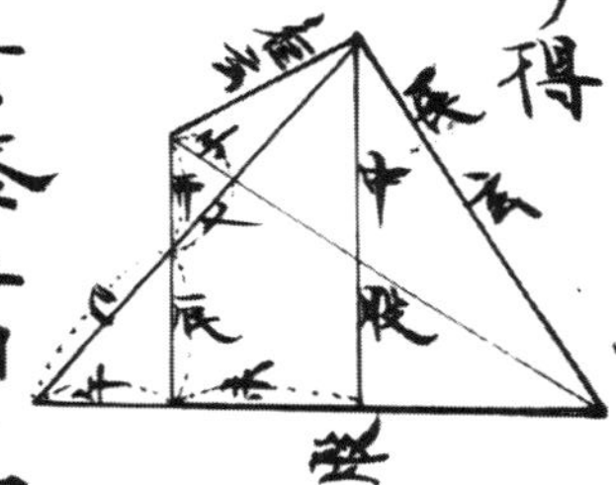

勾益	欠勾	子	午	未
股益	殳	丬	辰	中殳
川益	大斗	帀	己	丑十己ノ和

徑一尺容五角々面ハ矢半分也面及矢何程

答 角面一寸七分五厘三毛九八余

術曰至廷定六〇五十七〇二三以除之内五角面二寸七分五厘一九八有奇

解義 術路云 假ニ角面一寸ヲ立テ小数ヲ造ル如左

小角面一寸 小矢二寸 倍之小角面一寸ノ六八 五角面角至率八〇五寸〇六五 則小角中至トス 小矢二段小角中至二段相併小圓至五十七〇一三〇一六ヲ得各ノ定方トス 則小圓至五十七〇一三〇一六ハ小角面一寸ナリ故ニ大圓至ヲ置小圓至ニ除テ段数ヲ以除之則圓方トスル意也

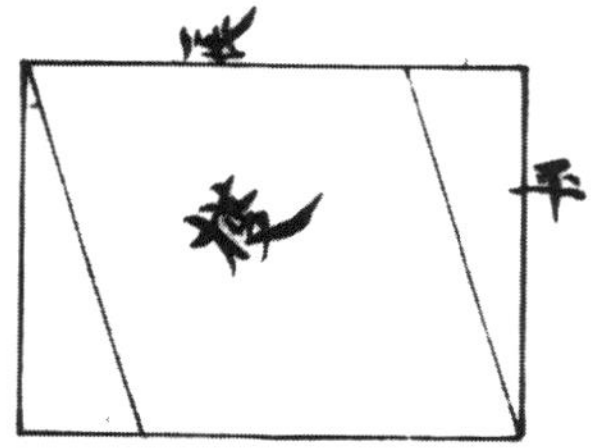

直内容菱長二尺四寸平一尺八寸面何程

答 菱面一尺八寸七五

術曰直長帯直平帯相併平方開之直斜三尺ヲ得半之一尺五寸直斜ヲ以相併四尺四寸五ヲ得直長二尺四寸以除之得菱面一尺八七五

又術曰直長帯直平帯相併直斜帯

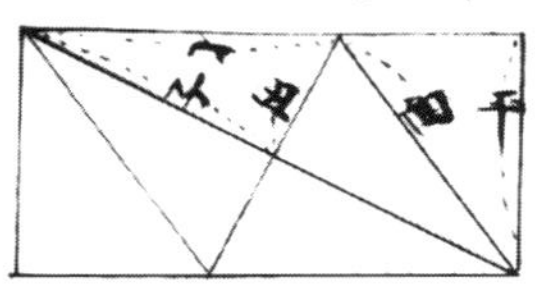

九百〇十ヲ得為実直長倍之四尺八寸ヲ以除之一十尺七寸五分ヲ得

直平　直長　直斗

菱平　菱長　菱面

推案而 菱長平/直斗 ハ 菱面/直長 也　依是式起本術

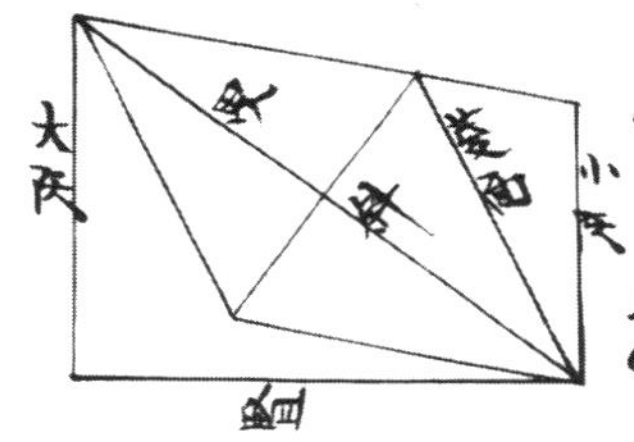

今有大頭一尺二寸六分小頭一尺縦一尺六寸八分内入梭其面若干

答 梭面一尺一寸九分

術曰以小頭減大頭余自之加縦冪上ノ斜中ニ八百十九寸ヲ得平方開之上斜一十七寸ヲ得〇ノ大頭冪縦冪相併四百四十一寸ヲ得平方開之界斗二十一寸得

〇依二斜術上斜中小頭中相減而得数界斜ニ因テ長玄ヲ除云ノ差五ヲ得加界斜半之長玄一尺五寸ヲ得　界斜ヲ置半之一十〇寸五分

十斜ヲ乗之八百七十寸五分ヲ得以長玄除之菱面一尺一寸九分ヲ得

解義

大小頭差ヲ勾縦ヲ股トシテ上斜ヲ玄

依勾股術得上斜

大頭ヲ勾縦ヲ股トシテ界斗ヲ玄

依勾股術得界斗

小頭ハ斗上斗界斗ノ大斗也

依二斜術得長玄

長玄ニ上斗ト界斗ト菱面ト云

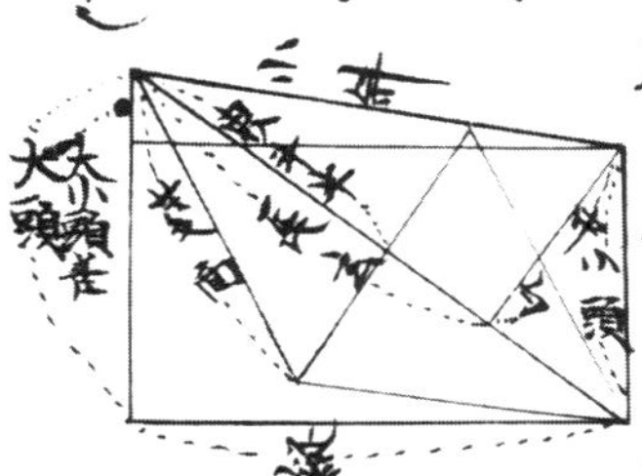

小率推案而得 上斜/界斜 ハ 長玄/菱面 也

依是式得本術也

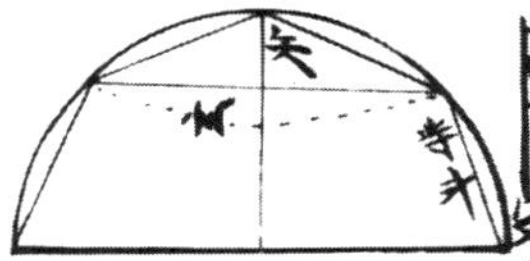

今有矢一寸玄三寸六分内容四斜其斜何程

答 斜一寸二分〇八二二

術曰玄ヲ折半而三寸自之十九以矢除之十九ヲ得為径矢ヲ加ヘ

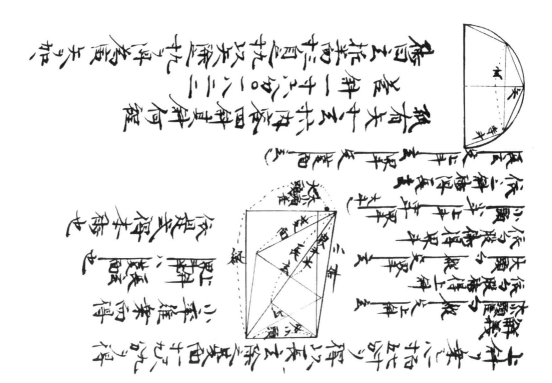

一〇廿為円圭矢ヲ置自之云之段帶ヲ加ヘ廿八廿十ヲ得為子帶以円
圭巾減而〇九廿為丑巾平方開之〇六四八為丑　円圭ヲ置内丑ヲ減而
余半之〇五寸八二五六為小矢自之〇三六二五八二為小矢巾〇子巾ヲ置以四
除之小矢巾ヲ加ヘ四斜面巾二寸五八六五三五ヲ得平方開之四斜一面
一寸二八六二ヲ得　　解如左

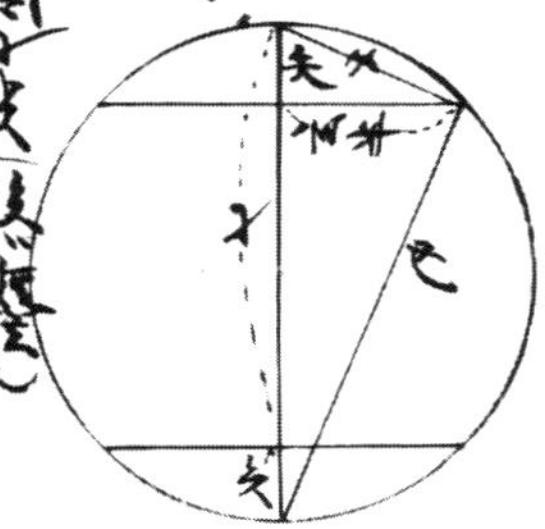

至及丑ヲ得解
中勾
至

弧
故弧ヲ半巾
以矢除之得ヲ矢ヲ加ヘ円至ナリ三矢巾半ニ
巾ヲ併為子巾以減至巾得丑巾小矢及四斜面
解下象ノ如シ

至内減丑小矢二段ヲ得半之
小矢ヲウル

依是　式得　四斜　面解

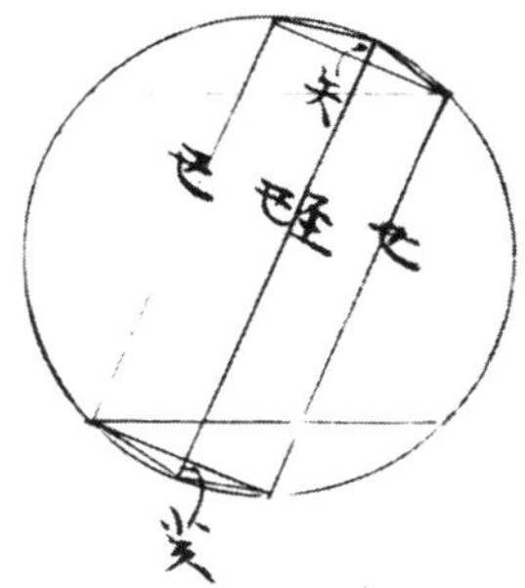

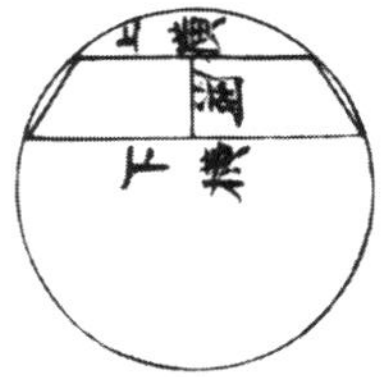

圓至一尺容梯上横十六寸則也潤一寸下横何程
答　下横八寸
術曰上横自之以減円至
帶一百寸子帶得四廿十平方開之子八寸ヲ得以減円至一尺
余半之矢一寸ヲ得潤ヲ加ヘ信之四寸以減圓至之六寸ヲ得自之以減円至
帶十寸下横巾六十四寸ヲ得平方開之下横八寸ヲウル

子及矢ヲ得ノ解
上横為勾
子ヲ為股
至ヲ為玄
本梯勾股術ニ
依而子及矢ヲ得
ノ解ナリ

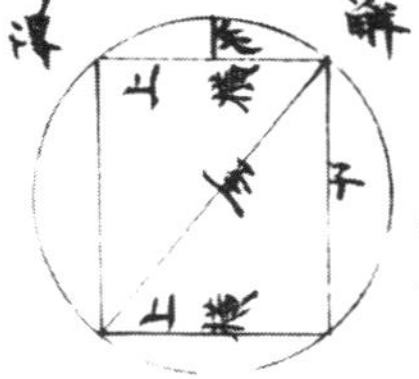

丑及下横
ヲ得ノ解
圖

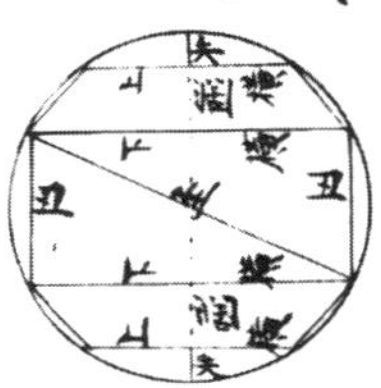

丑ヲ為勾　下横ハ股
至ヲ為玄
矢二段潤二段ヲ併ヲ勾
玄ヘ差ト入　故本梯
矢潤ヲ加ヘ信シ以円
至ヲ減シ丑トスナリ

一
勾ハ股ヘ四寸容大小二圓小至若干　答　小円至一寸〇八六二〇九七
術曰　円至二寸術求全　光ノ内減全至半段余十三寸自之全至半巾一寸ヲ加ヘ子帶

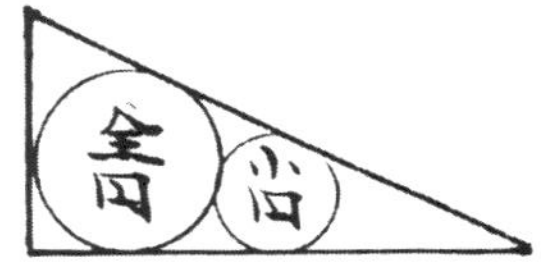

一十ヲ得平方開之子二三寸一〇六ヲ得内全圓半段
一寸ヲ減而二二寸一〇六ヲ為實 子ニ全圓半段加ヘテ
二四寸一〇六ヲ得以實除之小圓一寸九ヲウル

解義　全圓斜　大斜　径　中径　全斜　小斜

是式ニ依テ本術子ノ内全圓半段ヲ減而為丑 又小圓半段和トス
矢全圓ヲ子全圓半段和ニ除テ得小圓

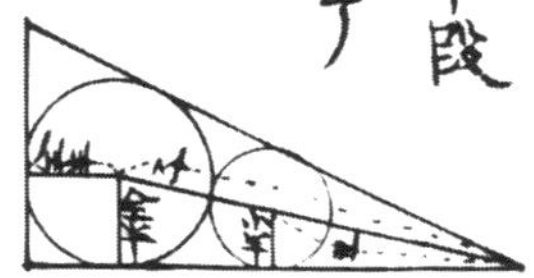

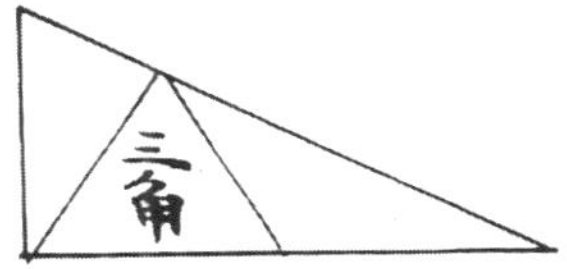

勾拉股ニ卅容三角其面ノ問

荅　三角面　四寸三八分五厘四毛有奇

術曰股ニ卅ヲ置中矢率〇六〇ヲ乗而勾拉ニ除テ二寸
四ヲ得矢方加ヘ二二寸八四分ヲ得以矢卅ニ除之
三角面四寸三八四分有奇

解義　　術路云ニ三角面

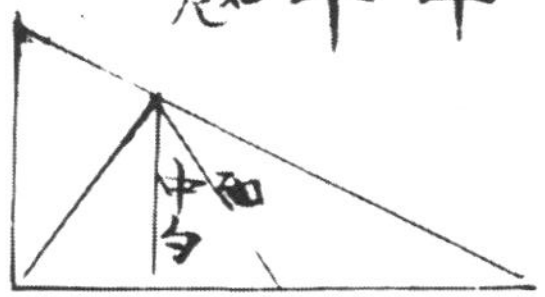

辛一寸中股率〇六〇ヲ三面得方如左　中矢〇六〇八為小勾率
矢ニ卅ヲ以乗之勾拉ヲ以除テ毛率七八寸四ヲ得 三角率
半段ヲ加ヘテ股率二寸五八分ヲ得依之全率用率得如左

三角面　矢十二寸　全率
三角面率寸　矢率寸八寸四　用率　如方ノ位乗而得

勾股有勾五股卅二股玄矢ニ交テ入接其面若干

荅　菱面三寸十二分四厘

術曰 別術云 玄ニ択ヲ列シ股二卅ヲ以テ除之得数ヲ方
卅ヲ加而二寸〇釧ヲ得以玄ニ択除テ菱面三寸二分四ヲウル

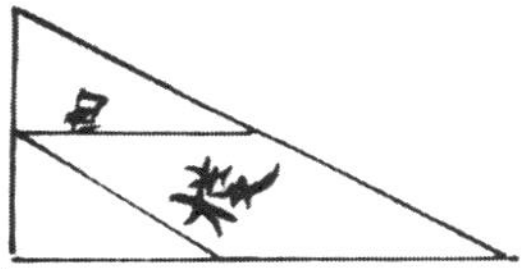

又術曰 別術云 一尺三卅拉 股玄相乗ノ而拉ヲ得為実〇股玄相併テ二十ヲ得
為方以除実菱面四六寸二分ヲ得為実〇股玄相併而

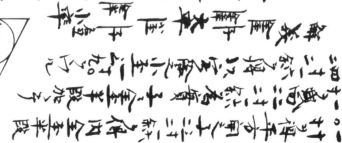

解義 別ニ求ル玄一尺三寸 菱面率一寸ヲ以テ為術路負方如左

菱面率一寸為股率。玄一尺三寸ヲ置股一択ニ除テ一寸〇八三ヲ得欠玄率トス菱面率一寸ヲ加共二寸〇八三余ヲ得為玄率

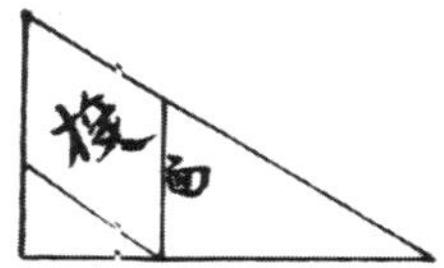

玄一尺三寸	菱面
玄率二寸〇八	菱面率一寸

維乗面得 菱面率一寸 玄一尺三寸 玄率二寸〇八三余 小菱面 也

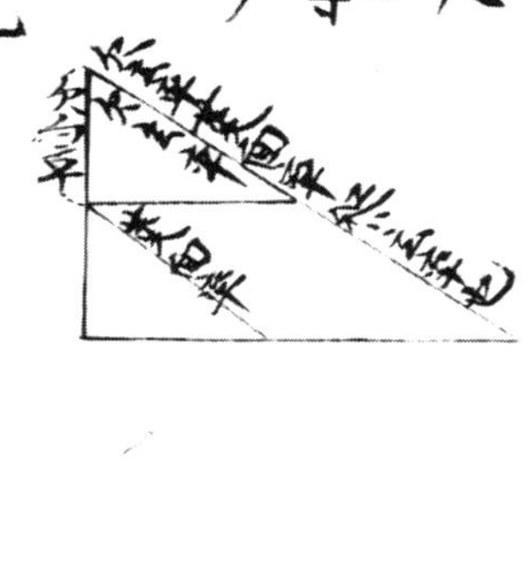

勾七寸股廿四寸勾玄共卅六又面容菱負面何程

答 菱面一寸八分七厘五毛

術曰 別求玄廿五寸以勾七寸除玄拾五得一寸六定方一寸ヲ加而二寸六ヲ得以玄拾五除之菱面一寸八分七厘五毛ヲ得ル

解義

菱面一寸ヲ以テ為術路負方如左

菱面率一寸為勾率 別ニ求ル玄拾五以勾七除之欠玄率一寸六分ヲ得 菱面率一寸ヲ加テ玄率二寸六分ヲ得

玄五寸	菱面
玄率二寸六分	菱面率一寸

維乗面得 菱面率一寸 玄五寸 玄率二寸六 菱面

依是ニ本術ヲ得ル 解中ニ詳ナリ

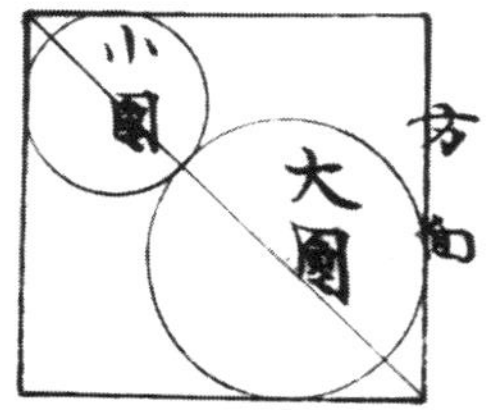

有方容大小圓方一尺大径七寸小径何程

答 小径四寸七分一厘六八弱

術曰 方一尺ヲ置斜率一四一四二ヲ乗テ方斜一尺四寸一四二ヲ得 大径半之乗斜率子四寸九四九ヲ得大径半段加テ八寸四九九 一尺四寸一四二ヲ減而五寸六九二六ヲ得小径半段ト和トス。別ニ斜率半之〇七〇七ヲ得方面率半段〇五寸ヲ加テ共ニ一寸二〇七ヲウル為方以除実小径四寸七一六弱ヲ得

又術曰定方一ケ一七一七ヲ以テ方面ニ乗而内大径七寸ヲ減テ小径四寸七一六ヲ得ル

大径 則大径半ト五子和
小径 則小径半ト和
進彙 大径 小径

定方五寸八之解
方一尺ニテ谷二円有ハ方
一尺倍之内方斜一四一四リ
蔵而如図所容ノ圓径ヲ
ハ五ヲ得則定方トス
故ニ本術曰方面若干ヲ置テ
定方五寸八ヲ乗而円径若
干ヲ得ル

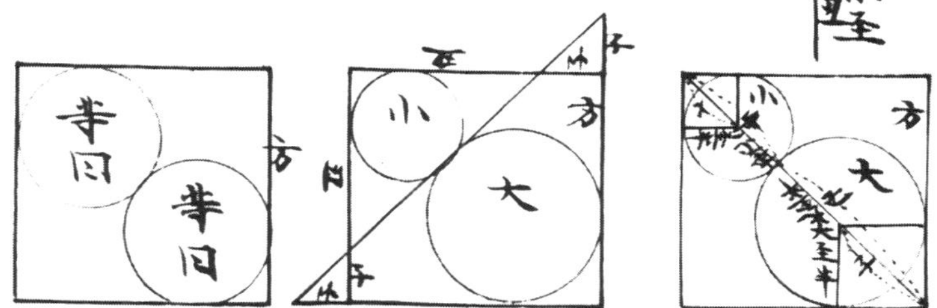

大径ノ象ヲ見ニ方子ハ
乗定方五寸八五八得大径
小径ノ象ヲ見ニ方子ハ
乗定方五寸八五八得小径ナリ
於是大小径相併得象
定方 大小径和也
依是式定方五寸八ヲ列之倍之
ヲ以テ得乗方面大小径和ト
故ニ本術曰方面定方五寸一乙也相乗
為大小径和因而大径ト為小径

関流算方巻之

接　術

今有勾股勾拡股四寸只云勾何分勾配ニ当ル

答　〇ケ七八分五釐

術曰勾拡為実股四為方以除実勾配七八分五釐ヲ得股一寸ノ分ナリ

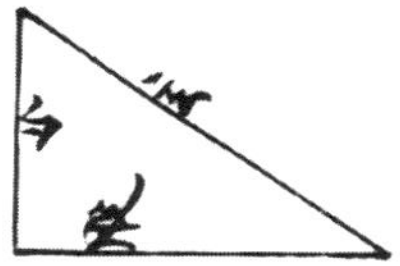

勾拡股二十勾十ニ股何分勾配ニ当ル

答　二十四分

術曰股ニ廿為実　以勾拡除実勾配二十四分ヲウル

勾一寸ニノ股十ナリ

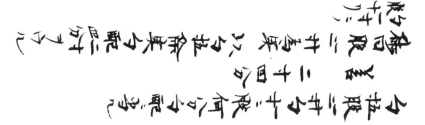

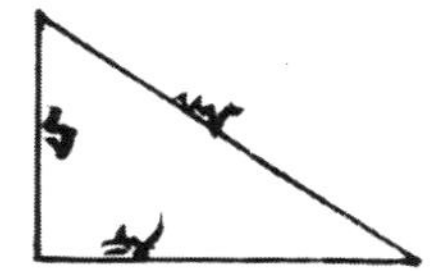

勾拉玄扨玄十二勾何程　答　二六分
術曰勾拉為実　玄以扨除実玄十二自勾得六分

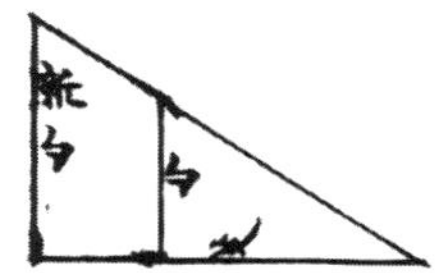

勾拉股和相應而股六尺ノ時ハ勾股何程
答　勾一丈二尺
術曰股六尺以股和除之四十ヲ得為因方乗勾拉新勾二尺ヲ得

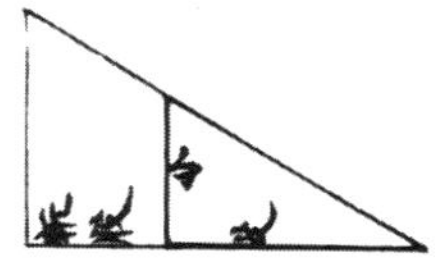

勾扨股二十相應而勾三尺ノ時勾ノ股何程
答　股七丈二尺
術曰勾三尺ヲ列シ以勾扨除之十六為因方以股廿二乗之新股二丈七尺ヲ得

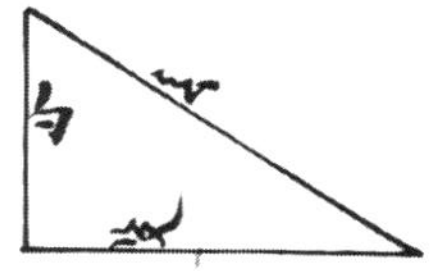

勾拉玄扨相應而勾二尺勾股玄ヲ問　答
術曰玄扨以勾拉除之勾一寸ノ玄一寸六分為因方新勾二尺
因方一寸六分ヲ乗而玄三寸五分ヲ得

半扨有廣横二寸扶横九寸潤四寸是潤ヲ延而其勾股象ニ造ル股何程　答　股一尺六寸
術曰廣横十二寸ヲ列シ内夾横九寸ヲ減シ余股勾三寸ト入名四寸為股以
仮勾除之勾一寸ノ股一寸三分三三為因方
廣横十二寸ヲ列シ乗因方ヘ之ヲ造股一尺六寸
○又術横十二寸内夾横九寸ヲ減シ余三寸
為方別夾九寸名四寸相乗三十六以方三寸除之ヘ之造股一尺六寸ヲ得ル

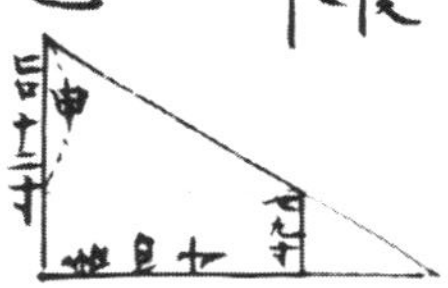

勾九股四十相應而勾五十二ノ時股何程　答　一十〇寸
術曰股四十ヲ置勾二十五ヲ乗シ九十為実勾九以除之新勾
十〇ヲ得ル

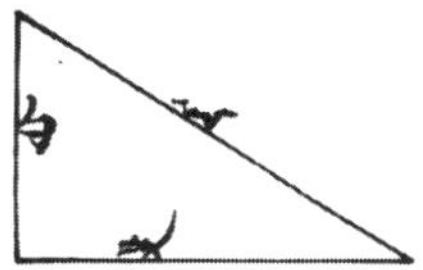

圭長廿六寸濶二十四寸長十二寸濶若干　答　濶一十五分
術曰濶二十四寸ヲ置以長廿六寸除之一寸五分ヲ得

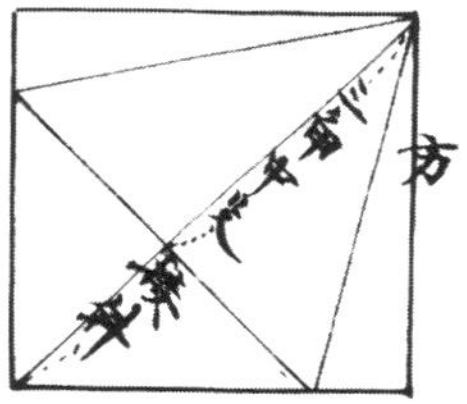

三角面一尺中股ヲ接而方斜ニ而外方ヲ述方面若干
答　外方面九寸[illegible]分[illegible]厘
術曰三角面一尺ヲ乗中股率ヲ以中股八分六寸六ヲ得為実
斜率ヲ以一四四除之外方面九寸六ヲ得

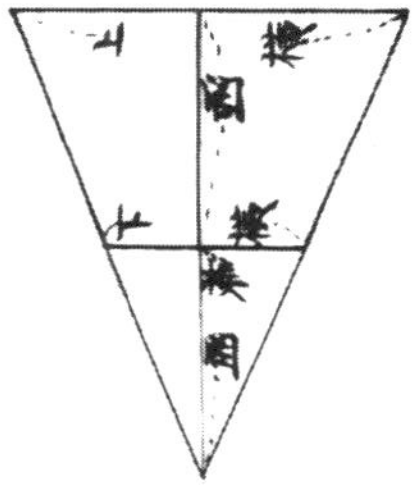

梯有下横卅六寸上横二十四寸濶廿二寸只云方面ヲ準テ受テ
下ノ尽ル所圭ヲ述ル其接斜若干　答　接濶四寸
術曰上横二十四寸ヲ以下横卅六寸ヲ減シ十二寸ヲ為仮圭面
濶二十寸為圭濶実為仮圭面ヲ以十八除之面十ノ濶六寸六六

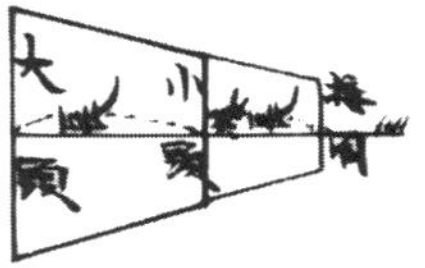

ヲ得為因方下横卅六寸ヲ以接圭面トス
乗因方接圭濶卅四寸ヲ得

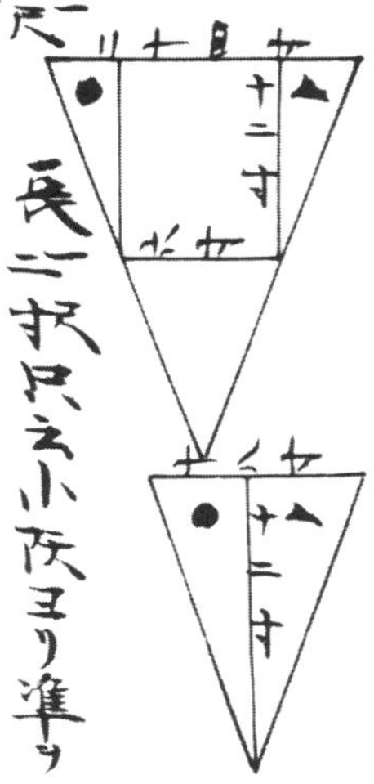

有梯大頭一尺四寸小頭一尺　長二尺只云小頭ヨリ準ヲ
受而梯長卅六寸ヲ述ル接濶若干　答　八寸
術曰大頭内減小頭得四寸為子二段右大圭濶長二尺
ヲ右而為大圭長接長ノ小圭ヲ為長子十二段以乗之四十卅
ヲ得以大圭長除之得十二寸也二段トス
小頭一尺八ヲ減テ接因八寸ヲ得

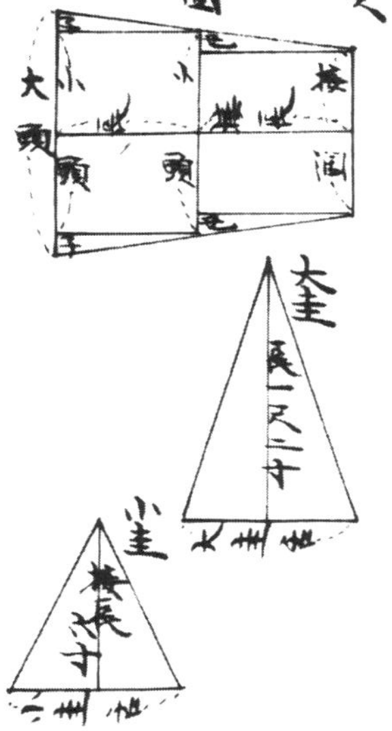

大圭十二段　大圭長十五　接長六寸二段八
小圭二段　小圭長接長八　実　大圭長一尺平也
依是式得本術

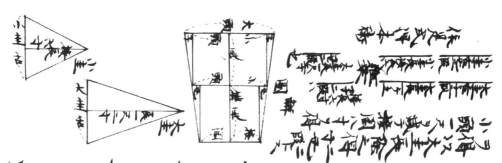

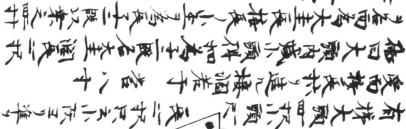

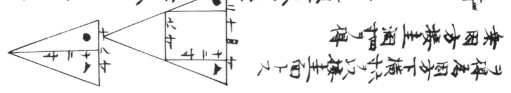

今有三斜欠右斜七寸三分只云左斜ト欠斜ノ差一尺三寸接斜二尺二分而接下斜何程　答接下斜二尺一寸

術曰右斜七寸三分自之廿九寸六分内欠斜一尺三寸巾百六十九寸ヲ減而余廿二分ヲ得ノ和ノ因残斜十り仮長股仮長股仮従長股仮従又ノ和四十寸ヲ得残斜ニ加テ半之長又五寸ヲ以除之長股従又ノ差也減而従又拾五ヲ得乃長又従又ノ和四十寸内残斜ヲ減シ従又ヲ得ル也同シ

ヲ得内残斜ヲ長股ヲ列子自之十五寸二分ヲ得以右斜十二分六寸ヲ減テ余中又巾十四寸ヲ得平方開之中又廿二ヲ得列欠斜自之四百ヲ得内減中又巾四十余二百五十六寸ヲ得平方開之子十六寸ヲ得　子ト従又ト相併接下斜二尺一寸ト成ル

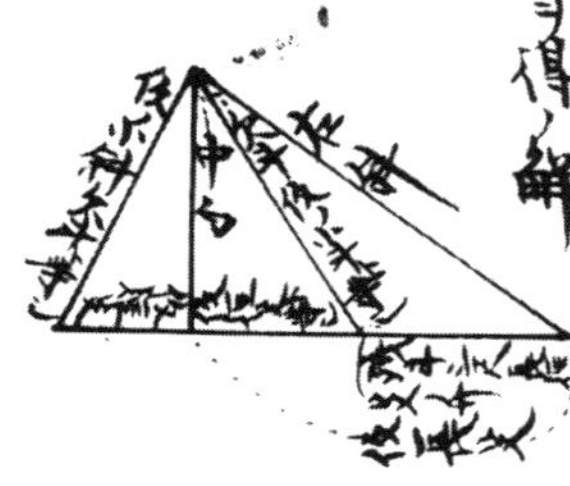

従又及中勾ヲ得ノ解

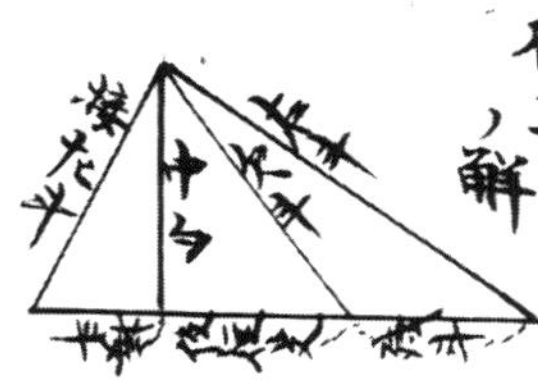

得子ノ解

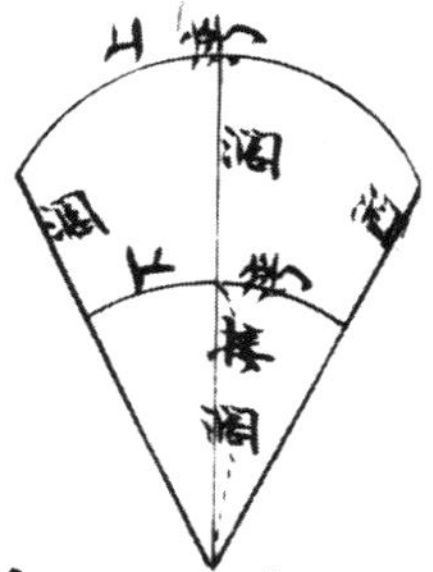

有弓綱上弦二十四寸下弦十六寸濶各十二寸只云両弦ヨリ準ヲ受テ下ノ合フ所ニ至テ接濶何程　答接濶四寸

術曰上弦二十四寸内下弦十六寸ヲ減テ八寸ヲ得ル仮圭面トス濶十二寸ヲ為仮圭闊為実仮圭面八寸ヲ以除之一寸ノ濶六十六寸ヲ得方下弦十六寸ヲ接圭面トス乗因方接圭闊四寸ヲ得

仮圭面ト接圭面ト相似ナル故ニ率ヲ以テ行フ故

解図

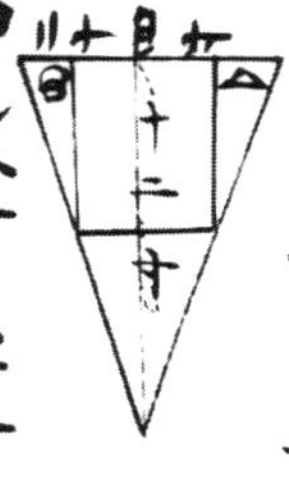

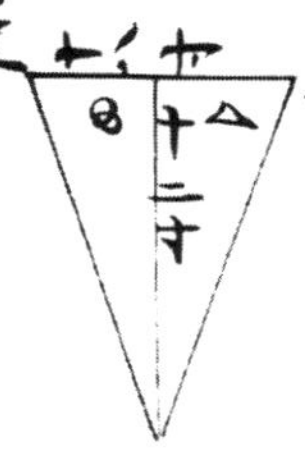

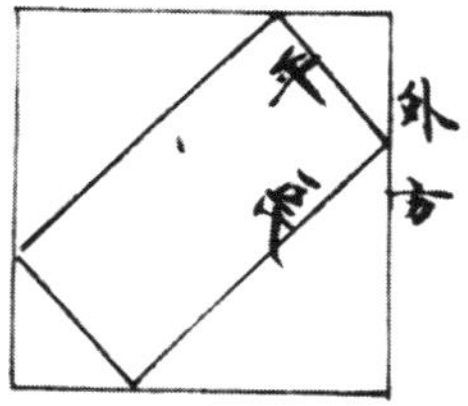

直長拾平四寸接四隅是外方直方何程

答　外方面六寸二分六厘二毛九有奇

術曰方斜一四一四二ヲ以テ除長子三寸五分ヲ得ル以方斜平率除平廿二寸八分五ヲ得子ヲ加ヘ外方六寸ヲ得乃長平相併斗率ニ除テ外方

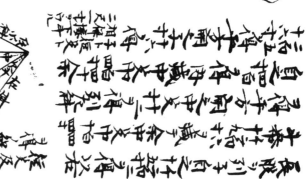

面ヲ得 已上 又術曰長平相併自之半之平方開之外方面ヲ得 解義 子ヲ為方面 長ヲ為方斜 又丑ヲ為方面 平ヲ為方斜 故長平合併平ニ除ヲ相併為子丑ノ和トス即方面ナリ

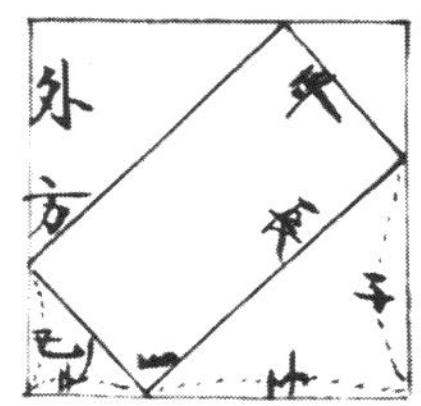

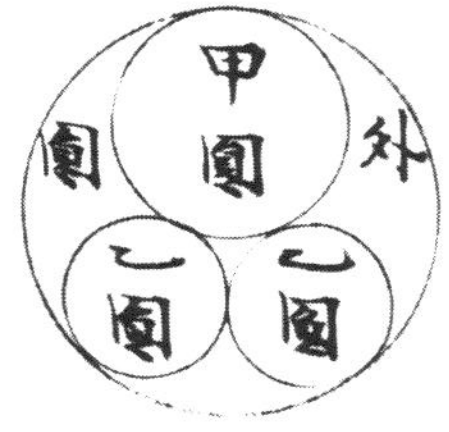

甲圭抗乙圭合ハ甚外圭何程 答外圭一尺八寸
術曰甲乙圭相併半之五寸自之廿五寸内乙半圭巾廿六ヲ減
廿一五ヲ為中爻巾平方開之中爻五寸ヲ得甲圭半段
四寸ヲ加ヘ一尺ヲ得内乙圭半段四ヲ減テ子丑ノ和九ヲ得
夕圭ヲ和トシ減ヲ寄倍ス 寄倍乙圭半ヲ為爻減ニ依テ夕爻術ヲ
寄位ヲ自乗而六十四廿ヲ得乙圭半圭巾廿六ヲ加ヘ八廿四廿以寄位
除キ丑二段廿。ヲ得乙圭ヲ加ヘ外圭廿八ヲ得
得中爻ノ解 半勾中爻ヲ乙圭ト云 故本術甲圭乙圭相併半之
自之内小圭半巾ヲ減シ為中勾巾 寄位解 外圭半ハ丑圭 外圭半ハ中甲圭ハ中子
故本術中爻ヲ得甲圭半ヲ加ヘ甲圭半段十一段子一段ノ和也乙圭半段子
一段丑一段和シ内乙圭半ヲ減テ為子丑和即爻云ノ和ニ換ス寄位乙
圭半段ヲ勾ニ換ス 以下解術中ニ詳ニセス故ニ解

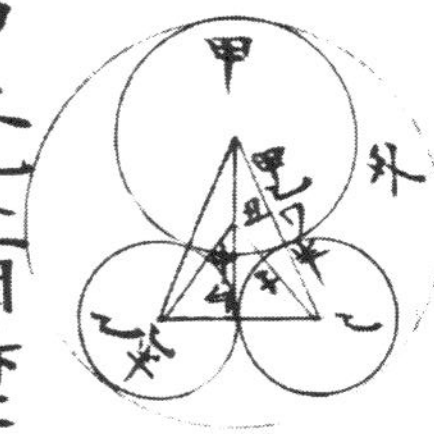

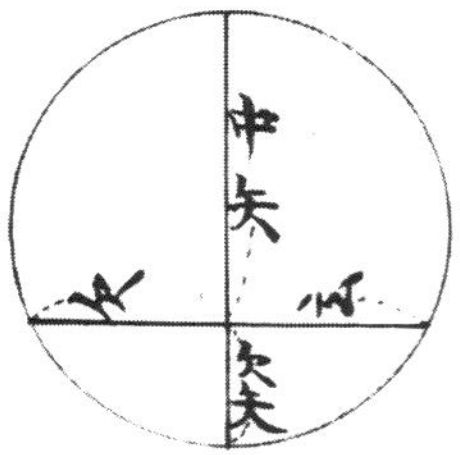

円欠有中矢抗欠云於欠矢何程 答欠矢一寸
術曰中矢為長云 解
欠云半ヲ為中勾
故欠云半段巾為 圖
実中欠ハ長云ナリ
以除実得欠矢 乃欠云ハ径云也

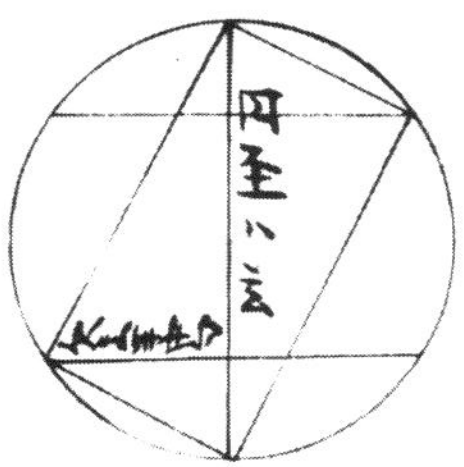

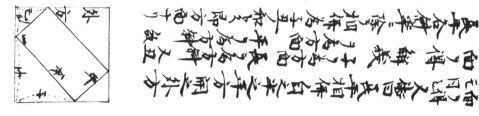

蓋面拉長矢七寸径矢ニ於テ各矢ニ接ル外圭若干

答 一尺五寸二分九釐

術曰長矢内減径矢子十四寸ヲ得自之廿六ヲ以減面巾

之巾廿九寸ヲ得ル住長矢径矢及面相係十廿五ヲ得

自之十二面十五寸加住全巾十二面十ニ十四寸ヲ得平方開之至

一尺五寸二九ヲ得

解図

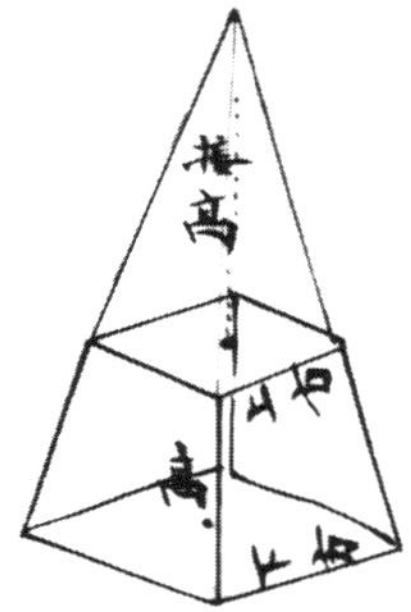

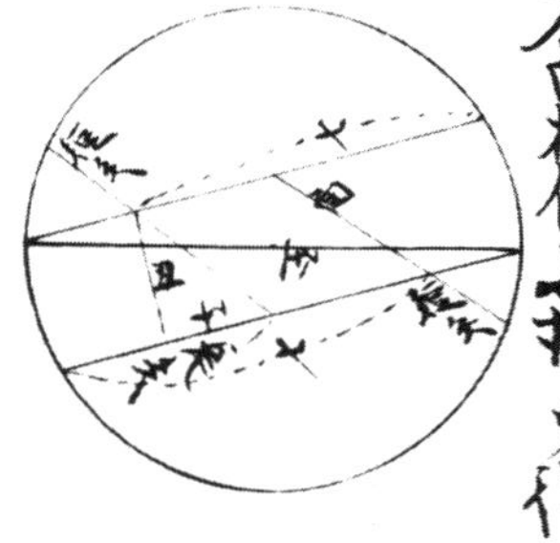

方臺有上方六寸下方四十二寸高

二十一寸只云四方ヨリ準ヲ受テ

上ノ尽ル所ニ至テ方錐ヲ造ル其接高ヲ問

答 接高 十六寸

術曰上方六寸ヲ以下方ヲ減シ子三十六寸ヲ得旁圭ノ闊トシ其臺高

十二寸則旁圭ノ為長上方六寸ヲ旁圭ノ為闊旁圭ノ高廿二ヲ以乗之七十二寸ヲ得

旁圭闊廿八寸ヲ以除之接圭ノ長四寸ヲ得則接高十リ臺高廿二ヲ加テ方錐

ノ高廿六ヲ得

錐案式

旁圭闊寸 旁圭高寸

接圭闊六寸 接圭長 也

依是術得本術 故 旁圭高 旁圭闊 ハ 接圭長 接圭闊 也

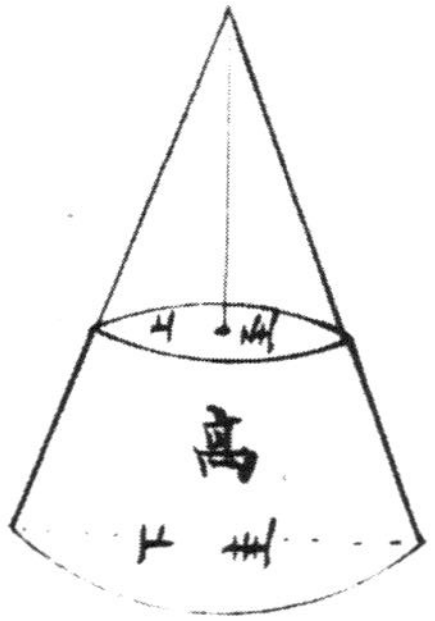

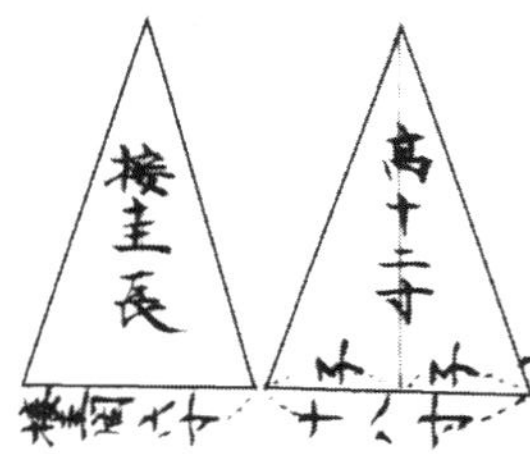

円臺有上圭三尺下圭八尺高七尺五尺云上下方ノ準ヲ受テ

上ノ尽ル知ニ至テ円錐ヲ造ル其錐惣高何程 答

術曰上圭三尺ヲ以下圭八尺ヲ減シ子三段四尺ヲ得旁圭

闊トス臺高七尺五寸ヲ旁圭ノ為高上圭三尺二寸ヲ接圭ノ闊トス

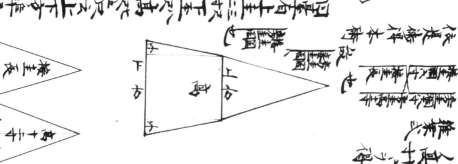

旁臺高七尺五寸ヲ乗而二千四百寸ヲ得旁臺濶四尺八寸ヲ以除之接臺高五尺ヲ得臺高七尺五寸ヲ加テ円錐ノ惣高一丈二尺五寸ヲ得ル

錐案式
旁臺濶四尺八 / 接臺台二尺 ＝ 旁臺高七尺五 / 接臺高
故 旁臺高七尺五 接臺台二尺 / 旁臺台四尺八 ハ 接臺高 也

依是式得本術

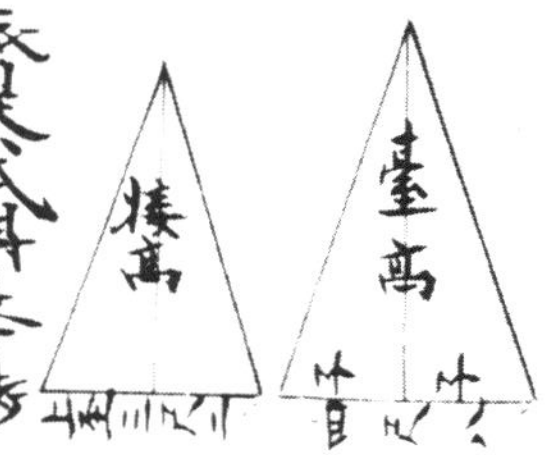

長平臺

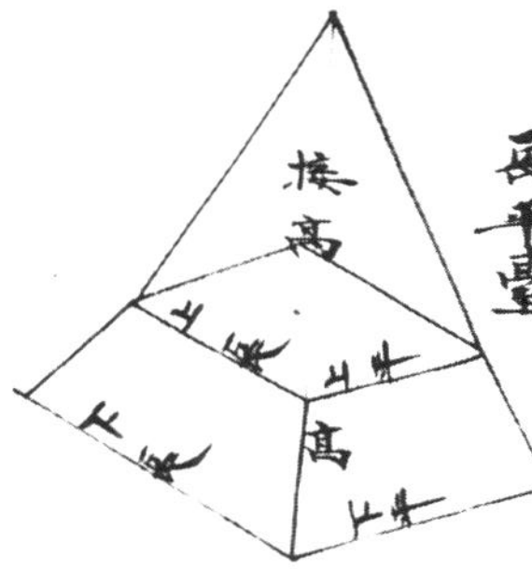

直臺有上平二尺上長五尺二寸下平四尺六寸下長八尺高八尺只曰四隅ヨリ準ヲ受テ上ノ尺ル処ニ至テ直高ヲ延而直錐ヲ造錐高若干

答 惣錐高一丈二尺八寸

術曰上平ヲ以下平ヲ減テ子二段四尺四寸ヲ得即平旁臺濶ト臺高八尺八寸ヲ乗而六百四十寸ヲ得旁臺濶四尺四寸ヲ以除之接錐高四尺ヲ得臺高八尺八寸加共ニ惣錐高一丈二尺八寸ヲ得

又術曰上長下長相減丑三段五尺ヲ得為長ノ旁臺台臺高八尺為旁臺高上長二尺五接錐台五尺ヲ以除之接錐高四尺ヲ得臺高八尺八寸加共惣錐高一丈二尺八寸ヲ得ル

解図

錐案式
旁臺台四尺四 / 接錐平二尺 ＝ 旁臺高八尺八 / 接錐高
故 旁臺高八尺八 接錐平二尺 / 旁臺台四尺四 ハ 接錐高 也

錐案式
旁臺台五尺 / 接錐長二尺五 ＝ 旁臺高八尺八 / 接錐高 ノ
故 旁臺高 接錐長 / 旁臺台 ハ 接錐高 ノ

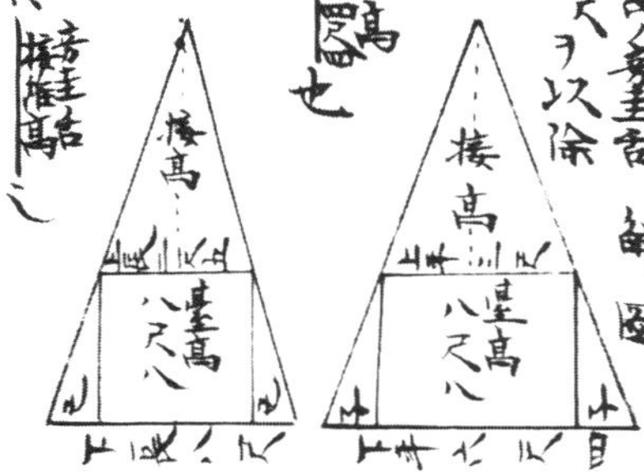

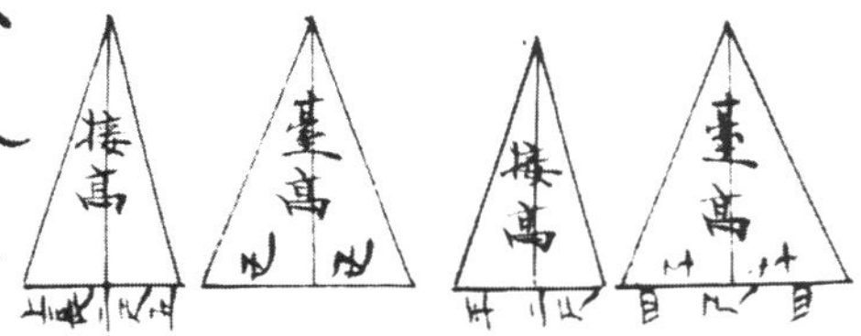

依是式得本術

權

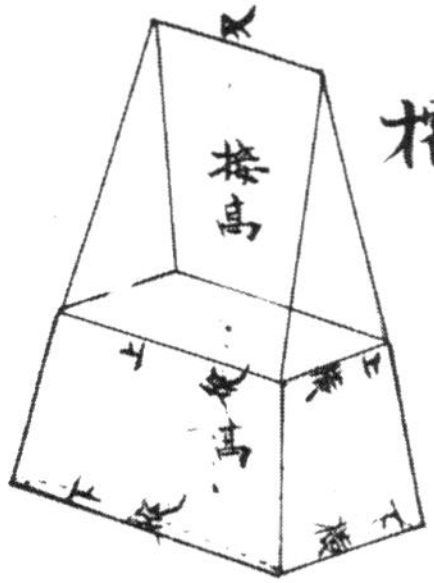

直臺上横一寸上縦七寸下横三寸下縦一尺一寸高八寸臺ノ準ヲ受テ高ヲ接テ權ヲ造ル接高及又若干

答 接高四寸 又 五十寸

術曰上黄一寸内減下横三寸子一段二寸ヲ得平旁臺闊ト

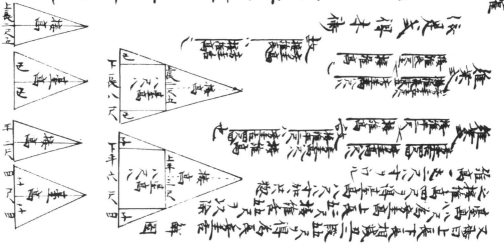

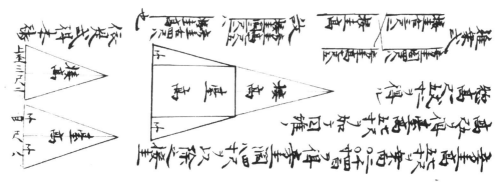

臺高八寸為旁圭高接圭合一寸ヲ乗而
旁圭合二寸ヲ以テ除之接高四寸ヲ得臺
高八寸ニ加テ権高十二寸ヲ得ル

解圖

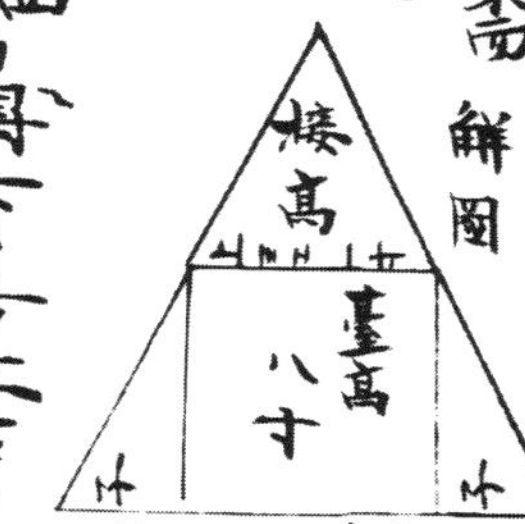

維乗式

上股廿寸ヲ以減下股一尺廿二段四寸ヲ得下ノ旁圭合ト又臺高八寸ヲ為旁圭高
并乗ニ得ル接ル四寸ヲ上ノ為旁圭高下旁圭合四寸ヲ乗ニ卅六ヲ得旁圭
下ノ高八寸ヲ以除之十二段ニ寸ヲ
得而以上股廿寸ヲ減而又五寸ヲ
得也

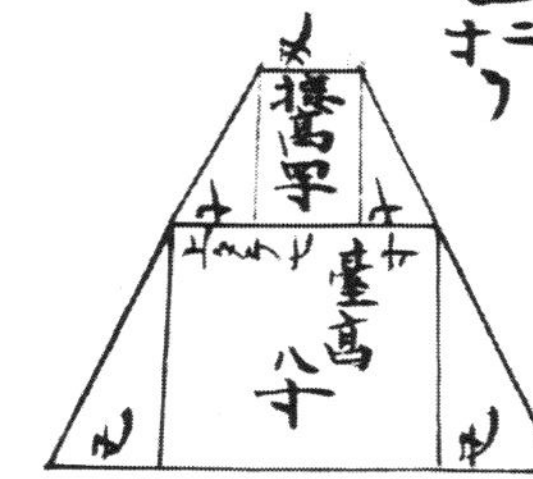

維乗

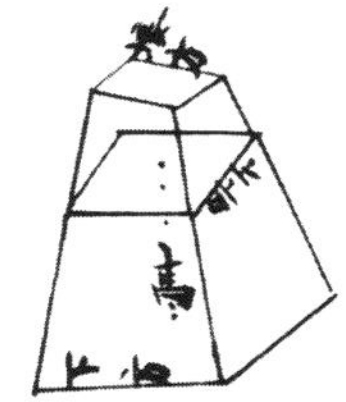

方臺上方四寸下方廿寸高廿六上ニ接テ高二寸ヲ建ル接高ヲ問
答　接高三寸　術曰下方内減上方子二段寸ニ
ヲ得為旁圭合ト臺高六寸ヲ為旁圭長上方四寸ヲ接圭
及臺高共ノ合ト又臺圭ノ長雖ノ六寸ヲ乗而四寸ヲ得旁圭ノ合ト寸ニ
ヲ以除テ接高臺高ノ和十八寸ヲ得
内上接高二寸ヲ減而廿六為
臺高旁圭ノ合ニ寸ヲ乗而
廿八ヲ得旁廿六以テ除之接方二寸ヲ得ル
又維乗式

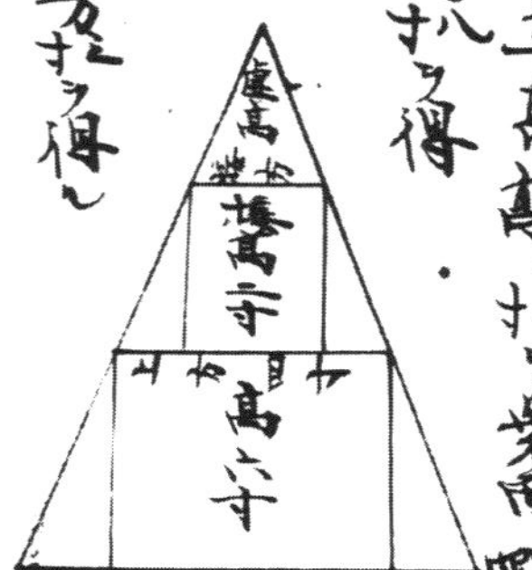

維乗式

於是得本術

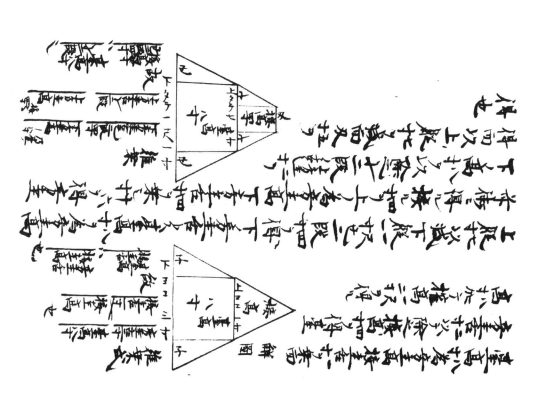

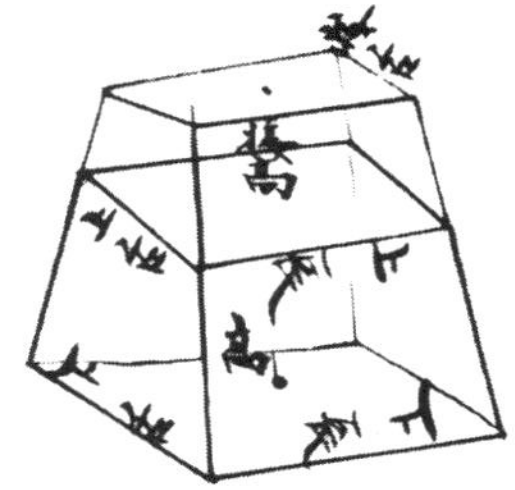

直臺上濶七寸上長一尺五寸下濶一尺下長一尺八寸高六寸
只云上ニ接高四寸ヲ造ル接長及濶何程
答　接長一尺三寸　接濶五寸
求接濶曰下濶一尺内減上濶七寸丑三段ニ折ヲ以ル
横旁主濶トス　高六寸為旁主高　接高四寸ヲ以
子三段ニ乗シ廿二ヲ得高六寸ヲ以除之巳二段ニ折ヲ得ル以減上濶
七寸ケ接濶五寸ヲ得ル　求接長曰下長一尺八寸内上長一尺五寸ヲ減
寸三段ニ折ヲ得ル接高四寸ヲ乗シテ
一十二寸ヲ得高六寸ヲ以テ除之卯
二段ニ十ヲ得以減上長一尺五寸接
長一尺三寸ヲ得ル

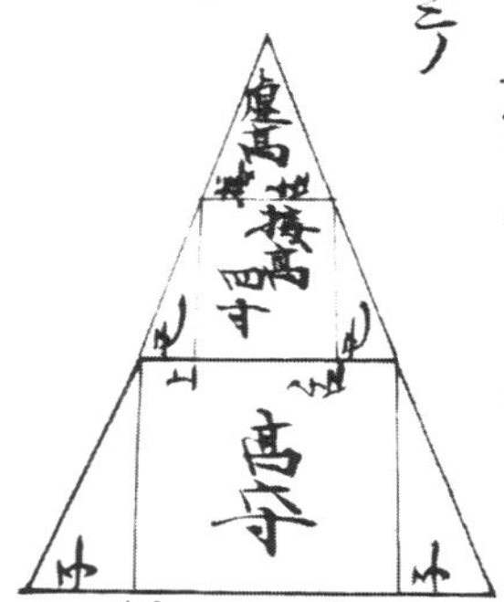

丑三段ニ寸　高六寸
巳二段　接高四寸ニ
卯二段　接高ニ
臺高六寸附　也

推案
丑三段ニ寸　高六寸
巳二段　接高四寸　也
故　接高四寸　丑三段ニ寸ハ　臺高六寸　巳二段　也
依是式得本術文

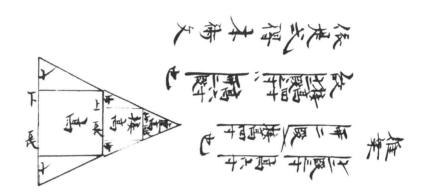

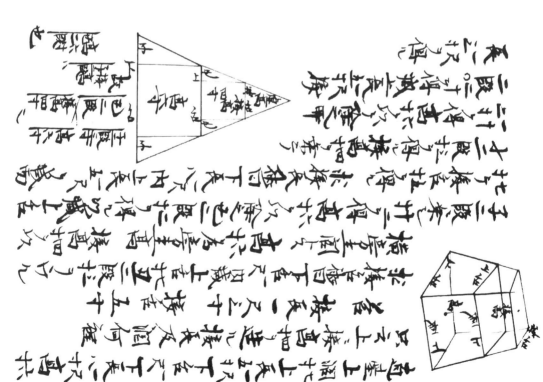

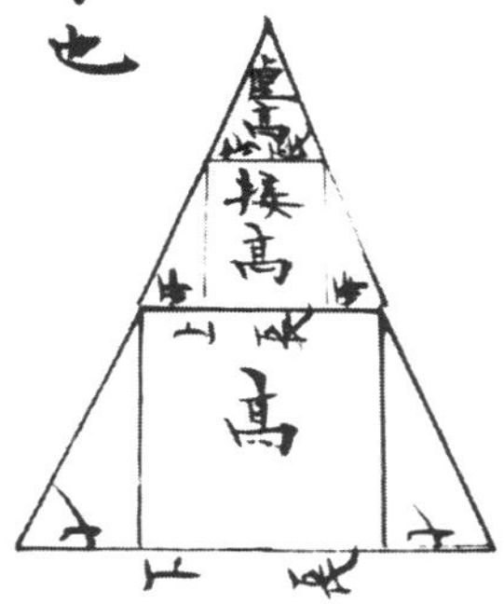

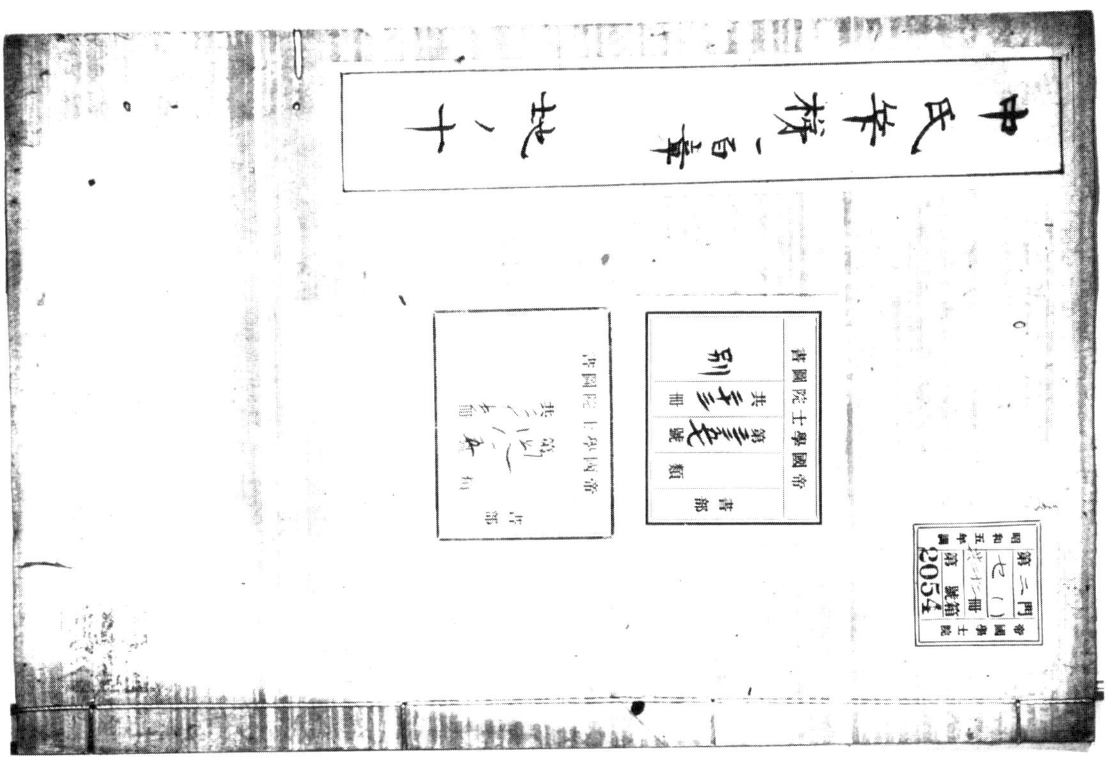
中氏竿梯
地ノ十

坪川甚三氏

共十五冊

中

中氏筭梯一百題

地之十。

當流算梯之巻之　算題術

中田高寛　編集

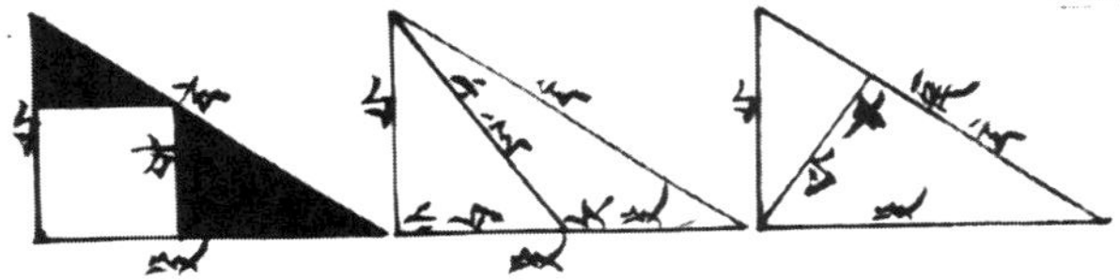

中勾長玄和十二尺如中勾短玄和四八寸

答　中勾四寸八分

玄七尺闕股九尺小玄一尺

答　小勾六寸

勾股玄和八尺四寸方面二尺

答　玄三尺五寸

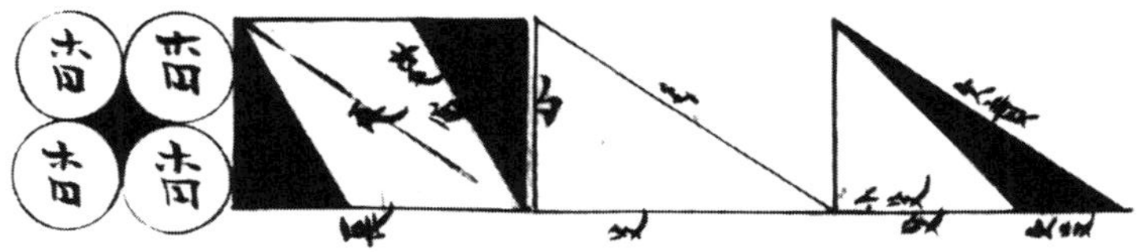

玄二尺 欠責八十六分歩 欠股四寸分

答 八寸

勾拾 矢玄和二尺五寸

答 責 三十○歩

長二寸分 平一寸四分

答 棱面二十五分

半圓 至八寸　　用円方○ヶ七八五四

答 黒責十三歩七分三厘四毛四糸

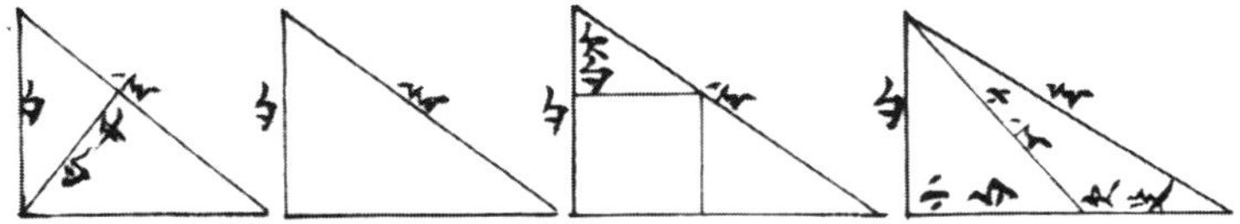

勾八 股五尺 小玄欠矢和九尺

答 小玄一尺

矢方和四尺 欠勾扒

答 勾二尺一寸

勾矢玄之和四尺 勾玄差扒

答 股一尺五寸

中勾長玄矢之和十六寸分 径玄中勾勾之和二十七寸分

答 玄五寸

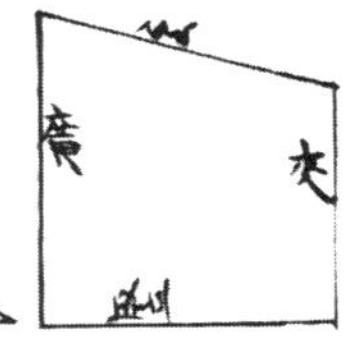

梯之和一七尺從主差七廣一尺
答 梯二寸

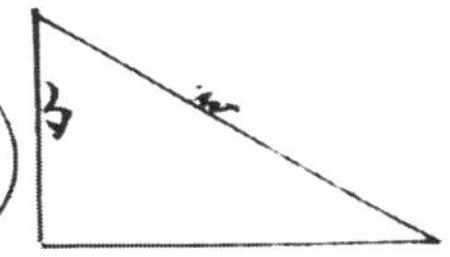

玄殳長之和二之附從之勾和八附
答 玄五寸

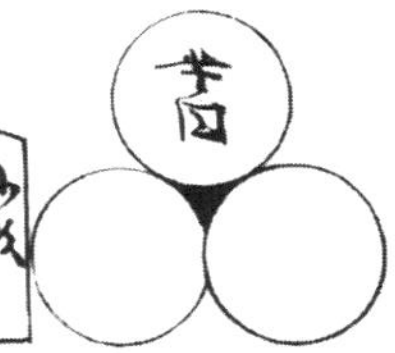

半圓至各二尺　用圓方〇七八五四　不用之角書方
答 黑積十六歩一二五〇八

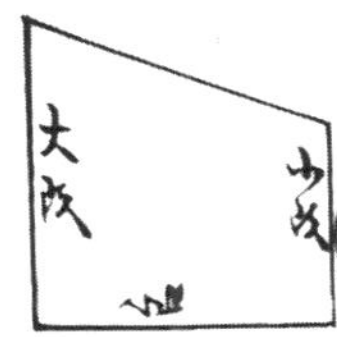

責四段小頭從於圓一二尺小頭四段大頭等し
答 小頭八寸

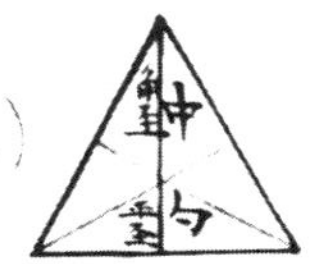

有三角平至一寸
答 角至二寸 中勾三寸
角面三寸四分六四一〇一六

小玉一尺大玉至九寸
答 真中高 二尺五寸

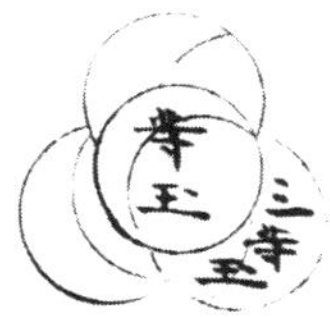

玉至各一尺
答 真中高一尺八寸一六四九六

玄至和一八尺矢二寸
答 玄八寸

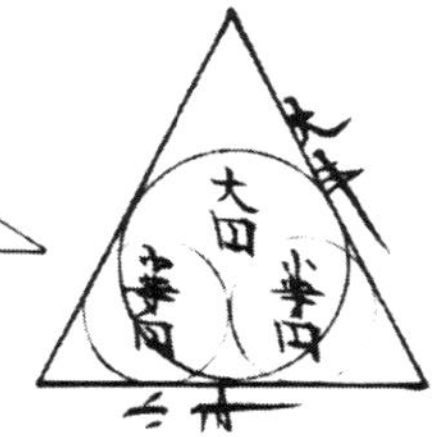

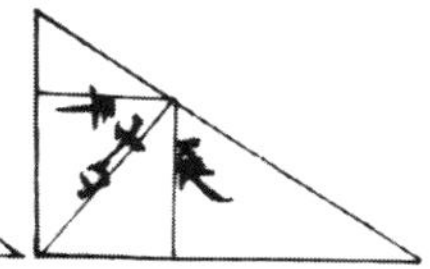

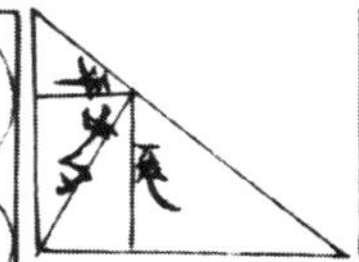

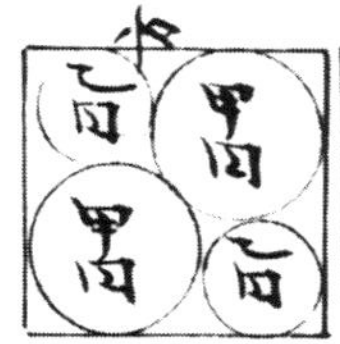

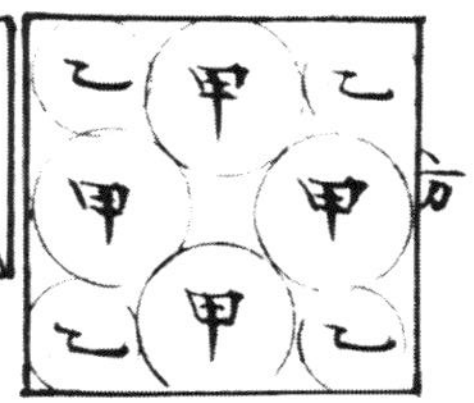

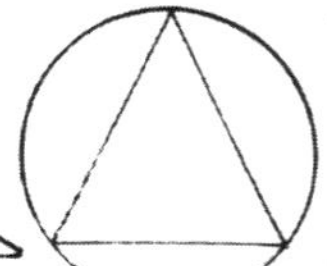

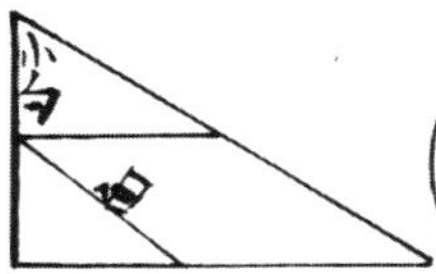

大径三尺一寸小径各一尺二寸
答 小鈎二尺八寸 大鈎合五尺中勾四尺八寸
黄方六寸 長平和若干帯八十歩
答 勾 三寸
股之相乗数五 長卜勾及弦帯相乗数
答 股 二寸
方七寸
答 大径四寸二分 小径
斜率九十九 乃用方率七十
方七寸
答 大径 小径 二寸九分
外八斜積九千六百歩 其面二尺九寸
答 方面 四尺一寸
外八斜積一歩
答 圓径
用率七八五四
横面相乗九
答 勾 五十四分

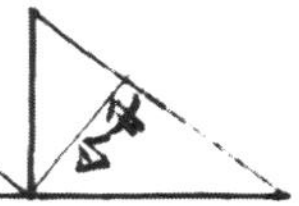
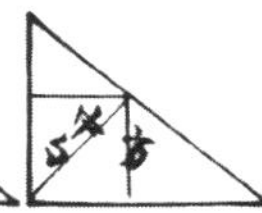
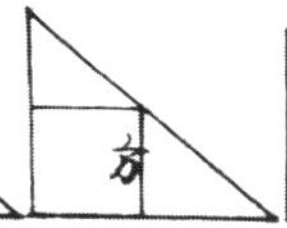
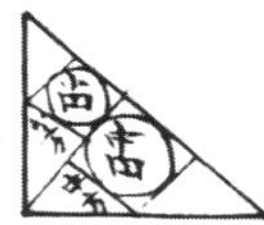

中勾八四分勾殳差並分
答　玄一尺七寸五分
中勾巾内減方巾相乗廿四叶八責仁[illegible]
答　方面一尺二寸
勾殳玄相乗数以上玄下玄相乗除之廿六尺八分中勾玄差廿二尺八分
答　中勾一尺六寸八分
小方中方小圭中圭相乗一百七十五千六百八中勾二寸
答　大方一十五寸　玄四十二寸七五
大圭内隔小圭玄度五ケ小圭拉
答　外圭

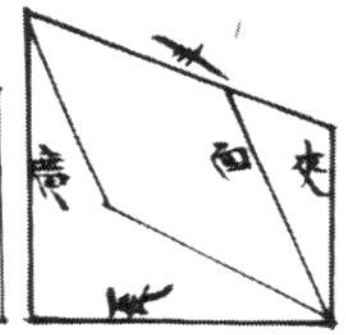
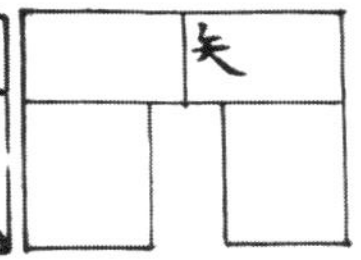
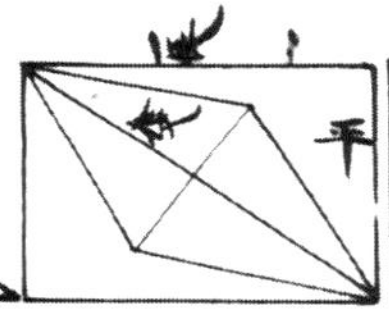

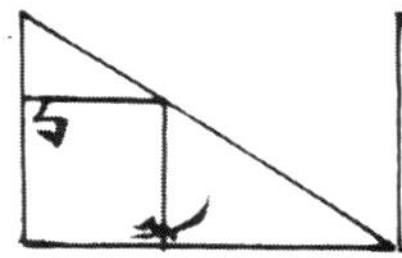

夾廿一廣廿八長四十廿
答　面
矢廿七外余責七斛
答　大方
長平和二六廿梭横廿六外責伍佰〇二斛
答　梭長五十〇寸
方廿六玄一十五尺七分
答　勾一尺五分　殳一尺四寸

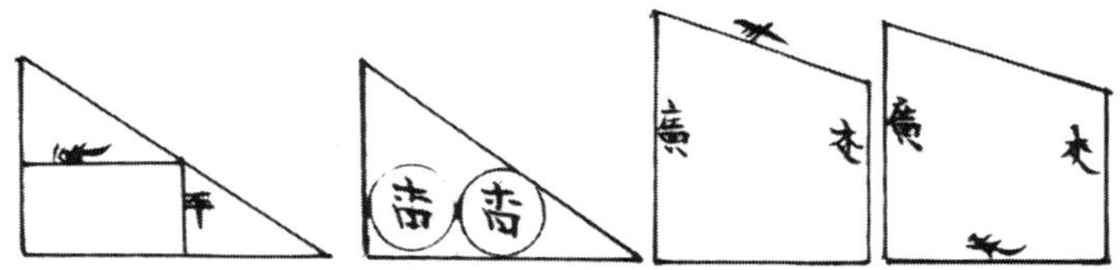

交長和扎廣扎斜拉
答 長四寸
責十歩一廣扎勾配拉
答 交五寸
勾扎殳四拾
答 弦至四寸八分
勾四二拾殳〇四拾長平責十坪八歩
答 長三十〇寸 平六寸

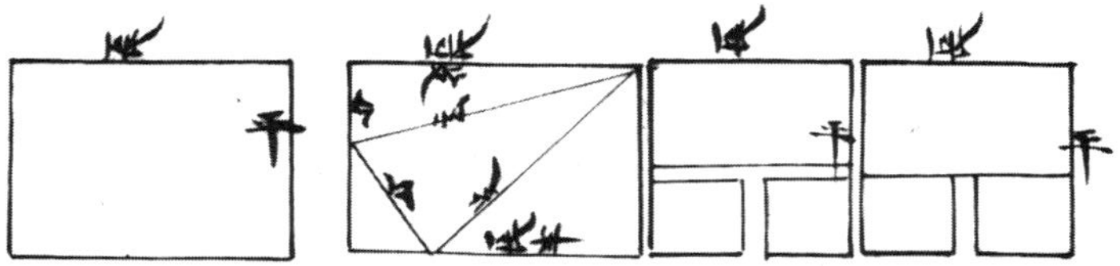

長闊平五拾斛距道通余責三坪分入云於右方面
答 道濶二十間
長闊平六拾斛距道通余責三坪分入云於右方面
答 道濶二十〇間
長扎平拉
答 勾四寸一分 殳五寸一分二五
長与平及責和七斛長平差十
答 責三十五歩 長七寸

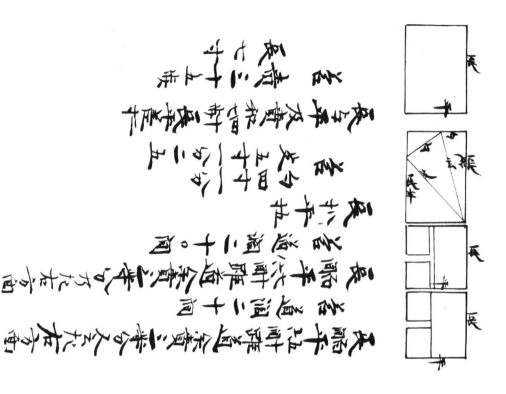

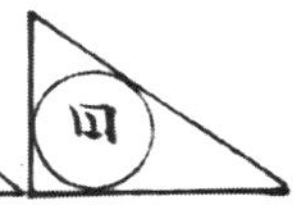

勾云股和六十寸至八寸 乃勾云乃股於殳二段
答 殳二十四寸 云二十六寸

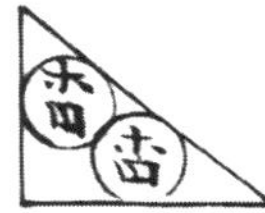

勾二四寸 殳五寸
答 弦至二寸

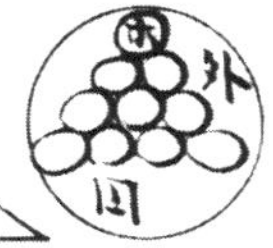

容圭探円半至若干 底子数若干 通術
答 大至

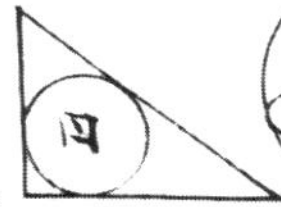

同外貴三十寸 以殳除殳以殳除云二高和二寸
答 円至二尺 用方〇ケ七八五四

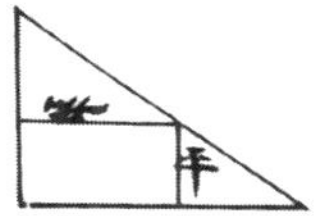

勾三寸 股四寸 長平差二寸二分
答 長二寸四分 平一寸二八分

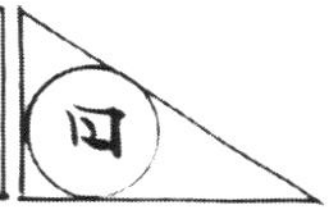

同外貴四十寸 云弦
答 至二尺

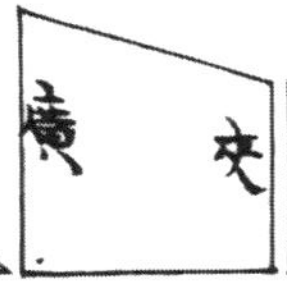

貴一千五十寸 廣一倍於交 縦一倍於廣
答 交一十五寸

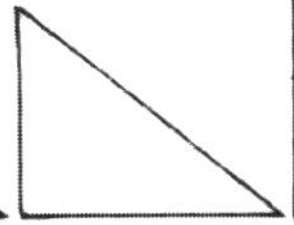

貴八百四十寸 取殳九分之得数加勾 四寸五十寸
答 勾二十四寸

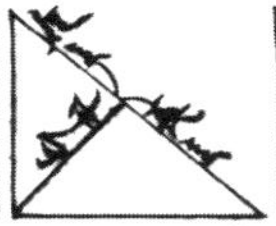

勾三寸 長云庭云差一四分
答 庭云一寸八分

貴五百二十寸 縦横之和五十寸 廣交差六寸 乃縦長於廣
答 縦三十五寸

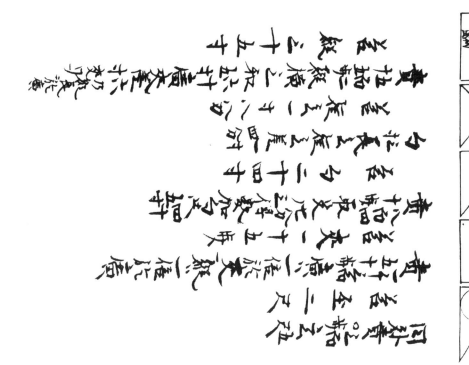

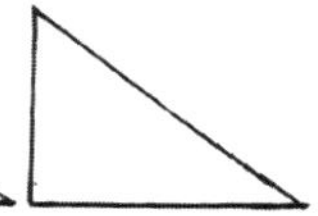

勾殳和二八寸殳玄和六二寸
答 一寸六分

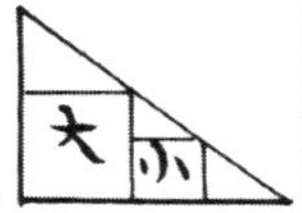

大方於小方相
答 勾 殳

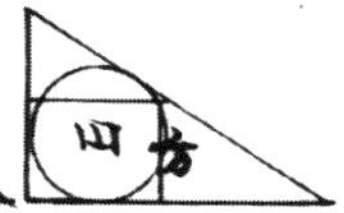

方至和二六寸勾股和四九寸
答 至一寸四分

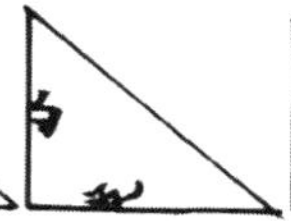

勾股玄之和二六寸殳玄差一八寸
答 股九寸一分

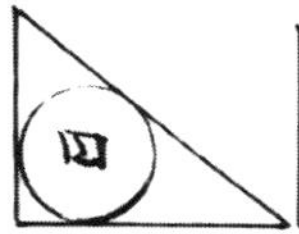

殳至和四尺八寸勾玄和迠
答 九寸

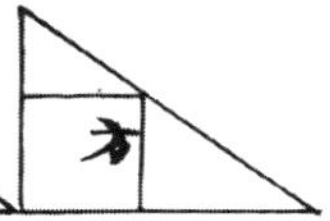

勾殳差七寸方二尺
答 勾二尺一寸

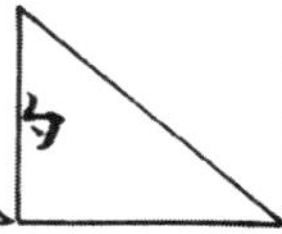

勾殳和八九寸勾玄差三二寸
答 殳五十六寸

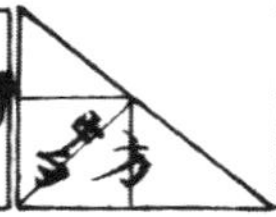

殳中勾相乘四寸九分〇四殳玄中勾方和一五寸二
答 方一寸二分

外長四〇寸外平四〇寸　乃搬闊合等
答 搬濶 五歩

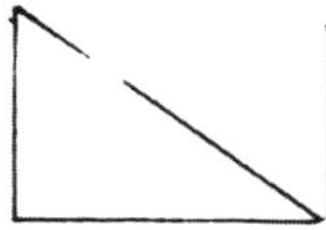

勾殳玄之和二寸勾股差七寸九分
答 玄一十〇寸二分

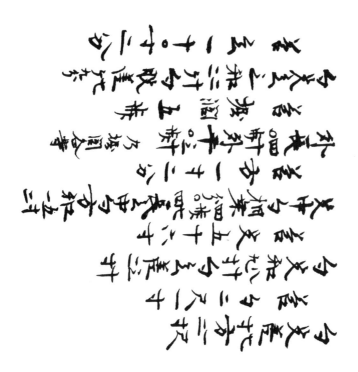

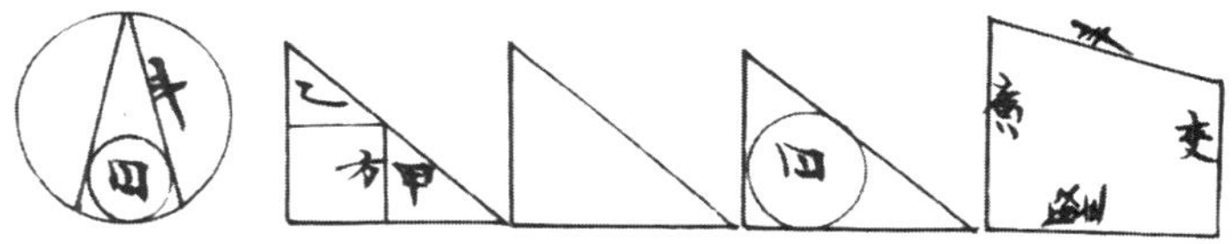

縦廣和六寸斜廣和九十寸斜交和六十寸
答　竪四十〇寸
至六　勾股差七
答　玄一十七寸
勾玄和乘玄加入股冪七十五而七斯勾殳玄和四尺
答　殳一尺五寸
方只甲乙責差二斜六分
答　勾五尺二五　殳七尺
大至四尺斜合四尺八
答　小至二尺一寸

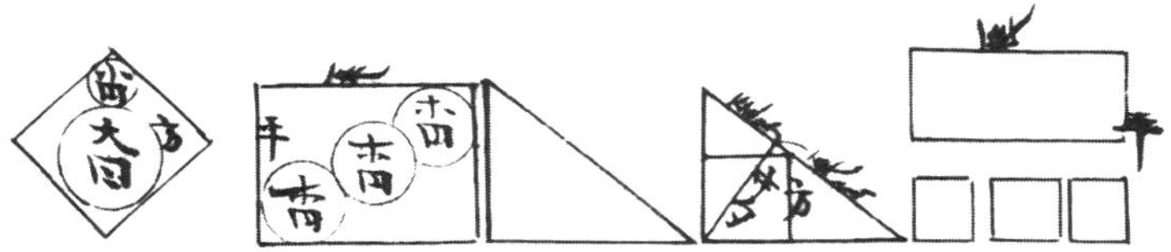

長闊平面二十闊三十距通貴四等分　乃之於面
答　方各九十〇間　通闊十五間
方中勾股累乘三斜二歩　從玄勾殳差二斜
答　從玄五寸〇四釐
勾股責内減勾殳差巾余一斜
答　殳一十五寸
長六分平五分
答　等至二寸五分
大至八寸小至五寸
答　方一十一寸〇九之七四五

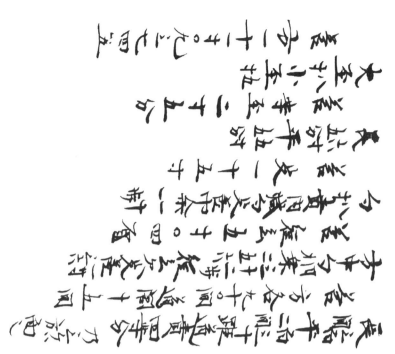

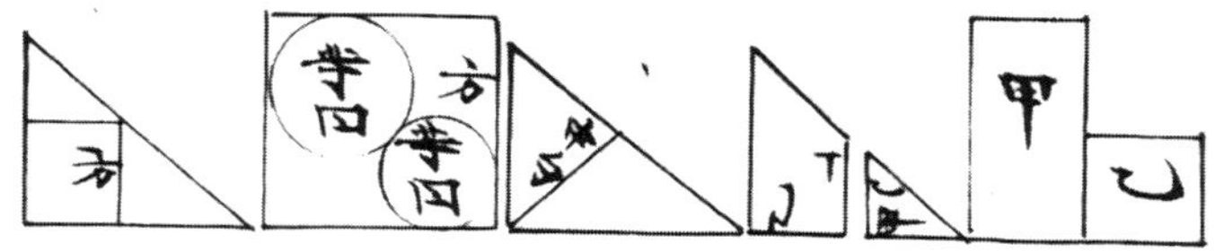

甲乙責各沈併甲乙平和一尺二寸乙長従甲長相
答 乙長一十二寸　乙平八寸
勾三斜路間八步只四寸去適余責等分
答 甲二十四ケ 乙十八ケ 丙八ケ 丁二十四ケ
責斜以只除勾長従云面高和一寸二分二五
答 勾 三寸
長四五斜平相
答 等至二寸五分
方外余責一十五步 勾只和四十九寸
答 方 一十二寸

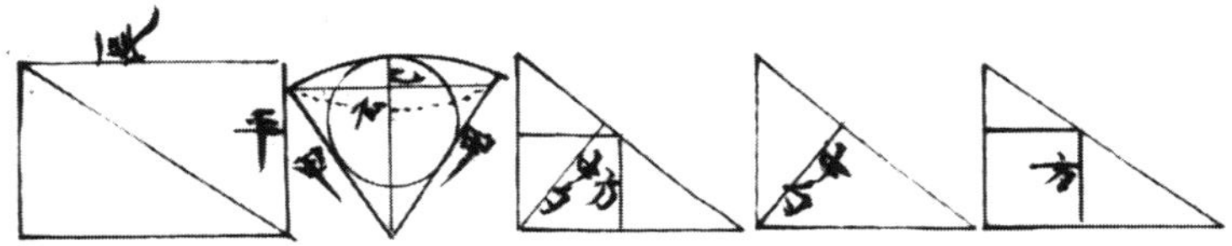

勾只云之和八十四寸 云方面相乗四百二十
答 云方和　四十七寸
勾従云差十寸只長云差十寸
答 中勾 二八寸
云五以方除中勾商ト勾及只相併八十四寸
答 勾只和 七寸
云扒甲各五乙相
答 至 四寸
長之乗帶平之乗巾和七十六指。長平差二寸
答 長五寸 平三寸

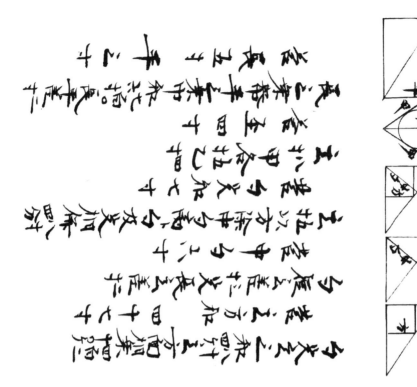

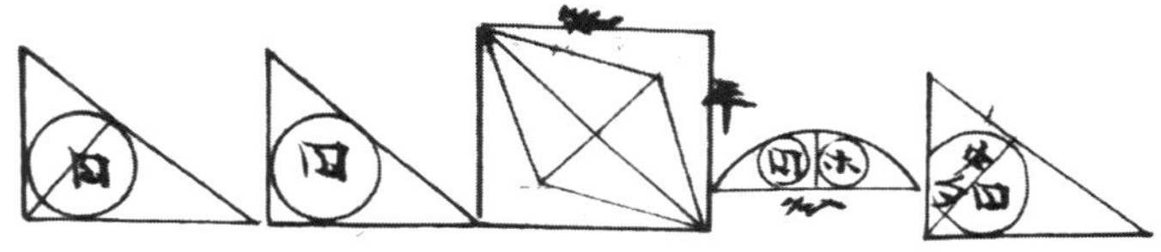

以至除中勾商与玄相併二十六寸勾弦和一之廾
答 玄二十五寸
玄一二択矢廿分
答 至二寸四分
長平内容菱空中斜用菱絃同横一尺外余積七歩白積
与平和以長除之於 答長之尺五寸
圓亦積四ニ歩玄圓差於 用方七九 圓天元
答
至於中勾四分
答 玄五寸

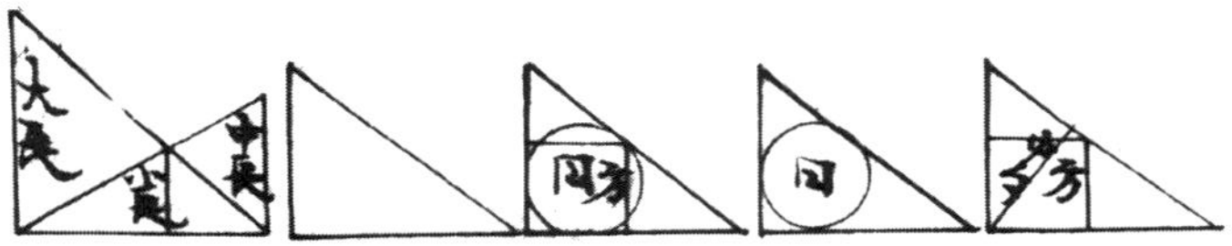

方四ケ中勾七六ケ二
答 玄一十四ケ 勾弦和一十九ケ六分
勾股差於ケ至三段内減玄余〇五ケ
答 玄八ケ九分
方二卄至四卄
答 玄二十五ケ
股再乗帯内減勾再乗巾余〇一千六百之幅勾股差七寸
答 勾弦和一尺七寸
中長一卄小長二卄
答 大長二十八ケ

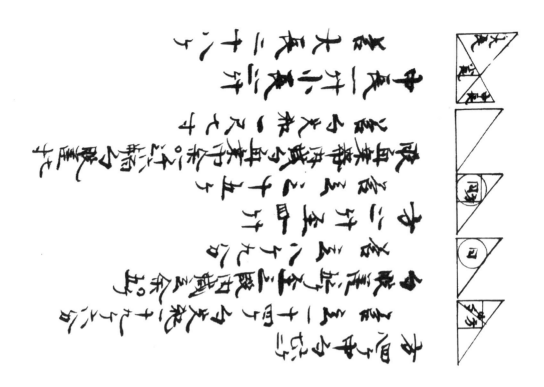

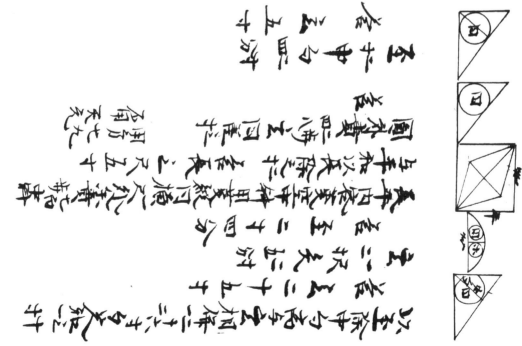

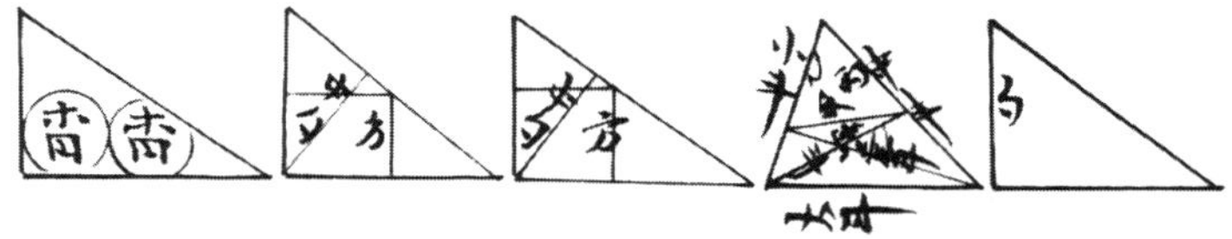

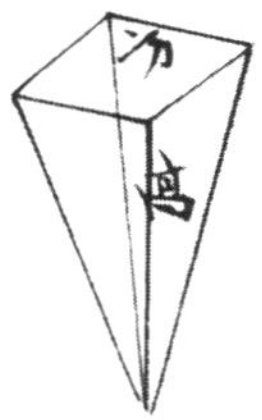

勾三乘巾殳三乘巾和五万四千四百七十七 勾殳和二十八寸

答 云一十七寸

甲斜五寸 乙斜五 丙斜十四分

答 大斜 中斜 小斜

勾殳中勾三和六寸八分 五ヶ 云方和七寸四分

答 云 十五ヶ

股三和六寸八分 勾中勾和七寸七

答 方 一十二ヶ

外ノ乘責五 七歩 以云除殳 以殳除云 両径和二寸 四ノ五

答 云七ヶ五 殳六ヶ 勾四ヶ五 径二ヶ

全径一尺 大径及小径若干

答 小径二ヶ八七六七六五 大径四ヶ四四六六二四

方錐堅闊平方高与方面闊三方高与和面

二十又云方ト堅之差巾之内減方冪 余与

堅差巾三分 適 等也 問錐積

答 錐積 一万九千六百八十二歩

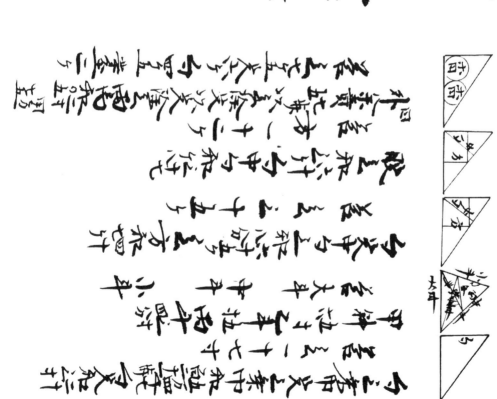

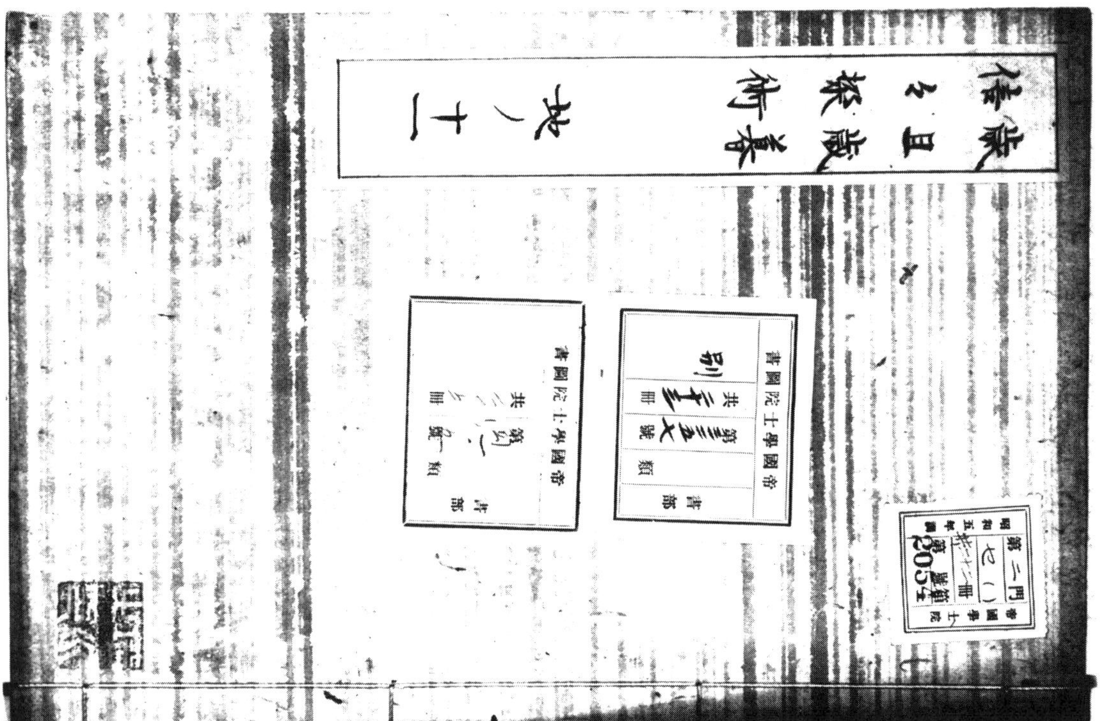
歳旦歳暮
地ノ十一
帝國學士院圖書

歳旦歳暮
倍々探之術

合

地ノ十一

川 甚二氏

一 関流算方草術巻之

歳旦 歳暮

節季仮ニ庭ハ年入テ旧是方ニ十庭ハ砂金六入方百間ヲ写

四寸尺ノ箱ニ入砂 此積 七万 五万六分 二百九十 砂一寸四方 金目 四匁

金重目何程アラン

答 金重目二億二千七百四十〇万千二百五十匁目

術曰 百間ニ 三坪十〇億八千万坪ニ除キ 廿七千六百八千 廿五万千 段 七メ

九千五分 六分 ヲ乗シ 六万 一億二千九百八十 六万二千二百五十メ目

廿四分 十八億九分 十一匁四分

一百五十 億九十六二匁 四五十二匁 也

一二 ヤアラ目出度ヤ鶴亀年歳千歳千不知鶴寿命数ヲ開平方不
満数ヲ開立方不尽ニ数ヲ九年ニ二十但一千余ト一寸ト問
答 千〇二十九年

一三 有甲乙丙兄弟甲ノ年ハ七分乙ノ年ハ六分ト二分ト相併比丙年不及
年一年乙年甲乙ノ年数相乗シテ之ヲ十八ニ而各何ホト
答 甲年百八十九 乙同百八十二 丙年百三十六

一四 年数ニ鶴飛来而千歳ヲ従ク支朝夕ニ九十八声 四千九百 夕ニ従ヒ
二十声朝ニ従フハ二十五声ナリ朝夕来鶴数何 乃朝夕不残 所定
答 朝来鶴九十九 夕同七十三

一五 年始而松竹千葉ニ生ジ葉ノ一斛ニ十六 竹葉数和五万
一千八百 各数何
七十五
答 松九万葉 竹六万千百七十五葉

一 珊瑚一本重サ十一而十日肥足ヲ元日ニ而目出度也
答

一 領地豊年ヨリ稲穂ヲ見ニ数ヲ支ヘ去穐ノ之倍シ左秋当秋ノ
収合一八十六石二十六 去穐石秋各若干
答 去秋五百八十七石 当秋千七百六十一石

一 布袋ト恵比須酒盛スル布袋ハ四合ノ大盃恵比須ハ八合
ノ盃ニテ互ニ楽ム酒ハ布袋ノ四盃毎ニ盛数何程弁
天同布袋ノ飲酒ハ恵比須ニ等而支二十九 盃数満
支ナリ
答 布袋十八盃 恵比須十七盃

一 弥多ニ白髪ノ夫婦ヲ四百歳夫婦ノ齢ヲ譲レト云其年
数ヲ問ニ翁ノ齢ノ内婦ニ与ヘ余ヲ年婦ノ白我

一 年ヲ信而内ハ翁ノ年ヲ去リ余ヲ実ト而平拉
答　翁　百九十〇ケ　婦　百七十〇ケ
一 金山ニ有黄金ハ青金吹立封取テ重目ヲ計ニ百〇五十貫五アリ
青金十五両ニ廿匁又金二両五十六匁計間リナリ
答　金重目　八貫九百五十六匁目
一 爺ト婆ト有其ノ年而歳金ト見エン婆ニ爺ニ一ツ有リ三丁
年木廿二爺ニ渡シ婆ノ年ヲ又其年木ニテ数余リヲ以夫婦
ノ年数ヲ考ヘシト云ハ二本余ルト答也歳ハ成シ其年ハ辰当
答　翁　百五十六ツ　婆ハ　百五ツ
一 隠居ノ一百歳市家ヲ院中ニハ是方ノ女房多ノ子持大繁昌
陽ニ年頃ニ何モ重盛長シ子供年数合十七而五ニ総領求子
年相倶テ六十足年歳人子　答　総領三十八
一 先ニ夕ニ増テ盛ノ二八ノ娘年建実数不知逢毎ニ銀貴実
一寸進ミ一夜ニ進ミ七夜ヲ太而後ハ不覚ヘ今阮世貴銀貫
ニ〇五匁計アリ　答　一夜進九十九度　一寸進百二十度
一 老翁米而年旅ヲ貸ス其年数ヲ問翁ノ向家ニ宝珠有子
出生ス九十歳ノ重相而六自毎年増実九十匁ナリ今阮ヨリ実五
重サ十二千二分五有是ヲ以テ年ノ上中ヲ知リ給ヘ
答　八千歳
一 家ニ傳ル鶴亀有未鶴亀ノ齢ヲ不知鶴亀年数合一万〇九百六十五
為実鶴ノ年数ニ計而一十一年ニ余而二十九分ノ年ニ又鶴亀年数和
ニ信而亀ノ年約三年ニ年九百ノ二千而七ノ鶴亀年数ヲ問

答　鶴九百八十七年　亀九千九百七十八年

一 星珠重サ五百六十六匁是ヲ九分ノ八分何程

答　十七貫九百五十目ト三八分ノ二

一 笑ヒニ我家ノ食積臺ノ海老大ヲ臺巾ニ余ル尺二寸ト
海老ノ寸相併八尺ニ盛ニ出ス海老ノ長ト鬚ノ長ト臺巾ト見ニ
七五三縄ノ文字ト同し

答　海老長五尺　臺巾三尺　鬚七尺

一 真珠ニ行縢ニ七種ニ代銀泊解し

答　三千七貫白七千〇日

一 万歳ノ従僕ヲ出ス銀十四百四十四匁但太夫ト才蔵ト両人ニ七匁之遣し
人数ヲ問　答　人数　二百四十〇人

一 元拝ニ餅ヲ遣ス人ニ五匁充百匁ニ六匁之余五十六匁人数ヲ問

答　四百九十八人

一 従儀銀ヲ八分九厘座頭寄合テ吐ヲ開ニ検校一人ニ取銀白銀
一人ニ渡ス元服ノ従儀又一人ニ渡ス一倍ニ袖留ノ従儀九人ニ
渡ス五匁倍ニ安産ノ従儀ニ三貎ニ八分銀廿四百匁廿〇匁也ト云風聞ニ
検校取銀ハ元服従儀銀十リ袖留ハ廿五百匁廿二匁ニ吾ヨシ安産ハ
〇二斤ヨシ

答　検校一人ニ元服従儀十二匁　袖留ニ六百目

一 年始ニ居酒ヲ納ムヨヤ其価ヲ問納屋笑而正数ヲ不言而
懐中ヨリ書付ヲ出シ見ニ御神酒ト濁酒ト合テ一百壱十八樽
御神酒代　九匁六酒代百匁又濁酒納ル樽数御神
酒二十四匁濁酒四十四樽ノ代銀合テ廿〇貫ト云

答 赤酒一樽百八十目 清酒百六十目
或人問曰今四百六十両ノ金ヲ以テ道具有又毎ニ其家ニ及ヒ
金目何ホト 答 萬貫救金目
織物師失テ眺ス唐織有是ヲ偽袷寿ノ帯ニメ二尋ニ
五尺足リ又是ヲ帯ニスレハ八寸余テ拾五余ル
答 唐織 二丈八尺八寸ト三分ノ一
大福長者有壺ニ余リ酒ヲ好ム初日白梅酒ト晩冬酒白壺
出ス又日々又白梅酒二十壺晩冬酒四十壺出ス不残合而
甚悦而帰リ又二千價ヲ差而是ヲ問正数ヲ答壺目計
出シ白壺ノ内白梅酒代晩冬酒代又家過而
酉品二十壺ノ價廿一匁晩冬右何程

答 白梅酒 百八十目 晩冬酒 百六十目
或共不足汲共人瓶酒ヲ客ニ出人毎ニ杯充テ余レハ又二升五人杯
充ニシテ杯出テ客数杯酒何程 答 客二十三人 酒九升五合
相集テ伯家其数ヲ心什ヒ稲束ヲ竹ニ毎門ニ
門数幾何 答 九十門
稲米二百二十五俵杉形ニ積欲上下俵数ヲ問 答 上二十俵 下二十九俵
東西ニ庫有各数ヲ和東庫毎ニ黄金九千納ム西ハ戸毎ニ
千役納ム東庫ト西庫ト等シ戸数ヲ問
答 東庫 百十〇戸 西庫 百二十〇戸
男子人寿有長寿ハ七十二男ト六分ノ一年ト十二男ノ相係ニ男
ノ年ト比シ不及スル年ト又云々 壽手ト二男ト年数相乗〇二六万

八百一年十名年数若干　答姥百八十九　二男百三十一　實男百三十六
鶴亀有歳不知合年数合鶴ノ歳ニ亀ヲ計ルニ十年歳二千九百六十年
鶴ヲ亀ハ解キ二解一ツ長シ
答　鶴九百八十七年　亀九千九百七十八年
壽一二千年ノ何年ヲ足テ何年幾ツ充
答　十七年　五十九
恵壽ノ棚ニ備ル福酒有上中下　下ヲ四升ニシテ上ヨリ中ハ両毎ニ
杉安ヒ又一石ニ四分安ニ中ヨリ下ハ安クテ五分又両毎ニ付二分八
安ヒ下ヨリ下之ハ両ニ六升易ヒ
答　上七斗六升　銀四十八匁目九分二厘
西王母ノ桃有甲乙ニ分ル甲ハ乙ニ十五分　乙ハ甲ヨリ五分一十二　以

多吹ク問　答　一千三百九十五分ノ百七十六
布袋ト大黒道中ニ入ル布袋日ニ一二十里毎行大黒ハ日十八里
毛毎行布袋ハ四日ホニ大黒ハ八日ニ三歳日ニ逐及
答　八日
宝珠有不知其数　然其ノ閉三方一度又閉千方三度止余
得千方弐問余数　答　四十七余方
金砂ノ限有其限数不知大小ノ船ニ積ム大船ニ四千五
九小船ニ四十升ニ積也　庫ニ満ル数一千万之下ナシ小船数
及限数ヲ問　答　九百十九万艮　小船八千三百三十三艘　大船三百三艘
恵比須ノ帯ヲ是ナ十是ノ丑那ニ北須布様二十度毎ニ
餅誰下其ノ殘合セテ七十五貫匁其ノ吐ヲ問ニメ一斗ノ毎利ニ

一 妬元ノ図トリ貝利幾何　答 一千五百五十貫文
戸納銀六百目二度 毎日納元銀〆方幾何也 但シ百ヲ二ツ下ル
満レハ一両トス 不足ニ不足ノ幾一月ノ日数ヲ問
答 日数三百七十日 不足銀六百五十目
一 福田ハ六拾年ト相出ス 銀八十二両ト二十二匁八分 毎ト 両替銀何ヲ問
答 六十四匁目 金十両ニ付銀六十四匁
一 唐織有 福六寿ノ頭巾ニ 椽ヨリ五尺六寸 足入大黒ノ頭巾八椽ヨリ
両ノ二十余ル 但シ福六寿ノ帛ハ大黒ノ帛ヨリ一尺ヨリ四尺七寸
長シ 右頭中尺是織 何寸ト
答 福六寿帛中五尺四寸　是織 五尺八寸
一 恵方棚ノ備ル黄金一万二千二百両 十二五枚 一包ノ金高及包数不知
只金包ニ拵而二十枚余ル 又曰一包ニ黄金一枚増シ包テ金一
枚ナリ 一包ノ黄金何ホト　答 百二十七枚
一 匠屋酒 価拾石有 是代八十五両ト銀ト 綾一拾五文又四百石
ノ価金ニテ 毎ノ八十両ト銀五拾五匁 銀四十五匁又拾石ノ価金
以テ両ト銀六十目ヲ以 毎石酒毎価及銀銭毎両何ホト
答 酒 一石ニ付 四十二匁目五分
金一両ニ 銀六十四匁
銭四貫百六十四文
一 鋼鋼ニ二十八 九ツ有 羽 之不知 士数 一士毎ノ差 又未ノ白ノ
九分年ノ七ツ毎ノ 士数何ホト
答 士数四人 爾ヨリ八十一年 書ヨリ六十二年

一　今有銀ヲ分ケル庭ニ出ス一人ニ付銀九匁九分宛取ル時ハ二十匁余ル　十匁
宛取レバ二十匁不足　人数及銀高何ホト

答　人数七人　銀六十五匁

一　元朝ニ四方ノ白銀ノ道具ヲ求ルニ一日毎ニ一倍ス　其
象及ビ限月幾何　銀一寸ニ付　百七十匁目

答　嵩土表股銀　高十二貫七百八十六匁一分一厘
率一分二七八匁

一　今金船ニ積ム黄金八千五百万枚　右ハ大船一艘ニ黄金七十万枚ヲ積
又小船一艘ニ五十枚ナリ　大船数百艘已上ニハ不備ト云

答　大船　百艘
小船　三十〇艘

関流算法巻之二　倍揲之表。

初日　一　乃原数
二日　二
三日　四
四日　八
五日　十六
六日　三十二
七日　六十四
八日　百廿八
九日　二百五十六

得至若干日数術曰
二日ノ数自乗而為三日ノ数　乃二日信之内減一日余得日数
二日三日ノ数相乗而為四日ノ数　乃二日三日相併内減一日余得日数
三日ノ数自乗而為五日ノ数　乃三ノ日信之内減一日余得日数
三日四日ノ数相乗而為六日ノ数　乃三日四ノ日相併内減一日余得日数

十日　五百十二
十一日　千〇二十四
十二日　二千〇四十八
十三日　四千〇九十六
十四日　八千百九十二
十五日　一万六千三百八十四
十六日　三万二千七百六十八
十七日　六万五千五百三十六
十八日　十三万一千〇七十二
十九日　二十六万二千百四十四
二十日　五十二万四千二百八十八

五ノ日六ノ日相乗為十日ノ数
六ノ日自乗而為十一日ノ数
廿一日　百〇四万八千五百七十六
廿二日　二百〇九万七千百五十二
廿三日　四百十九万四千三百〇四
廿四日　八百三十八万八千六百〇八
廿五日　千六百七十七万七千二百十六
廿六日　三千三百五十五万四千四百三十二
廿七日　六千七百十万〇八千八百六十四
廿八日　一億三千四百二十一万七千七百二十八
廿九日　二億六千八百四十三万五千四百五十六

三十日　五億三千六百八十七万〇九百十二

十日ノ数ト十一日ノ数ト相乗而為二十日ノ数
十一日数ト二十日数相乗而為三十日数

三倍累之表

一日　一
二日　三
三日　九
四日　二十七
五日　八十一
六日　二百四十三

十一日　五万九千〇四十九
十二日　十七万七千百四十七
十三日　五十三万千四百四十一
十四日　百五十九万四千三百二十三
十五日　四百七十八万二千九百六十九
十六日　千四百三十四万八千九百〇七

七日　七百二十九　　十七日　四千三百〇四万六千七百二十一
八日　二千百八十七　　十八日　一億二千九百十四万百六十三
九日　六千五百六十一　　十九日　三億八千七百四十二万四百八十九
十日　一万九千六百八十三　　二十日　十一億六千二百二十六万千四百六十七

四倍絫之表

初日一　　六日　一千〇二十四
二日四　　七日　四千〇九十六
三日十六　　八日　一万六千三百八十四
四日六十四　　九日　六万五千五百三十六
五日二百五十六　　十日　二十六万二千一百四十四

五倍絫之標

初日一　　六日　三千一百二十五
二日五　　七日　一万五千六百二十五
三日二十五　　八日　七万八千一百二十五
四日百二十五　　九日　三十九万〇六百二十五
五日六百二十五　　十日　一百九十五万三千一百二十五

一
今原数一个日々二倍之至三十日得五億三千六百八十七万〇九百一十二
従初日至終日総数幾何
答　一十〇億七千三百七十〇箇
術曰列終日数乗倍数得内減原数余為実　列倍数内

一 減一ヶ余為方以物実得総数

今原数ヶ二日々二信之至〇二叶得八兆三千四百四十四億八千四百〇一千六百七十ヶ

従初日至終日総数若干

答 五十二億二千〇二十七万五千六百箇

一 今原数八ヶ日々四信之至叶得二千五百〇九億七千一百十二ヶ 従初日至

終日総数幾何

答 二百七十九万三千二百ヶ

一 今原数ヶ二日々五信之至叶得二兆三千百四十六億五千五十〇万ヶ 従初日至終日

総数若干

答 四百八十八万二千八百一十二ヶ

一 今有二信架 従初日至終日総数二千七百七十五億一千六百一十九万一千一ヶ

又云終日数三兆七千三百八十七億五千四百八十四ヶ〇九万 原数及日数若干

答 原数七ヶ 日数二十〇日

得原数術曰 列信数内減一余為実総数商信 列終日ノ数為実

信数内減一余得原数〇 得日数術曰 列終日ノ数以

原数物之得数上級為実数乃一ヶ信之ノ数ナリ

尾数(例)二信架

尾数(例 得 四ヶ 六ヶ 八ヶ 以 直開平方 以信

尾数 例 得 一ヶ 九ヶ 以 直開平方 得 三ヶ 七ヶ 以 以信数物之 開平方

三信架

四信架

尾数 得六ハ直開平方
得四ハ以倍数納之開平方

五倍垜

尾数 得二百二十五ハ直開平方
得二百二千五ハ以倍納之開平方

上級実数或ハ直開平方或以倍数納之開平方如前文返而
実数開之而得一ケ而下級為実数一日
乃上級実数直開平方者ハ下級日数倍之得成減一日入上級
実数以倍数納之開平方者ハ下級日数倍之
下級実数或倍之得成減一日如此文返而如是次第進メ上ヘ
至上級実数ノ下級得日数

解

上級
五億三千二百八十七万〇九百一十二
以倍数納之開平方
一万六千二百八十四
直開平方
一百二十八ケ
以倍数納之開平方
八ケ
以倍数納之開平方
二ケ
以倍数納之開平方

下級
三十日
倍之
十五日
倍之減一日
八日
倍之
四日
倍之
二日
倍之

一ケ	
一日	下級次第上ヘ進ム

一

今有ニ信架二三之自初日至終日惣数九十七億六十六万一千六百
又云得終日数弐千八億二千二百五十〇万原数及日数
答 原数五ケ 日数二十〇日

術曰列信数ニ内減一ケ余乗惣数信 列終日数信数ニ
得内減信余以原数 列終日数以原数約之得数
上級実数

数解

上	級
一十二億六千六百一十六万一千四百六十七	
	以信数ニ約之開平方
二万九千二百八十三ケ	
	以信数ニ約之開平方
八十一ケ	
	直開平方
九ケ	
	直開平方
三ケ	
	以信数ニ約之開平方

下	級
二十日	
	信之
十日	
	信之
五日	
	信之減一日
三日	
	信之減一日
二日	
	信之

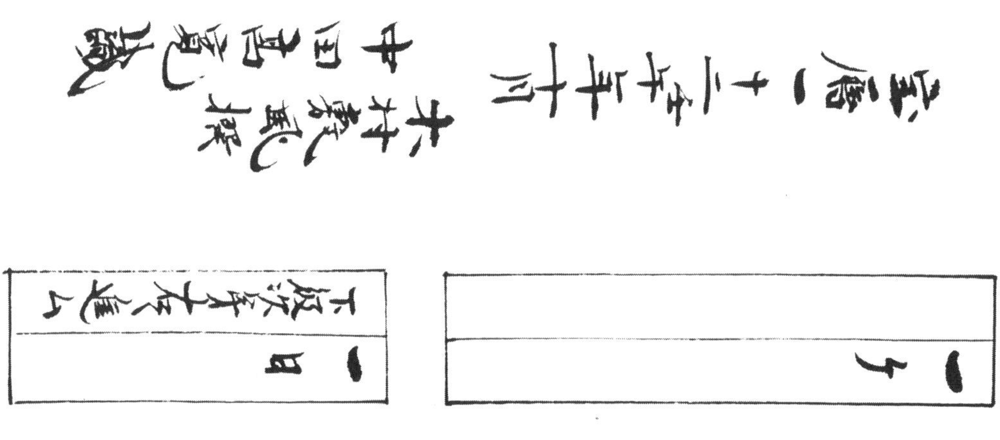

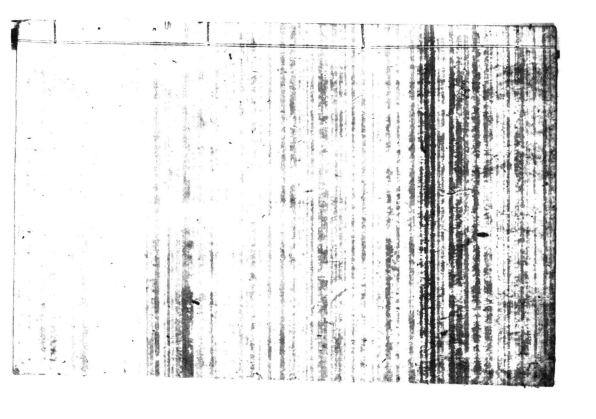

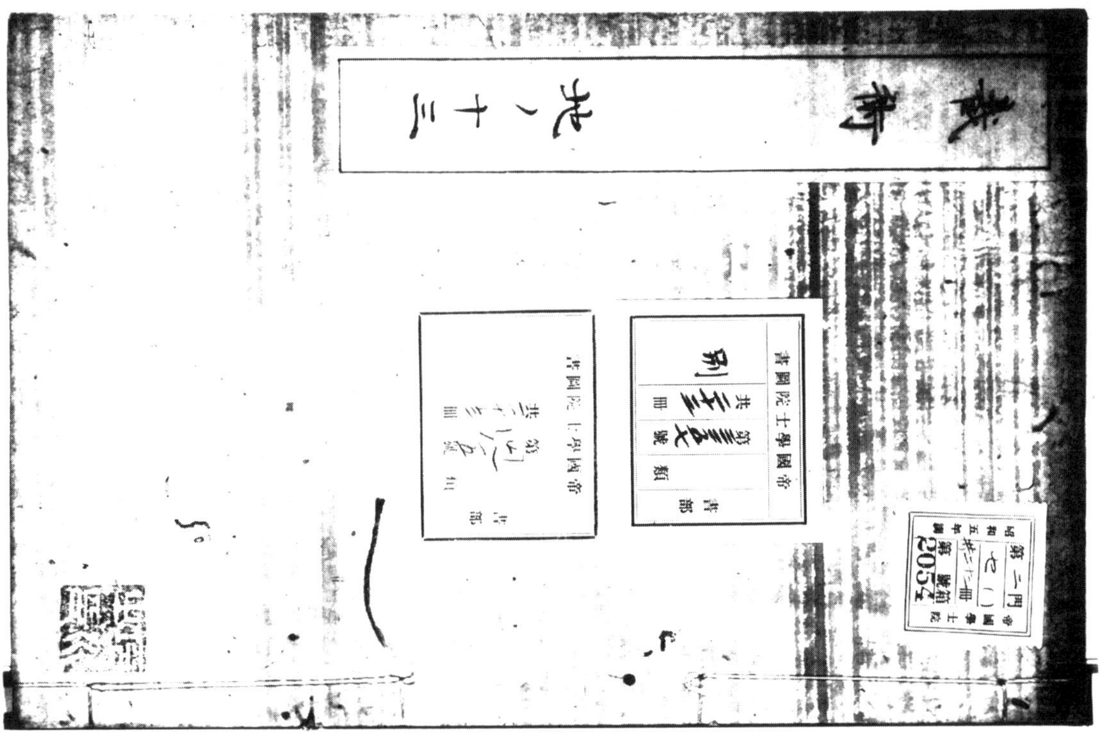
截術
地ノ十三

川甚二氏

関流算方巻之

截術　上巻

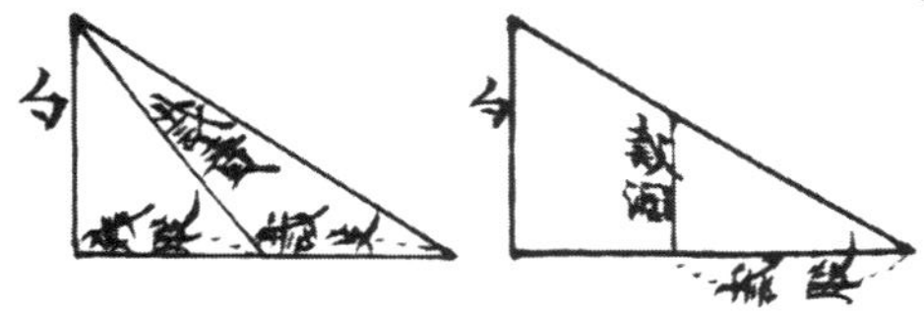

句五尺六寸殳九尺一寸截股一尺三寸截濶若干

答　截濶八寸　術曰句五尺六寸ヲ置股九尺一寸ヲ以
除之〇ケ六一五三八四一乗截股一尺三寸ヲ截濶八寸ヲ得　又術曰句
截殳相乗七百二十八寸以股九尺一寸以除之截濶八寸ヲ得

句五尺六寸截殳八尺截責若干

答　截責二千二百四十〇寸　術曰截殳八尺句
五尺六寸相乗四千四百八十寸ヲ得半之截責二千二百四十〇寸ヲ得

解義　股ハ截殳残殳也乗句截責二段ト
残責二段ノ和ト其象如左

勾殳 勾殳 寄位 別ニ残殳ヲ置
乗勾残責二段ト大勾殳 以減
寄保截責二段ト 以テ実ト為ス
如大勾殳 的截同截
殳因勾為截責

又解義
勾 殳 云
子 也 截殳 象
維書曰 ハ 截殳也
於是云ニ因ル子ハ截責二段ナリ
的截殳因勾ハ為子因ニ半之
為截責

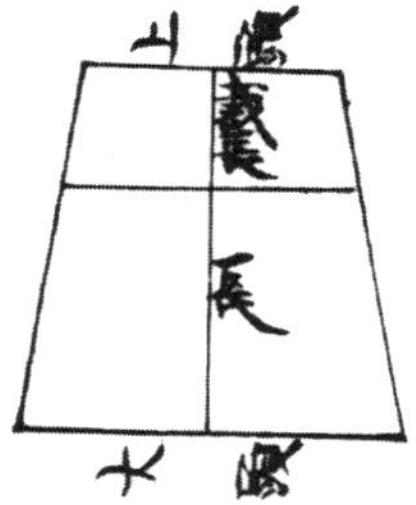

依有大頭一尺小頭四尺長一尺五寸向ハ截問
若干 答
術曰截問
減小頭ニ二段ナ得以長乗之三十
為実大小頭相減子二段ト以除実
截長 寸

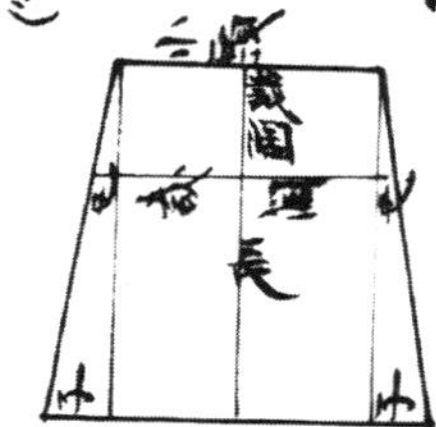

長五十
長一尺五 子六十 也二十也
截長 維書曰 ハ 截長 也

上廣一尺下廣廿尺長一尺五寸九ノ上角ヨリ右下ノ角ニ
至テ斜截ル其斜若干 答 截斜長一尺七寸
術曰上下廣和而
自之 廿 長 得
牛之子 得

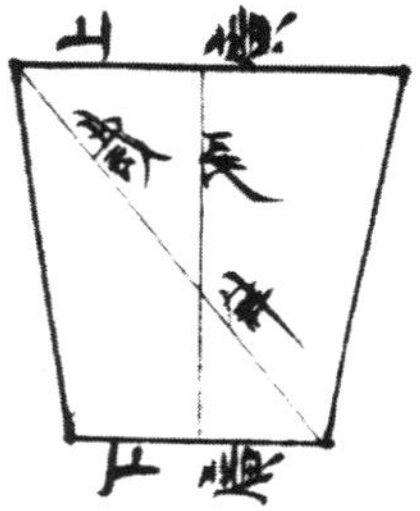

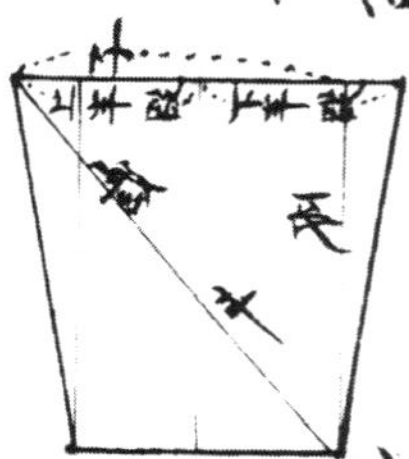

下勾 長 截斜也

依如截市九而ハ九寸 截斜
得七尺

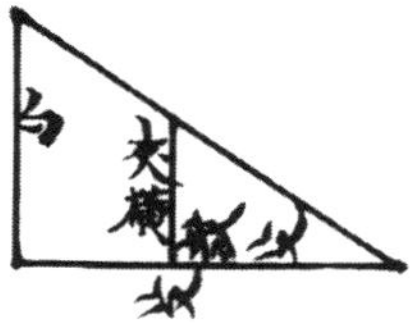

勾九股廿二丈ル截之ヲ半ト斜ヲ達ル大横若干
答 大横ヒ六十
股以廿二除之大横ル得ル
術曰勾九ル截丈ル相乗 二廿
勾 殳
大横 截殳 之 維書曰 勾殳 ハ 大横 也

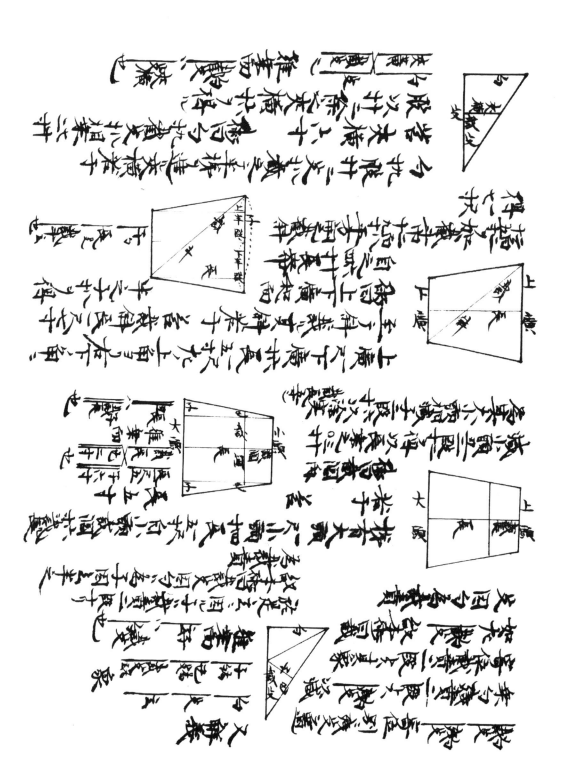

圭長六寸濶四寸 長四截之ト為梯上濶何程

答 上濶六寸　術曰濶四寸截長四相乗

以長六寸ヲ以除之上濶ト為ヲ得

解義

長／濶　截長／上濶 也 維等ハ 截長／濶 ハ 上濶 也

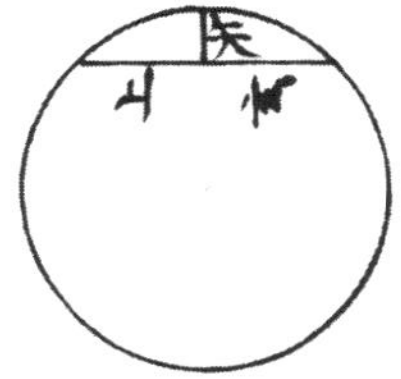

圓至一尺截矢寸ニ截之何程　答截至八寸

術曰至一尺内矢二段ヲ減シ雑至ト為ヲ得

自之ヲ以截至巾ト為

得截巾六十四寸平方開之

得截至八寸

解圖

雑至ハ句　截至ハ股　全至ハ玄也

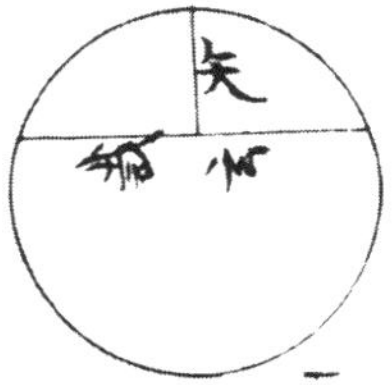

至一尺截至六寸矢若干　答矢一寸

術曰至自之内截至巾三十六寸ヲ減シ雑至巾六十四寸ヲ得平方開之雑至八寸ヲ得以テ至一尺ヲ減シ半之矢一寸ヲ得

解如前方

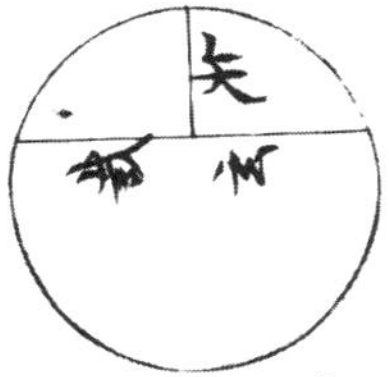

截至四尺矢九寸全至若干　答全至二尺五寸

術曰矢倍之自之三尺二十四寸ニ截至巾十六尺ヲ加ヘ十九尺二十四寸為實

矢四之三尺六寸為方以除實全至ヲ得二尺五寸

解義 術意同至為玄 截至為股

雑至ト見ル時ハ矢二段句玄ノ差ナリ

故ニ句矢ニ討句玄差ト矢ヲ玄ヘ加ヘ依テ求之也

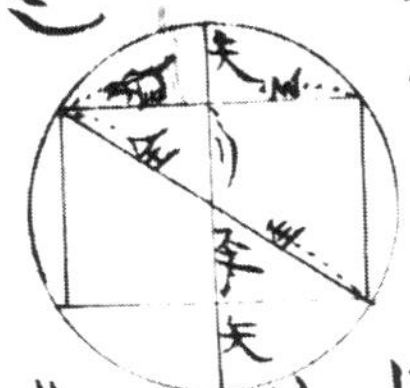

雑至ハ句　截至ハ股　全至ハ玄　以矢句玄差ナリ

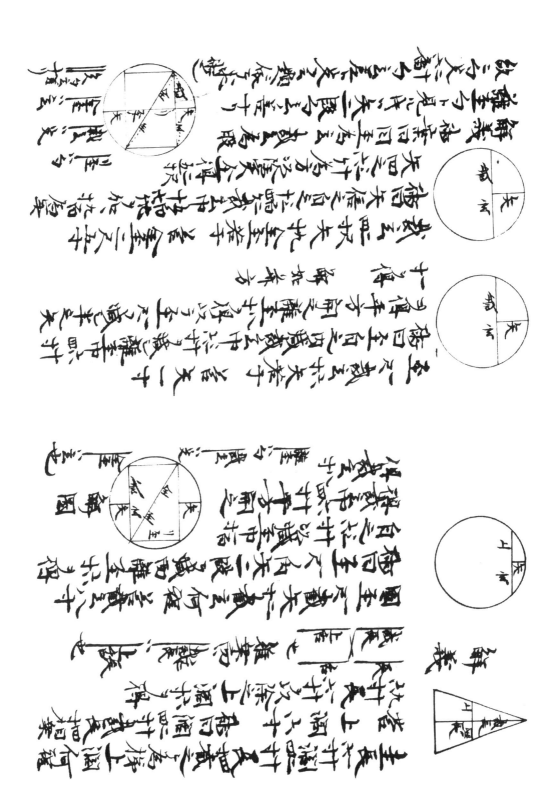

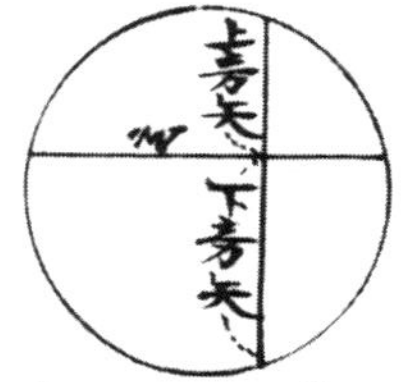

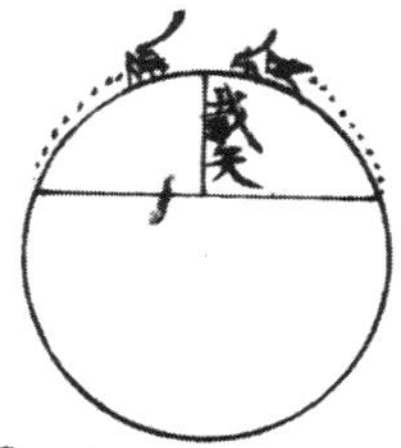

全至二尺五寸五分四厘二毛 上斜矢相 下斜矢何程

答 下斜矢一十一寸　術曰置二尺四寸自之

十五面七十六ケ以置全巾十六自二十五寸ヲ減テ

離至巾四寸九分ヲ得平方開之

離至折ヲ得上斜矢相加ヘ下斜

矢ニ寸ヲ得

川至八分

孤至八尺

全至八尺

全至一尺截矢十二寸矢巾三寸六分八七二六毛四厘開テ截ル孤背何程

答 截矢背 九寸五分五厘六分奇

術曰至内矢二段ヲ減而十六自之以全至巾相

以減之ニ巾四寸九分奇位 別ニ矢自之ヲ相矢巾方五分六厘七毛ヲ乗シ九寸八分六

為得係而寄佐ニ加ヘ截孤巾八十七寸四分八ケ五六ヲ得平方開截孤六寸五分六厘三六

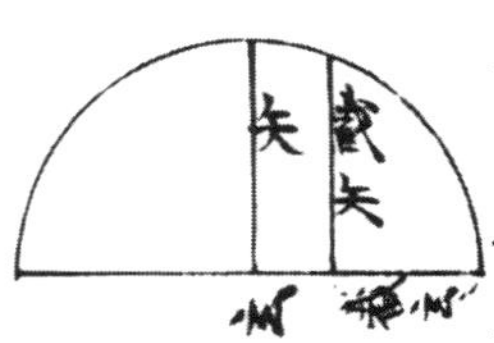

是截円理ニ通セサレハ真術ヲ得ル事難シ然只世ニ用ル所ノ通術有動

学ノ為ニ其ノ通術ヲ尺ス只略而真術ヲ得ル事ヲ可心掛ナリ

孤有矢九寸五分二四寸尺右截矢相截至何程　答截至二十

術曰別依矢二長番矢ト信而廿八以減円至得離至十寸截

同至二三尺五寸五分

二段ヲ加ヘ子得廿五自之以減円至巾十六自二十五寸

依ニ巾ヲ相而ヲ得平方開之依ヲ云二尺ヲ

得ル以減二四寸尺余ヲ半之截至ニ寸ヲ得ル　解義

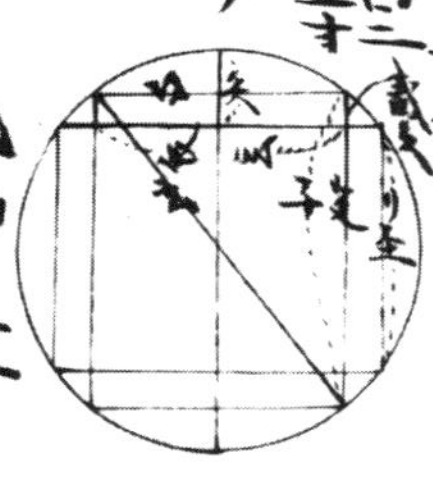

一

方錐有高二十尺方相自上方ニ截之高何程　答截高三寸

術曰截方寸ヲ以方高二十尺為実

方相寸ヲ以除之テ

截高ニ寸ヲ得ル

解義

方　高

截方　截高也

維実而

截方ハ截高也

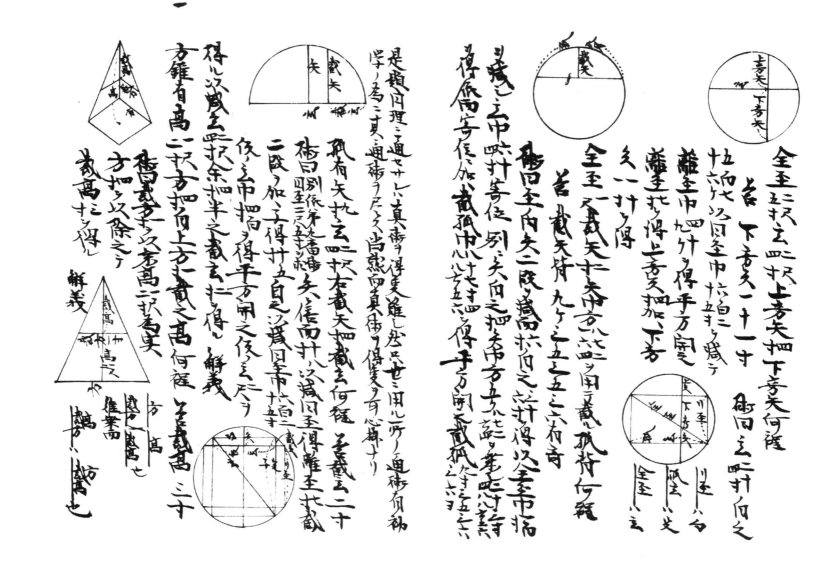

直錐有長ハ平ヨリ四寸高ハ既ニ只自下截高九寸截長平ノ向

答　截長五寸　截平二寸五分

術曰高ト既ニ只内截高ヲ引殘高ヲ以長ニ掛テ得

書而十四寸ニ高ヲ以既ニ只除之截長五寸ヲ得　平ヲ四ニ掛殘高ヲ顯ス

常高卅寸ヲ得高ヲ以既ニ只除之截平二寸五分ヲ得ル

截長ハ解

長ノ解義　平ノ解義

截長ハ殘高也

平ハ殘高錐ハ截平ハ殘高也

一　方臺有上方ハ下方ノ一尺寸高ハ六寸自下截高ハ二寸截方何程

答　截方　九寸

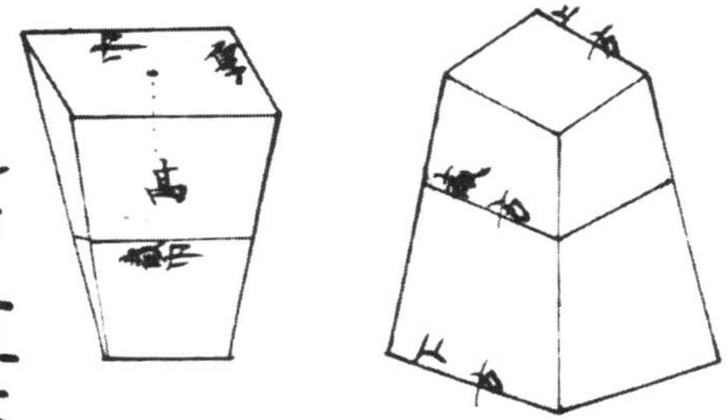

術曰下方ノ一尺ヨリ上方ハ寸ヲ減シ三寸ヲ得之ニ二段ト只截高ニ寸ヲ以乗之得ルハ六寸為子以惣高除之一寸ヲ得為子二段上方ハ加截方九寸ヲ得

權巾二尺寸高三寸又拉五高二尺又ヨリ高四寸截之截高巾及高

何程　答　截巾一尺〇寸

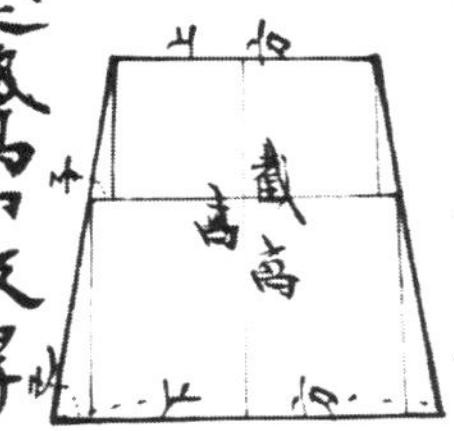

術曰高二寸ニ乗截高四寸得廿二為実惣高二尺ニ以除之截高

寸ヲ得ル　巾二尺内又截高子二段六十寸ヲ得ル截高四寸ヲ

六十四寸得以高二尺除之三五寸得

及ヲ加ハ截巾ニ只之得ル

解義

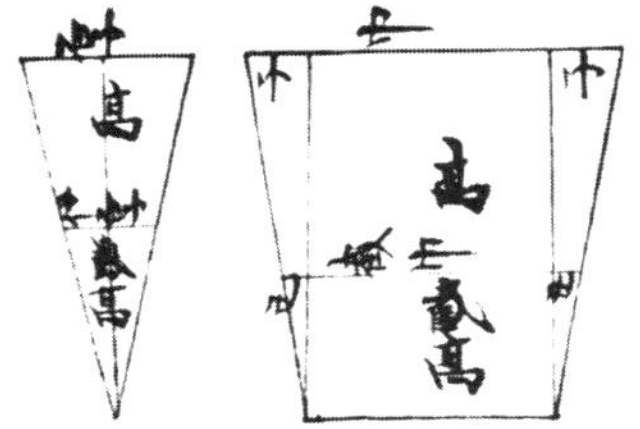

截巾ノ解義 巳三段十六寸 × 截高四寸 / 巳二段 高十六寸 維乗而 截巳三段 ハ 巳二段 也

截早ノ解義 早寸 × 截早 / 截高 高 維乗而 截早 ハ 截早 也

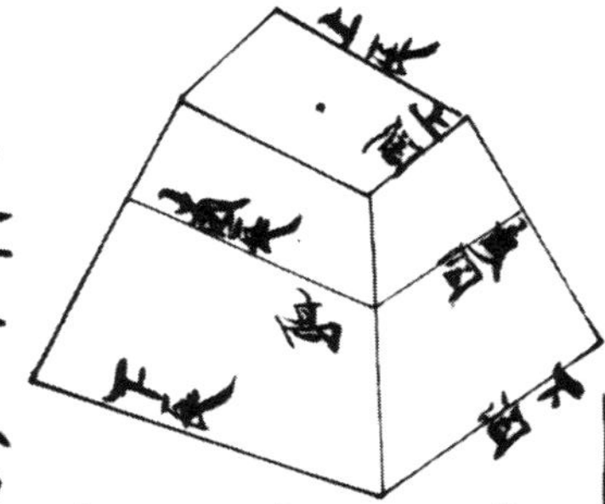

直臺上長一尺上潤四寸下長一尺六寸下潤十六寸高十六寸只云上ヨリ截高十二寸截長潤何程 答 截長一尺二寸 截潤五寸

術曰下長一尺六寸内上長一尺ヲ減而六寸於高十六寸為巳二段截高十二寸ヲ乗而二十寸為実高十六寸以除之子三段二寸ヲ得上長ニ加ハ截長一尺二寸ヲ得下潤十六寸内上潤四寸ヲ減巳二段十二寸ヲ得截高十二寸ヲ乗而百四十四寸ヲ得為実高十六寸以除之子三段九寸ヲ得上潤四寸ヲ加ハ截潤ヲ得

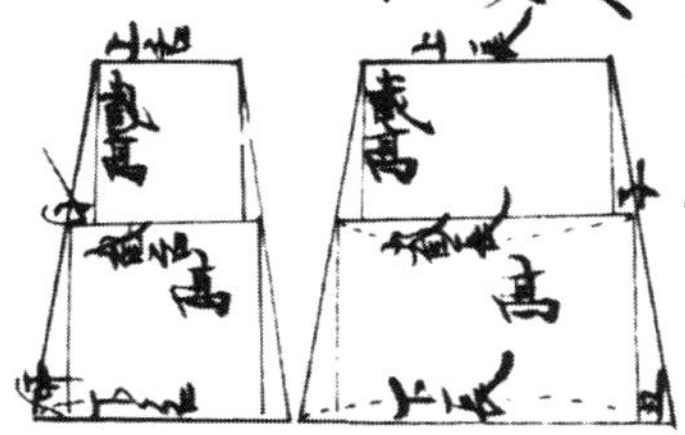

得截長ノ解義 高十六寸 × 巳二段 / 截高十二寸 子二段 維乗而 截高巳二段 ハ 子三段 也

得截潤 高十六寸 × 巳二段 / 截高十二寸 子二段 維乗而 截高巳二段 ハ 子三段 也

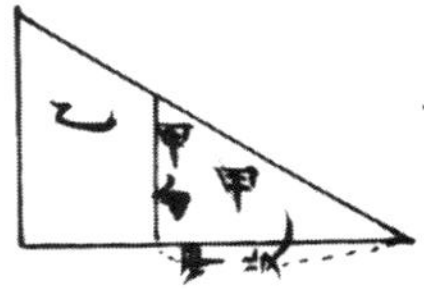

句三十二寸股四十二寸甲之責等分甲丈何程 答 甲丈四十二寸二十八寸

術曰句三十二寸股四十二寸相乗一千二百〇八十倍ハ分数以テ除之於而ヲ得甲責為二段句股以相乗除之〇二寸五〇ヲ得平方開之六寸七五〇ヲ得為因

方以テ丈ニ乗而甲丈八四二七分三ヲ得別ニ句ヲ置自乗因方二十二寸三分ヲ得仍之

又術曰丈自之ハ分数以テ二ヲ除之〇八指平方開之

次ノ分数除之得数平方開之用方トスルヲ得

甲丈二十八寸八分ヲ得別句ヲ置自之ハ分数以テ二ヲ除之四百五十ヲ得平方開之〇

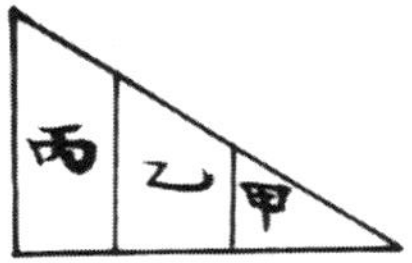

答

句九十寸股百二十寸甲乙丙之責等分甲丈ト乙丈何程

甲句股甲丈術曰句股相乗二万八百寸以テハ分数ケ二除之而〇牛

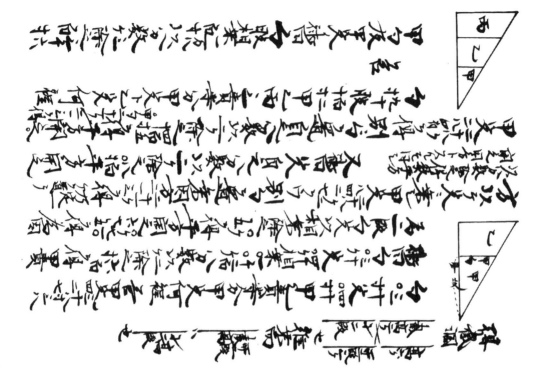

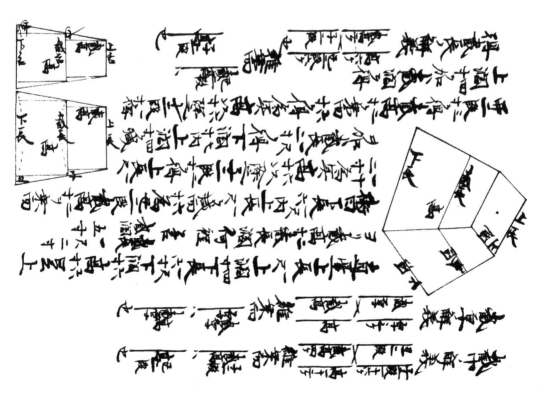

得以勾殳相乘數除高得平方開之為圓方　勾置
乘圓方甲勾五十一ケ五分ヲ得　殳置乘圓方甲殳六十二ケ九分ヲ得
捷術曰　定一ケ置以八分數乘除之平方開之圓方ヲ得（同之）
又術曰　勾自乘八分數乘之以除之平方開之得甲勾　別殳自之以
八分數乘除之平方開之甲殳ヲ得
乙勾放乙殳　術曰　平方某倍之平方開之為圓方
勾置乘圓方ヲ得　殳置列乘圓方九千七ケ五ヲ得　甲
殳　術曰　乙殳ヲ得　初從乘為圓方　又術曰　勾自
之乘乘之八分數乘乘之平方開之以乘除之為乙勾　別殳置
自之乘又乘平方開之八分數以乘除之得甲殳截余
乙股トス

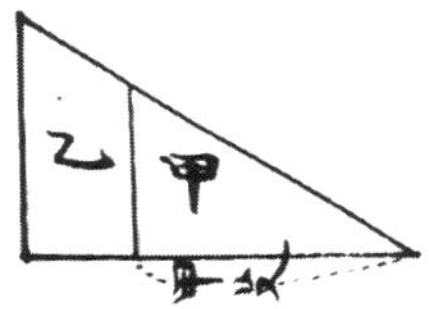

今如十段四十分甲責ヨリ乙責ハ五十分長シ甲股何程
答　甲殳一十八ケ
術曰　勾股相乘ニ十四百ヲ半之勾股責四百二十乙ヨリ甲ノ長五十ケ
乃加半之甲責為實　股責四百二十ヲ以除之加五分
五ニヲ得平方開之七五ヲ得為圓方乘殳甲殳八一ケタウル　勾圓方相乘
甲勾五七ウタウル
解義　勾股　責術

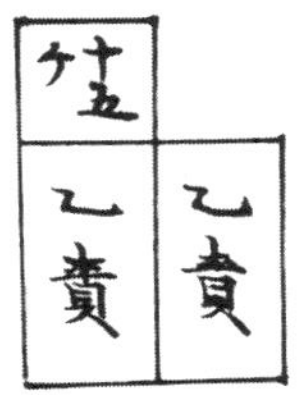

今基責ニ甲ノ長十五ケ加ヘテ得　象如下象

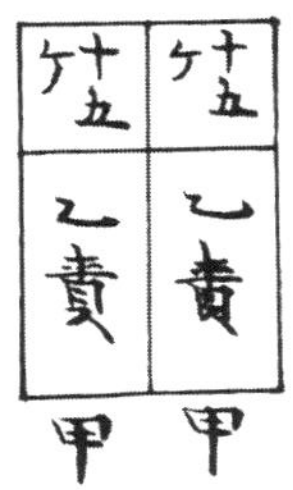

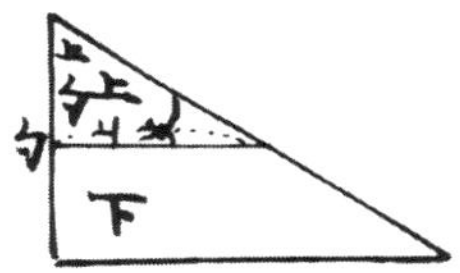

今如二十九ケ股四十四十分上下截之下責ハ上責ノ九ケ八分七　上勾殳否
何程
答　上勾二十一ケ七九　殳三十四ケ五
術曰　定一ケ置乘八分七ケ八分母以九ケ九除高ヲ得定一ケ

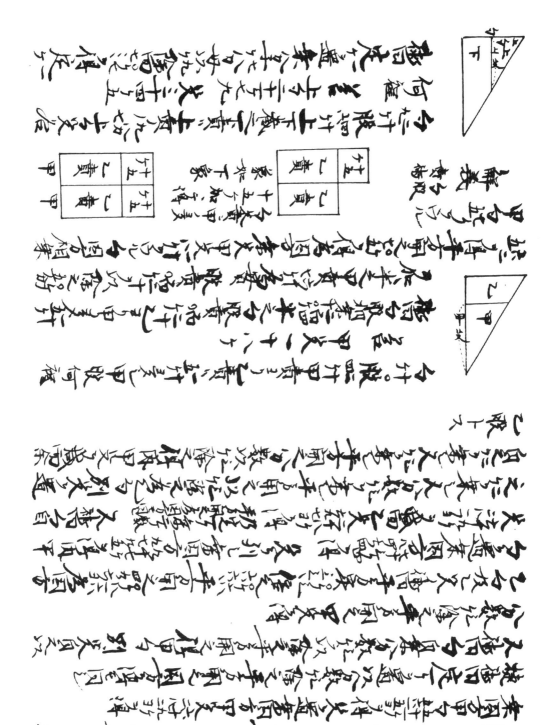

ヲ加ヘ八一ヲ七ヲ為方勾殳相乗平之勾殳責十六万四百七十七ケ以方除之五ケ八百七十五

為実以勾殳責以十六万四百七十七ケ除之五ケ六百二十五平方開之七十五ヲ得為円方

勾円方相乗得上勾七十五ヲ得殳ヲ置乗円方上殳ト解シヲ得

解義　勾殳相乗平之勾殳責十六万四百六十寄位　於是上責ヘ一ケ三ヲ

借平ヲ得寸実方如之　上責ヘ一歩　右上責平　別上責平

一歩ヲ置以九除之来七而七ケ七七八ヲ得即下責也

下責一〇ケ七七七七　右下責平　上下責平相併為勾股責平

勾殳責一ケ七七七八　右勾殳責平　勾股責ヲ列シ十六万四百七十六勾殳責

平十一ケ七七ヲ以除之十六万四百七十五ヲ得為仮数上責ヘ之一ケヲ乗而上責

十六万四百七十五為実勾殳平十六万四百七十六為法以除実五ヲ得

開平方之七十五ヲ為円方乗勾号三十七ケ五ヲ知ル　殳円方相乗殳ケ六十五ヲ得ル

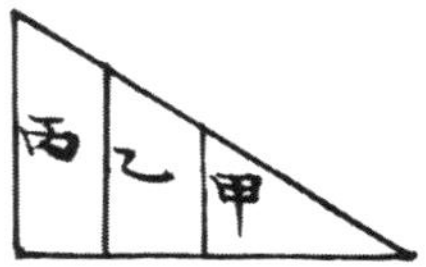

勾什〇股四五什二段截之而甲責乙責廿反四十五又曰

甲責ヨリ乙責廿反三十二甲乙殳各何程

答　甲勾七　殳三十二　乙股十〇ケ

術曰勾殳相乗平之責十〇四五甲乙差四十五二段之而差十五

一段相併甲責三段四百六十五之除之四百二十五為実已下相乗勾殳責以二百

倂除之四九ヲ得平方開之七ケ為円方乗勾得為甲勾〇殳円方

相乗甲殳五十ケヲ知ル　殳責ヲ列シ内減四十二之責八什以甲責甲

責総二十五〇ヲ得為実以勾殳責除之八ヲ平方開之九ヲ為円方乗勾而

乙勾九ヲ知ル　殳円方相乗ヲ以除之十四ヲ知ル　ヲ得内甲殳五什

ヲ減而八乙股〇什ヲ得

解義　勾殳責之象

今實ヲ置甲乙差二段之正
一段加テ甲實ニ二段ヲ得其象
已下相応宜平也不及解

加四十二步半	加四十二步半	四十二步半
加三十二步半	三十二步半	三十二步半
丙實	丙實	丙實

甲實　甲實　甲實

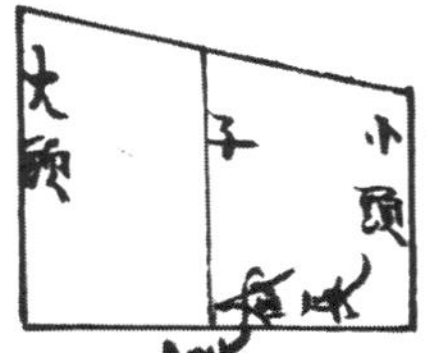

半梯有大頭四十小頭二十對長五十對二等實八万
為甲乙子及截長何程　答　子二十五ケ三五之　甲截長二十六ケ七七七
術曰小頭二十ケ長五十ケヲ乗シ一千ケ位而為実　大小頭相
減二十ケ為方以除実虚長一百五十ケヲ得　小頭乗二十ケ半之虚實二千
二百五十寄位　別ニ小頭相併乗長半之半併實一千五百ケヲ得　半
之實八百七十五ケ　虚實ヲ加ヘ虚実長實二千五百ヲ得　以虚實除之
一ケ八八二ヲ得　平方開之一ケ五二七ヲ得　為因方乗虚長一百七十七ケ八ヲ得　内
虚長ヲ減シ甲截長二十六ケ七七ヲ得　別ニ小頭因方乗子二十五ケ三五之ヲ得ル

解義　小頭二十ケ　太頭四十ケ　╳　虚長　長五十ケ　維乗　小頭ハ長　太頭ハ虚長　也
依是式求虚長ヲ得

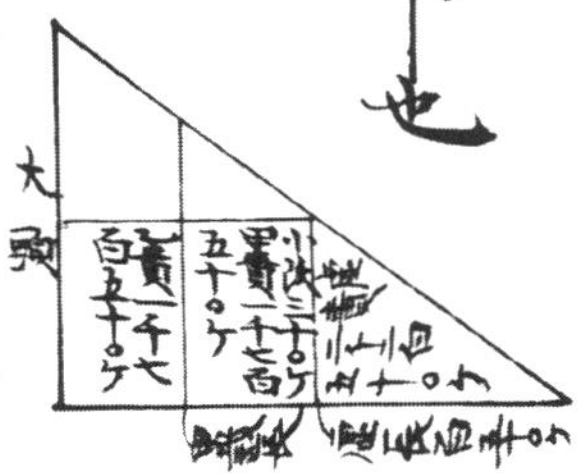

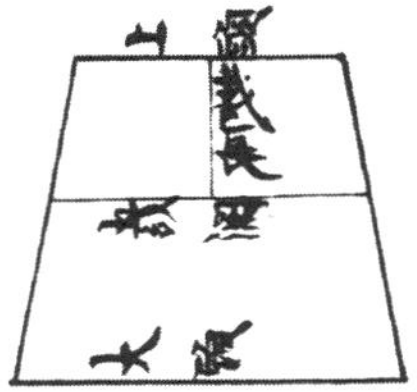

梯有大頭一丈六尺小頭九尺長四十二尺
只云自小頭截實一百四十尺　截長及闊何程
答　截　闊一丈二尺二寸　長一十二尺
術曰小頭九尺長四十二尺相乗三百七十八尺為実　大小頭相減七尺
為子三段以除実虚長五十四尺ヲ得　乗小頭半之虚實二百四十三尺　加寄位
截實一百四十尺加ニ虚實二百四十三尺　為再実　以虚實除之一ケ五七六ヲ得
平方開之一ケ二五四ヲ得　為因方小頭九尺ヲ乗シ截闊一丈一尺二寸ヲ得ル

別虛長六寸乘因方五十二尺法ニ得内虛長五十六尺一寸ヲ減シ而余截長二十六尺ヲ得
乃因方内一ツヲ減シ余虛長自進得截先

解 長二十四尺 十二因六尺

義 虛長 小斜九尺 維案 截 虛長 也

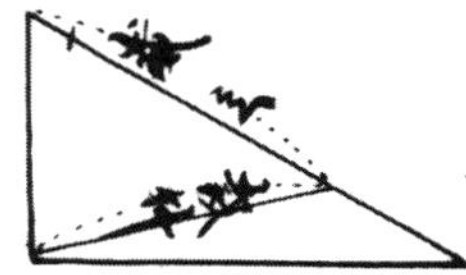

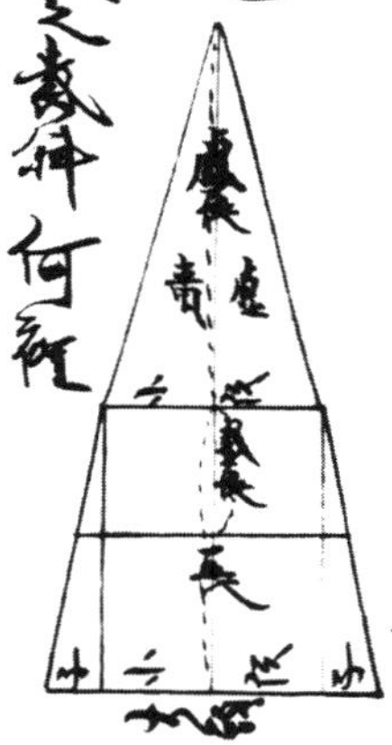

勾ニ股四截五寸五分截之截斜何程

答 二寸九分四一有奇

術曰 股四截五 五寸加案廿四為実 五扱別此之以除之 直長八二寸八分ヲ得 五扱ヲ置直減截五 残五一五寸分 勾案扣而 四十五分為実以五扱除之直平九分ヲ得 直長自之二四直平巾ニ 加截斜巾八寸五分ヲ得 平方開之截斜十一寸九四一ヲ得

直斜 勾 股 弦

解 子 直長 截 也 維案 截 直長 也

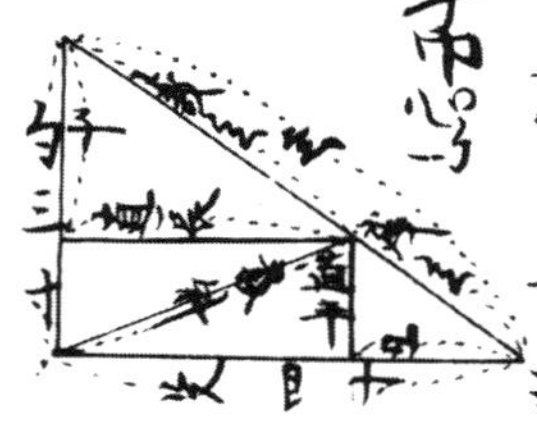

直平 勾 股 弦

之解 虛平 丑 截 也 維案 截 直平 也

此例 直平 直長 截斜 是級各自案而非随合得截斜外不及解

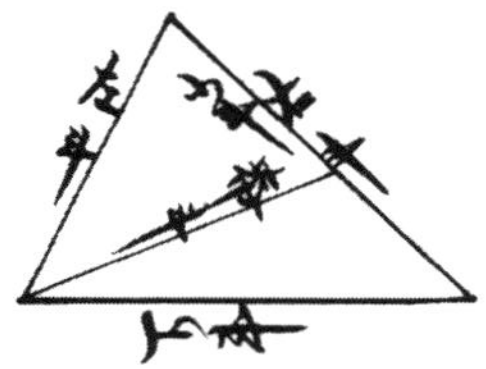

左斗三尺二 右斗七寸之尺 下斗一五寸尺 小斗十五寸二尺 界斜何程

答

術曰 依左斜 右斜 長二五 七 内截斗 五 減而

左斗二五 得中丈二 案而四二六 左斗七 以除之子七二

四ヨリ得長五二五 以案之七二四九九 得中丈二二 以除之

冊二〇八〇ヲ得ル以下斗五一ヲ減而辰八九〇ヲ得

自之八九一二ヲ得ル寄位子自之二五〇二八九六ヲ得

平方開之界斜〇九三一二ヲ得ル

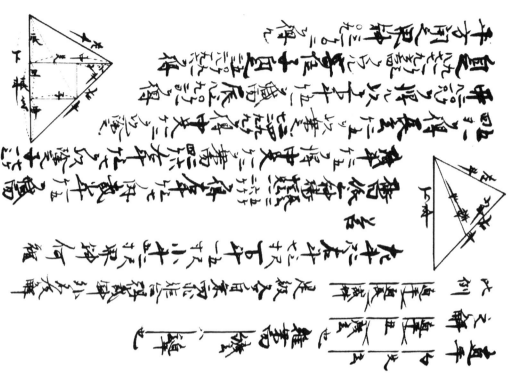

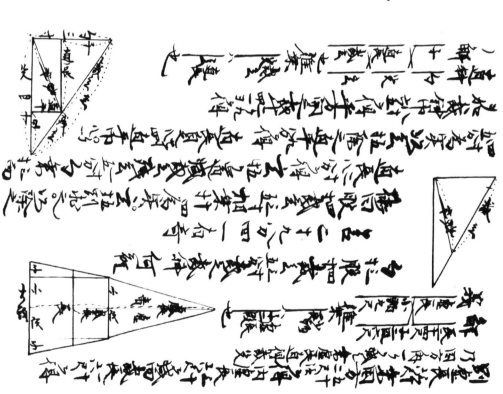

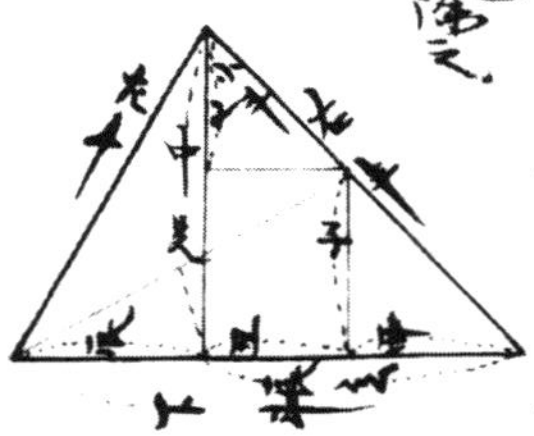

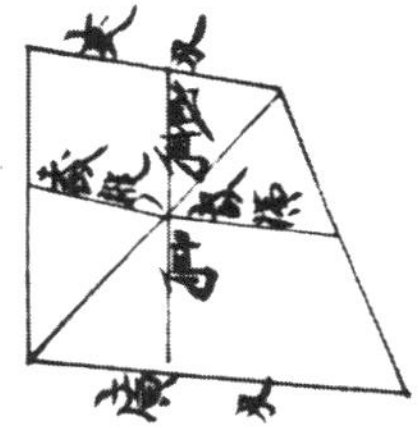

此例雖異

中段	長三	大平	維蓋而殘長ハ殘平也又殘隆解ナリ
子	再	殘平	

両又櫂有廣及八ケ梯及四ケ長仁四ケ大及ヨリ截高六ケ
截縱橫各何程　答
術曰廣及八ケ截高六ケ相乘而四十八ケヲ得長四ケ而以
除之截橫仁ケヲ得長之内截高ヲ得殘長ハ一ケヲ得大及
四乘之十二ケヲ得為實長仁四ケ以除之截縱仁ケヲ得

截橫之解

廣及八ケ	長二四ケ	大平	維蓋而截高廣及ハ截長橫也
截橫	截廣六ケ	小平	

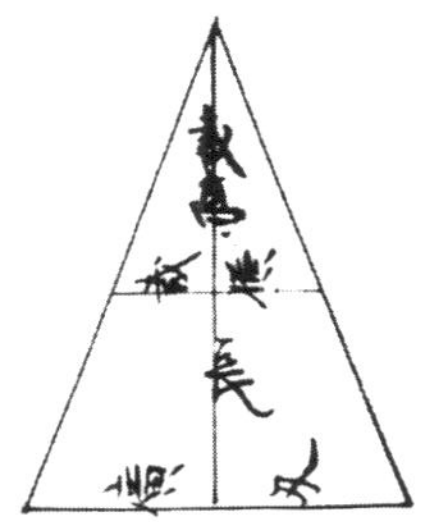

截縱之解

大及四ケ	長二四ケ	維蓋而大及殘長ハ截長截縱也
截縱	殘長一ハケ	

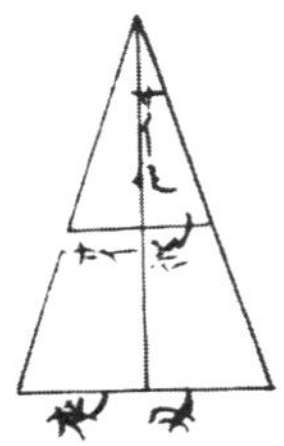

右雜案之式ヽ依而截橫及截縱ヲ得術中ニ詳ナリ

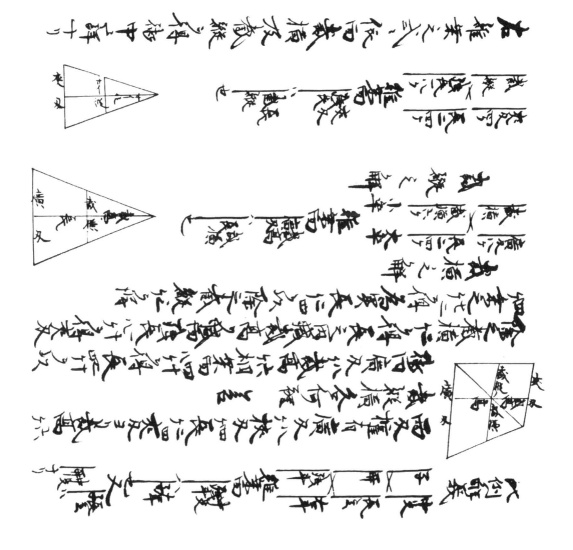

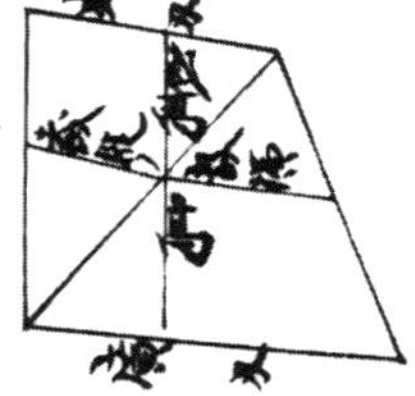

八例斫長

$\frac{中支}{子}$ $\frac{長三}{解}$ $\frac{大平}{残平}$ 雑書曰 $\frac{斜}{}$ 八 $\frac{辞}{}$ 之又隱 軸ハナリ

而又權有廣又八ケ梭又四ケ長仁四ケ大又ヨリ截高六ケ

截縱橫各何程　答

術曰廣又八ケ截高六ケ相乘而四十八ケ得長四ケ以

除之截橫十二ケ得長之内截截高ヲ與高長八ケ得大又

四素之ケ七二ケ得爲實長仁四ケ以除之截縱ケ降

截橫之解

$\frac{廣又八ケ}{截橫}$ $\frac{長二四ケ}{截橫六ケ}$ $\frac{大平}{小平}$ 雑書曰 $\frac{截高}{截高又}$ 八 $\frac{截橫}{長}$ 也

截縱之解

$\frac{大又四ケ}{截縱}$ $\frac{長二四ケ}{長八ケ}$ 雑書曰 $\frac{大又}{截長}$ 八 $\frac{截長}{截縱}$ 也

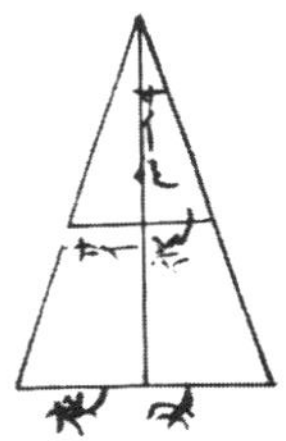

右雑案之式ニ依而截橫及截縱ヲ得術中ニ詳ナリ

関流算法方巻之

截術　　　后巻

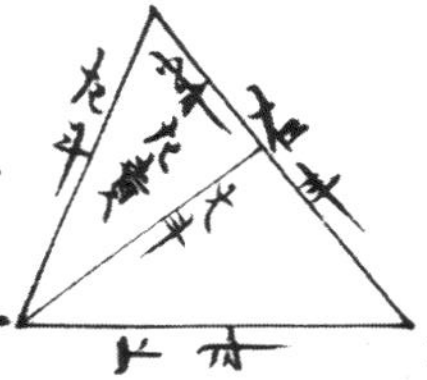

三斜有下斗四二ケ左斗二六ケ右斗四〇ケ左截貴一九ケ〇八截大小斗何程

答　截大斗二二ケ六二七〇有奇

術曰右斗四〇ケ自乗一六〇〇ケ内左斗二六ケ自之六七六ケ減シ余下斗因縦之長之差四九ケ二ケ得下斜四二ケ以除之長縦之差二二ケ得下斗四二ケ加半之長之ケ三二ケ得自乗四一〇二四ケ得以右斗巾一六〇〇ケ減テ余五九七六ケ得平方開之中勾二四ケ得截責一九〇八ケ倍之中濶因下斗八二七ケ得下斗四二ケ以除之中濶九ケ得右斗四〇相乗中勾ノ因截小斗〇六六ケ得中勾二四ケ以除之截小斗一五ケ得中勾二四ケ引之内中濶九ケ減テ子一五ケ得長之ケ三二相乗テ丑因中勾〇四八ケ得中勾二四ケ以除之丑二〇ケ得以下斗

個二減四十二ヶ二ヲ得自之四ヶ八二子巾二二五ヶ一ヲ加ハ截大斗巾七〇九ヶ一ヲ除テ平方
開之截大斗二十六ヶ七ヲ得　解義　長ヲ及中勾ヲ求
不及郎截小斗ヲ解如左
按案因二斗全責ハ小斗解也截責ハ下斗解也以テ二斗全責ヲ以テ截責
十ヲ責衆如左　小斗解　二ヶ斗解　倍之截責ヲ二段衆小斗解
故ニ術日截責倍之中濶因下斜ヲ得下斗ヲ以テ除之得中濶
截小斜　中濶　截半　維書　小斗解　中濶解中勾也
故ニ術日中濶ニ斗相乗中勾因截小斗ヲ得以テ斗ヲ除之得小斗
中勾解　中勾　大斗　大斗
丑ヲ得　中勾　長二大斗　維書　股ニ　斗勾　也
二ヲ解　子　丑　小斗
故ニ術日中勾中濶相減得子　冪ヲ云丑因中勾ト小斗勾除之得丑

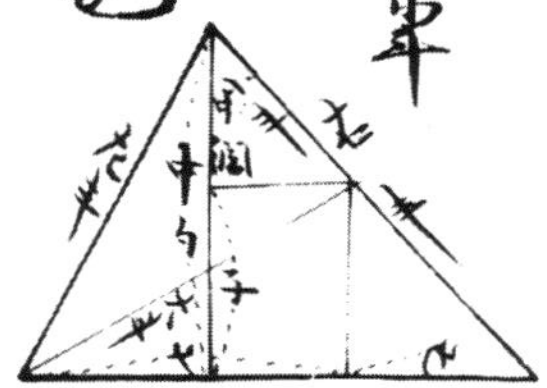

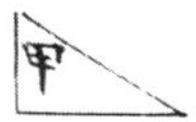

勾ニ股ニ九道一ヶ甲之責ヲ半ハ四截之甲乙又及中勾。
何程　答　甲勾二〇ヶ八九分有奇　乙股八ヶ
解義　按路云勾ヲ先相乗半之勾本責ハ二二ニ　別道巾一ヶ
勾ヲ乗ヲ以テ先除之子四ヶ八ヲ七〇四ヲ書為帯巾得　道ノ内ヲ為甲責
以テ先責減ヲ八ニ二二六ヶ六ヲ得半之ハ甲責一段ト甲勾ノ内道巾半段ノ和
一五二八ヶ八ヨリ得　字存ヲ得且象
道巾ヲ道半之冪ヲ先除之ヲ得　道巾半段ヲ乗
半之　道ノ内為甲責ハ宇存ヲ信数加ケ勾責
寸象

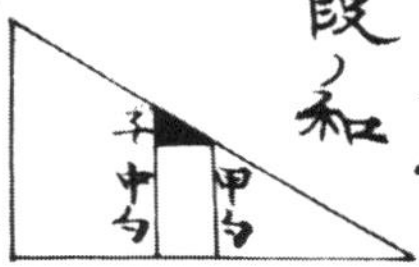

勾ヲ先責ハ二ニ六ケ
子方開之得為因方　勾因方相乗内丑
ヲ減甲勾得　又因方並甲内道巾

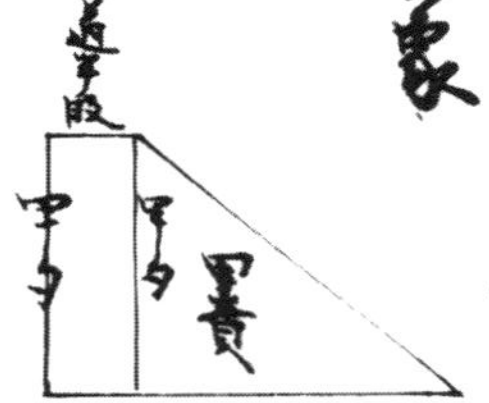

半段ヲ截而甲矢二ヶ〇ヲ得 以テ置道甲矢及
道巾ヲ截而乙矢ヶ八ヲ得
右ノ解術中ニ評キ〆本術及又術界之

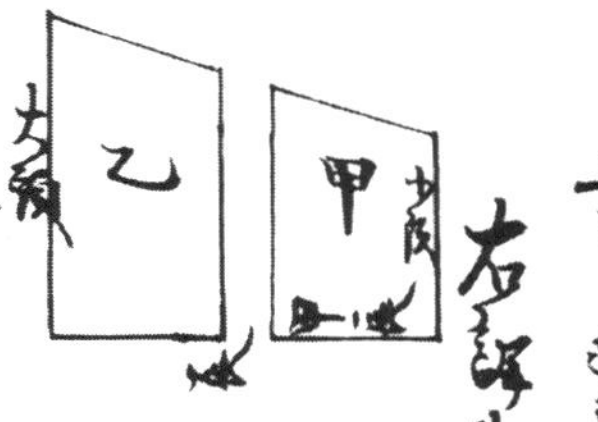

半梯有大頭二ヶ一 小頭八ヶ 長二ヶ九 道巾二ヶ二 甲乙ニ等積
甲截長何程　答 甲截長一十四箇
術解 長ト小頭相乘而二ヶ九ヲ為實 大小頭相減一ケ三ヲ得
以除實長二七ケ二ヲ得 乘小頭半之為虚積二〇二九ケヲ得

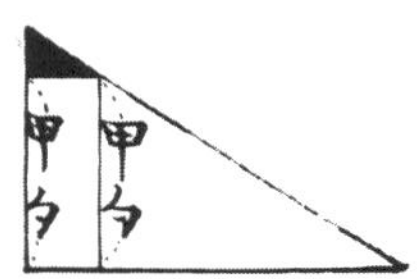

大小頭差｜長丈｜中率
小頭｜虚長｜大率
維乘而 小頭／長 ハ 大小頭差／虚長 也
大小頭和而乘長半之半梯積二ヶ七五ヲ得 道巾ヲ置 大小
頭差ヲ乘シ 以テ得 以道巾除之子ヲ得 道巾

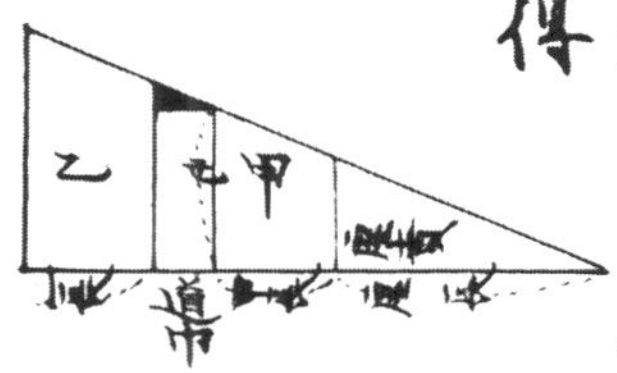

二段ヲ乘而半之積ヲ得 以テ截半梯積半之虚積一段并
半段ノ因丑一段ノ和ヲ得 位ニ寄ス
丑積 以四除之積ヲ得 道巾相乘
相除テ數ニ寄ス 寄位數一段 虚積一段 積一段
相併ニ得為句股積
句股積ノ冪如左

以虚積句矢實ヲ除キ 餘
ヲ得 平方開之 為因方　虚長ヲ置テ
因方ニ乘而九ヲ得 内虚長及道巾半段ヲ截而
甲色ニ得 本術界之
道有紙 横木二段后一段 合而等分 道巾一五ケ
道長及各積何程　答 道長二十五ケ 各積一千七十五箇

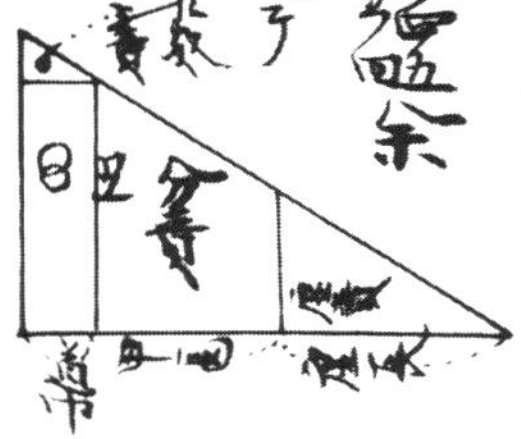

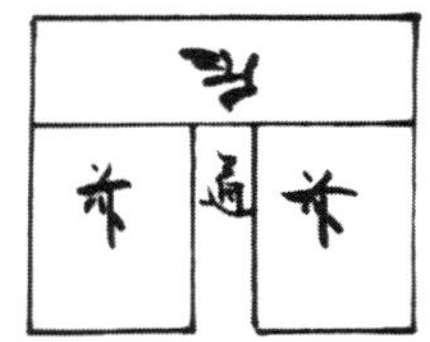

積長ヲ道巾相減余半之加五分五十之一之
道巾十分五ヲ加ヘ四百八十分ヲ為法長平ヲ相乗
四百二十五分ヲ為実以方除之道長二十五分ヲ得ル

解図

道長　四百九十五分　平十四分　五貫
半分道巾一十分　問道巾支
八分貫若干　答

積四長平相乗四貫二百七十分得内道巾四平ヲ除
三積四除貫二百四十五分ヲ得長ノ内道巾ヲ除一項

右変家

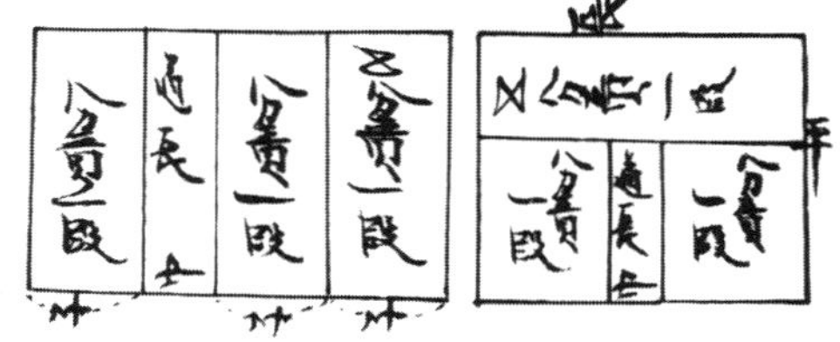

道巾ヲ乗之二十七分ヲ得以減除貫二百二十五分為実長ヲ置内道巾
二段ヲ減而八分之除而已餘存五之道十一段加ヘテ三極ヲ得ル為
方以除実ヲ得也五十七分商ヲ得ル　不借長ト道巾相減余為道平
全長ヲ乗之之為実別ニ長五之内道巾七段ヲ減而為方以除実
得道長

解　術ノ義

長平相乗為道貫内道巾四平ヲ減而残貫八家如上図

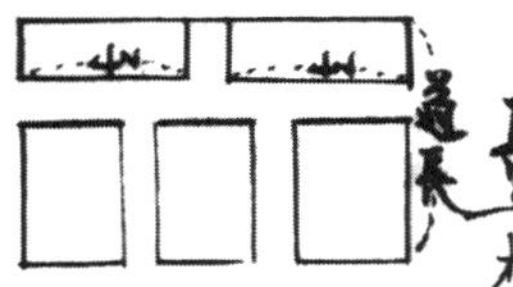

長内減道巾而十二段ヲ得為長以減残貫為実家如下図

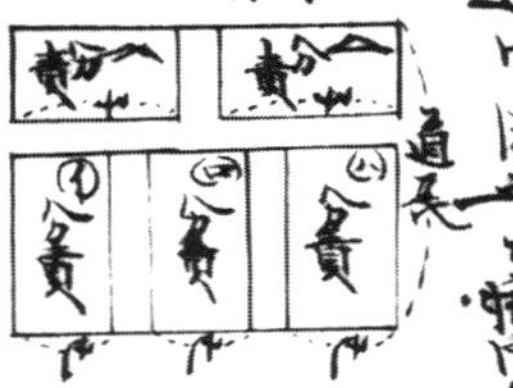

又

一　道家有級四十分積八十分如図長向ニ續道ヲ造ル貫九百分減取之道巾
何程　答　道巾　一十間

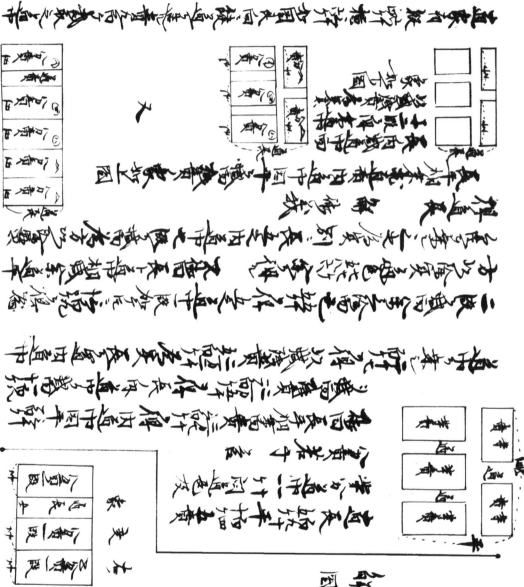

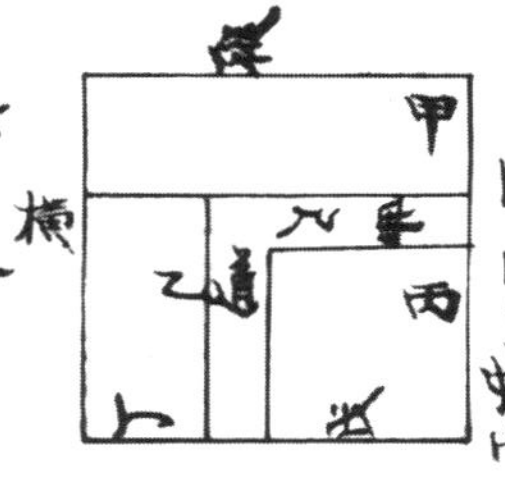

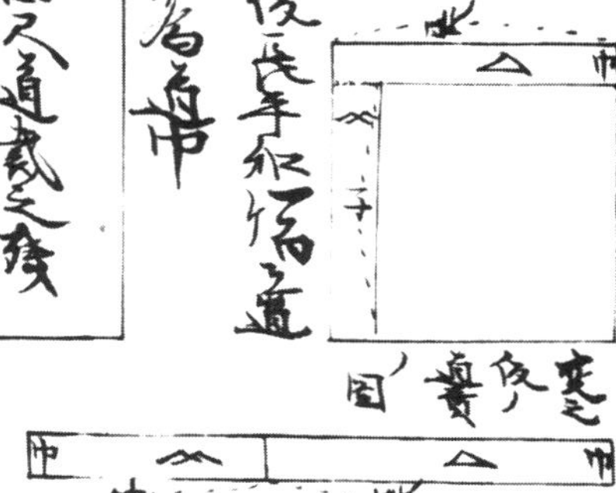

術曰置積爲實縱横相併而以得依ノ　如上圖
長平和ヲ以テ除之得　縱下子ノ和ヲ
内ヨリ減ス置積四段ニ六千六百ケ
減而依ノ長平差巾
而以二十二ケヲ得平方開之八十ケヲ得依長平差之依ノ長平和ヲ加而以道
千内差ヲ減而二千ヲ得半之依ノ平ナリ得則爲道巾

直有縱伍十横二十ケ曲尺道載之積
積ニ少分而只道積ハ半分之商ト乗シ載道巾
及甲乙丙丁戊分何程　答

術曰縱伍横ヲ併相而自積一千ケ五ヲ得分数以十ヲ半除之一分積
得以縱除之甲穴ウ以横除乙ヲ十五ヲウ以テ除分積得二二ヲ以
縱伍十ヲ積而十ケウ爲依長　別甲穴ヲ以横ニ十ケヲ減シ一五ヲ得依ノ
爲平八又積ノ段ケ而半之道積物伍ヲ得云云依ノ長平和而四十ヲ得而自之
二千五百二ヲ得内等位四段ケ而減而二千四百依ノ長平差巾以平方開
之依長平差也得九十ヲ得依ノ長平和ヲ加依ノ長平差ヲ依ノ
依ノ長平和四十ヲ内依差ヲ減九ケ二十五ヲ得半之依ノ平二十五ヲ得則
爲道巾ノ寄位己下不於…

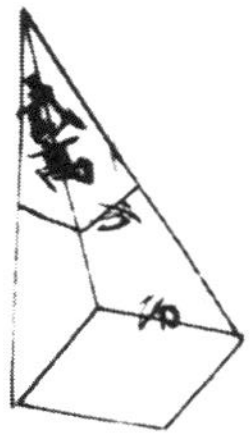

方錐有方一ケ五高八ケ六錘ヲ載積何程
答　載方五ケ　載高十二ケ
術曰載積ヲ倍シ之積爲實錐高ニ伍ニ因方乗ニ帰除
高除ヲ以乗之除方一爲方以除實
爲因方乗方而載方伍ヲ得　別…

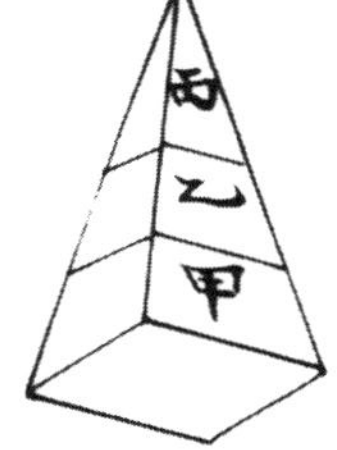

今有錐方一所 高二十七寸 甲乙丙積三段截之 甲乙丙合數
高何程 答曰 乙高十一寸○九 丙高四寸九分九二四四
術曰 方二十六因之 加入 [illegible] 高二十七寸 [illegible] 定方之
除之 [illegible] 錐積 [illegible] 分數以 [illegible] 除之 分積 [illegible] 以乘積
[illegible] 得 立方開之 [illegible] 丙 為因方 余方 [illegible] 丙截方
[illegible] 以 [illegible] 積 [illegible] 除之 [illegible] 得 立方
開之 [illegible] 為乙 因方 余方 [illegible] 乙截方 [illegible] 高二十
寸 置 余丙因方 丙高 [illegible] 高 [illegible] 之 余因方 [illegible]
[illegible] 內丙高 [illegible] 之高 [illegible] 高 置 乙丙高 [illegible]
[illegible] 甲高 [illegible] 合問
又術曰 一 置 段數 [illegible] 除之 [illegible] 為 丙実 立方開之 得

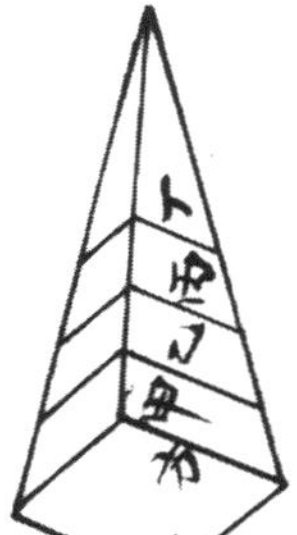

丙 因方 [illegible] 得 丙實 置 [illegible] 立方開之 [illegible]
[illegible] 得 為乙 因方 高二十寸 余丙因方 丙高 [illegible] 得乙 因方
[illegible] 置 內截丙因方 [illegible] 余高 [illegible] 乙 高 [illegible] 得 [illegible]
錐方 [illegible] 高 [illegible] 積 [illegible] 丙積 [illegible]
丁積 [illegible] 合積 [illegible] 何程
答 [illegible] 丙 [illegible] 高 [illegible] 乙方 高 五寸
術曰 方 [illegible] 高 [illegible] 得 [illegible] 定方 [illegible] 除之 錐積
[illegible] 為方 丁積 [illegible] 得 [illegible] 立方開之 [illegible] 得
為丁因方 余方 [illegible] 丁方 [illegible] 得 丁積 丙積 相併 [illegible]
以方除之 [illegible] 得 立方開之 [illegible] 得 為丙 因方 面 [illegible] 余丙方

一尺八寸ヲ得丁丙乙責殺高四十一寸八分指ヲ得以テ方除之一千五ヲ得二ニ方闕
八十ヲ得乙ノ爲因方楽方尺之十高乙方二尺四寸ヲ得別高二尺五寸ヲ置
楽丁ノ因方丁ノ高一尺ヲ得　別高五尺ヲ置楽丙因方丙丁高
ノ和一尺五寸ヲ以テ丁高尺ヲ減丙高ヲ得　別高二尺五寸ヲ置之ノ
因方ヲ楽丙乙丙丁高ノ和二尺ヲ減テ甲高ヲ得ル　合問

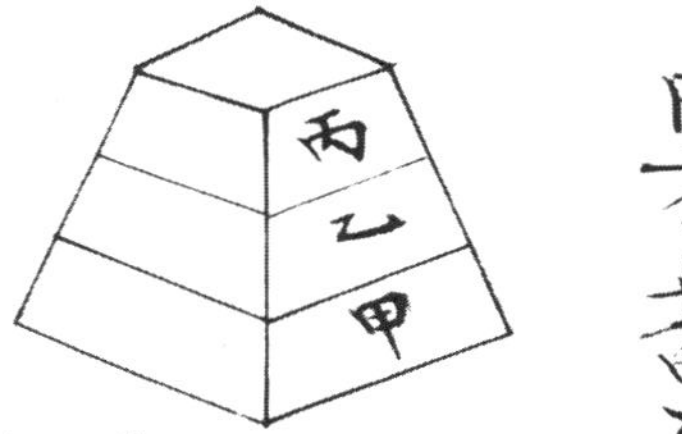

今有臺上方一尺二寸下方三尺高一尺五寸甲責六千二十八寸乙責二千
二十寸丙責四千二百十寸截之問各高及方何程

答　甲截高二尺四寸　高五寸
　　乙截高一尺八寸　高五寸

術曰下方三尺上方一尺二寸相減一尺八寸ヲ得爲子十二段別高一尺五寸
上方一尺二寸相乗十八寸以テ二段子除之虚高一尺ヲ得上方
再略四十寸ヲ乗之四十四寸八分ヲ得ル是方以テ除之虚責四十四寸ヲ得
別ニ甲責四千二十八寸加虚責一千二十八寸ヲ得以テ虚責除之以テ益ヲ得立方
開之五ヲ爲丙ノ因方　別ニ乙責二千二十寸指丙責及虚責加ヘ以テ除
四十寸ヲ得以テ虚責除之ヲ得立方開之ヲ得爲乙ノ因方上方尺
二寸ヲ置丙因方五寸相乗丙截ニ八尺ヲ得別ニ上方一尺乙因方ニ相乗
乙截ニ四尺ヲ得　別ニ虚高一尺ヲ列之丙因方ヲ乗之虚高及丙高和
一尺五寸ヲ得内虚高ヲ減之丙高ヲ得ル　別ニ虚高ニ乗之因方虚高
丙高乙高和二尺ヲ得内虚高丙高和一尺五寸ヲ減丙乙之高ヲ得ル　別ニ
高一尺五寸ヲ置虚高一尺加ヘ二尺五寸ヲ得内虚高及丙高乙高和二尺ヲ減
甲高ヲ得

解

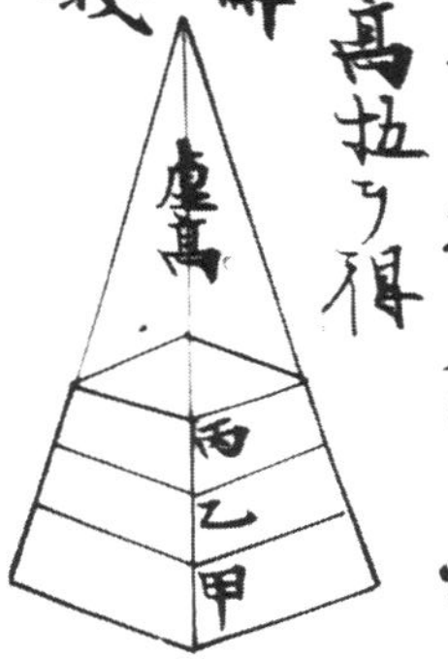

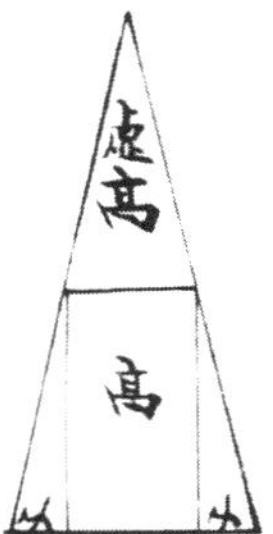

義

高　十二段　元
虚高　上方　甲　辛
廉　高　八十二段　虚高　也

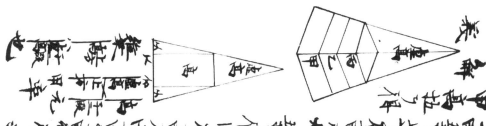

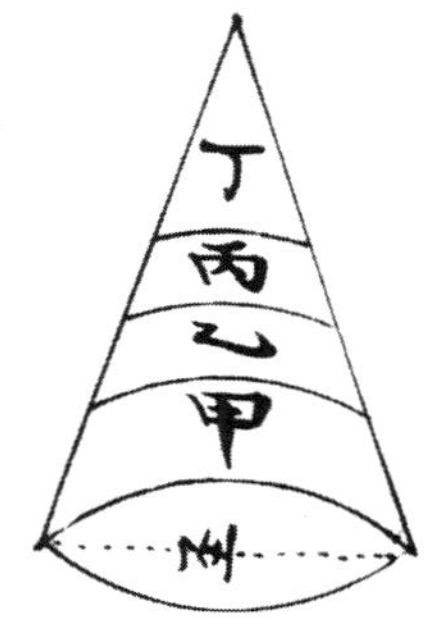

圓錐径四十五寸高三寸四段截之丁責七十二寸〇一六十
丙責二十四百四十二十三 乙責四十七百二十九〇 乙丙丁截径
及各高何程 答曰 丁径一尺六寸 高一尺三寸 高二寸 径一尺六寸
術曰 径自之 十二千五十二 同責率〇八分五 乘之 得 二千五百八十 高三寸乘之 除之 二千五百五十五 得 為法 丁責七千二〇一 以法除之 得 丁径一八寸 得 丙責
三除因積責 二千五百五十二五 得 為法 丁責七十二〇一 以方除之 商得
之得 方開之四ケ為丁ノ因方 径 得 乗之 丁径一八寸 得
二寸四百一十 列之 丁責ヲ加ヘ丙責ニ 以方除之 一寸二
寸二三 十五五 之
ヲ得 立方開之 〇六ケ 得 為丙ノ因方 径 得 為丙 径二七寸得
責 四十七百二十九 置 丙丁責ヲ加ヘ 八十百二之 得 以方除之 一寸五
ヲ得 立方開之 〇八分 得 為乙ノ因方 径 乗之 乙径 得 ル
〇高 二尺ヲ置 丁ノ因法 四ケ 以 乗之 丁高 二寸ヲ得 高ヲ置 丙ノ因方

六 分ヲ乗之 丁高ヲ減シ 一ハ尺ヲ得 丙截 丁高ヲ 丙高 丈 得 因方〇八分ヲ乘之
乙丙丁高ヲ減シ 八尺ヲ得 内丙丁高ヲ減シ 八寸ヲ得 乙高 尺ヲ得 高 得
置 内之丙丁高ヲ減シ 尺ヲ得 甲高 尺ヲ得 各高得 求之

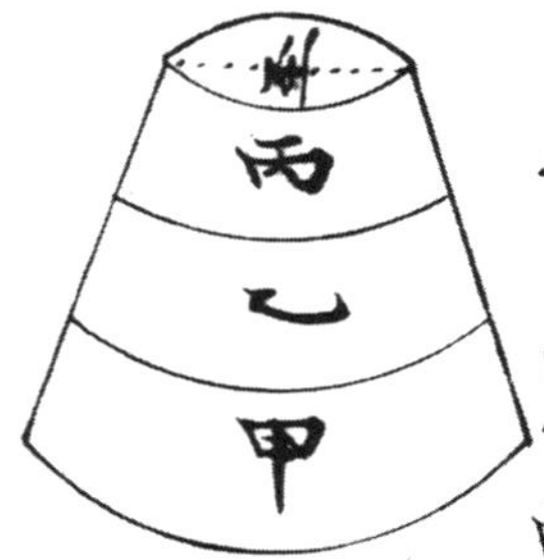

今有上径一ハ尺 下径四十五尺 高 ハ尺 三段截之
甲責 七十七千七百 七十 二十九〇 乙責 四十七百 二十九〇 甲乙截 上径
高何程 答曰 甲上径 二尺 乙 上径 一尺 七寸
術曰 丙積 二千四百 二十三 上径一尺 高一尺 相乘 得
下径四十五尺 上径 ハ尺 相截 子二段 七寸 得 以除 実 高 二尺
得 上径 以乗之 十八寸 得 同責率〇五分 以乘之 家
丙責 二千四百二十 三十 列之 丙責ヲ加ヘ 十 二十四百九
丙責 七十二 六十 為法

以法除之以五之得六ヲ乘之以二ヲ得爲丙周法乘上三丙ヲ至
之ヲ択ヲ得乙責五千四百廿七ヲ二九ヲ以テ上虚責ヲ反テ丙責ヲ除ヘ八ヲ乘テ併テ八ヲ乘之得以法除
也八ヲ得虚高ヲ置丙周法ヲ乘シ虚高丙高ヲ除ヘ一ヲ除ヲ得ん
内截虚高丙高ヲ除キ得　虚高ヲ列シ乙周法ヲ乘シ虚高ヲ除
高乙高ヲ和シ四ヲ択ヲ得内虚高丙高ヲ和シ八ヲ択ヲ截乙高ヲ除キ得
高ヲ録シ列乙内截高乙高ヲ併截甲高ヲ除キ得　各得高術意叶フ

解義

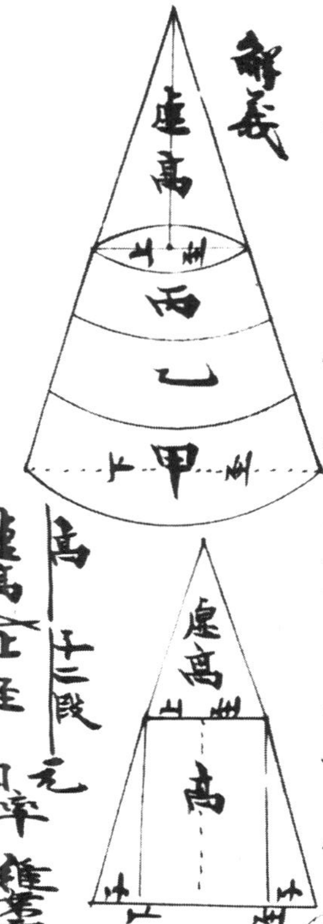

高　十二段　元
虚高　以上至　四平　維高　虚
也

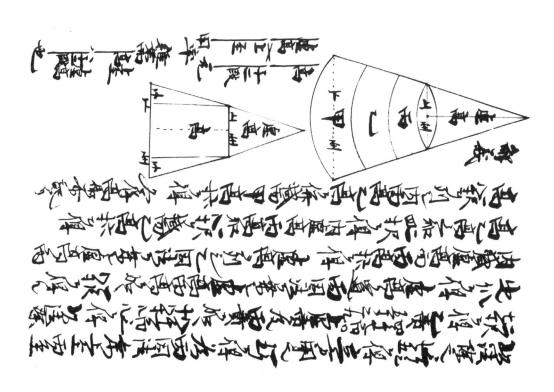

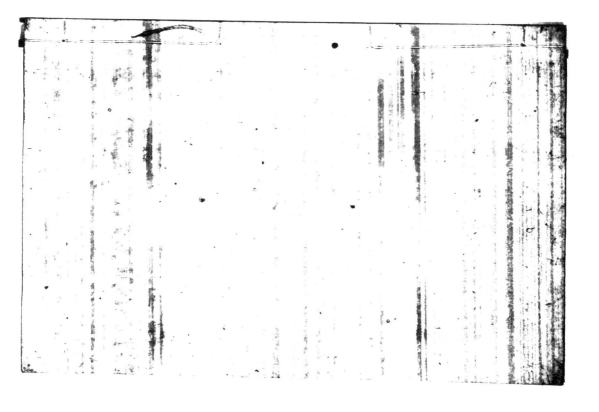

平垜解術　地ノ十四

関流筭法平垜解義

推貴

山路連貝軒　遍

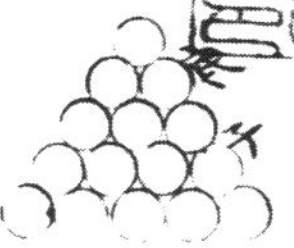

今有圭垜底子各九個問惣数　答四十五ケ

術曰置底子九ケ加一ケ乘底子得九十ケ半之得四十五ケ為惣数

解義　圭垜貴二段変象如

下図故底子加一ケ為長底子為平長平相乘圭垜貴

二段解図中詳也　故底子乘長折半者惣貴也

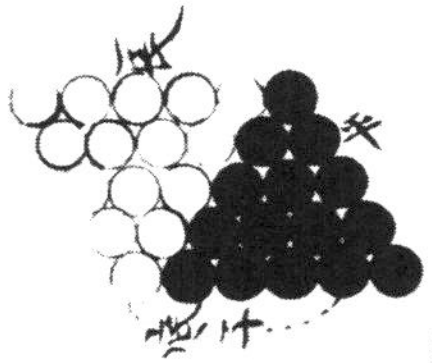

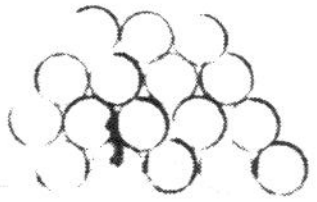

有梯垜上面三ケ下面九ケ問惣数　答

術曰置下面加上面術而求惣数得虚術共数位置上面三ケ

内減一ケ余二ケ為虚貴底子乘上面得六ケ二約而得虚貴三ケ

又術曰上下相減加一ケ為層数上下

相併乘層数二段而得梯垜貴

以減寄位余四十二ケ為惣数

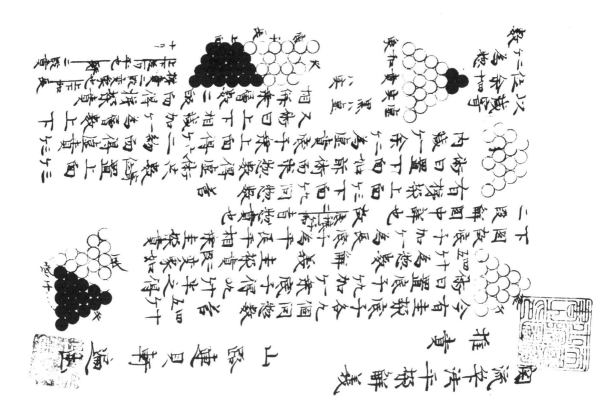

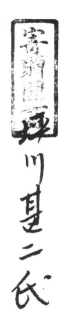

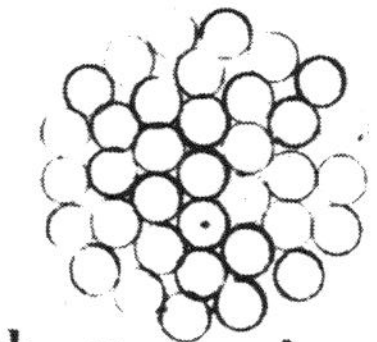

有環探外圓四十个問惣數　答二百七十一個
術曰置外圓四十个六段而得廿九个後ノ為圭探底子推
前術得四十五个六之加一个得円探貴十二百七十
又術曰外圓加六个乘外圓得四二十十二〇百以二十除之得
數加一个得円探貴十二一百七十
解義曰本術外圓六段為底子以求
圭探貴六之得數加一个為円探貴

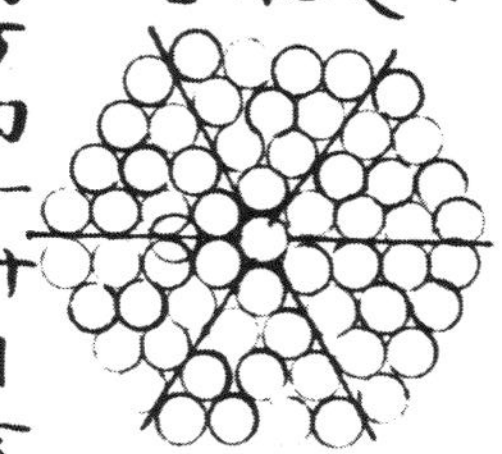
六段配当

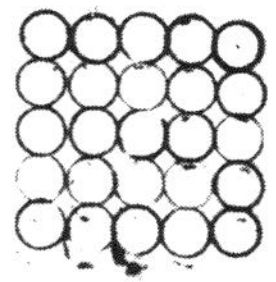

有方探外圓二十个問惣數
答　一百〇〇个
術曰外圓二十四除而得九个加一个為方面〇一个自乘之
貴〇一佰〇

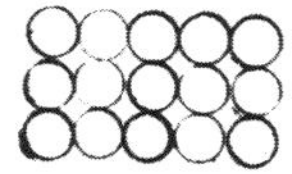

有直探長二十个濶八个問貴　答九十二个
術曰二十个乘濶八个得貴九十个
不及解

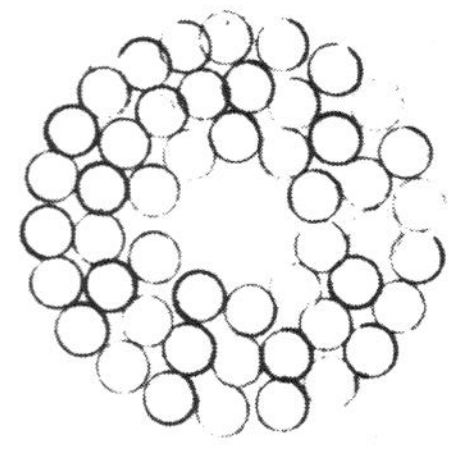

有環探外圓四十个内圓八十个問貴　答
術曰外圓四十个六段而得九个為下面別内圓八十个六
段而得三个為上面推前術求桴探貴四十个六之得環
探貴　又術曰外内圓相併実
外内圓相減加六个以乘実二十
段而得貴

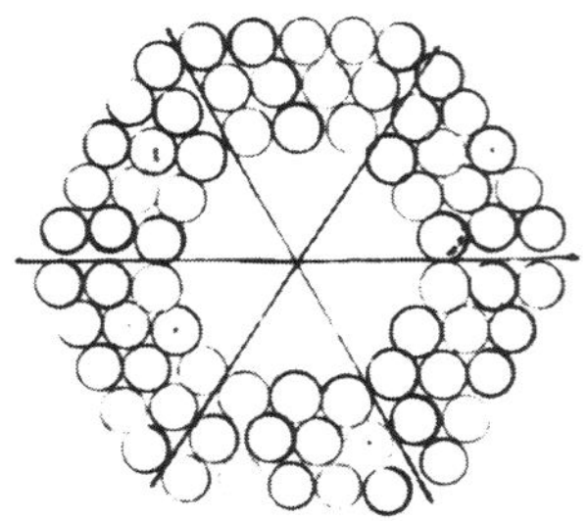

環探六段配当之下圓故外圓六段為下面
内圓六段為上面依桴探術求貴六之得環
探貴也

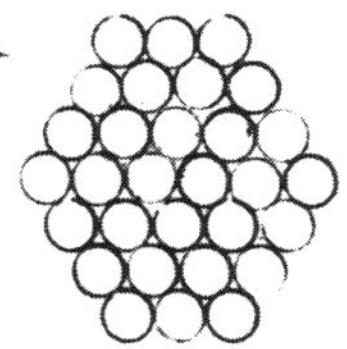

有皷探面各三个中濶九个問貴
答
術曰三个為上面中濶九个為下面推前術得二四十个倍之
内減中濶九个得皷探貴七十五个　解圖而詳也同フ
數ノ如キハ上面三个下面九个之桴探段上面三个下面
又術曰中濶自之加面三个内減面
八个ノ桴探一段相併皷探貴也
中九个得十五个也

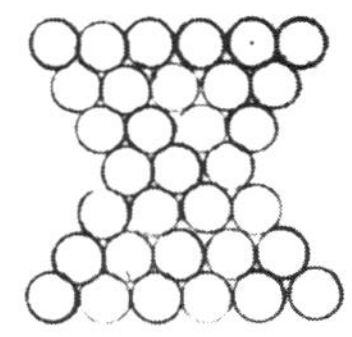
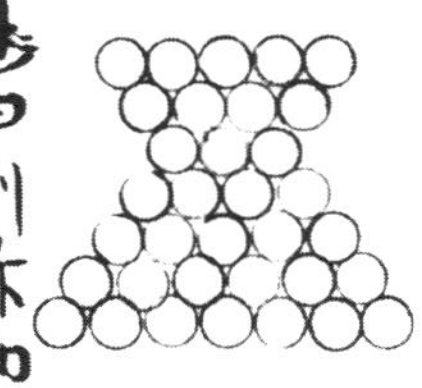

有腰鼓垜面各九中闊三問積　答
術曰中闊三為上面九為下面推前則得梯垜
積二百四十依倍之内減中闊三得腰鼓垜積八百八十一個　又術
曰列面九加一共面内減中闊中九得積八十一個
有三廣垜上面六下面九中廣三問積若干　答
術曰中廣為上面下面八下則依梯象推前術得積
二百四十寄位置中廣加一共四為上面日六則后梯積
依前則得積廿五加寄位共七十五為三廣垜積　又
四十寄位列后面加一共后面二四十

術曰列亦面加一共前面得四九十寄位列后面加
加寄位得百十内減中廣俱三一十八個半之得積廿七個

三角尖垜底子九個問積　答
術曰置底子九加一共底子九得九十加二共底子
得九十九六段而得三角尖垜積百六十五個　別術解之
三角半垜上面五下面九積若干　答

術曰下面九為底子推前術得三角尖垜積一百六十五
寄位上面内減一個得四為底子推前則得三角尖
垜積二十。為底積以減寄位得三角半垜積一百四十五個
又術曰上下面和十四加一得十五……

梯尖垜下前長九后長三問積若干　答
術曰置前長九加一内減后長三余七為底子
三内減一得二為層數置底子七依術得圭垜積二十八
四寄位別置底七依術得主垜積八十四層數乗二得
五十六加寄位得十一。百四十為梯尖垜積
長得五十一寄位下前長加一内減后長得層數七又加一共寄位
又乗層數得八百四十。六除而得梯尖垜積一百四十　又新術曰前
后長和十二置東加一三乗東加二得數列副上位下位而上位乗東
下位乗后長三之二位併合六段之得積

梯尖垜
変象解

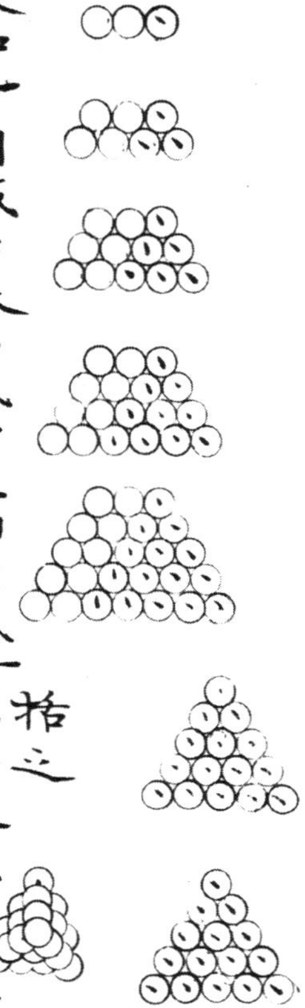

故下前長加一个内減后長為底子上面内減一个為層数以底
子三角尖責一段移螺以底子求主垜責幷層数移始右二位相
併梯尖垜責也
拾之

梯半
垜

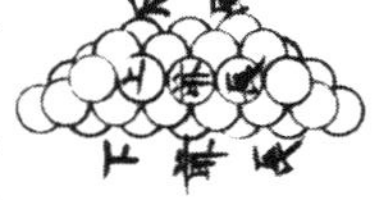

今梯半垜下前長六个上前長五个后長三个問責 答五五
術曰上長五个内減一个得四个為虚垜前長○后長三个則
為后長○依梯尖垜術得虚責○一十个寄位下長六个后
長三个依梯尖垜術得虚責六十五个内減寄位得梯
半垜責五十五个
又術曰后長三之加上前長二段与下前長得二十六个
寄位甲置上前長加一个内減后長得三个乗甲位得七十八个寄位乙上前長
加下長与后長与一个得十六个寄位丙下長内減上長得二个乗丙得三十二个
加乙得一百十个寄位丁下長加一个内減上長得層数三个乗丁得三百三十个以六除
而得五十五个為梯半垜責

象解

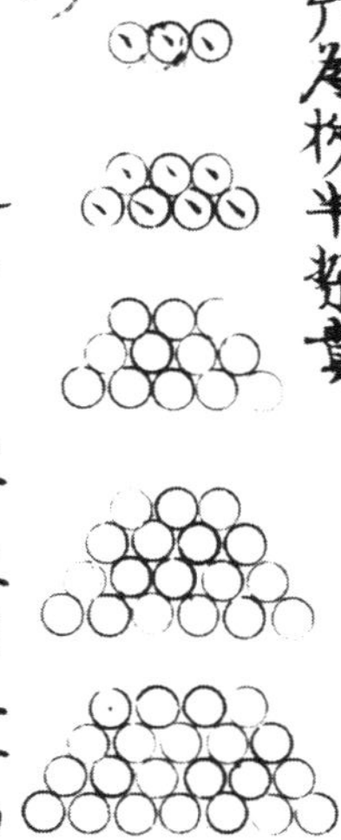

虚責ハ黒子
実責ハ白子
外不及解也

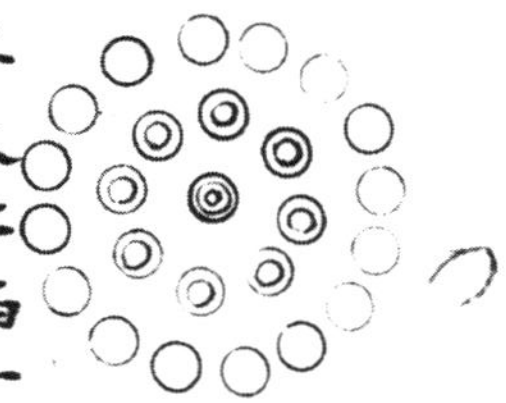

今有円垜下底周五十四个問責 答
術曰列底四十五个十六段之得九十个為梯底子依術得三
角尖垜責五百六十个○十六之加入底子与一个得円尖垜
責○一千一百一十个○ 又術曰置下底加六个再自乗之
得数十二六百一段而得円尖垜責○一千一百一十个○
為円尖垜六段配当加下故外底六段而
為底子以六段求垜責之法段位寄置底子加一个
為中心子数加寄位円尖垜責也
又曰依黒子實方本術則得又術乃求環垜
内減六依累數方本術則得円尖垜責虚責解
位再乗六二段為底子以円垜求虚責
是解

象

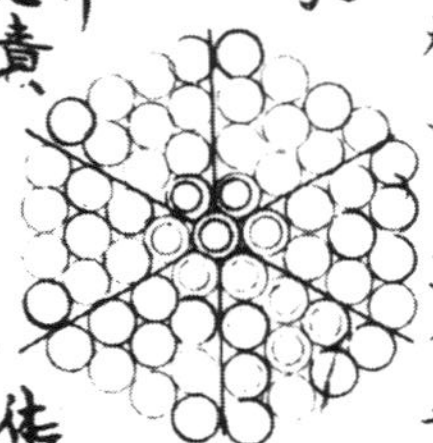

術上図ハ自正面相減之上
初學通之易之

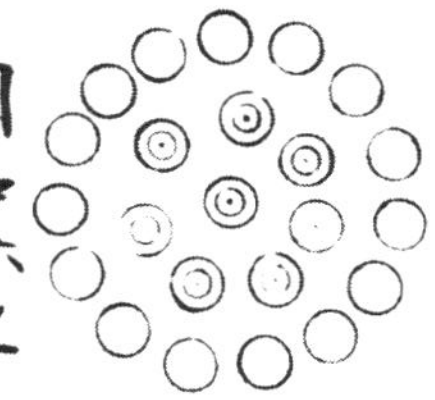

今有円半垜下周四十个上周一十个責若干　答
術云推前術円尖垜責一千一百八十个為虚実 反責位列上
周一十个内減六个得十个二為虚円垜責下周依術得虚
責二千七百二十个以減位得円半垜責九百九十　又術曰置下
周加六个得四十六个再自之得九万七千三百三十六个寄位置上位再自乗得一千
以減寄位得九万六千三百三十六个以六除而得円半垜責也

今有環垜下周四十个上周十八个問責　答
術曰置外周六除之得七个為下長内周六除之得三个
為上長推前術得梯責一千四百四十个以六之得環尖垜責八千
四百四十个　又曰環尖六段配当ノ図

如下象一面ノ象則梯尖垜也故ニ
外周六段為下長内周六段為上長依求梯垜責
六之得環尖垜責也　又曰上下面相減六ニ三十名東
列東加八十八乗東加六十六个得十二千六十个一列副上下位
上位乗東下位乗上周三之併合得数十二百六十二除

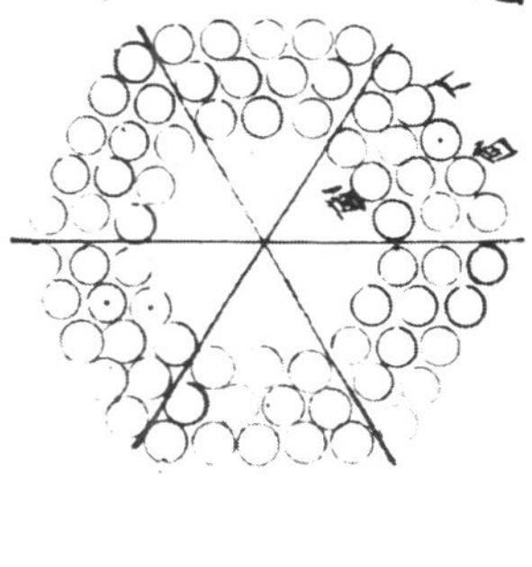

得四八百為環尖垜積

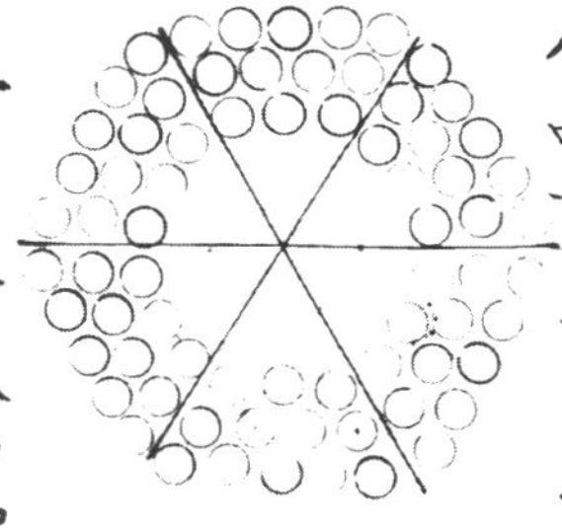

今環半垜自外周四十个上周十八个上外周六之六十个
問責　答
術曰列下外周六除得七个為下前長置上内周
六除得三个為后長置上外周六除之得六
八十為上前長依術得梯半垜積六之得環半垜責
八千八百个　又術曰以外下周与内周依前術求
為虚実反責位置上外周内
周以内周則為内周依前術求環尖
環尖垜責十八百四十為虚責以減寄位得環半垜責七百
減六个為外周以内周則為内周依前術求環尖
垜責二百三十个為虚責以減寄位得環半垜責
个八

環半垜六段配当一面ノ象如下則梯半垜形也

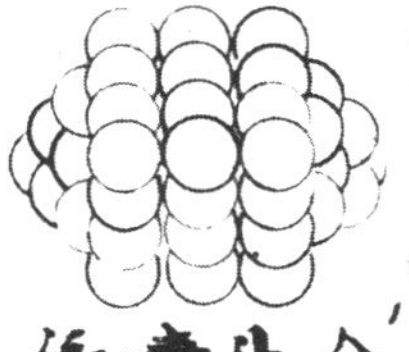

今鼓尖垜面合三十个中長九十个責若干　答
術曰中長九十个為下前長以面三十个為后長依術得梯尖垜
責四千一百個寄位○列中長内減一个為下前長以面為后長
依術得尖垜責八千九十八个加位鼓尖垜責也　又術曰中長

僊之加三ケ衆中長加一ケ衆中長寄位甲中長信之加二ケ衆面内減中
民段衆面三之寄位面自乗四之加五ケ衆商価位併合甲丙位内
減乙位得數以除商得鼓探責

鼓尖
変象

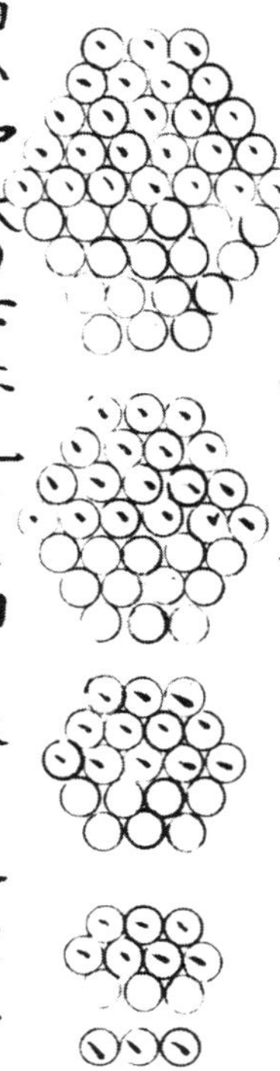

黒白ハ中長ヲ下前長トス面后長トス所得積尖探責也黒
子ハ中長内減一ケ下前長トス所得積尖探責右二位併合ケ
鼓尖探全責也

今有鼓半探面各三ケ下中長九ケ上中長六ケ責若干答曰
術曰以面三ケ為面。以中長九ケ為中長推前則得尖探
責十六百八ケ三為虚実反積位上中長内減一ケ得虚責下長
伍○以面三ケ則為面依術得鼓尖探虚責三十ケ以減位
得鼓尖半探責二六ケ百。
又術曰面内減一ケ為子上中長中下長
衆併合為己上中長下中長相減為差加一ケ衆子与面寄位置退
加二ケ衆乙寄位上中長下中長相乗信之加一ケ衆差加地位以六
除之内減天得鼓半探責 不及解方又術有[illegible]也

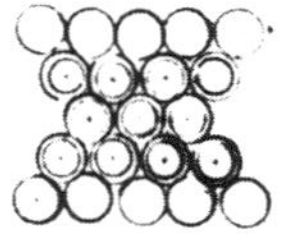

今腰鼓探有面九中間三ケ間責 答
術曰面九ケ為長以中吉三ケ為后長依術得積尖探責
十一百四ケ寄位中吉二加一ケ得四ケ為長以面九ケ則前長依
術積尖探責九百十ケ加入寄位得腰鼓探責十一百九ケ伍
腰二十八中間ヲ為后商下面ヲ則下前面ヲ
得積尖責也自子ハ中間二加一ケ為后
面下面則下ノ前面トシテ
得積尖探責也
又術曰面与二ケ和乗面加二ケ内減中吉衆段乗面得数位信中間
内減二ケ衆中間位 甲位乙位和三除之得腰鼓探
責也 [illegible]

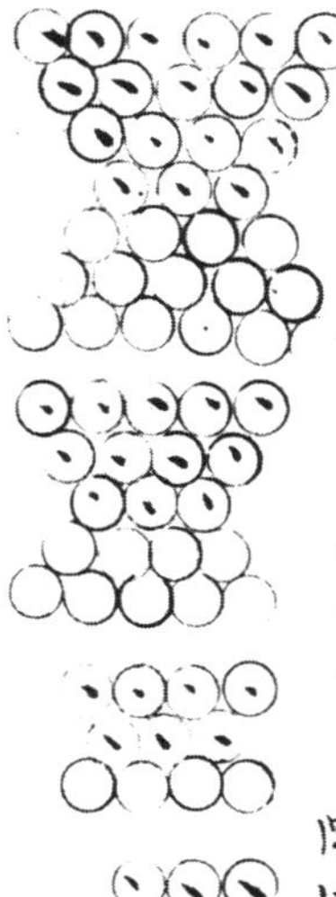

右二位併合腰鼓探全責也

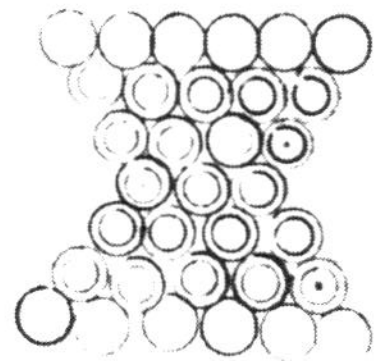

今腰鼓半垜有下面九ケ上面六ケ中間三ケ貫若干

答

術曰以下面九ケ中間三ケ依前術得腰鼓報尖貫二五十伯

九ケ為虚実和貫位上面内減一ケ得伍為虚垜下邑

以中間三ケ則為中間依前術得腰鼓虚貫位五以減

寄位腰鼓半垜貫十二四伯ケ二　又術曰下面与三ケ和乗下面加ケ二

内減中間中垜乗下面内減中間半垜得二七伯十伯答位上面自乗之

内減中間半垜及ケ一乗上面以減寄位止余以上面除之得腰鼓

半垜十二四伯ケ二

不及解

今四角尖垜底子九ケ貫若干　答貫十二五伯ケ八

術曰底子九ケ倍之加ケ一得ケ二十九乗底子九ケ加ケ一得

十〇伯九ケ乗底子九ケ得ケ一千七〇伯ケ六以物之得貫八二伯

位

右

四角尖垜之術秘傳之内也故解術別記ニ在之

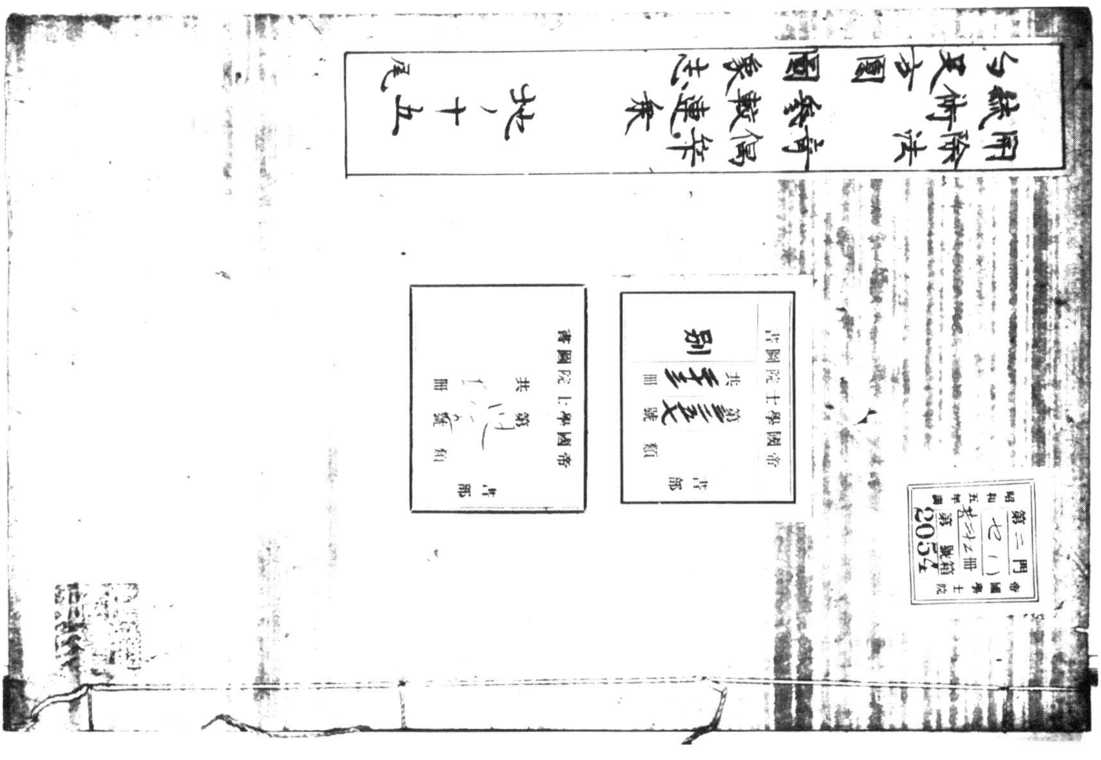

坪川甚二氏

関流算法巻之

開除方

凡開方式ヲ得テ是ヲ開除スルニ式ノ乗数ニ因而其高数限リ有
平方式ニハ二高立方式ニハ三高三乗方式ニハ四高四乗方式ニハ五高五乗
方式者有六高也已上微之其高或者有手至而后高得者ニ安
只中途ノ高ヲ得者難シ故常ニ先此高ヲ立而除開スル也
假令如是五乗方式者有開除スル時ニハ
実　方　廉　隅
是ヲ至テ此高ヲ立テ三乗方ニ開之実尽ル於是負之得立方式
実　方　廉　隅
正負隅時又至而此高ヲ立テ立方開之実
実　方　廉
尽ル於是負之得平方式
正負隅時又至而此高ヲ
実　方
立而平方開之実尽ル於是負之得帰除式
実

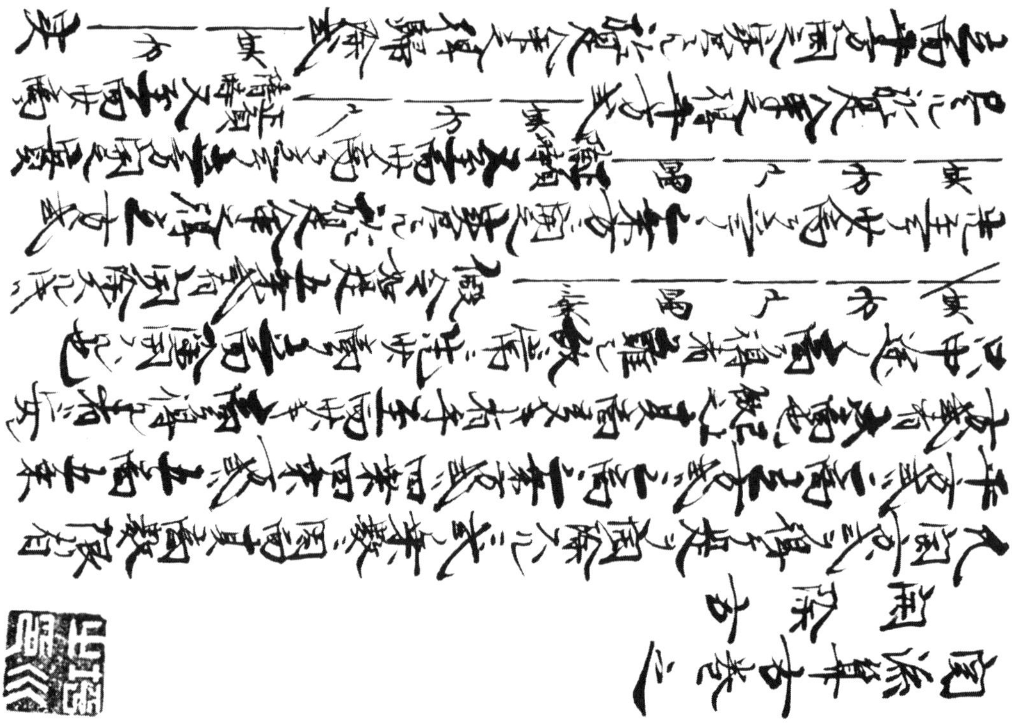

方除得商旋定初商則為初商又初商二商相併為変商
又初二三商相併為次変商　又初二三之商相併為其次変商
変商所得初商変商次変商其以変商内見折者其商
より

開除方

中田高寛　編

一　今有積百五十一歩二分九釐　問方面若干

一五一二九　○一　一　也　開方式　立正商一二三　余廉
加方又以商余方加実累減実恰尽　又以商余廉同加方得式
二四六　一　七残式　又立負商二三　余方加方又以商余方
加実累減実恰尽　又以商余方加方得残式
二四二　一　也残式

一　今有積一百一十六歩九分又曰長平差三十寸九分　問各有
三三六九　○　一　開方式　立正商一六五　余廉同加方得四八七
以商余方加実累減実恰尽　又以商余廉加方得数象
一〇五九　一　残式　立負商八四　余廉累減方一八五　以商余
之加実累減実恰尽　又以商余廉加方得一〇五九　残式
三六九　六八九　一　也　開方式　立正商八七四　余廉累減方一八五
以商余之加実累減商実恰尽　又以商余廉加方得一〇五九　一
残式　又立負商八五　余方同加方八七四　以商余之加実
累減商実恰尽　又以商余方加方一〇五九　一　残式
三三六九　六八九　開方式

開除方右ノ自シ

一 今有貢二千歩又長平和百四十五寸五分二厘五毛問各有
二〇〇〇〇 一四二五 丁 実方式 立正商一五六二五 余去実減方
一二八 以商乗之加実減方 実恰尽 又以商余去実減方
三二七五 丁 廉式 又立正商二二八 余去実減方 一五六二五
以商乗之加実減方実恰尽 又以商余去実減方
二〇〇〇〇 一四二五 一丁 廉式
二二七五 丁 実方式
宗除方右之同
帰除 長 丁 実方式 白帯叱帰。長多二 實方商
九〇〇〇 三二丁 丁 実方式
五一九 〇丁 実方式 立正商一二丁 開之
廉式 三四六 丁 以方級除之 三四六 為本商与変商差故
以初商加入之 三二七 為変商
三六九 六九 丁 実方式 立正商一八五 開之
廉式 〇五九 丁 以方級除之 〇五九 為本商変商差故以
初商加入之 八七四 為変商
二〇〇〇〇 四二六五 丁 実方式 立正商一五六二五 開之
廉式 一二二五 丁 以方級除之 一二二五 為本商変商差故
初商加入之 一二八 為変商
一 今有貢一千四百二十一歩只云長平和 為商得数加長平相乗
五百五十一歩又云長平高之和四十一寸問長平及高
二四二 一五二一 四 丁 実方式 立正商十一 余隔星

實｜○以商乘之異減方二二一以商乘之異減實
恰尽　又以商乘隅異減廉一九以商乘之異減方又
以商乘隅異減廉得廉式如左
實式二一一丅　立正商六　開之
方式四丅　又立正商二　開之
廉式四丅
於是
初商二　爲實商
初商一一　次商六　相併一七　爲實商
初商一一　三商二　相併一三　爲實商
又立正商一七　開之
實式二四一○一　立負商六　開之
方式二丅　又立負商　開之
廉式一
於是
初商一七　爲實商
初商一七　次商六　相併二一　爲實商
初商一七　三商四　相併二三　爲實商
又
立正商一三　開之
實式二丅　立正商四　開之
方式六丅　又立負商　開之
廉式六一

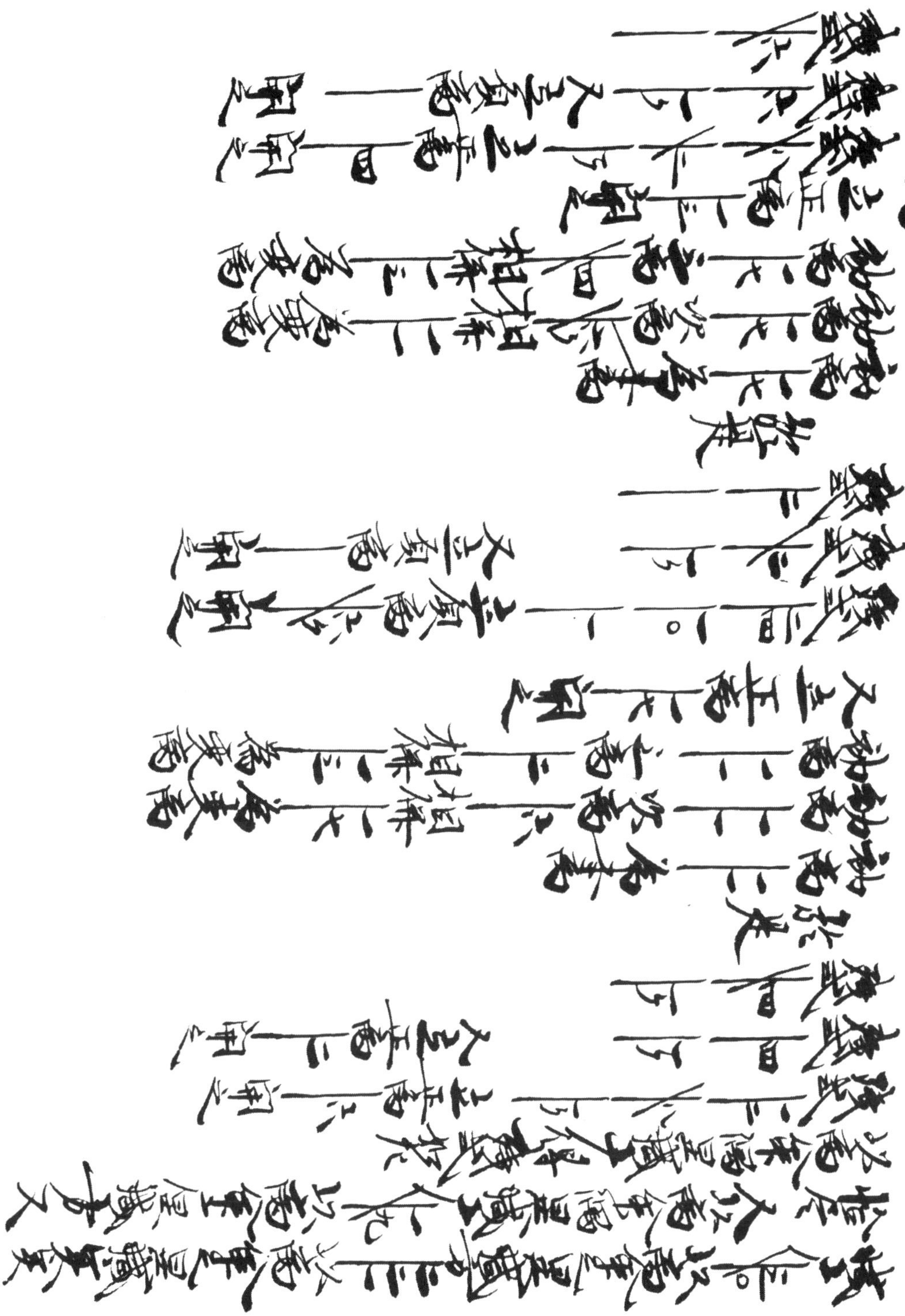

於是
動高上三之爲未高
動高――次高四　相併一七　爲変高
動高――三高上二　相併二一　爲変高
|四三|　五二　四|　一ゟ　開方式　立正高二一　開之
残式上三　小ゟ　立正高六　開之
残式四上　立負高四　開之
於是
動高上　爲未高
動高次高上六　相併一七　爲変高
動高次高三高上二　六　四　相併一三　爲変高
|四三|　五五　四|　ゟ　開方式　立正高上　乗偶是滅
大斜以高乗之是滅方三|　以高乗之是滅乗方因
寔除之　入不乗右直得変高式　立正高一三　開之
上三　ゟ。　一ゟ　残式直得変高式
寔除之　入不乗右直得変高式　立正高一三　開之
上ゟ　一　残式直又変高式ゟ　立正高一七　以高除
實除之
入方有句交云只云黄二百五十歩又只云句交和四十九寸
問句股弦
|四三|ゟ。　二|四|　。ゟ　得股　開方式　立正高三五　開之
寔除之

積式一二七四　下◯五　立積為一十四　開平方除之

積式　七七　下乙

以其積式開平方之商入母十七故為開之

勒商　三五　為丈

秒商　三五　次商一十四　相除二十一為実股

関流算方巻之

奇　偶　筭

不知元数只云一ケヨリ発而逐テ奇数ヲ以テ減之余若干又曰
二ケヨリ発テ逐テ偶数ヲ以減之余若干問元数若干

答曰

術曰奇数余与偶数余相減残自之加奇数余為元数合問

解

奇数余　元　一　三　五　七　九　也

偶数余　元　二　四　六　八　也

両余相減残自数　◯元　一　一　一　一　一　九　也

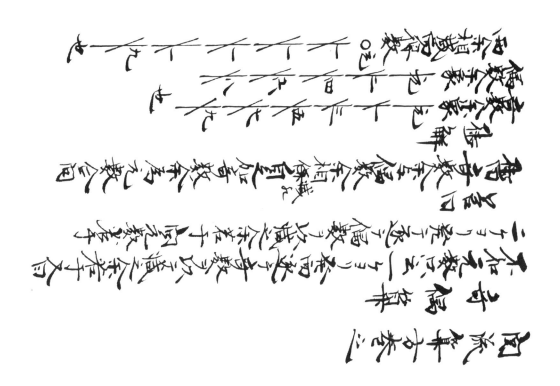

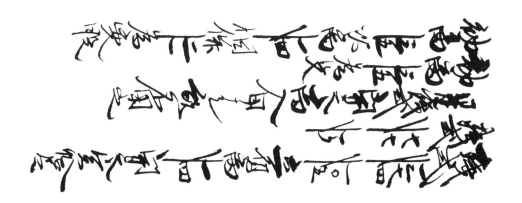

并象極之奇段数也　奇段数ト名ル者假令ハ一三五ト
三次引者是ヲ段数三ト云一三五七ト四次引者段数四ト云
又一三五七九ト五次引者是五段数ト云其余做之
又曰奇数ヲ併タル者則奇ハ之極也奇ハ極ハ段数自之
則實ナリ奇ハ余零極数ヲ加ル者ハ則チ元数ナリ　解奇余ノ
象ニ可見合

一 奇数ノ余若干偶数並ノ余ニ元数若干　問

術曰列奇数ノ余自之加入奇数ノ余為元数

解 術

奇数ノ象二　四　六　八　十　十二

元数ノ象二　四　六　八　十　十二　也

一　三　五　七　九　十一　也

正負ノ至一　一　一　一　一　一　也

并象極奇段数也　自之得奇零極實ノ象奇零極實也

更奇象一　三　五　七　九　十一　也

加奇余得象二　四　六　八　十　十二　則元数ノ
象ナリ

故本術曰奇ノ余自之加入奇余為元数

一 奇数并余
偶数ノ余若干問元数若干　問

術曰偶ノ余自之得元数

解 義

元数象一　三　五　七　九　也

偶数ノ余象一　三　五　七　九

⊥二 ⊥四 ⊥六 ⊥八
正負八之 ⊥ ⊥ ⊥ ⊥ ⊥ 九 也 如之如上象
商段数 也

是式ヲ見ニ奇ハ金ニ而其偶数ハ余ハ直ニ奇ノ段数ノ
自之有則奇零都貫十ヲ其都貫則之積也

發光除算統術巻之一　臣　幸永良阿　奉教
仰雪軒君撰　編次　山路主住　同校

歸除式

一 銀七斤ニ而二人配之自上下ニ加發右差 答 上二十二両 下十二両
　按下銀ニ加而上銀ヨリ下銀保而有銀ト成ル
一 同銀ニ而三人配之逐差ニ加一而右差 答 上十二両 下十二両
　按下銀ニ加而中ニ又加而上ニ又之保相係而有銀ナリ
一 同銀ニ而四人配之逐差ニ加二而右差 答 上十二両 下十二両
　按下銀ニ加而逐差ニ加而今相保而有銀ナリ
一 同銀ニ而八人配之自上中ニ加ニ分而中ニ七分差九分而銀 答 上十二両 下十二両

術曰下限ニ七ヲ加ヘ中ニ十三分ヲ加ヘ上ヲ以テ各相併為各何限ナリ

一 問 脇五人配ノ逆遊ヲ数ヘ白先ヨリ五六脇目ヲ去ル何程 答曰 二十日 四十四日

術曰五限ニ逆限ヲ加ヘ為上限 加ニ五番限ヲ乗 数ヲ折半シテ而有限ナリ 五十一日

一 問 脇五人配之逆先ヨリ去ル何程 答 一番 辛卯 二番 辛巳 五番 辛巳

術曰五番限ニ差限ヲ以テ累加シテ而右取限トス各相併取限ハ有限ナリ

一 問 脇五人分之白遊二六ヶ位二 自遊ニ六位自遊四十五 自白五六二十ヶ各何程

答 一番 辛卯 二番 辛卯 三番 辛卯 四番 辛卯 五番 辛卯

術曰五ノ限ニ二十ヲ加ヘ為四 二十五ヲ加ヘ為三 二十三ヲ加ヘ為二 二十二ヲ加ヘ為一各相併而有限

一 問 十四日 脇五人分之逆遊而半分ヲ為各何程 答 一番 十日 二番 六日

術曰一番折半而為二番 二番折半而為三番 各相併有限トス

一 問 十五日 脇五人分之逆遊 一年 各取限何程 答 二十日 二十四日 三十日 四十五日 五十六日

術曰一番取限各二之為二番 二番二之為三番 各相併而総限トス

一 問 四十六日 脇六人分之上 中分之 取中 五八分 下 取下 答 上三十 中十五 下九四十五

術曰上取ヲ以テ因而為中 又因而為下取 各相併総限トス

一 問 脇六人分之末毎ヲ五ニ因テ 答 二十八日 二十五日 五十六日

術曰末六番ヲ五ニ因而為逆差 末取ヲ逆而累加而得各各相併有限トス

七人分ノ日表ノ限之分 一番限ヲ為 廿一什入 七五六番限 各何程

答 一番 四十日 三十五日 ...

術曰二限ヲ倍シテ内先ノ和限ヲ減シテ為差限 先和限内一番限ヲ減シテ二限

以テ差限ヲ累加而各之ヲ限ヲ得 人ヲ乗ノ限ヲ併而入日限トス

一 問 二十五日 脇上七人 下五人之分ル 上七人ハ甲ヨリ逆差二加等ル 下人ハ自乎逆差加等ル 甲

ヨリ子ハ内二割増リ 各何程 甲二四ヶ 乙二三ヶ 丙二〇ヶ 丁二八ヶ 戊二三六ヶ

乙二四ヶ 庚二五ヶ 子二七ヶ三 丑二四ヶ二

卯ハ二ヶ二　丑一八ヶ二
辰一五ヶ二
術曰庚ノ限ヲ置逓差ニ而ヶ累加而甲ニ至ル
相乗上ノ組ノ限リ甲ノ限ニ〇ハ之ヶ第之為子限差二五累減而辰ニ至ル
下ノ限リ上下総而惣術限トス

依甲数二百三十一ヲ得		依乙数二百二十〇ヶ得	
庚一正	子十〇四正	庚二正	子二二正
己三正	丑七四正	己四正	丑八二正
戊五正	寅四四正	戊六正	寅五二正
丁七正	卯一四正	丁八正	卯二二正
丙九正	辰一六負	丙十正	辰〇八負
乙十一正	合二十五	乙十二正	合二十六正
甲十三正		甲十四正	
合四十九正		合五十六正	

一 花見酒ニ升ニ七銭ノ酒ニ一倍加之売ニ升ニ各残リ酒一倍加于月見ニ四升
香乃残酒ニ一倍加而要見ニ升ニ各而酒尽ス原酒幾何

答　六升ニ分七合五勺

術曰原酒置花ニ升ニ四分減之其余倍之売ニ升ニ四分減之倍之
之月ニ升減之倍之要ニ升減而酒尽ス

一 銀賭ニ之八分之自上中ハ内ニ中ヨリ下ハ外ニ各右何程

答　上百二十目　中九十六匁目　下八十四匁

術曰下限銀ニ加テ為中取八分内ニ除而為上限上中下和而惣限也

一 問六ツ掛之六配之逐而外ニ割之本考之右何程　答上二十五匁　下二十〇六ツ

術曰限二分外ニ割考之除テ為下大分除而為下上中下和而惣限也

一 問四ツ掛四配之逐而内ニ割本考之右何程　答上五十〇ヶ八　下四十九匁二

術曰甲取五内割考之累除得二而取限各和而為惣限也

一 問五ツ掛之五配之自上中ハ内ニ中ヨリ下ハ外ニ割考右何程　答上百二十目　下百二十目

一 術曰上限ニ九ヲ乗シ為實取人一分為法除之得上中下和為有限

一 問曰有組配ス上一組八人中内六人下日人也自上人中一下人毎[illegible]
解曰各何ホト 答上人[illegible]中内[illegible]下日一[illegible]

術下人ニ五ヲ加ヘ[illegible]上人也合組數相併為有限

一 問七十七人有組配ス上組七人中内五人下日[illegible]上人[illegible]下人ヨリ
下人ニ内一割[illegible]也若[illegible]何程 答上五人中日五下日四[illegible]

術中人限ニ一分[illegible]為上中人[illegible]為下人若[illegible]毎[illegible]人
數ヲ[illegible]相併[illegible]限

一 問曰有組配ス上中下[illegible]取限[illegible]組合[illegible]上組[illegible]一割[illegible]
中組[illegible]一下日[illegible]若何ホト 答上[illegible]
[illegible]〇中[illegible]〇下[illegible]

西九[illegible]丁九[illegible]戊九[illegible]術上甲[illegible]相
係上組[illegible]限〇上甲[illegible]戊[illegible]上[illegible]里[illegible]
戊[illegible]下組[illegible]限上中下組各相併[illegible]有限

一 問曰[illegible]上[illegible]下[illegible]利[illegible]何ホト
答上[illegible]下日[illegible]利限[illegible]

術曰[illegible]上[illegible]下[illegible]相併為有限也

一 問[illegible]上[illegible]下[illegible]利[illegible]返[illegible]
答上[illegible]下日[illegible]

一 問[illegible]利[illegible]何[illegible]答[illegible]
一 上[illegible]下[illegible]利[illegible]
[illegible]答[illegible]上利[illegible]

一 上下一割ノ利付ニ銀貸ス元銀ノ数也利銀合高有之所逆ニ元銀何程ト

答 元銀六百七拾五匁 上利ハ百五拾匁 下利ハ拾七匁五分

一 上二割中一割下一割ノ利ヲ加ヘ元銀何程ト

答 上元百二拾五匁 中元百四拾匁 下元百二拾匁 利右六十五匁也

一 上二割中一割下一割ノ利ヲ元銀ニ加ヘ増高逆ニ利和ノ日数也各元銀ヲ問

答 上元百二拾五匁 中元百四拾匁 下元百四拾五匁 元利和右百六十五匁六分也

一 上一割下一割ノ利銀数取但上下ノ元銀并ニ各元銀ヲ問

答 上元銀百四十五匁 下元銀二百二十匁

一 元銀ニ拾五匁宛二割利ヲ足シ毎年内数ニ二分五厘ヲ返シ毎年何程 加利

答 毎年返銀百四十三匁八分七厘

術曰 取切銀ヲ置過為実二割ヲ以テ方除之二年ノ余ヲ以テ取切銀ヲ

二割ヲ以テ利銀毎年ノ高取切銀ヲ除テ二割除之減元銀

○ 又術曰 元銀ヲ置過ニ二割内減取切銀ヲ為二年ノ余ヲ以テ二割

内減取切銀ヲ減

一 元銀十五貫目三匁ハ二割ノ利付ニテ毎年ノ内数四年取切ニ毎年何程ト

答 二百五十九匁二分

術曰 元銀ヲ以テ二割内毎年ノ減取切銀ヲ和ノ年ノ余ニ入ル又二割ノ内減

毎年取切銀ヲ余リ為二年ノ除之又二割ノ内減毎年取切銀二年

ノ除ト又入ル二割ヲ除シ毎年ノ為取切

一 元銀四貫六百五十目三匁ハ二割ノ利付ニテ毎年ノ内数二五年ニ取切毎年何程

答 毎年一貫目五百五十五匁二分

術曰 元銀ニ二割ヲ加ヘ毎年ノ銀ヲ置減テ之ヲ加ヘ余

四十賊ニ同シ五十五面又得毎千ノ紙也

関流算方巻之
統術之后集
皈除常式
甲術得一　乙術得二
題解ニ随而先一ヲ何某トス術ニ依而其較ヲ得テ甲ト
号ク　又以二ヲ何某トス術ニ依テ其較ヲ得テ乙ト号ク
甲ヲ倍シ内乙ヲ減シ餘為実　乙ノ内甲ヲ減シ餘為方
以除実所求ヲ得ル　如而減テ負ヲ得ハ可トスルナリ
数　解
一　雉与兎合配足数合而二百七十二合何程　答　雉ハ六十四
術ニ甲兎一ヲ得以減百而余雉九十九　九十九雉合八足

數ヲ得テ乃寛足四維ノ足數而九十八ナリ九日相併。二而二尼足數トシテ數解ニ
比スレハ安支十也是ヲ甲ト名ク。次甲寛二ヲ得以テ減ス而
而余リ維ハ各十トス八維寛ノ足數乃寛二尼足數八而足數而各十六維併二而四尼
足數トス數解ニ比スレハ安支六十乙ト名ク
甲七ツ信而十而四内乙ハ六十ヲ減而余七十二為実乙内減甲ヲ
余二ノ員為方以除実寛六之十ヲ得

右捻者靍式ナリ常ニ用テ以テ可為敎

統術　所除通術　　藤田定資

甲元若干　得甲數

乙元若干　得乙數

術曰置甲數乘乙元得數ト置乙數乘甲元得數二

數相減乃是名相併　甲數乙數相併乃是名相併

為法　實如法而一得合問

右統術口受

關流算方巻之

参較速集

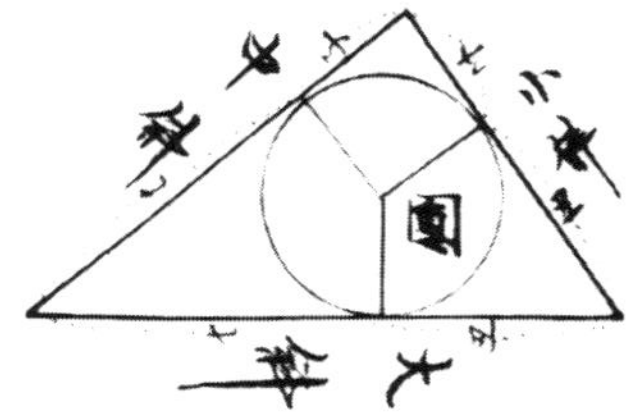

今有三斜　大斜若干　中斜若干　小斜若干

圓径問若干　答曰

大斗〃丑十自之得丑十〃也

中斗〃子十自之得子十〃也

小斗〃子丑自之得子丑〃也

列係大斗巾中斜巾内減小斜巾上余〃〃〃〃〃也有

以大斜也自之得〃〃〃〃〃〃〃〃大斜也

寄位象

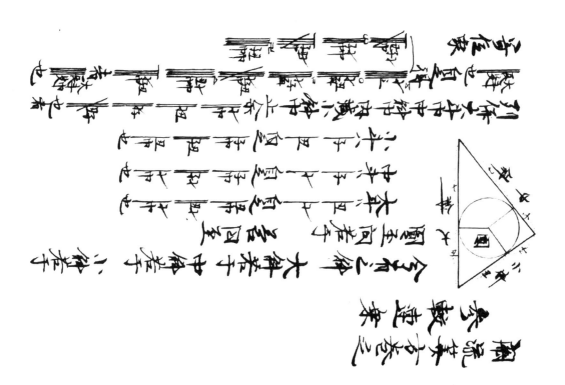

列中斗帯乗大斗帯四之 … ○ … 又 … 之 … 寄 … 也
内減寄位得
… 寄 … 也 変之 … 又変之 … 也
換之 … 変之 … 也
省之鉤和為之鉤和因円至帯 … 変之 … 也
故求術曰大鉤中鉤和除減小鉤為子二段略甲中鉤小鉤和内
減大斗為丑二段乙略小鉤大鉤和除減中鉤為子二段丙略
甲乙丙各相乗為之鉤和因円至帯

立天元之一為円至自之乗大中小鉤和為之鉤
和因円至巾寄左○列大斗加中斗内減小斗余
為子二段略○列大斗加小斗内減中斗余丑二段
略○列中斗加小斗内減大斗余子二段略○列
甲乗乙反丙為之鉤和因円至帯与左寄相消
得開方式平方開之得円至合問

関流算方巻之　　　　山路平主住　編

一　勾殳方圓適等

只云方面相乗者中勾方面差因之也

解曰

至八勾殳　　　也乗方面(イ)紡(ロ)紡　紡　拾之

得式(イ)(ロ)勾殳紡　　紡変之恰　　拡　拾之中殳方差　也

故方至相乗者中勾方差因之也

図

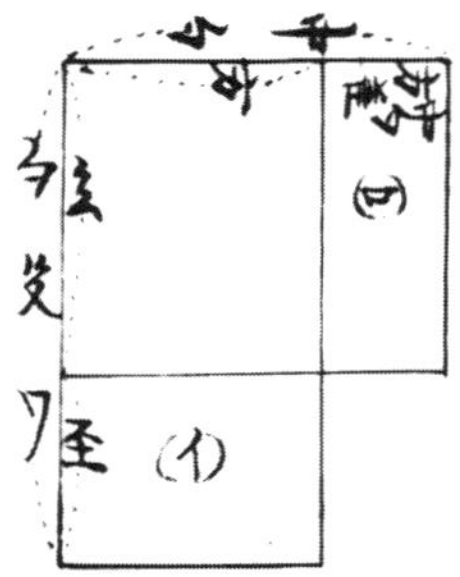

解

(イ)ト(ロ)ト責乗数、図解也

云所至得勾股和不及解

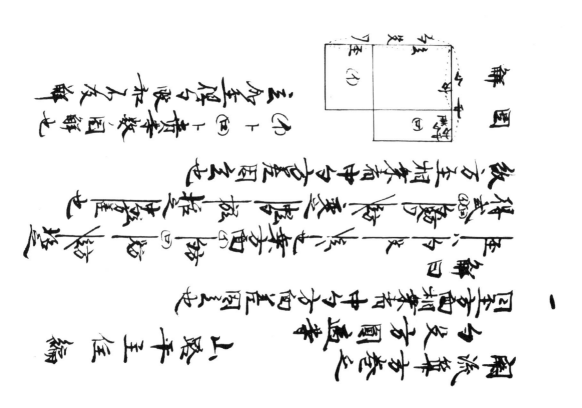

中勾方面和因円至者　中勾因方面二段也

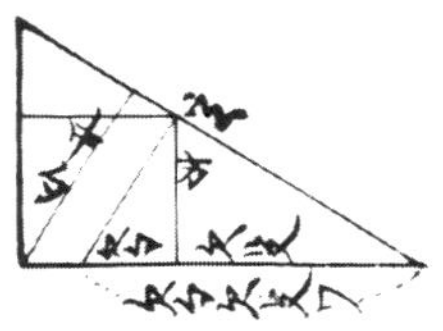

解曰 ... 変之 ... 也

... 変之 ... 也

正負相減得 ... ㋑ ... 也

中勾 ... 大平 ... 変之 ... ㋑ ... 括之

方 ... 小平　依維乗術 ... 也

故中勾方和因円至者中勾因方面二段也

円至因中勾者　中勾二段ト円至差因方面也

解義 ... 也 ... 得 ... 変之

得 ... 括之 ...

... 也 並依維乗 得変之 ... 也

故円至因中勾者　中勾二段与円至差因方面也

円至方面差因至二段者　至一段与方二段差因円至也

解義 列 ... 変之 ...

得 ... 変之得 ...

依ニ乗ル中勾ト勾股和ヲ以テ除之得 ... ㋖ 変之

... 是象依之得 ... 括之得 ...

... ㋠ 変之得 ... 変之 ... 也

故方面円至差因至二段者　至一段方二段差因円至也

又解曰 逆ニ見之 ... 変之

得 ... 変之得 ...

... 又括之 ... 又以変之

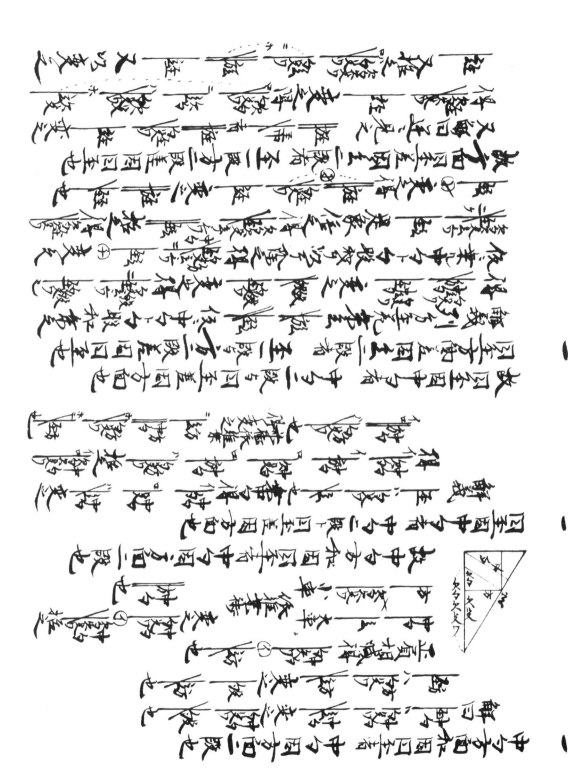

術曰 旋 旋 經 招之經 旋 招之其象
旋至差 也 故至二段方面二段差因至者 方至差因云
二段也
至因方者 方二段勾至差因中勾也
解義曰 至者 勾矢ワ云 也 等方 変而 斜勾
中勾也 故 方 中勾 也 大斜 依雁等方方因云ハ中当
因矢勾矢股和ナリ 又変而 斜勾 斜勾 招之得
斜勾 斜勾也 故至因方者、方二段ト至差因中勾也
至因方者 勾股至之和因方至差也
解義曰 至 者 勾矢ワ 招之 也
故至因方者 勾股至之和因方至差也

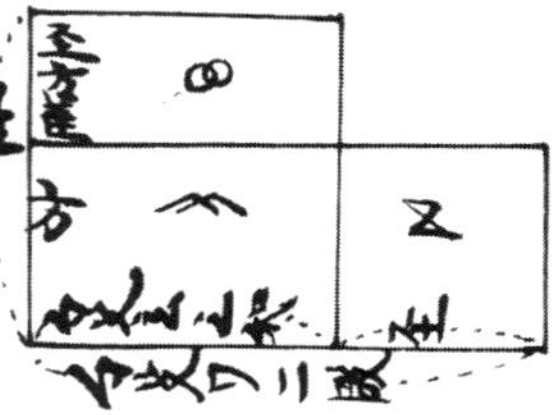

◎〆 和者四段實ナリ
乙〆 较者四段實ナリ
故 乙◎ 半數ナル実ハ分明也

一 中勾二段ト方一段差因至者 中勾方差因勾股及至之和也
解曰 旋 以矢乗勾差至之和 斜勾 変而
得 勾股 大変而 又変而
依之乗ル勾股至之和及至ヲ以除之其象
勾矢 勾方差 也 乃依一 変之ナリ
故中勾二段ト方一段差因至者 中勾方差因勾股至之和ナリ

一　至円方中勾差者　方円至中勾差二段也

為右　者　為左

故　者　乗右　者　乗左

旋見ニ乗ル右ト級ヲ常数ナリ故上級又常実ハ

ハ開クナリ依之上級を首至得

右　左

故至円方中勾差者　方円至中勾差ナリ

解図

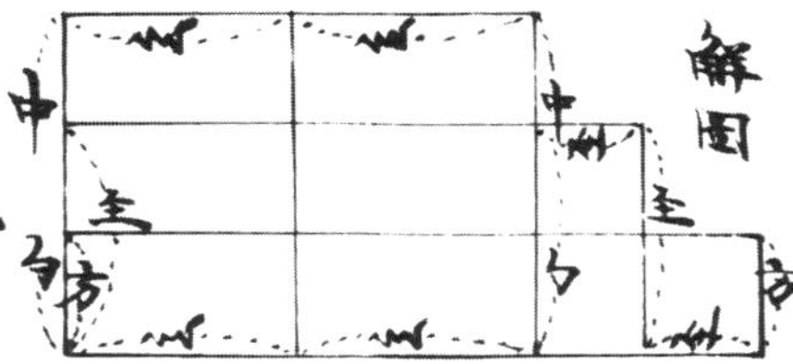

一　円至差者　中勾至差円玄二段也　解者余記ス略之

解曰　仮ニ寄之得　乗而　二　又乗象

一　至円中勾者　勾股玄之和円中勾至差也

得　乗之

仮ニ乗ル者云

故至円中勾者　勾股玄之和円中勾至差也

一　中勾円勾股和者　中勾二段ト玄和円方面也

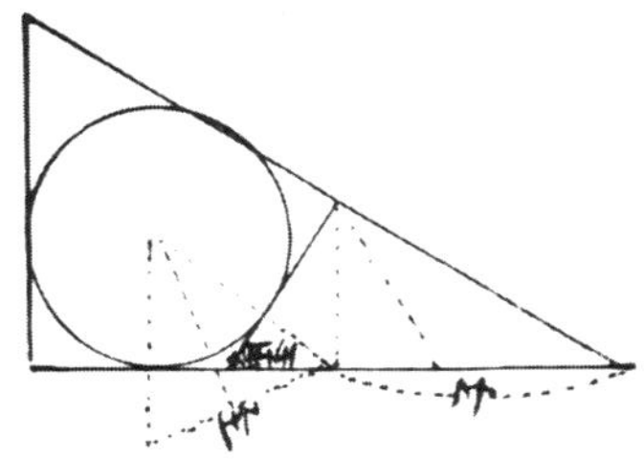

史　者　子　角面　五　二　至　也

解曰　㋺　㋑　両辺ヲ寄テ一段ト　中勾円ハ中勾二段　至円方ナリ

從之㋺ヲ乗ル又乗ス㋑　勾又和円方者　変之

㋺　㋑　正負異滅

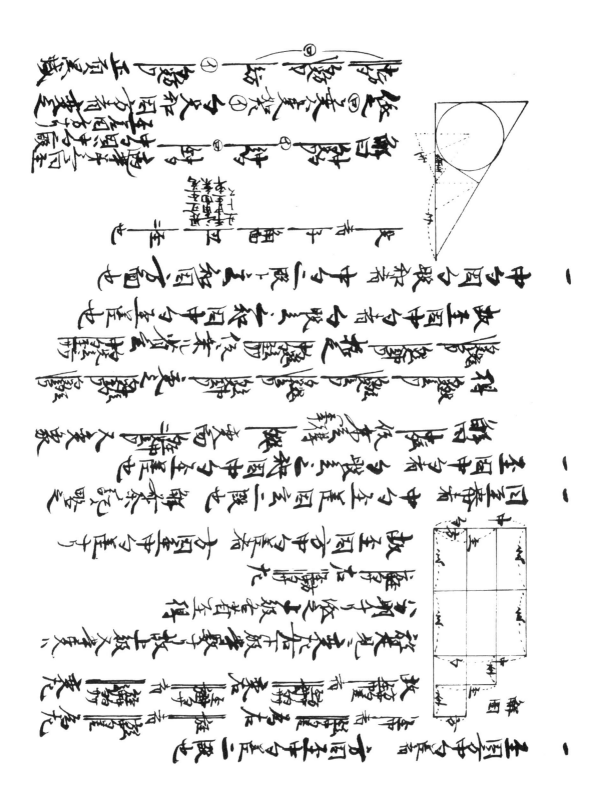

関流算方巻之

圓象訣

山路平主住編撰

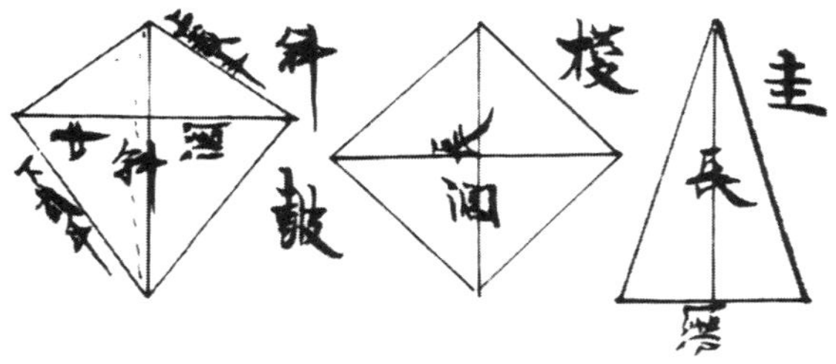

解曰勾股兩様ノ象也

解曰長平而左右廣挾濶上下長径

解曰錐截臺切口ノ平責等渾謂是錐鼓
乃錐截臺后ニ出ス

傍勾 傍弦 也

故中勾間勾股和者　中勾二段勾之和因方面也

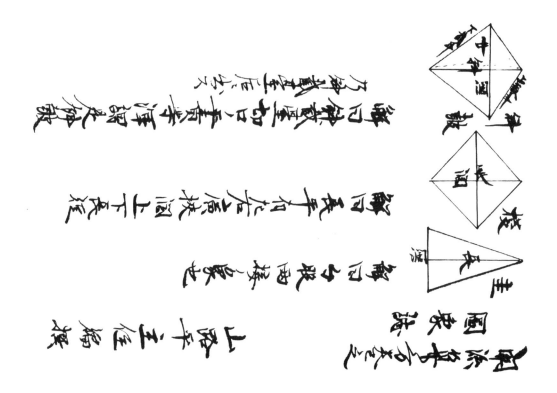

矢筈

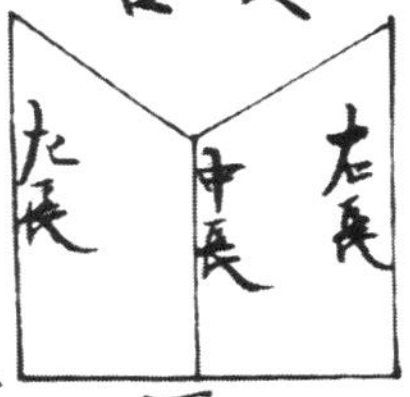

解曰二端從小
相接ノ象ナリ

三廣

解曰二梯從
小頭相接ノ
象ナリ

三斜

解曰二勾殳
大小接ノ象也

曲尺

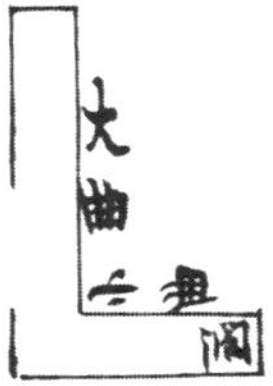

解曰二直相
接ノ象也

矢翎

解之二端從大
頭相接ノ象也

鼓

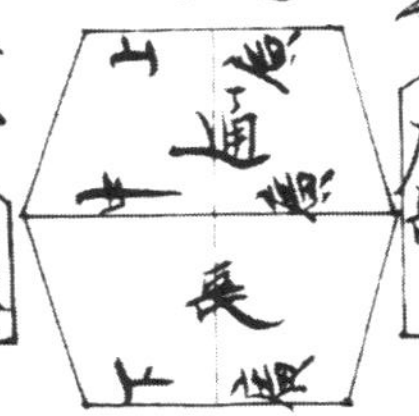

解之二梯從大頭
接ノ象

蝶頭

解之二梯大
小相接ノ象也

角抹

解之方ノ角截
小半方之象也

四不等

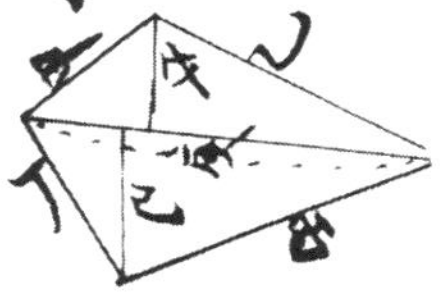

右西維
解曰二斜
相合之象也

扇

解曰弧從心
至両旁截之象

解之弧内欠
弧之象也

鈸

解之円ノ両旁
欠二欖之象
ナリ

環

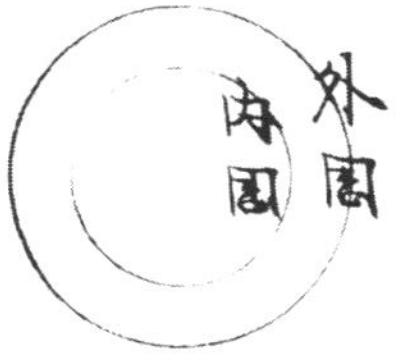

解曰内外名
圓象也

欖

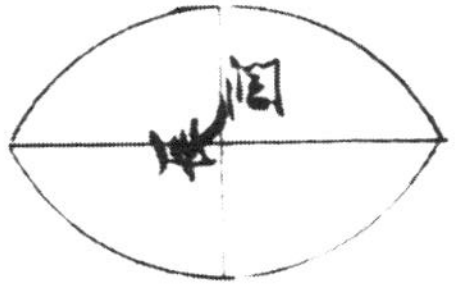

解曰両弧相
合之象ナリ

錢

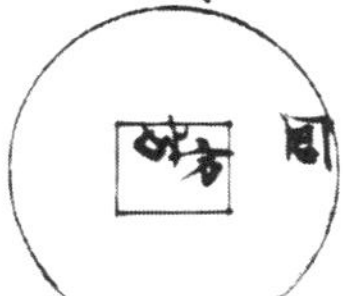

解曰円中截
方形ノ象ナリ

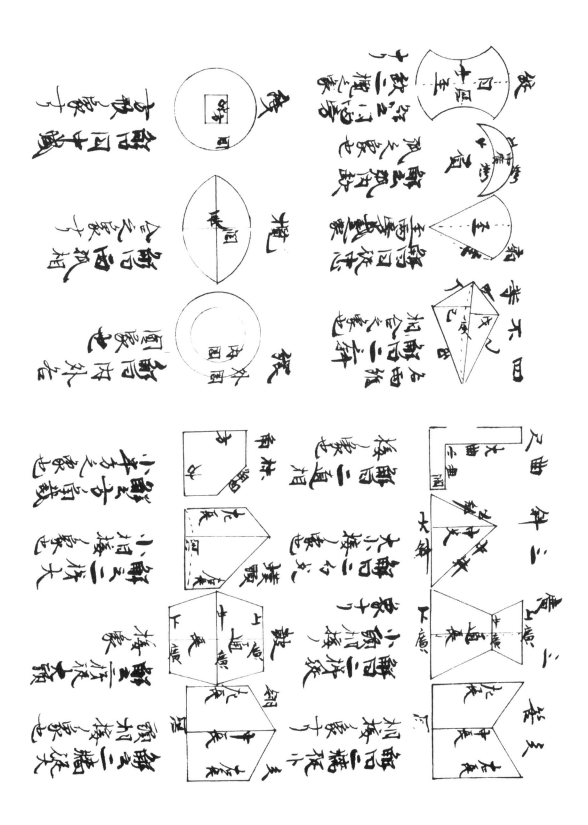

晼背

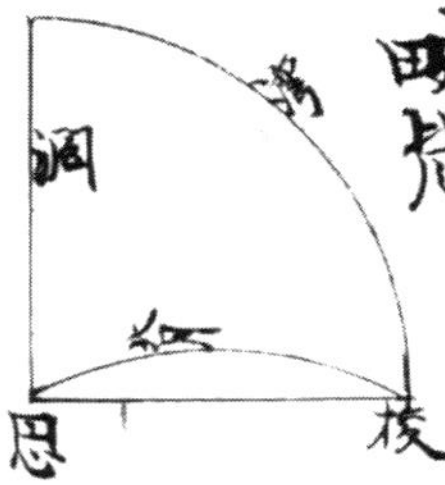

解曰、俗云菱ノ湾準而至円心ノ長也。本湾与中潤与円徳、乃弯ノ八分則潤亦八分、背与心潤与相対而従稜遂増更一八分取中潤至心ナリ 而每潤増弯帯四八分ノ一。故自心至稜自成一弧象。其勢宛轉不應于全円之規、謂之晼矣。

○又曰越設円至六尺四寸、要領易知。取其円周四分為弯八部、其弯每一部至円心識虚線、向至半八分一為第一、八分二為第二、八分之迹而如是、八分七為第七、至各印所書線。摎的其印向円心至稜引線、則其象自成孤象、迹非直弧象、故名謂之晼。乃部数愈多則所合愈密。如八分ノ二八分ノ四可作四分ノ一二分ノ一、数並於解中。却大数勢為局……
脆卿……可以過未而已

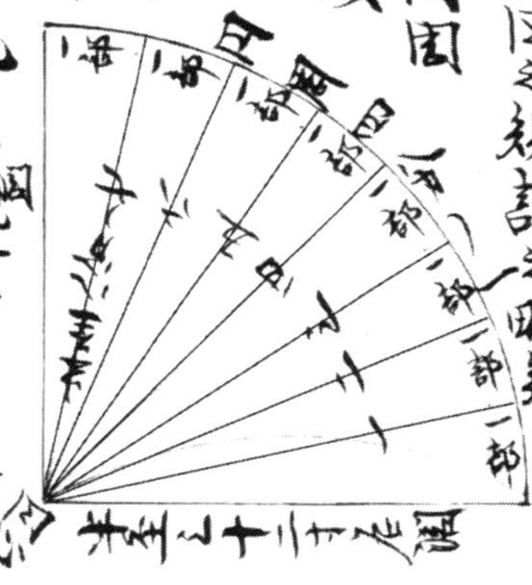

霞

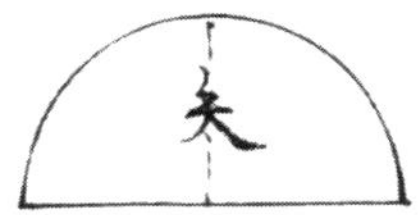

解曰半円也

月

解曰員ノ半也

弓角

帯直円

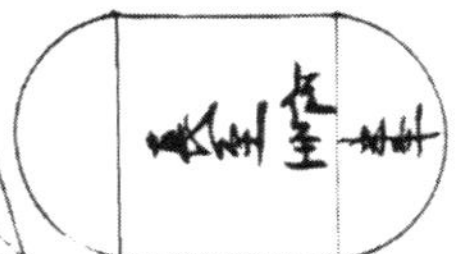

解曰平中孕直象

旋円

解云上尖下円是

車画

解云扇未規而截扇ノ象也

大墻

右火爐

解曰外方内円ナリ

弧円梼

解曰立円欠弧張謂之円梼 乃弧梼圃旋ノ象

円臺

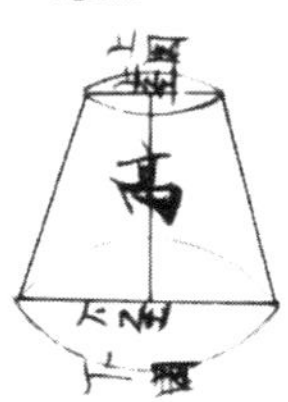

解曰象北円梼而下至長於上至謂之円臺

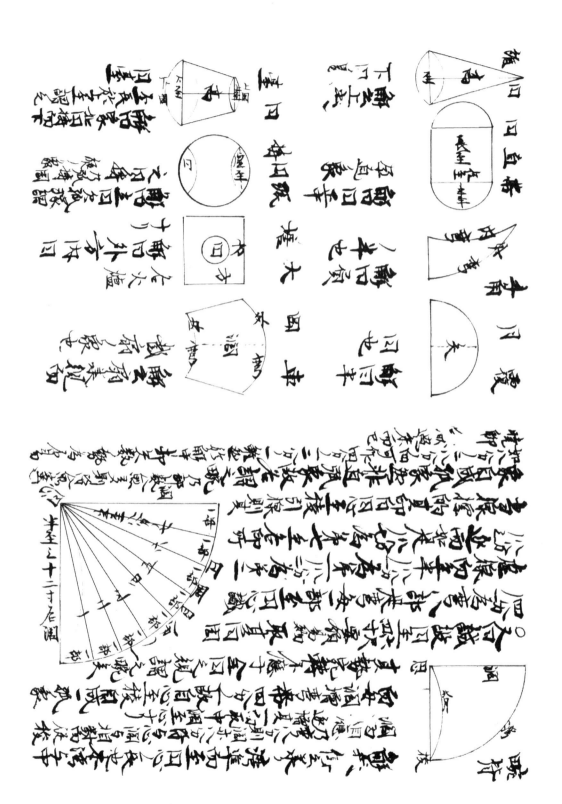

弧環減積

解曰象如図箇而以弧背周之弧矢截積

楕立円

名長立円

解曰立象猶印所堅截其面背則側円也乃長径為堅径為円径

帯径円

解曰従立円正中横円径之横截象

斜截台

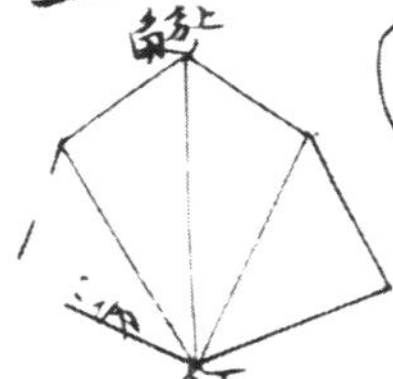

解曰方台従上方角至下方角斜截之者下象

円斗截台

環矢

解曰以矢立円径以矢立円背減之余背即環矢背也

○求背者以矢乗一半為径適高以截為径径依円径得背者也

円之楕

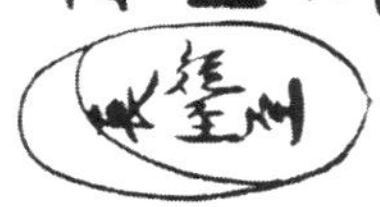

解曰楕円立所截面則側円也係立円云

円柱台

解曰象方柱而変之円之円柱

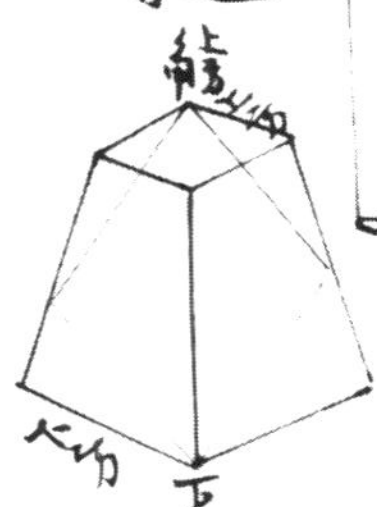

斜台上下象如是

弧環加積

解曰傾弧周旋之象鼓之弧環加積

弧環減積

解曰偏弧周旋而於鼓之弧環減積

右之象鼓胴之環積

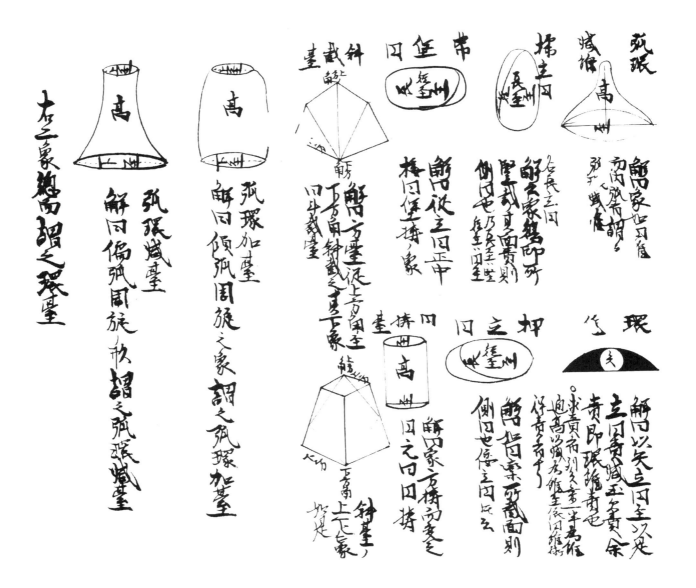

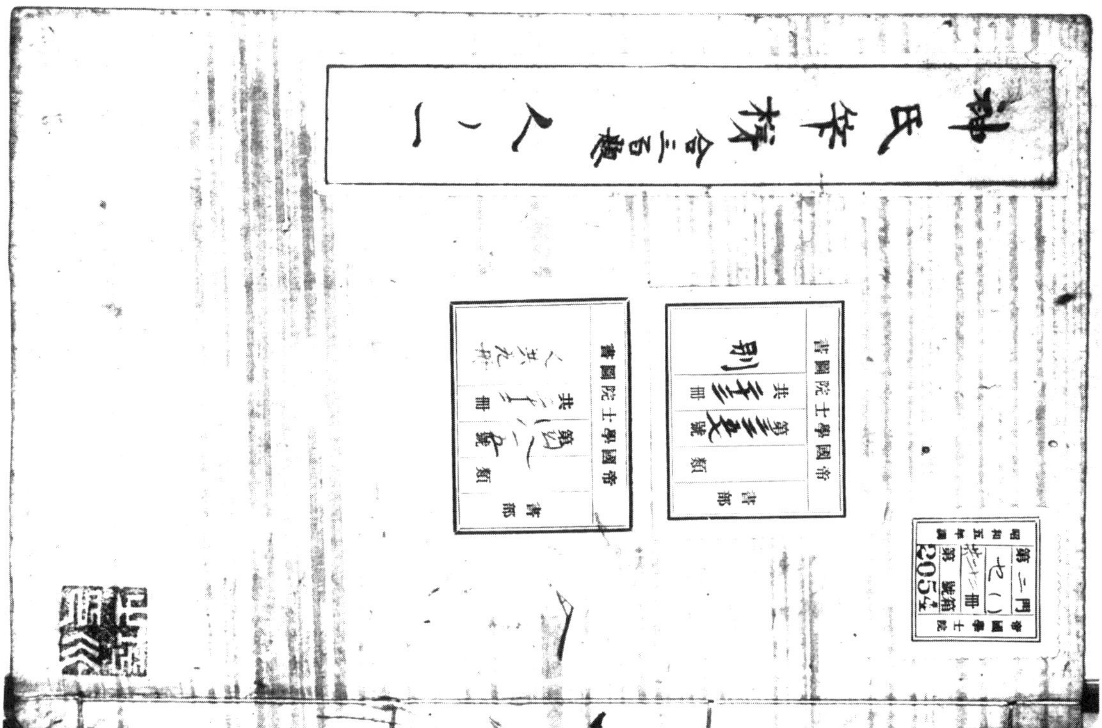
神氏竿梯 合三百題 人ノ一

共九冊

神祇（神谷）年持　一百題三巻合　秋之壱

一 年 氏

関流算法方巻之　有藤斎　編集

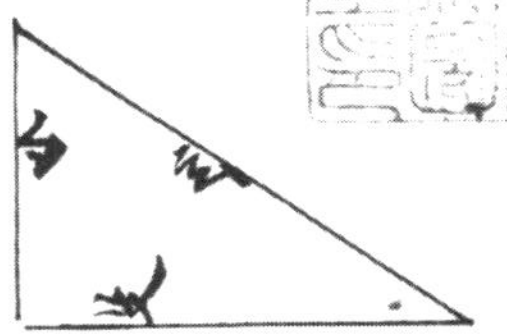

責六歩勾股差
一歩

答　勾三歩
　　股四歩

責三十〇歩勾
二段股三段和而
四十六寸

答　勾五歩
　　股一十二寸

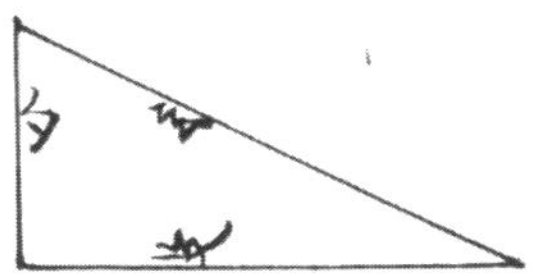

責六歩勾股
和而七歩

答　勾三歩
　　股四歩

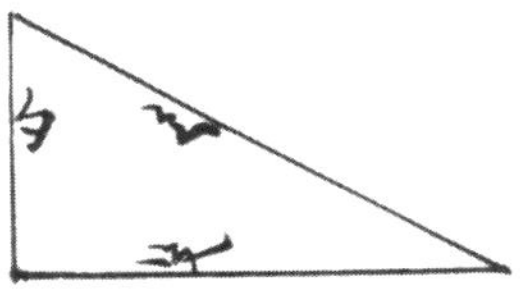

責六寸只云勾四段
与股三段等

答　勾三寸
　　股四寸

堀川甚二氏

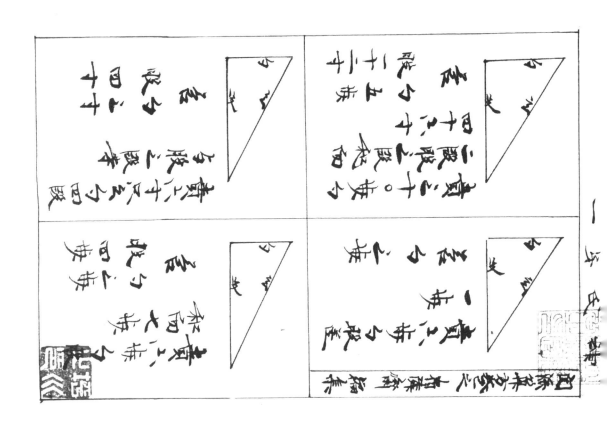

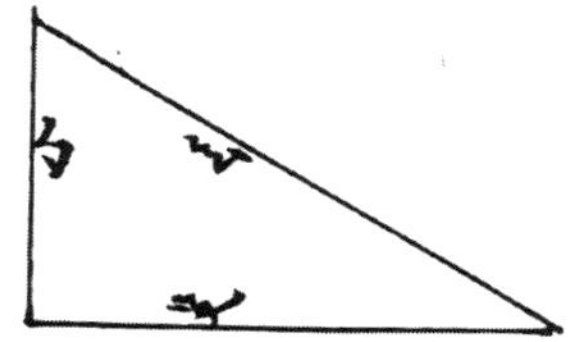

玄一十三寸勾殳差七寸

答 勾五寸

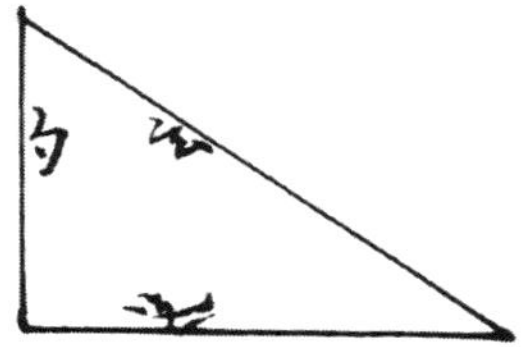

勾七寸殳玄差一寸

答 股二十四寸 玄二十五寸

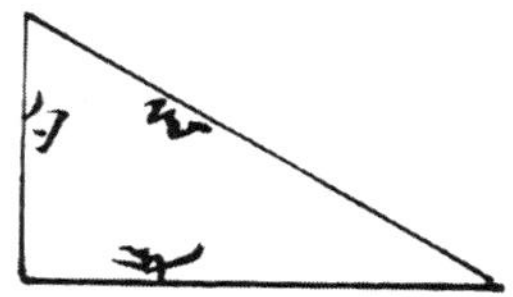

玄一十七寸勾殳和二十三寸

答 勾八寸

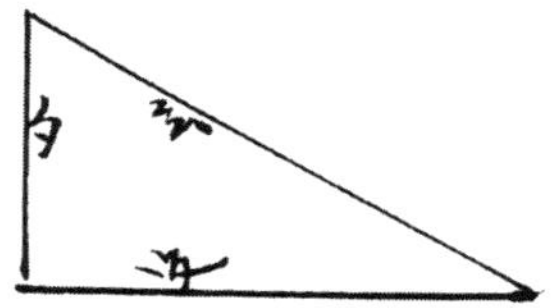

勾股玄之和一十二寸勾殳差一寸

答 勾三寸 玄五寸

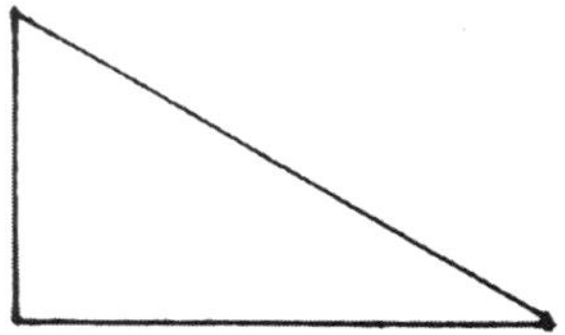

勾玄差二寸又云股玄差一寸

答 玄五寸

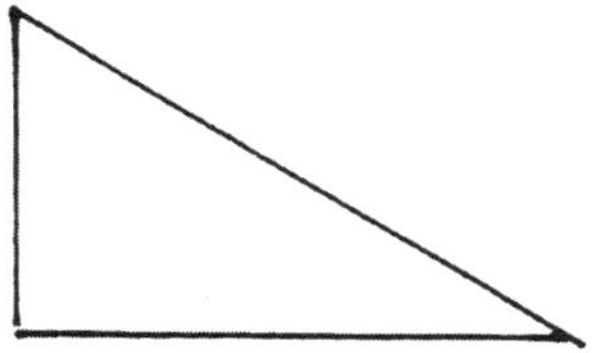

積六歩勾殳玄之和一十二歩

答 玄五歩

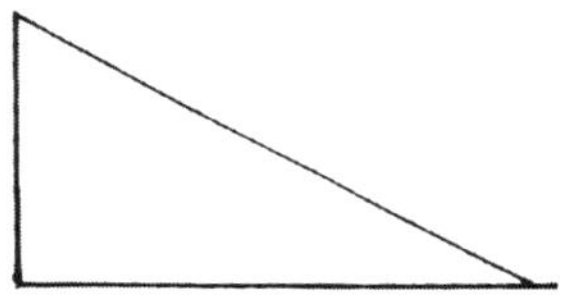

勾殳玄之和四十。寸勾玄差九寸

答 勾八寸 玄一十七寸

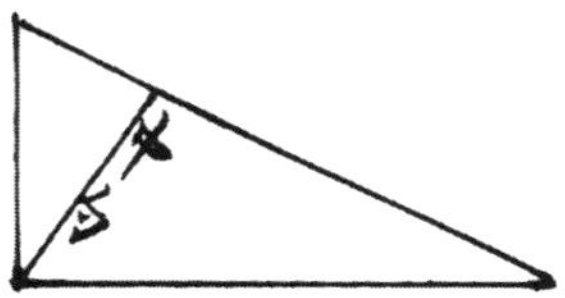

勾殳玄之積六十。寸中勾一十二寸

答 玄二十五寸

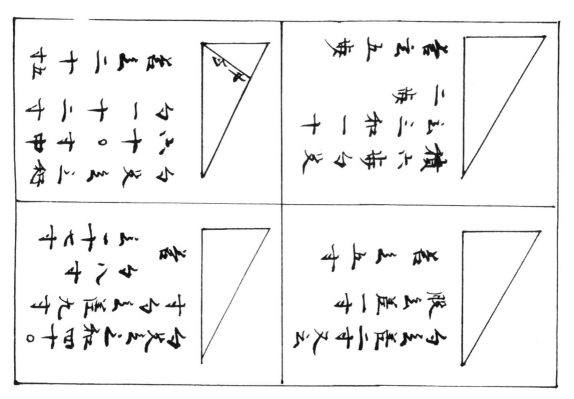

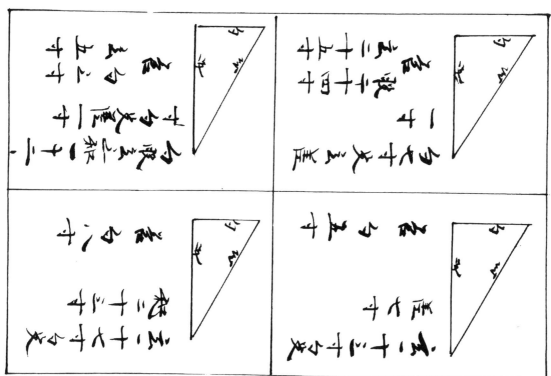

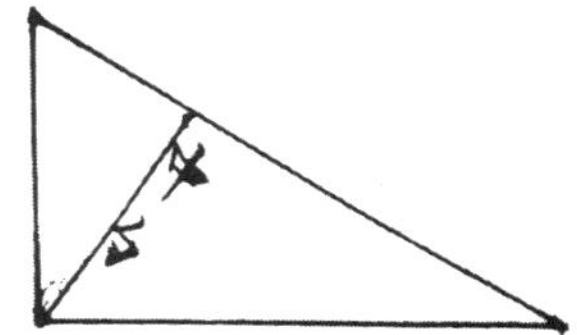

玄二十五寸
勾中勾差三
寸
答勾一十五寸

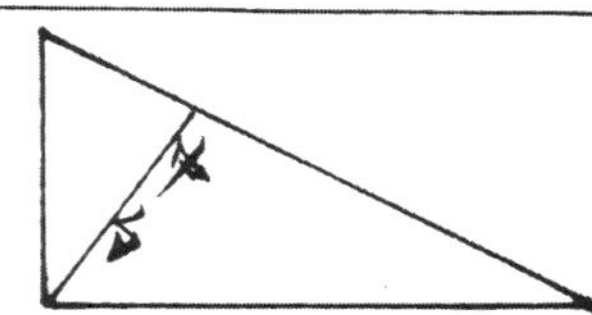

中股長玄和二
十八寸中股短
玄差三寸
答中股一十二寸

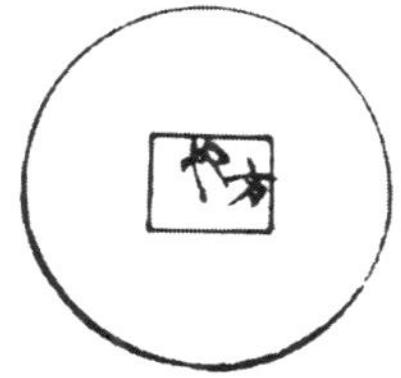

假積一百。四寸。四
方径差九寸
円積方。ケ七八五
答圓径一十二寸

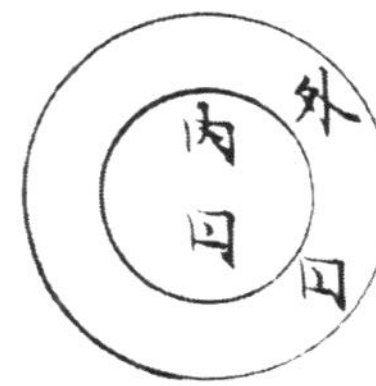

飽積二十五寸九分。五毫
内外径和一十二寸
円積方。ケ七八五
答内径四寸

外余積一百三十二寸六分
四厘三毛圓径半与三角
面等シ
三角積方。ケ四分三三
答円径一十四寸

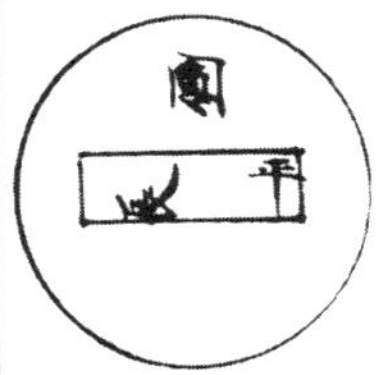

外余積二百二十六寸之八分四
厘円径長和二十五寸長
平差三寸
答径一十八寸

假八十七文目甲乙丙分之自
甲取逐而八文目劣
甲三十七文目
乙二十九文目
丙二十一文目
答

積六十。併高平和
七寸長平差二寸
平三寸
高四寸
長五寸

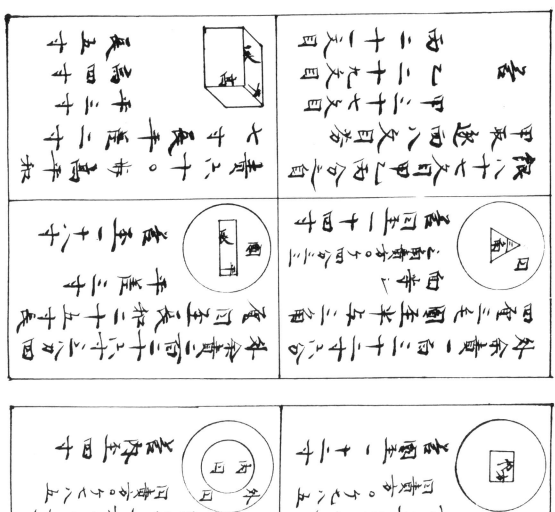

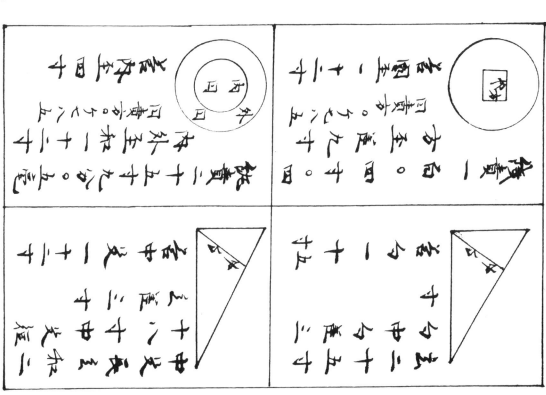

積二万三千五百六十二寸長
高和而六十七寸長平差
一十三寸

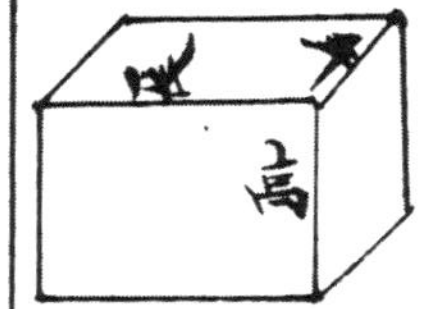

答
平二十一寸
長三十四寸
高三十三寸

銀三十三文目三人配之
自上中ハ五匁ツヽ自中下
者内二割ツヽ

答
上一十五文目
中八文目
下一十〇文目

銀六十五文目上中下三
等分之自上中ハ三十二匁
ツヽ自中下ハ六文目ツヽ

答
上四十五文目
中一十三文目
下七文目

外余積八十五寸角面長差
二十一寸但云平者従角面

外六割多
五角積方一ケ七二

答 五角面五寸

三角外余積一十九寸四八五
長平和一十一寸三

三
中勾率〇ケ八六六

答 角面五寸

米六十五石麦四十三石
以價五貫九百二十一文目
自米麦者石ニ一十三匁ツヽ

答
米石六十〇匁目
麦石四十七文目

銀三百六十九文目四等分之
逓差内二割衰

答
一番百二十五匁
二番百目
三番八十〇目
四番六十四文目

三角外余積三十〇寸八二五
長四寸
中勾率〇ケ八六六

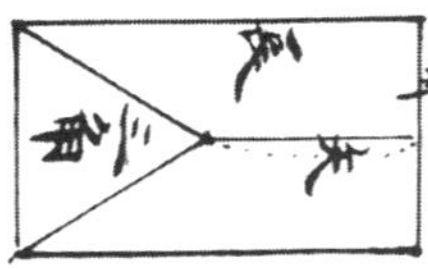

答 平五寸

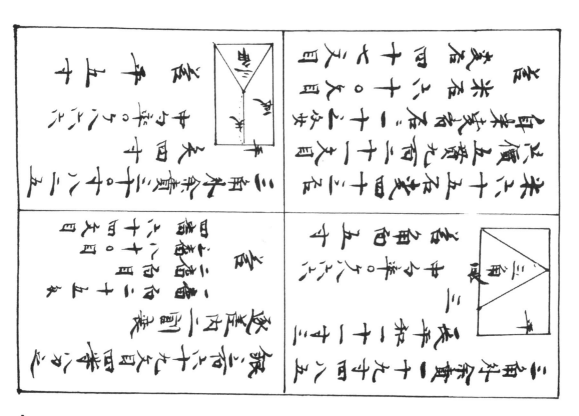

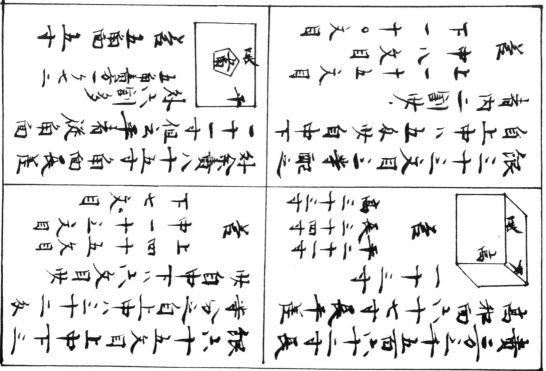

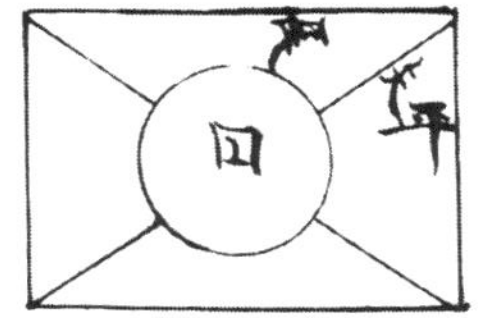

一長与至和而二十○寸又曰
平与至差三十寸

答　矢六寸
平八寸

總數二十四ケ別ニ設數以テ
乗之減減之直得処ノ両
數相等

答　設數○ケ九六

總數有二十六ケ別ニ設
數以乗之減加之直所
得之両數相等

答　設數一ケ○四重

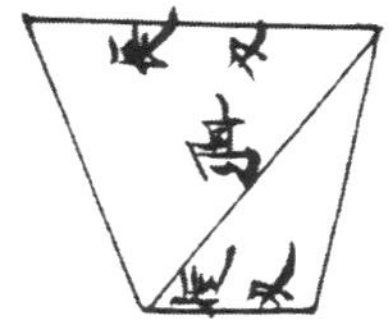

積二百六十四寸長殳ト高
和而二十七寸長短ノ殳
差二寸

答　高二十六寸

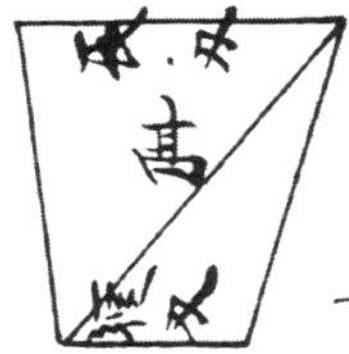

梯積二百六十四寸長短殳ト
高ニ和而三十六寸又曰
高長於短殳七
寸

答　長殳二十一寸

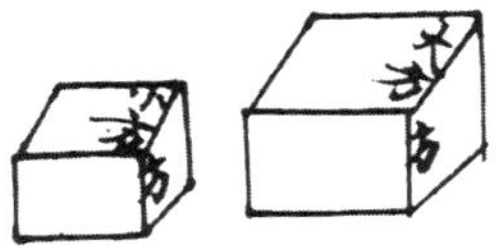

只積二万四千一百七十四寸大
小方面和而三十
八寸

答　大立高二十一寸

積二百二十四寸短殳ト高
和而二十三寸長殳四段
与高之段相等

答　短殳七寸

米一百○八石上下配之
上取七ハ分之五為下取

答
上六十三石
下四十五石

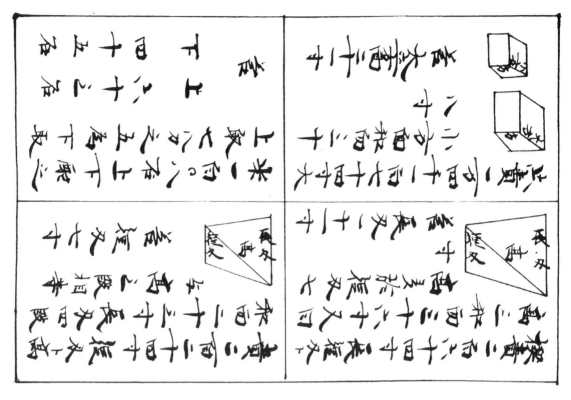

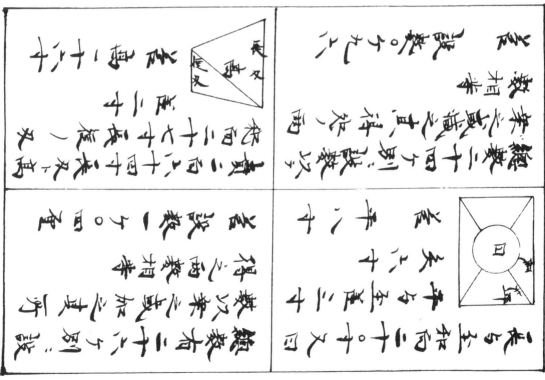

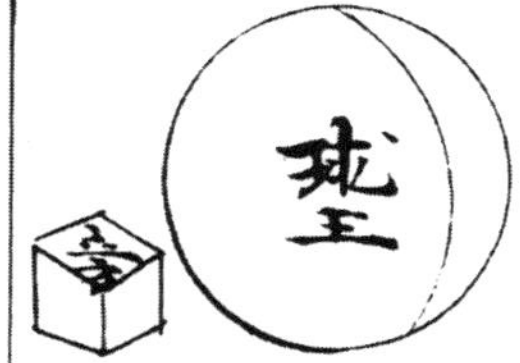

外積一千六百五十四寸四四球至多於立方面五寸
立方責方○ケ五二
答 立方面八寸

有銀不知其數米四石買之十三文目余又大豆七石買三十○目不足自米大豆ハ石毎二十○目也
答 米石六十一文目

外余責五百二十六寸八一九四球至蓋矢欣面ノ差七寸
蓋矢欣責方○ケ七ノ
答 蓋面三寸

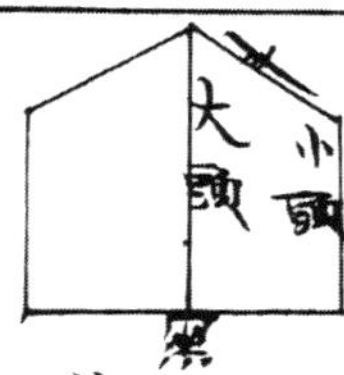

大小頭和二十三寸潤差於小頭一十五寸斜一十三寸
答 大頭一十四寸

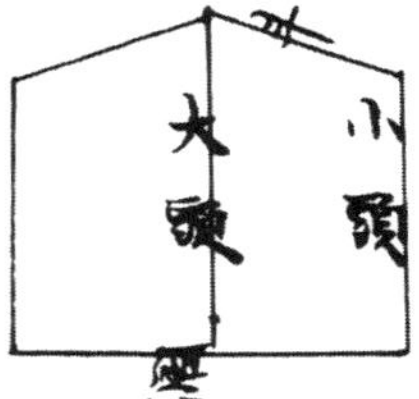

責二百七十六寸大頭周和三十八寸斜一十三寸
答 潤二十四寸

積三千一百○五歩長二十三分之一十五ト平歩
答 長六十九歩
平

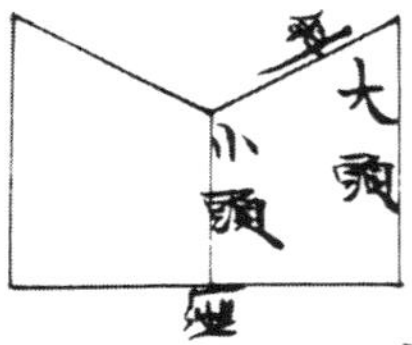

責三十六寸斜周和一十三寸小頭三寸
答 周八寸

責七百七十○寸平一十一分之八ト長和面五十一寸
答 平二十二寸

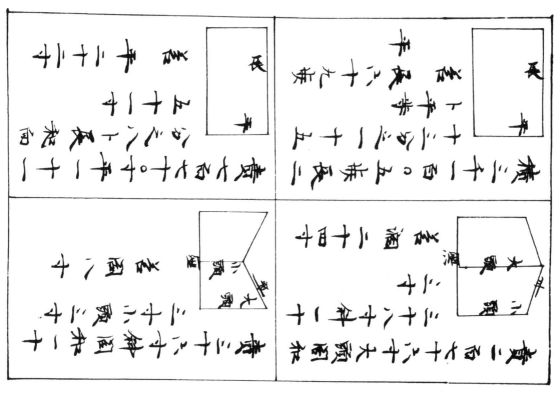

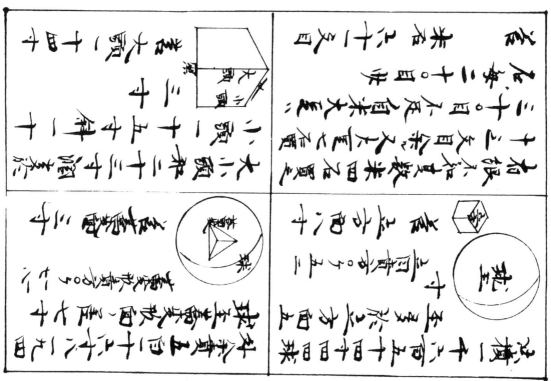

牛馬俱ゝ牛一日九里馬
一日二十三里行牛先行
支一十二日馬幾日ニ逐及

答　二十七日

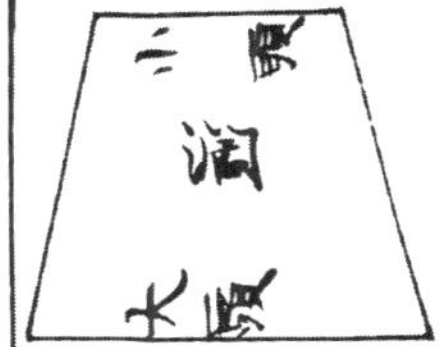

責一百六十八寸大小頭差
六寸大頭ト濶和面二十九
寸

答　小頭九寸

責加又倍二百四十九寸幅高
和面二十一寸亭廣於高八
寸幅又差二寸

答　幅九寸

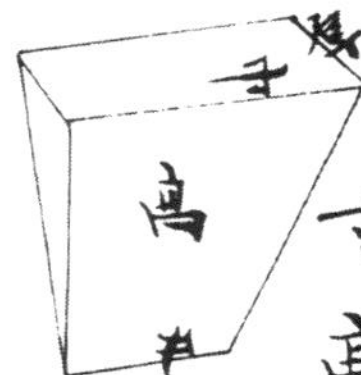

積二百〇寸巾亭和而一十三
寸高二段与又袤而三十一
寸高袤於巾三寸

答　又

枚檜合一百共價九百七十
五文目檜一本一十三文目
枚同八文目木数各若干

答
檜　三十五本
枚　六十五本

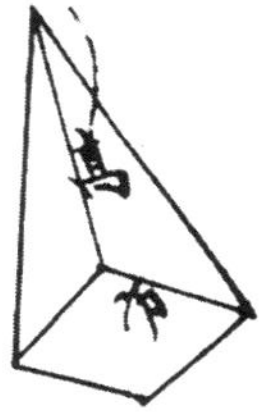

責五百六十七寸高七分
ノ三与面相乗

答　面九寸
高二十一寸

大頭四寸　小頭二寸
濶　六寸

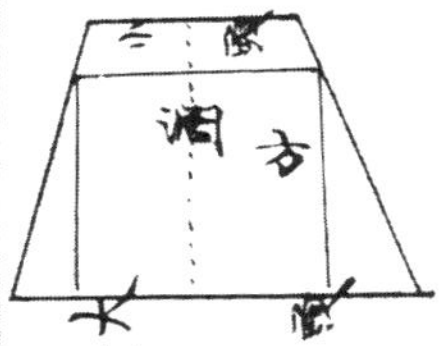

答　方面三寸

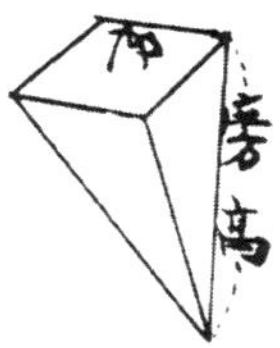

責八百一十六寸旁高
一十九寸

答　高一十九寸
面一十二寸

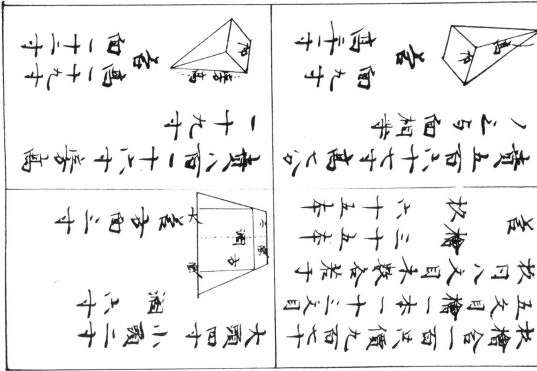

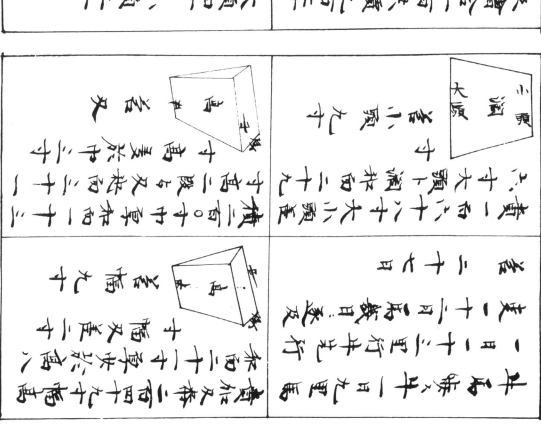

銀七百九十五匁米及麦ヲ
買米石價五十〇目麦石價
三十五匁目只云従米麦ハ四石
少買之各石数若干
答 米二十一石 麦七石

責二百八十〇寸九
六 長至径至差五寸
円責方〇ケ七八五
答 径至一十六寸

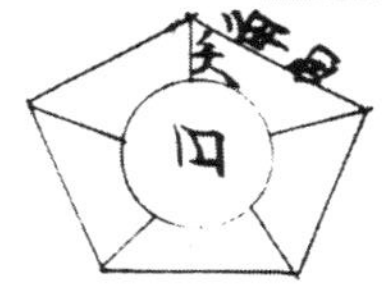

外余積一百〇八寸四四夂合
二十三分八厘一毫
五角平中至率〇ケ
六八八一
答 五角面一十〇寸

責二百八十〇寸九八分工八厘
長至三段径至二段
和而九十五寸
答 長至二十一寸

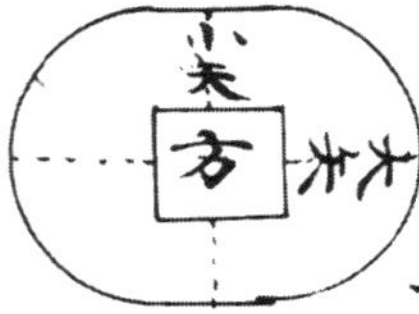

外責一百二十九
寸六六五大矢
五寸小矢二
寸
答 長至一十九寸
径至一十三寸

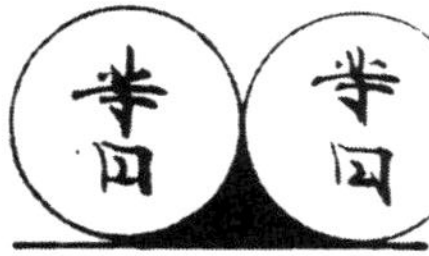

黒責三寸八分七
厘
円責率〇ケ七八五
答 円至六寸

外責一百六十〇寸四二五
長至円周和四十四
寸一二長径至差
六寸 周方三ケ一四
答 円至八寸

桃四十〇ケ李二十五ケ價
相当只云自桃李者就二
一十〇ケ銭九文責之
答 毎十〇當
李 桃一十五文
李二十四文

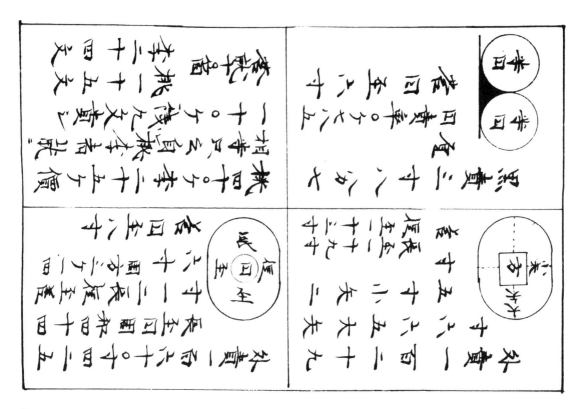

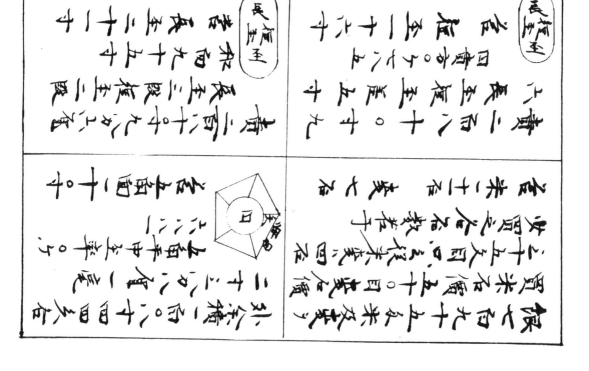

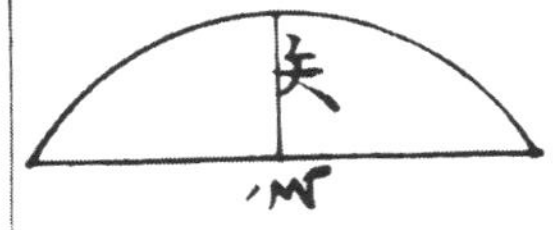

全至二段与矢和二
十一寸云三段矢四
段和西二十二寸
答　矢一寸

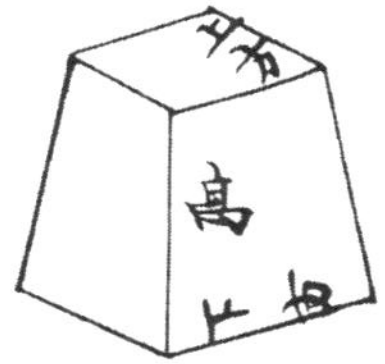

積一千〇一十一
寸高多於上面一
十〇寸上下
面差五寸
答　高十八寸

豆二十〇俵麦三十七俵
共代銭九十九貫二百文只
云白豆麦右毎俵價銭
二割下直十り
答　豆一俵銭二貫文

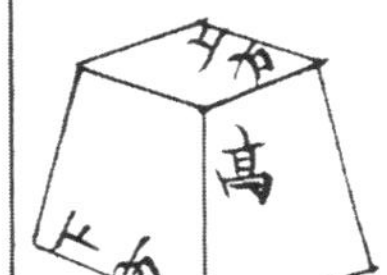

積八百〇三寸上
下方和一十七寸
高多於下方
外一割
答　上方七寸

積之面八十七寸上面
高相乗四十五寸上下
面差三寸
答　上面五寸

毎金両ノ米豆合一石九斗
五斗米豆毎石銭合一両
三十〇目　両替六十〇目
答
米石八十〇目
豆石五十〇目

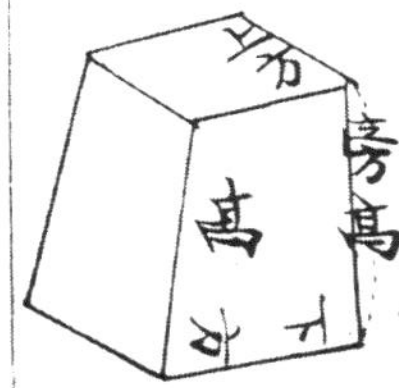

上方高和二十之寸下
方高和三十五寸旁高
一十九寸
答　上方六寸

外積七十〇寸一分七厘五毫
矢二寸三分三厘五毫
中勾率〇ケ八六六
答　方面九寸
角面五寸

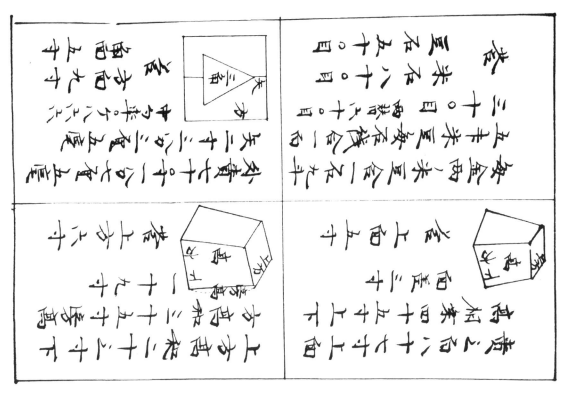

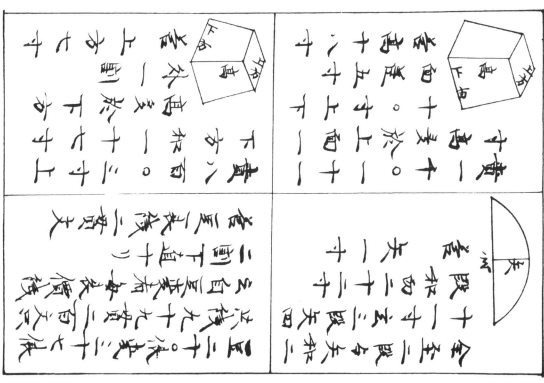

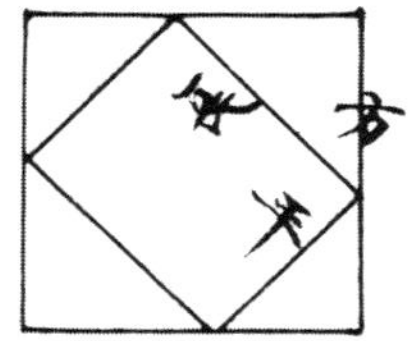

外責一百二十五寸長平差四寸

答 長十三寸 平九寸

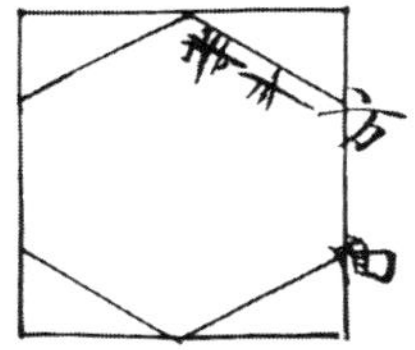

方面一十〇寸

答 半斜五寸四八五八 有奇

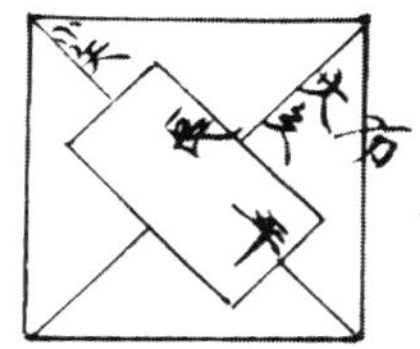

外責九十一寸五分大矢六寸小矢四寸

答 長七寸

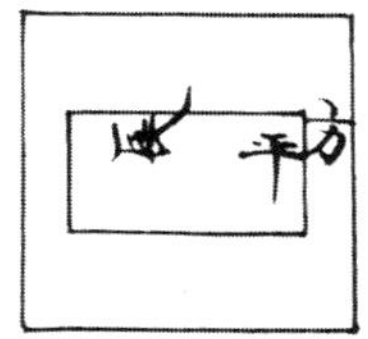

外責二十一寸長平差与方和八寸自方長有外二副 央之

答 長五寸

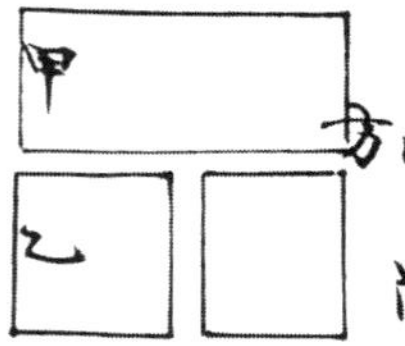

方八十八間適中八間三積等分

答 甲二十五間 乙五十五間

絹九叉紬八叉布五叉以浅五百九十一分而絹紬二分黄白紬布二十九分下直也

答 絹一叉三十〇目

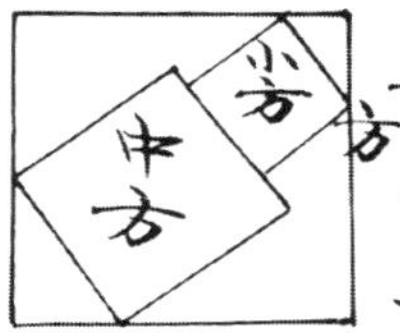

外責一百五十寸中小方差二寸

答 中方九寸 小方七寸

責六十〇寸上長下平和八寸上平下長和九寸高叉於上長一寸乃上平三段与高相等

答 高六寸

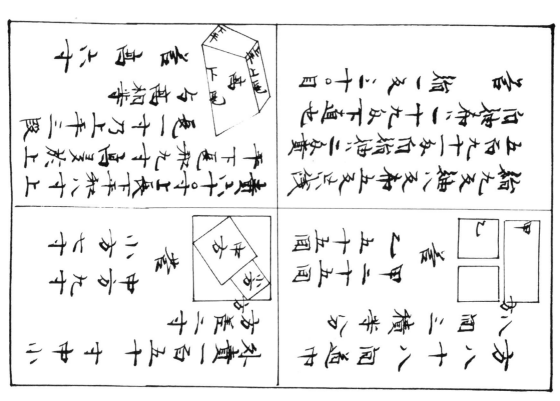

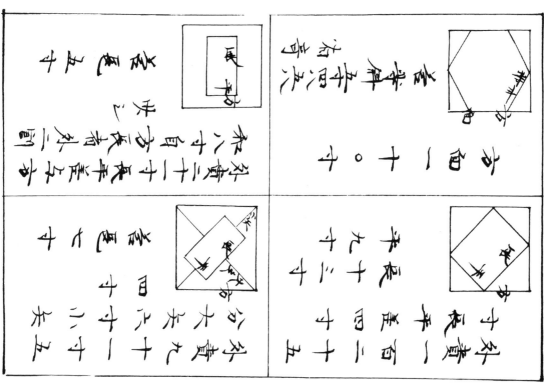

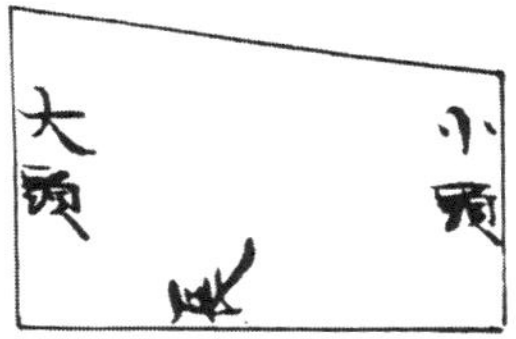

貴八十八歩長小頭ワ一
十八歩大頭二段
長ワ二十九歩

答　小頭　七歩

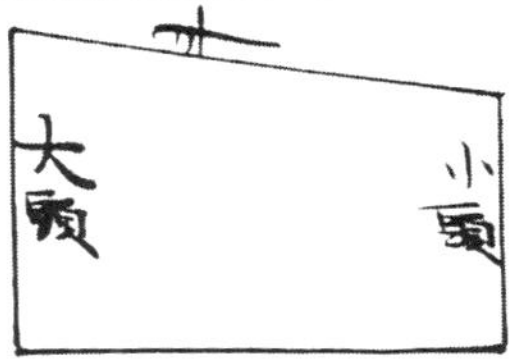

貴六十六歩小頭二段大
頭ワ十四寸斜一
十三寸

答　小頭　三寸

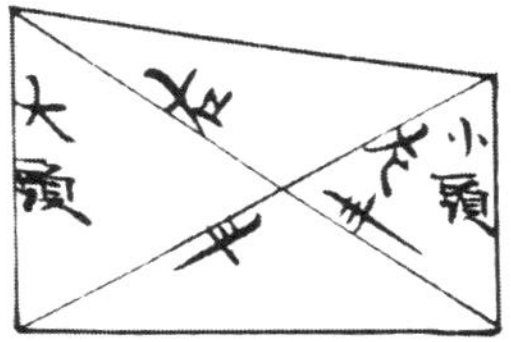

右斗一十五寸左斗
一十三寸大
小頭差四寸

答　大頭九寸

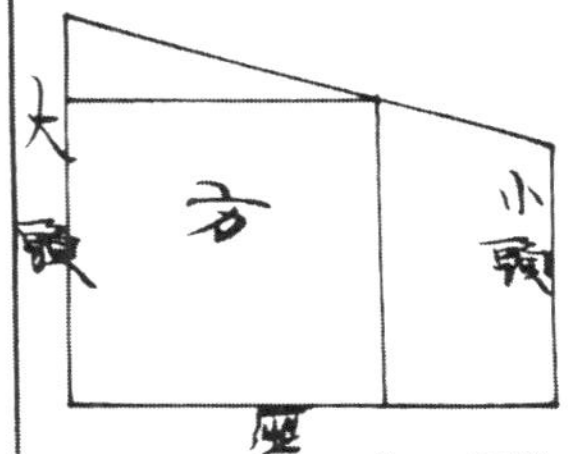

方大頭ワ二十七寸方小
頭差二寸濶二
十〇寸

答　大頭一十五寸

元銀一貫八百二十目加年二
割利乃利加利毎年帯還之至於
三年皆済ナリ毎年帯返銭
幾何

答　帯返銭八百六十四匁

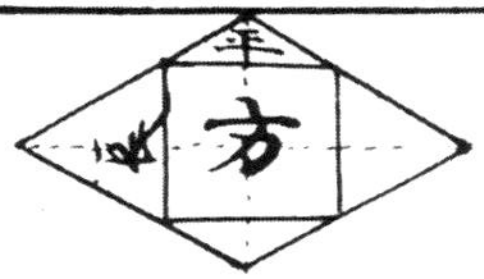

方長和二十一寸
長平差五寸

答　長一十五寸
方六寸

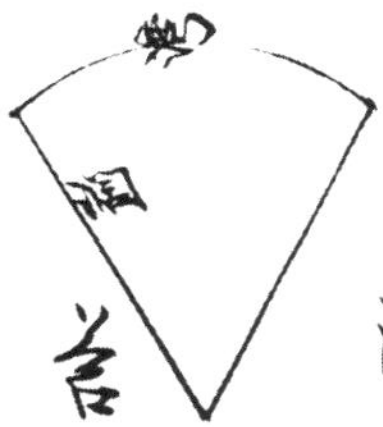

貴一百八十四歩湾四分ノ
三ト濶七段一百七十
三歩

答　湾一十六歩

長五段平七段ワ八十二
寸長八分之五与面
帯

答　長八寸

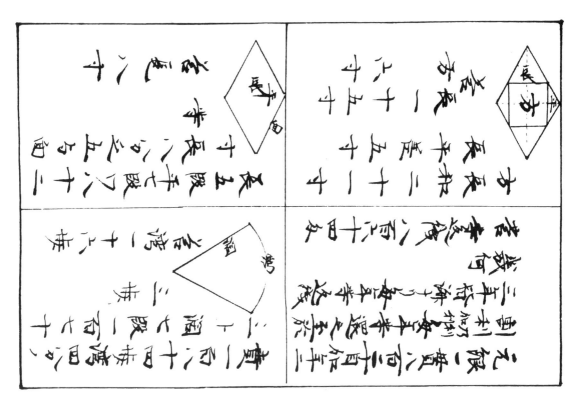

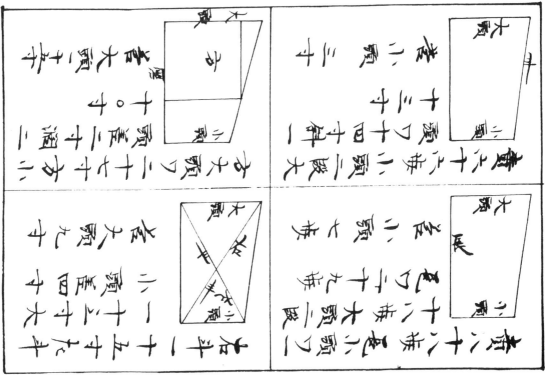

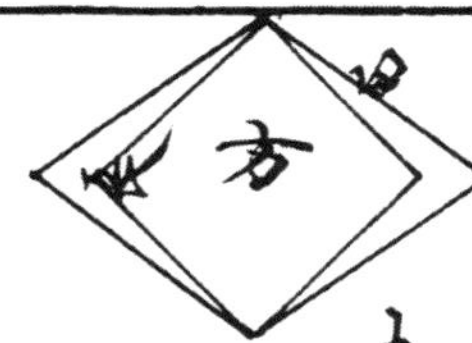

外積六歩菱面
五歩
答 是八寸

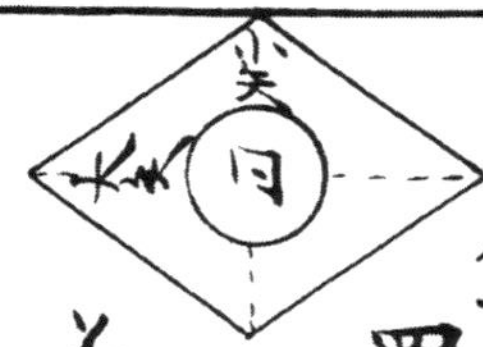

外貫二百一十三寸四八分
四面大矢七寸小矢
五寸 円貫方〇ケ七八
五
答 円至四寸

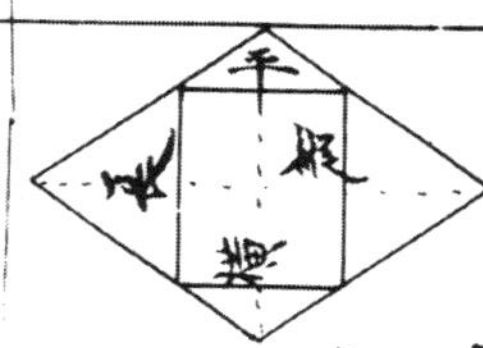

菱長一十六寸菱平一
十二寸直縦横差
五寸
答 縦九寸

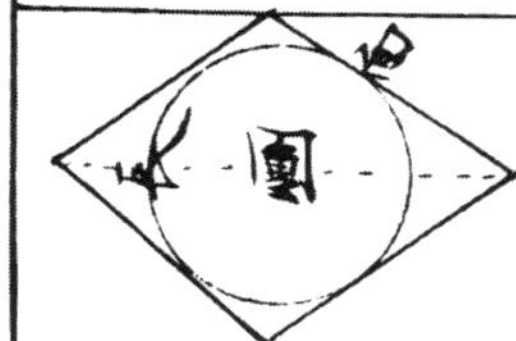

長勾円至和六十四寸
面二十五寸
答 円至二十四寸

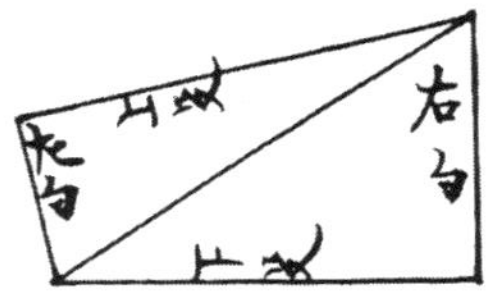

右勾上股和三十九寸
左勾下股和二十七寸
左右勾差八寸
答 右勾一十五寸

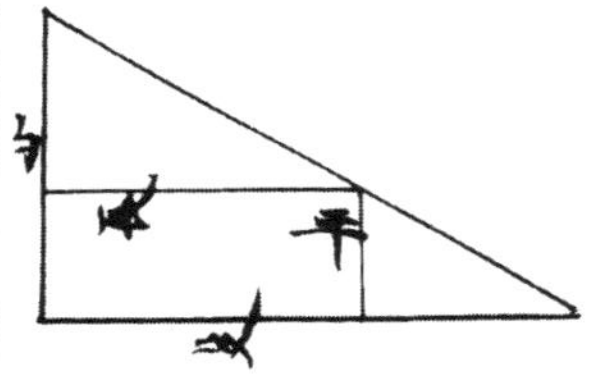

勾九寸股十
二寸長平和
一十一寸
答 是八寸

中長二十五長小長五十長具
石数勾大長四十一長ノ石数奇
只云自大中有毎長八一斗史又
云自中史ゝ毎長八五升史
答 大長五斗八

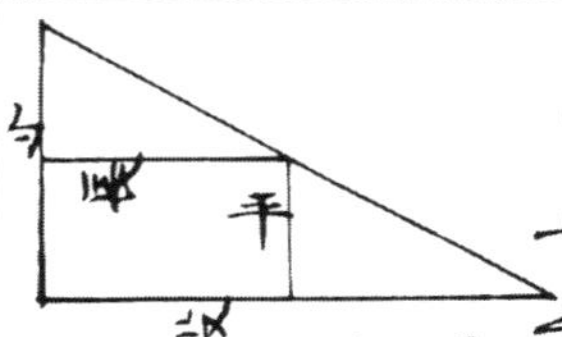

勾平和一十二寸又曰史
是和二十〇寸是
平差五寸
答 平三寸

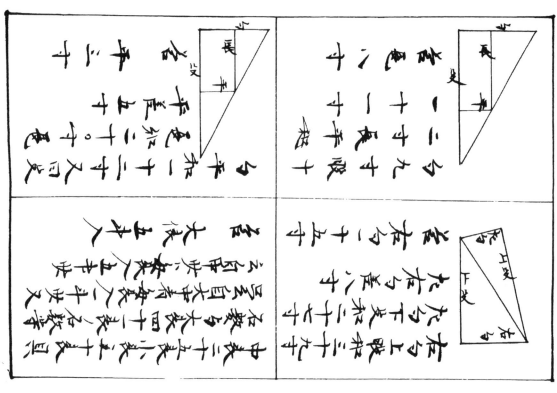

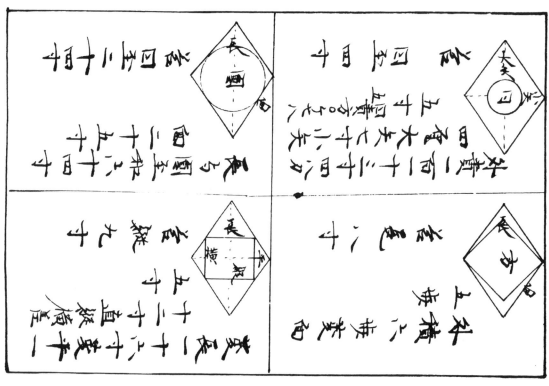

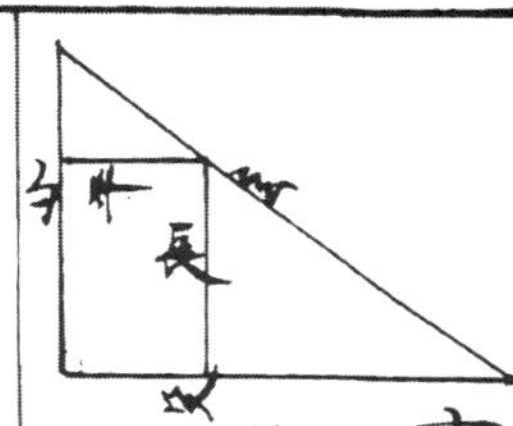

玄一十五寸股長差六寸
長平和一十〇寸

答　平四寸

米一百五十石三舟積則就
一石運米二斗也總賃米
何程　積石ノ内ヲ以運米ヲ与ノ

答　運賃米三石

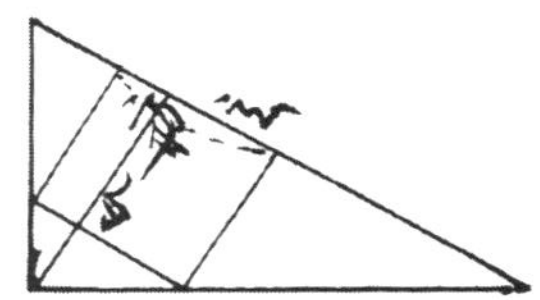

方三股勾玄和而
二十一寸中勾二
股步於玄四寸

答　方三寸
中勾四寸

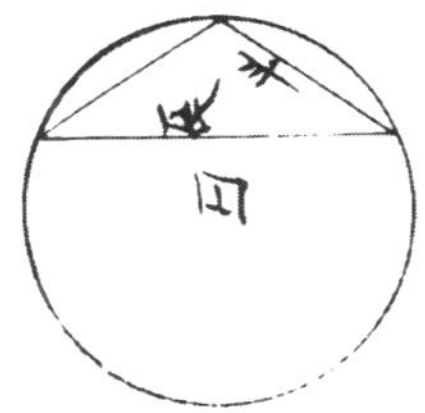

圓径長和而四十九寸斜
一十五寸

答　長二十四寸

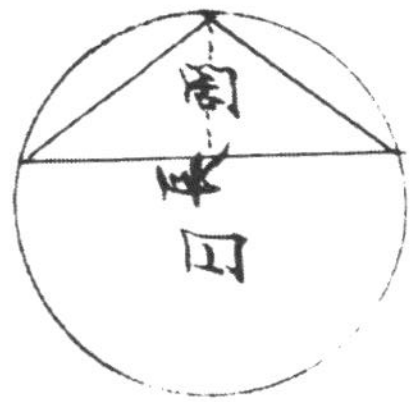

外積三百八十二寸六二五
長闊差一十五寸
円積方〇ケ七八五

答　闊九寸

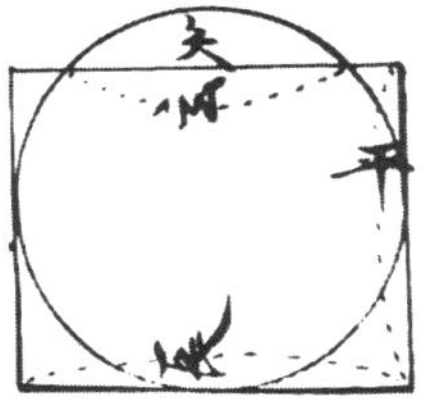

長平和而一十九
寸矢玄差五
寸

答　矢一寸

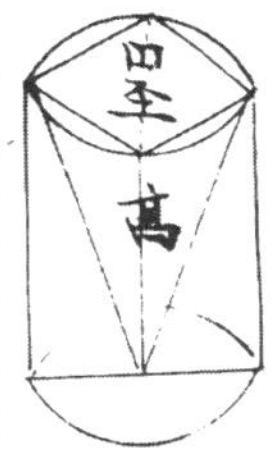

外積三百五十六寸一六
径步於高一寸
円積方〇ケ七八五

答　径八寸

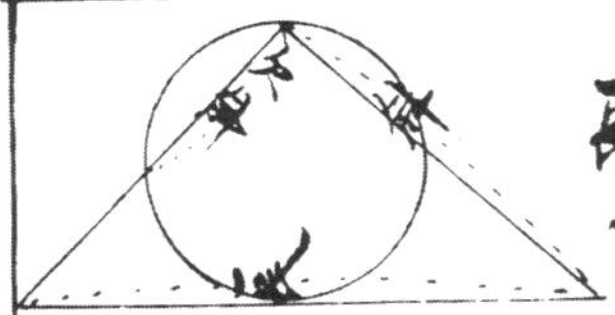

長卜欠斜和而四十
六寸斜二十五
寸

答　欠斜一十六寸

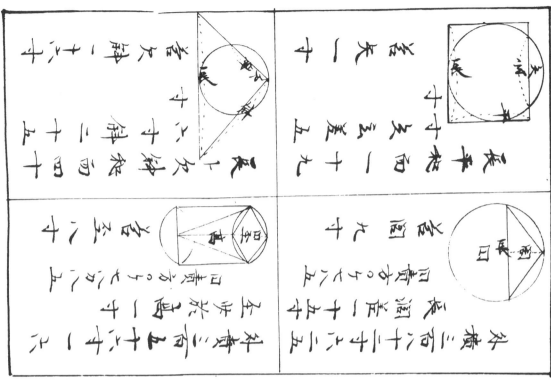

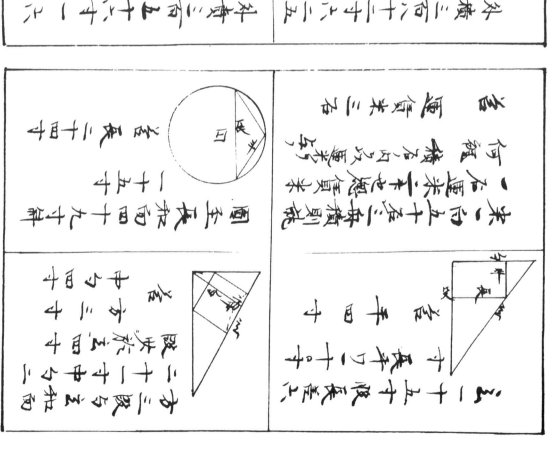

貴一十二步
斜長和九步

答平 三步

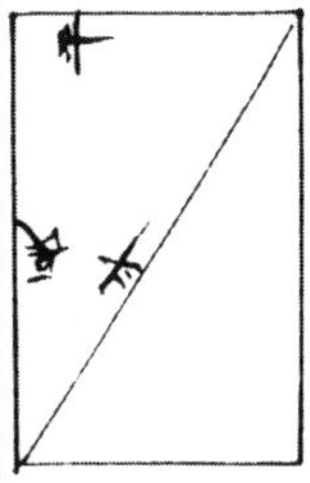

貴一十二步
長平和三積
一十二步

答長四步

貴一十二步
中長平差和
六步

答平三步

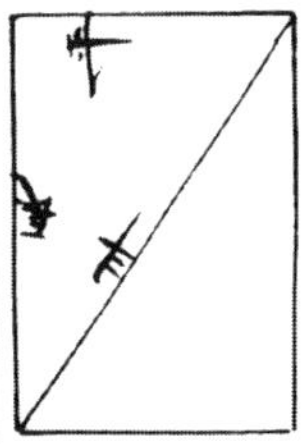

貴一十二寸十五分之
三長二分之
一和五寸

答長四寸

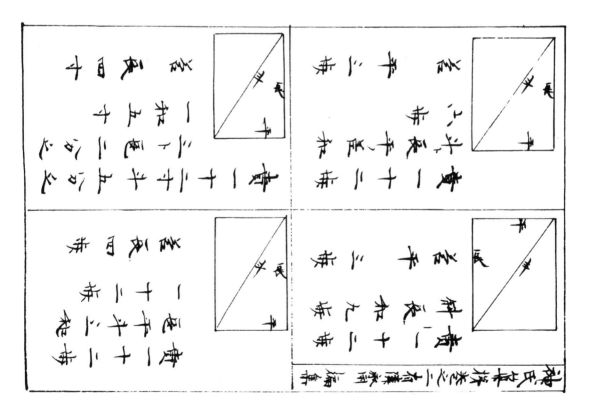

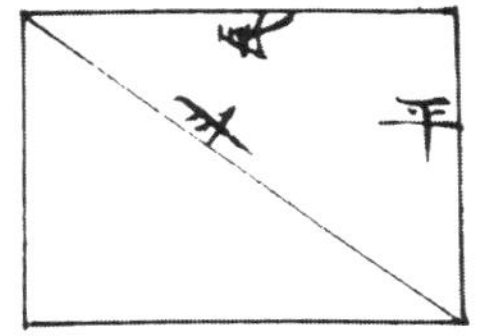

責一十二寸平三分ノ二
勾斗和七寸
答　長四寸
平三寸

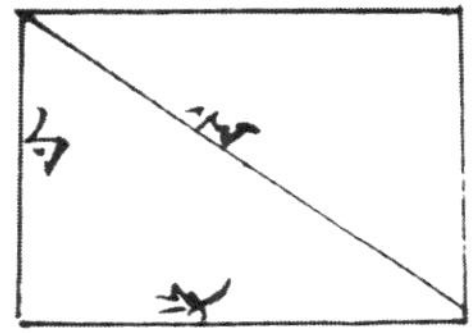

玄一十三寸勾五分之
三ト勾股差ワ
一十〇寸
答　勾三寸

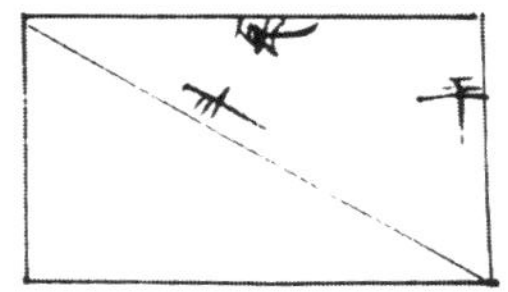

責一十二寸平与斜色
差ワ四寸
答　長四寸

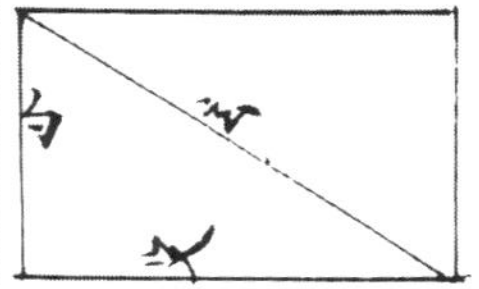

責三十〇寸勾玄相乗
六十五寸
答　玄一十三寸

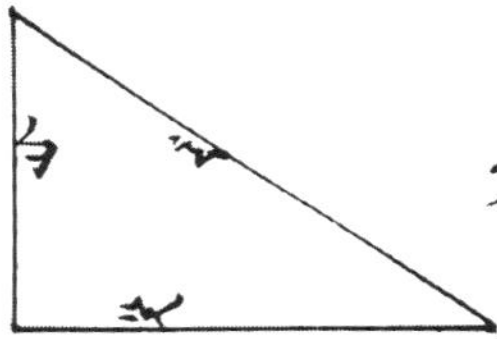

積一百五十〇寸股玄
相乗一百五十
六十寸
答　勾五寸

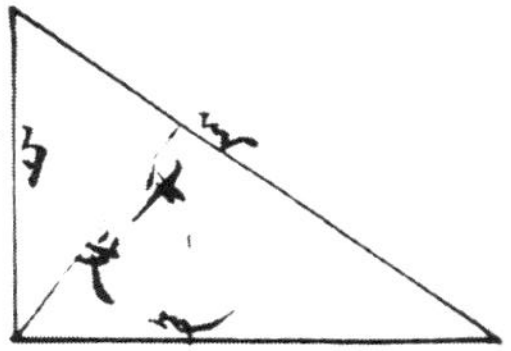

積一百五十〇寸勾股
和三十五寸
答　中勾
一十二寸

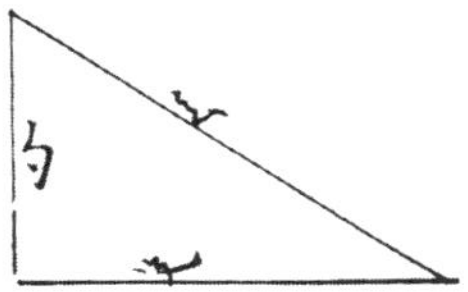

責三十〇寸勾玄相乗
六十五寸
答　玄一十三寸

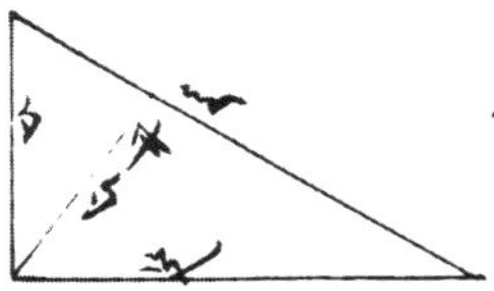

積一百五十〇寸股玄
和而四十五寸
答　中勾
一十二寸

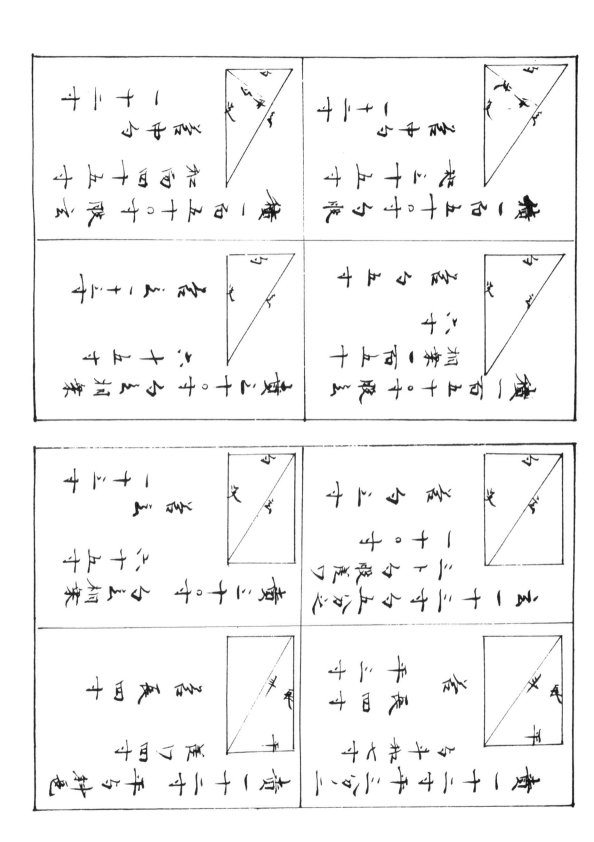

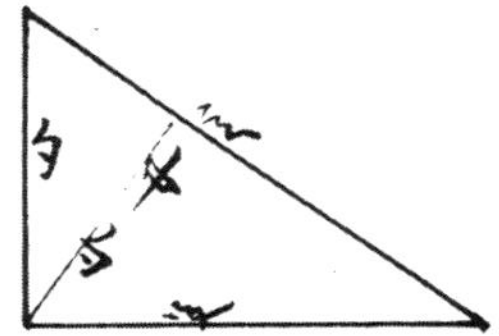

積一百五十〇寸
勾玄差一十〇寸
答中勾
一十二寸

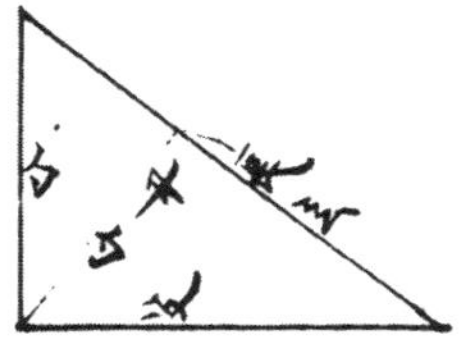

勾一十五寸股
長玄差四寸
答玄二十五寸

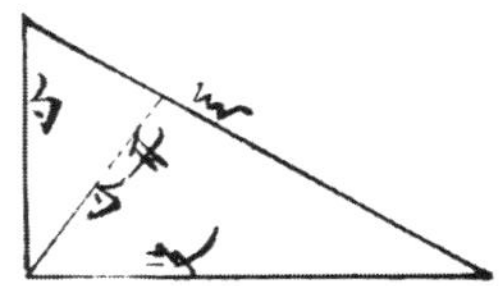

積一百五十〇寸
勾股中勾之和
四十七寸
答勾一十五寸

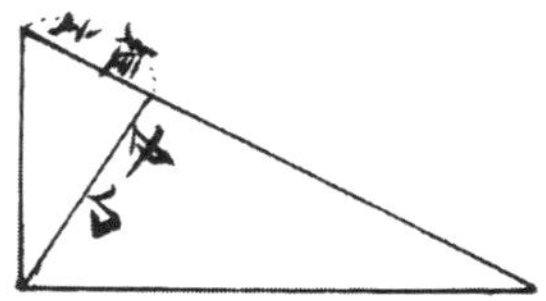

積一百五十〇寸
徑玄九寸
答股二十〇寸

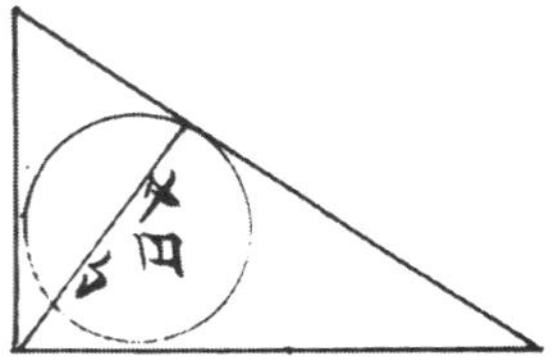

積一百五十〇寸中
勾圓徑差二寸
答玄二十五寸

圓徑一十〇寸
答角面八寸六六〇二
有奇

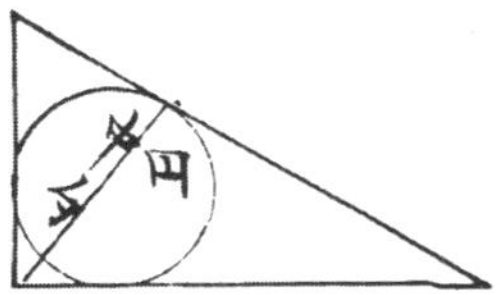

徑一十〇寸勾中
勾差三寸
答
勾一十五寸
玄二十五寸
股二十〇寸

徑二十五寸斗圓
和三十七寸四四
答斗二十四寸

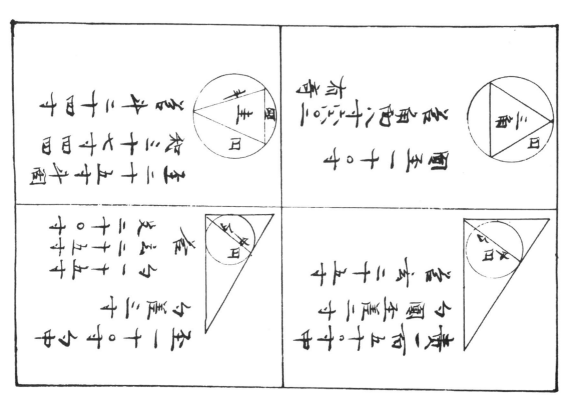

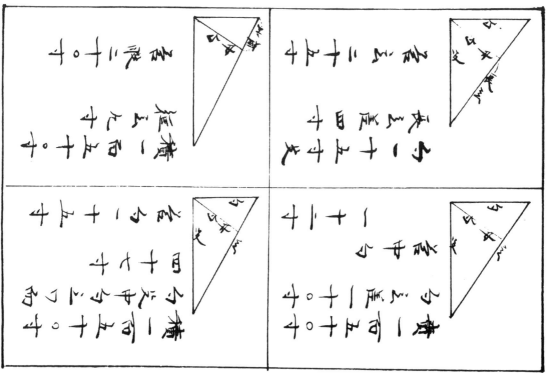

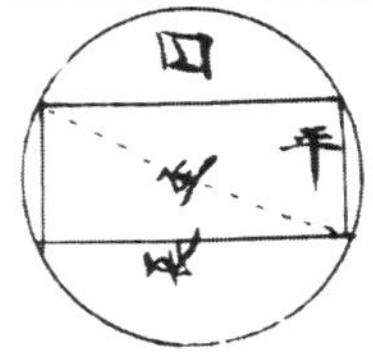

外責七寸六二五 至
卜平和八寸
回責方〇ケ七八五
答 長四寸
平三寸

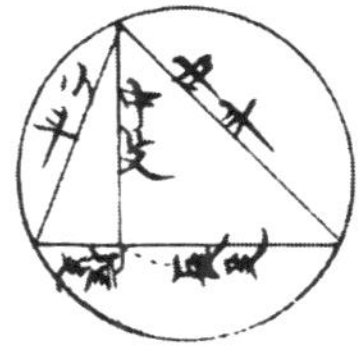

至二十一寸二五 長足旋足相
乗九十〇寸 中斗小斗差七寸
答 小斜一十〇寸

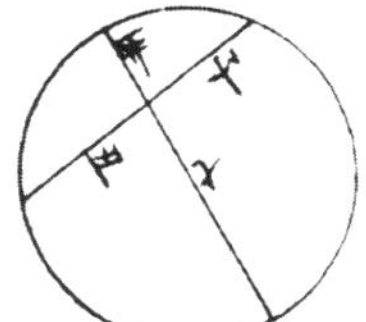

子三ケ丑四ケ
寅六ケ
答 卯二ケ

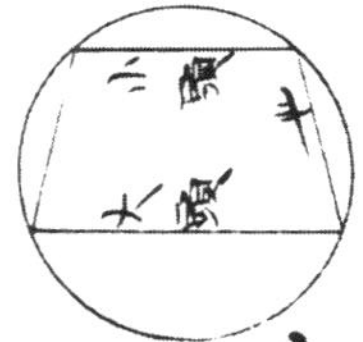

小頭七ケ
大頭九ケ
斗八ケ
答 至一ケ三五六五
有奇

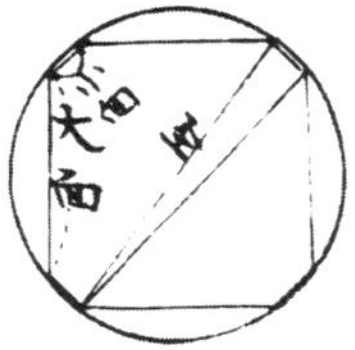

至一十〇寸 大小面
和七寸四四二三五
答 大面六寸

糯七石二斗 粳四石八斗 代金
和而一十四両 何糯粳ハ試金
両ヨリ外二間
答 毎金一両 粳九斗六升
糯八斗

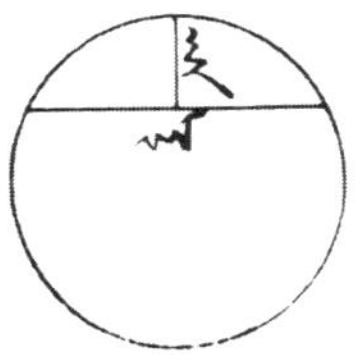

至帯矢巾和而
一百寸云是於
矢五寸
答 殳一寸

大小至和二十八ケ 大小矢和
七ケ云一十二ケ
答 大矢
四ケ

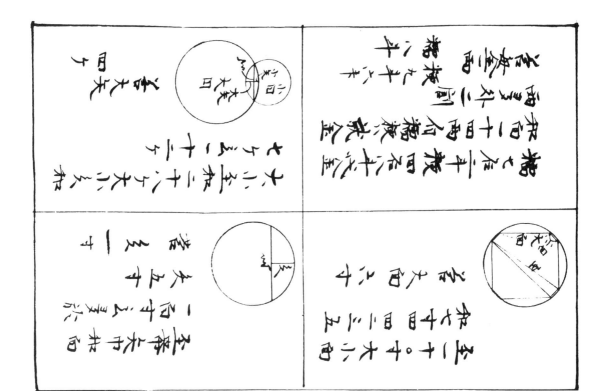

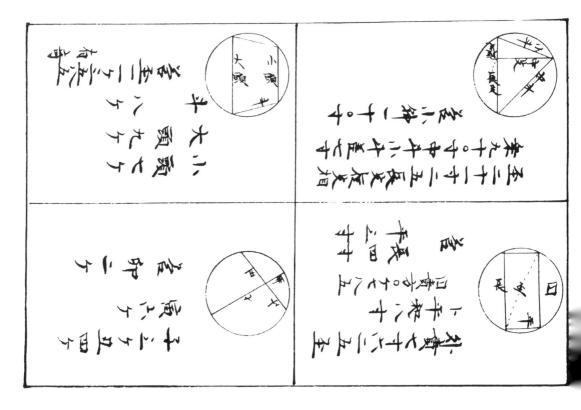

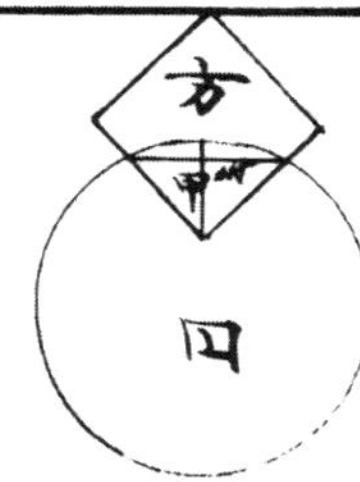

至一十之寸
甲之寸
答云五寸

外黄三十〇寸長平
差三寸 中勾率〇ケ八六六
答 長六寸九五
平三寸九五

米一十五石変二十一石代金二
十七両白米変代金一両
一斗五升易之
答代金二両 米一石二斗八升
変一石四斗

三角面一十〇寸
中欠率〇ケ八六六
答小径
一寸九之有奇

黄五百歩
不用定方
答角面三十九歩九八

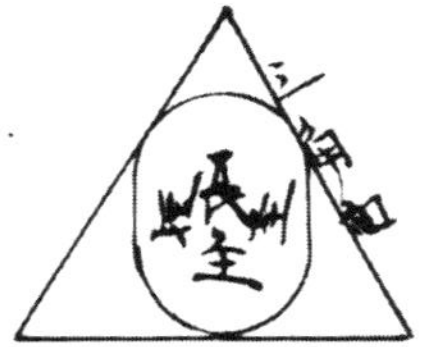

角面一十〇ケ長
径至差三寸
答径至三ケ七七之奇

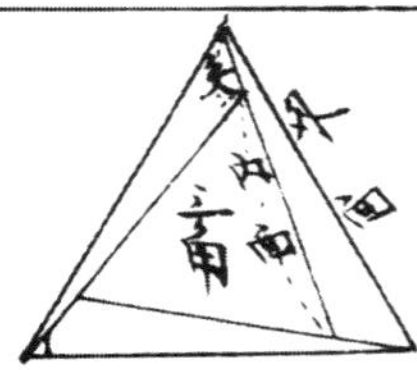

内外面差二ケ六
又一ケ六
答内面二ケ四

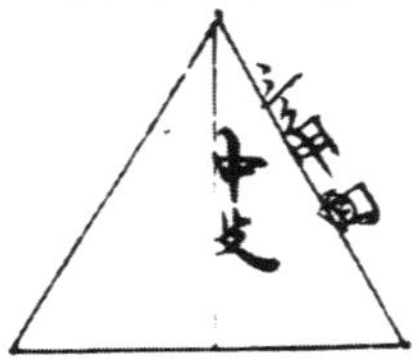

角面中股和一十
〇寸 不用中欠率
答角面五寸之五九
有奇

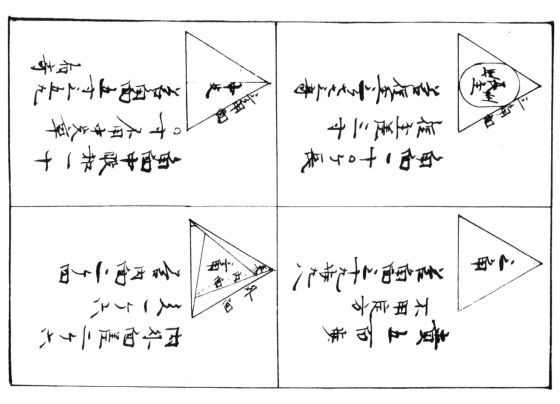

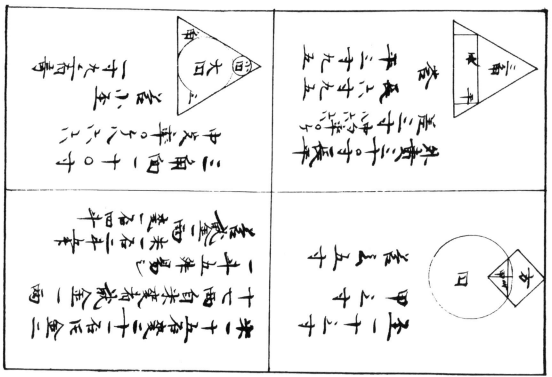

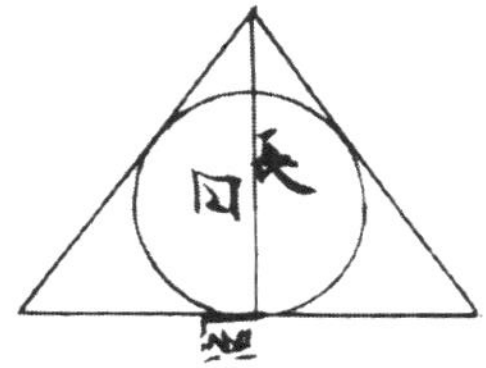

長六寸
闊三寸
答　径三寸

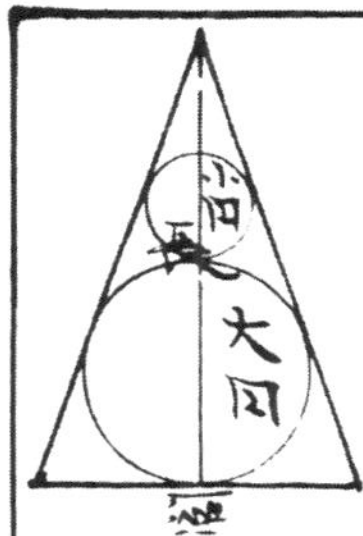

長百六十二ケ闊向三十
五ケ
大径九十〇寸
小径四十〇寸

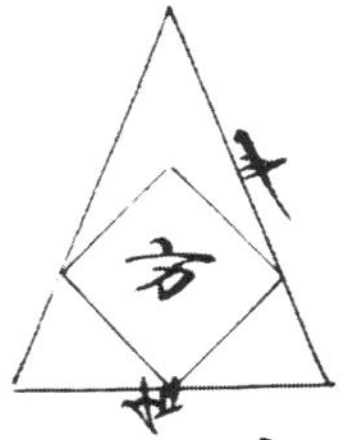

斜一十三寸
舌一十〇寸
答方

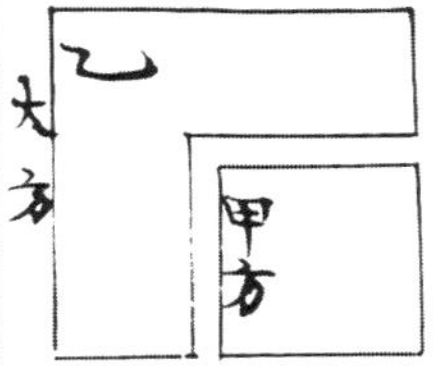

大方五間適中
一間甲乙責半分
答甲方　之間

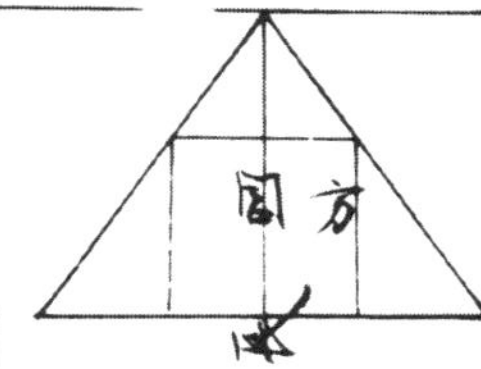

方外責三十九寸
長多於闊五寸
答　闊二十〇寸
方　六寸

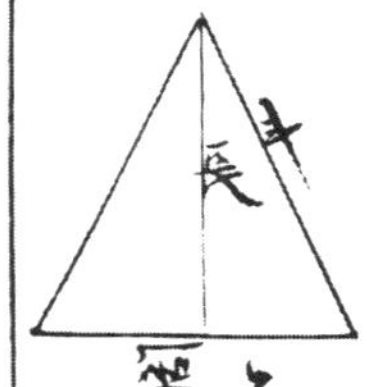

責六十〇寸長闊斜之和
三十五寸
答　斜一十三寸
闊一十〇寸

金百六十〇両八分之不知人数一番
當十分之一為末取逐差九両
一番五十〇両
答
人数六人

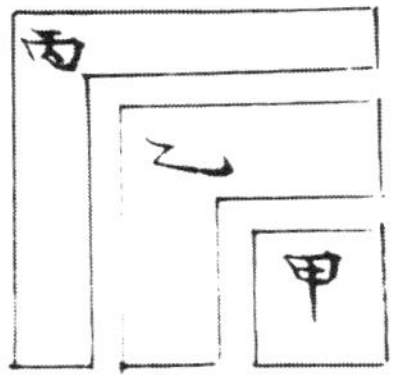

大方　適中　甲乙丙責
半分
答甲方

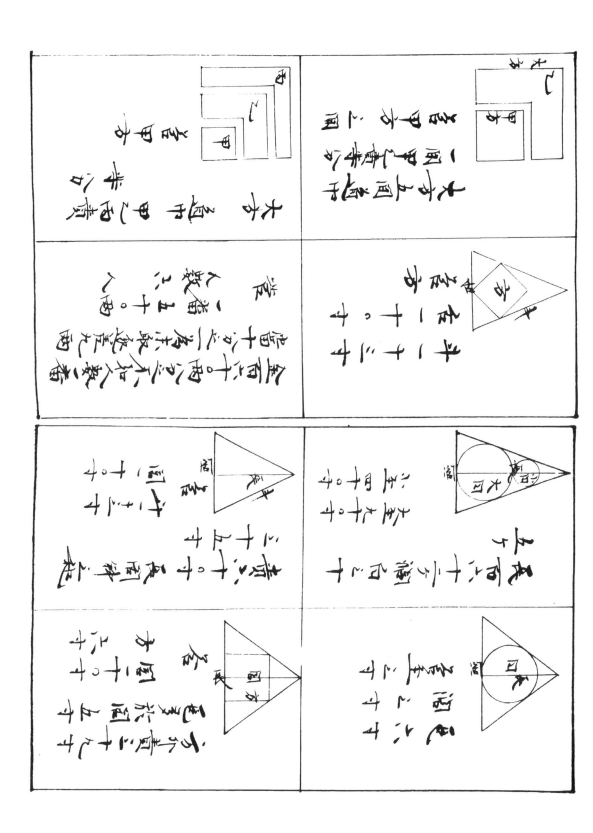

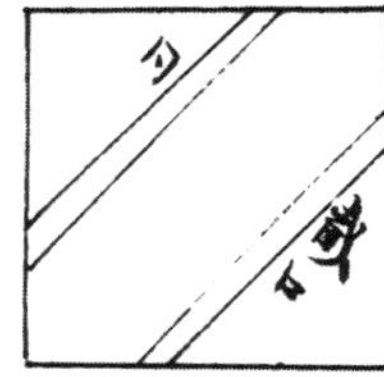

方四十一ケ通中一ケ三
責　帯八分
答截口四十八ケ

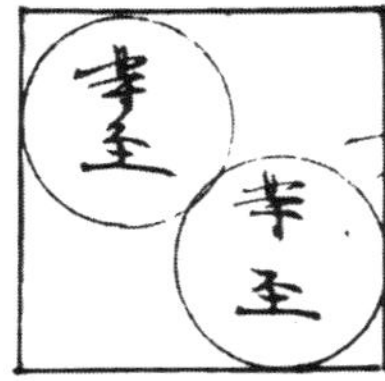

外積一百歩
只云方〇ケ七八五
答圓径

方若干　通若干
甲乙丙帯分
答截中

面斜和果斜二百〇寸
方平七十
斜平九十九
答方

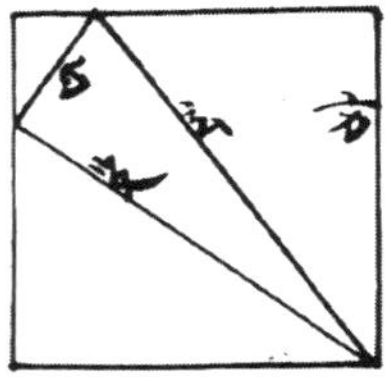

方一十六寸
勾五寸
答殳二十〇寸

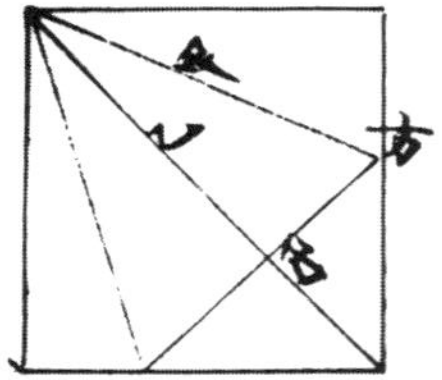

方　和二十五寸
乙丙差二寸
答乙

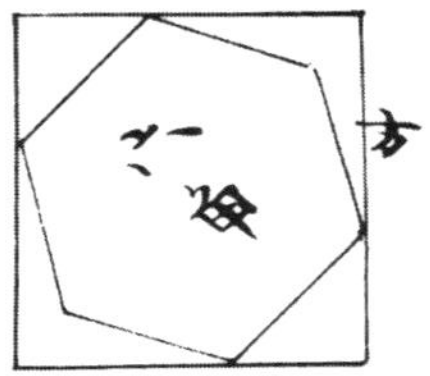

方一十〇寸
斜平一ケ四一四二
答六角面五十一分七六

元金三十両貸利米九石六斗
又元米四十八石貸利金
六両也
答毎一両米一石六斗

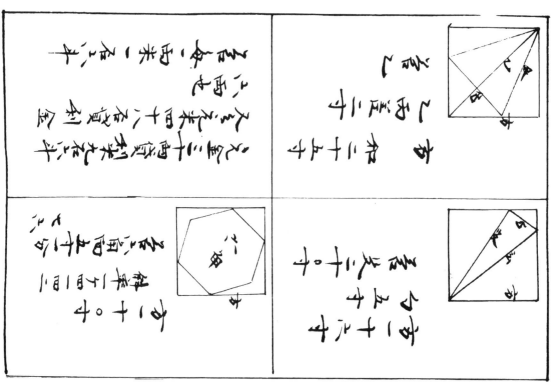

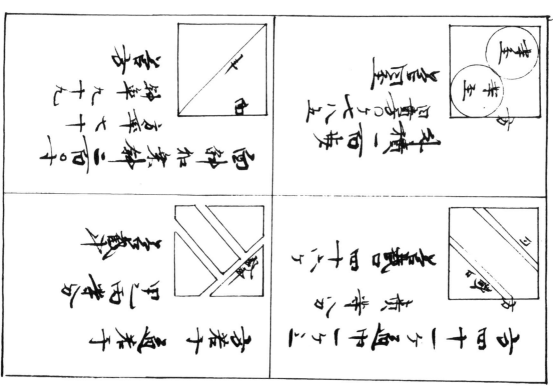

責八十〇寸以方除高數与以
高除方數ト和而二ケ〇五厘

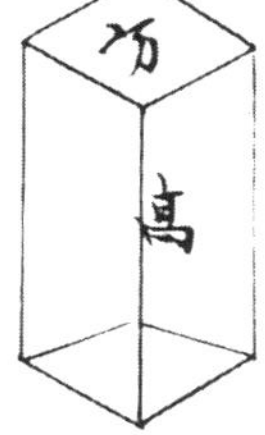

答方四寸

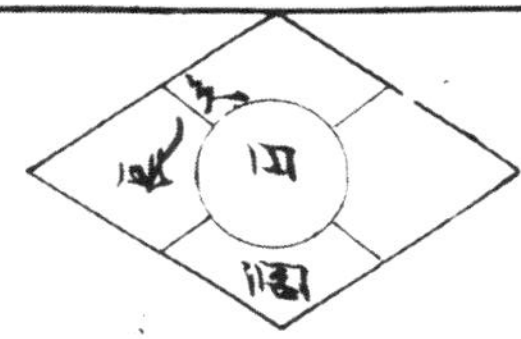

外責一百二十一歩七四
又合三寸長濶差五寸
円責八十〇ケ七八五
答至　六寸

斗方和而二十七寸堅七分ノ
二与方三分ノ一相等

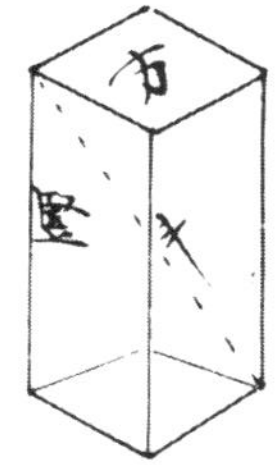

答堅七寸

径至三
長多於濶二寸

答　長八寸
　　闊六寸

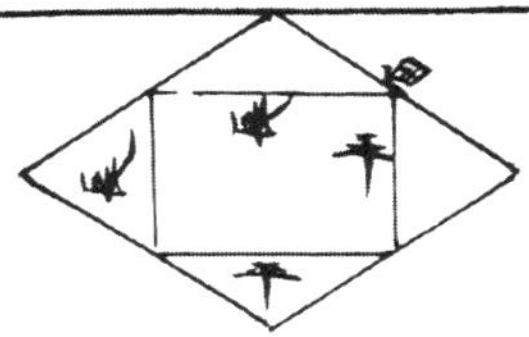

菱面直長相乗六十〇寸
又云菱面直平相乗二十
二寸五分菱長平差三寸
答　菱長一十二寸

銭七百二十八文ヲ不知人
數ニ与ル於末一百二十二文
逐而内二割ヲ
答　首取二百五十〇文
　　人數四人

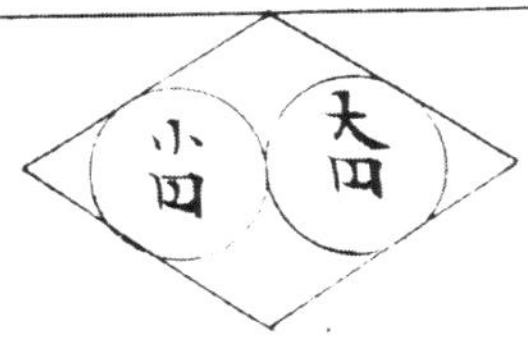

長四寸濶三寸
大小至差一寸
答　大至二寸
　　小至一寸

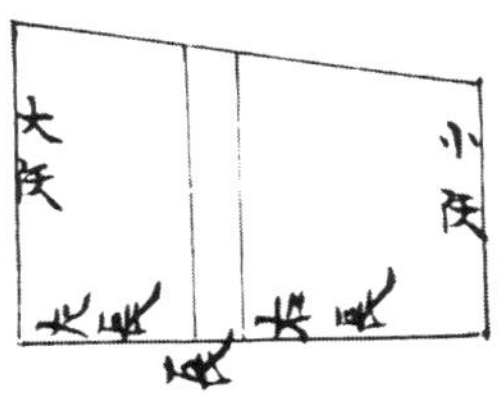

大頭八ケ六小頭
七ケ長二十〇ケ
通巾二ケ
大右責等分
答右長九ケ

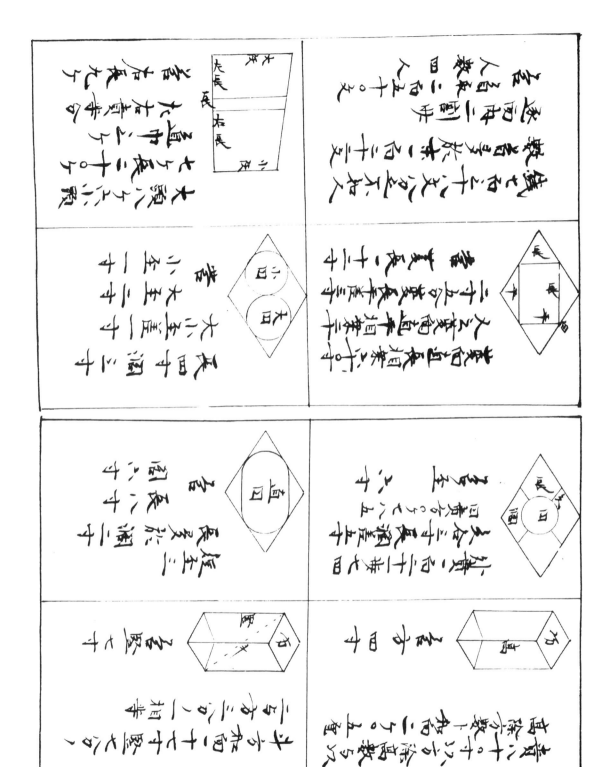

卅高七百石納内甲納
二百六十石乙納百之
十五石也從甲乙二ツ乗

答
甲取六ツ五分
乙取四ツ五分

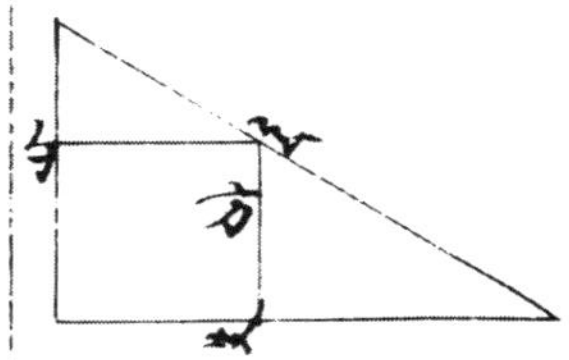

勾方和三十三寸
丈玄差七寸

答
勾二十一寸
殳二十八寸

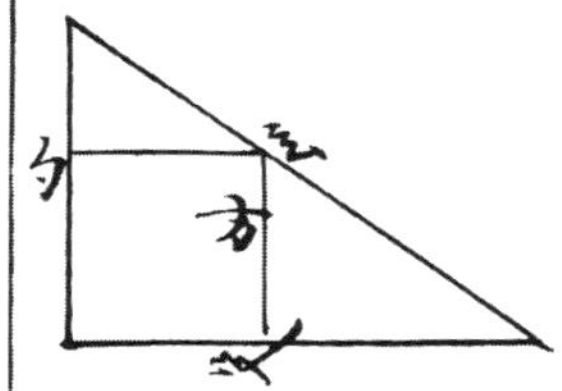

玄方四十七寸合
勾殳差七寸

答
勾二十一寸
方一十二寸

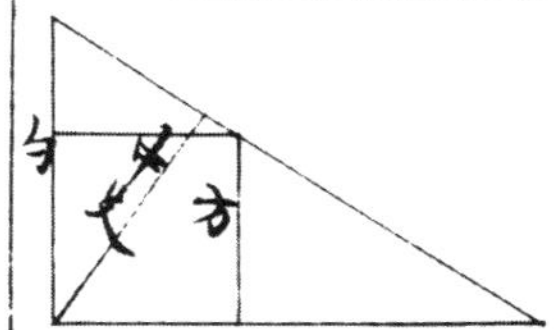

中股五ケ六方
四ケ

答
勾七ケ

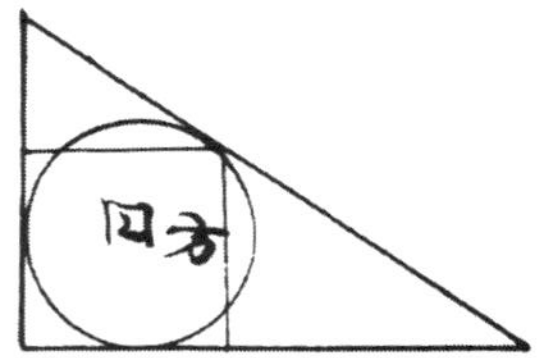

圣七ケ方六ケ

答
股一十四ケ

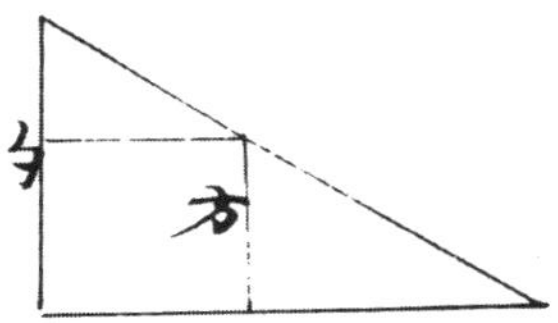

責二百九十四ケ勾
方ワ三十三ケ

答
勾二十一ケ

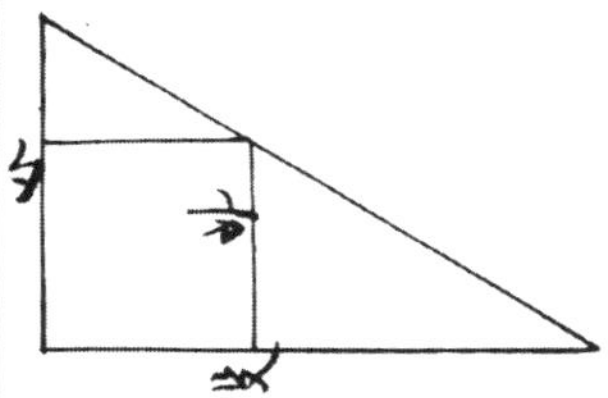

方外責一百五十
〇ケ勾殳差七ケ

答
方一十二ケ

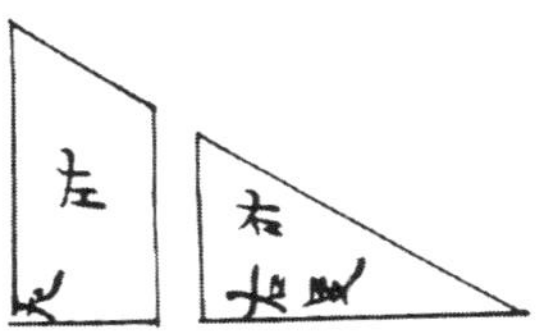

股二十九ケ追
巾一ケ左右責
半分

答
右股二十〇ケ

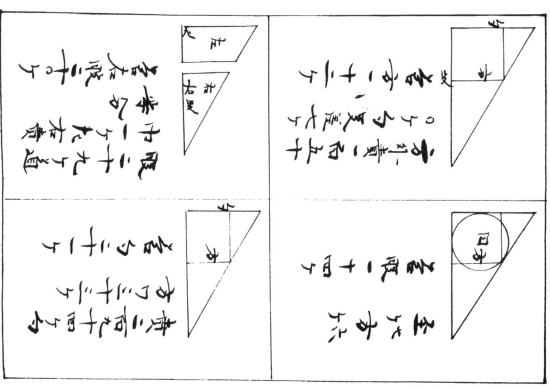

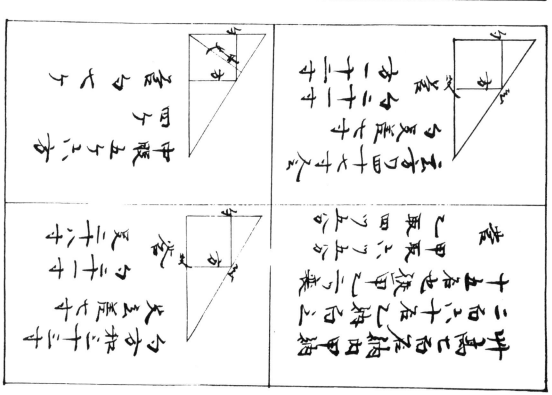

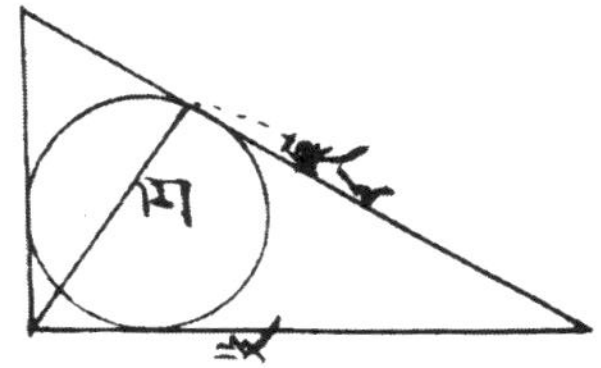

至句長玄和五ケ二股四ケ
答玄五ケ

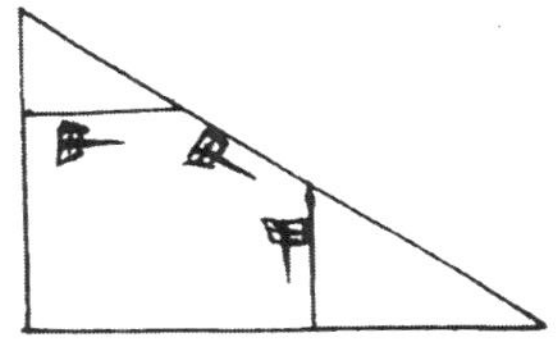

句一十四ケ一分
股一十八ケ八分
答甲六ケ

外貢二十〇寸長
平差五寸句殳口
二十一寸
答句九寸

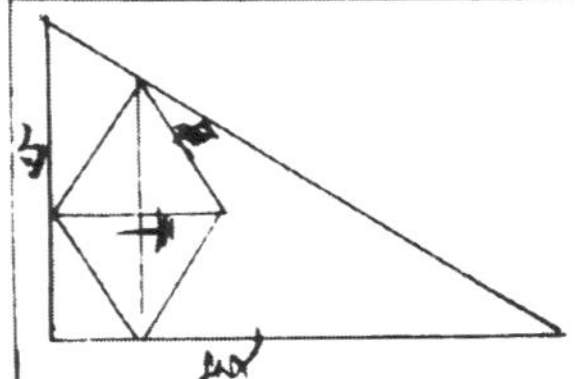

句九ケ六殳二十
八ケ菱面五ケ
答菱平六ケ

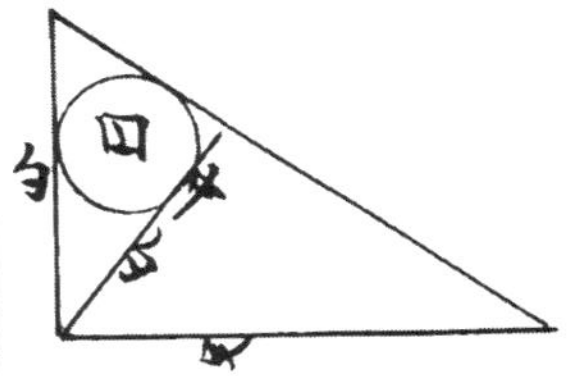

至一ケ二
股四ケ
答句三ケ

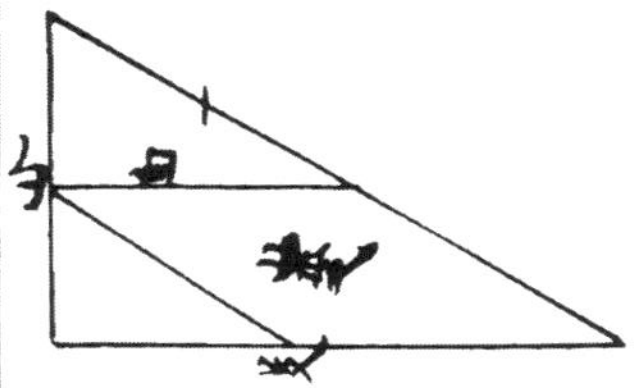

句八ケ五五股
一一ケ四
菱斜句殳非同乙
答面五ケ

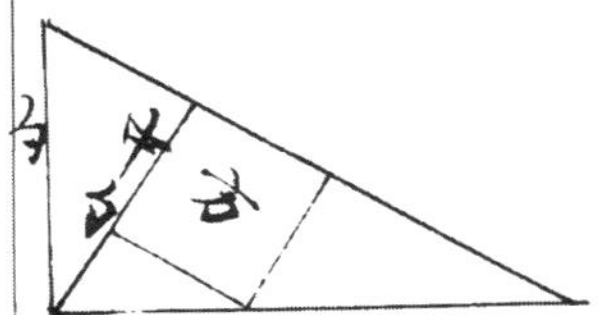

方九ケ六
句二一ケ
答殳二八ケ

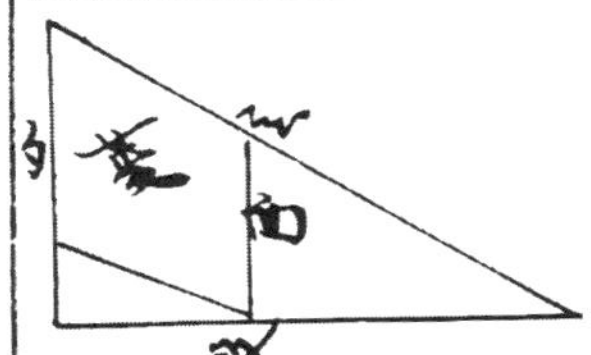

面殳ワ四七ケ句
玄ワ六四ケ
答句二四ケ

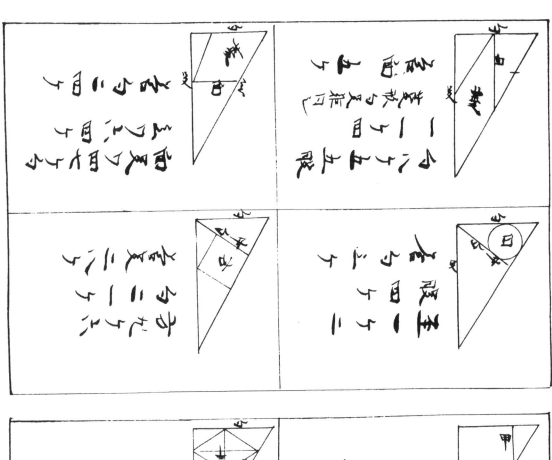

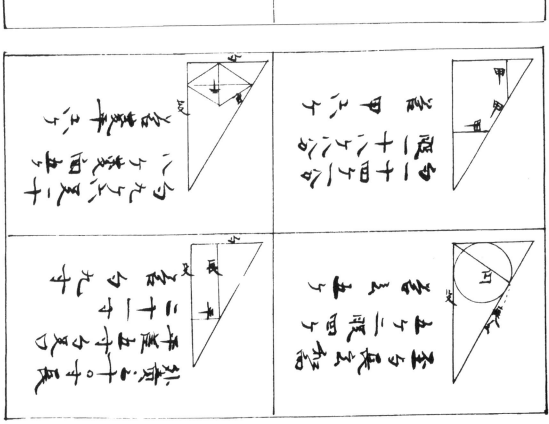

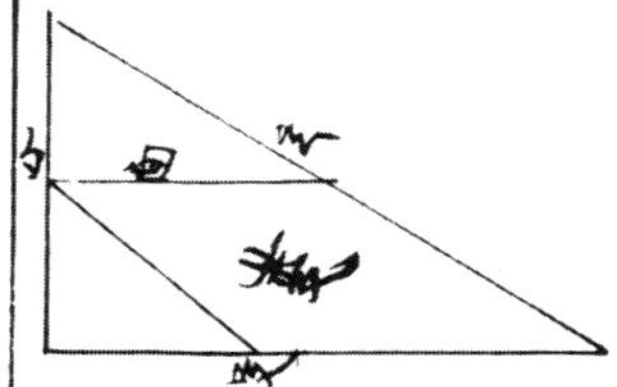

勾多於面七ヶ
又云差九
答勾二七ヶ

物數六ヶ二五別〻段數以除
又截高除高与截余同數也
責段數若干
答五ヶ一ヶ二分五厘

物數三十二ヶ四人配之
逐差同條一番ト四番
相乗五十五ヶ
答一番一十一箇

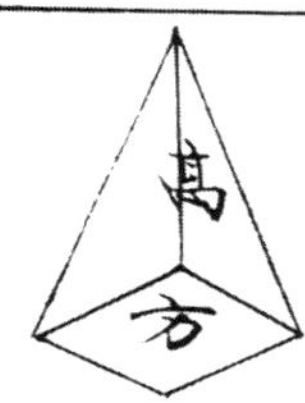

責一百二十〇寸高五分之
三与方和而一十二寸
答方幂三十六寸

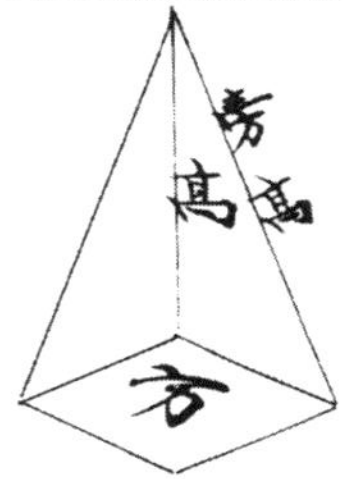

積一百〇二十寸
旁高勾高和
一十八寸
答方六寸

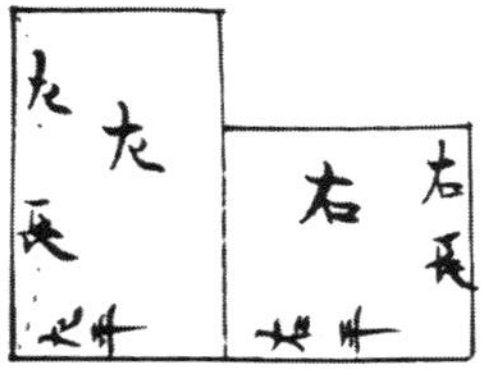

只積六十〇ヶ左長平差三ヶ
又云左右長和一十
三ヶ左右平和九ヶ
答左平五ヶ

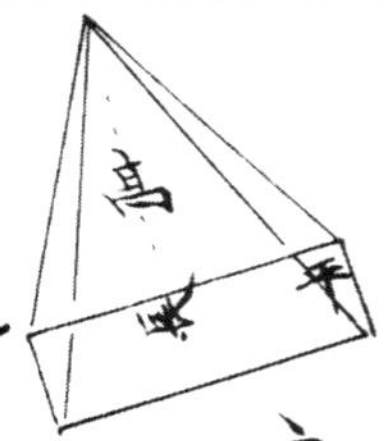

責三十五寸
高七分之三
勾平半長
平差二寸
答長平和八寸

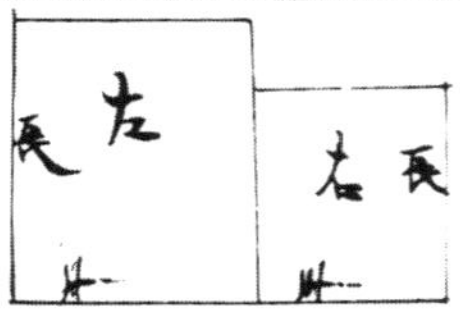

右責四十〇ヶ左責二十一ヶ
只云右平多於左
平二ヶ又云左右長
差一ヶ
答左平三箇

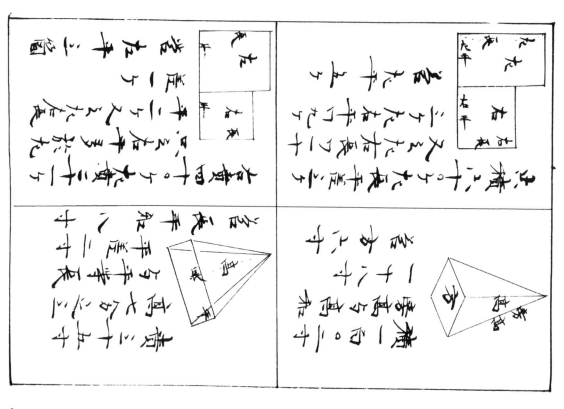

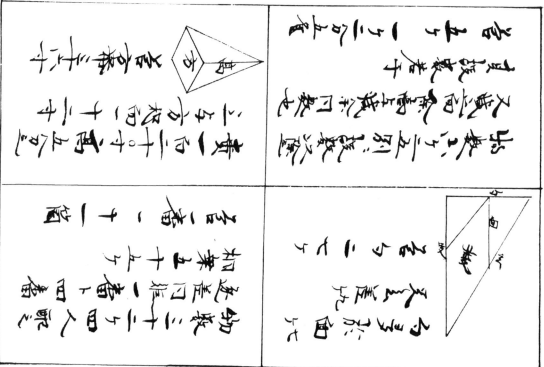

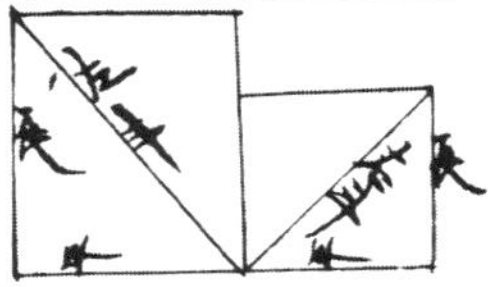

右斜五ヶ左斜一十三ヶ
只云左右平和而
八ヶ又曰左右長
差八ヶ
答右長四ヶ

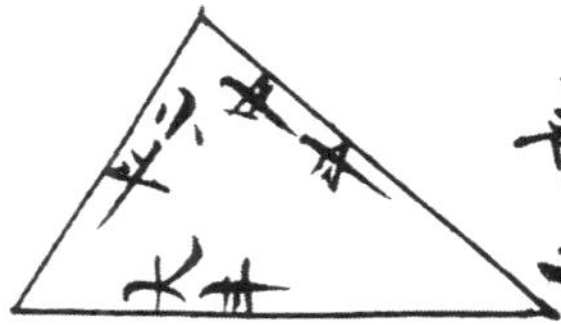

責二十四ヶ只云中小斜
相乗五十二ヶ又曰
大小斜差一十一
ヶ
答小斜四箇

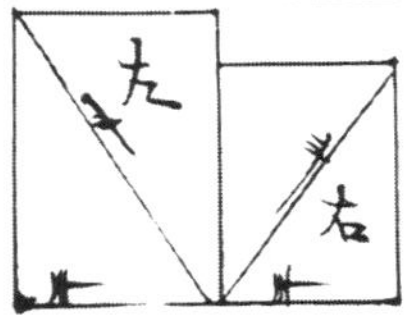

右積三百〇〇ヶ左積五百
四十〇ヶ只云左右平
和而八十四ヶ又曰左
右平相等
答平一十五寸

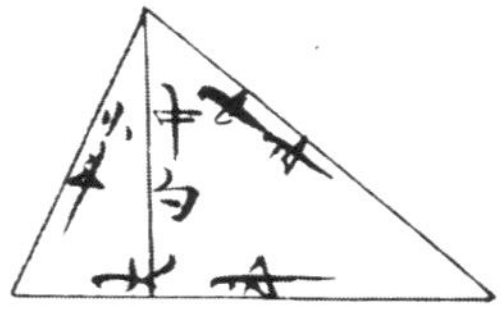

責八十四ヶ從大
斜逐短一ヶ
答小斜一十三ヶ

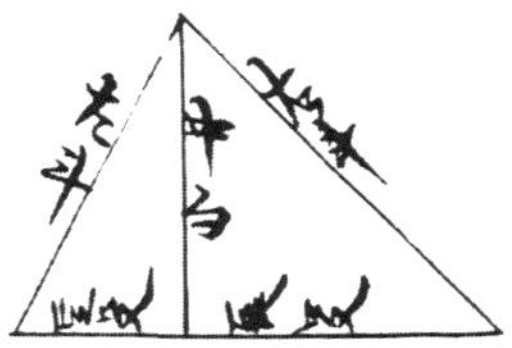

長短股相乗四五ヶ
中勾一二ヶ又曰右斗
差於左斗二ヶ
答短股五ヶ

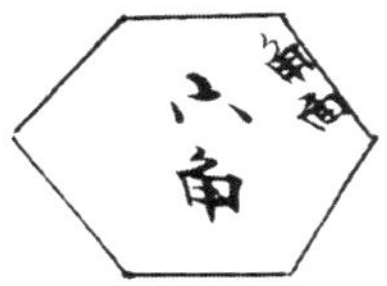

積一而歩
不用定率
答角面

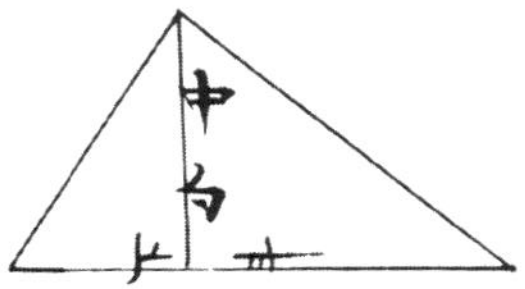

責一八ヶ只曰中勾四
分ノ三勾下斜三分ノ
二勾和一〇ヶ
答中勾四ヶ

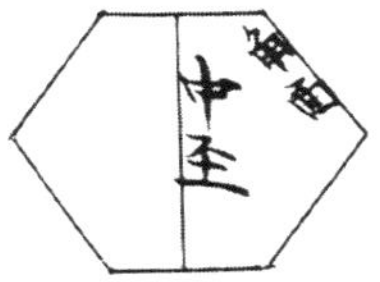

中至角面和
一十〇寸
不用定率
答角面

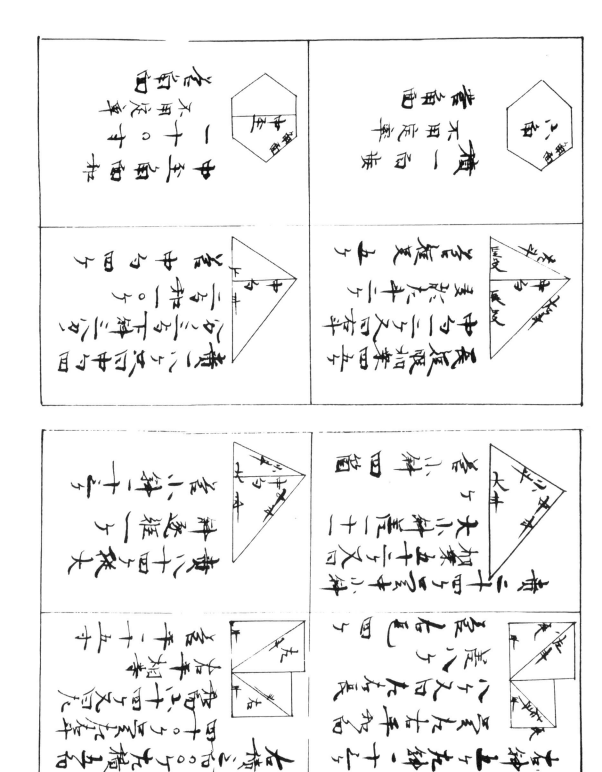

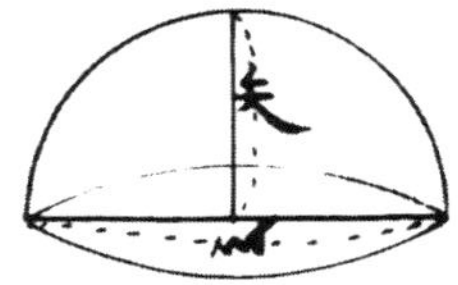

責一十四ケ五六
又云相乗二六ケ
立円責方○ケ五二
答 弦 二六ケ

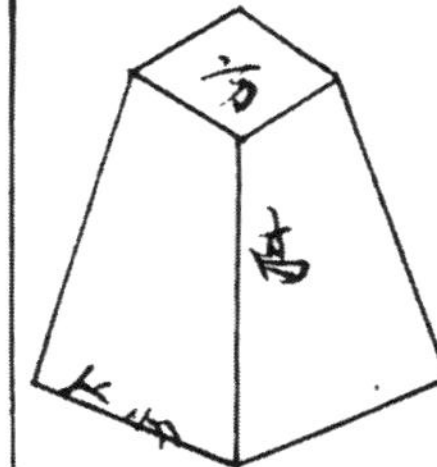

責九十八ケ只云上下方相乗
一十五ケ又云上方二段
卜高相等
答 高 二六ケ

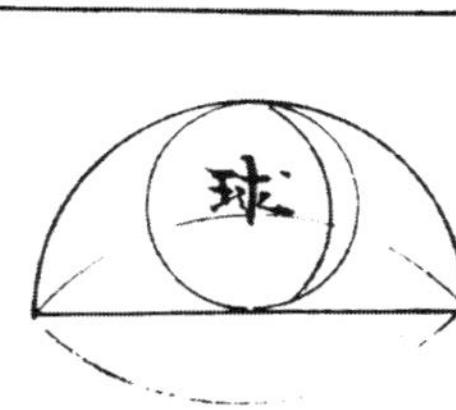

外責一十四ケ四又全
立円至与矢
和而一十一ケ
答 矢一ケ

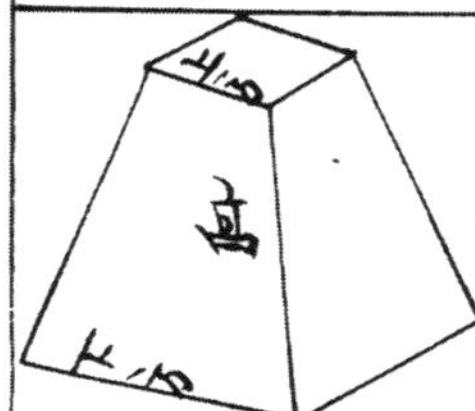

責九八ケ只云高五段加上方
云三ケ又云以下方
除高一ケ二
答 高 二六ケ

積四五ケ只云径及高和而
一四ケ又云以長及除径及
一ケ半
答 高 九ケ

積一百○四ケ只云毛
径至相乗三五ケ
立円責方○ケ五二
答 径至 五ケ

又径及相乗四八ケ又曰高
二八分ノ一ケ径及和而八ケ
別云傍高長及和
答
二ケ
高一二ケ

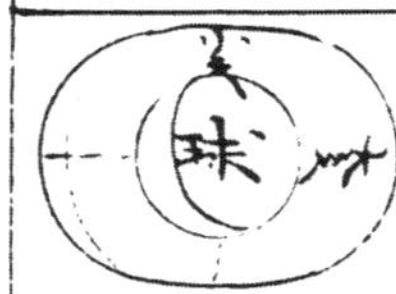

外責八九ケ九六只云径至小
又相乗五ケ又曰長至大矢
相乗一四ケ
答 径至五ケ

神氏算梯巻之三　布際斎　編集

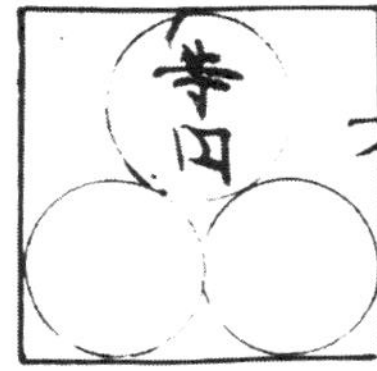

方一十〇寸
答等径五寸二七八
六〇有奇

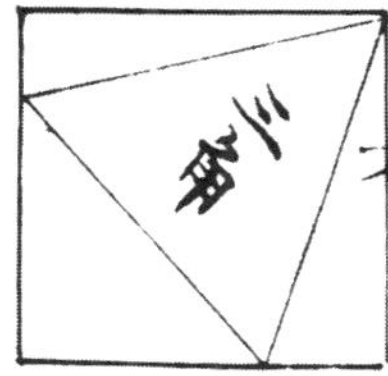

外積八千九百七十八歩
答角面
一百三十四歩

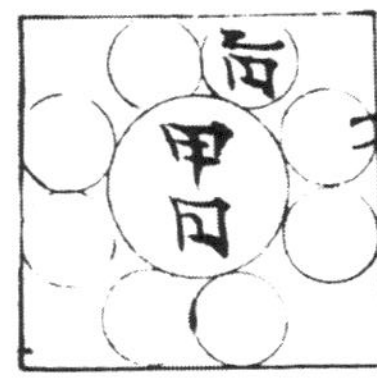

方三十一寸甲径一十
八寸
答乙径七寸

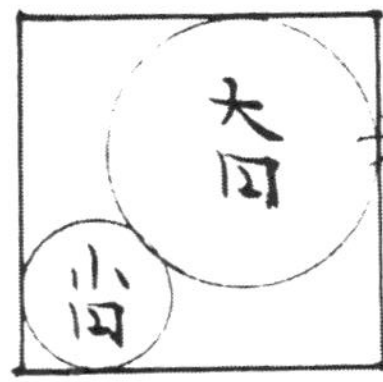

方一十五ヶ大小径相乗五十
四ヶ
答
大径一三ヶ六〇四二
小径三ヶ九

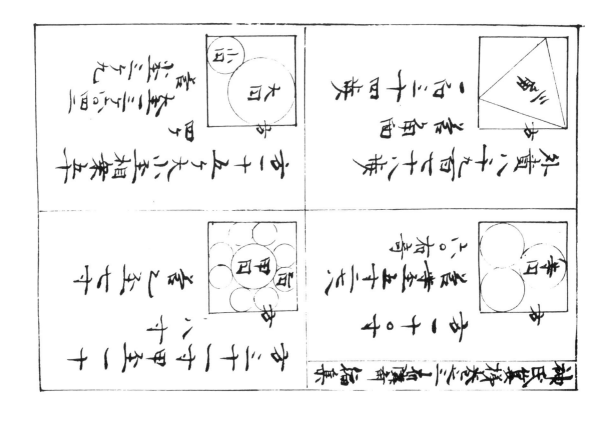

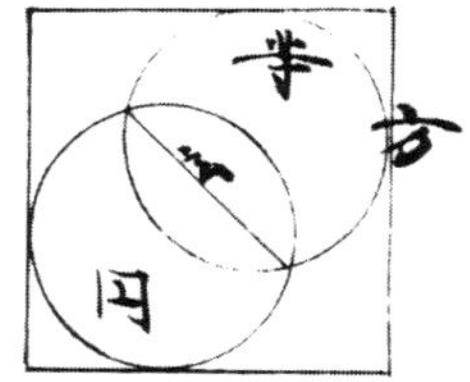

方一十三ケ
弦七ケ
答　径九ケ

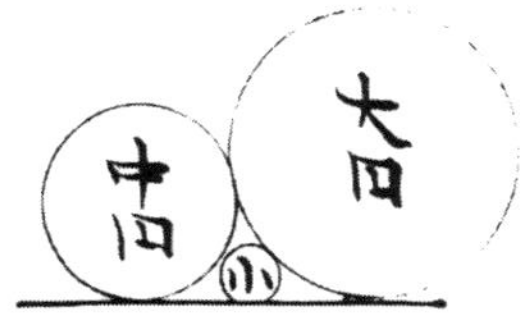

大径三六ケ
中径九ケ
答　小径四ケ

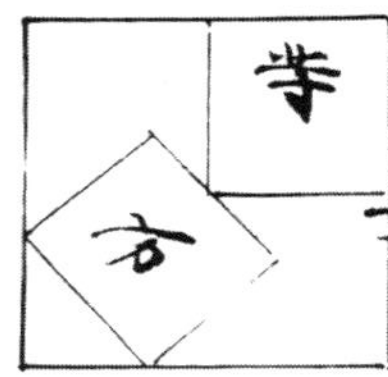

外責三十〇ケ
答　甲方　外方

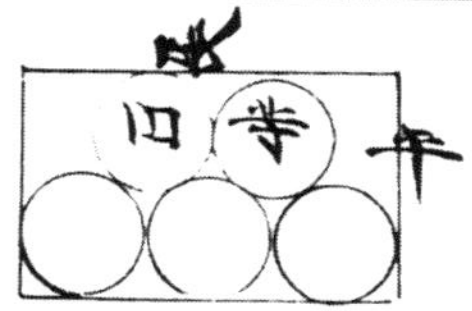

直平一二ケ
答　直長

角面一五ケ
長径一一ケ
答　短径五ケ四六四
有奇

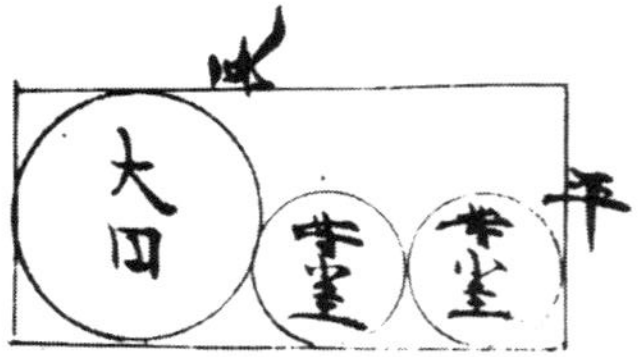

長一一ケ
平八ケ
答　小径二ケ

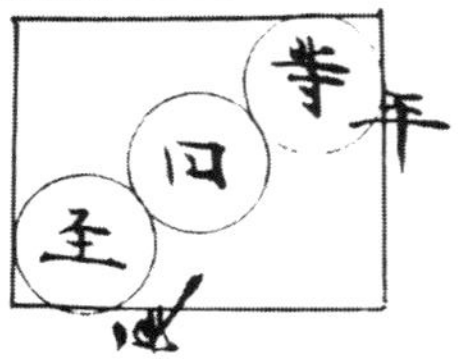

長一三ケ
平一一ケ
答　甲径五ケ

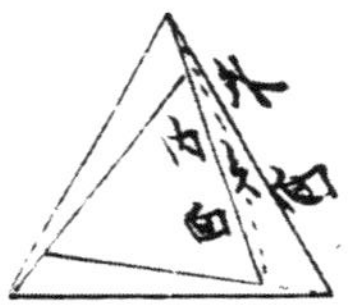

外面七ケ
斜合五ケ
答　内面二ケ

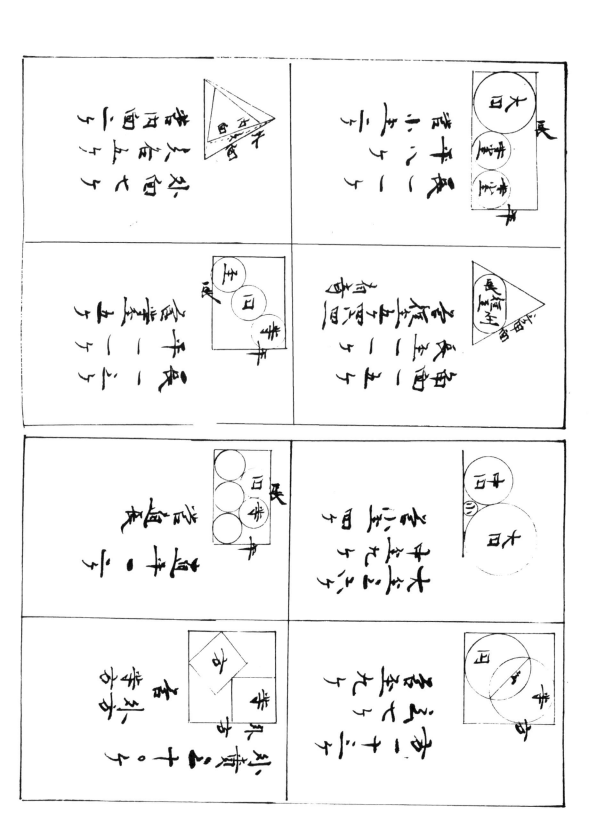

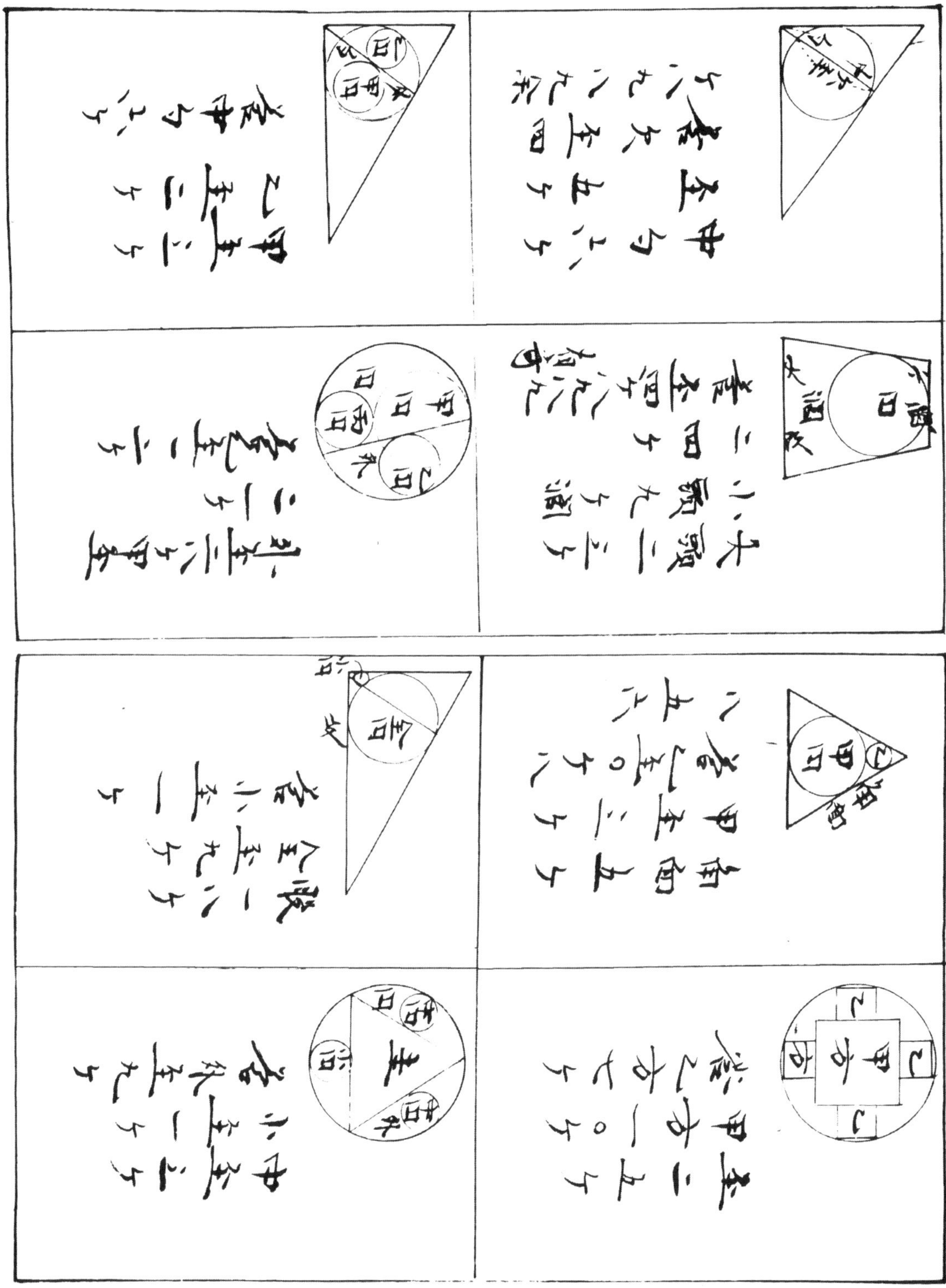

圭二五ケ
甲方一〇ケ
答乙方七ケ
角面五ケ
甲径三ケ
答乙径〇ケ八
八五六
中径三ケ
小径一ケ
答外径九ケ
股一八ケ
全径九ケ
答小径一ケ
大頭二三ケ
小頭九ケ濶
二四ケ
答径四ケ八九八九
有奇
中勾六ケ
径五ケ
答欠径四
ケ八九八九余
外径二八ケ甲径
二一ケ
答乙径一二ケ
甲径三ケ
乙径二ケ
答中勾八ケ

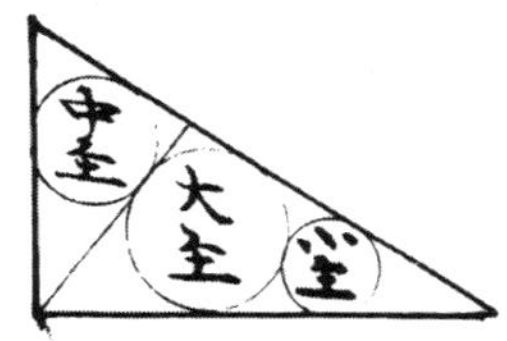

中圓四个小圓
三个
乃至三等分
答大圓六个

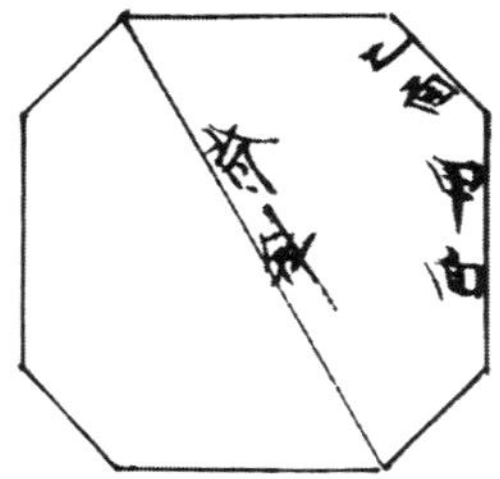

甲面八个
乙面三个
答斜径

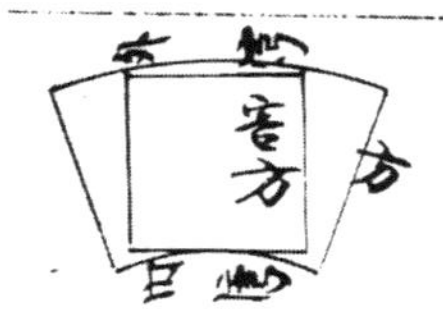

外濶四〇个
内濶一六个
方一五个
答容方一四个

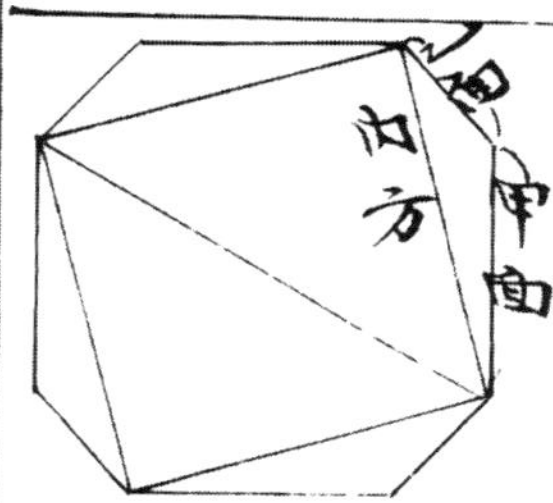

内方一二个
甲面一〇个
答乙面

外圓一〇个
小圓三个
答方六个

外積五〇七个
答斗方九个四九〇
三

横八二个甲七个
乙五个丙五个
長一一个
平八个

外積一八四个九六面一七个
回黄方〇个七八五
答 径圓一六个
長圓三〇个

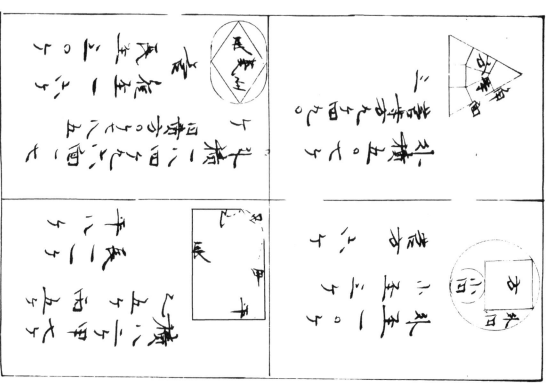

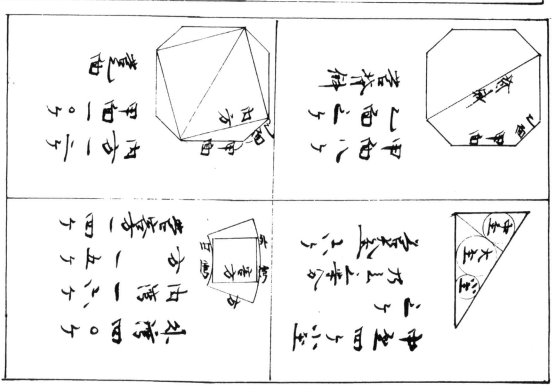

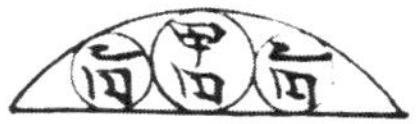

全径二五寸甲乙径之差一寸
答甲径五寸

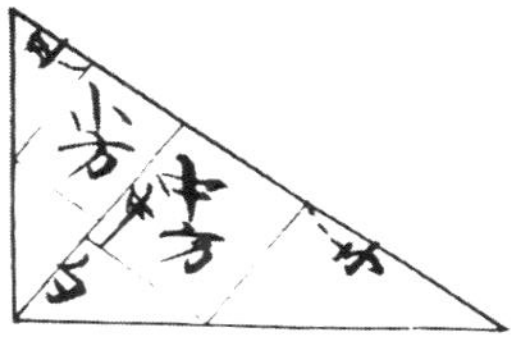

子六四寸丑二七寸
答 中方四八寸 小方二六寸

全径二五寸矢九寸
答角面

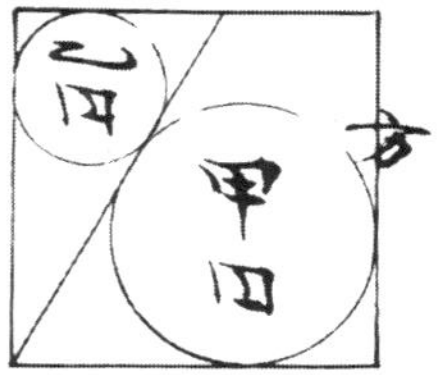

甲径四寸乙径三寸
答方 六寸

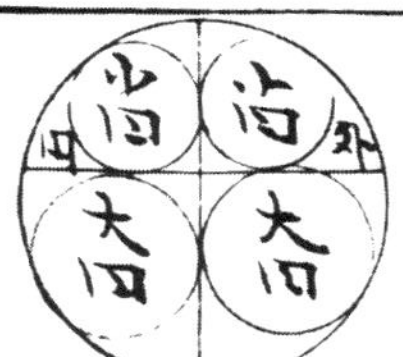

大径一二寸小径八寸
答外径二五寸

径二六寸
矢各一五寸
答角面八寸

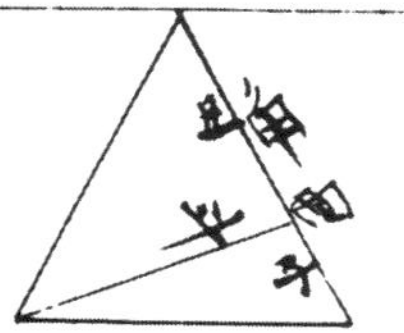

斜与子和一〇寸角
面丑相乗四〇寸
答 角面八寸
斜七寸

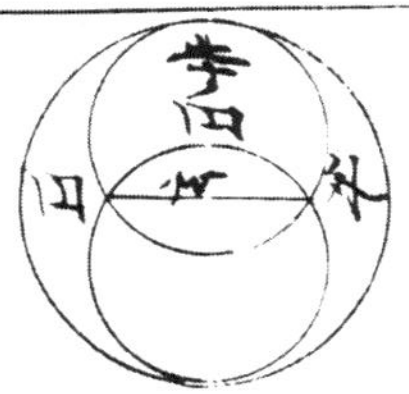

外径九寸
乙　二寸
答中径五寸

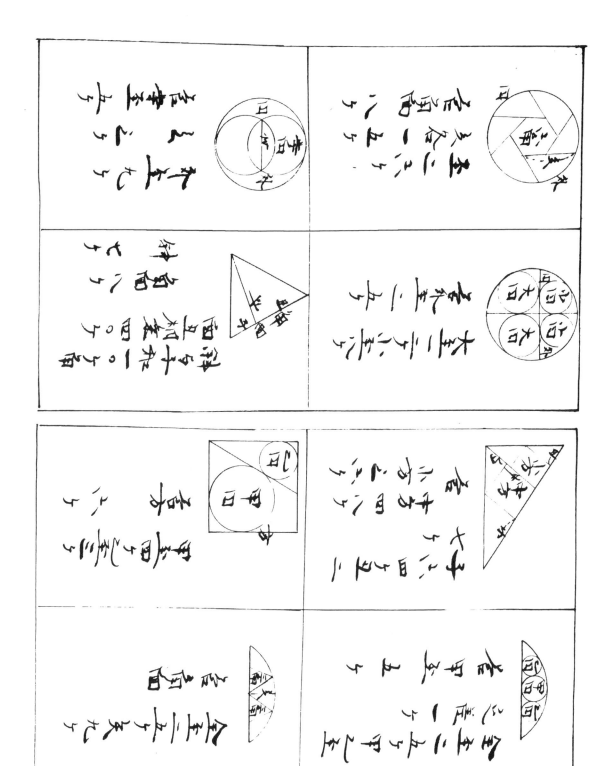

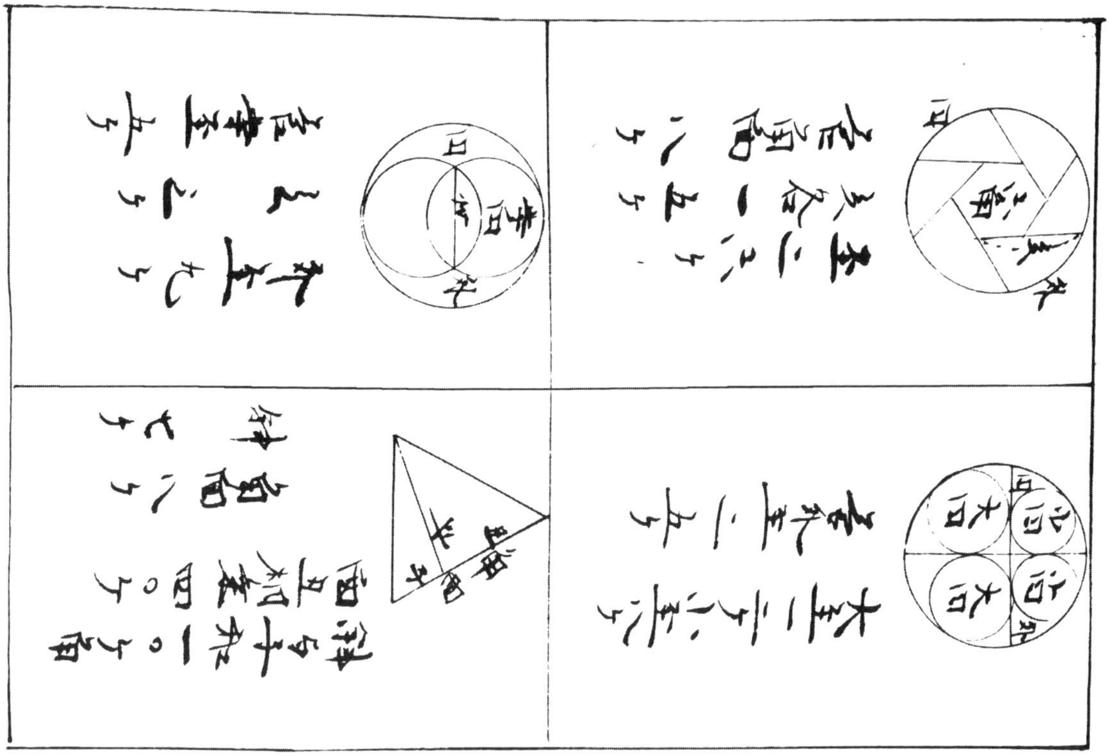

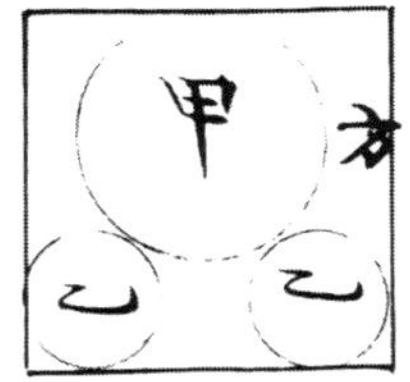

甲径九ケ
答方一六ケ

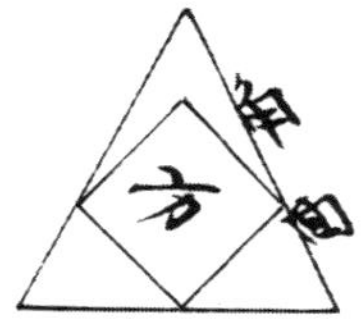

角面一〇ケ
答方四五八二有

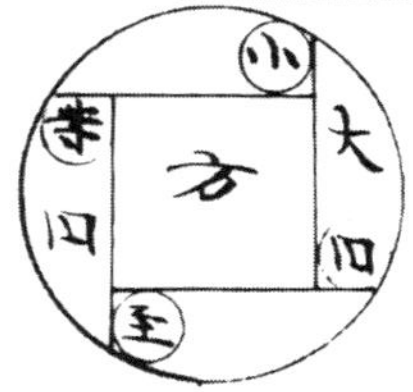

大径一一ケ
方七ケ
答小径一ケ

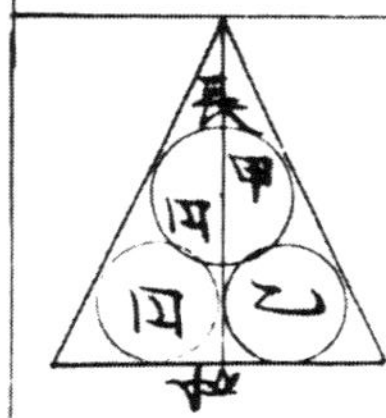

長一四四ケ
答八四ケ
答甲四九ケ
乙径三六ケ

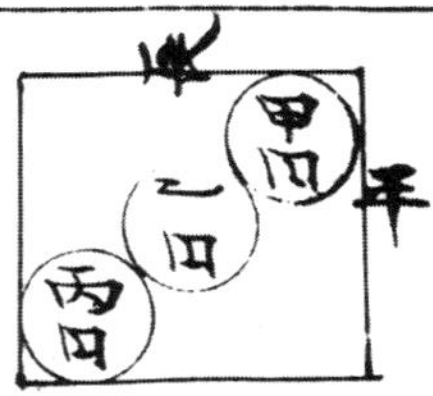

長四七ケ平三三ケ
従甲径逐差四ケ
答甲径二一ケ

径一〇〇ケ
長矢四一ケ
従矢二〇ケ
答横面三五ケ

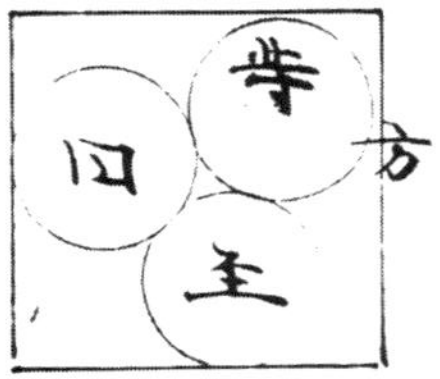

方一〇ケ
答等径五ケ八六
有奇

径一〇箇
答等方

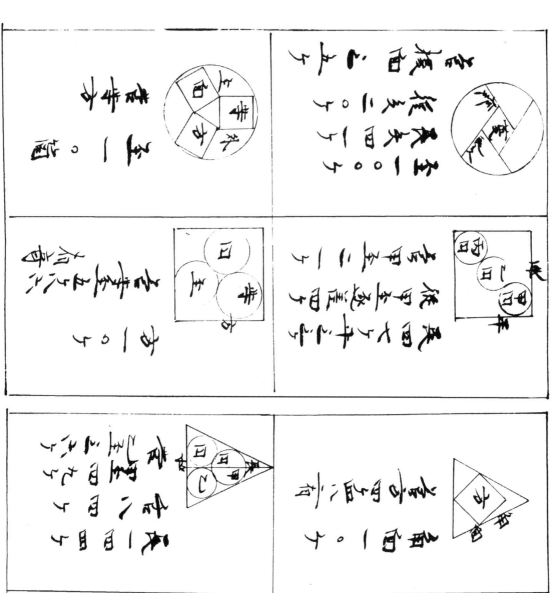

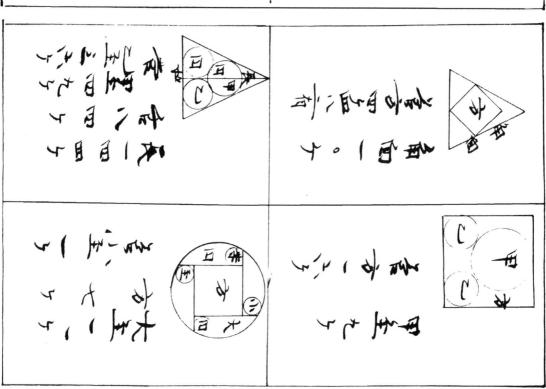

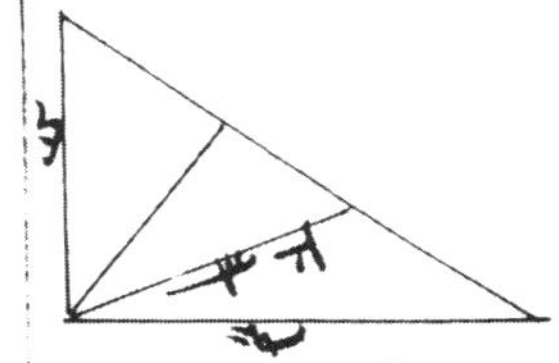

句二一ヶ弦三六ヶ方黄中分
答　下鈎二五ヶ

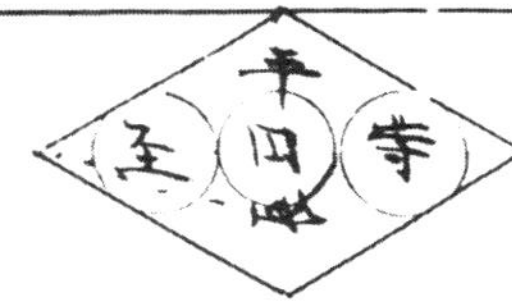

長八ヶ
平六ヶ
答　等徑二ヶ一八一有奇

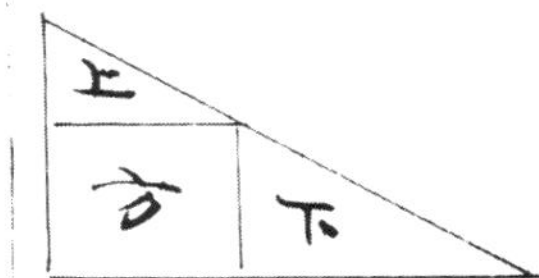

上積五四ヶ
下積九六ヶ
答　方一二ヶ

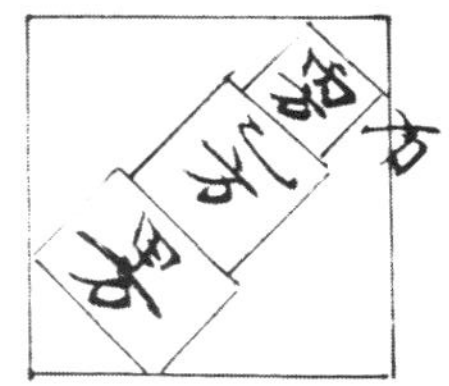

外積二四三ヶ丙甲方較
差一ヶ
答　甲方八ヶ

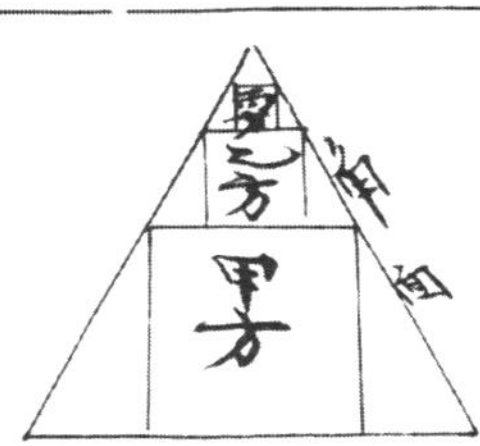

角面一〇〇ヶ
各方若干
答　甲乙方　丙方

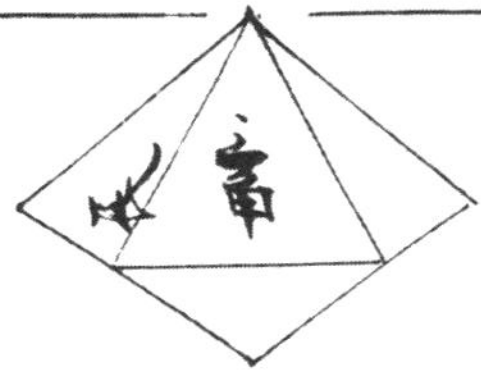

長三〇ヶ
平一六ヶ
答　角面一四ヶ二二五有奇

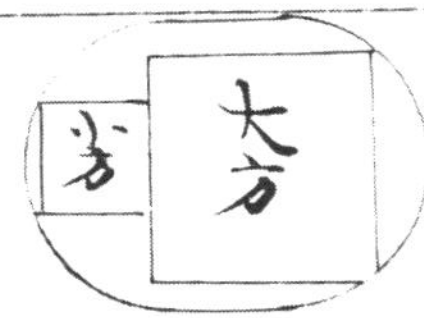

長一三ヶ
徑一〇ヶ
大方八ヶ
答　小方二ヶ八

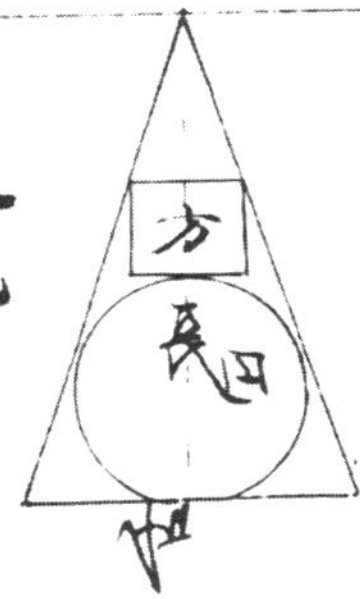

長九二ヶ后五三二ヶ
答　方一八九ヶ

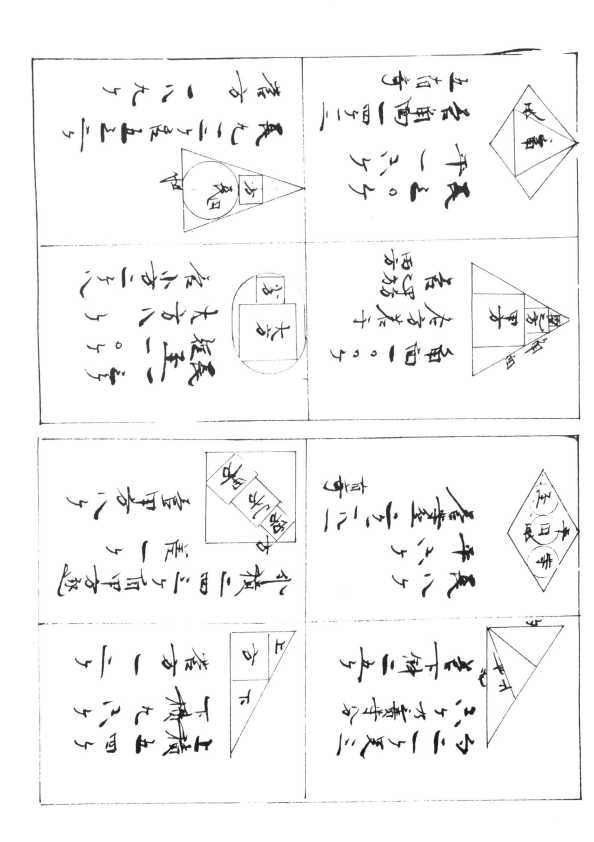

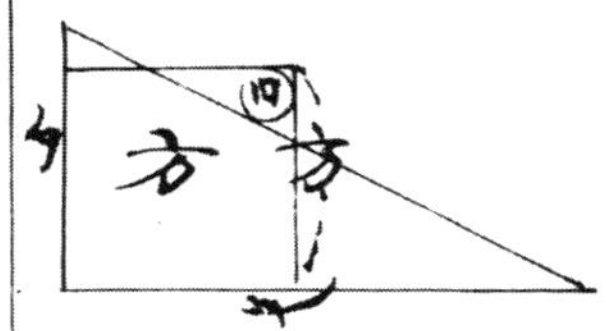

勾四二ケ又五六
ケ全七ケ
答方之三ケ

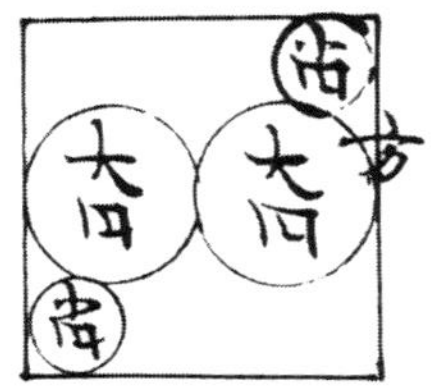

大小径四ケ一ケ
答方七ケ二八三八二
有奇

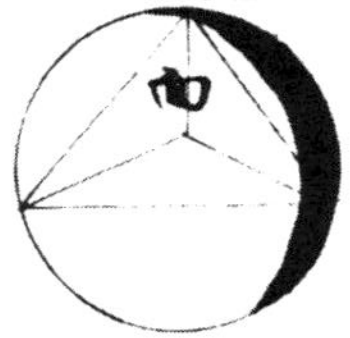

球径一〇ケ
答蓋変面

大球七ケ
小球六ケ
答高一二ケ

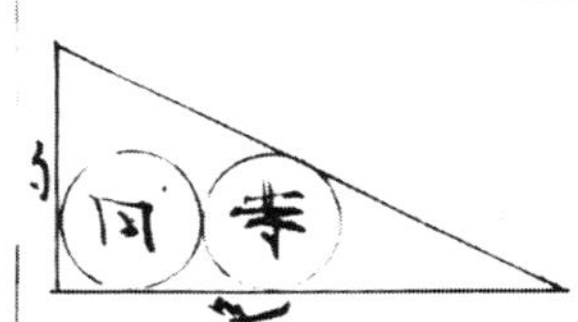

勾九ケ股一二ケ
答径四ケ

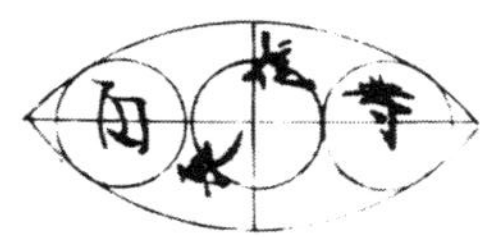

長一三六ケ
短径八ケ
答等径五ケ一四七一
八四九有奇

方一〇ケ
乙三ケ
答甲径七ケ六五三七

大球五ケ
小球四ケ
答高八ケ

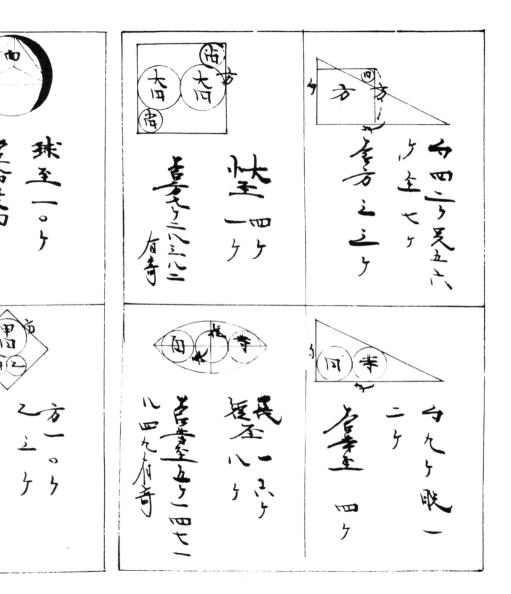

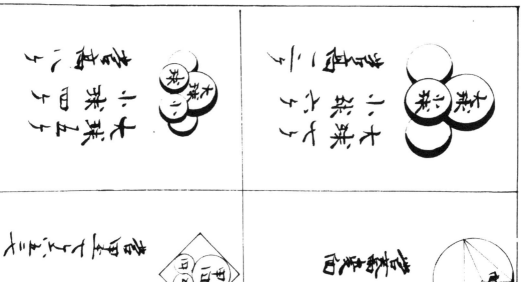

丙径一寸
答甲径二寸

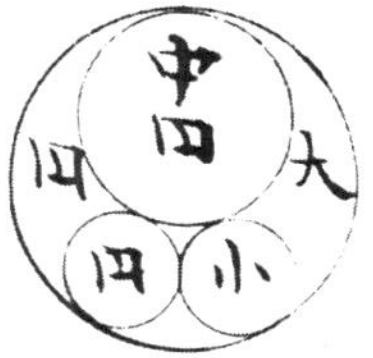

大径二八〇寸
中径一六八寸
答小径一〇五寸

甲球三八寸
乙一八寸
答外球径五七寸

大斗一六五寸中斗一四三寸
小斗四四寸甲斗一三六寸
丙斗一五寸
答乙斜三七寸

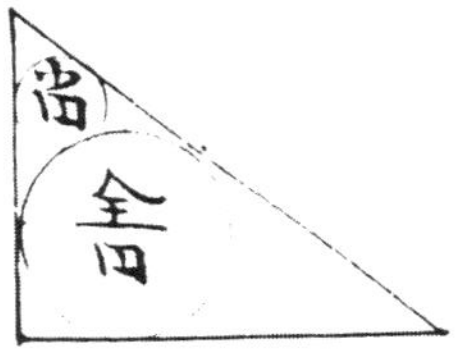

勾一四寸股
四八寸
答小径六寸

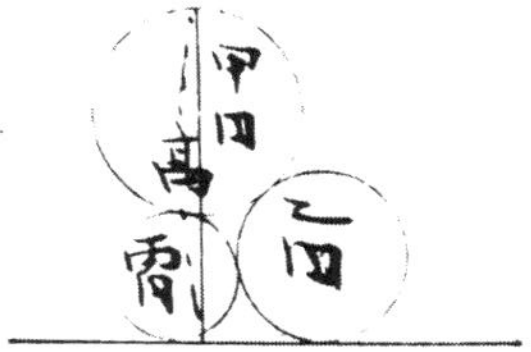

甲径二五寸乙径
三七寸丙径二四寸
答高四八寸

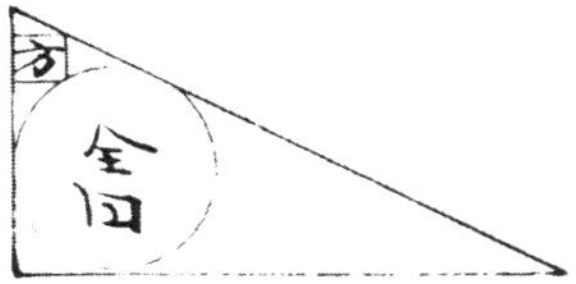

勾三九寸股五二寸
答方八寸

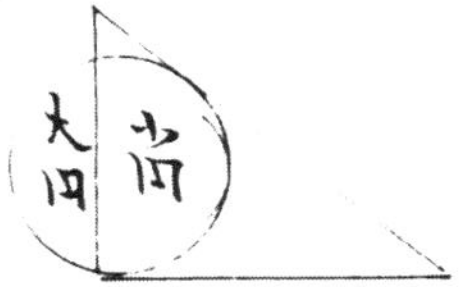

勾二一寸股二八
寸小径一二寸
答大径一六寸

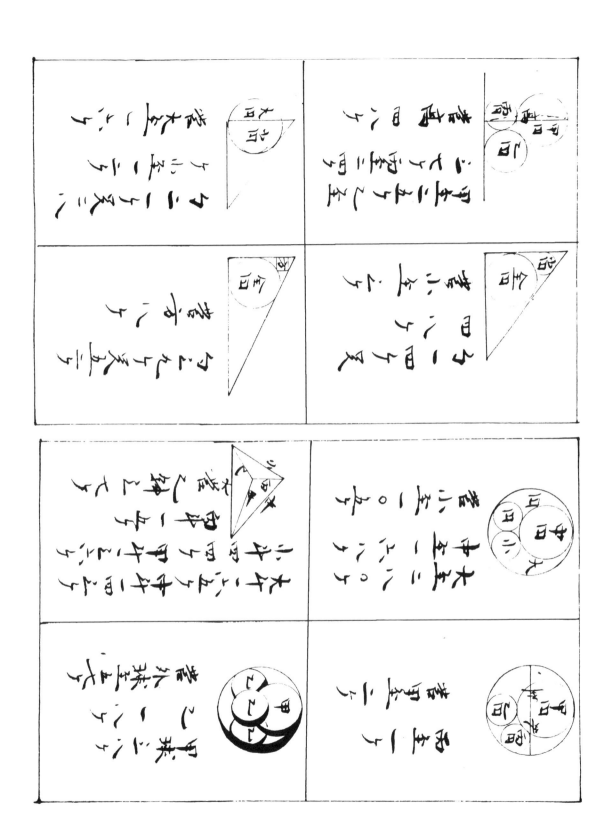

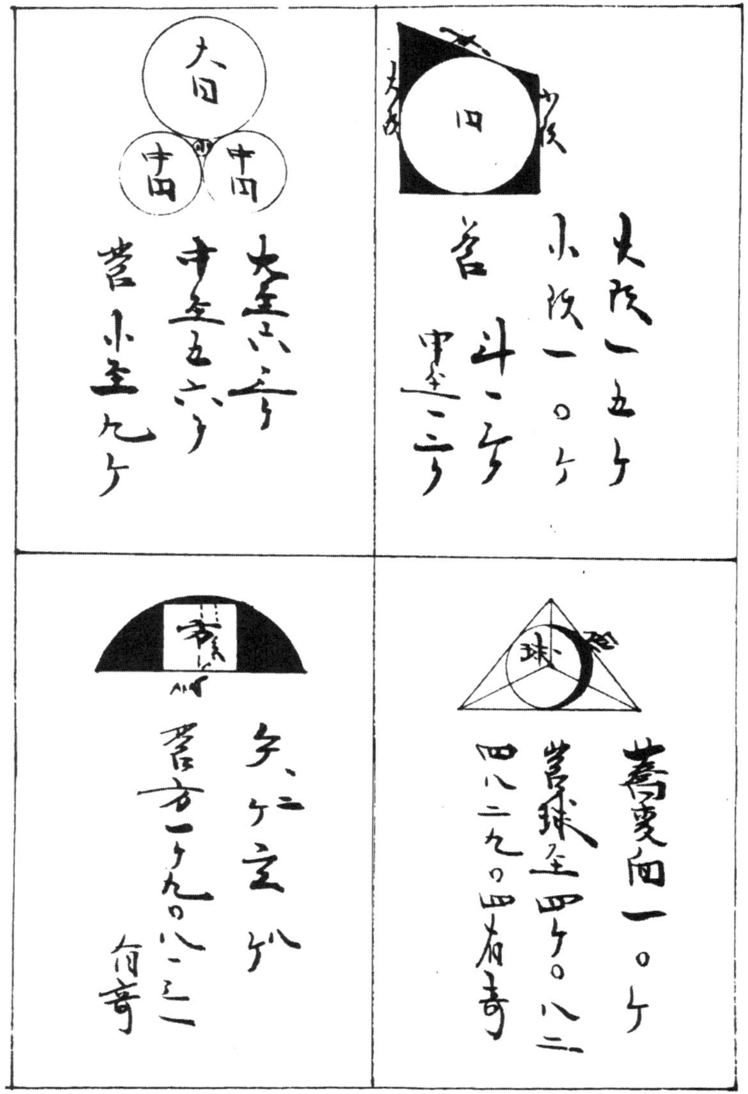

大弦一五寸
小弦一〇寸
大円
中円
中円
球

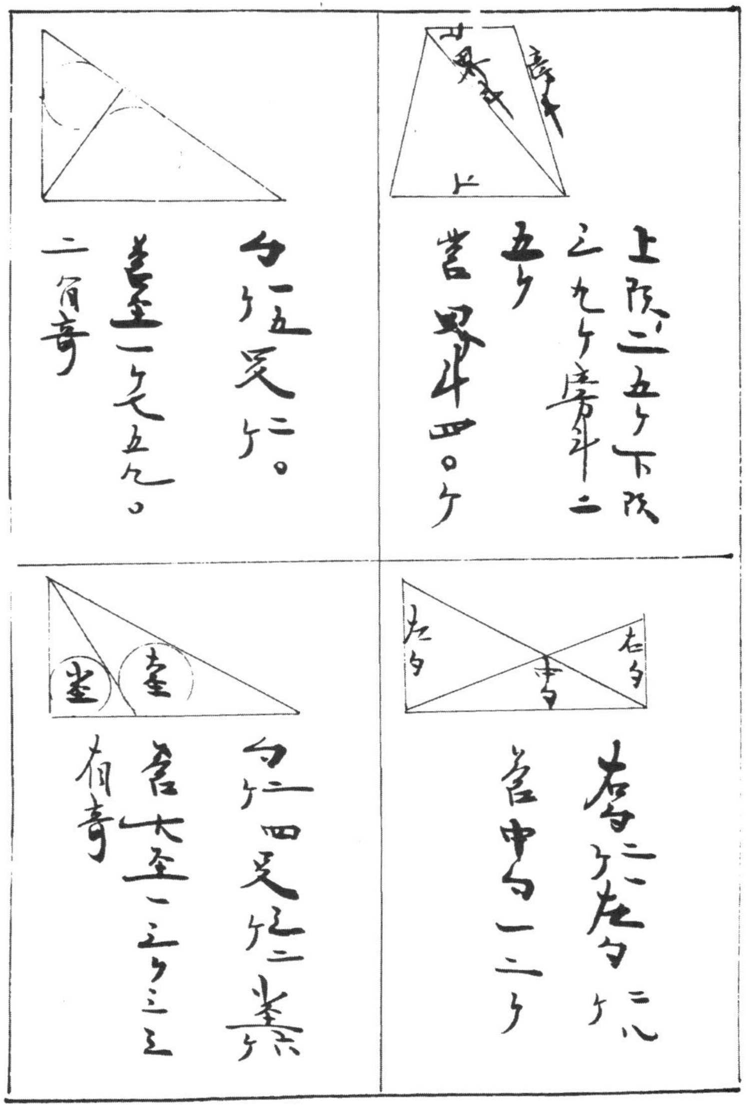

上
右勾
左勾

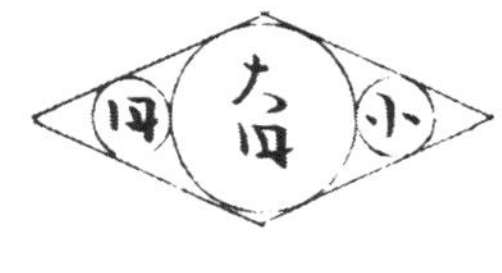

菱
長二〇寸
平一五寸
答 小径三寸

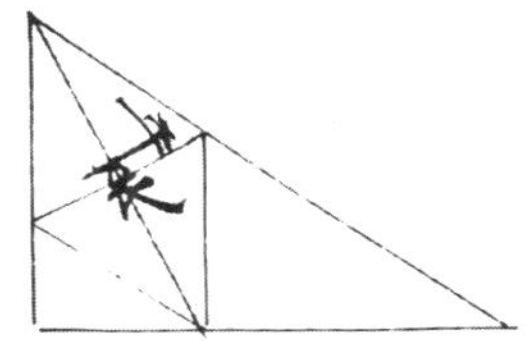

勾二寸四 股三寸二
答 菱邊二六寸
八二二八有奇

方二寸一 高二寸四
答 球径一四寸

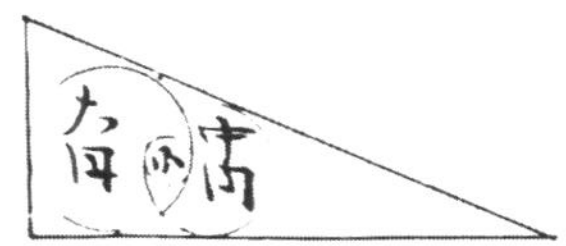

勾弦股交切寸二
小径二分
答 中径一七八寸五

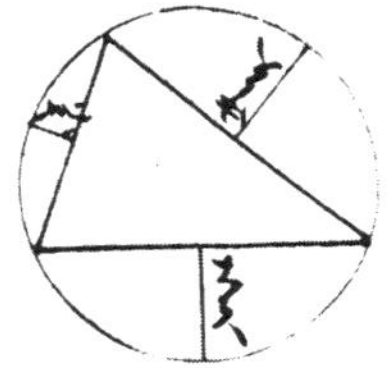

大 三寸
中矢二寸
小 一寸
答 外径

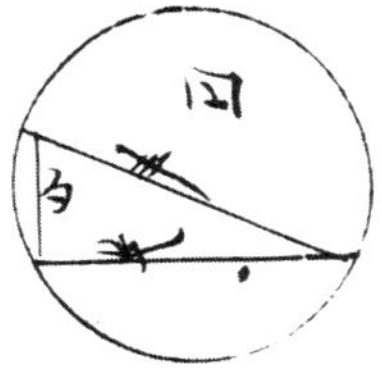

径三〇寸勾一寸七
弦二寸四
答 斜二八寸〇八

大 一二〇寸
中斜一一三寸
小 九四寸
答 中斜一一五寸

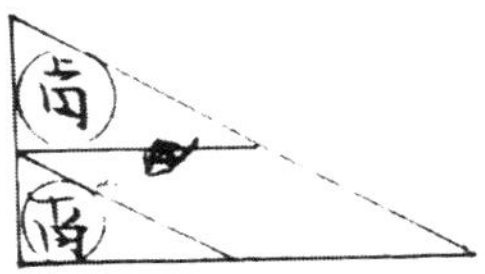

上円径五寸
下 四寸
答 菱面一〇寸

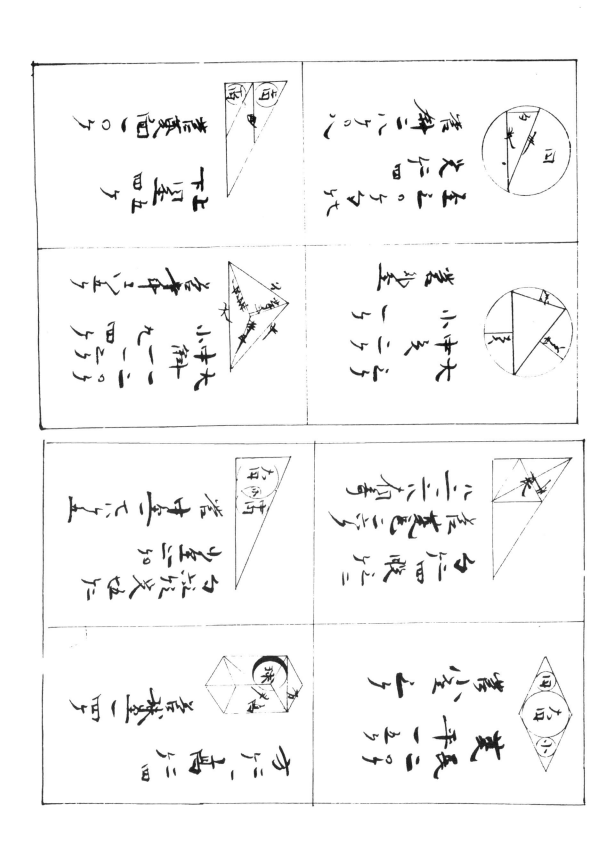

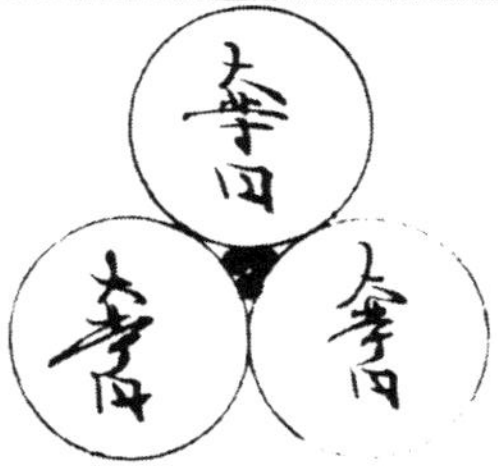

大径九八〇ケ
答内円径
九九ケ〇〇〇奇

底径一四ケ高二四ケ
答球径

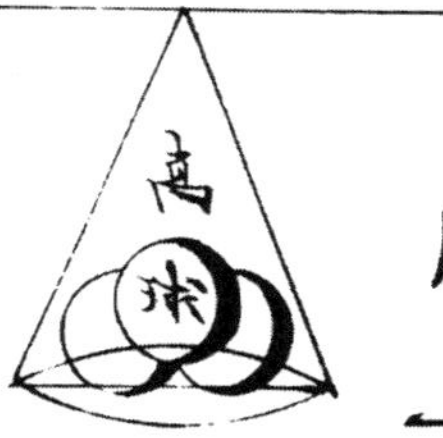

底径一四ケ高
二四ケ
答球径

甲径一四ケ
乙径七
答丙径四ケ

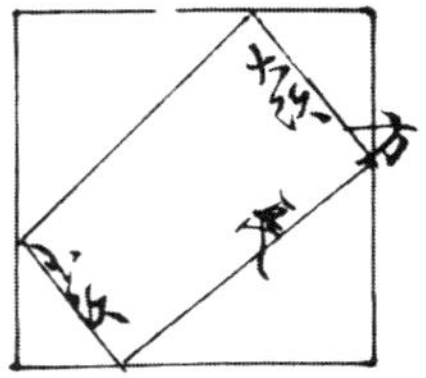

外積一ケ五
只云方大小斜
之和四一〇ケ更
四ケ
答方五ケ

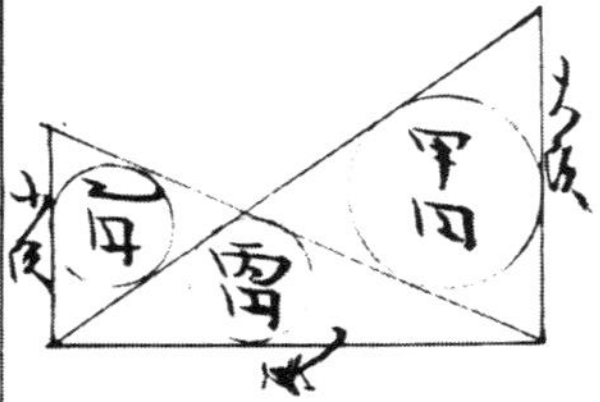

只頭一八ケ
七ケ
長二四ケ
甲径一〇ケ八
乙径四ケ二
丙四ケ八
答

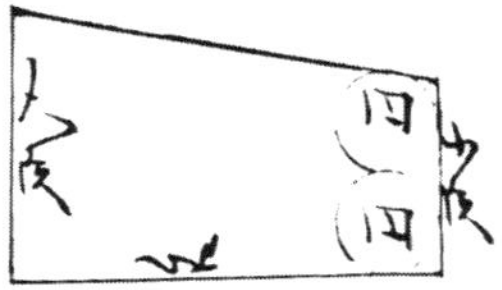

只頭二ケ
一五ケ
闊二四ケ
答径八ケ

大径一二ケ
中径五
答小径

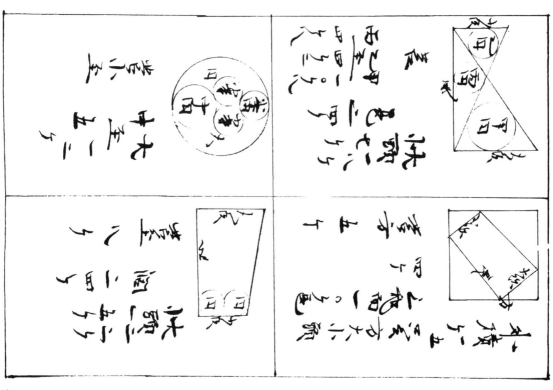

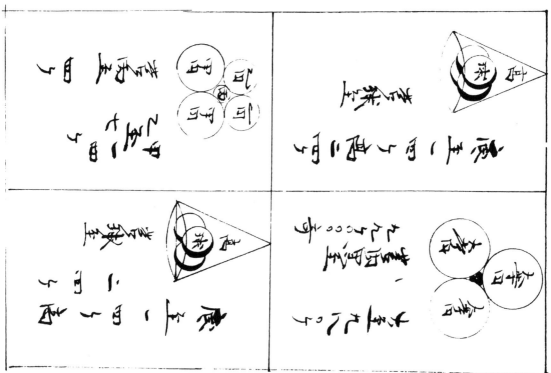

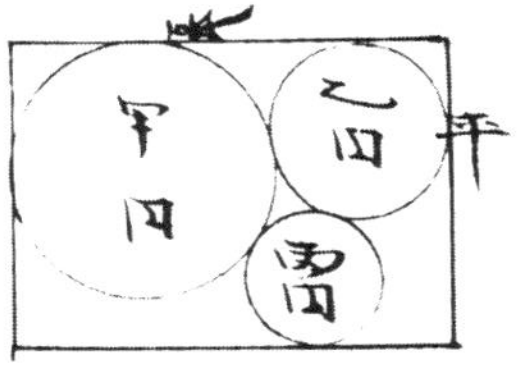

甲 丙径 二八 一二〇 一六 箇
答 平 乙 五ケ

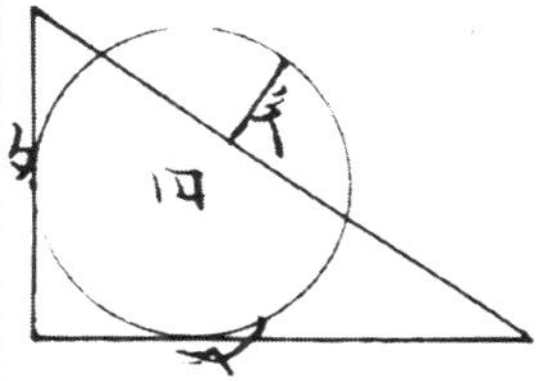

勾径。股四。 矢六ケ
答 径 二五ケ

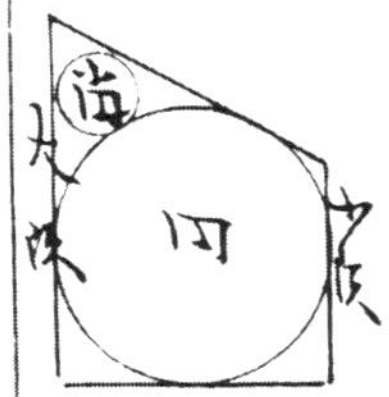

杖頭 二二 一八ケ
答 径 六ケ

円径 容 角 面 中 秘
二五 三ケ 矢 合 三ケ
答 径 一二ケ

弦 二四ケ
矢 六ケ
答 等径 五ケ

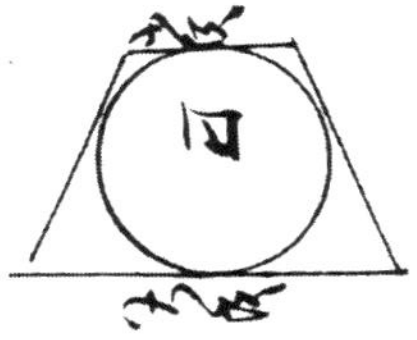

上下頭 四七ケ
答 円径 六ケ

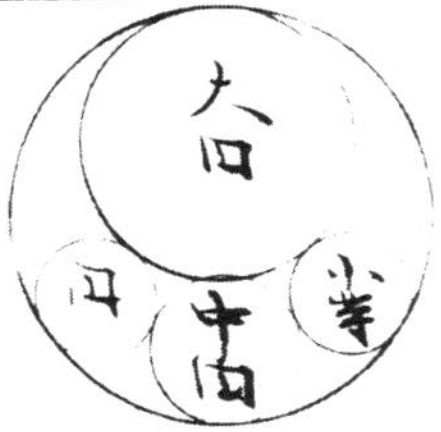

大 中径 一四 七ケ
答 小径 六ケ

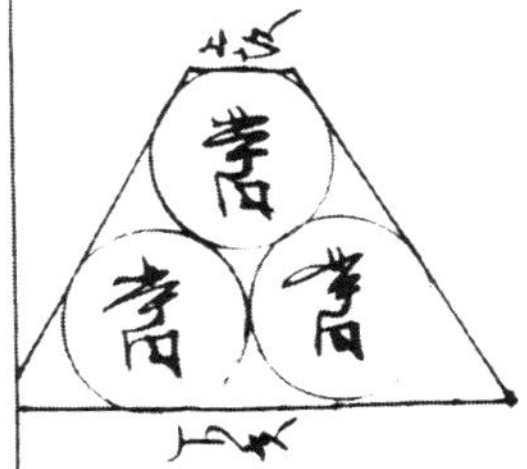

下頭 一四ケ
答 上頭

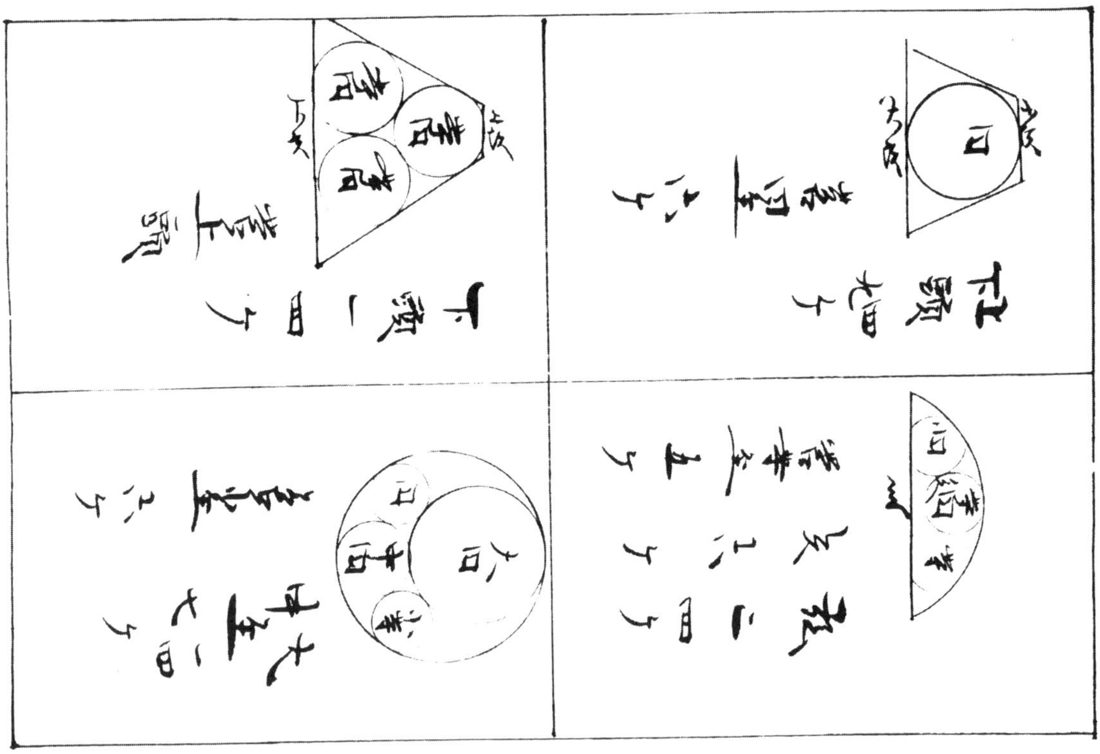

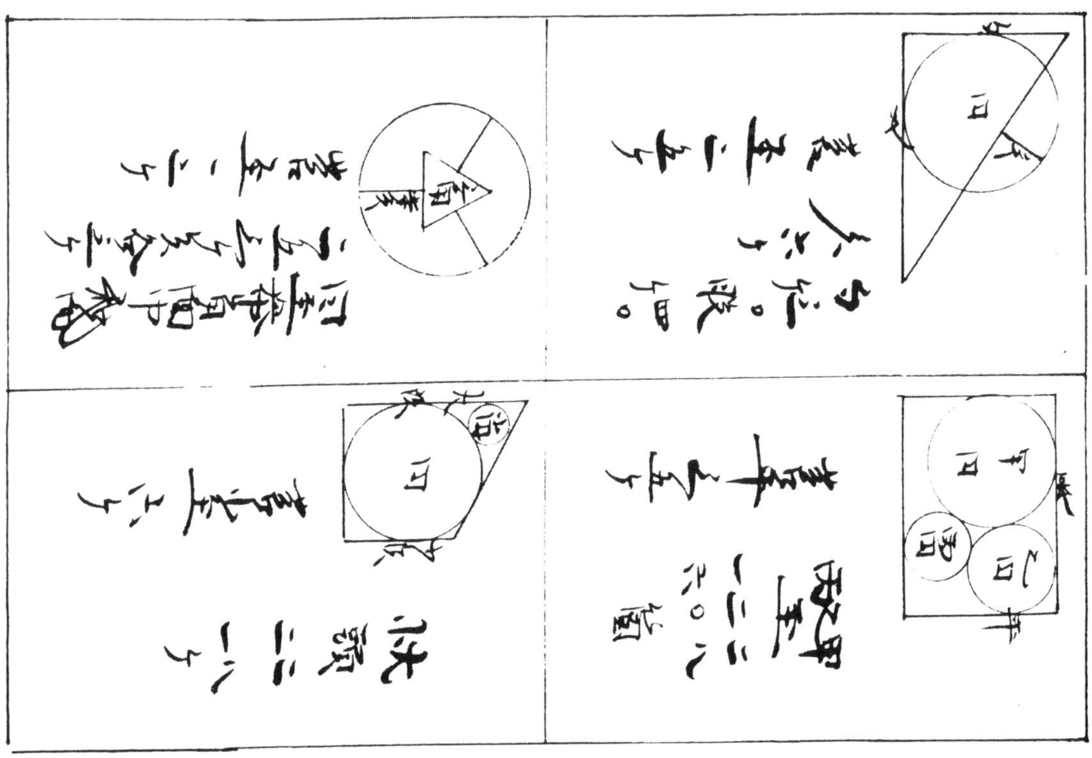

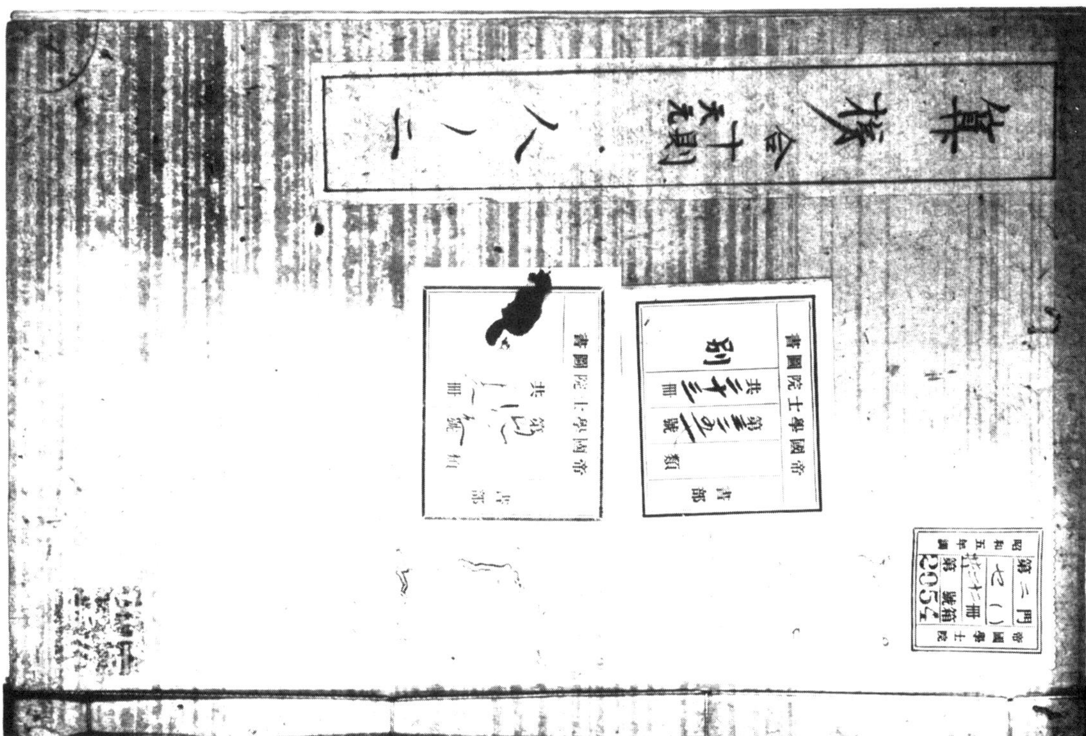
算梯 合十則 人ノ二

廿九冊

全貴 割貴
因貴 穀和
雜象 九章
截貴 截貴
諸角 雜式

合十卷

算
梯

天之則

人之式

甚二氏

算梯巻之一

天元全貴門

有方田貴一百六十九歩方面若干

答方面一十三歩

術立天元一為方面○|一 自乘之

為方貴○○|一 寄左 列方貴与寄左

相消得開方式

𝍪 ○|一 平方開之得方面合問

有大小平方各一共貴九百七十六歩 大小方面差四歩

各方面幾何

答小方面二十歩 大方面二十四歩

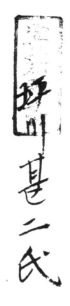

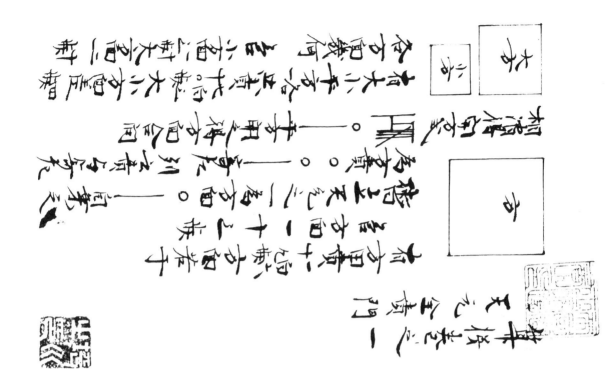

術曰立天元之一爲小方○——自之爲小方冪○○——寄位
列小方加入方差爲大方——自乘之爲大方積
——併入寄位爲巨冪——寄左○列巨冪與寄
左相消得開方式——平方開之得小方加差得大方也

甲方

乙方

丙方

有甲乙丙方各只云冪三十一萬十三斛方逐差
斛各方若干 答曰甲方四斛乙方十六斛丙方四斛

術曰立天元之一爲丙方○——自之爲丙冪○○——俱列丙方
加差爲乙方——自之爲乙冪○——位列乙方
加差爲甲方○——自之爲甲冪8○——加入
甲乙位爲巨冪得——併列只云冪與寄左

相消得開方式○——平方開之得丙方加差乙及甲方

甲方

乙方

丙方

有甲乙丙平方各只云冪十八斛只云
甲乙方差斛乙丙方差斛各方幾何
答甲方面斛乙方斛丙方斛

術曰立天元之一爲丙方面○——自之爲丙冪○○——寄位
列丙方加差爲乙方——自之爲乙冪——位
列乙方加差爲甲方——自之爲甲冪——併
入甲位爲共積得——以只云冪與寄左相消
得開方式——平方開之得丙方累加各差得各方面
有大小平方各只云冪五十斛只云大小方級面○五斛各方幾何

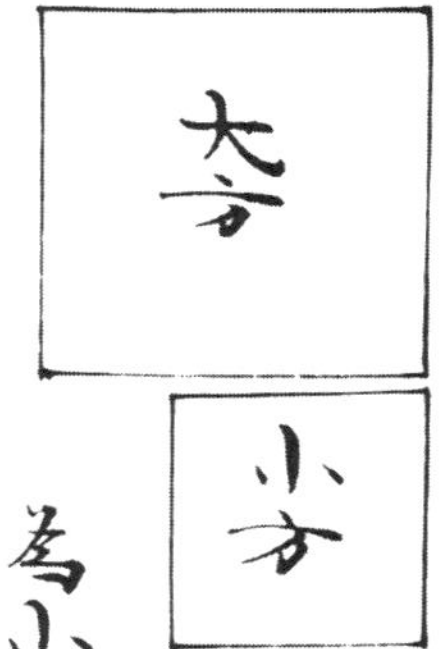

答 大方二十七歩 小方二十三歩

術曰立天元之一爲小方。——自之爲小方積。。——甲位 列之和内減小方余爲大方。——自之爲大方冪。——加甲位爲共積。——傍 以共冪與寄左相消得開方式

平方開之得小方以減之和得大方面

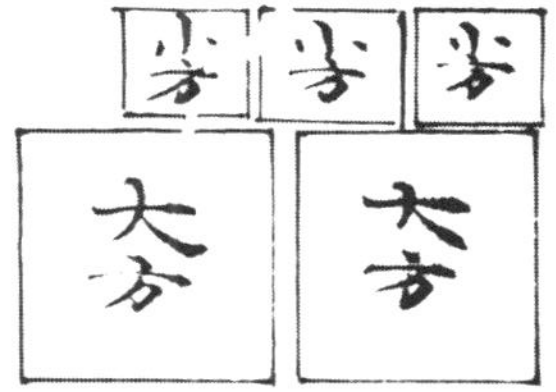

今有平方大方小方之共冪九百七十四歩只云大小方差四歩

答 大方五十一歩 小方一十一歩

術曰立天元之一爲大方。——自之爲大方冪。——就分僅之。。——傍 列大方内減差四歩——爲小方——自之爲小方冪——減——三之得——加入寄左爲共冪得——平方飜方開之得——以共冪與左相消得開方式 得大方内差四歩之減而得小方面

今有大小方各一和冪一千四百九十八歩只云大方二个与小方三个相併共九十六歩 問各方幾何 答 大方五十一歩

術曰立天元之一爲小方。——自乗爲小冪。。——以小方之之得。——以減共冪爲大方冪——傍 自之爲四段大方冪——以減只云之數余爲二个大方——與寄左就分四之得。——與寄左相消得開方式——平方開之得小方以減之和余折半而得大方面

今有直田冪五百六十七歩只云長平較六歩問長平幾何 答 長二十七歩 平二十一歩

術曰立天元一為平。――加較得｜――乘平
為實。｜――僑 以實与寄左相消得開方式
‖｜――平方開之得平加較得長
今如圖有平積以長平和而七十 較長平各若干 長十九分 平十六分
術曰立天元一為平。――以減云和為長｜╳
以平乘之為實。‖――僑 列實与寄左相消
得開方式 ‖ ╳ ――平方開之得平以減和得長
合問

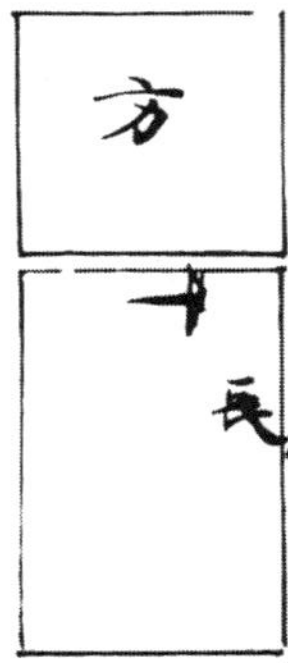

今有方与直 右和實十五向六歩 方卜平差四分 長平差六分 各若干
答曰 方六分 平一二七分
術曰立天元一為方。――加差四為
平 ‖ ―又加差六歩為長。｜――以平乘之為直實。‖
｜―加方冪為共實。‖。――僑 以共實与寄左相消得式
‖｜‖―平方開之得方加四歩為平又加六歩為長

今有方与直 共實廿五歩 方与平和二十六歩 又云方卜長和三十四歩 各若干 但方步於長平
答曰 方九分 平二十六分
術曰立天元一為方。――以減云數為平 ‖ ╳ ――僑 列又
云數内減方為長 ‖ ╳ ――以寄位相乘為直實 ‖
加方巾為共實 ‖ ――僑 列共實与寄左相消得開方
式 ‖ ――平方開之得方以減云數為平。以方減又云數為
長合問

今立方積九千二百六十一方面若干　答　方二十一ヶ

術曰立天元之一為方○——再自乗之為實○　○

○——寄　列實与寄位相消得開方式　○

○——立方開之得方面

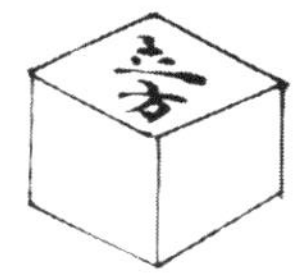

今大小立方ヶ二共積七千一百一十ヶ大小方差四ヶ各若干　答　大方一七ヶ　小方一三ヶ

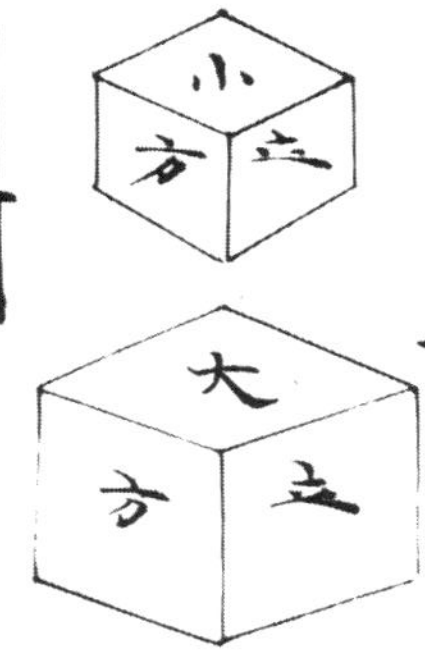

術曰立天元ノ一為小方○——再自乗

為小方實○○○——寄　列小方加差

為大方——再自乗之為大方實

——加寄位為左實——寄

列左實与寄左相消得開方式　立方開

之得小方加差得大方合問

有大中小立方各一　左積八[illegible]只云毎方逐差二ヶ各方何個

答　小方ヶ二　中方ヶ四　大方ヶ六

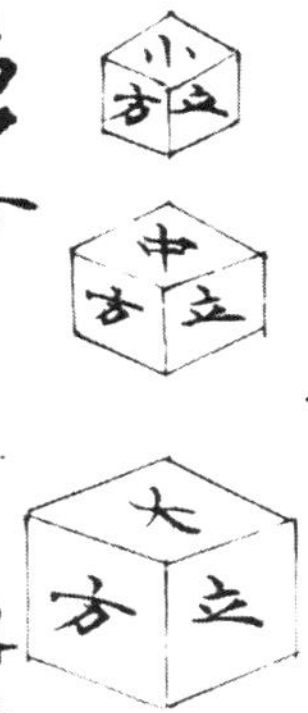

術曰立天元ノ一為小方○——再自乗

之為小方實○○——寄　列小方加差

為中方——再自乗之為中方實——寄　列

中方加差為大方——再自乗之為大方實

——併入寄位与再位為左實

寄左○以共實与寄左相消得開方式

立方開之為小方逐而加差得各方

今有大中小立方各一共實八千四百四十一ヶ只云中小方差二ヶ大中方差四ヶ各方幾何　答　大方一七ヶ　中方一三ヶ　小方一一ヶ

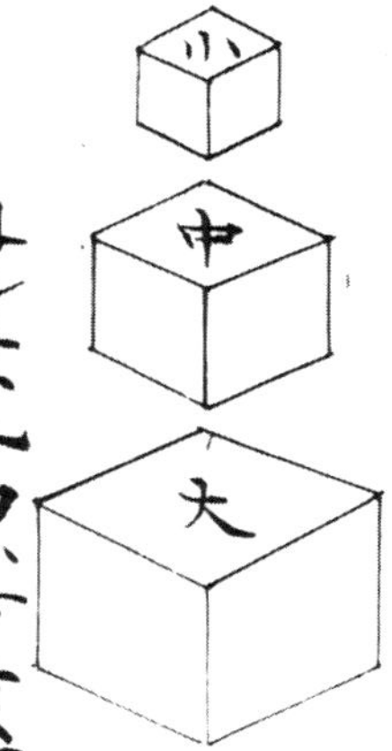

術曰立天元之一爲中方○〔算木〕

再自乘之爲中方積○○○〔算木〕

餘 列中方内減差爲小方〔算木〕

〔算木〕再自乘之爲小方積〔算木〕　倂 列中方加差

爲大方〔算木〕再自之爲大方積〔算木〕倂

加中小方積爲正積〔算木〕○〔算木〕寄左○以正積与寄

左相消得開方式〔算木〕立方開之得中方加減

合差得合方

今有方堡積二四四八八只云堅長於方五寸堅若干

答堅一七寸　術曰立天元之一爲堅○

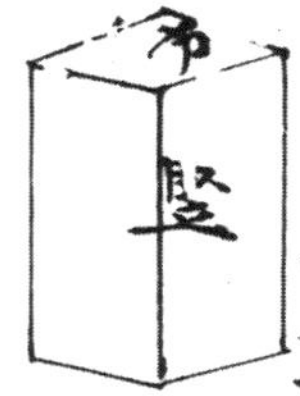

〔算木〕減云差爲方○〔算木〕自之〔算木〕○

以堅相乘爲積○〔算木〕寄左　以云積与寄左相消得

開方式〔算木〕○〔算木〕立方開之得堅減差得方

方堡積四八六六三只云方堅和四四之合若干　答方一九寸　堅二四寸

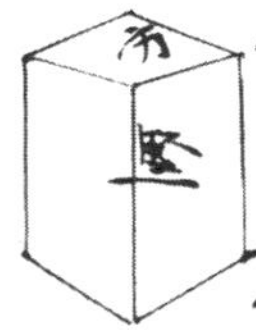

乃得方　乃得堅

術曰立天元之一爲方○〔算木〕以方冪相乘爲積○〔算木〕以減之和爲堅之

寄左　列積与寄左相消得開方式〔算木〕○〔算木〕立方

開之得方以減云和得堅

方堡積二伍只云高与斜和而一尺八高若干　答高七寸斜六寸一寸

術曰立天元之一爲高○〔算木〕以減和爲斜〔算木〕

〔算木〕自之〔算木〕内減高巾爲二段方〔算木〕

冪〔算木〕以高乘之爲二段方堡積○〔算木〕寄左○

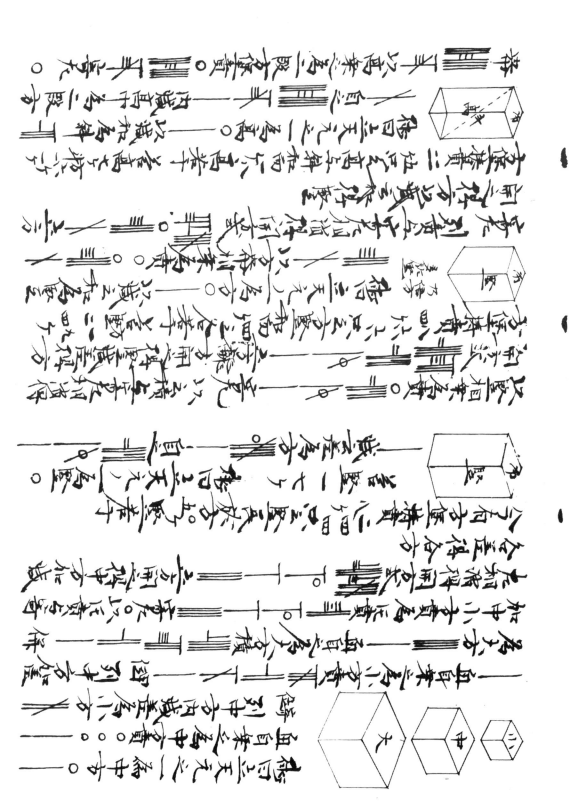

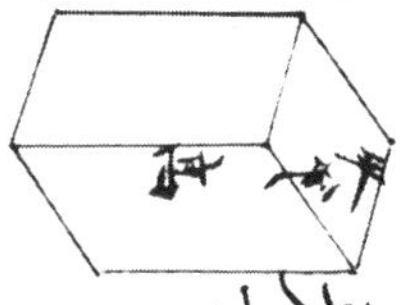

云責就分倍之与寄左相消得開方式 [illegible]
平方開之得高推求件求各
直堡積責六分二八分只曰長平差分二分又云高平差分二分長平高各
若干　　答 長一一分　平九分　高一四分

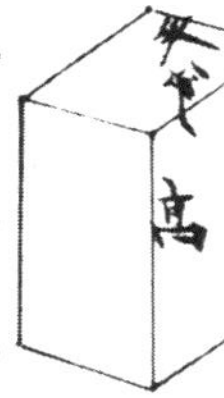

術曰立天元之一為長○——加差為高 [illegible]
——却而減之差為平 [illegible] ——以長相
乘又乘高為責○ [illegible] ——寄左　列責分与寄左相
消得開方式 [illegible] 立方飜而開之得長推求
章求各
今有直堡積責八千八十八寸只云横堅和二十二寸又縦堅和五十寸各
幾何　　答 縦一十四寸　堅一十一寸　只縦横和寄以之与縦横相乘數

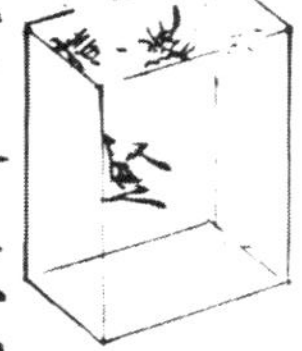

術曰立天元之一為縦○——以減又之數
為堅 [illegible] ——以減只之數為横 [illegible]
乘縦及堅為責○ [illegible] ——寄左○列責与寄左
相消得開方式 [illegible] 立方飜而開之得縦推
求件得各
今有直堡積責以縦横和相乘七十一萬一千八十八寸只云縦横
差廿五　別云高多於横十二寸各何　答 縦二十四　横九　高二十一

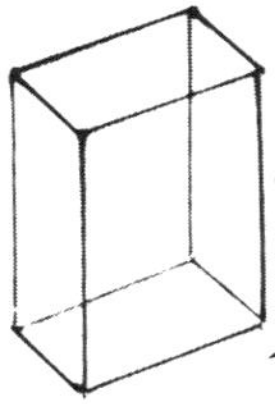

術曰立天元之一為縦○——以減只之數
為横 [illegible] ——加別云數為高
以縦相乘為責○ [illegible] 寄左○列責以和縦
為縦和 [illegible] ——以寄左相乘之為只之數○ [illegible]

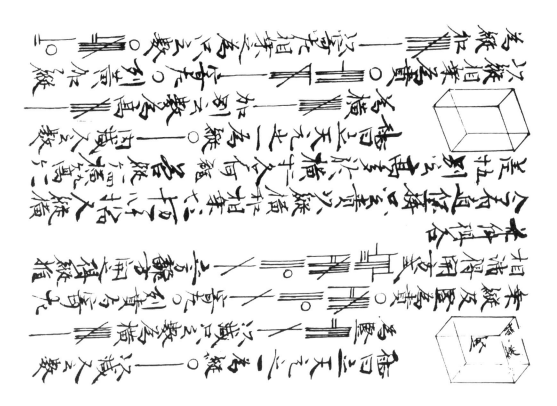

与寄位。列只云數与寄再位相消得開方
式 三乗飜方開之得縦仍
前章得各

今有直堡積貫加五ヶ縦只云十ヶ只云横帯加高從於
豎於各若干 答高六ヶ 縦ヶ四 横九ヶ

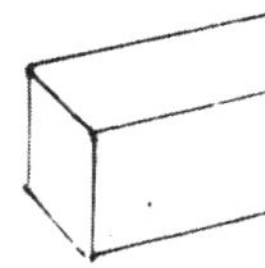

術曰立天元之一為高○ 加於從為
縦○列只云數内減高為横帯
帯○○ 以縦巾相乗又以高巾乗之為貫
積○列横以五ヶ乗之 以減只云數為積 自乗之又
為貫積得如左象

与寄左 相消得 開方式

四乗飜法開之得高推前什得縦横合問

通計二十三章

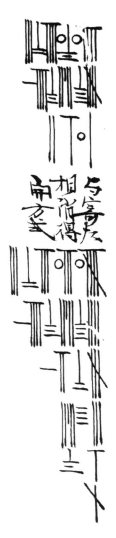

算梯巻之二

天元副實門

一 今有勾弦實四十二寸〇只云勾股和十七寸問各若干

答 勾 六十五寸

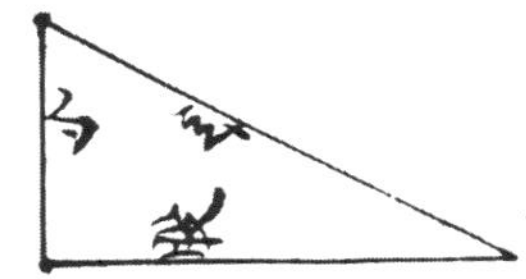

術曰立天元之一為勾〇｜ 以減和為股

‖‖┼ ╲╲ 以勾相乘為二段勾弦實〇╥

╲╲ 寄列勾實就分倍之又為二段勾弦實〇

勾寄左相消得開方式 ‖‖‖╥〇 ╥ ╲ 平方

開之得勾

一 今有勾股實〇二ケ三四勾股差七ケ各若干 答 股七十二寸

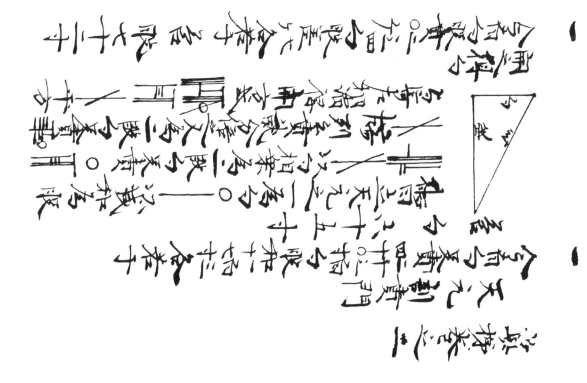

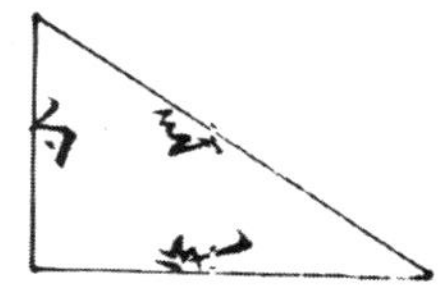

術曰立天元一為股〇｜ 減差為勾 〨｜
以股相乘為二段勾股積〇〨｜ 寄列積
倍之又為二段勾股積〨〇 与寄左相消得開方
式 〣〇 〤 〨｜ 千餘方開之得股

今圭積六十六寸 只云闊長於長九寸 問闊幾何 合闊二十二寸

術曰立天元一為闊〇｜ 加九寸為長
〤〡 以闊相乘為二段積〇〤｜ 寄左
列積倍之又為二段積〤〤 与寄左相消得開方
式 〦〤 〡 平方開之得闊合問
今有圭積六十六寸 只云長闊和廿寸 長幾何 又弧長

答 長 四十一寸

術曰立天元一為長〇｜ 以減二十一 為闊
〇〣〢 〤 以長相乘為二段積
〢〢 〤 寄 列積倍之又為二段積
〣〣 与寄左相消得開方式 〢〢〤〢〤 平方
開之得長

今梭積二百四十寸 長多於闊四寸 答若干 答曰 一十六寸

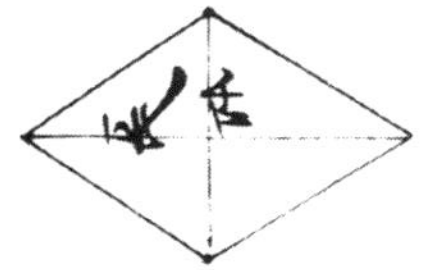

術曰立天元一為闊〇｜ 加四寸為長
〣｜ 以長相乘為二段積〇〣｜ 寄左
列積以分倍之為二段積〤〇 与寄左相
消得開方式〤〇 〣｜ 平方開之得長

今梭積十六寸 只云長小頭和二十 大頭多於長 答若干

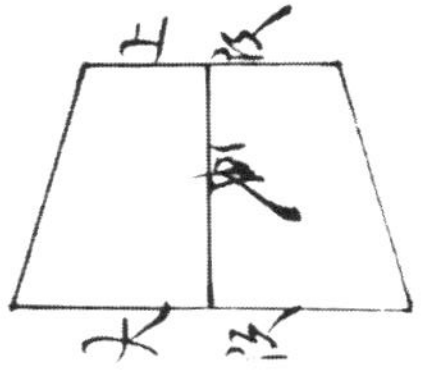

答　小頭一一ケ　大頭一七ケ　長九ケ

術曰立天元一為小頭 ○｜ 以減只云為

為長 加又云為大頭 加小頭

長相乘為二段積 左寄 積就分

倍之為二段積 与左寄相消得歸除式

上廉下方而一得小頭

半梯積九百九十只云大頭二段長三段和二十六ケ又云長與小頭

差一ケ四　各若干　答　大頭三ケ　小頭二ケ　長三七ケ

術曰立天元一為小頭 ○｜ 加又云為長

三之以減只云為二段大頭 加倍小頭得

以長相乘為四段積 左寄

列積就分四之 与寄左相消得開方式

廾方開之得小頭推前章得長及大頭

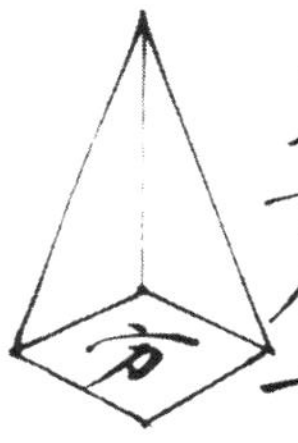

有方錐積四百八十八只云高多於方仁五ケ方若干　答方仁二

術曰立天元一為方 ○｜ 加云多於之

為高 以方冪相乘為三段積

左寄 列積三之与寄左相消得開方式

立方開之得方

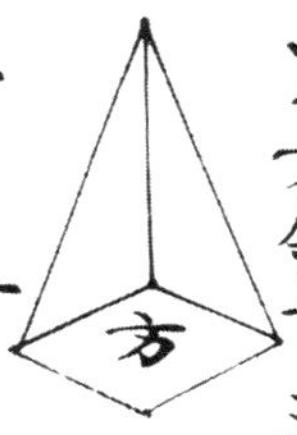

有方錐積三六ケ只曰方ト高和一ケ二高若何　答高七九ケ

術曰立天元一為高 ○｜ 以只云減之

為方 自乘乘高為三个錐

積 ○ 左寄 列積依錐二十之又為二十段積

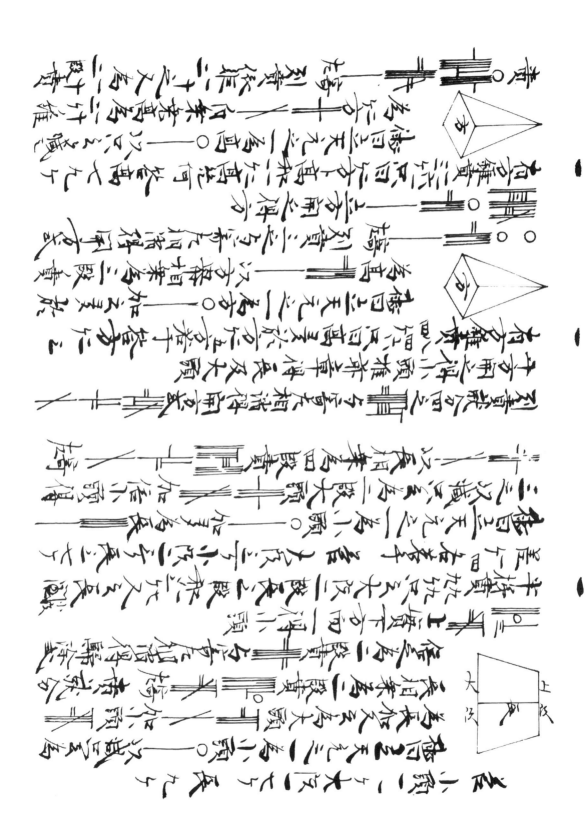

一五三六九三六ケ与高左相消得開方式 ―― 三方
開之得高合問

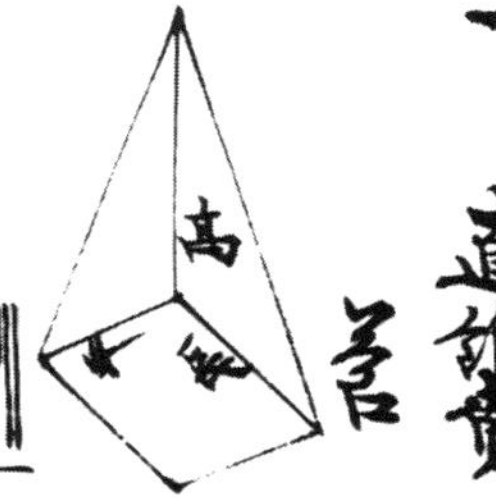

直錐積八九八ケ只云高平和ケ三三又云高平差乃高平ケ三寸七ケ合若干
答 長一三ケ 平一二ケ 高一九ケ
術曰立天元之一為平○――加差為高
以減只云為長 ―― 以乗平及高為三段積
○ ―― 積三之与高左相消得開方之式象
―― 三方開之得平
今楔積九八只云長闊和一三ケ又云高及和一二ケ別云長多於
又ケ闊合若干
答 長八寸 又五寸 闊四寸 高七寸

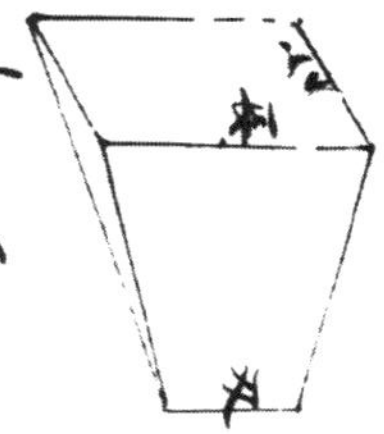

術曰立天元之一為長○――以減只云数為闊
以減又云数為高 ―― 列長内減別云数為又
―― 列長倍之加又也
得 ―― 乗闊 ―― 又以高乗之為六段楔積
―― 列積六之与左相消得開方式
―― 三方開之得長
楔積四八ケ只云高闊和ケ一又云長也於高ケ別云又長於闊
ケ合若干 答 長一四ケ 又八ケ 高一二六ケ

術曰立天元之一為高○――以減只云為闊
―― 加別云為又 ―― 列高内
減又云為長 ―― 信之加又 ○

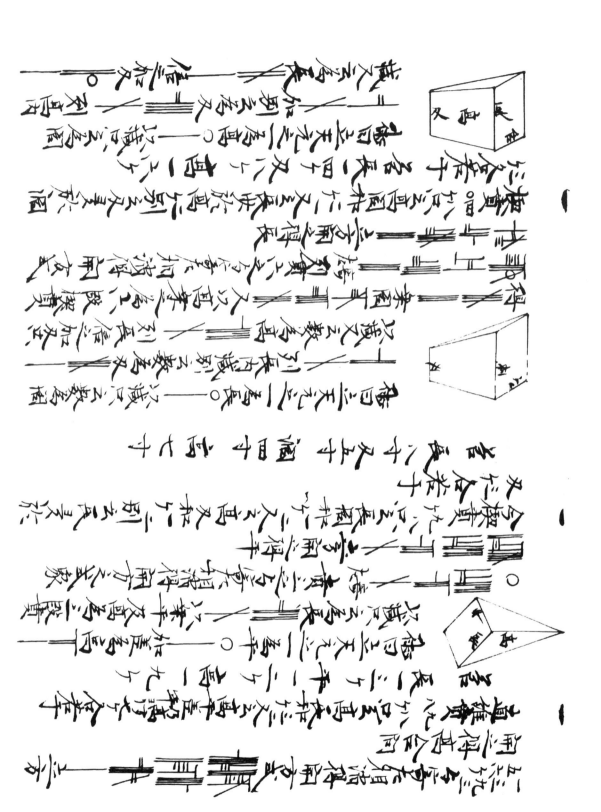

以乗及高乗之為六段實○ 立方
左 列實六
之 与寄左相消得開方式
開之得高
兩及横實而仁口云径及廿於長及位又云一長及廿於竪四
合若干
答 長及二三ケ 径及七ケ 竪一工六ケ
術曰立天元之一為長及○ 減以云為径
又 列長及加又云為竪
以径及与長及相乗為六段實○
大高 列實六之 与寄左相消得開方式
立 開方開之得長及
兩及横實叫仁口云長及与竪和仁之八又云径及与竪和仁之合

何径
答 長及一七ケ 径及一二ケ 竪三二一ケ
術曰立天元之一為長及○ 以減以云為竪
列又云内減竪為径及 以長
又ト竪相乗為六段實○ 大高 列實
与寄左相消得開方式 立

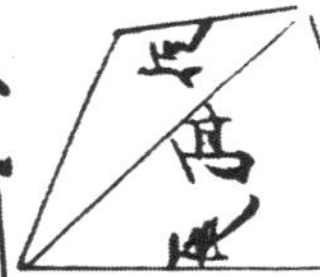

六之
方 開方開之得長及
兩及横實二仁口云径及三段ト一長及二段和仁四ケ六又云一長及
三段内減竪二段仁右若干 答 径及八ケ 竪一五ケ
術曰立天元之一為竪之○ 径之為六段長及 径之加又云為之
段長及
列以云之之 帰九段竪及 六段長及ノ乃 内減左径為九段径及

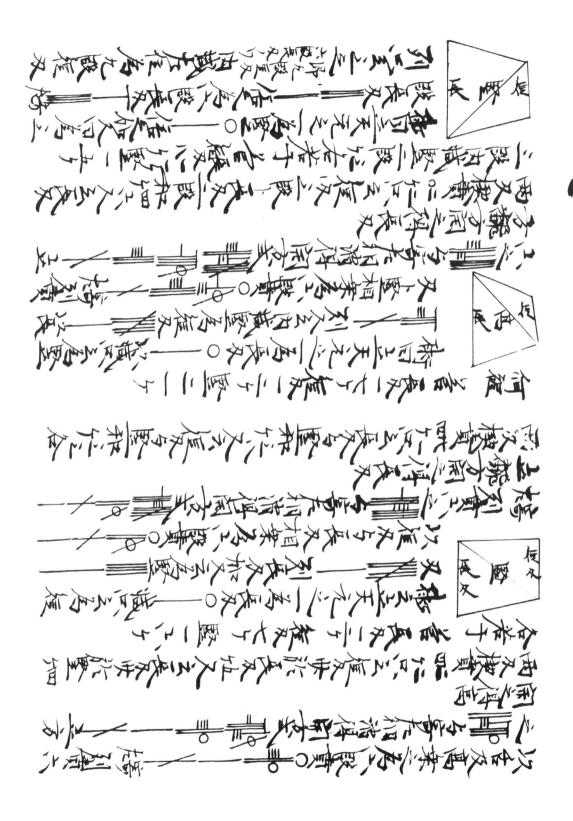

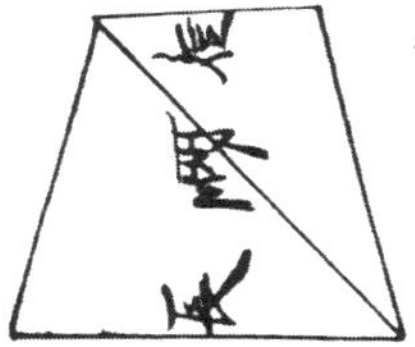

[illegible] 以三段長及下竪乗之爲一百六十二段冪○ [illegible]

[illegible] 位歸 列冪狀分一百六十六之与再位相消得開方式

[illegible] 立方開之得竪 仍長及九段和之立方段ワ以立之 乗数多於長又竪相乗四段

立方冪冪二十七分之上下方和二九又云高二段与下方四分ノ一

和二十六各幾何 答上方十寸 下方十六寸 高一十寸

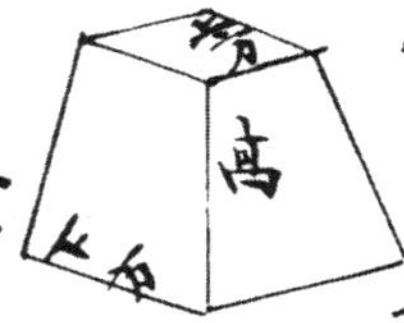

術曰立天元之一爲高○一 倍之以減又云余爲

四分ノ一下方 [illegible] 就四之爲下方 [illegible] 自之

[illegible] 爲下方冪○ 列四云内減下方余

爲上方 [illegible] 自之爲上方冪 [illegible] 上方下方相乗

[illegible] 三位相併以高相乗爲三段冪 得象

[illegible] 歸 左 列冪三之与寄左相消得開方式 象

[illegible] 立方開之得高 仍上下方开開高六段 也上之下相乗之依数

立方冪冪之○ 上方三段多於高二段 一分ノ六 合下方高和廿於上方

四段五分ノ各若干 答上方五寸 下方八寸

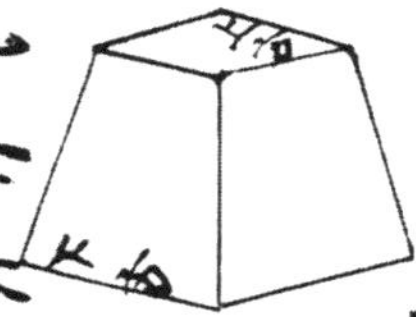

術曰立天元之一爲上方○一 三之内減四云数爲段

高一 列上方四之内減又云数爲下方高

和 [illegible] 倍之内減甲位爲二段下方 [illegible]

位上方冪 ○○ 二位巾 上方之位相乗二段

○ 一 三位相併 以甲位相乗爲四段

冪 [illegible] 然 列冪二十四之与寄左相消得

開方式 [illegible] 立方開之得上方

今有方臺積四百四十五尺只云下方多於上方六寸而高少於下方八寸問各何程

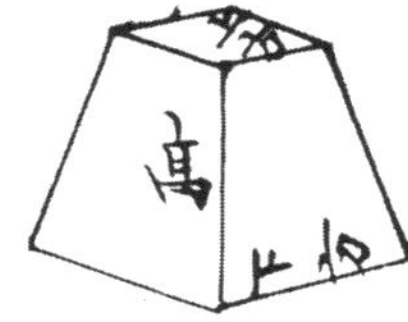

答　上方八寸　下方四寸　高二寸

術曰立天元之一為高○——減於只余為下方——内減於多為上方
自之——下方冪
上下方相乘——三位併合
以高相乘為三段方臺積○　寄位　列同
積三之与寄左相消得開方式
立方飜法開之得高推前分得各合問

通計一十八問

筭梯巻之三

天元圓積門

今有圓積一四五三ケ至及圓若干　乃圓方三ケ一四

答　至二四ケ　圓七五ケ三六

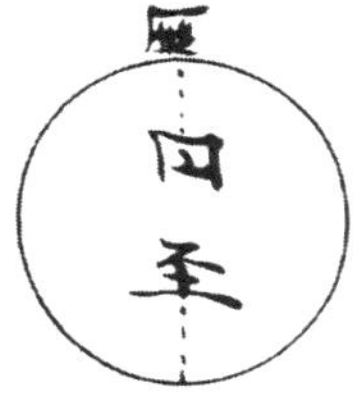

術曰立天元之一為至○——自乘以圓積方
以八分七乘之為同積○○　寄左　列積
与寄左相消得開方式○○　平方
開之得至
術圓周解義云立天元之一為同圓○——自之為圓
方圓四段積○○——寄左　列積以圓方乘之又四之得象

[算木] 乃寄左相消得開方式 [算木] ○一平方開之得円周

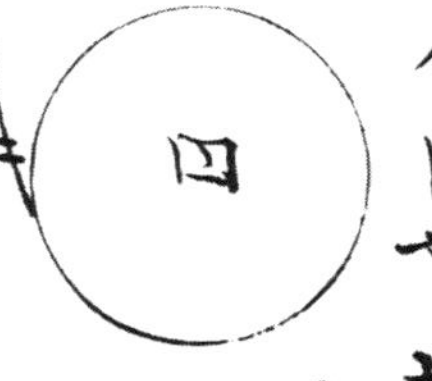

今円貴六六ケ五○至及周若干 答至九一ケ周二八ケ

術曰立天元一為至○一自之以周率乗之
為至率因四段貴○○二 婦 列之貴以至
率乗之戴分四之 [算木] 乃寄左相消得開方式
[算木] ○二平方開之得至 周術曰立天元一為円周
一自之以至率乗之為周率因四段貴○○一 婦
列之貴以周率乗之戴四之 [算木] 乃寄左相消得開方式
[算木] ○一平方開之得円周合問

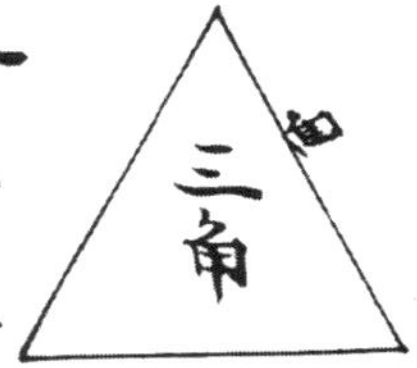

今三角貴九〇九二貴方三〇二四面若干 答面四〇ケ
術曰立天元一為面○一自之以貴法乗之為
貴○○ [算木] 婦 列之貴乃寄左相消得開方式
[算木] 平方開之得面

今三角貴八〇五七面率十五中至率十二面若干 答面四五ケ
術曰立天元一為面○一自之以中至率乗
之為面率因為二段貴○○一 婦 列貴以面
率乗之戴倍之 [算木] 乃寄左相消得開方式
[算木] ○一平方開之得面

今五角貴伍二二一〇四貴方〇四七二面何程 答面五五ケ
術曰立天元一為面自之以貴方相乗之為五角貴

○○　寄左　列責与寄左相消得開方式
平方開之得面

一　今五角責二五〇九伍方率九十千平至率四六十各　答面一六八

術曰立天元一為面〇—自之為面冪〇〇

以平至率乗之五之為方率因與五角責得

○○　寄左　列五責乗方率就分倍之　与寄

左相消得開方式　○　平方開之得方

一　今五角責一ケ六七ケ五二三責方七八五方若干　答方面二五ケ

術曰立天元一為方面〇—自之乗責方為六

角責〇〇　寄左　列責与寄左相消得開方式

○　平方開之得方面

一　今七角責二五八三六ケ責方三ケ三九六問方　答方ケ二

術曰立天元一為面〇—自乗之責方為七

角責〇〇　寄左　列責与寄左相消得開方式

○　平方開之得方面

一　今七角与八角幂積責和一二ケ五七二三八角責方二四ケ八四方面若干

答方面一二ケ

術曰立天元一為方〇—自

之乗七角責方為七角責〇〇　列方面自之乗八角責

方為八角責〇〇　併入甲位為責和　寄位　列責与寄

左相消得開方式　○　平方開之得七角八角方面

一　今五角卜九角責和八六三四ケ七七二〇三五角面多於九角伍合方

幾何　答六角面一三ケ　九角面八ケ一八　乃九角責方六ケ一八

術曰立天元之一為二六角面○——自之以六角責方乘之
為二六角責○○與列六角面減於左為九角面
自之得——乘九角責方為九角
責 併入甲位為責积 寄左
列乙責乘之寄左相消得開方式
平方飜開之得二六角面内減於
即為九角面

今三角十角共責九五〇二六ヶ三角面共於十角面之合
方何程 答 三角面八ヶ十角面一ヶ
術曰立天元之一為三角面○——自之乘責方為三角
責○○ 寄 列之角面加於共為十角面
平方開之得二角面加於共得十角
再寄列共責乘寄左相消得開方式
自之以其責方乘之為十角責 併入寄左為共
責
今有四斜面若干面八ヶ八五 積方一分七七
術曰立天元之一為方面○——再自乘○○○——以責方乘
之為斜面責○○○ 寄 乘責相消得開方式
立方開之得方面
今有二角八斜面責加五八五ヶ四方若干 答方面五ヶ
術曰立天元之一為方面○——再自乘之以責法乘之為斜

實〇〇[illegible]縦列之實與商相消得開方式

[illegible]〇〇[illegible]立方開之得八寸面

今立方切篭積五〇九二ケ　積法二ケ五七ケ三　七方面若干　答方面六寸

術曰立天元一為方〇——再自乘之以積法乘之為切篭

積〇〇[illegible]縦列積與寄左相消得開方式[illegible]〇〇[illegible]

立方開之得切篭方面

今有切篭積六〇三〇二五〇四　積方五〇九〇六〇六　面至若干　答面至五ケ

術曰立天元一為面至〇——再自乘以積法乘之為切篭積

〇[illegible]縦列積與寄左相消得開方式[illegible]〇[illegible]立

方開之得切篭面至　乃若同真布中至六〇用方〇ケ三四二〇三〇一二也

今有五角十二ケ面積二〇三〇六ケ九　面若干　答面三寸

術曰立天元一為方面〇——再自乘之以積法乘之為等

面積〇〇〇[illegible]縦列積與寄左相消得開方式[illegible]〇〇[illegible]

立方開之得方面

今有圓立ケ方切篭積四〇九〇七〇六〇七〇八　立円積方〇ケ三〇五〇四方面若干

答　方面二十二ケ　乃立圓至一十二ケ

術曰立天元一為方面〇——以五再自之〇六〇三ケ八〇八〇六乘之為

積得〇〇〇[illegible]縦列積與寄左相消得開方式

[illegible]〇〇[illegible]立方開之得方面所確なり

今又立方及蓋穴形於一穴内又立方積内減蓋穴形以余位〇五〇六〇三〇二五

五　又云立方面各穴於蓋穴形位今方若干　答立方蓋穴一八ケ二〇ケ

術曰立天元之一為差蓋中更面〇——由自之乘自責方為差實

〇〇〇 〇 寄列差蓋面加入於多丸為立方面 ——由

自之為立責 ——内減寄左入乘為立責

寄列立責与寄左相消得開方式

立方開之得差蓋中更面

今立方立曰方切蓋各一个廿責四七〇〇一个只之立方面多於切

子面四个却面卅於立円至仁各方幾何

答曰 立方面二十二个 立円至一五个 切子面八个

術曰立天元之一為立方面〇——由自之為立方責〇〇〇——

得列立方面加卅為立円至——由自之乘立円責方為

立円責 又列立方面内減於多入乘為

切子面——由自之以切

〇 寄位 子責方乘之為切子責

切子責象

併入右二位為立責 寄只列共責与寄左

相消得開方式

立方飜法開之得立方面推前章得切子面及立圓至合問

通計

算梯巻之四

天元勾股較和門

今有勾殳較六尺六寸六分殳和七寸五分勾若干　答曰勾一五寸

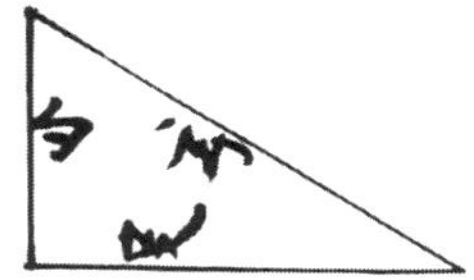

術曰立天元之一為勾○——加較為殳丅——

自之加勾冪為弦冪〓——寄列和

内減殳余為弦丅╱自之為弦巾〓

——勾和相消得開方式〓○——平方

開之得勾推弁勾殳之各

今有勾殳弦和只云殳弦較一尺殳何程　答曰殳一三寸

術曰立天元之一為殳○——加較為弦——自之得

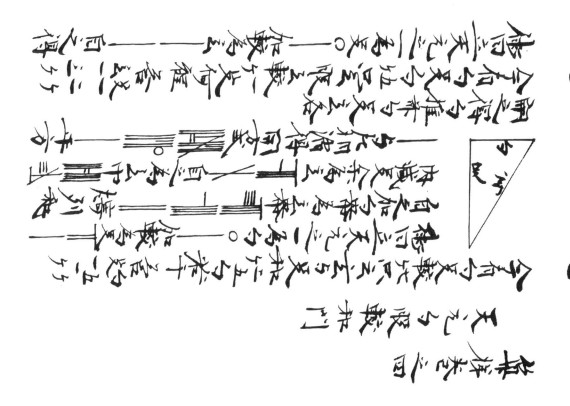

内減叉巾為乃巾　　位　列乃自之
乃位相消得歸除式　上実下法而一得乃
今乃叉之仁一只云乃云和四九乃若干
合　乃二〇ケ　云二九ケ
徳日立天元之一為乃〇　以減和為之　巨
内減叉巾為帛　塙
列乃自之〇〇　乃商左相消得帰除式　実
如方而一得乃
今有乃叉乃股較仁只云乃云差仁　若乃八ケ叉一五ケ
徳日立天元之一為乃〇　加只云差為叉自之加乃帯
為之帯　塙　列叉加只云差為之
自之　乃商左相消得開方式
平方開之得乃
有乃股之仁七乃股差仁三　若乃一二ケ叉三五ケ
徳日立天元之一為乃〇　加差為股　自之
加乃巾為之巾　左列之自乗　乃冗
相消得開方式　平方開之得乃
乃股之三和仁〇只云叉之較一　若　乃五ケ叉一二ケ
徳日立天元之一為乃〇　以減三和為叉之
路　列子内減差為二ケ叉　自之為四段股巾得
路　列子加差為二ケ云　自乗
四段之巾　内減五四段為乃巾　寄左

列勾自之○○——為勾巾乘八分四之四段為勾巾○○
勾股左相消得開方式——平方開之得勾
勾之相乘一ケ五勾股較一ケ　着勾之ケ股四ケ之五ケ
術曰立天元之一為勾○——加差為股——自之
加勾巾為弦巾——以勾巾相乘為勾巾因之弦巾
○○——左　列只云自乘又為勾巾因之巾
勾左相消得開方式○——三乘方開之
得勾

有勾股只云長云一ケ六又云勾股和ケ五　着點　二八　一○五ケ
術曰立天元之一為勾○——乘也云為股因中股
○——自乘為股巾因中股巾○○——左　列和減勾
為股——自之為股巾——内減長云巾
為中股巾——乘股巾又為股巾因中股巾
勾寄　左相消得
三乘方開之得勾

有勾股只云勾長云和ケ二一　又云勾中股和ケ二七　着點　一　二五ケケ
術曰立天元之一為勾○——以減又云為中股——自乘
為中股巾——以減勾巾為短云巾——橋
列只云減勾為長云——自之——乘寄
左為中股三乘寄
位寄五
列中股巾為短云因長云自之勾寄　左與寄勾相消得開方式
三乘方開之得勾

今有勾股只云勾股和ケ三五中又ケ三　答云二五ケ
術曰立天元之一為玄○——自乘○○——以減云和巾為冪
勾股冪○——嫮　云中又相乘為勾股冪○——与寄左相消得開方式
蔽分信之又為勾股冪○——与寄左相消得開方式
——平方開之得玄
今有勾股短玄ケ九只云中股此於長玄ケ四　答玄二五ケ
術曰立天元之一為玄○——內減短玄為長玄——內
又減於此為中股——自之為長玄因短玄嫮　列
長玄乘短玄——与寄左相消得開方式
平方開之得玄
今有勾股中股ケ二只云長股較ケ七　答玄二五ケ
術曰立天元之一為玄○——內減只云為ケ短玄——偏
列云加只云為ケ長玄——以寄位相乘為勾股中股巾
——嫮　列中股自乘減四之又為勾股中股巾——与寄
左相消得開方式
——平方開之得玄
今有勾股中勾ケ二只云股玄差ケ五　答玄二五ケ
術曰立天元之一為玄○——減云差為股——自之
為股巾——以減玄巾為勾巾——寄位
中勾自乘云為勾因股○——自之為勾巾因股巾○
嫮勾巾之遍乘股巾——与寄左相消得
開方式
——立方開之得玄
今有勾股只云勾股玄三和ケ六○又云中勾股和ケ三　答中勾ケ二

術曰立天元之一為中勾〇——以減后云今平為股
以減先云和為勾云和——自乘
股自乘為股巾——以減寄位為勾云和因仁分勾
巾——乘股為勾云和因仁分股——寄左
列寄位加股巾為勾云和因仁分云——以中勾相乘
又為勾云和因股因仁分勾〇——与寄左相消得開方
之式——三方開之得中勾
今有勾股只云長云勾中勾云和四分之一又云中勾径云和仁分之一
答　勾一五分
術曰立天元之一為勾〇——以減
為長云中勾和——貽子ト勾相乘為又云和因股
〇——貽勾ト又云相乘〇——加丑為又云數因勾股和
〇——自之為又云數巾因勾股和巾〇
塙列子自之——加又云數巾為勾股和巾
乘又云數巾為又云數巾因勾股和巾——与寄左相消
得開方式——三乘方開之得勾
今有勾股只云云勾中股和仁分之七又云勾長云和仁分之一勾若干
答　勾一五分
術曰立天元之一為勾〇——以減
后和為長云——自之加勾巾——又加先和
巾為先和因仁分云——貽列先和自之以勾乘
相乘四之〇——貽列甲自乘為先和巾因股四云巾其象
列甲自之為先和巾因股四云
内減之為先和巾因股四股寄

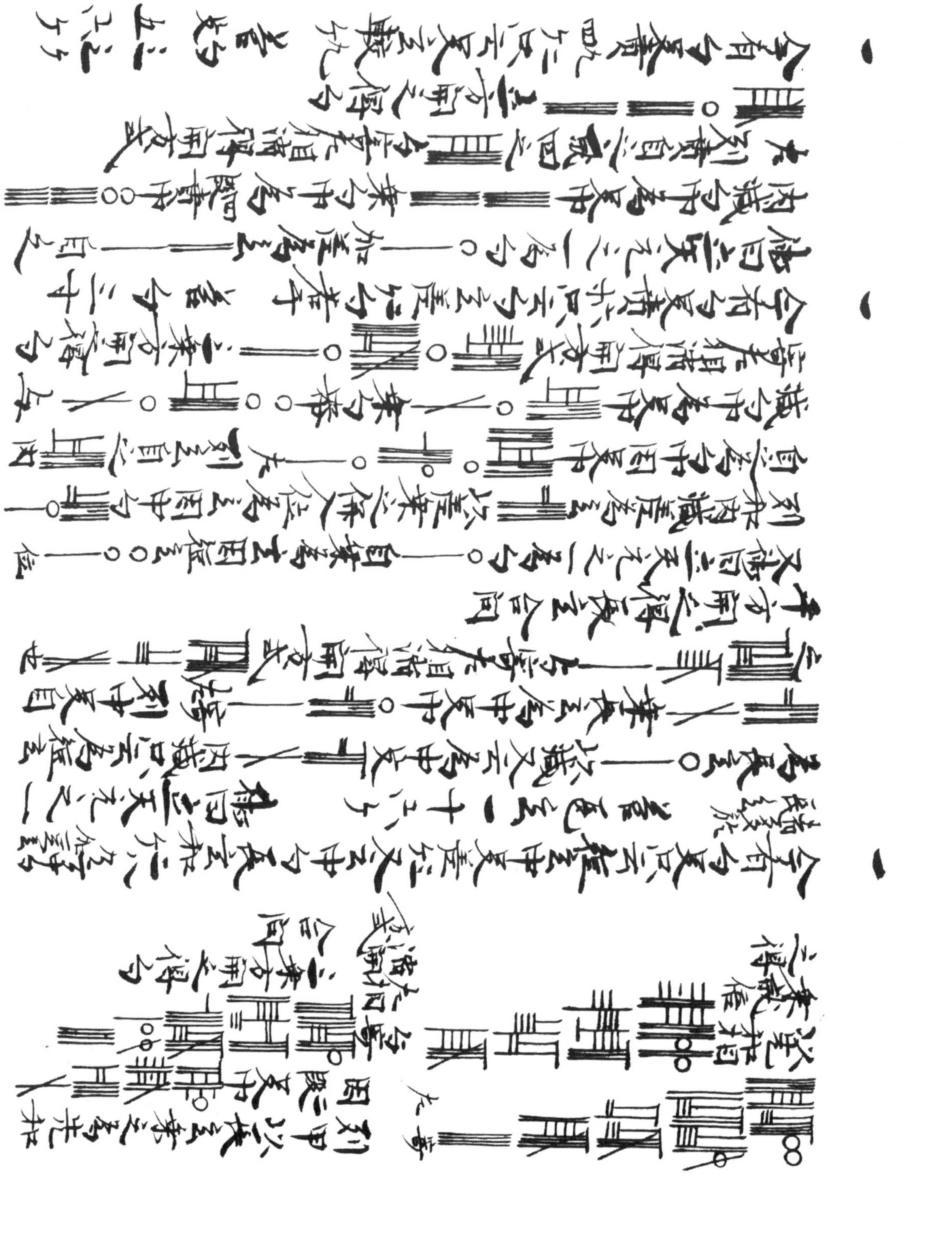

一

術曰立天元之一為勾○―自之○○―内減云差巾
為云差因ケ股[illegible]○―乗勾為云差因四段責
○[illegible]○―左　列責乗較四之[illegible]与寄左相消得開方
式[illegible][illegible]○―　立方開之得勾

一

今有勾股責ケ只云勾玄和ケ　答　股一十二寸
術曰立天元之一為旻○―自之以減云和巾為云和因
ケ勾[illegible]○[illegible]以旻乗之為云和因四段責○[illegible]○[illegible]
左　列云積乗云和貮四之[illegible]与寄左相消得開方式象
[illegible]○[illegible]　立方開之得旻

今有旻責ケ只云勾旻玄和ケ　答　云一七ケ
術曰立天元之一為云○―以減三和為勾旻和[illegible]
自乗内減云巾為四段責[illegible][illegible]左　列責四之[illegible]与
寄左相消得開方式帰除[illegible][illegible]九帰法除之得云
合問

通計

算梯巻之五

天元雑般門

今有三斜大斜卌四。中斜廿九 小斜廿五 虚斜若干 問虚斜

答 虚斜二三ケ四 短句八ケ八

術曰立天元之一為虚斜○— 自之○○—

以減小斜巾為短句巾 ○ 𠪨列中斜

自乗 内減虚斜巾為長殳巾 ○

各列大斜自之 加甲内減乙為大斜内虚句段自之為大

斜巾内虚句巾段 左列大斜巾乗句殿分四之 ○

句寄左相消得開方式 ○ 平方開之得虚

斜推并章得短句合問

一

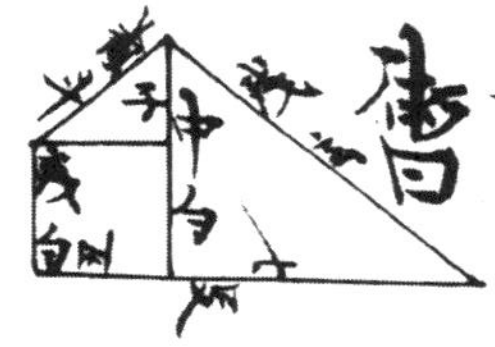

今有如圖勾殳斜欠勾尖只云勾八寸殘勾四寸殘云五寸截斗十二寸中勾若干　答中勾五十一尺

術曰立天元之一為中勾 ○ ―― 内減殘勾為子

―― 自之為子巾 ―― 以截斗巾為丑巾 ―― 略 列殘云自之内減中勾巾為寅巾 ―― 之 列甲自之加甲減之為殳因丑仁 ―― 自乘為殳甲因丑巾四段 左 列甲乘殳巾 ―― 勾左相減餘四之得 ―― 消得開方式

平方開之得中勾合問

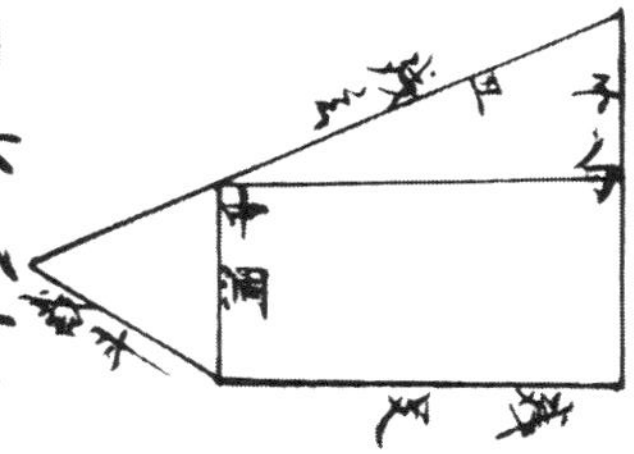

今有勾殳如圖斜截殳尖只云勾仁四ケ殘殳ケ仁二殘云四ケ截斜一ケ七中潤若干

答　中潤一ケ六ケ八

術曰立天元之一為中潤 ○ ―― 以減勾為子

―― 自之仮殘殳巾 ―― 寄左

列仮截斗巾殘云巾内減勾巾殘殳巾為殘云因ケ仁卯自之為殘云巾因四段卯巾 ―― 寄再 列截斗自之 ―― 以殘云巾乘之四之得一百九十二万三千 内減再位為殘云巾因四段辰巾中抄扱 ―― 以丑巾相乘為殘云巾因列殳巾因四段中潤巾 左

列中右自之 ○ ○ ―― 以殘云巾勾殘殳乘相乘減分四之得數

○○

合同　平方開之得中濶

句寄左相消得開方式

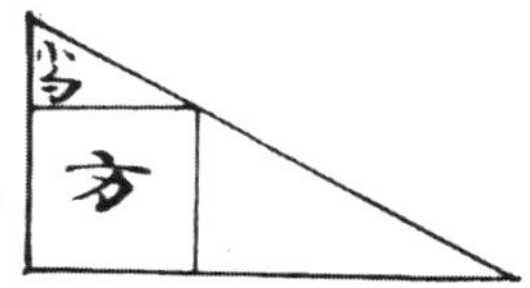

上実下方而一得方面

今有句股容方只云句二寸股二寸八　答曰方面一二寸

術曰立天元之一為方面○　以減句為小句

以股乗之為異因方面　寄左

列句乗方面○　与寄左相消得開除式

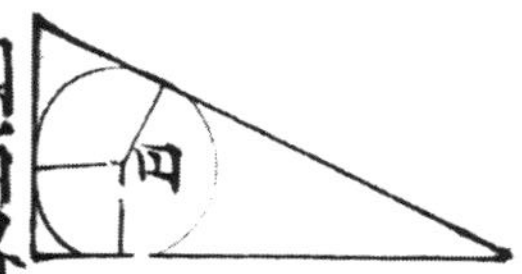

今有句股入圓句八寸股四寸五分　答曰径三寸

術曰立天元之一為径○　以減句股和為之

自之為主乗　寄左　列句

自之股自乗相併又為之乗　与左

相消得開方式　平方開之得円径

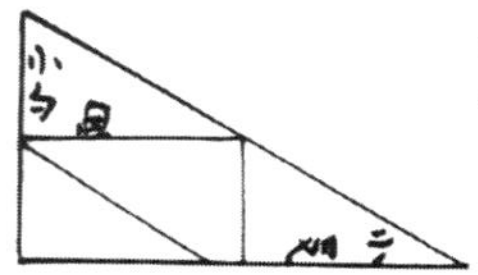

今有句股容梭句四寸股六寸二　答梭面二寸四

術曰立天元之一為梭面○　以減股為小

股自之　以減面巾為

小句乗　乗股乗為句乗因小股乗

寄左列句自乗乗小股乗　与

寄左相消得開方式　平方開之得梭面

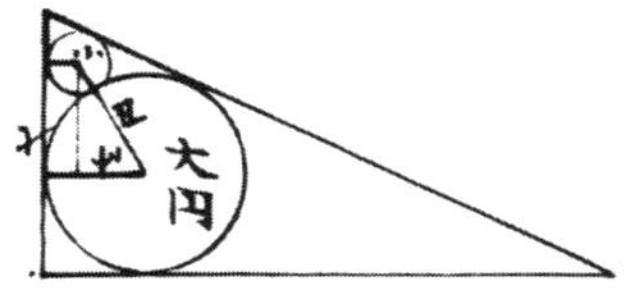

今句股内容大小圓句六寸股八寸　答小径一寸五

術曰列句股和以減弦余大径　立天元之一為小径○　以減大径

為二寸　自之為四段子乗

大小径和而為二段　因乗　位

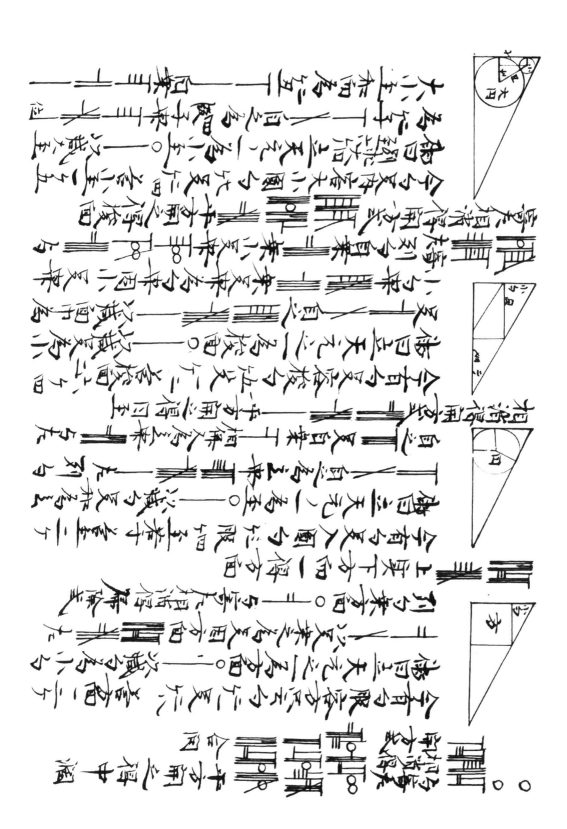

内減従為四段十乗○乗大至乗為子巾因段十六巾
乗○左列句倍之内減大至為仁ケ巾自
之為四段卯巾乗旨位又為子乗因六段卯乗
与左相消得開方式平方
開之得小圓径

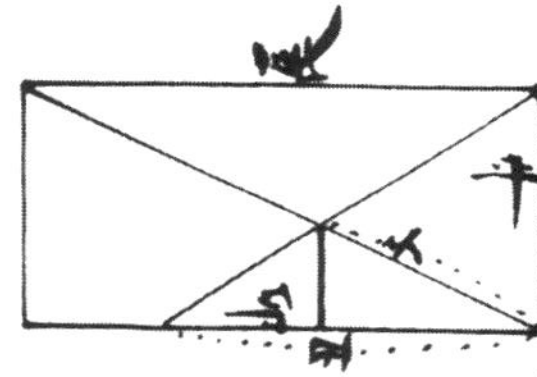

今直平八尺長五尺容二線丑○十尺子若干
答　子六尺ケ八　術曰立天元之一
為子○一乗長為直斜因子○位列
子乗丑為直平因卯○一○加位為直平因
丑○自乗為直斗因丑乗○○左
長乗此乗和而為直斗乗乗丑乗与左相消得
開方式
平方開之得子

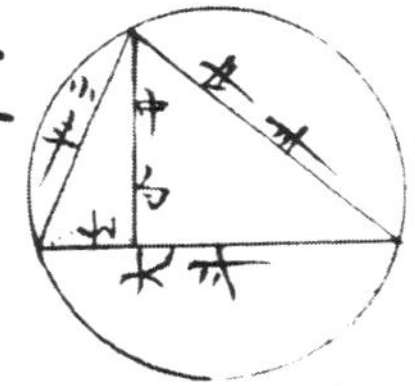

今有円至ニ尺子容三斜只云大斗八尺中斗六尺
答　小斗ニ尺　術曰立天元之一為小斗
○一自乗加大斗乗内減中斗乗為大斗因仁
子○一自乗為大斗乗因四段子乗○○一
左列小斗乗乗大斗乗四之○○内減左為大斗乗因
四段中句乗○以至乗乗之為大斗乗因中斗巾
因四段小斗乗○○斛中斗小斗相乗為至
因中句○丁自乗々大斗乗四之○○与自奇相消
得開方式○○三乗方開之得小斗
今有句夏句仁ケ八夏ケ四八容直長平較二尺今若干

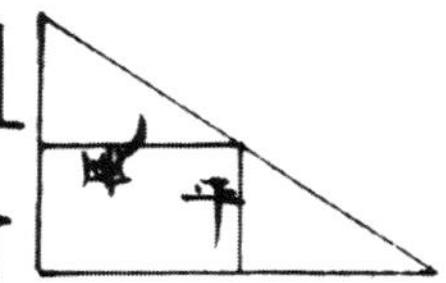

答　平八十六尺　長八分　術曰立天元之一
為平〇丨以減勾丅丨乘叉為勾因長
十〇丨丨丨丨左列平加較為長丨丨乘勾
丨丨丨丨丨丨勾左相消帰除式丨丨丨丨丨丨九歸方除之得平

今有円至一尺〇如図円矢一尺其孤中入三円
大円径如矢　小至若干　答小至各九寸
術曰立天元之一為小至〇丨以減全至
為仁子〇丨丨列矢加小至仁為丑丨丨以矢
減全至為仁寅丨丨丨自之加仁為巳自之丨丨丨丨
以減仁子自乗為十因加卯丨丨丨丨丨丨丨丨大列多内減小至為
仁卯丨丨丨以仁子相乘減分倍之丨丨丨丨丨勾左相消帰除式

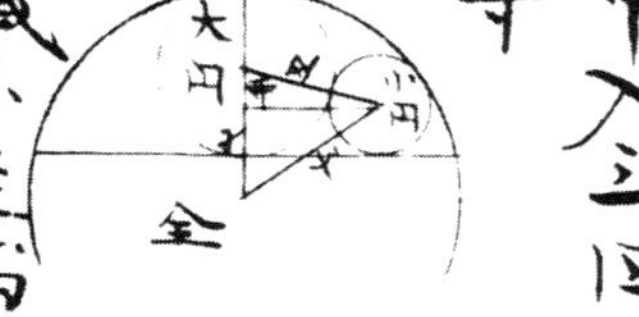

丨丨丨丨丨〇九歸方除之得小至

今有円至一尺容孤矢半形矢六尺
答入至各三尺二寸
術曰立天元之一為半至〇丨以減全至為仁ケ
子丨〇丨丨丨丨〇〇丨内減半至寅為
子丨〇丨丨大列全至内減信矢為仁寅丨丨加入
巳丑寅〇〇丨丨自乘為巳子寅丨
容至為仁寅丨丨丨自乗又為巳丑寅丨丨丨丨
勾左相消得開方式丨丨丨丨丨丨丨丨平方開之得半小至
今直内容円只云直長九寸七分大至七分
答小至三分　術曰立天元之一為小至
〇丨丨係入大至為仁寅丨丨丨略　甲信平内減

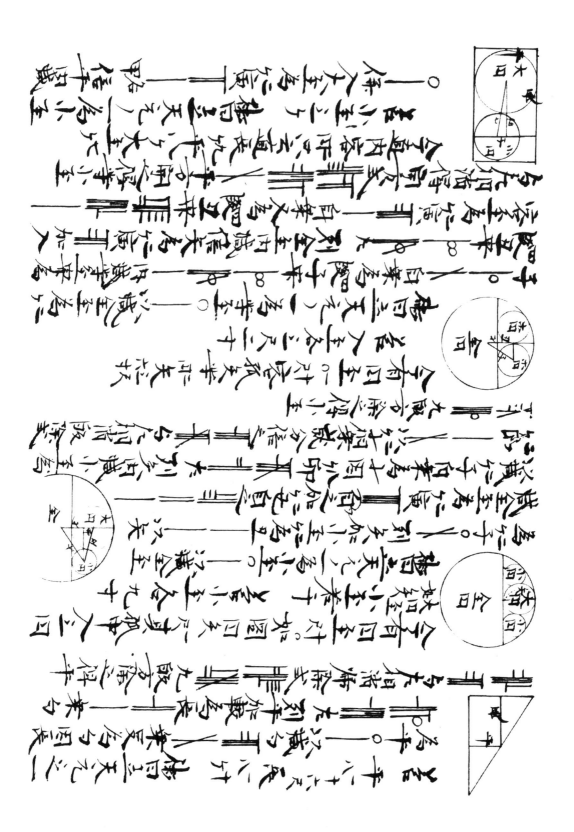

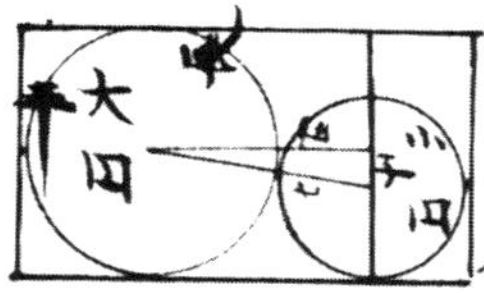

甲為乍子亖乂自乘亖丅一位　信長内減甲為
二乍丑丨乂自乘十十一　除入位為四段寅冪
〇〇丅列甲自之又為四段寅冪亖丨
与左相消得開平方式開平方得小圓径

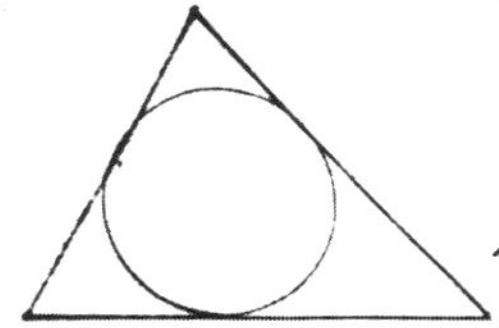

今有三斜大斗五斗中斗四斗小斗三斗只云容円径若干　答曰圓径八尺
術曰立天元之一為圓径〇丨位大中斜和
為径冪〇丨自之為径冪〇〇丨位
内減小斗十一餘大小斗和内減中斗丨亖餘
中小斗和内減大斗丨一餘甲之丙相乘為三和因径巾
亖左大中小斗和為三斗和亖乘位入為三斗和因
径冪〇〇亖与左相消得開平方式亖平方開之得圓径

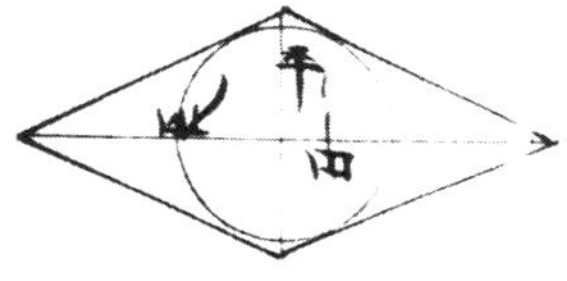

今有梭長八寸平六寸入円径若干　答曰圓径四寸八
術曰立天元之一為径〇丨自乘為径冪
〇〇丨位長平相乘為二段梭積入為梭面因
二乍径亖自乘為梭面冪因四段円径冪亖寄左
長冪平冪和為四段梭面冪〇丨∞以径乘之〇〇与左相
消得開方式亖〇丨∞平方開之得圓径合問

通計

算梯巻之六

天元九章門

一 今有鶏兎共一百足数合七百只云雞足二兎足四各若干

答 雞三十七疋

術曰立天元之一為雞数○ | 以減共一百余為兎 |○ ╳ 以四足乗之為兎足数 ||||○○ ╳ 位 列雞以二足乗之為雞足数 ○ | 併入位為兎数 |||||○○ ╳ 左 列共足数与之相消得開式 ||| ╪ ╳ 九以開方除之得雞数

一 今有粟二千五百只其数九佰二只云上邑一畏四十八二下邑一畏三十四人上下邑各民数若干

答 上邑九百五十 下邑一千五百五十

術曰立天元之一為上邑表○—乘四斗為上邑石數○[illegible]
以減其石數為下邑為石數寄列納表數内減上邑表數
為下邑表數[illegible]○[illegible]乘四斗又為下邑石數[illegible]與
左相消得開除式[illegible]○[illegible]上実下方而一得上邑表數
今有絹布共五百匹只云絹每匹四尺
布每匹四尺各若干　荅絹一百廿五匹布九百七十五匹
術曰立天元之一為絹匹數○—乘四尺為絹丈數○[illegible]
以減其丈數為布丈數[illegible]○[illegible]左列其匹數
内減絹匹數為布匹數[illegible]○[illegible]乘四尺又為丈數得
[illegible]與左相消得開除式[illegible]除之得絹匹
今有羅紗絲綿欲染大紅只云出羅紗尺換花染

得一丈三十一尺出羅紗染羅紗各若干
荅染羅紗六十一尺出羅紗六十九丈
術曰立天元之一為染羅○—乘尺為染得數因出羅
○[illegible]寄列今有羅内減染羅為出羅[illegible]乘
一丈三十一尺得[illegible]與寄左相消得九級式[illegible]上
実下方而一得染羅紗合同
今有人銀ヲ配ル不知其數只云人一分九
不足二十一人數及銀高　荅三十二人　銀三百目
術曰立天元之一為人數○—以九文乘之加剩十二為
惣銀[illegible]左列數以十文乘之○[illegible]内減不足二十目
余為惣銀[illegible]與寄左相消得九級式[illegible]

上実下方而一得人数

今有人買馬不知其数只云一疋價四貫八百目卜スレハ不足四十八貫目又云一疋

四貫六百目卜スレハ不足十四貫四百目問馬數若干　荅馬九疋銀一人分三十八貫目

術曰立天元之一為馬數○——寄四貫六百内減不足四十八貫目為持

銀　寄左列馬數乘四貫八百内減不足十四貫四百又為持銀

与寄左相消得九飲式　上実下方而一

得馬數

今有五雞四兎共重八貫八百八十目只云兎重雞輕交換其一秤之

適平合若干　各雞一重二百五十目兎一重九十目

術曰立天元之一為一雞重○——五之以減共重為四兎

重　位四雞一兎重卜一雞重如術仍之　列一雞重四之為四雞ノ重

○　求分四之係入寄位為四段四雞一兎重

寄左列寄位三之係入四雞重為四段一雞之兎重

与寄左相消得飲除方　除之得一雞重不當意若

今有竹數本節入米各四節每節合入若干

荅本一節　一節　七節

術曰立天元之一為節每差○——信之○——略　列云

杉内減每節差為段末節容米　内減甲

為段斜入米　内減甲余為段斜節入米

内減甲為段末節入米

入米内減甲為段末節入米　寄末節入米　位末節

位為段末節入米　寄左列云信之　与

左相消得般除之 〣 上実下法而一不満方者命之為
毎歳差米推并章得毎歳入米
今兄弟三人小弟曰長兄云我年紀比汝四分ノ三次兄年
紀比汝五六分之五如何各於我八歳向三人年数若干
答　長兄九十六　二兄八十。　三兄七十二
術曰立天元之一為二兄年数○ 〡 内減八分為小弟
年数 〥 〡 以四物乗之為三段分子長兄年数得
〣 作列二兄年数以五六物乗之為隘五分子十長
兄年数○ ⊤ 減三之○ 〦 再寄　列寄佐減五之
〥 与再寄相消般除之 〡 除之得二弟
年数推尓章得長兄及小弟年記各合問

今有米一百八十。石以三人配之遞襄八石十石各若干
答曰甲二十八石　乙三十。石　丙四十二石
術曰立天元之一為甲米○ 〡 内減八石十石為乙米 〥
再減八石十石為丙米 〥 〡 甲乙丙米相合為總米 〣
寄左　列百米与寄左相消得般除之 〣 上実下方
而一得甲米

今有銀三百甲乙二等分之甲加利割三乙加利割二只曰欲使
人本利均等還之各元銀幾何
答　甲元銀百四十四匁　利四十三匁二　乙同百五十六匁　利三十一匁二分
術曰立天元之一為甲銀○ 〡 以一ヶ三ヶ乗之　乃元一ヶ利方三ヲ加為リ本利未般之
為甲之本利○ 〣 寄左　今有銀内減甲之元銀餘為乙之元銀

〡〇〡乘二ヶ為之元銀〒〡与寄左相消得飯除式
〡〡元飯方除而得甲之銀推求術得合
問十二佰三十甲乙丙三貸只云甲加利二乙同二丙同 到還之甲乙
丙數丙利共於之二付各若干
答 甲之八十目 乙 白二十目 丙 元白二十目
　 リ二十四目 リ二四十目 リ十二文目
術云立天之一為甲元銀〇以二ヶ乘之為甲利銀
又之利銀〇〡内減二付為丙リ銀〡〇 各位寄
之リ与甲之銀乘二ヶ相併為合因丙之〡〇以減有
銀乘二ヶ得數余為二ヶ因丙之銀〡〇以二ヶ乘之
為一〇ヶ因丙リ銀得〡〡〡寄左 列丙リ銀以二ヶ
乘之又為一〇ヶ因丙リ〡〇〒 与寄左相消得飯除式

〡〡〡十上實下方而一得甲之銀
問十佰貸之息上加息二年返之本利四十佰息率若干
答 息率 二割
術曰立天之一為息率〇——加之一得——— 略 列
今有銀以甲乘之為初年本利夕〡〡〡以甲相乘為
二年本リ〡〡〡〒〇〡〡〡寄左 列曰本利与寄左相消
得開方式〡〡〒〇〡〒〇平方開之得息率二ヶ合問
問四十佰加リ計貸之李三也欲使每年同數返之歲々
若干 答 每歲 二百二十六文目
術曰立天之一為年返銀〇——略〇 列本一加一二得
二〇分為本利率以今有銀乘之為初年本利夕〡〡〡内

減甲余𝍫〤以辛相乗為二年元リ和𝍦十内減
甲余以辛相乗為二年元リ和𝍭𝍣寄尤○列甲与寄
尤相消得仮令式𝍭𝍭𝍫一実下方而一得毎歳逐限
日四十五毎息上加息算之毎歳均還六十二年而本利恰尽
是息何割　　答　二割
術曰立天元一為本リワ辛○一乗○今列有限以
甲相乗為初年本リワ○𝍫内減逐限余𝍭𝍫以
甲相乗為二年本リワ○𝍭内減逐限𝍭𝍫
以甲相乗為三年本リワ○𝍭𝍭𝍫以逐限相消得
開方式𝍭𝍭𝍫𝍭三乗方開方商得二ケ内減
元極ケ余得二ケ則命二割合問

算梯巻之七
天元截貴門
今有勾是勾三斜是四斜如図決是逆甲之貴数
相配甲是若干　答甲是二十八萬二八四二七強

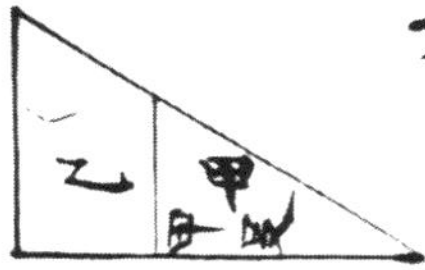

術曰立天元一為甲是○一以勾相乗為甲是
因甲勾○𝍪以甲是相乗為是因股甲貴○○𝍫
倍之為是因股甲貴又為是因股全貴○○下
寄左○列勾以是相乗為股全貴一○○以是相乗亦為是因
股全貴𝍫与寄左相消得開方式𝍫𝍪○下平方開商
余甲是

勾ニ對シ四對ニ段截之各甲乙自乙責タ甲責ニ一十五ヶ甲
乙各只若干　答甲只一十八步　義圖如右件
術曰立天元之一爲甲只○——業勾爲甲因甲只○|○以
甲只相乘爲只因ニケ甲責倍之○○‖○爲寄左○列勾乘只
爲ニケ甲乙共積[illegible]加只責ケ爲四甲責[illegible]乘只[illegible]與
寄左相消得開方式[illegible]○—○—平方開之得甲只
今有勾只以三只一十四百五十一歩欲如圖責均三截之甲乙丙只各
若干　答甲只六〇九ケ三六八　乙只七十五ケ一八ケ六九有奇

術曰立天元之一爲甲只○——自乘倍之爲甲
ヨリ至乙只巾○○|加甲只冪爲甲ヨリ至
丙只巾○○‖寄○列只自乘又爲甲ヨリ至
丙只巾[illegible]與寄左相消得開方式[illegible]○‖平方開商
得甲只
今有勾只之ニ九ケ甲乙截之乙責加甲責九ケ甲乙只何程
答甲只二一ケ七五　術曰立天元之一爲

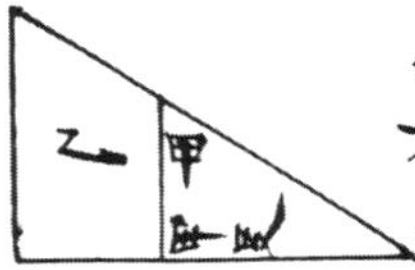

甲只○——自之以分子七乘之爲分母因乙責率
○○|寄○列甲只自之以分母九乘之爲分母
因甲責率○○|係入寄左爲分母因總責率輙　列只
自之以總責率以分母相乘得[illegible]與寄左相消得開方式[illegible]
○|平方開之得甲只
有勾股ケ。股仇。甲乙丙截之乙責大於丙ケ仁五ニ却而
此於甲責四ケ五ニ也甲乙只若干　答甲股一三五ケ
乙一○ケ

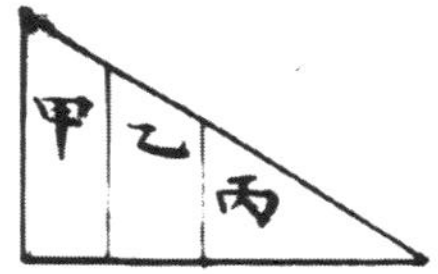

術曰立天元一為甲叉○——自之乘勾為叉因ヒ
甲責○○丨○子位 列此乘叉倍之得[rod]以減子
為叉因ヒ乙責[rod]○——丑位 列叉乘叉倍
之[rod]以減丑為叉因ヒ丙責[rod]○丨○——併入子丑為叉因
陂ヒ勾叉責[rod]寄左 叉自乘之勾[rod]与左相消開方式[rod]○
○[rod]○ 平方開之得甲叉

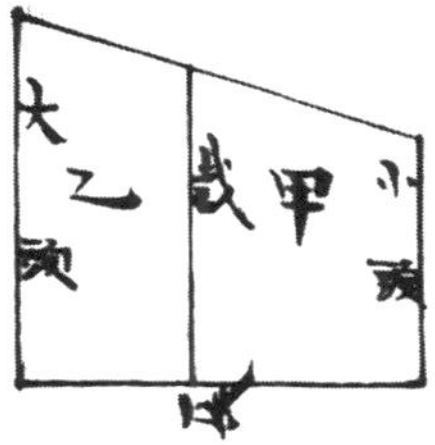

有梯大頭如ケ○小頭ケ○長如○甲截之其責相等甲截若干
答 截長二三六ケ七七三六七弱
術曰立天元一為截長○——以大小頭差
乘之○—丨○名子 倍小頭乘長[rod]加子位
[rod]丨○○以截長為長為長因陂甲責入為
長因陂乙責得數就倍之為長因陂惣責
○丨○○○嬌○置大陂加小陂[rod]以長
相乘為陂為惣責[rod]以長相乘得[rod]以長
勾寄左相消得開方式[rod][rod]丨○○○丨○平
方開之得甲截長

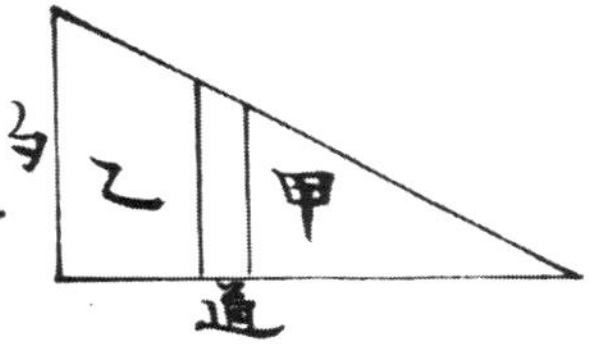

今有勾叉各於計如圖角通潤ケ一
截之向甲乙叉各若干
答甲叉二十安乙叉八安
術曰立天元一為甲叉○—自之加甲
加通潤得數——
叉勾——‖——寄左○列云叉自之得

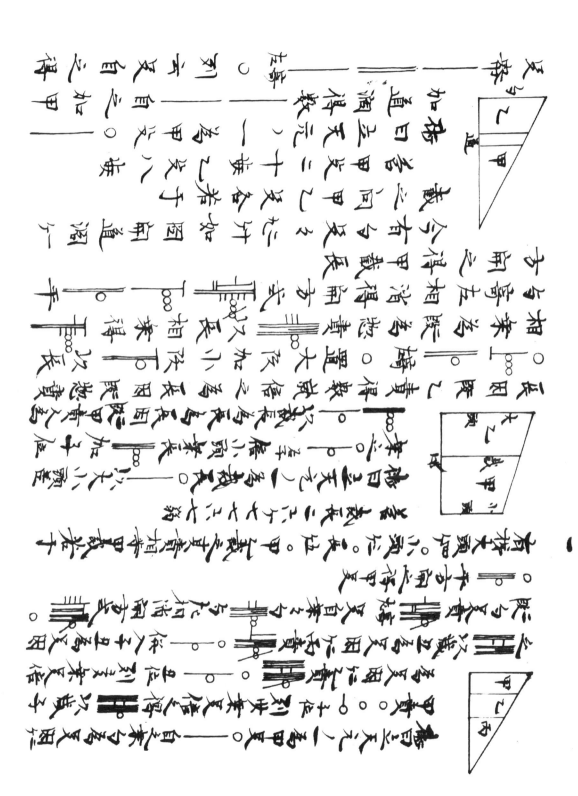

与寄左相消得開方式
平方開之得甲殳

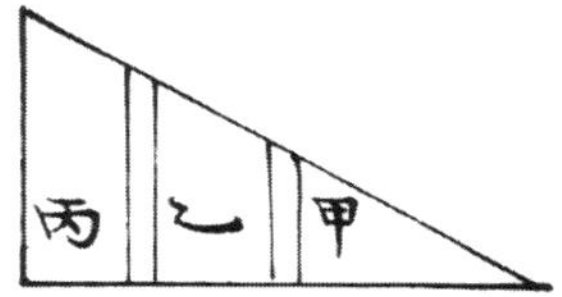

今有勾殳々十二二百歩二如圖開道條二
余責使甲乙丙均受之向甲乙截
殳首甲殳八十五歩乙殳二十
五歩丙殳十七歩
術曰立天元之一為甲殳○加
道閘自之加甲殳幂為甲殳困乙殳幂得
孫列云旻自之內減甲殳
幂余為甲至丙濶殳幂○路列
丑內減于余加道香丼為甲殳乙殳困道
香得自之為乜困䏍道香
丼寄列丑以道香丼
得左○相乗就分
与寄左相消得開方式
三乗方開之得甲
殳己下依前術得

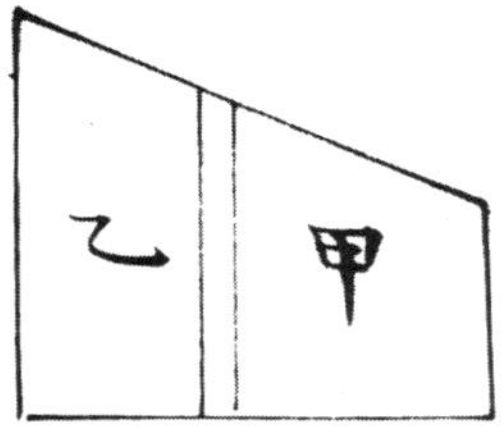

今有半梯大陂一歩十小陂歩〻長
九二歩十如圖開道舌歩二道余責均
与甲乙人二向甲乙截長各若于
首甲截長一十四歩二六四三二三

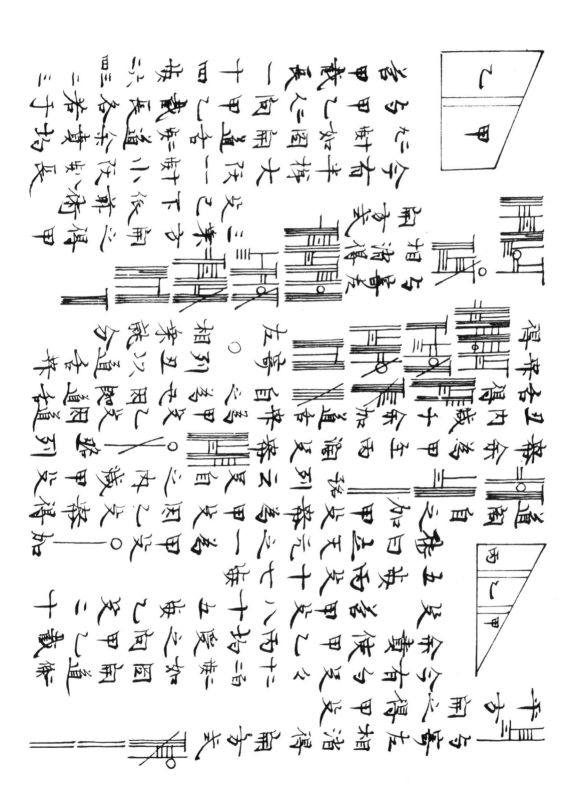

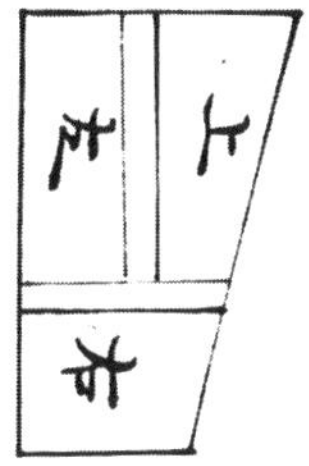

向相内
截ミ会方案識及以舍張言
之計有式以通因識[illegible]曰右
左角半[illegible]及者通之[illegible]旨及
右舍勝[illegible]相与者因束之天十
与計大[illegible]案左因束之之十
及左頭[illegible]信及段[illegible]加一八
合倒五ミ年之余左[illegible]右為睥向
者丁計方[illegible]為及[illegible]及左一載
于字小角[illegible]左得以束及分与
道頭之与及[illegible]与段[illegible]六及
余七得壽[illegible]相[illegible]加重ミ
責計右左[illegible]案[illegible]加睥
均長及相以左壽為[illegible]道五右

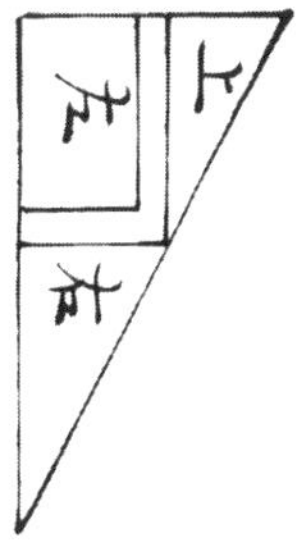

倒合年[illegible]以[illegible]均小余長殊
丁有方[illegible]し[illegible]責段為余曰
字与角与長[illegible]段ミ報為三天
道支之壽相[illegible]し天
余与得左案以[illegible]長己
責ミ甲相又截左壽[illegible]以甲[illegible]為一
均及十載消為長左壽[illegible]甲[illegible]為
十載及長得長因列以長[illegible]甲
八段ミ向因大乙乙相長
睥向計方段ミ頭長長案列[illegible]
一載於式均段ミ以相[illegible]大[illegible]
責余報案[illegible]段加
得相為條内通
案長入截舍
得因長小以
數段ミ因段截

答右足一十二寸二一二二五有
術曰立天元一為右足○｜以大小陜較
相乗併入長因小陜段二以右足相
乗為長因段二寺積○孫列右足加
道香孫列丑以大小陜較相乗得
以加長因小頭段二以丑相
乗面右列大陜加小陜以長相乗
為段二忠責以長相乗得内併減子
段二勾寸余為様長道香因段二左足
左寄列長内減已為左足以長相乗
又乗道香就倍之与寄左相消得
開方式平方開之得右足

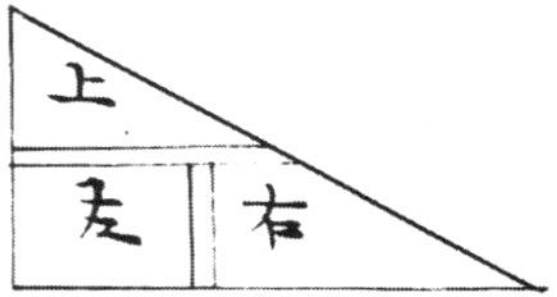

今有勾足勾○三廿足○四廿十開香寸二
丁字道余責段三截之向左右及上
勾足各如何
答右足九二叶十四二六寸
術曰立天之一為右足○｜加道
香以減足為左足信之内
減右足孫併入道勾左足
以勾相乗位寄列道香以足相乗
以減寄位余為足因上勾自之為
勾因足因段二寺責左寄列勾以
足相乗内減寄位為足因尤勾以

左又相乘又乘句与寄左相
就分倍之為句因消得開方
又因段ニ為毎責得式
平方開之得左又

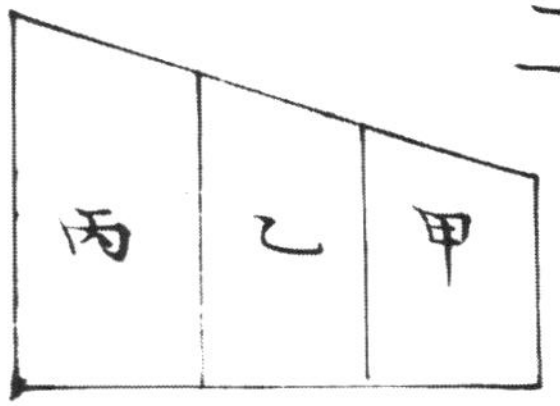

今有半梯大頭三十小頭五十長四十三截之各責毎截長并若甲截長一十七寸七。有奇
術曰立天元一為甲長內減
十二百〇五十歩加虚長自之內
截虚長為甲責率三之以大
小陸差小相乘為長因段ニ積以長相寄列
大陸加小頭乘長為段ニ總責以相乘平
与寄左相消得開方式
方開之得甲長合向

算學卷之八

天元之截積門

有方錐方面五十尺高○四十尺自尖截積十一二百尺九向截高若干

答截高一十六寸

術曰立天元一為截高○|乘方面為高因截面○[算籌]自之以截高相乘為高除因除截積○○○○[算籌]寄列高自之[算籌]乘截積三之[算籌]與寄左相消得開方式[算籌]○○[算籌]立方開之得截高合問

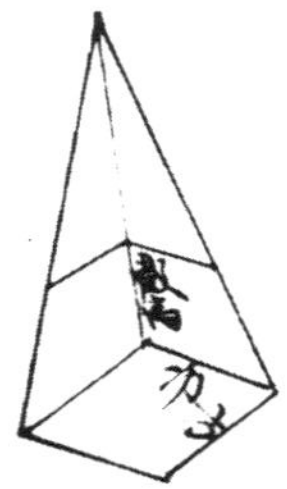

有方臺上方八尺下方四十尺高七十尺自上方

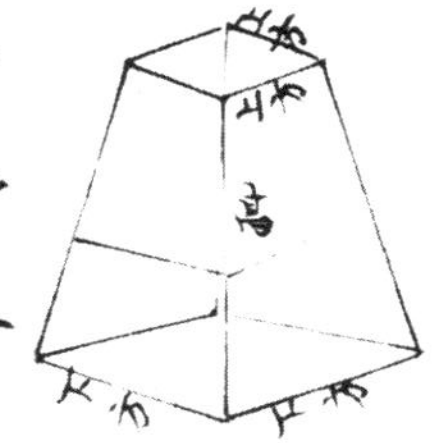

截積一千截高若干

答截高一十〇寸二六有奇

術曰立天元一為截高〇｜以

上下方差乘之併入高与上方相乘為高

因截方寄位上方乘高乘相乘段寄位

与上方及高相乘段寄位乘段三位相併

共得以截高相乘為高

左寄列截積乘高乘三之与寄左相消得

開方式〇〇之方開之得截高

又術曰立天元一為截面〇｜再自乘〇〇

｜內減上方再乘〇〇以高相乘

為上下方差因截積〇〇寄列截積

以上下方差乘之就三之与寄左相消

得開方式〇立方開之得截面

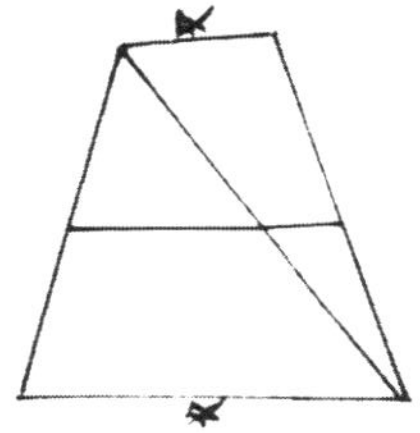

今有兩又梯上又四卄下又十二

寸一豎三五卄只云欲使依上又截

責扗百截豎幾何

答截豎一十二寸半

術曰立天元一為截豎〇｜乘下又為豎

因截高〇｜寄位列豎內減截豎又乘上又

為豎因截面〇倍之加入豎因上又

乘寄位又乘截高為豎乘因段六截責

○○[illegible]寄左列截自之以截[illegible]貴○[illegible]相乘六之[illegible]方開
与寄左相消得開方式[illegible]○[illegible][illegible]立方開
之得截竪

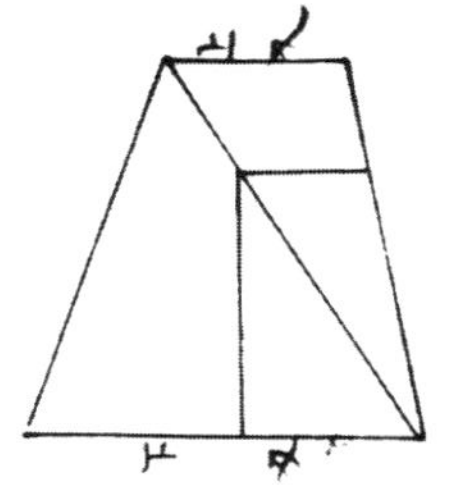

両又楔上又一二廾下又廿六二廾竪
四五廾○上又不竪不指截之貴八指廿六向截
面竪及截下又各若干

術曰立天之一為截竪○―乗上又為竪
若截竪三十六寸
因截上又○[illegible]寄位列截竪乗下又為竪冪
因二一段十一段截○○○[illegible]寄左列截貴乗竪冪分乗之
二一段[illegible]与寄左相消得開方式[illegible]○[illegible]立方
方開之得截竪

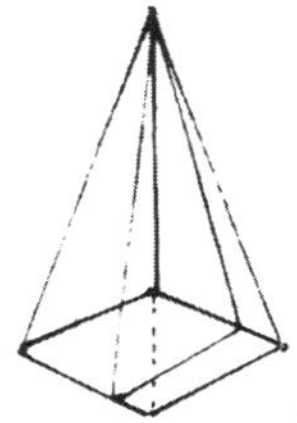

方錐方一六廾高廾直截而不的
貴心指八八分廾截方若干 若截
方四分因段截高○[illegible]
術曰立天之一為截方
乗高為方因段截貴○[illegible]寄位列截方
方○―乗而為截上又[illegible]作入倍方[illegible]
倍之減方及截方為方因[illegible]截貴[illegible]寄左
[illegible]乗位及截方三之[illegible]与寄左相消得開方
列截貴乗方三之開之得截方
[illegible]○[illegible]立方開之得截方

方臺上方一廾下方一四廾高廾
截貴十二千七百寸八上方若干

若截上方五寸
術曰立天元一為截上
方○｜倍之加上下方差為段二截下方‖
位　倍上方加下方≡乗上截方段二○‖倍下
方加上方≡乗位‖‖二位相併得‖○
乗高為附二截責‖寄左截責二十之‖
与寄左相消得飯除式実如方而得截祉

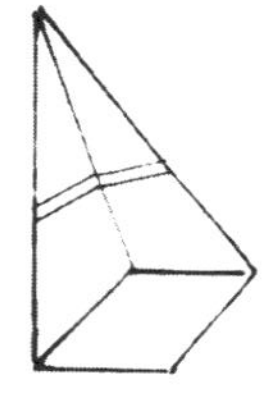

方錐高五寸如図截之不拘方錘道
寸一其余責段二等向上高首上
高立天元一為上高○｜加
錘道｜再自之‖加上高再
乗率‖寄左列高再自之‖与寄左
相消得開方式‖立方開之得
上高

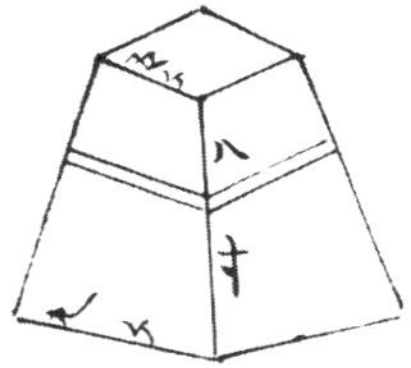

有方臺上下等積截之其鋸道
寸一上高若干首上高
術曰立天元一為上高○｜上
方高相乗為上下方差因虚高
路列上高加錘道乗上下方差加子得
‖再自之‖内減子再乗率○
再自之加丑再乗率為上下方差再乗
率因虚実共高再乗率‖寄左
列高乗上下方差‖再自之為上下方差

再乗巾因虚実共高再乗巾[illegible]与寄左相
消得開立方開之
方式[illegible]得上高

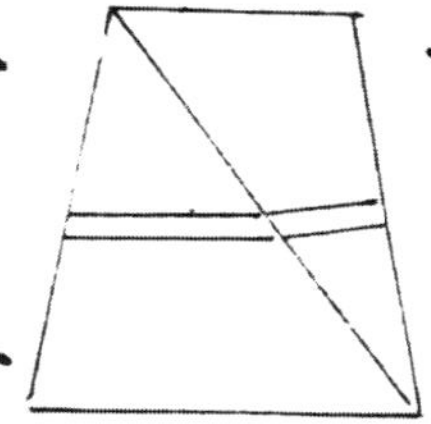

両又楔上又扐下又扐堅二廿十
半貴二截一錐道寸十上截堅若于廿
若上截堅○一廿術曰立天元一之
一為上截堅○一乗下又為堅因上厚○
[illegible]除列堅内減上截堅余[illegible]乗上又
為堅因上面[illegible]倍之加堅因上又得
[illegible]以減子位相乗以上截堅相乗為
堅巾因段以上截貴○○[illegible]寄列上截堅
加鋸道乗下又為堅因下截面[illegible]列
堅内併減上截高与鋸道六為下截堅加
[illegible]乗上又為堅因下截厚[illegible]除列丑加
堅因下又[illegible]乗[illegible]乗下截堅
為堅巾因段下截貴[illegible]与寄左
相消得開方式[illegible]立方開之得
上截堅仍截堅十堅情

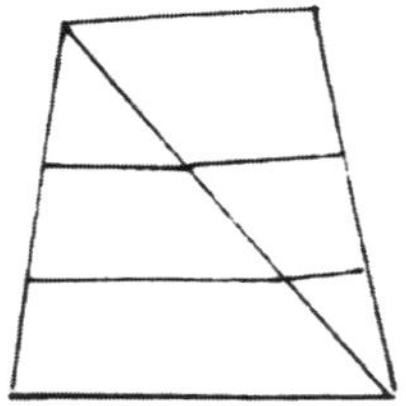

両又楔上又若于下又除堅十二
扐半貴截之除同上截堅若于
下仍上截堅也則若三段上截堅
五段日四段日六段日

術曰立天之一爲上截豎〇|減豎余爲

下貫豎[算籌]以下則除上又以之則上又以上又以豎下爲豎之也又下以豎除豎高下豎上截加段六

豎〇|以子之乃下則上又除以之乘率乘又也之以又以又子下豎高除豎高下豎下倍豎倍以乘爲

下貫[算籌]〇[算籌]相乘率乘又以又以子下豎高除豎上以乘相乘以又爲率上

相乘々上截豎爲信子以[算籌]加豎以處以乘又以又爲率上

下貫率〇〇[算籌]爲若

〇截三段青倍右揣潘左[算籌]〇[算籌]丅也

〇四段三右[算籌]〇[算籌]丅也

〇五段四右[算籌]〇[算籌]〇也

六段己上倣之各式立方[積]之得上截豎

合同

算梯卷之九

天之諸角門

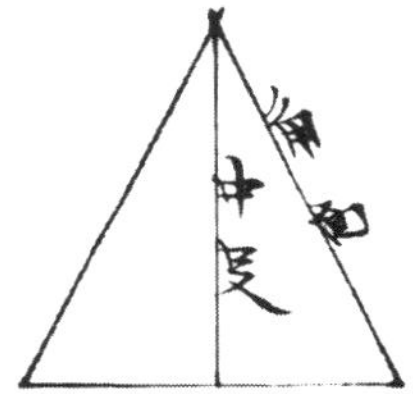

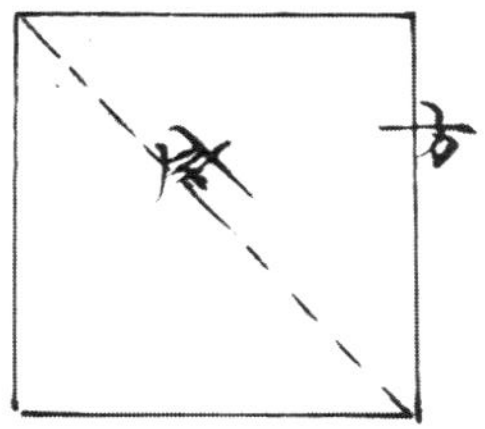

三角面各十中叉若干

答中叉〇ケ八六六〇二四五

術曰立天之一爲中叉〇|自

之以減面率爲半面率|〇[算籌]

面率[算籌]〇[算籌]寄左列面自之与

寄左相消得開方式[算籌]〇[算籌]平

方開之得中叉

今有四角毎面一寸方斜若干

答方斜一ケ一四一二一三五

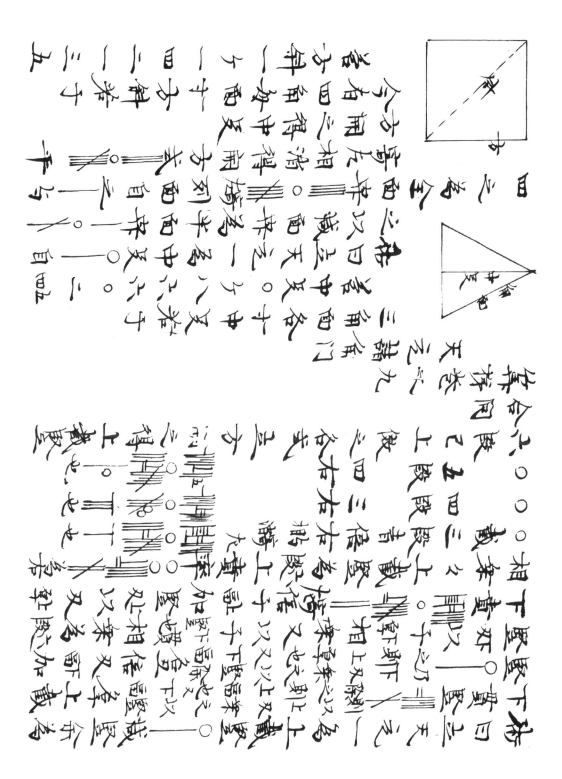

術曰立天元一為方斜○—自之○○—内
減面冪余為面冪—○—左寄列面自之—
与寄左相消得開方式‖○—平方開之
得方斜

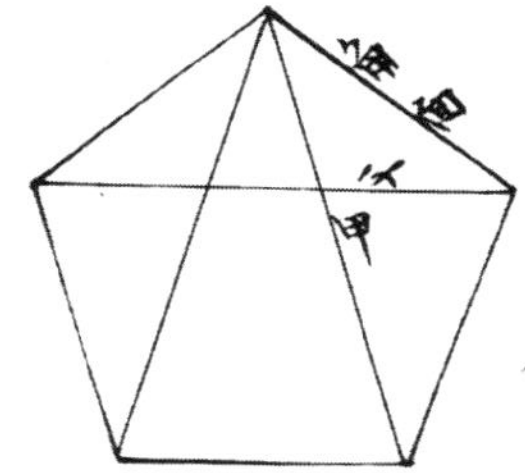

五角毎面寸甲斜若干
答甲斜一寸六分一八○四二
術曰立天元一為甲斜○—内
減面余為子‖—冪甲斜為面
因面○—左寄列面自之与寄左
相消得式‖—平方飜方開之得甲斜

一

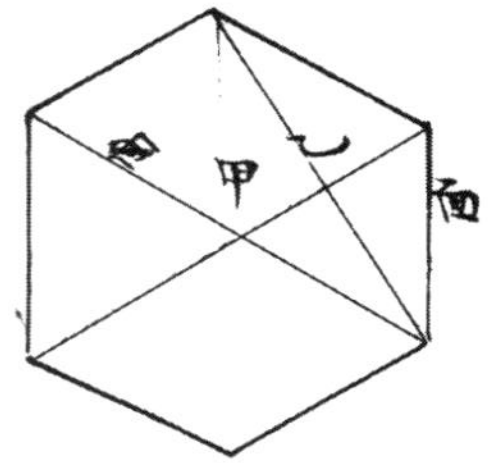

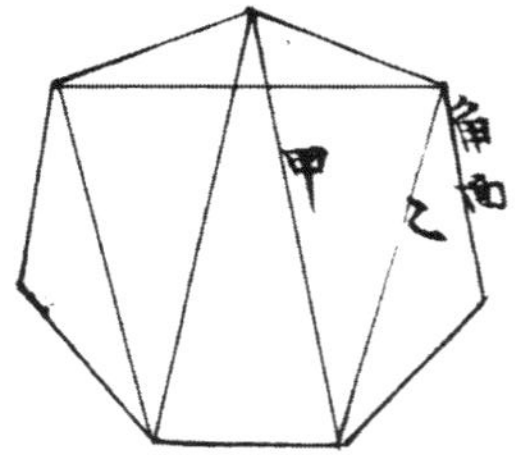

六角毎面寸甲乙斜各若干　答乙斜寸一
○七五○三八二甲斜　如角面自之　術曰立天元面冪一
為斗○—自之併入角面
為甲斜冪—○—左寄列面倍之
為甲斗‖自之‖与左相消開
方式‖○—平方開之得乙斗
七角毎面寸甲斗若干
答甲斗九二寸六二分三四釐強六毛
術曰立天元一為甲斗○—自
乗内減面冪余為甲斗因乙斗
‖○—左列甲斗自之○○—併
入左為甲斗因甲乙斗和‖○‖乗面為
甲斗冪因乙斗‖○‖寄再列寄左乗甲斗

又為甲斗冪因乙斗〇〡〇―与寄再寄相
消得開方式〡‖〡立方翻方開之
得甲斗

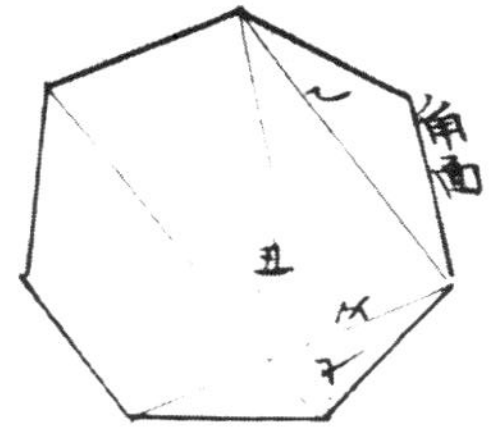

七角毎面一寸乙斗若干　答乙
斗一寸六八三五〇六一九強三
術曰立天之一為乙斗〇〡減面余為
子〡〡左寄列面内減子余為丑
〡‖乗乙斗為子因寅〇‖〡
又乗乙斗為子冪因面〇〇‖〡再寄列寄左
自乗〡〡乗面〡〡与再寄相
消式〡〡立方翻開之得乙斗

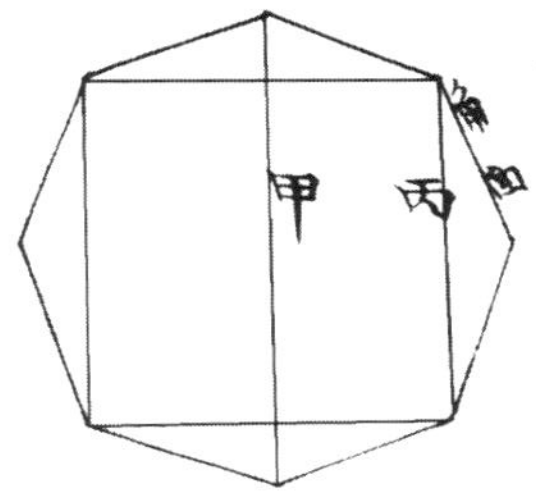

八角毎面一寸甲斗若干　答甲斗一寸六
三一二五八二九半強
術曰立天之一為甲斗〇―自
之内減信面冪余為甲斗因丙
斗〡〡〇―自乗為甲斗冪因丙
斗冪‖‖〇‖〇―信之為甲斗三
乗冪‖〇〡〇―左寄列甲斗三自

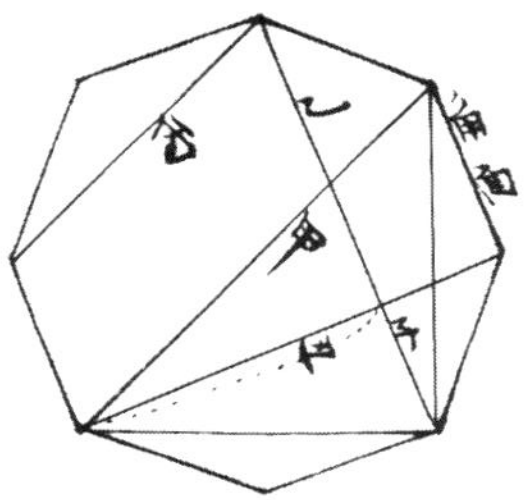

之〇〇〇〇―与寄左相消得開方式‖〇〡〇―
三乗方開之得甲斗
八角毎面一寸乙斗若干　答乙
斗一二三寸五四六分二一四四強二
術曰立天之一為乙斗〇―内減面余
為二ケ子〡―乗乙斗為面因

二个五斗巾又丙寄左　置乙斗加面為二个五 ─ 巾面 ─
─ 与寄左相消開方式 ─ ─ 平方開之
得乙斗　八角毎面十丙斗若干　首丙

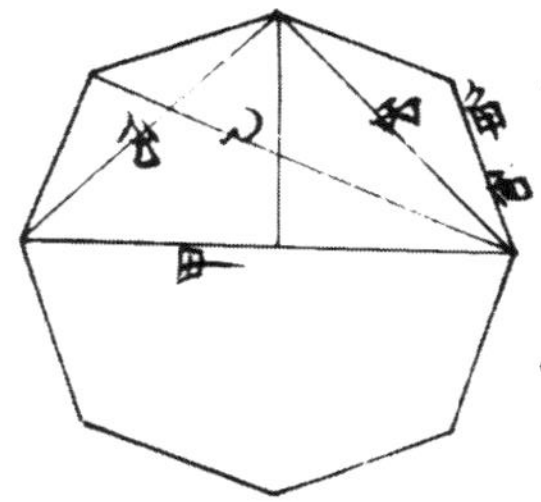

斗之一五一九寸〇八六四十五七弱七　術曰立天
之一為丙斗 ○ ─ 自巾内減面
冪余為面因乙斗 ─ ○ ─ 自之
加面三巾冪為面冪因甲斗冪
‖○8○ ┃ 巾面冪 縮丙斗自之倍之為甲斗冪
○○ ‖ 巾面冪 ○○ ‖ 与左相消開方式 ‖ ○
‖‖‖ ○ ─ 三巾方開之得丙斗

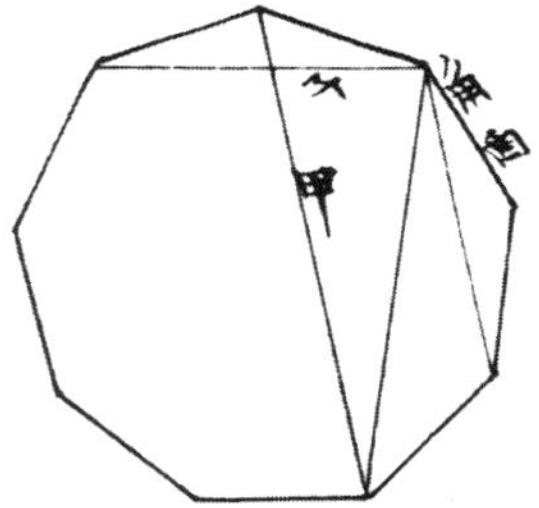

九角毎面十甲斗若干　首甲斗二分之一寸八
四十二一八粒五強二　術曰立天為九
甲斗 ○ ─ 内減面為丙斗 ─
又減面積 ─ ‖ ─ 巾甲斗為面因
乙斗 ─ ○ ─ 左寄巾面為面因甲斗
因乙斗 ─ ○ ─ 縮列寄左巾甲斗

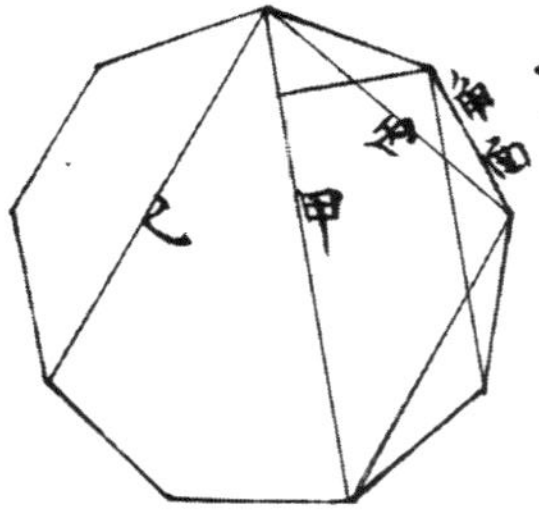

又為面因甲斗因乙斗 ○○ ‖ 与再寄
相消式 ─ ○ ─ 立方翻方開之得甲斗
九角毎面十乙斗若干　首乙
斗八二寸八五八分六三二 ○ 術曰立天
之一為乙斗 ○ ─ 巾面加面冪
為丙斗 ─ 以減乙斗冪為面

因甲斗╳╳|寄左列寄左乘乙斗加面再
乘巾為面因甲斗巾|╳|寄再以寄左
減面巾余為面因丙斗╳╳係入丙
斗巾与寄左為面因甲乙丙斗又面四和
又為甲斗巾╳‖乘面‖╳与再寄
相消式‖〇╳|立方翻方開之得乙斗

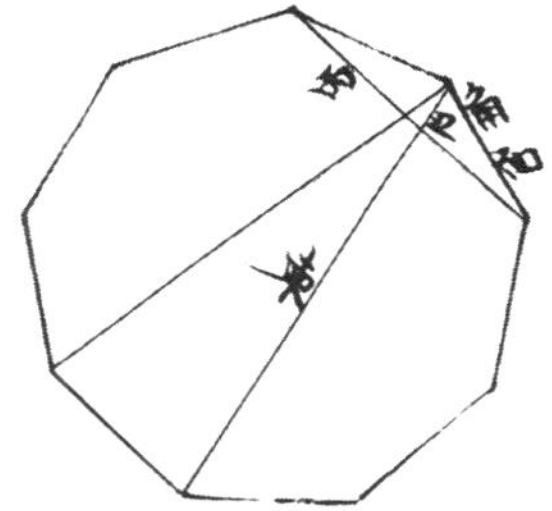

九角等面寸一丙斗若干　答丙
斗八五寸二八四七一九有三　術曰立天
之一為丙斗〇|以減倍面余
為東‖╳位置丙斗加面為甲
斗||乘位為面因也‖|╳
乘甲斗為面再乘巾‖〇╲左列面再
乘巾|与左相消式‖〇╳開之方得
丙斗

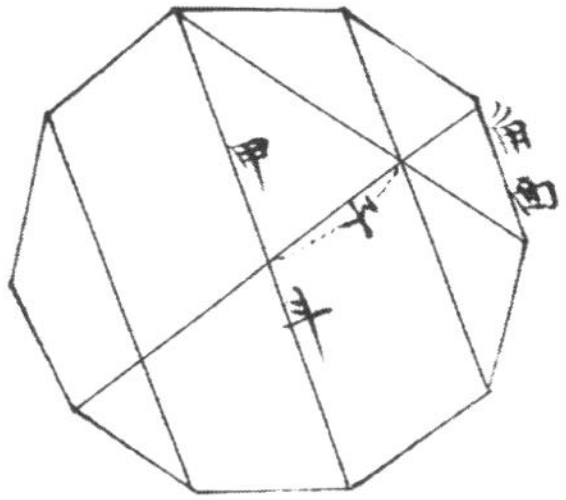

十角等面寸一問甲斗　答甲斗
〇三六寸七二九分七三六　術曰立天之
一為甲斗〇|自之減面巾四段
余為甲斗因ケ二子又為甲斗因
ケ二面╳〇|寄左面甲斗相乘試
倍之〇‖与左相消式╳|開平方
得甲斗

一.
十角等面寸一乙斗若干　答乙斗三七七寸六〇
三八七三妙五　術曰立天之一為乙斗〇|鯛

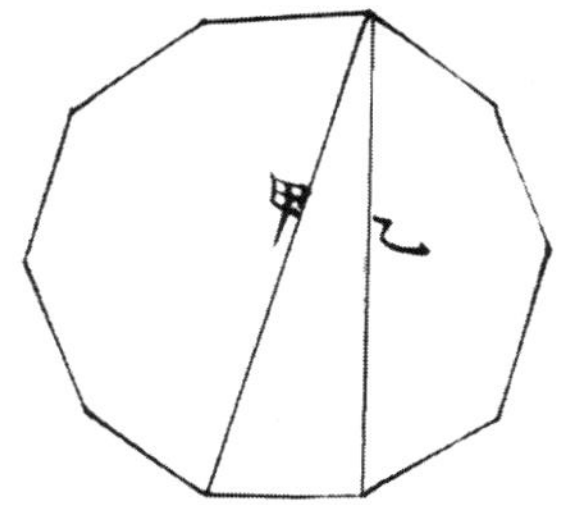

加面冪為甲斗冪〇内減
面冪四段為甲斗因二面〇
自之為甲斗冪因四个面冪〇
丅〇左列甲斗巾乗面冪就三
四之〇与左相消式〇〇三
乗方開之得乙斗

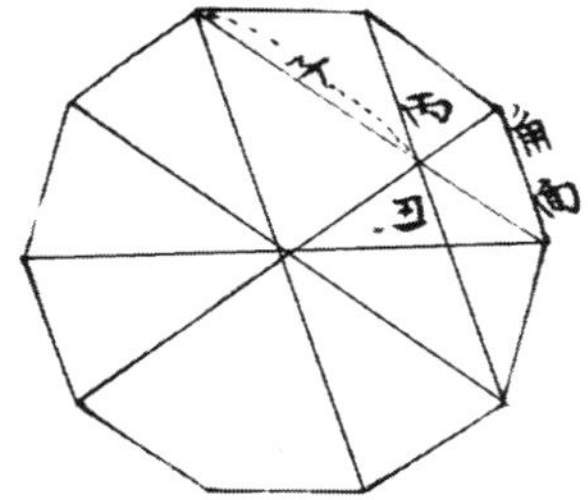

十角等面一寸丙斗若干
三九八八二十六分一八〇三欠有奇
術曰立天元一為丙斗〇
内減面為子 則角中率 又減
面為巳 乗子為面冪得
左列面自之与左相消式

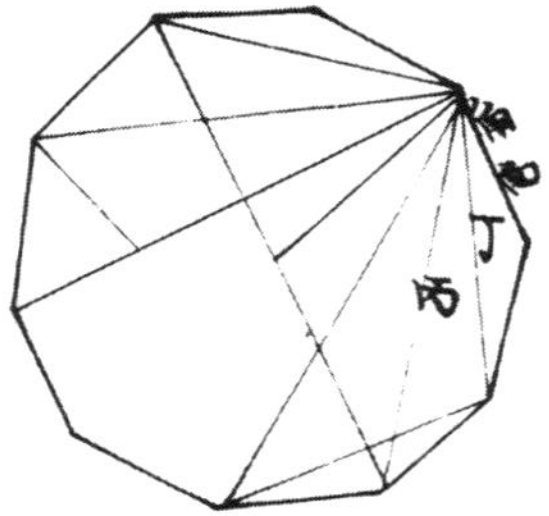

十角平方得丙斗
十角等面一寸丁斗若于為丁斗〇一寸二九分二〇三二半有二三
術曰立天元一為丁斗〇
自之内減面冪余為面
因丙斗〇乾列乾内減
面冪余為面因子〇〇以坤
列面自之乗乙斗冪〇〇以
減乾冪余為甲斗因面再乗冪〇乗面冪
寄列坤倍之為甲斗因面〇乗面冪
又為甲斗因面再乗冪〇与寄左相

消得開方式||||○||||○一　三乘方翻法開
之得丁斜合問

算梯卷之十
天之雜式
今有勾殳勾取伍分殳斤五分相併
一十寸又曰殳八分玄二分十六相併
八寸勾殳玄各若干　答勾拉殳十一
寸二玄三廿

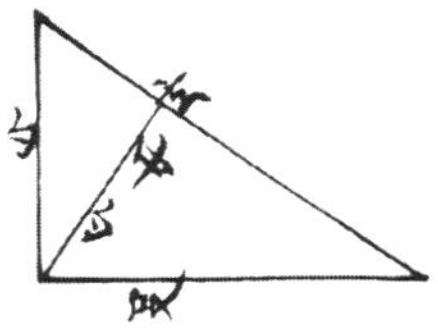

術曰只云數　子一||||
依圖布算　母||||勾　||||殳
又曰數依　子||||　||||
圖布算　母||||殳　||||玄

母互乘子勾六段殳三十五段ヲ得
分母相乘以乘只曰數得三百三十○寸
是勾六段殳三十五段ノ和也為先數
母互乘子得殳七十八段玄五十六段
分母相乘之又云數得一千六百六十四
是殳七十八段玄五十六段之和也
二納之八百三十二寸是殳三十九段玄
二十八段之和也為后數

術曰立天元一為殳○｜乘九三十以減后
數余為五八二段十玄[illegible][illegible]自之就分九之為
十七六千段○玄帶[illegible][illegible][illegible]左寄列殳五二十之
以減先數余為段六勾[illegible][illegible]自之加殳帶
六三段十七共得[illegible][illegible][illegible]就以十一六百九乘之又
為十七六千段○五玄帶[illegible][illegible][illegible]勾寄左相消
[illegible][illegible][illegible][illegible][illegible][illegible]得開方式
平方開之得殳
依前術得殳玄

今有勾殳玄積六十以勾除殳數與以殳
除勾數勾相併分二卄丿一咍十二九十勾殳若于
首勾勾殳八寸數一十五分九十得
術曰只云加數通分母而一得十一九百
積也弦責倍之寄位余為之一為勾
自乘以寄減寄位余為殳帶列式
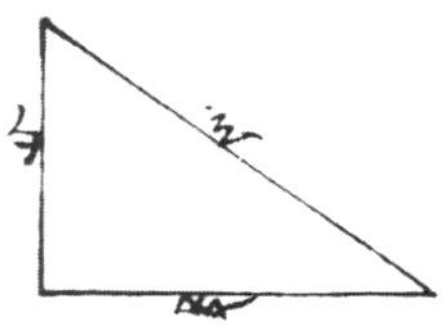
乘四之帶為四一四段四責帶○○[illegible]相消得左列云積自
○｜三指乘方開之得勾左
八○○○四九五曰以平除長得勾內減以長除平數余
直責四術曰五長以平各若于首長二卄平十二
八七拓九長之天之一為小平○｜加只云
數為小長[illegible]｜以小平相乘為小責○[illegible]｜

一

小貴与寸一相消開方式[illegible]一平方開之
得小平八〇二分五六以貴乗之得寸六五百寸二平方
開之得平以除貴得長
得平術曰立天元一為平〇一自之以只
云數相乗〇〇[illegible]以減貴為平冪因小平[illegible]
〇[illegible]以貴相乗為小貴ケ一因平再乗冪得
[illegible]〇[illegible]寄左列平三自之乗小貴ケ一与左相
消式[illegible]〇[illegible]〇[illegible]三乗方開之得平

今有楼平一六寸十長寸十容四圓大小径各
若干答大径五六寸〇三小径〇六二寸六八二二四六有三
術曰七別大玄径得七玄寸一五十立天元之一為左右
径〇一乗面為
平因子〇干倍
之以減長因平
余為平因ケ二丑
[illegible]〇[illegible]自之為

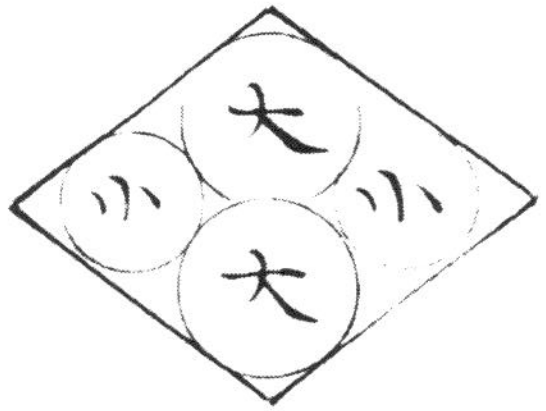

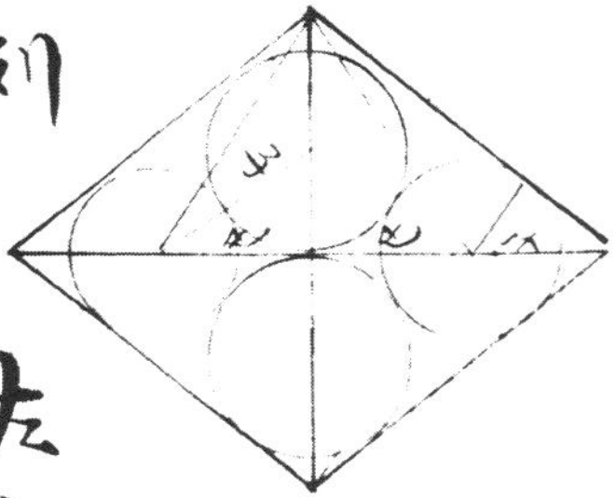

一

平冪因既丑冪[illegible]〇〇[illegible]〇[illegible]寄左列左右
至加入上下至為ケ二寅[illegible]一自之内減
上下至冪為既乇冪〇[illegible]〇[illegible]与左相消
式[illegible]〇[illegible]〇[illegible]〇〇平方開之得左右至
今有与又与寸三又寸四容円与二角角面若
干答三角面一寸四分一六六四有一奇〇

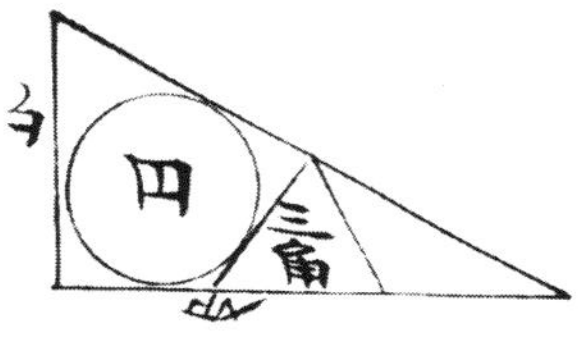

術曰別求扣五天元之一為三角面
〇丨乘三角中勾以〇ケ六〇二五四為三角
中勾乘股為勾因子倍之[算木]位列
股倍之內併減四勾角面[算木]以
勾相乘內減位為勾因ケ二也三之
〇列圓径以三角
中勾方相乘々勾
寄左

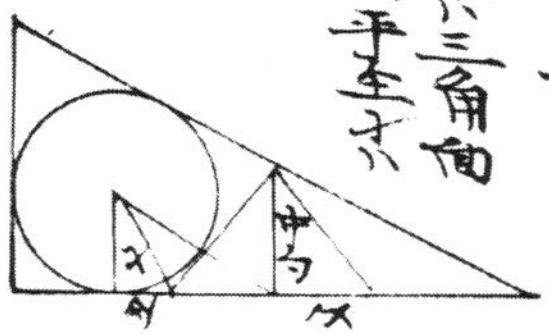

半古至八三角面
半只六平圭六
角至

[算木]信之得
与寄左
相消得
段除式
[算木]
上実下法
而一得三
角面

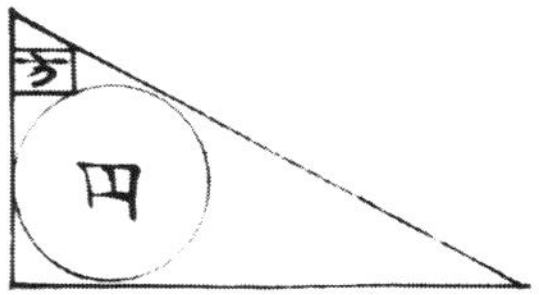

勾股內容圓与方勾泬股扣
方面若干　倍方面六分計
分ノ二
術曰別求五天元之一為方面
〇丨乘勾為股因子倍之
〇丁寄左
列勾減方面倍之[算木]內減圓径
[算木]
乘股[算木]內減寄位為股因ケ二也
[算木]自之為股乘因四也乘[算木]寄左
列方面倍之以減圓径為ケ二実[算木]自之
以減圓径乘為四丑乘〇[算木]乘股乘得
〇[算木]与左相消式[算木]平方開之

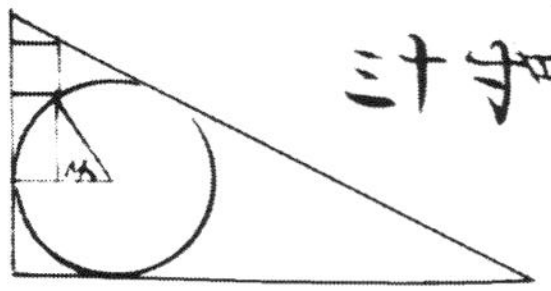

得方面

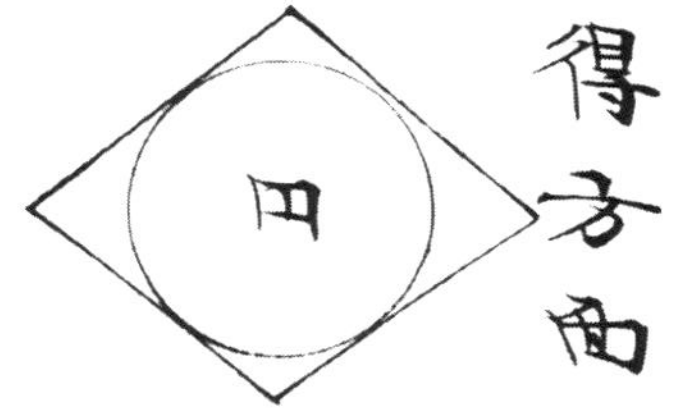

梭内容円徑五同外責六寸七
円至若干啓徑四寸分二分
術曰立天之一為円徑○以
面相乗為梭責○內減円責
為円責左列至自之乗責
方亦為圓責○○与左相消式
平方開之得円至
今円至二十入卌小至若于
首小至四寸術曰立天之
為小円至○加大至立天之一
為十二子丁自之內減大大至乗
寄左列至減小至為也自
為也率○

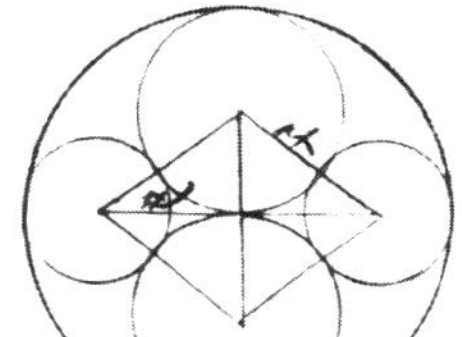

之与左相消九飯方除之得小至
又術曰置至如三而得小至
至尺一容卌大至扑小至若于
首小至七三五寸以術曰立天之
為小至○減小大至乗為減云至
一自之內減小大至乗為至乗
自之列至減大至丁自之丑
大饵至列至加小至丁

之丁内減小至列乗為子丑和乗
乙余自之為甲月段内減甲
左寄

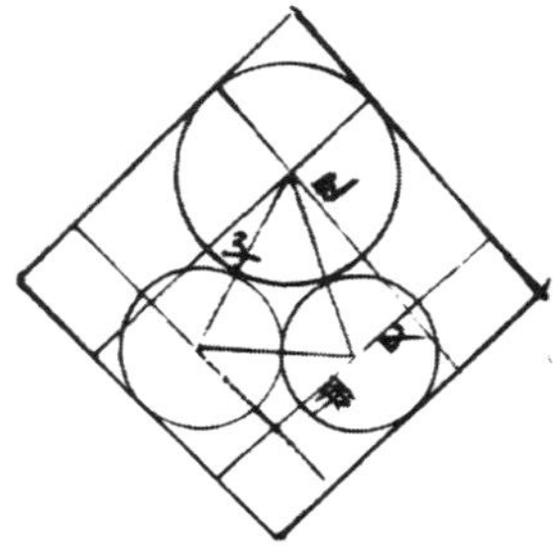

列甲乘乙四之与左相消縮空級皈
除式
上実下方而、得小圣
平方内入三円方大圣小
若于入善小圣三四尺三寸四八七寸六有九
術曰之天之一為小之圣加
大圣為ケ二子丁自之
位甲倍方内係減大小圣為ケ二巳
自之小圣甲内減
乙為四段寅乘丙位丙倍小圣乘為位乙四段甲乘
列乙内係減丙丁小圣寅因甲乘
自之為十巾因四六段十卯寅乘因四段丙丁因
左丙丁相乘四之為十乘因
四六段十卯乘四則与左
相消
方式開

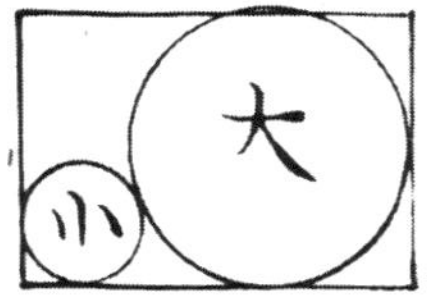

直内入円長寸大圣小圣若于
三乘方開之得小圣
善小圣三寸八四二有四寸六小圣
術曰之天之一為小圣○加大
圣為ケ二子丁自之位甲大
小圣為ケ二巳丁自之以大
小圣甲為減大圣寅乘○左列長倍之内減大
小圣為ケ二四段寅○自之与左相

消得開方式

平方開之術不盡
合問

算梯巻之第十　尾

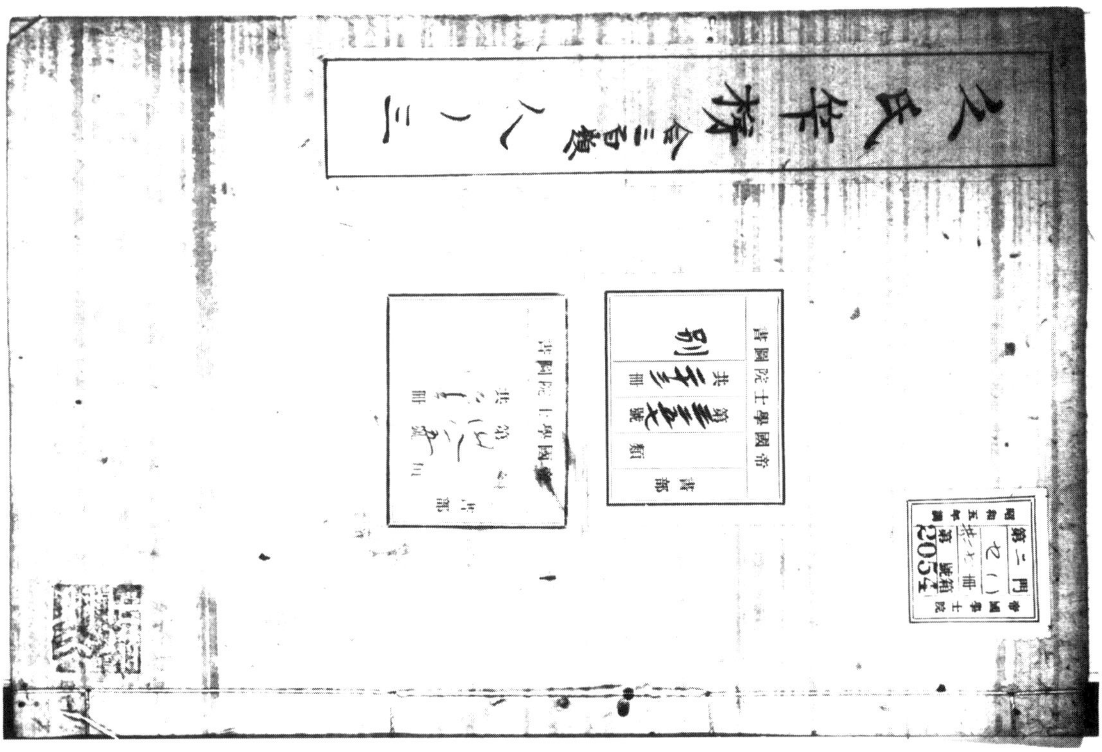
久氏竿梯 合三百題 人ノ三

共九冊

久氏算類 三百章

久留嶋氏
人之參

拝川甚二氏

廣益算術巻之一　久留島

銀五十二匁上中下
配之自上中三匁次
下二匁次
答　上取二十〇目

金五十五両甲乙丙丁戊
配之自甲乙ハ三両次乙ヨリ
丙ハ五両次自丙丁ハ七両
次自丁戊ハ八両次
答　甲配金二十二両

金一十七両有
二貫〇二十〇目両
替何程
答　両银六十〇目

貴二百
五十六寸
方面若干
答　方面一十六寸

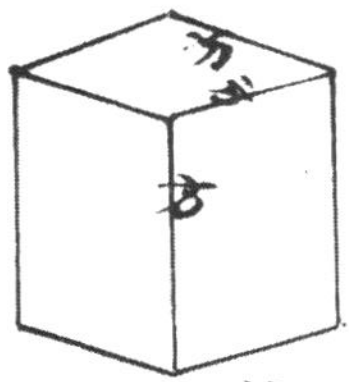

答立方
六寸
貴二百一十六寸
立方面若干

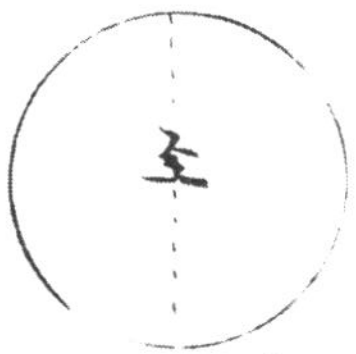

貴十八寸七五
圓径若干
答　圓径　五寸

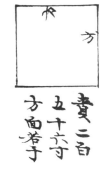

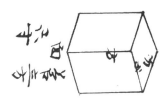

積一十五寸長平
差二寸長若干
答
長五寸

外積三十四寸〇分
矢一寸五分内面若
干
答内方
四寸

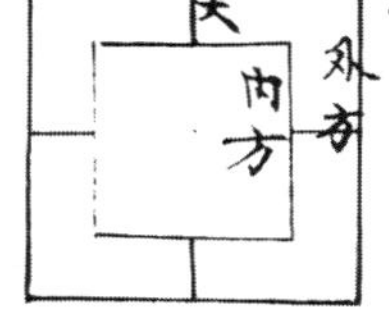

積三十二寸斜
若干
答八寸

積和面三十三寸五四
圣方ハ差一寸只圣若干
円方〇ケ七
答圣五寸

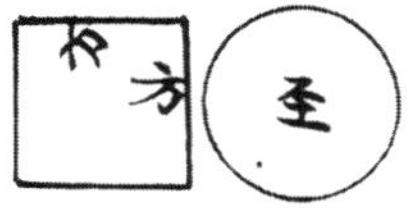

積三十〇寸勾殳
差七寸勾若干
答勾五寸

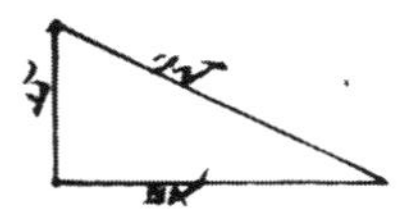

外積三十五寸八分
矢二寸五分四圣若
干
円方〇ケ七
答圣
八寸

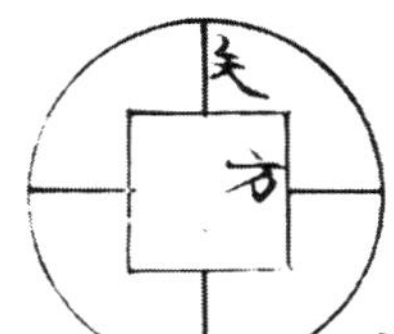

外積四十三寸矢各
三寸四方〇ケ七斜
若干
答斜
一十一寸

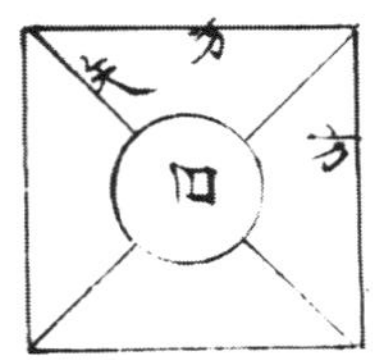

積一十五寸長平
和面八寸長若干
答
長五寸

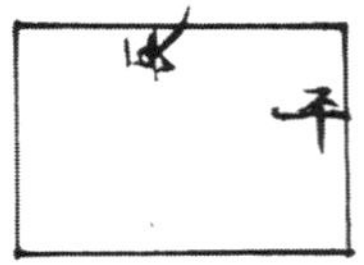

積百四十〇寸長平差
三寸平ヨリ高ハ一寸
長ト平若干
答平四寸

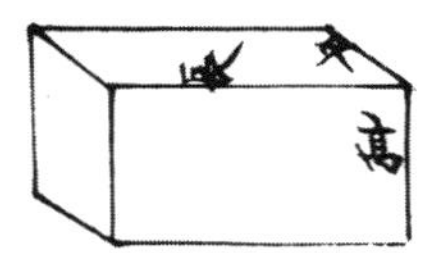

積二十四寸縦横差
二寸横若干
答
横六寸

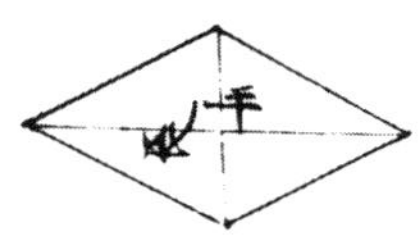

積七十八寸大横ヨリ小横
ハ五寸短シ縦ヨリ大横ハ
三寸短シ大横若干
答大横
九寸

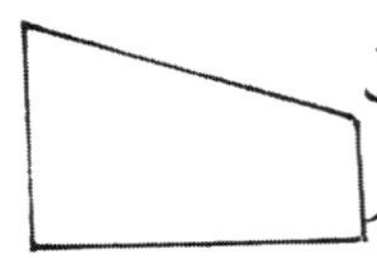

積和百四十六寸自大方中
方ハ短東三寸自中方小
方ハ短東三寸
大方若干
答大方面
九寸

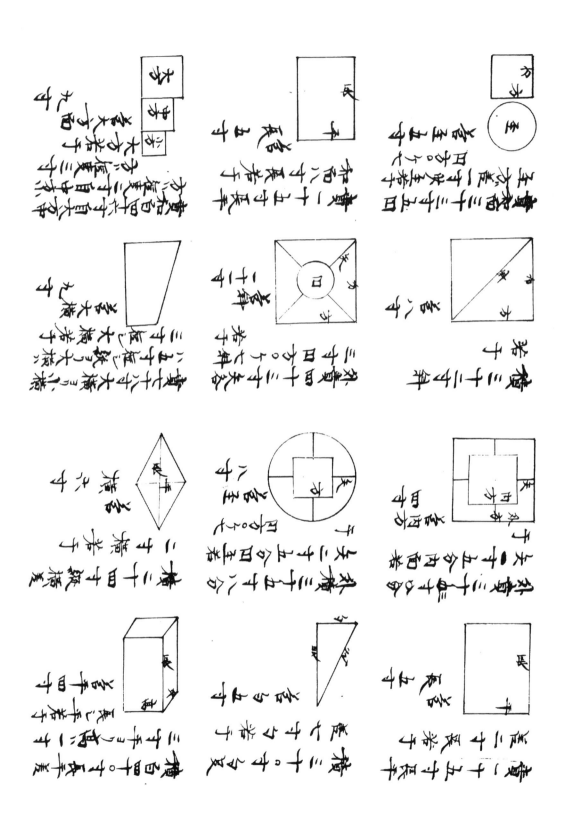

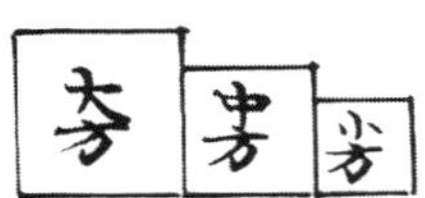

今實八十五分自至
方ハ徑實二十寸至若干
円方○ケ七
答至五寸

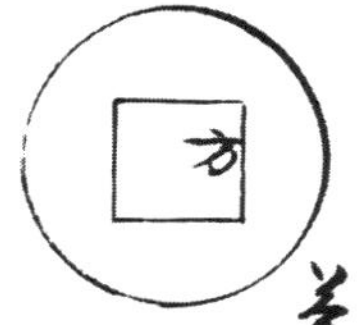

大豆小豆和九石代銀和
三百目大豆石ニ三十目
小豆同四十目大石数
若干
答大豆六石

勾股較一寸
勾弦較二寸
勾若干
答勾三寸

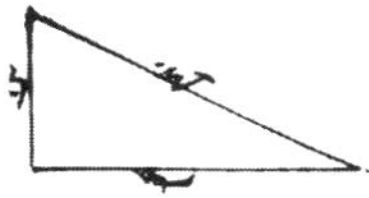

今積一十九寸三分自品
至ハ五寸以面若干
円方○ケ七
角方○ケ四
答角面八寸

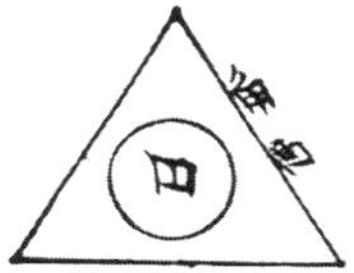

今實四十七寸大矢
二十五分小矢一寸五
分　答内方四寸

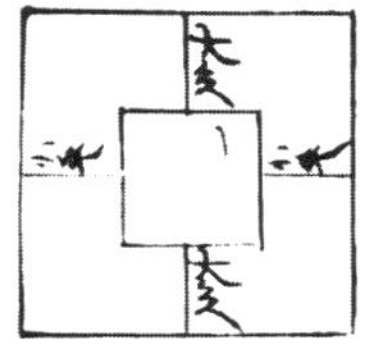

豆十石小豆五石代
銀和七百目小豆者
自大豆石ニ十匁下直
大豆壱石代若干
答大豆壱石ニ
五十目

積和百三十二寸自大
方中方二寸以自中
小方ハ壱寸以
小方若干
答小方面
四寸

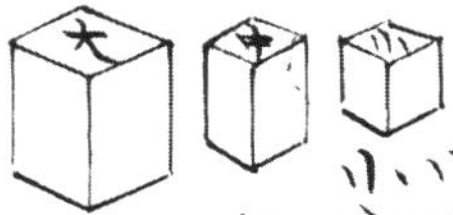

根三十五分四分三人
配之自上中ハ内二割
以自中下ハ内三割
以上若干
答上配十五匁

米三十二石上五人下
四人配之上一人当リ
ヨリ下壱人ノ当リハ
壱石以上壱人当リ
若干
答上壱人当リ四石

外今實二十九寸七至
与方和九寸至若干
答至
五寸

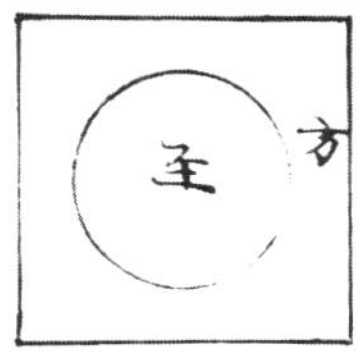

積二百四十八寸自上
方下方ハ三寸多自高
下方ハ一寸以上方若
干　答上方面四寸

絹三尺紬四尺代等し
又曰絹尺ノ價ヨリ紬
尺ノ價ハ三分劣リ絹
尺ノ代若干
答絹尺一匁二分

外積二十四寸四内外圭和一十六寸内圭若干　四方のケ七

答内圭　七寸

積二十〇寸自大旻中勾ハ三寸安中勾若干

答中勾　三寸

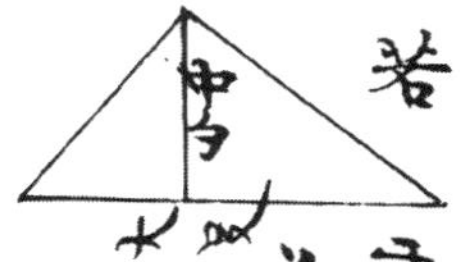

外積四十五寸大矢二寸五分小矢一寸五分内長平差二寸内長若干

答内長　五寸

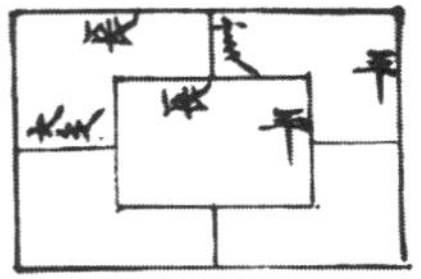

余積六十三寸長平差二寸長若干

答長　九寸

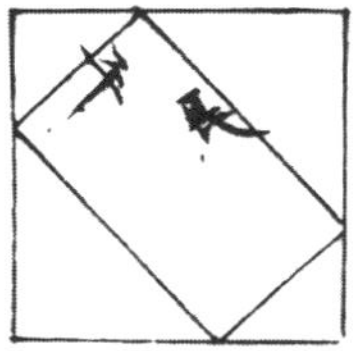

積二十二寸自方高青三十五分長方面若干

答方面　二寸

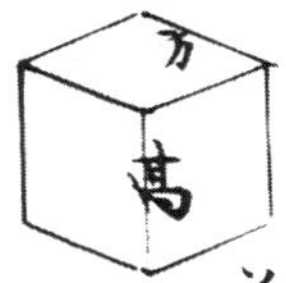

方面与方斜和面九寸方面若干

答方面　三寸七三七有奇

積二十四寸五甲丙和面一十二寸自乙丙五寸長乙甲若干

答甲　五寸

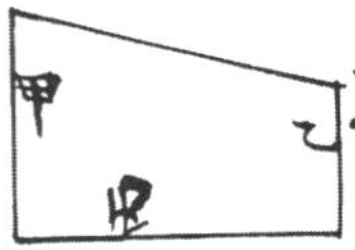

外余積三十二寸五横棱三寸莢一長若干　四方のケ七

答長　八寸

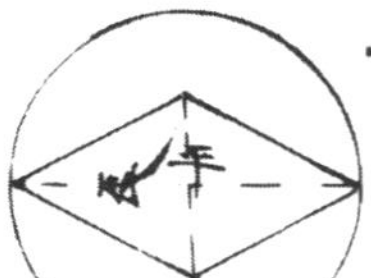

自玄矢青八寸短ﾚ径尺三寸玄若干

答玄　一十二寸

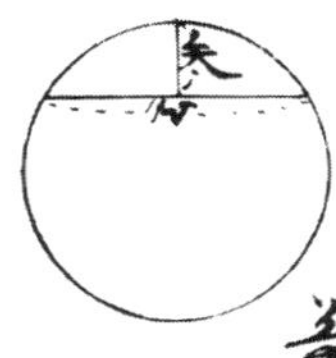

積九十五寸五子七寸方面若干

答方面　一十〇寸

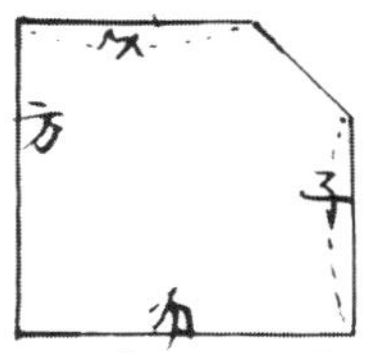

自勾玄ハ五寸長勾旻玄三和面二十二寸勾若干

答勾　三寸

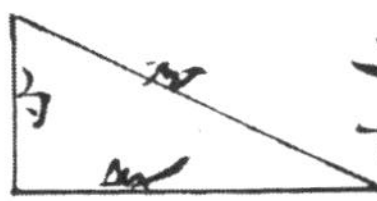

外余積二十二寸長平差二寸平若干　四方のケ七

答平　六寸

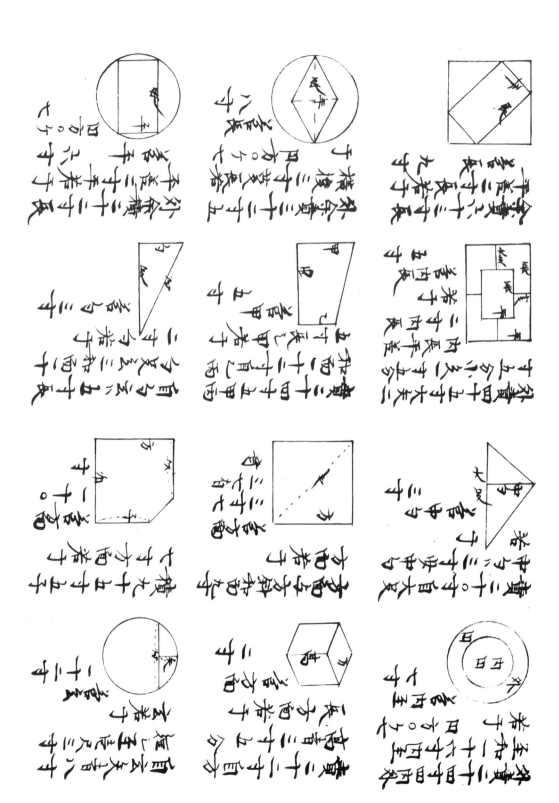

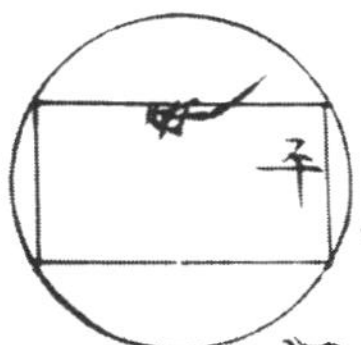

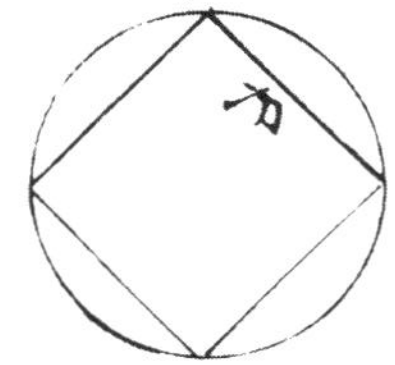

圓径尺方面若干
答方面七寸〇七一

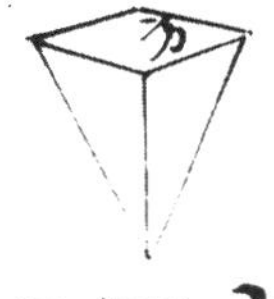

積一十二寸方面高和一十一寸高若干
答高九寸

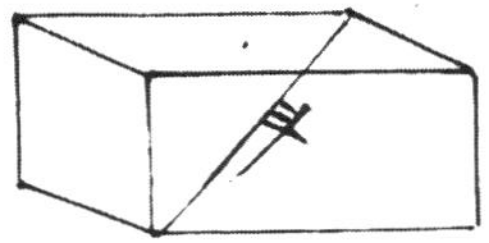

斜七寸高長ノ九寸長平廿四寸長若干
答長六寸

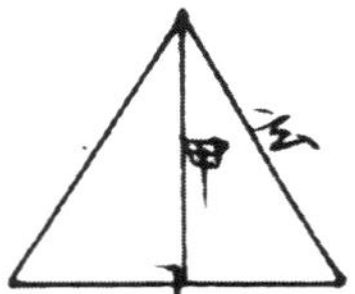

玄一十三寸自甲乙青径差二寸甲若干
答甲一十二寸

外積二十八寸七分大矢二十寸五分小矢長和八寸長若干
四方〇ケ七
答長七寸

積六十三寸長二段与平三段ノ和三十九寸長若干
答長九寸

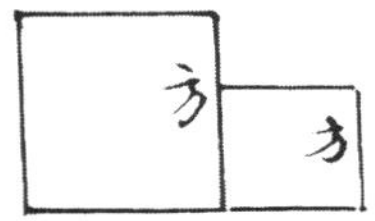

大小積ノ較三十二寸大小方ノ和一十六寸大方若干
答大方九寸

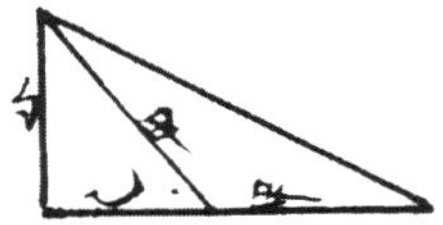

甲一十五寸宛勾股較一十二寸勾若干
答勾一十二寸

寅ヨリ卯ハ三寸多シ丑ヨリ子ハ九寸多シ子与卯ノ和二十五寸子若干
答子一十〇寸

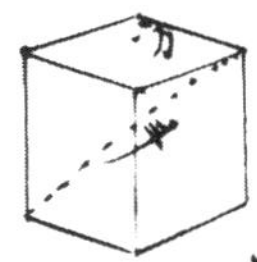

斜九寸方与高ノ差三寸方若干
答方面四寸

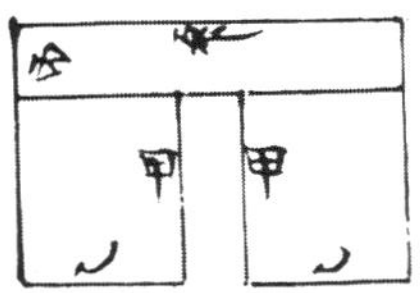

長一十〇間田横九間道幅二間四分二厘積ノ配之問丙
答幅二間五分

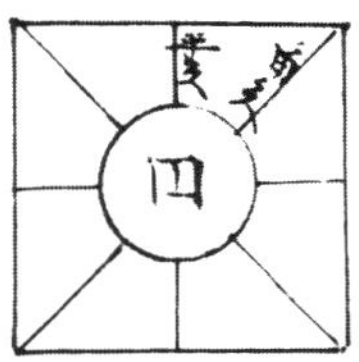

平矢二寸角矢三寸至若干
答至〇ケ八二八四三一七

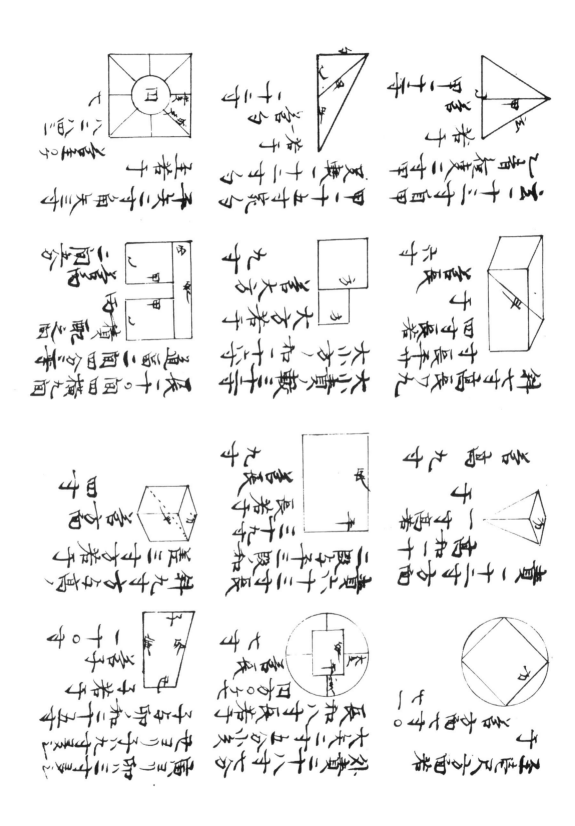

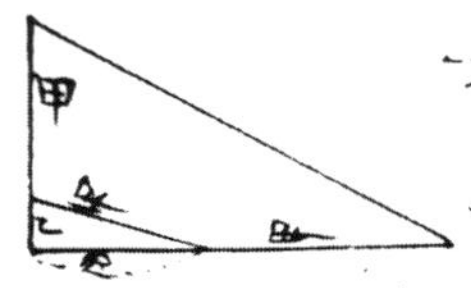

甲斜五寸究勾股
和二十七寸股若干
答股　九寸

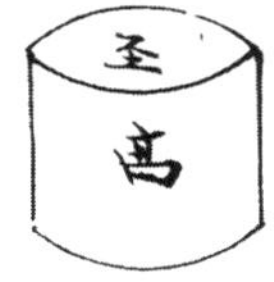

積一百七十六寸四分
高与径和
一十三寸
高若干
答高　七寸

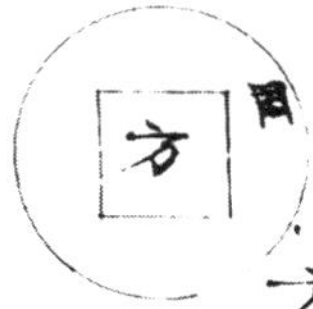

外積二十四寸七分五周与
方和而二十七寸
方若干
周方三ケ
積方〇ケ七五
答方　二寸

積二十五寸長平
内減平余止余二十
六寸長
若干
答長　五寸

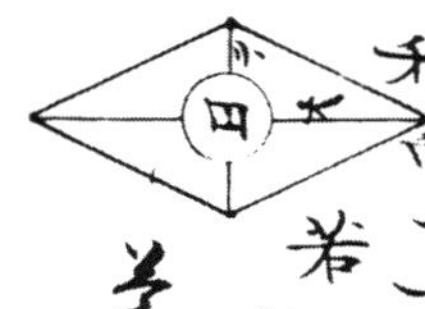

外積二十二寸小矢
一寸五分周与大矢
和而一十〇寸円径
若干
円方〇ケ七五
周方三ケ
答円径二寸

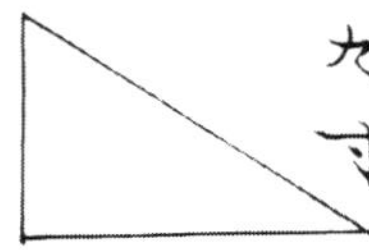

積六十一寸勾三
分ノ一勾股和而
九寸　股若干
答股　七寸

方五分ノ三与積
和而一十八寸四分方
若干
答方　四寸

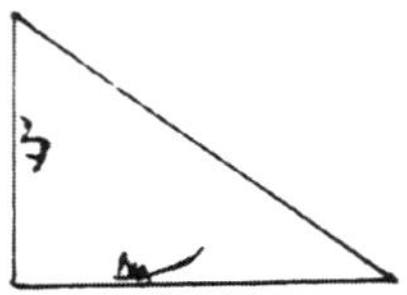

玄五寸積六寸
勾若干
答勾　三寸

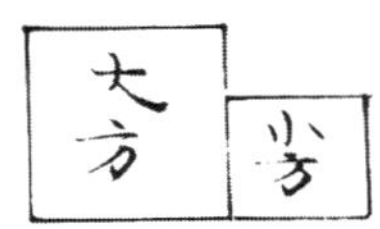

積和而一百三十〇寸
大方三段小方二段
和而四十一
寸大方若干
答大方　九寸

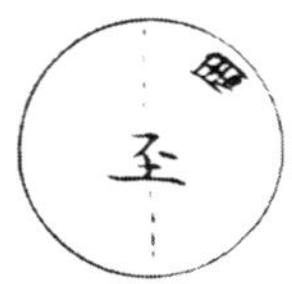

圓周ヨリ円径ハ二十
六寸短シ
周若干
答周　二十四寸

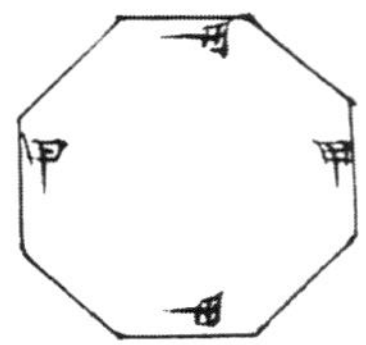

積九十二寸甲各
六寸方若干
答方　一十〇寸

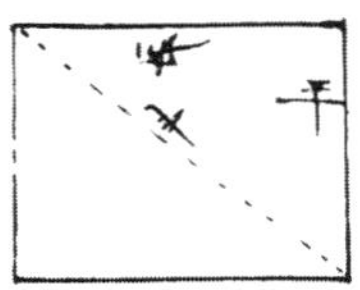

斜一十三寸積六
十〇寸長
若干
答長　一十二寸

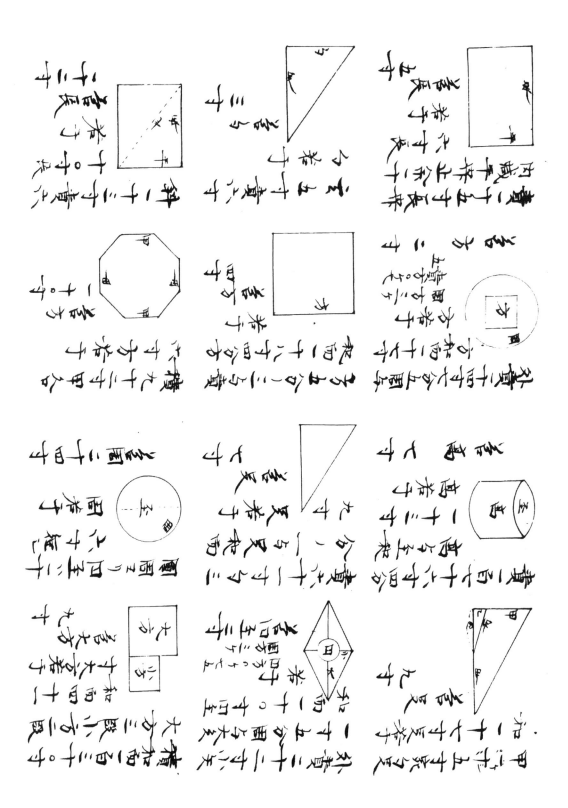

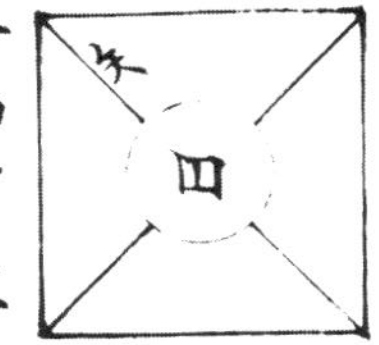

外貴四十
三寸矢ト
方斗和一
十四寸至若干
答 至 五寸

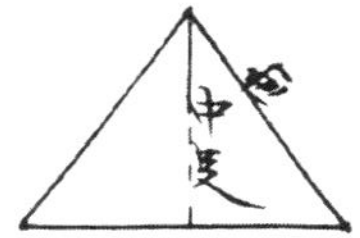

自三角面中叉
ノ短叉二寸
角面若干
答 角面二十四寸 九分ノ二

金三百両ニ貸初年
返金百五十両二年
目二百二十五両也問
息金利ニ加利何割
答 利 二割

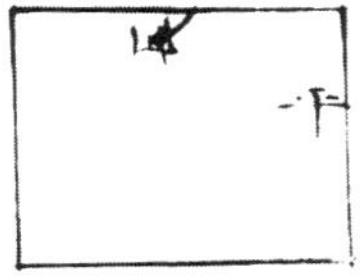

貴一十五寸長平
和而八寸
長平差若
干
答 長平差 二寸

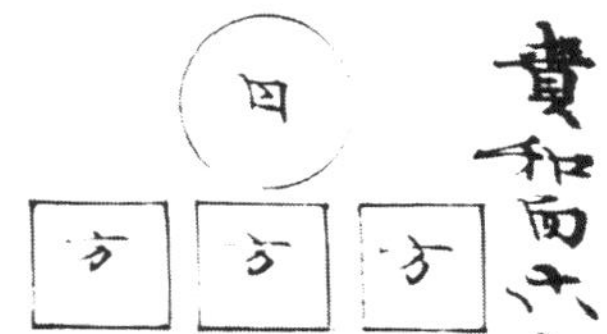

貴和而六十五寸五
至ト三ケ
方和二十七
寸至若干
答 至 五寸

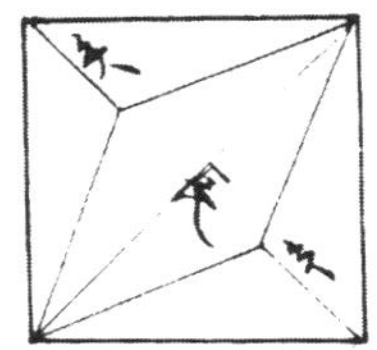

外余積
二十四寸
矢一寸長
若干
答 長 八寸

限三百目三年貸
初年百六十目次年八
十目三年目四十
二ツ也息何割
答 息 二割

米三石麦四石代銀
合而二百七十目麦
五石米七石代銀和
五百目米石代問
答 米壱石代 五十目

積二十二万二千
八百六十八寸長
七間三尺八寸
横六間四尺八
寸問壱間ノ尺寸
答 間尺 六尺五寸

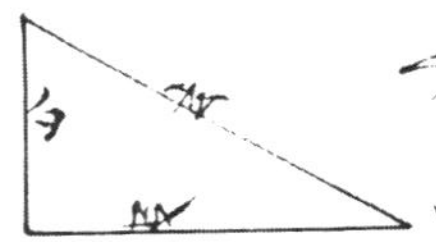

積六寸叉玄
和而九寸叉
若干
答 叉 四寸

一日一十二里毎行
人四日前ニ出足人又云
一日ニ十八里毎行人
幾日而逐及
答 逐及日 八日

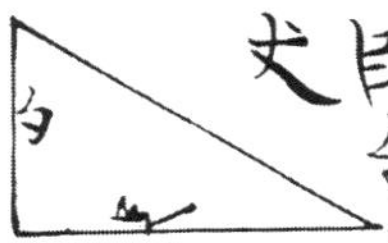

勾三段叉四段和
五尺四寸又曰叉七
段勾八段和而一
丈一尺三寸勾
若干
答 勾 六寸

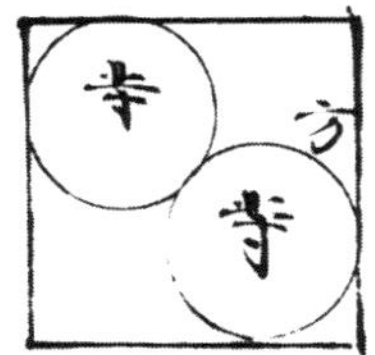

等径五寸方面若干
答 方八寸 五三五

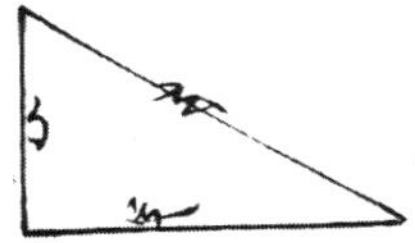

勾玄和而八寸 足玄相乗二十寸勾若干
答勾三寸

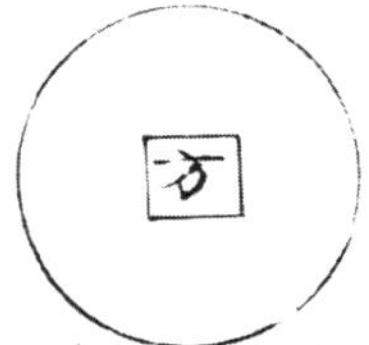

外積十三寸五以径除方四分径若干
答円径五寸 円方○ケ七

積勾方面和三十○寸方若干
答方面五寸

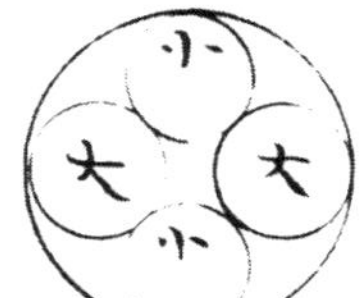

小径三寸大径若干
答大径七寸二分 四二六

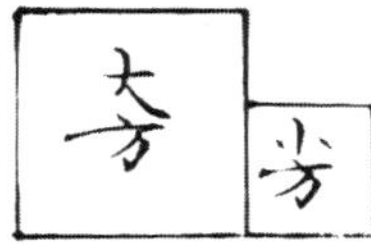

積和面五十八寸大小方面相乗二十一寸大方若干
答大方七寸

積三十三寸長平差二寸欠斗 斜八寸長若干
答長七寸

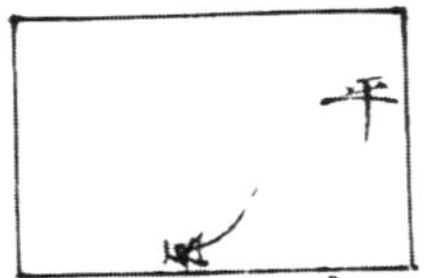

積七十五寸置長開平方面与平和而八寸平若干
答平三寸

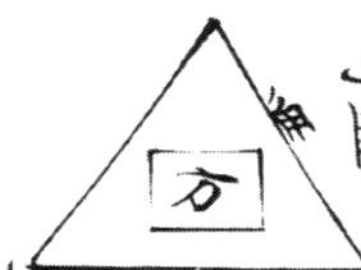

方外積十六寸六方二段ト角面和而一十四寸角面若干
答角面八寸

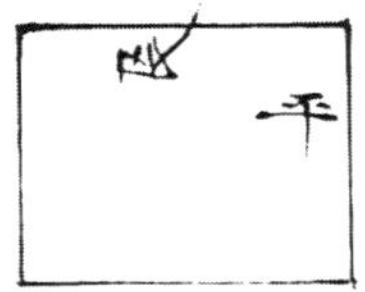

積一十五寸以平除長其数六分長若干
答長五寸

差面二尺五寸長平和五尺六寸平若干
答平二尺四寸

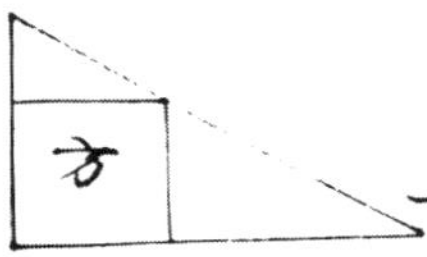

方外積一百五十寸勾二十一寸方面若干
答方面一十二寸

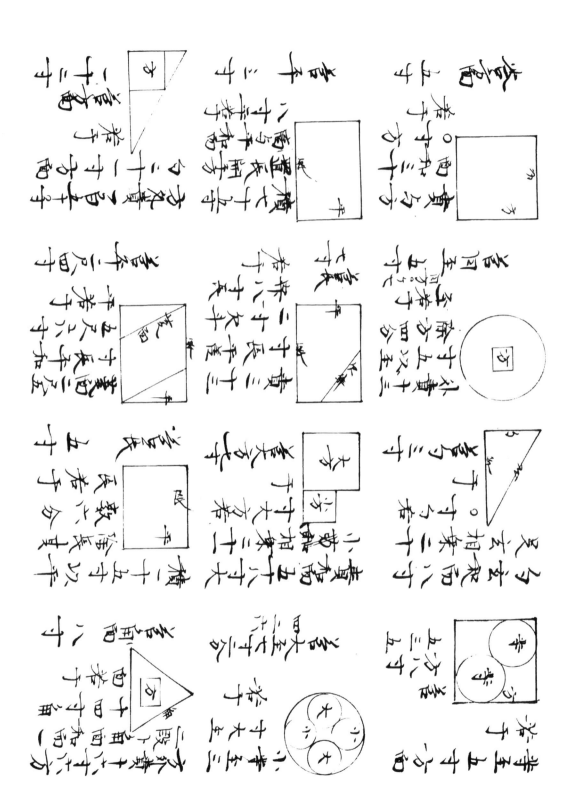

金ヲ配ルニ五両宛分
レハ盈二十五両
七両宛分レハ不足五
両 金高若干
答 金数 百両

以銀物ヲ買有銀三分
ノ二ヲ出セハ代ヨリ二両
多シ又有銀四分ノ三
ヲ出セハ五両半多ク銀
惣銀若干
答 直四両 惣銀二十六両

壱石ニ二十五匁ノ下
米一十五石是ニ一石
ニ九十目ノ上米ヲ交
両平均一石八十目ニ当
ル上米ノ石数若干
答 上米 八十二石半

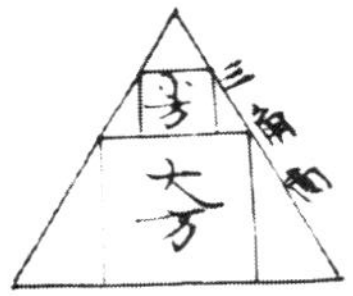

小方面
一十二
寸大方
面若干
答 大方面
三尺五寸八分

金ヲ与十二両宛分
ハ四十両不足十五
両宛分ハ百両不足人
数若干
答 人数 二十〇人

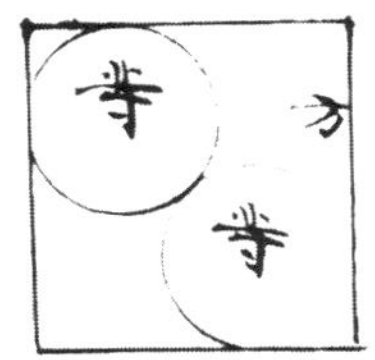

径与方
和一十
三寸五
三方面若干
答 方八寸五ミ五

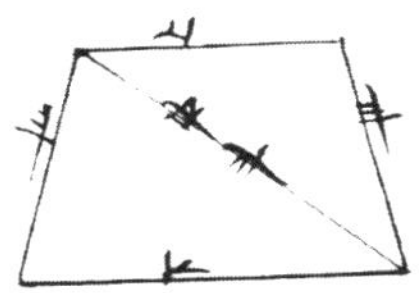

上九尺斜
各五尺下
一丈六尺
中斜若干
答 中斜一丈三尺

金ヲ与八人組テ七両
宛分ハ四両ニ不足又
九人組テ六両宛分ハ三
両多シ人数金高若
干 人数三十六人
答 金 二十七両

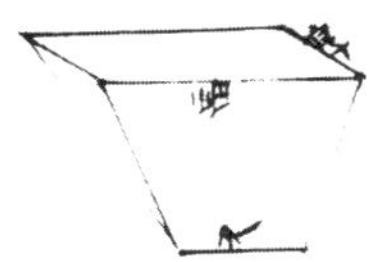

廣四十八寸
厚二寸高八
寸扇ヨリ又
ハ径度三寸又若干
答 又 四寸

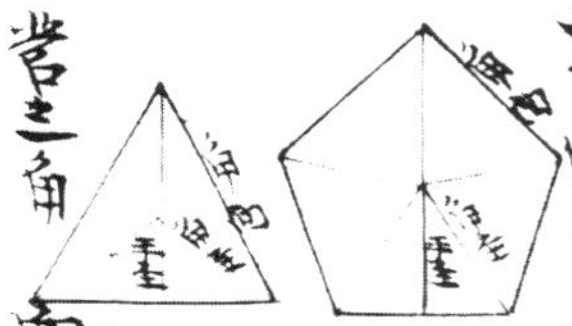

三角面ト五角面ノ和
五尺両角
平中至和三
尺二寸一八三
角面若干
三角方五七七
五角方六八八
答 三角面 二尺

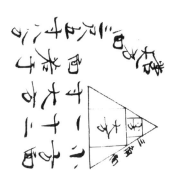

久氏算梯巻之一

廣益算梯巻之二

久留嶋

積一十二寸長平
三段ノ内減平平五
段余三寸

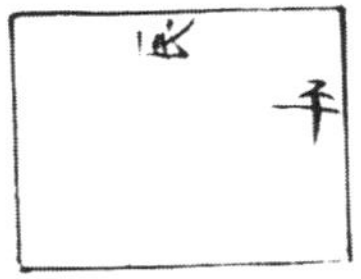

答 長 四寸
平 三寸

大斗二尺八寸中斗二
尺五寸小斗一尺七
寸

答中叉
一尺五寸

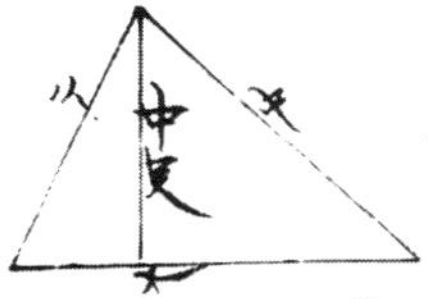

勾玄相乗一十五寸又
曰叉玄相乗二十〇寸

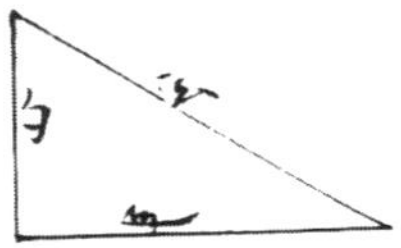

答玄 五寸

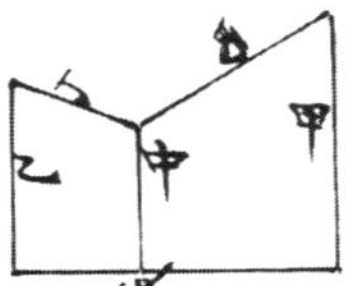

甲一尺二寸
乙九寸丙
一尺七寸丁
一尺三寸戊二尺七寸

答中 四寸

方和二尺自大貴中貴ハ
此叉三十二歩自中貴
小貴ハ吉此叉三
十二歩

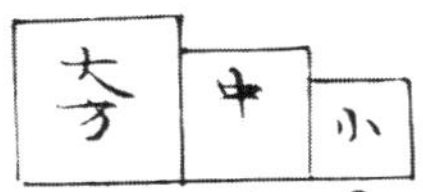

答 大方 九寸
小方 七寸

玄一尺七寸甲ト
乙和一尺八寸乙九
寸

答勾
八寸

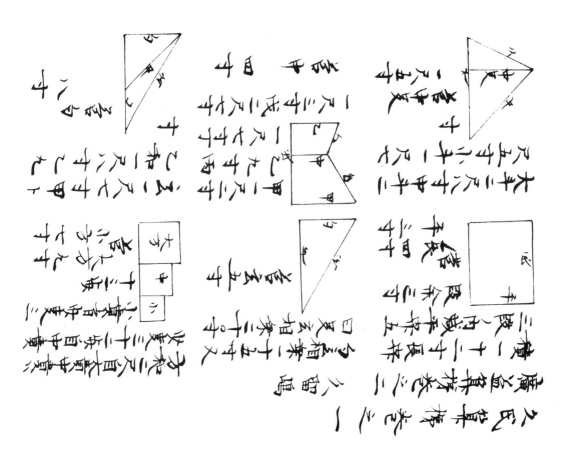

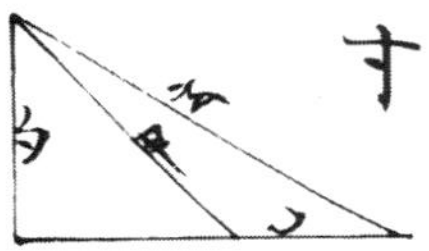

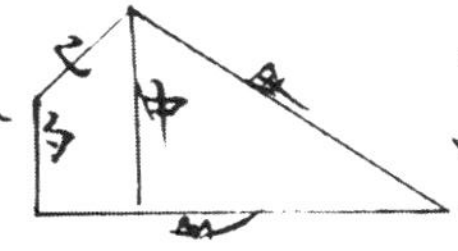

甲一尺七寸乙五寸
勾四寸足一尺八寸
答中八寸

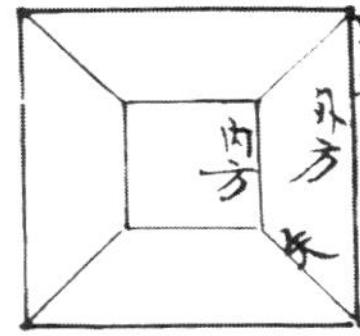

余積四十八寸菱面八寸五分
外長平差三寸
答外長一尺二寸

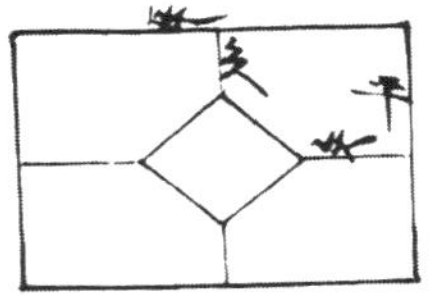

外積七十五寸菱面五寸外長平差二寸矢各同寸
答外長一尺二寸

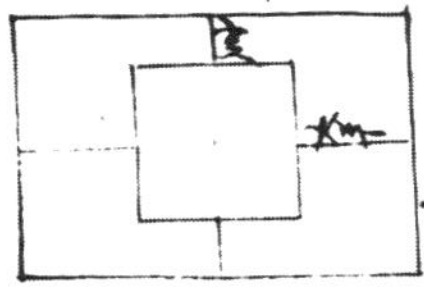

外積四十七分大矢与横和九十五分矢
矢小矢擱三矢七五
答横七寸

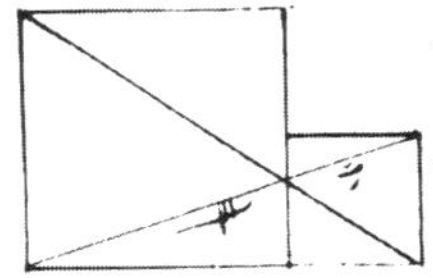

積和而七十四寸
小斗一尺三寸
答大方七寸

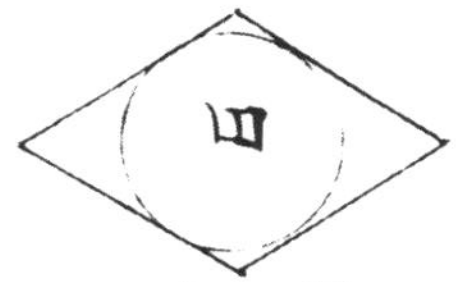

至四寸八分長平差二寸
答長八寸

大矢五寸小矢三寸
答内面一寸五分一四七有奇

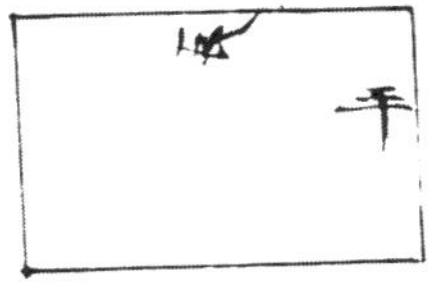

積一十五寸長平差挟加長九寸
答長五寸

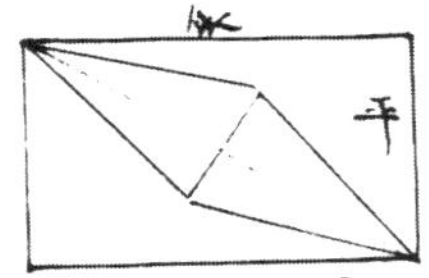

外積二十四寸九七一矢二寸
答内方三寸外方五寸八二八四

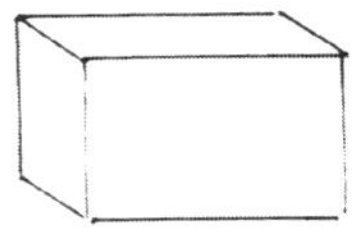

長横和乗高五十五寸積百四十。挟長横差三寸
答長七寸

積二百七十寸九上下至和而一尺三寸高上至相乗加下至五十三寸四方。七
答下至八寸高九寸

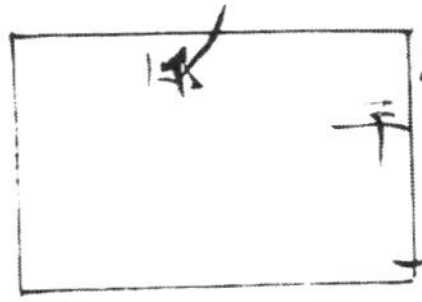

積一十五寸長平加和加平六十七寸
答長五寸平三寸

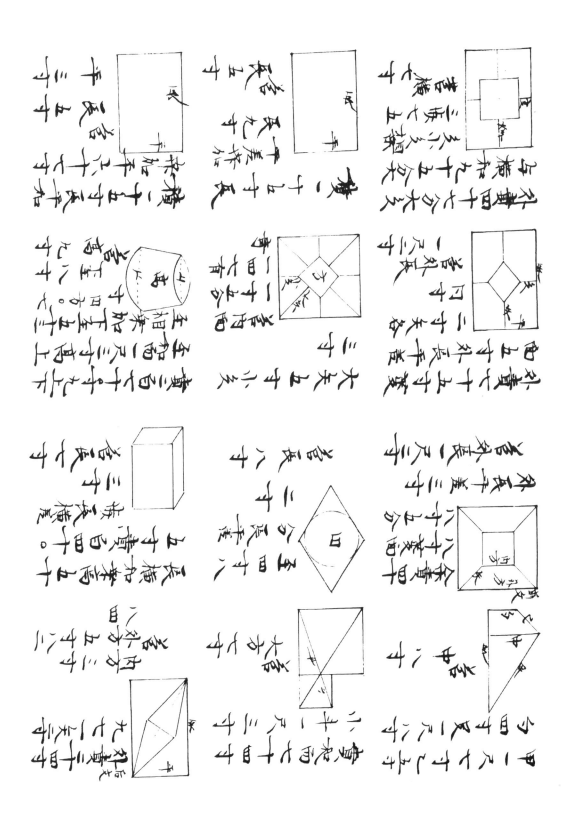

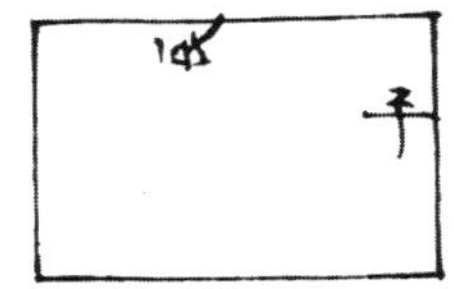

貴三十五寸平ノ
内減長平差帰余
一寸
答長七寸
平五寸

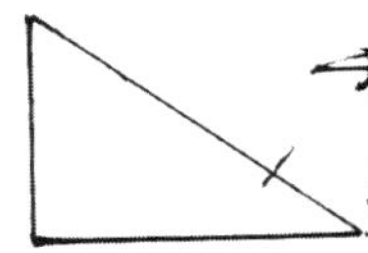

積八十四寸勾玄
和三十二寸
答殳
二十四寸

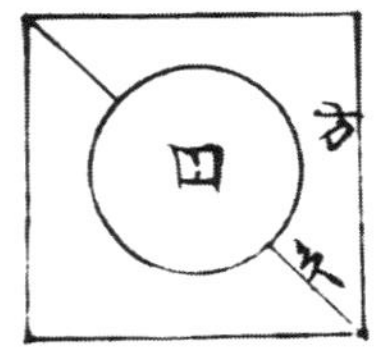

余貴四十三寸
文三寸　円方○七
答方
七寸七七八

長二十○寸横一
十五寸二分三帯
配適当
四ケ
答方
八寸

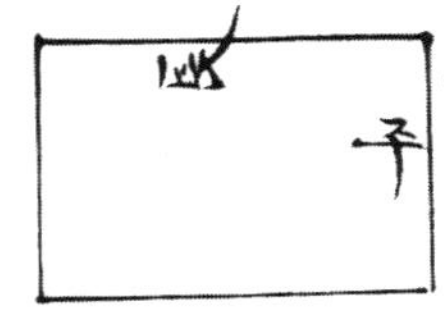

貴三十六寸長平
和帰内減長止余
一百六十○
寸
答長
九寸

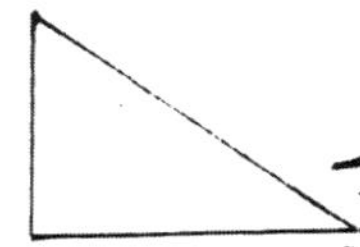

積三十○寸殳
玄和而二十五寸
答勾
五寸

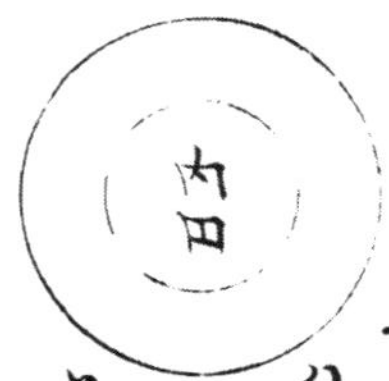

外貴二十一寸二分
内外径和八寸内
外径相乗
数若干
円方○七
答十五寸

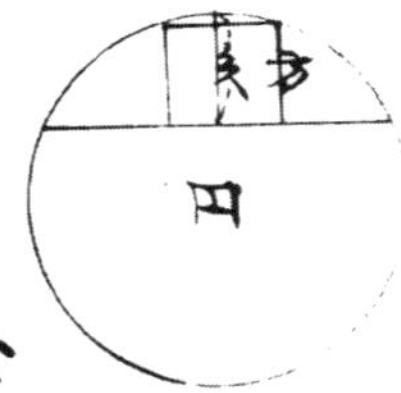

径二尺五寸
方面
七寸
答文七寸五分

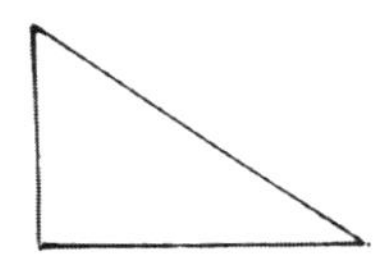

積六寸勾玄
差二寸
答殳
四寸

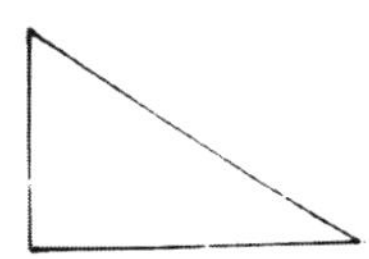

貴六十○寸
殳玄差二寸
答勾
八寸

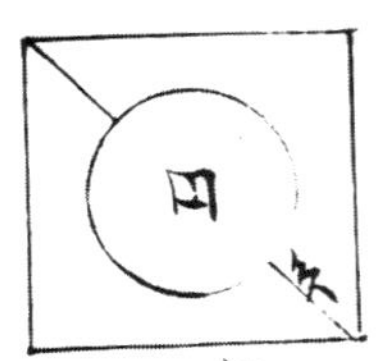

外貴四十三寸径ト
斗和一尺六寸
円方○七
答文
三寸

小円ヨリ文ノ長更
一尺大径二
丈五尺
答小径
八尺

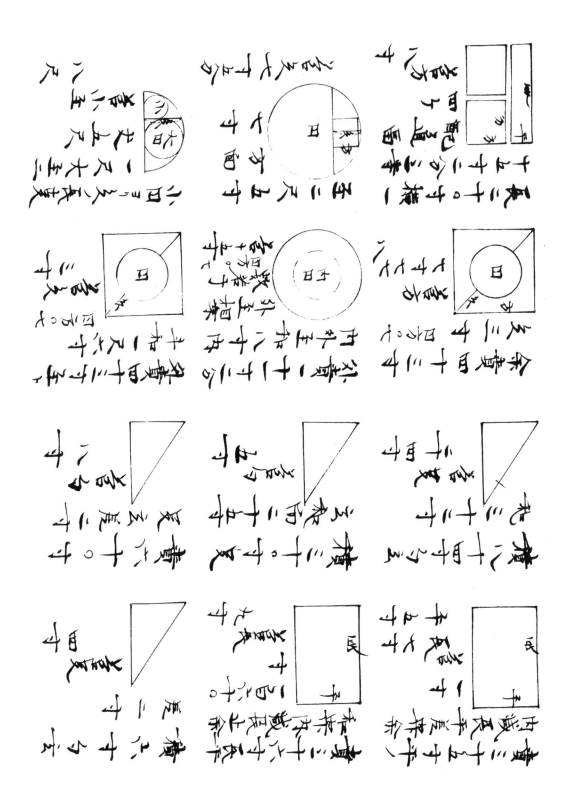

玄中勾差七寸八
黄二十四寸
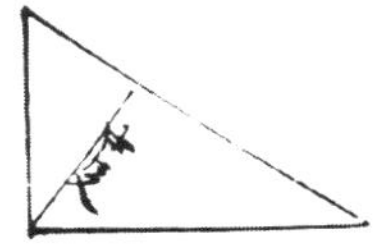
答殳
一十二寸

外黄十九寸八分之
一寸五分
方圓和若
干
円方○七
答方円和一尺三寸
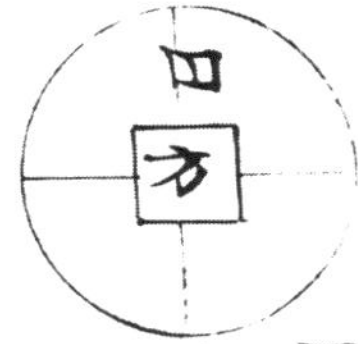

共黄三百二十五寸八
方至和開立方壹寸
方面和一十八寸
円方○七
答方一尺五寸
至一尺二寸
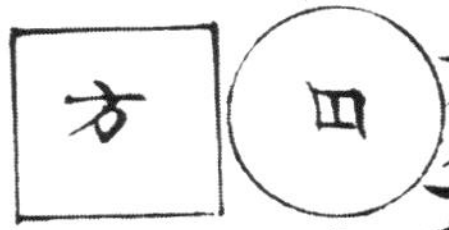

勾三十○間殳四
十○間二等配
答甲二十
八間二八四二
七一二

黄六寸玄中殳
和七寸四分

答中殳
二寸四分
勾
三寸

内外方和
一尺三寸
之各二寸
五分外黄若干
答外黄三十九寸
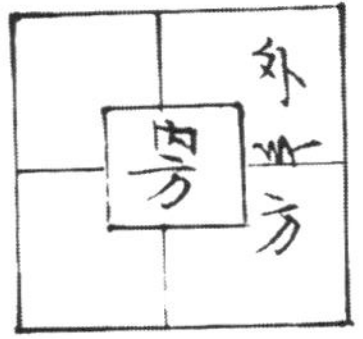

長壱尺三寸
平一尺
二寸
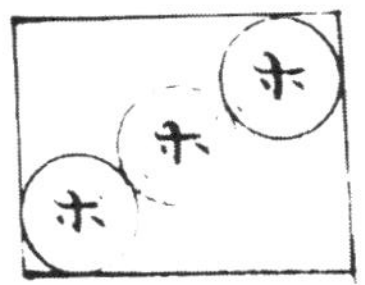
答至
五寸

縦三十○間小横
七間大横二十三
間二等配
答甲
十八間七五
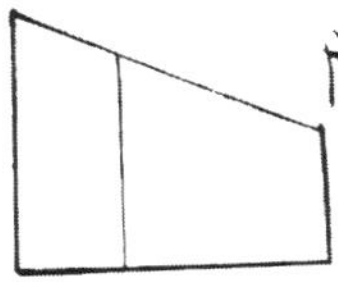

勾殳和七寸玄
五寸殳幂
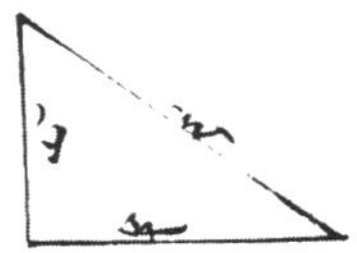
答殳幂
一十六寸

勾二段殳三段和一
尺八寸黄六寸勾
殳和若干
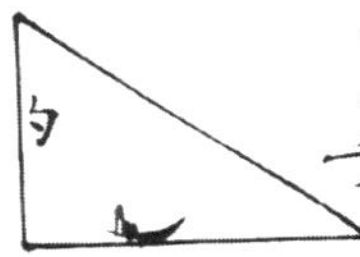
答勾殳和
七寸

入子桶七ツ一番二
番弐和十七分五之
五六七番弐和十九
分五分
答壱番弐九分
差○ケ五

全黄八安長平
差二寸而五寸
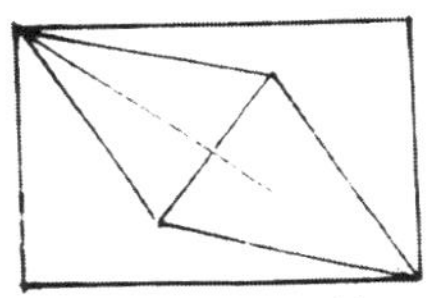
答長
八寸
平
六寸

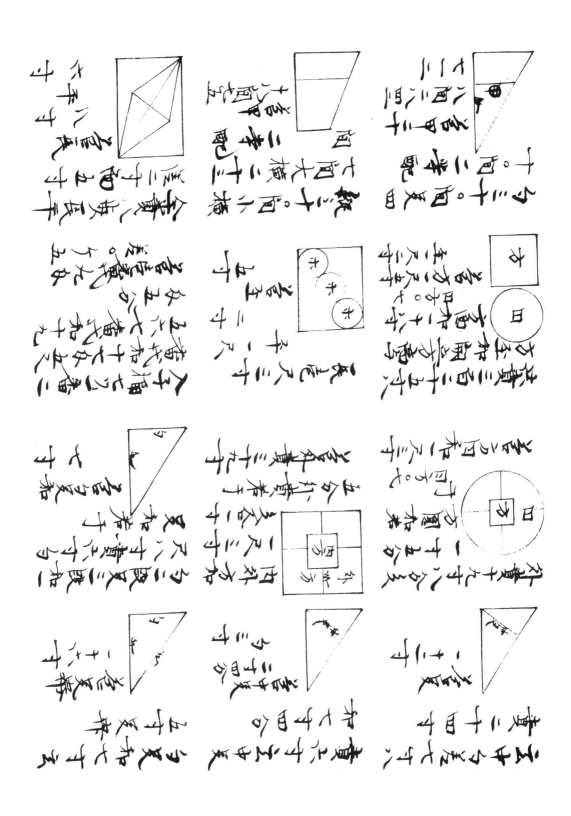

大斗五尺九寸
小斗三尺五寸

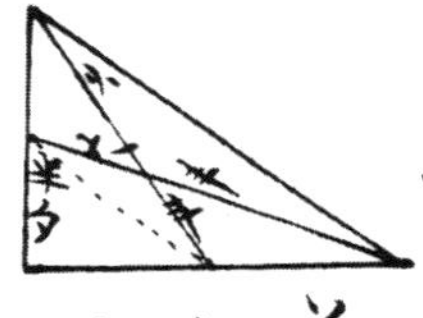

答句
一十九寸
四五二五

斗平方高下面爲象
和一白安

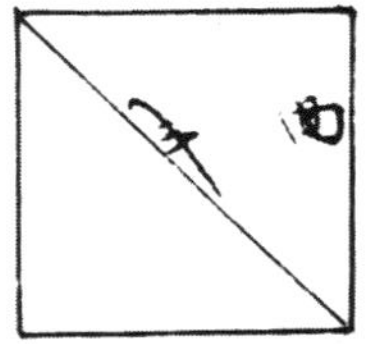

答平

上米三石五斗中米
三石四斗下米一石
八斗代金合二十二両
乃両ニ付自上中ハ一斗
五升中ヨリ下ハ五升安
答両ニ上米七斗

長二十の間平八間
八分四半毎配之

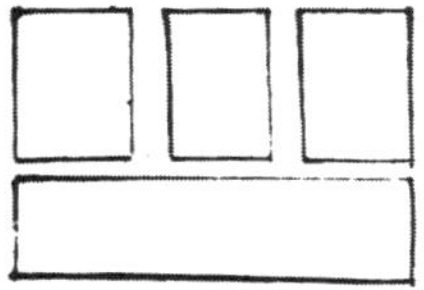

答方 六間
道 一間

責七十八寸甲乙
差五寸又曰甲并
乙并和九十七寸

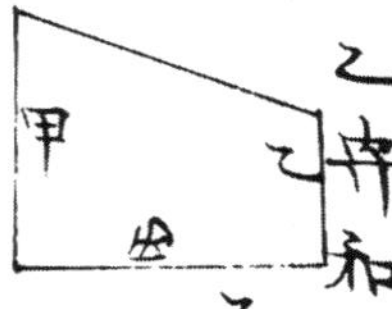

答丙
一尺二寸

外責一十八寸外斗
一尺内長平和一尺
三寸内長
外平ト同寸

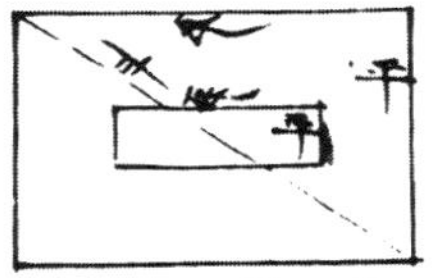

答外平
六寸

米四石大豆五石六斗
小豆七石二斗裏六石代
金合テ二十八両乃両ニ付
上床ヨリ大豆ハ六斗下ヨ道
自大豆小豆ハ二斗黄ホ
至ヨリ米者ハ八斗下直
答両ニ米八斗換

大積ヲ以テ小方除之十
二ケ八小責ヲ以大方
除之三ケ二
二五

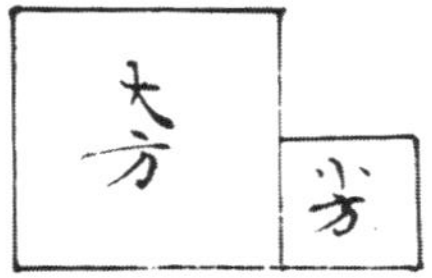

答大方八寸
小方五寸

周三方高下至
和而七十八寸
周方三
答円周二丈
一尺六寸

大欠六寸五分小
欠四寸五分長平
差八寸

答平
七寸

長二尺六
ル平ト長ヲ
二尺四寸ニ
スル平ト

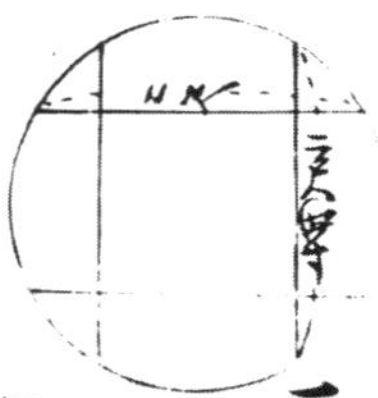

和二尺八寸
答圭二尺五寸

積二〇六十〇寸甲
一十三寸

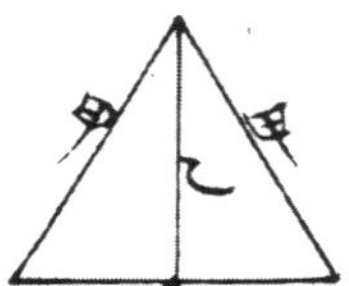

答
乙丙和
二十九寸

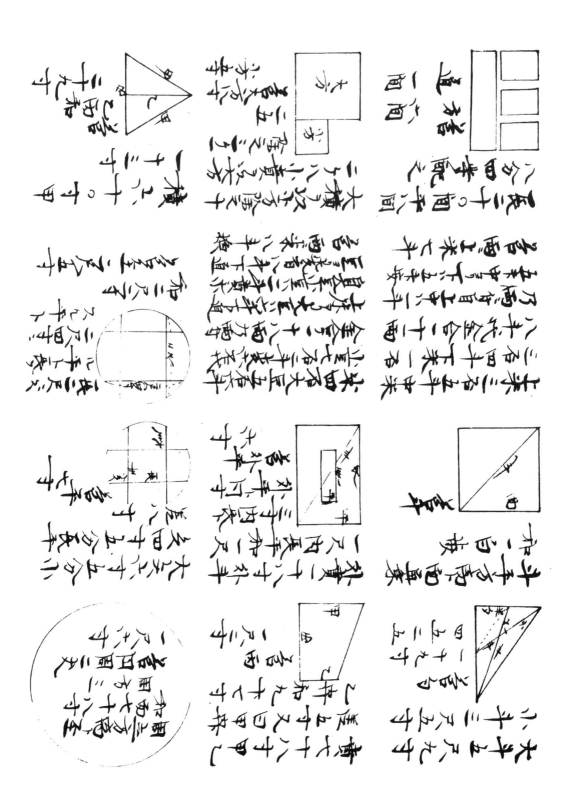

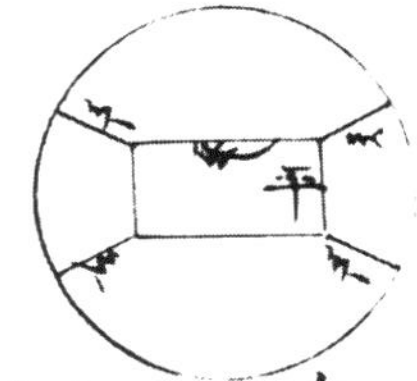
今貫四十
四寸七分
二寸長平
差一寸
曰方〇七
答　至九寸

玄中股和
七寸四分
勾股差一
寸
答　勾三寸

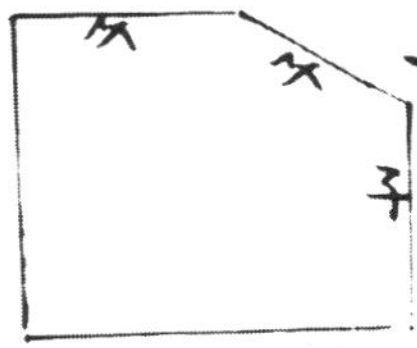
貫六十六寸
子各五寸
答　長九寸
平八寸

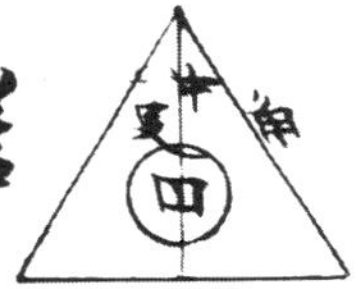
外貫百五十二寸五
圓周ト中股和四尺一
寸三二
四方〇ケ七五
圓周方三ケ
中股方〇ケ六六
答　面主二尺八寸

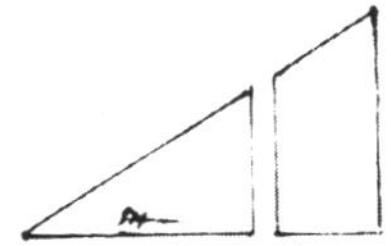
勾五十八間
股白四十五間
通五間二
黄等分
答　甲白間

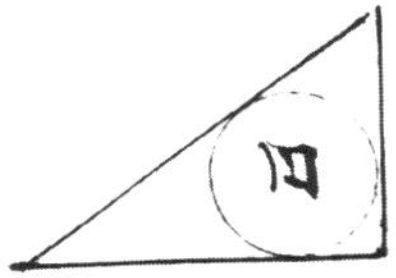
外積三千歩
二分五厘五寸
曰方〇ケ七
答　圓至二寸

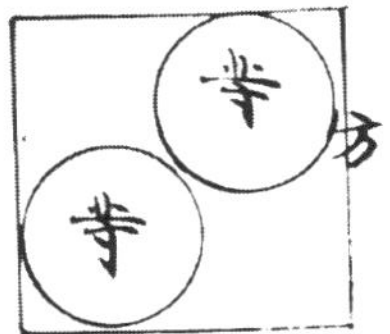
外積一百寸
曰方〇ケ七五
答　圭八寸四分
方一尺四寸
三五

貫四十八寸以長平
差除長平和七ケ
答　長八寸
平六寸

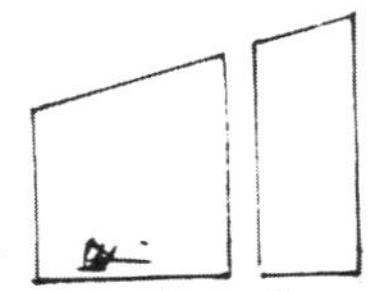
大横八間
六分小目
七間長二
十〇間通六間
答　甲九間

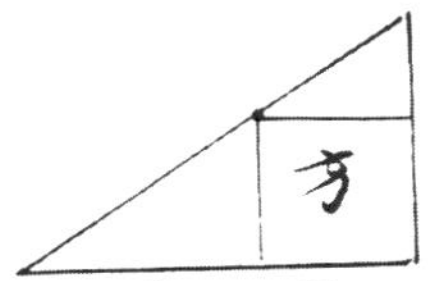
外貫百五
十〇歩玄
三尺五寸
答　方面一尺二寸

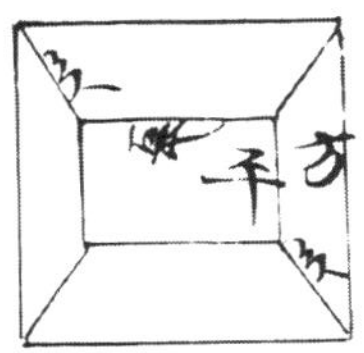
外方一尺三寸長
平差二寸又五寸
答　長七寸

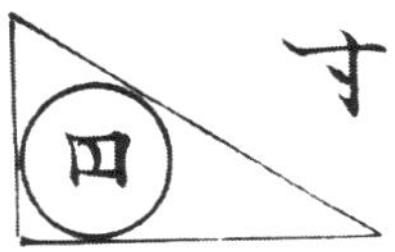
今貫三寸二分勾
股玄二和一尺二
寸
曰方〇ケ七
答　圓至二寸

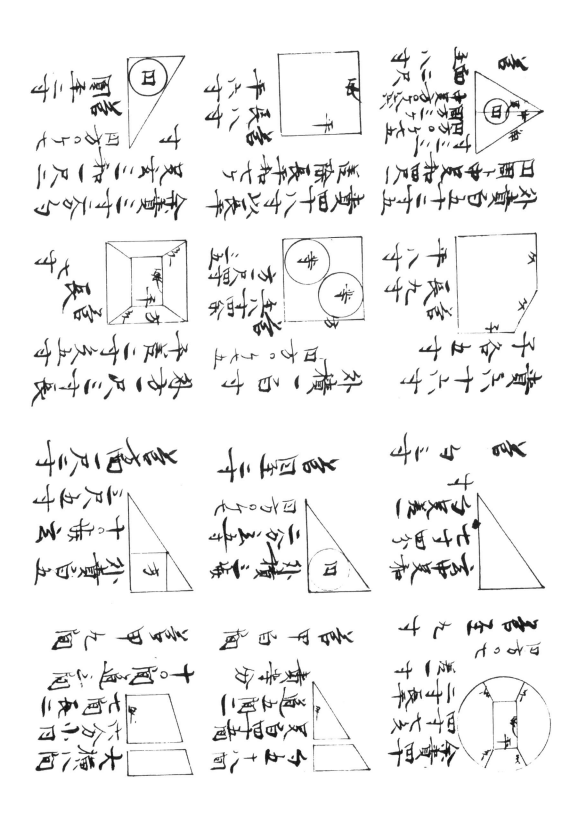

至中殳和四寸
四分 玄五寸
答 至二寸

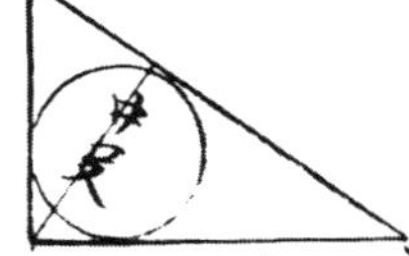

長玄一尺二寸八
分 貢九十六寸
答 殳一尺六寸

積六寸 勾殳
中殳三和九
寸四分
答 玄五寸

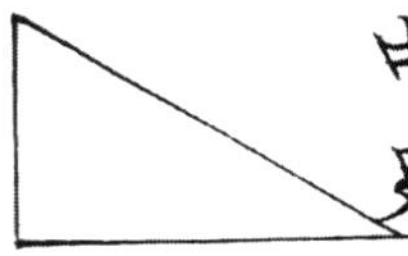

至勾股和一尺六寸
勾玄相乘六十三寸
答 殳一尺二寸

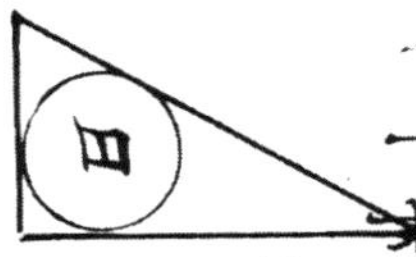

方一尺二寸中
殳与玄ノ較二尺
八寸二分
答 玄

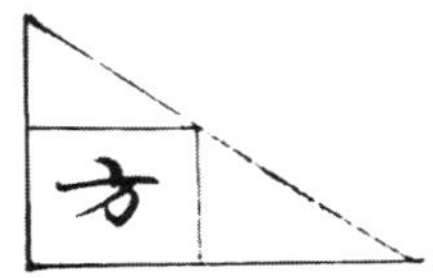

勾中殳和五寸四分
殳中殳和六寸四分
答 中殳二寸四分

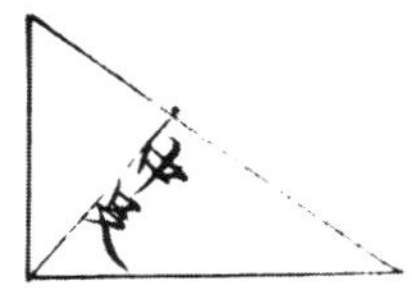

勾殳較七寸玄
方和四尺七寸
答 方面一尺二寸

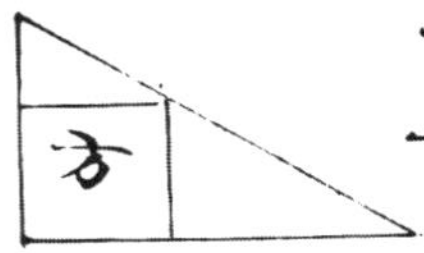

勾玄和八寸貢
二段加勾二十五
寸
答 勾三寸

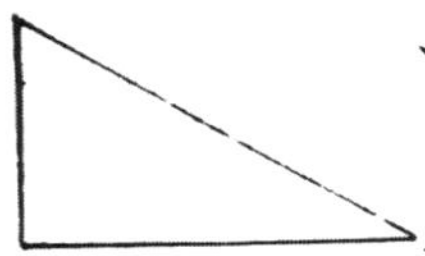

玄方和二尺三寸五
子玄和二尺四寸五
答 玄一尺七寸五分

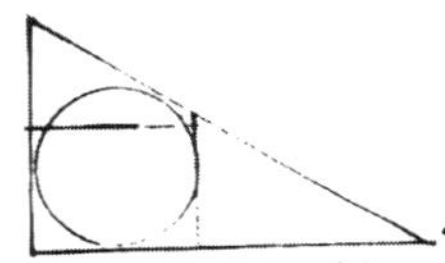

短玄一寸八分
円子二寸
答 玄五寸

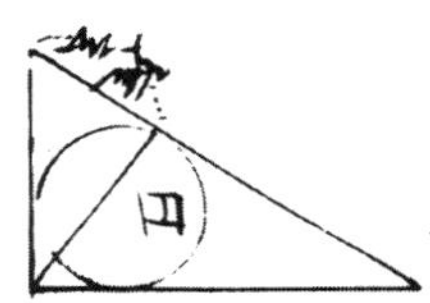

中殳短玄和面
四寸二分長玄
三寸二分
答 中股二寸四分

殳短玄和五寸八
分勾長玄和六
寸二分
答 玄五寸

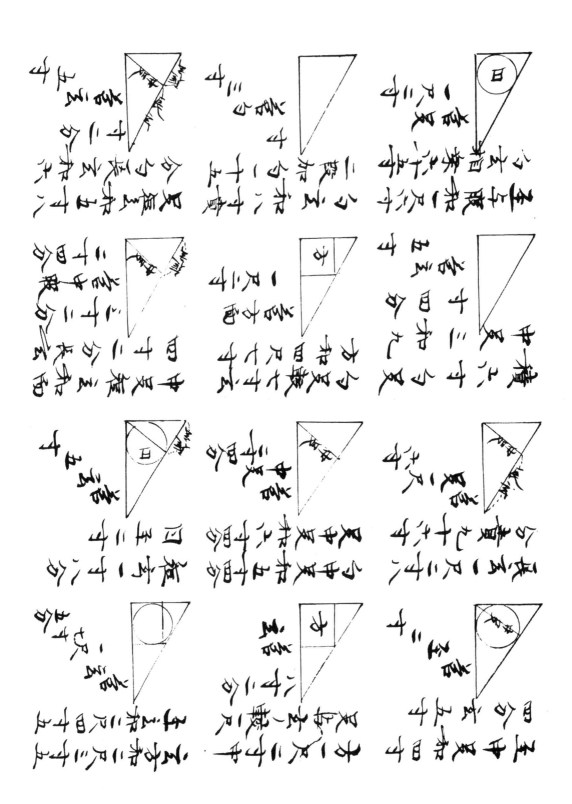

玄中旻差二寸
六分旻四寸

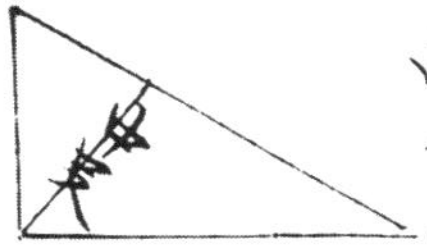

答 中旻
二寸
四分

玄与勾旻差ノ較
一尺責四段ノ内
減至百三
十四寸

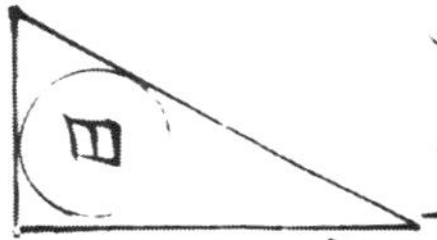

答玄二尺六寸

方一尺二寸中
旻一尺七寸七
六

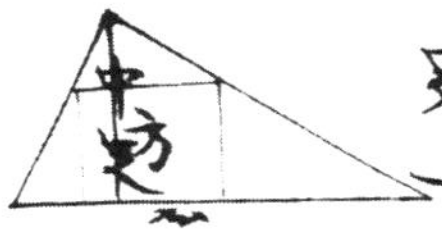

答玄
三尺七寸

至玄相乗二百五十
五寸至矢和二尺一
寸五分

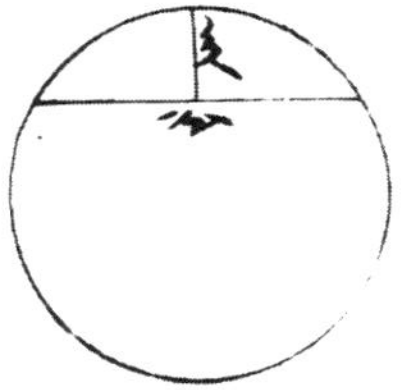

答至
一尺
七寸

股方和四尺
玄三尺五寸

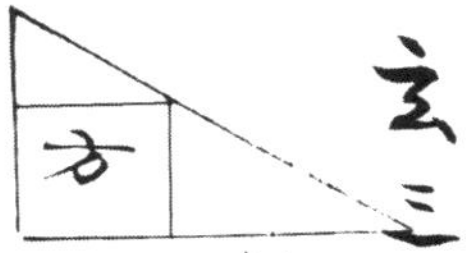

答方
一尺二寸

至冪与勾旻和二百
四十五玄方和四
尺七寸

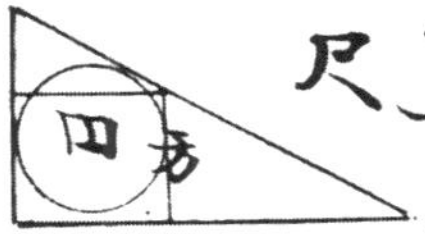

答至
一尺四寸

面二尺旻三
尺六寸

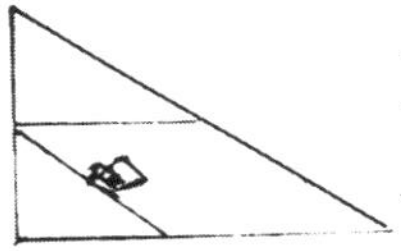

答玄
四尺五寸

外責三千〇寸長
平差五寸勾旻和
二尺一寸

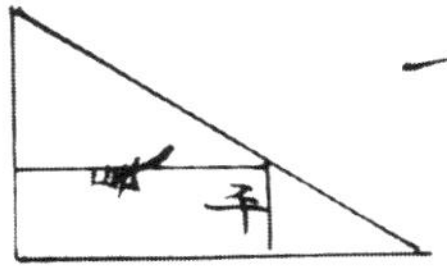

答勾九寸
旻一尺二寸

至与短玄和三寸
八分勾三寸

答玄
五寸

責六寸旻二段
勾三段和二尺
二寸

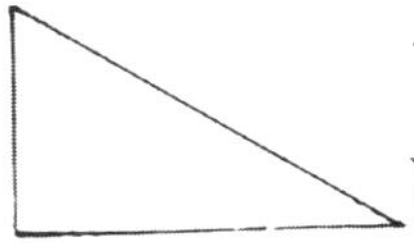

答玄
五寸

面一尺五寸
勾二尺四寸

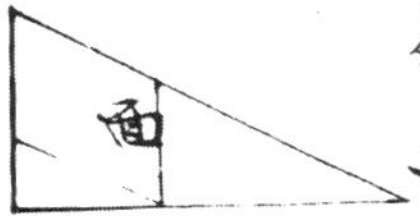

答玄
四尺

至冪矢冪和二百〇
九寸二五玄ヨリ矢
八一尺五
八分短也

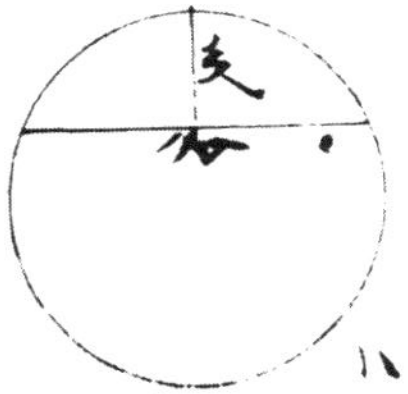

答矢
四寸五分

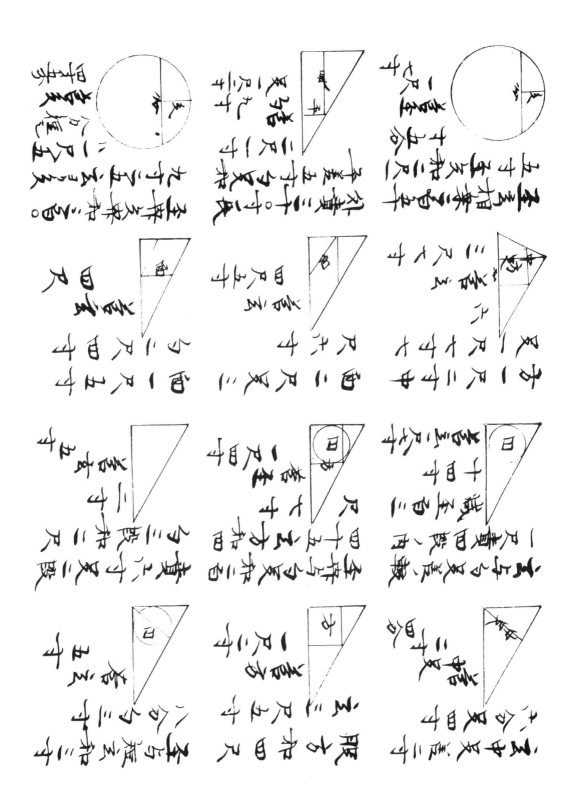

大中斗差七寸中
小斗差四寸長徑
只相乗三百
十五寸
答大斗三尺六寸

方壱寸

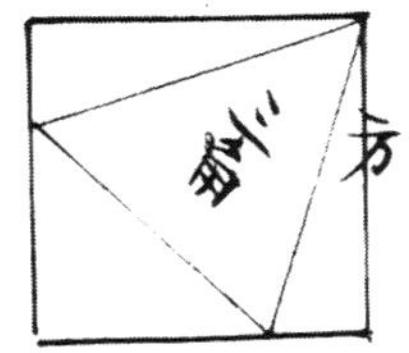

答
角面
一寸〇
三五

五角面一寸
斗若干
答斜
一寸六一八

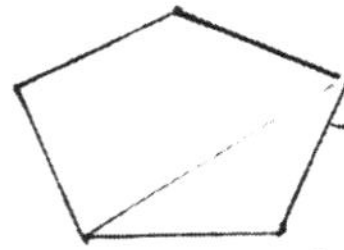

大玄二尺四寸
小玄二尺兩久
和一尺四
答圭
二尺五寸

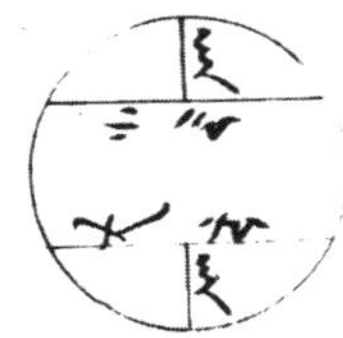

勾股差一寸玄帯
卜勾股玄三和寐
和面白六
十九寸
答勾
三寸

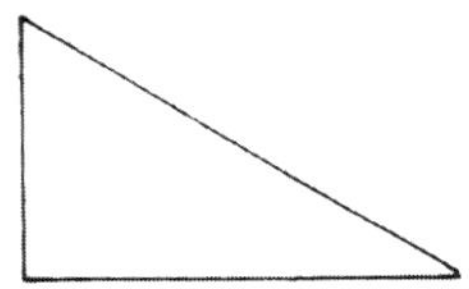

不知人數金ヲ配
逐差九両労ス云
上ノ十分ノ一ヲ為末
答人數 六人

長平差一尺六寸
長平高卜平立高
卜和八寸
答長
二尺五寸

玄一尺三寸股
二段勾三段和面
三尺九寸
答勾
五寸

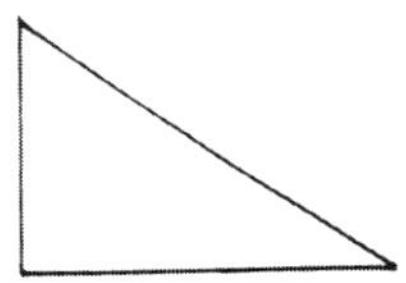

面二尺四寸

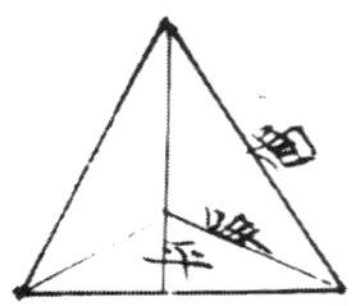

答
角圭
一尺三寸八五八
子圭
六寸九分三八

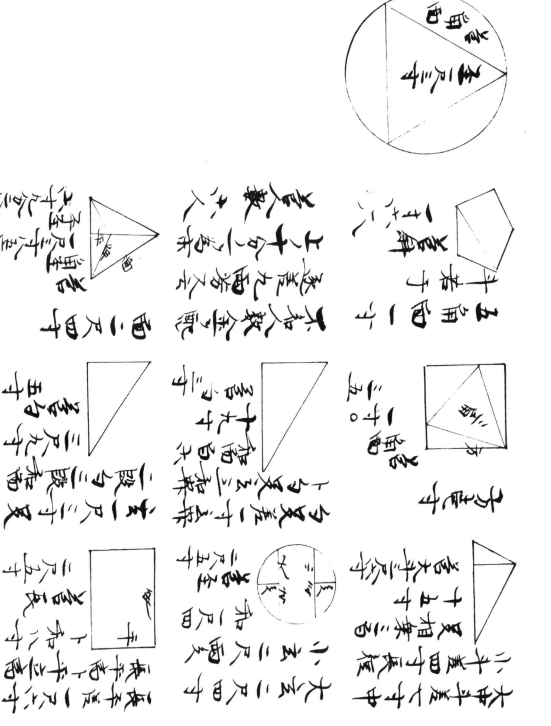

久氏算梯之二

廣益算梯諸之三　久留嶋

圣面和而一尺二寸
中股平の久八六六

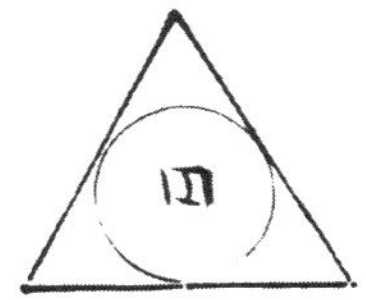

答 圣 四寸三九二

大斗七寸五分中斗五寸二分小斗二寸九分
勾股差六寸八分

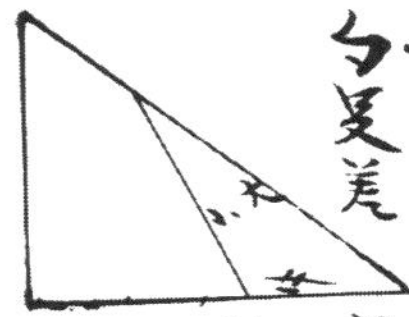

答 勾二寸八分
股九寸六分

勾一尺四寸七分股
一尺八寸八分

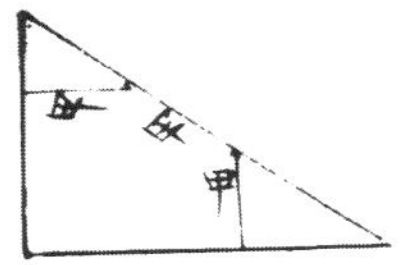

答 甲 六寸

半円圣五寸平
若干

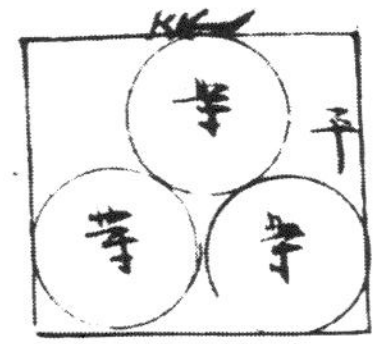

答 平 九寸六分
有奇

貴八十四寸長平差
三寸長平和第高九
十九寸

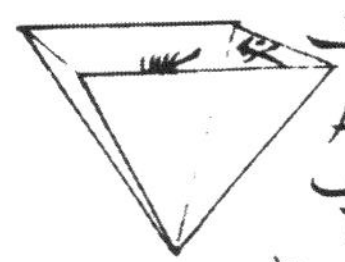

答 長 七寸
平 四寸

平斗立平和九寸

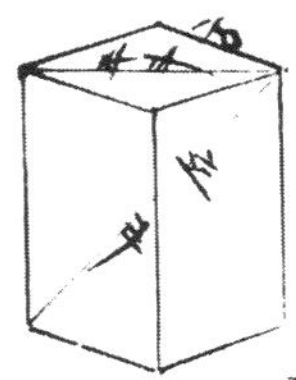

答 方
二寸六八

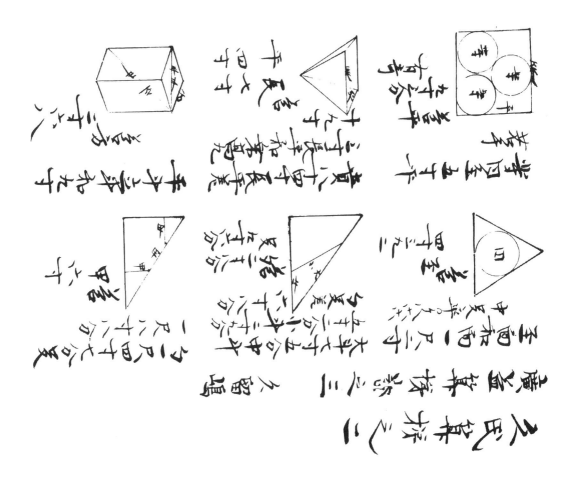

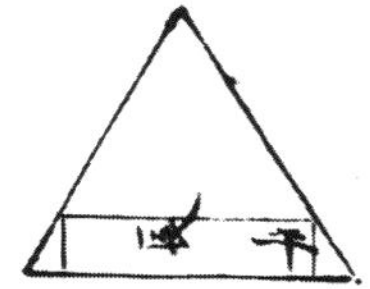

外積三千寸長平差三寸
貴方〇ケ四三三
中足方〇ケ八六六
答 長 寸九五七 平 三寸九七

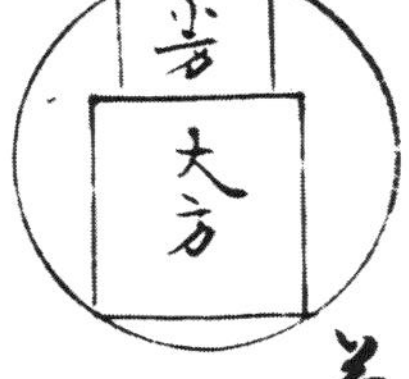

大方一尺五寸
小方七寸
答 至 二尺 五寸

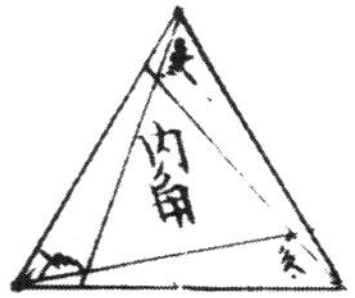

内外面差二寸六分
矢一寸六分
答 内面 二寸三分

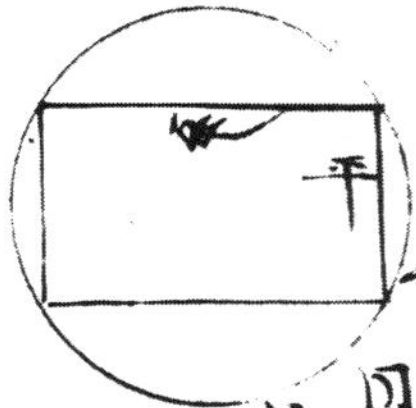

外積五歩半 至与長和而九寸
因方〇七
答 杖寸

外積二百六十四歩面
二尺五寸甲乙較六寸
答 甲 三尺 乙 四寸 丙 卅二寸

甲七寸乙九寸
丙八寸
答 至 二尺一寸

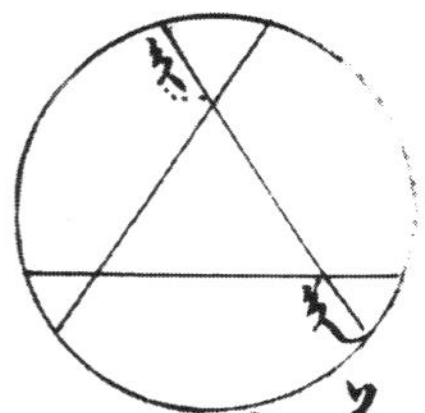

至一尺八二寸五分
矢四寸四分
答 角面

積三百六十寸 大中差七寸 中小和五尺六寸
答 大 三尺 中 二尺九寸 小 二尺五寸

長平差三寸斗与
平和二尺四寸
答 積 百八歩

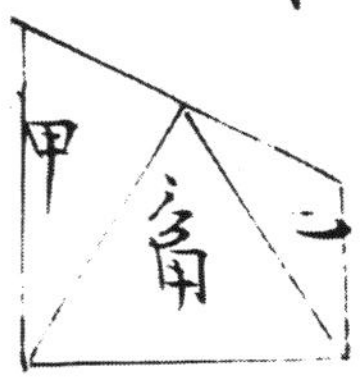

甲九寸乙七寸
答 面 七寸三

方積七ヽ方面ヽ方面
和一尺二寸
答 平 一ケ二三 一有奇

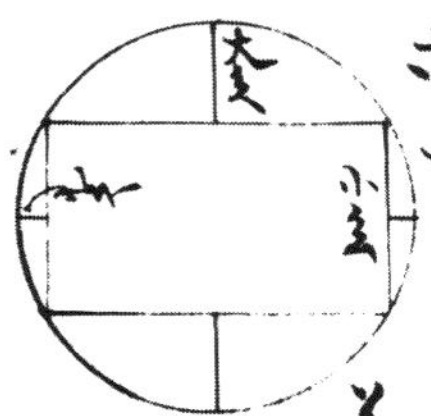

小矢一寸小玄
六寸
答 至 一尺

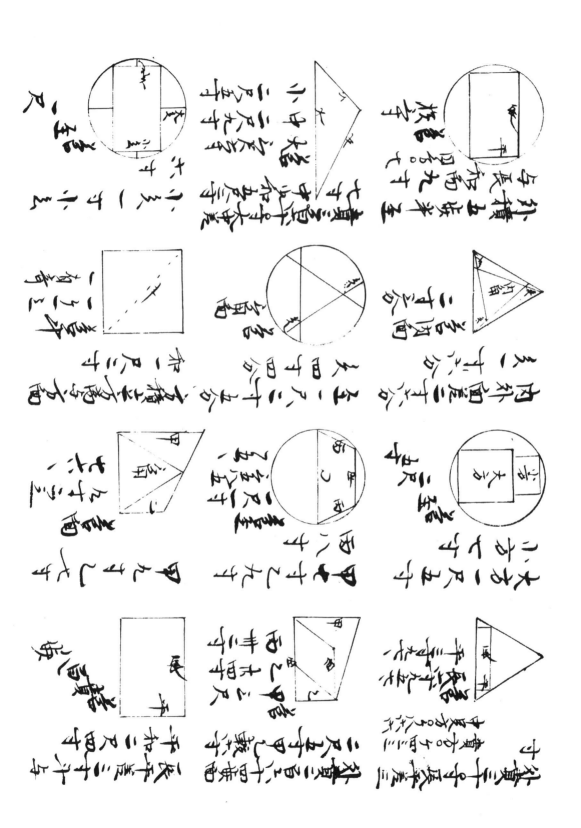

方一尺一寸余三寸七五

答 股一尺五寸

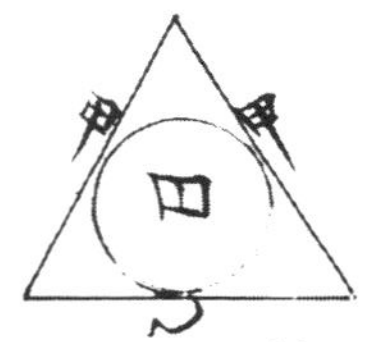

圣九寸六分甲乙差一寸

答 甲一尺七寸

大小方差二寸圣五寸

答 大方二寸六六七六七 小方〇ヶ七分六七六七

三角積五百安 不用率

答 角面三尺九寸九八

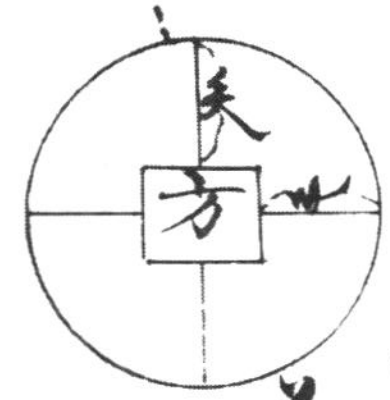

外貫自乗九寸八分六六矢四寸五分 円方〇七九

答 一尺四寸 方五寸

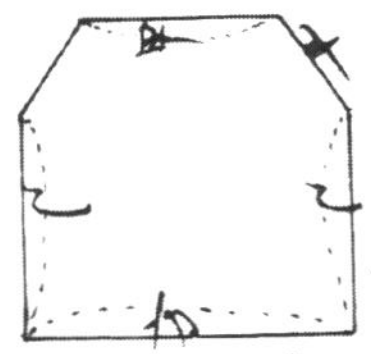

積一百二十九寸 甲乙和九寸

答 方一尺二寸

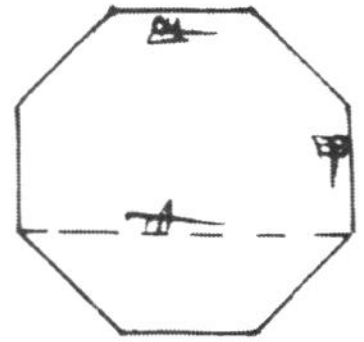

貴甲和五十八寸斜一尺三寸

答 甲七寸

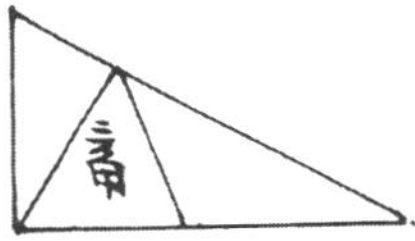

勾三寸股四寸

答 角面二寸四分一七三五

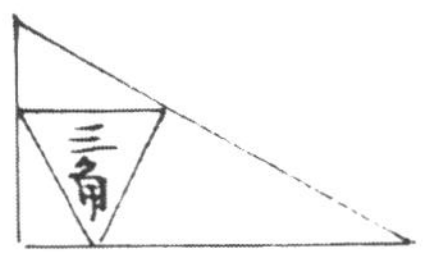

玄五ヶ股四ヶ

答 角面

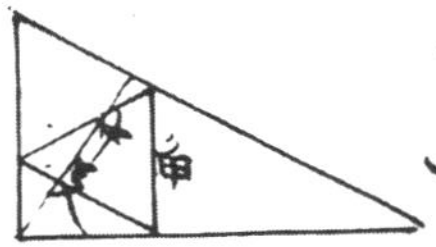

玄五寸中股二寸四分

答 角面一寸七分八三

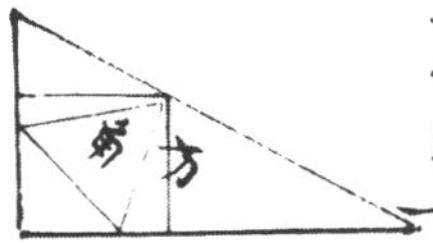

勾二尺一寸股二尺八寸

答 角面

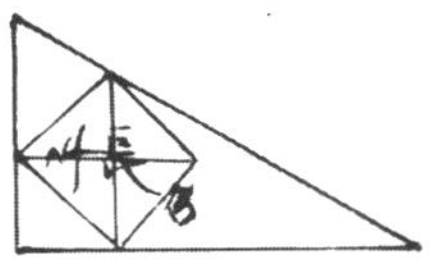

勾九寸六分股一尺八寸面五寸

答 長八寸 平六寸

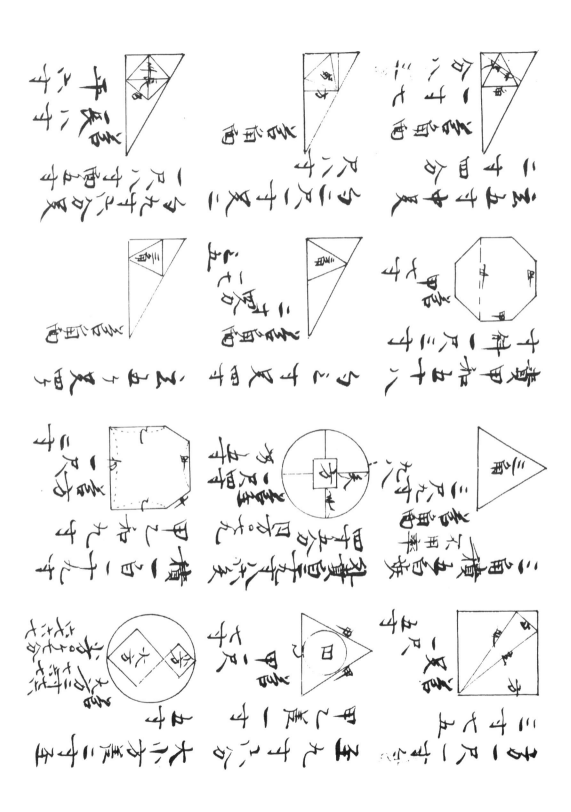

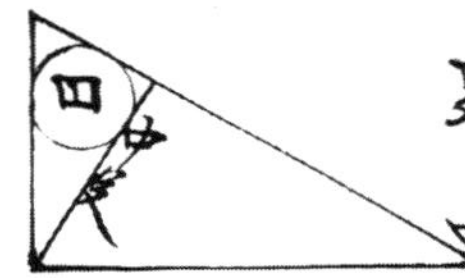

至壱寸八分
殳四寸
答 勾三寸

上米七石二斗下米
四石八斗金合十四
両自上下ニ両ニ
割多之
答 上両斗替 上九両 下五両

斗面和業斗一百
寸
方七十 乃斗九十九
答 方

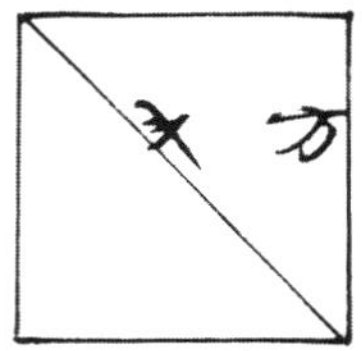

大小径和二十八寸
矢和九寸云壱尺
二寸
答 大径四寸 小径二寸

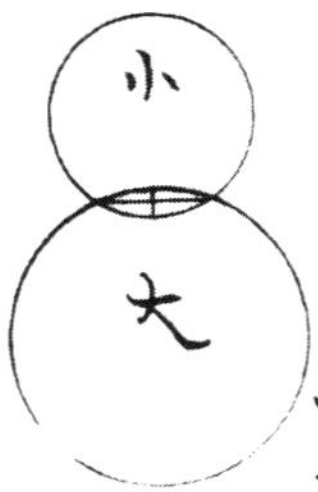

中方九十六分
勾二尺壱寸
答 殳二尺八寸

今限七百三十八文目
不知配人数逐両
二割落也自上求ル
白二十二文安之
答 上配二百五十目
人四人

玄五寸中殳
二寸四分一民
三寸
答 斗 九寸六分

径因径五寸也
答 天円

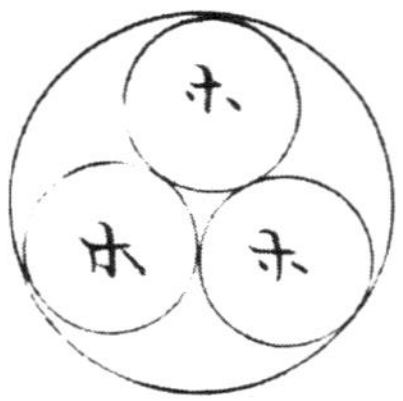

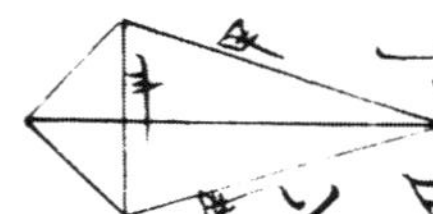

積勾斗和九十五
寸甲一尺三寸
答 斗一尺

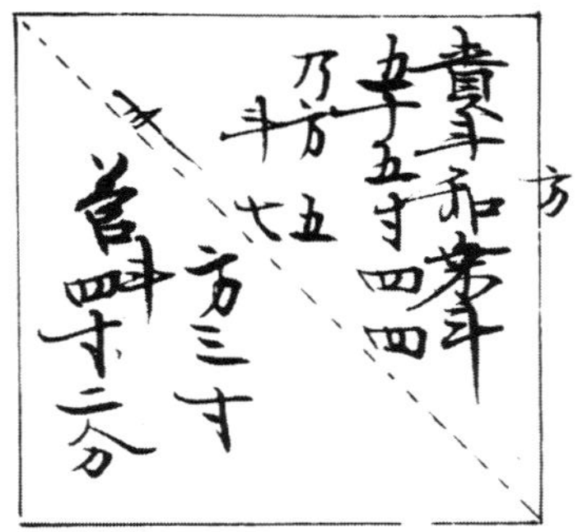

責斗和業斗
五寸四四
乃方 斗七 五
方三寸
答 斗四寸二分

至壱尺三寸
甲三寸
答 玄五寸

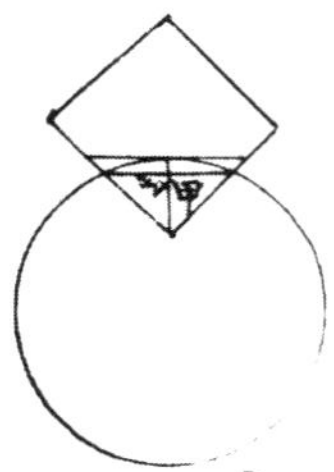

勾三寸殳四寸
玄五寸
答 小径一寸三分 三三有

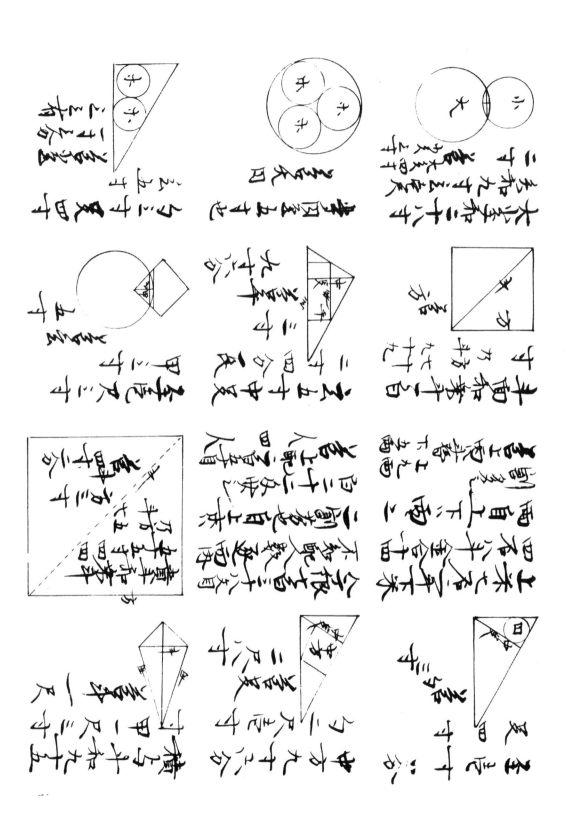

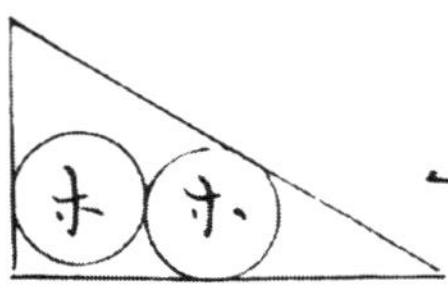

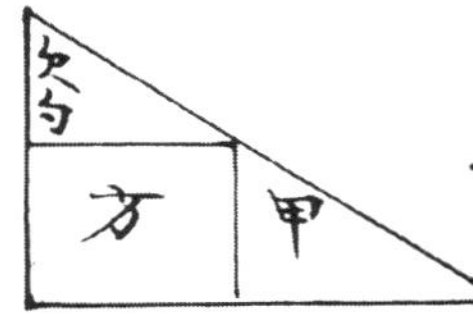

矢勾四寸二分
甲責二十四寸
答勾
一尺八寸

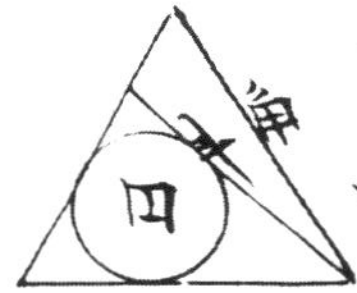

面一尺円径
四寸
答斗

大小径相乗百三十
六寸方二十四寸五
分
答小径
一寸

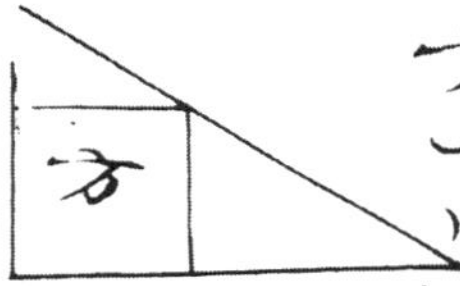

旻玄和九十四寸五
方十八寸
答旻
四十二寸

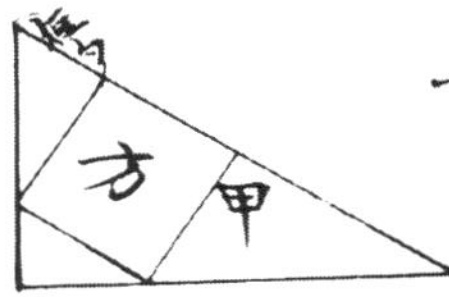

径勾九寸甲
責九十六寸
答方面
一尺二寸

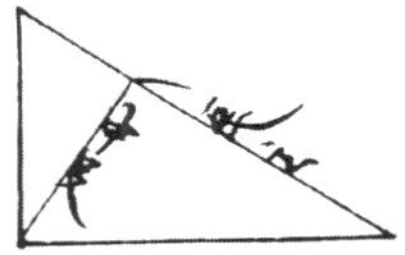

勾長玄和六寸
二分責六寸
答勾
三寸

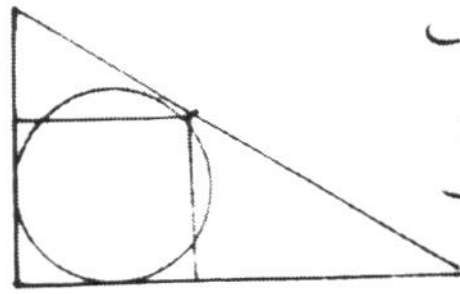

玄股径和千二百三
十九寸旻股方和
七百九十
答
六寸

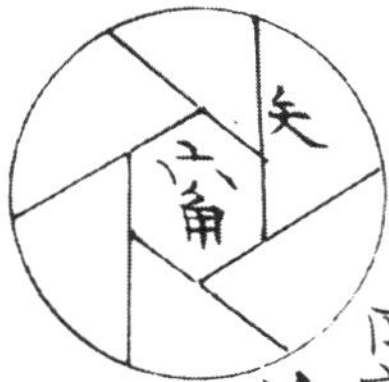

外責六十一寸七九八一
大矢八寸五分
不用六角率
円方〇ケ七五
答
空方五寸
外径二十三寸

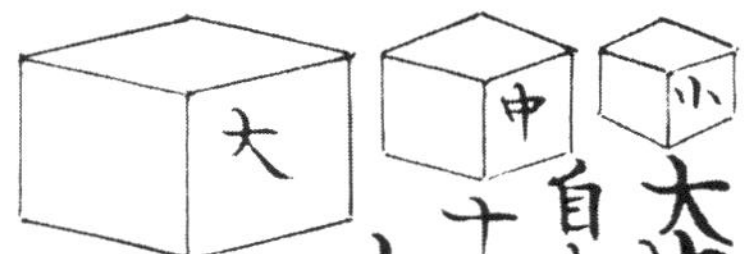

大中小方和二十六寸
自大責中責三百八
十七寸吠自中責
小責九十八寸吠
答大方八寸
中方五寸
小方三寸

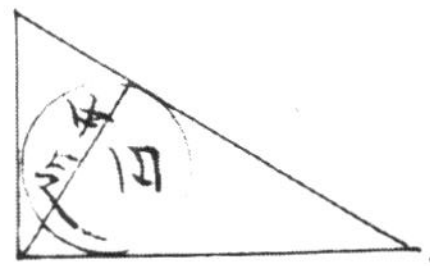

中勾径和六寸
四分責六寸
答玄
五寸

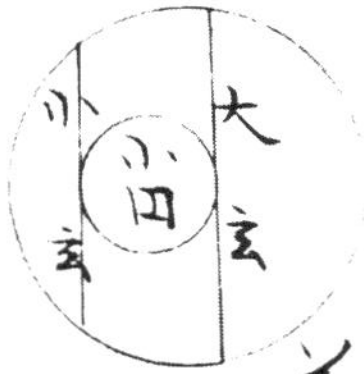

大玄八寸小玄
六寸小径七寸
答外径
一尺

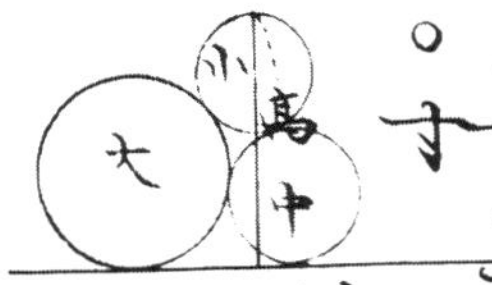

大径四十五寸中径
三十二寸小径二十
〇寸
答高
七十八寸

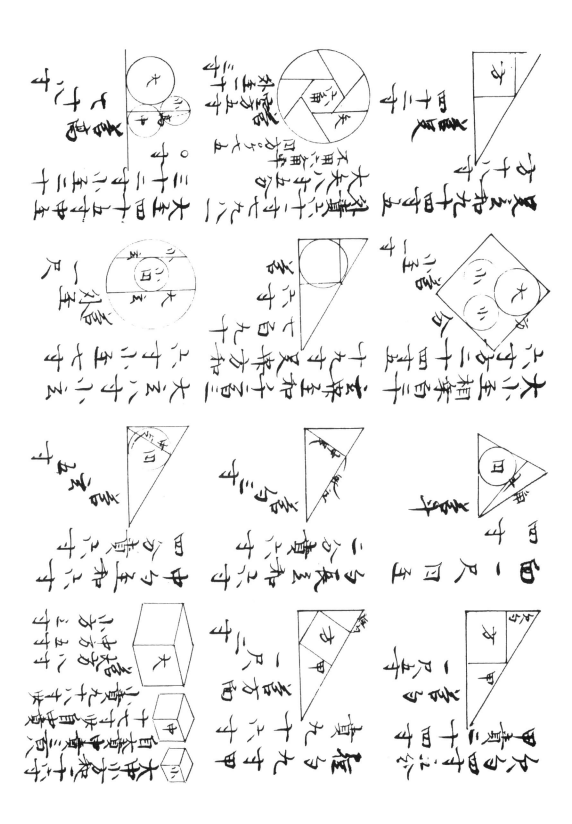

長一十八寸此
二十六寸勾玄
和八十寸

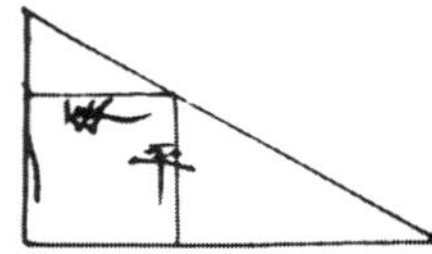

答勾
三十〇寸

外員七十二寸八分五
大周六小周二相併四
十七寸四分

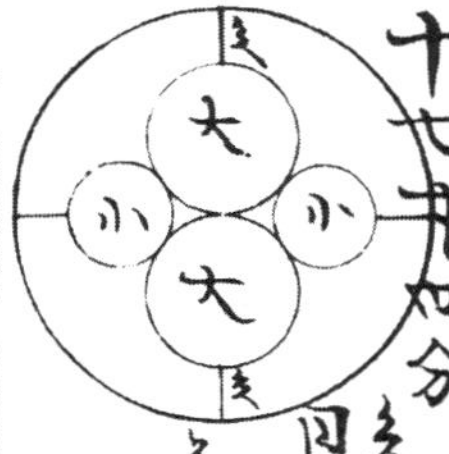

大各等
円方〇七九
答

上商相乗加至二寸三分
六重
長玄徑玄差
一寸四分

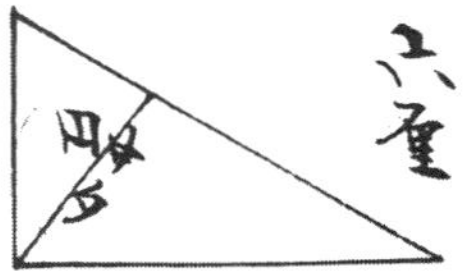

答徑玄
一寸八分

大径百廿一寸
中径百一十四寸
乃大中ウバ外径

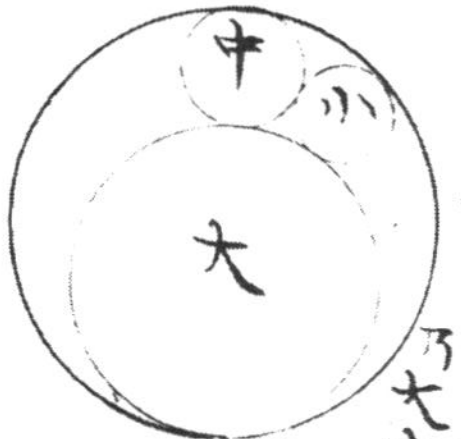

答径
九十〇寸

中殳一十二寸
長九寸平八寸

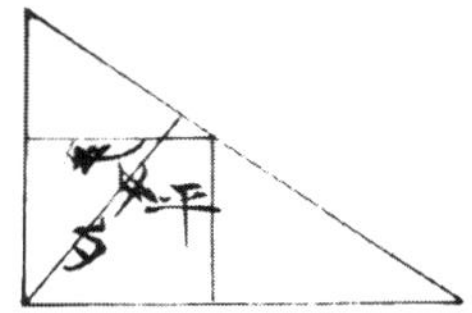

答玄
二十五寸

長玄殳玄之和而一
十二寸二八ノ責六寸

答殳
四寸

五和而一十六寸
四分殳玄差一
寸

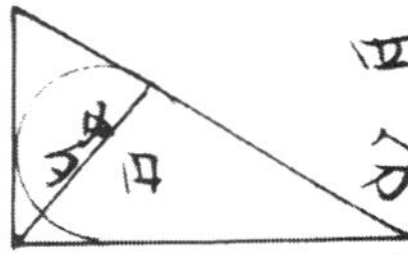

答

勾殳玄至中勾方
六和六十三寸四分
責二十九寸四分

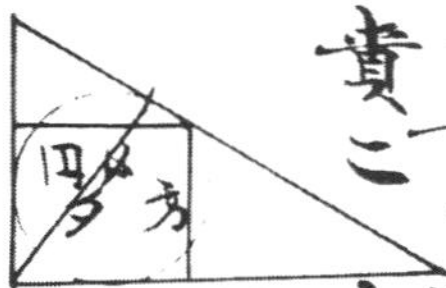

答玄

玄八寸又二寸
乃円至方面相等
容之也

答円径

殳玄和九寸
至中勾和四
寸四分

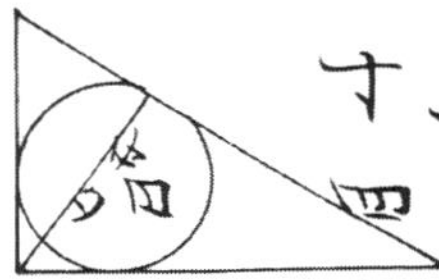

答玄
五寸

一十四寸

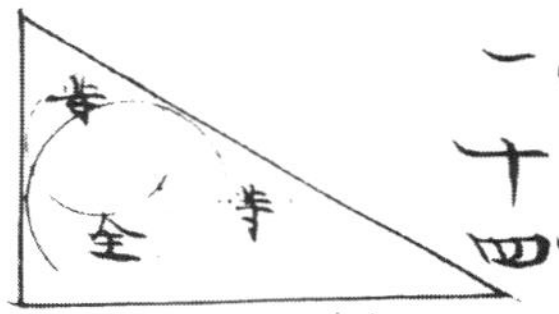

答半径
一十〇寸

殳平商者勾玄差
半ミ勾玄和立方商
者円径半ミ半ミ

答勾玄較
二寸

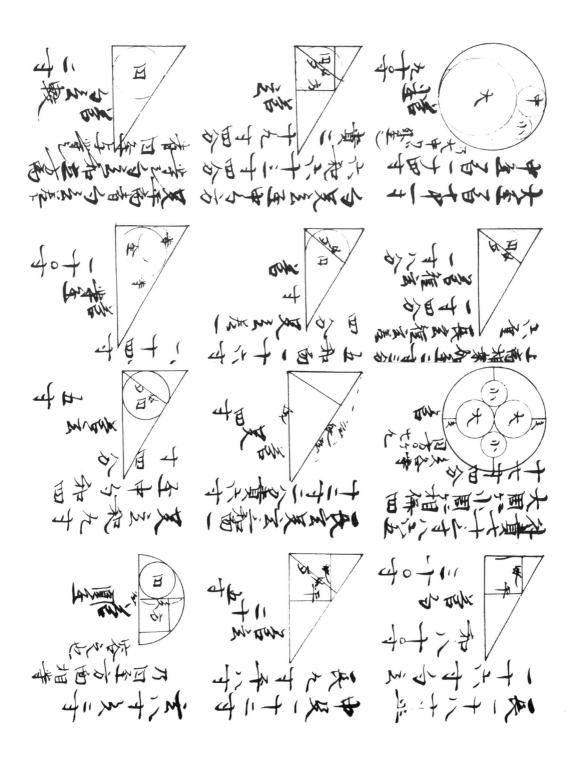

甲方三乗開商ト乙方開立方商与相乗三十五寸 自甲方乙方短差二百八十二寸

答 甲方六百二十五寸 乙方三百四十三寸

勾六千二百五十六寸 殳一万一千七百三十○寸 道二千九百一十○寸 道外責二等配

答 甲五千五百二十寸

方一十二寸○九一六九四○七 大小径較三寸

答 大径八寸 小径五寸

今貴四百○八寸大中斗差六寸中小同一十六寸

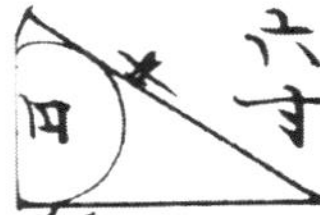

答 径二十四寸 大斗五十六寸

勾百○五寸殳百○四十寸道一十二寸貴二等配

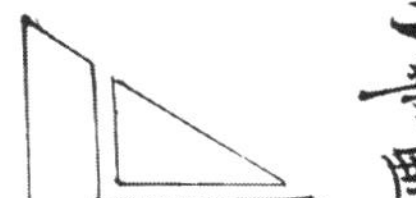

答 小勾六十三寸 小殳八十四寸 中勾八十四寸 中殳一百一十二寸

大斗五十六寸方一十二寸中小斗和六寸五分

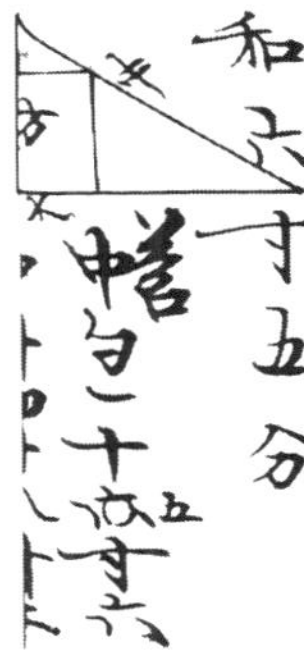

答 中勾二十六寸五六

甲径八寸四分 乙径八寸

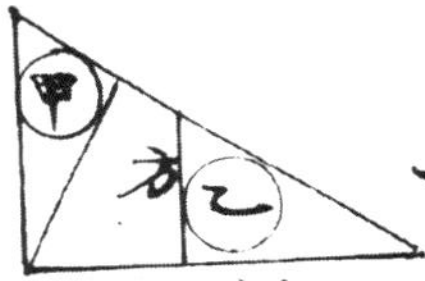

答股二十八寸

長玄二尺三寸六八 方一尺八二寸

答玄三尺七寸

甲径二寸一分 半径二寸

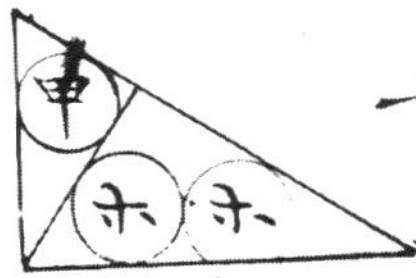

答股七寸

方一尺○八面一尺四寸

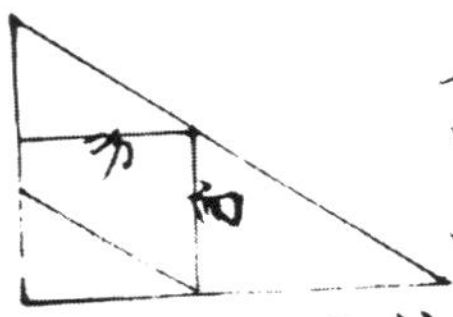

答 勾一尺八九 殳二尺五二 玄三尺一五

方径相乗三寸六分 玄四寸五八分

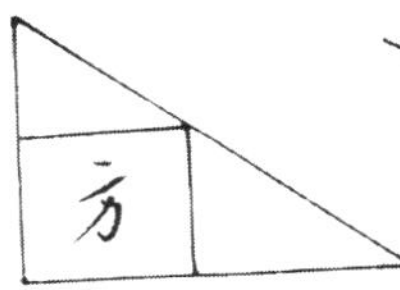

答方二寸

方四冪和商三尺二二 積和商二百七十二六寸 方毎差等之

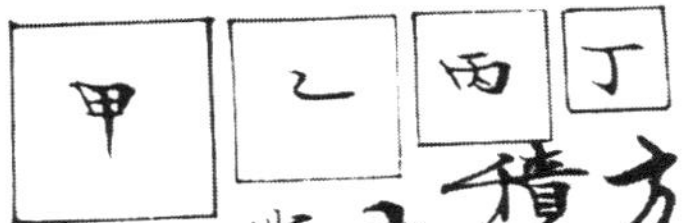

答 甲方一尺二二寸 方較

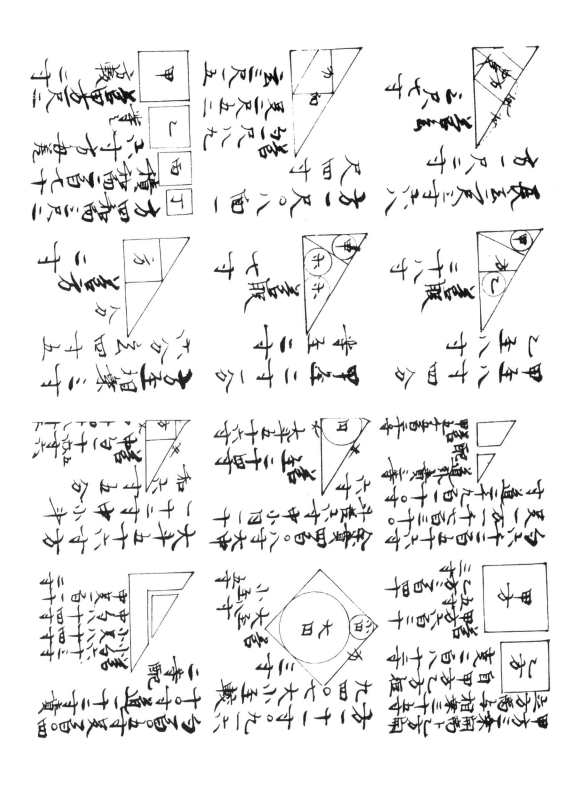

勾玄径玄和九寸
八分責六寸

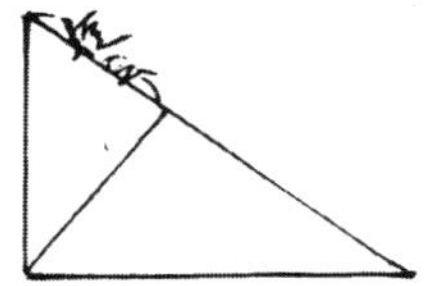

答 勾三寸

至三寸六分面
四寸

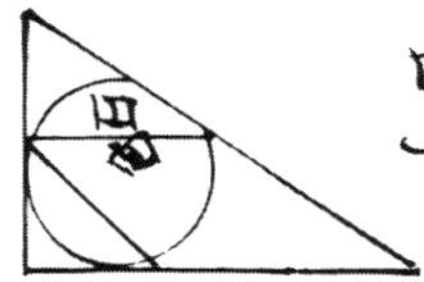

答 玄九寸

勾股玄中勾四
和面一尺四四責
六寸

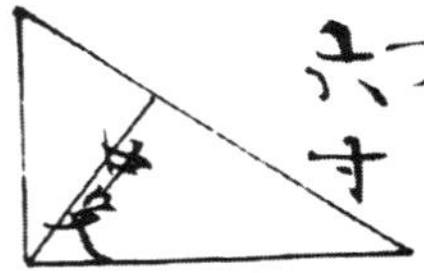

答勾 三寸

勾股和界勾玄廿
界相併一千七百四
五寸 責二百一
十〇寸

答勾 六寸

勾二尺七寸面
二尺

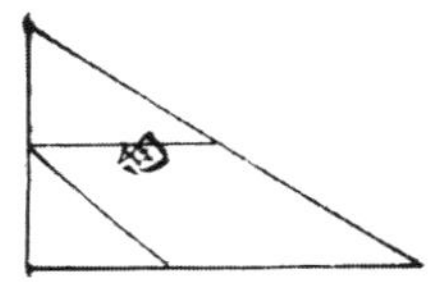

答 股三十六寸
玄四十五寸

勾二十二寸一分
方六寸

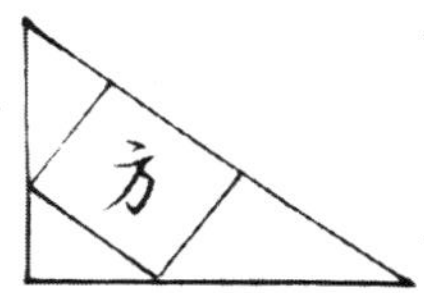

答 股一尺四四八
玄一尺八五
中勾八寸八八

玄界中勾和二十
七寸四股界至和
一十八寸

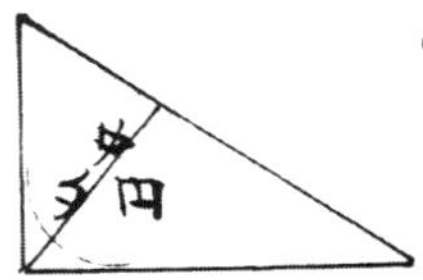

答 股四寸

甲方五百八十九寸欠
股二百五十六寸

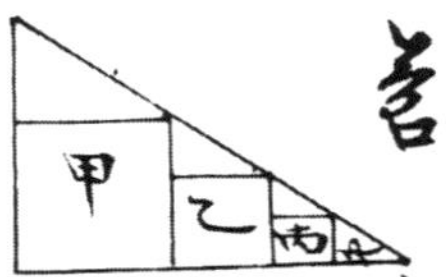

答
勾一千〇二十九寸
股一千二百七十二寸
乙方三百三十六寸
丙方一百九十二寸

玄平八寸八分五小
方四寸三二

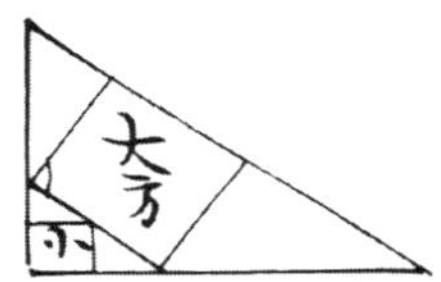

答 大方
一十二寸六

方一尺〇八面一尺
四八

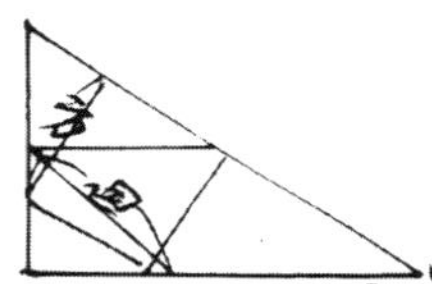

答 勾一尺九九八
股二尺六六四
玄三尺三三

股至和平高加玄一
十七寸責三十〇
寸

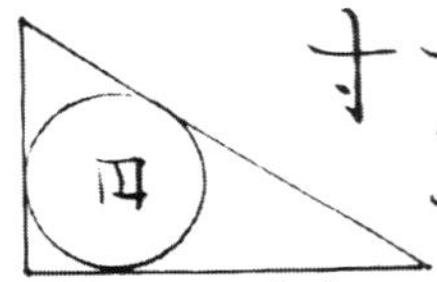

答 至四寸

至一ケ八八五四
方一ケ七〇一
三五
五六二五

答玄
矢

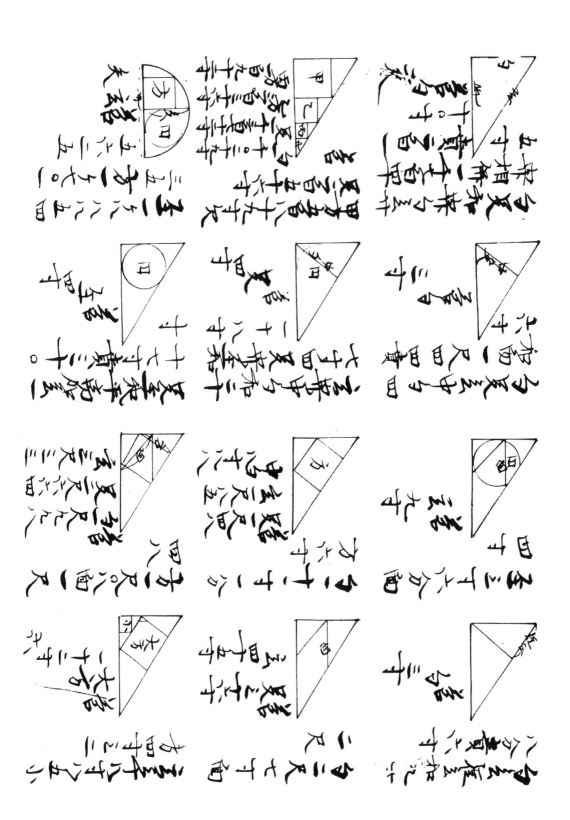

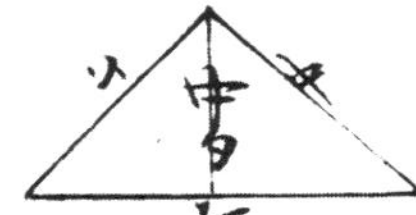

中斗二十五寸
小斗一十七寸
責二百十
寸
答大斗
二十八寸

大至二十五寸中
至一十四寸小至
二十三寸
答大
小中斗

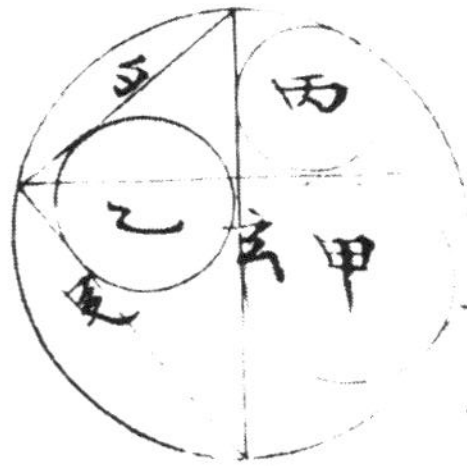

甲至　丙至
乙外至之等
答
乙至

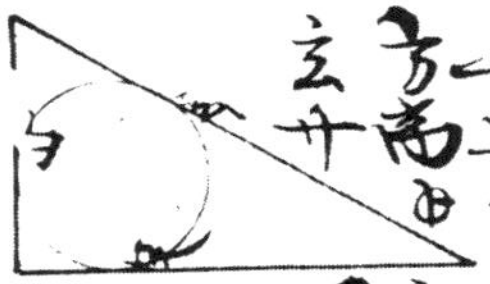

勾乎高三分之二ト四立高
与径等叉玄和之乗
方高四三分之一ト叉
玄廿　四廉方高等
答
至八寸
勾九寸
叉四〇寸

中斗一十四寸
小斗一十三寸
至八寸
答大斗
一十五寸

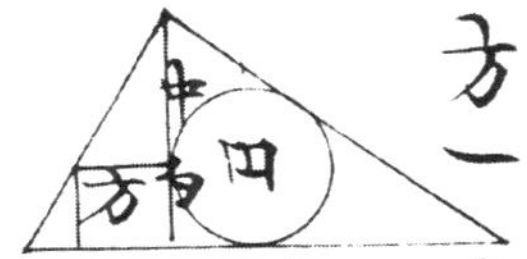

大斗一尺至一寸八
方一寸二
答
中斗七寸二分
小斗三寸五分

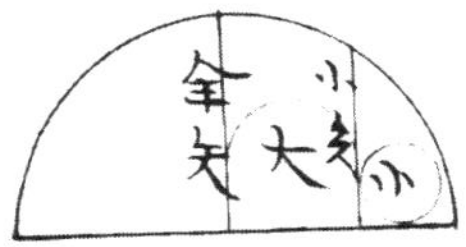

大至　小至　全矢
答
全至

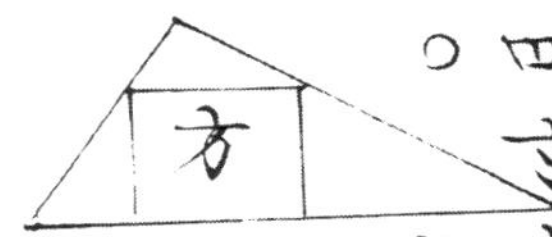

中斗一千八百三十
〇四寸小斗一千七百
三十寸方九百
一十〇寸
答大斗一
千九百五十六寸

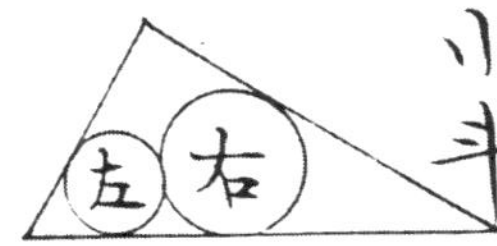

大斗　中斗
小斗　右至
答
左至

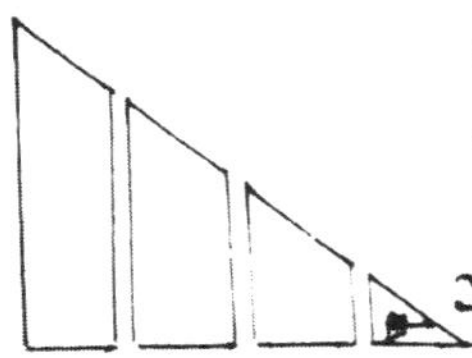

勾三十〇ケ叉四十
〇ケ道二ケ責
四等配
答

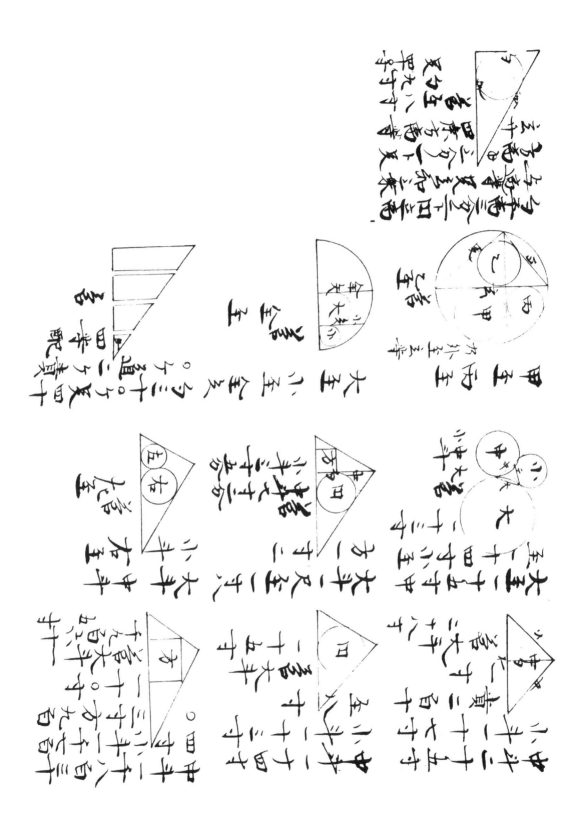

右久留嶋義太三百題ニ巻
並術天元術之題ト記セリ余
點竄術ヲ以テ新ニ術解ヲ設ケ
具ニ解記ス后来有学志輩
定セヨ

坪川文八
藤原常道
謹書

久氏算梯巻之三尾

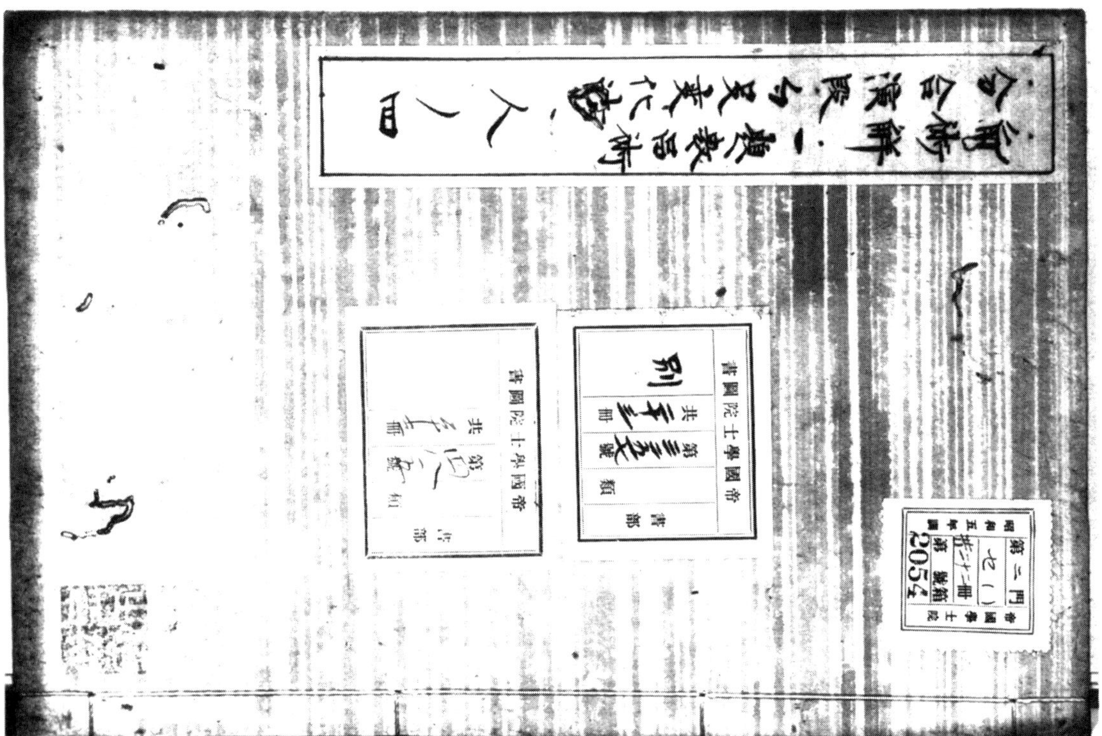

角術解
一題數品術
分合演段
勾股変化法
合巻

人之四

廿九冊

坤中 甚二氏

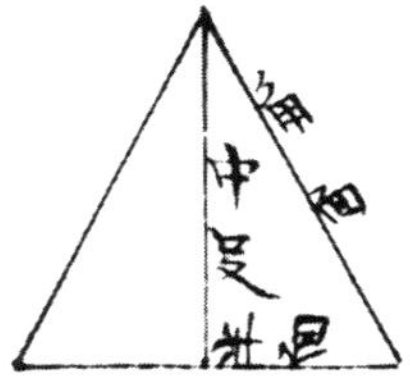

三角面若干中長幾何

演段天元中長有面有

面巾吉中長巾半面巾也故面巾八半面巾也四之

面巾中長巾八半面巾也様之面巾也寄左數相消不及解也

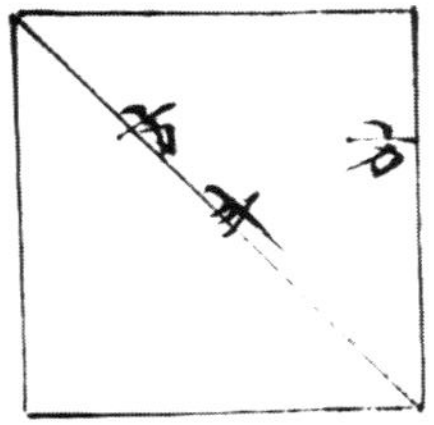

四角若干方面若干向斗

演段斗有天元

斗巾吉面巾也

故斗巾面巾吉面巾也為寄左相消數不及解

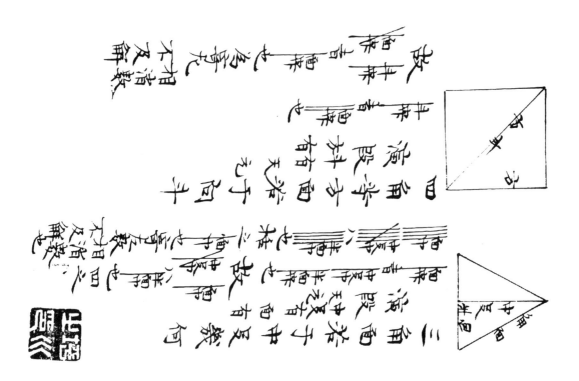

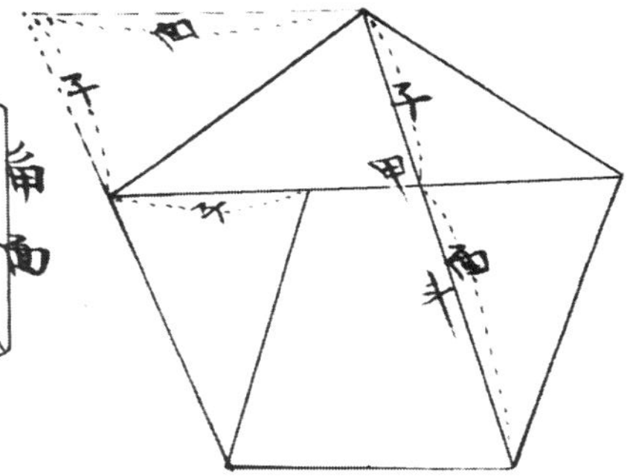

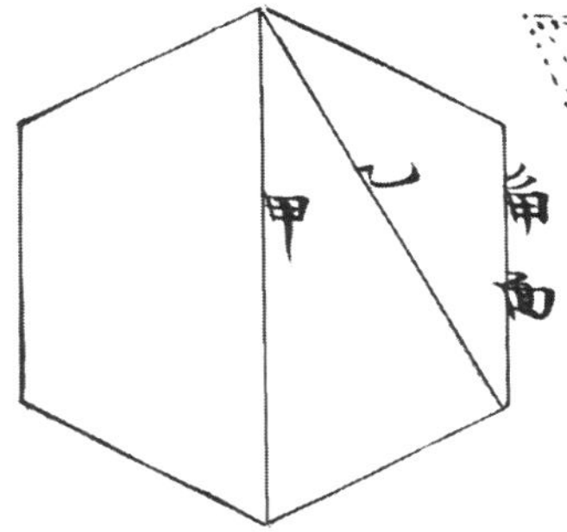

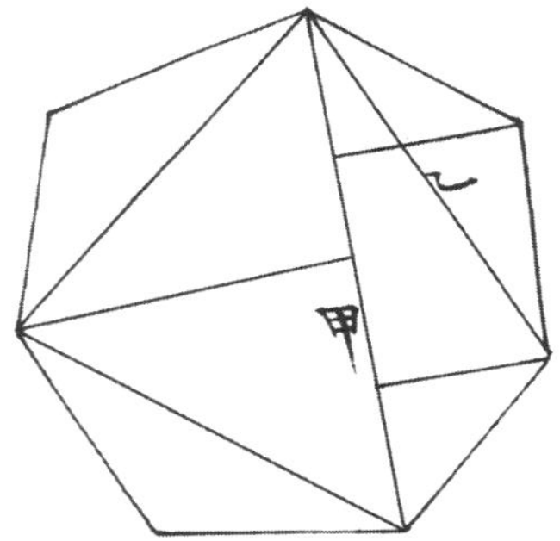

五角等面若干向甲斜
演段 甲斗有天元
甲斗八面 子 也 故 甲斗 八子也
巾甲斗 甲斗巾 甲斗巾 八甲斗巾 也 変之
甲斗巾 甲斗巾 八面巾 也寄左數 相消數 解不及

六角等面若干向乙斗
演段 天元乙斗有
乙斗巾 八甲巾 面巾 也 面巾 八甲巾 也
故 乙斗巾 面巾 八甲巾 也寄左數也 相消數 解不及

七角等面一寸甲斗若干
演段 天元有甲斗
甲巾 面巾 青 甲乙 也
加甲巾 帶 面巾 青 甲乙和 也
甲巾 面巾 青 甲乙和 也
巾 甲面 面巾 青 甲乙和 也 変括 甲乙面 面巾 青 甲乙 巾 也寄左數

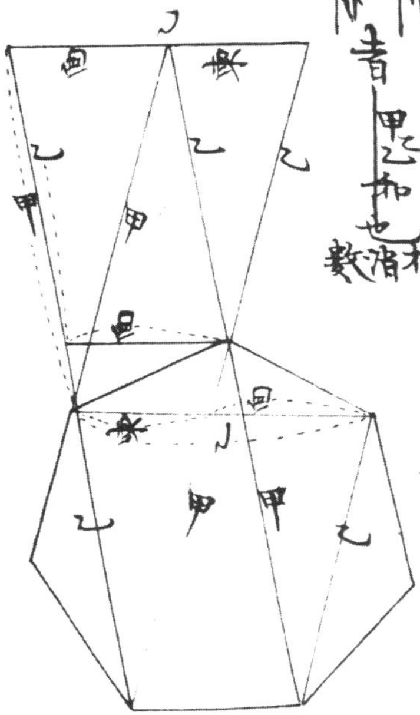

列甲甲巾 巾 甲巾 面巾 青 甲乙和 也 相消數
因乙 面巾 青 甲乙 甲 面巾
故 甲乙面 加 青 甲乙 也

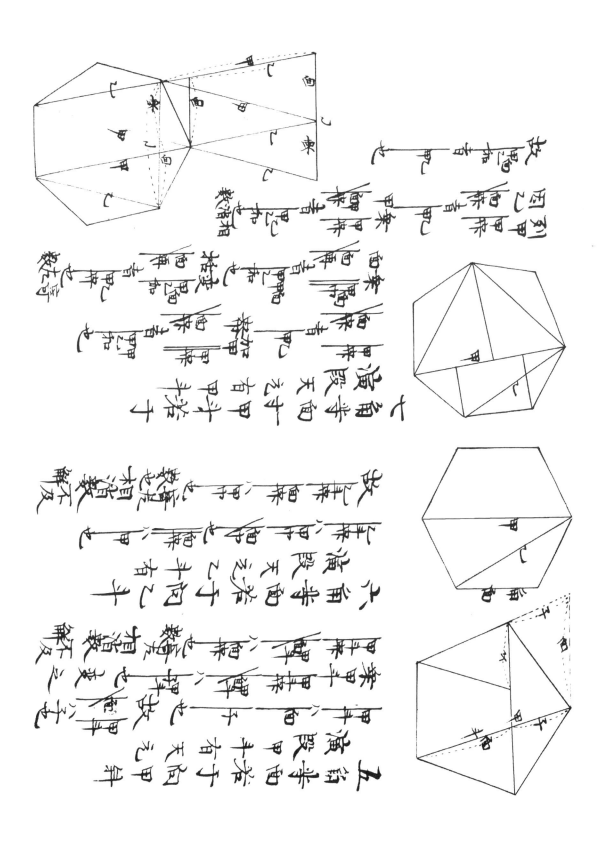

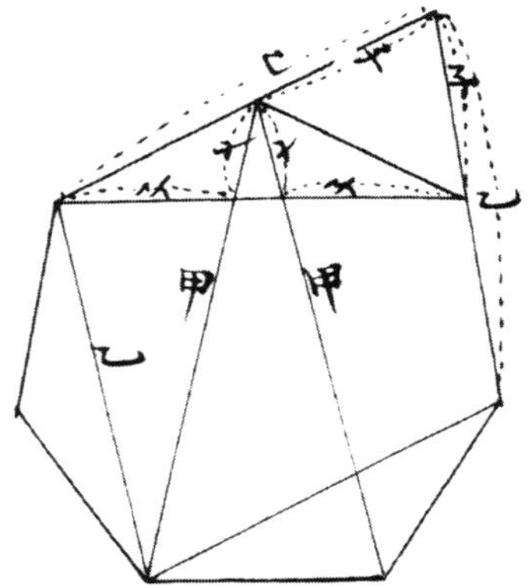

七角等面寸一乙斗若干
演段　天元之乙斗有
乙八子丑也　变乙八面子也
故乙八子乙冪又面冪乙八也乙冪八乙也也
变之子冪也指之子冪面冪也寄左数也

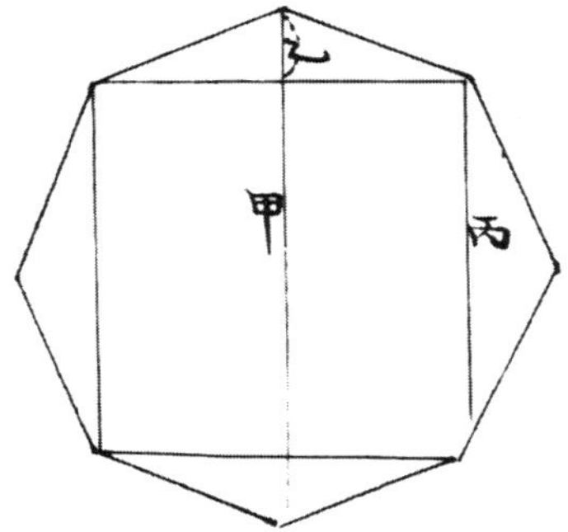

八角等面寸一甲斗若干
演段甲斗有天元之
甲八丙乙也甲冪八丙冪也故甲冪面冪吉
甲冪也自之甲冪三面冪吉丙冪也甲冪之丙冪三面冪吉甲冪也变之甲三也寄左数也消数不及解

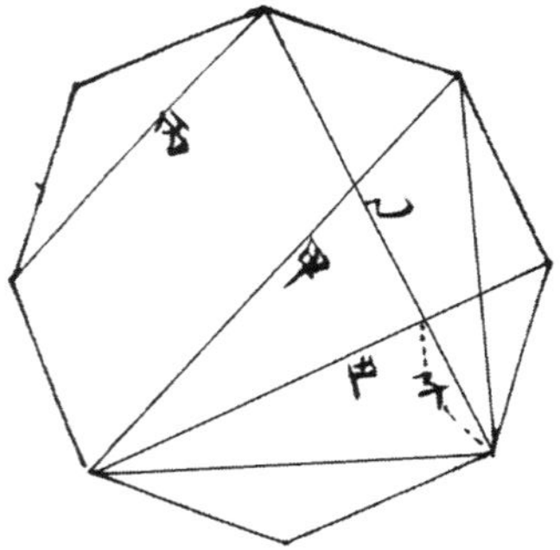

八角等面寸一乙斗若干
演段　天元之乙斗有
乙青面子也故乙八子乗乙冪斗乙面子吉子段
变之面冪也丙斗冪也寄左数
乙面吉丑也相消数不及解

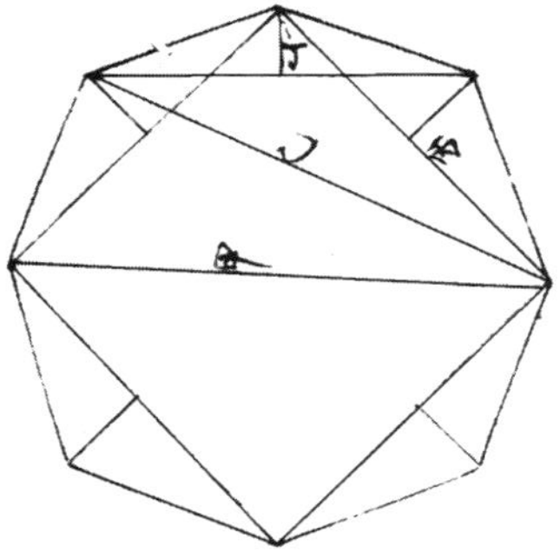

八角等面寸一丙斗若干
演段　天之丙斗有
丙冪八甲冪之面巾八丁冪丙冪冪也故丙巾面巾八乙面自之
面冪八加面三面冪三面三丙冪面冪吉甲冪也寄左数
相消数不及解

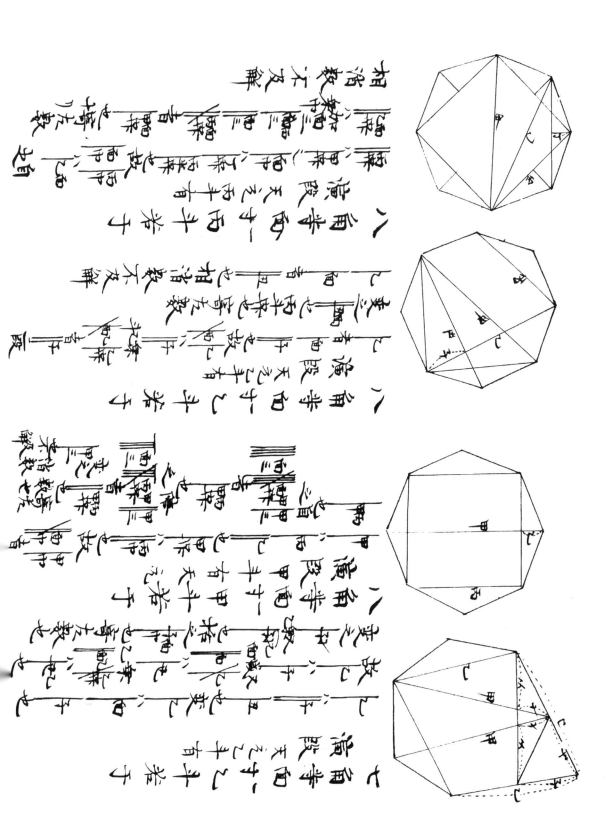

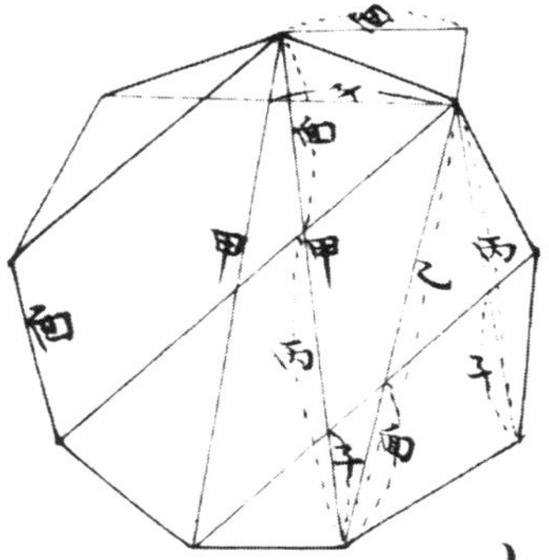

九角等面十甲斗若干

演段　天元之甲有

甲巾八丙巾又甲巾八子巾也変之

面巾減面巾八子巾乘甲巾八甲巾也

面乙　左段

列甲巾減面巾乘甲巾八甲乙巾乘甲面巾八甲乙面巾也

段列寄左乘甲巾八甲丙巾也相消數也

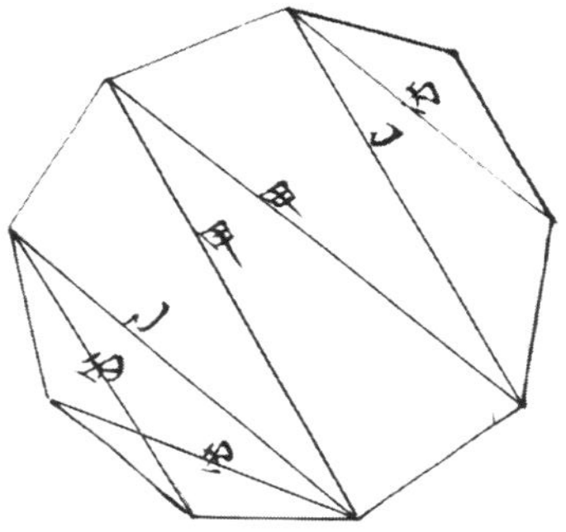

九角等面十乙斗若干

演段　天元之乙斗有

面乙八丙巾也加面巾八丙巾以減之巾

乙面巾八甲面巾也乙面巾面再幕

乙巾八甲面巾　段　以乘之加面再寄左　面寄之也

乙巾八丙巾八甲面　解曰

丙巾八甲面巾相減　格之丙巾八丙面巾変之甲面

丙巾面再寄列寄左減左寄八面丙加丙巾寄左

乘之加甲面巾面面面　変之甲巾　面乘

面再

面巾丙巾　左寄

丙巾面巾　吉甲丙面巾　又変丙巾左寄面巾吉甲巾又乘左寄吉甲面巾也相消數也

消術解曰

左寄吉甲面巾　格丙面加丙巾面巾丙巾面巾変丙面面巾面巾

乙面　格之甲丙巾変之面巾面乙面　之変面面巾面巾

又甲面八面面丙巾又変甲面甲丙　格甲巾也故乘面得消數

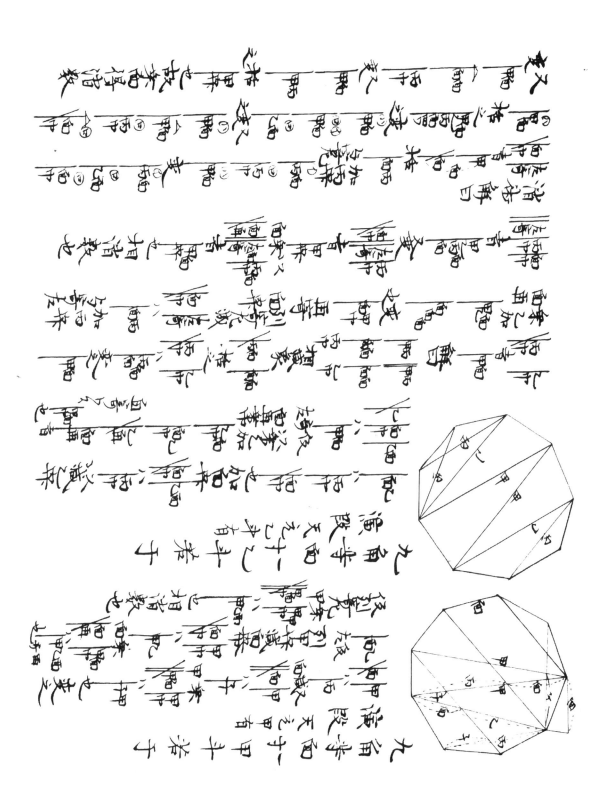

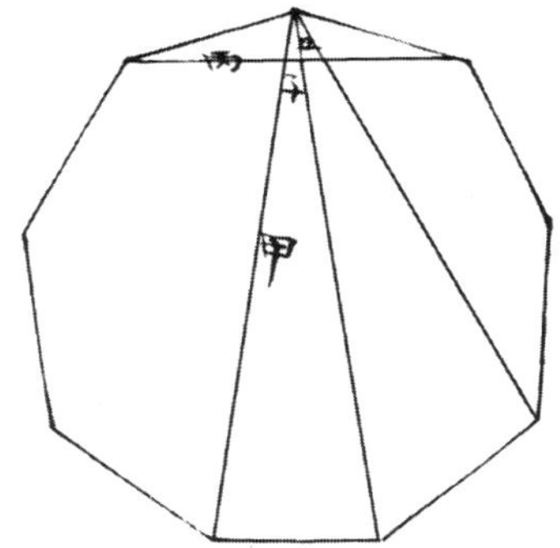

九角等面寸一丙斗若干
演段 天元丙斗有
丙巾 八乘 子 也 合寄位
丙 青甲 也 乘寄位
面 面巾 八乘 甲子 變 丙巾 八乘 面乙 又 甲乘 丙甲 八乘 面甲 變

相消數不及解
寄左數也

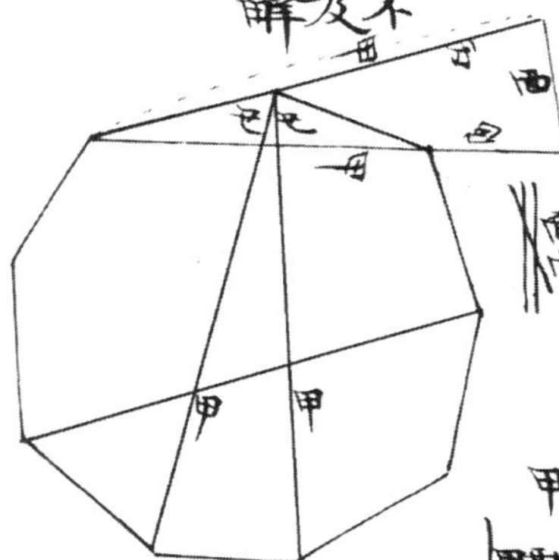

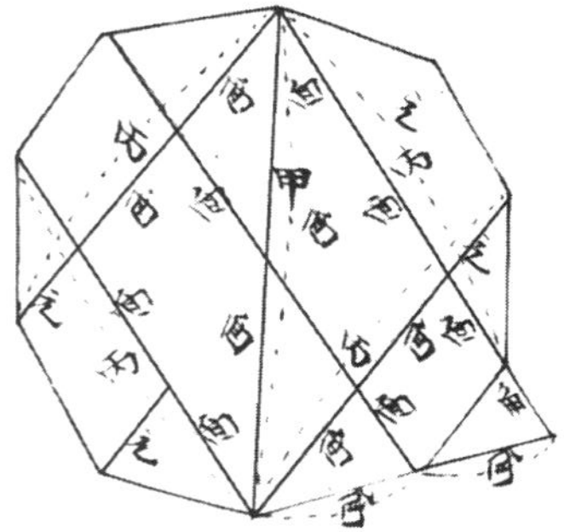

十角等面寸一甲斗若干
演段 天元甲斗有
適等曰 甲 面 角 故 八乘 也
甲巾 八乘 甲 括之 變之 也 內減
甲 八乘 括之 也
故依術曰 甲 青 又變括之 寄左數
相消數不及解

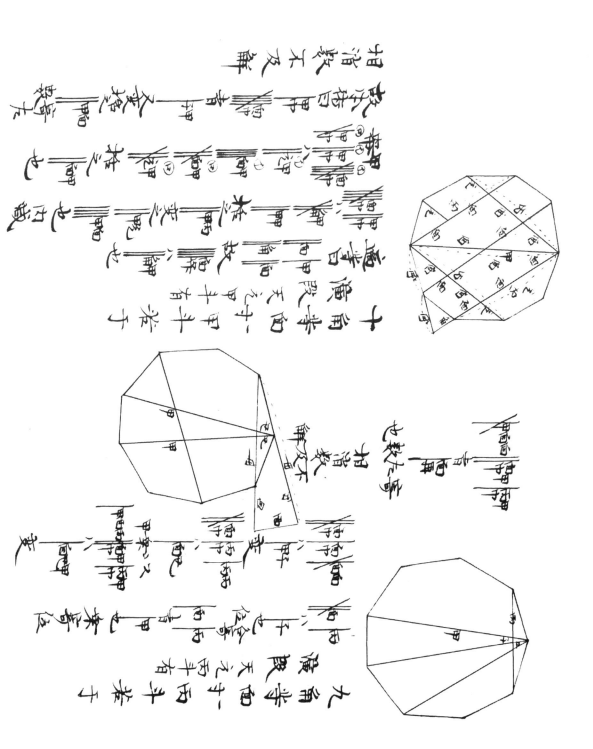

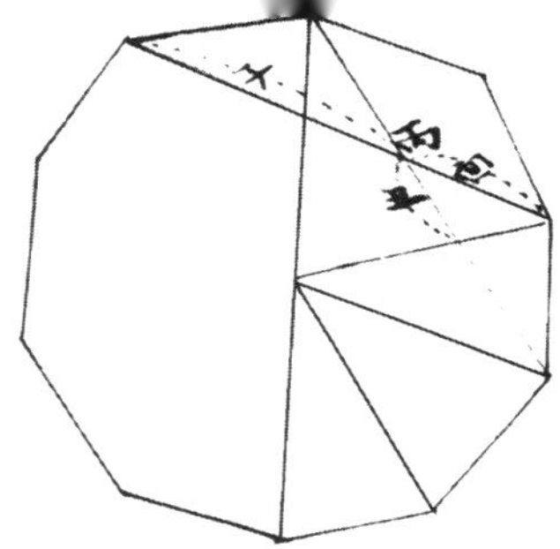

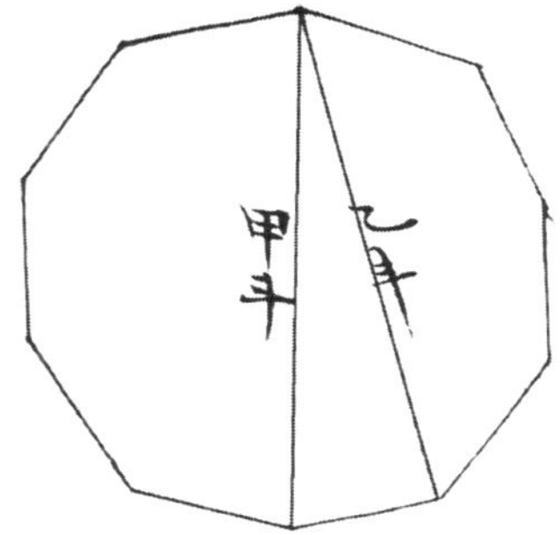

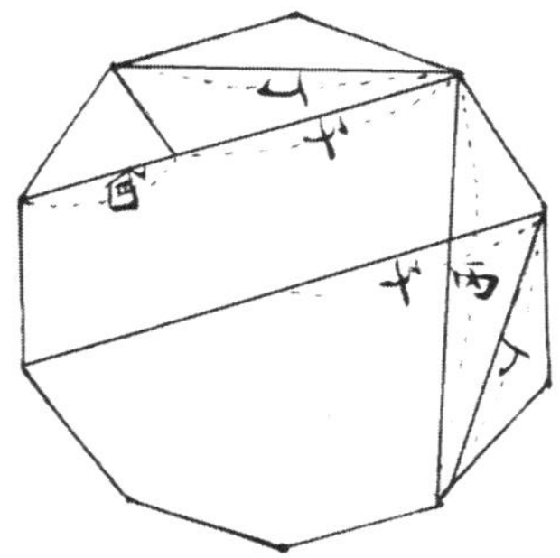

十角等面寸一丙斗若干
演段　天元之丙斗有
丙巾 面八斗 中至刾角内減面 丙巾八 也 寄 丙面巾 青 也 変之
丙巾 面巾 八面巾 也 寄左数也　相消数不及解

十角等面寸一乙斗若干
演段　天元之乙斗有ヒ々
乙巾 面巾 八甲巾 也 内減面四段巾 乙巾 八甲巾 也 自之
乙三 面巾 面三 青 面巾 也 寄左数也
相消数不及解

十角等面寸一丁斜若干
演段　天元之丁斗有
丁巾 面巾 八 面 各乾 内減面巾 丁巾 面巾
青 面 各坤 面巾 乾巾 青 面再 也 寄左数
列坤 丁巾 面巾 八 面 変 甲面 巾面巾 信之
甲面再 相消数
相消数解曰 面巾 乾巾 八 面巾 面巾 変之 甲面 也

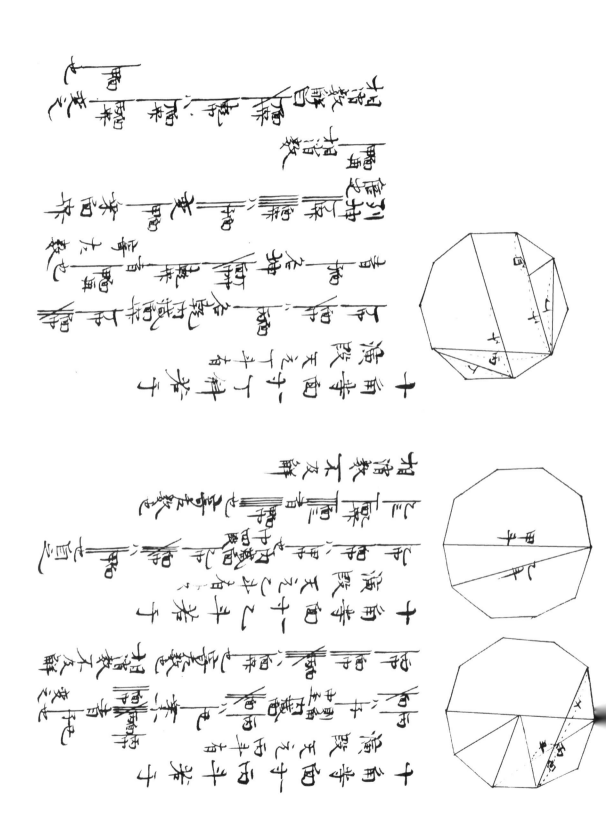

角術解

一顆数品術

神谷定令之郷著述

今有如圖圓内容四等円外至一十寸等至若干

答等至一四分寸

四六一二一三三七五三

第一天元

術曰立天元一為等至以減外至自之為段二等至保○|○○

等至○|以減外至自之為段二等至保

寄○列等至自乗信之與寄左相消得開方式

○○‖与寄九相消得開方

式○|平方開之得等至

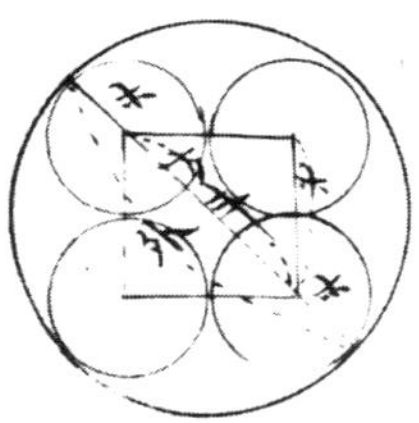

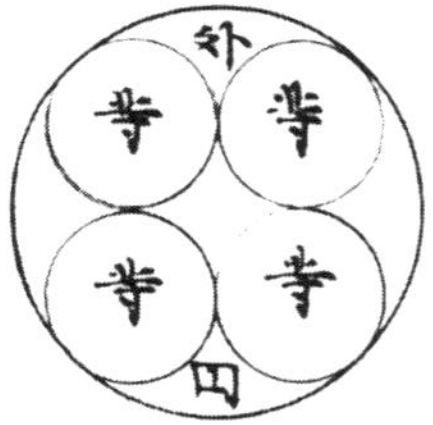

第二天元

術曰立天元一為半至加外至
為斜率因外至寄左列外至乗斜
率与寄左相消得畝除式實如
方而一得半至

第三求黄

術曰立天元一為半至乗外至
為四段黒黄倍之加半至率為外至
至率寄左列外至自之与寄左相
消得開方式平方開之得半至

第四求積

術曰立天元一為半至○|
列外至乗斜率為二段甲 外至率
加外至乗半至為四段黒黄 斜率
外至寄左列外至自之為四段黒積
外巾与寄左相消得畝除式
外斜 外斜 遍首外至 外至 率 實
如方而一得半至

第五維乗

術曰立天元一為半至○|
倍之減外至為二段甲 外巾 外至 外至
乗外至 外巾 外至 寄左列外至乗

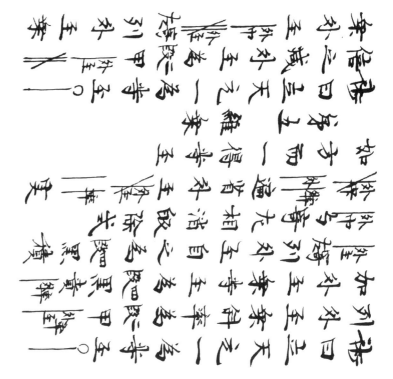

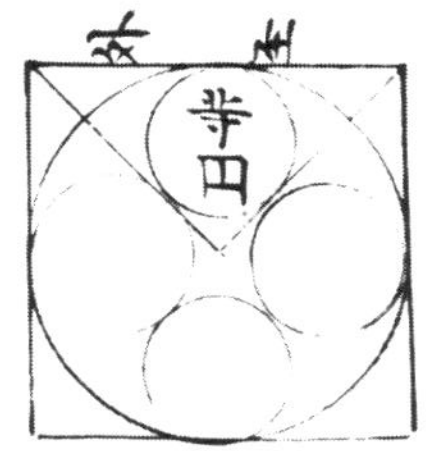

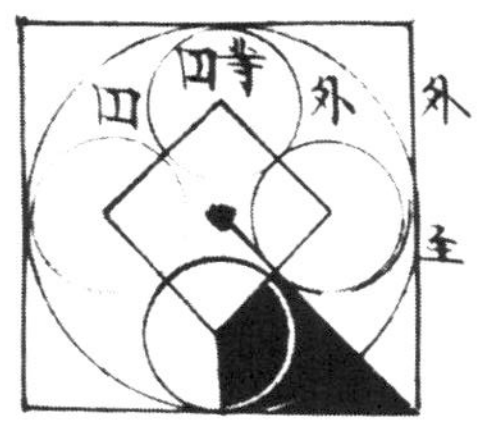

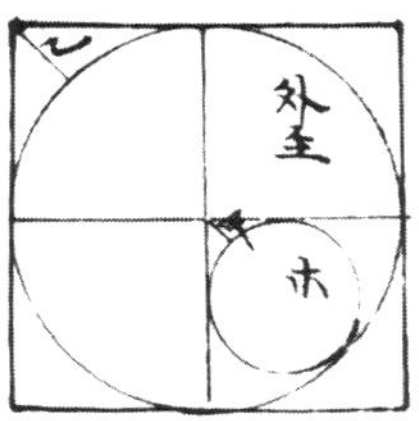

斜率減外至為段二乙外至乗
半至○与寄左相消得
段除式外至率実如方而一
得半至

第六　維乗
術曰立天元一為半至○
列外至乗斜率為段二子
加外至為也乗半至得
○寄左列外至自之外率与寄左相消得
段除式外率外率省外至外至率和又格
率和外至八半至実如法而一得半至

第七　點竄
為半至有半之天為半至以減
外至乗矢四之為玄率半巾以減
半至自之倍之為子率半巾
加玄率為外至率寄左置外至自之外率
与寄左相消求半至式也

第八　天元
術曰立天元一為半至以減外至為寄左
置半至乗斜方与寄左相消段除式実如
方而一得半至

第九　求率

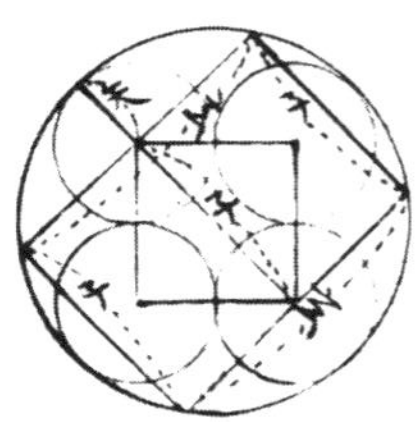

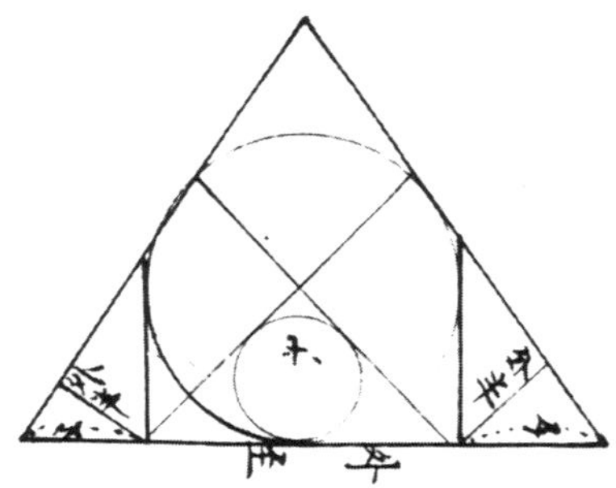

術按云是以寸一為半径乗斜率加半径得
二寸四一四二一二五六是則試半径寸一、外径也為除
率置外径以除率除之得半径
第十　重術
術曰立天元一為半径○|自之（佐之）
為子積○○‖列外径子半径和
|自之内減子与半径積為
子因二段半径積|（外巾）○卌自之為子
積因四段半径積|（外径三）○卌（外積）○||||寄左列子積乗
半径積四之○○○○||||与寄左相消得式
|（外三）○卌（外積）○|左右各之○|（外三）○卌（外巾）○卌（外巾）○|右左
左右開平
方○|（外積）‖（外）○卌開商相消定式|（外巾）卌（外）卌平方
開之得半径
第十一　冪式　演段　有半径為子積
虚術曰立天元一為子○|加半径為外
径|（半径）|寄列外径与寄左相消|（外径）|（外径）|実
級自之寄左数方級自之乗子積相消数
求術曰立天元一為半径以減外径自之
寄左列半径自之倍之為子積与寄左相
消得開方式平方開之得半径
第十二　両式　演段　半径有
虚術曰立天元一為子○|加半径為外

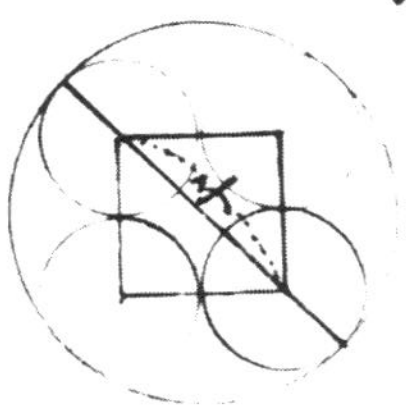

至𥛓列外至与左相消甲巾外径——前式 列等
至自之倍之為子甲巾左𥛓列子○○——与
左相消甲巾○——后式 前式后式相減而
甲巾外径也定后式 於是起本術
本術曰立天之一為等至以減外至自之
左𥛓列等至自乗倍之与寄左相消得向方
式平方向之得等至

第十三 消率

為有等至甲径以外相消甲巾積為子加等至為外至
甲径甲径
各自之甲巾外巾右乗甲巾外巾更甲巾左乗左乗右乗外右
左乗相消甲巾外巾外巾求等至式外巾——平方
向之得等至

第十四 算顆

術曰置至自之倍也向平方減外至得等

第十五 零約

術曰置外至乗十七以十一九百六除之得等至
乃真数四信令

第十六 綴術

術曰以寸一為等至以斜方乗之加等至以
減外至略以寸二為等至以斜方乗之加等
至以減外至略以減甲略加甲以丙除之
得等至

第十七　紐術

術曰以一寸為半至以減外至自之半至作段二相消得九六廿十各甲以十二為半至依前術得十五廿十各乙以十三為半至依前術得一三廿十除以甲減乙三二負十条以乙減丙五二負十条内減丁余二約之負一為廉三之以減丁余負一十為方列甲内併減方广余正一百為実平方開之得半至

第十八　綴術

術曰設三千三百六十四十九百八十八除為除方置外至一十七四十一除條為原數置原數為一差置一差二除條以除方除之為二差置二差三三除條以除方除之為三差置三差四五除條以除方除之為四差置四差乘除五以除方除之為五差逐而如是求逐差而置原數内減各差余得半至

原數	四寸一分四厘六三四一四六三四一四六三
一差	○○○四二○五二一四四六五九三
二差	○○○○○○○○六二五○三一八七

是余綴術之一奇
捷術有之略于
茲

右依二差試之合于真數十位

寛政元年己酉十月

分合演段

分　合

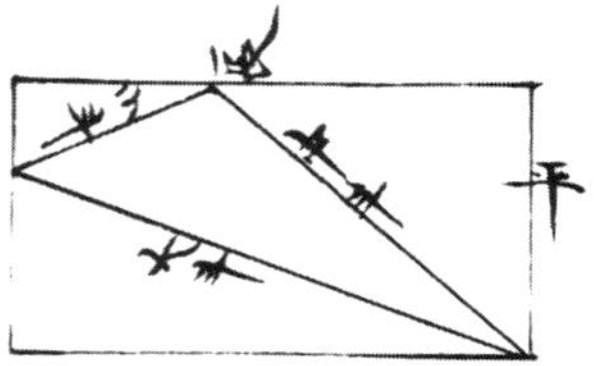

大斜四尺中斜四尺小斜一尺七寸 長平差一尺六寸 長若干

答長四尺

術曰立天元之一為長○――内減較為平較

自之以減中斜冪余為子冪 中斜巾 差巾 大

斜冪内減長冪余為丑冪 大斜巾 ○ 乗子冪

寄

位乗

列大斜冪加小斜冪内

減中斜冪余為大斜因

自之以減大斜冪因小斜冪四段余

縦冪二段 大巾 中巾 小巾

為大斗巾
因中斗巾段四

括之角一寄

坤
位

列長巾乗平巾四之

○○

内保載乾位坤位爲子
因丑因中斗因大斗段
自之爲乾位因坤位
列乾位乗坤位四之
得數

左寄

消相左寄占

式如左上

三乗方開之得長

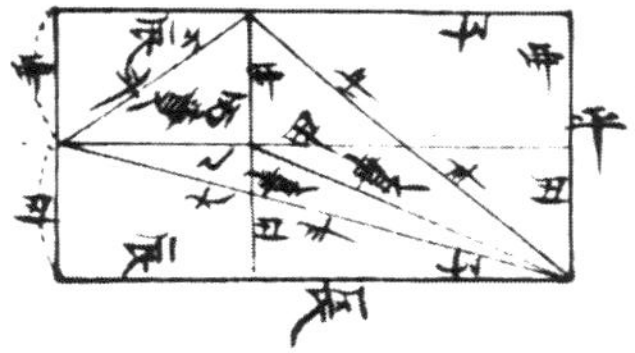

換數

五二二八三二三七八四〇〇
三二二六三九二二九二〇
一五〇八九三四二五九二
四七二二八八五六二二
一四三二八〇〇〇

解義　合分長有天元平有勢長和減

中斗巾　小斗巾　平巾
大斗巾　青　巳巾　長巾　乙

故内斗省中斗巾内載平
中小余爲子巾○大斗巾
内載長巾余爲乙巾乗平巾四之爲乾位　列保大斗
巾小斗巾内載中斗巾爲大斗因後乙段自之以減

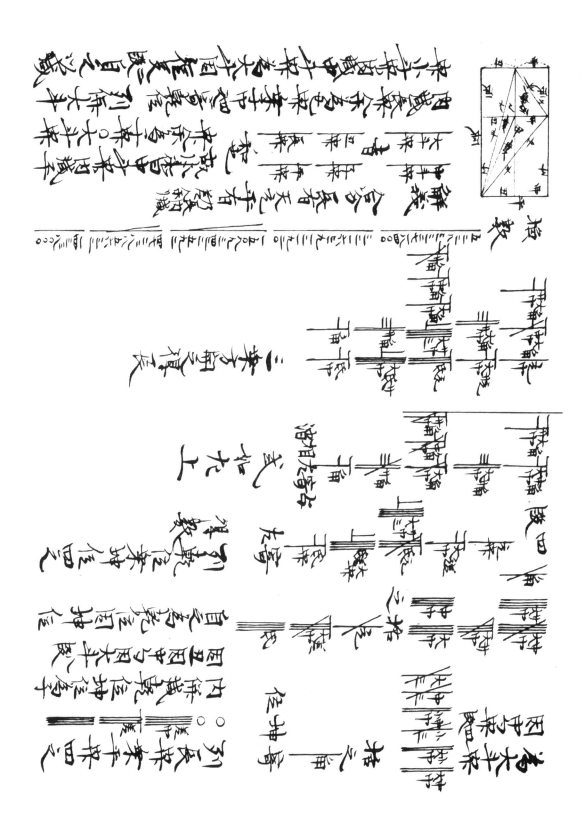

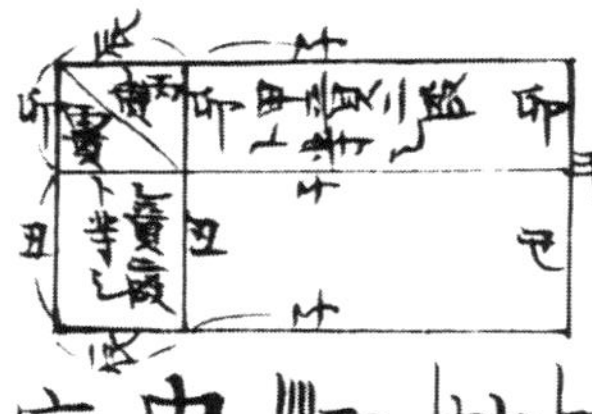

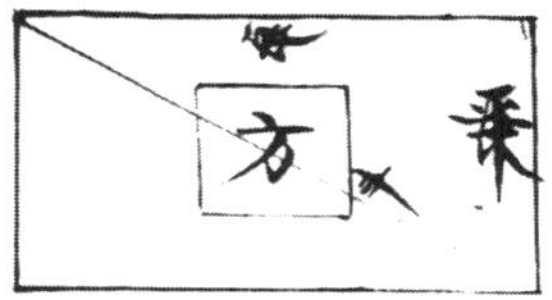

減大斗界因小斗界四余爲大斗界因中勾巾四段旨坤位
甲貴 丑 拾之 甲貴 丑 始 又曰不拘甲貴丑卯和
因子形見如左 解 丑 始如是視之右貴子貴
高等也故左右各子因丑太公之視之片〻右甲貴段ニ与勾左
子因卯又高等也之貴段ニ長因丑等解因右段甲各之右甲
貴之貴変形依子自貴形如上 是変形術路如左
甲貴 甲貴 丑 拾之 変之
甲貴 丑 丑巾 四之
自之 変之 坤位 乾位
内減乾位坤位余 自之 変之 乾位 坤位
宜旨左 故作術曰列長巾乘平巾四之内倂減
乾坤位余爲大斗因中勾因子因丑段自之爲乾位因坤
位四段旨左 相消數不及解
外積三卄長方面相倂三只又云平外斜相倂六只長若干
旨長八寸 術曰立天元一爲長〇
自之以減又云數巾余爲又曰數因平ニ段 又巾〇
乘長爲又曰數因長因平ニ段〇 又巾〇
列只曰數内減長爲方面 只
自之加外貴為長因平段 外貴 乘又
日信之爲又云數因長因平ニ段 与旨左
相消得開方式 立方開之得長
換數 六一四四 一〇八八 三二

分合　長有天元之方面有　乃以自乗名十内減　長巾　取　扠也

解曰　取云　扠　変之平巾　平　平　自巾　格平巾自巾也
又格長巾也故長自乗者又曰数因平斗差也

又巾　取　扠　内減長自乗得象　取　負長得象　略

寄左　長原自乗又曰数自之内減長自乗為又曰数因平二段乗

長為又曰数因平因長二段与寄左相消　相消数不及解

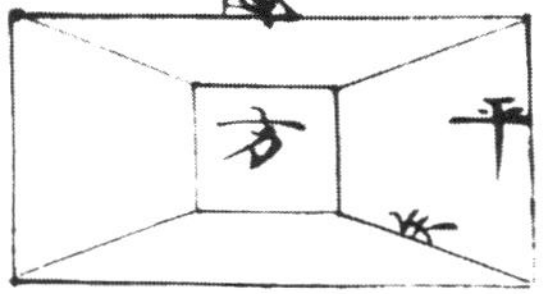

外貴六十寸多拉長平和一八寸長若干　言長一六寸

自之天元之一為長〇　以減和為平

寄位　列長乗之寄位内減外貴為

方乗外貴　和　再位　列和自之内減

乗四段与外余二段余為和因方面二段

和巾　外貴　自之為和因方面乗四段

列方乗乗和乗四之為和乗因方面　乗四段　与寄位相消

寄　左

得開方式

平方開之得長

翻数　也

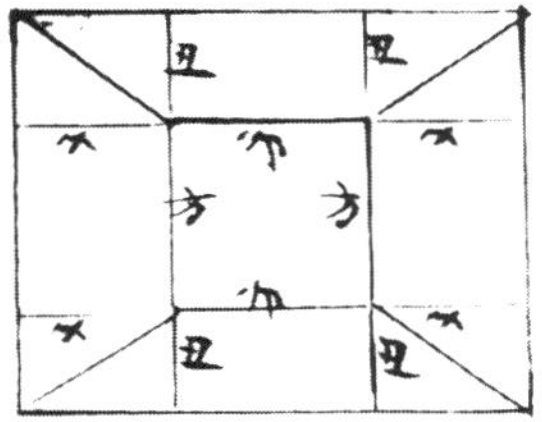

解義
分合　長有天元之平有乃和内減寄位
方巾有自乃長平相乗内減外貴余

長　巾　方　也　長乗　子巾　扩巾　也

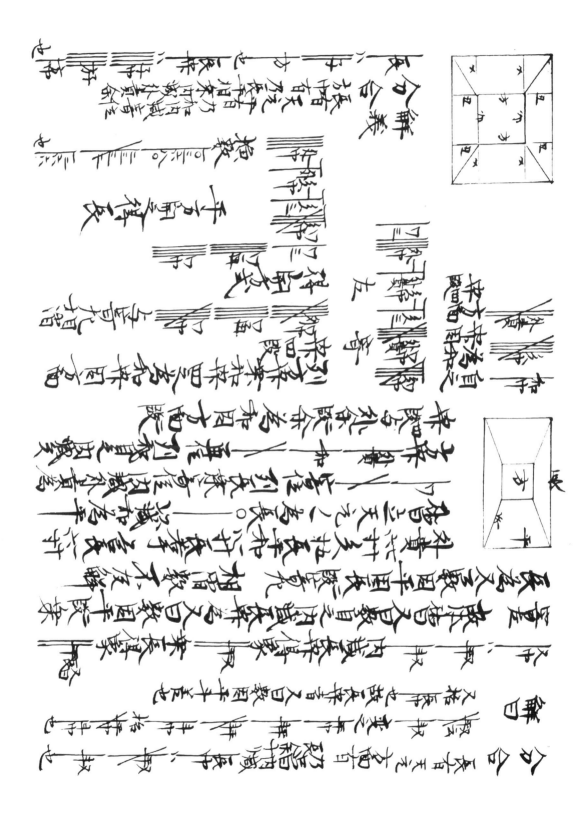

平ハ也方也平巾ハ巾巾方巾 十リ
長平巾ハ巾長巾四斜巾子巾 変之子巾斜巾方巾外
方巾子巾方巾 括之 内併截
多平巾四段与外貫二段余利 括之 也
故依替列和自是内截多平巾四段与外貫二段余為和因方面
二段自是為和平因方平因四段自乗 相消数不及解

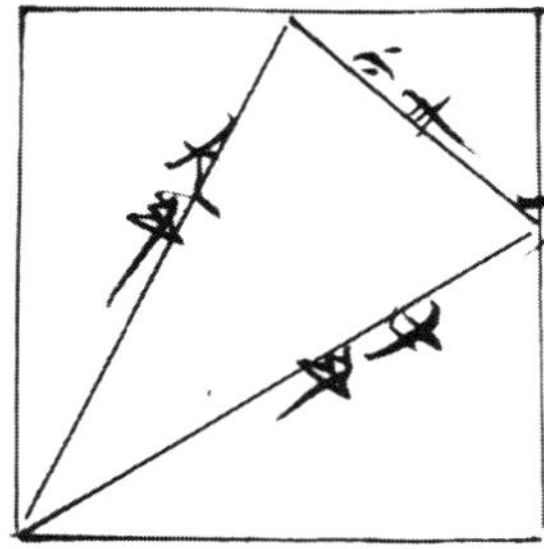

大斗九 中斗廿八 小斗十七 方若干
答方面七寸八二
術曰立天元一為方面 ○ 自之以截
大斗巾為乙巾 ○ 列中斗
内截方巾中巾 ○ 乾位
列以大斗巾小斗巾内截中斗巾余為大斗因復乙 自
之以截大斗巾因小斗巾四段余為大斗因中斗巾四段
括之 寄坤
列方三自乗之四之内以所截 乾坤位余
之 括之 也
自之為乾因坤四段 寄元 列乾位乗坤位
四之得数 括之 与寄元相消
三乗方開之得方面
数 八四九三四七五八六 ○ 一二六九〇五六〇 ○ 一五三〇八〇 也

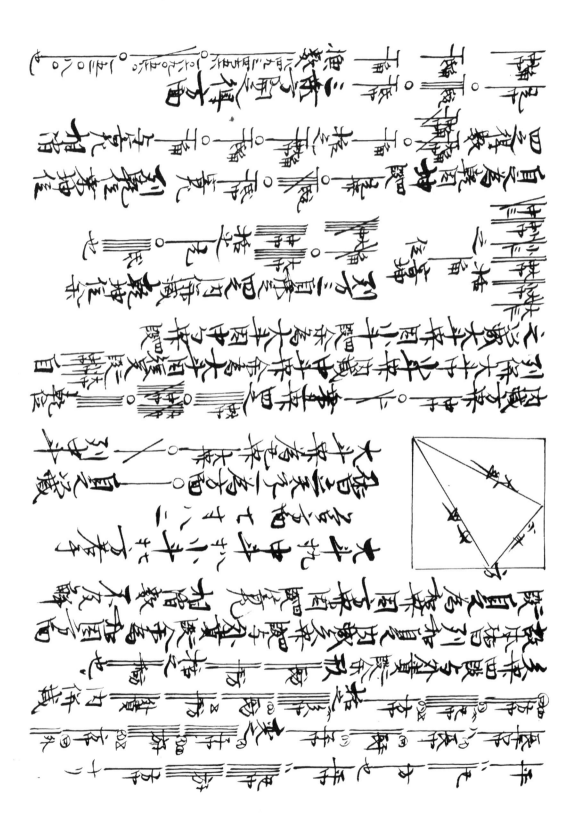

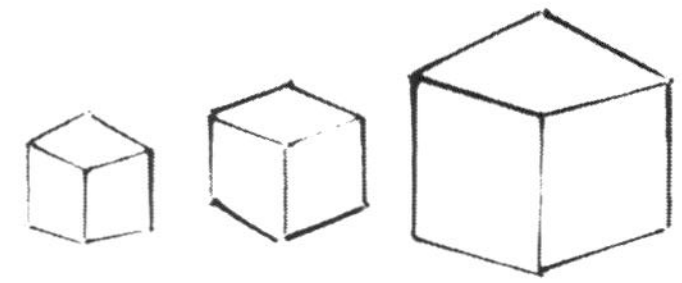

只云大中小方和二尺又云自大責中責小責共實六卄問曰自中責小責共實七卄大方若干

答曰大方五寸

術曰置天元一為大方○——以減二尺為中小方

和又——位　列大方再自之内減又合實為

中責又——○○——内減餘為小責○○——列寄

位再自之　内併減小中責合實為中

方因小方因中小方和段　格之

再自之為中責因

二十七段中小方和再乘乘

得數

寄左　以寄位再自乘之　乘中責得

乘小責為中小方再

乘再因中責

因小責得

格之

二十七之与寄左相消得開方式

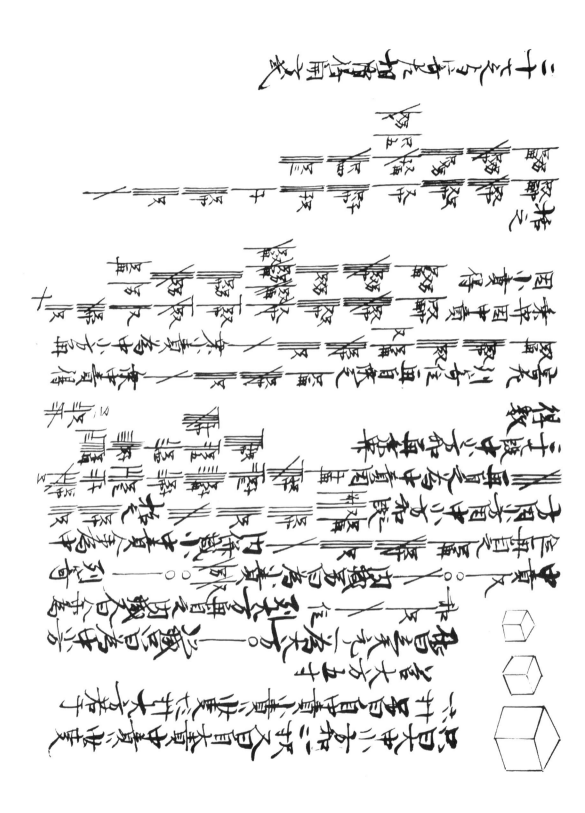

六乗方開之得大方面

[illegible]

解義

分合 大立方有天元中小方ワ有 乃日元之数内減大方余 中貴ハ有 乃大方責内減之日余 小責ハ有 乃中責内減日元余り

中方冪 者小方冪 中方冪 中方冪 内減中責及小責 中方冪

相之 再自乗之象 [illegible] 故以得列中

小方和再自乗之内減中小責和為中小方和因中方因小方三段

再自乗之為中小方和再乗冪因中責因小責二十七段 [illegible] 相消 不除解

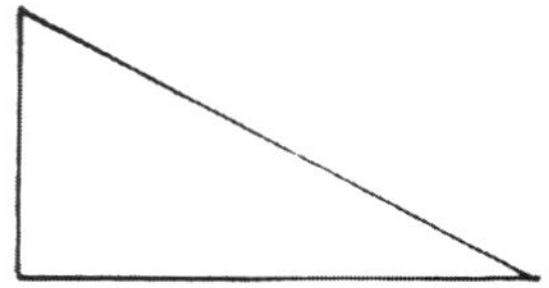

日四再乗冪又再乗冪和九十八日又再乗冪

之再乗冪和二百八十四若干 為日之寸

香日之天元之一為勾 [illegible] 再自乗為勾再乗冪得

○○○一 以減日数為日再乗冪 [illegible] 位

列合 内減甲位為三再乗冪 [illegible]

列甲位自之 [illegible] 為日五乗冪加勾五乗冪

[illegible] 位 列乙位自之為三五乗冪

内減乙位為勾冪因乗冪因五乗冪為三段得数

再自乗之為勾五乗冪因五乗冪二十七段

[illegible] 左 寄 列乙位中乗甲位

及勾五乘巾
爲勾五乘巾
因旻五乘巾
因玄五乘巾

二十七之
如上

与上寄左相消

得

一十七除方與之得勾

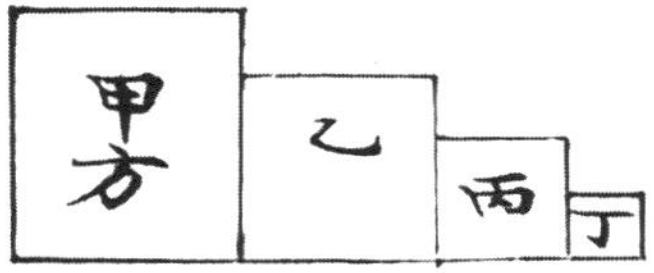

解義　分合方程者天元旻再乘巾有乃勾再自乘以減旻巾余之名甲任
玄再者自乘

又五乘巾余

再自之

格之勾五

內減勾五乘巾

故術曰

再自乘之爲勾五乘巾旻五

乘巾因玄五乘巾七之爲寄左　相消數不及解

方和三之
別曰丙巾
術曰之天元一爲甲方
則甲自之內減
求之

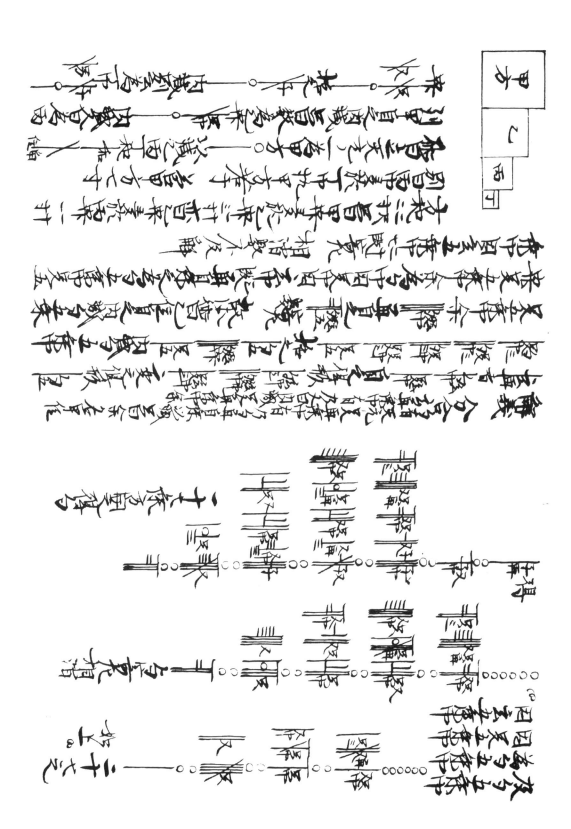

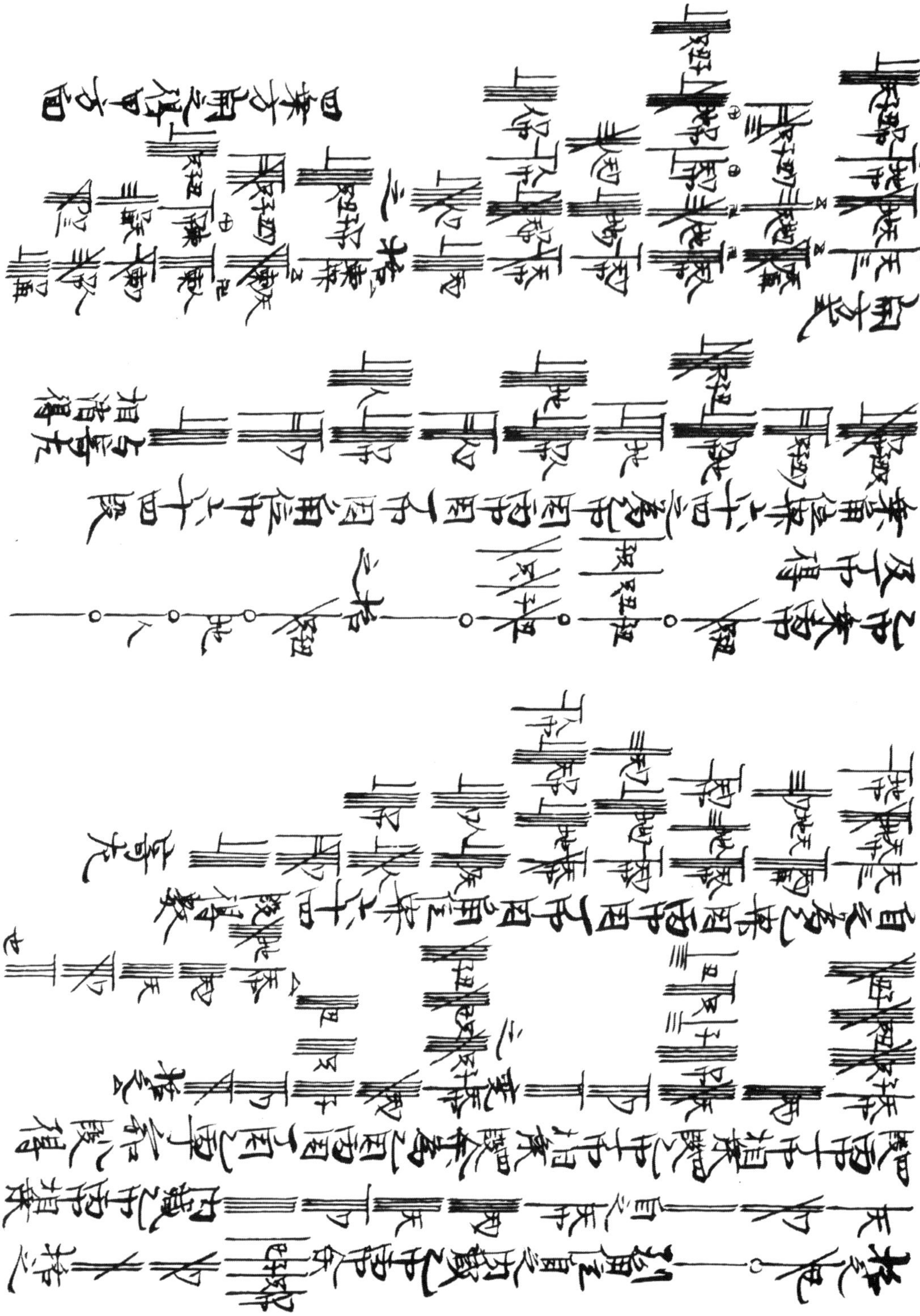

解義　分合　甲方有天元之乙丙和有甲乙丙內減　甲巾角位乙巾有甲巾內減乙巾

角位于乙　丙　丁　自之　丙巾　丙　丁　丙　丁巾

內減乙巾丙巾丁巾余　丙　丁　丙　自之得象　丙巾　丙

相乘　內併減丁巾丙巾相乘四段丙巾乙巾　丁巾

相乘四段余　乙　丙　丁　括之　自之　乃寄元數也

故依術曰列角自之內併減乙巾丙巾丁巾余自之內併減丁巾丙巾

相乘四段丙巾乙巾相乘四段乙巾丁巾相乘四段余為乙巾因丙巾因丁因角位段

自之為乙巾因丙巾因丁巾因角位六十四段寄元　相消不及解

勾又貴於勾二段又七段和以此代玄若干　答曰玄五寸

術曰立天元之一為玄〇　自之加入勾又積五十六段以減

和巾余為又巾四段〇　括之　甲位

列玄巾甲五之〇　內減甲位為勾巾四十五段〇

乘甲位為貴巾八千二百段〇

左寄　列貴巾八千一百得數　與寄左相消得

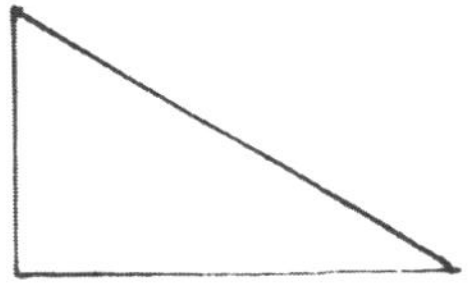

開方式〇　〇　三乘方　開之得換數　九六四〇〇〇　〇　四三四六　〇　一九六　也

玄

分合　玄有天元

解義

勾　自之　又　變之得　貴　內減

玄巾四段及貴五十六段得　甲位　故依術玄巾四段貴五十六段

相併以減和巾余為又巾四甲五段　甲位　列玄巾甲五之內減甲位

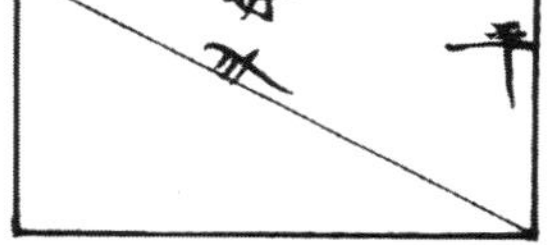

余巾乗甲位巾変巾寛　以術曰列玄乗甲
五之内減甲位為与式四千五段乗甲位為貴式八千百段
寄左　相消数不及解
貴二廿長再乗平再乗平和一九廿斜若干
首斜五寸　術曰立天元之一為斜○――
五自乗之○○○○○○――加貴再乗平二段内減和
平為貴平因斗平二段○○○○○――寄左
列斗自之乗貴巾之得○○――与寄左相
消得○○○○○――五乗方開之得斗
換数　四八二五　○○四三○○○――
解義　分合斗有天元

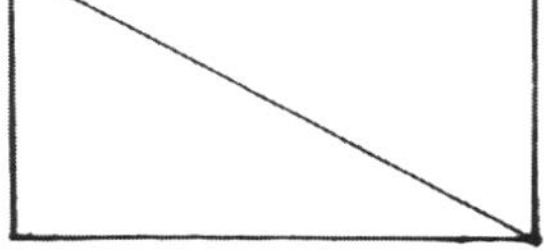

斗平八長平　平巾　再自之長五　平五　内減和巾
加貴再乗巾二段　之　変之　寛
故以術曰斗五自乗平内減和平加貴再乗平二段為貴巾因
斗平三段与寄左数　相消数不及解
貴二廿長之乗平平和十七寸斜
若干　首斜五寸
術曰立天元之一為斜○――之自乗之○○○○――
加寄列和加貴巾二段為斗之乗巾　与寄
左相消得開方式○○○――三乗方開之得斜
換数○○○――
解義　分合斗有天元

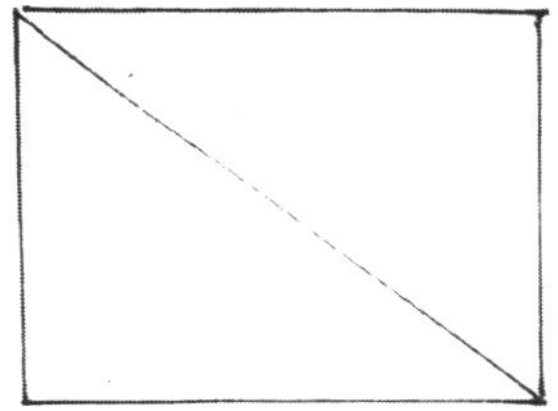

一

斗巾 音 長巾平巾乃也 斗三 ハ 長三 股巾 平三 矩 貴巾 ハ

長三 股巾 平三 相消数 故以術曰列斗二自乗之矩

列和如貴巾二段与斗九相消

若于 貴一 廾 長四乗巾平四乗巾 和一廾十七指斗

若于 為斗

術曰立天元之一為斗 ○ 九自乗之得数

○○○○○○○○○○ 一 甲 列和自之和巾 位 列斗 位

加貴四乗巾二段内減乙位 余 貴 ○○○○○○○○ 丙

列斗五自乗之乗貴巾五之 ○○○○○ 貴巾 内減丙位為斗巾

因貴三乗巾五段 貴巾 ○○○○○○ 一 矩 列斗自之

乗貴二乗巾五之 ○○ 貴巾 ○○○○ 一 与長九相消得 開方式如左

積四 ○ 積巾 ○○○○ 積巾 ○○○ 一 九乗方開之得斗

換数 二〇七六二五 ○ 一〇三二六八〇 ○○○ 七二〇 ○○○ 一

解義 分合斗右天元 斗巾 音 長巾 平巾 ハ 斗九 音

長九 股巾 股巾 平九 甲 和巾 ハ 長九 股巾四

平九 位乙 列甲位加貴四乗巾二段内減乙位余 股巾 平五 長五

長巾 位丙 二段内減乙位 斜五乗巾 股巾 平巾

斗五 音巾 因斗五乗巾五段 内

減丙位為斗 音九 故以術曰列斜五自

乗之乗貴巾得数五之内減丙位為斗巾因貴三乗巾五

股二音九 相消数 不及解

積二 廾 長五乗巾平五乗巾 四千八百 二千五廾指斜若干 音曰斜

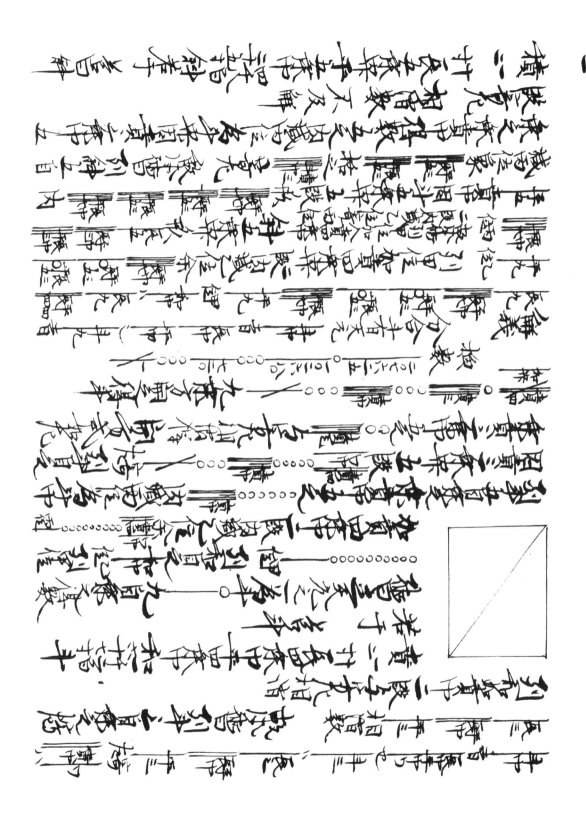

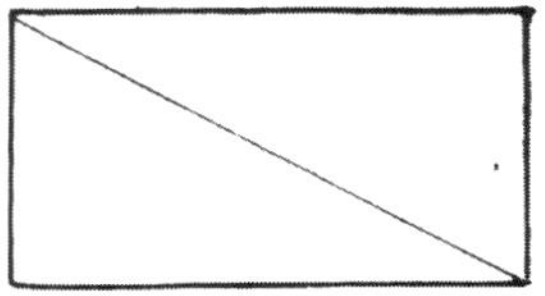

術曰立天元之一為斜○——五自乘之○○○○○——
内減和為平方因責巾 三段 和○○○○——左寄 列斗自乘之
乘積斗二之得○○ 積巾 與左寄相消得開方式
和 ○ 積巾 ○○○ ○○○ 五乘方開之得斗
換數 四八五 ○ 四三 ○○○

分合斗者有元乙 斗巾 責巾 長巾 平巾 也 斗五 八

解義

長五 平巾 長巾 平五 内減和 平巾 長巾 和之積巾 責左數
本術列斗五自乘之内減和余為責巾因斗乘三段左寄 自數 不及解
積二十 長巾與平和二 九十 斗巾 差斗 責巾

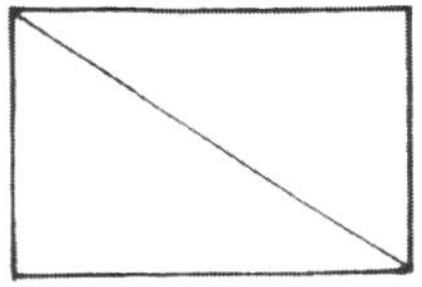

術曰立天元之一為斗○——自之内減和為平因一乘差得
和 —— 略加責為平因長平和與一乘之 責 和 ○ —— 乙名 列斗
乘内減責 三段余為長平差乘 積 ○ —— 斜 列甲
乘和以減責巾余以減責為長平差因之 積巾 和 ○
自之為西因乙巾得
和巾 ○ 和 ○ —— 也 左寄 列乙自之 積 責 ○ 和 ○ —— 也
乘西得數 積 責 ○ 和 ○ —— 也
與左寄相消得開方式
○ 和 ○ 和巾 ○ —— 五乘方開之得斗
換數 二四四二五 ○ 一九二九 ○ 三九九 ○ —— 也

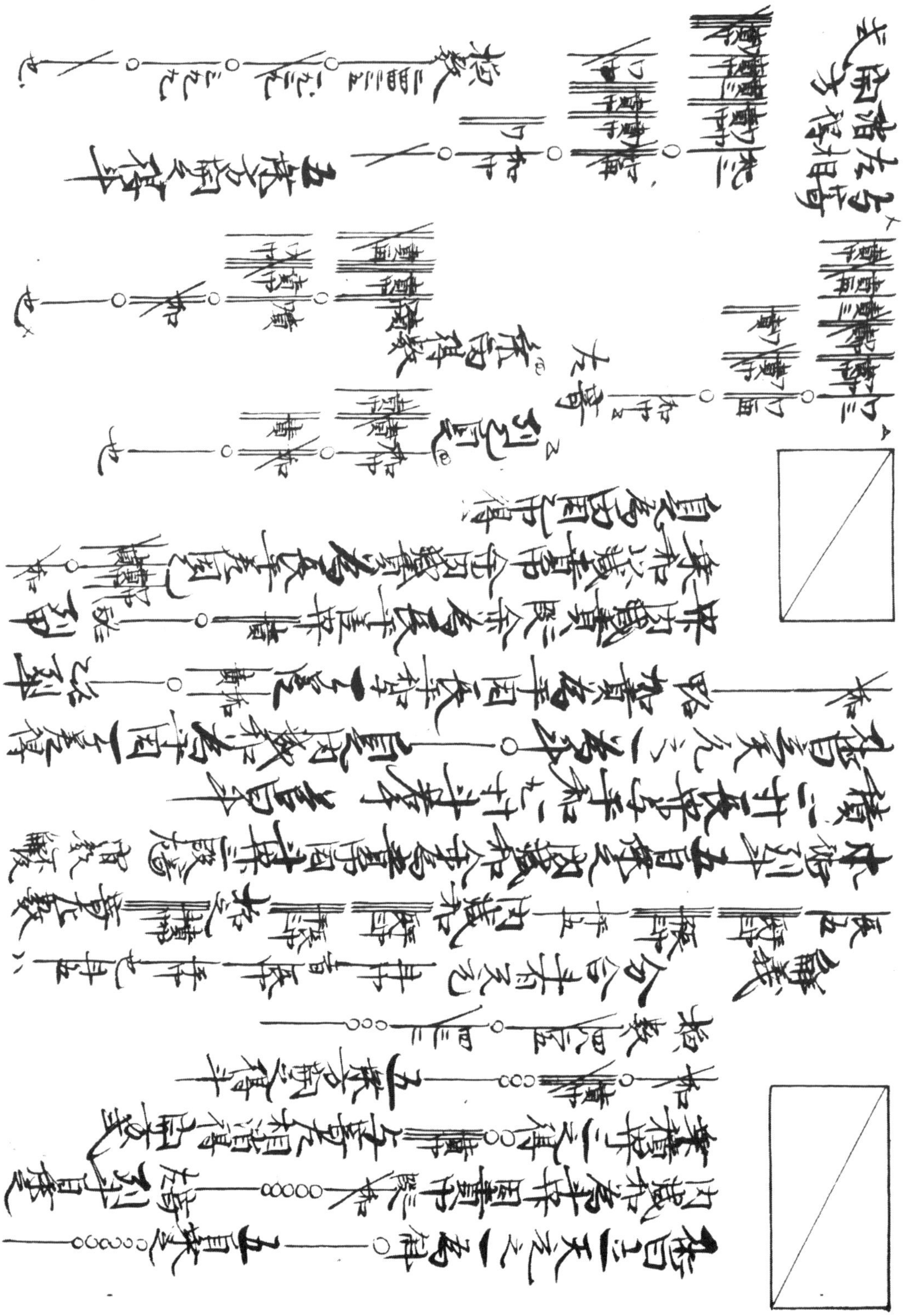

解義　分合

路加責為平因氏平和ト一ケ差

乗除列甲乗和以減責巾内減責余為氏平差

乙乗除　相消数不改略

積二廿平再乗平氏相併二之廿斗若干

乗之天元之為平　自之以減責以余為氏平差乗

列斗乗加責　責　列平自乗之

内減責巾　段二　為氏三乗平平ケ乗巾和　責　加責

自之乗平及責以内減和巾余為乙与一ケ差因和因氏平差得

自之為乙与一ケ差巾因和巾因甲得数

列乙内減一ケ余　責　自之

乗和巾及甲得

寄左

与寄左相消得方式

七乗方開之得斜

合問

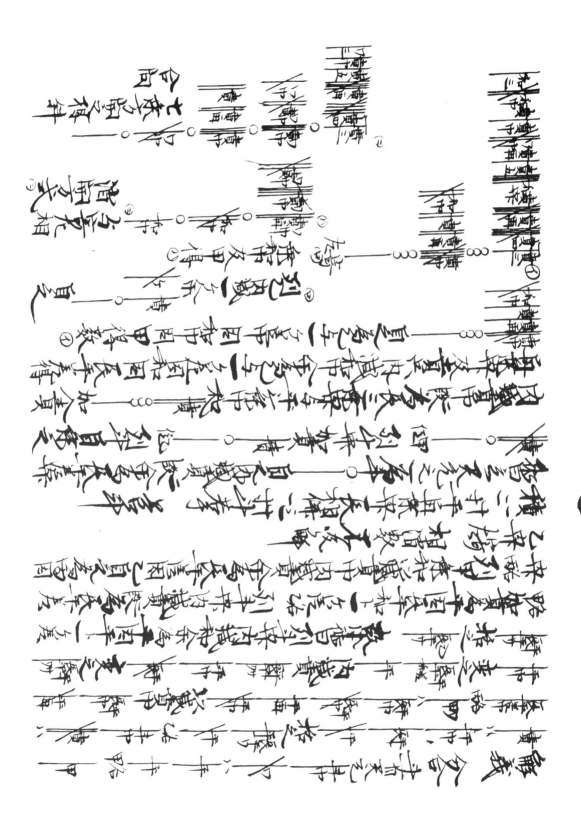

換數 二〇三八二五〇三九一二三七〇二九〇四〇九六一〇一ケ

解義 今合キアリ天元[illegible]八[illegible]平巾[illegible]丰巾 積[illegible]

甲右 故外術斗巾内減積二段多長平差巾多甲也 丰 積 八[illegible] 乙右

故外術斗巾内減積多乙巾 丰三 積巾 八 長三 平三 加積再巾[illegible]及積五得

㋑ 長三 ㋺ 平三 ㋩[illegible] ㋥[illegible] 格之[illegible] ㋭[illegible] 内減和[illegible]

寸象[illegible] 格之[illegible]

立格之[illegible] 故[illegible]斗目除内減積巾 故為長[illegible]

[illegible]平[illegible] 和加入青再[illegible]巾及青内減 和[illegible]為乙上[illegible]

[illegible]因和因長平差自之為乙下 一[illegible]因 和巾因長平差[illegible]

[illegible] 相消數 不及解

真[illegible] 二 廿平[illegible]長[illegible]和 [illegible] [illegible]

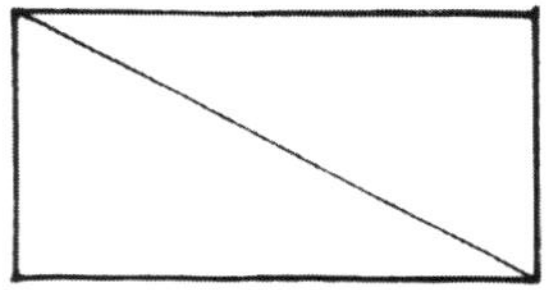

[illegible]立天元之一為平〇——自[illegible]減青[illegible]為長

平差[illegible] 積〇——甲〇——乙

列[illegible]以減和[illegible]為平巾因平[illegible] 列[illegible]巾加青[illegible] 積

[illegible]和加青[illegible]以減青再[illegible]巾[illegible]為乙上長平和元因平

[illegible]因長平差[illegible]〇——和〇——丁右 列[illegible]

為乙上長平和[illegible]因平[illegible] 〇——[illegible]〇——[illegible]自[illegible]為[illegible]

[illegible]〇——[illegible]〇——[illegible]〇——寄左 ㋑

[illegible]〇——ワ巾——[illegible]相消得[illegible]式

列[illegible]自乘之

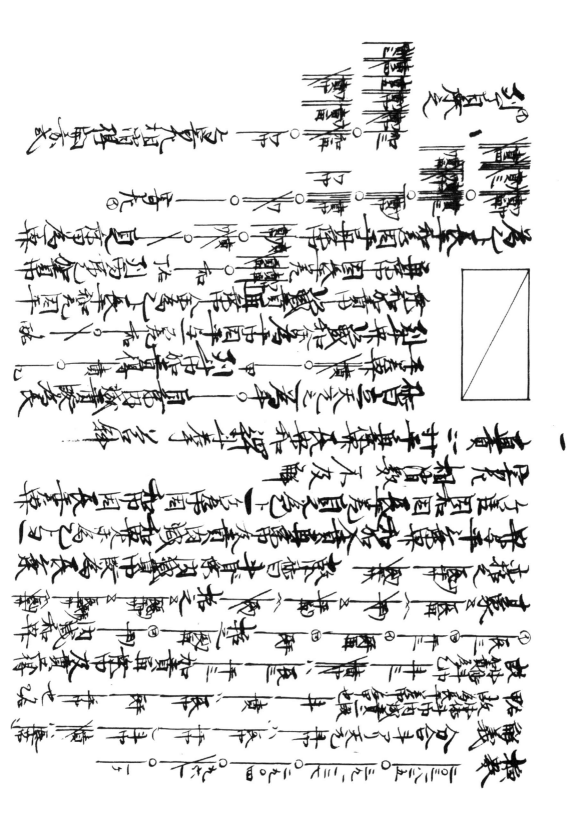

[illegible]

九乗方開之得斗合問

換數　一〇五三四二八二　○　五三三六九　○　四七六八七　○　二二九　○　八六　○

解義　分合演段　[illegible]

[illegible]

乙斗辰斗和是因子丑乗斗自乗亦乗甲為丁斗寄左九數

列丁自之為相消數也

關流算法卷第二十

勾股変化法

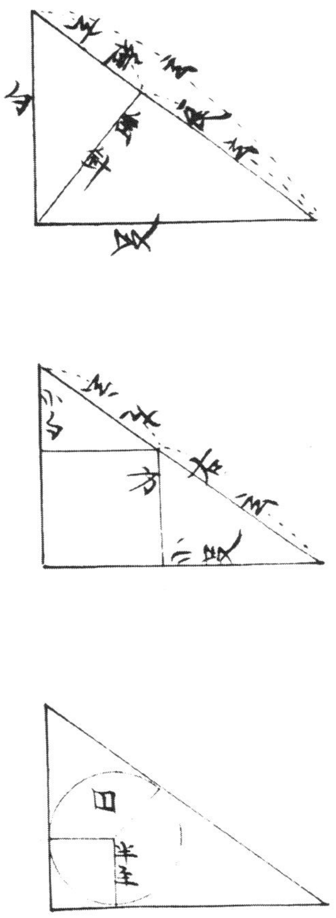

勾因股積二段實也　弦因中鈎積二段實也　勾股和因方面積

二段實也　勾股弦和因圓徑積四段實也　勾股和巾ト弦巾差

積四段實也　弦巾ト勾股差巾ノ差積四段實也　勾股和巾因

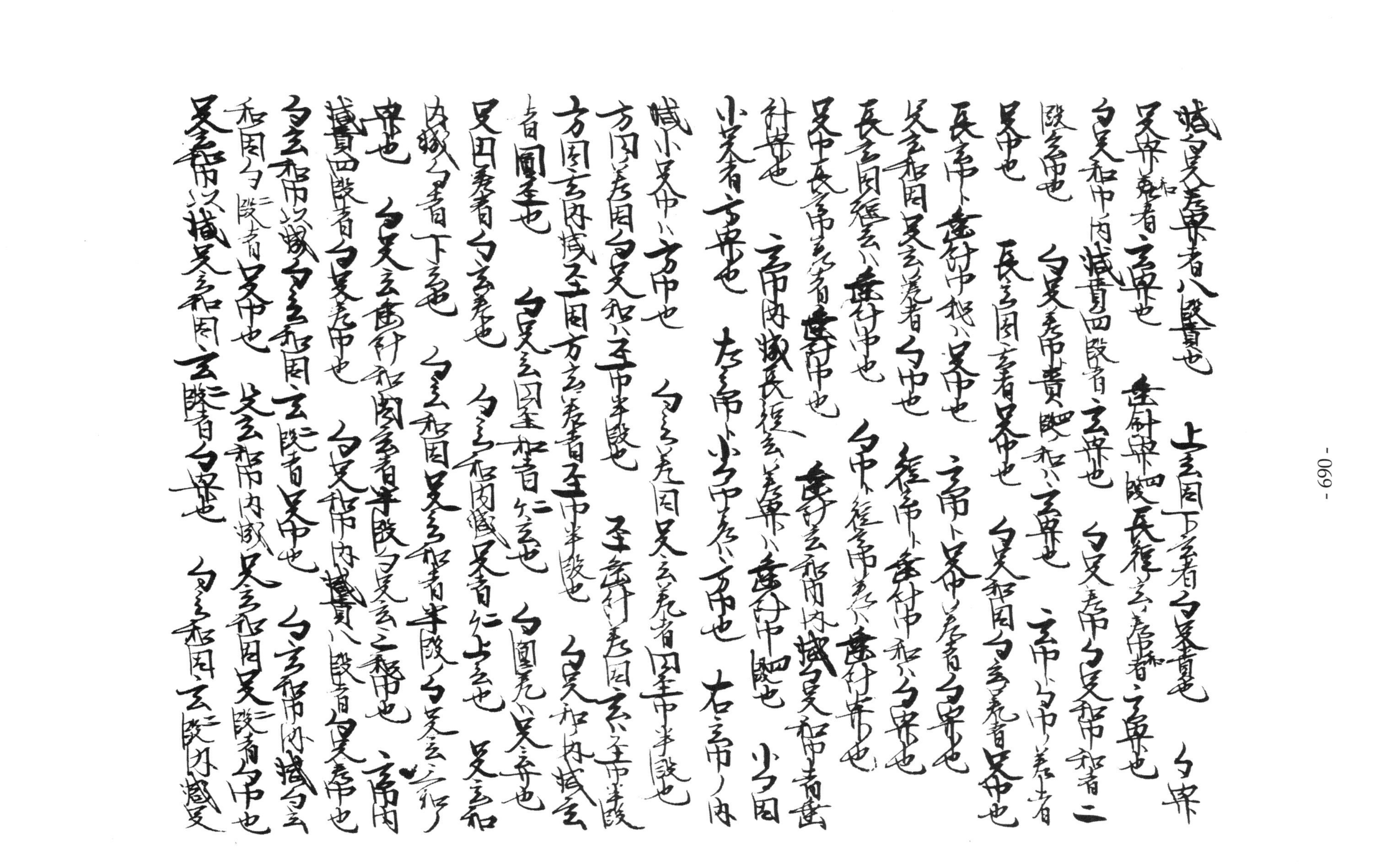

容者勾弦ノ巾也。勾ニ弦和因勾股加股ノ巾ハ勾弦ノ巾也　上弦ニケ与
弦和因勾股和加股弦差巾者勾弦和巾也　股弦和因股ニ股加
自乗者股弦和巾也　股弦和因弦ニ股丹減勾巾者股弦和巾也
下弦ニ等キ、弦和因勾股和加勾弦差巾者股弦和巾也
方外責因勾股責四段者方併因弦乗也　自股和巾加乗什巾ハ
弦乗什和巾也　自股差因平弦差仁股弦差巾者自弦差
乗也　自股弦ニ和因方平差者方因平也　針方差因弦ハ
方因圓也　自股弦ノ四因針平差者針平巾也　自股和因
針方差者針因平也　倍方平差因平ハ方平差因弦股也
信針与平差因平ハ　針平差因自股和段也　下弦因自ハ股弦
和因平半段也　下弦因股ハ自股弦ノ因平股差半段也
下弦因股者自因平股ハ差也　股弦因自弦ハ上帯段也一自弦差
因股弦和ハ下弦乗ニ段也　針因方弦差者自股因方ト什差也　自股
弦差因股長弦差者針平差因什也　小自小股和ト方差因自股帯
者股再乗巾自再乗巾和也　上弦因平者股因自平差也　上弦因自ハ
自股弦ノ四因平自差半段也　上弦因股ハ自弦和因平半段也
針平差因自股ノ段ハ信針ト平差因平也　自弦差巾股弦和
弦因信平ト弦差也　自弦帯巾股弦帯和ハ自股弦ノ四段ト弦和
因弦也　乃弦ノ巾ト股弦ノ巾和因減　股弦和巾内減自巾ハ平段ト
弦股和因自股差也　針弦和巾内減自股ノ什ト　針差巾者自股因
什股也　自股和因甚針者方因弦甚什段ニ和也　自股什ニ巾内
減弦針差巾者平ニケ弦六ケ和因什也　股弦差因股長減平因自者弦

半段也　至因叉内減勾弦差因勾者股ニ至中也　針ニケト至差
因至者針至差因勾叉和ニ段也　勾叉和針差因方者針因玄
差也

勾叉変化之数不可窮尽　勾叉変化雑乗術
也右所記者皆近用緊要
数也或圖写義既而未盡或
倍書題意而未盡雑乗
布列而求之也圖写題意
之術者以一不可極雑乗
之術有数凡ニ載之

基式	勾段	叉段	弦段
初率	勾	叉	玄
中率	蛮針	長玄	叉
末率	短玄	蛮針	勾

右各雑乗而得適当也
号比例法

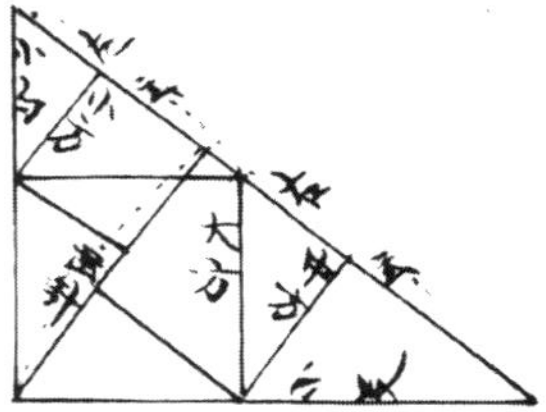

中方併小方相併為大方併中方小方和者蛮針也

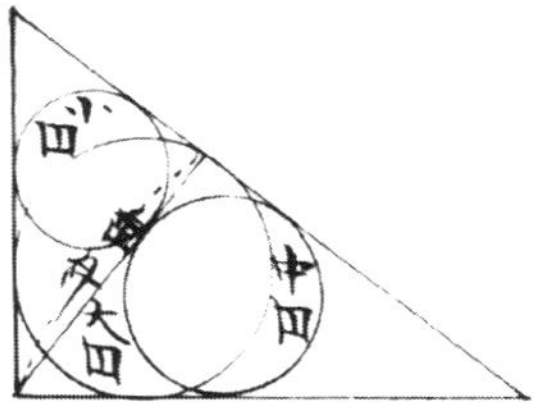

中至併小至併和為大至併大至中至小至三和二ケ蛮針也

雑式

號	勾段	叉段	弦段
〇			
一	小勾	大方	左玄
二	大方	小叉	右玄
三	小方	中方	大方
四	小至	中至	大至

右或求差或求和以求為等弁如前

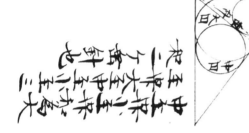

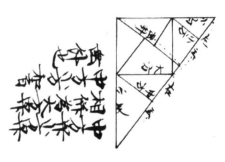

甲例

假令有勾殳並斜与三ケ弦玄和若干 勾殳差若干

術曰立天元之一為勾加差為殳自乗加勾巾為玄巾以差云和巾相乗寄元。列勾二之加殳以得数自之以勾巾相乗与寄元相消得二乗方式也

演段

並斜	短玄	少
長玄	並斜	殳
殳	勾	玄

三乗巾加中乗巾為類格得

是勾段巾維乗是式初巾

玄段巾寄元

是玄段巾維乗寄式初巾

勾殳並相消也

勾殳和若干長玄短玄差若干問勾者

演段

勾段	中巾	末巾
勾段	短玄	長玄
玄	勾	殳

右維乗得[illegible]也

術中巾末巾又以勾段減殳段為類格

又初巾勾段以減殳段為應格

術曰立天元之一為勾以減和為殳自乗加勾巾為玄巾以差巾相乗為寄元 列殳乗因減勾巾余為勾殳差因勾殳和自乗之与寄元相消平方式也

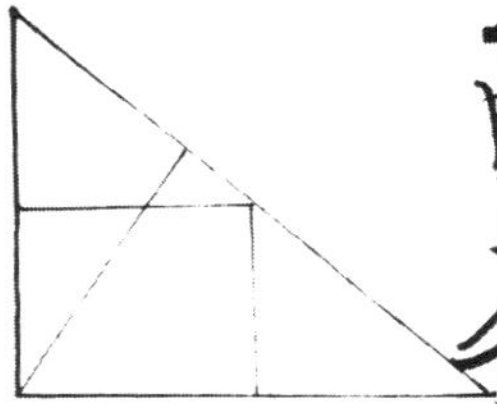

勾股内容方以日方並斜差若干和若干問方者

術曰立天元之一為方面加玄差為斜以減玄和余為玄 列和加斜方面相乗為並斜因

勾殳和以方相乗為並斜因二段勾殳貫寄 列

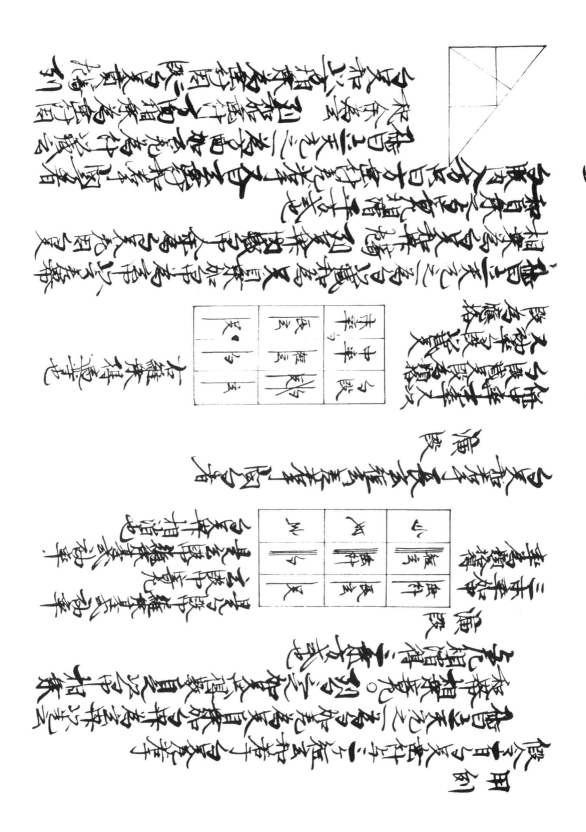

得自之冪相乘者為中鈎因二段勾股積与元積消之方式也

演段

中鈎 長玄 股 冪 甚寄中率

短玄 中鈎 勾 冪 甚寄末率

小方 中方 大方 冪 雜式二號

勾段	中鈎	股
勾段	中鈎	勾
	中鈎	大方

用率

末率 入用率

右初率中率相併得式

又以勾股加股段為用

率末率又以勾段加股

段

右雜式之用率股段余末率玄段為末率股段鈎因用率玄段

和勾股 仍以方面相乘為中鈎因二段勾股冪元數也

有勾股入直中鈎冪者勾股中鈎二和者平又自玄長平方

二个中鈎和者平開玄者

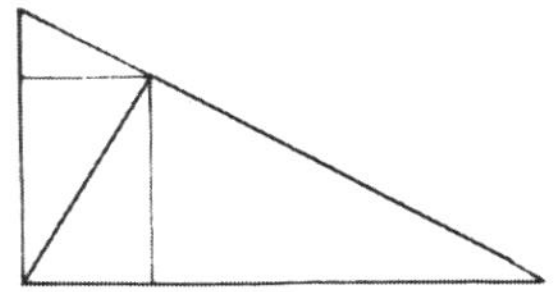

術曰天元之一為玄乗以自數為冪以自數因勾股和以

自數相乘寄左 列冪自數自乗入余以玄以減寄左余為

冪自數平因二乗中鈎冪寄之 列冪自數因勾股和以減以

自數平余為冪以自數因中鈎以冪自數相乘寄左与

寄元相消得開方式也

演段

初率	勾	股	玄
中率	中鈎	長玄	股
末率	短玄	中鈎	勾
用率	平	長	中鈎

右中末用三率和以勾股加股段

	勾段	
又曰數	中鈎 長玄 短玄 中鈎 平長	
以曰數	股 勾 中鈎	

中率末率相併又以勾股和勾股段

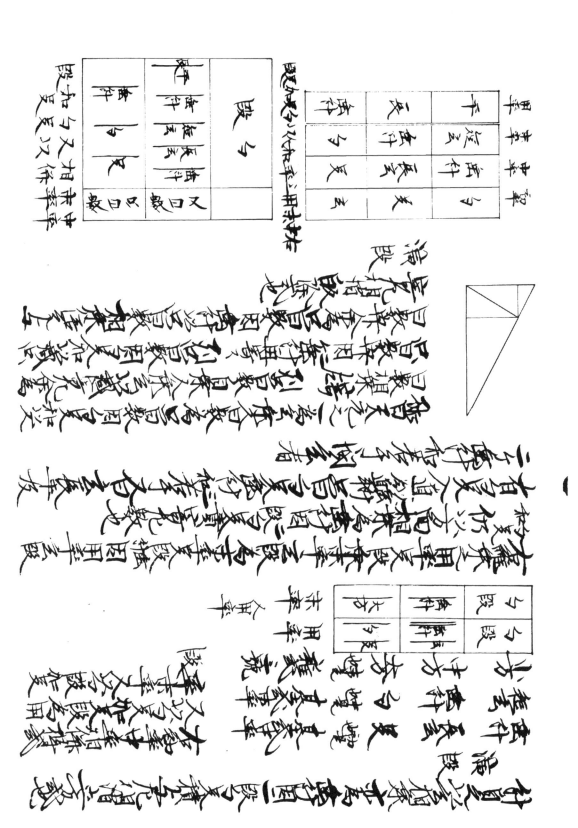

段	勾
斜	玄
勾	殳

應格　和率勾段加殳段

段	勾
殳	勾
	玄

顆格殳段乘甲格玄段爲顆格玄段因殳段只曰數因勾殳和也
勾殳ノ應格玄段也故以顆格殳乘之爲顆格玄段因只曰數因應格殳段是
曰數倂因斜倂ノ和也寄充再尋商相消從于是而得也

今有勾殳内ノ方只曰斜数与方面与玄和若干又曰勾殳方三和若干問玄者

答曰玄

術曰立天元一爲玄以減又合數余爲至方和又合數与玄相倂得以相乘之爲至方和因勾殳玄方四和倍余乘玄爲至和因勾殳玄和以減甲位余爲至方和因方寄乙位　列只曰數内減玄余以至方和相乘内減乙位余爲爲至方和因斜数以至方和相乘寄充　列只曰數内減入玄數余爲斜数内減至余數以乙位相乘就分三之得數与寄充相消立方式也

演段

末率	中率	和率
勾	小方	小至
殳	中方	中至
玄	大方	大至

右和中率相倂又以殳段玄段皆倂諸勾段爲顆格

末率又以殳段玄段倂勾殳爲應格

應格			顆格	
	殳	勾	斜	大方
		殳	中至	中方
		玄	大至	大方

甲位如文故毋解

只曰數内減玄余三ヶ斜ト和ト則顆格勾段也与應格維乘変之以殳段之位也　寄充如文從方飜伸旧故毋解

和中率相倂以殳段加勾段爲甲率　又中率殳段以加勾段爲甲格

用格	甲率	
畳什	畳十	至
中方	中方	中至
大方	大方	大至

乙位者至方和因用格之段也以案用率句段為至方之
和并因畳什故二之相消也
右所記乃是天元之法者所謂維乘商等是也蓋天元術
千万無量而以一難記焉是以唯載其一端而已寔后
來學者使深易得三妙之術致矣

甲午春

辛酉秋由舊頁改之

源 東 真 記

松 永 良 弼

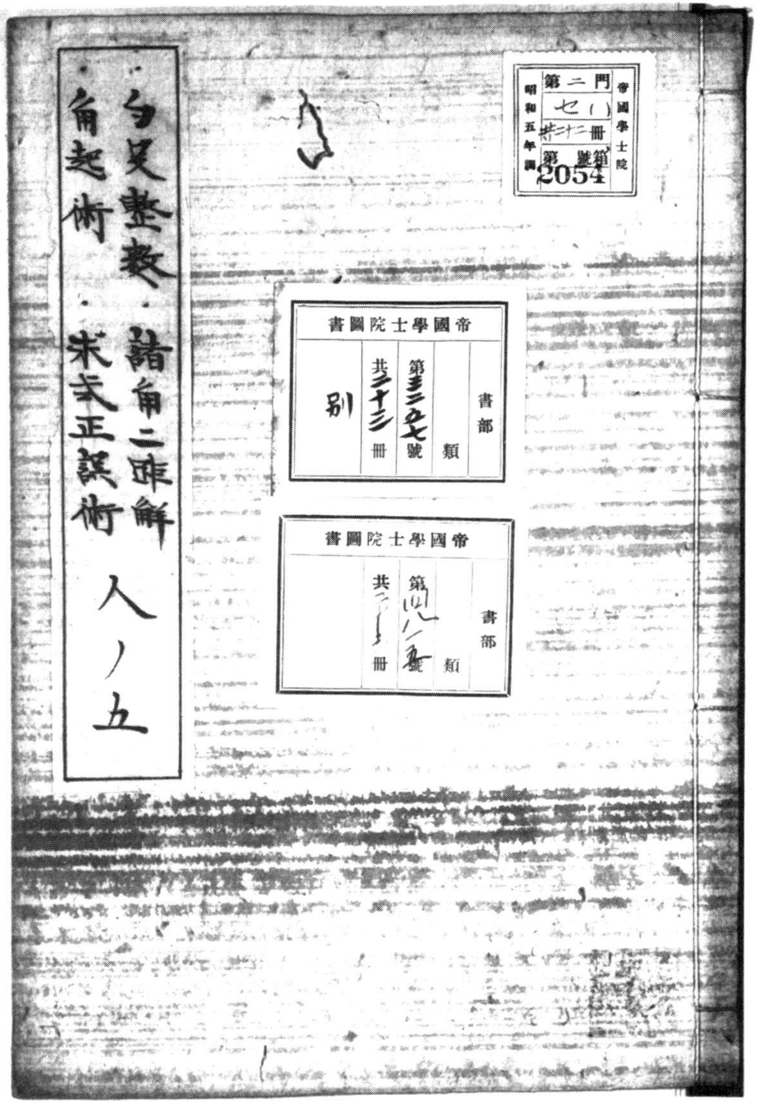
勾股整数・諸角二距解
角起術・求弦正誤術
八ノ五
帝國學士院 第二門 七(1) 共二十二冊 第2054號 昭和五年調
帝國學士院圖書 書部 類 第三三七號 共二十三冊 別
帝國學士院圖書 書部 類 第四八一號 共二冊

共九冊

坪川是二氏

勾股玄整数
諸角二距斜解術　合巻
角起術
求式正誤術

人之五

勾股弦整数

求勾股弦之数欲勾股弦皆無奇令不尽
向所求得之術

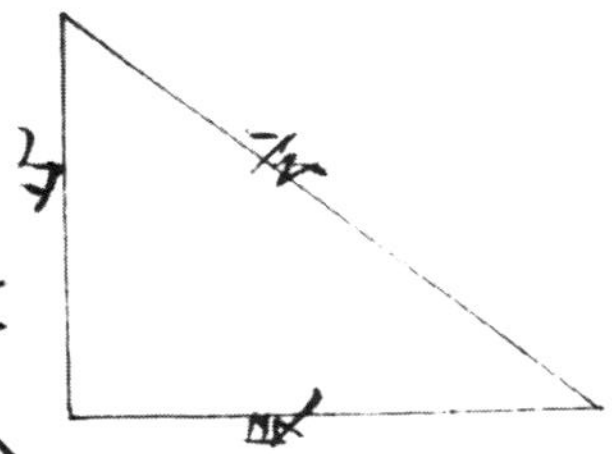

先設奇偶之二数也
奇数與偶数與相併為弦 奇数與偶数
與相減為尤奇数偶数相乗倍之為右
多者股 少者勾

解曰假令先設奇数一偶数二奇数中一偶数中四相併
五為 偶数中四内減奇数中一余三為尤 奇数一偶数

二相乗得二倍之得四為右九数三箇在奇四題
則得勾三　股四　弦五也

術起演段

奇数巾　偏数巾相併為奇巾偏巾　偏数巾　自之為寄　奇三
視是式中位　奇巾偏巾　更之為負奇当開平方
得整数故奇偏相乗倍之得　奇偏　自之得　奇巾偏巾　以減弦
余奇三　奇巾　偏三　平方開之得奇巾　偏巾　為得
整故随術術勾股弦之数無不尽也
凡設数或言左右又言上下或曰甲乙或子丑或東西又
乾坤之目無定例也　凡挽数者名之言名必挽
奇偏者名云之奇偏是又不假用也如勾股無奇之術
用雙奇数則得之勾股弦必有約故必用奇偏但皆傚之

勾股弦之標

起	勾	股	弦
奇一偏二	三ケ	四ケ	五ケ
奇一偏四	八ケ	一五ケ	一七ケ
奇一偏六	一二ケ	三五ケ	三七ケ
奇一偏八	一六ケ	六三ケ	六五ケ
奇一偏一	二ケ	九九ケ	一〇一ケ
奇三偏四	五ケ	一二ケ	一三ケ
奇五偏二	二〇ケ	二一ケ	二九ケ
奇七偏二	二八ケ	四五ケ	五三ケ
奇九偏二	三六ケ	七七ケ	八五ケ
奇三偏四	七ケ	二四ケ	二五ケ
奇三偏八	四八ケ	五五ケ	七三ケ
奇三偏一〇	六〇ケ	九一	一〇九ケ
奇五偏四	九ケ	四〇ケ	四一ケ
奇七偏四	三三ケ	五六ケ	六五ケ
奇五偏六	六五ケ	七二ケ	九七ケ
奇五偏八	一一ケ	六〇ケ	六一ケ
奇七偏六	三九ケ	八〇ケ	八九ケ
奇七偏六	一三ケ	八四ケ	八五ケ

奇七偶八	一ケ五	一四ケ二	一四ケ[illegible]
奇七偶四	五ケ一	十四ケ	一四ケ九
奇九偶八	一ケ七	一四ケ四	一四ケ五
奇九偶十	一ケ九	一八ケ	二八ケ一

諸角二斜解

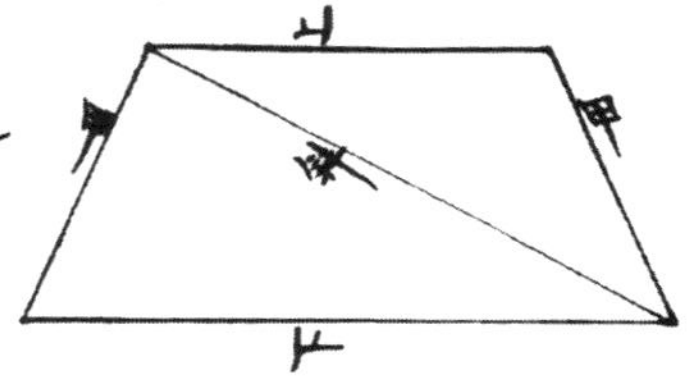

適等曰
斜者上下甲也
故曰
斜者上下也
甲斜

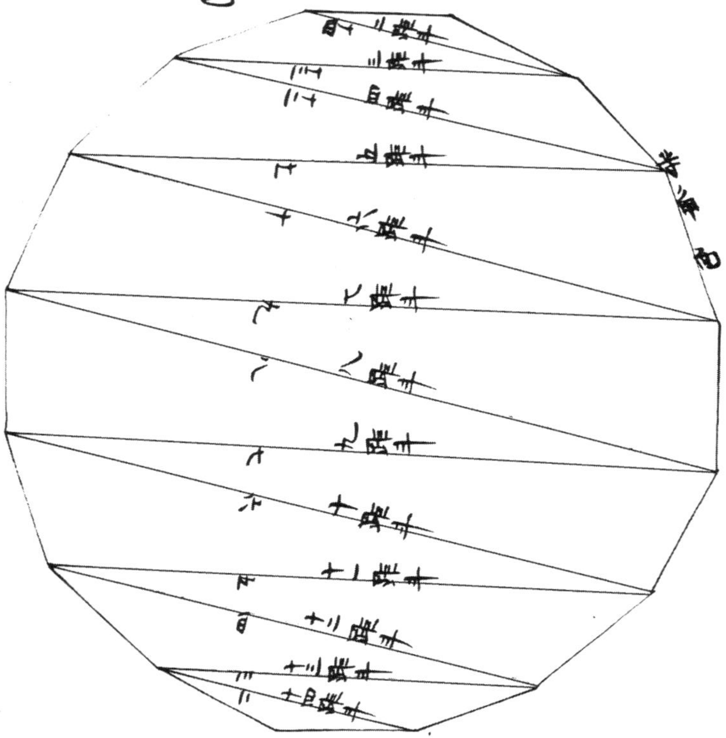

傳曰二距斜為面因因法　凡例　距ハ巨ニ造ル　斜ハ斗ニ造ル　因方ハ方ニ造ル

[illegible] 也 [illegible] 以 [illegible] 除之 [illegible]

[illegible] 自之内減面巾 [illegible] 以二距斗除之 [illegible]

自之内減面巾余 [illegible] 以三距斗除之得 [illegible]

[illegible] 自之内減面巾余 [illegible]

四距斗除之 [illegible] 自之内減面巾 [illegible]

[illegible] 以五巨斗除之 [illegible]

自之内減面巾余 [illegible] 以六距斗 [illegible]

除之 [illegible] 自之減面巾余 [illegible]

[illegible] 以七巨斗除之 [illegible]

面 [illegible] 自之減面巾 [illegible]

[illegible] 青 [illegible] 以八巨斗除之 [illegible] 自之減

面冪 [illegible]

以九巨斗除之 [illegible] 十巨斗 也 自之減

面冪 [illegible] 青

廿巨斗 也 以十一巨斗除之 [illegible] 也 十二巨斗 也

二巨斗 [illegible] 青

三巨斗 [illegible] 青

四巨斗 [illegible] 青

五巨斗 [illegible] 青

六巨斗 [illegible] 青

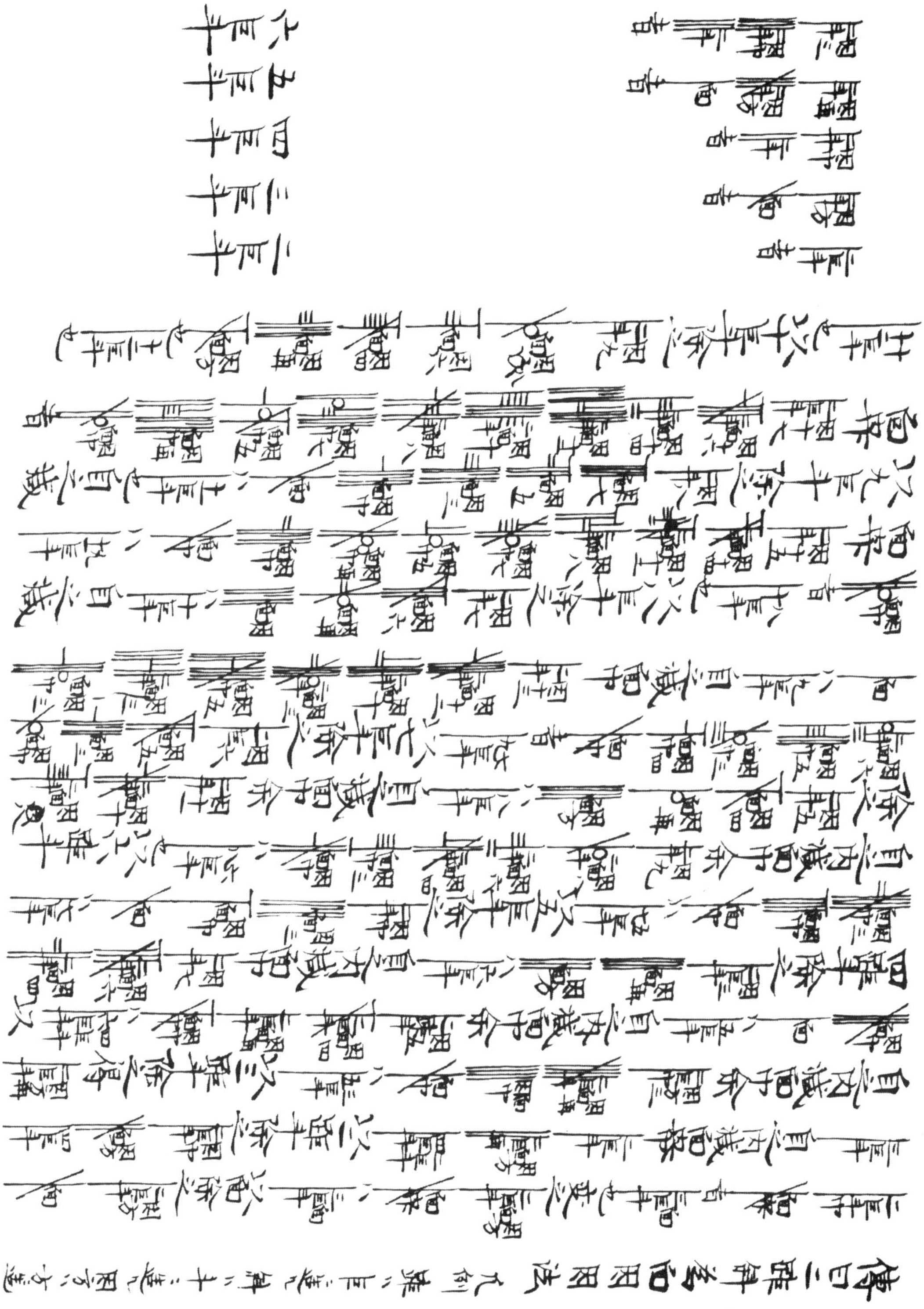

因四巾 巨 方 面 吉　七巨斗

因五 巨 因三巾 巨 吉　八巨斗

因六 巨 因四 巨 因方 面 吉　九巨斗

因七 巨 因五 巨 因三 巨 吉　一十○巨斗

因八 巨 因六 巨 因四 巨 因方 面 吉　一十一巨斗

因九 巨 因七 巨 因五 巨 因三 巨 吉　一十二巨斗

列三巨斗乗面 巨 面 吉 三巨斗也

列四巨斗乗面巾 巨 面巾 吉 四巨斗也

列五巨斗乗面再乗巾 巨三 面三 者 五巨斗也

列六巨斗乗面三乗巾 巨四 面四 面三 吉 六巨斗也

列七巨斗乗面四乗巾 巨五 面五 面三 面五 吉 七面巨斗也

列八巨斗乗面五乗巾 巨六 面六 面四 面五 吉 八面巨斗也

列九巨斗乗面六乗巾 巨七 面七 面五 面六 面七 吉 九面巨斗也

列十巨斗乗面七乗巾 巨八 面八 面六 面七 面八 吉 十巨斗也

列十一巨斗乗面八乗巾 巨九 面九 面七 面八 面九 八 十一巨斗也

列十二巨斗乗面九乗巾 巨十 面十 面八 面九 面十 吉 十二巨斗也

一 今有四角々面若干向三距斗　答曰

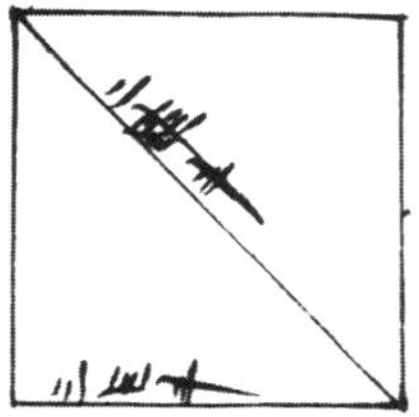

術曰立天元之一為三巨斗○──依術得面因巨

斜面──○──𢈔　又依術得面因面更之為面

因三巨斗 面𢈔 与左相消得式 面巾 ○──也

一 今有五角々面若干向三距斗若干　答曰

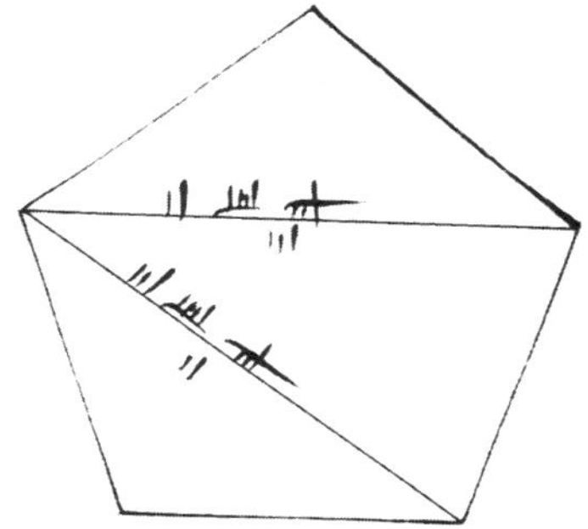

立天元之一為二巨斗○——依術得面因
三巨斗 面幂 ○——寄 又依術得面因二巨
斗変之為面因二巨斗○ 面 与左相消
得式 面幂 面 ——也

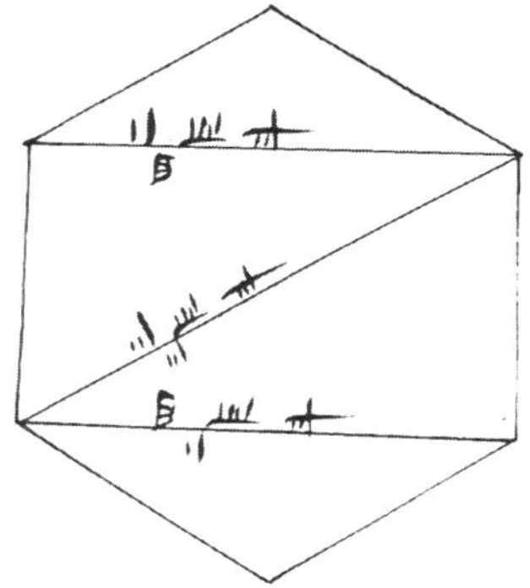

今有六角之面若干問二距斗 答曰
立天元之一為二巨斗○——依術得面因二巨
斗○ 面 位 又依術得四巨斗因面巾変之
為二巨斗因面幂得○面巾○——寄列寄位
幷面為面幂因二巨斗得○面幂 与左相消得式
○面巾 ○——也

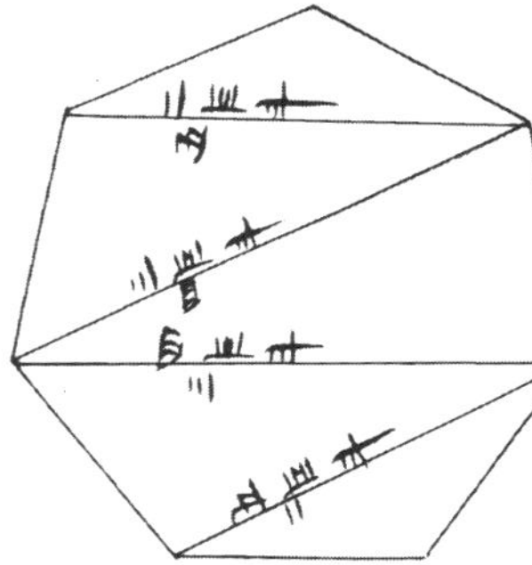

今有七角之面若干問二距斗 答曰
立天元之一為二巨斗○——依術得面因三巨斗 面巾
○——位 又依術得面巾因四巨斗変之為面巾因三
巨斗得○面幂○——寄列寄位幷面巾因三巨
斗 面再 ○ 面 与左相消得式
面再 面巾 面 ——也

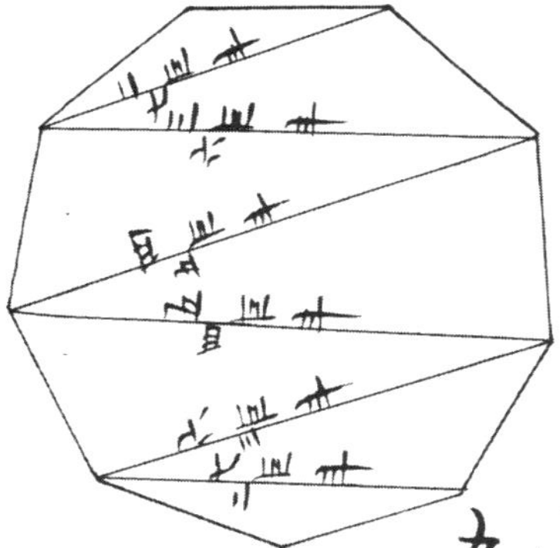

九角之面若干問二巨斗 答曰
立天元之一為二巨斗○——依術得四巨斗因面幂
○面巾 位 又依術得面再因五巨斗変之為四巨斗
面再得 面巳 ○ 面幂 ○ 寄列位幷面為面再因四
巨斗○面再 ○——面 与左相消得式 面巳 面再 面幂 面 ——也

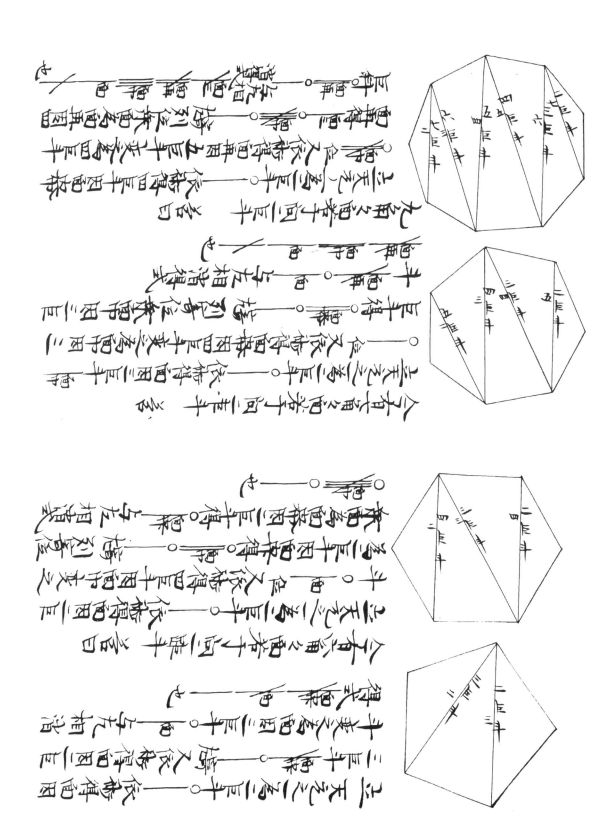

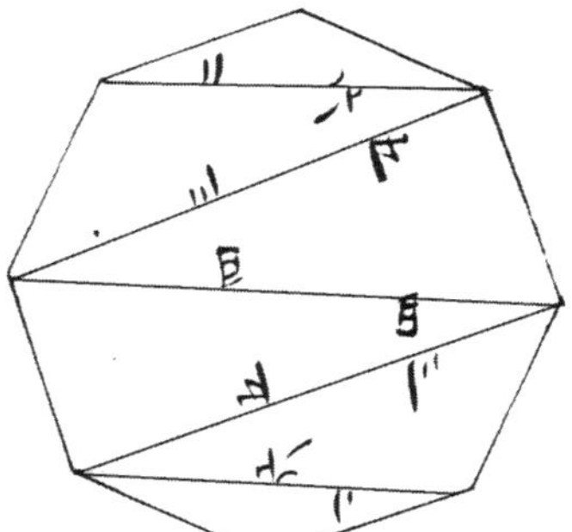

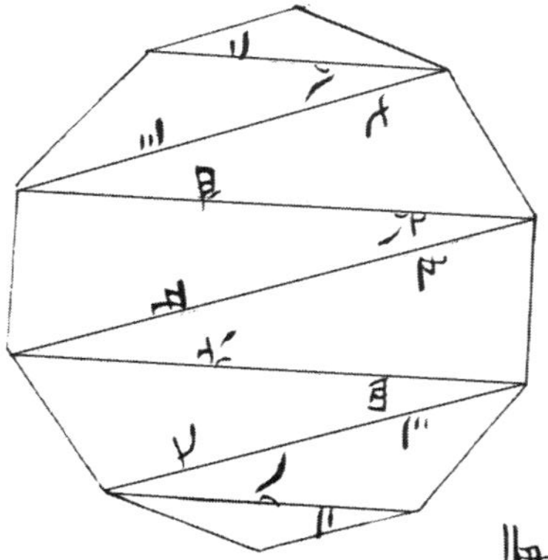

八角之面若干向二距斗　答

立天元一為二巨斗○——依術得面因三巨斗○
○——位又依術得面再因五巨斗変之為面再因
三巨斗○○寄左列位乗面巾為面再
因三巨斗○与左相消得式
○○○也

十角之面若干向二距斗　答曰

立天元一為二巨斗○——依術得面巾因四距斗○
○——位又依術得面三因六巨斗変之為面三因四
巨斗得○○○寄左列位乗面巾為面
因四巨斗○○○相消式○○——也

一

一十一角之面若干向二巨斗

立天元一為二巨斗○——依術得面再因五巨斗○○

位又依術得面三因六巨斗変之為面三因五巨斗○○

寄左列位乗面巾為面三因五巨斗○○○——与左相消得

式○○○——也

一

一十二角之面若干向二距斗

立天元一為二距斗○——依術得面再因五巨斗○

——位又依術得面四因七巨斗変之為面四因五巨斗面五○○

○——寄左列位乗面巾為面四因五巨斗○○——与左

相消式○○○——也

一

一十三角之面若干向二距斗

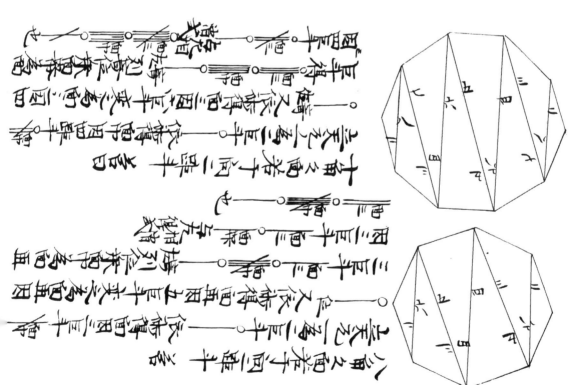

立天元之一為三巨斗○——依術得面三因五八距斗○面三○面巾○
——位又依術得面四因七距斗之変為面四因六巨斗○面三○面五○面三
○——位列寄之来面為面四因六巨斗○面三○面巾○面
与寄左相消式面五——面四——面——面巾——面巾——面——也

一十四角

立天元之一為三巨斗○——依術得面三因六巨斗○面三○面巾○——
位又依術得面五因八巨斗之変為面五因十六巨斗○面三○面五○面巾○——
左列位来面巾為面五因十六巨斗○面五○面三○面巾○与左相消式
○面五○面三○面巾○——也

一十五角

立天元之一為二距斗○——依術得面四因七巨斗○面五○面三○
——位又依術得面五因八距斗之変為面五因七巨斗○面五○面巾○面巾○
○——左列位来面為面五因七巨斗○面六○面四○面巾○面巾○
○面——左列位為面五因七巨斗○面六○面——面四○与左相
消式面六——面五——面四——面三——面巾——面巾——面——也

一十六角

立天元之一為三巨斗○——依術得面四因七巨斗○面五○面三○面巾○
○——位又依術得面六因九巨斗之変為面四因七巨斗○面七○面五○面三○
○——左列位来面巾為面六因七巨斗○面七○面五○面三○
○面巾——与左相消式面七——面五——面三——面巾——也

一十七角

立天元之一為三巨斗○——依術得面五因八巨斗○面五○面三○面巾○

一位又依術得面六因九巨斗之変為面六因八巨斗

尤列位乗面為面八因八巨斗

与九相消式　也

一十八角

立天元一為二巨斗　依術得面五因八巨斗

又依術得面因十巨斗之変為面因八巨斗

左列位乗面巾為面巴因八巨斗

左相消式　也

一十九角

立天元一為二巨斗　依術得面六因九巨斗

位又依術得面七因十巨斗之変為面七因九巨斗

尤列位乗面為面七因九巨斗

与九相消式

二十角

立天元一為二巨斗　依術得面八因九巨斗

尤又依術得面八因十巨斗之変為面八因九巨斗

再位列尤乗面巾為面八　与尤相消得式

因九巨斗　也

二十一角

立天元一為二巨斗　依術得面七因十巨斗

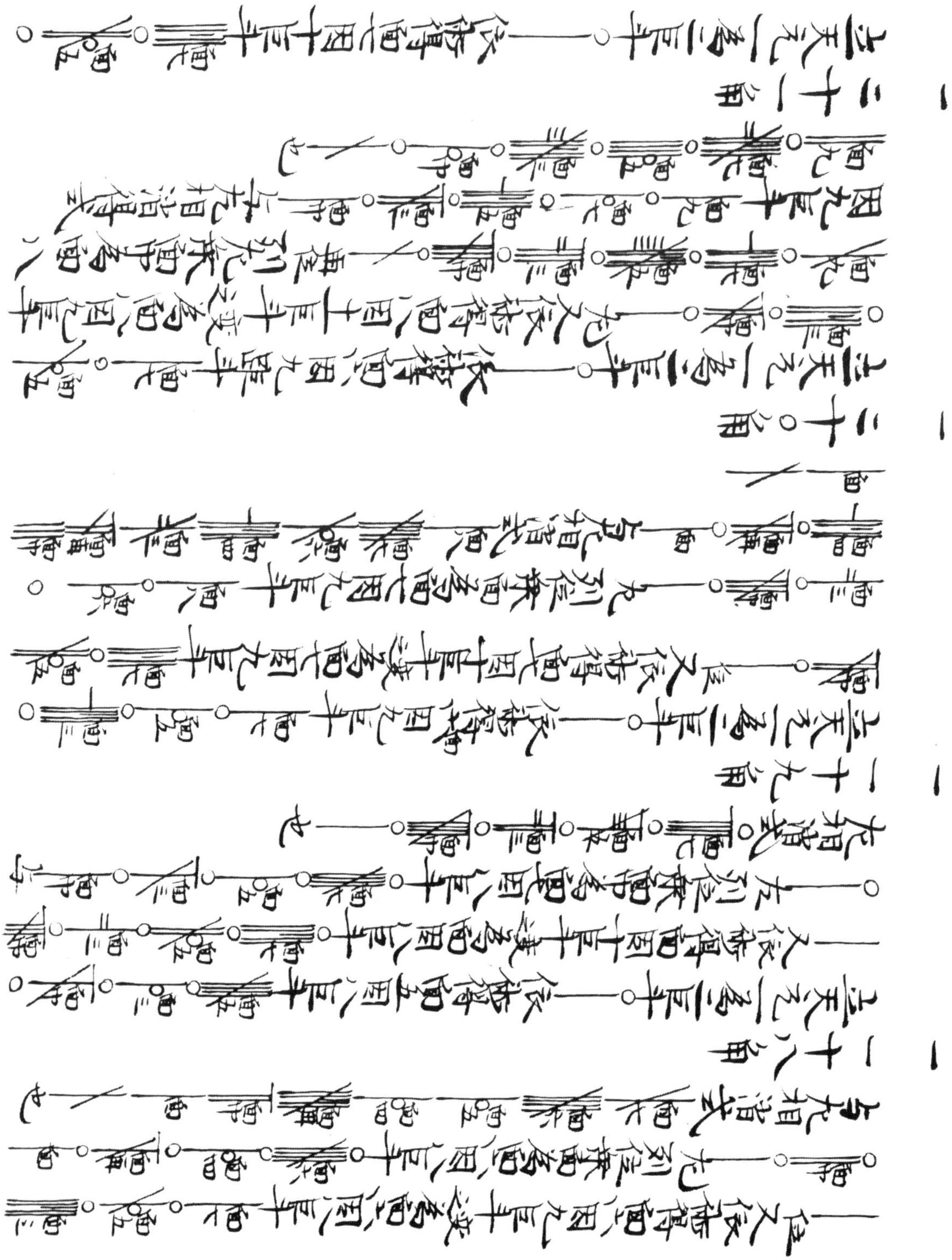

十面三○[illegible]面巾○一位　又依術得面八因十二巨斗乗之為面八因十

巨斗面九○[illegible]面七○[illegible]面五○[illegible]面三○[illegible]面巾○一右列位乗面為

面八因十巨斗面九○[illegible]面七○[illegible]面五○[illegible]面三○[illegible]面巾○一左列位乗

面為面八因十巨斗[illegible]面八○[illegible]面六○[illegible]面四○[illegible]面二○[illegible]面　与寄左

相消式面九[illegible]面七[illegible]面六[illegible]面五[illegible]面四[illegible]面三[illegible]面巾[illegible]面

一也

二十二角

立天元一為二巨斗○一依術得面七因十巨斗面七○[illegible]面五

○[illegible]面三○[illegible]面巾○一位　又依術得面九因十二巨斗変之為面九

因十巨斗[illegible]面九○[illegible]面七○[illegible]面五○[illegible]面三○[illegible]面巾○一左列位

乗面為面九因十巨斗面九○[illegible]面七○[illegible]面五○[illegible]面三○[illegible]面巾与寄左

相消式面九○[illegible]面七○[illegible]面五○[illegible]面三○[illegible]面巾○一

二十三角

立天元一為二巨斗○[illegible]面七○[illegible]面五○[illegible]面三○[illegible]面巾○一依術得面八因十二巨斗面九

○[illegible]面七○[illegible]面五○[illegible]面三○[illegible]面巾○一位　又依術得面九因十二

巨斗変之為面九因十二巨斗面九○[illegible]面七○[illegible]面五○[illegible]面三○[illegible]面巾○一左列位乗面為面九因十一巨斗面十○[illegible]面八

○[illegible]面六○[illegible]面四○[illegible]面二○[illegible]面与寄左相消式

○[illegible]面[illegible]○[illegible]面四○[illegible]面[illegible]○[illegible]面

面十[illegible]面九[illegible]面八[illegible]面七[illegible]面六[illegible]面五[illegible]面四[illegible]面三[illegible]面巾[illegible]面[illegible]一也

各角方式如左

四角二距十式面巾○一也　五角二巨斗式面巾[illegible]面[illegible]一也

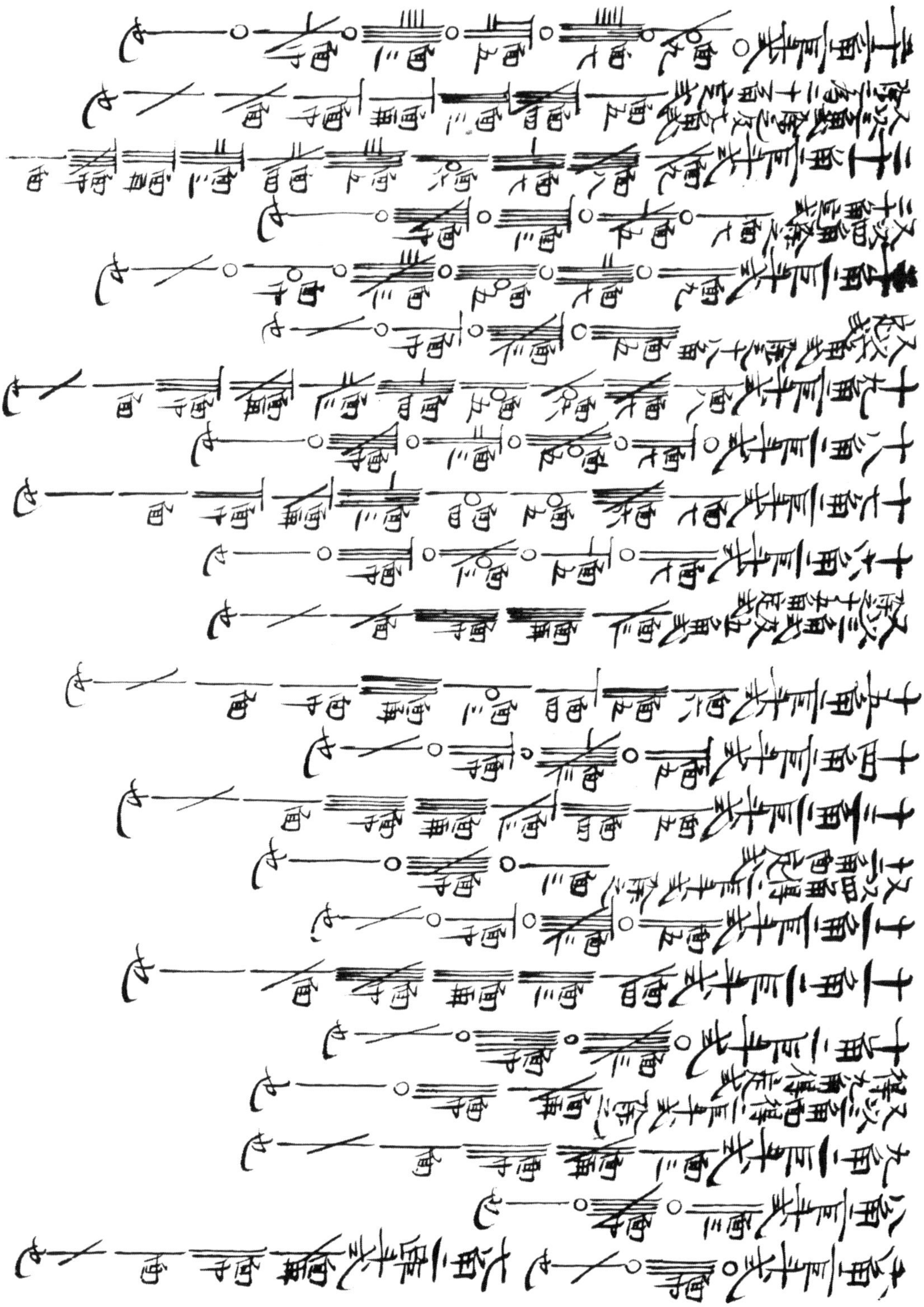

二十三角二距斜式

面十　面九　面八　面七　面六　面五　面四　面三　面再　面巾　面

一也

角起術

角面又為三面極斗　甲　以平至開為一面中間　乙　乗信原面為
因角至係二面斜　丙　信角至巾内減原面巾余為因角至二ヶ二面中間
丁　内減角至巾得因角至三面中報角至角巾　戊　乗原
面得因角至巾三面中報面　己　加原面開三面斗与角至巾相乗
數得因角至三面長斜　又為角至巾五面極斗　庚　仍因角
至巾三面長極斗相併係三面總斗　辛　以因角
至三面中報角至巾　乗平至為因角至巾三面中間　壬　為因
以因角至二面斗　乗因角至二ヶ其中合　癸　以因角至二面斗自乗數
角至再乗巾係四面斗　以因角至二面斗　角内減
減二段角至三乗巾為因角至再乗巾二ヶ四面中合　自乗五面
因角至巾与因角至三面中報角至　戊　也相乗數得因角至再乗巾五面
中報角至　乗原面得因角至三乗巾五面中報面
氐　加角至巾与因角至巾五面極斗

相乘數　得因角至三乘巾五面長斗　又爲因角至三除弁
七面径斗　錄　仍因角至三乘弁五面長径斗相係爲因角
至三乘弁五面總斗　位　以因角再乘巾五面中鼓
角至之位也　乘平至爲因角至三乘巾五面中古　尾位
起　術　解
原面即爲係一面斜　又爲三面径斜

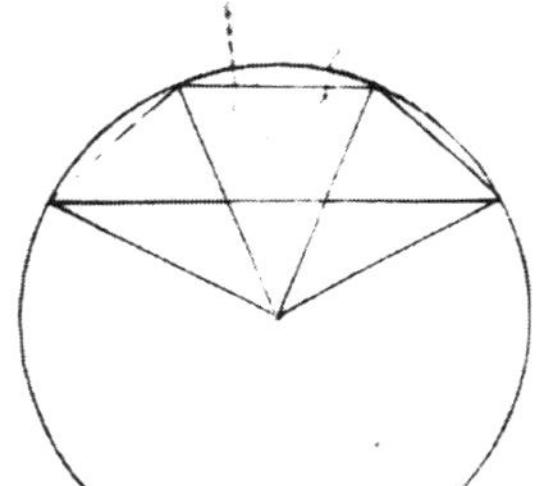

（イ）面事
又曰（イ）（ロ）（ハ）二面事也
是斗右三面斗
（イ）右径斗（ハ）（ロ）
右紀長斗

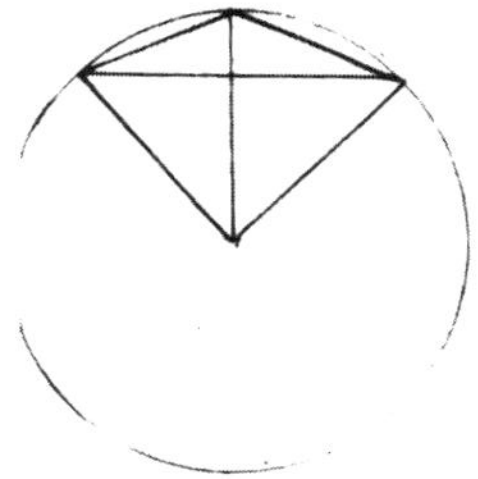

解曰
平至
係二面斗

以平至即一面中古

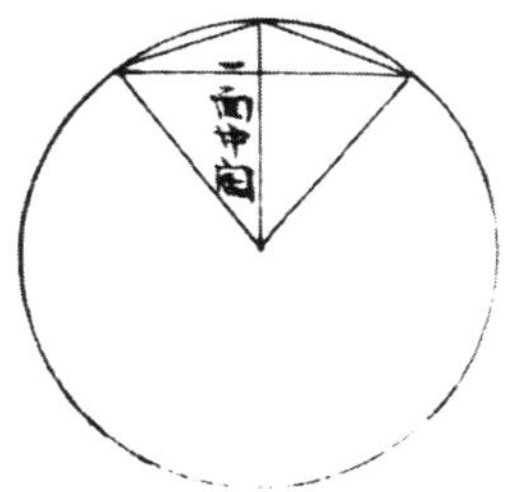

乘信原面爲因
角至係二斜　鉄

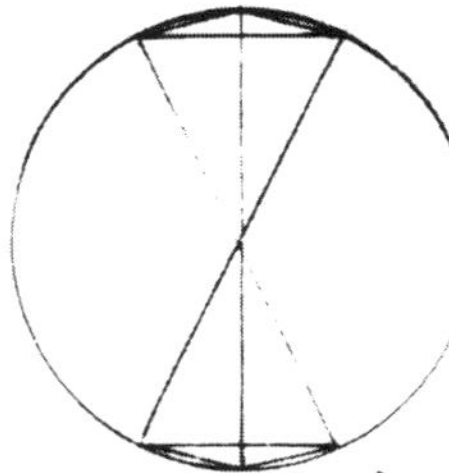

信角至乘内截原面弁余爲因角二ケ二面中斜

解曰
原面斗　青
角至巾　角至
指之　二面中斜

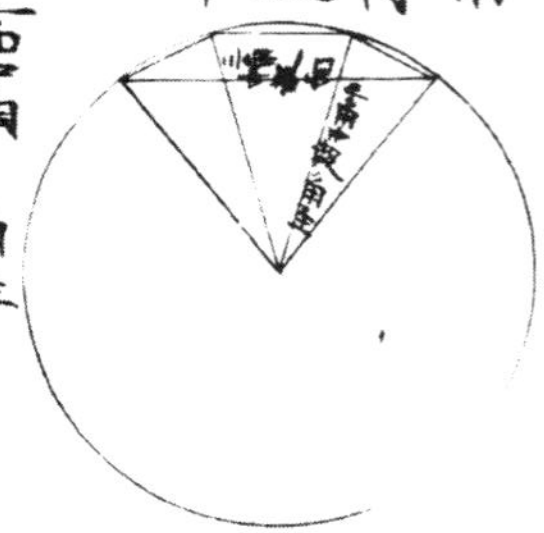

内截角
至弁得
因角至
三面中
鼓角至

解曰
子位

丑寅面与卯辰ノ線ト
平行
丑辰ノ面与午巳線ト
平行

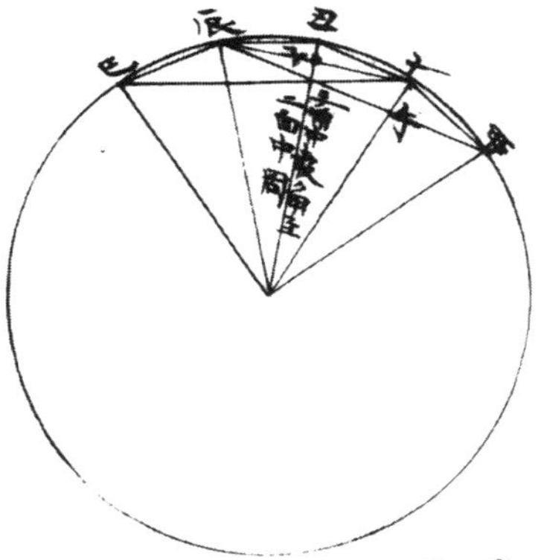

故
午寅線与丑辰ノ面事ノ也午面ト午辰線ト並事
分明ノ仍丑午面ト午線ト丑辰線ト並義
ノ矩也平ニ面矢ニ段ハ則変平一段也

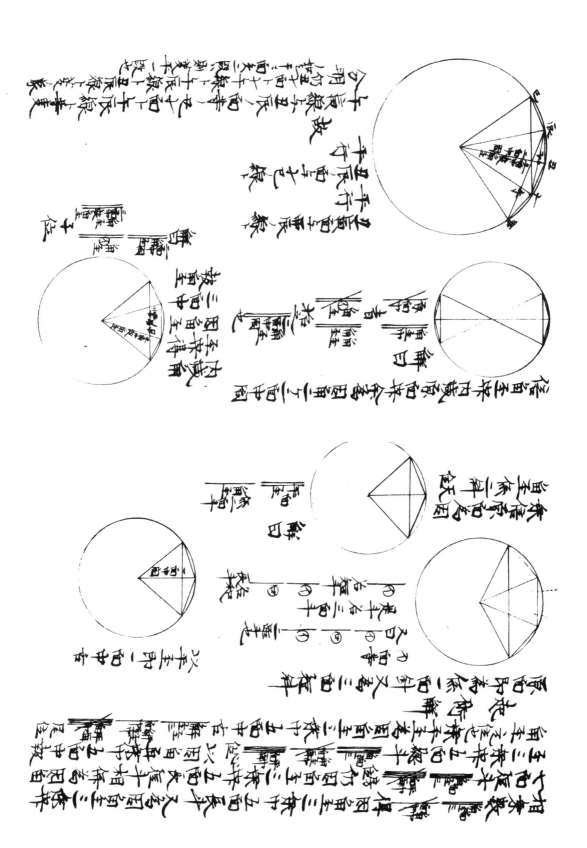

故依皆角至周二ケ二面中周内減角至巾

求原面得因角至巾三面中斂面

解曰

圖右之　原面　角至　大率

小率

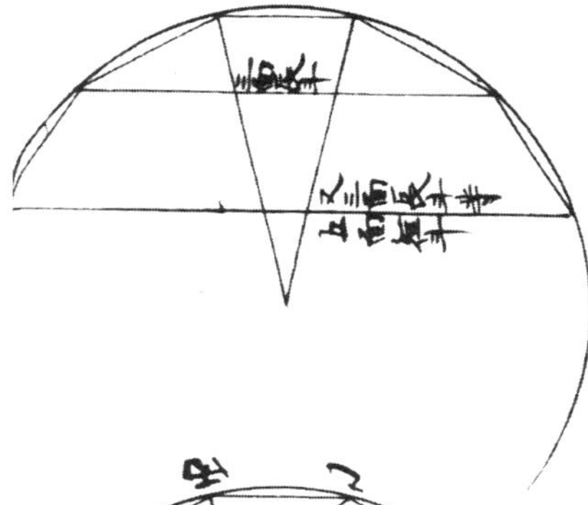

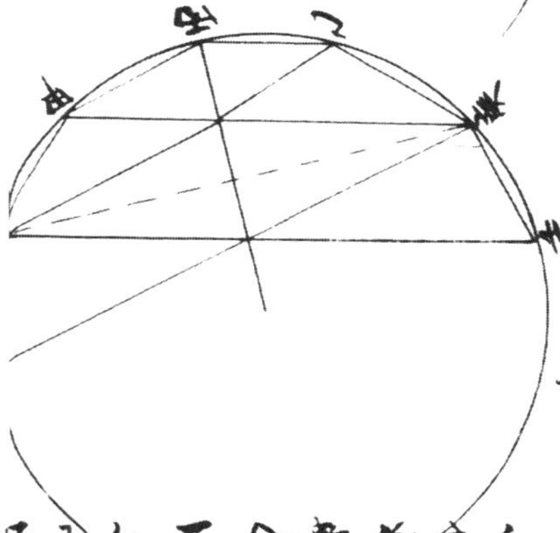

加原面而二面径半ケ角至巾相乗段得因角至巾三面云半ケ又為因角至巾五面斗径　故　也

壬丁線ト庚甲線ト平行庚辛線ト丁乙線平行是両線ニ依テ見ル戊庚線己丁線平行其数等シ又庚乙線戊丁線ト平行亦等シ故ニ四面斜也故ニ五面長斜ハ以面径斜也故ニ面長斜ハ以因角至巾...

以因角至三面中斂角至十径乗半至為因角至巾三面中周

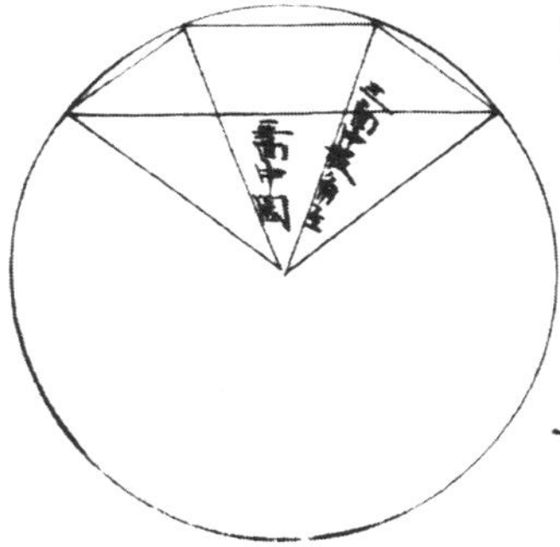

以因角至三面斜径天　求因角至二ケ甘又中周二面中為因　角至再乗巾係　四面斜位

故　変之

列天位自之得　変之　右

故　変之　也

以因角至二面斗矢自乗数減二段角至三乗巾余為因角至再乗巾二ケ四面中周位

解　図

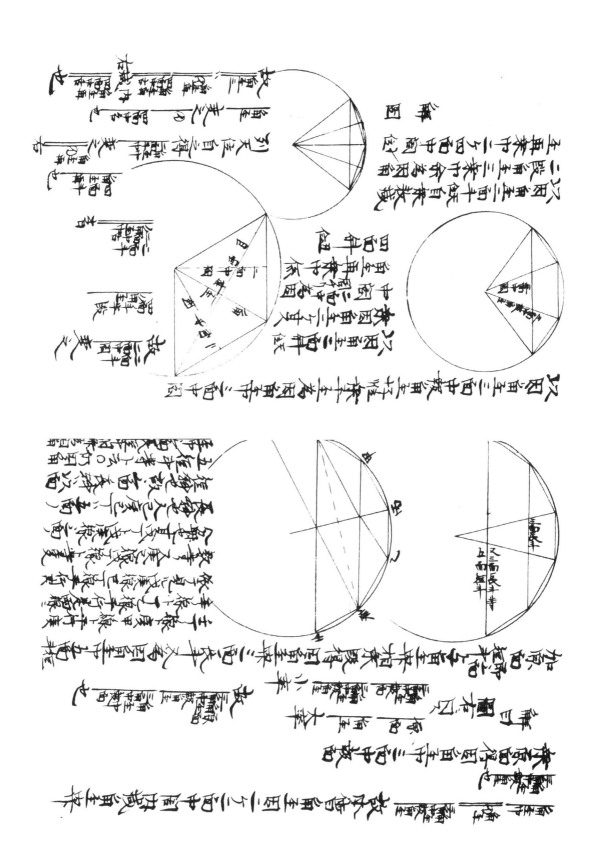

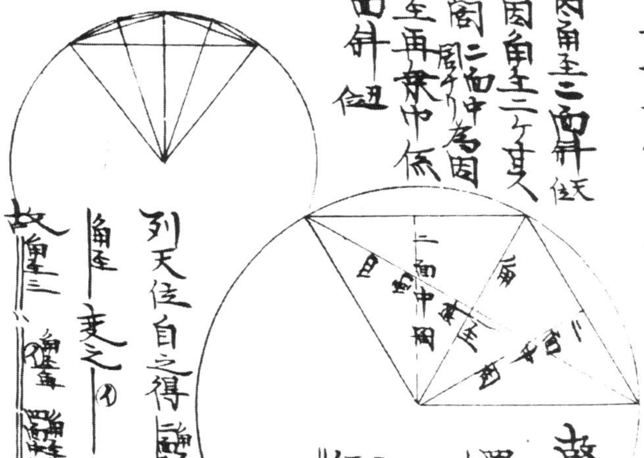

内載円角至中勾因角至三面中報角至訂相乗数得因角至再乗中五面
中報角至

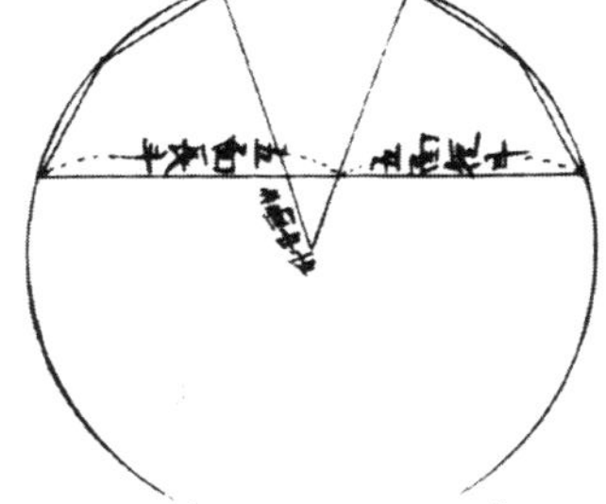

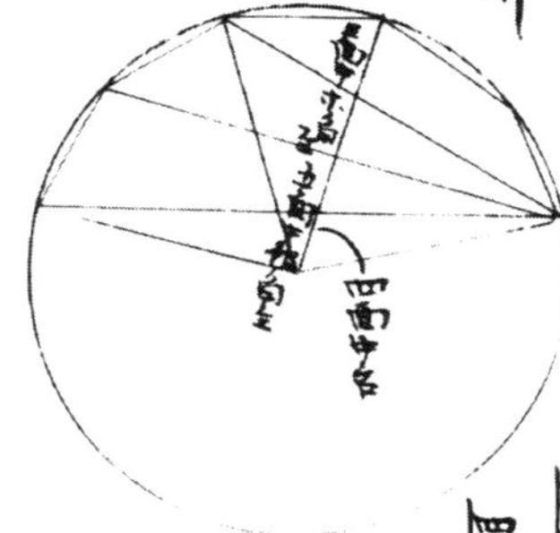

解

三角中報角至 ハ 四 五面中報角至

四面中古 ハ 四 五面中報角至

故 高位ハ 四 角至再 五角至再

因角至中勾位者 四 角至再 五角中報角至

實位内載左位者 五角至再 中報角至 也 名允

乗原面得因角至三乗乗五面中報面 位卯

解曰 五角至再 五面中報面 角至再 五面中報角至 小率

原面 角至 大率 故 五面中報角 者 五面中報面 也

加角至乗ト因角至乗五面径斗相乗数得因角至三乗乗五面長斗 位辰

又為因角至三乗中七面径斗 位巳

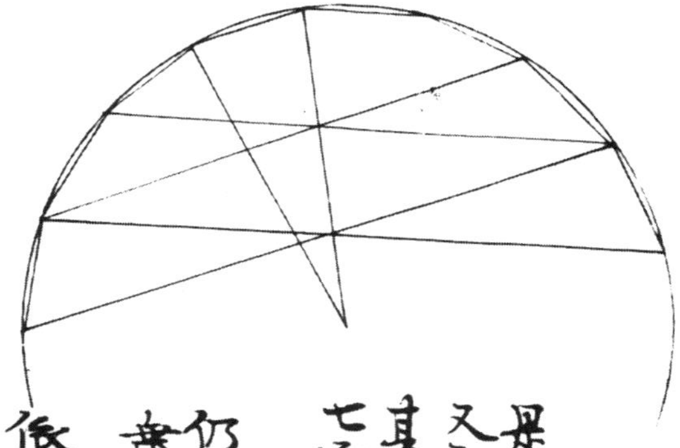

甲乙線ト 丙己線ト平行

丙丁線ト 戊乙線ト平行

辰位 不及解 己位ノ解

是丙線ニ依テ見丙辛線庚乙ノ線ト平行ノ其数等シ

又乙辛線ト庚丙線ト平行シメ其数等実分明也

其乙庚ト庚丙線五面長斜 又辛丙ト辛乙ハ

七面径斗 故五面ノ長斗七面ノ径斗ト等シ云

仍因角至三乗中五面長斗相併為因角至三

乗乗五面総斗 不及解

依因角至再乗中五面中報角至除乗乗斗全為因

角至三乗中五面中古

五角至再 角中報角至 小率 平至 角至 大率

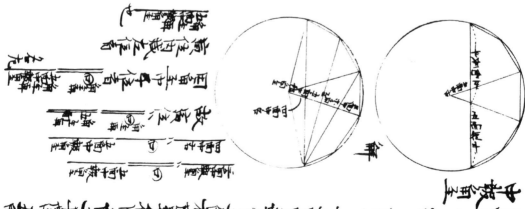

故 $\frac{\text{角至}^2\ \text{面}^2}{\text{五中弦}}$ 　$\frac{\text{五角至面}}{\text{中弦}^2}$ 也　起術以十一角解之

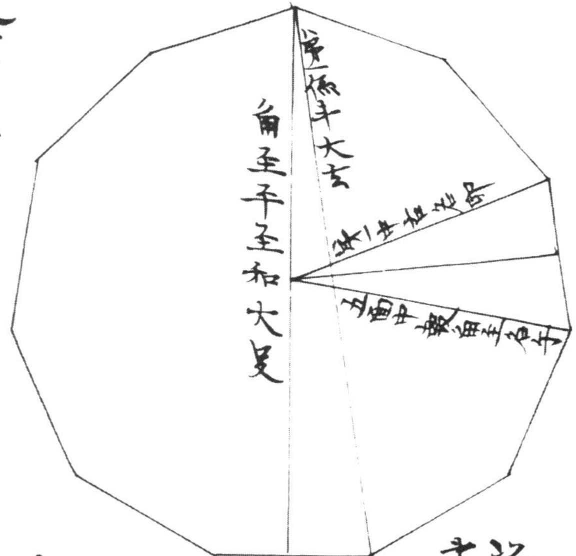

寄角

以原面乗角至為因第一中弦一ヶ

第一係斗

解曰　句　殳　玄

原面二除　角至乗中弦　第一係斗　大斜係大

卯　第一係斗二除　角至　小率　乗得

原面　角至乗中弦　第一係斗

卯　第一係斗二除　角至　也

故 角至面 ハ 第一係斗 也

又乗角至為因第一中周因第二中周四ヶ第二係斜

第一係斗半段ハ三斜中段形外並斜　角中至者小斗又小斗

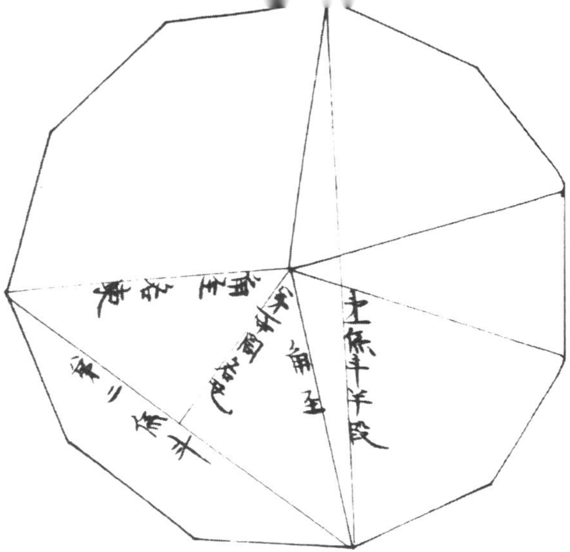

第一係斗ハ大斗　第二中周ハ大斗

相交並斜

乗第一係斗　第二中周　第二係斗

第一係斗　第二中周　則　第二係斗 也

又乗角至為第一中周因第二中周

因第三中云ハ第三係斜

第三中周　第三係斗

第二中周　勾第三係斗　殳角至　玄也

故 角第三係斗 也

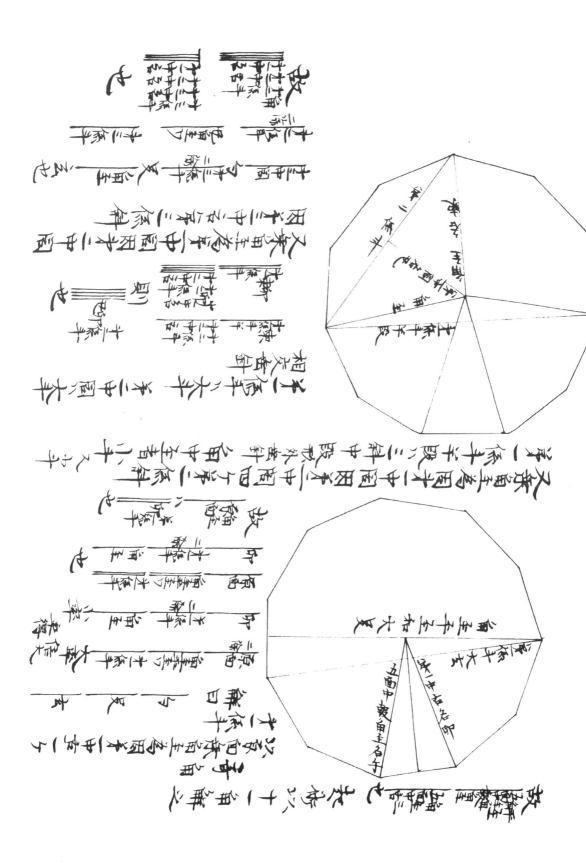

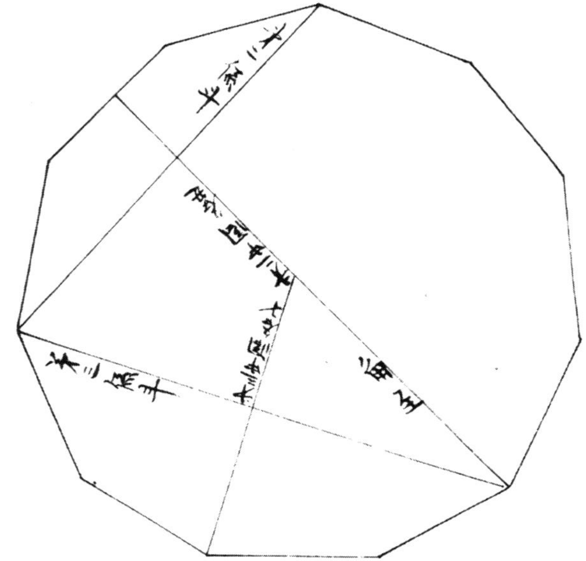

又乗角至為因中一中闊因中二中闊因中四中闊一十六段
中四係斜ト
解曰乾坤ヲ角ト放依テ見ルヘシ
子蚤斜

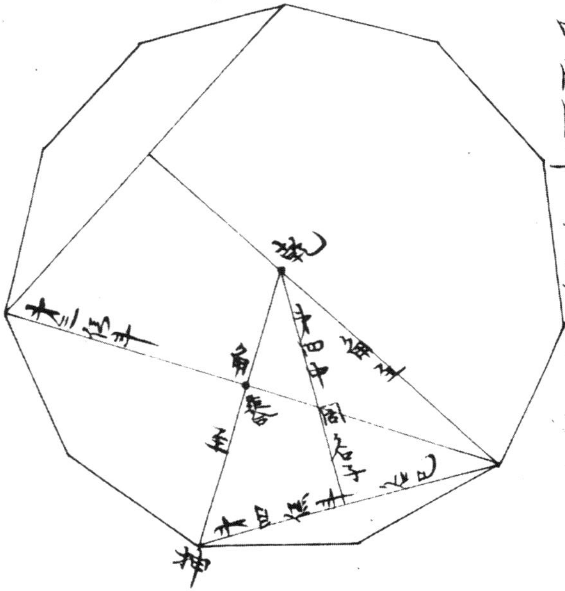

又乗角至為因中一中闊因中二中闊因中三中闊因中四
中闊因平至三十二段原面

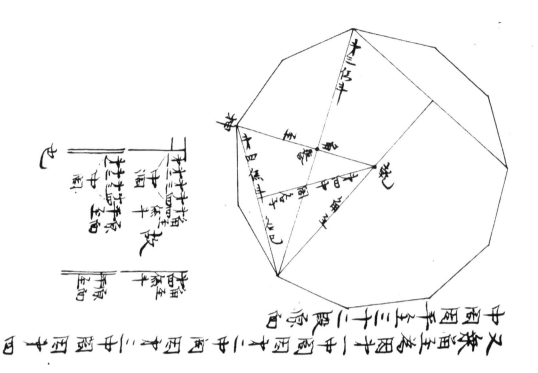

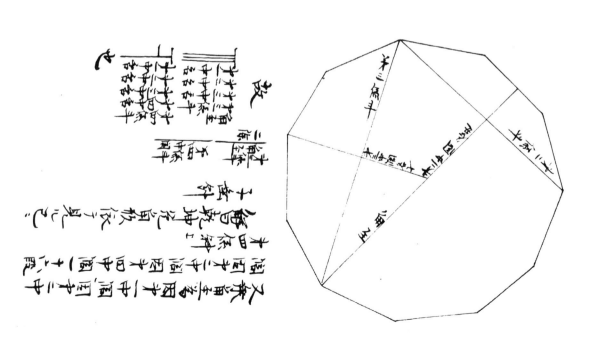

今有勾股内入円与方只曰勾股責六十〇寸又云勾再乗中股再
乗股玄再乗股和二百一十六寸問勾股玄中勾方面円全六和若干

答 六吋一十八寸三十五分

立天元一為六和〇——乗責〇責 矜一十六之内減又曰数六十六段

余 乗天三之加又曰数乗五段寄得数

地名 列天三十二之内減又云数段余 乗天加又曰数中九段

得 ○乗天加又曰再乗中六段

人名 列天四之加又曰段 乗天以減又曰数中四段余

乗天三之加又云再乗中 乗又云数中加入責再

乗股与人 乗又云数加相乗数八段

責五乗股与地相乗数六十段 左

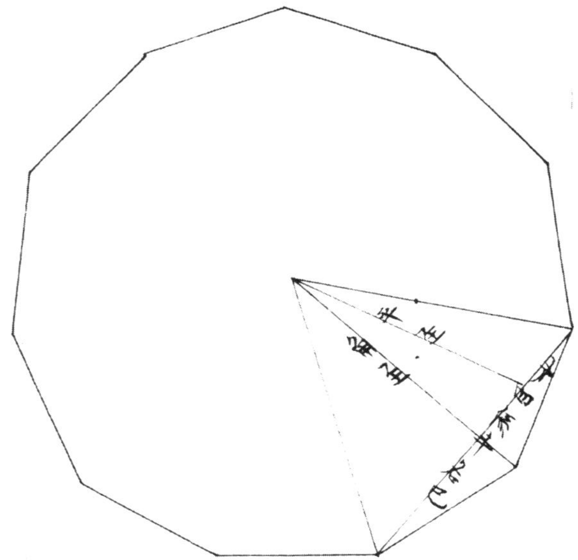

於是成ヶ視ニ

角至四乗股 中間

省原面

角至四乗中 中間

也

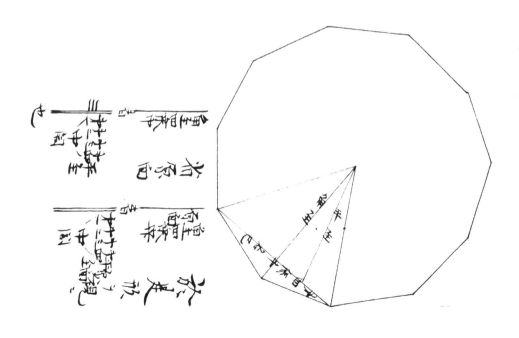

列六和 [illegible] 再自乘之乘又云数四乘巾得数加
四段得数 [illegible] 責八乗巾六十四段得数
四之 [illegible] ○○――与空九相消

得開方式

[illegible]

立方開之得六和合問

演段　真術六和

前術曰立天元一為句見云三和○――右曰甲

列責四之為甲因円至 [illegible] 右乙ト云

求式ノ合不合術曰
句三寸 見四寸 云五寸 中句二寸四分 至二寸 方一寸七分五
六和一十八寸 合十四 句見云三和一十二寸
右各位有言而式合不合見如左
所求式立高三和一十二寸合之至実級得十二 適句見云三和

是式実級換数得四十 適甲因円至

列甲自之内減責四余為甲因云段 [illegible] ○――右丙ト云

是式立高三和合之至実級得一十二百 適甲因云二段

列責四之加甲得為甲因句見和二段 [illegible] ――右丁ト云

是式立高三和合之至実級得一百十八六 適甲因句見和二段

列六和内減甲余為中勾方面冪至三和

是式立高三和命之至実級得　適中勾方面冪至三和

以甲相乗内減乙余為甲因中勾方面和　實　名戊

是式立高三和命之至実級得　適甲因中勾方和

列丁以實乗之為甲因勾旻和因玄因中勾　實　〇―　名己

是式立高三和命之至実級得〇　適甲因勾旻和因玄因中勾

列實乗丙為甲因勾旻和因玄因方面　實　〇―

是式立高三和命之至実級得　適中因勾旻和玄因方面

加己為甲因勾旻和因玄因方面中勾和〇〇　實

是式立高三和命之至実級得　適甲因勾旻和因玄因方中勾和

以甲相乗為甲再乗中因勾旻和因玄因方中勾和四之〇〇〇〇　實　左寄

是式立高三和命之至実級得　適甲再因勾旻和因玄因方中勾和四段

丙丁相乗為甲中因勾旻ワ因玄因四段　實　〇〇〇―

是式立高三和命之至実級得　適甲中因勾旻和因玄四段

以戊相乗為甲再因勾旻ワ因玄因方中勾和四段　實再　實　實　〇　實

是式立高三ワ命之至実級得　適甲再因勾旻ワ因玄因方中勾ワ四段

与寄左相消得　實再　實　實　〇　實　前式

是式立高三ワ命之至実級得空則知是式無誤也

后寄甲自之内減貫二十六段余以甲相乗為又云数四段

是式立高三和命之至実級得　適又曰数四段

又云数四之　与左相消得正　實　〇―　后式

是式立高三和命之至実級得空則知是式無誤也

右宗前后式皆帯当二劔之数故依術推変之以為実加一劔

其術

積再　積巾　積巾　積　○　積　六ク　前式

又　積　○　后式

得　積再　積巾　積巾　○　積　六ク

是式立商二和ニ分余之至実級得空

又　積　○

是式立商三和ニ分余之至実級得空

并式一級累之変四乗方名空　積再　積巾　積巾　又　積　六ク

是式立商三和ニ分余之至実級得空

子式一級累之変之紛方名乙也　積再　積巾　又　積

是式立商三和ニ分余之至実級得空

丑式一級累之　而前式変之方式　積再　積巾　積巾　六積

是式立商二和ニ分余之至実級得空

又　積　○　后式

換数

是式立商三和ニ分余之至実級得空

如方求換式　一式逓治之

積再　積巾　積　一式

換数

衡　積

又巾

是式立商二和ニ分余之至実級得空

又　責再　責　　又巾　責　責又巾

二式

責　責巾　責再

又責巾　又巾　責巾

責　責巾

各式括之

江　冬　東　一式

東　徒　冬　二式

徹　東　江　三式

如方求商消　冬徹　冬巾

消

段　東巾　東　徹東

寄

換数　三六三七二卅五分　一三二〇三卅十五分　二五七八卅十五分

是式之商二和二分余之至実級得空

換数　三七三四九三十分　三六三七二卅五分　四九三七二卅十五分

是式之商二和二分余之至実級得空

又曰数相乗内減責巾八十六段余　責巾　又

立天之一為六和○——

名東　是数段数正負相減得六十七　名東段

責因又云数八段内減二六和因責巾一六段

余得　責　責巾　徐

是数段数正負相減得二正　名冬段

列六和因責因又云数三段

責再乗巾四段内減又云数併余　責再　又巾　責　名江

是数段数正負相減得六正　名江段

列六和因責因又曰数一段内併減又曰数巾二段責再乗巾四百段○

余得　責再　責　名支

是数段数正負相減得三百九十負　名支段

巾二段十六和因又云数因責巾段責二乗巾四段二十

列併責因又曰数

名徹

是数段数相併三十八正　名徹段

江併支　責六

相乗二　責　責巾五　又責再

段　責四

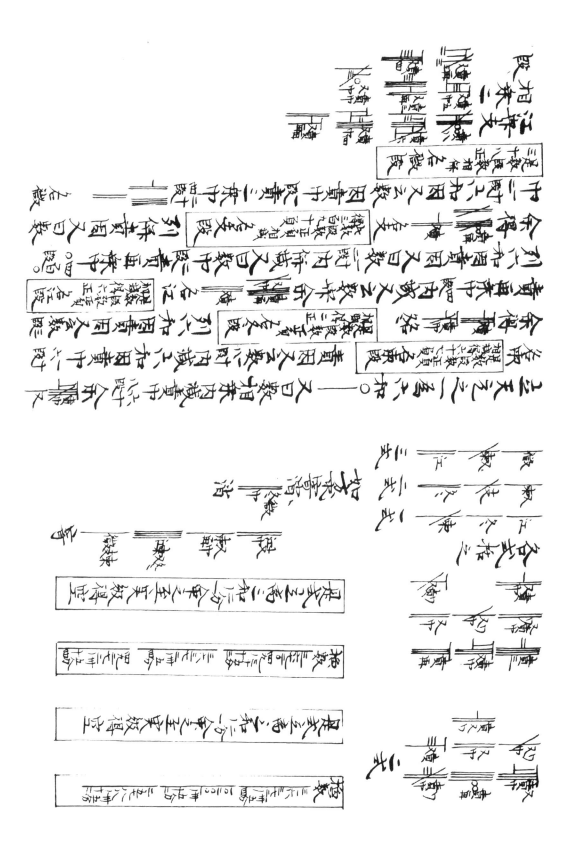

又五

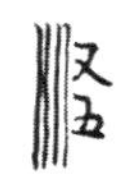

是式段数正負相減得二万八千〇八十〇負 是数適江段巾因支段二段若
不合則必有段数誤之以下倣之

又云巾因乗再乗巾 段

是式段数正負相減得三十二万〇七百六十二負 是数適東段再乗巾乃又曰
疑者猶語也当唯二故不論之以下倣之

又曰因乗
因冬因江
四段

是式段数正負相減得三千二百一十六負 是数適東段因冬段因江段四段

東因支段

是式段数正負相減得九十九万二千九百四十〇正 是数適東段因支段因冬段

右四位
相併得

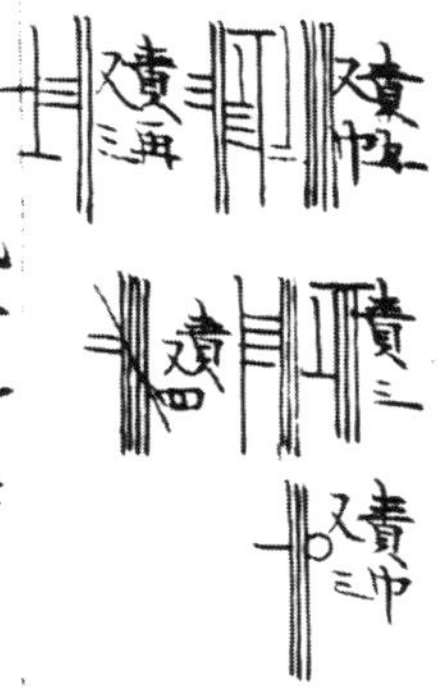

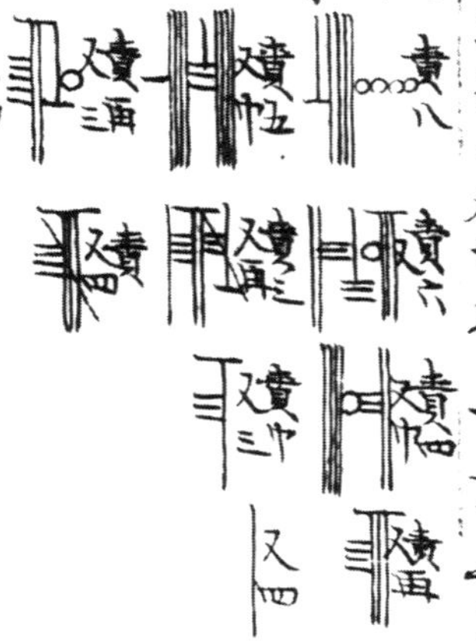

是式段数正負相減得六十六万〇八百八十二正 是数適左四位段数相併数名
寄左段数

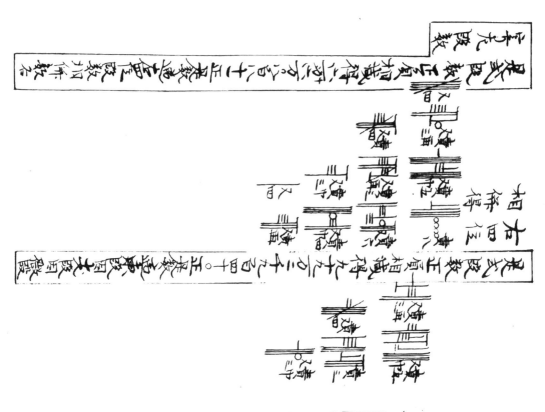

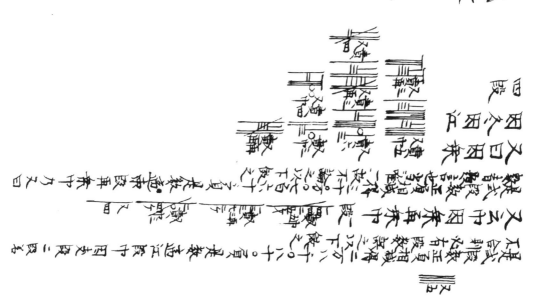

乗率因徴
二段

積五　積六　積七　積五

是式段数正負相減得三百〇四正数各段中因徴段段名相当段数

与寄左相
消

責八　責六　責四　責再
又五　又責再　又責　又四

是式段数正負相減得六十六万〇五百七十七正数適等乃段与相消段数相当徐数。

所得之此式諸級数合不合ヲ試ルニ諸数無窮而試之難也故施術也　又日数ト責ヲ以テ用ルニ又日数ハ責再乗巾ト等シ依テ又云数ヲ責之再

乗率ニ換而式ヲ試

積四〇〇〇〇	五責四九五六	一責九十二〇	一〇責八四
責卅六八	三責十九二	責六十三	責四十一
責〇十二四六	責八十五	責七 三八八	責十四
責十七	換数	二責四八	

還省責八乗率

六四〇〇〇〇	責五四五六	責九中二	一〇二四
責再六八	責三八	責四	責再八
二責再六	責六	二〇四八	責五

換数責再也

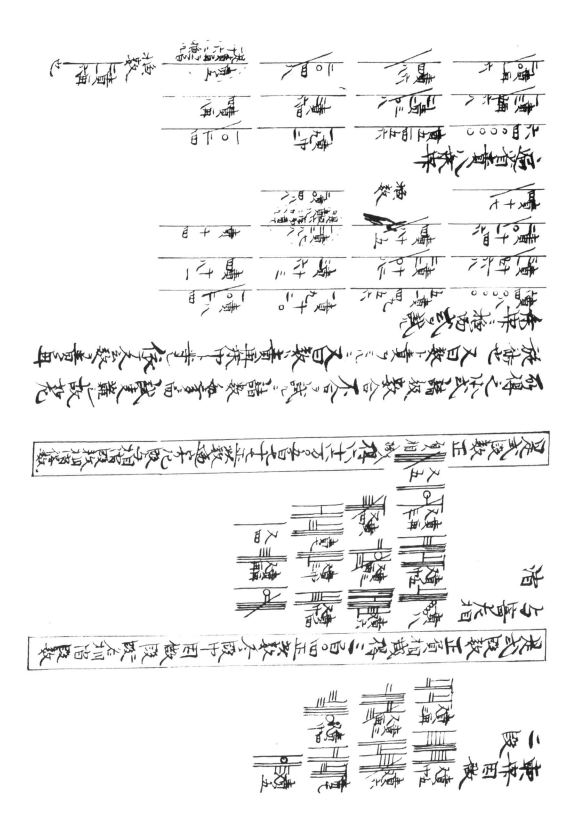

四積八 讀再二百十六 換數 八六積五四 也

遍以四除之

一二六〇〇〇〇 二八積六八六四 四積巾八 二五六

三三積再七二 九積五三二 九積四 六積四

七積二五〇 積六六 五二二

換數 三四六四七九二 三九七四四 七二二〇〇 一四〇〇〇

六遍以之十除之 三三五五三二 二四九八四〇〇 四四五〇 八七五

依左式求本術如左件 乃本式変之

三乘方開之得六和

答 五六四三積巾五 六〇積數六一 四六四積七 三四六積數再五六

三積數四再 六八九積數三再 六六四八積數巾四 七二四積數再

一四五又五 四三積又四 九四積數巾三 一又四

六四〇〇〇〇積八

本術之天之一為ハ和乘責ノ名一十六之内減又日數七ノ段ノ時余乘天二之得數加又日數五時得數ノ始列天二十二之内減又云數五ノ段余乘天加又云數乘五ノ十九段乘天加又云再乘巾六十之段ノ名列天四之加又云三段乘天以減又云巾四段余乘天三之加又云再乘乘乘又云巾加入

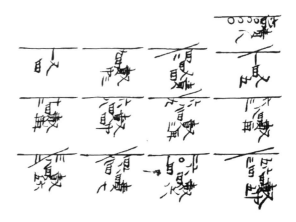

責再乗冪与人相乗八段乗又云加責五乗冪与地相乗数六十四段
四之冪也○列六和再自乗之乗又云四乗冪加責八乗巾六十四方段
与冪者相消得開方式立方開之得六和合問

右随股有関流傳来之術用之○求合不合術○段数疑乱
術○開方式諸数省繁考術○本術括文○右四条者
藤田定資述之也

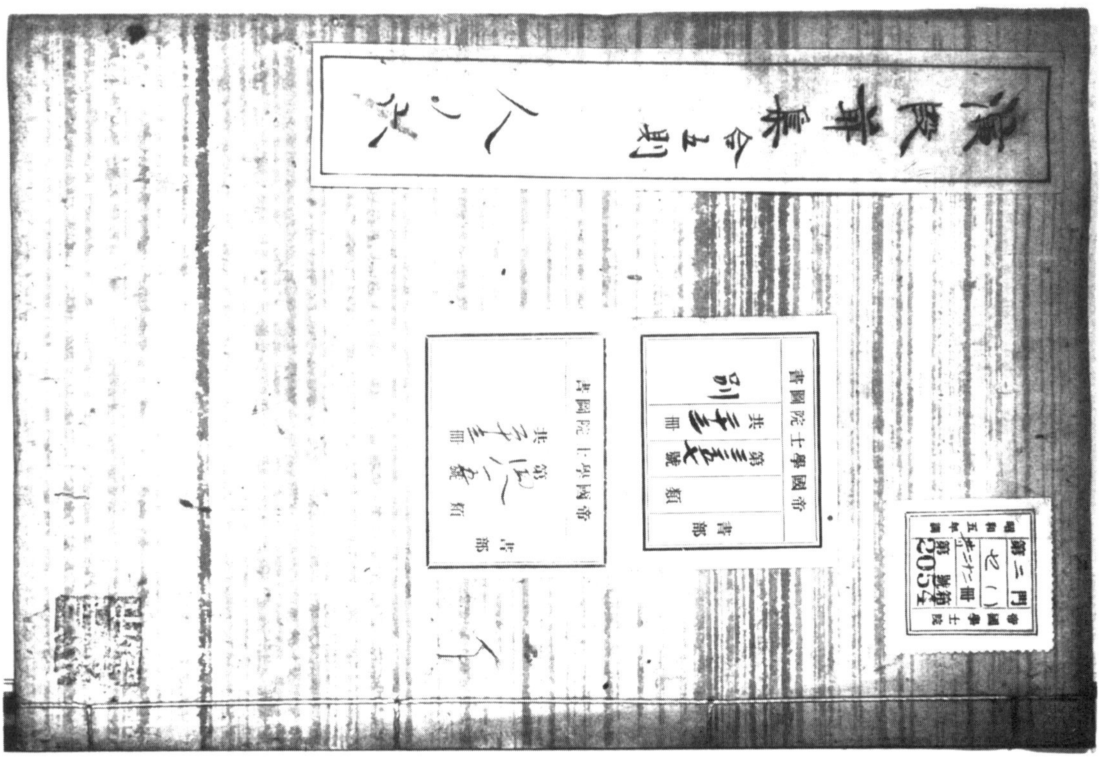

共九冊

単伏一乗幣式
一乗幣式 約省拾
再乗幣式 五巻合
三 四伍乗幣式
方 程 法

演段

全二之内 人之六

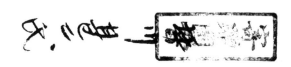

算法演段品第一

舉[illegible]状　乗除式

今有勾股弦只云勾玄和八寸又曰責股和二十〇寸問勾（乃勾加二个乗只云數者於股巾也）

演段　有勾　有股巾　又曰數

立天元之一為股〇｜以勾相乗為二段責〇勾｜寄元　列只云數内減股

為責｜又 ╳ 減倍之 ‖ 又 ╳ 与寄元相消得 ‖ 勾 ‖ 乗

相消方乗乗股巾寄元

得勾立天元之一為勾〇｜以減只云數余為云 ||| ｜自之

内減勾乗余為股巾 |||| ╳ 列勾加二个 ‖ ｜自之 ||||

｜以股巾相乗 ||| ||| 〇 ╳ 寄元　又曰數倍之 ‖〇 自之

|||〇 与寄元相消得開方式 |||| 十三〇 ╳ 立方開之得勾寸

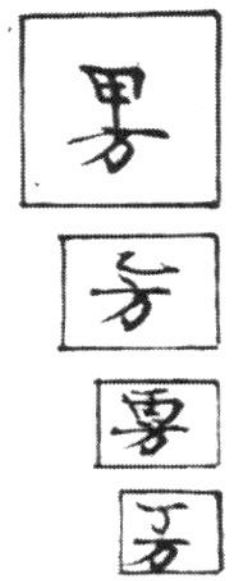

今有平方四个其方逐差等只曰甲乙責和二百九十〇寸又曰丙丁責和百三十〇寸問甲方面

答　甲方十三寸　逐差二寸

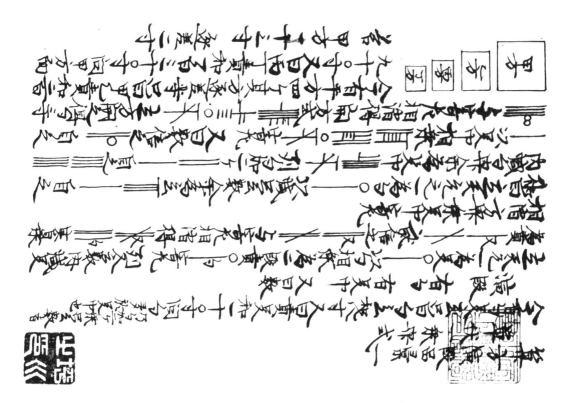

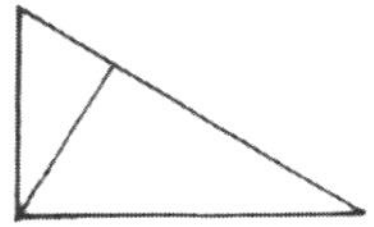

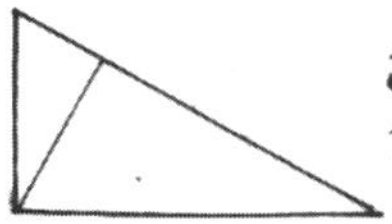

演段 有甲方 有乙責 又曰數

立天元一為乙方○——以減甲方余為遂差 列乙方内減遂

差乗本為丙方 自之為丙責 位 丙方内減

遂差之余為丁方 自之為丁責 併入位

為又云數 寄左 列又云數与左相消

得式 數 実 平方 方 開平方除之得乙責而

相消

術曰 立天元一為甲方○——自之以減又云余為乙責 列甲

方巾數加乙責三因 内減又云余 自之

甲方一十六之 自之 以乙責相乗 与左

相消得 寄左 三乗方開之得甲方面合問

開方式

今有乙員 云乙云句 云和甲八寸 又云中勾云和七寸 問

答曰 三十○寸

演段 勾有 股云有 中勾中有 又曰數

立天元一為中勾○——以減又云余為云 又 以股云

相乗為勾乗 与勾乗相消 実中寄

左 方乗乗中勾乗相消

術曰 立天元一為勾○——以減又云余為股云 自之以減勾乗

余為中勾乗 列又云以股云相乗内減勾乗 与寄左

相消

列股云自之 寄左 与寄左

三乗方開之得勾合問 相消得

開方式

今有勾股 云股云和四十五寸 又勾与長云中勾云和四十二寸 問股

演段 有股 有云 有勾乗 又云數

立天元一為勾○——以減又云數余為中勾長云和 又 以

云和乗為股因勾股和 左 列勾股股 以

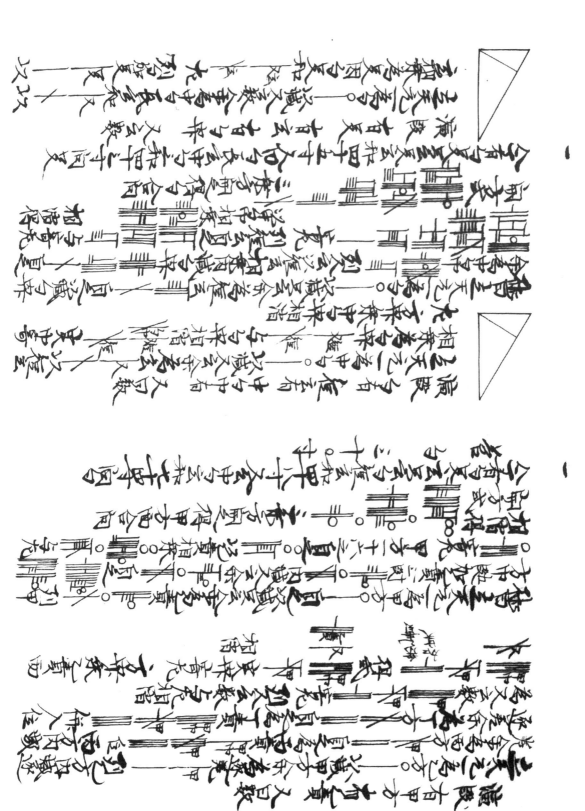

又相乘冪 又勾弦和相消 實自之寄左

借三天元一爲叉○ 以叉減云爲之 自之内減叉巾爲勾巾 自乘之

列叉云 以云相乘 寄左 内減叉巾 自乘

寬 叉云自乘之以 与寄左

勾巾相乘之得 相消得

開方式 三乘方開之得叉二十○寸合問

[illegible]

今有勾叉内方容外員只云勾玄較一十四寸問玄

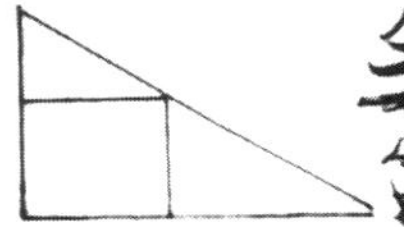

演段 勾 玄 叉巾 外員

立天元一爲叉○ 以勾相乘爲二段員○ 内減倍外員爲二

段方巾 自之倍之

爲勾叉相乘爲勾叉因方面○ 自之

爲勾叉和因二段方面○○ 勾倍 列勾加叉 自之

勾寄九相消得 得式如

實級者外員因玄巾二段也 方級者玄巾因勾一段員

外員因勾四段正也 故更之 實自之相消方自乘

[illegible]

借勾立天元之一爲玄○ 内減入云較 余爲勾 自乘以減玄巾 余爲叉

巾 列外員四之 以減云巾 以勾相乘 自之

以叉巾 相乘 寄

相乘得 左 列外員以云巾相乘倍之

開方式 白之 勾寄九相消得

六乘方開之得云三十五寸 推術

得各合問

[illegible]

今有勾叉容円只云叉中勾玄於至三十寸人云叉此於玄五寸問云

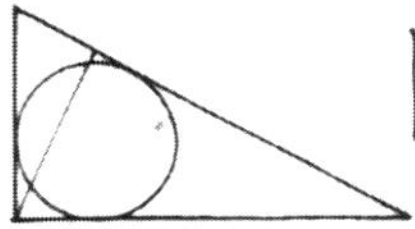

演段 叉 玄 勾巾 叉玄較

立天元一爲勾○ 加叉内減玄余爲叉玄較 則叉 也係入

叉玄爲中勾較 以玄相乘爲段勾叉責 寄左 列勾以叉相

乘○ 叉 勾寄九相消得 實 叉中寄九 方巾乘勾巾相消

借立天元一爲玄○ 内減叉云余爲叉 自乘以減玄巾余爲勾巾

列入日内減叉云 内減又云余爲叉 自之乘玄巾○○ 寄左 列入日十方級 自之以

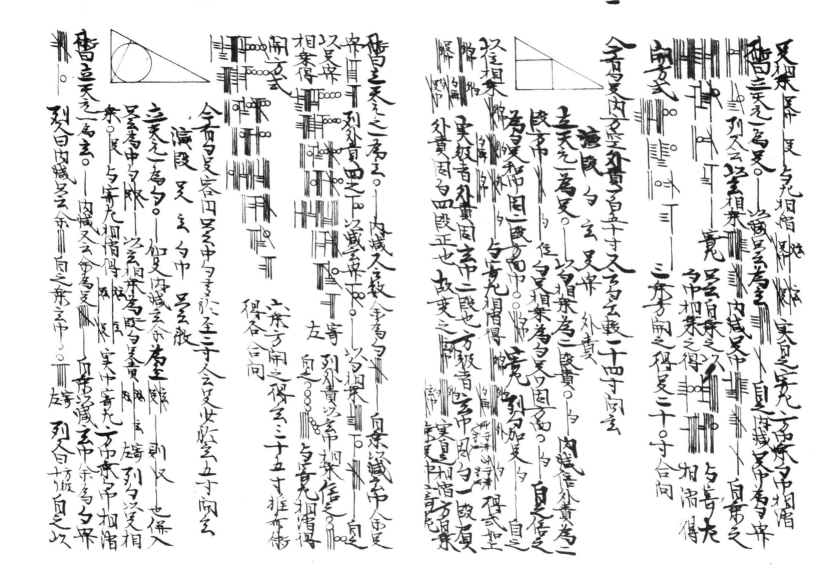

白巾相乘之 与寄左相消 開平方式 平方飜法開之得云二十五寸

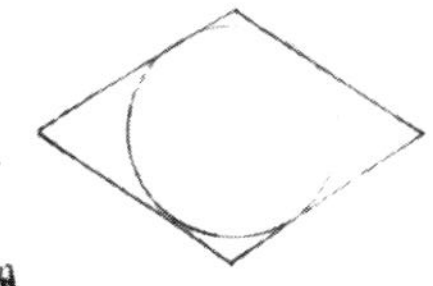

今有梭容圓只云外貴一百二十八寸四分五。又云梭面二十五寸 長平問
答 長四十寸 平三十寸 圣二十四寸
演段 有梭平 有梭長巾 外貴 梭面
立天元之一為梭長〇──以平相乘為二段梭貴〇 内減信外貴
余為二段為田貴 平 位 列面自之乘位信之為田貴方因平乘
左 列平自之乘平乘又以田貴方乘之〇〇 与寄左相消得
実巾寄左 方乘乘長乘相消
因長乘
帶曰立天元之一為平〇──自乘以減四段面乘為長乘 〇──列倍外貴因面
乘四段与田貴方因
長乘因平乘一段得
列平以面乘相乘信之自之〇〇 以長巾相乘得〇〇 与寄左相消得
開方式

七乘方開之得梭平三十寸合問

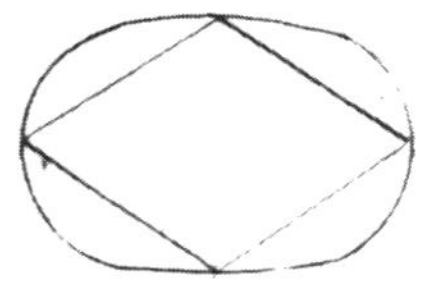

今有側円入梭外貴二十寸只云面五寸 問長短圣 答 長圣八十 短圣六十寸
演段 有長圣 有短圣巾 外貴 梭面
立天元之一為短圣〇──乘長圣及田積方〇 内減貴又余
為梭貴 外 長短圣相乘〇 与左
相消得 実自之相消 方巾乘短圣乘寄左
帶曰立天元之一為長圣〇──自乘以減四段面巾余為短圣巾〇〇
信田貴方五ヶ内減一ヶ余五ヶ乘長〇 自之〇〇 乘短圣乘〇〇
寄左 信外貴四十寸自之 与寄左相消得 開方式
真式象 三乘方開之得長合問
今有圓内入方空只曰外貴四百〇七寸大矢二十五寸 圣若干 答 圣六十寸
演段 有円圣 有方面巾 大矢
立天元之一為方〇──加大矢為長矢 大──以減円圣為短矢 小

乘長矢四之為方巾　左寄　列方自之与左相消

得　実自乘寄左　方乘如前

相消

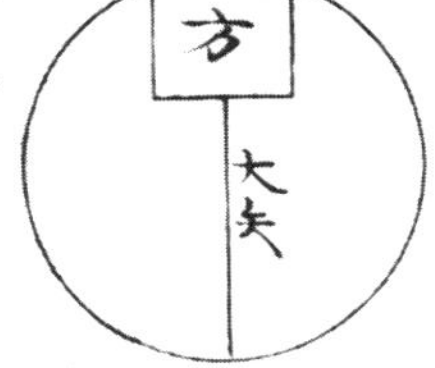

術曰立天元一為圭○――自乘々四責方内截外責為方巾　自之

列大矢巾四段与方巾五段内截圭因大矢四段　与左

得象　信大矢内截　四圭余四之　得　相

相消得開方式　三乘方開之得圓圭合問

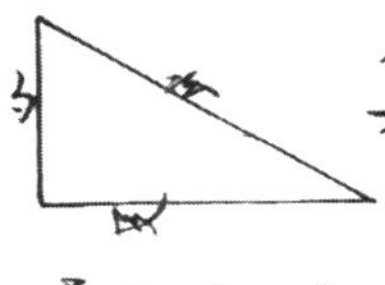

今有勾股只曰勾為実平方開之商与玄和四寸又勾股和九寸問勾

演段　有勾　有股　只云数

之天元一為勾○――以減只云為玄只　自之為玄巾

左　勾巾股巾相併為玄巾　与左相消

得式　実自之左　方巾乘勾消

術曰立天元一為勾○――以減又曰為股　自之　勾巾　既相

○○――二位相併以減只曰巾加勾得　自之　左

信只云　自之乘勾○　与寄左相消開方式　三乘方

方開之得勾推前術得股又玄各合問

今有平方三其方逐差二百四十寸又云方平商与各相併四十七寸問中方面

答　大方五百二十九寸　中方二百八十九寸　小方四十九寸

演段　中方アリ　大方アリ　小方アリ　又曰数

之天元之一為中方巾――以減又云余為大小方平商和　又　自之為大方

内併減大小方余為大商因二段小商

因四段小方　寄　也

大小方相乘四之与左相消

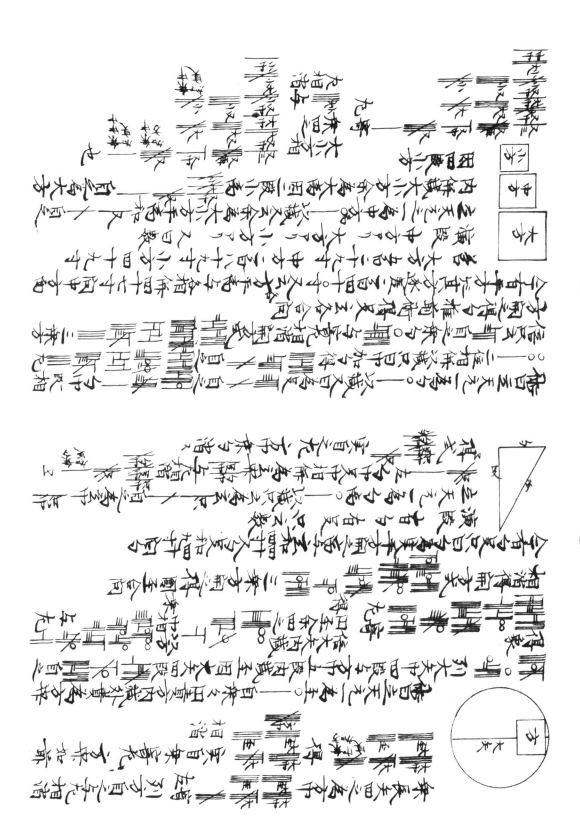

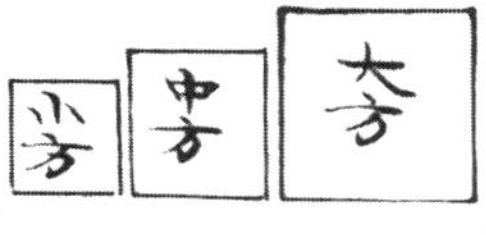

得
式

実級正五位　負五位　本術甲位以減甲位余自
乗之寄左
方級四段負二位　本術乙位　乙位内減正二位余自之
乗中方一十二以之相消

極日之天元一為甲方○―加遂差為大方―列
中方内減遂差為小方―又云三乗巾段大方巾段
―小巾段―又云因中方○中方巾
段○○―右五位相併―寄甲位　又云再乗巾段又云因中方段
寄乙位　列併又云巾因大方段　又云巾因小方段
大方因小方段○―大方因中方段○―中方因小
方段○―共得　以減寄甲位余　自
寄左
又云因大方　又云数因小方　二位相併共
得○　以減乙位余　自乗之得数

以中方相乗
併一十六
之　与寄左相消得○

開方式
三乗方開之得中方推前術得大小方面合問

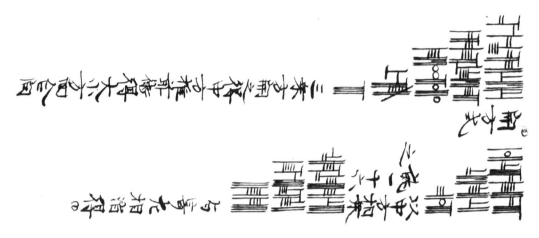

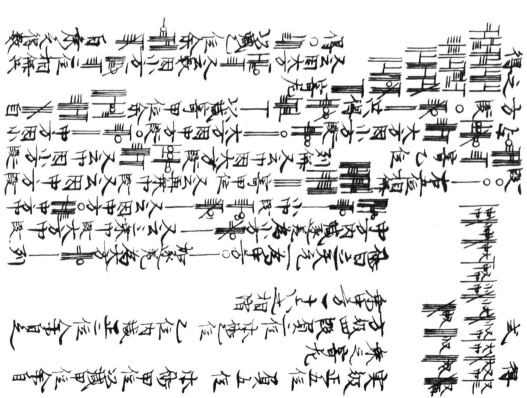

算方演段品彙二

一乗除式

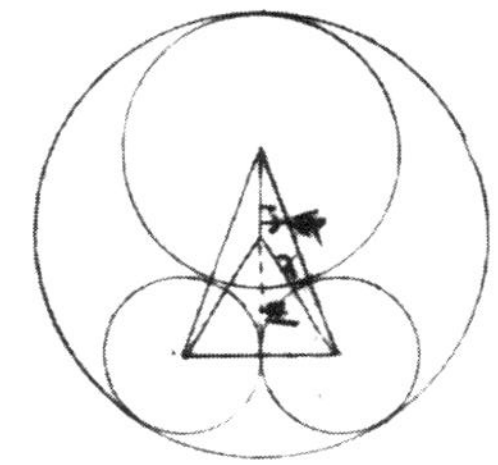

細省括

今図中容三円外円積四百五十一寸只云大小径差九寸問小径

荅小径五寸　大径十四寸　外径廿四寸

演段　有小径　有大径　有外径巾

立天元一為外径○──内減大径為二ヶ子

──自之──寄甲　列外径減小径余為

二ヶ寅──自之内減小径巾為四段巳

列大径加小径為二ヶ卯──自之内減小径巾為

内併減巳乙位余為子因八ヶ丑──自

四段子巳和──寄左　列甲位以乙位相

之為甲位因四　乗試分四之

与寄左相消得──開平方以四約之又省小径如左

本術乙位言周率因外至巾也故是式傍
書外至巾皆改作乙外三位皆乘周率得

実自乘乘周率寄左方乘乘乙相消故方級適省

周率 自之乘乙及周率相消 実乘寄左

術曰立天元一為小至○—加云差為大至—自之加小至巾段
以周率乘之 列外貴以至率乘之又四之併
入寄位為周率因外至巾 列大至四之內減小至
乘乙位內減周率因小至因大至巾余 自之得如上象
寄左 列大至巾四段大小至相乘二段 以之位相乘又以周
平乘之得象

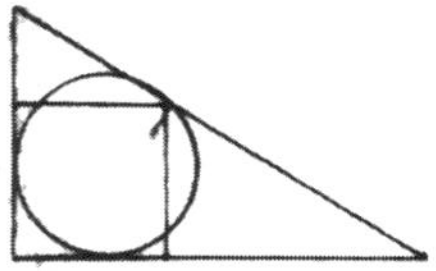

今有勾股入円与方只云至長於方才又云股玄較才
問股 答股二十八寸勾二十一寸方一十二寸
術曰 有股 有玄 有勾弦 只云數
立天元一為勾○—併入股為勾股和 内減玄
為至 只云 以勾股
和相乘為二段勾股實○ 与寄左相消 得式
実巾寄左方巾 乘勾巾相消○
術曰立天元一為股○—加又曰為玄
列甲又云 以甲相乘以減勾巾 向之内減股巾為勾股 [illegible]
列甲自之 以勾巾乘之 与寄左相消得開方式 加左象
平方飜方開之得股合問

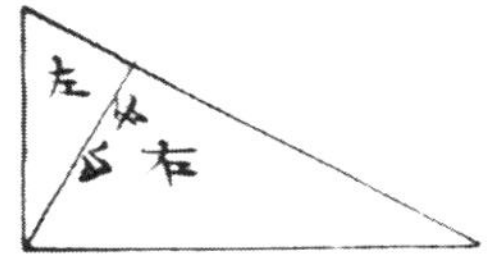

今有勾殳入中勾只云隅中勾其左責五十四寸即右
責九十六寸问勾殳和若干　荅曰勾殳和三十五寸
演段　有勾殳和　右責　左責
立天元一為勾殳較○——以減勾殳ワ為二ケ勾ワト
自之寄左責為左責因四段殳中帖　列勾
自之寄左責為左責……列左與
殳和加勾殳廿為二段殳ワ——自之寄左責
寄左相消得……得式
術曰立天元一為勾殳和○——自之為和巾○○——列右責加左
責為勾殳責……八之以減和巾為勾殳廿巾……列右責
内減左責……列和巾加勾殳廿……自
之……列勾殳責乘和倍之……自之以勾殳差巾
相乘……勾左相消……三乘飜方開之得
得……開方式……勾殳和合问

今有勾殳入方与中勾只云方短於中勾二寸又云勾玄較……
荅曰五十二寸五分
演　有勾有玄有殳巾只曰數
立天元一為殳○——乘勾為玄因中勾又為勾殳和因方
○——勾殳相除減玄……乘位為玄因勾殳和因只
云數○……勾……乘玄及只云數
……与左相消……得……
故変之……
術曰立天元一為勾○——加又云為玄……自之内減勾巾
為殳巾……只云与玄相乘以減殳巾……自之以勾乘
相乘○○……列除只云因玄与又曰因勾……自乘
相消……相消……開方式
……三乘方開之得勾合问

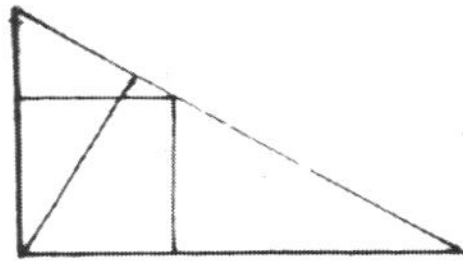

今有三斜中入円只曰長殳中斗差二寸又云短殳無斜差四寸
……列云四至無斜差一寸问中斜　荅　中斗六十五寸
長殳　……至殳二……四至五……小斗○二寸　不拘過乘為執行段之

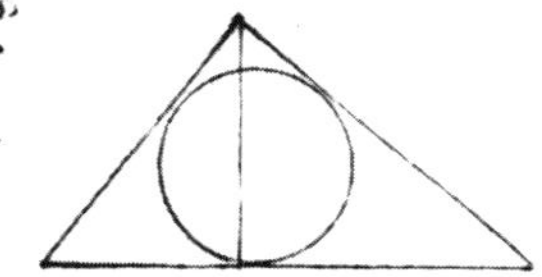

演段　有中斗　有長旲　有盎弦　別又曰數アリ

立天元一為盎十○――内減之云為互旲――加

長旲為大斗較――以另云減盎什為巫另――

大中斗相併較――以四巫――寄位大斗

盎什相乘自

列徑旲自之加盎針巾為小斗巾

以之為大中小斗因円巫内減位(?)金為巫因小斗得

九寄

與寄九相消得

括之法　長　和名甲　又　長差名乙

差名丙

青　也　青　也　青　也

青　也　青　也　青　也

甲因只云數ハ　青盎什除也

括得式象

得式

上　以　上　方　實級　方級

青　也　青　也　青　也

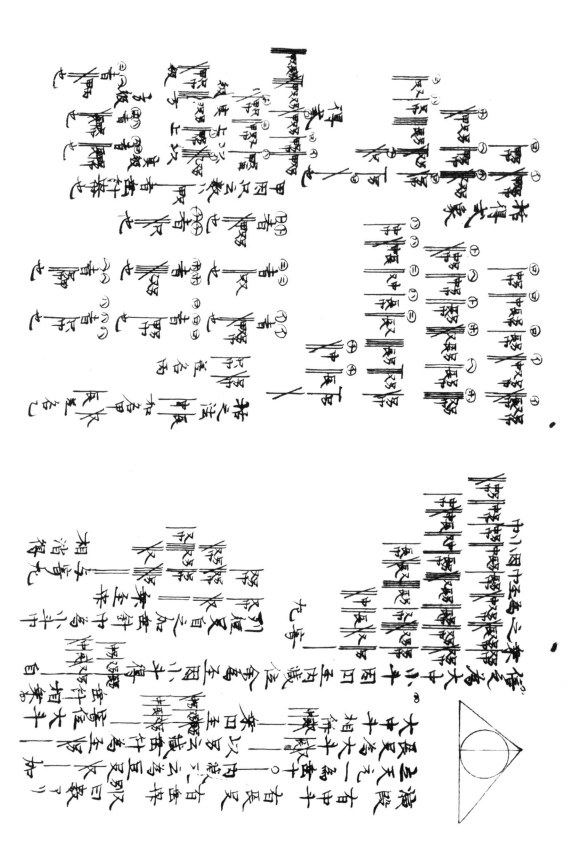

実級 併之丙因甲因長叉 ‖ 也
併之丙因甲因叉云數 ‖ 是二位相併丙因甲因之 ‖ 也

格式得遍二物
‖ 甲 実級遍省 正一位内減負二位方為左 隱書甲方級格之一負二位内減正一位為右方
‖ 甲 撤之

‖ ‖ 甲 実中 ‖ 寄左方巾乗畢什巾相消
‖ ‖ 甲 得 ‖ 遍省甲 ‖ 寄左 ‖ 相消
‖ ‖

術曰立天元一為中斗○一 内減只云為長叉 ‖ 一 加中斗
‖ 略列長叉内減又云余 ‖ 一 乙只云巾内減另云巾余
‖ 略列叉云因另曰因長叉 ‖ 余 ‖ 内減只云因又云因
另曰 乙因丙 ‖ 余 ‖ 自之 ‖ 以
甲相乗 ‖ 列併甲因丙 ‖ 又曰因另曰因
乙 ‖ 得 ‖ 内減只云因另云因甲 ‖ 余 ‖
丁自之乗只曰得 ‖ 与左相消寄方 ‖ 之
方寄之得中斜合向

追加

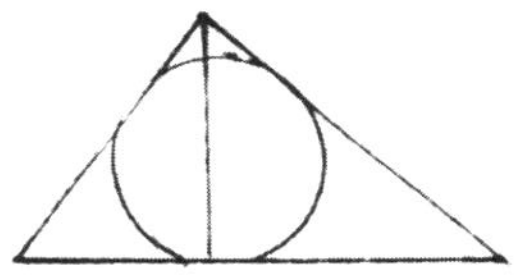

三斜中容圓只云長叉中斗差二寸又云短叉畢什差
四寸 向中斗若干
答 中斗 有中斗 有畢什巾
演段
假立天元一為畢什○一 内減又云為短叉 ‖ 一
列畢什乗只云為另云因短叉小斗和○ 只 内減另云
因短叉余為另云因小斗 自之内減另云巾因短叉乗
余為另曰乗因畢什巾○ 隔室級為另曰乗因畢什得
故本術 左 置畢什乗另云乗○ 与左相消 ‖ 也
中斗乗另曰為畢什 ‖ 立天元一為中斗○一 内減又云為長叉 ‖ 加
之乗畢什左 只另曰相乗之内減只云巾 自
只另相乗又云倍之 寄之 ‖ 与左相消 ‖

上実下方而一得中斗六十五寸合問

以青　長殳中斗差

又青　短殳斜升差

以青　日至斜升差

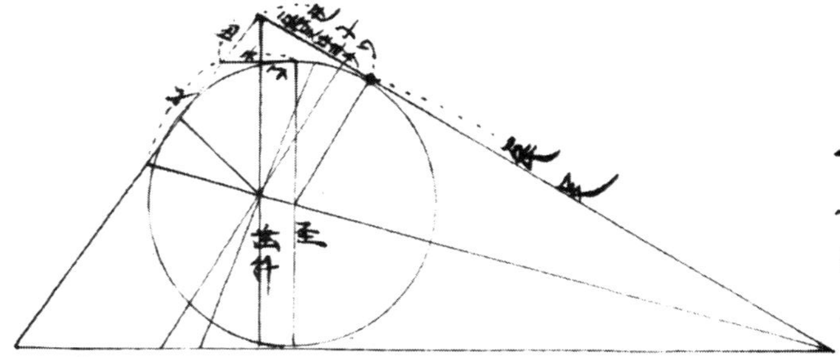

短殳小斗勺	殳至長殳中斗卄	勾至乃之段
斜升	到四斜升卄	殳ノ段

又

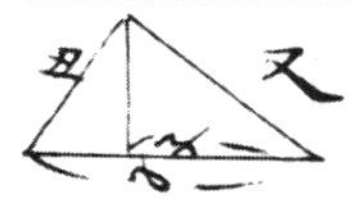

丑　十　子ハ長殳中斗差

丑　十　子ハ勾玄和也

斜升　全　青殳十リ

算方演段品景第三

再乗乗式

今有勾殳只勾再乗殳再乗相減三十七寸又云殳玄較一寸勾若干

演段　有勾　有殳再　又云数　答　勾三寸

立天元一為殳○加又曰為玄又自之内減殳巾為勾巾除殳　左列勾自乗勾巾与左相消得

解　○法曰　実再自乗段　方再乗殳再段

広再自乗々殳五乗巾段　寄　実方広相乗々殳再乗巾段三　○与左相消分

右三位相併　左　正負得寄消　左　相消

術曰立天元一為勾○　再自乗加又云為殳再乗巾　○

列勾自之内減又云巾余　再自乗之　○

以左列殳再乗巾乗又云再乗巾段　与左相消開方式

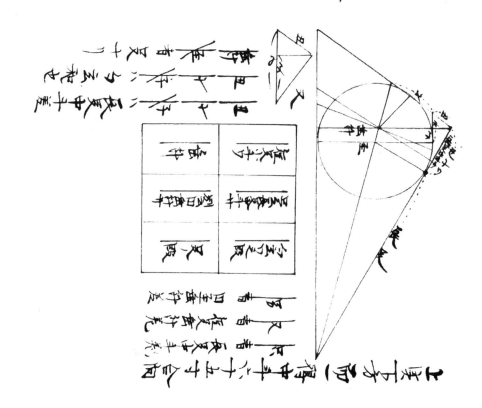

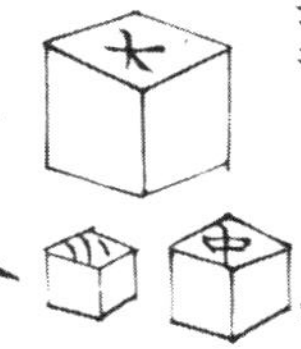

五乗冪方開之得々合問

今有立方三ケ方和九寸 只云大立責多於中責三十七寸又曰中責多於小責一十九寸問大方若干

答　大方四寸

演段　大方　中責　小責　方和アリ

立天元一為中方加大方 再自之為小責 以減云和為小方 以大 実 与小

級正内減負得 得式

責相消

実級正一位内減乙 実再自乗一段 乙再 方再自乗

久乗中責巾段 工再自乗久中責 中責巾段 右三位相

併寄丸 実方广相乗久中責 与左相消分正負得数

乙再 三位丸ト乙 負一位相消

再曰立天元一為大方〇—— 以減云和 列大方再自

乗内減只曰為中責 〇〇—— 列又云以減中責為小責 〇〇

——加中責得数減甲再乗巾余 乙再乗巾段 中責 加乙 共得 以甲 再乗巾与中責

相乗二寸段 也

右二位相併 寄 左 甲五乗巾与中責相

段十乗二七 与左相消得 開方式

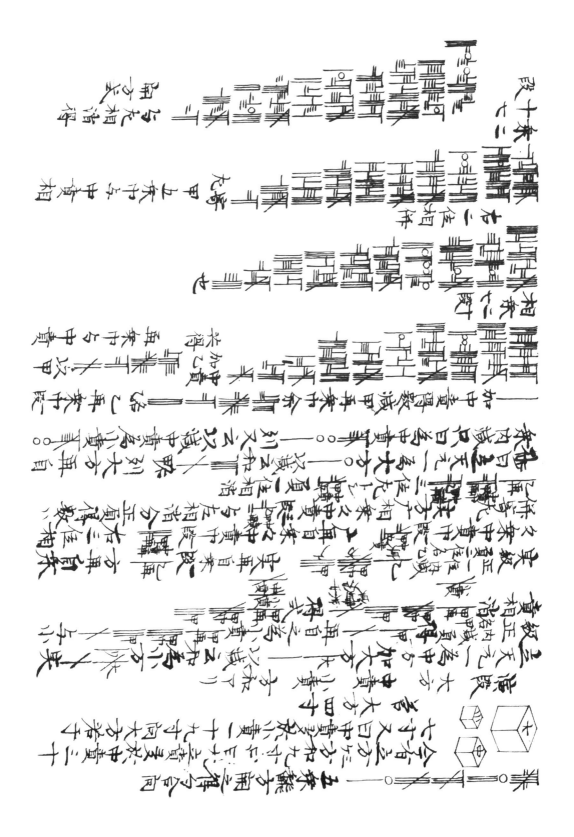

三以六方開之得大方面合問

今有勾股只云勾与股再乗巾和七十六寸又云玄卜股冪
和二百廾問勾　答勾　三寸
演段　有勾　有股再乗巾　又曰数
立天元一為玄○——自之以減又云数余為玄冪
自之為玄冪冪○——寄列勾自之加股冪為玄

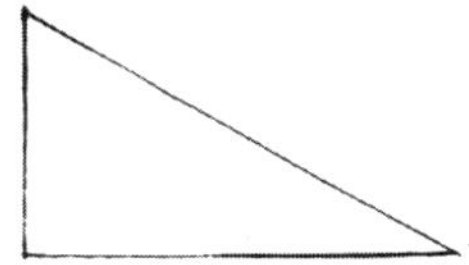

冪冪○——与左相消得式　実合
数冪内減勾巾余略　広又云数二段与一ケ和　乙名甲　股再
実再乗冪段　甲再　方再乗巾乗股再乗冪段　広再乗巾乗
股五乗巾段　右三位相併尤　実方広相乗乗股再乗巾段
与寄左相消分正負　正三位左負位相消
術曰立天元一為勾○——以減只云為股再乗巾　又曰
数冪内減勾冪略　又曰段加ケ　乙名甲再乗冪一段
甲十一乗　甲因乙因股
冪一段　五乗冪三段
右三位相併得　寛
乙再乗巾与股五乗巾与寄左
相消得　開方式
五乗飜方開之得勾合問
股五乗巾相
消得

今有勾股只曰勾股玄三和二十又曰勾玄和為実立
方開為与玄和而廿問股　答股　四寸
演段　有股　有勾玄和　本術名甲　又云数
立天元一為勾玄和之商○——以減又云余為玄冪
以減甲余為勾　自之加股冪為

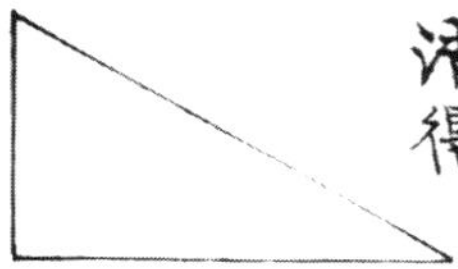

玄冪得　列玄自之　与左相消得
変之　左
格之得　甲　実再自乗　方再

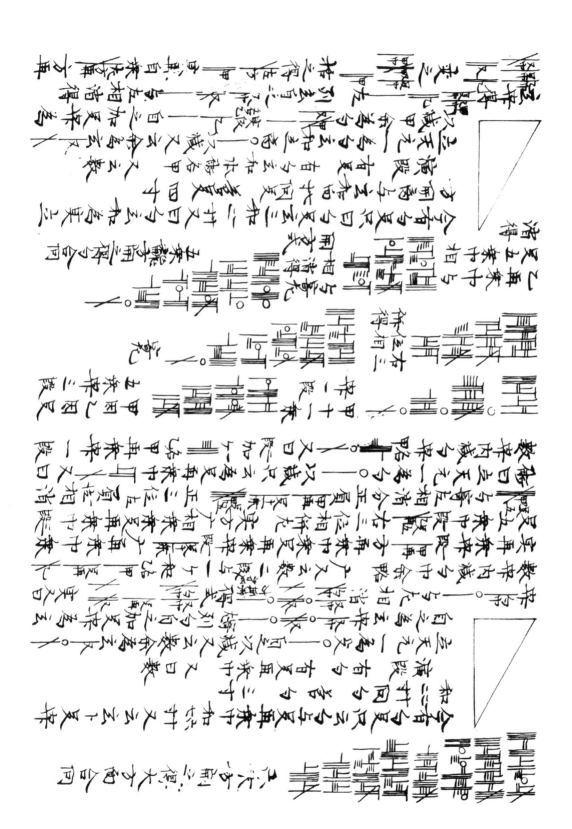

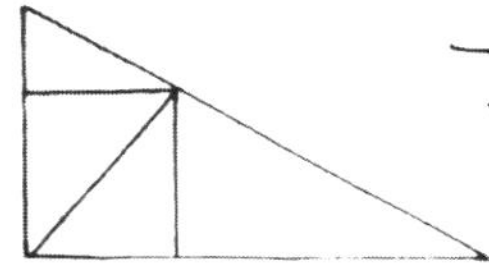

自乘之甲相併今正負寄消
依曰立天元一爲旻○以減玄和略倍又
曰內減甲余乘甲內減旻巾余爲左方
再自乘爲八段甲三乘巾
寄左　列甲三自乘減八分之五乘冪爲方開
与左相消之得旻合問
開方式

今句旻內入直之長平相乘二十八指又曰句旻中句
三和十二指於同玄若干　若玄指於長四十平六十
演段　有玄　有中句再乘巾　殳弦　又曰數
立天元一爲中句○以減又云爲句旻和又
自之加中句冪爲玄冪中句和冪　寄左
列玄加中句自之冪玄与左相消
実指之冪方級指之実再自乘段
甲再方再自乘之中句再乘段广再自乘之中句五乘冪
段中句五右三位相併左実方广相乘之中句再乘巾段
數爲中句再乘巾故倍之中也
相消分正負甲再冪寄消
依曰立天元一爲玄○自之內減又曰冪余之曰甲
列又玄加玄倍之得乙玄因甲因乙因只云數三段
只云數　右三位相併
巾因玄　甲再　共得如上
巾段　一乘巾　一段

寄左

乙再乘冪因玄因只玄一段

与寄左相消得
開方式

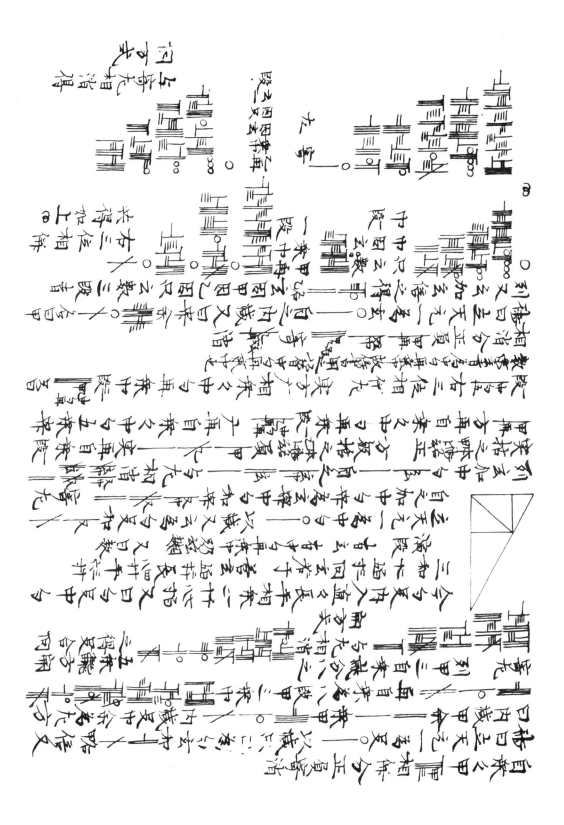

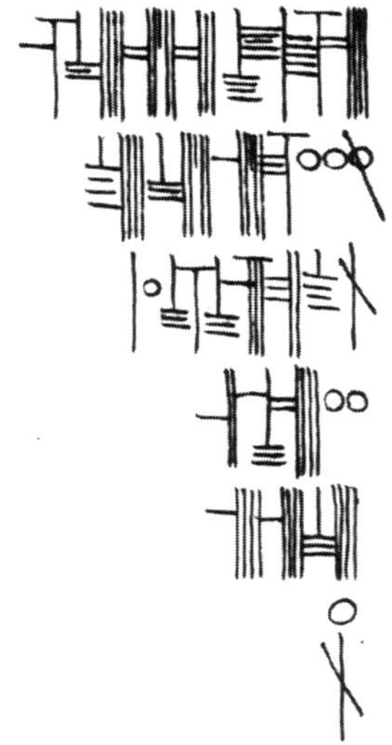

五次隔乘方之得云合問

算方演段品第四

三乘幂式

真術求得何三乘幂而虛術之天元一為何以得式止実以下四級

其第五級乘何三乘巾加実　第六級乘何三乘巾加方第七級

乘何三乘幂加广第八級乘何三乘幂加隅　第九級乘何七乘

幂又加実每級如是而得編式則畳式也

編得式

実｜方｜广｜隅

何三乘幂名曰甲

実三乘幂段一　广三乘幂因甲巾段一　方幂因隅巾因甲幂段二

実因方巾因广因甲段四　実因广因隅巾因甲幂段四

右五位相併寄左　為生

生与寄左相消得式分正負以正相併為本術寄左　以負相併為本

術相消

四乘幂式

真術求得何四乘幂而虛之天元一為何以得式止実以下三級

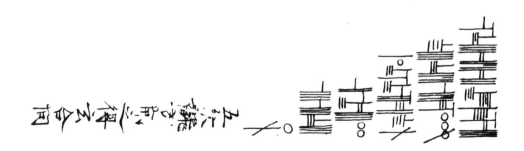

實第六級乘何四乘冪加實　第七級乘何四乘中加方　第八級乘何四乘冪加上廉　第九級乘何四乘冪加下廉　第十級乘何四乘冪加隅　第十一級乘何九乘冪復加實　逐下如是而得疊式

疊　得　式

實　方　上廉　下廉　隅

何四乘冪名曰甲

実四乘中段一　方四乘冪因甲段二　上廉四乘中因甲中段一　下廉四乘中因甲再乘冪段一　隅四乘中因甲三乘冪段　実冪因方中因下廉因甲段　実冪因方因上廉因甲段　実中因下廉冪因隅因甲冪段　実中因上廉因隅冪因甲中段　実因方中因隅冪因甲冪段　実冪因上廉因甲中段　方冪因上廉冪因甲冪段　実因上廉冪下廉冪因甲中段　方冪因因下廉中因隅中因甲再乘中段　方冪因上廉中因下廉中因甲中段　方再乘中段

右一十五位相併　為生

実再乘中因方因隅冪因甲段　実再乘中因上廉因下廉因甲段　実因方再乘中因上廉因甲段　実因方因上廉因下廉因隅因甲中段　実因方因下廉再乘中因甲中段　実因上廉再乘冪因隅因甲中段　方再乘中因下廉因隅因甲中段　方因上廉再乘中因下廉因甲中段　実因下廉因隅再乘中因甲再乘冪段　方因上廉因隅再乘冪因甲再乘中段　上廉因下廉再乘中因隅因甲再乘冪段　上廉因下廉再乘冪

右一十一位相併　為超

生与超相消得式　分正負以正相併為真術寄左　以負相併為真術為相消数

五乘冪式

真術求得何五乘中而臨術三天元一為何以得式　止実已下六級乘第七級乘何五乘冪加実　第八級乘何五乘中加方　第九級乘何五乘冪加初廉　第十一級乘何五乘中加次廉　第十一級乘何五乘中加三廉　第十二級乘何五乘冪加隅　第十三

叙以下乗何十一乗中自実逐下加之而得四法式

畳得式 ─ 実 ─ 方 ─ 广 ─ 二广 ─ 三广 ─ 冨

注中何五乗中進甲

実五乗巾段一　初五乗帘因甲巾段一　参五乗巾因甲三乗帘段一

実再乗巾因初再乗巾因甲段二　実再乗巾因参再乗巾因甲巾

段三　初再乗巾因参再乗巾因甲再乗巾段二　実巾因次三乗巾因甲

帘段三　方三乗巾因参巾因甲巾段三　初巾因冨三乗巾因甲三

乗巾因甲三乗巾段三　実再乗巾因方巾因参因甲段六　実再乗

巾因初因冨巾因甲因段六　実因初再乗巾因次巾因甲巾段六

方巾因初再乗巾因参因甲巾段六　実因次巾因参再乗巾因甲

再乗帘段六　初因参再乗巾因冨巾因甲三乗巾段六　実因方之

乗巾因初因甲段六　方三乗巾因次因冨因甲巾段六　方因次三乗

巾因冨因甲再乗巾段六　初因次三乗巾因参因甲再乗巾段六

実因参因冨三乗巾因甲三乗巾段六　方因次因冨三乗巾因甲

三乗巾段六　実巾因方巾因冨巾因甲巾段六　実巾因初巾因参

乗因甲巾段九　九巾因初巾因次巾因甲巾段九　次巾因互参巾因

冨巾因甲三乗巾段九　実再乗巾因方因初因次因甲段二　実

再乗巾因次因参因冨因甲巾段二　実因方因初再乗巾因冨

因甲巾段十二　初再乗巾因次因参因冨因甲再乗巾段十二　実因

方因参再乗巾因甲再乗巾段十二　方因初因次因参再乗巾因

甲再乗巾段十二　実因方巾因次巾因参因甲巾段十八　実因初

因次巾因冨巾因甲再乗巾段十八　方巾因初因参因冨巾因甲

再乗巾段十八

右三十四位相係　為生

方五乗帘因甲段一　次五乗巾因甲再乗巾段一　冨五乗巾因甲

四乗巾段一　方再乗巾因次再乗巾因甲巾段二　方再乗巾因冨

再乗巾因甲再乗巾段二　次再乗巾因冨再乗巾因甲三乗帘段二

実三乗巾因次巾因甲段三　初三乗巾因冨巾因甲再乗巾段三

方巾因参三乗巾因甲再乗巾段三　次因参三乗巾因冨因甲三

乗巾段六　実因初因参三乗巾因甲再乗巾段六　方因初三乗帘

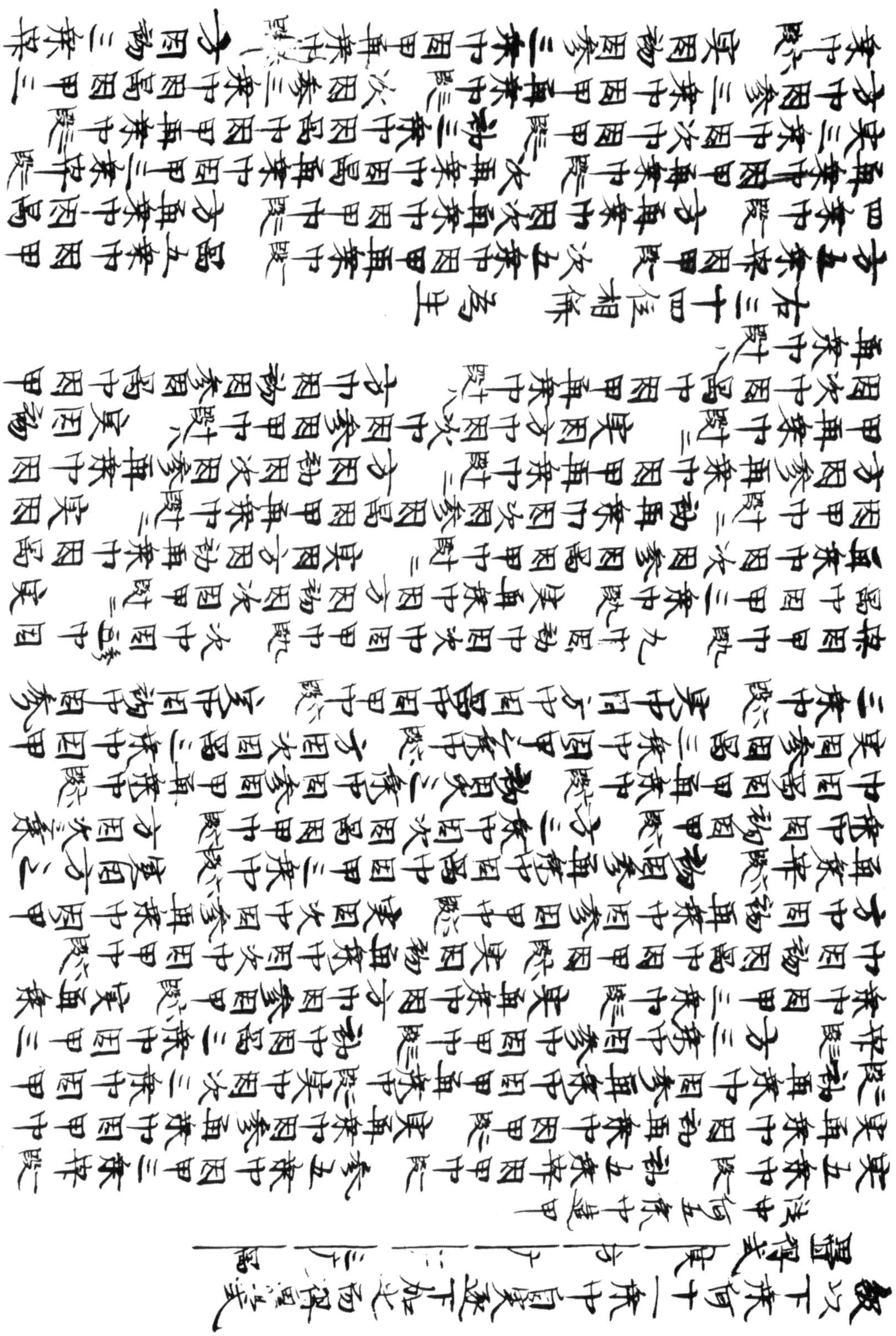

因次因甲巾段六　実因物三乗巾因参因甲巾段六　実三乗巾因
方因冎因甲段六　実三乗巾因参因甲段六　方因参巾因冎再乗
巾因甲三乗巾段六　物巾因次再乗巾因冎甲再乗巾段六　方因
次再乗巾段六　因参巾因甲再乗巾段六　実巾因次因冎再乗巾因甲
再乗巾段六　方再乗巾因物巾因冎因甲巾段六　実巾因方再乗
巾因次因甲段六　実巾因方巾因物巾因甲段九　物巾因次巾因
参巾因甲再乗巾段九　実巾因参巾因冎巾因甲再乗巾段九　方
乗因次巾因冎巾因甲再乗巾段九　実因方再乗巾因参因冎因
甲乗段十二　方再乗乗因物因次因参因甲巾段十二　実因次再
乗巾因参因冎因甲再乗巾段十二　実因方因物因冎再乗巾因
甲再乗巾段十二　物因次因参因冎再乗巾因甲三乗巾段十二
実因方因物因次再乗巾因甲巾段十三　実巾因物巾因次因冎
因甲巾段十八　実巾因方因次因参巾因甲巾段十八　方因物巾
因参巾因冎因甲再乗巾段十八
右三十四位目併為也

生与甚相消得式分正負以正相併為真術負竟　以負相消為
真術消数

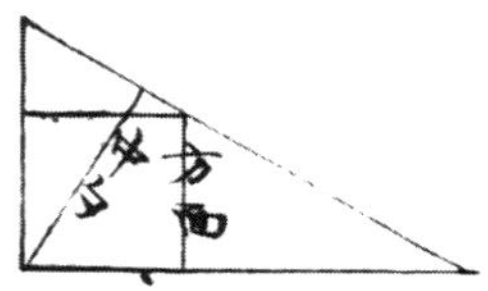

笇方演段品景八第五

方

径

今勾股内入方只曰勾股方三和六十一寸又云中勾和五十四寸八分問勾若干

答勾二十一寸

演段

有勾　有股方和　本術甲ト云　又云數

之天元一為股○一以減甲為方　甲　一　勾股相併

勾　一　一　乗方為二段積　甲　甲　一　左寄　勾股相乗

又為二段積○勾　一　与左相消　甲　甲　一　前式　勾股相併

自之以減又曰數冪為中勾中除　一　勾中股中相併為

云中勾中○一　乗中勾冪為勾中因股冪

左　寄　列勾中乗股中○○勾除与左相消

后式　前式自乗以減后式下　以名減　名加　甲

子ト曰

前式逼乗甲以　名　列前式乗　也

自子式下級消　曰　勾巾三段

之　也

又前式乗　右二位　名

甲巾一段　甲再　減之式　曰

前式乗又曰数巾段　寅

前式乗又云数巾段

右二

住加

寅式

方級減負三位内余　乙

実級正三位内減負三位余　丙

前式乗勾

勾甲一段

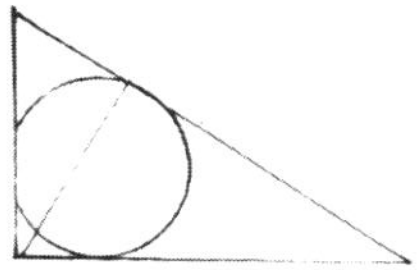

術曰立天元一為勾以減只曰略○列勾巾因甲段甲再乗巾段

勾因又曰巾段内併減勾再乗巾段四勾因甲巾段甲因又曰巾二余

名乙曰列併勾巾因又曰巾与勾因甲因又曰巾与勾巾因甲巾共

内併減勾三乗巾段一勾再乗巾因甲段三勾因甲再乗巾段二余為乙

因甲名丙○甲乙相乗内減丙為乙因方名丁○勾乙相乗加甲

為乙因勾是和以丁相乗為乙巾因勾因是寄左○丙勾相乗又

乗乙与寄左相消得開方式七乗方式也

今勾是内容円只曰短玄円至和一十九寸又曰勾是

長玄弦和二百九十一寸問勾　答勾一十五寸

演段　有勾　又曰数　又曰数

立天元之一為長玄○　自之減又曰余為勾是和

又○　寄左　列又曰加長玄為勾是和　只

勾尤相消　前式　寄位　前式　列是云

加長玄内減勾為是　寄位　列寄位

自之加勾巾為玄巾　乗長玄巾為是　三乗巾得

○○甲巾甲　一　左寄　列寄位三自乘之又為殳三乘巾甲三
甲巾　一　与左相消得　后式
并式乘甲段以自后式下級消之得　名曰子
前式乘甲巾段為減　前式乘勾巾段為加　前式乘甲段
為加　加減子式
実級　減負三位内　余本術丁
方級　減負四位内　減正一位　余本術丙
依曰立天元一為勾以減弦余名甲○又曰減又曰余曰乙
○列甲再乘巾四段甲因乙段
勾巾一甲三共得内減甲巾一
五余名丙　列倍勾巾因乙
甲因乙二内倍減甲三乘段
甲巾因乙五　余為丙因長式

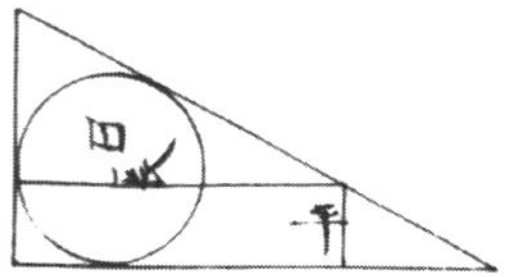

名曰列又曰乘丙巾内減丁巾余為丙巾因勾殳和寄左○又曰
丙相乘加丁為丙因勾殳和以丙相乘与左相消開方七乘方式也
今有勾殳入直与円直外貫三百四十八寸只曰勾与
・円径和五十○寸又曰長平較一十九寸向直長
答　直長　二十八寸
演段　有長　有平　有勾殳貴巾　只曰殺
之天元一為勾○　一乘長為勾平差因殳○　長　以勾
相乘為勾平差因二段勾殳貴○○　長　寄左　列勾内減
平余　一乘甲就倍之　与寄左相消　前式
列勾倍之内減只曰為殳玄較　一自之以減勾余乘勾
為殳玄差因四段勾殳貴○　寄左　列甲乘殳玄較
就四之　与左相消　后式
后式　名
乘長　子曰
得式
前式乘長与　以減子式
只二段得式　乘平

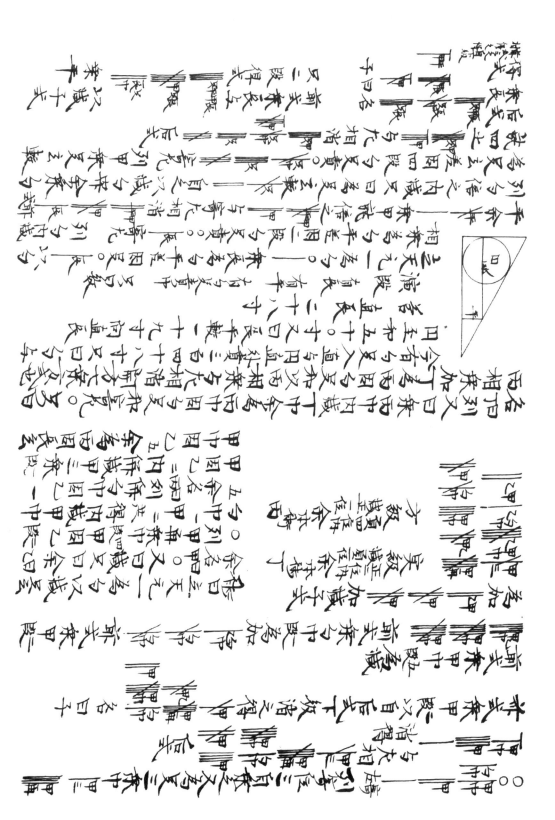

甲乙長　下甲

余縮
空得

方級　負二位内減正一位余　本術之
実級　正二位内減負一位余　本術丙

方級　是式名曰子　首長除之者
乘率　本術名曰丁
加実　則与長相乘
級為　者曰子乙因
乙因　与平數十り
与平
差得　子　也

術曰長丙相乘為勾平羃因乙因又
丙　是則子丙是也　首長為丁因是也　式　丙　以丙相乘為
乙因丁因二段勾又責　丙巾　寄　乙丁
甲相乘倍之　与允相消也
術曰立天元一為直長内減云差余為平以長相乘加外責為勾
又積略列甲因平六段長冪因又云数二段内減是因平因又曰数
四段余名川術甲因平巾六段甲因是因又曰数四段内術減是因
平因又曰数以甲因是因平八段余名列術平巾因又曰四段甲因
又曰四段内術減平因又曰数巾以甲因平八段是因平因又曰
二段余名甲之相乘倍之寄允○列丙自之与允相消　七乘方式也

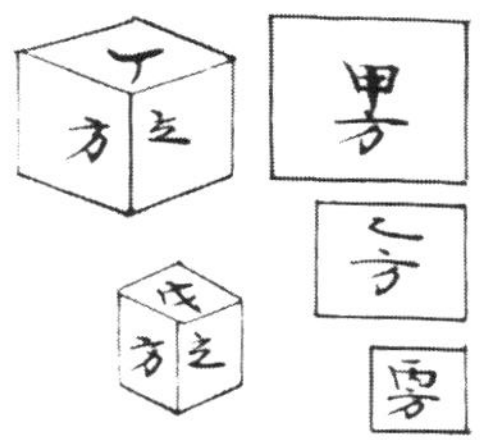

今有甲乙丙平方一个丁戊立方一个毎方逐差等　只云
平責和六百八十三寸又曰立方責和二千六十
寸問甲方　答甲方一十七寸　逐差二寸
演段　有甲方　又曰數　又曰數
立天元一為逐差○—以減甲方為乙方　甲
自乘為乙責　列乙方減逐差為丙方
甲　自之為丙責　加甲方巾ト乙責為又曰数
与又曰相消　前式　列丙方内減逐数
余為丁方　再自乘為丁責　列丁方減逐
差為戊方　再自乘為戊責　加丁責為又
曰數　与又曰相消　后式
前式以九　名曰　后式五之　也名曰
十一乘之　子
以子自乘　名曰寅　前式乘甲方以　名曰
下級加之　一百七十一乘之　卯

寅式[rod numerals]名曰　以卯自辰[rod numerals]方相併二位得本術子
五之[rod numerals]辰　下級加之[rod numerals]实正二位得数負位余本術也

術曰立天之一為甲方自之十五箇以又曰数加四個五相併得数名甲方
再乗寄於左内併減甲方因又曰十二個七又曰数二十余為子因逐
差略子甲方相乗内減丑余為子因乙方然以萬因減丑余為子
因丙方略列併子巾因甲方一高巾一卯巾一為子併因只曰数
寄左○列又曰以子併相乗与左相消得開方五乗方式也

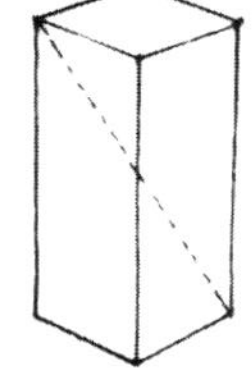

今有堅積寅二千之百○子又曰方卜高和卜内斜三和
六十○寸斜若干　答斗七二廾　方八廾　高二廾

演段　有斜　又曰数　責
立天之一為方○[rod numerals]加斗以減又曰余為高[rod numerals]实級此本術曰
[rod numerals]乗方巾為責○○[rod numerals]寄左　列責与左相消責○[rod numerals]
前式　倍方巾○○[rod numerals]加高巾為斗併[rod numerals]寄左　列斗自之
与左相消[rod numerals]後式　前式三之自下級加後式[rod numerals]也
名曰　子式三之得数与後式乗甲相減之得
[rod numerals]方級正又負減余本術乙
[rod numerals]实級曰　余本術丙

術曰立天之一為斗以減只曰数余名甲○甲巾五内減斗巾三
余名乙○列併責乙甲再乗巾一内減甲因斗巾余為乙因方名曰四
甲乙相乗内減丙余為乙因高自之加入丙乗二為之巾因斗巾
左寄○列斗自之乗乙併与左相消得開方五乗方式也

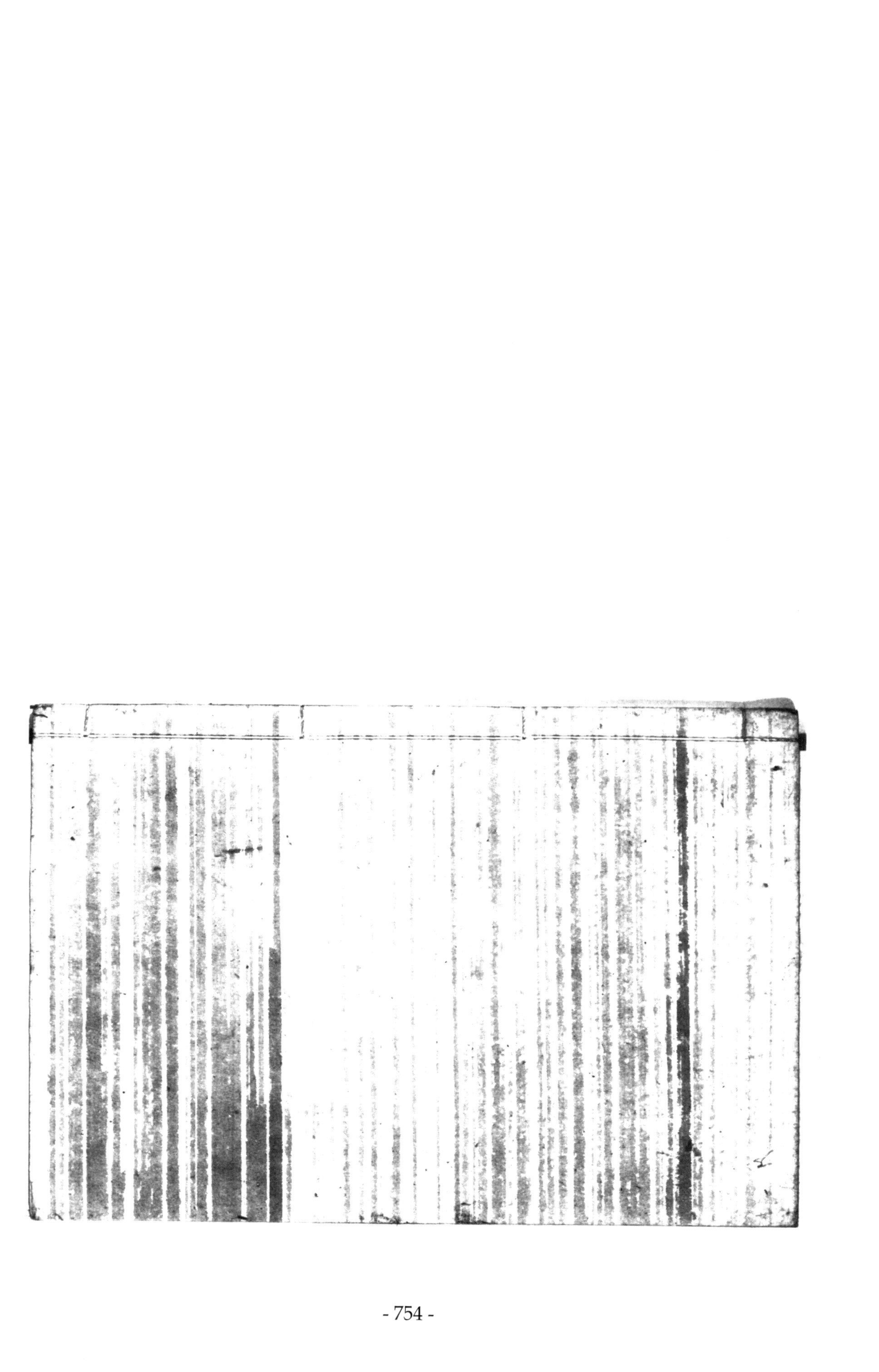

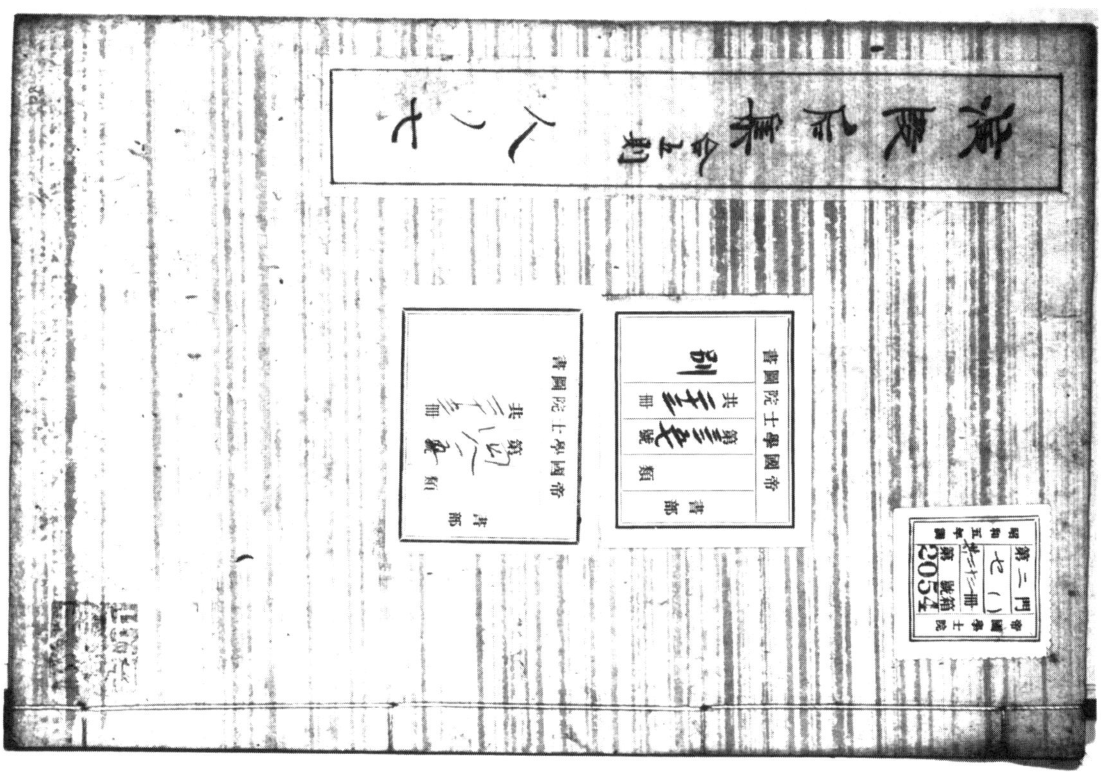
演段后集 合五則
人ノ七

共九冊

甚二弍

交離
起率
加減天復　五巻合
雑記
雑記

演段　后集　人之七

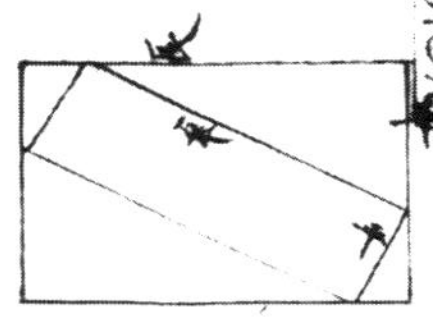

算法演段名景第六

交離

今有直内入直外黄七千八百尺只曰外長平差四十九尺又曰内長平差一百一十九尺向内外長平若干

答　外平七十九尺　内平一十七尺

演段　有内平　有内長　有外差　外黄

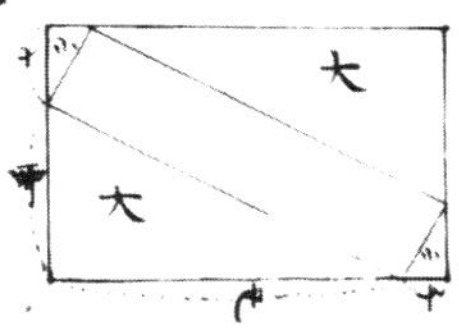

演段図

外長青也外平青也　外平冪外長巾和為外斗冪得

丑巾卯巾和青長巾

也　十巾子巾和青内平巾

相係以減外斗巾余則也内平加内廿

為内長以内平相乗加外黄為惣黄信之

加外差冪為外内係減内平冪内長巾本術乙位従之

針冪得象余為子因四ケ也得

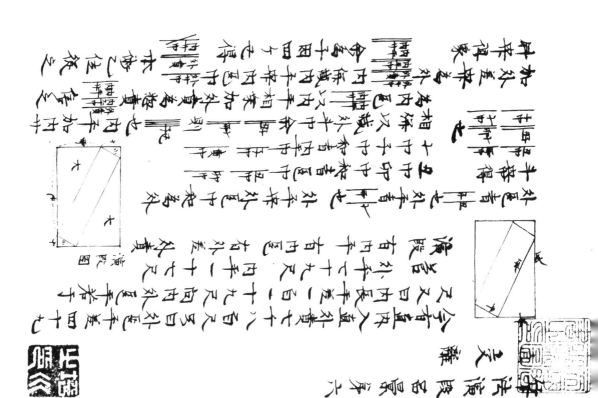

子因四ケ也以内長相乘（内長）変之為内平因八段大責（内長）寄位
子因卌也以内平相乘（内平）変之為内匹因八段小責（内長）寄九位
右位乘内匹九位乘内平相併為内平因内匹因卌外責　右位者
（内長）九位者（内平）也右位乘内匹九位乘内平相併者（内乙巾）（内長巾）
則内斜率因乙也

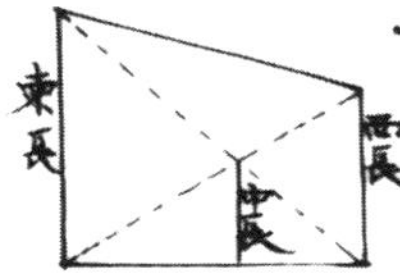

術曰立天元一為内平加内長平差為内匹自乘加内平率為甲
巾㠯列金責信之加外長平差率内減内匹平差巾余為子因卌
丑曰乙列甲以乙相乘為内長因内平因卌金責寄○列金責以内平
相乘又以内匹乘之減四之与九相消得平方式也
今有半梯只曰西匹再乘巾曰中匹
再乘率和一卄六個又曰西匹再乘巾
与東匹再乘率和七卄五個問東西及中長
答　東匹五十卄西長一卄中長於

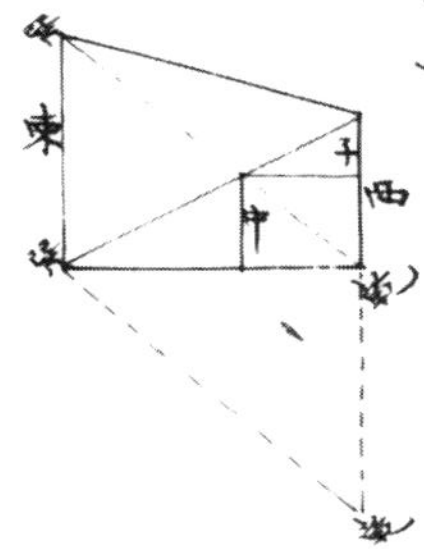

演段　有東匹　有西長再乘巾　有中長再乘巾
西東相乘（東西）為中長因東西和（東西中）再自乘之者東再乘巾因西再
乘率（東西再）則中長再乘因東西長和再乘率也
（中西再）（東中西）（中西巾）（東中再）
内減中匹（西中再）
再乘巾因（東西中再）
又曰数余（東西巾）
変（東西中）之
再自乘之（東西中五）

術曰立天元一為東匹再自乘之以減又曰数余為西長再乘巾略
㠯曰数内減甲余為中匹再乘巾乙名列甲以東匹再乘率相乘得内
減乙因又曰数余再自乘寄左　列甲巾因乙巾因東匹五乘率
二七附与左相消一十七乘方式也
今有兄弟不和人数各貸很齊事也而退之有定朝長男年二男
二年三男三年遂而分見而各加年息二割以毎貯息㠯曰匹男卜事于
之元息合之八卅貫五百九十三夊一百二十五分十九分二五分又曰除右伯季之兄
弟之元息合之二十二貫三百四十二夊十九分二五分向兄弟及人数
元很若干　答曰各元很一メ五百六十二夊五分兄弟八人
演段
假令先設人数五人以為率　長男一年故以元利率一ヶ加二分為元利率
　　　　　　　　　　　　　　　　　　　　　　　　　　　　　　　率係右乙白甲

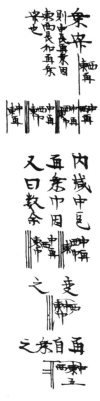

乘之限二男二年故以元利率巾乘之限三男三年故以元利率
再乘巾乘之限四五男如是相併為惣元利和限得
名知是限和也除掛子ト五男限余○
列康之乘甲得○以康減之余
術曰只云數通分内子得一千七十四貫一百八十二夕
名為先得數○又曰數通分内子五之得二千七百九十二メ七百
九十目名為后得數○先后得數共三千八百六十六メ
九百七十三夕為惣數○列后得數以甲一ケ二分加倒乘之得數
以減惣數余五百一十五貫六百二十五夕為實○列甲加甲乘
得二ケ六分四為方以除實得一百九十五メ三百一十二夕五分
以一百二十五約之得各元限乘甲為長男為元利限
以減只曰限余為掛子元利限以元限除掛子元利限得
為實以甲一除得一為一人再除得一為二人三除得一為三人
逐如是八除而得一則為八人合問

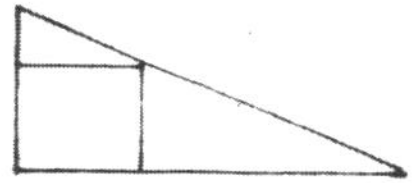

今有勾殳入方只曰殳巾玄和八百一十九寸又曰勾再乘
殳方三和九千三百。一寸殳若干
答曰殳二十八寸　勾二十一寸　玄三十五寸　方十二
演段　有殳　有玄　有勾巾　又曰数
又曰内減殳余以殳乘之　変之　内減勾三乘
乘余　自之亦術相消　勾巾乘殳併入二ケ殳共得　内減
又曰數余　自之乘勾乘亦術審允
術曰立天元一為殳自之以減只曰余為玄自之内減殳巾八寸為
勾乘乘殳加入倍之殳共得内減勾之乘乘余自之与允相消
今有勾殳入圓只曰圣玄和六十寸又曰勾殳短玄之和
四十寸問勾　答曰勾一十五寸　演段　有勾
只曰數青　勾　殳　短　也又曰數青　勾　殳　短　也又曰
減只曰青　短　也又曰數只曰數和青　勾　殳　也
術曰立天元一為勾倍之以減只曰又曰和余為二ケ殳

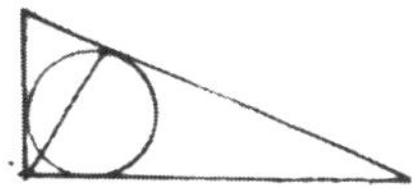

自乘加入勾乘四為四玄乘只又曰差為二ケ短玄自之以寄左

相乘為六附勾三乘冪再寄　列勾三自乘之就以一十六乘之
与再寄相消得三乘方式也
今有勾股内圓只日勾与弦中和廿六又日玄内截弦余才三问勾之数
答　勾三寸　勾玄較二寸　演段
玄青卜股卜弦也自乘㋑股㋺弦㋩弦㋥弦也上級㋺㋑二位青股玄
差因勾二段員也㋥㋩下級二位青股玄差因玄二段也正也　故更之
股弦又更之股弦則股弦二差相乘二段也　又日数青以玄截玄月象
股弦也是則勾玄差卜股玄差和青也
術日立天元一為勾玄差以減又日余為股玄差以勾玄差相乘倍
之為四至乘以減只日余为勾加勾玄差為玄内截又日為四至
自之為圓全中寄左　列至乘与左相消得三乘方式也
今有勾股内入方只日方卜玄廿二　廿又日方外責十ㄖ拉问方
答方一十二寸　勾二十一寸　股二十八寸
演段　方外責二段者　以勾及股ヶ乘之　更之
術日立天元之一為方加只日為玄自之以方
股弦也

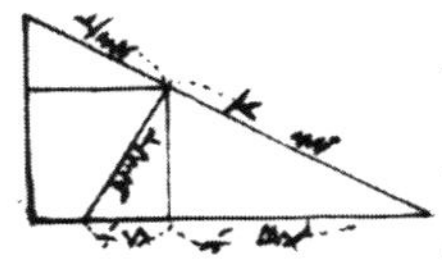

巾乘之為勾股責因四段外責寄左　方自之加外責为勾股責以
外責相乘減四之与左相消三乘方式也
今有勾股内入方空只日外責加玄若干又日勾股方之和若干問
演段　有方　有勾股ワ　又日数
方卜勾股ワ相乘为勾股　内減倍方巾余為二段外責
列勾股和内減倍方余為小勾股和　自之加外責四段為
上下玄和乘　更之　四之　倍只日　内
減二段外責余為二ヶ玄巾　更之　自乘為四段玄巾
術日立天之一為方倍之以減又日自之内減方巾余為玄乘四之
寄左　列又日内減方之以乘方為二段為外責以減倍只日数
余為二ヶ玄自之与左相消三乘方式也
今有勾股責若干只日再自乘和若干問玄
演段　有玄
依責得股　玄　再自乘　只日数青　内減

子再乘巾二段余[illegible]名包　玄巾右[illegible]再自之[illegible]内減乙余

[illegible]是勾巾因是巾　列子巾以巾[illegible]与左

[illegible]因之段玄巾也寄左　實之得[illegible]相消

極自之天元一為玄自之為巾列貴信之求子日数自之内減

子再乘巾段為豆　列玄乘再自乘内減五入事為子巾因三段

玄巾寄左　列子自之乘玄乘之与左相消開方式

今有勾股内容圓只曰勾再乘巾是再乘巾和若干又曰日径若干

問玄者　答曰

玄至和者勾股和也[illegible]再自乘[illegible]内減只[illegible]日数寄[illegible]玄得

信云加圓径為勾是玄之和以径乘之為勾因二个是[illegible]以勾是和

乘之之也[illegible]再寄　列寄信信之[illegible]与再寄相消

極自之天元一為玄加径為勾是和再自乘之内減日白之寄左

信云加径為勾是玄之和乘径為四段勾是責以勾是和乘之三再寄之

列寄左信之与再寄相消得方式也

華方演段呂彙之七

起 辛

今有方錐方若干高若干向責　術曰列方向系系高為実之除

而一得責合問

演段

方堅内（其方面則擬方錐方面　其堅高則擬二ケ錐高）自上四角斜起四線而至下四角則線道

為錐稜四線相會綜之所為錐尖其上下者全得方錐形其前后

左右者皆得偏錐形然方面与方面与方面与堅相乘之六段則全錐也

異故方巾乘高（方堅半ケ　堅十リ）三段而得責也

○又以二之分求之其術自錐高之半截

作二段其上尖名甲下則方堅之象也

方堅之四面帶直堡壔兩ケ半高（方為縱半）

方者四隅ケ限也（小方為平半為高　以二ケ擬進直堡壔ケ）故曰兩四隅帶方

錐四ケ高（小方為方面半高　其二各曰乙錐）為中間方堡壔責

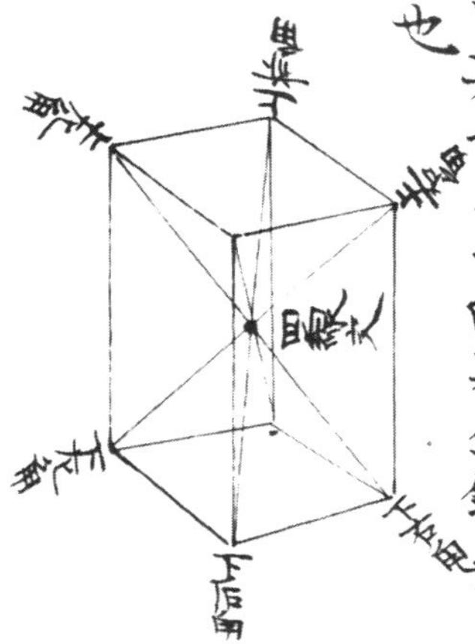

半方為面 半高為臣 小方因半方因半高為直堡壔責 半方 半高 也 倍之為
両ヶ直堡壔責 半方 半高 名曰半方巾因
半高為中間堡壔責 半方 半高 加子
共得 半方 半高 是則見責 酌見所
當全責ノ四分 半方巾因半高
為甲責 半方 半高 四所乙責併之又加甲
責故倍甲責為甲乙責率 半方 半高 以減方巾因高余 為見
責率 半方 半高 當全責ノ四分以見責除之得錐方三

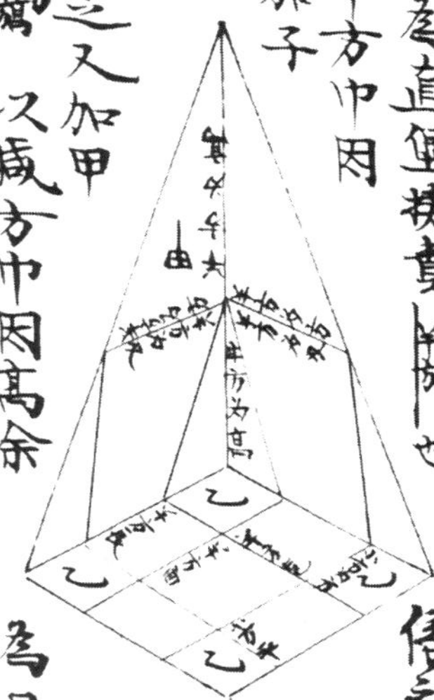

○又以増約術求之
初責先空
從高半截之為二段其可見之
責得全責ノ四分 解斯脂前為中
責四截前高其可見之責甲者
一分十六ノ三 乙者 全積ノ三十二 丙者 全積ノ三十 併
甲乙丙共得全責三十二分ノ一十○為后責初中 后責分母

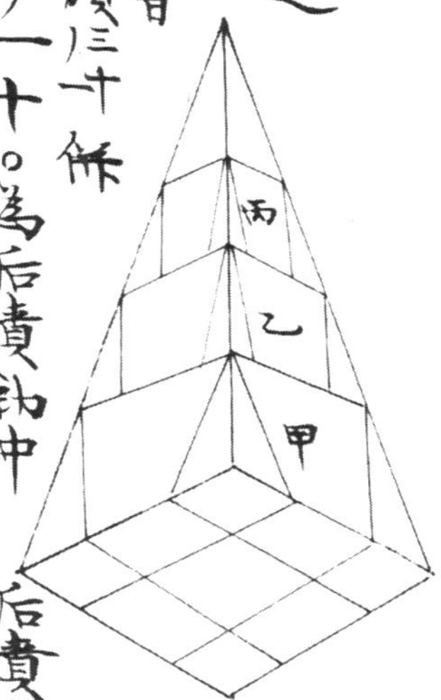

皆作一十六以其分母子各為責率 都ト命ス 分母責率十六 初責又空
中責四　后責五
初責中責差与中責后責差相乘得四為実
初責中責差与中責后責差相減得三為方
実如方而一得数加中責共得錐責五ケ三
分ノ一是為全責六ノ十則為三分ノ一故以
三為錐法
若以二截之責 中責所得 為初責以四截之責 前所得 后責也 為中責以
八截之責為后責而依前術求之亦同 八截之者甲責 二五分ノ四十
五十 乙責者 以下皆以五百十二為分母○四十三 丙責十三 下責十二 戊責 一十 己六 庚責二
六 合之得 一百 十六 六 為后責

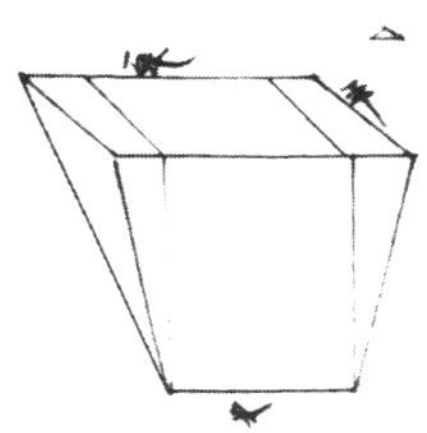

今有楔平指長指又指堅指 向積者 平仍長 如仍
術曰倍長加又乘平及堅如六而一得積　演段
如圖截之為三段其中間者平為平又為長堅為堅直堡壔斜截
截之半責也 甲其左右者平為長長又差為平堅為高直錐之全責也

故平及竪相乘爲二段爲甲責就分三之得是六段甲責也
寄位列長内減又余乘平与竪爲三段乙責就信之得象
是六段乙責也保入寄位是六段楔責也
今有両又楔長又指径又指竪指向責
術曰長径各又及竪相乘如六而一
得責也
演段
長径及又竪相乘是虚実共責也寄位
冥径竪相乘爲二段左右虚半直責三之
爲三段前后虚直責也加甲共得数信之得是六段前后虚
直錐責也加甲共得数爲六段總虚責之列寄位就六之得内
減乙余爲六段実責得是六段両又楔責也

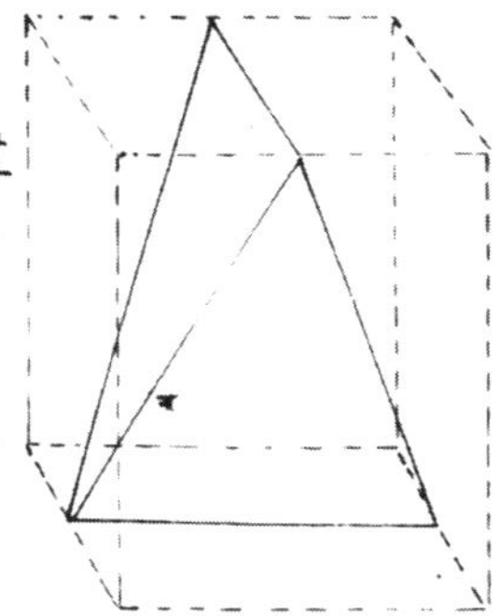

今有方臺上方指下方指高指向責
術曰上方巾段下方巾段上下方相乘段右三位併合以高相
乘如三而一得責

上方下方及高相乘爲直堡塼責三之是三
段直堡塼実責也（中間方堡塼与四辺偏直堡塼併之方為直堡塼象也）寄位
上方下方相減自之乘高
是四隅方錐責三段也加寄位
是三段方臺責也

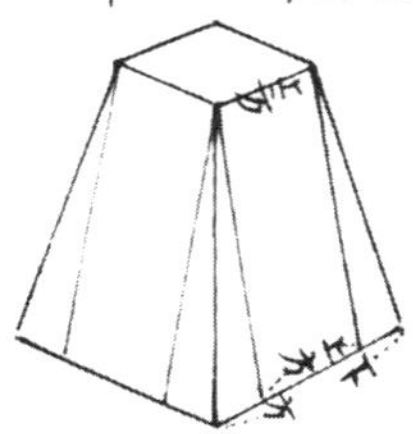

又術曰上方再自乘下方再自乘相減余乘高爲実列上下方
差三之爲法実如法而一得責
演段
上方高相乘爲上下方差因虚高以上方併相乘爲上下方
差因三段虚責得寄位列下方内減上方余乘高得
以上加上下方廿因虚高共得上下方差因虚実共高
以下方巾乘之得上下方廿因虚実共責三段内減寄位
余是上下方差因三段方臺積也
今有直臺上平指上長指下平指下長指高指向積者
術曰倍上長加下長以上平相乘与倍下長加上長乘下平得数

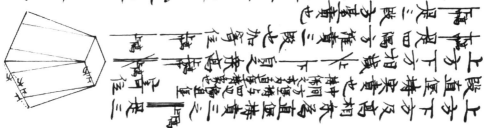

相併乘竪如六而一得積　演段
倍上長加下長以上平乘之又以高相乘為
六段上楔積倍下長加上長乘平下及高為
六段下楔積　上下楔積併合者則直臺全
積也

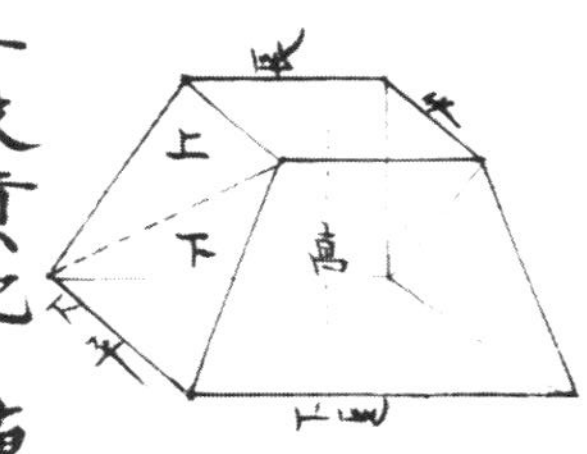

今有四斜面俗曰蕎麦形毎楞截斜向積楞則俗曰是方面也
術曰楞五乘巾倍之為實平方開之得一十二段積也　演段
楞巾青　平至和巾也各甲　三楞巾青　四段平角至和巾也三之
内減甲余　甲二十段得乙　置甲以楞巾乘之又三之　十六段平面積巾
以乙乘之　楞五　積巾二十八段各　弐段数以二十約之得　楞五　七十有二
今有方切竈毎楞斜向積
術曰楞五乘巾五十。之以實平方開之
得三段積也　演段
三方截去八尖青也故倍楞巾為四角面
斜巾　有四角面斜而求之

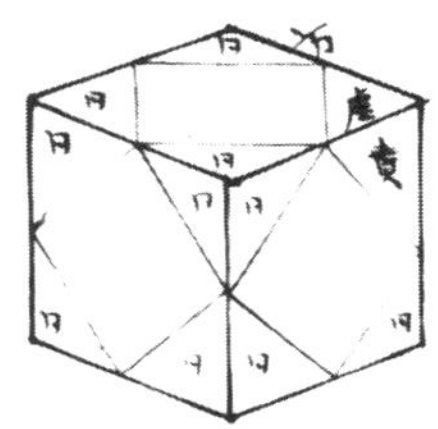

列斗自之為八段虛平面積斗巾　乘斗為四十八段虛一積又為六段總虛
積斗巾　列斗再自乘之為虛實廿六積得斗再巾六之斗再巾内減等
位余為六段切竈　斗再巾故有斗而求積者直求之斗再巾六段而為積斗五乘巾有楞
者倍楞巾為斗巾　楞巾再自乘之二十為六段切竈積巾　楞五　各
弐段数以四約之得　楞五　九段積巾也
今有六角切竈毎楞若干問積者
術曰楞五乘巾十八。十一段五為實平方開之得一二十段
六角切竈積　演段
列楞三之為楞一倍之四斜面則求此四斜面
積就内截去四尖之四斜面積余則六角切竈
積也故二十四斜面積乃置二十二再自乘得二十七内減四余得焉　六角切竈積十
是他諸斜臺截截于求積后編

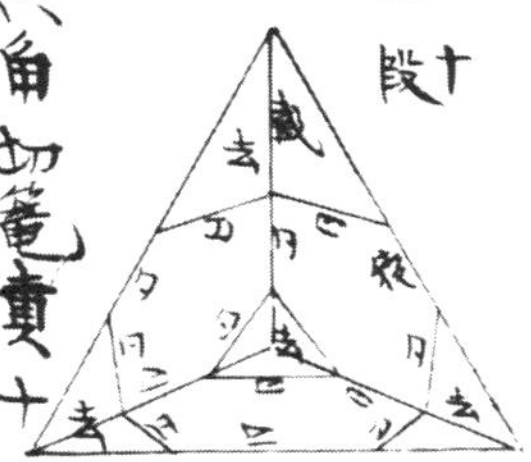

今有立圓至指向積　術曰至再自乘之圓周方法如円至法六段
而一得積　演段
求半之圓積而倍之得全立圓積　先截半至為二段求各玄巾併

上下玄巾以截矢相乘㧞半之為各截費併之為全截費[illegible]為
矢截之為段乘各[illegible]也以各矢減至余以各矢相乘四之為帹玄
上 [illegible] 截費 [illegible]
下 [illegible] 截費 [illegible] 得費 併截費 [illegible] 為初費
又截半至為四段乘各[illegible]也求玄巾截費
甲 [illegible] 截費 [illegible]
乙 [illegible] 截費 [illegible]
丙 [illegible] 截費 [illegible]
丁 [illegible] 截費 [illegible]
併截費得[illegible]為中費 又截半至為八段乘各[illegible]也求玄巾
截費如前術而得[illegible]為后費 三費初中后也上下各遍通
之得

初費 [illegible] 初 [illegible] 初費中費[illegible]相減余
中費 [illegible] 以上減 中 [illegible] 四為初差中費后費相減
后費 [illegible] 下得 后 [illegible] 余一為后差初差后差相乘
為実 初后差相減為法除実所得加中費共得八十五ケ[illegible]
為初費以是分母[illegible]得[illegible]為之四半費率故以[illegible]為之四全
費率 置至直自之乘四因半以分子二乘之為実列四至率四之
親[illegible] 又以分母三乘之為法除実得全圓費也
今有全圓全径若干矢若干問費青 術曰列全三之減矢
余以矢乘之又以四因率开之為以除得歟
演段
欠之截為段乘各[illegible]各求玄巾併上下玄巾以乘之㧞半之為
上 [illegible] 截費 [illegible] 下 [illegible] 截費 [illegible]
截費相併得 [illegible] 為初 又截為四段求各巾及截費㧞亦術
甲 [illegible] 截費 [illegible] 乙 [illegible] 截費 [illegible]
丙 [illegible] 截費 [illegible] 丁 [illegible] 截費 [illegible]

截責係合為中責　又截為八段求合在巾及截責並
如前術而截責係合為后責　三積　合適適適
納之所得　初　中　后
径段数拾毋　三責皆均故以矢再乗巾段数依損納術而求真積
初責分子与中責分子相減余四為初差　中責分子与后責分子
相減余一為后差　初后差相乗為実　初后差相減為法　除実得一
三分以減中責分子余四十二　三分為納責　矢再乗巾分子　通分
内子而得一百二十八　各納之得三分之四　下級又通三
納責　故以全図玄巾段内減矢再乗巾段四余如三而
一為納責　乗周数如四而一得矢責
今有圓如圖　其至若干問責
至再乗　以周周率乗之為実　列至率二十二為法　以除
答曰　列方針法八之以減五　什
矢得責　演段
列至以方針法　乗之為總　至得　再自之　以周数
乗之為六段總責　寄信之為二附　虚実共總責　名曰甲
列總至内減至余為二　矢虚矢　名之　三總至内減之余
以之乗相乗　以周数相乗為四段　虚矢責　三之
為二附矢虚責　以減甲余為二附　四切篭積
今有帯径圓　長至若干　径至若干　問責
答曰　三因至内減径至余以径至乗相乗又乗因周率為実　以
径率二附為方　以除実得責　演段
列至至再自之以周数相乗信之為二附　両端之圓責　名甲
置至至内減径至　余以径至巾相乗又乗周数　三之為二　十中間
所帯円壁積責　係入甲共得　是二附責也
素為臺　三針錐　物臺　諸率而見之圓　径之因　諸環責
諸環臺　諸截錐　截臺　円壜截　円錐臺　截之円　十字環
應列記之　截又　故略之

笇法演段品彙第八

加減反覆　又曰消長

今有甲乙丙丁戊平方各一之積一方縱差又曰甲乙責和諸又曰丙丁

戊責和諸向戊方　演段　有戊方

之天元一為逐差○　加戊方為丁方戊　自之為丁責

僻入戊方中与丁責為又曰數戊中　自之為丙責戊中　左寄列又

曰与寄左相消得　丁方加逐差為丙方戊　自之為丙責

自寄為乙責　戊中　甫式　列丙方加逐差為乙方

寄左列又曰与寄左相消得　加乙責為又曰數戊中　乙方加逐差為甲方戊

后式　甫式七　之内減　后式　段三　甫式五之又減

式　后式　為　式甫　變為　變式　各服　長為　左右

得

右自乘得○○[算木]五之○○[算木]加　左乘戊方巾三十之○○[算木]減
相加減之恰尽
術曰立天元一為戊方自之三十加又曰數以減又曰段五寄右位
列係戊方巾五附又曰段内減又曰段七余寄左位　右位與五段
寄左　左位乘戊巾三附与左相消三乘方式也
今有甲乙立方与丙丁戊平方方逐較等只曰立積和諸又曰平責
欲若干問戊方　演段　右戊方
立天元一為逐差○──加戊方為丁方──自之為丁責[算木]
[算木]──列丁方加逐差為丙方──自之為丙責[算木]
[算木]併入戊巾与丁責為又曰[算木]──寄左　列又曰寄
左相消[算木]──前式　列丙方加逐差為乙方[算木]
再自之為之責[算木]　列乙方加逐差為甲方[算木]
[算木]再自之為甲責[算木]　併入之責為只曰數得
[算木]──寄左　列只曰与左相消得[算木]后式
前后式各脱実為左右行　前式為右行　后式為左行　右○○[算木]也　左○○[算木]也

右再自之以十八段加○○○[算木]
左自乘○○一百二十五為減[算木]
右自乘之戊方巾三十三百段五十九為加[算木]
左右相乘之戊方甲段為減○○[算木]
左乘戊方再乘巾九為減之自○六段○[算木]
右乘戊方之三方巾三十五百七十一段為加○[算木]
右加三位本術寄左　減三位本術相消

術曰立天元一為戊方自之三之以減又曰寄位右　列戊方再自之
倍之以減只曰寄左　右再乘八十段　右巾四因戊方巾三十五段一十九百　右因
戊方三乘巾三百二十段　之位相併八寄左　左位巾十段二百　左因右因戊
方四十四段　左因戊方四乘巾九十六段　三位相併与左相消五乘方式也

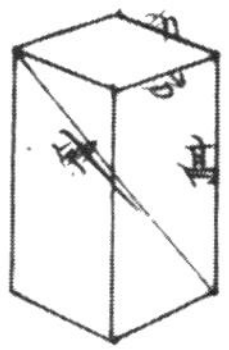

今有方匣積貢諸又曰方せ於高諸　演段
主天之一為方○──加曰せ為高──自之加方
巾二段為斜巾[算木]──寄左　列斜自之与左相消得

[illegible]伏 前式 列方自之余高為貴○○伏――[illegible]列貴与
左相消[illegible]○伏――后式 前后式各腥実為左右行
前式 右 ○伏 右 右再自之為加○○○[illegible]
后式為 左行○○伏――左行 左自之得七段為減○○○○[illegible]
右自乗之伏於中段為減○○[illegible] 左乗伏於再乗中四段[illegible]也
為加○○[illegible] 加二位本術 減二位本術相消 恰尽
術曰立天元一為斜自之内減伏於中余寄右行 列貴為左行
右再自乗段左因伏於再乗中四段二位保合寄左 左行中七段 右
中因伏於中段二位保合与左相消五乗方式也
今有勾股内入円只云[illegible]至和[illegible]又曰勾股玄中和[illegible]問勾
溫股 立天元一為股玄○――自之以減又曰余為勾股和
又○――[illegible] 列只曰加股玄為勾股和――又――与左相消得[illegible]
[illegible]――前式 列只曰加股玄減勾
為股[illegible] 得――前式 寄位 自之加勾中為
玄乗[illegible] 以股玄中相乗為股三乗中○○[illegible] 寄左
列寄位三自之与左相消[illegible]
后式 前式乗甲再乗中四之加后式[illegible]
前式変后式各腥実為左右行 変后式[illegible]
○――― 右 左行自之加○○○○[illegible] 右直自
○○[illegible] 左行 乗之甲中四段減○○○[illegible]
左右相乗之丁段減○○○[illegible] 左右相乗之甲六段減
○○○[illegible]也
右自乗之丁中加○○[illegible]也 右中乗 甲ト丁○○[illegible]也 二段加
左乗甲二段減○○[illegible]也
左乗丁段減○○[illegible]也 加三位本術 寄左 減五位相消本術 恰尽
術曰立天元一為勾減只曰略[illegible]又曰為[illegible]勾中内減甲
中四段名丙 列丙加甲再乗中四段名丁 甲之乗中一 甲再乗中因右
乙四段相保為左行 左行中一右乙中因丁中一 右乙中因甲因
丁段三位保合寄左 右乙再乗中因甲中四段左行因右乙因丁段二

左行因右乙因甲陸左行因甲二左行因丁一五位條合與左相
消得七乘方式也
今有如是曰如再乘巾是再乘巾和諸入曰是再乘巾玄再乘
巾布者乎問服

演段　有是　有如再乘巾　有玄再乘巾

之天元一爲如○—自之加是巾爲玄巾是巾○—再自乘
爲玄五乘巾○○○—左列玄再乘巾自之入左玄
五乘巾與左相消○○○—前式
如再自乘○○○—也　如再乘巾與相消○○—后式
以后式自前式下級減之　以是巾
乘后式三之以減子式　名子　以如
再乘巾乘后式減丑式
變前式后式　變前式
各腹實爲左　實級名丙
右　○○○—左　右行再自乘加○○○
左行因右行乘如再乘巾與是五乘巾二　左行自之乘是十乘巾附減
左行乘如八乘巾與是五乘巾附爲減○○○○

術曰之天元一爲是再自乘以減是曰余爲如再乘巾略列又
以內減是再乘巾余爲玄再乘巾乙右乙巾內條減甲巾與是五
乘巾略再自乘名左甲巾因是十一乘巾附甲因丙因甲指偏
因服五乘巾附甲因甲再乘巾內八條因是五乘巾附　三位
相條合左相消得開方二十七乘方式也

算法演段雜記

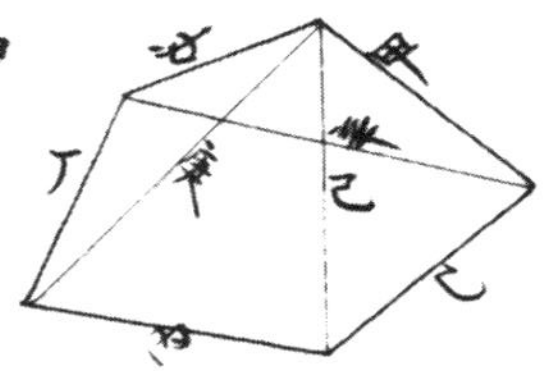

今有五斜甲〻乙〻丙〻丁〻戊〻己〻庚〻同辛　演段

立天元一為壬斜巾○　以甲乙丙庚入四斜術求壬斜──保入己巾甲巾丙巾内

保積己巾庚巾余以乙巾与庚巾相乘得

甲巾乙巾庚巾　乙巾乙巾庚巾　丙巾乙巾庚巾 正一
庚三乙巾 庚巾乙三 負一
乙巾庚巾 正一
名子

以下皆立式者如是然直書後故如下式書之

甲巾庚巾　庚巾
乙巾庚巾
丙巾庚巾
庚巾三
庚巾

列保積之異庚巾己巾壬巾内保積甲巾丙巾余以甲巾与丙巾乘之如尤象

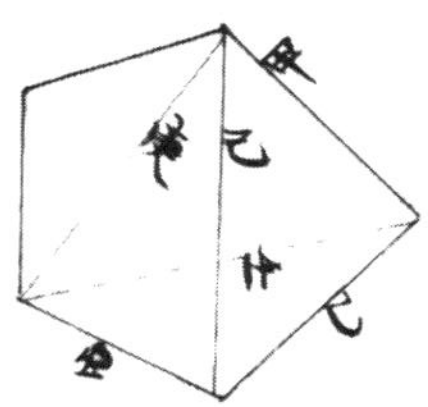

乙庚辛巾甲辛巾正一
己甲三丙巾負一
甲巾丙三
甲巾丙巾正一
丑名

列甲巾乙乘丙巾庚巾内係減壬巾己巾
余以壬巾与己巾相乘得
甲丙巾己巾正一
己庚之負一
己甲負二
係子巳寅共得寄左
列係庚巾因己巾因丙巾一甲巾因乙巾因己
巾一甲巾因庚巾因壬巾一乙巾因丙巾因壬巾一共得
与左相消
依甲丁戊辛庚以求壬術列係甲巾
丁巾庚巾辛巾得内減壬巾与戊巾
余以壬乘与戊巾乘之
甲丙巾
乙甲巾丙巾庚巾正
甲三丙巾乙
乙三庚巾負
己之巾庚巾正
己巾負一
前式
○
戊三甲丁巾戊巾正
戊巾負
卯名
列係戊巾壬巾庚巾辛巾共得内係減甲巾丁巾八乘以甲巾一丁巾
与相乘之得
戊庚巾甲巾正
甲三丁巾負
甲巾丁巾正
辰名
列係甲巾丁巾戊巾
壬巾得内係減庚巾
辛巾余以庚巾与辛
中相乘之
巳名
係卯辰巳共得数寄左
列係甲巾因庚巾因壬巾一戊巾因甲巾
因辛巾一丁巾因戊巾因庚巾一壬巾因丁巾因辛巾一得数
与左相消得
前式実格之曰子
后式実曰
方格之曰丑
卯
方格之曰巳
寅
子
己巾負
前式
卯
丑
戊巾負
后式
后
式換
正
正
己巾負
一式

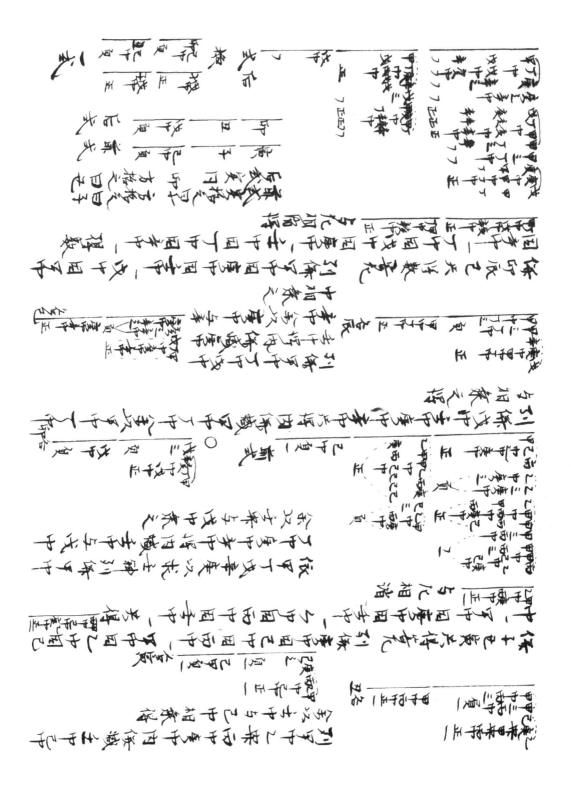

担ヲ 城巾正
併正 併巾ヲ
二式
術曰立天元一為辛巾列併甲乙丙庚各巾
数乘甲巾因丙巾一乙巾因庚巾一乙三乘巾一相併共
得内併減甲巾因庚巾一乙巾因丙巾一己三乘巾一余名子列
併甲巾丁巾庚巾辛巾以戊巾乘之一庚巾因辛巾一甲巾因丁
巾一相併得内併減丁巾因辛巾一甲巾因庚巾一戊三乘巾一
余名丑列併甲巾因乙巾因庚巾一乙巾因己巾因庚巾一乙乘
因丙巾因庚巾一甲巾因丙巾因庚巾一乙巾因己巾一
甲巾因乙巾因丙巾一甲巾因丙巾因己巾因庚巾一甲巾
因乙巾因己巾一甲巾因丙三乘巾一丙巾因甲三乘巾一乙巾
因庚三乘巾一庚巾因乙三乘巾一共得内併減丙巾因己巾一甲巾
因庚三乘巾一庚巾因乙巾一余名子列甲巾丁巾戊巾以
巾一甲巾因丁三乘巾一甲巾因甲三乘巾一丁巾相乘一
庚巾与辛巾相乘一列併戊巾為巾辛巾以甲巾与丁巾相乘一
二位相併共得内併減甲巾因戊巾因辛巾一丁巾因戊巾因庚
巾一甲巾因丁三乘巾一丁巾因甲三乘巾一庚巾因辛三乘巾
一辛巾因庚三乘巾一以丑巾因丑内減戊巾因子余寄位丑
因子内減子因卯余以寄位相乘寄位戊巾因子内減巳巾因卯

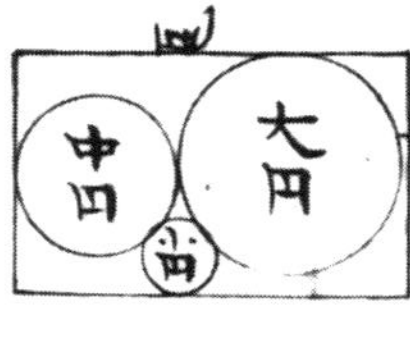

今有自乘之与寄左相消得開方七乘方式也
八乘寄巳平内入三圓民云平小至云 中至云 同矢至
大中至和為二ケ子巾 名乘大小至和為二ケ己巾 名冬
中小至和為二ケ子巾 名江 併民内減大小至人余為
二ケ除 名甲 倍辛内減大小至和余為乞民 名乞
乘巾内減甲巾八余四約之為乙巾 名乾 之ヲ巾内減
乙米八余四約之為午米 名氐
立天元一為子○ 倍之以甲ヲ減之八余為二ケ未
甲 自乘以減江巾余為四段甲巾
寄位 是下級求 寄位 列之求加乾四段共得内
減寄位余為己因四ケ乙得
是実 級変 之為 甲 格之 名角
康巾 江巾 二 大巾

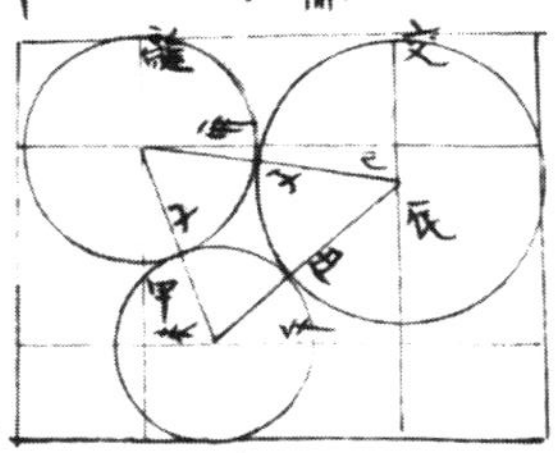

是則己因二ケ乙也
自之為乾因四段巾
相乘減四之与寄左相消得
寄列之自乘以乾
是下級乘寄巾加実
得 乙

実自乗寄左
方自乗以乗
相乗相消

術曰立天元一為大圓係入中圓数大小
圓相除信之内減乗余略信乎内減之余
乗内減長余乗長数各々内減平之乗
平数之圓相係乗之圓内減中小圓相乗数自中一甲中因乗四段
内減乙中因乾四之自乗之寄左列甲中因自中以乗相乗一十六
之与寄左相消得開方七乗方式也

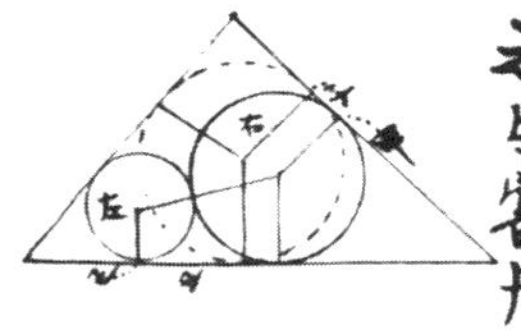

今有三斜大斗括中斗括入四右圓括問左圓
術曰 置之天元一為左圓乗右圓径大中斗和内減
小斗余為仁乗右圓為全圓因仁甲大小斗和内減
斗余為仁乙乗左圓為全圓因仁乙二位相係以減全
圓因仁大斗全為全圓因二ヶ左右雙叟自乗寄列寄
位雙叟以全圓中相乗四之与寄左相消得平方式也
今有之斜大斗自中斗自小斗自入大小円問小圓 答曰
術曰 之天元一為小圓余大圓為雙叟中位大中斗和内減小
中余為ヶ乗大小各乗為天圓二ヶ双叟自乗為大圓中圓四段

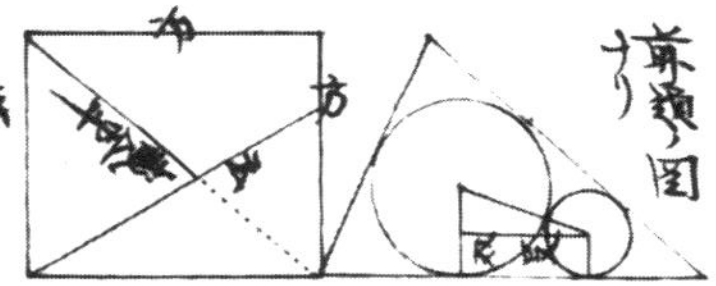

前段図
雙叟中寄左列大圓自之以寄位相乗減四之与寄左
相消得平方式也
今有平方如図下截勾叟 云法平截余方斜括問方
演段 有方面 有子中
立天之一為子○一加方方一位列子以斗方
乗之勾○法以方乗之為位因子○法 以斗
法因位因方余為位因截余斗法 左寄列截
余斗以位相乗方截与左相消得
按斜法同前法 自叟法係叟余
四之与寄左相消得式
自之 也

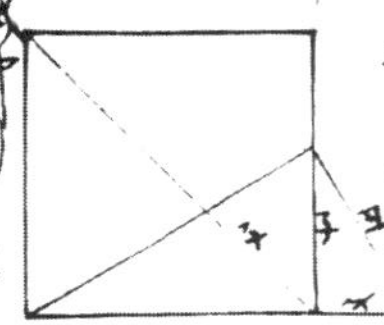

術曰立天元一為方自乗以減云
乗余為子乗列截余斗自之以云
乗自乗以減信方之平中八乗自之寄左
与子中相乗四之与左相消七乗方式也 列截余斗三自乗以方
今有直截勾叟 云括平方截余斗括又曰叟子差 括平問平者

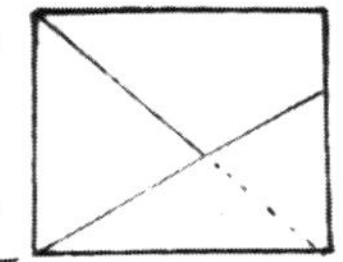

演段　有平　有乙　有子巾

立天元一為子○　加平　列子自之為丑

因甲　列乙自之加平冪為總平冪

貴乘為甲中因平巾因截平巾為甲巾因截余

求得　与允相消得

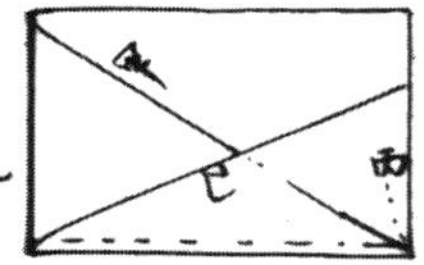

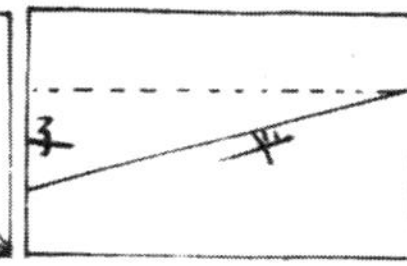

術曰立天元一為平加又曰為乙

自之以減云中余為子乘加平中以三因巾相乘為允

列乙中加平中乘平中内減之為允余自之再乘列三因

三除之余平中与子巾四之与再乘相消得七乘方式也

今有平方如図切之甲斜從乙斜從丙斜從問方面

術曰立天元一為方加丙起列甲自之加乙巾内減乙

中余為乘因ケ子自之為乙巾因四段子巾乘列甲巾

内減方巾為子乘乘巾四之与允相消三乘方式也

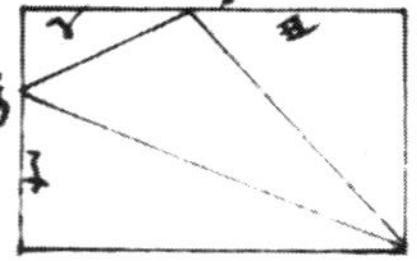

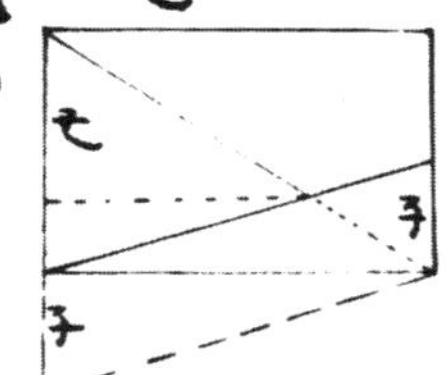

今有平方内截斗只曰甲從乙從截斗從問方面

術曰天元一為方自乘以減平巾余為子乘併甲之

内減方余為子自乘与寄允相消平方式也

今有平方容三斜只曰大斜從中斜從小斜從問方面

演段　有方面

之天元一為子○　以減方余自之

小斜巾為　以減中斜巾為方巾因ケ二

自之為方巾因四段丑巾

列中斗巾減方巾為丑乘　乘方巾四之

求術列大斜乘与中斜巾相係内小斜巾余

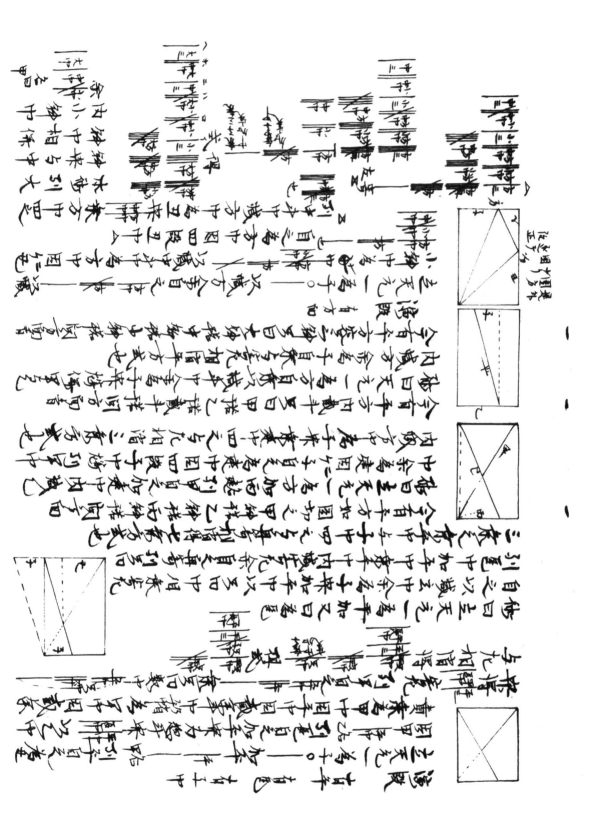

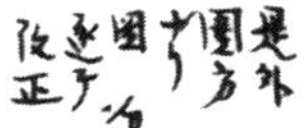

実級六、但イロハニホ相當者甲乗也方級者方因甲負四也故格之如
九 実自 方自乗 術曰立天元一為方自乗減大斜巾
乗冪 余為子乗列保大斗巾中斗巾得内
術九 減小斗巾略列大斗巾内減中斗巾
甲 甲巾方巾子巾相乗試
余以方乗乗之四之加甲乗自乗之寄九
一十六之与九相消三乗方式也

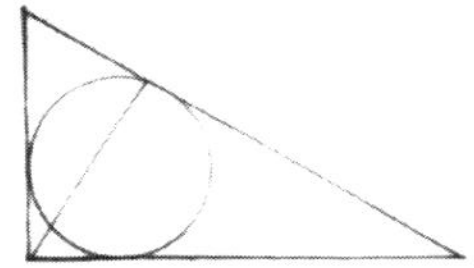

今有句股只曰句玄較乗股加長玄諸又曰股玄差乗句
加短玄ト中句芙諸問圓径　演段　有田圣
答曰　依之左
数　前術

術曰立天元一為玄○　加径為句股和径
乗径加股曰又曰内減玄ヶ玄乗段余為中句
倍之為四段　寄倍玄加径乗径為四段句股責
句股積得　与寄九相消得如九

前式格之方級為東
別曰立天元一為股○　内減径為句玄差
乗股減股曰為長玄　乗玄為股乗
諸　列股自乗与左相消　也　前式
列句股加内減股寄為
句加　自之加股中為玄中　与玄乗相消得象
変之　后式
以前后一式　二式　也
二式得換　后術列径加玄与玄乗
倍之　寄径
列保句股和因玄因股自
二段玄因再乗中共得
倍玄加径得数与玄加一ヶ得
数相乗又乗径加玄因股曰
二段共得　自乗之
以寄位乗之得　九

前式乘又曰佳之
是式自下級加
之得△

与寄左相消

后式
隔者至巾為冬
广　為微
玄者至巾為江

前后格之

前式　后式

格式　二式乂差至巾上級乂差至

一式
二式
一式數如方格之
三式
也

一
二
三
也

依曰天元一為圓至內截一ケ觡四至二ケ和然又曰与至和二段冬江
依又曰又曰及至巾內截至然又曰因又曰四段內依截至因又曰
四段至平四段至再乘巾二段至三乘巾段名微至巾因冬內截至巾然
至巾因東二段以截微然依至巾因冬因支二段与至巾因江二段名齊
依江二段与支二段名佳曰至巾因東因冬一段以截微然列依至巾因東
同江四段走同微二段至巾因魚二段名真曰列依真因魚巾二段亦因虞齊
二段佳因齊巾二段去左列依佳因反因真一魚因虞因齊四段共得數
与寄左相消得開方一十一乘方式象也

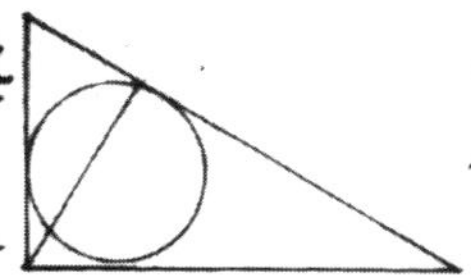

今有勾又只曰勾又玄三和平為与中勾四乘平和若干
又曰短玄与四至相乘若干問勾　滿段朝計
三天元一為中勾○一乘勾減東為短玄因勾東
自乘為短玄巾因勾巾乘
中勾平為至
二段中勾平
前式
右者式實方二組
自乘以前式置之為勾三乘巾因四段中勾

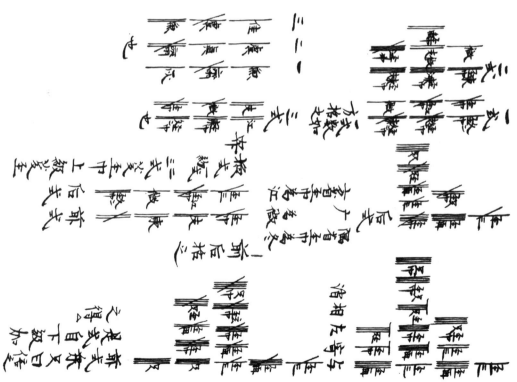

三乘[illegible]上級言内減江余日本起術下級是之[illegible]故相之得
寄得[illegible]寄中乃。[illegible]以前式置之為
乃三乘巾因四乘寄得[illegible]是下級直相本術乃乃三
乘巾因支卧内減江巾又支[illegible]巾内減東巾因江段二又江因
支内減乃三乘巾因東巾段四皆同矣[illegible]名甲　列另曰
數乘乃三乘巾四之内減甲余為乃之乘巾因四段開方商・
・多段[illegible]上級相之魚、魚[illegible]自之以又曰乘之為乃九乘寄
[illegible]因二三什中乃[illegible]寄九　列中乃乘乃九乘
寄三三附○[illegible]与九相消[illegible]中級相之本術名虞式
前式[illegible]如方法換式[illegible]維乘[illegible]得先之
后式[illegible]二式過更入一式[illegible]二式本術名
乃曰之天元一為乃自乘加入日[illegible]東乃巾和給入日因冬二站東
巾二内減江始乃三乘寄因東巾四内減江因支[illegible]乃三乘巾因
又曰四与乃再乘因東因江二相併[illegible]入曰因微因魚二与乃九
乘寄三三附相併[illegible]乃因東因魚巾二内減東因虞[illegible]乃巾因虞二段
内減乃因入曰因東因微巾二乘[illegible]寄九乃巾因魚巾二内減江
因后巾余自乘以入曰乘之与九相眉開方三十五乘方式也
今有乃足内圜空足曰四外積併入曰乃足玄各開平
方高和若干玄向平方高　演段有東[illegible]
之天元一為圣○——自乘之四東平加外東四之外○
寄九信玄加圣乘圣○——与九相消
前式[illegible]后術曰東中内併減圣玄和余自乘為乃因
——寄九　信玄加圣乘圣信之入為乃因四ヶ足
四段足[illegible]○[illegible]——与九相眉・

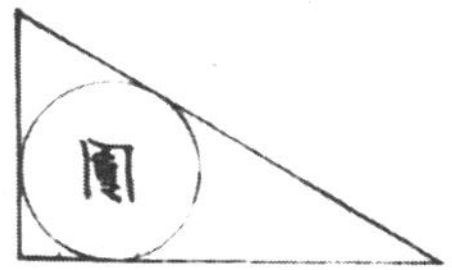

[illegible]后式　中級相之本術名[illegible]上級相ヶ始乃和内減玄高余為東
[illegible]自乘内減玄余和巾[illegible]也
故本術曰東内減玄高余自乘以和寄相乘名曰[illegible]
前式一式[illegible]本術名下級曰微　二式[illegible]也

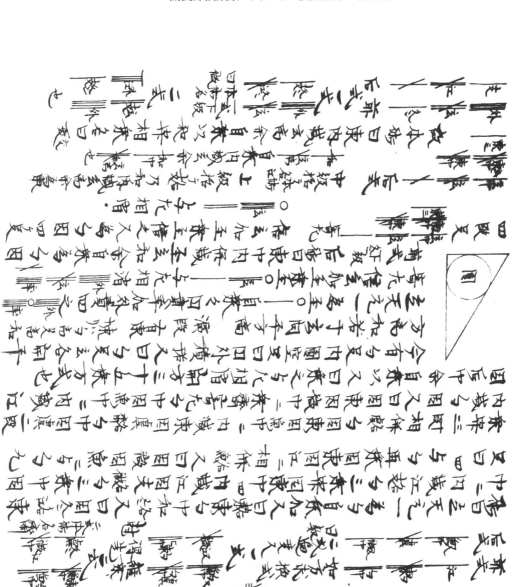

一

術曰立天元一爲玄高減之曰縦四率　四内減ケ余絡列玄高自之
爲玄和東中絡東内減玄高自乗之又曰中鈎各内江二玄二醜
玄因支二内減外貴因江八余東微寄左　各因支加外貴　四　得數
自乗与左相消得開方五乗方式也

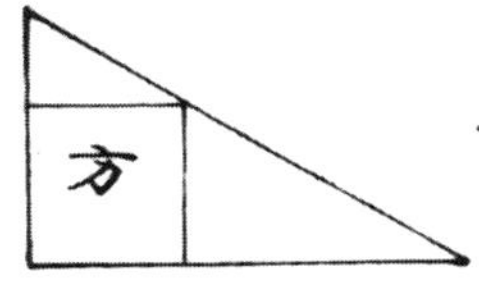

今有勾股内容方空只曰外貴　又曰股方相乗与勾
再乗帯及玄再乗中二和差乎開方　勾股
立天元一爲股○　乗方以減東爲方因勾　東
甲位面自乗　与方因東相消得
列甲位乗　東　方
後術曰又曰内減股因方余　以方再相乗　以前式　次置之爲方
減乙余爲方再乗中　上級變之　内　各乙
再乗中因勾再乗中　上級指之　下級玄方指之　得・
因玄再乗中得　・　江　自乗爲方五乗中因
玄五乗中　江　東因外貴二爲方中因玄中得
通自之爲方五乗中因玄五乗中　与左相消得如左

后式　上級指之　前　東　方　得換式而一式適
式　支　方　变方下級適变方
二式　名
式　支

術曰之天元一爲方自乗加外貴倍之　東中内減方中因東与
方通乗中絡外貴因東中二内減方再乗中因又曰江絡外貴通乗
中因東通乗中八内減江中絡方中因東因各因江二加東因支
東因各中内減各因江二余以減相乗寄左方中因各中加支
共得數自乗之与寄左相消得開方二十三乗方式也

算法演段雑記十

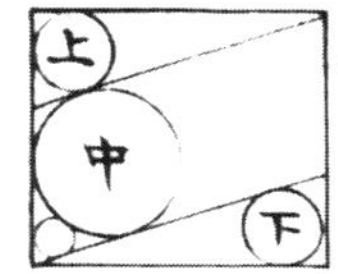

今有平方截之為三段三圓皆容四上至斜中至斜下至斜同方　演段　有方　上至　中至　下至有

方内截上至余丑乙差　名東

方内截下至余子甲差　名冬

方巾加冬巾冬因ケ二甲　名魚

方巾加東巾東因ケ二乙　名徴

方東相乘信之内減齊余東因ケ二

方冬相乘信之内減冥余冬因

ケ二卯

辰　名

為東因東与徴因冬及辰

為東因冬因段二甲乙寅三和得

寅乘方信之為甲乙寅三和因影圓　至

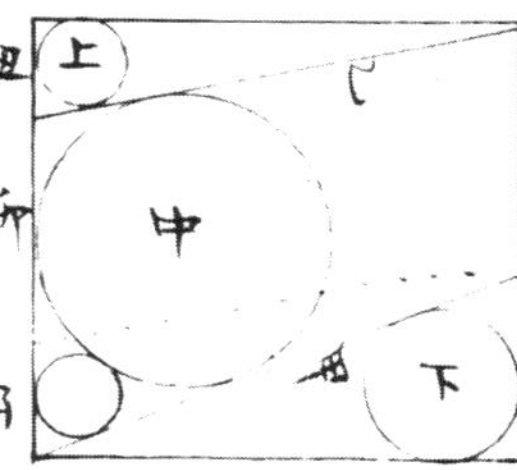

以卯相乘　名

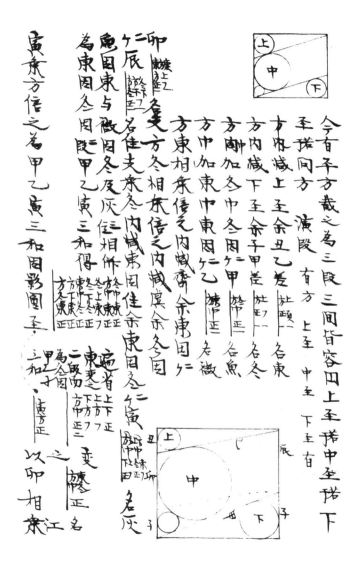

為三和因寅因中至　省寅為三和因中至　故依術
支米方為三和因東因中至　飛曰立天元一為方截上至余離
方内截下至総加東因方巾沾東中一内截上至巾超江因東因
中至ト尺支因冬因方与左相消三乘方式也

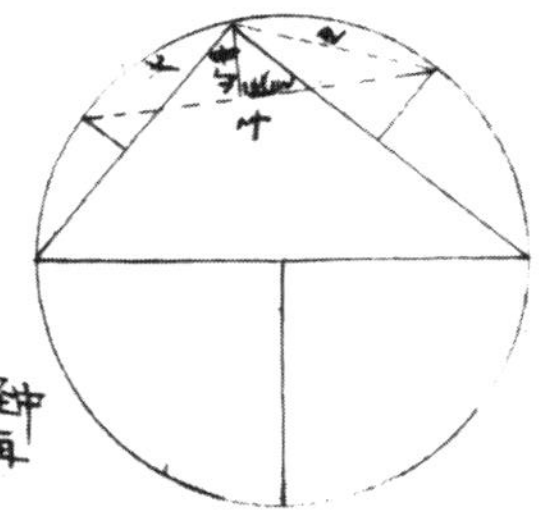

今圓中入三斜又曰大矢諸中矢諸小矢諸闊至
至乏差　乘至為子巾　中矢乘至為丑巾
小矢乘至為寅巾　子巾丑巾和内截
寅巾余為子因ヶ二艮足　乃省
指之　自乘　寄位　列子巾以丑巾相乘
四之　内截寄位　余為。
列丑乘　巾為至巾　因中白巾
以子巾相乘　省至巾四之為子巾因四
段中白乘　与左相消得式遍変至得。
・子乘因四段中白乘　寄左
㊉　指之㊥㊁㊇和者至因大中小矢三和巾　也㊂㊅和者至乘
二段㋑　大中小矢三和也　也㊀言則　也
右適省至而視之則　是式自乘以至相乘者也
得頁故寄左㋬一位与寄左相消
飛曰立天元一為至内保截大中小矢余自乘之至寄左
列大矢因中矢因小矢四之与左相消立方式也
今有圓中入四斜甲乙丙丁　甲有乙有丙有丁有也假有径
而得離至如何　如左　乃今又另有玄中
之天元一為離至〇――甲中乙中相保内截玄
米余為離至因ヶ二子得　名東　丙中丁中相保
以截玄巾余為リ至因二ヶ丑　名冬
氐中　子巾　吉甲巾也相保内截玄巾。

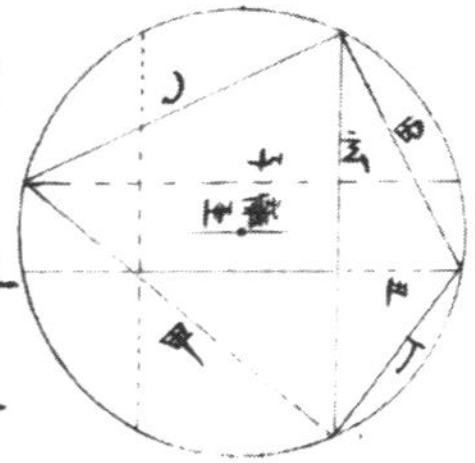

余　子巾　也　氐因乏名則
編也故変之　是則子因ヶ二離至
世冬飲之東与冬相保為寄
至因ヶ二子丑和得　名江

甲乙相乘為至因子 巾 丙丁相乘為至因丑 巾 二位相併倍
之以甬至乘之為至因リ至因二ヶ子丑加○ 寄左 列江
以至 与左 是的除
相乘 相消 式也

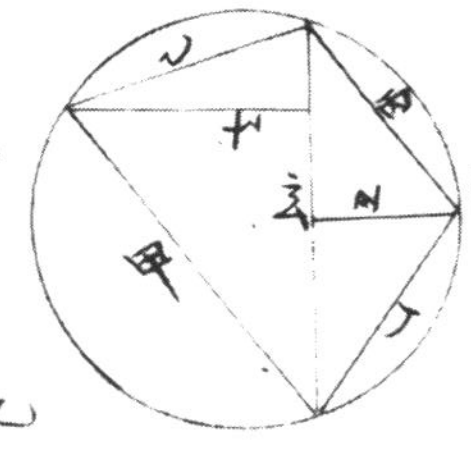

今有四中入四斗甲有乙有丙有丁有問玄中
術曰立天元一為玄巾○ 内減丙巾ト丁巾
余為甬至因リ至因ヶ子也 列甲巾ト乙巾内
減玄巾余為リ至因ヶ子 甲乙相乘
為至因子 巾 以乘東為至因リ至因子因ヶ丑 寄左
丙丁相乘為至因也 乘冬為全因リ至因子因ヶ丑。
与左相消 是左
九的法 的法 式也

今有圓中容四鈄甲ㄙ乙ㄙ丙ㄙ丁ㄙ問因至 以右編二術得冊
術曰立天元一為因至 併甲因乙ト丙因丁 路甲巾
加乙巾内減丙巾丁巾以至相乘為子因ヶリ至自
之為子巾因リ至中 列併丙因丁因甲巾乙巾
和与甲因乙因丙巾丁巾和為子因玄巾乘子四之
加寄左為子巾因至中 列子自乘々至巾就四
之与再寄相消平方開之得因至

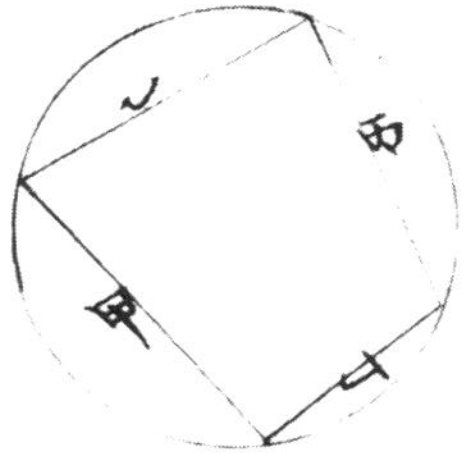

甲乙相乘 丙丁相乘 全四段
○ 全一 全三

今有勾見容四勾股見容三角問之自面
術曰立天元一為面明得乘見三之加勾因至自乘寄左 列見
信也内減面与至余自乘三之乘勾中与左相消平方式也
演段 列至以三自中勾法乘之加三而一為子 係入因至

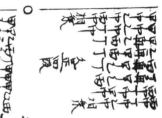

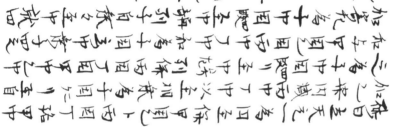

半段以減員爲小員　員　至　至　列勾乘以中勾除之爲矢

解

図

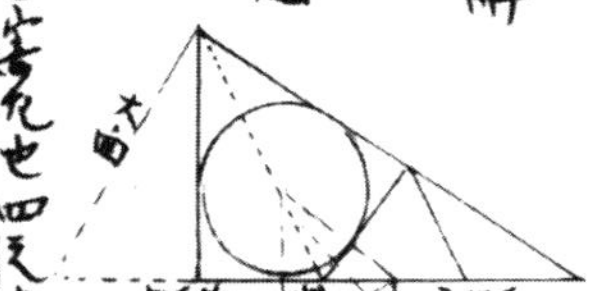

面乘于加員爲大員　以面相乘爲

大面因小員　列寄位乘大面得

與左相消

乘中勾法又六因得

執中勾法因者　先省中勾法又二約面

是式自約之　四之　三因四段

故是式自乘寄左　乘中勾法不同者

故此式自乘三之又以勾中加乘相消

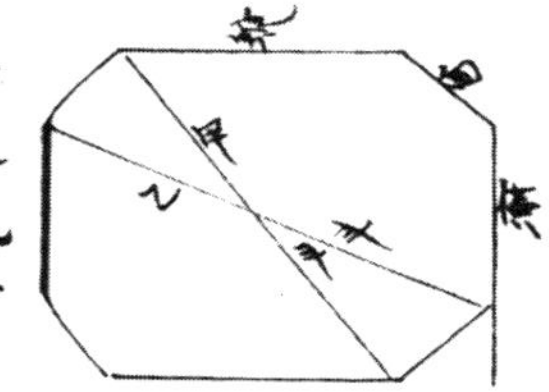

今有直截四角　另曰甲斗云乙斗云縱横差云問角面

滴段　總横音　總縦音

中青

乙斗中青

甲斗中内截乙斗中余

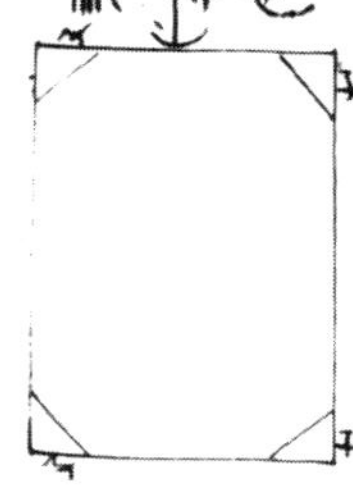

之天元一爲面列甲斜自乘内減乙斗中爲縱横差中因八段面中寄列面自之以縱横差中乘之八之與寄左相消平方式也

今有勾員客直　另曰勾員及中勾之和諾又曰云

二ヶ中勾及民平和諾同云　滴段

術曰中率相併得

乙率明併段爲

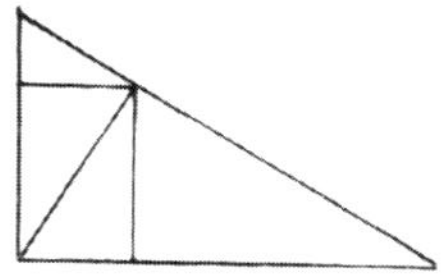

末率甲率

相併得

更率明併段爲

甲率明併段爲

術曰

因后率

術曰　以員因數中因云減寄余

弖曰數中因二ケ中夕也於本術再寄 依寄者 弖曰數因夕旻和之以減弖曰
數中之減已餘爲弖曰數因中夕
術曰立天元一爲玄以又曰數相乘爲弖曰數因夕旻和 依演段中奇允
以又曰數相乘爲弖曰數中因玄與二ケ中夕和寄允　列弖曰數
自乘以玄相乘得數以減寄允餘爲弖曰數中因二ケ中夕再寄
列弖曰自之內減玄因又曰數 依寄 餘爲弖曰數因中夕以弖曰數
相乘就倍之與再寄相消得開除式也

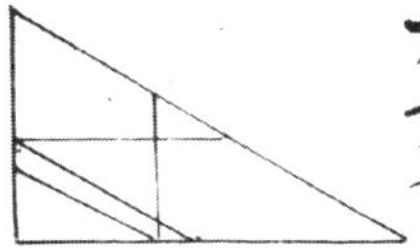

今有夕旻容二菱長梭面平旻梭面平問元夕旻內方
演段
立一爲玄○　減長面餘路
列玄減短面餘路　玄長面相乘
爲子因旻○　路列玄以短面相乘
爲丑因夕○　路列東以冬相乘爲子因世因
夕旻和因方面○○　寄允　列係東因丑與
冬因子○　以方相乘○　與允相消　級積空
動式

立天元一爲旻○　減方爲十方　旻內減長面爲甲長
旻因方爲十因夕○　以路旻因長爲卯因玄○　路江因旻
爲十因卯因夕玄和因短面○○　寄允　江因卯與支因子相係
○　東短面○　與允相消　級積空　中式
又立天元一爲夕依之得・
末式是動中末式三式実級皆　也
其方級動式爲甲中式爲乙末式爲丙則
実數者甲因玄也又乙因旻也又丙因夕
末式角自之以乙中相乘　與中式
実數除路
角自之乘丙中　二位相係為乙中因丙中因玄中也乘甲
列動式角自之乘乙中卜丙中　與允相消得
適者角中分正負得　寄允　相消
術曰之天元一爲方以長短面和相乘內減長因短余路係方因
短與長因短內減方路列係方因長與短因長內減方因短
路列係乙中與丙中以甲中相乘寄允列乙中以丙中相乘與允

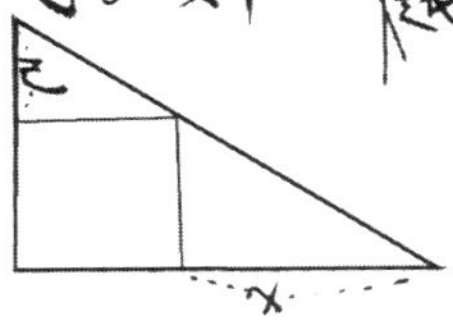

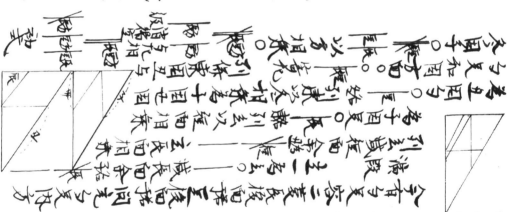

相消得三乘方式也

今通内入大小圓只曰長平和若干又曰大小径和若干問中径術

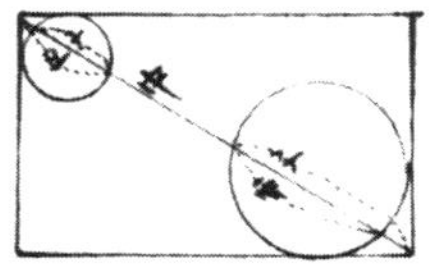

術曰立天元一為鈎内減中為子丑和
乗鈎倍之寄位列長平和以大小径相
乗為鈎因仁ケ自乗和以減寄位為斗因
十卯和 自之寄九列長平和巾
内減斗巾為長因仁平以大小径和巾
又為鈎巾因十卯和巾与九相消主

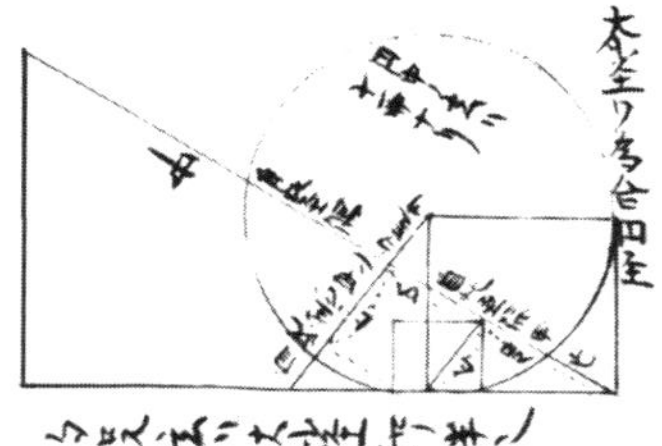

相乗 斗巾因八ケ見ナリ
方式也

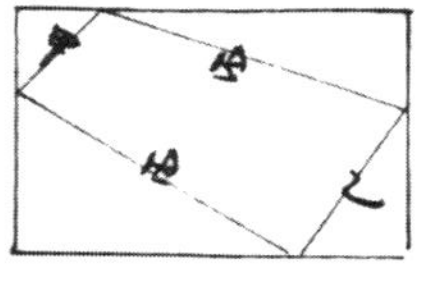

今有直内斜容梯甲若乙若丙若長平差若干問平者
演段 有長 有平
立天元一為子○——乗甲為乙因己○已
以減乙因平為乙因辰 以減乙因
子為乙因子辰差 自之為乙巾因
左寄 列係甲因乙与丙巾為
子辰差乗

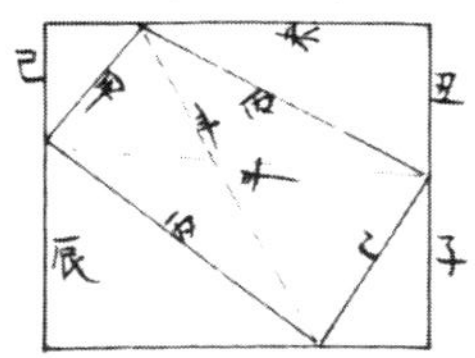

梯平巾内減長巾為子辰廿巾 乗乙巾
列乙巾内減子巾為十巾○ 各差 前式
列梯平巾内減平巾為十未差巾 各差之
列平減子為丑自乗以減丙巾為未巾 内減十ト
差 自之為十巾因四差巾 寄九列寅
巾乗差巾就四之

○ 与九
相消
后
式
信 東○
冬
也

甲乙和巾内減甲乙相乗四段 也故信丙巾内係減甲巾乙来
各冬乗長巾内減平巾 故長平和乗差乗乾格之○冬
支后式 直斗巾帳卯平巾内減梯斗巾 各江 故前式格之
格前式
一式
二式
也

乃一式適當乙二式適當乙中而実適當也得式也

術曰立天元一為平加差長加平以差相乘數　丙中ニ内係截

甲中乙中総　列係長中平中内係截甲因乙与丙中辷信東加冬

起列係甲乙和中因支卜冬因江段自乗寄左　列甲乙和中因平

中因冬因支與与左相消三乗方式也

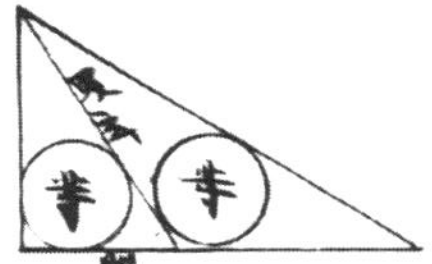

今有勾叏勾玄叏玄欲容二等円問叏玄及円至若干

演段　列求　有叏玄

立天元一為子○——加勾内減叏玄為円至

——乗勾為子因仁丑　四倍　又為子叏

玄和因仁寅　勾　寄左　列叏加叏玄内

識子与玄為仁寅　以叏玄加子叏

相乗

之得　式

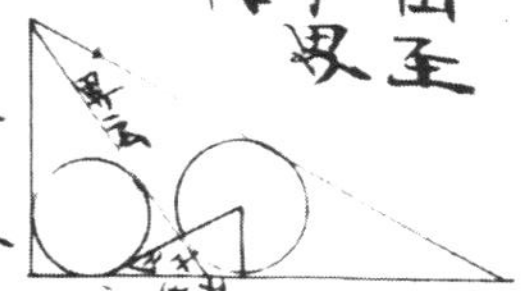

実級者叏玄　因大円至也

故自乗　寄左　方級巾　乗子巾相消而省叏玄廿得二物

叏玄巾者　也　子巾乗勾玄

和　寄左勾玄差　与寄左　適當勾　分正負　是先得叏玄ナリ

得　相消　位

子巾乗勾玄和得　位叏玄巾乗勾玄差

術曰列勾加玄乗勾為実負以二為

广平方開之得叏玄　列玄内減勾余以勾相乗為実負以二為广

平方開之得子　仮令勾扒叏廿五　玄廿七　叏玄○一廿　至各四寸

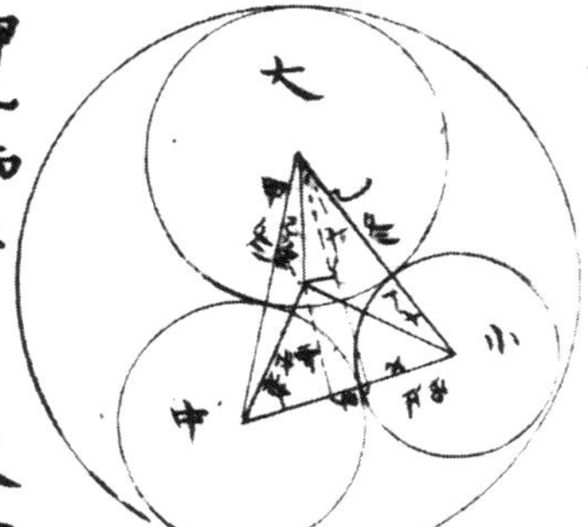

甲乙丙丁戊己皆二ケ故倍圖

今有円内容三円其大至有中至有小至有

向外至　演段　是演段者則本術也其本

立天元一為外至○——大中至和為仁

甲　大小至和為仁乙

至和為仁丙　外小至差為仁丁得

——起外中至差為仁戊　以上六位

外大至差為仁己

冬伴加江巾[illegible]名　江巾加支巾内減微巾迭

内減長巾余[illegible]角　為江因巳[illegible]名之

迭為江因子[illegible]　之内減角為江因子丑差・

[illegible]自之以減江巾因魚巾余為江巾因扈巾[illegible]名員

・江伴因支巾内減毛巾余為江巾因卯巾○[illegible]也・名房

・江巾因冬巾内減角巾余為江巾因：：[illegible]　乃曰尾自衆寄允

十卯和巾[illegible]心加房内減氐余[illegible]名　房心相衆相消也

心　名　心折半之為江巾因[illegible]尾

十卯和因卯

故尾遍二納自衆寄允　房心皆四納相衆四之相消　是使布

箕也　又省中小心省大中小而相衆后衆大与中巾小巾得

尾　[illegible]　寄　房心○[illegible]　与寄

箕　[illegible]　左　相衆　左相

之得　消

[illegible]

実級青中[illegible]

小至和巾　因大巾因　中巾因小　巾也　方广又　首江巾

[illegible]也

為曰三天之一

外至自衆以大中

小至和相衆又以小

大至因中至因小

至相衆四之寄允

列係大至因中至

大至因小至中至相

因小至以外至相

衆加入大至因中

至因小至共得數

自衆之与寄允相

消得向方平方式

也

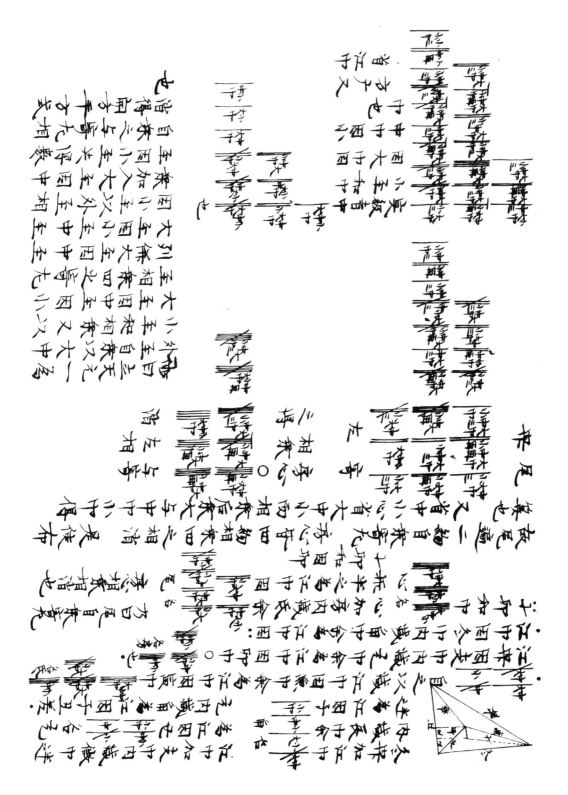

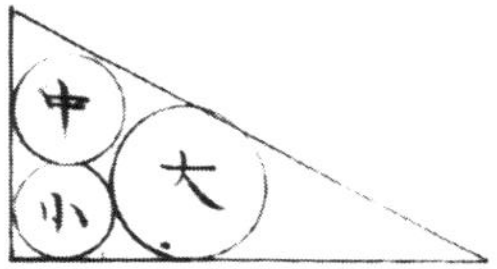

今有勾股、勾云、股云、弦云、容三圓、問大中小径各

甲則勾股各乙中ノ全丙径也　得子式 ○ 平方子也

得丑式 平方寅也

也

也

直得大径式

也　三乗方開之得大径

得中小径術依前式而演之以求焉

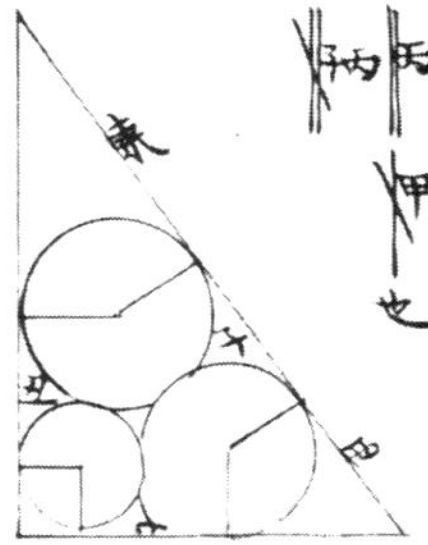

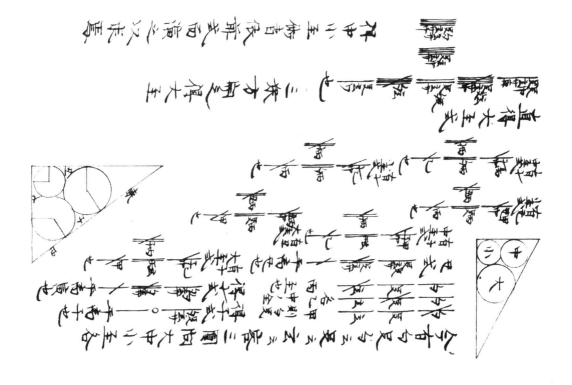

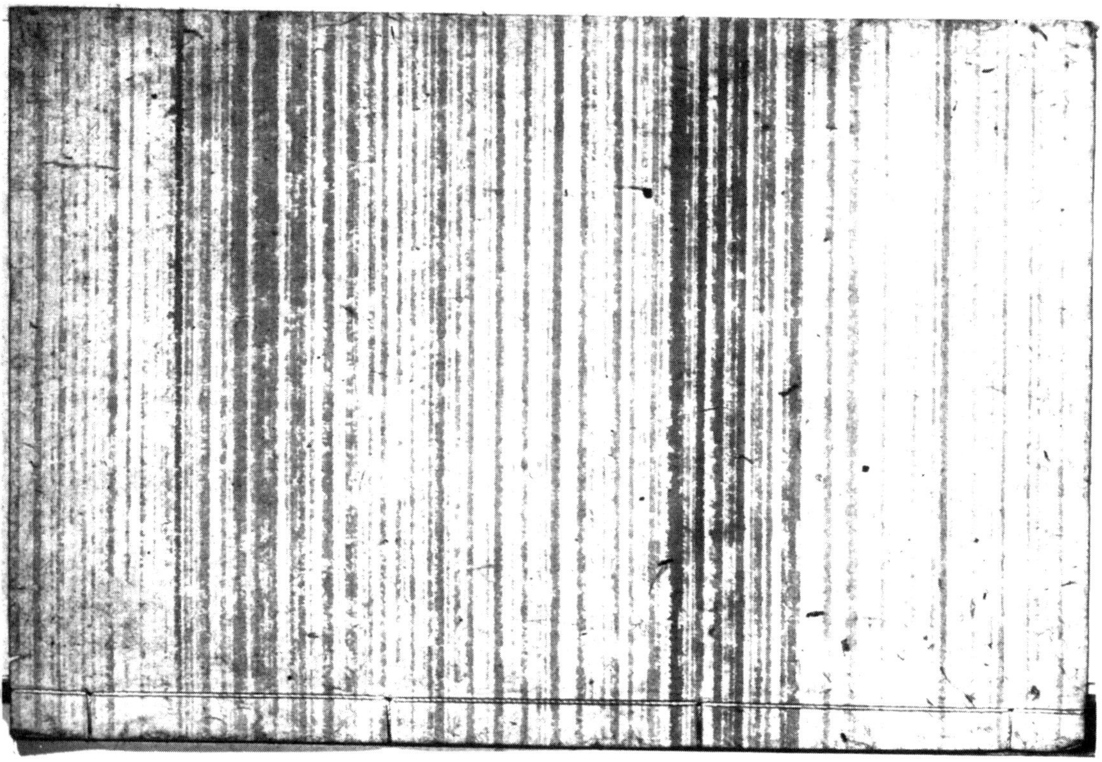

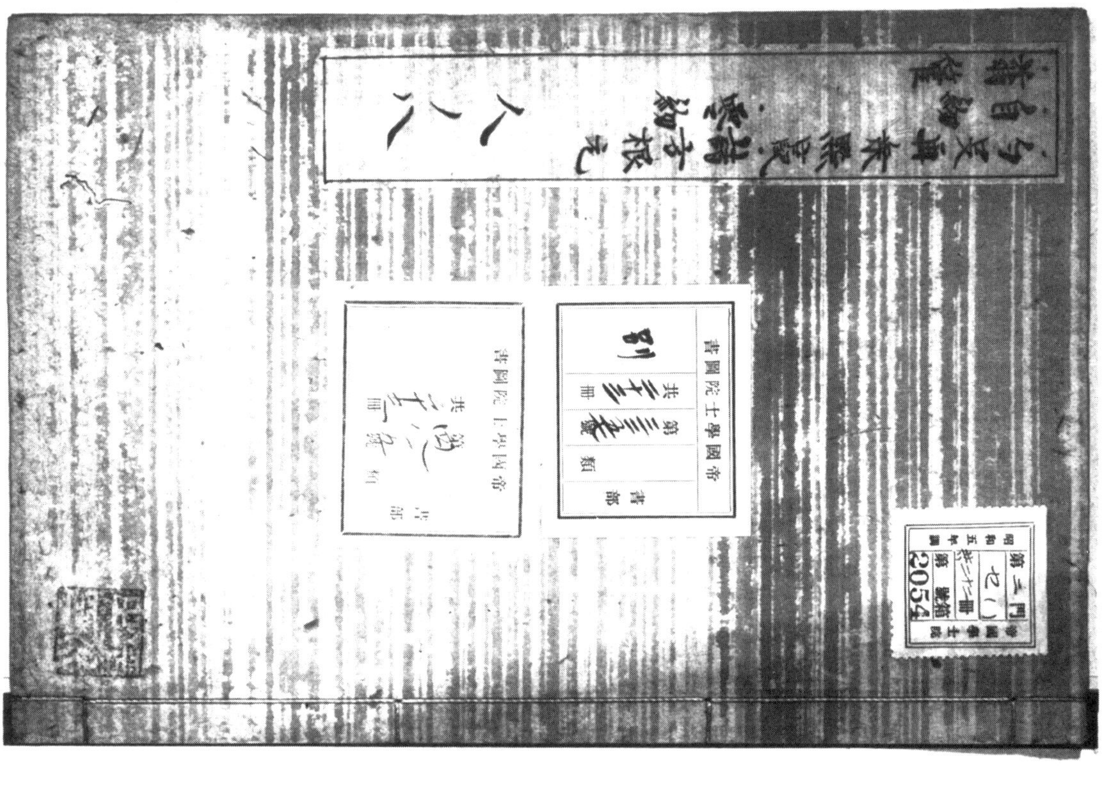

共九冊

播州甚二氏

勾股再乗和點竄
諸法根源
合
自約術
零約術
翦管
人之八

勾股玄再乘和點竄

股積若干勾再股再玄再三和若干 本術只日数アリ 向玄　答

曰 法術 只曰内減玄再乘巾余 ｜股 ｜玄再 自乘 ｜股巾 ｜玄股再 ｜玄五

内減責再乘巾六附為股五乘巾一勾五乘巾一和 ｜股巾 ｜玄股再 ｜玄五

積再 甲位 列玄五自之内減甲位為玄巾因責巾二附 ｜股巾 ｜玄股再 ｜責再

寄左 列玄自之乘責巾二十之与左相消 ｜玄股巾 ｜股巾 ｜玄股再 ｜積再 也

故本術曰只曰巾内減責再乘巾六附為正実 積巾二附為正方

只曰股二為負偶之方翻之

解曰 只曰 吉 ｜勾再 ｜股再 ｜玄再 内減玄再乘巾 ｜勾再 ｜股再 自之 ｜勾五 ①｜股再

｜股五 変之 ｜勾五 ①｜積再 ｜股五 内減責再乘巾六附 ｜勾五 ｜股五 ｜甲位 玄乘八

｜勾巾 ｜股巾 再自乘 ｜勾再 ｜股巾 ｜勾巾 ｜股五 内減甲位 ｜股巾 ｜勾巾 括之八

｜勾巾 変之寄左数

勾股積若干勾再股再玄再乘三和若干向勾股和　答

術曰 折股 列勾股和乘責六之加玄 ｜勾積 ｜股 ｜甲位 勾股和再自之

以減甲位為玄再乘 ｜股巾 ｜勾積 ｜股 自之為玄五乘巾 ｜股五 ｜積

[illegible]嬉列勺旻和自然内減黄甽為玄中[illegible]
再自然之為玄五聲中[illegible]与尤相消[illegible]
[illegible] 故本術曰只曰中一黄再聲中四六段為負実 只
曰黄相乘二附為負方黄中二附為正广只曰數為正隅
解曰只曰象[illegible]本術甲位[illegible]以減甲位[illegible]勺旻和
再自然[illegible] 拾之[illegible] 自之
玄五 實尤枚

勺旻黄若干勺再旻再玄再三和若干问勺旻玄三和 答
術曰補三 三和再乘之内減只曰甽余為勺旻玄三和因附二黄
[illegible] 嬉列三和乘黄十二之与尤相消 式[illegible] 也
故本術曰只曰甽負実 黄附二負方 一平為正隅
解曰黄[illegible] 甲 只曰[illegible] 乙 消[illegible]
[illegible] 丙 丙内減乙四段[illegible] 拾之[illegible]

勺旻玄内入四黄若干勺再旻再玄再三和若干问四玄 答
術曰蓟曰黄四之内減至巾為至因玄二段[illegible] 列除
只曰甽至因黄二附内減至再乘巾為玄再乘巾[illegible] 列甲位再自之
為至再乘巾因玄再乘巾[illegible] 嬉列乙位乘至[illegible]
乘乘為玄再乘巾因[illegible] 与尤相消得[illegible]
[illegible] 四紛之[illegible] 故本術曰黄再乘十六段為正
実黄巾一十二段負广只曰為負隅 解曰 黄[illegible] 只曰
[illegible] 至曰勺 旻 [illegible] 也 至再[illegible]
[illegible] 也 [illegible] 变之[illegible] 甲位 再乘[illegible] 左数也 [illegible]
下[illegible] 拾之[illegible] 故[illegible] 吉[illegible] 也乙位

勺旻黄若干勺再旻。[illegible]。再和若干问玄 答玄
術曰蓟只曰自然内減黄再乘巾六附为勺五乘巾旻五乘巾和
[illegible] 甲位 列玄五自之内減甲位為玄因黄巾二附[illegible]
[illegible] 故本術曰只曰巾内減黄再乘巾附六負実 黄巾十二負广
一半正五乘級卜又 解曰 黄[illegible] 只曰[illegible] 自之
勺五[illegible] 内減黄再乘巾 六附勺五 甲位 玄巾八勺巾

以甲十位子位再自乘玄五乘巾故勾五 [illegible] 内減甲信
[illegible] 括之 [illegible] 変之 [illegible] 寄左数
勾股黄若干勾再股再和若干問勾股和　答勾股和
術曰積乃勾股和再自之内減股曰為勾股和因黄 [illegible]
列勾股和乘黄六之 [illegible] 与左相消 [illegible]
故本術曰股曰為負黄六段為負方一乘正偶トス
解曰黄二段以 [illegible] 股曰 [illegible] 勾股和再乘 [illegible]
[illegible] 括之 [illegible] 変之 [illegible] 寄左数也
勾股黄若干勾再股再和若干問勾股玄三和　答
術曰補三 [illegible] 三段再乘内減股曰 [illegible] 三和因黄二 [illegible] 為玄再乘巾 [illegible]
[illegible] 三段自之内減 [illegible] 為勾股玄三和因二段玄
[illegible] 再自乘為三和再乘巾因股玄再乘巾 [illegible]
寄左 列甲位三和再乘巾相乘信之為三和再乘巾因股 [illegible]
巾 [illegible] 与左相消 [illegible] 故本術
黄再乘巾四段 [illegible] 黄巾四 [illegible] 正偶 [illegible] 黄 [illegible] 正三乘
一乘負五乘トス　解曰勾股玄三和再乘巾 [illegible]
[illegible] 括之 [illegible] 内減股曰 [illegible] 三和因黄二十四 [illegible]
[illegible] 寄 [illegible] 再自乘之 [illegible] 寄左数十
勾股積若干勾再股再和若干問 [illegible]　答
術曰 [illegible] 至再乘以減股曰 [illegible] 列黄四之内減至巾為因
至因 [illegible] 再自乘為至再乘巾因八段玄再乘巾 [illegible]
以至再乘巾乘之為至再乘巾因八 [illegible] 故本術黄再自乘 [illegible] 正実黄
左相消 [illegible] 与
巾四十負ナ股曰八負偶黄二十負三乘一乘正五乘トス
解曰股曰 [illegible]
以至若于勾再股再和若于問玄　答
術曰補列玄再乘巾四之加至再乘巾内減股曰 [illegible]
以至 [illegible] 列玄加至為勾股和 [illegible] 自之内減

玄平為勺夏相衆二段 以至相衆三之 与左相攅
又曰牧勺再 夏再也 青 寄左數
口至若于勺再夏再 若于向勺夏和 吾
術曰踈仍勺夏和再自之門撼又曰信之為勺因夏因勺夏和段六
列勺夏和門撼至為玄 自之撼勺夏和
衆為勺因夏段 衆勺夏和三之為勺因夏因勺夏和
与左相消 解曰 又曰 勺夏和再衆巾青
也 青 撼 自衆以撼勺夏和巾 以勺夏和衆之
寄左數 青 信之
三之 相消也
圓至若于勺再夏再和若于向勺夏玄三和
術曰 列三和門撼至為玄段 列三和衆至為
勺因夏段 列係甲 再衆 至再衆 至再 列
門撼又曰段為勺因夏因 至 至再
衆至六之為勺因夏因 与左相消
故本術 故 至再衆 至 段
解曰又曰 至再 也
圓至若于勺再夏再玄再三和若于向玄 吾玄
術曰踈玄再衆八之加至再衆門撼又曰段為勺因夏因段六 至
列係玄二至二為勺夏玄三和 至 衆至巾三之為
勺因夏因六至 与左相消 二紉之
故本術曰 又曰 加正 至巾三段正方
解曰 只曰 青 寄左數
徑若于勺再夏再玄再三和若于向勺夏和青 吾
術曰踈仍列和信之門撼至為勺夏玄三和衆至為勺因夏二段
列和衆甲三之為勺因夏因 段 列和

信之門減乙為勾再旻再和二段 寄左列和内減至為玄
徑和再自之以減旻曰信之為勾再旻再和二段 到
只与左相消 故本術曰旻曰負実至巾九和信之段
正方 四ケ径十二段負 正偶卜ス 解曰 至再青
勾旻和再青勾再旻再也 青 変之 從甲 八
從 青 寄左数 青 玄也 青 相消也
至若干旻曰勾再旻再玄再三和若干問勾旻玄三和
術曰於列三和門減至為ケ二玄 甲列三和乗至為勾因旻ケ二 答
乙 列併至再一甲再一内減旻四為勾因旻因ケ六至
左乙至相乗三之 与左相消 故本術
一旻曰四段 ケ為正偶卜ス 負実至三段負广 解曰至再青 ナリ
只曰青勾再旻再玄再也 三和 青 甲 也 也 寄左数也
玄若干勾再旻再和若干問勾旻和 答
術曰術列勾旻和自之内減玄乗為勾因旻段二 甲列和
再乗乗内減旻曰倍之為勾因旻勾旻和段六 左列甲
乗勾旻和三之与左相消 故本術旻負加二段 ケ正 正偶卜ス 実 玄自乗三段
解曰旻曰象勾再旻再勾旻和再青勾再旻再也 甲 八 左数
玄若干旻曰勾再旻再和若干問圓至 答
術曰致列至再自之加玄再四内減旻曰四為勾因旻因六至
只左列玄加至為勾旻和 自之内減玄巾為勾因旻段二
乗至三之為勾因旻因段六至 与左相消 倍之負実玄三段
只二物 故本術 玄ケ再内減 正偶卜ス 只曰
解曰至再青勾再旻再 也 寄左数
玄若干旻曰勾再旻再和若干問勾旻玄三和青 答
術曰袖三列三和再乗内減旻曰四玄再四為勾因旻因段六三和
三和 只 左列三和再乗内減玄為勾旻和 自之内減玄
保為勾因旻段二 乗三和三之 与左相消 実
只二物 故本術 負实一旻曰和二段正偶卜ス正
解曰三和再 也 寄左数也
玄若干旻曰勾再旻再至再三和若干問圓至 答

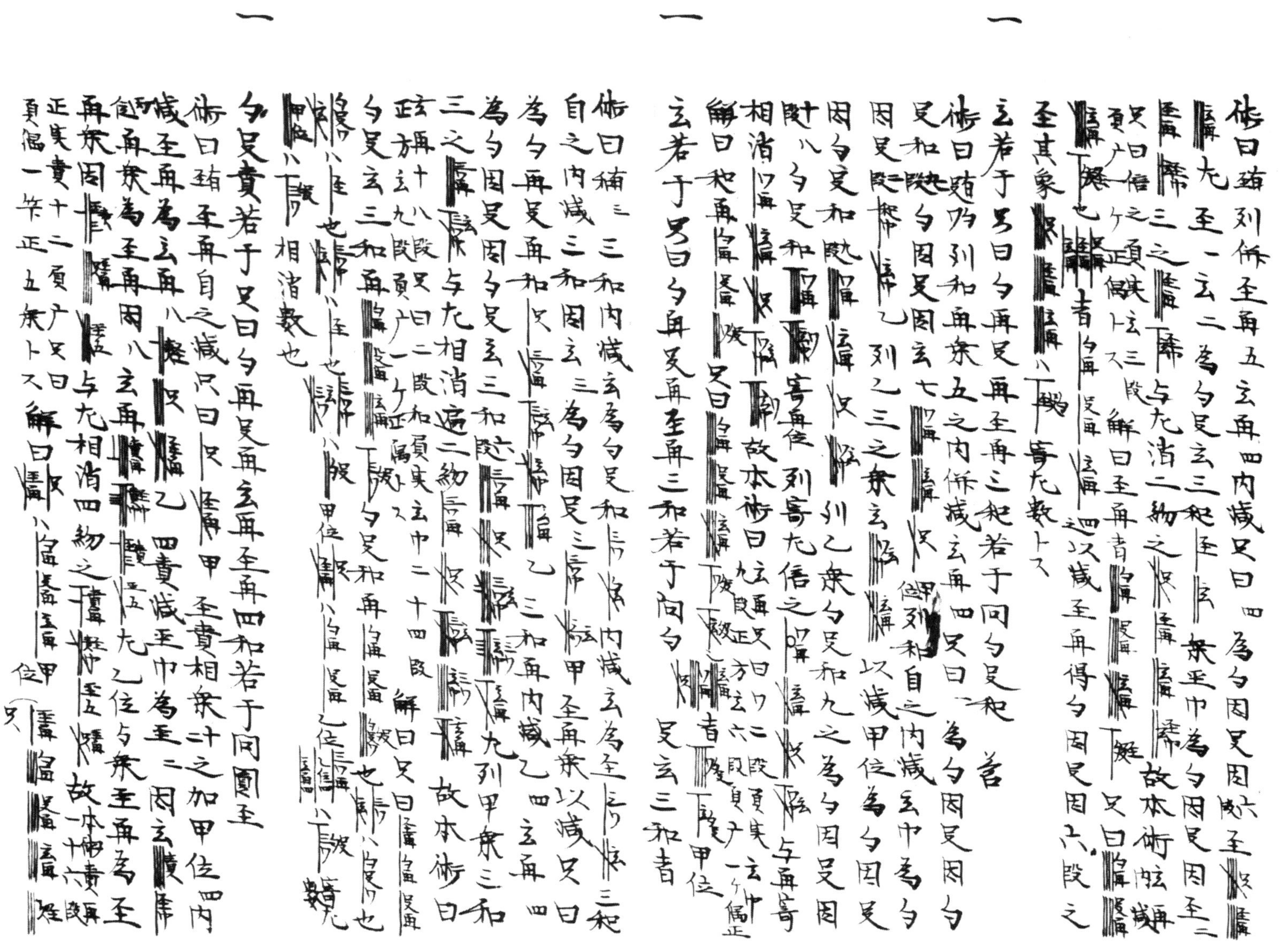

為列術勾　又　解　又以　閉　又術曰
股三條曰股　甲　積　曰責因玄列
三和三勾積若干　曰　為與勾又　玄再
和用股羃與十尺　十七相消勾又和二十自
羃至責又列曰　自相消又内減　乗内減勾
丙為和三勾　又内減勾又和因閉為
乙甲三自乗再　也
依再和内減玄再　勾又和因閉
再乗因勾責　又相減
乗二為三股　又曰十
三和二為黄　又目
和再乗二為因　一又責十
再乗因和若干　故　相
乗用ノ股因　十位
勾又股玄因勾　故　又責相
和再乗依勾又　故十三消
乗列積三　相
八段因和　曰　消

勾又積若干又曰勾再股再玄再手再因和若干因勾又和青
　故　與　也　相消數也
又曰　正與尤相消
正又相得也
又甲位
為玄為至
勾又積若干又曰勾再股再玄再甲和若干因玄
　也　丙位　丙位再青　正尤數也

三和五[illegible]積[illegible]戊

列丙位再乘八之為三和再乘巾因王再

乘率八段[illegible]列乙位乘三和巾及責二十四之為勾足和

因三和再乘巾四十八段[illegible]位列件丁戊乙内減庚位

為三和再乘巾因又曰八段[illegible]寄列又曰乘三和

再乘八之[illegible]與寄左相消[illegible]通二約之

故本術曰置[illegible]乘二百五十六段實[illegible]又曰四段正偶責一十二段

解曰又曰青[illegible]也[illegible]

[illegible]

寄左數也

諸方根源

錐方起率之解義

全直堡壔ノ圖

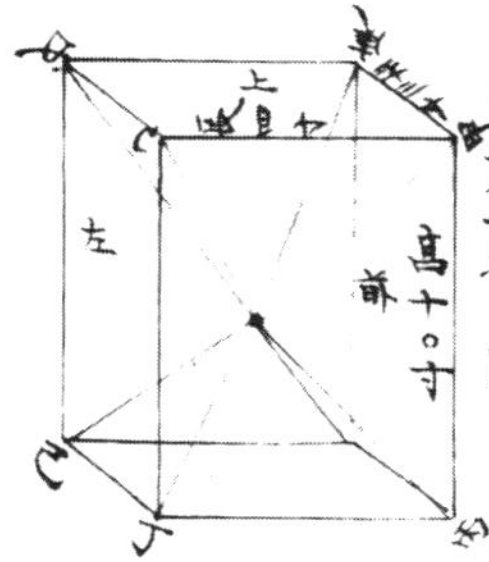

錐ノ平ヲ為平長ヲ為長高ヲ倍而高トシ直堡壔ヲ造ル是ヲ全直堡壔トス下ノ如シ

下后右三段ノ圖

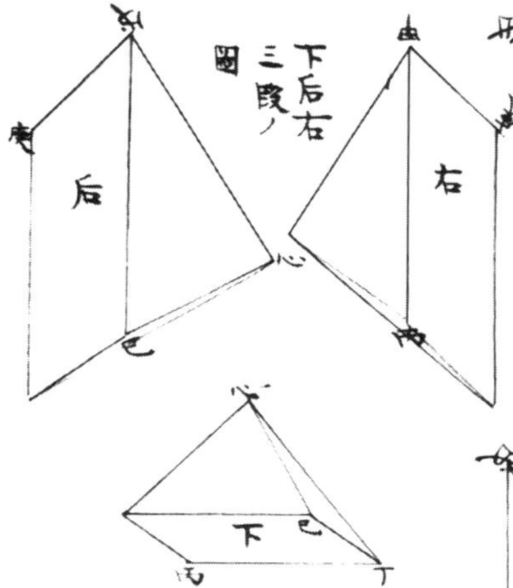

上前左三段分圖

是全堡壔ヲ先上前左三段ノ錐ニ分ル如下

如是直壔ノ内上前尤ノ三ノ錐責ヲ取残ル下后右ノ三錐責如上象

○右分解ノ如ク直堡壔ノ上ノ平面ヲ即錐ノ為平面壔ノ平高ヲ錐ノ高トスル錐一段甲○壔乃全錐高下ノ平面ヲ即チ錐ノ平面トスル

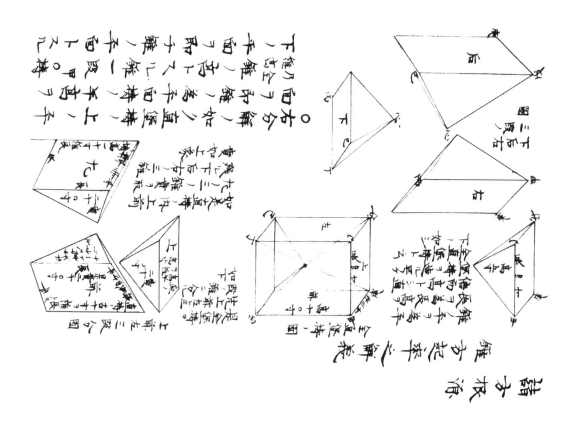

錐形一段卽甲ト半責○持亦ノ平面ヲ則錐ノ為平面持平半段ヲ高トスル錐一段乙○持后ノ平面ヲ錐ノ平面トスル錐形一段乙ト半責○持左ノ平面ヲ錐ノ平トシ持長半段ヲ高トスル錐一段丙○持右ノ平面ヲ錐ノ平面トスル錐形一段丙ト半責　右分図六段ノ錐責各半数也故ニ直堡持責ヲ求メ六段而為錐責トス

総括之解

以錐平為持平 錐平 略 以錐長為持長 錐長 略 以錐高二段為持高
錐高略　於是欲求前后分錐責故先求前后分錐直堡持責
以持長為前錐平 錐長
以持高為前錐長 錐長　各相乗之為前持責 錐斜高 甲位　乃后持責同之
以持平斜為前高 錐平二段

又欲求上下分錐責故先求上下錐形直堡持責
以持長為上錐長 錐長　各相乗之為上錐責 錐斜高 之位　乃下持責同之
以持平為上錐平 錐平
以持高斜為上高 錐高

又別欲求左右分錐責故先求左右錐形直堡持責
以持長斜為左錐高 錐長　各相乗之為左持責 錐斜高 丙位　乃右持責同之
以持平為左錐平 錐平
以持高為左錐長 錐高

倍甲位為前后分錐持責 錐斜高　位之位為上下分錐持責 錐斜高
倍丙位為左右分錐持責 錐斜高　於是視ニ上下前后左右錐六段共各半責十リ依各半責十ルヲ和テ列全直堡持ノ責テ
錐斜高 以六除之為錐責一段ノ象 錐斜高 三 更之 錐斜高 三 也　故本術錐ノ長平高相乗之得数三段之為 三 錐責

三角四半面　徑為斜高甚也　形ト云

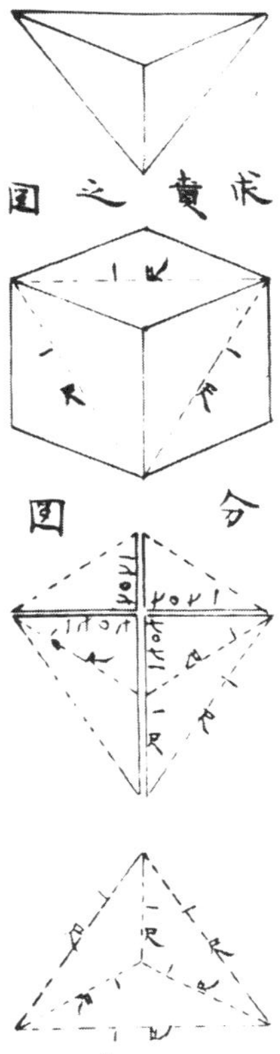
求積之図

分図

蒭甍形如左分図六方責一段ハ其方面ノ方斜ヲ以テ面トスル
蒭甍形ノ責一段○六方平面斜以テ方錐面トシ立方面ヲ高
トスル方錐一段ノ和也故ニ先知ル所ノ方錐責一段ヲ求テ
以テ立方責一段ノ内ヲ減テ為蒭甍形ノ責○術曰立方面平斜
有トス以斜率除之為立方面 求立方責術曰置立
方面再自乗之為立方責 求方斜責
術曰以立方平方斜為方斗面以立方面為方錐高 置
方錐面自乗以方錐高相乗三除為方錐責 之位立方責一段
甲位ノ内減方錐責一段為蒭甍形全責 甲位 乙位
遍乗六為六段蒭甍形責 名丁位
是術中立方平面斜ト号スル所ハ蒭甍形面也故丁位ノ平面
斜再ヲ蒭甍面再ニ代テ如左 六段蒭甍形積
故本術列蒭甍形面再自乗之以斜率除之為六段蒭甍形責以
六除之為蒭甍形責 又曰蒭甍面尺再自乗之以斜率六段除
之得蒭甍面責之定法率一百一十七寸八分有奇

方切篭求積之解義

方切篭

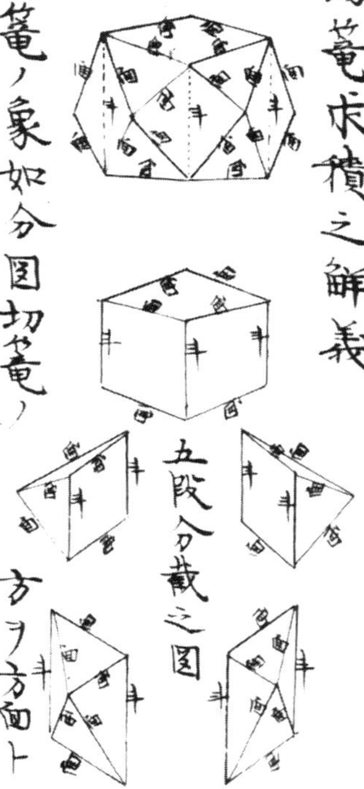

五段ハ分截之図

方切篭ノ象如分図切篭ノ方ヲ方面トシ切篭ノ方斗
ヲ竪トスル方堡壔責一段 切篭ノ方ヲ錐ノ平トシ切篭方
斜ヲ為錐長 切篭ノ方平段ヲ高トスル方錐責四段ノ和也
故右二ノ物相併テ為切篭全責 求方堡壔ノ責術曰
以切篭方面ヲ為方 以切篭ノ方斜ヲ為竪
曰列方堡壔方面自乗々竪為堡壔責 甲位 求方錐責術
以切篭方面為斜平 以切篭方面斜為錐長 以切
篭方面平段為錐高 列錐平以錐長又高相乗三除為錐
責一段 四之為四段錐責 之位 方堡壔責一段 甲位 維

貴四段從相併為切篭全貴[illegible]從遍乘三為三段切篭貴[illegible]拾之[illegible]也故本術曰列切篭面再自乘之乘斜率五之為三段切篭貴以三除之為切篭貴

帯徑壽

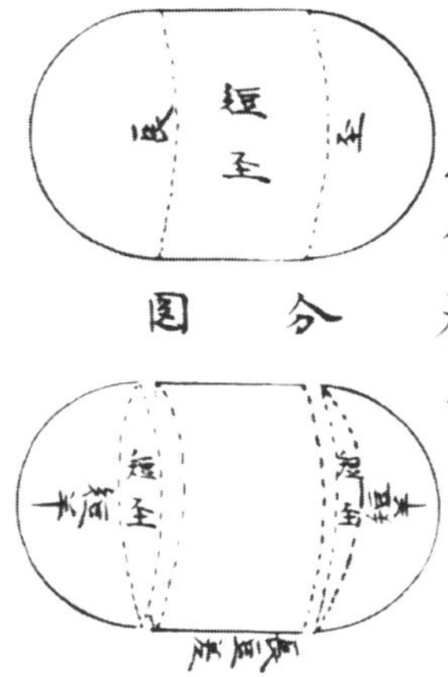

帯徑圓　又之印俗飯櫃トモ云

帯徑円ハ如分圓徑至ヲ玉貴トシテ求ル玉貴一段徑至ヲ以テ円至トシ長至徑至ノ差ヲ以テ竪トスル円壽貴一段ノ和也

求玉貴術曰以徑至為玉貴　置玉貴再自乘之玉貴率為玉貴[illegible]位甲　求円壽術曰以徑至為円至　以長徑差為竪[illegible]円至自乘之円貴率為円貴[illegible]以竪相乘為圓壽貴[illegible]位乙　求帯徑円貴置玉貴位甲加入円竪貴位乙為帯徑円貴[illegible]各交之[illegible]也　正負相減而役ニ遍乘一十二為一十二段帯徑円貴[illegible]周率及徑至巾眉[illegible]拾之[illegible]役ニ首々ル周率ト徑至巾ヲ乘[illegible]一十二段帯徑円貴也　故本術曰列長至三之内減徑至為子乘徑至巾及周率得数一十二除而為帯徑円貴

權

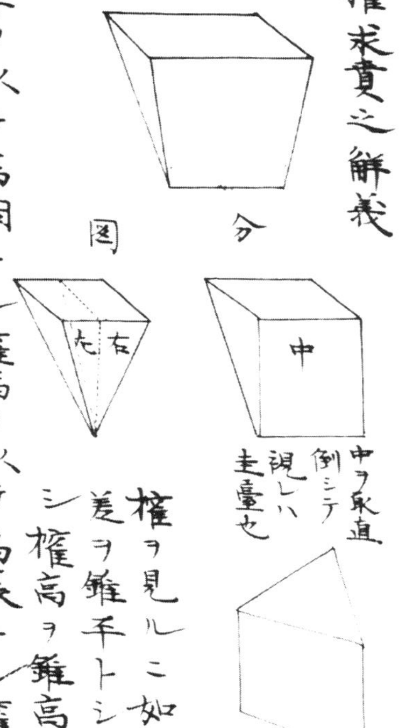

權求貴之解義

權冪ヲ以テ為濶トシ權高ヲ以テ為長トシ權又ヲ以テ高ト
權ヲ見ルニ如右權巾ト又ノ差ヲ錐平トシ權高ヲ錐長トシ權高ヲ錐高トスル錐貴一段

スル圭臺責段右二積ヲ合スルトキハ權全責也
求權責術曰 以權幅ト刄ノ差為錐平 巾 刄 以權厚為
錐長 厚 以權高為錐高 高 長平相乘而得 幅厚 擬
以高 巾 鶏 刄 也 以錐法 巾 鶏厚 三 刄 錐責也 甲位
相乘 巾 刄 也 三除之
求圭臺術曰以權高厚為圭周 厚 以權高為圭長 高 以權刄為
圭臺高 刄 圭長圭周相乘半之為圭積 鶏 二 以圭臺高相
乘為圭 鶏厚 二 位乙 甲乙位 鶏 遍以六乘
臺積 鶏 相併 三 鶏 權全責 之為六段
權 鶏 鶏 鶏 六段 權責 正負相減 鶏厚 巾 也 六段權責也
責
故本術曰倍幅加刄以厚乘高相乘以六除之為權全積

兩刄權求積之解義

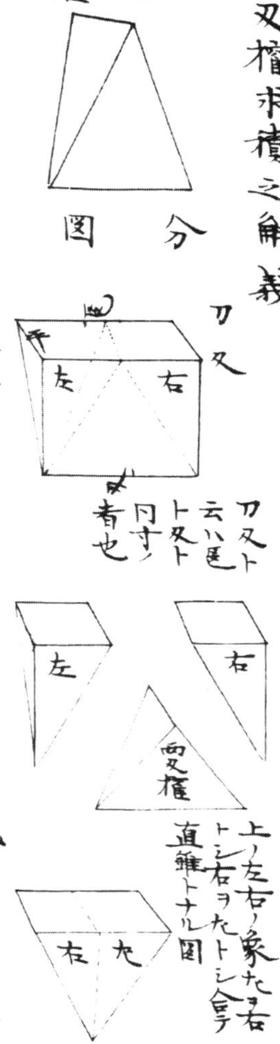

兩刄ノ權ハ如右刄刄全形ノ内ヨリ左右ノ直錐 錐減 方ヲ切落
シタル残形也 刄刄ノ平ヲ以テ錐平トス刄刄ノ厓ヲ以テ
錐長トス刄刄ノ高ヲ以テ錐高トスルモノ段一刄刄ノ厓ヲ以
テ廣刄トシ刄刄ノ平ヲ以テ挟刄トシ刄刄ノ高ヲ以テ高ト
スル兩刄ノ權段一 右二責合テ刄刄全積也
求刄刄責術云厓平相乘ク高平之為刄刄全責 二 鶏 高 甲位
○以刄刄厓為錐長 長 以刄刄平為錐平 平 鶏厚 以刄刄高為
錐高 高 錐長平相乘ク高以三紉之為錐責 三 乙位
○置刄刄全責 甲位 内減錐責 乙位 余為兩刄權責如左

二段冪甲位 三段冪乙位 遍乘二六為六段両又權貴 段冪 段冪 正負相減

段冪也 段平ノ冪ヲ廣挾ニ換ル 廣挾高又 也

故本術曰廣挾又及高相乘以定法二六約之得両又權貴

廣又權貴之解義

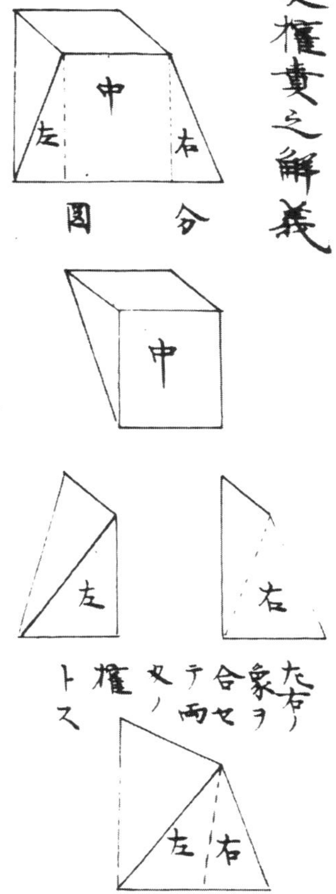

廣　又　權

廣又權ノ象ヲ見ニ左右貴合セテ両又權一段ノ刀又ノ權段

右二貴合スルトキハ廣又權ノ全貴也

求両又權貴術曰以又廣巾減廣又為両又權下又巾 廣又 以

上ノ又下又相乘之両又權高六段而為両又權貴

又廣厚為両又權上又厚以又廣高為両又高 高 両又權

巾廣又冪 六段廣又冪 甲位 求刀又貴術曰以又廣幅為刀又長巾以又廣

厚為刀又平厚以又廣高為刀又高 高 長

平高各相乘之為刀又積 巾冪 二乙位 両又權甲位与刀又之乙位相

併為又廣權全貴 巾冪 六廣又冪 甲位 巾冪 二乙位遍乘二六為二六段又

廣權貴 巾冪 六廣又冪 也 巾冪 正負相減シテ巾冪 廣又 以二六段權貴

故本術曰倍巾加廣又以厚及高相乘之為二六段又廣權貴

方臺求貴之解義

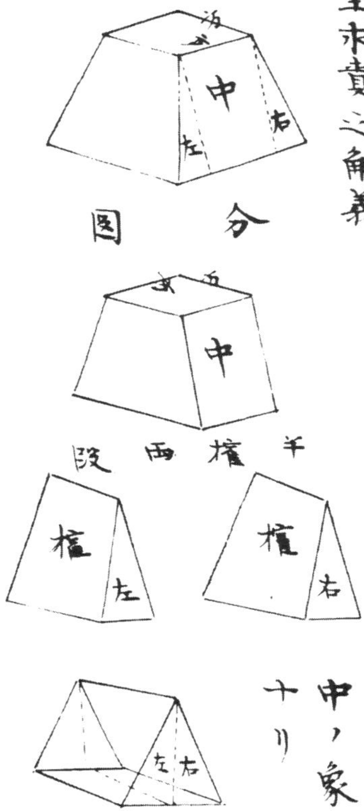

中ノ象ハ則方臺

ナリ

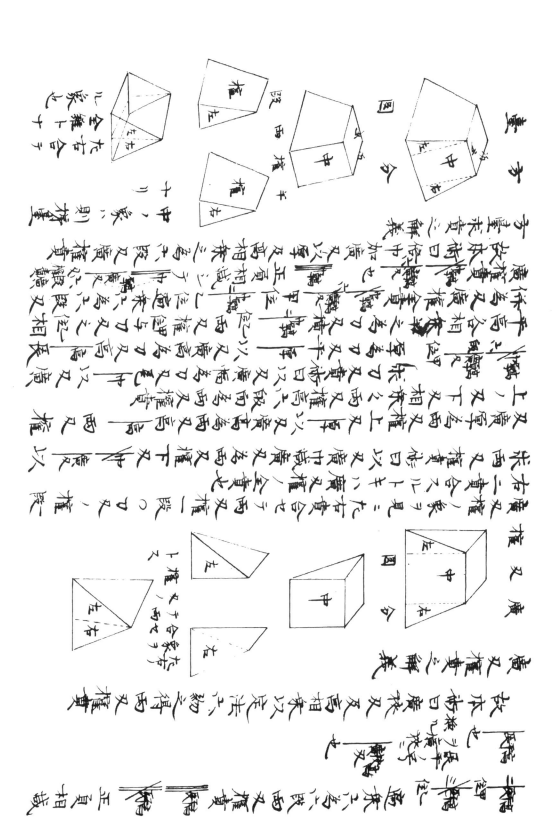

方臺ノ象ヲ見ニ如右方臺上ノ方面ヲ以テ權ノ又トシ臺ノ下方ヲ以テ權ノ幅トシ上下方差ヲ以テ權ノ高トシ臺ノ高ヲ以テ權ノ高トスル權段 方臺ノ上方ヲ上頭トシ下方ヲ大頭トシ又方臺高ヲ梯ノ長トシ方臺上方ヲ梯臺ノ高トスル梯臺段一 ○求權責術曰以方臺上方面為權又上方以方臺下方為權巾下方以方臺上下方差為權厚上方下方以方臺高為權高 高 倍巾加又上方 下方 乘厚及高二六除而為權責也

甲 ○求梯臺責術曰以方臺小方為小頭上方 以方臺上方為梯高上方 以方臺下方為大頭下方 以方臺高為梯長高 列併大小頭 上方 下方 以梯高乘之折半而為梯責 右梯責乙与權責甲相併為方臺責 位乙 遍乘六為六段方臺責 異減而 六段方臺責 以三約 段方臺責也○本術列上下方巾和ト上下方相乘ヲ加乘高以三約

直臺求責之解義

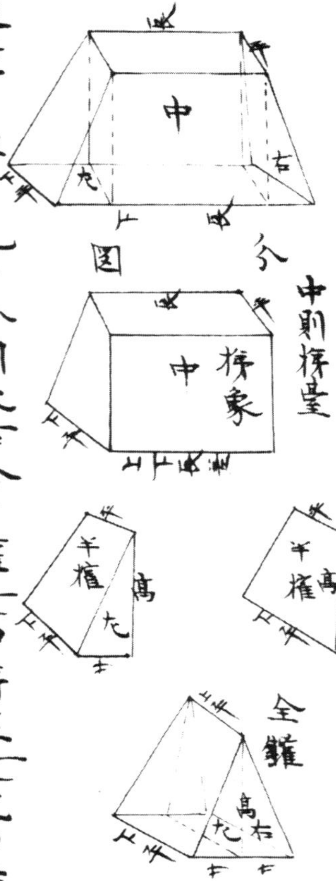

左右半權合テ全錐ト成也

直臺ノ形ヲ見ニ分圖ノ右合テ權段一中梯臺段也○求權責術曰以直臺上平為權又上平以直臺下平為權巾下平以直臺上下長差為權厚上長下長以直臺高為權高 高 倍巾加又下平上平乘厚及高二六除而為權責

甲○求梯責術曰以直上平為小頭上平以直下平為大頭下平以直高為梯長高以直上長為梯臺高上長 大小頭相併得 以梯長及高相乘シテ得數半之為梯臺責得

上長高上長二乙位
右甲乙積責相併為直臺全責

下長上長高下長上長六甲位上長高二下長上長乙位過六因而為段六直臺積

上長上平下平高上平上平下長上平正負上平高下長下平下長
為六段直臺責上平高下平天位異減上長加下長乘上平及高得也
下平高上平地位及高得數地位天位加下長乘下平天地二位相併為六段直臺積

三角

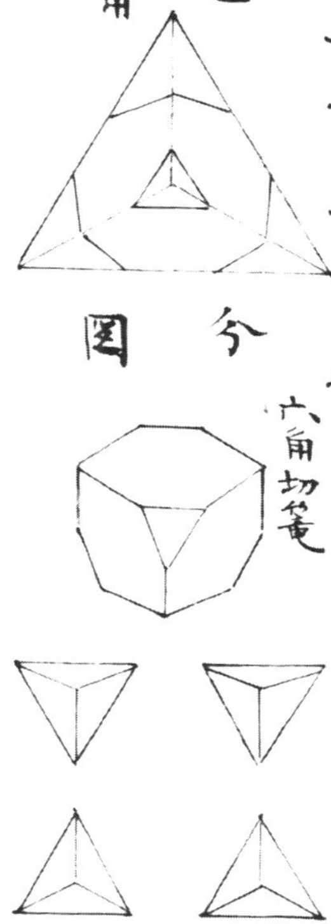

分図

六角切篭

六角切篭求責解義

依右三角切篭ノ象ヲ見ル二大蓄変形ノ四ツノ角ヨリ小蓄変形ヲ四ツ切取タル残責也乃チ六角切篭面ノ三段ヲ以テ大蓄蓄陵変形ト為ス

術曰置六角切篭面三之為大蓄変形面再自乘之以六段斜率除之為大蓄変形責甲位　○置六角切子面為小蓄変面再自乘之以六段斜率除之為小蓄変形責乙位　○甲位内減乙位四段小責為六角切子責正負相減得也　故本術曰列六角切子面再自之二十三之為実以斜率一十六段除之得六角切子積　又術曰置二十三ケ以斜率六段除之得六角切子面定法二千七百十。寸六ト余

八角切子求責之解義

八角切子

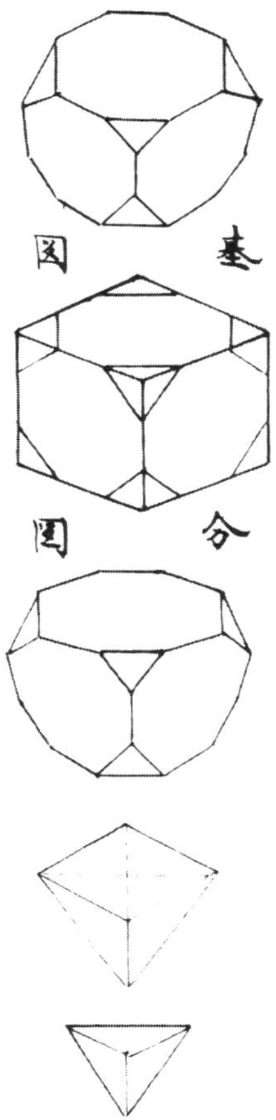

基図

分図

八角切子形如右分図立方象ノ八ノ角ヨリ三角錐ヲ八ツ切
取ル残積十リ切取ル三角錐面トハ八角切子面ナリ
○ト三十ハ三角錐面ヲ是方錐面ハ方用ル斜率ニ除テ得数十リ解ス
求立方積術曰置八角切子面以斜率得数加八角切子面為立
方面 再自乗為立方積
求方錐積術曰乃方錐面一段ハ四以八角切子面
面 置八角切子面以斗率除之為方錐高乃三角錐面也為方錐
置方錐面自乗以方錐高相乗得数三除為方錐積
八段ノ三角錐積為八角切子積○立方積列レ内減
又(口)(二)格 (イ)(ロ)変之 格之
相減 ノ二ケヲ斜率中ト変之 遍三因而為三段八角切子積
故本術曰斜率四十一之加二十一ケ乗八角切
面再乗之三段而為八角切子積 東(冬)正貢
又術曰斜率一十四ヲ加二十一ケ三除而得八角定法一万三千五百九十九寸六分有奇

圓切子求積之解義

分図

円切子ノ象如右分図立円貴ノ内前后上下左右ヨリ六段ノ
玉欠貴ヲ切取リ其余則円切子貴也切子ノ円至ヲ置テ斜率
ヲ乗テ則立円ノ至也○術路曰置
切子ノ至乗斜率為立円至置立円至内減切子至半之玉
欠矢 置切子至為玉欠玄 ○求立円貴術曰置
立円至自再乗之乗玉率為玉貴 ○求玉欠
貴術曰六段也置玉欠玄 自之三之 置玉欠矢

自約除數表

二	一九	四七	七九	一〇九	一五一	一九九	二二九	二六九	三一一	三五三	三九七	四三九	四七九
三	二三	五三	八三	一一三	一五七	一九三	二三三	二七一	三一三	三五九	四〇一	四四三	四八七
五	二九	五九	八九	一二七	一六三	一九七	二三九	二七七	三一七	三六七	四〇九	四四九	四九一
七	三一	六一	九七	一三一	一六七	一九九	二四一	二八一	三三一	三七三	四一九	四五七	四九九
一一	三七	六七	一〇一	一三七	一七三	二一一	二五一	二八三	三三七	三七九	四二一	四六一	五〇二
一三	四一	七一	一〇三	一三九	一七九	二二三	二五七	二九三	三四七	三八三	四三一	四六三	五〇九
一七	四三	七三	一〇七	一四九	一八一	二二七	二六三	三〇七	三四九	三八九	四三三	四六七	五二一

[illegible] 二 [illegible] 自之四之(ロ) [illegible] [illegible] (ハ) [illegible] 位 右二位相併テ 乃曰(ワ)ノ斗率巾リ二ケト変ス

下 [illegible] [illegible] 乗玉矢(ヘ) [illegible] (ホ) [illegible] (ヘ) [illegible] (ト) [illegible] (ニ)(ト)相併(ホ)ノ斗率巾二ケト

変(ヘ)ニ加フ(ニ)(ト) [illegible] (ヘ)(ホ) [illegible] 乗玉貴率四段而 [illegible] 四 [illegible] 六段 為玉矢貴 六之為六 為玉ノ矢貴

而 [illegible] [illegible] 位乙 置玉貴位甲内減六段玉矢貴位乙為圓切子貴(下) [illegible] 位甲

(チ) [illegible] (リ) 二 [illegible] 位乙 (チ)(下)相減 (チ)(下)正負 [illegible] 二 [illegible] 二遍二因而為 二段四切子貴 [illegible] [illegible] 二段貴

故求術曰置一十五ケ内減斜率八段求切子圭再乗率及玉貴率半之為圓切子積

又術曰置一十五ケ内減斜率八段余乗玉貴率半之得〇ケ九分六重五乞一有奇　為四切子貴法也

一

今有物又曰置尤右相乘之得一千〇三個問尤右各幾何

答曰　尤一十七　右　五十九

術曰列又曰數假開平方開之得三十一為自約極數〇又尾數三故三与七數ヲ用ユ先三𠀋不合又七𠀋不合十三𠀋不合又十七𠀋得右五十九又二十三𠀋不合又二十七𠀋不合故為尤一十七右五十九合問

闡微算法一十五問題其一十〇問ニ云

今有尤右數各五位不知其數以尤數乘右數設得三億九千八百二十五万向得至此尤數術

答　左一万五千六百二十五。右二万五千四百八十八

術曰置相乘數依自約術求得五ケ六次逆相乘之為尤數

解義

三九八二五〇〇〇〇八／五　七九六五〇〇〇〇　也　三九八二五〇〇〇〇八／五五　一五九〇〇〇〇　也　三九八二五〇〇〇〇八／五五五　三一八六〇〇〇　也

三九八二五〇〇〇〇八／五五五五　六三七二　也　三九八二五〇〇〇〇八／五五五五五　一二七四四〇　也　三九八二五〇〇〇〇八／五五五五五五　二五四八八　也

一

假令立方責一百二十八段与平方積二千四百〇一段与適等問各積數幾何

答曰　平方積五万〇一百七十六　立方積九十四万一千一百九十二

術曰置平責原數（三段乃極數也）依自約術得二ケ六次列次數満二去之余一次加二次共得三次列二ケ就三次數再自乘得八名角○置立責原數（平責二段乃極數也）依自約術得七ケ四次列次數満三去之余一次加一次共得二次列七ケ就次數自之得四十九乘角得三百九十二為因法○列立責段數乘因法為平責數○列平責段數乘因法為立責數合問

解義

立責段數／平責段數　者　平責原數／立責原數　也　極數　一二八／二四〇一　自約之　㊁㊁㊁㊁㊁㊁㊁〇／㊆㊆㊆㊆〇

一

闡微算法一十二問題其三問

今有物一千七百一十五ケ欲使開立方無奇令問以若干數相乘而求無奇零數術　答曰相乘數二分（立方為七ケ）

術曰列物數依自約術得七ケ三次五ケ一次故列七ケ以五除之得二分為相乘數合問　解曰　一七一五　自約而　⑦⑦⑦⑤　也

一　今右數二十五加九數平欲使用平方乇不盡同得九數術
答曰　九數一　又云一十七
術曰置右數依自約術爲長平得又長三十五平五長平相減折半之
得九數合問

一　假令勾股玄三和五十六寸問勾股玄整數
答　勾七寸　股二十四寸　玄二十五寸
解曰　玄　青　甲巾　乙巾也　股　八　甲巾也　勾　八　甲巾　乙巾也
故三和　青　甲巾也　括之　甲乙和也　三和　八　甲乙ワ　積數　二八也
自約而　二八　括之　二八也　故七ケ爲甲乙和〇四ケ爲乙〇相
減三ケ　二爲甲十　甲巾　乙巾　八　二五　則玄也　甲巾　乙巾　八　七
則勾也　甲巾　八　二四　則股也

一　關儆算法一十五問類其一十四問
今有名甲乙丙物不知其數只曰甲五乘巾与乙七乘巾又丙一
十一乘巾与各適等　乃適數不滿一億不下分位　万　同得甲乙丙各幾何
答曰　甲一十六ケ　乙二八ケ　丙四ケ　適數一千三百一十六萬七千六百七十六ケ
解義
適數　吉
甲甲甲甲甲甲
丙巾八甲
丙巾八乙巾
甲巾八乙三　又丙五

一　今有甲乙丙數只曰甲七乘方冪之高加丙一十一乘巾与又乙
五乘方冪之高加甲五乘巾得數及丙三乘方冪之高加乙七乘
平得數三數各適等而其數不滿一千万億同甲乙丙數及等數
幾何　答曰　甲二百五十六　乙六十四　丙七六　高各二ケ
等數二八一四七四九七六七一〇六五六
術曰列一千万億四十七乘方開之得二ケ　續　石原數　甲　又乙高
五自乘爲乙　以　故列原數七自乘爲甲又列原數三自乘爲丙又列原數
自乘爲乙合問
解義　甲七乘　乙五乘方開之高　三數合高等　故九
丙三乘

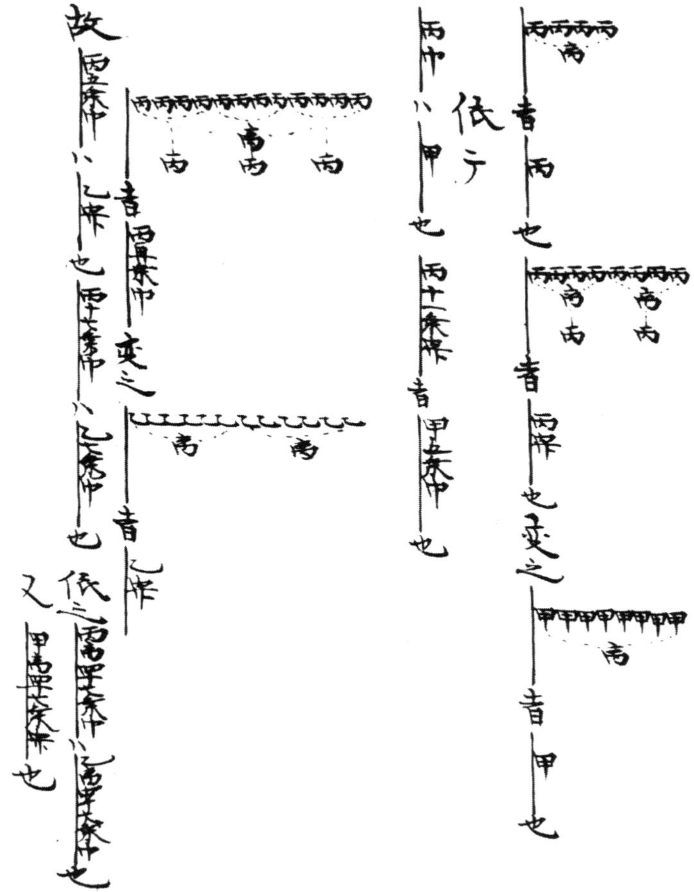

零約解

今有方一尺斜一尺四寸一分四厘二毛一糸強問零約之内外親疎方各幾何

答曰

内疎方率五 斜率七
内親方率二十九 斜率四十一
外疎方率七 斜率一十〇
外親方率四十一 斜率五十八

術曰斜率一方率一為動以斜率為実以方率為法実如法而一得数一定之以此於原数斜青斜率二方率一又於原斜青斜率一方率一各累加之得内外親疎方斜率

右外亦有最親青方斜率繁故略之以是術可準知也合問

解表如左

一号

斜率	方率	
1	1	一〇内
2	1	二〇外
3	2	一五外
4	3	一三三内
6	4	一五外
7	5	一四内
9	6	一五外
10	7	一四二外
11	8	一三七内
13	9	一四四外
14	10	一四内
16	11	一四五外
17	12	一四一六外

二号

斜率	方率	
18	13	一三八内
20	14	一四二外
21	15	一四内
23	16	一四三外
24	17	一四一一内
25	18	一三八内
27	19	一四二外
28	20	一四内
30	21	一四七外
31	22	一四〇内
33	23	一四二外
34	24	一四一六外
35	25	一四内

三号

斜率	方率	
37	26	一四二外
38	27	一四〇内
40	28	一四二外
41	29	一四一三内
42	30	一四内
44	31	一四一九外
45	32	一四〇六内
47	33	一四二外
48	34	一四一一内
50	35	一四二外
51	36	一四一六外
52	37	一四〇五内
54	38	一四二外

四号

斜率	方率	
55	39	一四一〇内
57	40	一四二外
58	41	一四一四六外
59	42	一四〇四内
61	43	一四一八外
62	44	一四〇九内
64	45	一四二外

又術曰斜率一方率一為内率斜率二方率一為外率得外率則近加内率又得内率近加外率逐得次率其術如下表

数解表

斜率	方率	
1	1	一〇内
2	1	二〇外
3	2	一五外
4	3	一三三内
7	5	一四内
10	7	一四二八外
17	12	一四一六内
24	17	一四一八内
41	29	一四一三内
58	41	一四一四六外
99	70	一四一四二外

一

今方一尺斜一尺四寸一分四釐二毛一糸三忽五微六繊問要約之各幾何

答曰
方率五千七百四十一
斜率八千百一十九

数解如左

一号

斜率	方率	
一	一	一〇寻
二	一	二〇亐
三	二	一五亐
四	三	一三三三寻
七	五	一四寻
十〇	七	一四二亐
十七	一二	一四一六亐
二四	一七	一四一一寻
四一	二九	一四一三寻
五八	四一	一四一四六亐
九九	七〇	一四一四二八五亐
一四〇	九九	一四一四一四寻
二三九	一六九	一四一四二〇寻

二号

斜率	方率	
三三八	二三九	一四一四二二亐
五七七	四〇八	一四一四二一五五亐
八一六	五七七	一四一四二一一寻
一三九三	九八五	一四一四二一三二寻
一九七〇	一三九三	一四一四二一三九亐
三三六三	二三七八	一四一四二一三六亐
四七五六	三三六三	一四一四二一三五〇寻
八一一九	五七四一	一四一四二一三五六九強

一 今有三角面一尺中勾八寸六分六釐〇二五四問要积之幾何

答 角面率二千九百一十一中勾率二千五百二十一

解義

一

中勾率	角面率	
一	一	一〇亐
一	二	五寻
二	三	六六六六寻
三	四	七五寻
四	五	八寻
五	六	八三三三寻
六	七	八五七寻
七	八	八七五亐
一三	一五	八六六六亐
一九	二二	八六三寻

二

中勾率	角面率	
三二	三七	八六四寻
四五	五二	八六五寻
五八	六七	八六五寻
七一	八二	八六五八寻
八四	九七	八六五九寻
九七	一一二	八六六〇七亐
一八一	二〇九	八六六〇二亐
二六五	三〇六	八六六〇一寻
四四六	五一五	八六六〇一寻
六二七	七二四	八六六〇二二寻

三

中勾率	角面率	
八〇八	九三三	八六六〇二三寻
九八九	一一四二	八六六〇二四寻
一一七〇	一三五一	八六六〇二五一寻
一三五七	一五六〇	八六六〇二五六亐
二五二一	二九一一	八六六〇二五四二〇

一　今圓径一尺周三尺一寸四一五九二九二問零約之各幾何

答　径率一百一十三　周率三百五十五

一号

周率	径率	
三	一	三〇弖
四	一	四〇弖
七	二	三五弖
一〇	三	三三三弖
一三	四	三二五弖
一六	五	三二弖
一九	六	三一六六弖
二二	七	三一四二弖
二九	八	三一二五弖
四七	一五	三一三三弖
六九	二二	三一三六弖

二号

周率	径率	
九一	二九	三一三七弖
一一三	三六	三一三八弖
一三五	四三	三一三九弖
一五七	五〇	三一四弖
一七九	五七	三一四〇三五弖
二〇一	六四	三一四〇六二五弖
二二一	七一	三一四〇八四弖
二四五	七八	三一四一〇二五弖
二六七	八五	三一四一一弖
二八七	九二	三一四一三弖
三一一	九九	三一四一四弖

三号

周率	径率	
三三三	一〇六	三一四一五〇九弖
三五五	一一三	三一四一五九二九二微強

一　有勾股勾一十万。九千六百八十七寸有奇股一百万寸今以是短欲造至小勾股冪使勾股之二數不下分位問其小勾股各幾何　答曰小勾一百三十七寸小股一千二百四十九寸

術曰列勾以股除之得。一分〇九六八七依零約之術

勾	股	
一	九	弖
一	一〇	弖
八	七三	〇一〇九五八八弖
九	八二	〇一〇九七五六弖
一七	一五五	〇一〇九六七八弖
二六	二三七	〇一〇九七〇四弖
四三	三九二	〇一〇九六九二弖
六〇	五四七	〇一〇九六八九弖
七七	七〇二	〇一〇九六八六弖
一三七	一二四九	〇一〇九六八七

於是上位為勾下位為股

有梨子盞盞有毎盞容二十六枚毎一百万枚價金四千九百二
兩有奇有客曰五兩欲買之顧使梨子毎盞外之奇零價金毎兩下
之零向得梨子幾盞價金幾兩術乃欲使二數至寡
答曰　盞一百〇二　價金一十三兩
術曰列價金來毎盞容數六十二以一百万枚除之得一盞價金
〇二二七四五二　依零約術

一	一	六	七	一三	一九	五八	六五〇
七	八	四七	五五	一〇二	一四九	四五五	四九四三
〇一四二弓	〇二二五孚	〇一六二七弓	〇二三孚	〇一二二七四五孚	〇一二二七五弓	〇二二七四七弓	〇一二七四五二弓

六位合
七位合　下位為盈數

零約
。求三角中勾　一八一四　九除二〇
。求方面斜　四九十九　七除〇

翦管術
今有物數不知總數只曰一十九除而余更六二十七除而余更一十
總數若干　答曰　總數四百四十三個
術曰附法三百二十四　二十七附法一百九十。　去法五百一十三
一十九除余以三百二十四乘之得千九百四十四个〇二十七除
余以一百九十乘之得二千〇九十〇二　二位相併得四千〇
三十四ケ滿五百一十三去之余四百四十三為總數合問
解曰以一十九為九以二十七為右依盈一術得一百九十〇
為二十七除法　以二十七為九以一十九為右依盈一術得
三百二十四為一十九除法　一十九与二十七相乘得五百
十三為去法
今有物不知其數只曰一百七十九除而余五十七十四除而余一十
總數若干　答總數一万一千一百〇三
術曰百七十九除余以五千五百五十乘之得二万七千七百五十〇七十

一

四除余以七十六百九十七乘之得二万三千〇。二位保合其數
四五十乃〆百滿一百四万十三六千二十去之余〇一乃九十一三十一百為總數合同
解曰以七十九除方〇以三十一以八百七十九為右依剰一術得四五十五為
百七十七十四為九 百滿之去七十九余り内十一 為九以七十
四為右依剰一術得九十七 為七十四除法 一百七十九与
七十四相乘而一万三千二百四十六為去法

一

今有物不知其數只曰三十一除余十一四十九除余二問總數
答曰總數七百八十六ケ
術曰四十九除法五百八十九
三十一除法九百三十一 去法一千五百一十九
合余之數乘其法得數各相併得數滿去法去之余為總數
解曰以四十九為九以三十一為右依剰一術得九百三十一為三
十一除法以三十一為九以四十九為右依剰一術得五百八
十九為四十九除法 三十一与四十九相乘而得七百八十六
為去法

一

今有物不知其數只曰二十除余三ケ三十七除余七ケ總數
答曰總數一百九十二ケ
術曰二十一除法六百四十八
三十七除法六百三十〇ケ 去法七百七十七
解曰以二十一為九三十七為右依剰一術得六百三十〇為三十七除法二十一三十七相乘為去法
以三十七為九二十一為右依剰一術得四百四十八為

一

同八九除而余三六ケ問總數　答曰總數三十〇ケ
術曰八九除方六十四 去法七十二
解曰以八為九以九為右依盈一術得六十四為九八除方八相乘得七十二為去法

一

同一七十除而余三六ケ問總數　答曰總數六十六ケ
術曰七十二除法三四十九 去方八十四

一

同五十八除而余四十三問總數　答曰總數四十九
術曰以五十八除方三五十六 去方九十〇ケ

一 曰廿六除而余九 問惣数　答惣数五十七
術曰廿六除方四廿九 去方一百一十二
一 曰卅六除而余十二 問惣数　答惣数一百一十〇ケ
術曰卅六除方卅四 去方一百四十四
一 不知惣数七五三除而余二一五ケ惣数若干　答総数二十六ケ
術曰七五三除法七十二十一十五〇ケ去法一百〇五　各余乗其法得数三位相併満去法去之為惣数
解曰三五七相因得三十五二十一十五為九以三五七為右依剰一術得二十一十五〇為七五三除法相乗而一百〇五為去法
一 曰八三五除而余二三ケ 問惣数　答惣数七十有四ケ
術曰八三五除法四十〇九十六 一百〇五去法一百二十〇
解曰八三五相因得十五四十二十四為九以八三五為右依剰一術得四十一百二十五為八三五除法相乗一百二十〇為去法
一 九七五除余三三一ケ 問惣数　答惣数一百二十有八ケ
術曰五七九十一除法二千四百八十五〇九十除法二千五百二十〇去法三千四百六十五
各余乗其方得数四位相併満法去之為惣数
五七九十一相乗得三百八十五為九以五七九十一為右依剰一術得二千五百二十〇為九十一除法七十五相乗三千四百六十五為去法
一 不知其数十二除而余六ケ二十一除余三ケ　答惣数六十六
術曰十二二十一除法四十八去法八十四
解曰依互約術二十一為七不約 〇註除余相減而得数互約而以乗数
不除者毋術后做之
以七為九以十二為右得盈一術得四十九為二十二除方十二七為九右依盈一術得
三十六為一十二除方

一 今有不知其數 四十八除而余四ヶ 十五除而余一ヶ 十三ヶ 向總數 答 四十九

術曰 四十八 十五除方 三十五 二十六去法 九十。

解曰 依互約術 四十八 十五 爲 䂓

一 今有不知數 五十八除余五 十六除余一 向總數 答 五十七

五十八爲九以二 十八爲右 依盈一術得 三十五 十六爲 四十八 除方 五 十六相乘 九十。爲方法

術曰 五十六除方 四十八 十六除余九 去法 一百一十二

解曰 依互約術 五十六 爲七 十六不約

七 十六爲九 七 二十六爲右 依盈一術得 四十九 十四爲 一 十六除方七 十六相乘一百一十二爲方法

一 四十三 八十六 除余二 十四 總數若干 答總數 一百一十。ヶ

術曰 四十三 三十六 除方 八十四 去法 一百四十四

解曰 依互約術 三十六 四十八 爲九 爲十六

九 十六爲九 十六爲右 依盈一術得 八 十四爲 三十六 除法 九 十六相乘 百四十四爲去法

一 六十八 除余 三 五ヶ 總數若干 答總數 七十五ヶ 術曰 六十八 除方 百 五 去法 一百三十。

解曰 依逐約術 十六爲五 三 八不約

八 五 三 五 相乘得 四十。十五爲九 五 八爲右 依盈一術得 九十六 五 八相乘得一百二十。爲去法

一 今有 一十五 二十一 三十三 除而餘 三 六 九 總數若干 答總數

術曰 十五 二十一 三十三 除方 一千一百八十六 一千四百八十五 二千五百二十。去法 三千四百六十五

解曰 十五 二十一 三十三 爲 五 七 十一 不約

五 七 十一 相乘爲九 三百一十五 以 七 五 爲右 依盈一術得 爲 除方 五 七 十一 相乘 三千四百六十五 爲去法

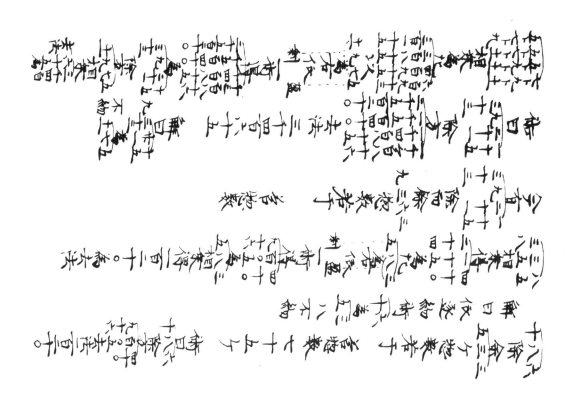

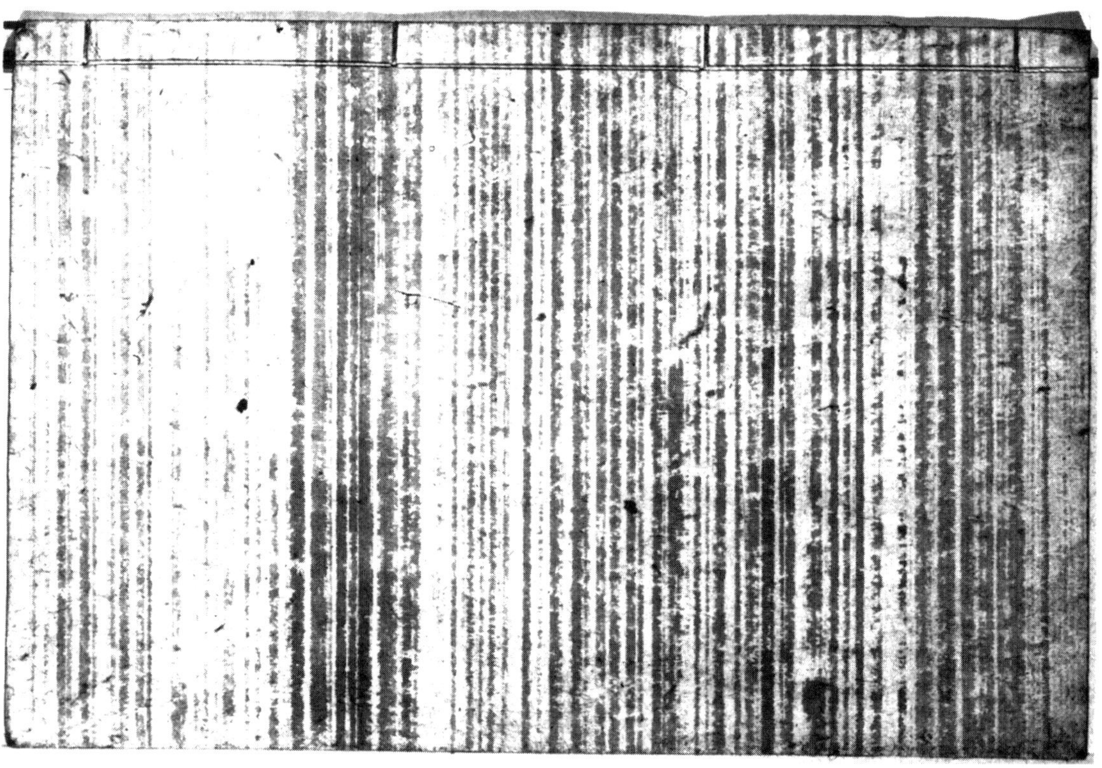

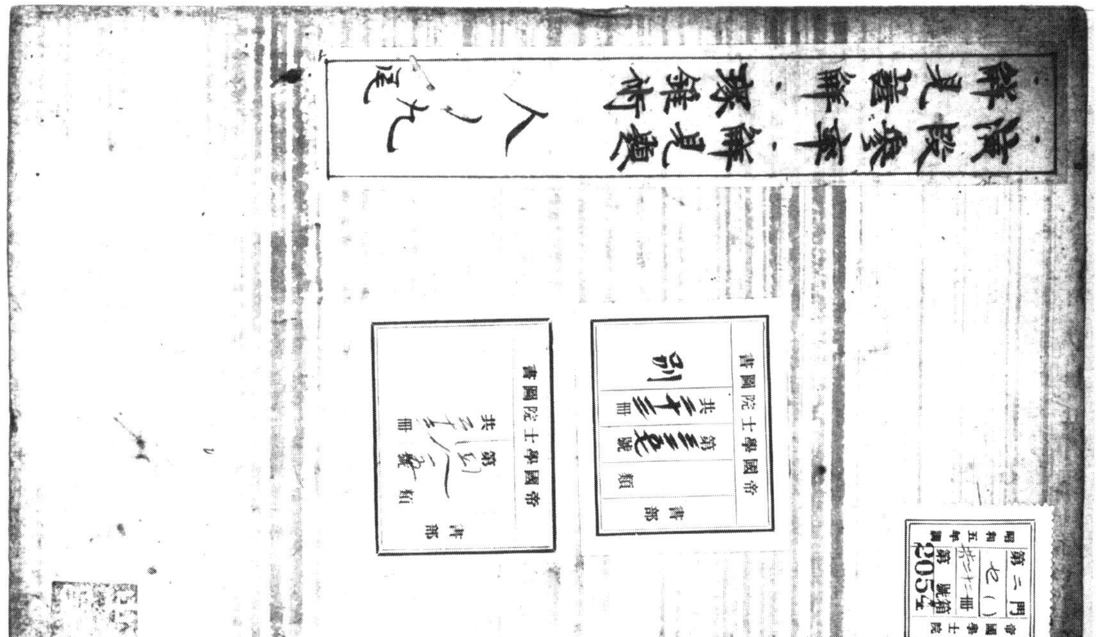
演段參率・解見題
解見諺解・環錐術
人ノ九
帝國學士院
第二門
昭和五年調
帝國學士院圖書
帝國學士院圖書

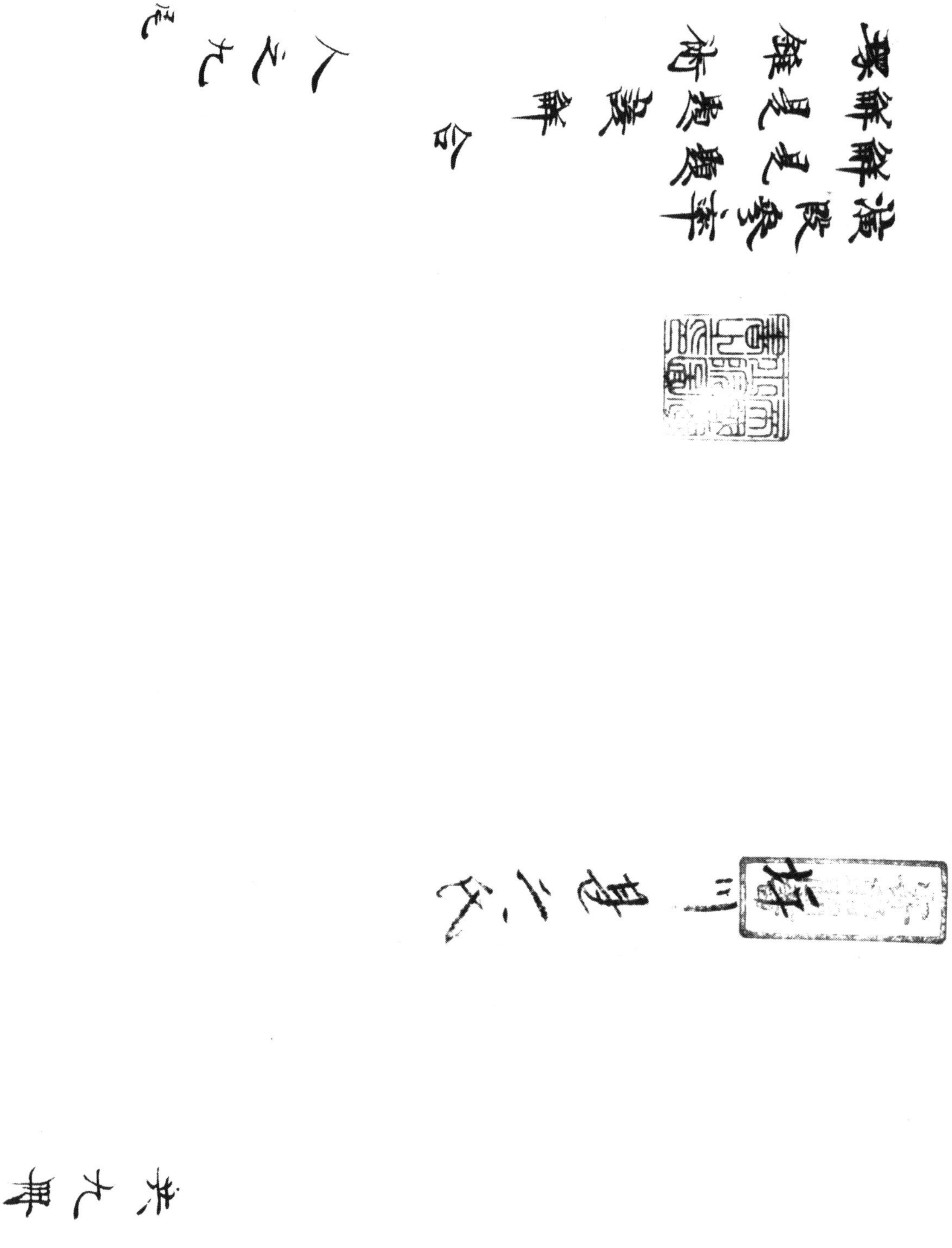

演段參率

因府　二章

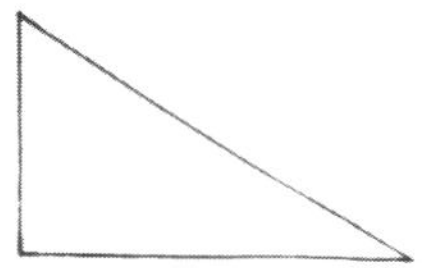

又曰殳玄較以勾股之勾玄和以殳股之相併三十五寸
亦曰勾殳和巾併殳以五十三寸問弦　荅云
術曰立天元一為玄自乘々又曰以減只曰巾為玄巾
因殳 倍角 列玄巾多曰減角止余為玄巾因勾 倍角 元列角
位自之加元巾為玄五乘巾旛列玄五自之与九相消開
方五乘方式也　演段　又曰較　又曰較　玄有　本術天元
又曰數象 較 較 又曰數象勾殳和巾 殳 也　立天元一為殳○
以減又曰為勾殳和巾 殳巾 乘玄巾 又玄巾 寄九 只曰自之
為玄巾因勾殳和巾 殳巾 与九相消式 殳巾 玄巾 格之名勧式
故本術列玄自乘々又曰内減只曰巾正余寄角位 以殳 勧式 末之
求得殳式角 玄巾 勧式 紐勧式 八格數角 方級 玄巾 玄巾 得式 勧式 故 本
三併角位自之得數玄 求勾式 玄巾 末式 勾末式 玄巾 天之 得式一 故
求中因殳巾十リ

実級ハ帰除術中ニ於テ方級ノ故云中因勾也故本術元位自之得数
列角位自之為玄三乗冪因又冪寄位　列元位自之為玄三乗
冪因勾冪得加入寄位其象（イ）角巾（ロ）元巾　変之（イ）（ハ）（ロ）（ニ）括之
法五也故本術列角位自乗加入元位冪為玄五乗冪寄左

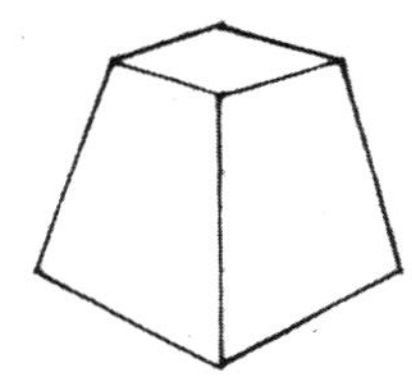

實八十四寸上下方高和九寸又曰上下方相乗加上
下差一十〇寸高若干　答曰高
術曰立天元一為高以減又曰為上下方和餘角加一
ケ乗角反高内併減高因又曰与實段為高因二ケ
上方寄位　元角之相乗倍之内減元位為高因二ケ下方
寄氏位　以元位相乗為高冪因上下相乗四段列氏位乗高倍之為高巾
因併四段二位併合寄位　列元位乗高倍之為高冪因上方四段以寄位
為高冪因又曰四段寄左　列又曰乗高冪四之与左相消開方式
演段　實　又曰　高　本術天元依上下方和省日　本術角位
立天元一為上方〇——倍之加又曰内減角為上下相乗
寄位　列角自之減寄位為上中下中上下相乗三和　乗高
為積段　寄位　左相消式　列實三之与　之　括元　高
立天元一為下方〇——列角位加又曰減下方段為上下相乗
寄位　列角自乗減寄位為上下方巾和ト上下相乗三和
高為實段　寄左
列實三之与　高　括　氏　高　末式
故本術列角乗高倍之減元位止余寄氏位
於是初末式
上方式　元　高　初式（初式ハ天元一ヲ上方トシテ得式也依テ実級ノ格数ハ
下方式　氏　高　末式（末式ハ天元一ヲ下方トシテ得式也依テ実級ノ格数
氏位象　元之位象　也　氏元之相乗而得数者
高倍之　二位併合　寄位　列元乗高倍之　以減　列氏乗
寄位象　高　上方　括之　九　故本術曰列因位以元位

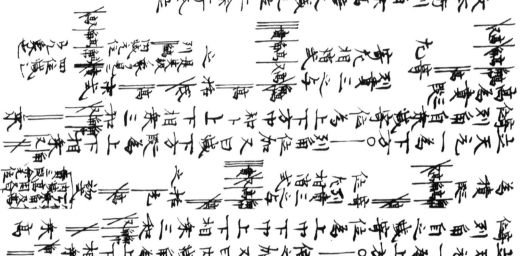

相乗為高冪因上方下方相乗四段列氏乗高倍之為高巾因下方
四段二位相併寄位列元位乗高倍之為高巾因上方四段以減寄位
為高冪因又曰四段寄九
商一　二開
只曰責加句足數七寸又曰句段足二段玄段和一十三寸五分間句
答曰句　術曰立天元一為句加足曰倍之為句因足及段
二段和之為乙位因足寄甲位列句加二ケ倍之列入曰減句倍
之為足四段玄段和位餘丙乗乙位減甲位四段為乙位因玄自之為乙
位冪因玄冪寄九列甲自之加乙巾因句巾為乙巾因玄巾与九
相消開方式　演段　以曰數アリ　句アリ本術天元
只曰青股──句──股──加句倍之股──股　故本術句加入足曰倍之為句因足及足二段和寄甲位
立天元一為足○──倍之以減甲位為句因足甲──九　列足
乗句○──句──与九相消式甲──推之甲──九　本術列句加二ケ得乙位寄
是式視天之一足立得式也依実級甲方級ハ乙因足也　故本術
甲則乙因足也トス

本術解　又曰句──股──玄──内減句倍之股──玄──丙位　故本術又曰内減句倍之為足四段玄一段和置
列丙乗乙象──股玄──乗之甲乾──四段内減甲乾──自之冪──九トス
故本術列丙乗乙減甲四段為乙位因玄自之為乙巾因玄巾寄
甲位象──足──自乗冪──加乙巾因句巾冪──推之冪──与九相消
故本術列甲自之加乙冪因句冪為乙冪因玄冪与九相消
只曰責加平一十五寸又曰長平和再乗加斜冪三百六十八寸四分
答曰　平
術曰立天元一為平減足曰為責位甲　列平自之加責為平因長平和
再乗之為平再乗巾位　列又曰乗平再乗巾内減
乙位為平再乗巾因斜冪九列併平三乗冪責巾為平巾因斜冪
乗平与九相消開方式　演段　有平天元入目書　假置右甲位
立天元一為長○──乗平為責○──九　列責与九相消式責──冪
是式ヲ見ニ天元為長冪式ナリ　是実級数責ハ方級数平因長故ニ本術
甲位ハ平因長也──冪──推之長平和
再自乗之冪　位　本術解　列平自之加責為平因長平和再自乗為平
再乗巾因長平和再乗巾位トス

一

只曰長再乗平再乗和九十一寸又曰長平斜三和十二寸問斜

實叶

答曰　演段　右斜以術天元長平和甲位本術合曰内減斗為長平和甲位

立天元一為長平差○｜加甲二ケ長之甲｜再乗為八ケ長

再乗巾甲再‖甲巾‖甲｜位列甲減差為二ケ平甲＼｜再

乗之為八ケ平再乗巾甲再‖甲巾‖甲＼｜加入位為八ケ只曰数

‖甲再○‖甲再乗之九列只曰八之与九相消式‖甲再○｜甲｜遍約

之得式‖甲再‖○‖甲依之乜○‖　乙位列只曰四之内減甲再乗巾

是式長平差ヲ立得依之長平差中因中之段高通寺之故之位甲因之段長平差也

依立一為長平差○｜加甲為二ケ長甲｜自之為長巾四段

甲巾甲｜寄位列甲減差為二ケ平甲＼｜自之為平巾甲巾

甲巾‖｜加天寄位為斗巾四段甲巾○‖｜二納之為斗巾二段

甲巾○｜九列斗巾倍之与九相消式‖甲巾○　乙位　甲位　三

遍三甲位乗得‖甲巾

斜術列斗巾乗甲位三之九列甲再乗之加之位与九相消

本術曰立天元一為斜以減又曰為長平和甲位列只曰四之減

甲位再乗巾乙位列斜乗乗甲位三之寄九列甲位再乗之加入

乙位得数与寄九相消也

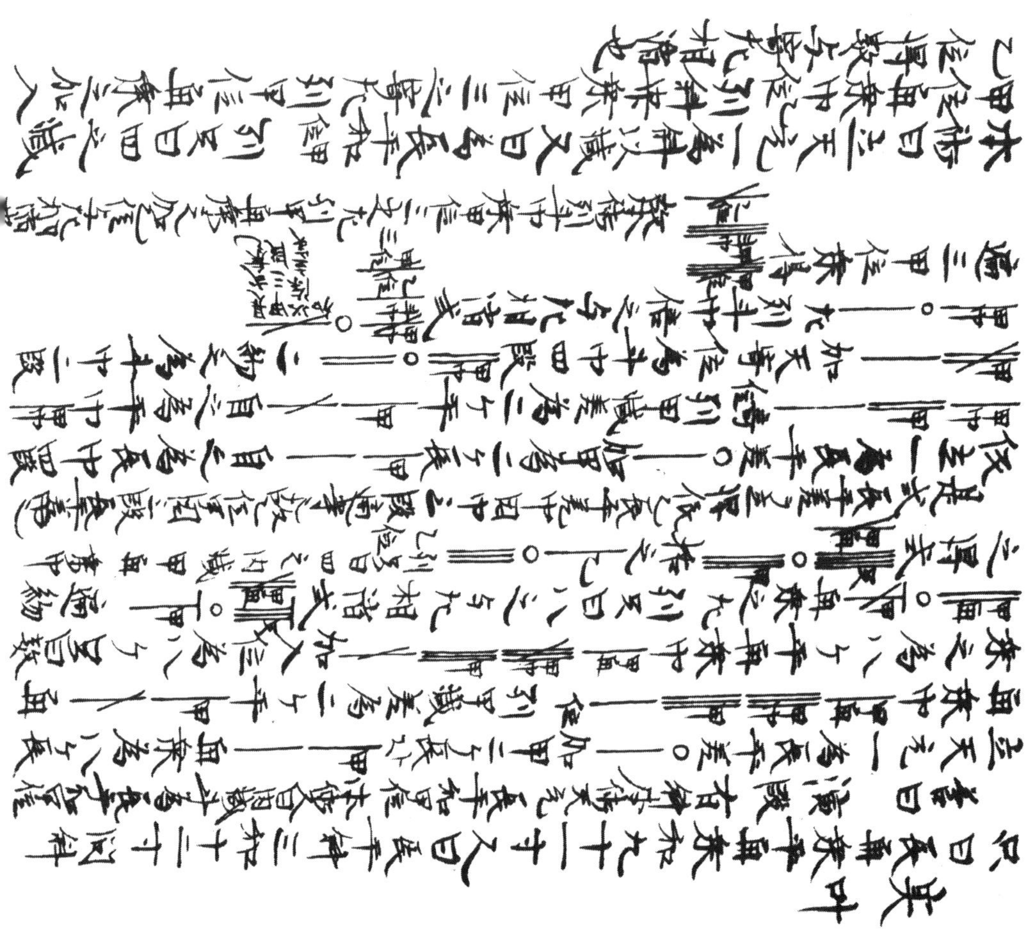

解見題之法

関　孝和　編

加減第一

加減者応于題上自而両位相従者謂加両位相消者謂減併者加日与

假令有直長若干平若干問和○置平加入長得和

假令有甲若干乙若干丙若干問相併数○置甲加入乙得数又加入丙氏得数

假令有直長平和若干平若干問長○置和減平余得数

假令有甲乙丙相併数若干甲若干乙若干問丙○置相併数減甲余又減乙余得丙

分合第二　付添削化

分合者依術意図正負与段数而傍書加減相乗者各宜分之合之

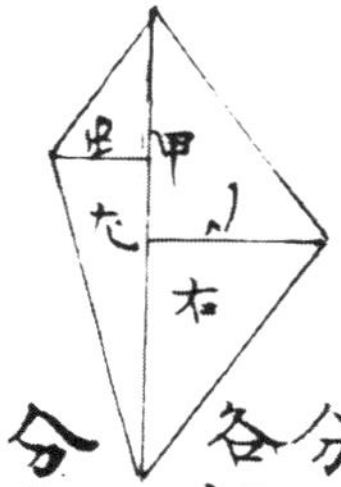

假令有四不等甲若干乙若干丙若干下同責

分術置甲以乙相乗二段右責　甲　置甲以丙相乗

二段為九責 甲丙 二責相併半之得責　合術置乙加丙以甲相乗
甲丙 半之得責

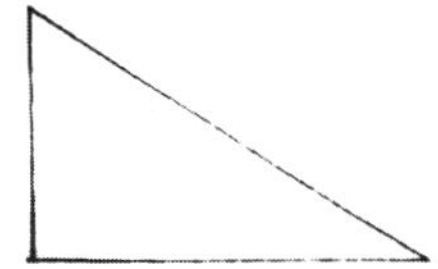

勾若干股若干問勾股和幂
分術勾自乗 勾巾 股自乗 股巾 勾股相乗二段 勾股 三位
相併得和幂　合術置勾加股 勾股 自乗得和幂

添　多位而正負同者添之為寡位

假令 方巾 斜巾 添之 方巾

假令 勾巾 股巾 玄巾 添之 玄巾

削　多位而正負異者削之為寡位

假令 方巾 斜巾 削之 方巾

假令 勾巾 股巾 玄巾 削之 玄巾

化　的数同而傍書変者謂之化

假令 玄 全四 化之 勾 股

假令 勾弦巾 股弦巾 化之 股弦巾

右添削化者雖為分合一理意味有些差異

全乗第三

全乗者施于正象者也互平或縦横高相乗而得責

假令有平方自方若干問責
自方相乗得責

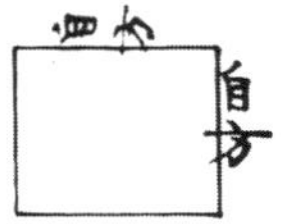

解図

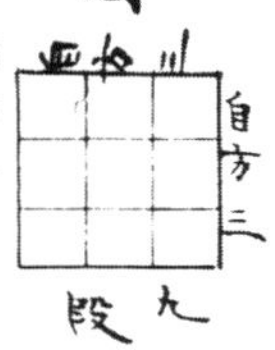

假令有立方自方若干問責
自方再自乗之得責

其余直堡等倣之

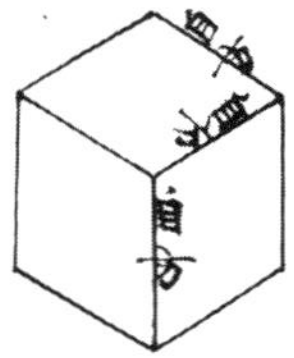

解図

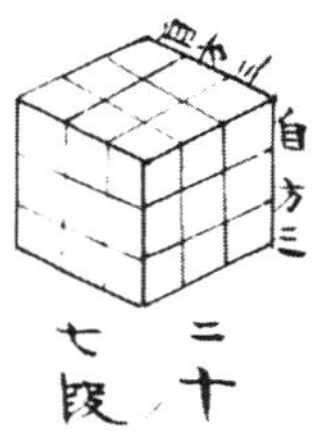

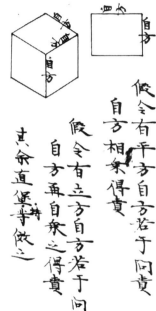

折乗第四

〇折乗者施于変形者也变形而方者長濶或縦横高得数随其
形之変而以其法約之得責

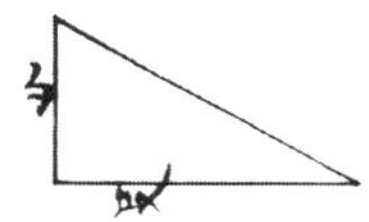

有勾股勾若干股若干問責

置勾以股相乗折半之得責

解図

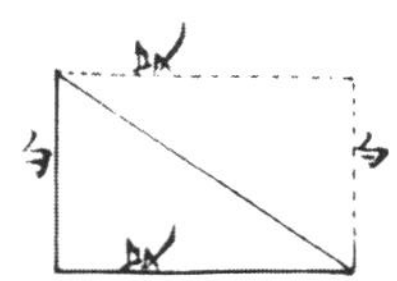

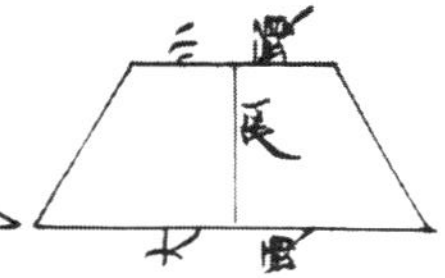

有梯大頭若干小頭若干長若干問責

置小頭加大頭乗長折半之得責

解図

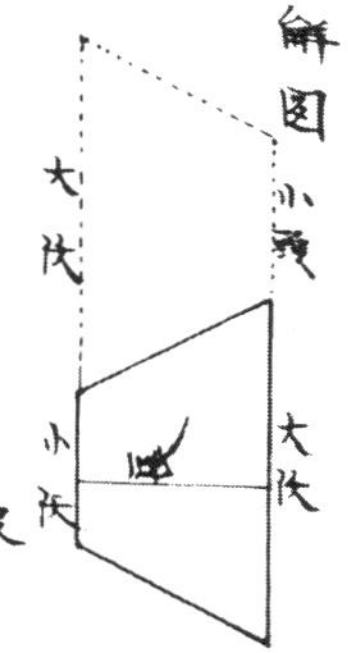

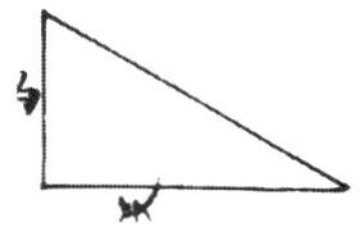

有勾股勾若干股若干問玄

置勾自乗加股乗為玄乗

開平方得玄

其余圭梭斜鼓箭翎三廣腰鼓三斜曲尺蛾頭抹角
四不等諸角象等皆效之

解図

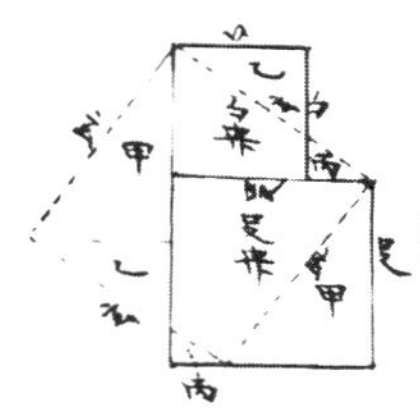

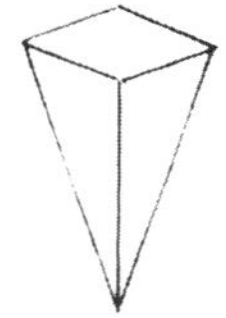

方錐下方若干高若干問責

置下方自乗之高以三約之得責

解

解術方二分ノ一為高二分ノ一為横方一ケ為縦高二
分ノ一為高分三ノ一位相乗則方中高相乗四
分ノ一是直堡壔責折錐四部分十ノ三依諸分術
得方乗高相乗者三段方錐責全責ノ一分ノ二
全責三十二分ノ一為乙責全責内減甲責全責ノ一段ト
乙四段全得直堡壔責則全責四分ノ三也

図

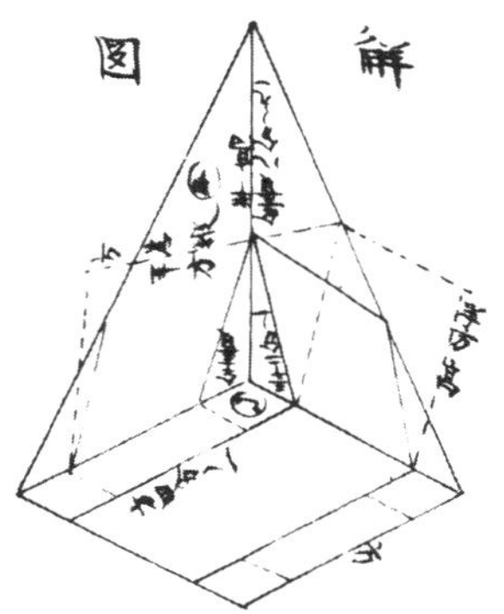

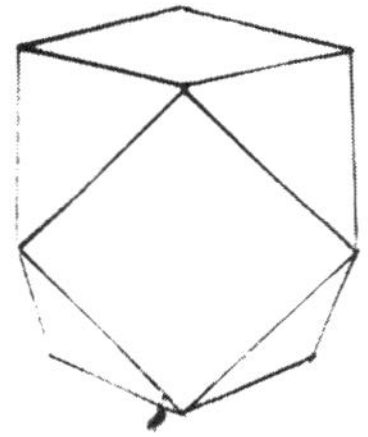

方切子毎方若干問責

置方五自乗之以五ケ乗之為実以
九為广開平方得責

解術曰方堡壔一ケ方ヲ為高直錐四ケ
方為縦半為横斜為高故方乗一段為横中方
乗二十五段為縦乗二段為高中三位相併則方
五乗乗五十段即九段物錐物切子責乗也

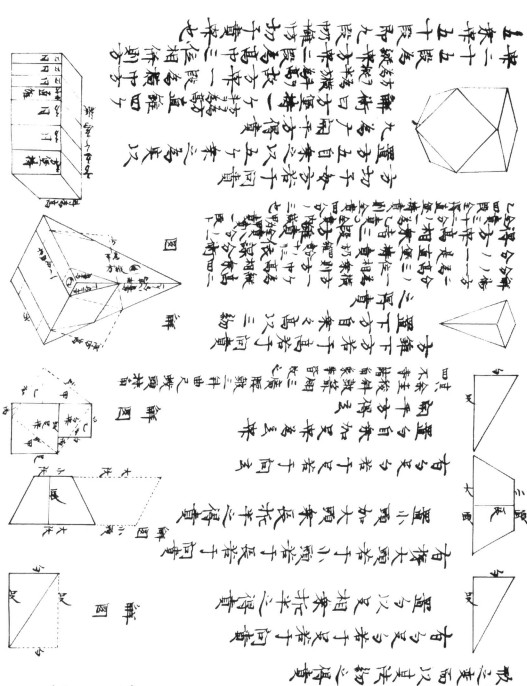

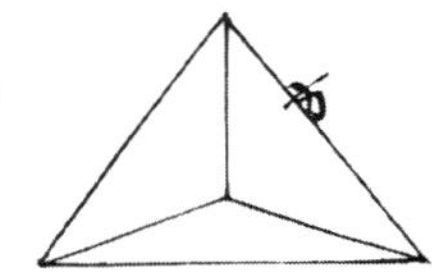

有蒭甍形毎方若干問積
置方五自乘之為實以七十二為
一千分ノ開之得積　解術方巾四
分ノ三為横巾方巾一段為縦巾方
巾ノ三分二為高巾三位相乘則方五
乘中一分ノ六十二是直堡壔積中也乃之十六段蒭甍形積中也
課術方五乘中者二七四段蒭甍形積也
其余直錐方臺直臺楔形等皆倣之
再乘相乘得數隨其象ノ變而以其法約之得積也

解圖

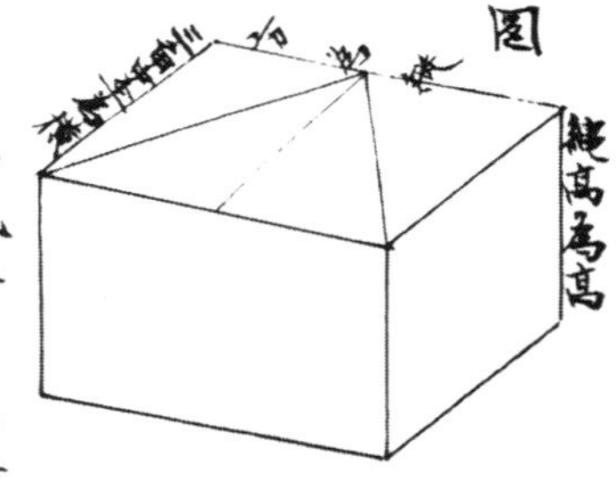

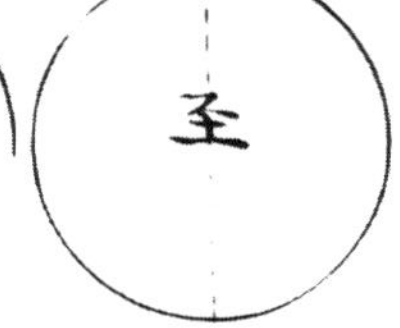

有平圓周若干徑若干問積
置周以至相乘四約而得積
解術視圭而周為長半至為濶相乘折
半而得積　求周至率術載于別記

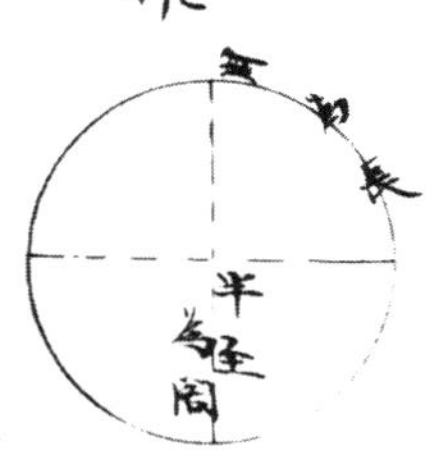

有弧矢若干玄若干問積　別傳背若干　置背以
至相乘得數寄位　置至內減倍矢余以玄相乘之
以減寄位余四約之得積　解術至背相乘為四
段扇積寄位至內減倍矢余為一ケ圭濶以玄為
圭長相乘為四段圭積以減寄位余得四段弧積
求背術有別記

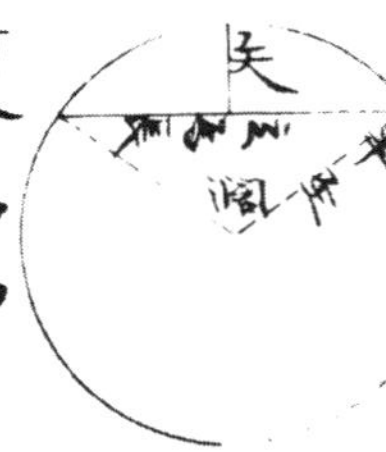

有側円長至若干
短至若干問積　置長至以短至
相乘以圓積率乘之得積
解術視圓積而短至為至長斜又至
為勾斜為玄依勾股術而以所得股
為高以所得中股為仮高　求圓積積以仮
高除之得斜截面積即側圓積也

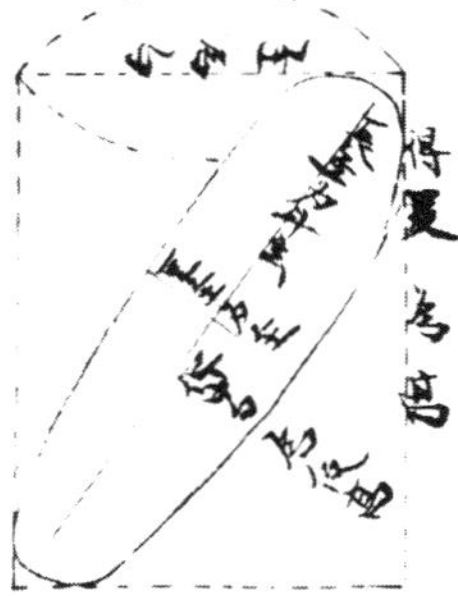

有側圓長至若干短至若干問周
置長至乘短至以四因周方率乘之位　長至
內減短至自乘四之加寄位為実開平方
得周　解術正視則全圓故長徑至相乘
以圓周方率乘之順視則二線故倍長徑

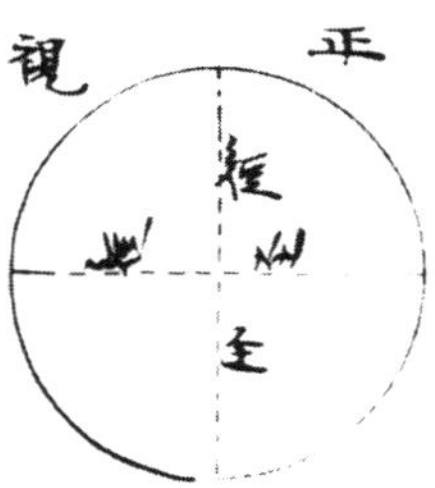

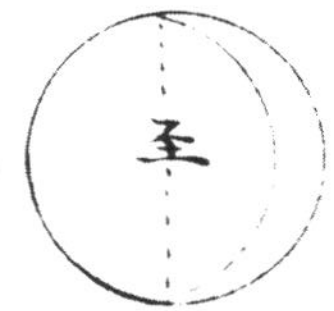

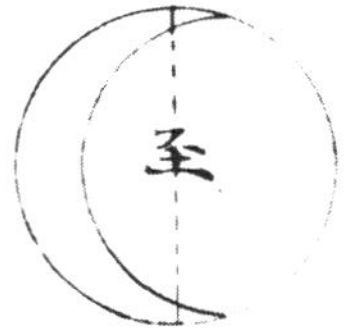

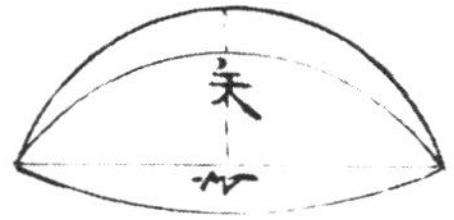

圣差自乘之得數二數相併得側圓周率

有半圓欠半圣若干灣若干承背準視　圖順視

而週眠形問眠背　置半圣自乘三之　解圖

加灣巾為実以三為廣方開平方得背

解術半灣巾仮四分増約術以灣巾也

撮勾界半圣界撮旻界二數相併得眠背界

○其余環窮覺負錐眠錢覆月車輞牛角火巷帯

直圓等皆倣之

有立圓圣若干問積　置圣再自乘之得數以之円積

乘之得積　術截立円積術方記

有半円欠矢若干立圣若干問積　置矢自之

四之加三段立圣乘矢ヲ乘之又立円積方ヲ

乘之四段而得積○解術矢為容立円圣仮

立円術求積得數寄位矢加二分一為錐高

高乃也以玄為錐底圣依円錐術求積加寄位得立円欠積

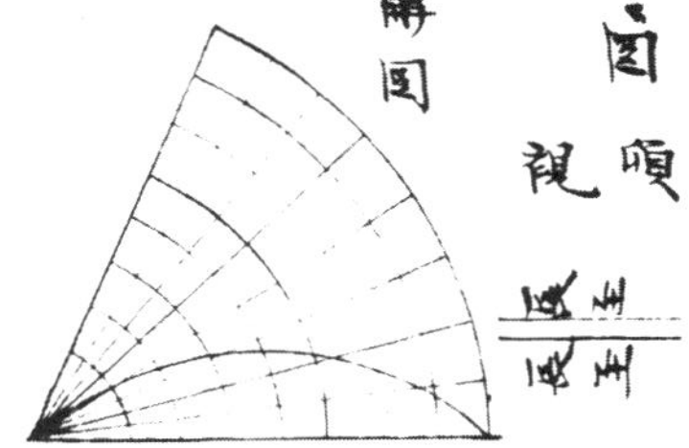
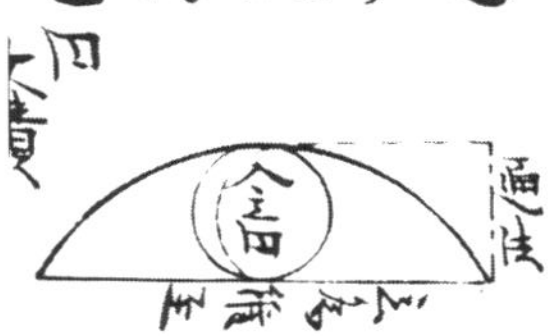

有立円圣若干問覔積　置圣自乘

之乘円周方得覔積　解術視錐而半

圣為高中心為尖之円積為錐積三之

以高除之得錐面之覔積即立圓覔積也

有立円欠矢若干立圣若干問覔積

置矢自乘四之加立圣乘円積方得

覔積　解術猶得半立内減矢為

錐高以立為錐底圣依円錐術求積寄位

求立円欠積加寄位以得數三之以

半圣除之得覔積

解圖

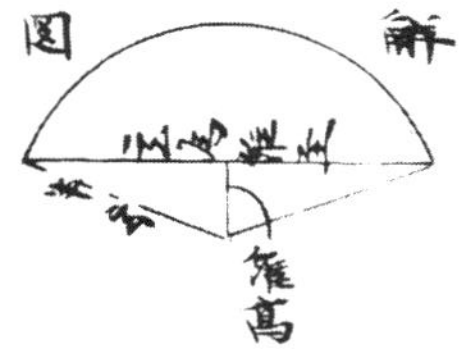

其余環持円錐円臺環錐環臺球之圓押立圓帯係圓々持臺斜

截等之諸形甚多皆載于其術於別記

右所　四角所謂解見題之法也蓋此隱題伏題皆可通用法

也然是題内有似隱題者焉学者宜熟思之其余諸形難收

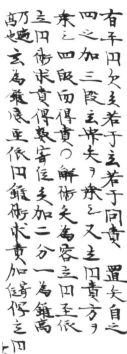

挙之故標大様而為模範矣已

解見題之法諺解

加減術　分合　添削化　全乗　折乗　与兄　右反解ニ図象詳志之
右解術言求責全篇一二三求責后篇稍既具、余解術載別記
中田高寛識
藤田定資撰

方錐之術解

三方　吉　横
方　吉　縦　也
三高　吉　高　三位相乗
一　四高　吉　直縦横積　也

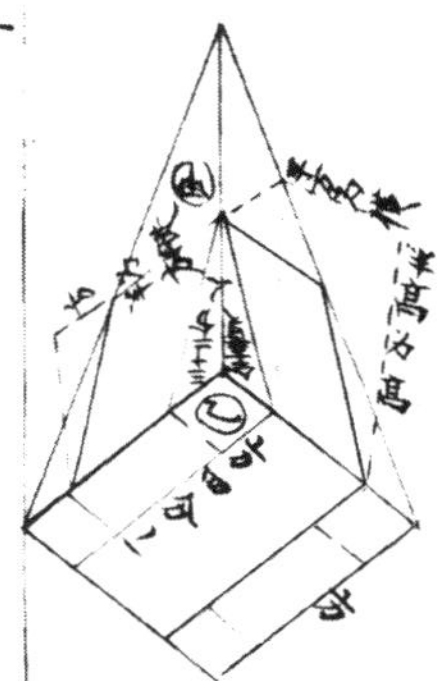

甲積ハ全積也　乙積ハ三全積也　四之積ハ全積一也　甲積　積ハ四全積也
全積　甲積　乙積　吉　四全積　是則直縦横積ハ也

故四高吉全積也　適四約之高吉全積也　於是起本術

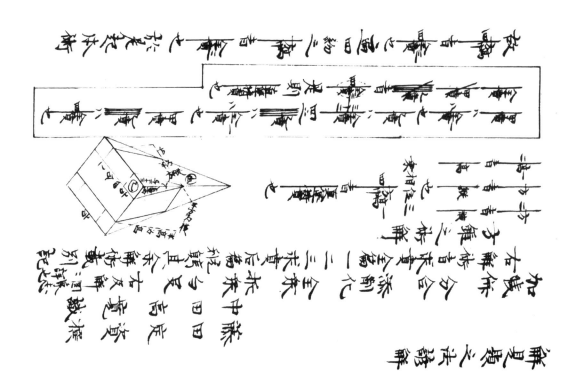

方切子之術解

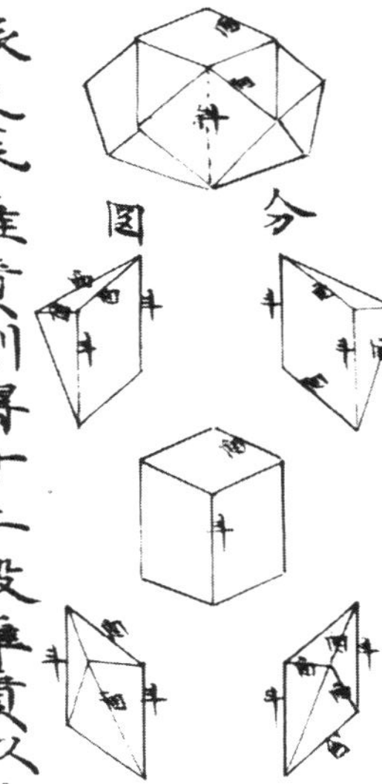

直錐四ケ　方横為斜　縦為半方高

方ハ横也　斜率ハ縦也

方ハ高也　故直錐四ケ高四段也

方ハ高也

依之求錐貢則得十二段錐貢以錐方三可納之然不三納之而方堡壔之縦三倍之也

方堡壔一ケ　方為斜　方ハ横　斜率ハ高也　方ハ縦

直錐貢錐幣三納不納之故方縦為三段也　方ハ縦十リ

於是求方堡壔貢則得三段貢也　方ハ横　方ハ縦也

斜率　高也　於是求貢則得余貢三段錐也然ル書

不用斜率故各自之得

方中ハ横中ハ縦中ハ高也

横率縦巾高巾相乘

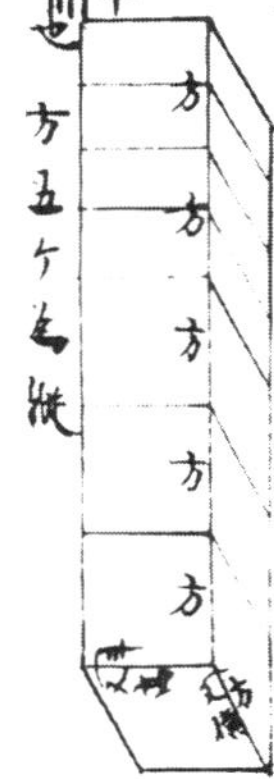

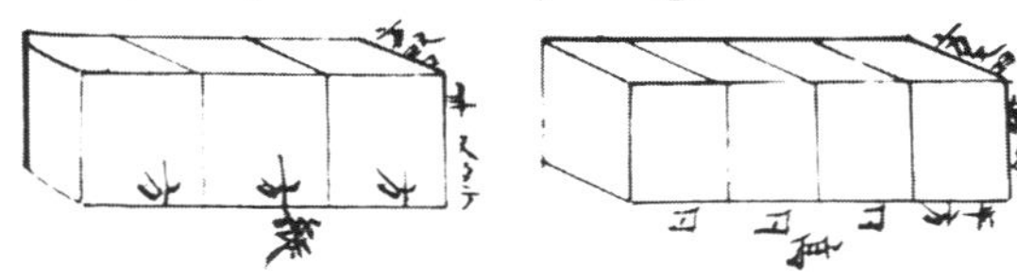

両図合併直堡壔之図

蒭甍形之術解

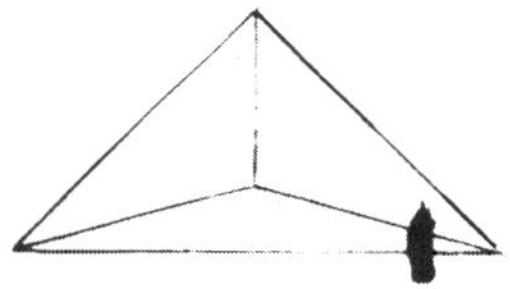

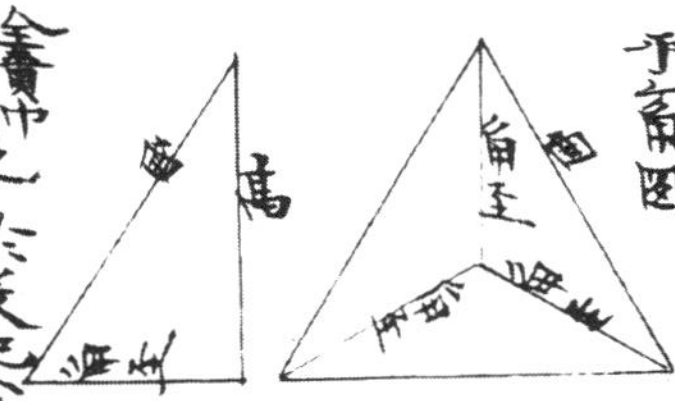

平面図

以減面率　自之

高率相乘

之為全貢　乃錐方段也

於是起術

平圓貢之術解

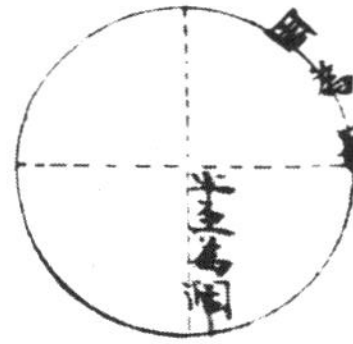

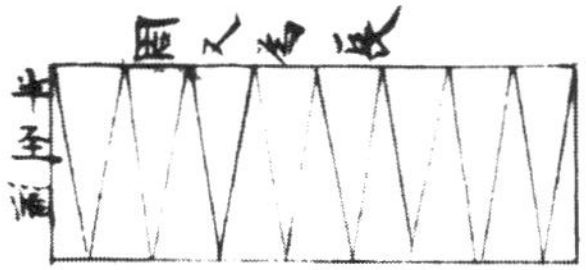

視至而周為長半至為濶相乘於半而得貢

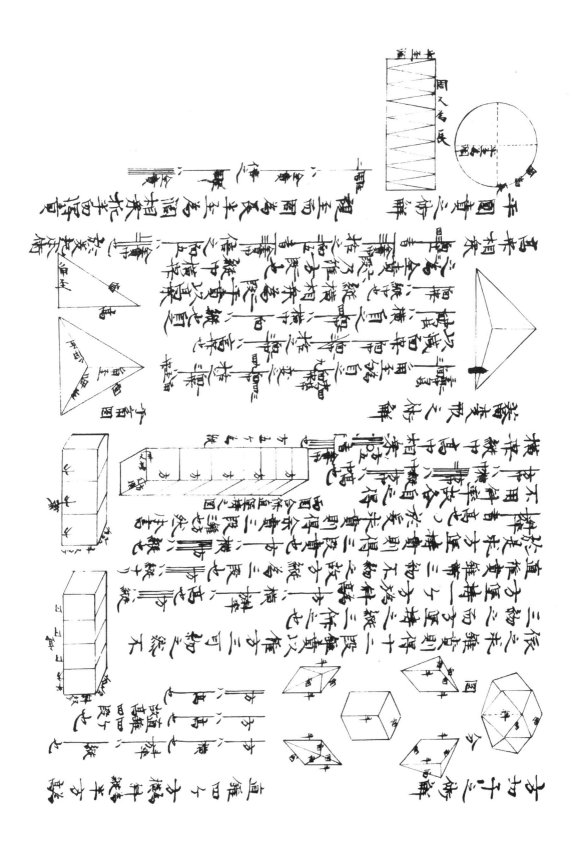

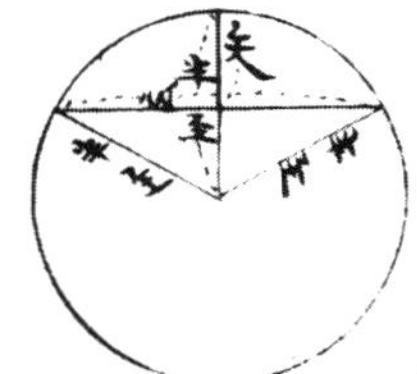

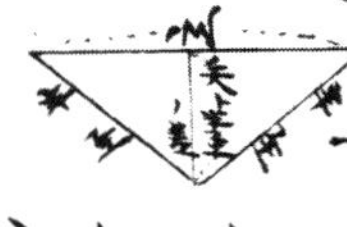

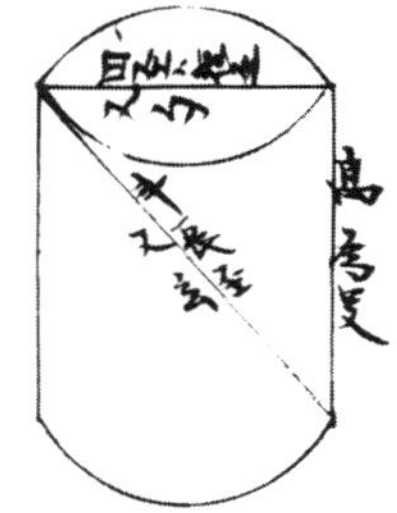

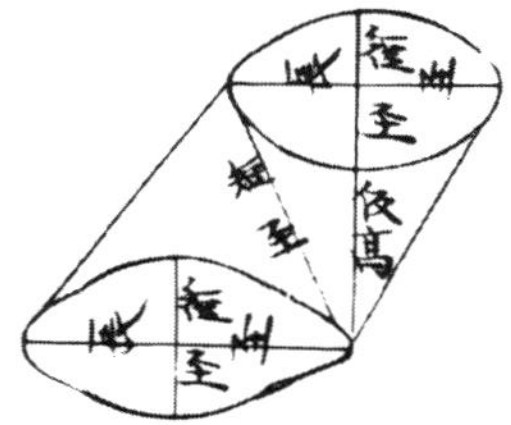

弧

責術之解

矢ハ圭長也　弦ハ圭責　再位

冪位　再位　冪責也

求弧背術載于別記

側圓術解

径至鋭円又鋭長至鋭又鋭仮勾是術求是鋭

如図為圓梼形於是求責　於是圓梼形是为為

側円梼

勾径是高相乗以斜玄長至除之得中勾仮高　列側円

梼責以仮高除之得側円平責　鋭責也

置惣責以仮高除之如此

掲之　ハ側円責

側円之得固解義

径至空長至多極ノ象　是径至円寸之象

右両数ニ叶フ様ナス進本術也　故本術如左

径至空之象

是径至円寸ノ象

○是開方式ヲ分テ径至空ノ象ニテ見レハ各
径至ノ掛リタル者ヲ省ク故ニ長中四段残ル又
至者則上故ニ差中ヲ省テ之レハ則是ニ至因
是至径至円寸ノ象ニシテ見レハ長至ノ内減径
径至因図法中一段残ル是径至円寸ノ故ニ
径至中ノ因図法界也

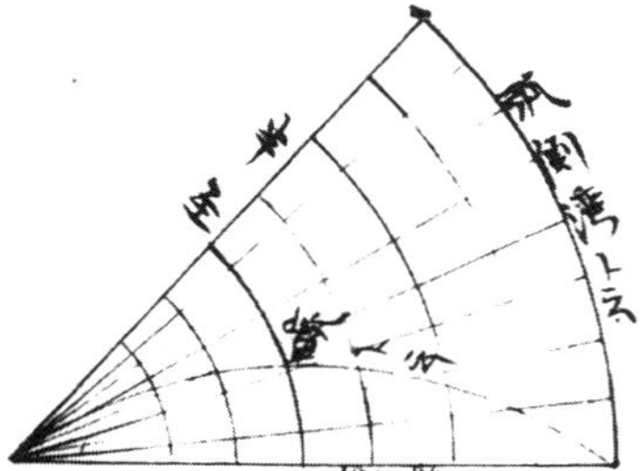

眠之術義

仮令ハ弧ヲ八ツニ割時ハ半円至モ八ツニ割也或ハ之十百
千万ト細ナニ割程眠モ細ナ也
清中
呼清中三分ノ一為勾界　半円至中
眠将界為玄界　増細術之解義如左

○　已下无限

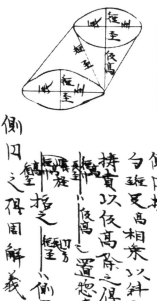

謂三分為ト平極ト數也　術曰置分母四内減分子一余三為法列
四分ノ一湾平乗分母四為實ク如法而一得極數　極數之解有別記

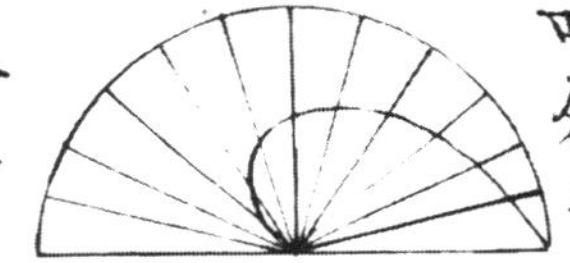

半圓至眡之圖

全圓至眡之圖

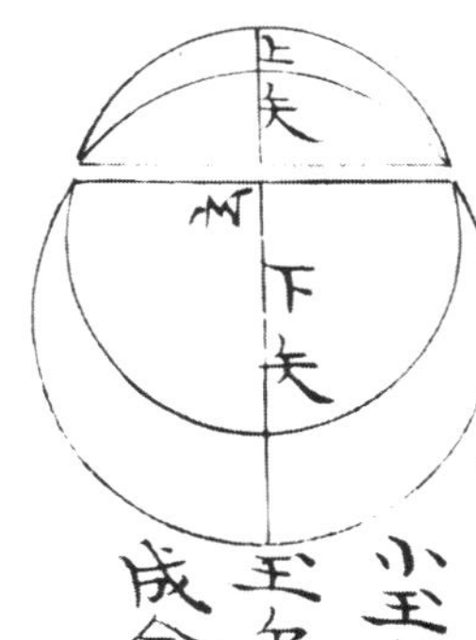

小玉欠大玉欠相併成全玉圖

求立圓貴解有別記　他流求玉欠貴解義
求玉欠貴解有別記
上矢ハ下矢ハ全矢也再自乗之玉貴率
全径ハ上矢ハ下矢也
乗上矢四之　故四位変之
依維合変之則立巾也
全径ハ上矢ハ下矢ハ也乗下矢四之
下矢巾ハ下矢ハ也依維合変之則立巾也
故九位変之

立円求平見貴之解
玉皮ヲ錐ノ平面ノ為貴半玉至ヲ錐ノ為高故玉貴ハ則錐貴
サリ依之三倍而以半至除之者錐ノ平貴也是則平見貴也
解術　ハ玉貴　変之錐貴　三倍以半至除之　格之　ハ錐平貴也　於是起此術

求之圓欠之平見積之解義
立円欠ノ平見貴ヲ求ル者ハ円錐ニ成椽ニ〆下ヘ貴ヲ接足ヲ術ヲ述ル也
半至内矢ヲ減而余為錐高以玄為錐至依円錐術求貴寄位○依求之円欠
貴術得之円欠貴如寄位比得内ク為円錐貴以半至為錐高依之只得内
三貴之以半至除之者錐ノ半貴也是則平見貴也
解　術
全径ハ矢ハ錐高也　玄ハ錐至
列錐至巾乗錐高与円貴方倶ニ数三之
矢巾四段相併乗矢与玉貴法四除之
玄巾三段相併乗矢与玉貴　変之　格

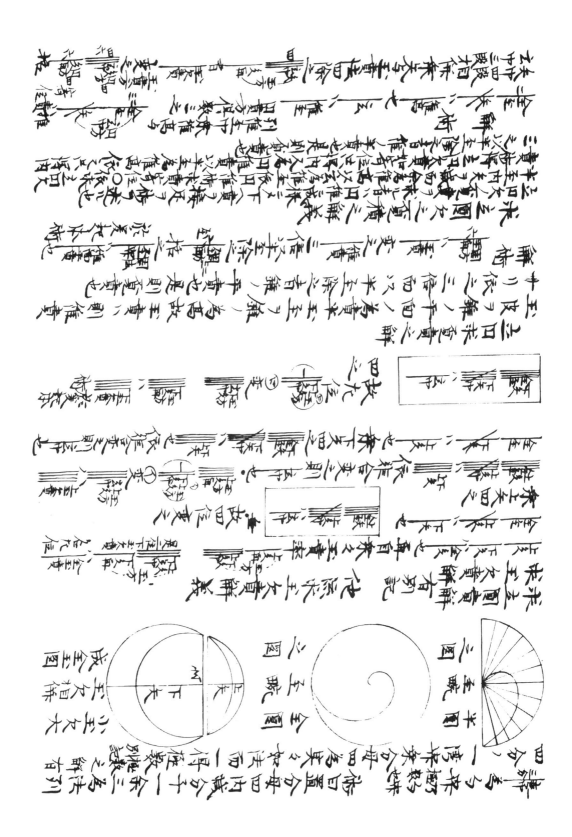

縦口方二乗冪 青 玉矢貴也 加入寄位 縦口二乗冪 矢冪 法 全鉄冪 六 弦冪 三 青 口径貴也

三倍之以半至除之 縦口 三乗冪 法 全鉄冪 縦冪 青 頂至貴 相乗得

分之

縦冪 口 全冪 法 全 玄冪 全 縦冪

鉄冪 全 矢冪 口 全 矢冪 法 全 鉄冪 全 矢冪 全 矢冪 全 矢冪 之 十冪 口 全 矢冪 全 矢冪 法 鉄 矢冪

矢冪 口方 全 矢冪 全 正負異減 全鉄 口 法 全 交之 玄冪 口 法 矢冪 則 頂至貴 也

鉄 全 矢冪 八 玄冪

於爰起本術

瑑錐術之表解義

玉矢 矢一寸至一尺	厚各二十段 玉厚五 截汎貴	一十四寸六五九四	直貴二尺〇寸〇〇一二
同 二寸 一尺	四十段 同 同 同	五十四寸四五一六	〇寸〇〇二六 同
同 三寸 一尺	六十段 同 同 同	百十三寸〇九三四	〇寸〇〇四〇 同
同 四寸 一尺	八十段 同 同 同	百八十四寸三〇一五	〇寸〇〇五二 同
同 五寸 一尺	一百段 同 同 同	二百六十一寸七九二八	〇寸〇〇六七 同

右五段汎貴ヲ得ル術曰第一至一尺矢一寸矢厚五重截二十斤
以至矢玄術得各玄弗相併上下玄巾法厚乗之得数折半之右為
截貴則一段ヨリ二十段ニ至テ截貴相併乗円貴方為玉矢汎貴
第二矢二寸厚五厘截四十斤如前術則一段ヨリ四十段ニ至テ
截貴相併乗円貴法為玉矢汎貴
第三矢三寸厚五厘截六十斤如前術則一段ヨリ六十段ニ至テ
截貴相併乗円貴法為玉矢汎貴

弦四矢四寸厚五厘截八十行如前術則一段ヨリ八十段ニ至而
截責相併衆田責法為玉矢沉責
弦五矢五寸厚五厘截一百行如前術則一段ヨリ百段ニ至而
截責相併衆田責法為玉矢沉責
諸段玄巾及截責布列如左

	玄　弦	截　責
一	一寸九九	四厘九七五
二	三寸九六	一分四八七五
三	五寸九一	二分四六七五
四	七寸八四	三分四三七五
五	九寸七五	四分三九七五
六	一十一寸六四	五分三四七五
七	一十三寸五一	六分二八七五
八	一十五寸三六	七分二一七五
九	一十七寸一九	八分一三七五
十	一十九寸	九分〇四七五
十一	二十〇寸	九分九四七五
十二	二十二寸五六	一寸〇八三七五
十三	二十四寸三一	一寸一七一七五
十四	二十六寸〇四	一寸二五八七五

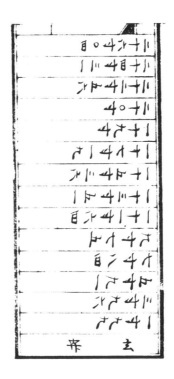

十五	二十七寸七五	一寸三四四七五
十六	二十九寸四四	一寸四二九七五
十七	三十一寸一二	一寸五一三七五
十八	三十二寸七六	一寸五九六七五
十九	三十四寸三九	一寸六七八七五
二十	三十六寸	一寸七五九七五
自第一至二十段截責合	一十八寸六六五〇	玉欠派責一十四寸六五九四
二十一	三十七寸五九	一寸八三九七五
二十二	三十九寸一六	一寸九一八七五
二十三	四十〇寸七一	一寸九九六七五
二十四	四十二寸二四	二寸〇七三七五
二十五	四十三寸七九	二寸一四九七五
二十六	四十五寸二四	二寸二二四七五
二十七	四十六寸七一	二寸二九八七五
二十八	四十八寸一六	二寸三七一七五
二十九	五十六寸五六	二寸四四三七五
三十	五十三寸六九	二寸五一四七五
三十一	五十二寸六九	二寸五八四七五
三十二	五十三寸七六	二寸六五三七五
三十三	五十五寸一一	二寸七二一七五
三十四	五十六寸四四	二寸七八八七五
三十五	五十七寸七五	二寸八五四七五
三十六	五十九寸〇四	二寸九一九七五
三十七	六十〇寸三一	二寸九八三七五
三十八	六十一寸五六	三寸〇四六七五
三十九	六十二寸七九	三寸一〇八七五
四十	六十四寸	三寸一六九七五
自第一至四十段截責合	六十九寸三三〇〇	玉欠派責五十四寸四五一六
四十一	六十五寸一九	三寸二二九七五
四十二	六十六寸三六	三寸二八八七五

四十三	六十七寸五一	三寸三四六七五
四十四	六十八寸六四	三寸四〇三七五
四十五	六十九寸七五	三寸四五九七五
四十六	七十〇寸八四	三寸五一四七五
四十七	七十一寸九六	三寸五六八七五
四十八	七十二寸九六	三寸六二一七五
四十九	七十三寸九九	三寸六七三七五
五十〇	七十五寸	三寸七二四七五
五十一	七十九寸九九	三寸七七四七五
五十二	七十六寸九六	三寸八二三七五
五十三	七十七寸八四	三寸八七一七五
五十四	七十八寸六五	三寸九一九七五
五十五	七十九寸六四	三寸九六四七五
五十六	八十〇寸五四	四寸〇〇九七五
五十七	八十一寸五一	四寸〇五三七五
五十八	八十二寸三六	四寸〇九六七五
五十九	八十三寸一九	四寸一三八七五
六十〇	八十四寸	四寸一七九七五
自第一至六十段截貴合	白四十三寸九九五〇	玉沉貴 白一十三寸〇九三四
六十一	八十四寸七九	四寸二一九七五
六十二	八十五寸五六	四寸二五八七五
六十三	八十六寸三一	四寸二九六七五
六十四	八十七寸〇四	四寸三三三七五
六十五	八十七寸七五	四寸三六九七五
六十六	八十八寸四四	四寸四〇四七五
六十七	八十九寸七六	四寸四三八七五
六十八	九十〇寸三九	四寸四七一七五
六十九	九十〇寸一九	四寸五〇三七五
七十〇	九十一寸五九	四寸五三四七五
七十一	九十一寸五九	四寸五六四七五

七十二	九十二寸一六	四寸五九三七五
七十三	九十二寸七一	四寸六二一七五
七十四	九十三寸一四	四寸六四八七五
七十五	九十三寸七五	四寸六七四七五
七十六	九十四寸二四	四寸六九七七五
七十七	九十四寸七一	四寸七二三七五
七十八	九十五寸一六	四寸七四六七五
七十九	九十五寸五九	四寸七六八七五
八十○	九十六寸	四寸七八九七五
自第一至八十段截積合ノ二百三十四寸六六○		大沉積二百八十四寸三○一五
八十一	九十六寸九三	四寸八○九七五
八十二	九十六寸七六	四寸八二八七五
八十三	九十七寸一一	四寸八四六七五
八十四	九十七寸四四	四寸八六三七五
八十五	九十七寸七五	四寸八七九七五
八十六	九十八寸	四寸八九四七五
八十七	九十八寸三一	四寸九○八七五
八十八	九十八寸五六	四寸九二一七五
八十九	九十八寸七九	四寸九三三七五
九十○	九十九寸	四寸九四四七五
九十一	九十九寸一九	四寸九五四七五
九十二	九十九寸三六	四寸九六三七五
九十三	九十九寸五一	四寸九七一七五
九十四	九十九寸六四	四寸九七八七五
九十五	九十九寸七五	四寸九八四七五
九十六	九十九寸八四	四寸九八九七五
九十七	九十九寸九一	四寸九九三七五
九十八	九十九寸九六	四寸九九六七五
九十九	九十九寸九九	四寸九九八七五
百○○	一百○○寸	四寸九九九七五

自一段至一百段截積合三百三十三寸三二五〇　至欠汎積一百六十一寸七九二八

環錐解術

今有環錐積若干 至若干 問高　答高

術曰 倍云積 以為實 列至自之乘円積方以除之得高

解術 至術中二名欠 至術中二名去

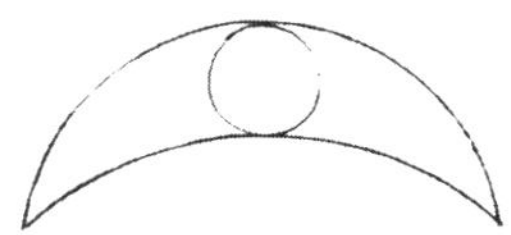

依術得九段至欠汎積 乃至欠錐積術別記

甲段至欠積一寸	之乗 三十六寸	至汎積二十四寸六五九四
乙同 二寸	同 六十四寸	五十四寸四五一六
丙同 三寸	同 八十四寸	一百二十三寸〇九三四
丁同 四寸	同 九十六寸	一百八十四寸三〇一五
戊同 五寸	同 一百〇寸	二百六十一寸七九二八
己同 六寸	同 九十六寸	三百三十九寸三九六五
庚同 七寸	同 八十四寸	四百一十〇寸三〇四六
辛同 八寸	同 六十四寸	四百六十九寸一七六四
壬同 九寸	同 三十六寸	五百〇八寸九三八六

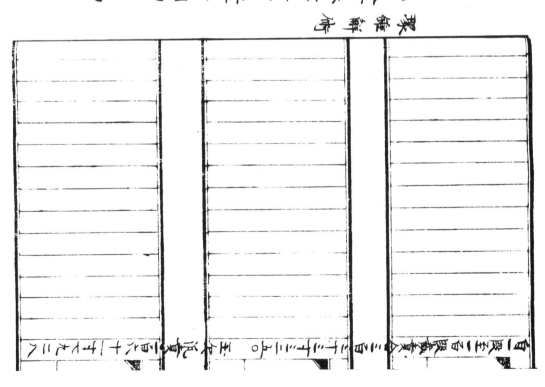

右各以矢擬玉貫依術求得玉貫餘　各置汎貫内減寄位止余
環錐貫也　三之為実各以玄帯為錐至帯乗円貫方廿〇八為環錐
平面貫為法以除実得環錐通高　別各通高各以錐高除之為通
高段数

甲	錐高一寸 環錐平面貫二十八寸二六〇〇　法	玉貫〇寸五二三五九八 通高一寸五〇〇六一	環錐貫三段四十二寸四〇七四　実 通高段数一ケ半〇〇六一
乙	同　二寸 同　五十〇寸二四〇〇　法	同　四寸一八八七 同　三寸〇〇一三	同　三段百五十〇寸七八八七　実 同　一ケ半〇〇六五
丙	同　三寸 同　六十五寸九四〇〇　法	同　十四寸一三七一 同　四寸五〇二一	同　三段二百九十六寸八八九　実 同　一ケ半〇〇五
丁	同　四寸 同　七十五寸三六〇〇　法	同　三十三寸五一〇二 同　六寸〇〇二八	同　三段四百五十二寸三七三九　実 同　一ケ半〇〇七〇
戊	同　五寸 同　七十八寸五四〇〇　法	同　六十五寸四四九七 同　七寸四九九七	同　三段五百八十九寸〇二九三　実 同　一ケ半四九九九
己	同　六寸 同　七十五寸三六〇〇　法	同　一百十三寸〇九七一 同　九寸〇〇四七	同　三段六百七十八寸五九八二　実 同　一ケ半〇〇九七
庚	同　七寸 同　六十五寸九四〇〇　法	同　百七十九寸五九四一 同　一十〇寸五〇五〇	同　三段六百九十三寸七三五　実 同　一ケ半〇〇七七
辛	同　八寸 同　五十〇寸二四〇〇　法	同　二百六十八寸〇八二一 同　一十二寸〇〇六二	同　三段六百〇三寸一九二九　実 同　一ケ半〇〇七七
壬	同　九寸 同　二十八寸二六〇〇　法	同　三百八十一寸七〇二九 同　一十三寸五〇六九	同　三段三百八十一寸七〇七一　実 同　一ケ半〇〇七七

右之段視通高段数各一ケ半微奇の得ル故於術微奇ヲ棄テ一ケ半為段
乃以真術求得玉欠貫則得通高段数一ケ半整無微奇得微奇者
田汎術也依之段数一ケ半整者則真術也　列貫三之得積
蝶列至自之乗円貫方得環錐平面貫　翻除法而一為環錐
通高積　以一ケ半除之為高積　更之積也
故本術曰列貫信之為列至自乗之乗円貫方除　以除実得錐高

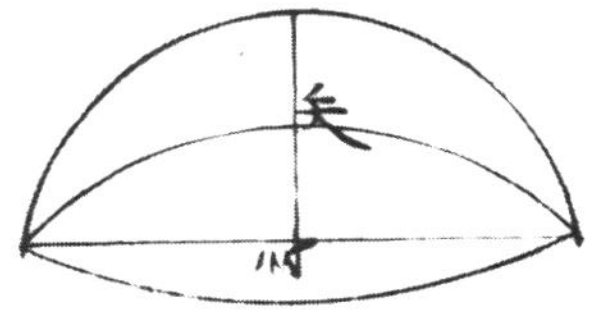

今有玉欠責玄八寸矢二寸問積若干

答責

術曰列責自乘之四之加入三段玄冪共得数以矢相乘之得数以圓積法乘之以四約之得責合問

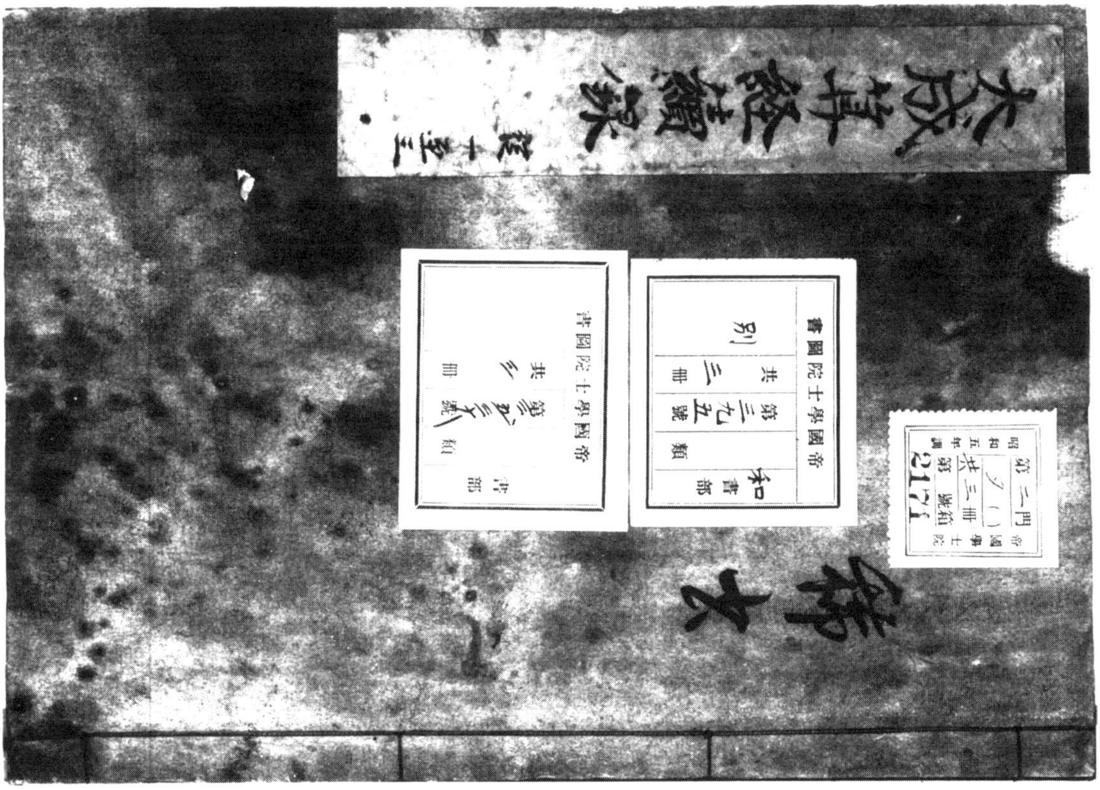
大成算經續録
從一至三
第二門
共三冊
第　號箱
帝國學士院
昭和五年調
2171
帝國學士院圖書
和書部
類
第三九五號
共三冊
別
帝國學士院圖書
書部
類
號
共
冊

大成算経續録　第一巻

切棹段答術

関自由亭先生著述　　山路主住訂

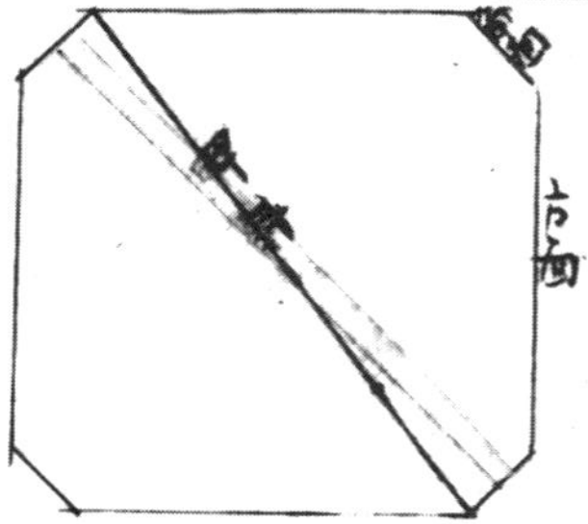

今有平方截四角困二尺四寸只云甲斜八寸問角面方面各幾何

答角面一寸五分二厘六毛三七四強

術曰立天元一為角面。一四之周数以

減円余為四个方面　自之為一十六
隅方面巾　寄左　列甲斜自之
得数八之得内併減一十六隅角面巾与寄左
余　自乗之為因角面巾五百一
十二隅方面巾　每寄
列角面自之以寄左相乗訖分以三十二乗
得。。与再寄相消得開
方式　三乗方飜法開之得
角面推前術得方面各合問

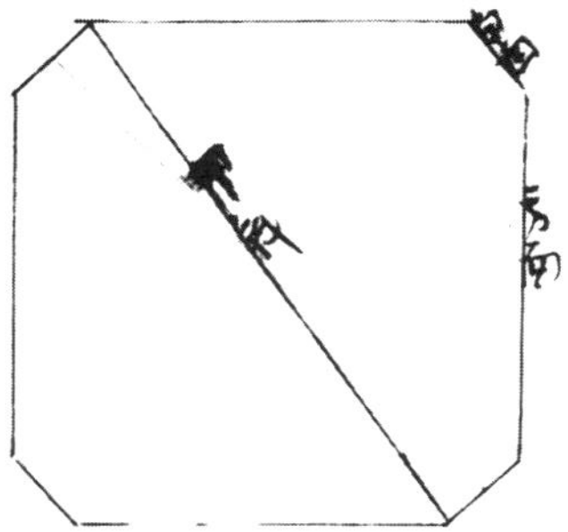

今有平方截四角方面八寸只
云甲斜与角面和共一尺四寸
問角面幾何
荅曰角面一寸三分〇九厘
二八六微強
術曰立天元一為角面。以減和余為
甲斜　自之得　寄左
列併角面巾与方面巾共得。一倍
之以減寄位余　自乗之為因角

面巾八段方面巾 四四二四 三六八 百八 丨 冊
寄　列角面自之以方面巾相乗親分八之得
廿三 与冊寄相消得開方式 四四二四 三六八 一三六 廿六
丨 三乗方開之得角面合問

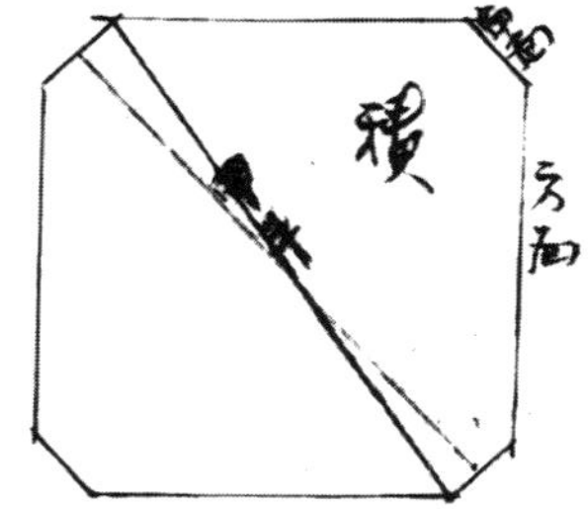

今有平方截四角責五十寸只云
甲斜九寸問角面方面各幾何
答曰角面一寸二分三厘七毛
四五一 微強

術曰立天元一為角面。丨 自之加入責
共得数倍之為従斜巾 一〇〇。二 内減甲
斜巾余為因角面二个子 一九。二 自乗
之為因角面巾四段子巾 三五一。七六。
四 寄左　列甲斜巾之得内減角面巾余為
子巾 八一。卜 以角面巾相乗親分四之
得。。三四。四 子寄左相消開方
式 三六一。一〇。八 三乗方開之得角
面推前術得方面各合問

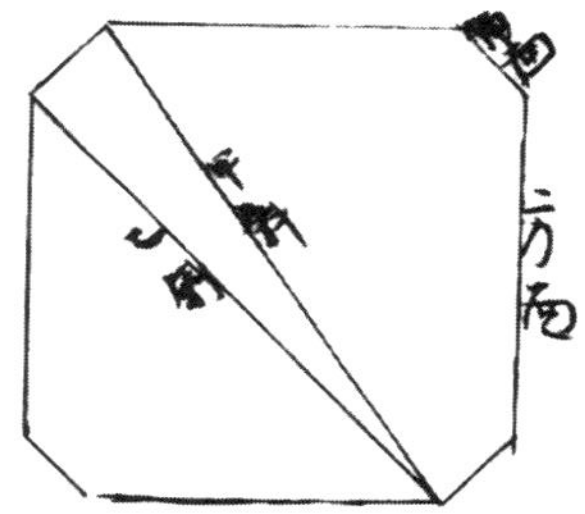

今有平方截四角乙斜八寸只云方面与甲斜和共一尺三寸問角面方面各幾何

荅曰角面一寸ㇾ二厘ヤ六

三四位

術曰立天元一為角面。——加入乙斜以從斜 八|〡 自之得數加入倍之只云數巾為因只云數四个甲斜 四〇二|一天|〡 自乘之為因只云數巾一十六段甲斜巾 天〇大四|〡三八大四

得答 三二|〡 寄左 列角面自之加入乙斜巾為甲斜巾 大四|〡 〇 〡 以只云數巾相乘就分以一十六乘之得 〡二〇太三 寄左 〇 與寄左相消得開方式 三〇大四|〡三 三 〡 〡 三乘方開之得角面雖前術得方面各合問

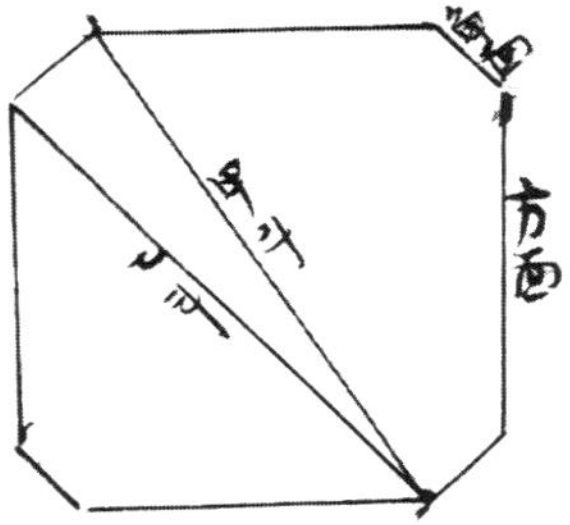

今有平方截四角只云角面与乙斜和九寸又云方面与甲斜和一尺三寸問角面方面各幾何

荅

答角面一寸〇〇五毛二六一弱

術曰立天元一為角面。——以減先云数

斜。為乙斜——九　自之加入角面巾為甲斜

巾——八ト——以又云数巾相乗得数以一

十六乗之為因又云数巾一十六倍甲斜巾

二五五二四八　四八六七二五四八　寄左　列又云数自之得数倍

之加入先云数巾為因又云数四个甲斜　四一九

自之得数与寄左相消得式　方　四三四三　四八七二五四八

平方開之得角面振術得方面各合問

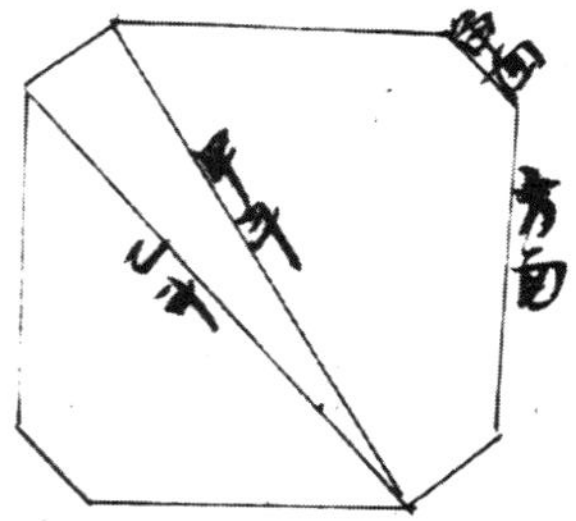

今有平方截四角方面三寸只云

甲乙斜和一天一寸問角面幾何

答曰角面一寸一分九厘二毛

六九九弱

術曰立天元一為角面。——

以減云数余——二——ト　自之得内減二倍角面

巾余二二　自余之為因云数巾八倍

方面巾。——寄左　列云

数自之以方面巾相乗八之与寄左相消得式

方式　　三乗方同之得

角面合問

今有平方截四角只云角面与方面和八寸又云角面与甲斜和共一尺二寸問角面方面各幾何

答曰角面一寸○○八厘一毛
一強

術曰立天元一為角面 ○　以減又云数

余為甲斜　自之為甲斜巾

上寄左　列先云数内減角面余為方面

自之加入角面巾共得

倍之以減寄左余　自乗之為同

角面巾八除之為角面巾

再寄　列角面自之以方面巾相乗記分八之

得 ○ ○　与再寄相消得同

方式　三乗方翻法開

之得角面推前術得方面各合問

今有直截四角只云甲斜八寸乙斜七寸縦横差三寸問角面及縦横各幾何

答曰角面一寸七分之廉七毛七大之七 強

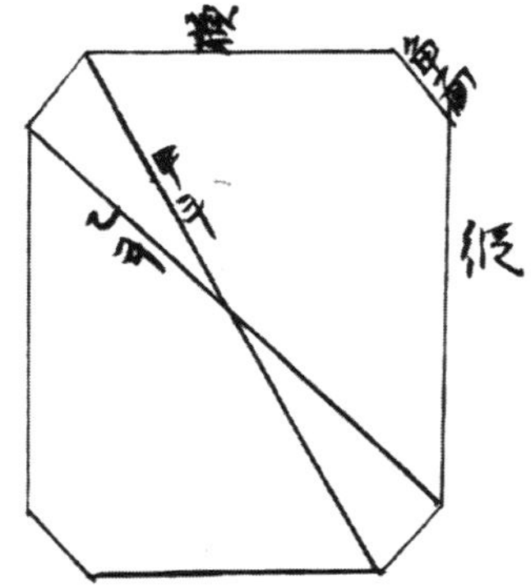

術曰立天元一為角面。——自之得數以縦横差巾相乗得數八之為因縦横差巾八段角面巾。七二 寄左。列甲斜自之得以減乙斜巾余自之又為因縦横差巾八段角面巾 二十七 与寄左相消得開方式 二十五 。七二 平方開之得角面據前術得縦横各合問

今有直截四角只云甲斜九寸縦横差四寸問角面及縦横各幾何

答曰角面一寸六分七厘九毛七二四強

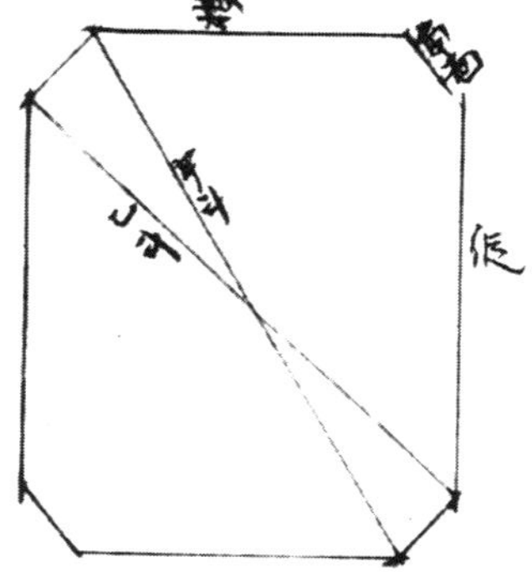

術曰立天元一為角面。——四之得數以減四縦横和巾 二四 四 自之為四縦横和巾 廿七大

寄左　列甲斜自之得數八之以併
減四段縦横差巾与一十六段角面巾及寄左
余　自乘之与因角面巾五百一
十二段縦巾　毋寄
列田加入倍縦横差共得内減四之角面余為
四分縦　自之得數以角面巾相乘訖
分以三十二乘之得
与寄相消得開方式
三乘方飜法開之得角面推前術得縦横各合問

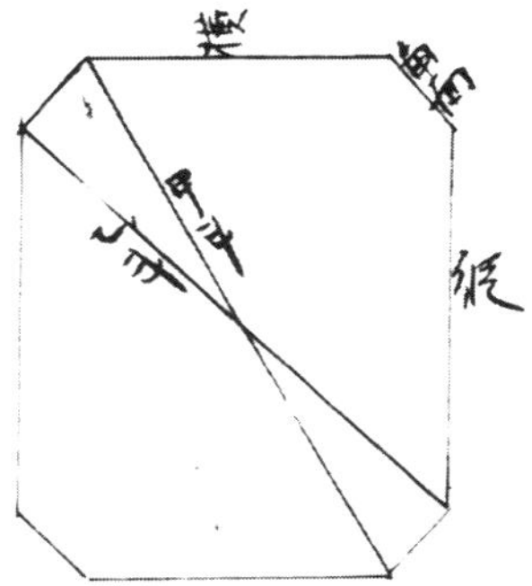

今有直截四角其田二尺九寸
只云乙斜一尺縦横差四寸問
角及縦横各幾何
答曰角面一寸〇一釐二毛
三大四條
術曰立天元一為角面　四之得數以
減田余　自之得數加入四段縦横差
巾与一十六段角面巾共得　以
減八段乙斜巾余　自乘之為因

角巾五百一十二綻横巾
寄位　列角面四之加入倍縦横差共得
較以減田余為四个複　自之得較以
角面巾相乗我分以三十二乗之　。　。
三子寄位相消得開方式
三乗方飜法開之得角面推前術得
縦横各合問

大成算経續錄　第二巻

勿憚改答術

関自由亭先生著述　山路主住訂

第十一

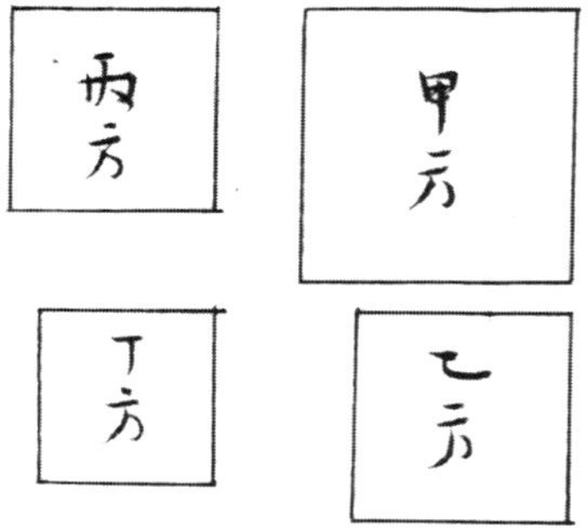

今有甲乙丙丁平方各一共積五百六十三寸各方和四尺五寸只云丙丁方差如乙丙方差一寸又云甲乙方差多如丙丁方差三寸問四方各幾何

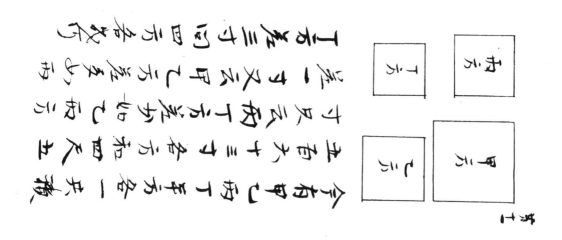

答曰丁方七寸

術曰立天元一為丁方 ○ ｜四之加入廿

如二个子叉加一个共得｜廿 四 以減方和余為

大个丙丁方差｜四百 二 加入大之丁方為大

个丙方｜四百 二 自之為三十六個丙責 千

｜百八十 四 寄位 列廿加大之加入大个丙丁

方差為大个乙丙方差｜四十六 四 加入大个丙

方為大个乙方｜八十 十 自之為三十六個乙

責｜四 寄位 列叉如六之加入六

个丙丁方差為六个甲乙方差｜廿八 四 加入

六个乙方為六个甲方｜四百 十 自之為三十

六個甲責｜三十六 寄位 列丁方自之

以三十六乗之為三十六個丁責 ○ ○ ｜

四位相併為三十六個共責｜ 寄

再 列共責和分以三十六乗之得數與再寄

相消得開方式｜ 平方開之得丁

方推前術甲乙丙方各合問

今有甲乙丙丁只平方各一共責廿百八十八寸

其十二

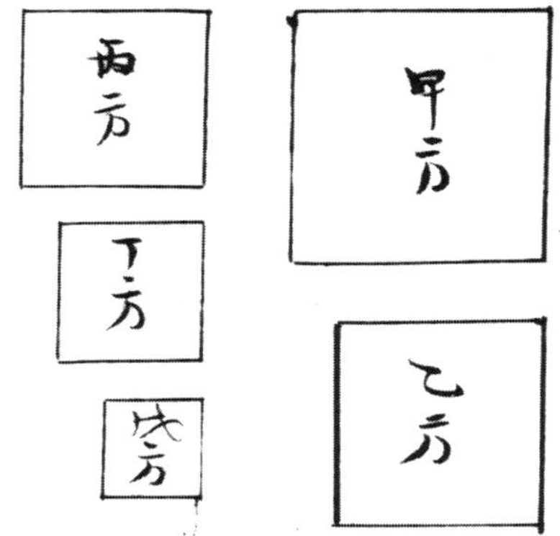

七分二厘大毛八名方和五
尺〇三分四厘只云丙丁方
差價於丁戊方差多二劃乙
丙方差價於丙丁方差外三
劃甲乙方差價於乙丙方差
以二劃以五方名各何

荅曰戊方五寸

術曰立天元一為戊方〇——五之以減方
和余為一十二个大分七厘 置一个二分五厘 加二个以一个三厘

方乘之加三个以一个二 分乘之加四个共得較也 丁戊方差 三寸三四 廿
寄子位 列戊方以一十二个大分七厘乗之
為一十二个大分七厘戊方〇 三寸五七 自之得
〇 〇 三寸五六七 寄丑位 列子位加入一十二
个大分七厘戊方為一十二个大分七厘丁方
三寸三四 三寸六七 自之得 三五三四三六 七七三三六六八六七 寄于位 列
子位以一个二分 乘除二劃 乗之加入一十二个
大分七厘丁方為一十二个大分七厘丙方 三寸七七四八
三寸九七 自之得 寄乗位 列子位

以一个二分与一个三分（外三約　隅法）各相乗之加
入一十二个六分七厘丙方為一十二个六分
七厘乙方　自之得　寄
辰位　列子位以一个二分与一个三分及一
个二分五厘（内二約　隅法）各相乗之加入一十二个
六分七厘乙方為十二个六分七厘甲方
自之得　五位相併為一百
六十辰〇五分二厘八毛九共責
寄左　列共責以一百六十〇五分二厘八毛
九乗之得数与寄左相消得開方式
平方開之得戊方推前術得甲乙丙丁各
方合問

十三

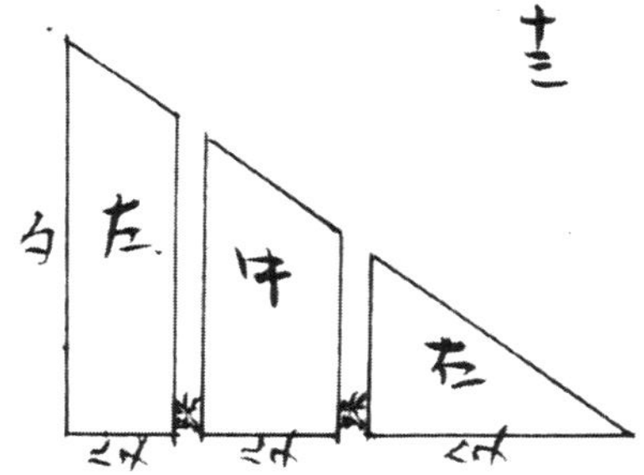

今有勾股田一段勾三十歩股四十歩　欲只云
如図同度三歩路二条余積各
等三段截既之問右中左勾股
各幾何
荅曰右股二十歩〇五分八
厘〇八九九強

術曰立天元一為右股。──加入路廣得
丨──自之加入右殳巾共得 九 六 一
寄左　列総股自之得内條減右股巾与路廣
巾及寄左余 一六二 自之為因寄左收
四段路廣巾 再寄
列路廣自之以寄左相乗親分四之
子再寄相消得開方式
三乗方飜法開之得右股推前術得中左
股各合問

今有勾殳田一段勾四十二歩殳五十六歩如圖
只云廣二歩路二条余責三段截
疋之右責多如中責一百五十
六歩却少左責六十六歩問右
中左勾股各幾何
荅曰右殳三十二歩

十四

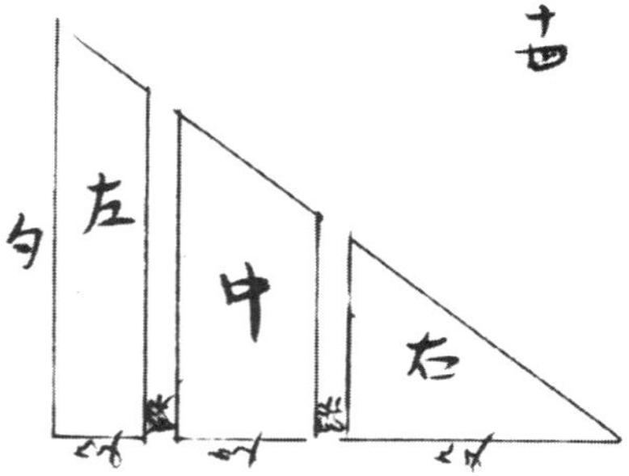

術曰立天元一為右殳。──加入路廣得
二──自之加入右殳巾共得以減以勾相
乗得　内減総殳乗分如相乗 段二

余　寄甲位　列却分以従又相
乗得数倍之加入従勾与右巾相乗数為内従
又二段左積　○　寄乙位　列従又
自之以従勾相乗得数除然従勾黙廣巾相乗
数与寄甲乙位乗　自乗之為内
寄甲位数因従勾四段黙廣巾
以寄甲位相乗為分四之得　寄左　列黙廣自之以従勾相乗又
子
寄左相消得開方式　三

乗方飜法開之得左文排前附得中左之合問

十五

今有勾又因一段勾一十五分又二十分外拋如
図同廣二分路二条残責甲乙丙三等截配之只
云甲等二百四十戸乙等二百
一十戸丙等一百五十戸問得
乙丙勾又各幾何
答曰甲股一十〇分六分七
屋二七八八九

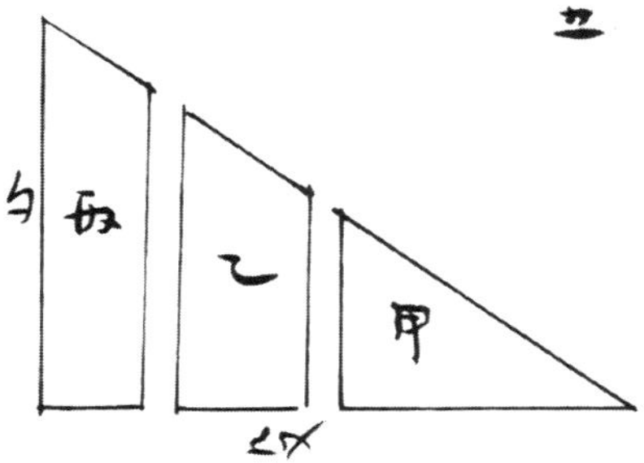

術曰立天元一為甲股又　〇　――　加入路廣得

二 ―― 自之以甲乃救相乘得 九六七 九六〇 二四〇
列甲矢自之以乙乃救相乘得 ○ ○ 二一〇
二位相併共得 九六七 九六七 四〇 寄子位 列甲
矢自之以丙乃救相乘得 ○ ○ 五〇 列路
廣自之以甲乃救相乘得 九六七 二位相併得 九六〇
○ ―― 寄丑位 列如矢自之以甲乃救相
乘得内併減寄子丑位余 自乘
之為因甲乃救因寄子位救四段路廣巾
寄左 列路廣自之以寄
子位相乘又以甲乃救相乘得救就分四之得
子寄左相除得開方式
三乘方飜法開之得甲矢推前
術得乙丙矢各合問

第十九

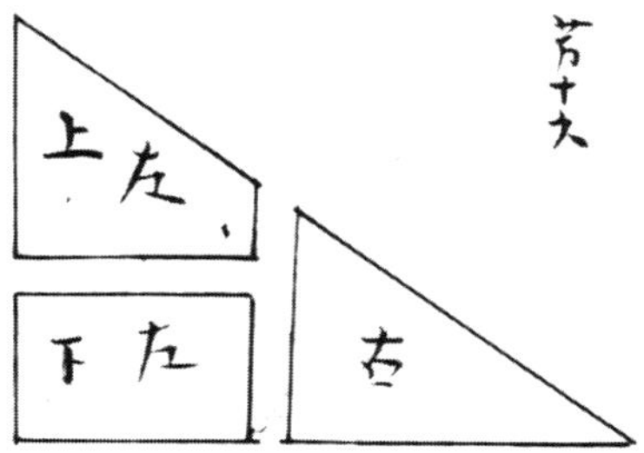

今有勾矢田勾三十寸 四十
寸只云 如圖開廣二寸右倒丁
字路条責各寸 三 段截而之問
左勾及矢各幾何
答曰 右矢五十一寸七分七

釐四毛三四一　術綴

術曰立天元一為右殳〇　｜　加入路廣得
｜二　自之加入二段右下殳巾共得四｜｜｜｜
｜三　以減從殳巾余以從句相乘為圓徑殳冪
左殳二分路廣　四八分　｜｜｜　九七　寄左　列從殳
故併減右下殳乎路廣余為左下殳　三八｜　以從
殳相乘又以路廣相乘倍之得　名合　乎綴
左相消得開方式　四八分　四　九分　平方飜法開
之得右殳推前術得左殳合問

第十七

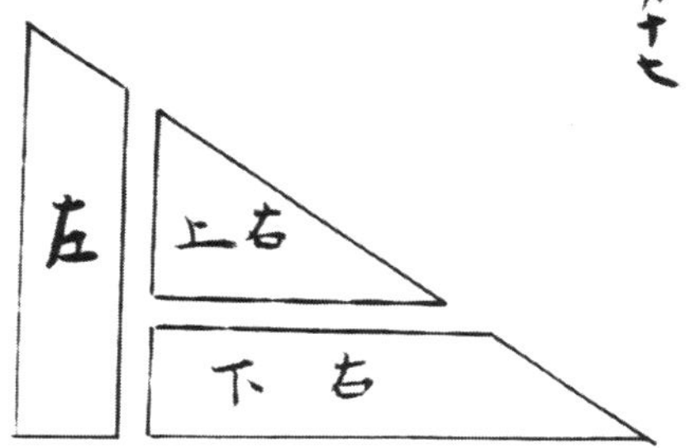

今有句殳田句三十五殳四十五又只云如図開廣二寸左倒丁字路余責各寸數平便截配之
問左右句殳各幾何
荅曰右下殳三十一寸九分
二釐〇七五八強
術曰立天元一為右下殳〇　｜　加入路廣
得　二　自之得數以減從殳巾余為右上
殳巾　五九六　四　十　寄左　列右下殳自之得

内減信青左較余以従勾巾相乗
内減従文巾子路廣巾相乗較余為因従責同
右上文四个路廣　自之為因従
責巾因右上文巾一十六段路廣巾
再寄　列路廣自之以従勾巾
相乗又以従文巾相乗又以寄左相乗乱分四
之得　上再寄相消得開方式
三乗方飜法開之得
右下文廃前所得右上文左文答合問

第十八

今有勾文因勾三十歩文四十歩又云只云廣
二歩下半路等責各十三段歳
配之問上下勾文各幾何

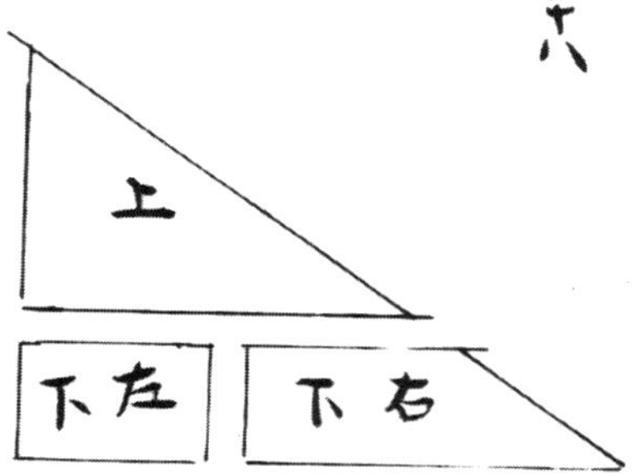

答曰下右文二十二歩九分
〇四毛六二四 微強
術曰立天元一為下右文
四之以入路廣二段得内減従文二段為
丑
乗勾因従文為横得　寄
甲位
列従文内減右下文子路廣為下左長

乗甲位為因從叉配責
以勾二段乗之為因從叉因勾二段配責
寄左　列從勾乗叉得内併減甲位
以因從叉除廣為上勾因從叉　自之
為因從勾因從叉配責二段得
上寄左相消得開方式　平方開
之得下右叉准前所得下左叉及上右叉各合問
今有勾叉田勾三十歩叉四十歩只云如図容廣
二歩倒丁字路余積各等三段截配之問上下勾

第十九

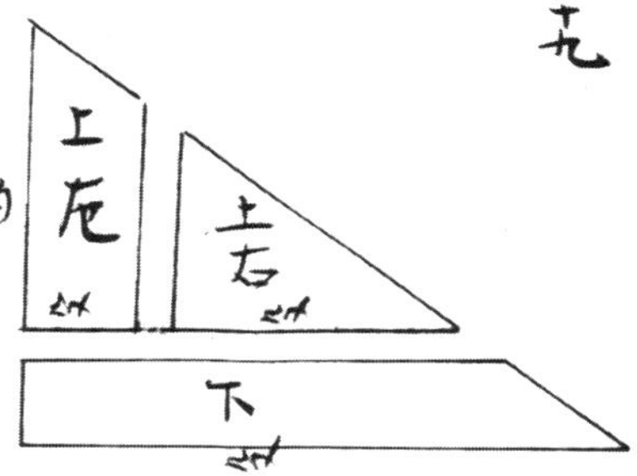

叉各幾何
答曰上右叉二十一歩一分
一厘四四七二弱
術曰立天元一為上右ル叉　○
加入路廣得　自
之加入上右ル叉巾共得　寄甲位
列從叉自之得内併減上右叉巾与寄甲位
余以從勾巾相乗得　寄乙位
列路廣自之以從叉巾相乗得級以減寄乙位

余[counting-rod numerals] 自乘之爲同率甲位段因從
責巾一十六段路廣巾[counting-rod numerals]
寄位　列路廣自之以從乃巾相乘又以從段
巾相乘又以寄甲位相乘就分四之得[counting-rod numerals]
子寄位相消得開方式[counting-rod numerals]
三乘方飜法開之得上左殳視
前術得上左殳各合問

大成算經續録 第三巻

勿憚改善術

関自由亭先生著述　山路主住訂

今有勾殳矢云勾与中殳和二尺七寸又云殳与長玄和三尺六寸問勾殳各幾何

答曰勾一尺五寸

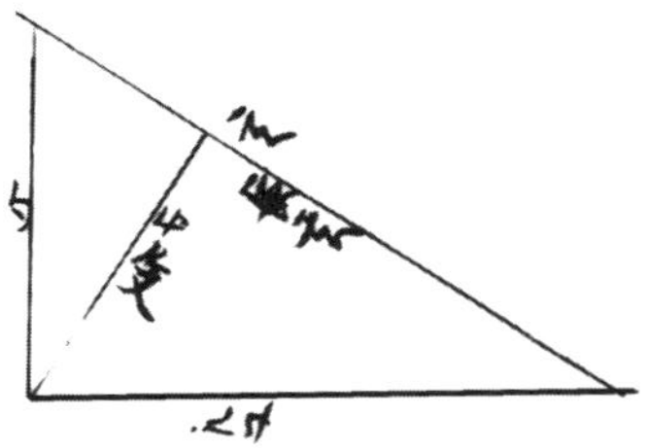

術曰立天元一爲勾 ○ ——以減只云數余

為中段自之加入又云數巾為圓又
云數二个段乗只云數為圓又云數巾勾二除
寄左　列又云數自之以勾相
乗倍之得。子寄左相消得開方式
平方開之得勾依前術得段云
各合問

今有勾段中段一尺二寸只云段与短云和二尺
九寸問勾段云各幾何
答曰　段二尺

十三

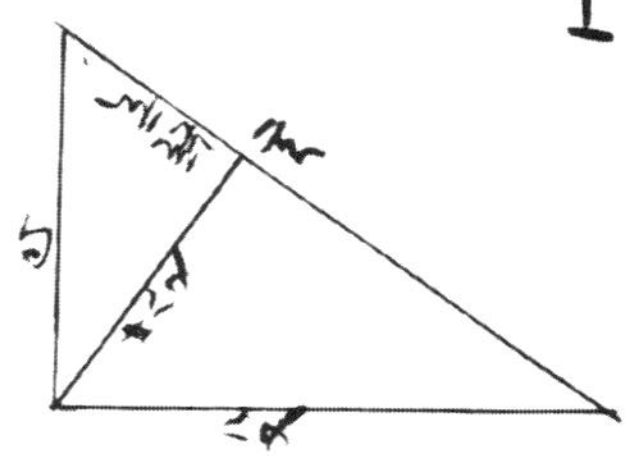

術曰立天元一為段。以減和余為短云以
段相乗為圓中段勾。
自之為圓中段巾勾巾。
。寄左　列短云自之加入
十段巾為勾巾　以中巾相乗得
子寄左相消得開方式
三乗方飜法開之得段依前術
得勾云各合問

方二十二

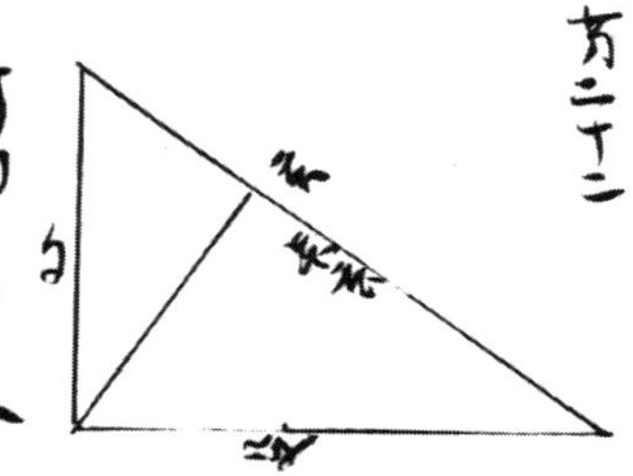

今有勾殳只云殳巾与弦巾相
併共一千二十五寸又云長弦
多於勾一寸問勾殳弦各幾何
荅曰勾一尺五寸
術曰立天元一為勾 ○ | 自之得數加入
只云數為二股弦巾 ○ | 寄左 列
勾加入多於為長弦 | 自之得數以寄
左相消倍之為四股殳三乘巾
再乘 列勾自之以減只云余為二
股殳巾 ○ | 自之得數子再乘相併
得開方式 三乘方開
之得勾 推前術得殳弦各合問

方二十三

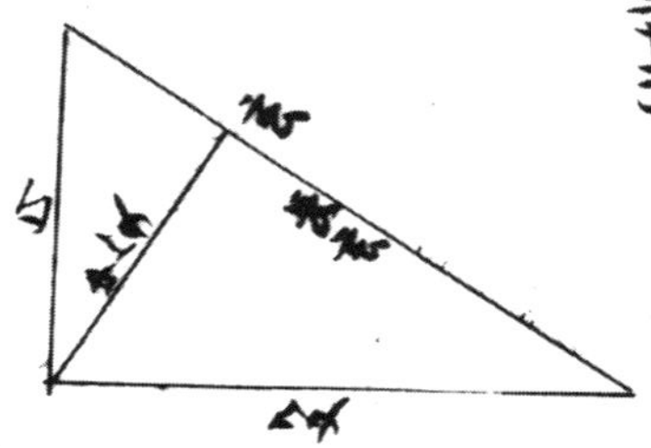

今有勾殳只云殳与長弦和巾
與勾子中殳和巾余五百六
十七寸又云殳弦和四尺五寸
問勾殳弦各幾何
荅曰殳二尺
術曰立天元一為勾 ○ | 以殳弦和相乘為

因弦交子長弦和○[illegible]自之得○○[illegible]
寄左　列交弦和以減交余為弦[illegible]自
之以只云数相乗得[illegible]以減寄左
余為因交弦和巾勾巾[illegible]再寄
列弦自之得以減交巾為勾巾[illegible]以交
弦和巾相乗得[illegible]子再寄相消得開方
式[illegible]平方開之得交挑前所得勾
弦各合問
今有勾交只云勾子中交和二尺七寸又云交弦

二十四

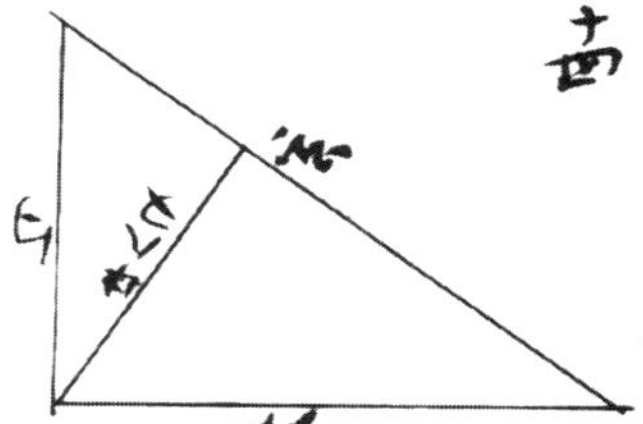

和四尺五寸問勾交弦各幾何
答曰勾一尺五寸
術曰立天元一為勾○
自之加入交弦和巾為八交弦和
二勾弦[illegible]○[illegible]以只云数相乗為因交
弦和巾二个勾[illegible]○[illegible]寄左　列交弦
和自之得数以勾相乗倍之得○[illegible]子寄
左相消得開方式[illegible]平方開之得
勾挑前所得交弦各合問

方二十五

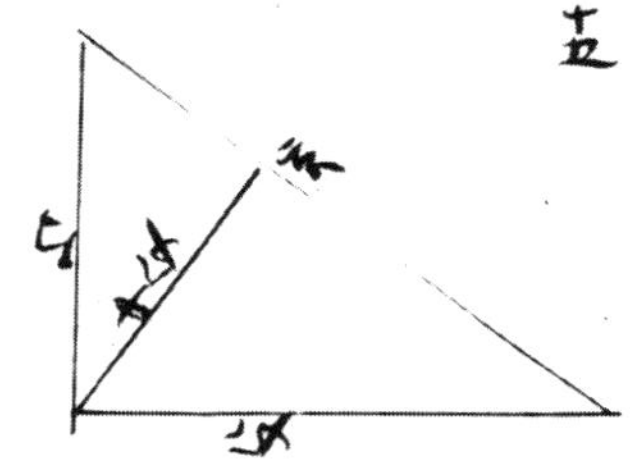

今有勾殳共云弦与中殳和三尺七寸又云勾弦和多於中殳二尺三寸問勾殳弦各幾何

答曰勾一尺五寸

術曰立天元一爲勾 ○ ——以減又云数余

二三 加入先云数爲殳弦和 自之加入勾巾爲因殳弦和二个弦 二

寄左 又列殳弦和自之内減勾巾余爲因殳弦和二个殳 以勾相乗又以殳弦和

相乗得数倍之爲因殳弦和巾八除勾弦貴○

再寄 列先云数以殳弦和相乗得数倍之内減寄左余爲因殳弦和二个中殳 以寄左相乗得

三 子再寄相消得開方式

九二 四 三乗方飜法開之得勾股得殳

弦各合問

今有勾殳共云勾殳和加入中殳共四尺七寸又云弦与中殳差一尺三寸問勾殳弦各幾何

二十六

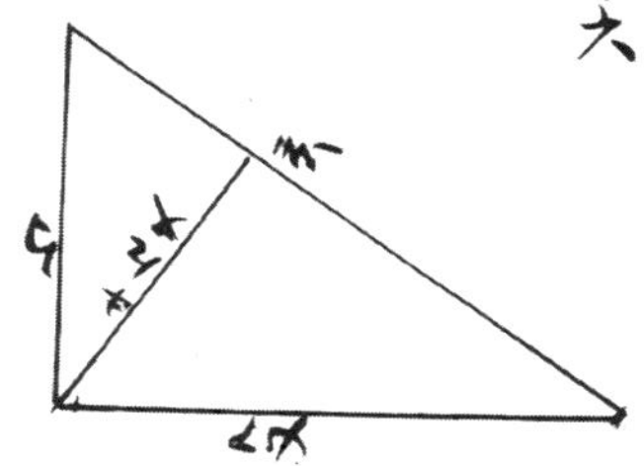

答曰弦二尺五寸
術曰立天元一為弦。
以減差余為中股 以
弦相乗得数倍之為四股勾股
責。寄左 列中股以減只云数
余為勾股和 自之得内減弦巾余又
為四股勾股責 子寄左相消得開方
式 平方開之得弦依前所問勾
股参合問

去依前所得勾股各合問

二十七

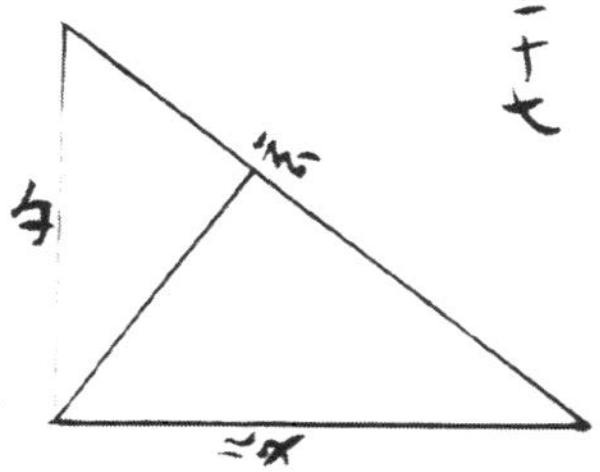

今有勾股只云勾一股二个弦一个和
四尺二寸又云勾一个股一个弦一个
和三尺五寸問勾股各幾何
答曰勾五寸
術曰立天元一為勾。加入只云数得
以減又云数余為股 自之
為股巾 寄左 列股倍之加入
勾共得 以減只云数余為弦

上　自之得内減勾巾余又為乙巾　七八四　長八

八　寄左相消開方式　三三五　六八二　七　平方

開之得勾雅術得文云合問

二十八

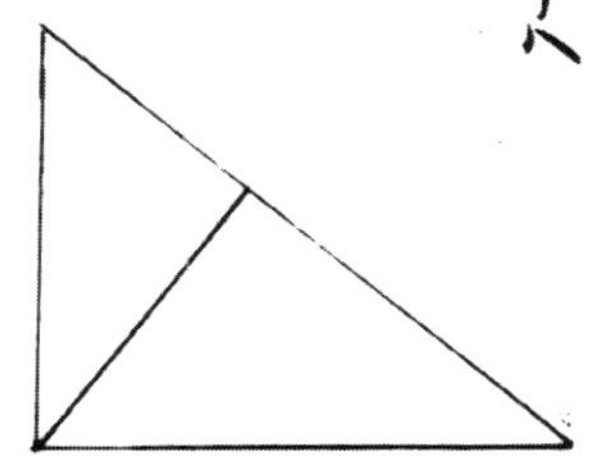

今有勾又只云弦与中ハ交差一

尺三寸又云勾又和三寸五寸

問勾又云各幾何

答曰勾一尺五寸

術曰立天元一為勾　○　——以減和余為又

三之　自之以又勾巾為寄　二

寄左　列勾以又相乗得　○　三五　以減

寄左余為因只云数云　三三五　六五　七　自乗之

為因只云数中云巾　九

再寄　列只云数自之得数以寄左相乗

二八三　三三八　子再寄相消得開方式

九　三乗方開之得勾雅術得文云各合

問

今有勾又云二尺五寸只云勾又和内減中又余

二尺三寸問勾又云各幾何

二十九

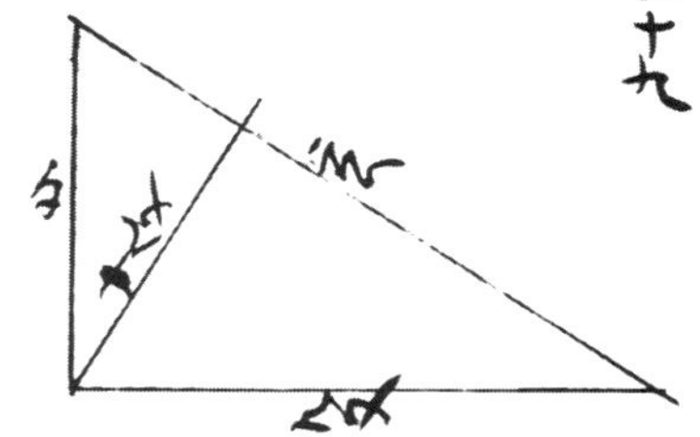

答曰勾一尺五寸

術曰立天元之一爲勾 ○ ｜ 自之得數以減云巾余爲交巾 [illegible] ○ 丄 寄左 列云數内減勾余爲交与中九交差 [illegible] 以云相乘爲因勾云差文 [illegible] 自乘之爲因勾云差巾九交巾 [illegible] 再寄列云内減勾余 [illegible] 自之得數以寄左相乘 [illegible] ○ [illegible] 与再

三十

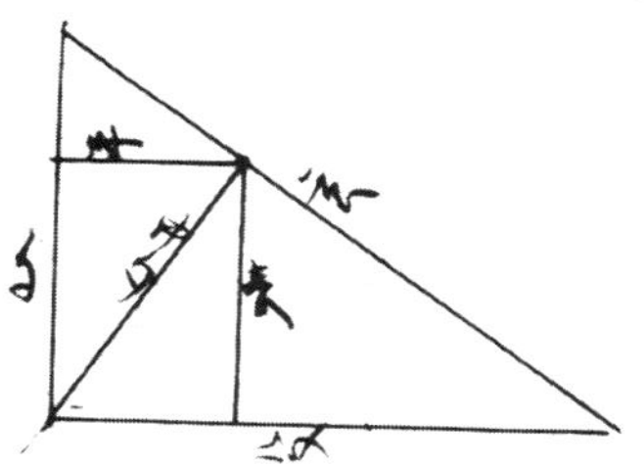

寄相得冪云式 [illegible] 三
与云再乘得冪之得爲雅前術得交云名合問

今有勾交股容直 以中交 又云勾交和加入中交四尺七寸又云云与二个中交及長平共和大尺五寸八分問勾交云長平各幾何

答曰云二天五寸

術曰立天元之一爲云 ○ ｜ 以又云數相乘爲因只云數勾交和 ○ [illegible] 以又云數相乘

呉の〔三三九六五四〕寿尼　列又云报自之以言相乐
呉报以城寿尼余为周史云报巾二个中文○
〔三〇八五四〕再寿．列又云报以云相乗呉報以城又
云报巾金为周只云报中文〔三四九　五〇六〕以又云
报相乗倍之呉〔三三大四　五八五〕子再寄相陈呉啟除
武〔三三大四　八三〇五四〕上実下茂而一呉云报前附呉向
乏及长手各合问

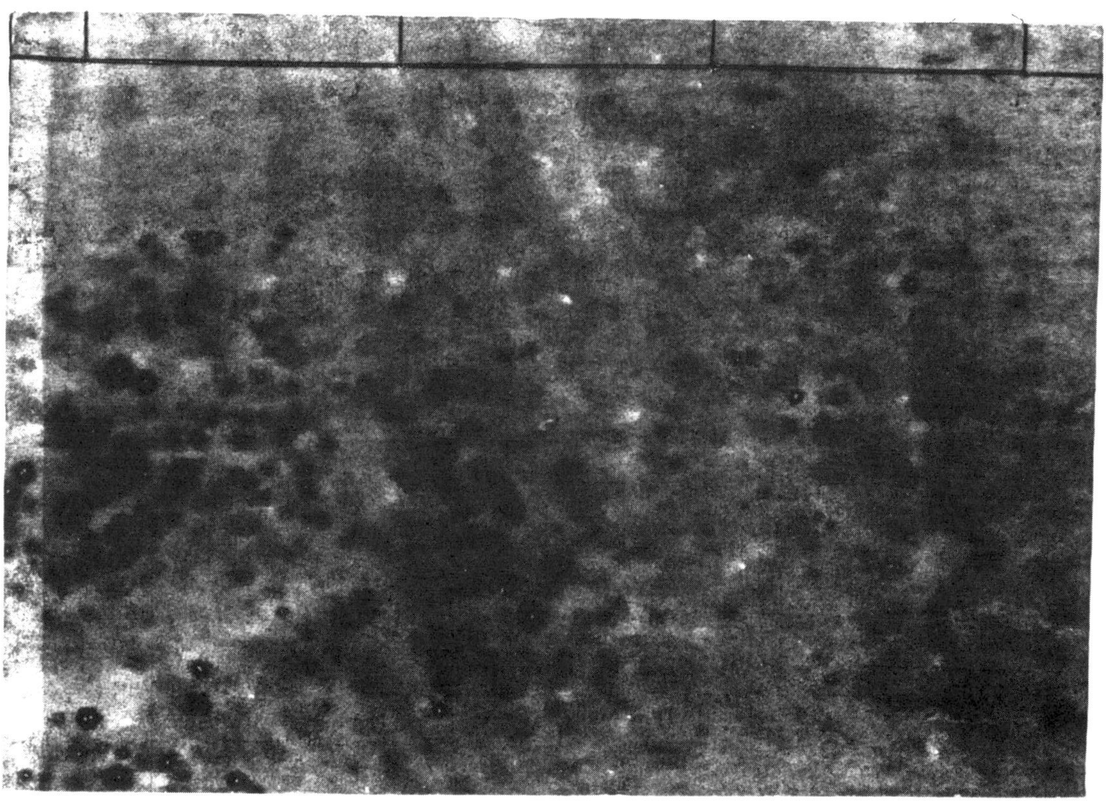

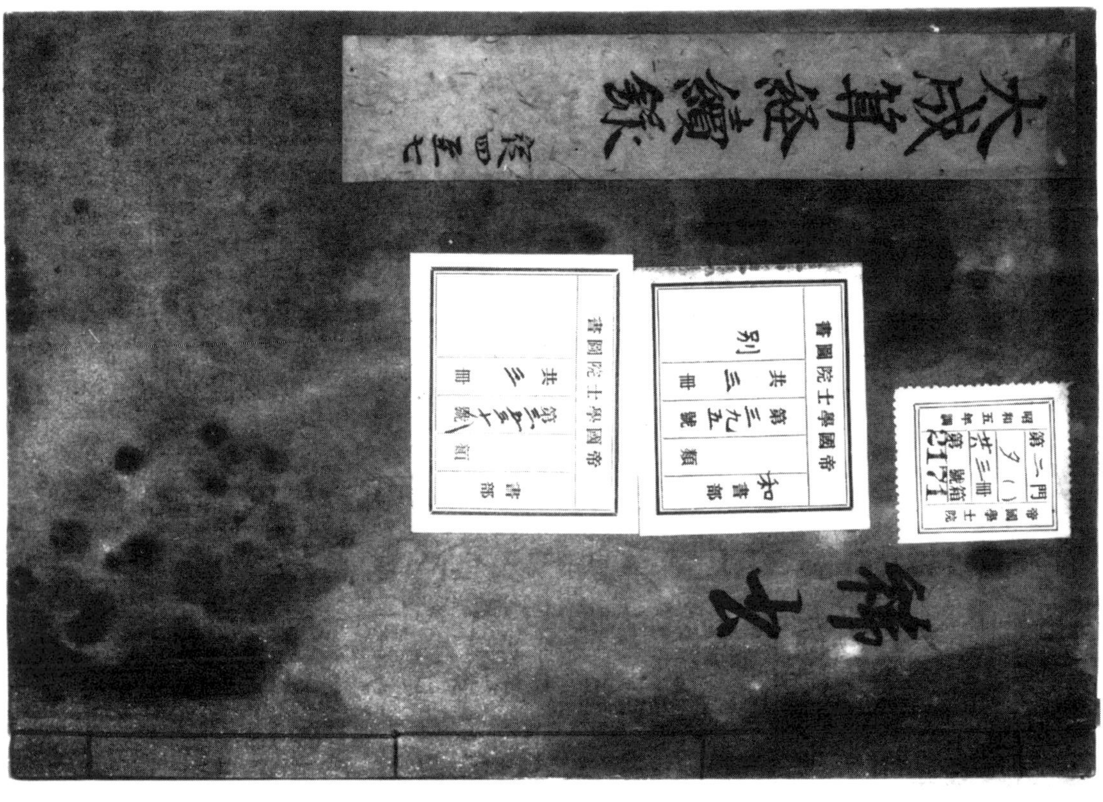
大成算經續録
帝國學士院圖書
帝國學士院圖書

大成算経續録　第四巻

勿憚改著術

関自由亭先生著述

山路主住訂

今有半梯外斜二尺五寸内斜
三尺只云左右廣和二尺九寸
問左右廣及長各幾何
荅曰右廣一尺一寸

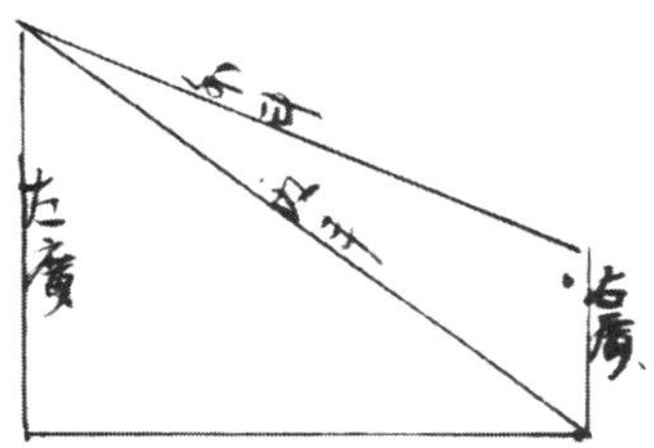

術曰立天元一為左廣 ○
―― 以減和余為

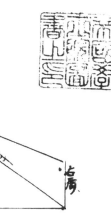

左廣 二九 ―╳― 自之得数以減段斜巾余為長
巾 卅九 六八 ―╳― 寄左 列左廣内減右廣余
二二六 ―╳― 自之得数以減段斜巾余又為長巾
二二六 ―╳― 四 与寄左相消得式方式 二七五 ― 六八
一二 ― 平方飜法開之得右廣以減和余即右廣

合問

今有半梯田大梯三十歩小頭二十歩長四十歩
只云此田廣二歩左例丁字通余責各歩数三匹
截取之問左右長闊各幾何

三十二

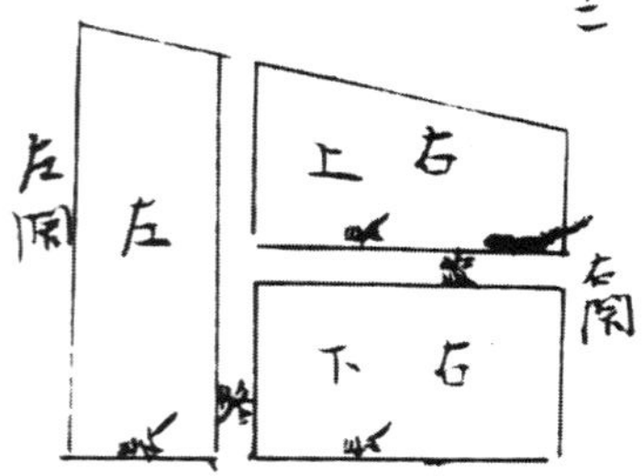

答曰右長二十七歩六分六
厘一毛九糸四忽

術曰立天元一為左長。――
加入直廣得 ―二― 以減縦
長余為左長 ―三八―╳― 以大小
頭差相乗得 ―三六〇―╳― 寄左 列大頭以縦長
相乗倍之得内減寄左余 ―二〇二〇――一〇― 以左長相
乗得数倍之為因縦長四段截積 ―五三五二〇―三三六〇―╳―
再寄 列小頭内減直廣余以縦長相乗倍之

得。列右長以大小頭差相乗得○
二位相併共得数以右長相乗得○
与毎高相乗相併周方式
開之得右長折半得左長各合問

三十三
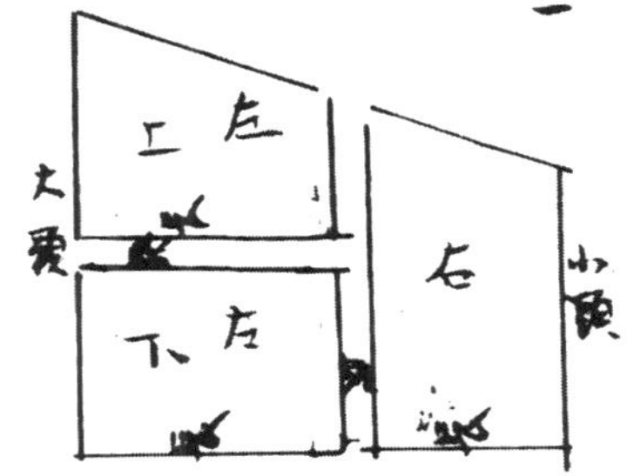

今有半梯田大頭三十寸小頭二十寸長四十寸
又云如図以廣二寸右斜丁字
通斜責各寸截三段截販之問
左右長間各幾何
答曰右長一十三寸八分六
零九毛四七三強

術曰立天元一為右長○加入通廣得
数以減倍長余為左長 以大小頭差
相乗得 寄左 列大頭内減通廣余
以倍長相乗倍之得内減寄左余 以
左長相乗為因倍長四段截責
再寄 列右長以大小頭差相乗得○
列小頭以倍長相乗倍之得 二倍相消
共得数以右長相乗倍之得○ 与

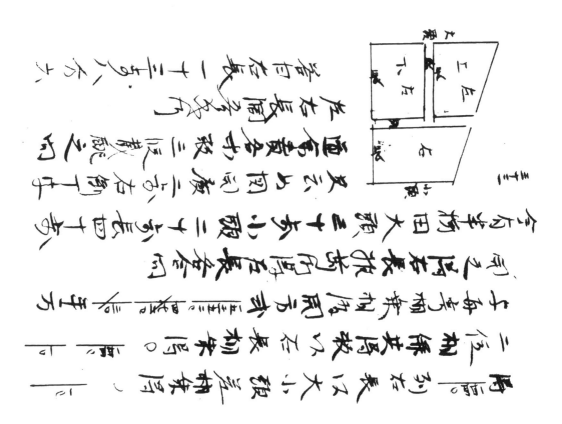

再寄相乗得開方式 —— 平方開之
得右長擬前開得左長各合問

三十四

今有半梯田大頭二十八寸小頭六寸長四十寸
只云如図開廣二寸左側丁字
道余貴各和三段截之問左
右長閑各何

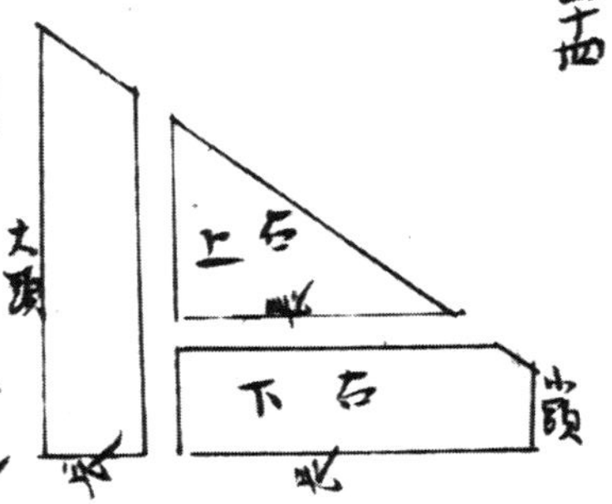

答曰右下長三十寸〇七分
四厘一毛五五一強

術曰立天元一為右下長〇 —— 加入道廣

得上 —— 以減径長余左長 —— 以大
小頭差相乗得 寄甲位 列大頭以
径長相乗倍之得内減寄甲位余 以
左長相乗與週小頭差右上長巾 以
寄乙位 列小頭以径長相乗倍之
列右下長以大小頭差相乗〇 二位
相併共得数以右下長相乗得〇
以減寄乙位余以大小頭差相乗得
寄丙位 列道廣自之以径長巾相乗得
救以減寄丙位余 自乗之為 困

大小頭差巾因径長巾因左上長巾四除道廣
巾[illegible]寄左　列道廣自
之以大小頭差相乗又以径長巾相乗又以寄
乙径相乗四之得[illegible]与寄左相消
開方式[illegible]三乗方飜法
冪之得左下交除前所得左以爲今問

今有如斯田大頭三十歩小頭二十歩長四十歩
只云如圖廣二歩丁半道截積各如三段截配
之問上下長闊各幾何

三十五

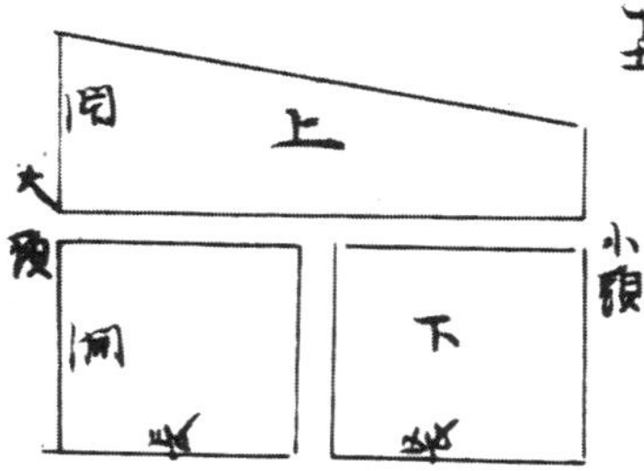

答曰下闊一十五歩五分九
釐三毛二二　微強
術曰立天元一爲下闊○
加入道廣爲狹倍之
減左　列大頭加入小頭共得
收截寄左余　以径又相乗爲二除截
積　與寄　列径長收截道廣余爲二
个下長　以下闊相乗得　与寄再寄
相得得收積式　上实下法一得下

問斜前所得上闊各合問

今有半梯田大頭四十歩小頭一十五歩長四十五歩只云此田同處二歩丁字道余責各依三股截配之問上下長闊各幾何

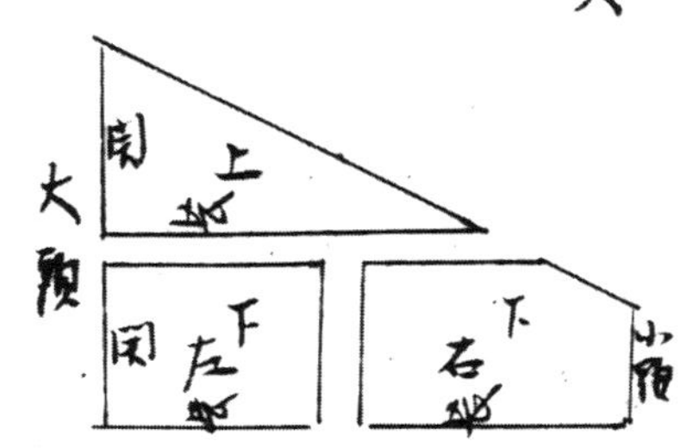

荅曰上闊二十歩〇四分一厘四毛五大二弱

術曰立天元一為上闊 ——加入道闊得

——自之加入併之上闊巾乎小頭巾共

得 三九 —— 四 —— 三 ——— 以減大頭巾余 三七一 —— 四 —— 仁

以併長相乘為因大小頭差因下闊二个道廣

大天五 —— 合 —— 仁五 寄左 列上闊加入道廣得較

以減大頭余為下闊 —— 天 —— 上 以道廣相乘又

以大小頭差相乘倍之得 —— 天召 —— 上 寄左相

消得方式 —— 天八五 —— 合 —— 一上五 平方開之得上闊

前所得下闊及上下長各合問

今有梯田下長二尺一寸以斜二尺只云二个以

斜于上長和三尺七寸問上長及闊各幾何

三十七

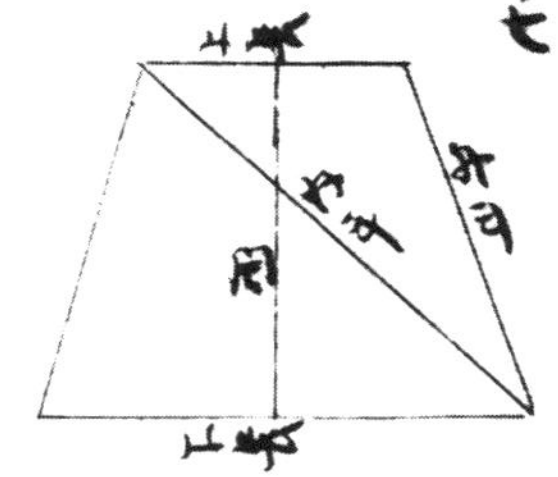

答曰上長一尺一寸

術曰立天元一為上長。｜

以減和余為二个外斜 三八 ｜

自之為四段外斜巾 一三六九

｜ 寄左　列下長自之得内減内斜巾余四

之加入寄左為因上下長差四个下長 五三三

一 再寄　列下長内減上長余 二｜

｜ 以下長相乗亦四之得 与再

寄相消得開方式 三 ｜ ｜ 平方開之得

三十八

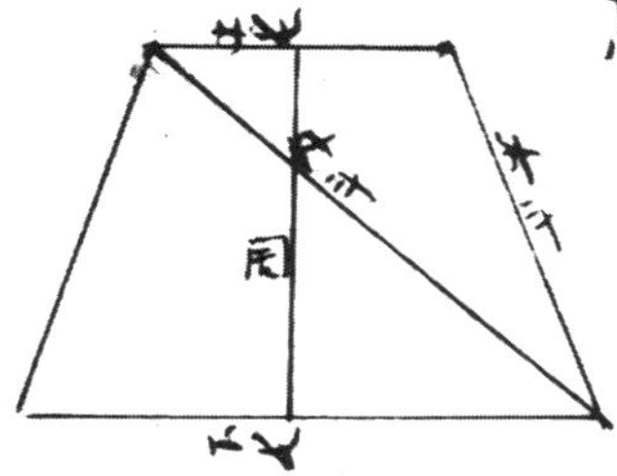

上長飛前所問各合問

今有梯内斜二尺只云上長与

外斜和二尺四寸又云下長与

外斜和三尺四寸問上下長各

若所求二上下个外斜和之

答曰下長二尺一寸

術曰立天元一為下長。——以減又云數

余為外斜 三四 ｜ 自之得数加入下長巾共

得 二 ｜ 以減内斜巾余為因上下長

差下長｜｜｜寄左　列又云数内減
先云数余為上下長差｜以下長相乗得○
｜子寄左相消得元方式｜｜平
方飜法開之得下長推前術得上長合問

三十九

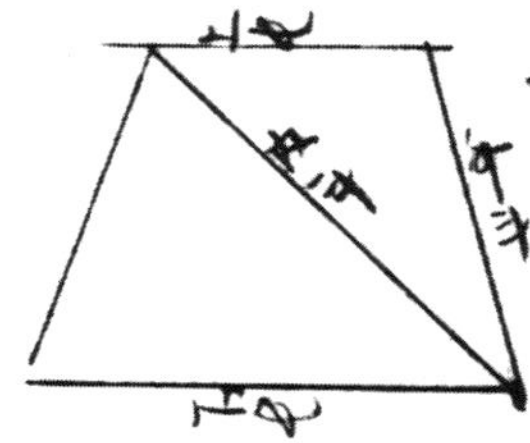

今有梯上長二尺内斜三尺一寸
又云二个外斜与下長和六尺八
寸問下長及闊各幾何　乃上長外斜之
答曰下長三尺
術曰立天元一為下長○｜以減和余為

二个外斜｜｜自之得｜｜寄
左　列下長自之得数四之加入寄左共得
｜内減四个外斜巾余為闊上下長差
四个下長｜｜再寄　列下長内減
上長余｜｜以下長相乗就分四之得　○
｜｜子再寄相消得元方式｜｜
平方開之得下長推前術得闊各合問
今有梯下長二尺一寸又云二个外斜与上長和
三尺七寸又云上下長与闊和二尺三寸問上長

四十

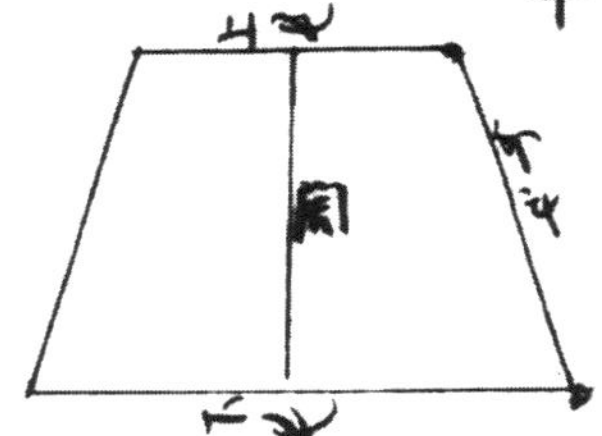

乃闊各幾何

答曰上長一尺一寸

術曰立天元一為上長。

以減只云數余為二个斜 三七

下長 自之 一三九 寄左 列下長以減

上長余 二一 自之得數以減寄左余為四

倍闊巾 九六 三七 再寄 列又云數以減上長

余為闊 二三 自之得數四之 二六 一八四

與再寄相消得開方式 二六 一五二 四 平方開

之得上長推前得闊各合問

大成算經續録　第五卷

勿憚改答術

關自由亭先生著述　山路主住訂

四十一

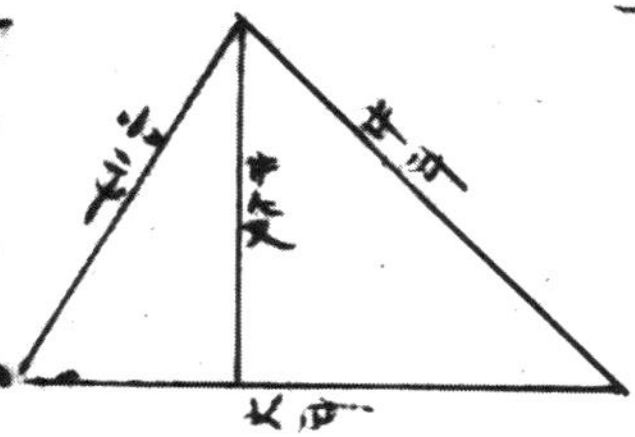

今有三斜大斜二尺一寸中交八寸只云中小斜和二尺七寸

問中小斜各幾何

答曰小斜一尺

術曰立天元一為小斜。○ ── 以減和余為

中斜自之得数加入大斜巾共得
内減小斜巾余為因大斜二个左之
自乗之為因大斜巾四段右之文巾
寄左　列中斜自之得内減中交巾
余為右交巾　以大斜巾相乗
分四之得　与寄左相消得開方
式　平方開之得小斜減和余即
中斜也各合問

今有三斜中斜二尺四寸左交一尺一寸只云小

四十二

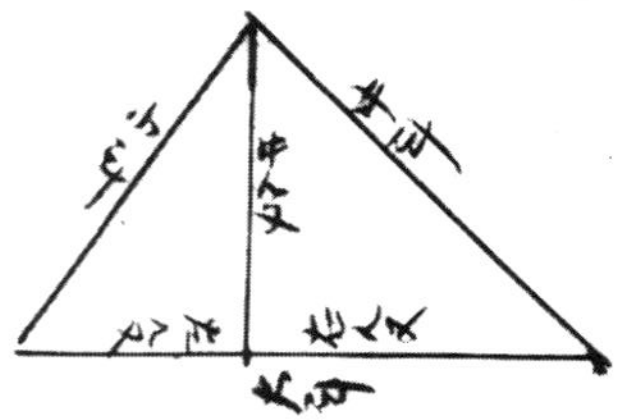

斜与右交和三尺七寸問大小
斜各幾何
荅曰大斜三尺二寸
術曰立天元一為大斜。
内減左交余為右交　自之得数以減
中斜巾余為中交巾　寄左　列
云数内減右交為小斜　自之得内減
左交巾余又為中交巾　与寄左
相消得開方式　平方飜法開之

得大斜雅前術得小斜各合問

四十三

今有勾殳内從弦三尺五寸内殳二尺只云殘殳
与内弦和三尺七寸問從勾殳
各幾何

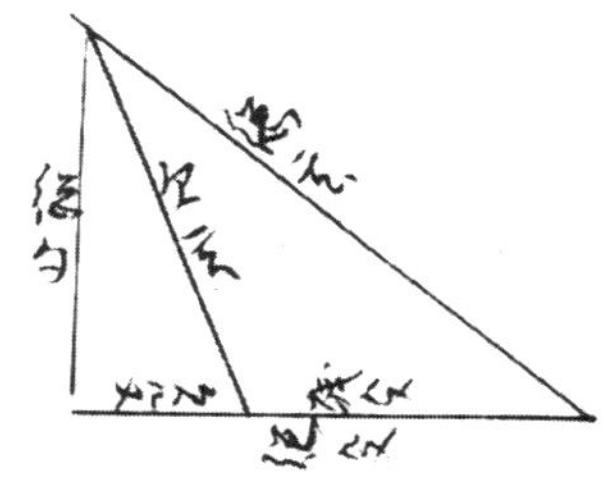

答曰從殳二尺八寸

術曰立天元一為總殳。————
自之得数以減總弦巾余為總勾巾 一三五 ○ ─┼─
寄左　列云数加入欠殳共得内減總殳余為
欠云 ─┼─ ─┼─ 自之内減欠殳巾余又為總勾
巾 ─┼─ ─┼─ ─┼─ 与寄左相消得開方式 ─┼─
─┼─ ─┼─ 平方開之得總殳雅前術得数勾各
合問

四十四

今有勾殳内從弦二尺残殳一
尺一寸只云總勾与欠殳和一
尺七寸問總勾殳各幾何

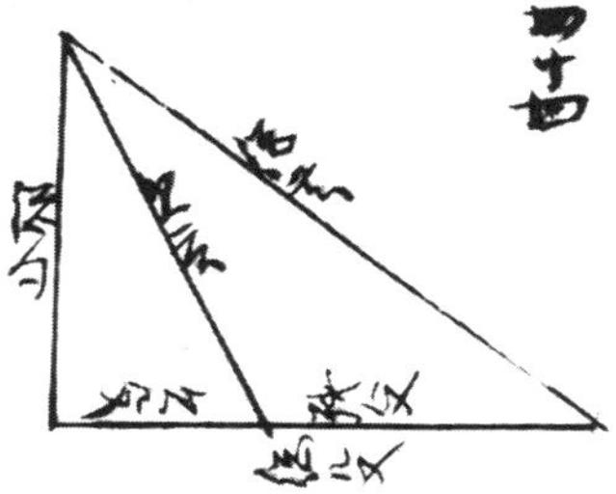

答曰總勾一尺二寸

術曰立天元一為總勾。———— 以減和余為
欠殳 ─┼─ ─┼─ 自之得数加入總勾巾為欠弦

巾　寄左　列弦冪自之得内併
減殘股巾子寄左余為因殘股二个欠股
再寄　列欠股以殘股相乘之倍之
得　子再寄相消得式　開方
平方開之得弦勾股并得弦股各合問

四十五

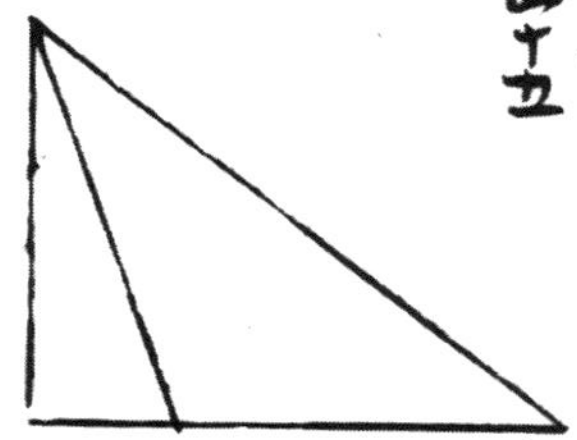

今有勾股因殘股一尺一寸只
股五寸只云弦冪与欠冪和三
尺三寸　問弦勾冪各何
答曰弦冪二尺

術曰立天元一為弦冪　○　以減和余為
欠冪　自之得　股加入殘股巾共得
以減弦冪巾余為因殘股二个欠股
寄左　列殘股以欠股相乘倍之得
較子寄左相消得開方除式　上実下法
而一得弦冪於前得弦勾各合問
今有勾股欠殘股一尺一寸只云
弦冪与欠股和二尺五寸　問弦勾股冪各何
答曰弦股一尺六寸

四十六

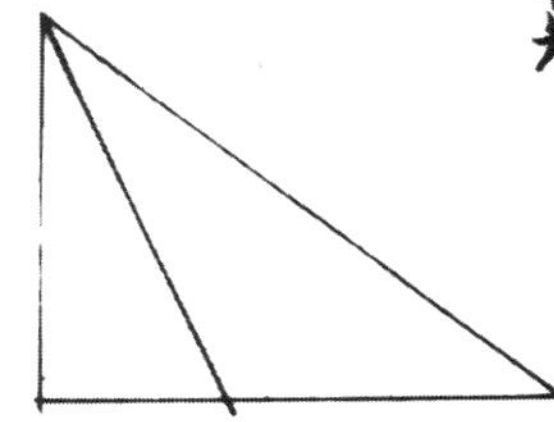

術曰立天元一為從交。——
以残欠余為欠交
自之得数以残欠云巾余為從
勾巾　寄左　列
云数以減欠交余為從云　自之得内
減從交巾余又為從勾巾　与寄左相
消得開方式　平方開之得從交
推前所得從勾云各合問
今有勾交欠從勾与交者從云二尺又云残交与欠云
和二尺一寸問從勾交各幾何

四十七

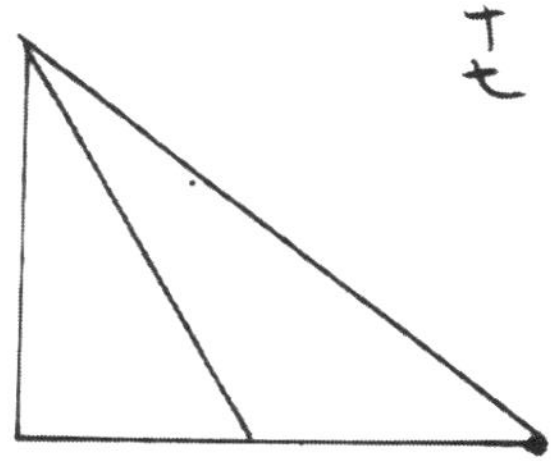

答曰從勾一尺一寸九分一厘
一毛一九一弱
術曰立天元一為從勾又為欠
交。——倍之加入只云数
以只云数相乗得内減從云巾
余　自乗之為三十二個從勾交積巾
寄左　列從云自之得数減從
勾巾余為從云巾　。　以從勾巾相乗

乘分八之得○○　○　○　子寄左相
消得開方式　○　卜　三乘方
乘除開之得經勾推前所得經文各合問
今有勾又欠經云一尺七寸又云殊文与欠云和
一尺九寸又云以經勾除欠文
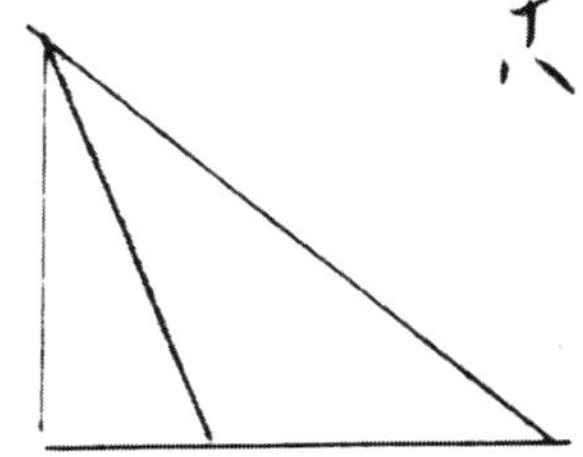
得七分五厘問經勾文各幾何
乃殊文歩
形欠云也
答曰經勾八寸
術曰立天元一為經勾。——以又云救相
乘為欠文。　自之加經勾巾為欠云巾
○○　寄左　列只云救加入欠文得
數自之加入經勾巾共得　以係
減經云巾与寄左全　自乘之為因云
巾四段經文巾　再寄　列經云
自之得內減經勾巾余為經文巾　○　卜
以寄左相乘得救乘分四之　○○　○
与再寄相消得開方式　○
三乘方乘除開之得經勾推前所得經文

云各合問

今有句殳欠径殳一尺大寸只云径云子欠云和

四十九

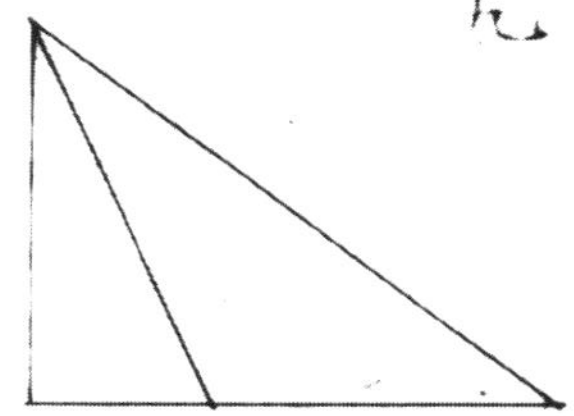

三尺三寸又云径句子欠云和

二尺五寸問径句云各幾何

荅曰径句一尺二寸

術曰立天元一為径句。——

以減又云數餘為欠云 |二五 ┬ 以減只云數

為径云 |八 ┬ 自之得以減径句巾餘為径

左中

五十

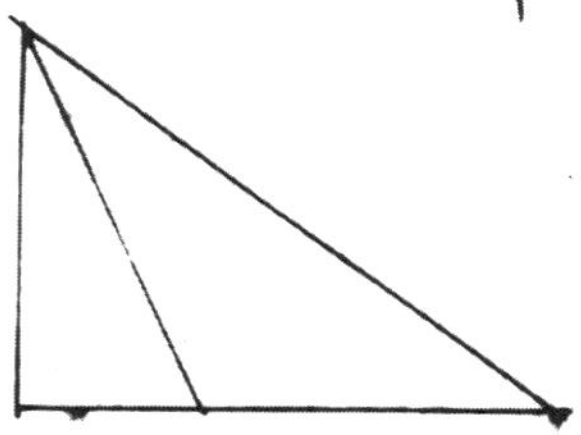

径殳巾 ┬ 一大 寄左　列径殳自之子寄左

相消得的除式 ┬ 一大 上実下法而一得径

句股旁所得径云各合問

今有句殳欠径云一尺七寸只云径句子欠云和

一尺八寸又云径殳子欠云和

二尺五寸問径句殳各幾何

荅曰径殳一尺五寸

術曰立天元一為径句。——

以減又云數餘為欠云 |二四 ┬ 以減只云數

余為経勾 自之為経勾巾 四九
列経云自之得以減経弦巾余又
為経勾巾 二六九 。 上高相併得寅方
求 平方開除之得経弦股前
術曰経勾各合問

大成算経續録 第六卷

勿憚改菴術

関自由亭先生著述　山路主住訂

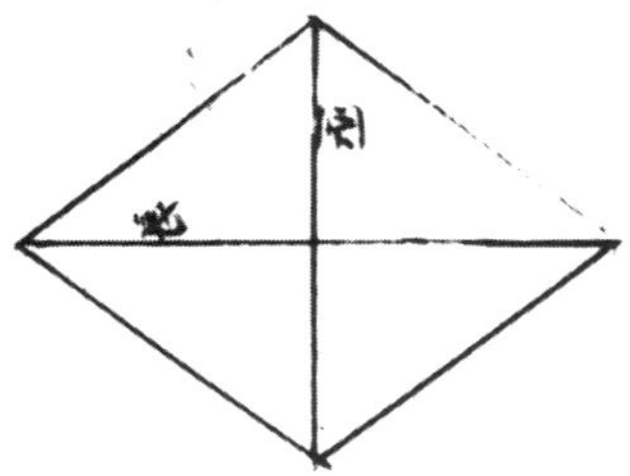

今有梭又云圭長和二尺八寸長闊差二寸問長闊各幾何

荅曰闊六寸

術曰立天元一為闊 。

加入差為長 以減和余為闊

自之為面巾 —— 寄左　列長自之
加入闊巾共得数四之為面巾 —— 平方開
千寄左相消得開方式
之得闊加差即長也各合問

五十二

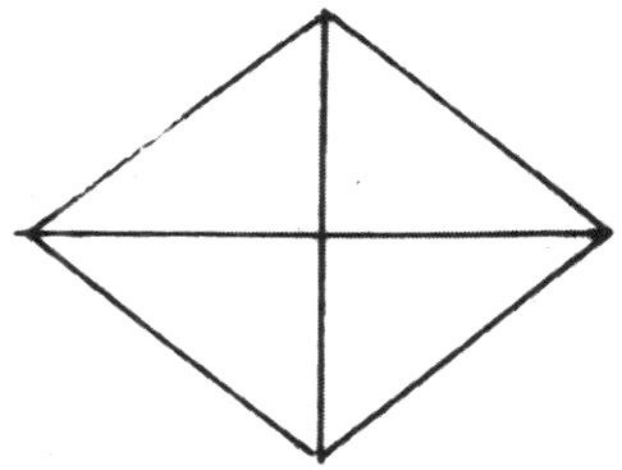

今有梭長二十四寸只云面加入長闊共三尺四
寸問長闊各幾何
答曰闊八寸
術曰立天元一為闊 ○ —
自之得数加入倍長為因闊長

闊和 ○ —— 寄左　列云数以闊相乗
得内減寄左余為因闊田 —— 自之
為因闊巾田巾 —— 与寄
列倍長自之加入闊三条巾共得数四之又
為因闊田巾 ○ ○ —— 与再寄相消
得開方式 —— 三乗方飜
法開之闊併前得長各合問
今有四不等只云闊二尺長一尺之寸大斜二尺
五寸小斜一尺問中広幾何

五十三

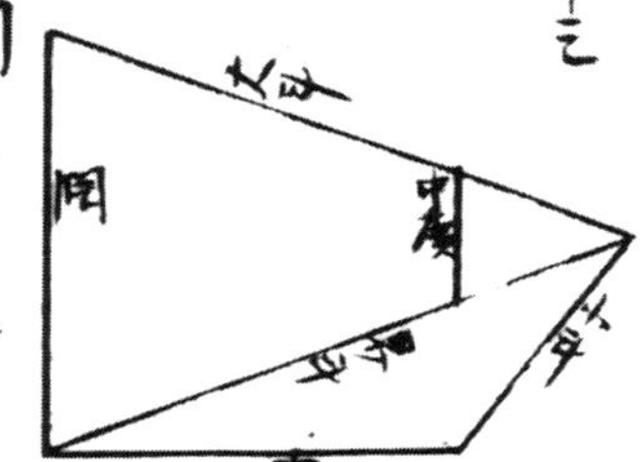

答曰中廣五寸四分二厘二
毛三八五尺
術曰立天元一為中廣○
以長巾相乗得數倍之為因長
閉子中廣差二個子　○　寄甲位　列係
長巾子閉巾及小斜巾共得内減大斜巾余
寄乙位　列閉内減中廣余　以寄乙
位相乗加入寄甲位為因閉子中廣差因閉二
個丑　自乗之為因閉子中廣差巾因
閉巾四個丑巾　寄丙位　列小
斜自之以閉巾相乗又以閉子中廣差巾相乗
四之得　内減寄丙位余為因閉
子中廣差巾因閉巾四個子巾
寄左　列長自之以閉巾相乗又以中廣巾相
乗觀分四之又為因閉子中廣差巾因閉巾四
個子巾○○　與寄左相消得開方式
平方開之得中廣合問
今有四不等閉四尺八寸長三尺六寸大斜五尺

辛四

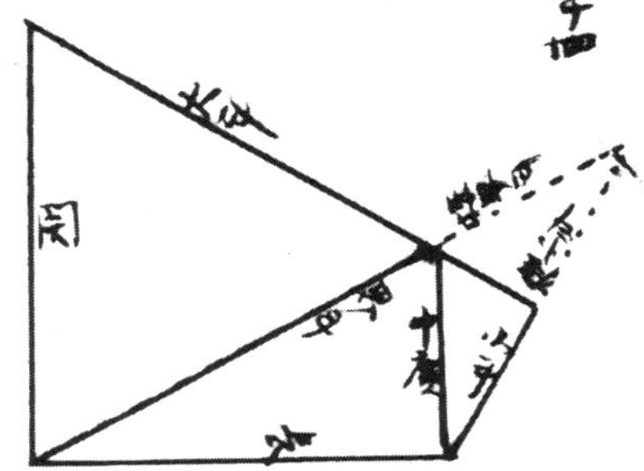

四寸小斜一尺七寸問接小斜
接界斜各幾何
答曰接小斜一尺七寸五分
四厘八毛三八七二弱
術曰立天元一為接
以中廣相乘為同小斜子。
列同以小斜相乘得数加入寄
甲位共得　以中廣相乘為同閑因小
斜丑　自乘之為同閑巾因小斜巾丑

巾　寄乙位　列小斜加入接小
斜共得　自之　以閑巾相乘又以小斜
巾相乘得　内減寄乙位余為同
閑巾因小斜巾寅巾　寄丙　列
寄甲位以長相乘為同閑因小斜寅。
自乘之又為同閑巾因小斜巾寅巾。。
子寄丙相消得開方式　平
方開之得接小斜　推術得接界斜各合問
今有四不等閑九寸長一尺二寸大斜一尺小斜

五十五

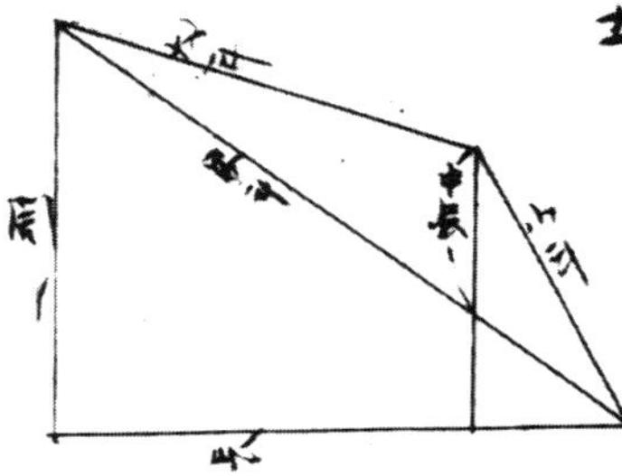

大寸問中長幾何
答曰中長三寸三分五厘二
毛八四三強
術曰立天元一為中長。——
以長相乘為因界斜子。上二
自之為因界斜巾子巾。。二四〇寄左
長自之加入因數為界斜巾 二二五 以大斜巾相
相乘得以減寄左余四之為因界斜巾以除丑
巾 九〇〇〇〇 。 五七六 再寄 列大斜自之加入界
斜巾共得以減小斜巾余為因界斜二个丑 二八九
自乘之得数与再寄相消得開方式 六四七九 。
五七六 平方開之得中長合問

五十六

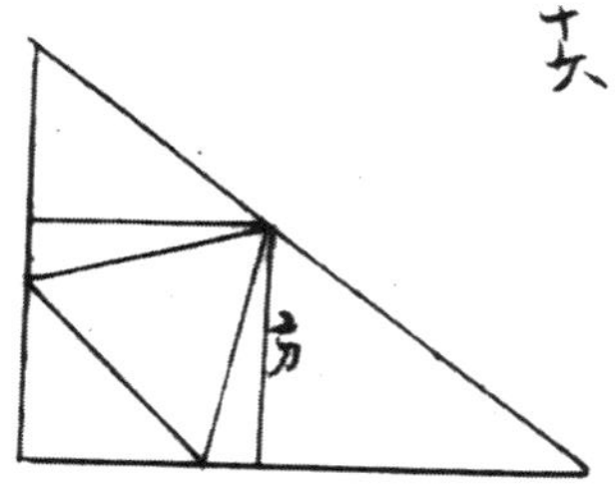

今有勾股内如圖容三角只云勾子三角面差二
寸又云股子三角面差三寸問
勾股及三角面各幾何
答曰三角面二寸六分三厘
。五三九微強
術曰立天元一為三角面。——如入先云

較為勾　二　列叉云較加入三角面為殳
三　加入勾為勾殳和　廿　二　自之得
較以三角面巾相乘為因勾殳和巾三角面巾
○　○　三五　二○　四　寄左　列勾以殳相乘
為因殳和方　六　五　一　自之得　較倍之為
因殳和巾子丑和巾　七二　二百　一百四　二
以減寄左余　七七　二百　四六　○　一七　自之得
較四之為因勾殳和　三乘巾因巾一十六　恨丑
巾　三百七十五　六九一百　八六六三二　一七二四　八七五三二　一六九十　七八四百　○　一六

再寄　列寄左自乘之得較三之又為勾殳和
六七五　三百○○　一八○○　四八○　四八
三乘巾因子巾一十六　恨丑巾　○　○　○　○
式　一百七十五　六九一百　八六六二　一七二四　子再寄相消得開方
七乘方翻法開之得三角面振寄所得勾殳合
今問

七十七

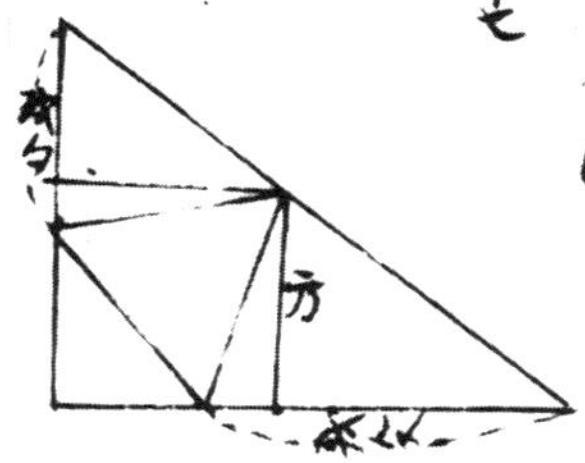

今有勾殳内如図容三角只云
殘勾二寸殘殳三寸問勾殳及
三角面各幾何

答曰勾三寸四分の大毛四二七 微弱

術曰立天元一為勾 ○ ━━ 以減殘勾餘為

子 〡 〡 加入股為弦 〡 〡 加入勾

為勾弦和 〡 〡 自之得数以子巾相乗為

因勾弦和巾半段三角面巾 四 〡 〡 〡

四 寄左 列勾以弦相乗為因勾弦和方 ○

〡 〡 自之得内減寄左余為因勾弦和巾

因丑寅 四 〡 ○ 〡 自乗之得数

四之為因勾弦和三乗巾因丑巾四段寅巾

三八四 四七六 四八八 一二四八 二八八 七八四 三三六 三丈 再寄

七六四 二一六 四五六 二八八 四八 午 再寄相消得開方式

列左自乗之得数三之 四八 二八八 四五六 二十

式 一六 九六 一二〇 三二 四十 七二 三二 三八 四八 一二

七乗方飜法開之得勾 稍前術得文為三角面

各合問

五十八

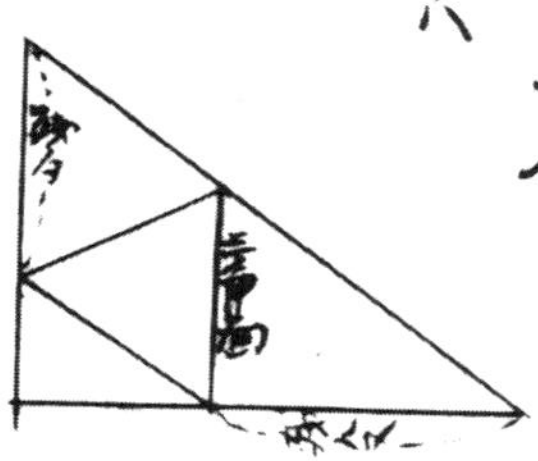

今有勾文内如図容三角只云

殘勾七寸殘文九寸問勾文各

三角面各幾何

答曰三角面六寸三分一厘七毛九八四弱

術曰立天元一為三角面。——以減倍之残勾余為二个子 上 以残股相乗為寄三角面二个中至 上 九 自乗之為三段三角面三乗巾 五六 上六 八 寄左 列三角面三自乗之得数三之与寄左相消得開方式 五六五 上六 八 。 上 三乗方飜法開之得三角面依前所得勾股合問、

今有勾股積一十寸只云如図容面三寸三角問

五十九

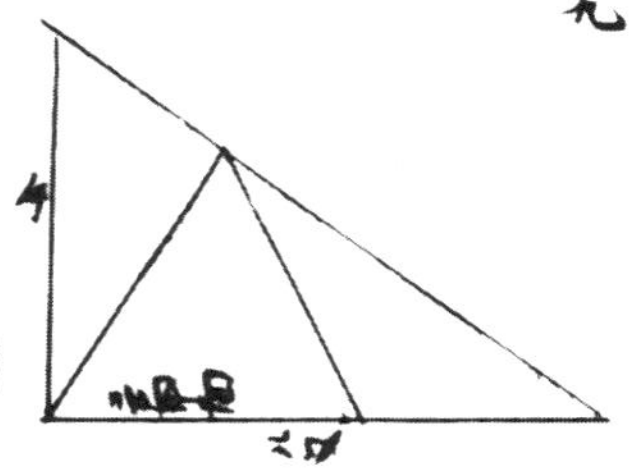

勾股各幾何

答曰勾三寸五分三厘五毛二四微弱

術曰立天元一為勾。——

以三角面相乗為因股二个子。 上 以減四之責余為因股二个三角中至 四 上 自乗之得数勾巾相乗為因三角面巾一十二段勾股責巾。 上 上 九 寄左 列責削之以三角面巾相乗亂分以十二乗之得数

子寄左相消得開方式 ○

二乘方飜法開之得勾併所得股弦各合問

六十

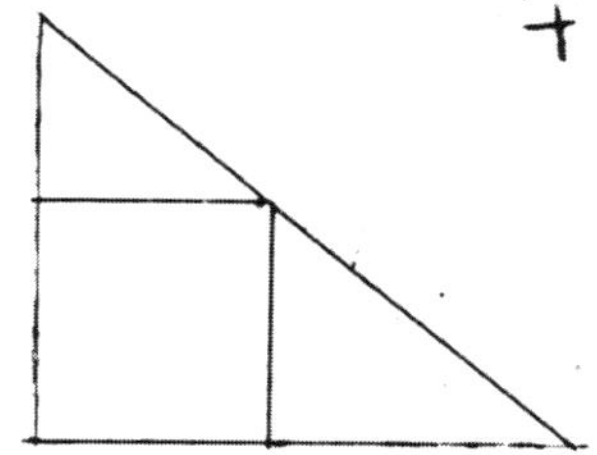

今有勾股弦内容方只云勾股弦和加入方共六尺一寸又云弦与方差三尺三寸 問勾股弦及方面各幾何

荅曰方面一尺二寸

術曰立天元一為方面 ○

加入差為弦 自之得

寄左 列只云数内減方面余為勾股弦和

自之得内減寄左余為四段勾股積

以八 再寄 列勾股和以方面相乘得数倍之

又為四段勾股積 ○ 与再寄相消

得開方式 平方開之得方面

前術得勾股弦各合問

六十一

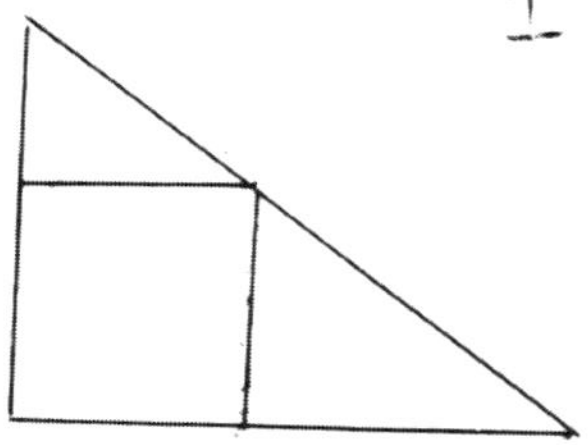

今有勾股弦内容方只云弦与方和四尺七寸又云勾股和内減方余三尺七寸 問勾股弦及方面各幾何

答曰勾二尺一寸

術曰立天元一為勾。　——以減又云較餘

為殳弦方面差〔三七 ╳〕自之加入勾巾共得

〔一三六九 七四 一〕以減又云較巾餘為因殳弦和

二个方面〔四四 七四 ╳ 一〕寄左　列又云較加

入殳弦方面差為殳弦和〔八四 ╳〕自之得内

減勾巾餘為因殳弦和二个殳〔七六五六 ╳ 一六〕以寄

於相乗為因殳弦和巾因殳弦方面差四个勾

〔五九二五 ╳ 一二六三四 三三六〕再寄　列殳弦和自之以

殳弦方面差相乗又以勾相乗得較四之。

〔一四四六八 四三六 ╳ 一四四 四〕與再寄相消得開方式

〔五九三四 ╳ 四五三二四 ╳ 一六四八 四〕三乗方開之得勾推

前術得殳弦及方面合問

大成算経續録　第七巻

勿憚改者術

関自由亭先生著述　山路主住訂

六十二

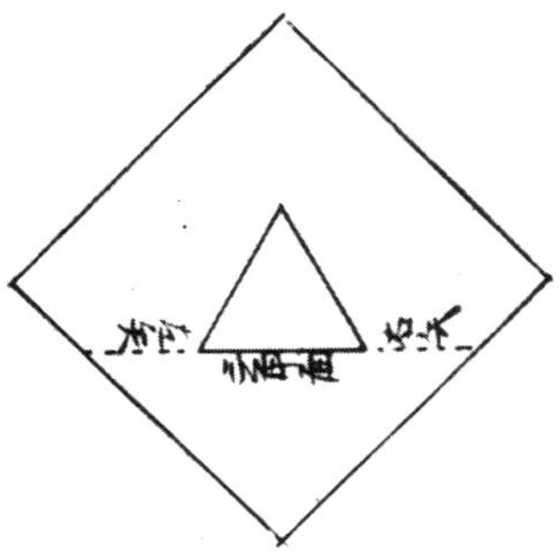

今有平方内如図容三角外余
責九十五寸只云左右矢各三
寸問方面及三角面各幾何

答曰　三角面五寸五分二厘
二ノ毛五二六位

術曰立天元一為三角面 ○ ｜ 加八八之
矢共得 二四 ｜ 自之得 七六 四八 ｜ 寄左
列三角面加入倍矢為二个子 六 ｜
自之得叛三之 加入三角面巾共得 一〇八 三六 ｜
四 以減大之外責余 四六二 三六 四 自乘之
得叛四之為因寄左叛三十六隠丑巾
二五三 四 再寄 列三角面自之為一十
二隠丑巾 ○ ○ ｜ 以寄左相乘訖分三之
得 ○ 与再寄相消得開方

式 ｜ 六 三乘方飜法開之
得三角面非前術得方面各合問
今有三角内如図寄方余責三十五寸只云矢

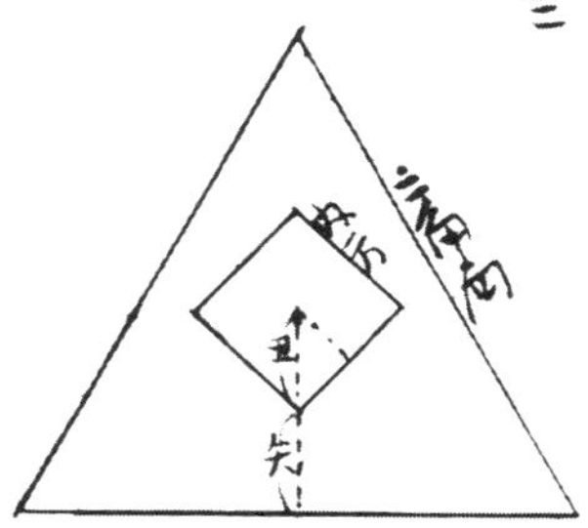

一寸問内方及三角面各幾何
答曰内方二寸五分九厘三
毛二七九微強
術曰立天元一為内方 ○ ｜
自之為二隠子巾 ○ ○ ｜ 加入倍之矢巾
共得 ｜ ○ ｜ 自之以二十七乘之得 ｜ 八

六十四

○[算木]○二七 寄甲位　列以方内之以矢
巾相乗為因矢巾二從子巾○○——以二
百一十六乗之得○○[算木]寄乙位　又列
以方内之為方責○○——加入於責為三
角責 二五 ○——自之為二十七從丑三乗
巾[算木]○七○——四之得以除於寄甲
乙位段余[算木]○[算木]○[算木]自之為寄甲
位與寄乙位相乗四從[算木]○[算木]○[算木]
○[算木]○[算木]寄左　列寄甲位以寄乙

位相乗執分四之得○○[算木]○[算木]○
[算木]與寄左相併得実方式[算木]○[算木]○
[算木]○[算木]○[算木]七乗方翻法開之得以方
挑前所得三角面各合問

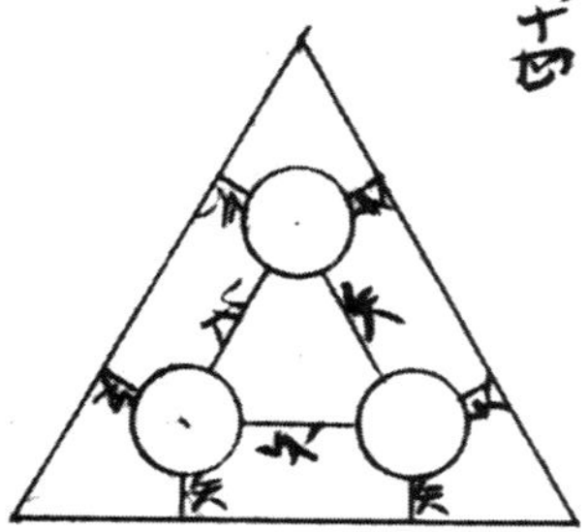

今有三角内如図加円三个以余責四十寸只云
九矢各一寸問小円至大三角
面各幾何
答曰小円径二寸四分六厘
七毛八八五強

術曰立天元一為小円径　——加入倍矢
為二个子 ┼ ——寄甲位　列小円径自之
以四周率乘之為因円径率四除四乘　○○
三之得　○○ [illegible] 寄丙位　列外黄以
円径率相乘得数四之加入寄乙位為因円径
率四除 [illegible] ○ [illegible] 寄丙位　列小
円径加入矢為内三角面 ┼ ┼ 以寄甲位
相乘又以円径率相乘得数大之以減寄丙位
余 [illegible] 自乘之得 [illegible]

[illegible] 寄甲位自之得数三之加入内三
角面巾共得 [illegible] 自之得数以円径率
巾三之得 [illegible] 寄左相
消得開方式 [illegible] 三乗方
飜法開之得小円径合問

六十五

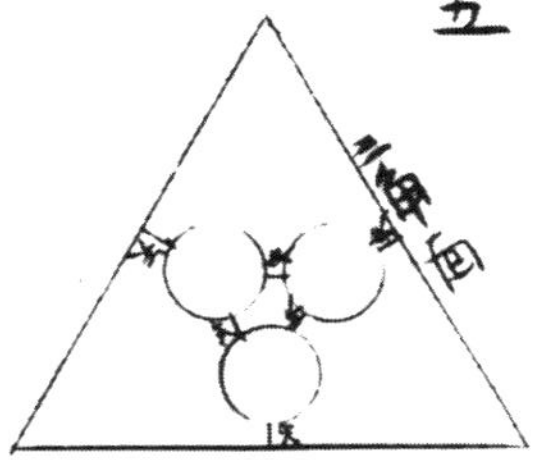

今有三角内如図小円三个外
余黄四十寸只云大矢各一寸
問小円径及三角面各幾何
答曰小円径一寸二分二厘二一二四微

術曰立天元一為小円至 ○ 加入倍矢
為二个子 寄甲位 列小円至自之
以円周率相乘三之得 ○ ○ 寄乙位
列矢自以円至率相乘四之加入寄乙位為
四至率四段三角責 ○ 寄丙位
列小円至加入矢為内三角面 以寄
甲位相乘又以円至率相乘得
以一十二乘之得数以減丙位余
自乘之得

寄左 列寄甲位自之得数三
之加入四段内三角面巾共得
自乘之得数以四至率巾相乘之三而得
与寄左相消得開方式
三乘方開之得小円至批
前術得三角面各合問

今有平方内如圖帯直四斜余責一百四十二寸
只云大矢八寸小矢二寸 問長短至及方面各幾
何 乃常直四周少 段二个方斜也

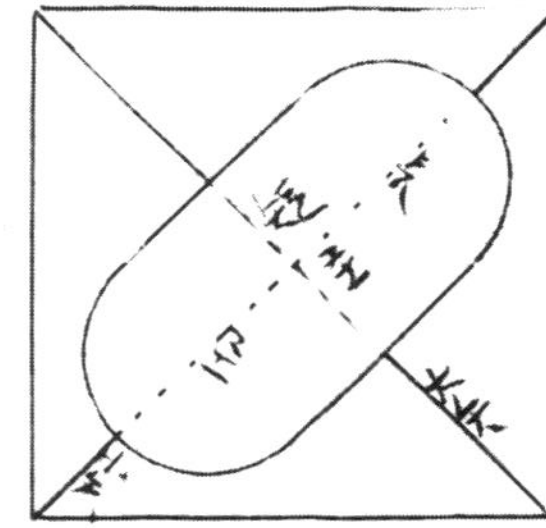

答曰短至大寸七分七厘四
毛六忽八 弱
術曰立天元一為短至。
加入倍大矢為方斜
自之為二段方責　以減倍之外
責余為二段弦面冪　寄左
列大矢以減小矢余以短至相乘為半段面責
。四之段数以減寄左余
以四至平相乘段数倍之為因四至平四段四
四　再乘　列短至自之以四周
平相乘又為因四至平四段四責。　。
乎再寄相消得開方式　平方開
之得短至術得長至及方面各合問

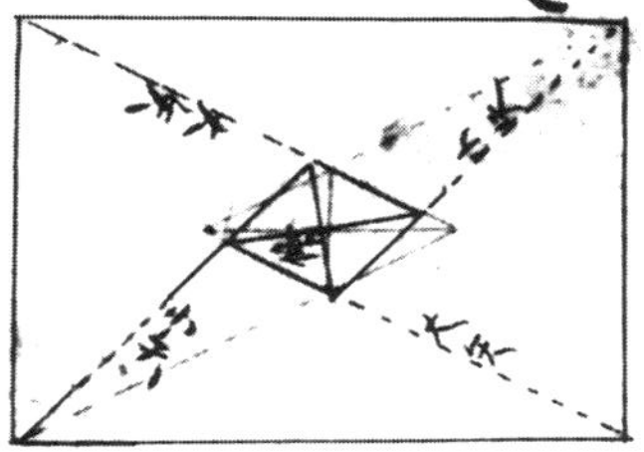

今有直四如圖容從只云直長二丈平一尺五寸
棱倚八寸問大小矢各幾何
答曰小矢九寸。大厘七毛
四三七弱
術曰立天元一為小矢。

自之得數四之加入倍巾共得

寄左　列長自之加入平巾斜巾七五以減寄

左余為因小矢八个子　○　自乘之

得數以斜巾相乘為因長巾因條巾一十六億

小矢巾　○　○　再寄　列小

矢自之得數以長巾相乘又以倍巾相乘就分

以一十六乘之得　○　○　與再寄相消得

開方式　○　○　三乘方除之

得小矢挍前所得大矢合問

今有直段如図梭只云直長一尺五寸大矢八寸

小矢七寸問梭面幾何

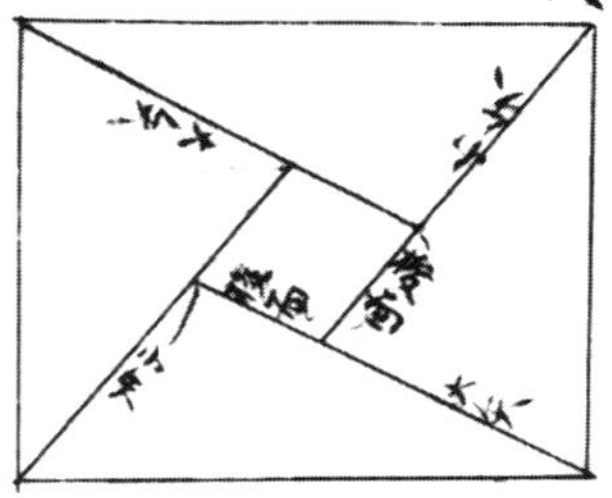

答曰梭面三寸三分二厘九

毛七八九強

術曰立天之一為梭面　○

乃人大矢為子

加入小矢巾共得　以減長巾余

為因子二个丑　以梭面相乘為

因大小矢差因小矢二个　○

寄左　列大矢内減小矢余以小矢相乗又以

子相乗得数倍之　─二二　─子寄左　相消得開

方式　─二二　─九八　─一六　─十　三乗方翻法開之得梭

面合問

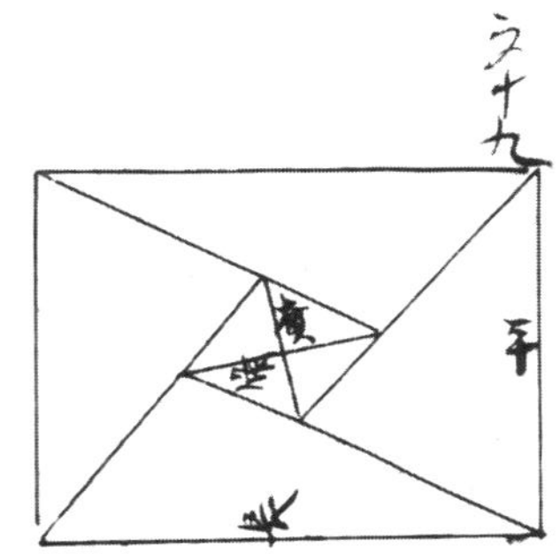

今有直内如図梭只云梭偕七寸廣五寸大矢九

寸問直長平各幾何

荅曰平一尺二寸三分七厘

九毛四絲五忽八微

術曰立天元一為平　○　─

自之得　○　○　─　寄甲位　列偕自之加入

廣巾為四除梭面巾　七四　以寄甲位相乗為因

廣巾匝斜巾　○　○　七四　寄乙位　列大矢自

之得数四之加入廣巾共得　三四九　以廣巾相乗

得数以減乙位余為因廣巾因大矢八个子

○　七四　自余之得数以四除梭面巾相乗為

因廣七余巾一十六除大矢巾

○　寄左　列廣七個余之得数以大矢

巾相余数為以一十大余之得数余寄左相消

得究方式 ○ 。 三乗方飜

法因之得平頭前術長各合問

七十

今有五角内如図容五角毎面外重五寸只云五

矢各二寸問外五角面若干

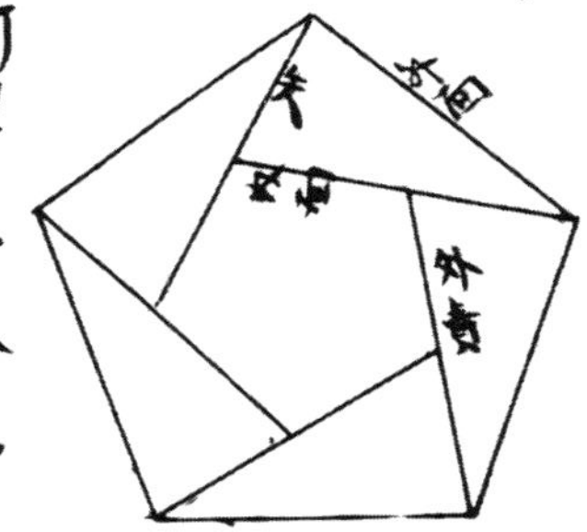

答曰外五角面三寸二分有奇

七毛三一一厘

術曰立天元一為外五角面。——如入飯

為子——二——自之以矢巾相乘得

以減四之外重巾余四之為寅平方

寄左　列矢自之為因丑矢乎丑和

以子巾相乗得　以減寄左

自乗之為因子三乗巾因丑

巾矢巾　再寄　列矢

自之以子巾相乗又以寄左相乗得

与再寄相消得開方式

三乗方飜法因之得外五

角面推前術得外五角面各合問

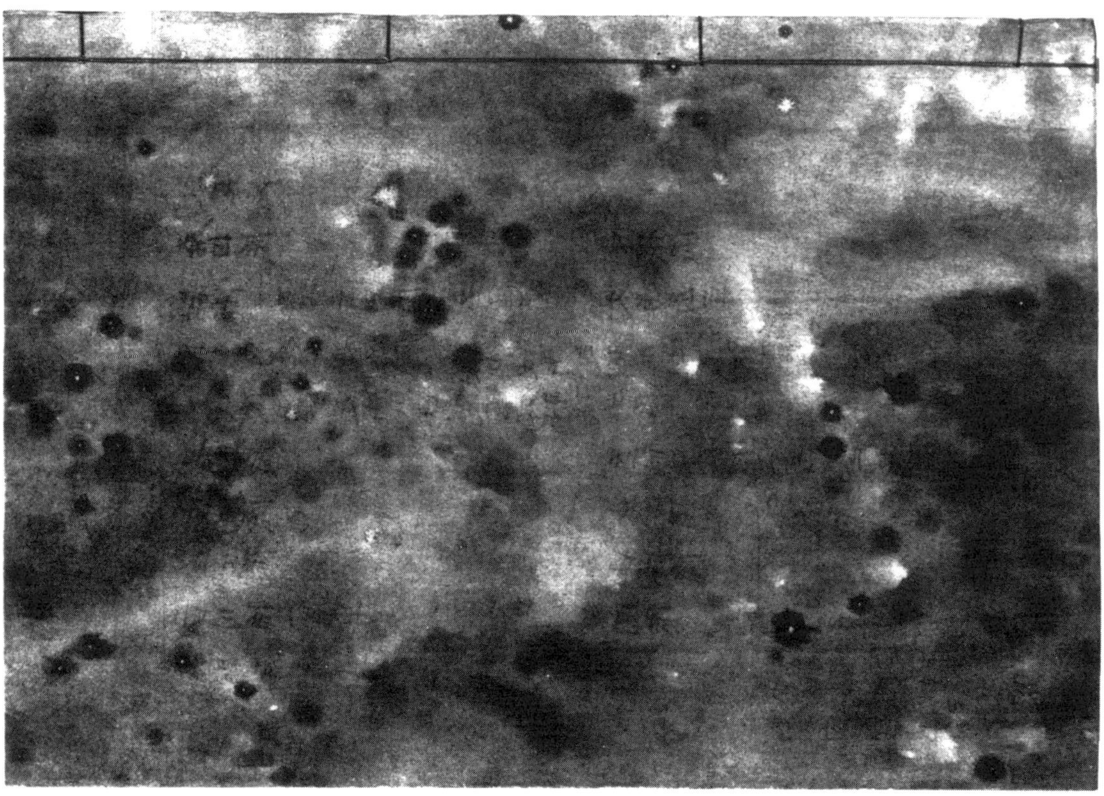

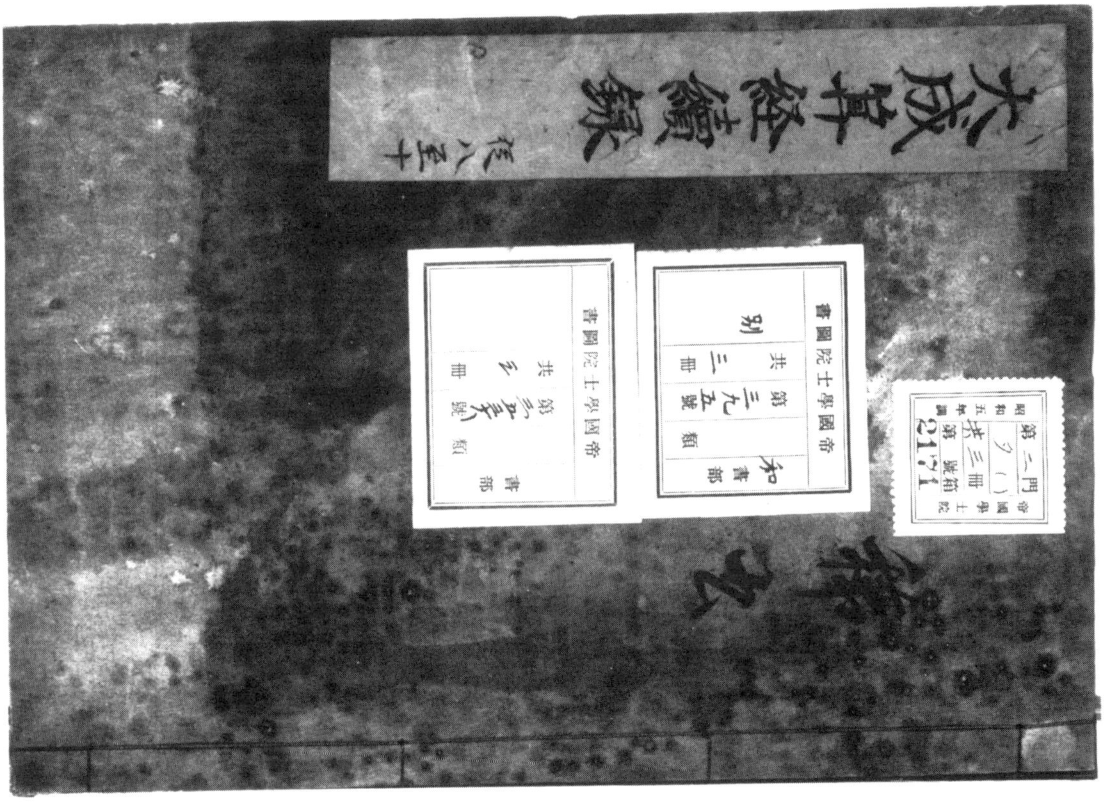
大成算經續錄
従八至十
帝國學士院
第二門
共三冊
第　號箱
2171
昭和五年調
帝國學士院圖書
和書部
第三九五號
類
共三冊
別
帝國學士院圖書
書部
類
共
冊
號

大成算経續録　第八巻

勿憚改答術

関自由亭先生著述　山路主住訂

七十一

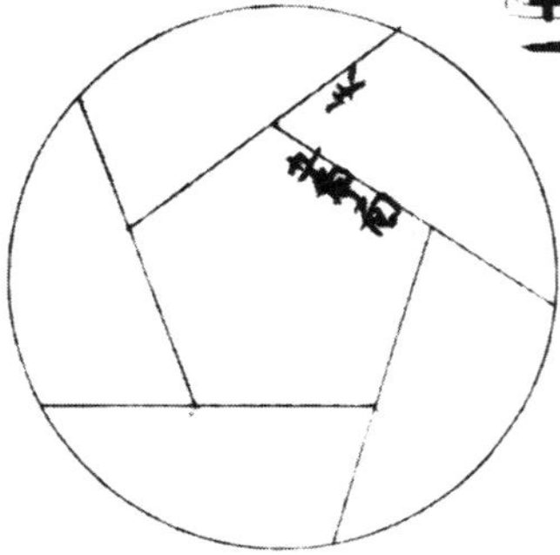

今有円内如図容五角外余責
四十寸矢云五矢各二寸問五
角面及円径各幾何
答曰五角面三寸三分大層
八毛一一二一強

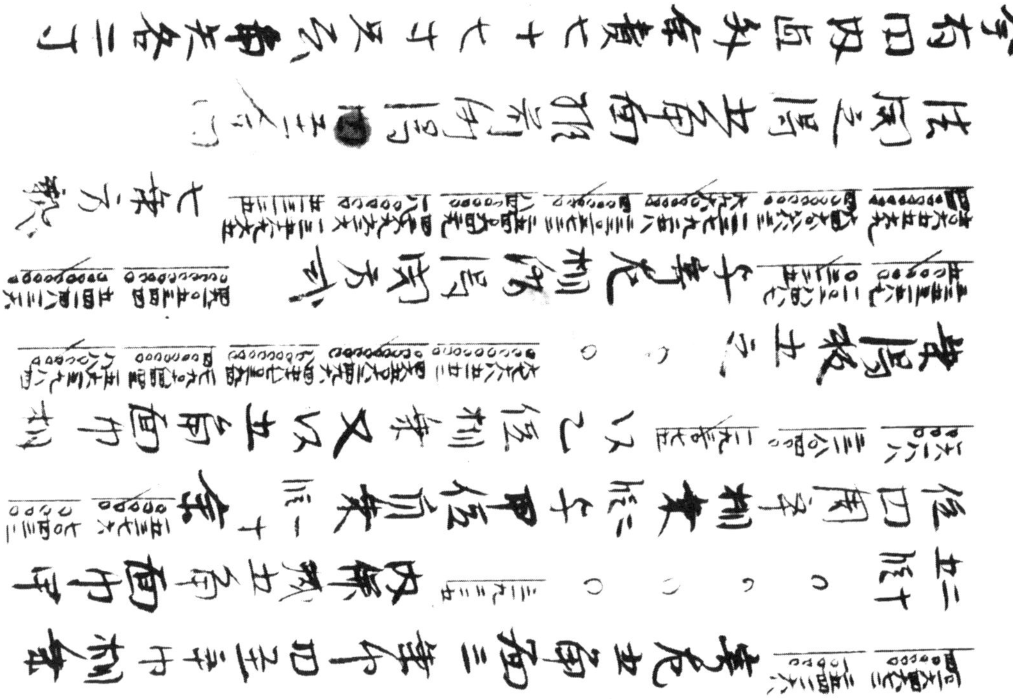

今有田内直外余責七十七寸又云角矢各二寸
法周之冪五角面所剰何冪
七乗方飜
求冪数五之　乃寄左相消冪周方式
以乙位相乗又以五角面巾相
位四周平相乗　乃甲位自乗　余
内保減五角面巾甲
寄左五角面三乗巾四至平巾相乗

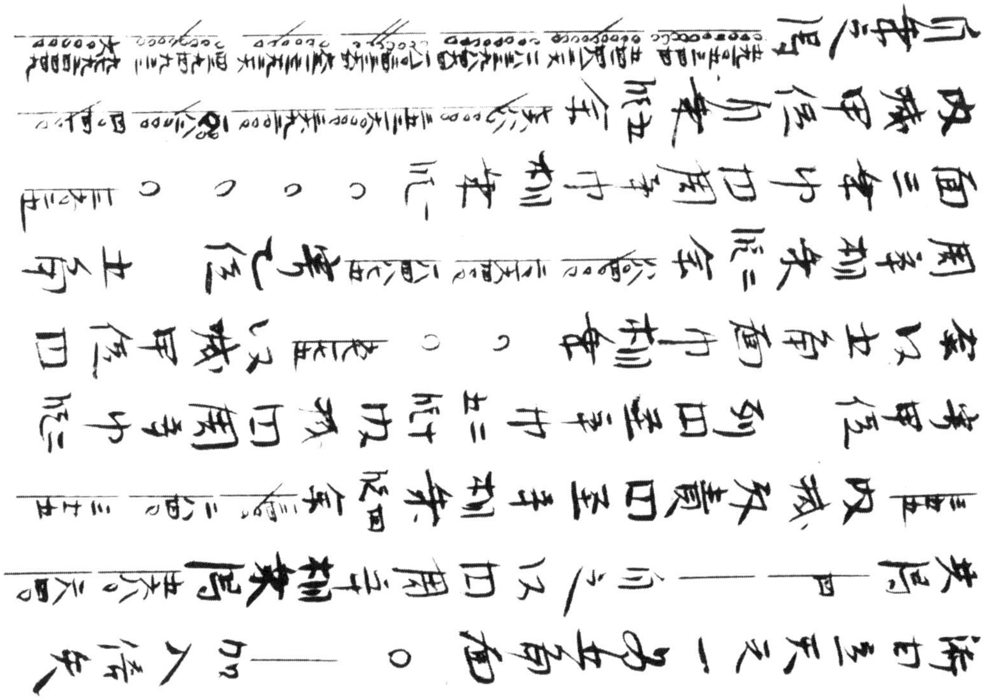

術曰立天元一為五角面　○　加入倍矢
共冪　自之以四周平相乗冪
内減双責四至平相乗　余
寄甲位
列四至平巾　内減四周平巾
家以五角面巾相乗　○　以減甲位四
周平相乗　余　寄乙位　五角
面三乗巾四周平巾相乗
内減甲位自乗　余
自乗之冪

長平差短寸問四至及長平各幾何

答曰四至一尺一寸一分九

厘〇三一四弱

七十二

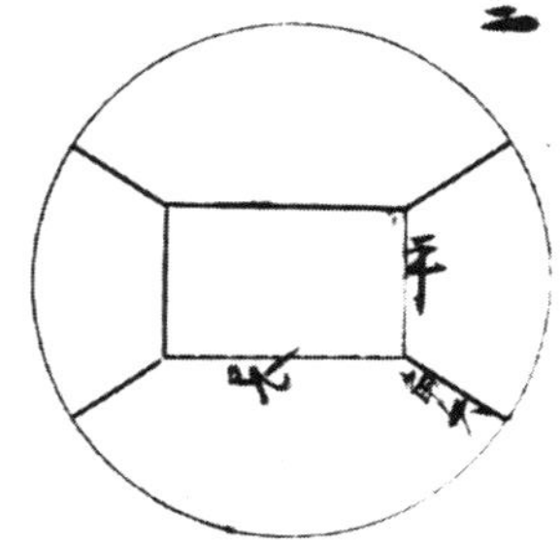

術曰立天元之一為四至。——

以減倍角矢余 四 —— 自之

得以減長平差巾余為二段直責 七 —— 八

以加倍四至之外差為二段四責 二之一 —— 八 —— 以

四至平相乗得被倍之為因四至平四段四責

寄左

列四至自之以四周平

相乗又為因四至平四段四責 〇 〇 乗

寄左相消得開方式 平方開之

得四至兼前術長平各合問

今有四内直外余責一百五十寸只云大矢四寸小

矢三寸問四至及長平各幾何

答曰平五寸八分八厘二毛

九八一弱

七十三

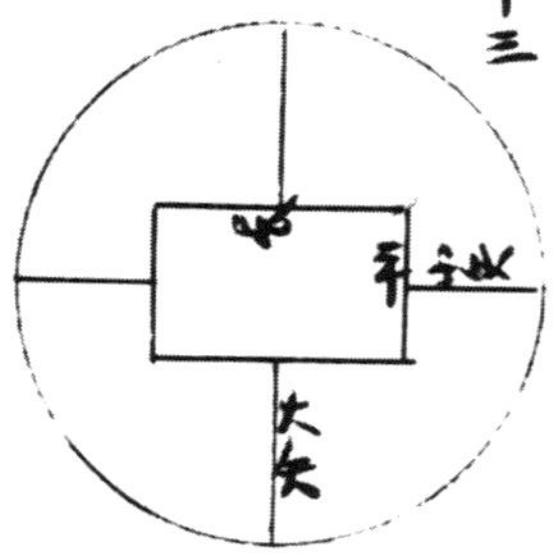

術曰立天元之一為平。——

加入倍大矢為四至 —— 八 —— 自之以四周平

相乗為因四至辛四隅四責 三七七 五六八 三五五 寄
左 列四至減倍小矢余為長 二 以辛
相乗為直責 。 二 加入外差為如責
一〇五 二 以四至辛相乗乗四之隅 四四六
九〇四 四五二 于寄左相消得開方式 二四四四〇 四七七六 九七
平方開之得平積平前術長乃四至各合問
今有甲乙丙丁等直四各一共責一百四十二寸
只云甲乙長至差四寸短至差二寸乙丙長至差
三寸短至差一寸丙丁長至差二寸短至差一寸

七十四

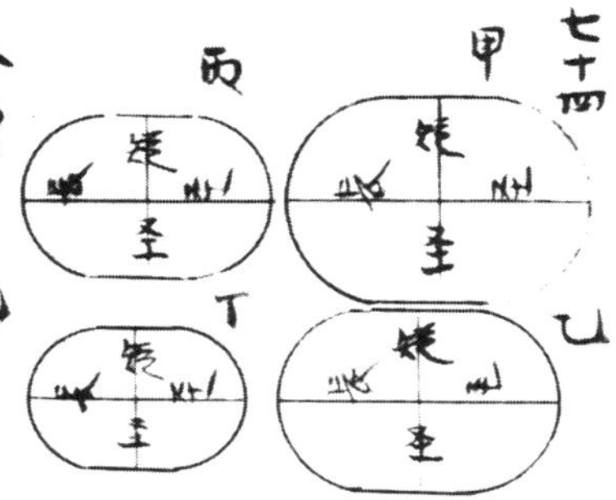

又云甲長短至差八寸問甲乙
丙丁長短至各幾何
答曰甲短至大寸〇二釐一
毛二大七強
術曰立天元一為甲短至。
故減甲乙短至差余為乙短至 七 内減
乙丙短至差余為丙短至 三 内減取
丁短至差余為丁短至 四 列甲短至
以甲長短至差相乗得。 八 寄子位 列

甲長短至差加入甲乙短至差共得内減甲乙
長至差余為乙長短至差 六 以乙短至相乘
得 一二 六 寄丑位 列乙長短至差加入乙
丙短至差共得内減乙丙長至差余為丙長短
至差 四 以丙短至相乘得 一二 四 寄寅位
列丙長短至差加入丙丁短至差共得内減
丙丁長至差余為丁長短至差 三 以丁短至
相乘得 一二 三 四位相併共得 三六 一二 以
四至平相乘四之得 一六二七三 九四九二 寄左 列甲

短至自之得 四 列乙短至自之得 四
四 列丙短至自之得 九 列
丁短至自之得 一六 一 四位相併共得
較以四周平相乘得 一三五四四 三三四四 一四三三 加入寄乘
位為周四至平四除共實 三三三 三四三 寄左
以共實以四至平相乘得較四之子寄左相
除得商方 三三 平方開之得甲短
至依前所得乙丙丁短至九長至合問
今有甲乙丙丁比常直而各一 長至遞差 遞差相平 共

七十五

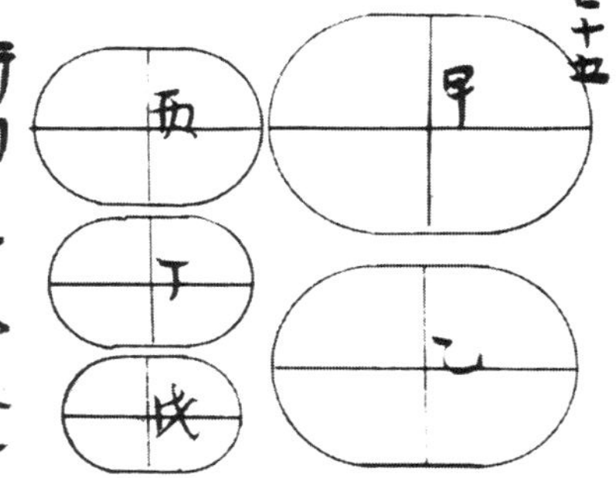

責二百五十寸只云各長至和三天
四天五寸又云各短至和三天
内甲乙丙丁戊長短至各幾何
答曰戊短至二寸九分二厘
九乇八五微强
術曰立天之一為戊短至○――五之以減
短至和餘為一十分短至匯差又為一十分長
至匯差 三一 也 寄子位　列戊短至自之以
一百乘之得○○ 一〇 寄丑位　列戊短至

以一丁乘之加入子位為一十分丁短至 三百
也 自之得 九百 二五 寄寅位　列一十
分丁短至加入子位為一十分丙短至 二七 自
之得 寄卯位　列一十分丙短至加入寄
子位為一十分乙短至得 九百 五 自之得 八百
寄辰位　列一十分乙短至加入寄
子位為一十分甲短至 一百 自之 二百四
五位相併共得 九百八五 寄
巳位　列長至和以四因乘相乘得
列長至和乘減短至和余

五以短至和相乗又以四至辛相乗得数以
八十乗之加入寄巳位為因四至辛四百庭共
得　寄左　列共責以四至辛相
乗乘分以四百乗之得数与寄左相併得冪方
式　平方開之得戊短至拓背所
得甲乙丙丁短至及長至各内

今有甲六角乙方丙円丁三角各一　西至逐差等　共責
廿十四寸只云甲乙丁三个方面与四至和一尺
問甲乙丙丁面各幾何

七夫

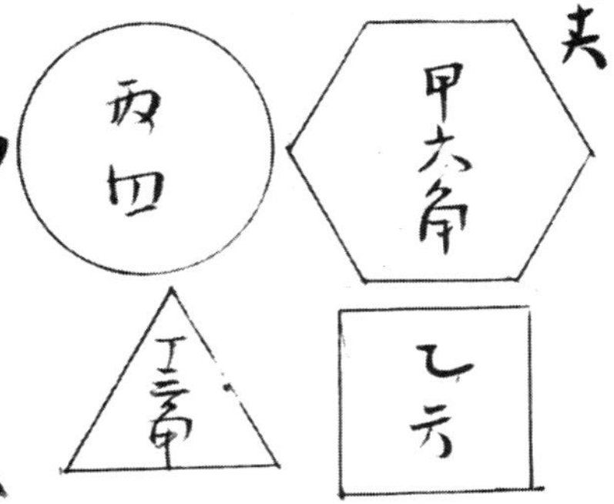

答曰丁三角面一寸〻一厘
○大七七強
術曰立天元一為丁三角面○
逐差　十　四　寄子位
—四之以減只云数為大个
角面六之加入子位為六个丙円至　十一　列三
自之乗円周率為因四至辛一百四十四底反
四責　寄丑位　列大个丙円至
加入子位為大个乙方面　二二　二　自乗之為

三十六个乙積 四八四 八六 四 寄左位　列其
積三十六之内減寄實位余 四四 八八 四 余
四乗平開報四之 [illegible] [illegible] 内減寄丑一位
余 [illegible] 自乗之 [illegible] [illegible]
[illegible] 寄尺　列六个乙方面加入寄子位為六
个甲角面 [illegible] 六 自之得報六之 [illegible] [illegible]
[illegible] 加入三十六个三角面巾共得 [illegible] [illegible]
[illegible] 自乗之得報以四乗平巾相乗三之得
[illegible]
子寄尺相除得　同方

[illegible] 三乗方因之得丁三
角面報術得甲乙丙丁各合問

七十七

今有甲方乙八角丙六角丁四比三角各一共積
二百七十寸只云丁比差少于丙丁差一寸甲乙
差与丁比差求乙丙差与丙
丁差中又云四个方面与四
四和三尺問甲乙丙丁比面
至各幾何

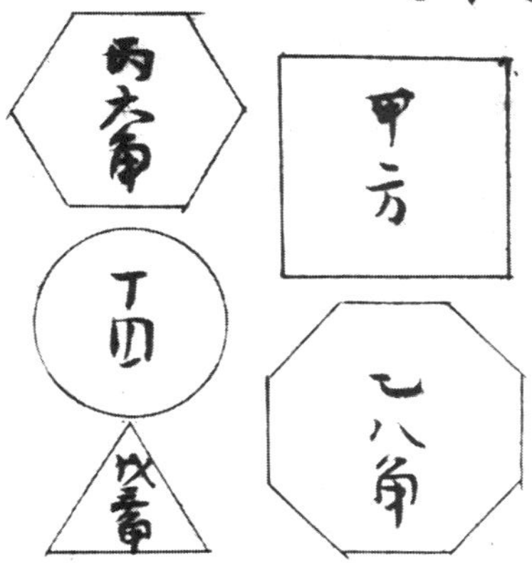

答曰甲方面之寸九分七

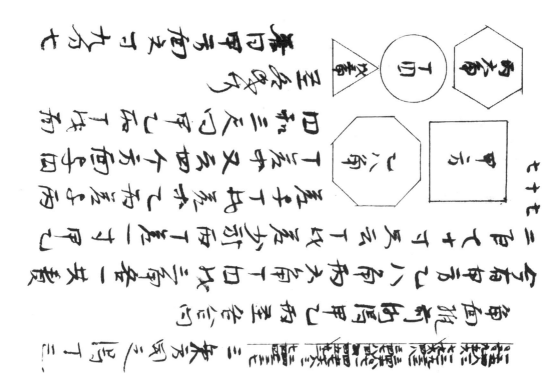

問八の一 解

術曰立天元一為甲方面 ○——自之為方責
○ ○——以減共責余 [illegible] ○ [illegible] 以四
乗半相乗四之得 [illegible] ○ [illegible] 寄子位 列
方面四之得枚以減又云枚余為丁四乗 [illegible]
[illegible] 自之以四周率相乗為周四乗率四除四
責 [illegible] 以減寄子位余九之為周四
乗率三十六除 乙丙比責和 [illegible] 寄
丑位 列少女倍之加入四乗共得 [illegible]

以減方面余為三个丁比差又為三个甲乙差
[illegible] 加入三之女如為三个乙丙差又為
三个丙丁差 [illegible] 加入三之四乗為三个
丙大角面 [illegible] 寄寅位 列方面三之得
以減三个甲乙差余為三个乙八角面 [illegible]
寄卯位 列四乗三之得以減三个丁比差余
為三个比三角面 [illegible] 寄辰位 列寄卯
位自之以四乗三乗相乗八之得 [illegible]
以減寄丑位余 [illegible] 寄巳位 寅位

自乗巾 [illegible] 長位自乗巾一 [illegible]

二位相併共得 [illegible] 自乗之得

救三之 [illegible] 以減帯位三

自乗十八百二余 [illegible] 以四

至平巾相乗得 [illegible] 加入

已位自乗之巾共得 [illegible]

自乗之為因四至平巾因已位巾四万一千四

百七十二巾八角面三乗巾 [illegible]

寄左 列

寄帯位三自乗之得救以已位巾相乗又以四

至平巾相乗乗分五百一十二乗之得 [illegible]

[illegible]

寄左相得開方式 [illegible]

七乗方飜法開之得

今有直田一巾長二十八歩平四十七歩如図

直積責中四巾截廊之只云前三巾者如帯直田

其長短至差四歩問直廣長各幾何

[illegible] 長也

七十八

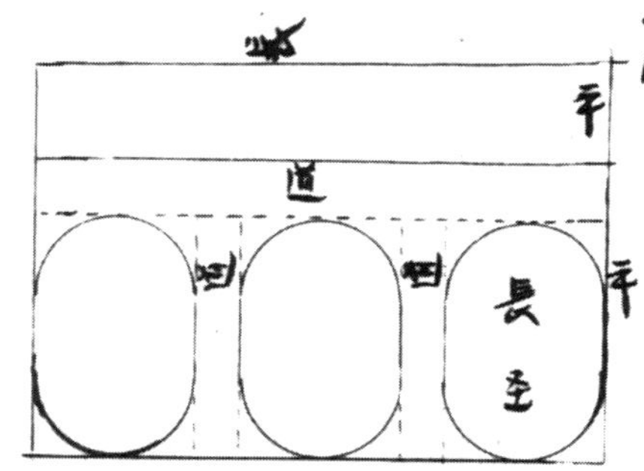

答曰道廣一歩一分三厘七

七八五六

術曰立天元一為道廣

倍之得数以減長余為三个短

三 二八 一 自之以四周率相

乗為因四至率三十六除四寄

二七八三二 三九七六 一四二 寄左 列三个短至以長至短

至差相乗得数 二二 八 以四至率相乗得数

以一十二乗之得 五六七二 一七八 加入寄左為因四

至率三十六除截責 四三九二 四六八 一四三 再寄 列

倍長短至差与道廣得数三之加入三个短至

共得 四二 一 以截三之率余為三个除率

二 二 以長相乗又以四至率相乗就分以

一十二乗之又為因四至率三十六除截責

四七八 二 与再寄相得開方式 一三二 一三

一四三 平方開之得道廣合問

大成算経續録　第九巻

勿憚改答術

関自由亭先生著述　山路主住訂

七十九 今有圭梁四梁答一共責二百八十八分只云圭底子

子四外積四實未同底子及外面各幾何

答曰底子外面各一十八分

術曰列共責以減一个余以一十二乗之得二千

四百八十四分為實　以一十二為從法以七為廉法

開平方除之得底子外囲各合問

八十
今有圭垜四垜各一共積二百五十一个只云圭
底子不及四外囲五个問底子及外囲各幾何
答曰圭底子一十九个
術曰列共積以一十二乘之得三千〇一十二个 寄位
列不及如加六个得一十一个以不及相乘加一
十二个共得六十七个以減寄位余二千九百四十五个為実
又列不及倍之加一十二个共得二十二个為従方
以七為廉法開平方除之得圭底子 加不及
即囲各合問

八十一
今有圭垜四垜各一共積八百六十八个只云四外
囲少於圭底子二个問底子及外囲各幾何
答曰四外囲三十六
術曰列共積以一十二乘之得一万〇四百一十六个 寄
位 列少於六之加六个得一十八个以少於相乘
加一十二个共得四十八个以減寄位余一万〇三百六十八
个為実 列少於以一十二乘之加一十二个
共得三十六个為従方 以七為廉法開平方除之

隅法開方加少於邪圭底子各合問

八十三
今有三角架四角架各一共積一千九百二十个只云底子各相同底子幾何

答曰底子各一十五个

術曰列共積倍之得三千八百四十个為實　以一為從方　以二為從廉　以一為隅法開方除之得各底子合問

八十四
今有三角架四角架各一共積五千三百九十五个只云三角底子多於四角底子六个問底子各幾何

答曰四角底子一十九个

術曰列共積六之得三万二千三百七十个　寄位　列多於加三个得九个以多於相乘加二个共得五十六个以多於相乘得三百三十六个以減寄位余三万二千〇三十四个為實　列多於加二个得八个以多於相乘加一个共得数三之得一百四十七个為從方　列多於加二个共得数三之得二十四个為從廉　以三為隅法開立方除之得四角底子加多於邪三角

底子各合問

以四
今有三角堆四角堆各一共責一万一十四个只
云三角底子少於四角底子五个問底子各幾何
荅曰三角底子二十三个
術曰列共責六之得六万〇八十四个寄位　列少於
倍之得个一十加三个以少於相乘得七十五个加一
个又以少於相乘得三百三十个以減寄位余七万九千
七百五十四个為実列少於六之加六个得三十六个以少
形相乘加三个共得一百八十三个為廉方　列少於
六之加六个共得三十六个為廉　以三為隅法
開立方除之得三角底子加少於即得四角底
子各合問

以五
今有圭三角堆四角堆各一共責二千四十个只
云底子各求問底子各幾何
荅曰底子各一十五个
術曰列共責倍之得四千八十个為実　以二為廉
方　以三為廉　以一為隅法開立方除之
得各底子各合問

八十六
今有圭梁四梁四角梁各一共積三千二十七分
只云四外周多於圭底子三分却少四角底子二
分問底子外周各幾何
答曰圭底子一十五分
術曰立天元一為圭底子 ○ ―― 加入多於
為四外周 ―三 ―一 加入却少為四角底子 ―五
―― 倍之加入三分得 ―三 ―二 以底子相乘
加入一分共得 ―六 ―三 ―二 又以底子相乘
得数倍之為一十二段四角積 六六 二六二 六六
―四 寄左 列四外周加入六分得 ―九
以外周相乘加入一十二分為一十二段四梁
積 三九 ―二二 ―一 寄左 列圭底子加入一分
得 ―― 以底子相乘得数六之為一十二
段圭梁積 ○ 六 六 三位相併為一十二
段共積 六九 三八 七三 ―四 再寄 列共積以
一十二乗之与再寄相消得開方式 三四四五 三八〇
―七三 ―四 立方開之得圭梁底子加多於得四
外周再加却少得四角底子各合問

八十七

今有圭田四田三角田四角田各一共積五千八

个只云四外周不及三角底子二个却及圭底子

三个三角底子少于四角底子一个问底子并周

各几何

答曰圭田底子一十五个

术曰立天元一为圭底子 ○ 加入却及为

四外周 二 一 加入不及为三角底子 五 一

一 加入少于为四角底子 六 一 倍之加

入三个得 五 一 以底子相乘加入一个共

得 九一 二七 一 以底子相乘得数倍之为一

十二隔四角田积 一元二 五只 七六 四 寄左

列三角底子加入三个得 八二 以底子相乘加

入二个共得 四二 一元 一 以底子相乘得数

倍之为一十二隔三角田积 四百 二品 二 寄左

列四外周加入六个得 八 一 以外

周相乘加入一十二个为一十二隔四田积

三九 二 一 寄左 列圭底子加入一个得

一 一 以底子相乘得数大之为一十二隔

圭積 ○ ―六―六―四 得相乘為一十二段
共積 一二五一 七三八 二三 之 再寄 列共積以一
十二乘之與再寄相消得開方式 一五六五五 七三八 三三
―六 立方開之得圭底子依前術三篇四篇
得底子及四斜外周各合問

八十八
今有上下米下米每金一兩一碩四斗一升六合
只云上米貴於下米每一千碩金一百五十兩問
每兩上米幾何
答曰每兩上米一碩二斗

術曰立天元一為每兩上米 ―以只云
金相乘加入只云米得 一〇〇〇 一五〇 以每兩上米
乘之為因只云米每兩下米 ○ 一〇〇〇 一五〇 寄
左 列只云米以每兩下米相乘與寄左相消
得開方式 一四一六 一〇〇〇 一五〇 平方開之得每兩上
米合問

八十九
今有借金一千兩只云每年三百兩五年還元本
利一千五百兩別今以此利每年三百兩欲四年
還元之利一千二百兩問今借元金幾何

答曰今借之金八百五十二両三八二三七一強

術曰立天之一為今借之金 ○ ——加入列云毎年金数共得 上 以先云毎年金数相乗得 寄甲位 列先云本金数以列云毎年金数相乗得 寄乙位 列寄甲位加入寄乙位共得 以寄甲位相乗得 加入乙位巾共得 又以寄甲位相乗得 加入乙位再乗巾共得 以列云毎年金数相乗又以寄乙位相乗得 寄乙以今借之金相乗得 ○ 列寄甲位三乗之与寄乙相消得開方式 四乗方飜法開之得今借之金合問

九十
今有甲乙逓堡隅両帯堡四各一三貴相中甲云積与丙較至和乗殿長至得七十寸高以丙長至折半積与乙積相乗 乙云从与甲従和一尺二寸高

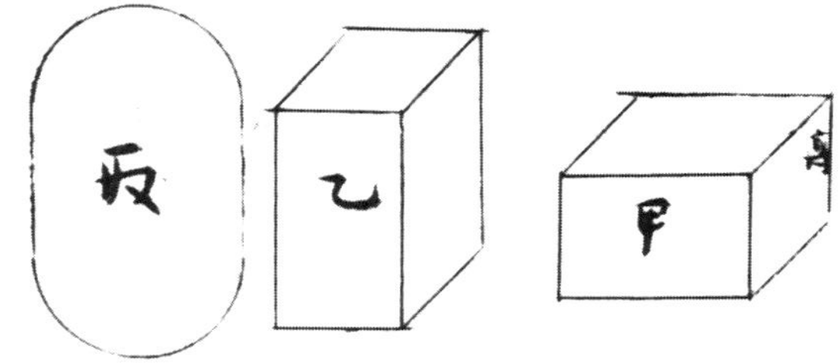

如丙長至西云長短差三寸
問甲乙縦横高及丙長短差各
幾何
答曰丙短至如寸九分六厘
一毛八九八微強
術曰三天之一為丙短至 ○
——加入丙云数為丙長至又
為乙高又為二个甲高 三 ——倍之加入丙
云数得 九 —— 二 ——以短至巾相乗又以四周率
相乗為因四至平一十二除各責 ○ ○ 三九立
七口 寄左 列長至以短至相乗得数以減甲
云数余為因甲高二个横 七口 三 一 以乙
云数相乗又以四至平相乗得数四之又為四
至平一十二除各責 三九六 一六三二 五四三 子寄左相
消得開方式 長九六 一六七二 八六九 七二 之方開之得
丙短至旅前術得甲乙縦横高及丙長至各合
問

大成算経續録　第十巻

勿憚改答術

関自由亭先生著述　山路主住訂

九十一

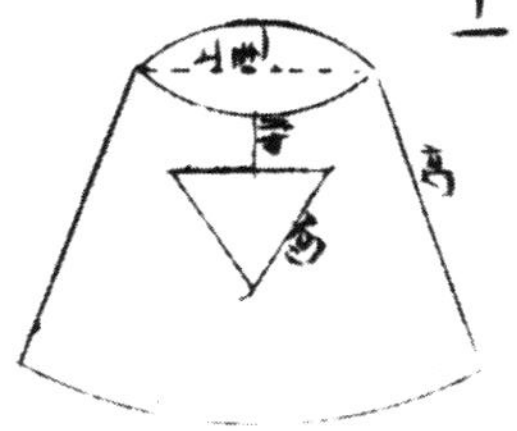

今有円臺上径一尺四寸下径一尺九寸高一尺　只云如圖自上至二寸下穿通面三寸三角空問残責幾何

答曰残責二千〇九十四寸六分七厘七

毛二四大弱

別至去空高三尺　三角中至二寸五分九厘

八毛〇七大弱　側四欠責四十六寸六分五厘

三毛〇九微　四欠責二十二寸三分四厘九

毛〇八八弱微

術曰列側四欠責内減倍之四欠責余一寸九分五厘

四毛九一四弱以去空高相乗得五十八寸六分四厘七毛…又

列側四欠責以三角中至相乗得一十二寸二分〇八…

三毛二八…二位相併共得一百七十九寸八分…以

三納之得空責五十九寸九分…上至

自乗下至自乗上下至相乗三位相併共得八百…

以高相乗又以四周率相乗得二百一九…

為實　列四至率以一十二乗之得…

為法實如法而一得全四甚責…

内減寄位余得残責合問

九十五

今有楔形縦九寸横五寸又二寸高一尺二寸横

只云如図三段責各寸截之問左中縦横

不拘

高各幾何

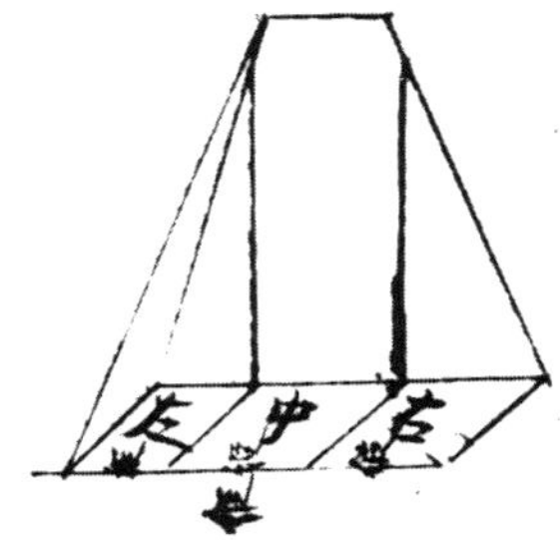

答曰左右縱各三寸二分八
釐八毛八五二強
術曰立天元一為左右縱○
｜倍之加入三之又共得
｜文 ｜二 以減三之縱縱余 ＝｜ ⊥ 以左右
縱中相乘又以三縱乘之得數倍之為因縱二个
乘个一和縱又差巾 ○ ⊥文 ⊥ 寄左 列
縱倍之加入又共得 ⊥ 以縱縱乘又差巾相
乘得數與寄左相消得開方式 九文 ○ ⊥文

二 立方同之得左右縱前附得中縱各合
問乃縱及於四个又者以前附得左右縱也
九十三
今有方臺上方三寸下方一尺高九寸 高不抱 只云
如圖五段其各寸截之問上下
左右中縱橫高各幾何
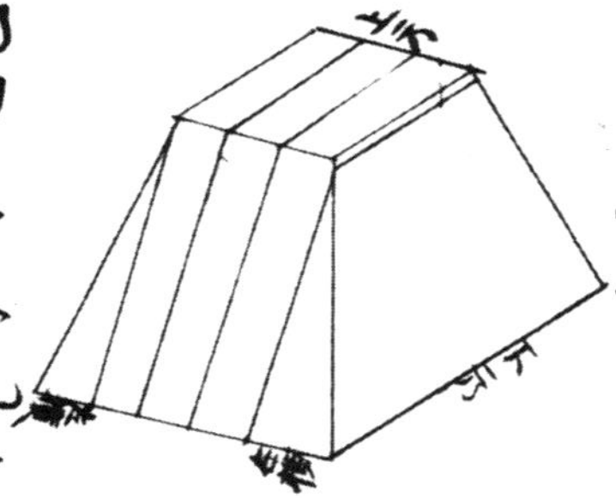

答曰下左右橫各三寸○一
釐六毛九三三強
術曰立天元一為下左右橫 ○ ｜ 倍之得
數以減三之下方余 ＝｜ ＝ 以下方相乘又

以底右横巾相乗又以五底乗之得 ○ ○ 一百十七
寄左　列上方自乗下方自乗之上下方
相乗三位相併共得数 以上下方差相乗得数
与寄左相消得開方式 ○ 一百十七 一百 五
方開之得底右横相乗得中横及上左右中
横各合問　乃上下方和三之以上方相乗得数分 所二段下方中者以前所得左右横也
今有四隅周一尺二寸長二尺八寸只云 如圓以
長一丈一尺六寸綵纏之毎纏綵近各二寸問纏
纏　答曰八纏

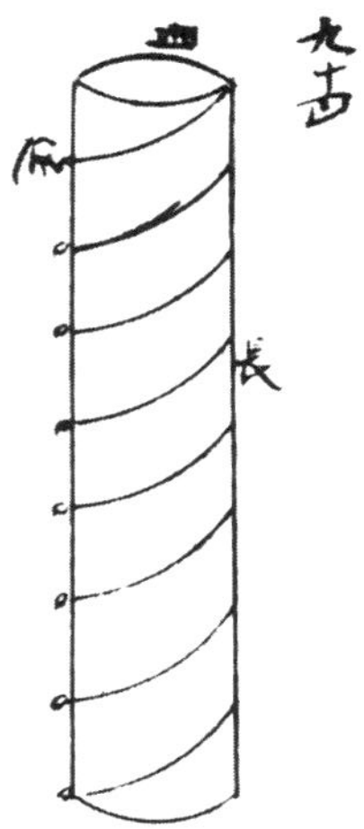

術曰立天元一為纏数 ○
一以毎纏近相乗得 ○
以減糸長余
負之得以減長巾余為因周巾纏数巾
一四 寄左　列纏数自之以周巾相乗得 ○
○ 一四 与寄左相消得開方式
平方開之得纏数合問
今有四基上至三寸下至一尺六寸高一尺只云
如圓錐截之問截面周幾何

九十五

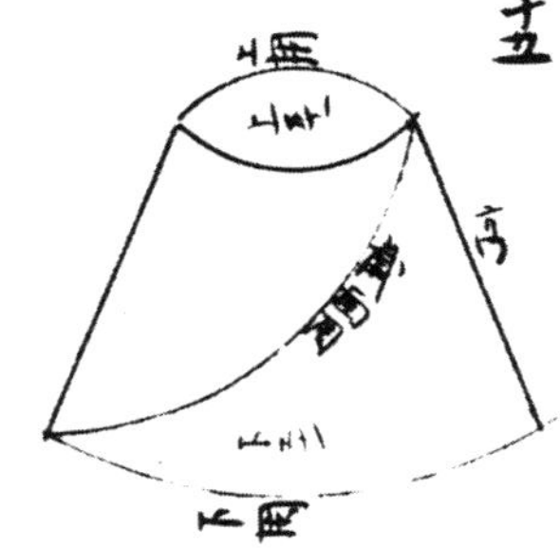

答曰截面周三尺三寸六分
四厘〇一九弱

術曰立天元一為截面周〇
一自之得〇〇一寄甲位
列併上下径共得数自之加入四段高巾為
四段截面長径巾 寄乙位 列上径以下
径相乗得数四之為四段截面径巾
寄丙位 列寄甲位内併減寄乙丙位余
〇一以四径巾相乗得数四之為周四

周率巾除一子四径率巾除八差因截面長径四分
之径〇自乗之為因四周率巾除一
子四径率巾除八差巾因截面長径巾一十六除
短径巾〇〇寄丙
列四周率巾除一内減四径率巾除八余自之得数
以寄乙丙位各相乗之与寄丙相消得開方式
〇三乗方飜法開之得
截面周合問

今有帯直円臺上長径一尺短径三寸下長径一

七十六

天五寸短至四寸高九寸問積

答曰

積三百七十三寸四百五十二分之三百〇七

術曰列依下長至二个子上長至个共得四内

依減下短至二个子上短至一个余九寸以下短至

相乘得一百一十六寸　列依上長至二个子下長至个共

得三十五寸以依減上短至二个子下短至个余五寸以

以上短至相乘得七十五寸二位相併共得一百一十九寸

以四至平相乘倍之得四百六十一万三千六十一寸寄位　列

上短至自乘九寸下短至自乘一十六寸上下短至相

乘一十二寸三位相併共得三十七寸以四周平相乘得

一万三千一百三十五寸加入寄位共得數以為相乘得

百〇万六千七九十寸為實　列四至平以一十二乗之

得一千三百五十八為法實如法而一不満法者以

三約之得積合問

今有四基上至二寸下至五寸長六寸只云如問

積求三脱截之術道各一寸問上中下長乃至

九十七

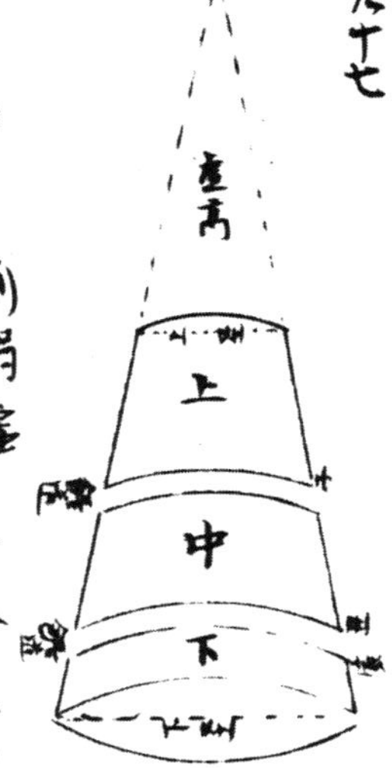

各幾何

甚白上長二寸三分

一層一毛六六八深

術曰 別得虚長四寸 三天之一為上長の――加入

虚長為子 ――四――加入錐道得 五 ――再

自乗之加入子再乗巾共得 一九九 一三三 二七 二

以減虚長再乗巾余為丑再乗巾 一三五 一三三 三七

二 ――寄左 列虚長加入甚長為總長 一百 再

自乗之加入虚長再乗巾共得以併減錐道再

乗巾子子再乗巾及寄左余為因丑因寅之分

錐道 八七四 一七六 三九 三 再自乗之為因丑再

乗巾因寅再乗巾 二十七 除錐道再乗巾

再寄 列總長再川乗之加入虚長再乗巾共

得内減子再乗巾余 一〇〇 四か 一二 一 以寄

左相減又以錐道再乗巾相乗乳分以二十七

乗之得 子

再寄相減得開方式

八乗方飜法開之得
上長并前所得中下長各合問

九十八

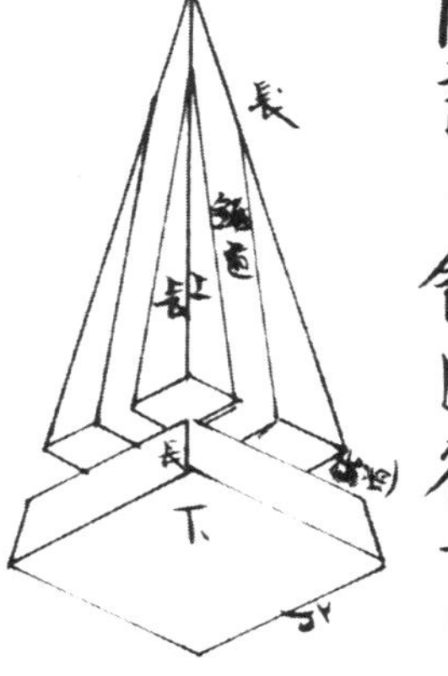

今有方錐方五寸長一尺二寸只云如圖長各等
五段截之錐道各一寸問上下長及方各幾何

答曰下長三分三厘七
毛九三三弱

術曰立天元一為下長○

加入錐道得
以減総長余
列錐道

以総長相乗得寄左

以総長相乗得数以減寄左余為因総方上七
再自乗之為因総長巾因総方一十
二段截責
再寄
内減下長余
再自乗之得数以減総
列総長
長再乗巾余○
以総方再乗
巾相乗四之得数与再寄相消得式
三方開之得下長并前所得上
長各合問

今有方錐方五寸長一尺二寸只云如圖表各等

九十九

三隅截之錐道廣各一寸問上下長及方各幾何

答曰上長七寸三分大、
屋一毛の大四弱

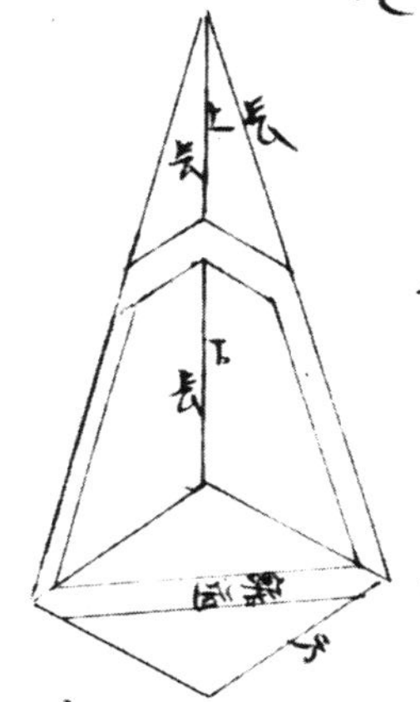

術曰立天之一為上長の

列従長
加入錐道得　寄甲位
以減寄甲位余為下長
以錐道巾相乗又以従長巾相乗三之得　寄乙位
列寄甲位再自乗之加入倍之上長再乗巾共得
以減従長再乗巾余

以従方巾相乗得数倍之
加入寄乙位共得　自乗之
為因従長子上長及錐道三和巾因従長巾因
従方因下長巾一十八　錐道巾　寄左　列寄甲位自之
之得数以減従長巾余
以従長巾相乗又以従方巾相乗復以錐道巾
相乗乗別分以一十八乗之得
子寄左相消得開方式

五乗方飜法開之得

上長飛前所得下長各合問

一百

今有方錐方五寸長一尺二寸只云如圖責各等五段截之錐逐廣各一寸問上下長方各幾何

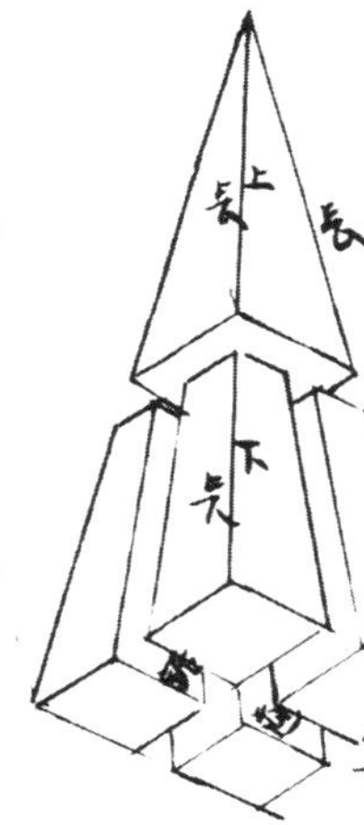

答曰上長五寸八分四厘一毛〇〇六九弱

術曰立天元一為上長 〇｜ 加入錐逐共得 ｜｜ 寄甲位 列従方及截錐逐以従

長相乗得 四八 列寄甲位以従方相乗得 五 二位相併共得 五三 五 寄乙位 列従長内減寄甲位余為下長 二 一 以寄乙位相乗又以従長相乗又以錐逐相乗得数三之為従長巾三段十字逼責 三百六八 七二 一 寄左 列寄甲位再自乗之加入四之上長再乗巾共得 一 三 三 五 以減従長再乗巾余 一七二七 三 三 五 以従長方巾相乗得 四三七五 七五 七五 二五 子寄左相消得開方式 三六七

一四七 一五五 一二五 三万錢除司之厨上長旅前用

厨下長各合同

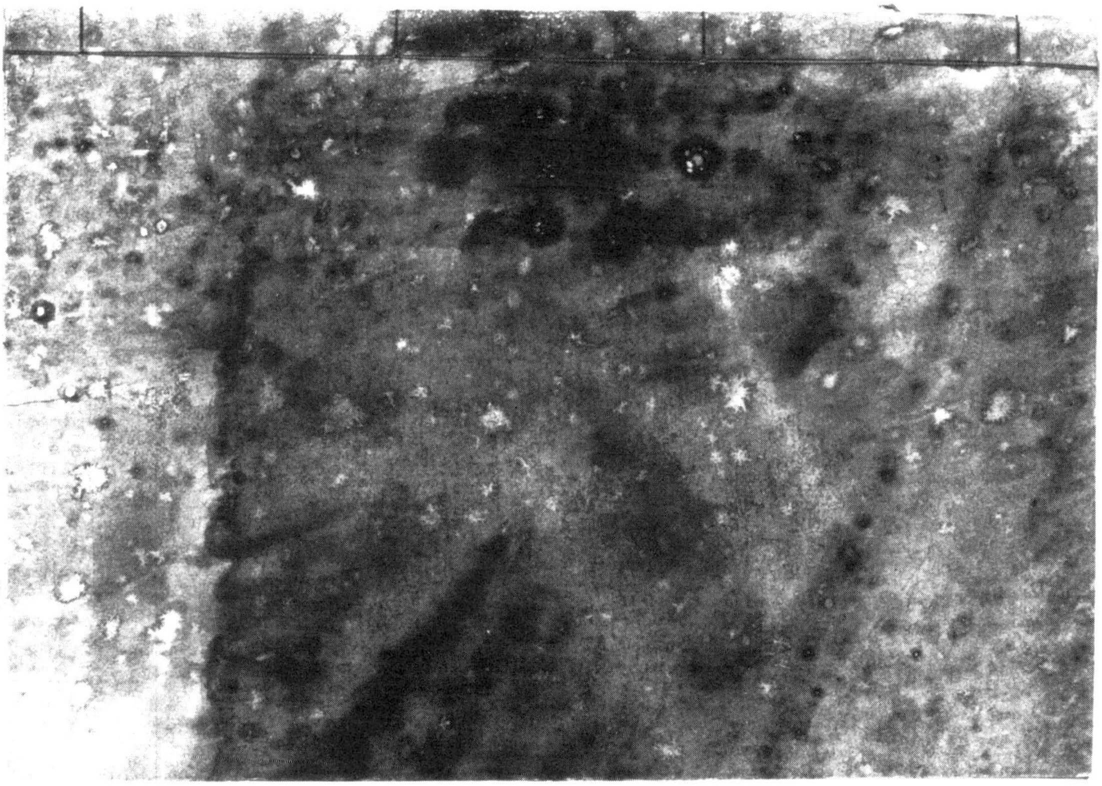

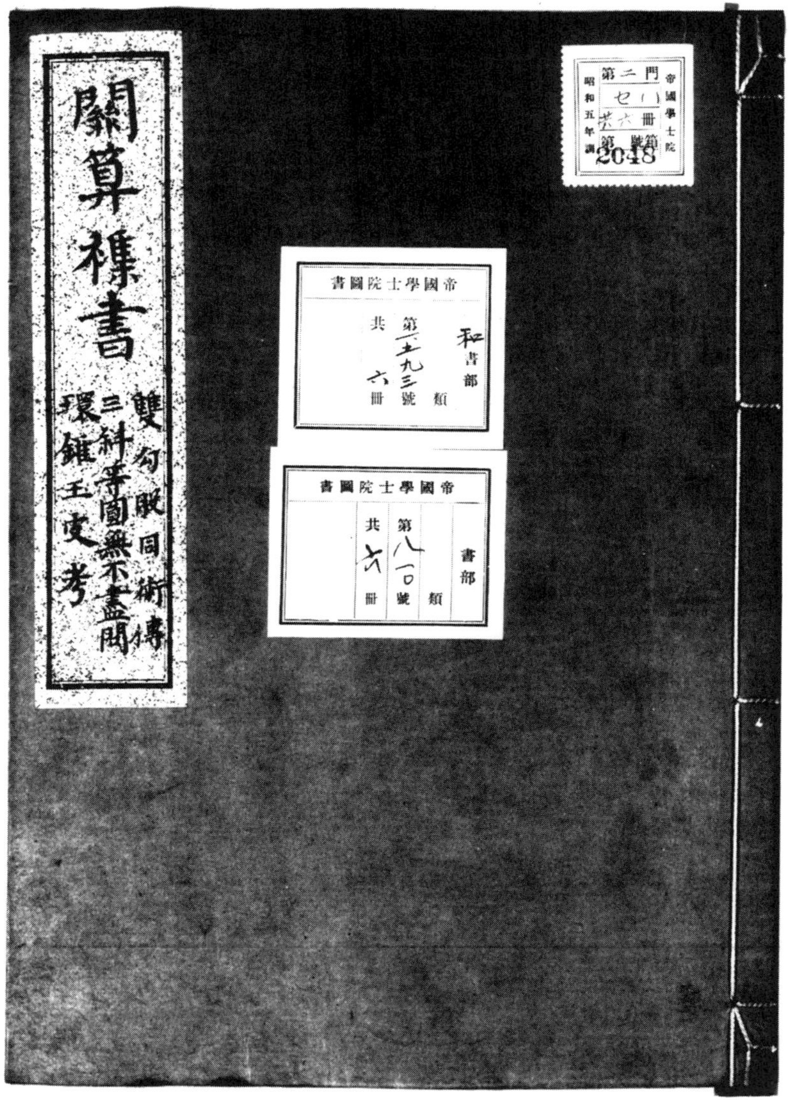
關算襍書
雙勾股同術傳
三斜等圓無不盡問
環錐玉吏考
帝國學士院圖書
帝國學士院圖書
昭和五年調
2048

雙勾股同術傳

多植述

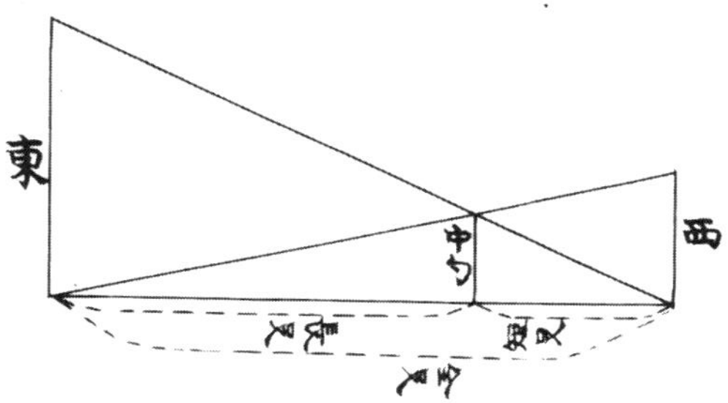

東若干　西若干　問中勾

答曰

術云東西相乘為實以東西之和為法得中勾

起元術曰假為有全叚而立天元一為中勾

中勾

乘レ冪ヲ為下因ルニ於東ニ之短冪上ト　中冪勺　寄二子位一以減東乘冪ヲ
余為因於東ニ之長冪一ト　東冪　中冪勺　以レ西乘之為下
因ニ於東冪ニ之短冪寄丑位　東冪西　中冪西勺　列二子位一乘ヲ
東　中冪東勺　與寄丑位相消得式

中冪西勺
中冪東勺
東冪西

各省レ冪所得

東西
中丑勺
中東勺

是レ正肩適等也故ニ東西相乘シテ為シテ為實
東西ノ和ヲ以テ除之中句ヲ知也

右關流ノ傳如此シテ圖解ヲ考ルニ不及凡テ算
木ニテ求ルヲ專要トス是小圖近解ニ拘ハルト
キハ大事ニ以難進故ニ天元式ニモ拘ハラスシ
テ算木旁書ヲ以テ適等ヲ求メテ括術ヲ知ルヿ

ヲ為第一ノ傳授者也然レトモ一篇ニ不可思之或ハ天元式演段術或ハ圖解ニテ括術ヲ求ルヿモ有之又古括術出ルノ後ハ委シク考レハ則何問ニテモ圖解ニ不成ヿハ無シト可知也依之右ノ圖解適等ノ理モ不入ヿナレトモ左ニ記之

適等之圖

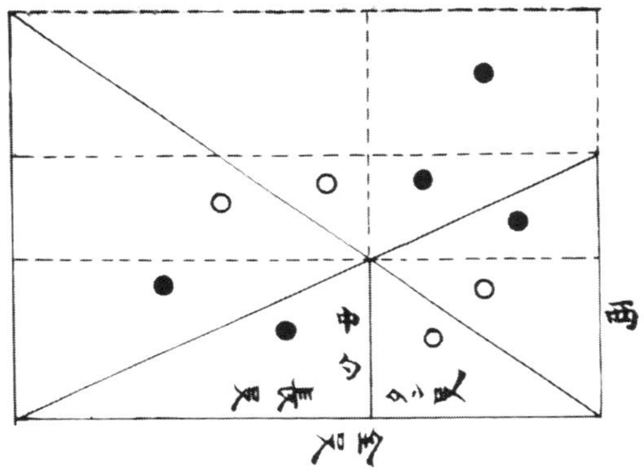

東ニヨル殳ニヨル中勾ト西ニヨル殳ニヨル中勾ト相併テハ東ニヨル西ニヨル殳也故ニ實ニ殳ヲ省テ術スルヿ也

右適等ノ理ハ圖ヲ以テ可見之因ニ於殳之中勾ハ因ニ於西之長殳也又因ニ於東之タゝ殳也

又按ルニ此問元来飄狂也故ニ股之數ハ何寸𪜈
定ノ次第也然レ𪜈股ノ長短ニ不レ依ラ中勾ハ同寸
ニ出ルト可レ知也

同術傳

植按ルニ術ノ同キ者ハ問ト形ト異也ト雖ヘ𪜈
其理ニハ雖不通セ皆同ヿ也ト可知之故ニ凡ソ
同術ナル問ヲ集メテ可レ見也先ツ一寸ト見當ル
所ノ者ヲ記スヿ如左

一右雙勾殳適等ノ中勾ヲ見ル術ハ東西相乗ヲ
為實東西相併為法是ニ同術ナル問ヲ考レハ則
勾殳相乗為實勾殳相併為レ法之術同キトキハ双
勾殳ノ中勾ハ勾殳ノ中ノ方面ノ如シ於是知ル
西ハ勾也東ハ殳也中勾ハ方面ナルヿ明カ也寸
尺異也ト雖ヿ𪜈皆自然ニ合スル者也

一三角中只傳巻之二ニ所載スル紛ムルニ分母子ヲ一ノ術有
リ命見ニ合之假令三分之一與ニ九分之一ニ併レ之則
何分之一成ルト問ノ術云三九分乘為實三九
相併為法ト云ヘリ然レハ勾只方面之數モ同
ヿ也仍考ルニ勾ヲ以テ一ヲ除ク數ト只ヲ以
テ一ヲ除ク數ト只ヲ以一ヲ除ク數ト相併テ
ハ方面ヲ以テ一ヲ除數ト成ルヿヲ知也

一如レ右ナルユヘ雙勾只中勾モ一ヲ除クすハ則
同シ分母子ノ問モ勾只方面ノ問モ皆通用シテ
可レ知之同術ノ者咸ク如レ此尋類術ニ而其不ルレ知ラ窮
ムベシ敢ヘテ道理圖解ニ拘ラザル也

安永丁酉七月十六日　多植自書

三斜等圓無不盡問

多植識

如圖隔界斜容等圓各問無不尽之術

此問安永三年甲午之冬舩山氏自江府送之於仙臺加茂氏

術之

乃無不尽者無有奇也非謂不下分位也

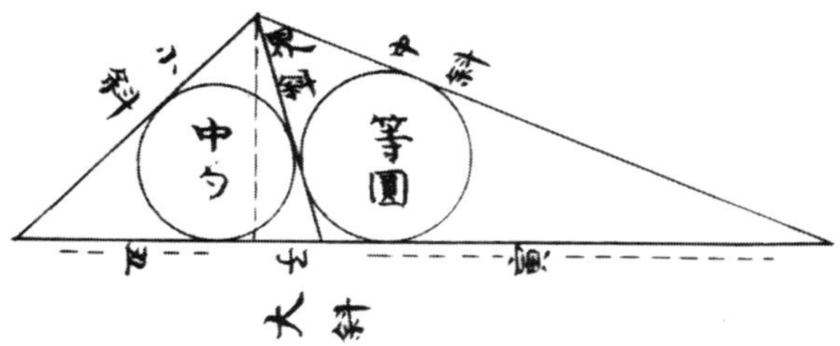

答曰

小斜四五中斜八五大斜百〇四

界斜三九等圓二四子一五丑二

七寅六二中勾三六得無有奇術

右先欲立甲乙丙之數以求異配勾殳二形假令定
甲一乙二丙三而見勾殳之形乃甲常定一乙丙從
於意則簡易也

前　甲巾　乙巾　勾 甲乙　殳 甲巾　乙巾　玄　一形

後　乙巾　丙巾　勾 乙丙　殳 乙巾　丙巾　玄　異形

此両勾殳欲維乘殳等中勾以作三斜之形即
維乘之式如左

先以前殳乘後

甲乙丙巾　丙甲乙巾　勾 乙甲丙巾　殳 甲乙丙巾　丙甲乙巾　玄

又以後殳乘前

甲乙丙巾　乙丙丙巾　勾 乙甲丙巾　殳 甲乙丙巾　乙丙丙巾　玄

右両勾殳之形殳得同數也而各省乙又甲常一
故甲及甲巾與甲再成省之又各以二約之

汎式

乙巾　丙巾　為子是勾之　乙丙　為中旻是旻之　乙巾　丙巾　為界斜是玄之

丙　乙丙巾　為丑是勾　中勾因右　丙　乙丙巾　為小斜是玄之

合此両勾旻為三斜左形而欲作等圓子丑相併乘中勾倍之為實

乙丙再　丙再乙　丙巾乙　乙丙巾再

界斜小斜及子丑相併為法

丙巾　乙丙巾　即他算組落所残如此以除實所得商式

汎式

乙丙　乙　以二約之則前勾旻亦各當半之故不約之直為之等圓而各名之汎式

自是又欲作得寅之式立天元一○　為寅乘中勾倍之○　中勾　為責四段内減界斜寅之和乘圓徑

為因圓徑之中斜自之寄左

列寅加子自之

加入中勾巾為中斜巾以圓徑巾乘之

與左相消得式實級組落

各以二約之得商除式

商除式

先圓巾界之式

圓界中勾二段肩之式

此式之名各以汎式変於甲乙丙之名見之則

圓巾子肩之式

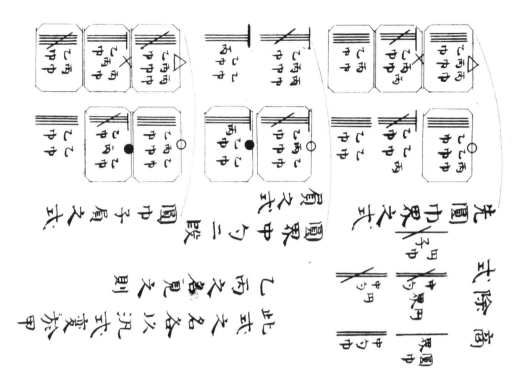

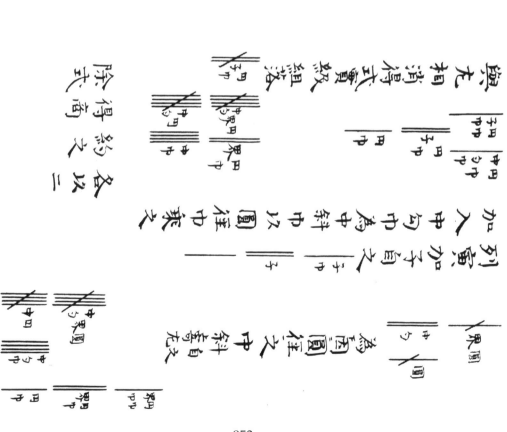

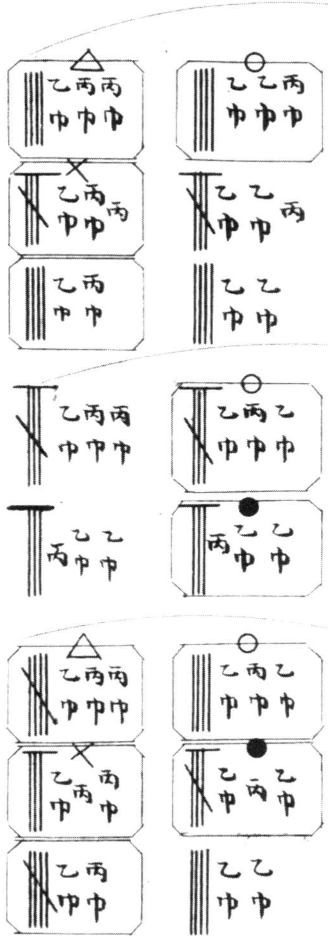

又中勾巾二段之式

右實級之形同名為空

圓中勾二段員之式

右方級之形同名為空

右實方所殘之式各省乙巾又約八

以此實級為寅

乃員多正員當變之

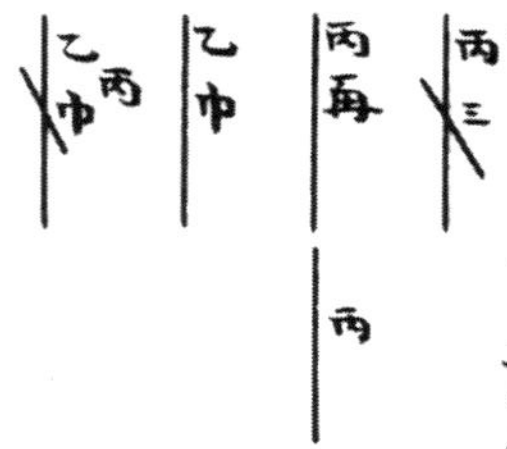

右商除式不以方而除之徑以實為寅則因丙之數也故他數尽乘丙為其數

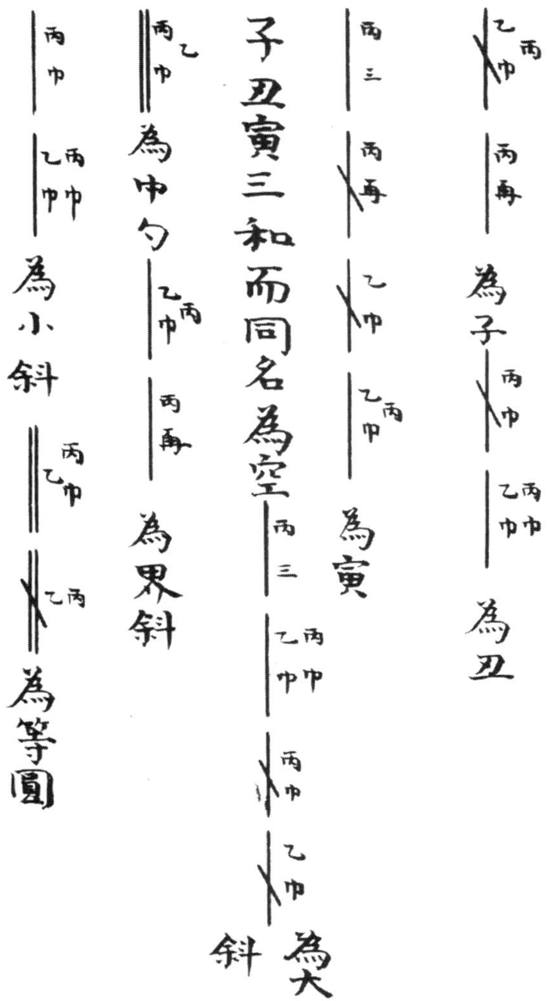

又得中斜術寅乘中勾倍之

所得 ‖ 乙丙 巾 ‖ 丙丙 巾巾 為右方三斜和

内減寅及界斜同名為空

‖‖‖‖ 乙丙丙 巾三 ‖‖‖‖ 乙丙丙 巾再 ‖‖‖‖ 乙丙丙 巾巾 ‖‖‖‖ 乙丙 巾巾

次圓徑除之

是以式除式 ‖ 乙丙 ‖ 乙丙

| 丙三 | 乙巾 為中斜

右加茂氏所術之

植按以乙二丙四作之則益簡

子 | 乙巾 | 丙巾 丑 | 丙 | 乙丙巾 寅 | 丙再 | 丙巾 | 一ケ | 乙巾

大斜 | 丙再 | 乙丙巾 | 丙 | 一ケ 中勾 ‖ 丙乙

界斜 | 乙巾 | 丙巾 小斜 | 丙 | 乙丙巾 圓徑 ‖ 乙丙 ‖ 乙

中斜 | 丙再 | 一ケ

右所得之數

子一尺二寸　丑一尺二寸　寅五尺一寸

大斜七尺五寸　中勾一尺六寸　界斜二尺

小斜二尺圓徑一尺二寸　中斜六尺五寸
又按此好當謂不到於分位也然不問數而唯問
術也

環錐玉皮考

多植註

玉欠ノ内ヨリ減玉ノ餘積ヲ環錐ノ形トス誰
レカ知之乎所不通也故ニ求ニ至テ通スルヿヲ
可知也

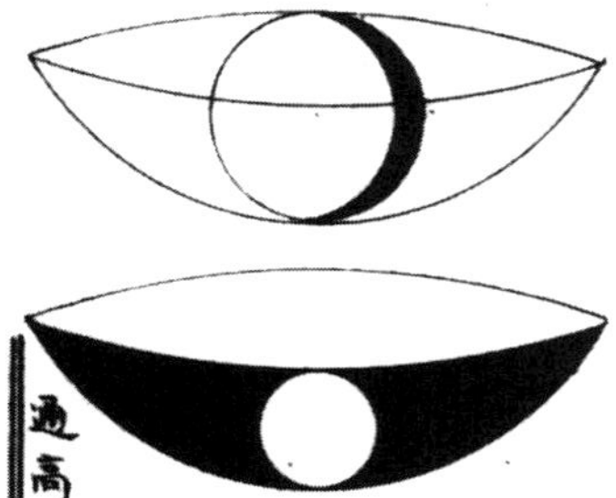

通商

玉闕之内減玉之形　餘積為
之環錐也
通商ト云ヿ亦不通左ニ解之

通高ト云ハ正商ニ非ス上ノ平圓積乘之所得錐法
三ヒ除テ環錐積得ルノ通高也
又曰矢一ツ半ヲ通トス亦所不通是レモ末ニ至
テ通スルト可知也

旁書之解

立責法
矢再

甲位　立責法者玉積率也　即玉闕中玉積也

列弦自之乘圓積法

円積法
玄巾

乙位

列矢加矢二分之一為通高

矢
矢二

是ハ假リニ通高ヲ矢一ツ半ニシテ見ル之

乘乙位所得三除之

圓責法
玄巾
矢
三

圓責法
玄巾
矢
三二

加甲位為玉闕積

是ハ先ツ假リニ錐ニ見立テ拵ヘテ見ルナリ

(イ)
圓責法
玄巾
矢
三

(ロ)
圓責法
玄巾
矢
三二

立責法
矢再

㋑㋺圓積法ヲ圓周法ニ變ス之

㋑ 四三 ‖ 矢玄巾 圓周法
㋺ 四三二 ‖ 矢玄巾 圓周法
‖ 矢再 立圓法

遍乘四為玉欠責四段、欲省除數四也

㋑ 三 ‖ 矢玄巾 圓周法
㋺ 三二 ‖ 矢玄巾 圓周法
‖ 矢再 四 立圓法

約法四

又假リニ倍シ㋑ヲ二除シテ其形ヲ見ル

㋑ 二三 ‖ 矢玄巾 圓周法
㋺ 三二 ‖ 矢玄巾 圓周法
‖ 矢再 四 立圓法

㋑㋺括テ之得ル形

㋩ 三二 ‖ 矢玄巾 圓周法
‖ 矢再 立圓法

約法四

右㋩ノ形ヲ見ルニ圓周法六分之一ハ
立圓積法ナルユヘ變㋩見ルトキハ

立責法 玄巾 矢　立積法 矢面

約法四得玉闕積也
此式ヲ見ルニ玉欠責ヲ得ル本術ニ合スルヲ以テ見レハ則前ノ矢一ツ半ヲ通高トシテ宜キ亊ヲ知也又於是環錐ノ見立無理ニ非ル亊ヲ知ル也

求玉欠積本術如右式自矢四之加玄巾三段得數乘矢又以立圓責法乘之四約之得玉闕積

之得玉闕積
右環錐ノ解ハ始不知其理而假リニ數ヲ立テテ求ノ往キ本術ニ合スルヲ以テ始ノ定メヲ為可者ハ小兒ノ論辨スルカ如ク雖甚タ不面自是裏ヲ言テ表ヲ後ニス亦一術ナルヘシ尤此傳於京都山路主住先生ノ所述故今不廢之書于此

列本術式
求玉皮積之解

立圓責法
四矢
矢巾
四

立圓積法
三矢
玄巾
四

甲位　即玉欠責也

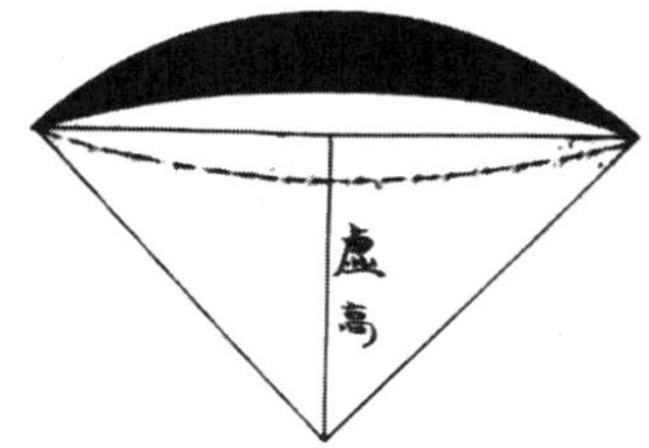

半徑

矢

虛高
是虛積錐高也

右虛積者玉闕之下到于玉心之間為圓錐之
形謂之虛積也
故列虛高乘玄冪乘圓責法得數三除之為虛錐積

圓責法
玄巾
半至
三

圓負法
玄巾
矢
三

乙位

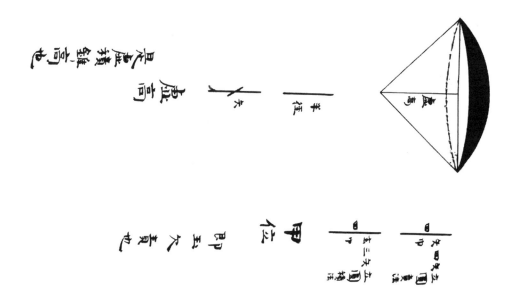

右甲乙位相併所得三之得形

三　矢五　再圓法
四　玄三矢五三　巾　圓法
㊂　羊玄圓　至巾　責法
㊂　矢玄　巾　圓責法

各以羊徑除之得玉皮責

㊮　三　羊至　矢五　再圓法
㊄　九　四　羊至　玄矢五　巾　圓法
㊪　羊至　羊玄　至巾　圓責法
㊥　羊至　矢玄　巾　圓責法

又玄冪形八
四　至矢
四　矢巾
之六圓責法形八
四　六　圓責法
之

依之變丙式而見之
乃東為子西為丑寅南為卯北為辰巳

㊀　三　四　六羊至　矢再　圓責法
㊁　九　四　六羊四至　四至　四矢巾　四圓責法
㊂　九　四　六羊四至　四矢再　圓責法
㊃　玄巾　圓責法
㊄　四　羊至　至矢巾　圓責法
㊅　四　羊至　矢再　圓責法

名丁式

右子形變見
二　羊至　矢再　圓責法
又寅形變見
六　羊至　矢再　圓責法
四九三十六以除之為六
故子巳寅正肩同數為空

又丑辰形以径變於半径而見

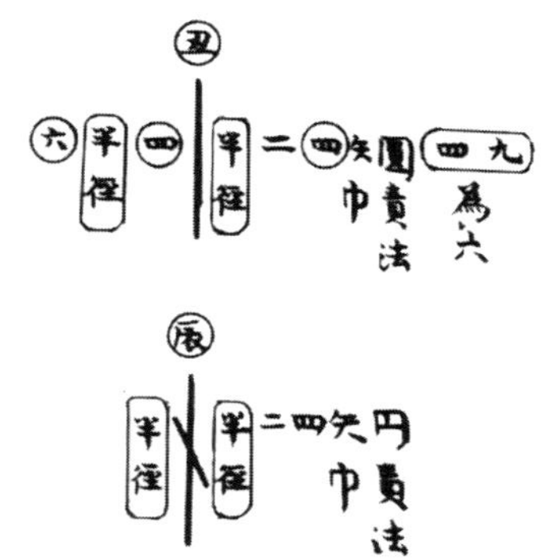

如右以圓省之則丑數十二段辰數八段故丑内作空辰

如此丁式作空而所殘之式

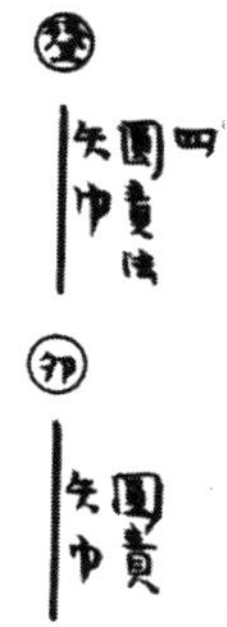

依之玉皮本術

矢冪四段加入弦冪以圓積率乘之得玉皮平積也

丁酉六月　多植自書

明治四十壹年九月
宮城縣圖書館ヨリ
寫記

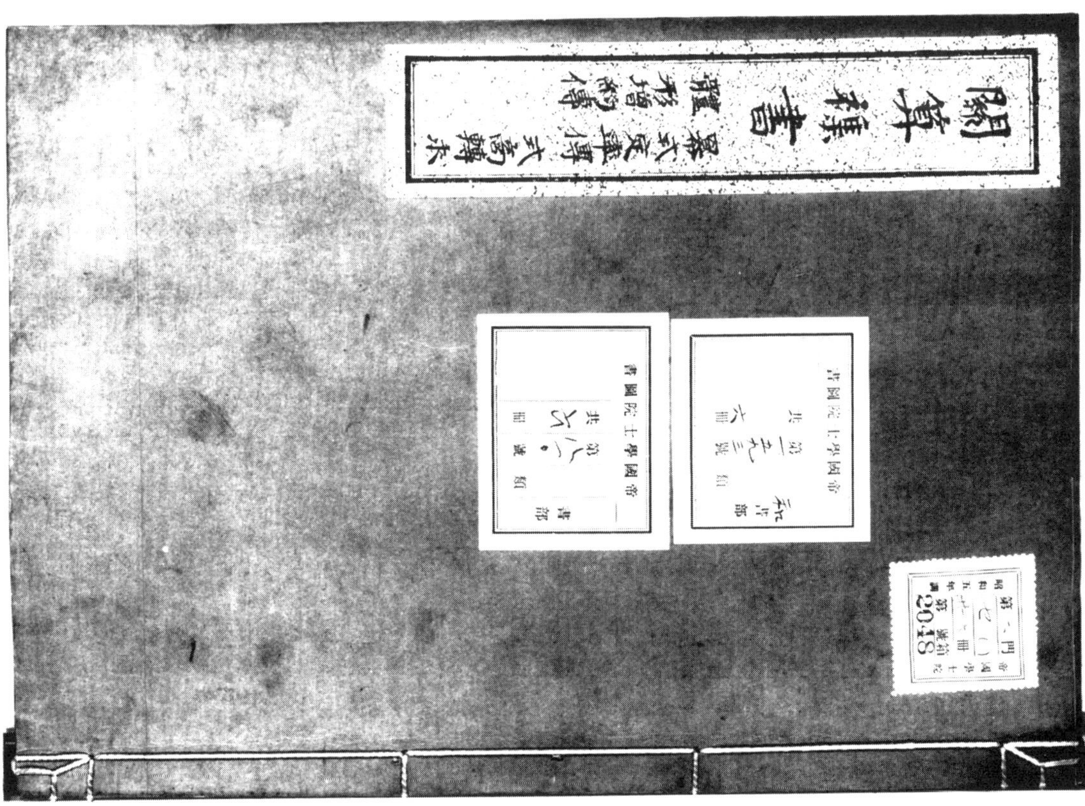
關算穕書
冪式定率傳 式商轉求
體形增約傳

冪式定率傳

多植撰

序

此書不用兩式方程之術而以竹式自作空是妙傳也且如三乘式則不為三乘而冪而求之又甚奇也用此洽式當推求四五六七乘巾定率也即明元算洽及七乘巾演段等之書於是可明乎寶暦年中於京都學之先生旅亭云爾

片式作空之傳

此傳不用冪式用片式而自作空其法列片式冪之或再乘之見其每級之形求合於片式實方等之名者不拘於級上下而相消之作空故不用巾式自作空之法則也

又云冪式實級常名甲位甲位即商巾之數或商再乘巾式三乘四乘五六七乘巾等皆謂之甲位次々謂乘甲位加實式加廉者倣之

平方巾式求定率法

式	丨（ミ）	丨（ホ）		實ホ方ナリ 商除式形ナリ	
巾	丨（シ巾）	‖（ホシ）	丨	商除式自乘之形	
	卌（シ巾）	卌（ホシ）	商除式乘實二段消之形		
	乂（シ巾）相減	○ 所得	丨（ホ巾）	乘甲位加實分正負為演段左消也後倣于此	

立方巾式求定率法

式平方式實方廉也

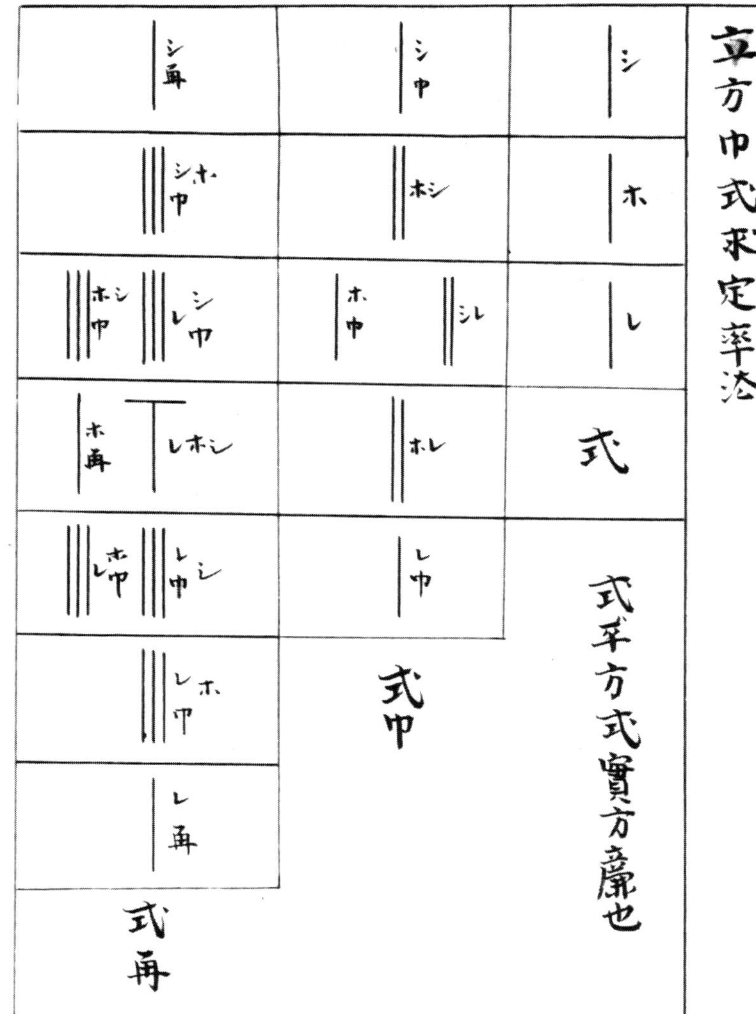

右相減所得

巾乗ホ三之為負算下一級而消之

式乗ホ巾三之正加之式乗シレ三之為負而消右下二級而作空

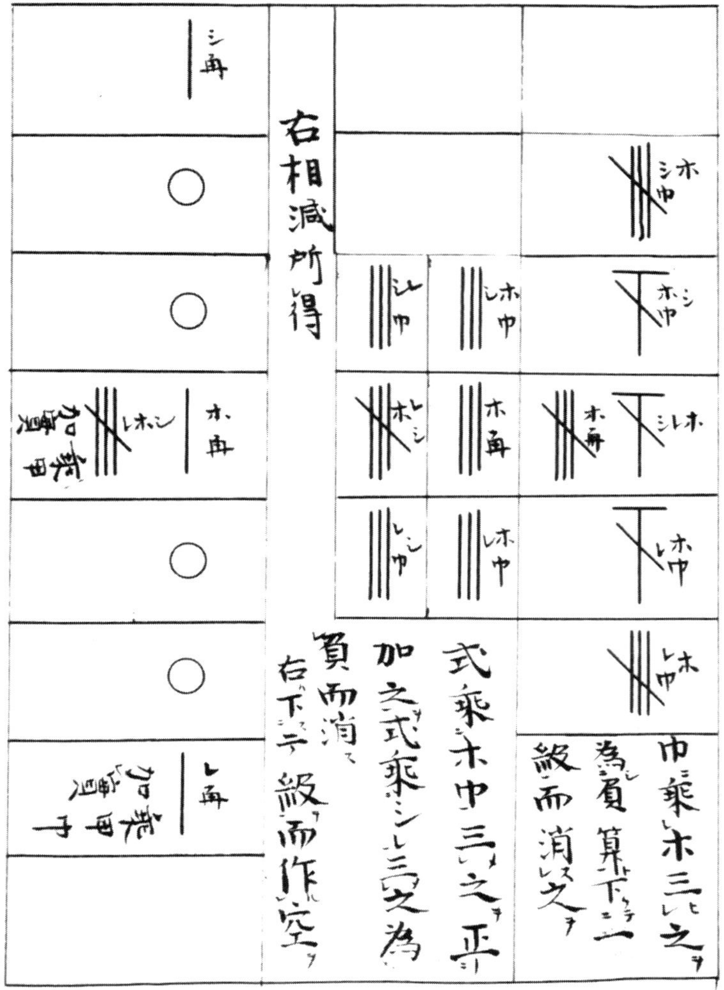

三乗巾式求定率法

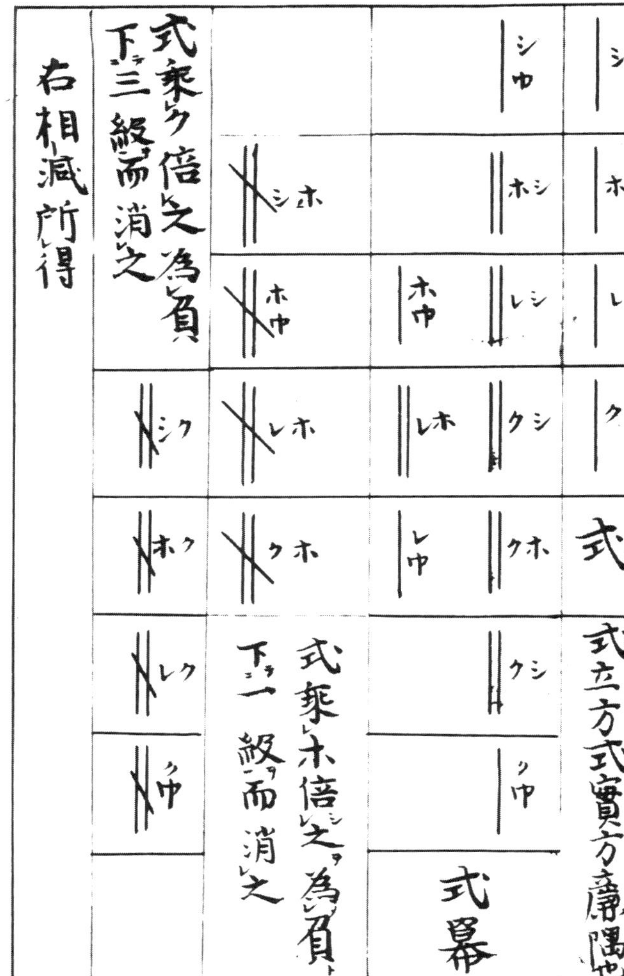

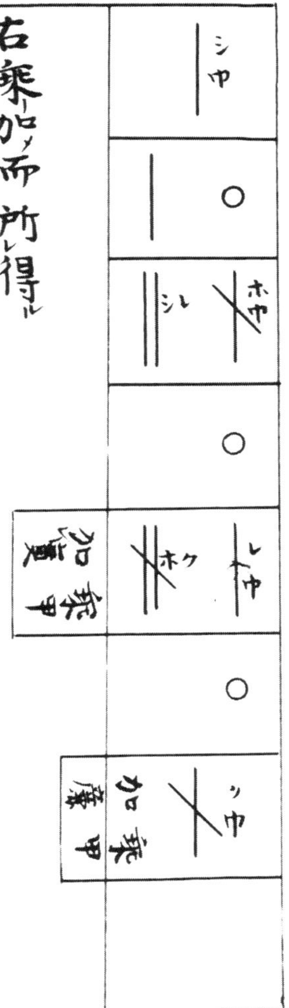

右乗加而所得

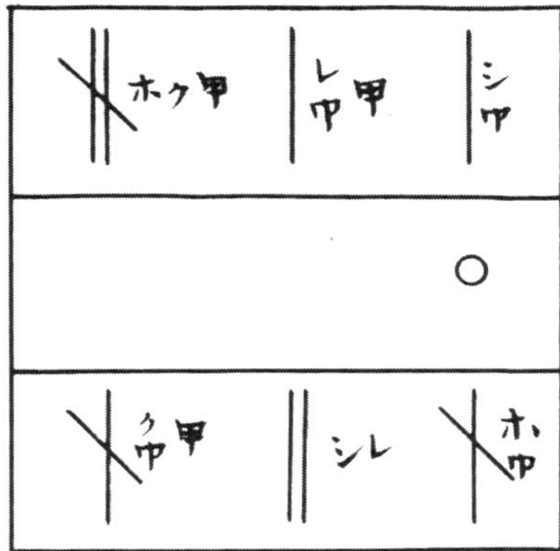

為平方式然甲位商三乗巾也故如左求之

實自乘左

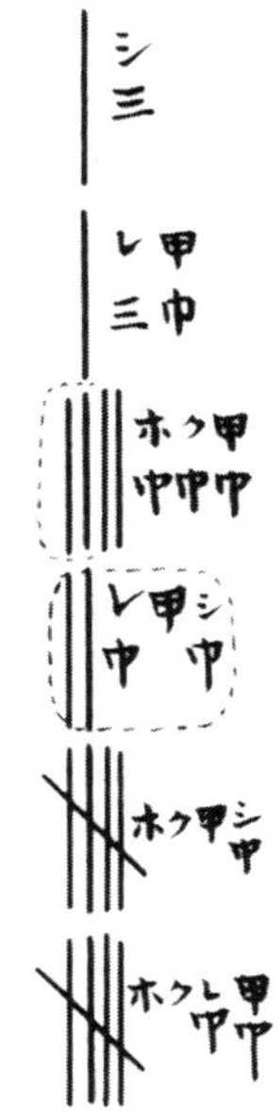

廉自乘又乘甲位

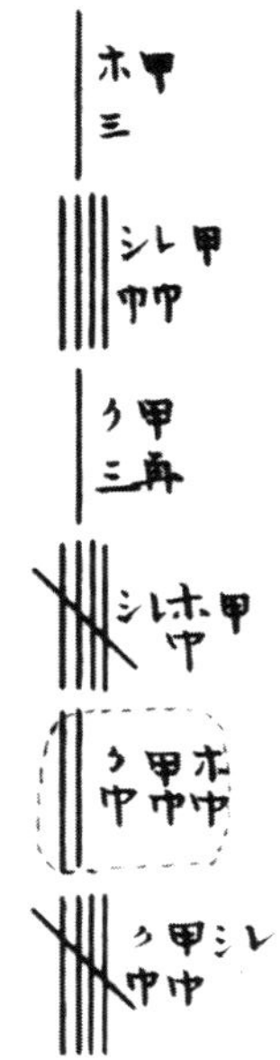

正負變之消尨而

所得之形

正五位演段尨

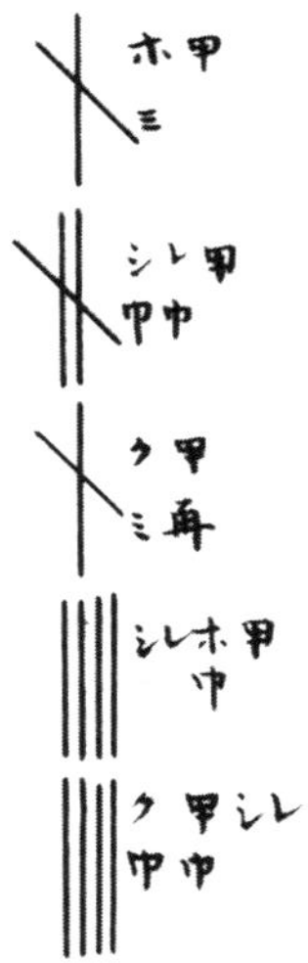

負五位演段消

四乘以上法則同之學者當推而察之紙小圖繁故畧之

又曰、如丙定式者非方程則無得之、雖然以生尅囲
沿傳當為正則乎

巾式定率傳　畢

丁酉六月　多植自書

式商轉求

多植註

平方式移于十露盤之傳

商	勾ト同意
實	責段同意
方	勾實差ト同意
廉	一算ト同意

正肩如此式亦同上
復倣之

凡如此正肩式實廉相乘四段加入方冪得數
勾及之意　和巾　平方開之得數　今勾及之和商意　内減方余以
廉二段除之知商數也　商數即同勾也

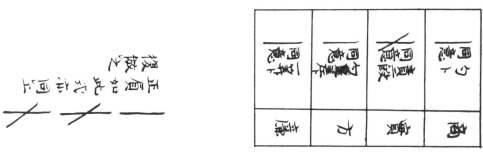

又

商	股ト同意
實	責二段同意
方	勾股差ト同意
廉	一個ト同意

是亦同上

如此正員式實廉相乘四段ニ加入方巾ニ得數（勾股和巾之意）平方開之得數（勾股和之意）加方ニ次廉二段ニ除之知商數也（商數ハ即股ト同也）

又

商	勾或ハ股ト同
實	責二段之意
方	勾股和之意
廉	一筭ト同意

此正負亦同

如此正負式實廉相乘四段（時ニ責ハ八段ニ同意也）次減方巾得數（時ニ勾股差巾同意也）平方開之得數（時ニ勾股差ニ同意也）加減方級所得以廉二段除之知商數也（加ル者知リ長數ヲ減ル者ハ知ル短數ヲ即勾股之意）

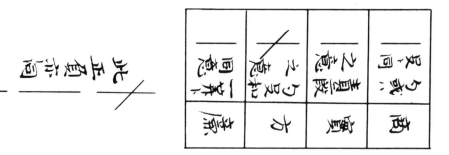

右平方式為十路盤術之傳也若非廉級一算者
以其廉數實方廉之數盡約之作廉一算之式
而後如前法算之亦尤可也

商數增段數開之傳

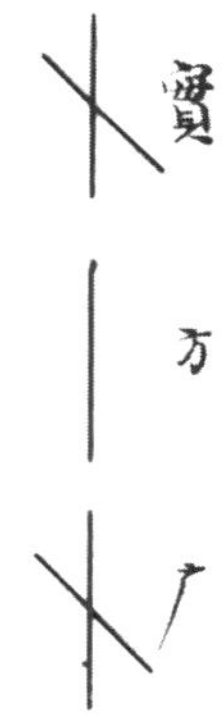

假令平方式如此欲得商數十六段者實級乘十六
冪方級乘十六而當開之

解曰

如此方廉除開則商十六段開得詳以遍
以十六冪惣級乘除數省欲

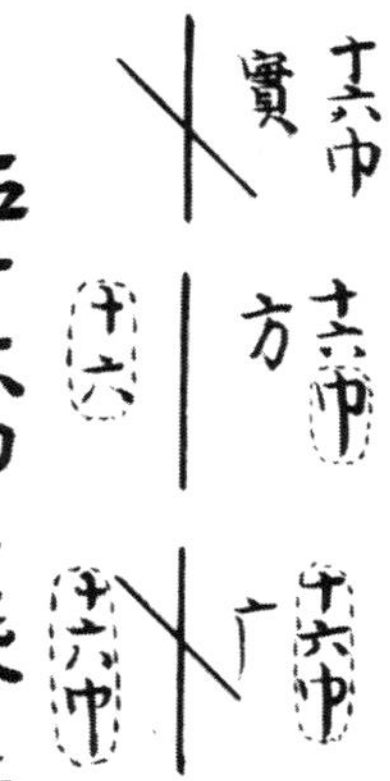

右十六巾乘式右旁書乘也左旁書除也作圖者乘除同名省本數顯也

如右乘除作空得

本數式

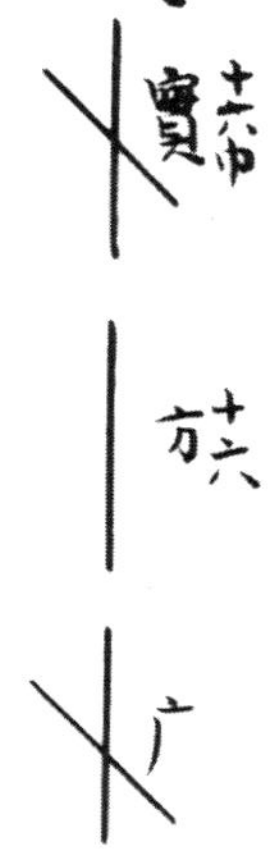

捦是變式轉求之理明也立方已上三乘方四乘方之類雖皆同尤欲求因於何之商因於彼之商者亦不異推此法則無不開得也

丁酉六月多植自書

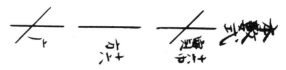

體形增約之傳

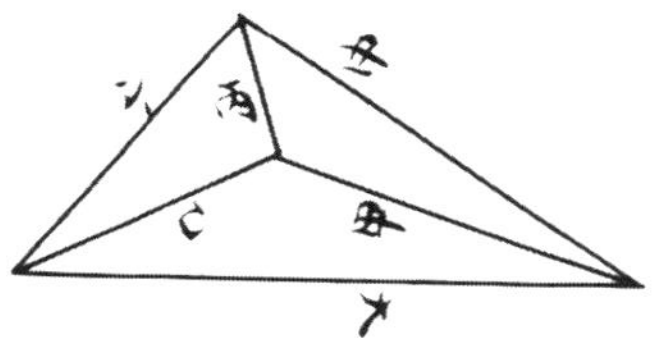

三斜内三斜形適等

植註

大小甲 巾巾巾	大乙中 巾巾巾	中丙大 巾巾巾	大甲乙 巾巾巾
中小甲 巾巾巾	小乙中 巾巾巾	小丙大 巾巾巾	中甲丙 巾巾巾
乙小甲 巾巾巾	甲乙中 巾巾巾	甲丙大 巾巾巾	小丙乙 巾巾巾
丙小甲 巾巾巾	丙乙中 巾巾巾	乙丙大 巾巾巾	大中小 巾巾巾
小小甲 巾巾巾	乙乙中 巾巾巾	丙丙大 巾巾巾	
甲小甲 巾巾巾	中乙甲 巾巾巾	大丙大 巾巾巾	

右正十二位肩十位適等次演段所求之列
者也

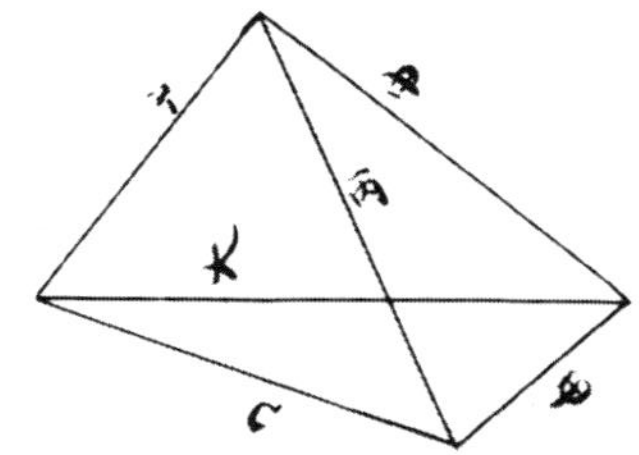

四斜内二斜形適等

先當察此形次甲乙之隅入於三斜内則得前形是次前形中隅出於外而已故用前適等為直此適等也又依之作袴腰適等

又見右形則以甲乙為同寸則丙大亦同寸仍為袴腰形也

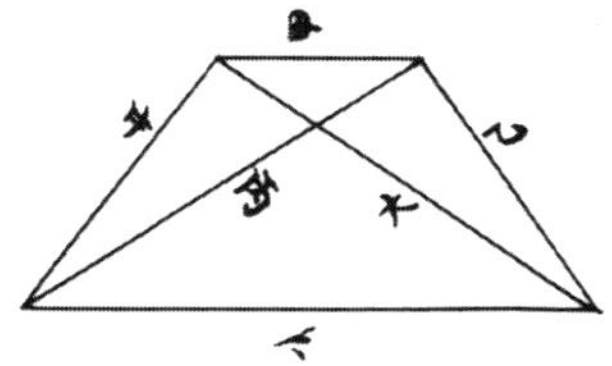

袴腰本適等

此形同數者當省其名故中亦為乙大亦為丙而後変前適等所得以比次本適等則雖大迂遠欲便識依適等作適等之法如左

是先記本適等正一位肩二位適等

依ニ礡腰之理ニ所ニ真求ニ之ナ

是亦礡腰之適等ナリ
有同名若和之正八
位員七位為適等也
是雖不簡易形之増
約如此

同形問

括術書曰　全徑若干　大徑若干
矢若干　小徑ヲ問

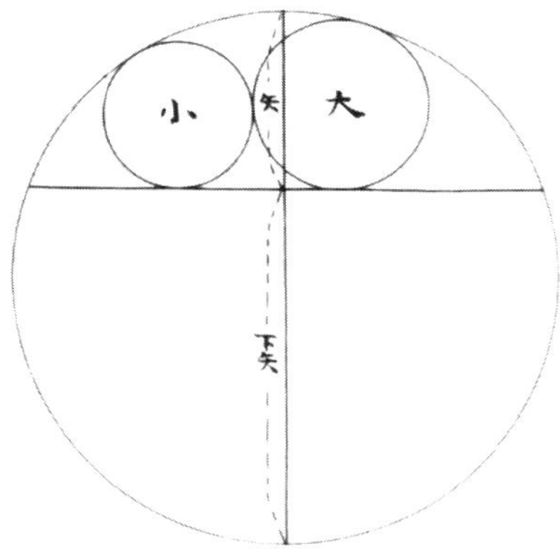

括式之圖

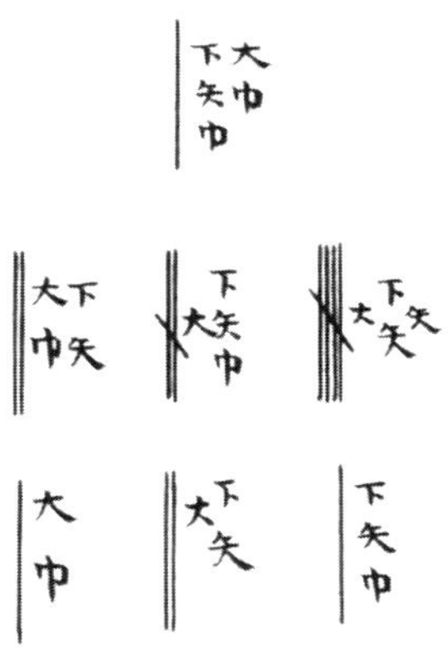

右括式之實法廉方級ニ下矢不用而所得之式

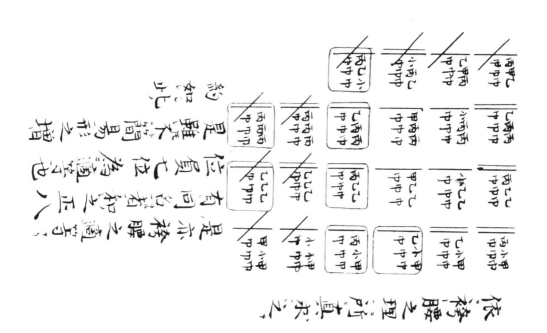

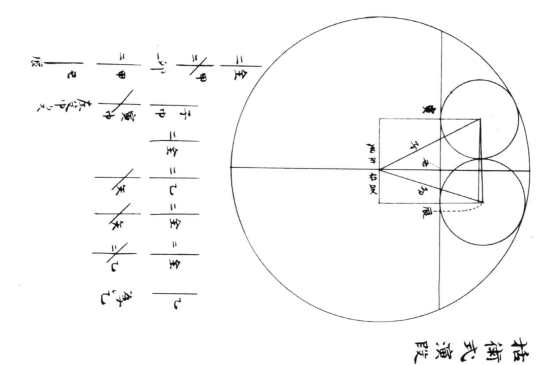

又右ノ式ヲ大下ニ除ク所得之式

大中下矢中
大矢中　大下和中
全大中
大全中
矢大中

下大
矢　無名
下　大下
大　下大

又此方級ニ全ヲ用レバ

大下矢
全大下
大下中

如レ此ニモ成ル也

如絳老余算統術以旁書求適等如左

括術式演段

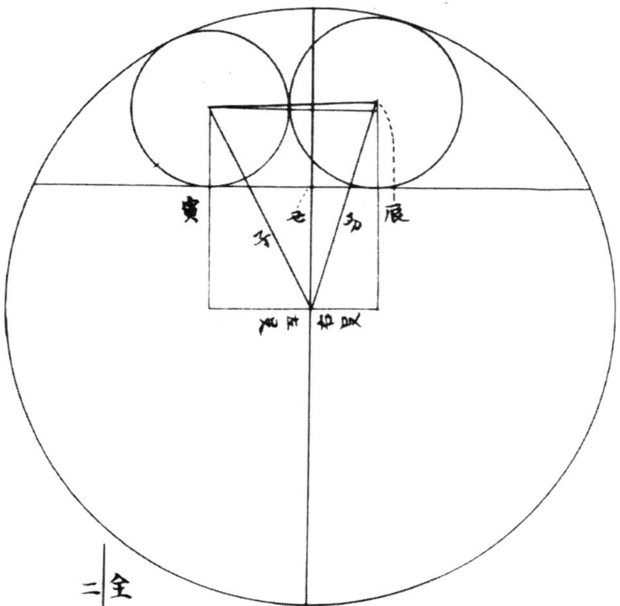

二全
二甲
二卯
二甲
巳
辰

子中
寅中
左ノ文中リス

二全
二乙
二全
二全
乙
矢
矢
二乙
多乙

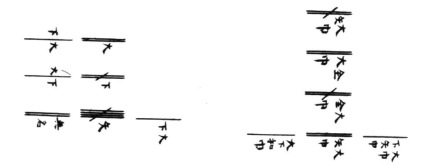

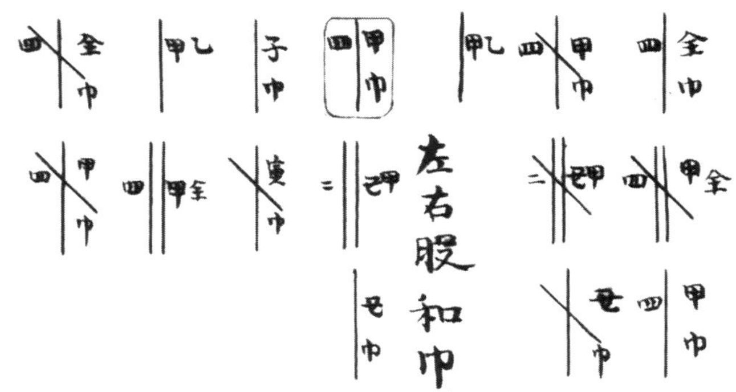

右股巾トス

左右股和巾トス此解出于末ニ

左叓ヨル左右叓和二段自乘之左トス

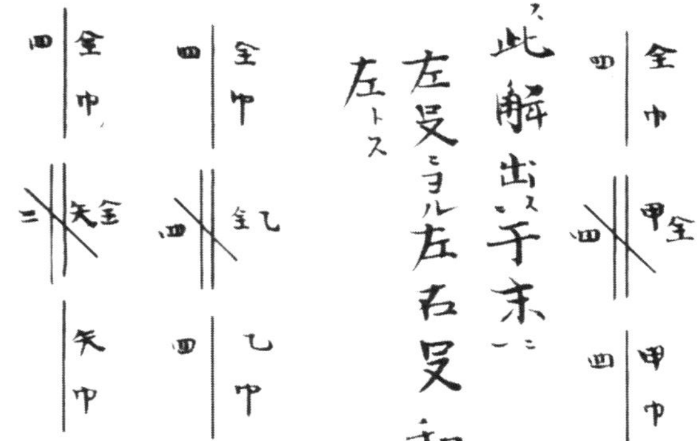

卯巾

子巾

巳巾

又寄左之形

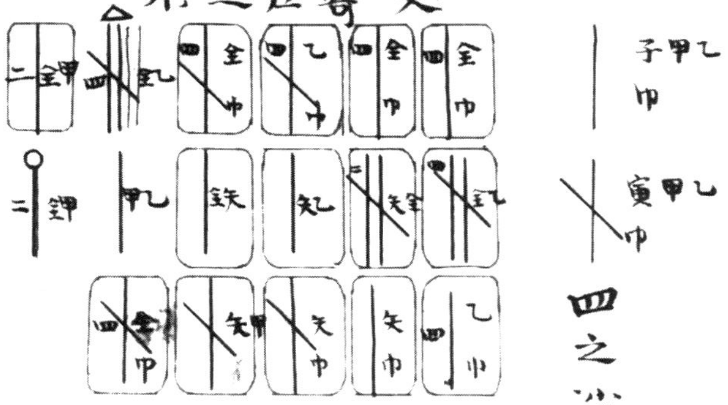

四之消

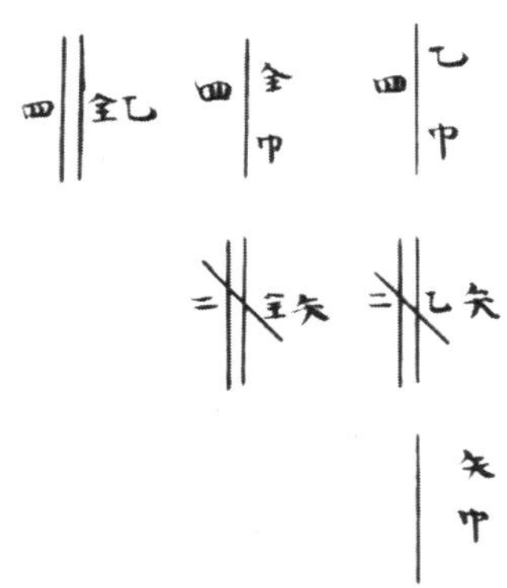

寅巾

△○変形

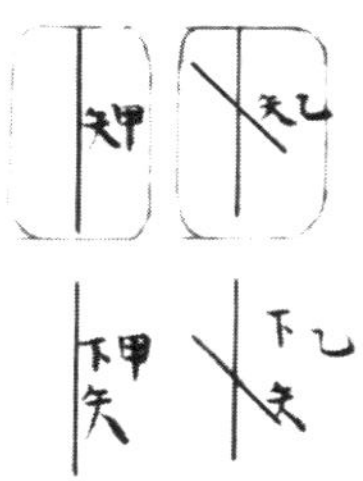

右組落殘

自乘之

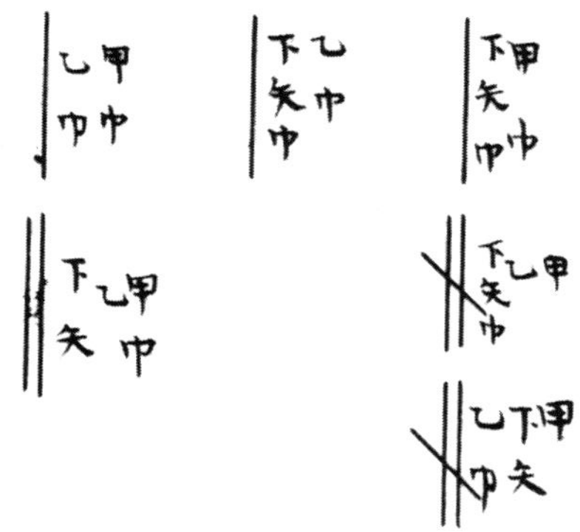

相消之形如左

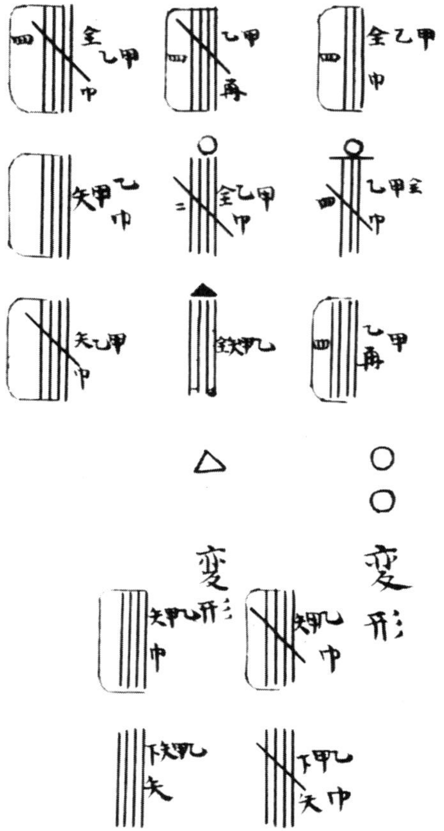

與寄左相消正負適等如左

正負適等之式

甲巾 下矢巾	卯 下矢（四）
甲巾 下乙 矢巾	卯乙 下矢巾
乙巾 下矢巾	
甲巾 乙巾	
甲 下乙 矢卯	

是同括式

又右術中所謂甲乙相乘為左右旦和巾之解

二甲 二乙 玄 二甲 二乙 勾 四甲巾 四甲乙 四乙巾 玄巾

四甲巾 四乙甲 四乙巾 勾巾玄巾内減勾巾為旦巾 四甲乙

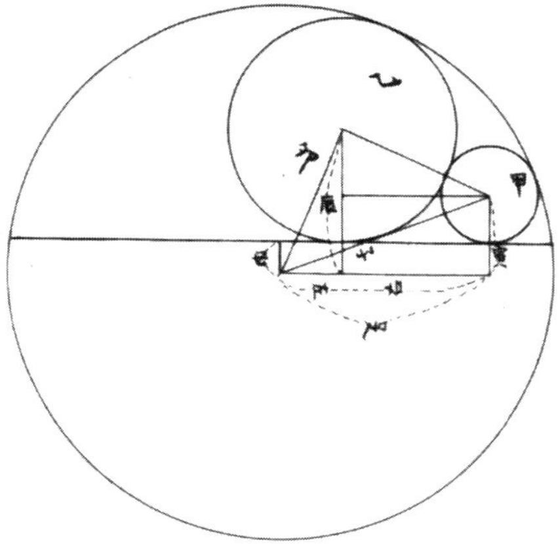

又雖如有圖解異同得適等相同如後是謂之形增約也

其解及圖形增約節延諸見之則知

乙 為乙 二全 乙 為卯

二全 二甲 為子 二全 矢 為巳

二甲 二全 矢 為寅

二乙 二全 矢 為辰 甲乙 為右巾

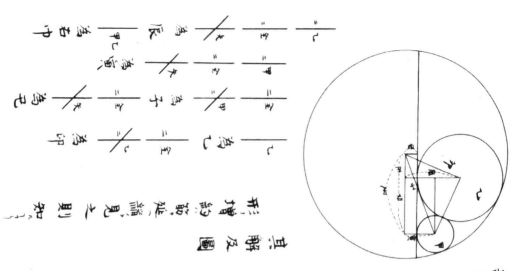

卯巾内減辰巾為乞巾

如右省之所得

左巾

子巾内減寅巾為旻巾

如右省之所得

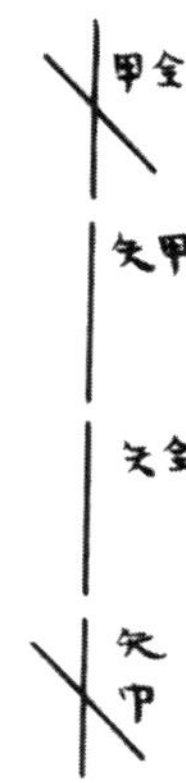

股巾

又旻巾内減右巾左巾余為因右之左二段

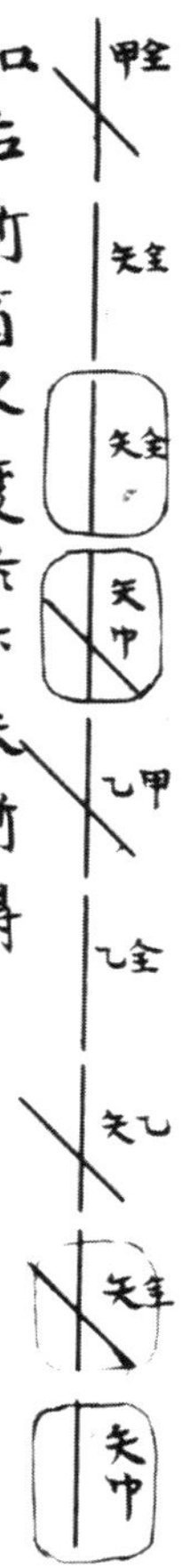

如右所省又変於下矢所得

因右之左二段

自之

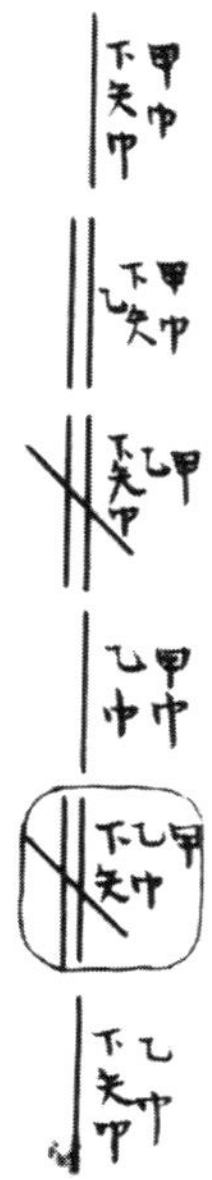

左巾四段乗右巾消 乃左巾亦変於 下矢而用之

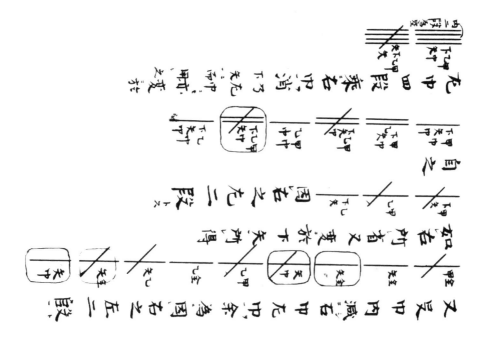

如右消之得式

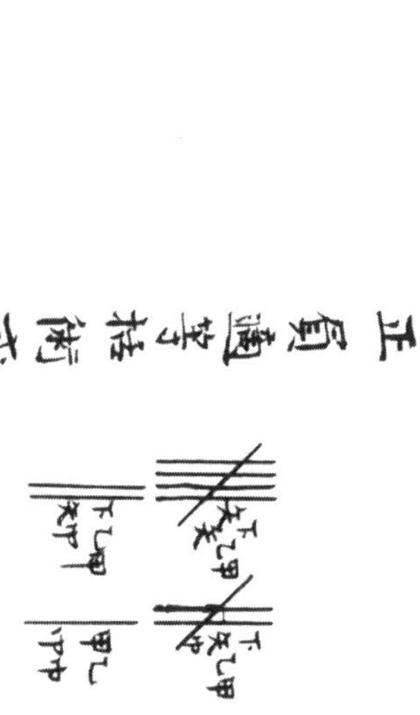

正負通等括術式同形増約於是乎知之

明治四拾壹年七月

宮城縣圖書館ヨリ寫記

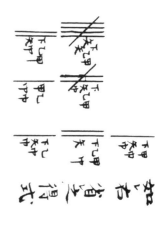

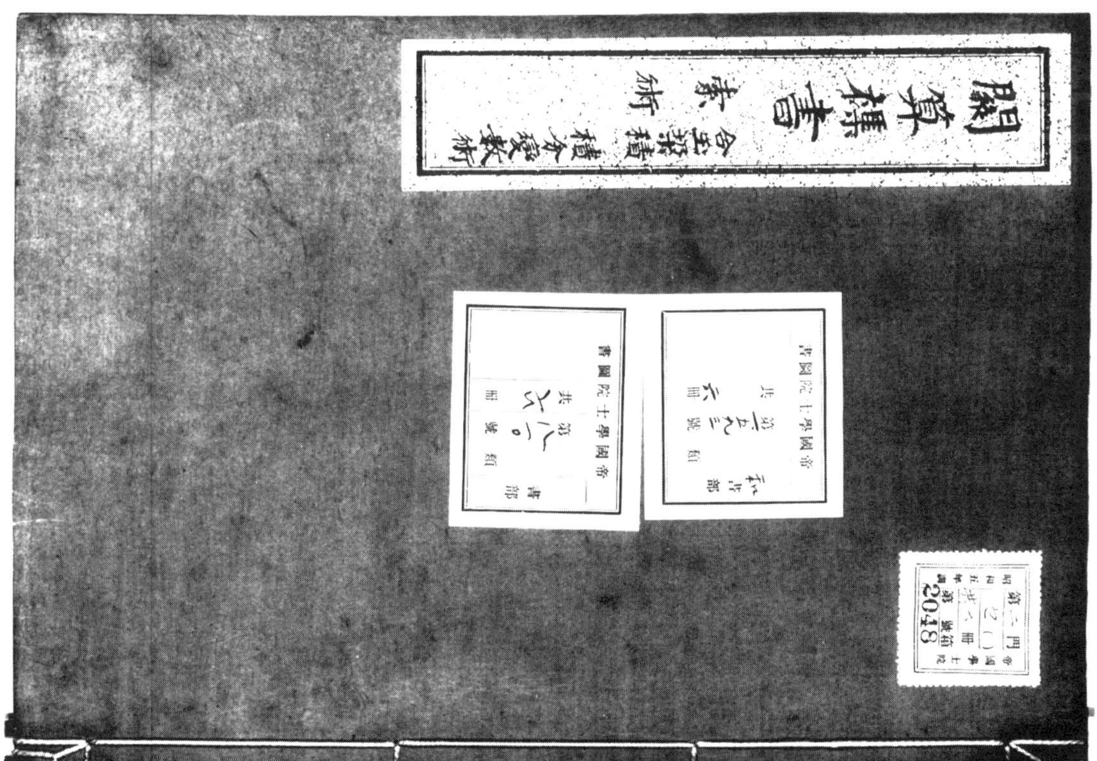

合玉算　積分變數術　附契積解

一山路主長去三寸四寸五寸之貫玉合之為一玉
則得六寸貫玉也
按各貫再自乘之三合之得六寸再乘巾者也
以契積解可見之

一六寸八寸壹尺之玉合之則為壹尺二寸之玉然
則設因法乘之當作無不尽之合玉耳（乃因法任意而作之）
雖然如此則如相應而不得大小不同之形也
別術之有之、

一三寸四寸之平圓合之則為五寸之平圓也

六寸八寸之平圓為壹尺之平圓亦類好也
各以左，垜責解可考之
按二圓併為壹圓者即無不尽句股弦之数也

垜責解
纍積差考

限　巾　一差　二差
一　一　去○　残一　三　去一二　残一　二
二　四〃　一二〃　二　五〃　二二〃　一　二
三　九〃　三二〃　三　七〃　三二〃　一　二
四　十六〃　六二〃　四　九〃　四二〃　一　二
五　廿五〃　十二〃　五　十一〃　五二〃　一　二
六　卅六〃　十五二〃　六　十三〃　六二〃　一　二
七　四十九〃　廿一二〃　七　十五〃　七二〃　一　二
八　六十四〃　廿五二〃　八　十七〃　八二〃　一　二
九　八十一〃　卅六二〃　九　十九〃　九二〃　一
十　百

再乗責差考

限	再乗	一差	二差	三差
一	一 去空残一	七 去一六残一	十二 去二六残空	六
二	八 去一六残二	十九 去三六残一	十八 去三六残○	六
三	二十七 去四六残三	卅七 去六六残一	廿四 去四六残○	六
四	六十四 去十六残四	六十一 去十六残一	卅○ 去五六残○	六
五	百廿五 去二十六残五	九十一 去十五六残一	卅六 去六六残○	六
六	二百十六 去三十六六残六	百廿七 去廿一六残一	四十二 去七六残○	六
七	三百四十三 去五十六六残七	百六十九 去廿八六残一	四十八 去八六残○	六
八	五百十二 去八十四六残八	二百十七 去卅六六残一	五十四 去九六残○	六

二ヽ去数ヽ三六十亰架数ヽ------

残数去数ヽ------

寄数冪加ヽ次ヽ冪数得ヽ------

二ヽ去数去数ヽ------

各以二差之二減去上数所見也即備自然之数如此

九	七百廿九	六 一百二十	九	二百七十一	六 四十五	一	六十〇	六 十	〇	六
十	一千〇〇	六 一百六十五	十	三百卅一	六 五十五	一	六十六	六 十一	〇	六
十一	千三百卅一	六 二百二十	十一	三百九十七	六 六十六	一	七十二	六 十二	〇	六
十二	千七百廿八	六 二百八十六	十二	四百六十九	六 七十八	一	七十八	六 十三	〇	六
十三	二千百九十七	六 三百六十四	十三	五百四十七	六 九十一	一	八十四	六 十四	〇	六
十四	二千七百四十四	六 四百五十五	十四	六百三十一	六 百〇五	一	九十〇	六 十五	〇	
十五	三千三百七十五	六 五百六十	十五	七百廿一	六 百二十	一				
十六	四千〇九十六	六 六百八十	十六							
	實和六之数毎乘		残数主數		六之数實段乘數	残數皆一		六之数主數	残數皆空也	

出羽之問第二

青分変數術

一今有甲乙丙平方面只云有段数不同不知其数相併共責一万〇三百五寸又云甲方面一尺三寸乙方面一尺二寸丙方面一尺一寸各問段数

寔數

答云壹十六寔

術云列只云数内假減甲巾壹段止余一万〇壹百八十一寸為乙丙巾數之和寄天位　從是推翦管五條之術而求之如左

別以乙巾丙巾求剰一式

右（百四十四）左（百二十一）互減之得左剰一段數二十

五段乘丙巾以乙巾去之則得剰一依之作

式

右（乙巾十一段）

左（丙巾二十五段）（余一）

列天位以乙巾去之余得一百〇一之式

（乙巾七十段）（余百二）

以地式之余數乘二十五以乙巾去之余得

名地式

七十七即為丙巾之段數乘丙巾以乙巾去

（乙巾六十四段）

（丙巾七十七段）（余百〇一）

之余得壹百〇一之式

以與地式相併得用甲冪一段段數

而答（甲巾一段 乙巾六十四段 丙巾七十七段）

責合壹万〇三百五十寸

以右術雖得甲巾壹段之答數未尽變答也故欲求

変答者毎減甲巾二段或減甲巾三段用翦管術

不求之則無得變答也然如此求之則煩労不容易

故推貢合變數傳之術作等數式如左

右 ｜百六十九 ｜百二十一 差四十八 各約四十八 一

左 ｜百四十四 ○ 差百四十四 三

以三乘右消左得

｜甲巾三段 ｜乙巾一段 ｜丙巾三段 名子式

又

右 ｜百六十九 ｜百四十四 ‖百二十一 差五十 各約十 五

左 ｜百六十九 ｜百二十一 合二百九十 二十九

以二十九乘右以五乘左相消得

｜甲巾三十四段 ｜乙巾二十九段 ｜丙巾八十二段 名丑式

列丑式内減子式十一段得

｜甲巾一段 ｜乙巾四十段 ｜丙巾四十九段 名寅

又

右 ｜百六十九 ｜百二十一 ‖百四十四 差二 各約二 一

左 ｜百六十九 ｜百二十一 差四十八 二十四

以二十四乘右消左得

｜甲巾二十三段 ｜乙巾四十八段 ｜丙巾六十五段 名卯式

列卯式内減子式七段得

｜甲巾二段 ｜乙巾四十一段 ｜丙巾四十七段 名辰式

右之外雖夛等數式甲巾段數不少則匠用於此問

也

右 （百六十九）（百廿一） 差四 一
左 （百六十九）（百二十一） 差四十八 各約四 十二
以十二乘右消左得 （甲巾五十九段）（乙巾六十段）（丙巾十一段）
以子式三段減之得 （甲巾五十段）（乙巾五十七段）（丙巾二段）
如此甲段數多丙段數少則以肩算殘無用於術也
故甲段數少之等數式而已求之
以右等數式推求變數如左
得變畨術去列前畨數以子式累減之所得之畨

畨去（甲巾四段 乙巾五段 丙巾七十四段） 責合壹万〇三百五十寸（次々責皆同數）
又畨甲巾七段 乙巾四段 丙巾七十一段
又畨甲巾十段 乙巾三段 丙巾六十八段
又畨甲巾十三段 乙巾二段 丙巾六十五段
又畨甲巾十六段 乙巾一段 丙巾六十二段
又列初畨數內減寅式所得之畨如左
畨去甲巾二段 乙巾四十六段 丙巾廿八段
又列此畨數累減子式所得如左
畨去甲巾五段 乙巾四十五段 丙巾廿五段

又荅甲巾八段　乙巾四十四段　丙巾廿二段
又荅甲巾十一段　乙巾四十三段　丙巾十九段
又荅甲巾十四段　乙巾四十二段　丙巾十六段
又荅甲巾十七段　乙巾四十一段　丙巾十三段
又荅甲巾二十段　乙巾四十段　丙巾十段
又荅甲巾二十三段　乙巾三十九段　丙巾七段
又荅甲巾二十六段　乙巾三十八段　丙巾四段
又荅甲巾二十九段　乙巾三十七段　丙巾一段

右十六荅積各相併合問之責數是所於甲段數多之極數而求得也故知無他変數者也

索術

今有責甲八乙十二丙廿三逐而準此差問丁若干

荅云　五十三箇二分五重

術云列丙乘二箇七分五重得内減十箇合問

子	乙十二	甲八	直
丑	丙廿三	乙十二	直

此ノ知二組ノ方程術ニ依テ得次之壹組式

実十一 法四

實如法而一得二箇七分五厘知義

級段數

列子式中級乘段數得内減上級余以下級一除之

得肩商十箇以為禮級段數

子 十二仁 八義 直一礼

以乘段數二箇七分五厘得内減上級十二余

以下級一而一得肩商十箇為礼級之段數

二箇七分五厘義 十箇礼

乘上級減下級求次

今有責甲一 乙三 丙六 丁十 戊十五 逐而準此差問己

若干

荅曰己二十一

術曰列戊二段加一箇内減丁合問

又術曰列己二段加一箇減戊得庚逐而求如斯

子 丙六 乙三 甲一 直一

丑 丁十 丙六 乙三 直一

寅 戊十五 丁十 丙六 直一

如此三組之方程而于子式乘丑之直差亦於丑式

乘子之直差相減為卯式亦亦丑式乘寅之直差于

寅式乘丑之直差相減為辰式

卯　四　三　二

辰　五　四　三

如此以方程術得二組之式以卯之下級乘辰式以
辰之下級乘卯式相減而得一組　実一　法一　如實
法而一知仁級之二段卯之中級三相乘段數二得
内減上級之四余二箇於此以三級之二而一得一
知義級之一段

卯　四　三　二

以減上乘下位 一枚於此以四位 除此以余三 之三得級三内

子式之二級之三乘段數之二得内減三級之一止
余以減上級之六余得一以四級之一除之知礼級
之一段

子　丙六　乙三　甲一　直

以乘段數二得内減三組之一余以是
減上級之六止余得一以四級之一除
之知義之段數

今有甲一　仁二
乙四　義一
丙九　礼一直
丁十六
戊廿五
倍而加一減前得次
問準差而已庚辛
壬

荅云　己三十六　庚四十九　辛六十四　壬八十一

術云倍而加二箇減前得次

子　丙九　乙四　甲一　直

丑　丁十六　丙九　乙四　直

寅　戊廿五　丁十六　丙九　直

如此依方程術得卯辰之式

卯　七　五　三

辰　九　七　五

又依方程術得一組式

一組式　實八　法四　如實法而一得商二知仁級之段數

於卯式之中級五乘仁級段數二内減上級得三以下級三除之得商一知義之段數

卯　七　五　三

乘段數二内減上級余得三以下級數三除之知義之段數一段

子式二級乙四乘段數二内減三級甲一余得七以減上級余得二四級直差一以之而一知礼段數二

段

子　丙九　乙四　甲一　直

棄段數二內減三級甲一余二箇
次直差除之知義段數

仁二　義一　礼直二

倍而加二減前得次

今有甲二分之三乙五分之六丙八分之十二丁十一分之廿四戊十四分之四十八準之

問已

答曰　已十七分之九十六

術云累加分母三而得次之分子因法二而得次

丙十二　乙六　甲三

丁廿四　丙十二　乙六

戊四十八　丁十四　丙十二

依方程術得二式

右　十二　六　三

左　二十四　十二　六

如此得式而左右相減時（依方程術）

等數則左三級之數六為實（右數多則右為実又）

右三級之數三為法而一為因法

解云先ッ立式求分母之次第　又別立式求分子之次第

分母之式

丙八	乙五	甲二	直
丁十二	丙八	乙五	直
戊十四	丁十二	丙八	直

依方程術得二但式

三	三	三
三	三	三

如此得各等數則為累加之差分子之式

實六	法三

而一得因法二

明治四十壹年九月

宮城縣圖書館ヨリ写記

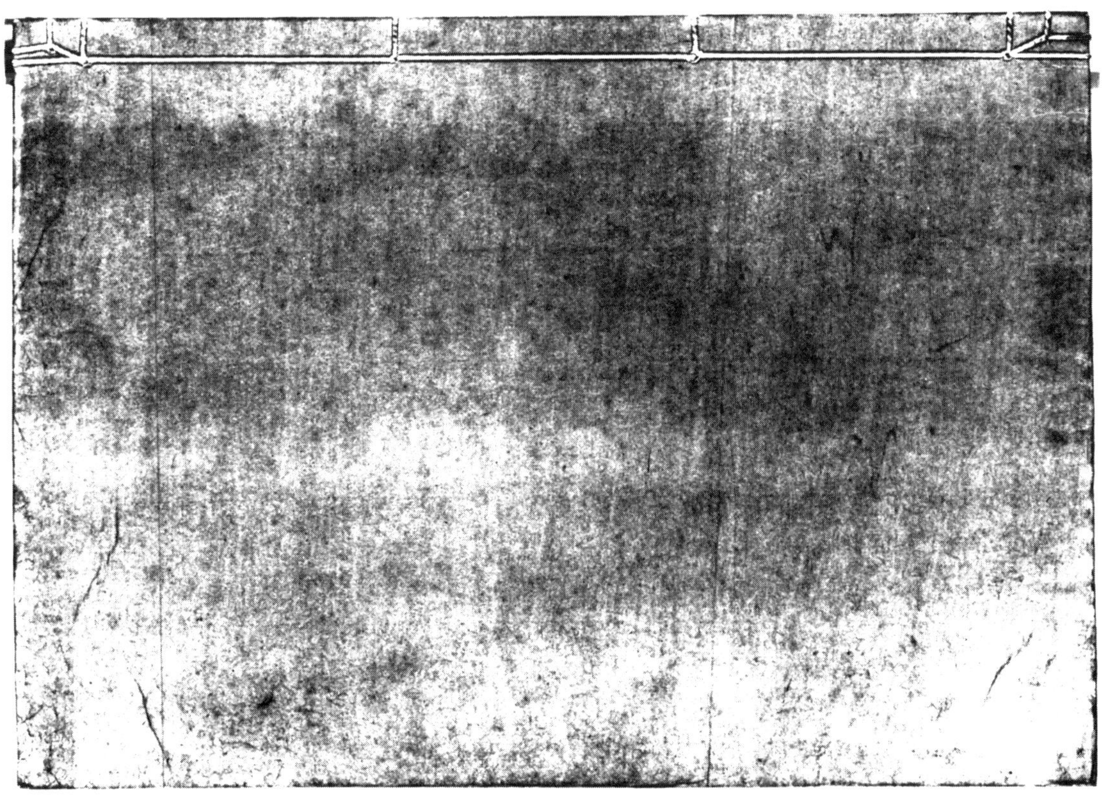

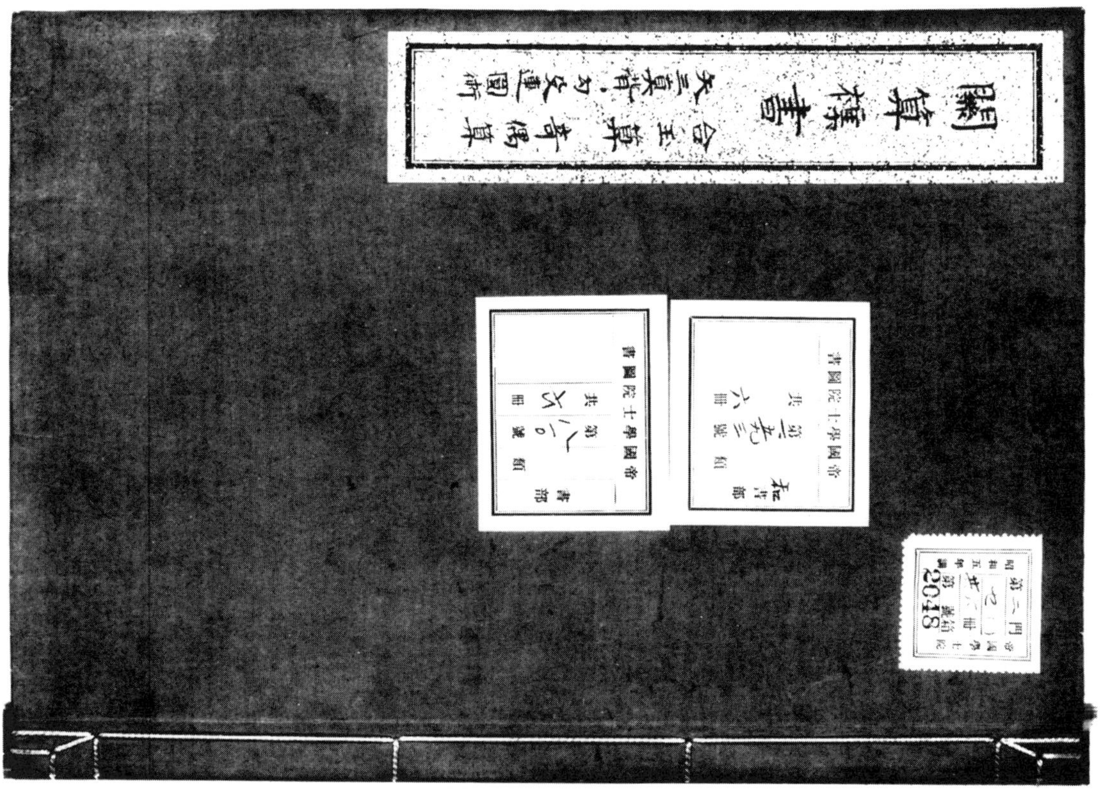

奇偶算

元數ヲ不知只云一ヨリ發テ追テ奇數ヲ次減之𪜈又云二ヨリ發テ追テ偶數ヲ次減之余𪜈問元數

荅曰

術曰奇ノ余ト偶ノ余ト相減得數自之加奇余為元數

術解

奇數ノ余ノ形

偶數ノ余ノ形

両余相減ノ得形

括之

奇ノ段數

奇ノ段數ト名ヅクルモノハタトヘバ一三五ト三次引モノ是ヲ段數三ト云又一三五七ト四次引モノ是ヲ段數四ト云九ト五次引モノハ是ヲ段數五ト云余倣之

又曰奇數ヲツミタルモノ則奇令埊也
奇令埊ハ段數ヲ自乘ノ則責ナリ奇ノ余令
埊ノ數ヲ加フルモノハ則元數也
解奇余ノ形
可見合

又問奇數余若偶數無余問
元數

答曰

術曰列奇數余自之加入奇
余為元數

術解

元數ノ形

二　四　六　八　十　十二

奇數ノ余ノ形

元數　二　四　六　八　十　十二

一　三　五　七　九　十一

正負分之

一　一　一　一　一　一

括之

奇段數

自之得奇令埳責形

奇令埳責

変之

一　三　五　七　九　十一

加入奇余得形

二　四　六　八　十　十二

則元數ノ形ナリ

故本術奇余自之加入奇余
為元数

又問無奇数余偶数余術
　答曰
術曰偶余自之得元数
解
元数形

一　三　五　七　九

偶数余ノ形
元数

一　三　五　七　九

二　四　六　八

正員分之

一
一
一
一
九

括之

奇ノ贏數

此式ヲ見ル二奇無余シテ其偶數ノ余ハ直ニ奇ノ贏數也自之ハ則奇令埑責十リ其埑責ハ則元數也

矢三真背

圓径一尺　矢三寸　問各背弁

求二斜背弁式

矢至

實一百二十〇

方一

實如法而一ヲ一百二十　得二斜背弁名曰甲

矢三真背

求四斜背冪式

實一十九万二千〇〇〇
方一千六百〇〇
平方開之一百三十〇寸六七一九七八七七二七
三九五六一六一七
得四斜背冪名曰乙

求八斜背冪式

実八十三万六千三百〇〇
寸六六四一四五五三三
一九四三五一七五九
方六千四百
平方開之一百三十三寸四五四八二〇八三五九
一八八〇九九五〇得八斜背冪名曰丙

求一十六斜背冪式

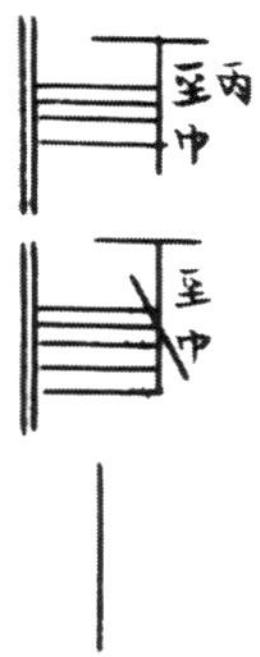

実三百四十一万六千四百四十
三寸四一三三九九五二一五三
四七三四六一八
方二万五千六百〇〇
平方開之一百三十四一五七八八〇八七五四八
三五九三得一十六斜冪名曰丁

求三十二斜背畀式

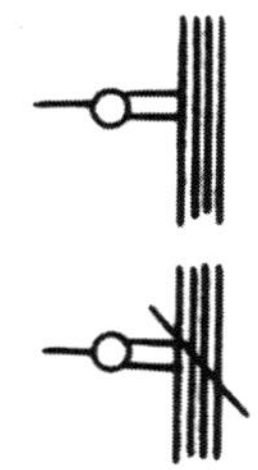

実一千三百七十三万七千七百
六十七寸〇〇一六〇一五八五
五一九九六九六
方十万〇二千四百〇〇
平方開之一百三十四三三四一〇七九五〇七八
六三一八六七一得三十二斜背畀名曰戊
求六十四斜背畀式
至巾　至巾　、実五千五百〇二万三千二百五
十〇寸六一六六四二〇七六一
二七六四一六
方四千万〇九千六百〇〇
平方開之一百三十四三七八一九三六四一五二
四四九九九五八得六十四斜背畀名曰己
求一百二十八斜背畀式

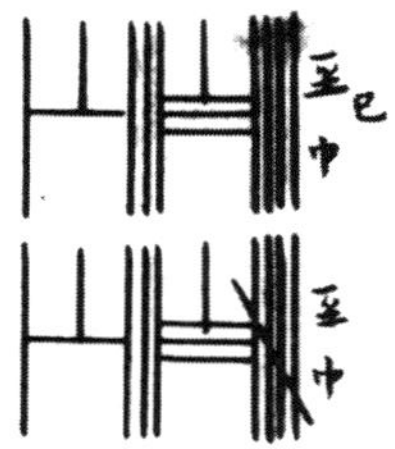

實二億二千〇一十六万五千二
百三十二寸四六二二七三七四
〇七三一一八七二
方一百六十三万八千四百〇〇
開之一百三十四三八九二二六八七二四八八六
一一七六〇

得一百二十八斜背界名曰庚

求三十二斜背界式

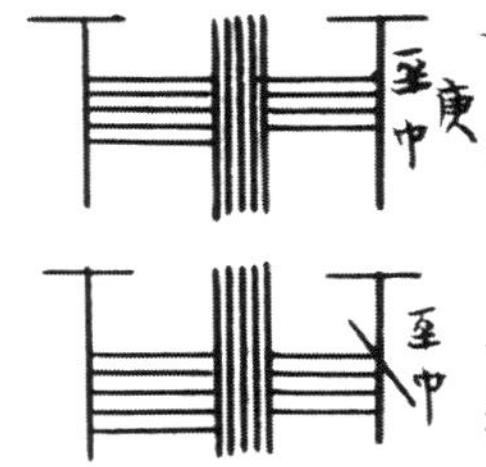

実八億八千〇七十三万三千一
百七十二寸六九五五四一三六
六〇三〇三三六
方六百五十五万三千六百
平方開之一百三十四三九一九七二七九三二五
七五四二三七四得二百九十六斜背界名曰辛

求五百一十二斜背界式

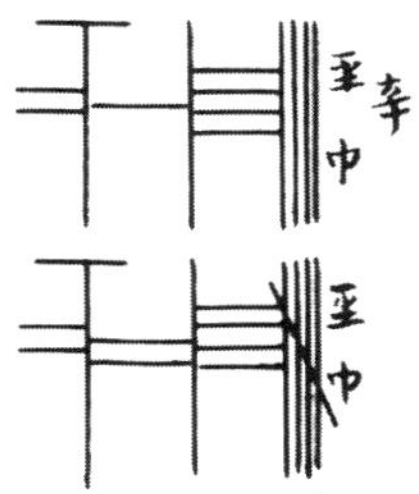

實三十五億二十三百〇〇四
千九百三十一寸九九一五七
〇五一八八〇八九八五六
方二千六百二十一万四千四
百〇〇
平方開之一百三十四三十四三九二六六一七八
〇五一四一八
得五百一十二斜界名曰壬

求一千〇二十四斜背界式

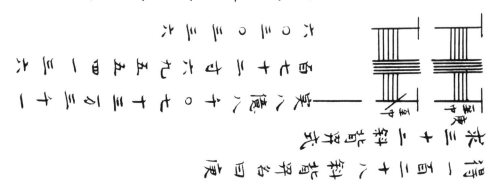

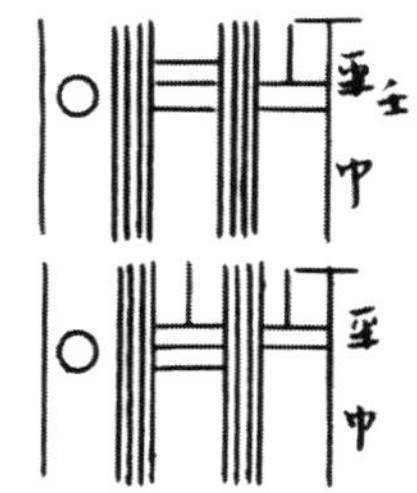

實一百四十○億九千二百○
九万一千九百七十一寸九一
六四四三八八一八八四八七
六八
方一億○四百八十五万七千
六百○○
平方開之一百三十四三九二八三四○二七六
九八六九七五五得一千○二十四斜背冪名曰癸
求二千○四十八斜背冪式

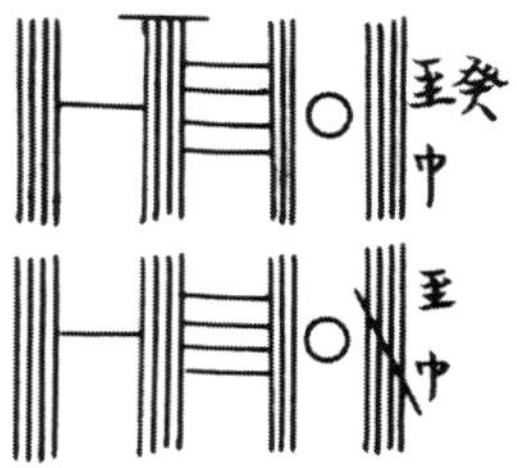

實五百六十三億六千八百四十
四万○一百三十三寸四一○一
一二七五七八○二九二六○八
方四億一千九百四十三万○四百
平方開之一百三十四三九二八七七○八九六一
一三八七二一七得二千○四十八斜背冪名曰子
求四千○九十六斜背冪式

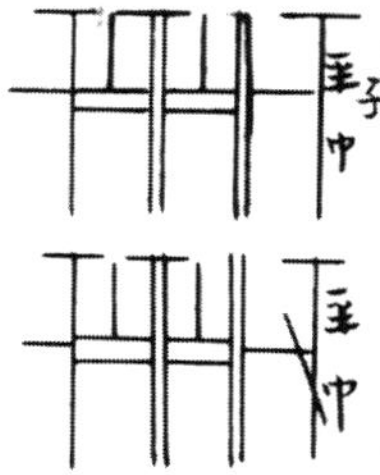

實二千二百五十四億七千三百
八十三万二千七百七十九寸三
八六一五九九三九九二四七八

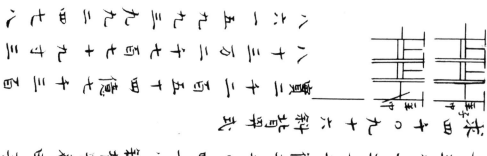

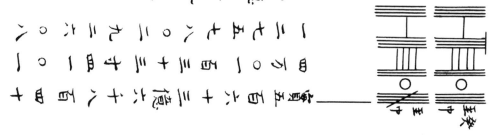

七二
方一十六億七千七百七十二万
一千六百○○
平方開之一百三十四三九二八八七八五五○七
三四九一三一四得四千○九十六斜背畀名曰丑
求八千一百九十二斜背畀式

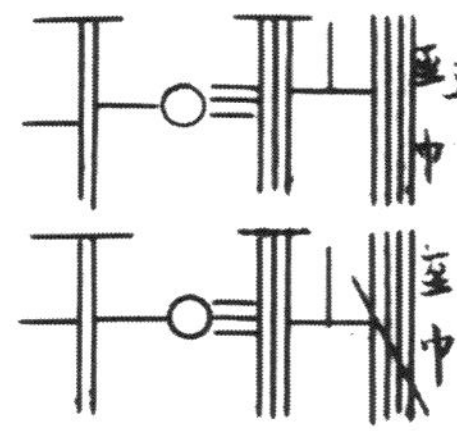

實九千○一十八億九千五百四
十。万三千三百六十三寸三三
七八六三八五九六四○七二九六
方六十七億一千○八十八万六

千四百○○
平方開之一百三十四三九二八九。五四六四三
九一二四九八三得八千一百九十二斜背畀名曰
寅

求一万六千三百八十四斜背畀式

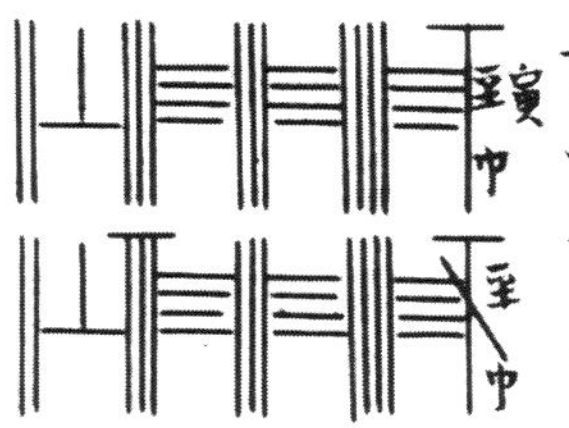

實三兆六千○七億五千八百一十
六万八千五百六十九寸九一四七
五六九一○五二五九七二四八
方二百六十八億四千三百五十四
万五千六百○○。

平方開之一百三十四三九二八九一二一九二八
○五四○一七五得一万六千三百八十四斜背畀
名曰卯
求三万二千七百六十八斜背畀式

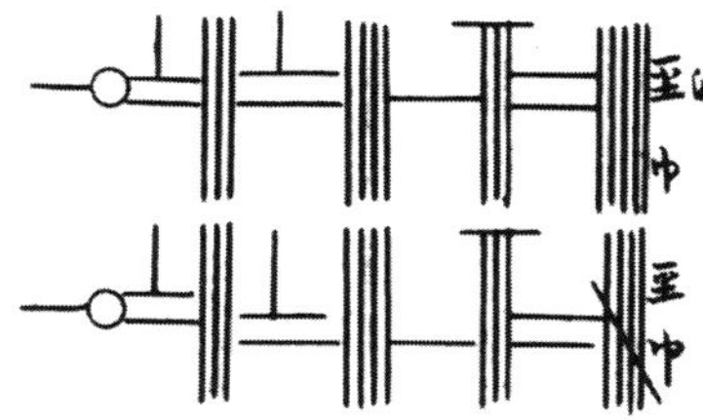

実一十四兆四千三百○三億二千
六百八十一万五千○四十二寸三
八七一一七五二○九七七九二
方一千○七十三億七千四百一十
八万二千四百。。
平方開之一百三十四三九二八九一三八七四九
○八九四三九四得三万二千七百六十八斜背畀
八千一百九十二斜背畀與一万六千三百八十四
斜背畀相減
差○○○○○○○六七二八四一四一五一九
二名曰天
一万六千三百八十四斜背畀與三万二千七百六
十八斜背畀相減
差○○○○○○○一六八二一○三五四二一
九名曰地
天地相乘

○○○○○○○○○○○○○一一三一七八八
九二七八二六五九五六七八九五○四八為実
天地相減
○○○○○○○五○四六三一○六○九七三為法
實如法而一
○○○○○○○二二四二八○四七二四七九
加入一万六十三百八十四斜背冪得
一百三十四三九二八九一四四三五六一○一二
六五四　平方開之
一十一寸五分九厘二毛七九四八○七二七

鈎股連圓廉術

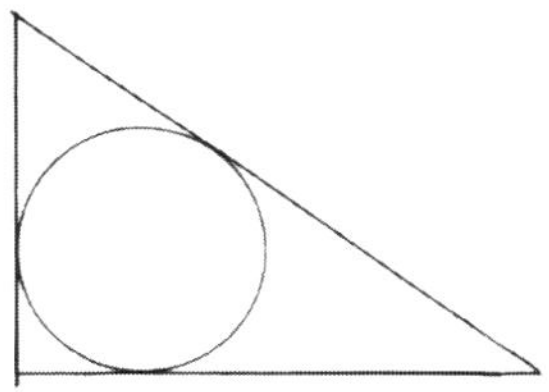

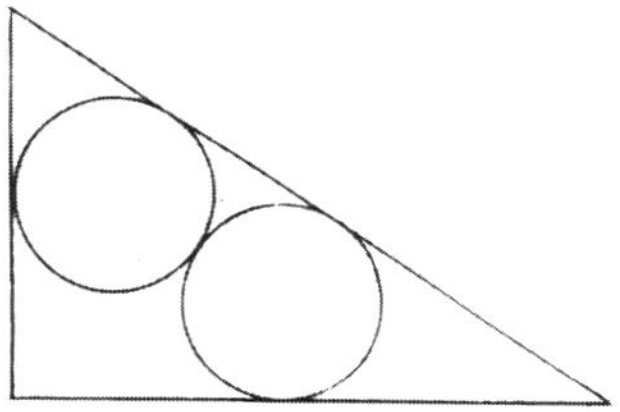

只云鈎股和若干中鈎若干問圓径
第一術如恒故畧之
得式

只云鈎股和若干中鈎若干問容圓
演段　只云有中勾有容円有本術天元
第二
假立一為全圓○
依前術得式為前式
円至何万數容円此
前式ヲ用

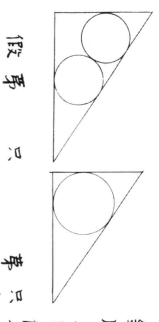

第二本術

立天元一為容圓○——以減中勾二段余

寄位　列併只云與中勾乗容圓以減只云因中

勾余

　以中勾二段只云和乗之倍之

寄

左

列寄位

自之乗

只云得

与寄左相消

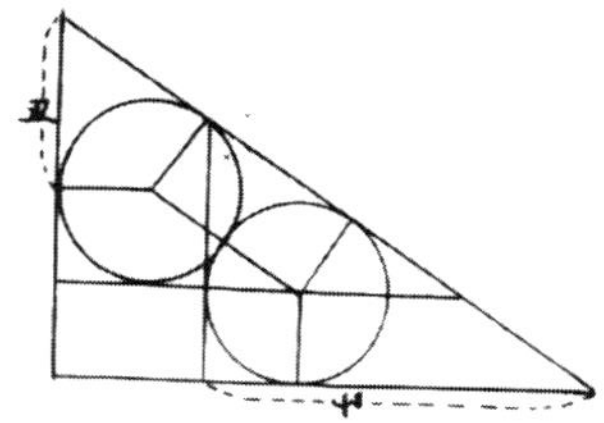

列容圓乗只云為全圓因子丑和

奇位　列只云内減全圓余為弦

加入容圓乗全圓内減寄位余為全圓

因容圓　寄左列全圓乗

容圓○——與左相消　為后式

前式　如法得換式　一式

二式遍省只

後式　云得　二式

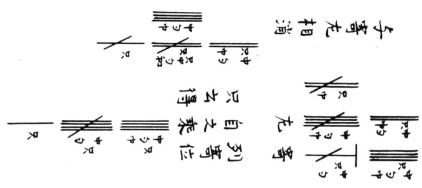

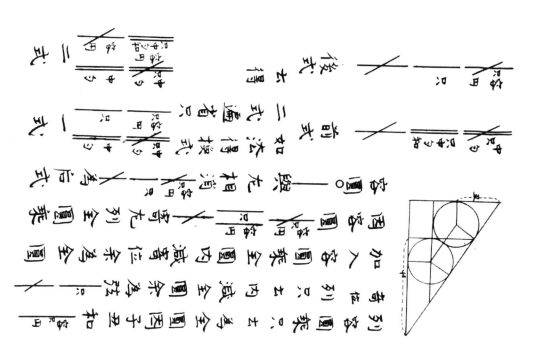

第三

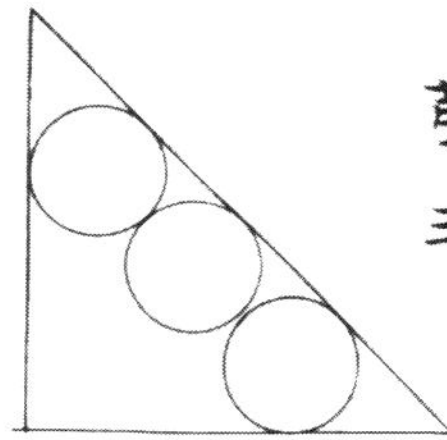

只云鈎股和若干中鈎若干容三圓問

容円

演段術中如前條

第一之式ヲ爲前式

第二之後式寄左數

第三〻用ヰ八爲全圓、因

容圓二段故相消數

第一、式

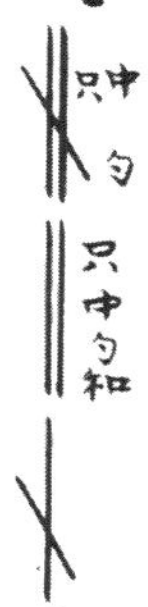

前式

第三

後式

倍之相消得第三後式

如法得換式

二式遍省只

云得

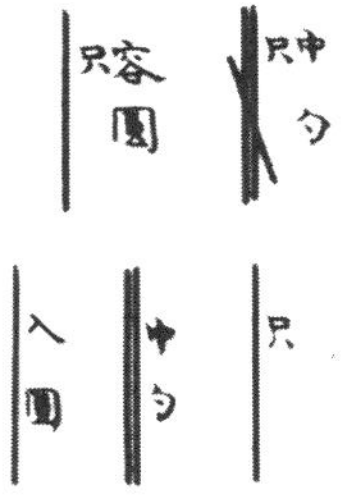

壹式

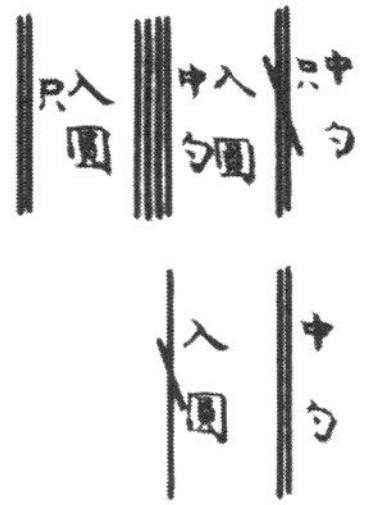

二式

本術立天元一爲容圓術畧之得式

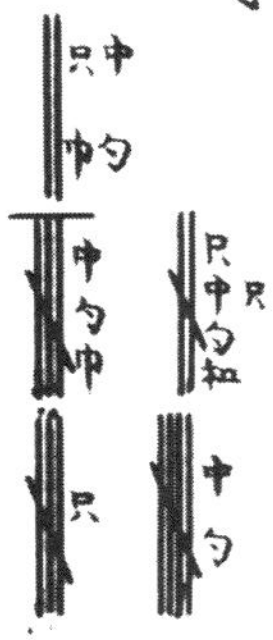

第四容四圓

演段如前條

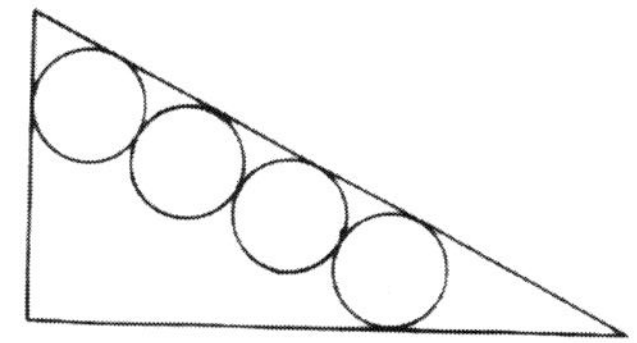

第二之後式寄左數，

第四用寸為全圓

因容圓三段故相消

數三之相消得後式

前式　後式

如法得換式

二式遍省只

去得

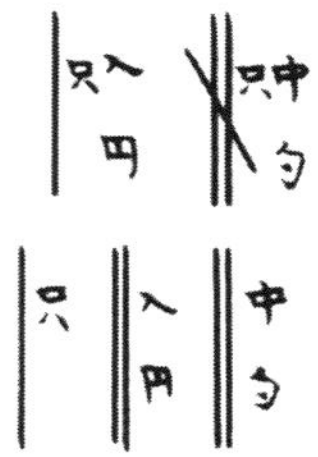

一式

二式

第四本術立天元一為容

圓徑術畧之得式

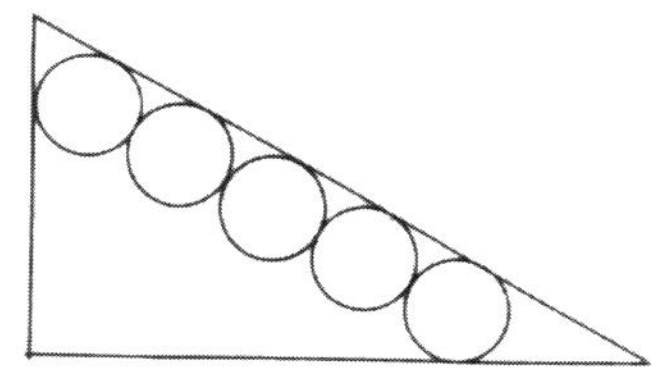

第五
容五圓
演段術中如前條

第一式

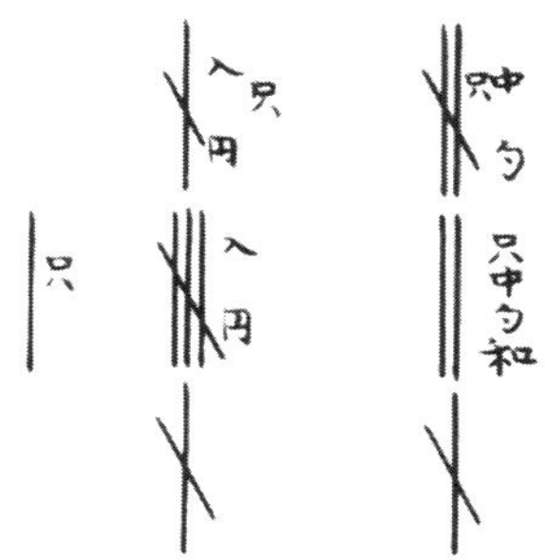

前式

後式

第二、後式寄左數
第五ニ用寸ハ為全圓
因容円四段故相消
數四之相消得後式

如沿得換式
二式遍省只之得

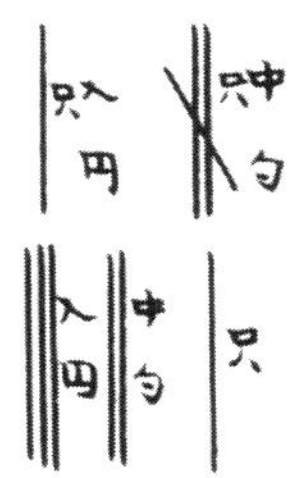

一式

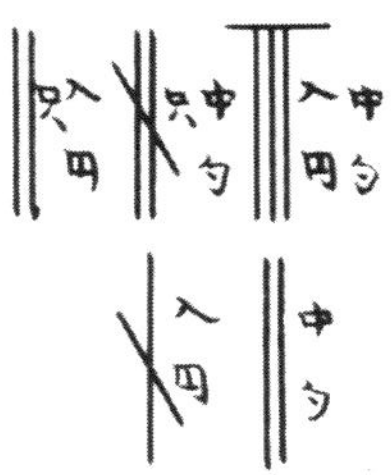

二式

第五本術立天元一為容圓
術畧ノ之得式

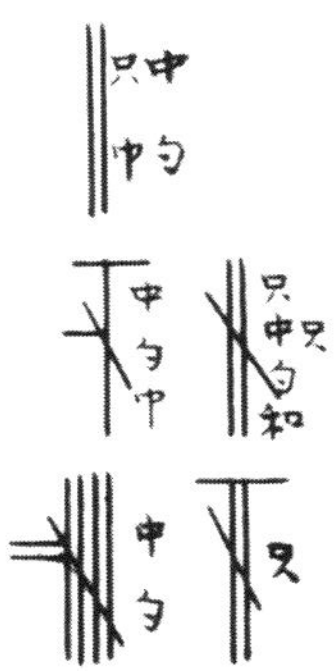

右各得圓至式視ニ

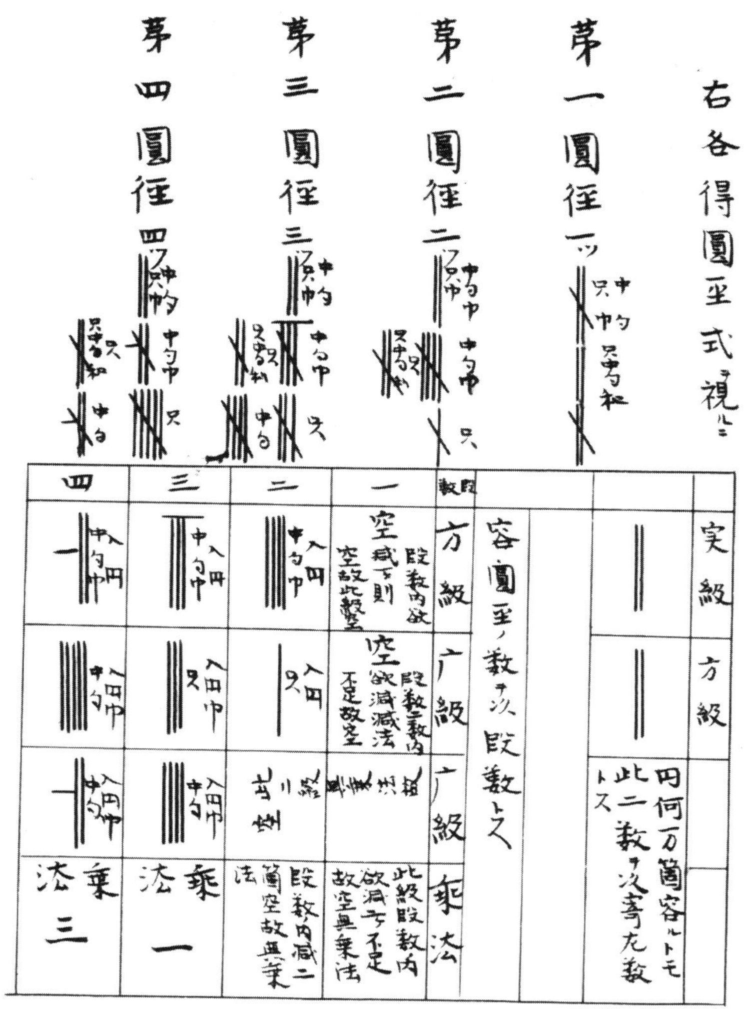

第一圓径一ツ
第二圓径二ツ
第三圓径三ツ
第四圓径四ツ
実級
方級
円何万箇容ルトモ此二数ヲ次ニ寄左数トス
容圓至ノ数ヲ次段数トス
段数
方級
广級
广級
乗法
一
二
三
四
乗法一
乗法三

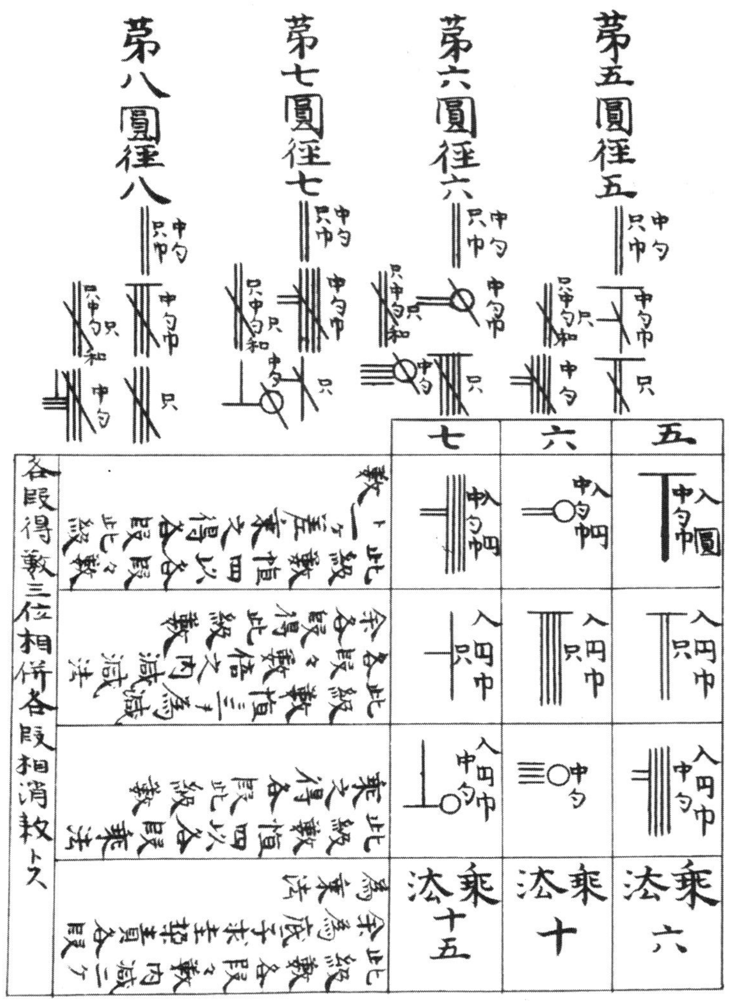

第五圓径五
第六圓径六
第七圓径七
第八圓径八
五
六
七
乗法六
乗法十
乗法十五
各段得数三位相併各段相消数トス

明治四拾壹年八月

宮城縣圖書館ヨリ写之

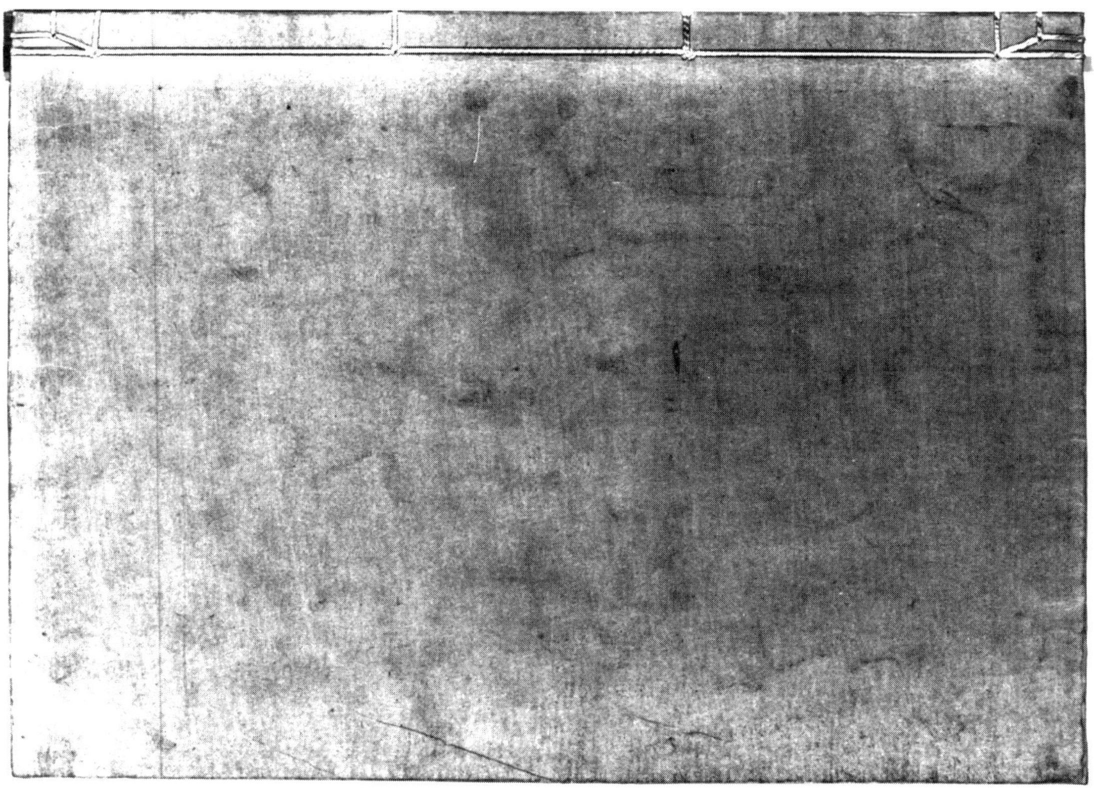

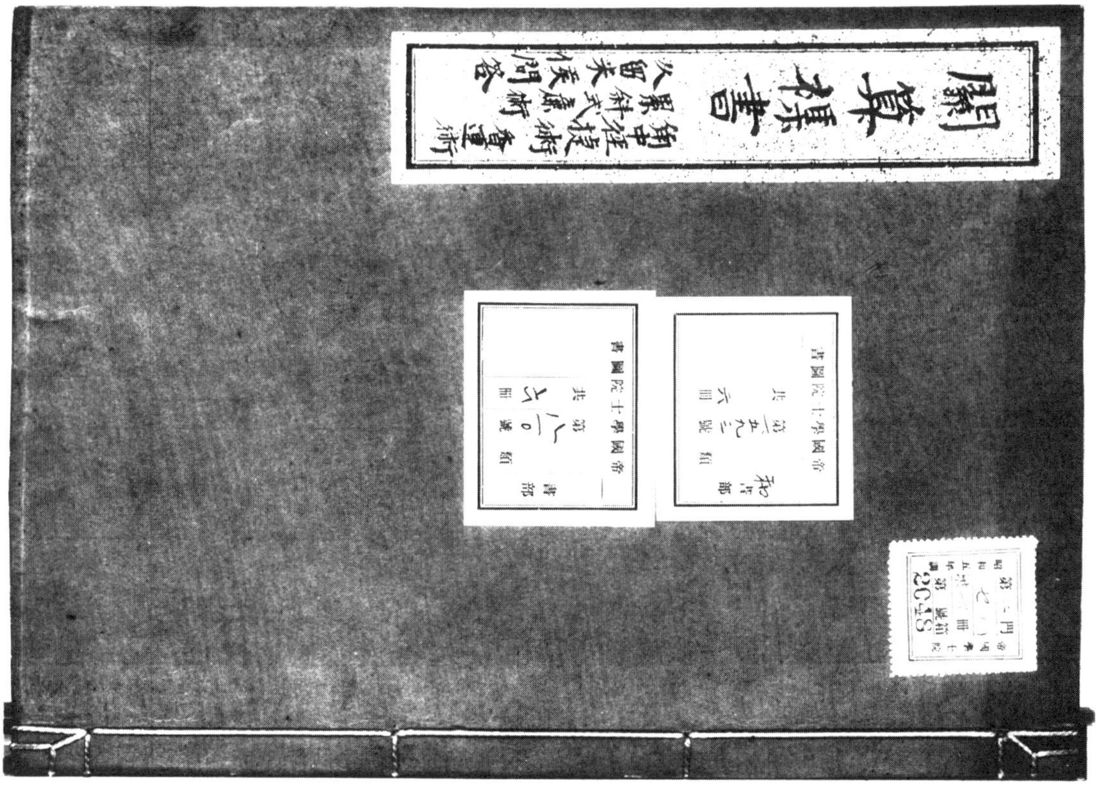
關算襍書

角中徑捷術　天巻

陽率　一百二拾五寸六六三七

同中　一万五千七百九拾一寸三六五四九七六九

同三乘巾二億四千九百三拾六万七千二百卌寸二八一六三四一四

陰率　〇寸一三四二

加率　一千六百〇〇

全率　四十〇寸

几實　八千三百一十二万二千四百〇八寸〇九三八

七七〇五

	三角	四角	五角	六角	七角	八角	九角
角数中 子	三十六	六十四	一百〇	一百四十四	一百九十六	二百五十六	三百二十四
陽率中 甲	四百三十八寸六四九〇四一六〇二五	二百四十六寸七四〇八五九〇一四〇六二五	一百五十七寸九一三六五四九七六九	一百〇九寸六六二二六〇四〇〇六二五	八十〇寸五六八一九一三一四七四四八九八〇〇八不尽	六十一寸六八五〇二一四七五三五一五六	四十八寸七三八七八四〇〇二七七七七七不尽二五二
陰率 甲 丑	五十八寸八六六七〇一三八三〇五五五	三十三寸一二二五一九五二七九六八七一八七五	二十一寸一九二〇一二四九七八九九八八	一十四寸七一六六七五三四五七六三八七五	一十〇寸八一二三五一二七四四三八七七	八寸二七八七二九八八一九九二一八	六寸五四〇七四四五九八二一七二七
加率 丑 乙	一千六百五十八寸八六六七〇一三八三〇五五	一千六百三十三寸一一二五一九五二七九六八	一千六百二十一寸一九二〇一二四九七九九〇〇	一千六百一十四寸七一六六七五三四五七六三八七五	一千六百一十寸八一二三五一二三七四四三九	一千六百〇八寸二七八一二九八八一九九二	一千六百〇六寸五四〇七四四五九八二一七
元実（角数乗中矢段 子中ナリ） 定実	六万四千一百三十七寸六六〇五六六二五	二万〇二百九十三寸五五六六六三五四	八千三百一十二寸二四〇八〇九三八	四千〇〇八寸六〇三七八五三九	二千一百六十三寸七四四四八三九一	一千二百六十八寸三四七二九一四七一五	七百九十一寸八二二九六九九五三九

十角 四百〇〇	三拾九寸 四七八四一二 七四四三三五	五寸 二九八〇〇三一二 四四七四九九五	一千六百〇五寸 二九八〇〇三 一二四四七五	五百一十九寸 五一五〇 五〇五八
十一角 四百八十四	三十二寸 六二六七八八二 八三六七七六八〇 二八不尽	四寸 三七八五一四九七 八九〇四九五	一千六百〇四寸 三七八五一四 九七八九〇五	三百五十四寸 八三五七六九 八一五四〇三
十二角 五百七十六	二十七寸 四一五五六五一 〇〇一五六二 五	三寸 六七九一六八三 六四四〇九六八 七五	一千六百〇三寸 六七九一六八 八三六四四一	二百五十〇寸 五三七七 三六五八
十三角 六百七十六	二十三寸 三六〇〇八一三 二六七不尽三二四	三寸 一三四九一三〇九 一四〇五	一千六百〇三寸 一三四九一三 〇九一四〇五	一百八十一寸 八九六六五九 九八六三

十四角 七百八十四	二十〇寸 一四三〇四七八二 八六八六 二二四八九八 〇三不尽三	二寸 七〇三六二八二 八六〇九六九〇 七二四	一千六百〇二寸 七〇三〇六二 八一八六一〇	一百三十五寸 二三四〇三 〇二四四三
十五角 九百〇〇	一十七寸 五四五九六 一六六四一	二寸 三五四六六八〇五 五三二二二	一千六百〇二寸 三五四六六八 〇五五三二二	一百〇二寸 六二〇二五 六九〇六〇
十六角 一千〇二十四	一十五寸 四二二五五三六 八八三七八九 不尽〇〇六四	二寸 〇六九五三四七 〇四九八〇四 八三八	一千六百〇二寸 〇六九五三二 四七〇四九八	七十九寸 二七一七〇 五七一六九
十七角 一千百五十六	一十三寸 六六〇三五〇七七 六五四八四四 不尽三三七	一寸 八三三二一九〇七 四二二七八〇 六四八	一千六百〇一寸 八三三二九 〇七四二一三	六十二寸 二〇一七二 七七七九四

十八角 一千二百九十六	一十二寸 一八四六九五六〇 〇〇六九 不尽〇五七六	一寸 六三五一八六一四 九五二九二五九八	一千六百〇二寸 六三五一八六 一四九五二九	四拾九寸 四八八九三 五六二二一
十九角 一千四百四十四	一十〇寸 九三五八四八 六八二六一〇	一寸 四六七五九〇 八九三二	一千六百〇二寸 四六七五九〇 八九三〇六	三十九寸 八六四二六 二一三六
二十角 一千六百〇〇	九寸 八六九六〇三四三 六〇五六二五	一寸 三二四五〇〇七八 二八七四八七五	一千六百〇一寸 三二四五〇〇 七八二九	三十二寸 四六九六九 〇六六一六七
二十一角 一千七百六十四	八寸 九五二〇二二三 五七一九不尽 〇六八四	一寸 二〇一三六一二五 二七四八九八	一千六百〇一寸 二〇三六一 二五二七一五	二十六寸 七一二八九 四八六三〇

角中徑捷術　地卷

此書余分之収捨不一乘除之誤不少待後日之閑
而將正之

又云十一角與十三角括要算法之數有小誤也故
與此書不合矣

定實 乙 丙	三十八寸 六六三五 四〇九三八	一十二寸 四二六三 〇六四六	五寸 一二七二 四〇一六	
甲 全率 丙 全率 丁	九寸 九九九六 三七五二	五寸 八五七八三 四九八六〇三	三寸 八一九六六〇 三七〇四二二	
全率 TT 相減相乘	二百九拾九寸 九九二七 五〇三	一百九十九寸 九九九一七八 七一二六七九五	一百三十八寸 一九六六〇九 四七四八三二四	
相減相乘 平方開之 商	一十七寸 三二〇二九	一十四寸 一四二一 〇六二二	一十一寸 七五五七 〇五四	
全率 角留 四 商 角中徑	五分七七三 二七九三	七分〇七一〇 八二三二	八分五〇六 五〇七	

二寸 四八二五 四三一二	一寸 三四三二六 二九九一八	○ 七八八六三 七一五六	○ 四九二八七 四五〇二三
二寸 六七九四九二 九三二〇一五	一寸 九八〇六二 三二〇八一	一寸 五二二四〇九六 〇七九六六	一寸 二〇六一四 七六九七四
一百〇寸 〇〇〇〇三四 九〇八六一	七十五寸 三〇二〇六 〇〇三一五	五十八寸 五七八六五 三三〇五五	四十六寸 七九一一 一五六三
一十〇寸 〇〇〇〇〇 一七四	八寸 六七七 六七六	七寸 六五三 六六九	六寸 八四〇 〇〇三
一寸	一寸 一五二三 八二三	一寸 三〇六五 六二九	一寸 四六一九 〇二一七

〇寸 〇八四三七 八七一八二	〇寸 五〇一四四一 七二七七六	一十九寸 八〇六二二 五二七四	四寸 四五〇四 一八五五	二寸二分 四六九七 九六六八
〇寸 〇六四〇四 〇九九	〇寸 四三七〇四八 〇六八五二五	一十七寸 二九〇八九 九五七一	四寸 一五八二三 三二七五	二寸四分 〇四八六 七七八
〇寸 〇四九四八 〇八一四七	〇寸 三八四二九四 三六三八五二	一十五寸 二二四〇九 二三六二	三寸 九〇一八〇 六二九四	二寸五分 六二九一 五五四
〇寸 〇三八八三 五八八一	〇寸 三四〇五三七 八七二三八八	一十三寸 五〇五五四 八八三八一	三寸 六七四九 八九六三	二寸七分 二一〇九六 一一三

〇寸 三二三六 二五三〇一	〇寸 九七八八六 九七一一〇	三十八寸 一九六六〇 二五三一九	六寸 一八〇三 四〇〇〇	一寸六分 一八〇三 三九五九
〇寸 弐二一一六七 一一六〇	〇寸 八一〇一四〇五 二七五五九	三十一寸 四七九二九 三四二八〇	五寸 六三四六五 一一三六三	一寸七分 七四七三二 七六六六
〇寸 一五六二 二六八四	〇寸 六八一四八 三四五六五	二十六寸 七九四九一 八五五八五	五寸 一七六三 八〇八三	一寸九分 三一八五一 六七九四
〇寸 一一三四六三 一〇一八八九	〇寸 五八一一六三 六二五七七	二十二寸 九〇八七九 三八七二	四寸 七八六 三一三	二寸〇 八九二九 〇八五九

〇寸 〇三〇八九 九〇〇六二	〇寸 〇二四八九 二三三一四	〇寸 〇二〇二七六 七七一二八八九	〇寸 〇一六八三 〇三二八
〇寸 三〇三八四四 九一四八四五	〇寸 二七二七七三 九〇八七八〇	〇寸 二四六二三三 一六六六一九	〇寸 二二三三八三 四五五六〇九
一十二寸 六一四七四八五 九七一九七	一十〇寸 八三六五五〇 七四二七〇七	九寸 七八八六九五 八九二四一七	八寸 八八五四三八〇 三一八七五八九
三寸 四七二九六三 四一一三六	三寸 二九一八九 一六六六	三寸 一二八六八 九一六五	二寸 九八〇八四 五一八七
二寸八分 七九三八 五九四四	三寸〇 三七七 六七〇	三寸一分 九六二二六 七四九五	三寸三分 五四七五三 三二一四

累斜式廉術
廉術徑推累斜式法

是甲乙丙丁等之式也
分チ書スコト如後

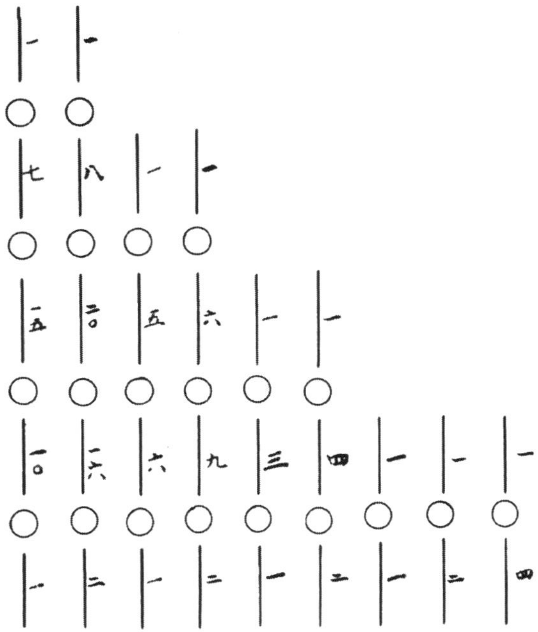

得乙丁巳辛癸等ノ式

下　中　右
得
左

次第如此推求テ従得
次々ノ式也

最上級常一
上二級隅距面數
上三級圭數乘奇數也
隅距面内減三乘半距面得之
又云下級常二
下二級半距面巾
右隅距面八子ノ八
二距寅ノ八四距
辰ノ八六距等也

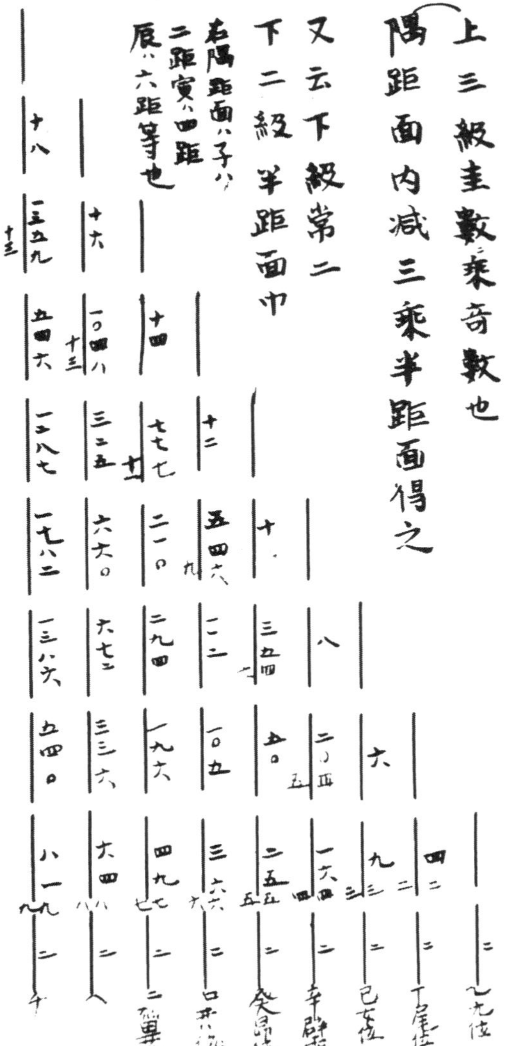

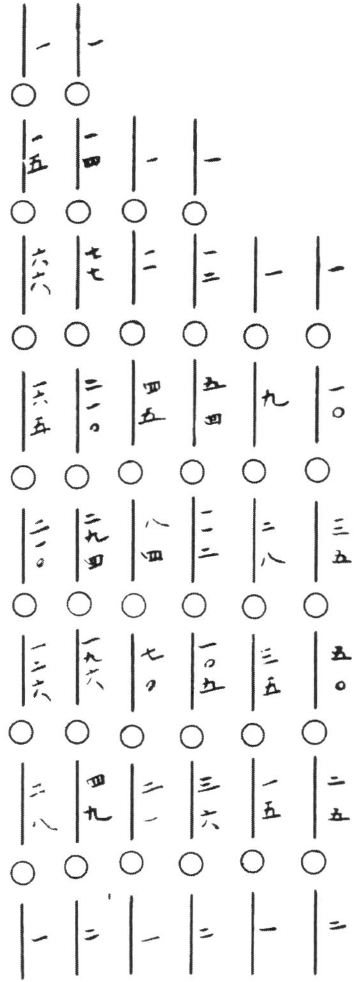

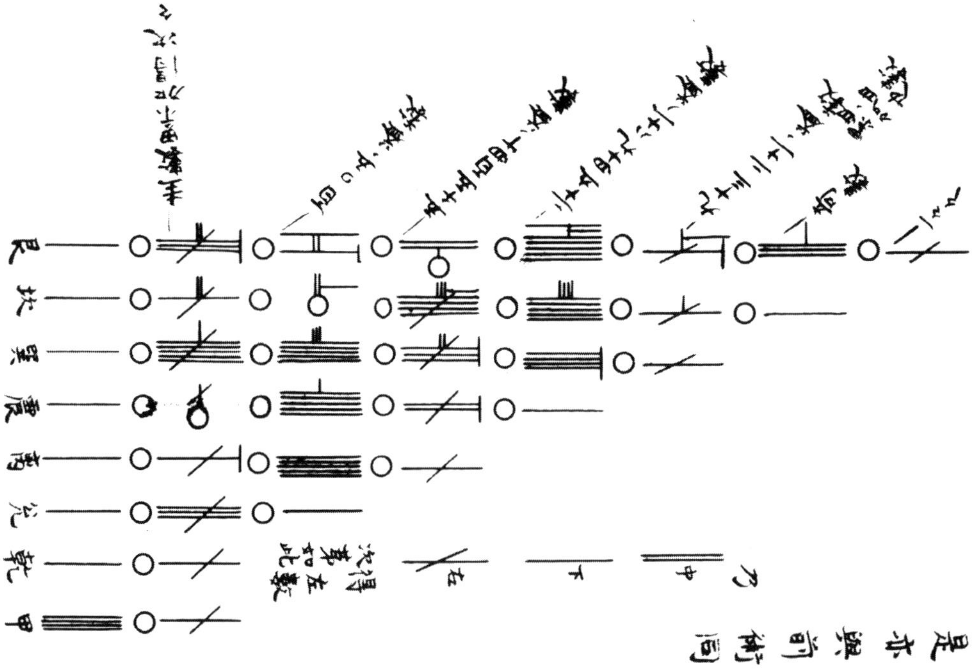

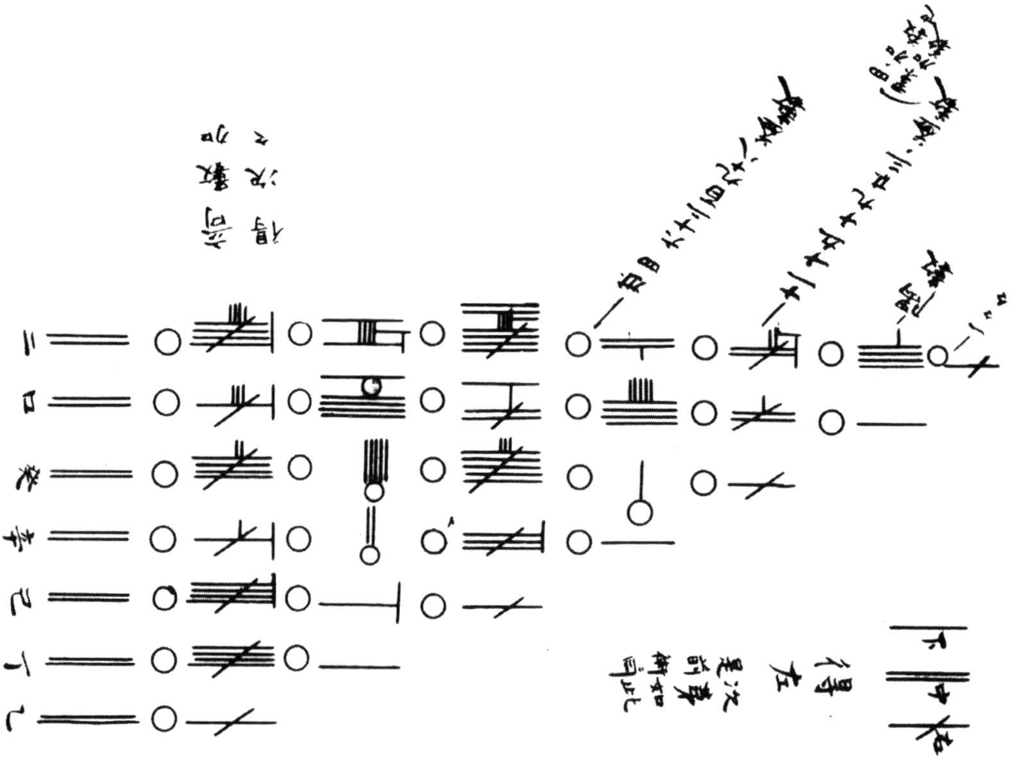

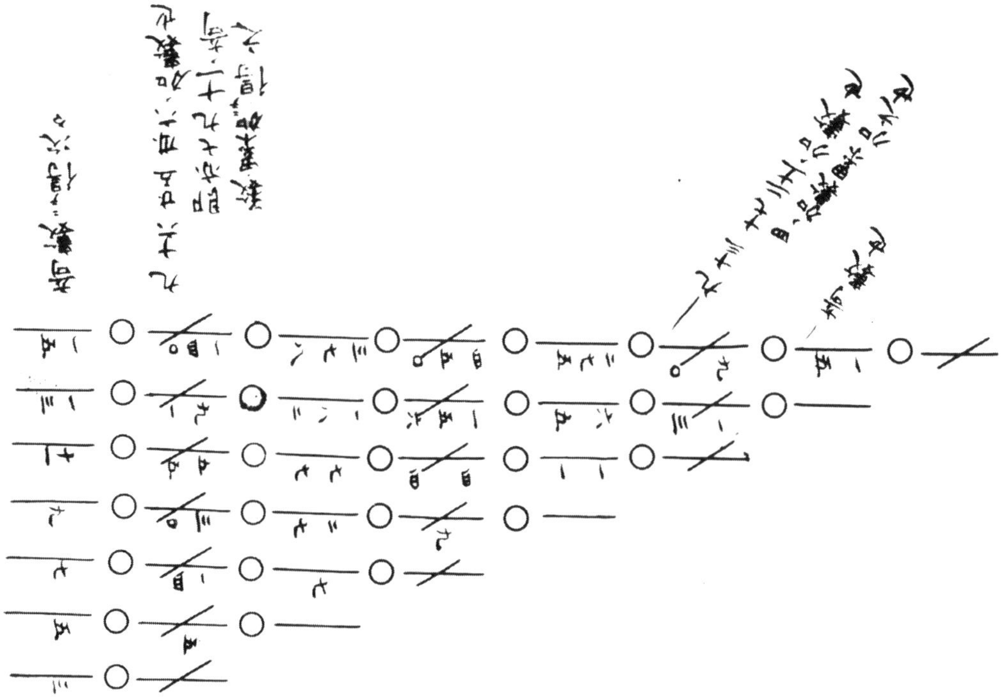

香連術

二本香圖
上一二連
連数二

三本香圖
上一二連
上二三連
上一三連
下同
連数八

四本香圖
上一二連
上二三連
上三四連
上一三連
上二四連
上一四連
連数二十二

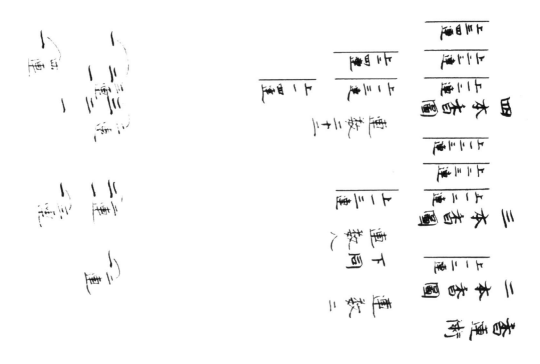

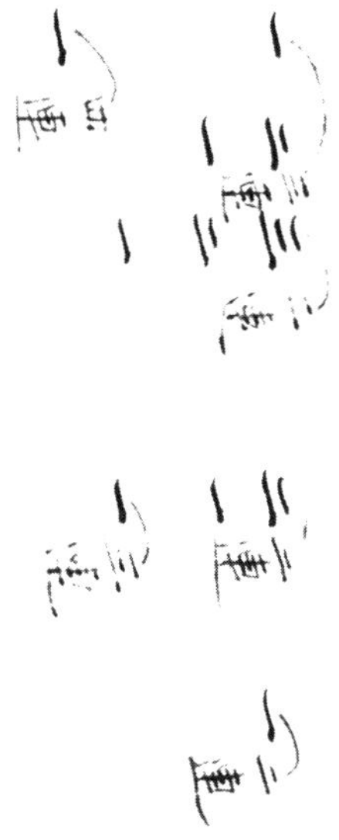

上一二三連
上一三四連
上二三四連
上一二三四連
上一二四連

下連數亦同
已下倣之

五本香圖

連數五十

一二　一三　一四　一五
二三　二四　二五
三四　三五
四五
一二三　一二四　一二五
一三四　一三五
一四五
二三四　二三五
二四五
三四五
一二三四
一二四五
二三四五
一二三四五

一　二一　三二一（三連）　四三二一（二連）
一　二一（四連）
一（五連）

六本香圖

連數一百一十四

一二　一三　一四　一五　一六
二三　二四　二五　二六
三四　三五　三六
四五　四六
五六

一二三	一三四	一四五	一五六	二三四	二四五	二五六	三四五	三五六	四五六	一二三四	一二四五	一二五六
一二四	一三五	一四六		二三五	二四六		三四六			一二三五	一二四六	
一二五	一三六			二三六						一二三六		
一二六												

一三四五	一三五六	一四五六	二三四五	二三五六	二四五六	三四五六	一二三四五	一二三五六	一二四五六	一三四五六	二三四五六	一二三四五六
一三四六			二三四六				一二三四六					

七本香圖　運數二百四十

一二　一三　一四　一五　一六　一七
二三　二四　二五　二六　二七
三四　三五　三六　三七
四五　四六　四七
五六　五七
六七

一二三　一二四　一二五　一二六　一二七
一三四　一三五　一三六　一三七
一四五　一四六　一四七
一五六　一五七
一六七

二三四	二四五	二五六	二六七	三四五	三五六	三六七	四五六	四六七	五六七	一二三四	一二四五	一二五六	一二六七
二三五	二四六	二五七		三四六	三五七		四五七			一二三五	一二四六	一二五七	
二三六	二四七			三四七						一二三六	一二四七		
二三七										一二三七			

一三四五	一三五六	一三六七	一四五六	一四六七	一五六七	二三四五	二三五六	二三六七	二四五六	二四六七	二五六七	三四五六	三四六七	三五六七	四五六七
一三四六	一三五七		一四五七			二三四七	二三五七		二四五七			三四五七			
一三四七						二三四七									

一二三四五
一二三四六
一二三四七
一二三五六
一二三五七
一二三六七
一二四五六
一二四五七
一二四六七
一二五六七
一三四五六
一三四五七
一三四六七
一三五六七
一四五六七
二三四五六
二三四五七
二三四六七
二三五六七
二四五六七
三四五六七

一二三四五六
一二三四五七
一二三四六七
一二三五六七
一二四五六七
一三四五六七
一三四五六七
二三四五六七

右連圖出于左

久留米侯好之術

累褁累減問一好

方立　和門一好

第壹

一今有甲乙之物不知其數甲數四自乘之爲乙數只云甲一十一除メ而余五乙二十九除而余二十五問得甲數術

荅云甲數四千一百四十一個

第貳

一今有平方立方不知其段數方面和五百八十寸平立各同面段數亦等只云平方責和一十四万三千九百五十六步又云立

責 四千三百七十九万 九千八百六十歩 問得毎面之衰差之術
荅云衰差七分之三

第壹
術云先求ニ四乗巾ヲ二十九除ノ二十五余ル之數是依累
乗累減之術得二十三試ニ四自乗之次二十九除之
余二十五得ル也 故二十三名原數也
此術累乗減之書ニ委故畧于此
次二十九為左十一為右依剰一術得八段乗二十
九得二百三十二為十一除ノ加數 名子 又十一為左
二十九ノ為右又得段數八乗十一得八十八為二十
九除加數 名丑 又二十九與十一相乗得三百一十
九為去數

右翦管術詳也故畧于此

次列子次甲余五乘之得一千一百六十寅列丑次

原數二十三乘之得二千〇二十四卯寅卯両數相

併得三千一百八十四滿去浛去之得三百一十三

為甲數也

本書ノ答數四千一百四十一ト云ハ、ヨノ數テ不宜也

右甲數三百一十三十一除則五余又二十九除スレバ二十

三余ル也故此甲數ヲ四乘乙數三〇〇四一五〇五一七

七九三ヲ知也是ヲ二十九除スレバ余ヲ二十五也即合好

解之

寅之形ハ ○ 十一商 余五 也 又 △ 二十九商 也

卯之形ハ △ 二十九商 余二十三 也 又 ○ 十一商 也

合スルノ形 ○ 十一商 余五 也 又 △ 二十九商 余廿三 也

四自乘之則

二十九四乘

廿九三乘

二十九再

廿九巾

廿九

三十三四乘巾

如此故二十九除之則二十九乗數有者ハコトゴトク無
不尽也只二十三四乗巾ニ二十九ヲ以除之則二十五
余也故合問也
又本書之答數四千一百四十一ハ所求甲數三百
一十三ヲ去法三百一十九ヲ十二タビ加ル數也
依翦管法誤ナルヿヲ可知也
第二　此問按ルニ实ハ平計ノ問也
其問云今有平方不知段數方和若干方巾和和方
再和相問各

如此ヲ易簡也然レバ实ハ平方問也
依之見レバ三乗和四乗知ノ問種々出ル也

明治四拾壹年七月

宮城縣圖書舘ヨリ写之

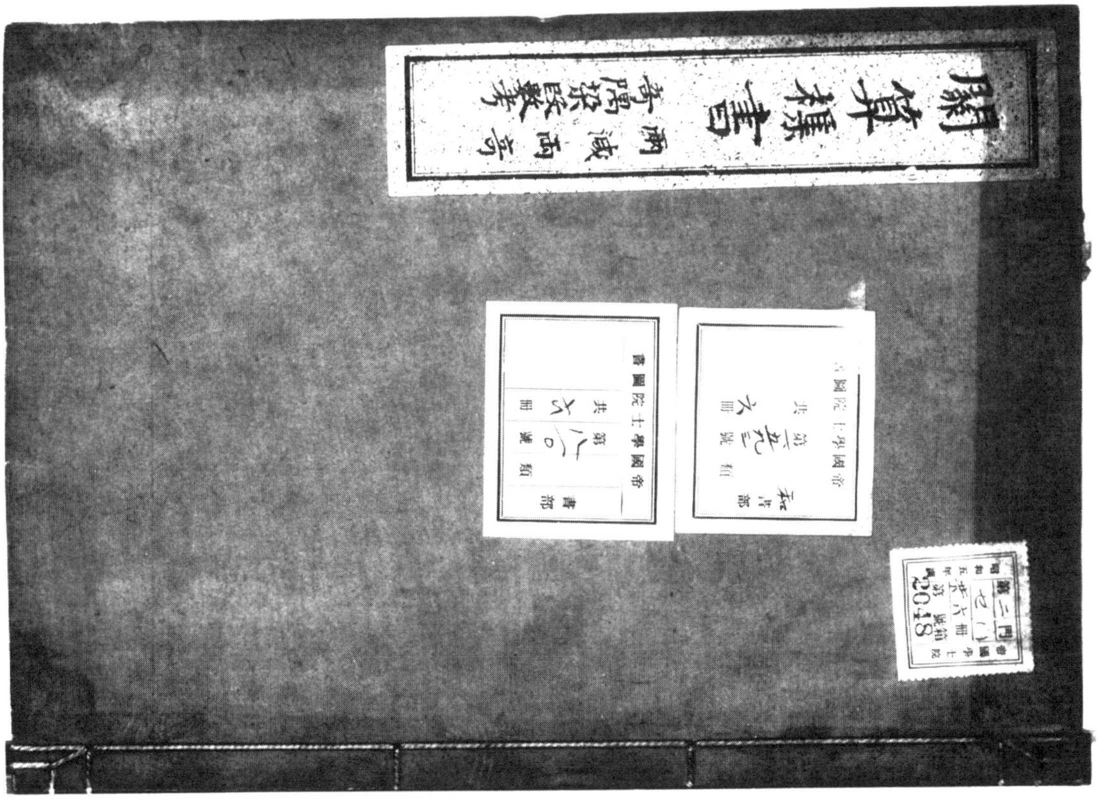
關算褋書
兩減兩奇
奇隅堘段數考

両減両奇

今有物不知其數初五ヨリ發テ追テ八ヲ添テ減之余三十六後十一ヨリ發テ八ヲ添テ減之アマリナシ問惣數

答曰惣數百八十六　初後各段數六

術曰列初余三十六為實　列後發十一内減初發五得差六箇為法實如法而一得初後段數六

求惣數術曰列段數内減一箇乘段數得數寄角位　列併段数因初發初減之余得数倍之加入添數因角位得数半之為惣數合問

解義

段數得解

惣數ヲ形ニ初減ニ依テ視ル者

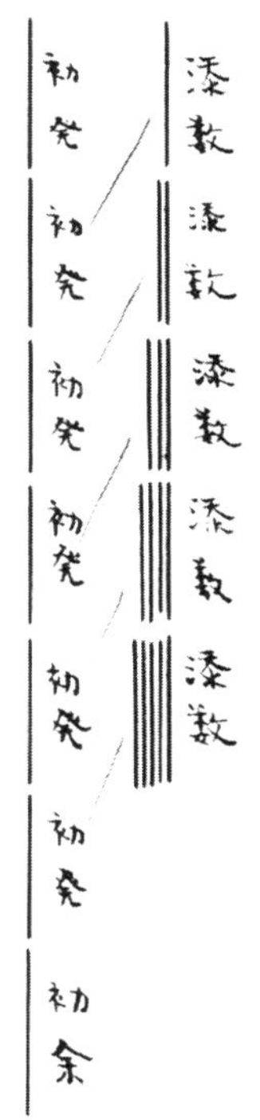

又惣數ヲ形ニ後減ニ依テ視ル者

列角位寄左　列元位于右相消得式

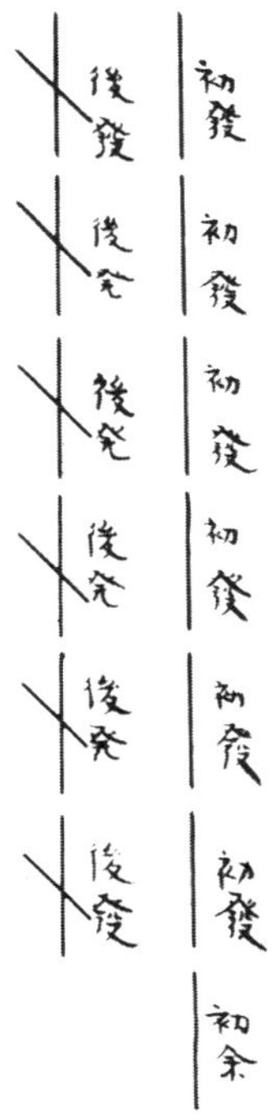

括之

故演段立天元一為段數 ○ ─ 乘初發

後發差得數 ○ （初発後差） 寄左　列初減余

與寄左相消得式 （初減余數）（初発後発差）

本術列初減余為實列後發十内減初發

五得差六箇為法實如法而一得段數六

角位解

列角位形視之

初発
初発　添数
初発　添数
初発　添数
初発　添数
初発　添数
初余

名角位

括之

甲添數
二段初発數
初余

段數内減一得數底于以求超責二段

名曰甲故本術列初後段數六内減一箇

乘段數得數寄角位

惣數得解

右式倍之為惣責二段式

甲添數
段初発數
初余

故本術列俟段數因初發初減余得數

倍之加入添數因甲位得數為二段惣

數半之合問

今有物不知其數初五發追八添減之余四拾

後十一發八添減之余四問惣數

答曰惣數二百

術曰列初減之余内減後減之余得三十六

為實列後発十一内減初發五得六為法實

如法而一得初後段數求惣數法如前術

惣數當作

一百九拾

非二百也

解義

段數得解

惣數初減依視形

又惣數後減依視形

名甫位

列甫位寄左　列元位與左相消得式

括之

故演段立天元一為段數 ○ —— 乘初發後發差得數 ○

左列初余內減後余得數与左相消得式

故本術列初余內減後余得數為實列後

發内減初發得六為法實如法而一得初
後段數六
今有物不知其數初五發追八添減之アマリナシ
又後十一發追八添余十五問惣數
荅曰百五拾○ 初段數六 後段數五
術曰列後余内減初發為實　列初發加入
添數得内減後發為法　實如法而一得後
段數　求惣數術曰列後段數内減一箇得
數乘後段數寄甲位　列併後段數因後發
後余得數倍之加入添數内甲位得數半之
為総數

解義

段數ヲ得解

惣數初減依視形

角位

惣數後減依視形

列角位寄左　列元位與左相消得式

後発 初発
後発 初発
後発 初発
後発 初発
後発 初発
後余 初余 添數

括之
初発後発差 後段數
後余 初余 後添段數

故演段立天元一為後段數○——乘初発
後発差得數加入後余得　後余　初発後発差　寄左
列後段數乘添數加入初発數得　初発
與左相消得式

反之
後余 初発後発差
初余 添數

按スルニ實正則法必負也故以字當作内字也次術亦做之正之

後余 初発
初発 後発 添數

故本術列後余内減初発得數為實列初発加入添數得内減後発為法實如法而一得後段數

甲位及惣數得解前同故畧之

今有物不知其數初五発追八添減之余四十。又
後十一発追八添減之余五七七問惣數

答曰

術曰列後余内併減初余及初発數余為實列併
初発數添數得數内減後発數余為法實如法而
一得後段數求惣數法如前術

解義

段数得解

惣数ノ形初減ニ依テ視ル者

初発 添数 | 初発 添数 | 初発 添数 | 初発 添数 | 初発 添数 | 初発 添数 | 初余

名角位

又惣数ノ形後ノ減ニ依テ視ル者

後発 | 後発 添数 | 後発 添数 | 後発 添数 | 後発 添数 | 後発 添数 | 後余

名元位

列角位寄左ト列元位與左相消得式

後発 初発 | 後発 初発 | 後発 初発 | 後発 初発 | 後発 初発 | 後発 初発

㋺ 添数　㋑ 初発　㋥ 後余　㋩ 初余

括之

㋑ 初発後発差 後段数　㋺ 添数 後段数　㋩ 初余　㋥ 後余

故演段立天元一為○　乗初発後発差得数加入後余得

後余 初発後発差

寄左列後段数乗添数得数及初余得

初発 初余 添数

與左相消

得

後余 初発 初余 ㋑ 初発後発差 添数

又之

甲位及得惣數解前出故畧之

後余	初発	初余
初発	後発	添數

故本術列後余内併減初余
及初発數余為實列併初発
數添數得數内減後発數余
為法實如法而一得後段數

今有物不知其數初一ヨリ発テ追テ以寄數一三五七九十一次第如此減之余五後二ヨリ發テ追テ以偶數二四六八十次第如此減之無余問各段數

答曰各段數五惣數三拾○

術曰如此寄減余若干偶減余無之者以寄減余數為各段數

又問有物不知其數初一ヨリ發テ追テ以寄數減之余八又後二ヨリ發テ追テ以偶數減之余三此段數各幾何

答曰各段數五惣數三拾三

術曰如此両減余有偶減余少者両余相減得

數則為各段數

又問有物不知其數初一發追奇數次減之無余又
後二發追偶數次減之余五此段數幾何

答曰 偶減四段 奇減五段 惣數二拾五

術曰如此偶減余若干奇減余無之者次偶減
余則為奇減段數

又問有物不知其數初一發追奇數次減之余四又
後二發追偶數次減之余九問各段數

答曰 偶減四段 奇減五段 惣數二拾九

術曰如此両減余有奇減余少者両余相減得
數則為奇減段數

右末四問術解其前四問術解初発一後發二
奇數偶數共追二添數故添數二次此數前四問
術得其法如左

第五問一發追奇數次減之五余惣數形

変之

角位

故初一ヨリ發ヲ追ヒ一ヲ添ヘ減之余五ト云數ナリ
又後二ヨリ發ヲ追ヒ以偶數減之無余惣數形ハ

変之

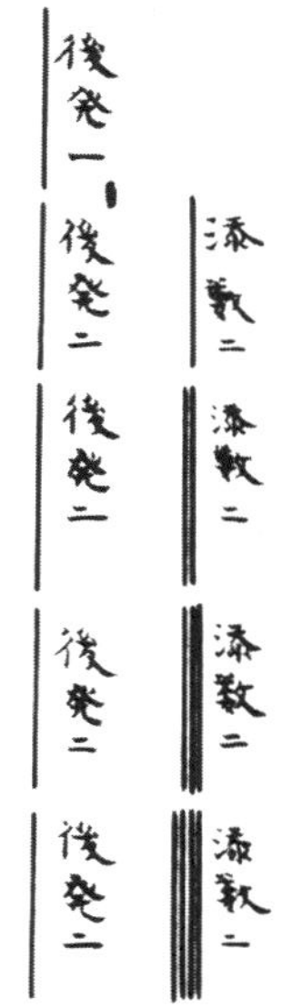

元位

故後二ヨリ発ヲ追ヒ二ヲ添ヘ減之無余ト云数ナリ

列角位寄左　列元位于左相消得式

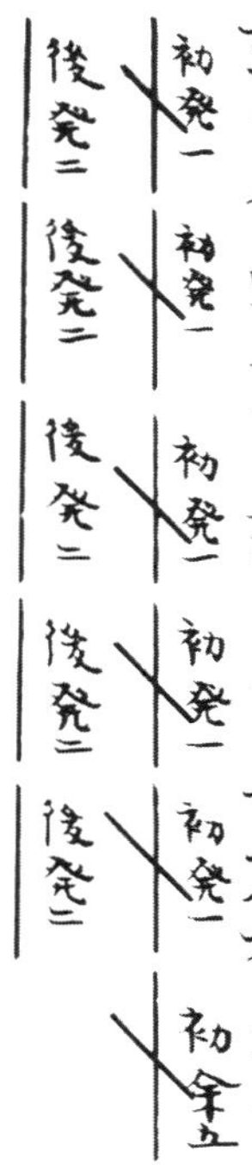

括之

此式ヲ視ルニ一ノ因段数ト初減ノ余ハ不適等ナリ
故初減ノ余ヲ以テ為段數初減ハ則奇
減ナリ

第六好第二問ニ通ス第七好第三問ニ通ス第八好
第四問ニ通ス故解略之

奇偶桀段數考　此書奇偶算両減両奇之解

一不知元數只云以奇数迠減之余一又云以偶数逐減之残八問元數

乃奇数一三五七等偶数二四六等亦不知其段數也

荅曰元數五拾

奇段數七段　偶段数六段

術曰又云數内減只云數余為奇段數自加八只云数知元数也

乃從奇段數偶段数不足ナリ常ニ一段故

奇段數内減一段余為隅段数

演段

只云奇余

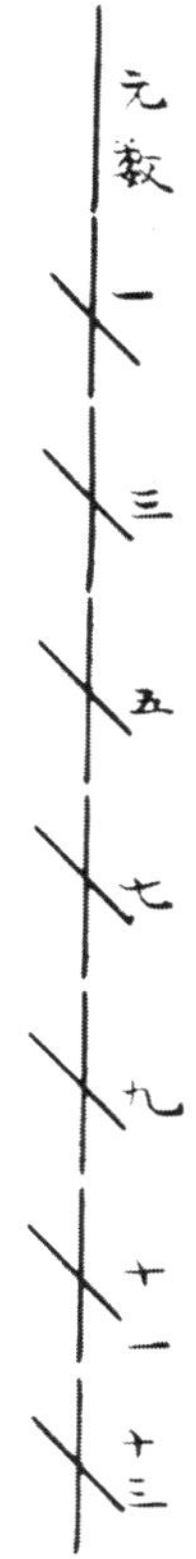

又云隅余

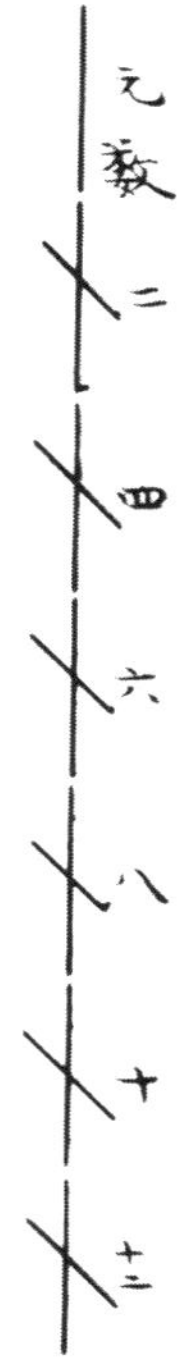

又云内減只云余

括之

是又云ノ残八ノ内只云余一ヲ減スル形ニシテ即正十三ヨリ肩六ヲ減スルニ同フシテ奇減ノ段数トナルナリ

奇ノ段數

又奇數責奇令𣑯也即段數冪也

故段數冪加奇余者元數也

又云列奇責閉平方則知奇段數也又列隅責一帯縦平方ニ閉之則知隅段數也

奇責之圖

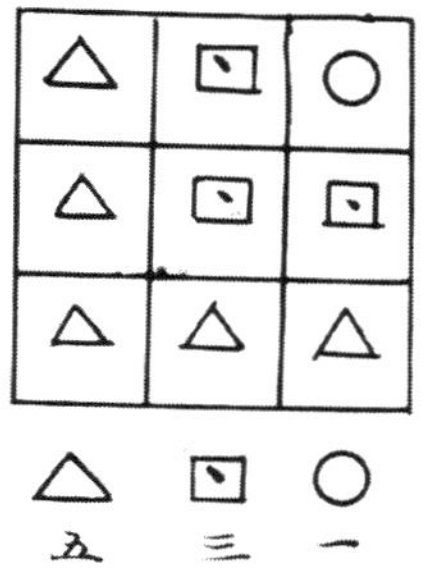

如此形為方也

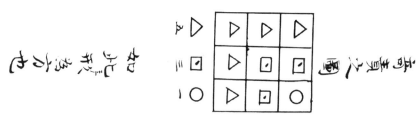

隅青之圖

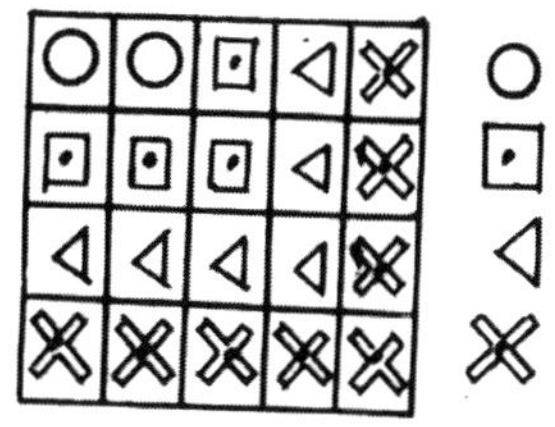

如此段
手形トナリ

一 不知元數只云奇減之余　又云隅減之無余

答曰

術曰只云之羃加只云知元數也

演段

假令元數形　二　四　六　八　十　十二

以奇數減之得只云之形如左

只云形

二　四　六　六　八　十　十二

一　三　五　七　九　十一

正負相減得只云余數之形

一　一　一　一　一　一

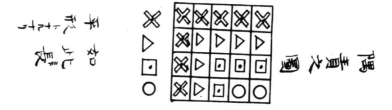

是則奇段數也故術理如前條也

一不知元數只云奇減之無所余而又云隔減之則余

答曰

術云隔余自之知元數也

演段

元數形　一　三　五　七　九

隔減形　二　四　六　八

正負相減得隔余之形

一　一　一　一　九

括之

五　是則奇段數也

兩減兩奇

一不知元數只云起於五而添八逐減之余三拾六
又云起於十一而添八逐減之余數更無問元數及
逐減之段數

答曰元數百八拾六段數六

術曰以初起後起之差除余數得段數而推圭垜
術又當求元數也

演段

元數之形

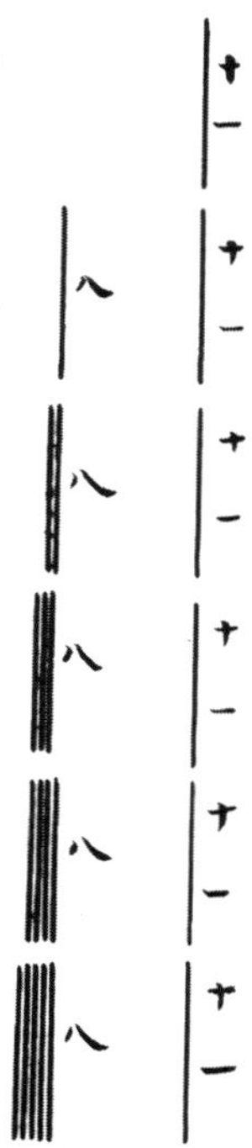

是則又云形也内知只云逐減之得形

正員相減得余之形

括之 初起後起差 段數 是即 余數 也

一不知元數只云起於五而添八逐減之余四拾
又云起於十一添八逐減之余四
答曰元數一百九拾　本書為三百者誤也
術云依左演段得段數六而後求元數也
演段
只云依元數形得ル

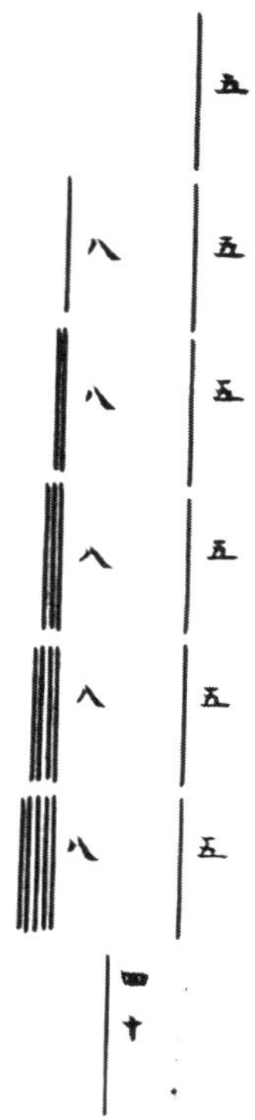

又云依元數形得

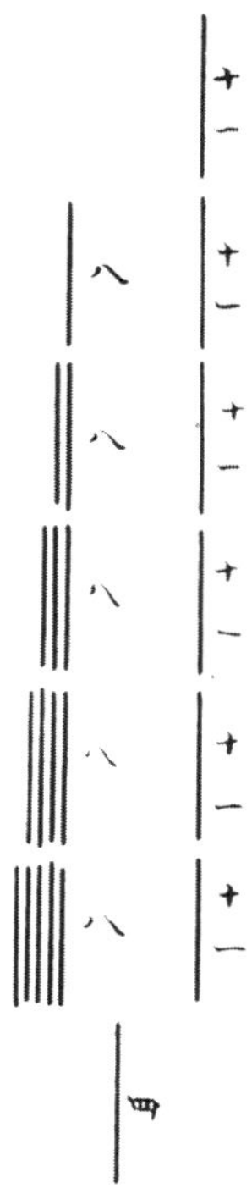

右二辭形適等也故相消之得式

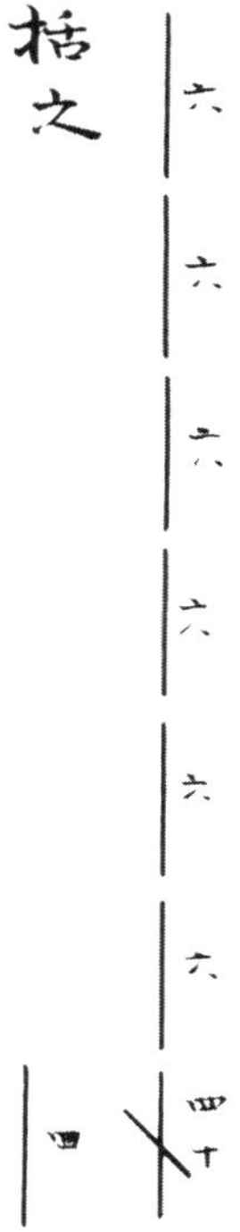

括之

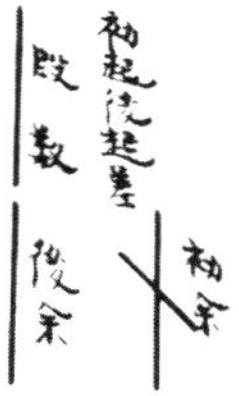

是即正負適等也故初余内減後余残三拾六為實
後起内減初起残六為法實如法而一得段數也

一不知元數只云起於五添八逐減之無余數又云起於十一添八逐減之余十五

荅曰元數一百五十

初段數六

後段數五

術曰左演段實除法得後段數也

演段

只云依元數形得

又云依元數形得

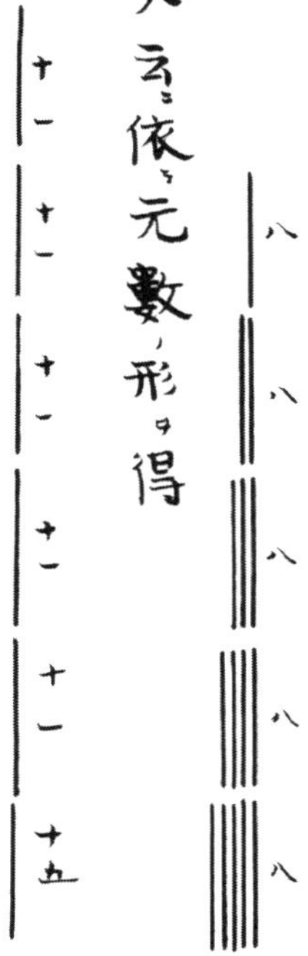

右両形相消得式

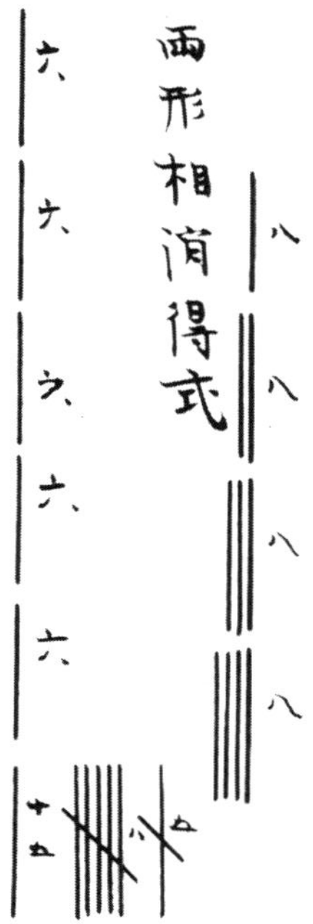

拾之

初起後起差 後段數｜後余｜初起｜添數 後段數

演段立一為後段數〇　——　乘初後起差與後

余相併寄左　後余｜起差

列後段數乘添數与初起相併　初起｜添數

与寄左相消得式

初起｜添數
後余｜起差

一不知元數只云起於五添八逐減之余四拾　又

云起於十一添八逐減之余五拾七

荅曰元數二百四十三

初段數七　後段數六

術曰依左演段術之故其術附于後

演段

只云依元數形得

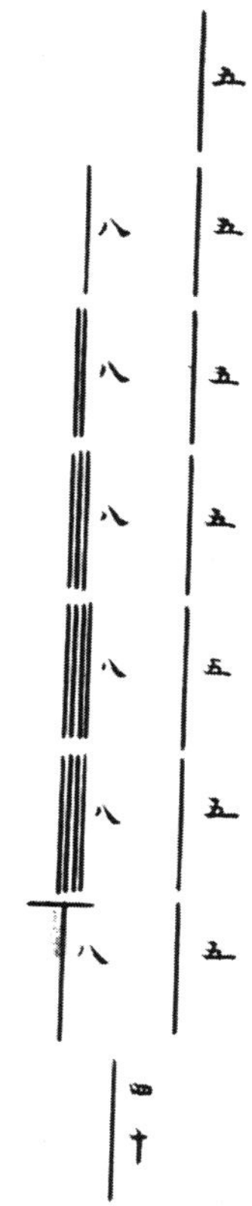

又云依元數形得

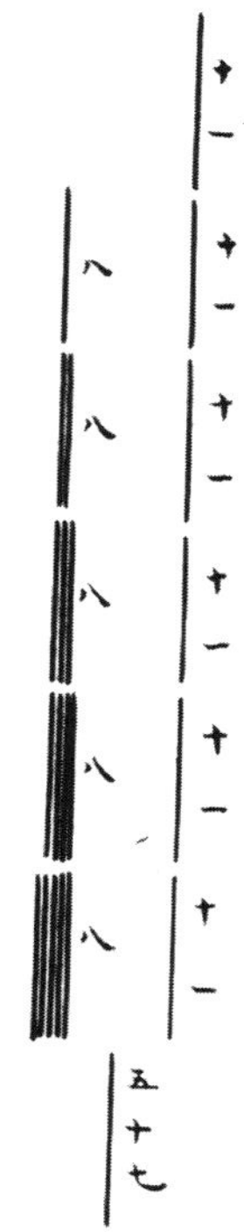

右両言相消得式

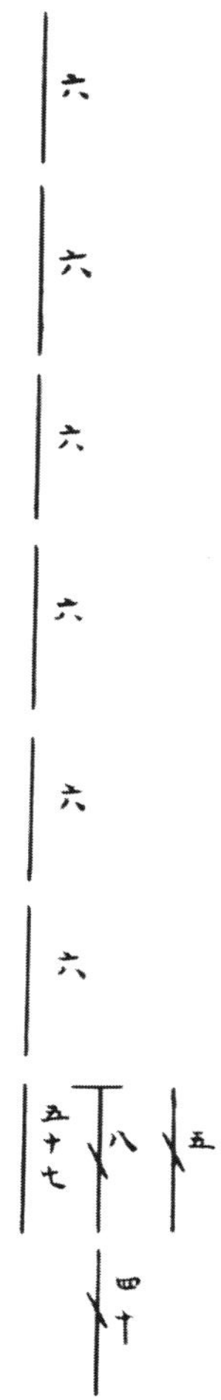

括之

演段立一為後段數乘起差與後余相併寄左列添數乘後段數與初起及初余相併相消得式

後余	初起	初余
起差	添數	

方級起差壹見

初起	後起

トナル

本術曰列後余五十七内減初起五初余四十余十二為實　列添數八加入初起五得内減後起十一余二為法實如法而一得後段數六而求元數用

圭術如前

寶暦六年丙子四月二拾九日夜

於京都朱雀旅宿考之　多植

明治四拾壹年七月

宮城縣圖書館ヨリ写之

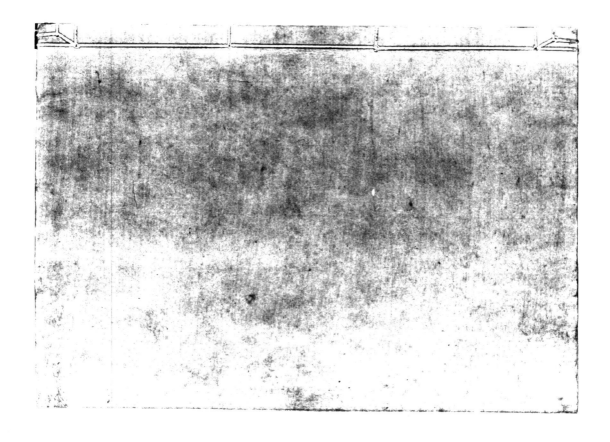

解説

本巻は關孝和（一六四二〜一七〇八）及び彼の数学理論を受け継いだと称される研究者達によって執筆された論攷を収録する。以前からの疑問として、この「關孝和流算術理論」なる物について、その核心となる理論実体について、編者は大きな疑問を抱いてきた。「傍書法」のみで関孝和の基本的な数学理論と言えるか否かは、今後の研究の進展を期待する必要があろう。また、江戸時代に執筆された和算の膨大な資料と、近年、大量に執筆された研究論攷に関しても、収集・整理・分類・統合・分析の作業が必要な事は、言を俟たないであろう。このような現状に鑑みて、編者は、総体的な分析作業の必要性に思い至った次第である。この行為は多くの時間を必要とするので、近い将来に、読者の方々に、そのエッセンスや原理などを提供できることを願望している。そして、これらのいずれの資料も日本学士院の所蔵である。本書の刊行にご協力いただいた関係者各位に、感謝の念を捧げる次第である。

（一）「發微筭法　全」（木活字版）

關孝和の主要著作で、澤口一之「古今筭法記」の遺題十五問を「傍書法」を活用して解答を与えている。「數學篇十一」では手稿本を掲載したが、この巻においては版本を採用した。一六七四（延宝二）年の刊行である。目録の内容は、平圓解空門（一問）、平立重積門（四問）、鈎股積分門（六問）、平形斜積門（三問）、分子齊同門（一問）の十五問で構成されている。

（二）「角法演段　全」

「關自由亭藤原孝和編」と記されている。角法の概説書である。手稿本。末尾に「松直英撰術」として「角法通術」と題する小論攷が掲載されている。

（三）「求積」

手稿本で、内容は「關子七部書」の「六　求積」と同一である。

（四）「關子七部書」

「一　開方飜變」「二　題術辯義」「三　病題明致」「四　方陳」「五　算脱驗符」「六　求積」「七　球缺變形」の七章で構成されている。

「關流算法七部書」「關氏七部書」など別の表題の資料も見受けられるが、内容は同一である。いずれの資料も「關孝和編」と記された手稿本である。

（五）「圖書數義解伏題　全」

代数式の扱い方を論じた手稿資料で、文字係数の代数方程式、行列式を説明している。「一　直虚」「二　両式」「三　定式」「四　換式」「五　生尅」「六　寄消」の六章構成である。

（六）「關流算法類聚」

目次は、「天（欠）」「地ノ一　平　方」「地ノ二　求積還源」「地ノ三　盈　朒」「地ノ四　方程」「地ノ五　互換随毛」「地ノ六（欠）」「地ノ七　勾股玄」「地ノ八　交會・之分　合」「地ノ九　容術・接術」「地ノ十　中氏竿梯　一百題」地ノ十一　歳旦歳暮・倍々垜術」「地ノ十二（欠）」「地ノ十三　截　術」「地ノ十四　平垜　觧術」「地ノ十五　開除法・奇偶竿・統術・参較連乗・勾股方圓・圓象志」「人ノ一　神氏竿梯　合三百題」「人ノ二　算梯　合十則」「人ノ三　久氏竿梯　合三百題」「人ノ四　角術解・一題數品術・分合演段・勾股変化法」「人ノ五　勾股玄整数・諸角二距斜角術・角起術・求式正誤術　合巻」「人ノ六　演段前集　合五則」「人ノ七　演段后集　合五則」「人ノ八　勾股再乗和點竄・諸法根源・自約術・零約術・拋管術　合」「人ノ九　演段參率・觧見題・觧見諺解・環錐術」で構成されている。手稿本。

（七）「大成算経續録　従一至十」

關孝和、建部　賢弘（たけべ　かたひろ）、建部　賢明（たけべ　かたあきら）が著した「大成算経」（全二十巻）及びこの資料は、いずれも、一六八〇（延宝八）年に刊行された。当時の和算の知識を集大成した労作との評価が高く、後世の研究者に大きな影響を与えた。十巻構成の手稿本である。「関自由亭先生著述　山路主住訂」の表記が各巻の冒頭に見られる。

（八）「關算襍書」

「一　雙勾股同術傳・三斜等圓無不盡問・環錐玉皮考」「二　冪式定率傳・式商轉求・體形増約傳」「三　合玉垜積・積分變數術・索術」「四　合玉算・奇偶算・矢三真背・勾股連圓廉術」「五　角中徑捷術・香連術・累斜式廉術・久留米侯問答」「六　兩減兩奇・奇偶垜段數考」

が、各冊の目次内容である。いずれの資料も、明治四十一年七月に宮城県図書館の蔵書を手写していて、「多植述」「多植撰」の表記が見られる。

これらいずれの資料も、単行本あるいは叢書の体裁で編纂されているのが大きな特色と言えよう。ただ、散見して見ると、各叢書の中で重複した資料が多く、それらを整理・分類・統合することが可能になれば、より効率よく内容を分析できる可能性が大きいと言えよう。「国書総目録」を繙くだけでも、「関流算法草術」及び「関流算法草術」が、内容の異なる叢書として、各五種類も登録されていることを考えると、研究するためには、非常に効率の良くない現状であることを窺わせるに十分である。

編者識

二〇一五年十一月

近世歴史資料集成　第VI期
The Collected Historical Materials in Yedo Era (Sixth　Series)
（第3巻）日本科學技術古典籍資料／數學篇【12】：發微筭法　全（木活字版・原文篇）、角法演段　全、求積、關氏七部書、圖書數義解伏題　全、關流算法類聚、大成算経續録、關算襍書
{Third Volume : The Collected Historical Materials on Japanese Science and Technology / The History of Japanese Mathematics (12)}
2015年12月25日　初版第1刷
編　者　近世歴史資料研究会
発　行　株式会社 科学書院
〒174-0056 東京都板橋区志村1-35-2-902　TEL. 03-3966-8600　FAX 03-3966-8638
発行者　加藤　敏雄
発売元　霞ケ関出版株式会社
〒174-0056 東京都板橋区志村1-35-2-902　TEL. 03-3966-8575　FAX 03-3966-8638
定価（本体50,000円+税）
[ISBN978-4-7603-0270-3 C3321 ¥50000E]

◎安倍泰邦『寶暦暦法新書』(16 巻) -----1754 (寶暦 4) 年に奏進

◎安倍泰邦『寶暦暦法新書・續録』(2 巻)、◎高橋至時・間重冨　撰、安倍泰栄　校『暦法新書』(8 巻) -----1797 (寛政 9) 年に奏進。◎渋川景佑　撰『新法暦書』(10 巻) -----1814 (天保 13) 年に奏進。日本で最後の太陰太陽暦。◎新法暦書新暦法稿ト暦法新書ノ對校之覺書付

＊第 IX 巻　日本科学技術古典籍資料・天文學篇【2】

◎渋川景佑　撰『寛政暦書』、◎渋川景佑　撰『寛政暦書・續録』、◎渋川景佑　撰『新修五星法』(10 巻)

＊第 X 巻　日本科学技術古典籍資料・天文學篇【3】

◎渋川景佑　撰『新修五星法』、◎渋川景佑　撰『新修五星法・續録』、◎本居宣長　著『眞暦考』、◎中根　元圭　撰『皇和通暦』

＊第 XI 巻　日本科学技術古典籍資料・天文學篇【4】

●第一部　資料篇

◎渋川景佑　撰『天文瓊統』、◎渋川景佑　撰『校正天経或問國字解』、◎渋川景佑　撰『新修彗星法』、◎西川忠英　撰『兩儀集説』、◎渋川景佑　撰『日本書紀暦考』、◎平田篤胤　撰『春秋命歴序攷』、◎馬場信武　著『初學天文指南』(5 巻)、◎伊能忠敬　著『歴象編斥妄』

各巻本体価格 50,000 円　揃本体価格 550,000 円

『近世歴史資料集成第 III 期』

〔全 11 巻〕《全巻完結》

The Collected Historical Materials in Yedo Era : Third Series

浅見　恵・安田　健　訳編　Ｂ５版・上製・布装・貼箱入

＊第 I 巻　民間治療【5】

◎奇工方法、◎諸家妙薬集、◎古方便覧【附・腹候圖】（六角重任　著）、◎家傳醫案抄、◎古今樞要集【古今樞要集口傳】

＊第 II 巻　民間治療【6】

◎常山方【前篇】（曲直瀬正紹　撰、曲直瀬親俊　補）

＊第 III 巻　民間治療【7】

◎常山方【後篇】（曲直瀬正紹　撰、曲直瀬親俊　補）、◎常山方総索引

＊第 IV 巻　民間治療【8】

◎濟民略方、◎醫法明鑑（曲直瀬正紹　著）

＊第 V 巻　民間治療【9】

◎和方一萬方〈改訂・増補版〉【前篇】（村井琴山　著）

＊第 VI 巻　民間治療【10】

○江戸時代の処方の集大成とも言える基本的資料。第 V 巻の収録分をも含めて、約五千項目の処方を網羅。中国医学の伝統を受け継ぎながら、日本独自の処方を創造しようとした試みが随所に見られる名著。索引も 240 ページ、約五千項目に及び、あらゆる名称（動物、植物、鉱物、病気、処方、一般事項）から検索が可能。

◎和方一萬方〈改訂・増補版〉【後篇】（村井琴山　著）、◎和方一萬方〈改訂・増補版〉総索引

＊第 VII 巻　民間治療【11】

◎妙薬博物筌（藤井見隆　著）

＊第 VIII 巻　日本科学技術古典籍資料・天文學篇【1】

◎渋川春海（保井春海）撰、安倍泰福　校『貞享暦』（7 巻）-----日本暦として最初に編纂される。1684（貞享 1）年のことである。

◎採薬使記（阿部友之進　著）、◎山本篤慶採薬記（山本篤慶　著）、◎東蝦夷物産志・蝦夷草木写真（渋江長伯　原著、松田直人　写）、◎木曾採薬記（水谷豊文　著）、◎伊吹山採薬記（大窪舒三郎　著）

＊第 VII 巻　採薬志【2】

◎蘭山採薬記---常州・野州・甲州・豆州・駿州・相州（小野蘭山　著）、◎勢州採薬志（小野蘭山　著）、◎濃州・尾州・勢州採薬記（丹波修治他　著）、◎城和摂諸州採薬記（丹羽松齋　著）、◎雲州採薬記事（山本安暢　著）、◎薩州採薬録

＊第 VIII 巻　民間治療【1】

◎普救類方（林良適・丹羽正伯　撰）

＊第 IX 巻　民間治療【2】

◎広恵濟急方（多紀元簡　校）、◎嶺丘白牛酪考（桃井寅撰）、◎白丹砂製練法（養拙齋稿寛度　著）

＊第 X 巻　民間治療【3】

◎奇方録（木内政章　著）、◎袖珍仙方（奈良宗哲　著）、◎耳順見聞私記（岷龍斉　著）、◎農家心得草薬法、◎漫游雑記薬方、◎妙薬手引草（申斉独妙　著）、◎掌中妙薬奇方（丹治増業　著）

＊第 XI 巻　民間治療【4】

◎此君堂薬方（立原任　著）、◎救急方（乙黒宗益　著）、◎薬屋虚言噺（橋本某　著）、◎寒郷良剤（岡本信古　著）、◎万宝重宝秘伝集（華坊兵蔵　著）、◎諸国古伝秘方

各巻本体価格 50,000 円　揃本体価格 550,000 円

『近世歴史資料集成第Ⅰ期---庶物類纂』

〔全 11 巻〕《全巻完結》

The Collected Historical Materials in Yedo Era: First Series

稲若水・丹羽正伯　編　Ｂ５判・上製・布装・貼箱入

◎江戸時代中期に、加賀藩主前田綱紀の要請で行なわれた国家的大事業。中国博物学を集大成した世界最大の漢籍百科全書で、中国の古代から清代までに作成された作物・植物・動物・鉱物に関する古文献を網羅している。

＊第Ⅰ巻　草属・花属

＊第Ⅱ巻　鱗属・介属・羽属・毛属

＊第Ⅲ巻　水属・火属・土属

＊第Ⅳ巻　石属・金属・玉属

＊第Ⅴ巻　竹属・穀属

＊第Ⅵ巻　菽属・蔬属《Ⅰ》

＊第Ⅶ巻　蔬属《Ⅱ》

＊第Ⅷ巻　海菜属・水菜属・菌属・瓜属・造醸属・蟲属《Ⅰ》

＊第Ⅸ巻　蟲属《Ⅱ》・木属・蛇属・果属・味属

＊第Ⅹ巻　増補版（草属・花属・鱗属・介属・羽属・毛属・木属・果属）

＊第Ⅺ巻　関連文書・総索引（安田健　訳編）

◎庶物類纂一件完（庶物類纂一件御拝借之書面留）◎庶物類纂編集并 公儀御□□□□案等収録　全、◎庶物類纂編揖始末一～五、庶物類纂の成立と内容について（安田健）、◎引用書名一覧表、◎漢名・漢字名索引、◎和名索引

各巻本体価格 50,000 円　揃本体価格 550,000 円